서양 중세사

유럽의 형성과 발전

Western Europe in the Middle Ages

서양중세사

유럽의 형성과 발전

브라이언 타이어니 · 시드니 페인터 공저

이연규 옮김

집문당

서양중세사
유럽의 형성과 발전

1986년 7월 1일 1판 1쇄
2019년 12월 30일 2판 1쇄
2021년 10월 20일 2판 2쇄

저자 | 브라이언 타이어니 / 시드니 페인터 공저
역자 | 이연규
발행인 | 임동규
발행처 | **(주)집문당**
등록 | 1971. 3. 23. 제2012-000069호
주소 | 03134 서울시 종로구 돈화문로 82, 5층
전화 | +82-1811-7567
이메일 | sale@jipmoon.com
홈페이지 | www.jipmoon.com

ISBN 978-89-303-1844-0 93920

값 28,000원

이 도서의 국립중앙도서관 출판시도서목록(CIP)은 서지정보유통지원시스템 홈페이지(http://seoji.nl.go.kr)와 국가자료공동목록시스템(http://www.nl.go.kr/kolisnet)에서 이용하실 수 있습니다.
(CIP제어번호 : CIP2019048826)

머리말

제1판 머리말

시드니 페인터Sidney Painter의 중세사는 중세 생활을 생생하고도 힘차게 서술한 것으로서 커다란 명성을 얻었다. 페인터 교수는 완벽하게 균형 잡힌 교과서를 쓰려 한 것이 아니라서 그에게 가장 관심 깊은 측면들을 집중적으로 다루었으며, 그의 책은 매 쪽마다 위대한 학자의 학식과 위트로 살아 숨쉬는 듯하였다.

나는 이 책을 새로 펴내면서 페인터 교수의 원저를 보완하려 애썼다. 봉건정치, 봉건적 전쟁, 그리고 봉건사회에 관한 그의 빼어난 서술은 그대로 옮겼다. 서기 300년에서 800년까지의 초기 시대에 관한 장들은 새로 씌어진 것이다. 뒤에 가서 교회사, 법률, 정치이론, 철학, 예술 그리고 문학에 관한 서술도 많은 부분 새로 쓴 것이다. 한편, 중세사를 더욱 연대순에 맞게 서술하기 위해, 원래의 체제와 구성을 완전히 개편하였다. 나는 이 수정된 형태로 본서가 새로운 학생 세대의 필요에 부응하기를 고대한다.

본서가 다루는 범위는 그 제목에 제시되어 있다. 여기서 핵심 주제는 중세 유럽에서 독특한 서구 문명이 어떻게 출현하였는가 하는 것이며, 이에 따라 이 복잡한 현상을 가능한 한 명료하게 기술하려고 애썼다. 따라서, 이 책의 목적을 위해 중세 비잔티움과 중세 이슬람은 서구 세계의 중요한 몇몇 발전단계에서 서구 세계에 미친 영향을 위주로 고찰되었다. 그러나 중세 유럽을 공부하면서도, 비잔티움과 이슬람 세계 역시 그 자체로서 더 깊이 연구될 가치가 있는 위대한 문명을 발전시켰다는 사실을 결코 잊어서는 안 될 것이다. 그 두 문명은 주로 중세 유럽을 다루는 강좌에서 잠시 스쳐지나가는 것만으로는 결코 이해될 수 없다.

중세사를 가르치는 대부분의 교사는 기본 교과서를 몇몇 대표적인 원사료原史料와 역사가들의 연구업적들로 보완하길 바란다. 이에 따라, 본서와 함께 사용될 수 있도록 ≪중세사 사료집≫과 ≪중세사 논문집≫*The Medieval Ages*: Vol.I, *Sources of Medieval History*; Vol.II, *Readings in Medieval History*, New York, 1970을 보급판으로 간행하였다. 본서의 각 장 끄트머리에 있는 참고문헌 목록에는 간단하게 ≪사료집*Sources*≫과 ≪논문집*Readings*≫으로 표기하였다.

뉴욕, 이타카 B. T.

제2판 머리말

이번 개정판은 초판의 기본적인 체제와 구성을 그대로 따랐으나, 책 전반에 걸쳐 많은 수정이 가해졌다. 이는 잘못을 바로잡고, 최신 연구동향을 반영하며, 논의를 명료하게 만들고, 또 불필요하게 상세한 서술을 간결하게 만들기 위한 것이었다. 또한, 특히 비잔티움, 스페인, 카타리 종파, 그리고 프랑스 왕정을 다룬 부분에서 새로운 서술이 꽤 많이 첨가되었다.

보급판 ≪중세사 사료집≫과 ≪중세사 논문집*Readings in Medieval History*≫의 개정판은 기본 교과서와 함께 이런 보조교재를 이용하고자 하는 교사들을 위해 마련한 것이다. 본서에서 ≪사료집≫의 참고 부분은 서술 도중 적당한 곳에 명기해 놓았다. 학생들은 이 책을 읽어 나가면서 서술의 토대가 된 몇몇 사료에 친숙해질 수 있을 것이다.

뉴욕, 이타카 B. T.

제3판 머리말

이번 개정판에서는 책 전반에 걸쳐 더욱 명료하고 정확한 내용이 되도록 많은 수정을 가하였다. 초기 게르만 왕국들, 농업경제 및 농민생활, 동유럽 및 비잔티움, 그리고 12세기의 종교를 다룬 부분에서는 새로운 서술을 꽤 많이 첨가하였다. 참고문헌 목록도 수정하였고, 삽화도 여럿 새로 첨가하였다.

보급판 ≪중세사 사료집*Sources of Medieval History*≫의 새로운 개정판(제3판, 1978)은 기본 교과서와 함께 사료집을 이용하고자 하는 교사들을 위해 마련한 것이다. 본문에서 ≪사료집≫의 참고 부분은 서술 도중 적당한 곳에 주석으로 명기해 놓았다. 학생들은 이 책을 읽어 나가면서 서술의 토대가 된 몇몇 사료에 친숙해질 수 있을 것이다.

뉴욕, 이타카 B. T.

차례

제3편 중세 초의 유럽 : 새로운 사회

제4편 12세기의 개화

제5편 중세 문명의 결실

제6편 중세 세계의 위기

제7편 중세에서 근대로의 이행

서론

중세사를 연구하는 데에는 두 가지 이유가 있다. 첫째는 중세 문명을 그 자체로서 이해하기 위함이요, 둘째는 근대 세계를 그 중세적 기원을 탐구함으로써 더욱 깊이 이해하기 위함이다.

이는 별로 새로울 것도 없는 이야기이지만, 반드시 그런 것도 아니다. 18세기에 에드워드 기번Edward Gibbon이 그의 걸작 ≪로마 제국 쇠망사*The Decline and Fall of Roman Empire*≫를 썼을 때, 그는 중세사를 퇴화와 쇠퇴의 음울한 이야기로 보는 것을 당연하게 여겼다. 비슷하게, 한 세기 뒤 야콥 부르크하르트Jacob Burckhardt가 ≪이탈리아의 르네상스 문명*The Civilization Renaissance in Italy*≫을 썼을 때, 그 역시 근대적 개입, 근대 국가, 근대 문명의 출현은 르네상스인이 중세—"신앙과 환상, 그리고 어린애 같은 선입견"의 시대—에 등을 돌렸을 때에야 비로소 가능해졌다고 믿어 의심치 않았다. 이러한 옛 견해에서는, 로마 제국의 몰락이 서구인의 진보에 있어서 파멸적인 후퇴로, 15세기의 고전 문화 부활이 그 진보의 극적인 재개로 여겨지기 마련이었다. 그 사이에는 정체된 중세 천여 년, 고딕 양식의 음울함, 야만, 폭력, 그리고 수도승의 미신이 있을 뿐이었다.

이러한 역사관에는 두 가지 전제가 있었다. 첫째는 중세 문화가 고대 문화나 근대 문화에 비해 크게 열등하다는 것이고, 둘째는 근대 문명이 고전 문화로부터 직접 자라났으며 중세 세계의 생활은 근대 사회의 성장과 전혀 관계가 없다는 것이었다.

첫 번째 전제는 너무 독단적이며, 그 사실은 중세의 성당을 보거나 중세 음악을 듣거나 또 단테Dante와 초서Chaucer의 시를 읽어본 20세기인이라면 누구에게나 자명하게 여겨질 것이다. 50여 년 전에는 일종의 반동으로 중세가 "황금시대golden age"였다는 신화가 나타났다. 이는 물론 제기될 수 있는 견해이긴 하였지만 중세를 "암흑시대"로 보는 견해보다 오히려 더 지나치게 단순화된 것이었다. 아마도, 중세 문명의 미적 업적을 다른 시대의 그것과 비교하여 평가하는 것은 결국에는 주관적인 취향의 문제로 귀착될 것이다. 언제든 샤르트르Chartres 성당과 파르테논Parthenon 신전 가운데 어느 한쪽을 더 선호하는 사람이 있게 마련인 것이다. 반면에, 역사적 시대구분의 문제는 합리적 분석의 문제이며, 중세 문명이 근대 서구의 발전에 전혀 영향을 끼치지 못했다는 견해는 최근의 연구 결과에 비추어 점점 더 타당성을 잃어가고 있다.

중세를 이해하고자 하는 사람은 누구든 이러한 시대구분의 문제에 직면하게 된다. 이 문제는 직업적인 학자들이 다루어야 할 전문적인 문제로 그치는 것이 아니다. 이에는 우리가 스스로를 어떻게 시간 속에서 위치시키며, 근대 세계를 이해하는 데 도움이 될 전통을 어디에서 찾아야 하는가 하는 전반적인 문제가 개재되어 있는 것이다. 서로 관련된 수많은 문제가 고찰되어야 한다. 언제 고대 문명이 막을 내리고 중세가 시작되는가? 또 그런 문제에 답하는 경우, 어떤 기준을 택해야 하는가? 서구 세계는 언제 독특한 종교적 전통을 발전시키기 시작하였는가? 서구인은 언제 어떻게 고대 세계의 정치 체제나 비잔티움 및 이슬람의 정치 체제와 크게 다른 통치구조를 만들어내게 되었는가? 서구는 언제 기술 발전의 선두에 서기 시작했는가? 그리고 근대세계의 모든 측면에 살아 남아있는 중세의 업적들을 무엇인가? 이러한 문제들은 불가피하게 시대구분의 문제로 이어진다. 중세는 언제 끝났는가? 종교개혁과 과학혁명은 중세적 사고방식을 축출함으로써 새로운 세계를 만들어 낸 것인가, 아니면 여러 세기에 걸친 중세적 발전의 산물로 이해되어야 하는가? 미래의 역사가들은 새로운 시각으로 그들의 과거를 조망하면서 20세기인이 여전히 "중세"에 살고 있었다고 생각하지 않을까?

여기서 우리는 그런 문제들에 대해 하나의 접근방식을 제시할 수 있을 뿐이다. 중세 역사가의 입장에서, "로마 제국의 몰락"은 옛 문명의 종말인 동시에 새 문명의 시작으로도 간주될 수 있다. 제국의 서부 속주들에서 일어난 기독교의 발흥과 만족의 정착은 서구 세계에 새로운 활력을 불어 넣었다. 물론, 거의 모든 전통적 기준에 비추어 볼 때, 로마 제국이 몰락한 직후 몇 세기 동안의 유럽 문화는 그 전의 시대에 비해 훨씬 낮은 수준으로 떨어져 있었다. 대부분의 사람들에게, 삶은 고통의 연속이었고, 또한 아주 짧았다. 약간의 성직자를 제외하고, 서유럽의 실로 모든 사람이 문맹이었다. 전쟁이 끊임없이 벌어졌다. 그러나 이 혼란하고 야만적인 사회는, 그 온갖 결함에도 불구하고, 메마른 말기 고전 문명보다는 한량없이 더 크게 발전과 적응의 가능성을 지니고 있었다.

중세 초에 고전 문화와 기독교 문화 그리고 만족 문화는 서서히 어렵게 뒤섞임으로써 새로운 문명의 모태를 이루었고, 11세기와 12세기에는 새롭고 독특한 서구 문화가 출현하였다. 그 이후로 서구 사회는 지속적인 변화의 과정을 겪었고, 실로 변화의 속도는 계속해서 점점 더 빨라졌다. 그러나, 12세기 이래로는 급격한 단절이나 야만상태로의 전반적인 퇴화, 그리고 설명 불가능한 발전 방향의 굴절이 없었다. 르네상스와 종교개혁의 시대인 15세기와 16세기는 실로 빛나는 업적과 과감한 혁신의 시대였으나, 그 이전의 12세기와 13세기도 역시 그러한 시대였다. 중세 말의 문명과 근대 초의 문명 사이에는, 물론 단절의 측면이 있지만, 적어도 그에 못지않게 연속성도 두드러진다.

중세사를 연구할 때 가장 염두에 두어야 하는 점은 중세 문명이 까마득한 옛날에 "태어나" 이미 오래전에 "사멸한" 낯선 문화가 아니라는 사실이다. 물론 우리는 800여 년 동안의 가속적인 변화 때문에 12세기의 선조들과 멀리 떨어져 있지만, 우리의 문명은 그들의 문명에서 자라난 것이다. 중세사 연구가 역사가들을 그토록 매료시키는 것은 바로 이 때문이다. 중세 문명은 우리와 전혀 무관할 정도로 이질적이지는 않으나, 중세인은 우리와 너무 달라 그들의 생활방식과 사고방식을 진정으로 이해하려면 최대한의 역사적 상상력을 발휘해야 한다. 이를 위해 노력하는 연구자는 대부분 그럴 만한 가치가 있음을 깨닫게 될 것이다.

제1편 로마, 기독교, 야만족 : 고대 세계의 몰락

제1장 로마제국

이른바 중세의 서유럽 문명은 로마 제국의 제도와 그리스도 교회의 종교, 그리고 로마인이 야만족barbarians이라 부르던 여러 종족의 문화가 혼합되어 이루어진 것이었다. 아우구스투스Augustus; B.C.31~A.D.14가 기초한 로마 제국의 제도는 디오클레티아누스Diocletian; 284~305가 즉위한 284년에는 몰라볼 정도로 변질되어 있었다. 디오클레티아누스와 그 뒤를 이은 콘스탄티누스Constantine; 306~337는 옛 제국과 크게 다른 새로운 제국을 만들어 냈던 것이다. 바로 이 후기 로마 제국의 문명이 점점 더 기독교의 영향을 받으면서 야만족, 특히 게르만German족과 켈트Celt족의 문화라 혼합됨으로써, 초기 중세 세계가 형성되었다. 이에 따라, 첫 세 장에서는 로마와 기독교 그리고 야만족의 세 문화를 각각 고찰하고, 그 세 문화 사이의 복잡한 상호 작용을 미력하나마 서술하고자 한다.

1. 로마; 스러져가는 문명

가장 강성했던 2세기의 로마 제국 판도는 브리튼Britain 북부의 황무지로부터 아프리카의 사하라 사막 가장자리에 이르기까지 넓게 뻗어 있었다. 최북단의 항구적인 경계는 하드리아누스 황제Hadrian; 117~138가 칼레도니아Caledonia의 야만적인 켈트족으로부터 로마령 브리튼을 보호하기 위해 건립한 거대한 성벽이었다. 북해에서 흑해까지는 대체로 라인Rhine강과 다뉴브Danube강을 따라 경계가 그어졌으며, 흑해로부터의 경계는 지중해를 끼고 큰 호를 그리면서 소아시아와 이집트 그리고 북아프리카의 해안 지방을 감싸고 있었다. 제국은 본질적으로 지중해 국가였으며, 가장 부유한 속주들 또한 지중해 연안에 집결되어 있었다. 지중해 연안에서 더 북쪽으로 뻗어 있던 영토는 가장 늦게 제국에 편입

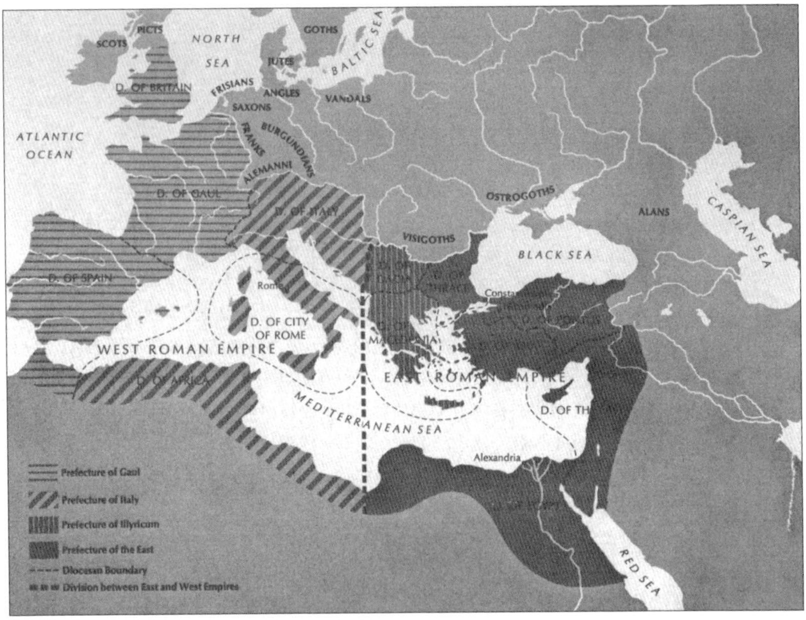

지도 1. A.D. 395년경의 로마 제국

되었고, 또한 전 시기에 걸쳐 상대적으로 빈곤하였으며, 인구도 비교적 희박하였다.

이 로마 제국이 우리가 유럽이라 부르는, 뒤에 서양 문명의 본거지가 될 지역과 지리적으로 일치하지 않았음은 분명하다. 로마 제국에는 7세기로 부터 줄곧 이슬람의 지배를 받게 될 지중해 동부 및 남부가 포함되어 있었다. 또 스칸디나비아나 아일랜드, 오늘날 독일을 이루고 있는 지역의 대부분, 또한 독일 동쪽의 슬라브Slav족 거주지는 로마 제국의 영토가 아니었다. 따라서 '유럽'이 로마 제국의 잔해로부터 어떻게 하나의 뚜렷한 새로운 문화 단위로 나타났는가를 설명하는 것이야말로 역사가에게 중요한 문제가 아닐 수 없다.

우선, 제국의 동부와 서부가 로마 제국의 통치 아래 하나로 통합되어 있었던 시기에서조차, 서로 아주 달랐다는 점을 들 수 있다. 서부는 제국에 있어서 가장 라틴화가 뚜렷하게 이루어진 지역으로서, 로마 문화는 바로 이 지역에서 가장 중요하고 또 발전적인 영향을 미쳤다. 로마는 갈리아와 스페인 그리고 브리튼을 지배하면서, 그 지역에 처음으로 고도의 문명을 소개하였다. 또한 로마인은 그곳에 최초로 도시 문화의 중심들을 건설하였으며, 그 도시들에 로마의 생활 양식을 이식하였다. 이들 속주의 도시에는 로마의 여러 신을 숭배하는 우아한 사원들이 세워졌다. 종종 대중에게 심심풀이나 격투기를 보여주기 위한 거대한 석조 원형 극장과 라틴 문학을 가르치는 학교도 곳곳에 세워졌다. 피정복민 가운데 유력자들은 거의 예외 없이 로마인을 모방하였으며, 라틴 문화를 그들 스스로의 유산인 양 존중하게 되었다. 갈리아와 스페인에서는 언어마저 라틴어를 닮아 갔다. 라틴어가 원래 그곳에서 쓰이던 말과 섞이어 일반 대중에게 확산되었던 것이다.

제국의 동부는, 이와 대조적으로, 로마 문명보다 더 오래되고 더 세련된 문명이 뿌리를 내리고 있었던 이집트와 그리스의 도시국가들 그리고 로마에게 정복되기 전 이미 몇 세기 동안 그리스의 헬레니즘 문화에 젖어온 지중해 동부 지역으로 이루어져 있었다. 이곳에서는 라틴어가 아니라 그리스어가 교양 있는 상층 계급의 통용어였다. 로마는 야만적인 서부에 로마 문화를 이식하였으나, 로마 문화의 전통은 많은 부분 동부에서 전래된 것이었다. 그리스의 철학과 예술 그리고 문학 모두가 로마인에게 모델이 되었고, 로마 세계의 거의 모든 종교는 지중해 동부에서 유래한 것이었다. 또한 부wealth와 인구도 바로 지중해 동부에 가장 집중되어 있었다. 로마를 제외하고, 제국 안에서 가장 부유한 도시는 동부에 있었고, 그러한 도시는 서부에서와는 달리 행정의 중심이었을 뿐만 아니라, 또한 번창하는 상업 중심지로서 더욱 중요하였다. 2세기, 안티오크Antioch 및 다마스커스Damascus 상인들의 교역 범위는 제국의 끝까지, 더 나아가 제국의 경계 너머 인디아와 그리고 심지어는 중국에까지 뻗어 있었다.

전제적인 권력을 지닌 황제가 전문적인 행정관료의 도움을 받아 이 광대한 영역을 다스렸다. 지방 행정을 위해, 제국은 여러 속주province로 나뉘어졌는데, 동부에서는 속주의 경계가 정복되거나 흡수되기 전의 왕국 또는 나라의 경계와 종종 지리적으로 일치하였다. 속주는 다시 기본적인 행정 단위인 도시civitas로 나뉘어졌다. 각 도시에는 상당한 정도의 자치가 허용되었다. 각 도시는 자체적으로 원로원senate을 구성하고 행정관을 선출하였으며 그 도시의 수호신을 독자적으로 숭배하는 경우도 많았다. 제국의 전성기는 이러한 지방 행정 단위에 활력이 넘치던 시기이기도 하였다. 로마 제국의 어느 지역에서든, 유력한 시민은 지방 자치체를 구성하는 참사회원curialis의 지위에 오르기를 열망하였고, 명예와 위신을 위해 지방 행정의 업무를 기꺼이 떠맡으려 하였다.

도시들 사이에는 훌륭하게 포장된 도로가 거미줄처럼 연결되어 있었고, 도시에 먹을 물이 모자랄 경우에는 돌로 거대한 수도를 세워 물을 공급하였다. 로마인은 이러한 종류의 건설 작업에 뛰어났다. 그들은 예술이나 철학과 같이 고상한 분야에서는 언제나 그리스인에게 뒤떨어졌으나, 실용적인 분야에서는 매우 뛰어났다. 로마는 솜씨 좋은 기술자와 훌륭한 행정가 그리고 최상급의 법률가를 배출하였다. 로마가 그토록 거대한 영역에 평화와 질서를 뿌리내리고, 그 수많은 사람들을 하나의 통일 정부 아래 통합시킬 수 있었던 것은 뛰어난 행정이 이루어낸 개가였으며, 로마법은 고전 문명이 중세 및 근대 세계에 물려준 가장 위대한 유산 가운데 하나였다.

역사가들은 이 거대한 제국이 쇠망하게 된 원인을 찾아내기 위해 끊임없이 노력을 쏟아 왔다. 로마의 그 위대한 업적은 언제나 로마의 몰락을 설명하려는 사람들로 하여금 몰락의 원인을 진정 이해하기 힘들게 해왔다. 예컨대, 에드워드 기번Edward Gibbon은 그의 ≪로마 제국 쇠망사*The Decline and Fall the Roman Empire*≫은 첫머리를 다음과 같이 시작하였다 :

> 서기 2세기에, 로마 제국은 지구 위에서 가장 넓은 지역과 가장 문명화된 사람들을 지배하고 있었다. 그 광대한 제국의 국경은 옛부터 이름을 날려온 용맹한 군사들이 지키고 있었다. 로마의 법률과 관습은 부드럽긴 하지만 강력한 영향력을 발휘하여 속주들의 통합을 점점 더 공고히 했다. 평화로운 제국의 신민들은 부와 향락을 지나칠 정도로 마음껏 누렸다. 자유로운 공화정의 모습은 상당한 정도로 존중되어 유지되었다.

그러나, 이 모든 것에도 불구하고, 18세기 고전주의자들이 쌍수를 들어 환영할 수 있었던 모든 덕목을 로마 제국이 보여 주었음에도, 기번이 서술해야 했던 것은 '쇠망'의 과정이었다.

도덕적 타락, 경제적 쇠퇴, 내란, 이민족의 침입, 인구 감소, 말라리아, 심지어는 납으로 된 수도관으로 인한 납중독 등등, 로마의 멸망을 설명하기 위해 온갖 원인이 제시되어 왔다. 이 문제는 매우 현실적인 문제이긴 하나, 이에 관한 지금까지의 논쟁은 대부분 겨냥이 잘못된 논쟁이었다. 즉, 역사가들은 로마 멸망의 전 과정을 설명할 수 있을 하나의 단일한 원인을 찾아내려고 함으로써 로마 몰락의 문제에 접근하는 일이 많았던 것이다. 하지만 진짜 문제는 로마 사회에 뿌리박혀 있었던 쇠망의 수많은 원인들이 어떻게 서로 결합됨으로써 고전 문명의 마지막 숨을 끊어 놓았는가를 밝히는 것이다.

기번 스스로도 자기가 서술한 훌륭한 문명이 본질적으로 불안정한 것이었음을 인식하여, 로마 문명의 쇠망 원인에 대한 자신의 견해를 요약하면서 "우리는 로마 제국이 멸망한 원인을 살펴보기 보다는, 로마 제국이 그토록 오랫동안 존속하였다는 사실을 놀라워해야 할 것"이라고 썼다. 실로, 기번이 앞의 인용문에서 찬양한 로마 문명의 모든 측면에는, 힘의 원천이 아니라 장차 쇠망의 원인이 될 요소가 내재되어 있었다고 할 수 있다.

이미 2세기에, 변경을 지키는 데 필요한 "용맹한 군사"를 공급하기가 점점 더 어려워지고 있었다. 서기가 시작될 무렵, 아우구스투스 황제는 주로 이탈리아에서만도 충분한 수의 병사를 끌어 모을 수 있었다. 그 당시 병역은 명예로운 경력으로 여겨지고 있었다. 모든 병사는 로마 시민이 되었으며, 제대한 뒤에는 토지나 돈으로 은급을 받아 퇴역 군인으로 존경을 받아가며 품위 있는 삶을 즐길 수 있었다. 그러나 2세기에는 이탈리아 사람들이 엄격한 병영 생활을 꺼려하게 됨으로써, 변경 방어에 필요한 대규모의 병력은 주로 변경 지역의 로마 속주에서 충당되기에 이르렀다. 3세기 중엽에는 로마화된 속주민들마저 지원을 꺼리게 되어, 군대는 점점 더 로마인 지휘관 휘하에서 싸우는 야만족 전사로 이루어지게 되었다. 야만족으로 이루어진 그러한 군대는 멀리 떨어져 있는 제국 정부와 감정적 유대를 맺을 수 없었다. 그들은 로마나 이탈리아를 본 적이 없었다. 그들에겐 대개 황제가 단지 이름뿐인 존재에 지나지 않았기 때문에, 그들의 충성심은 바로 직속상관인 지휘관에게 집중되기 마련이었다.

기번은 제국 전역에 공통된 "법률과 관습"이 제국의 통합에 기여하였음을 칭송하였다. 물론 로마제국 전역에 공통된 문화를 확산시켰음은 뛰어난 업적이 아닐 수 없다. 하지만 이 공통된 문화는 겉껍데기에 지나지 않았으며 소수 지식층에만 영향을 끼쳤을 뿐이었다. 이집트의 농민과 켈트족 병사 그리고 그리스의 장인은 서로 다른 세계관과 언어, 종교, 그리고 이상을 지니고 있었다. 그리고 궁극적으로 그들은 공통된 이해관계를 지니지 못했다. 한때에는 번창하는 상업망으로 속주들이 서로 결합되어 있었고, 갈리아Gaul 지방과 브리튼의 광산이 개발됨으로써 처음에는 교역의 발전이 촉진되었다. 그러나 2세기 중엽에 서부 속주들은 자체의 수공업을 발전시켜 자급자족적으로 되고 있었다. 서부 속주들은 수출과 수입을 다 같이 줄였다. 그 직접적인 결과로 이탈리아의 산물에 대한 좋은 시장이 사라짐으로써, 이탈리아의 경제생활은 뚜렷하게 후퇴하였다. 제국의 여러 지역들은 제각기 군사적으로 또 동시에 경제적으로도 자급자족적이 되었다. 물론 대규모의 교역 활동이 사라진 것은 아니었으나, 경제 침체의 기미가 뚜렷해지고 있었으며, 3세기에 노동력의 부족과 통화 위기가 닥쳐오자 이러한 경제 침체는 곧바로 파멸적인 불황의 국면으로 치닫게 되었다.

"부와 향락의 향유"에 대한 기번의 지적을 고려할 때, 우리는 바로 이 점을 염두에 두어야 한다. 물론 로마 제국에서는 단지 극소수만이 그러한 부와 향락을 누렸으며 부의 분배가 극도로 불균등했지만, 그것만이 이유는 아니었다. 부의 불균등한 분배는 어떤 정도이든 거의 모든 사회의 속성인 것이다. 로마 제국에 있어서 결함은 더 깊은 곳에 있었다. 다른 실제적인 분야에서 로마가 보여준 뛰어난 업적을 고려할 때, 로마인은 놀랍게도 물질적 재화를 효율적으로 생산하기 위해 가용한 동력원을 이용하는 데에는 전혀 능력을 발휘하지 못했다. 중세인에 비해, 그들은 풍력이나 수력을 거의 이용하지 않았다. 심지어 로마인은 적당히 효율적으로 가축을 이용하지도 못했다. 그들은 가축보다는 인간을 이용하였다. 로마 사회는 오로지 노예의 노동력에 의존하고 있었다.

노예제도가 우리의 도덕적 감정을 거슬리게는 하지만, 노예제도에 의존하였다는 사실 자체가 로마 문명의 전반적인 몰락을 설명해주는 것은 아니다. 노예가 충분하게 공급된다면, 한 사회가 필요로 하는 노동력을 노예 노동으로 충당하지 못할 이유는 명백히 없다. 그리고 로마가 정복을 계속했던 동안에는, 전쟁에서 승리할 때마다 수많은 포로가 노예 시장에 흘러 들어왔다. 하지만 1세기 말에는 정복사업이 마무리됨으로써, 새로운 포로 노예의 공급이 중단되었다. 노예 노동은 점점 더 부족해지고 비싸지게 되었으나, 모든 육체노동을 노예의 직분으로 여기고 있던 로마 사회는 창조적인 기술 혁신의 필요성이 커지고 있었음에도 불구하고 그러한 기술 혁신을 이루어내지 못했다. 서부에서 로마 제국의 조직이 무너지게 된 가장 단순한 원인으로는 변경 방어에 필요한 군사력과 효율적인 중앙정부의 유지에 필요한 관료제를 뒷받침할 수 있을 만큼 부유하거나 생산적이지 못했음을 들 수 있다. 제국의 동부는 서부에 비해 훨씬 더 많은 자산을 지니고 있었고, 그래서 동로마는 존속하게 되었다.

기번은 "자유로운 공화정의 모습은 상당한 정도로 존중되어 유지되었다"라고 말하고 있지만, 실은 정치 구조의 결함이 로마 제국의 불안정을 야기한 주된 원인이었다. 로마 제국이 실제로 어떤 과정을 밟아 몰락하게 되었는가를 고찰하고자 하는 경우, 바로 이 정치적인 취약점을 출발점으로 삼는 것이 가장 손쉬울 것이다. 기원전 1세기 초 로마의 정치 체제는 공화정이었다. 실권은 가장 부유하고 영향력이 큰 몇몇 족벌들이 지배하였던 로마 원로원에 있었다. 이러한 공화정은 기원전 49년에 군사 쿠데타를 일으킨 율리우스 케사르Julius Caesar에 의해 붕괴되었다. 케사르는 기원전 44년에 암살당했고, 그 뒤 오랜 동안 권력 투쟁이 벌어졌다가, 결국 케사르의 손자뻘되는 아우구스투스 케사르가 기원전 30년에 단독으로 집권하였다. 아우구스투스는 공공연히 로마 공화정을 부활시키겠다고 선전하였고, 실제로 그의 치하에서는 옛 공화정의 행정관직이 그대로 유지되었으며 원로원도 계속 기능하고 있었다. 그러나 아우구스투스는 매우 많은 권력을 자기에게 집중시켜 사실상 절대 권력을 행사하였다. 대장군imperator으로서 그는 로마군의 사령관이었다. 그는 가장 높은 지위의 문관직인 집정관consul과 호민관tribune에 취임하였다. 그리고 대사제장pontifex maximus으로서 그는 로마 종교의 가장 높은 사제이기도 하였다. 아우구스투스 시대 이래로, 이러한 복합적인 성격의 권력은 한 황제에게서 다음 황제에게로 계승되어 갔다.

이러한 체제의 기본적인 결함은 한 황제가 죽었을 경우 권력의 순조로운 계승을 위한 어떠한 제도적인 장치도 없었다는 점이다. 제위는 세습되는 것도 아니었고, 선출에 의해 계승되는 것도 아니었다. 96년에서 180년까지, 곧 네르바Nerva 황제로부터 마르쿠스 아우렐리우스Marcus Aurelius까지는, 각 황제가 자기를 계승할 후임자를 지목하여 섭정coregent이라 칭하고는 제위 계승에 논란이 있을 수 없도록 그에게 막강한 권력을 부여하였다. 이러한 방식으로 위대한 통치자들이 연이어 제위에 올랐다. 하지만 이 방식은 재임하고 있는 황제가 매우 뛰어난 통찰력과 도량을 겸비해야만 가능한 것이었고, 따라서 당연하게도 무한정 지속될 수는 없었다. 이 방식은 180년에 마르쿠스 아우렐리우스가 그의 아들 코모두스Commodus에게 제위를 물려줌으로써 중단되었는데, 코모두스는 철저하게 사악하고 무능력한 인물이었다. 코모두스는 192년에 암살되었고, 193년에서 211년까지는 아프리카 속주 출신의 군인인 셉티미우스 세베루스Septimius Severus가 전제적인 군인 통치를 시행하여, 그는 "군인을 돌보아라, 그 나머지는 경멸하라"는 냉소적인 격언을 발설했다고 알려져 있을 정도였다.

셉티미우스 세베루스가 죽은 뒤에는 군인들이 실로 마음대로 상황을 주물렀다. 군인들은 어느 정도의 보상을 약속하는가에 따라 그들이 지지할 황제 후보를 변덕스럽게 바꿈으로써, 제멋대로 황제를 옹립하고 쫓아내었다. 변경의 사령관은 누구든, 이탈리아 습격을 자기 휘하의 군대에게 설득시킬 수만 있다면, 황제가 될 꿈을 가질 수 있었다. 이에 따라 황제가 되려는 야심가들이 로마로 진군하여 재위하고 있는 황제를 죽이고 스스로 황제로 즉위하거나, 패전하여 생명을 잃는 일이 거듭되었다. 끊임없는 내란은 당연하게도 변경의 수비를 약화시켰다. 프랑크Frank족은 라인란트Rhineland를 공격하였고, 고트Goth족은 다뉴브 변경에 압박을 가하였다. 또 이 끊임없는 내란은 로마 제국의 재정 구조를 뒤흔드는 결과도 낳았다. 황제가 바뀔 때마다, 새로 즉위한 황제는 그를 지지한 군인들을 만족시키기 위해 막대한 뇌물을 제공해야 했다. 국고가 바닥이 나면, 황제는 필요한 액수의 화폐를 만들기 위해 화폐의 질을 떨어뜨리곤 하였다. 결국, 옛 솔리두스solidus 은화는 은이 도금된 구리 화폐로 대체되었고, 황제들의 이러한 임시방편적인 조치로 당연하게도 파멸적인 물가상승이 뒤따랐다.

259년, 발레리아누스Valerian 황제가 동부의 변경에서 패전하여 페르시아의 포로가 되고 페르시아인에게 매우 치욕적인 취급을 받음으로써, 황제의 위엄이 크게 손상되었다. 발레리아누스가 죽었을 때, 페르시아왕은 냉혹하게도 승전 기념품으로 그의 가죽을 벗겨 박제해 놓았다. 발레리아누스의 뒤를 이은 갈리에누스Galienus 황제는 이탈리아에서만 실권을 행사할 수 있었고, 그 밖의 지역은 제위를 노리는 장군들이 제각기 장악하고 있었다. 이즈음, 20여 명의 자칭 황제들이 로마 제국을 갈기갈기 조각내어 통치하고 있었다. 270년에는 한 떼의 게르만인이 알프스를 넘어 북이탈리아를 침공하였고, 아우렐리아누스 Aurelian 황제는 가까스로 이들을 물리쳤다. 3세기 중엽에 로마 제국은 끊임없는 내란과 항구적인 재정 파탄의 상태로 빠져들고 있었다.

2. 디오클레티아누스와 콘스탄티누스의 개혁

서로마 제국이 200여 년가량 더 존속할 수 있었던 것은 디오클레티아누스 284~305와 콘스탄티누스306~337 두 황제가 추진한 일련의 전면적인 개혁 덕분이었다. 이 개혁의 가장 중요한 측면은 황제의 절대적인 권위가 더욱 강조되었다는 점, 문관과 무관이 더 뚜렷하게 구분되었다는 점, 그리고 제국의 징세 방법과 경제적 통제체제가 새로 개편되었다는 점이었다.

3세기에 제국이 안고 있던 가장 뚜렷한 취약점은 제국의 어디에서나 존중되고 복종될 만한 안정된 중앙 권위가 없었다는 것이었다. 냉정하고 매우 성공적인 군인이었던 디오클레티아누스는 이 점을 직시하여 시정하기로 마음먹었다. 그는 그 과업을 이루어 냈으나, 그 결과 로마 제국의 성격을 영원히 바꾸어 놓았다. 디오클레티아누스의 치하에서, 아우구스투스가 신중하게 공화정의 껍질로 은폐했던 정치적 독재가 적나라한 전제정으로 탈바꿈하였다. 한때 로마 원로원이 누렸던 권력과 특권은 사라지거나 단지 껍데기만 남게 되었고, 원로원은 사실상 로마시의 시참사회에 불과한 존재로 격하되었다. 제국은 법률에 의해 통치되었으나, 법률을 만들어내는 것은 바로 황제였다. 그때까지는, 적어도 원칙상으로는, 황제가 로마 시민의 최고위 행정관 자격으로 권력을 쥐고 있었다. 제국 초기부터 이미 황제가 어느 정도 신성시되어 온 것은 사실이지만, 황제의 신성은 그 개인에게가 아니라 로마의 화신으로서의 역할에 부여된 것이었다. 그러나 디오클레티아누스 시대 이후에는, 그와는 달리 황제의 전제정을 정당화하는 수단으로 동방에서와 같은 신격화된 군주에 대한 숭배가 강요되었다. 황제는 지상의 진정한 신, 또는 (기독교가 공인된 이후로는) 하나님이 친히 지명한 하나님의 대리인—어떻든, 보통 인간보다 훨씬 상위에 있는 신성한 존재—으로서 내세워졌다. 디오클레티아누스와 콘스탄티누스의 궁정에서는, 동방에서처럼 온갖 의식적인 치장들이 황제의 몸뚱아리를 에워싸고 있었다. 국가적인 행사가 있을 때면, 황제는 푸른색과 금빛이 어우러진 예복에 보석을 주렁주렁 달고, 삼중관을 쓰고, 그의 절대적인 권위를 상징하는 홀笏을 든 모습으로 나타났다. 조신들은 황제가 납실 때 엎드려 부복하였다.

디오클레티아누스는 동부의 도시 니코메디아Nicomedia에 거대한 궁전을 새로 짓고, 그곳을 재편성한 관료 기구의 본부로 삼았다. 모든 권력은 황제로부터 흘러나와, 그의 신임을 받고 있던 고위 관리들에 의해 행사되었다. 제국 정부에서 가장 높은 세관직은 일종의 수석 장관인 총리the Master of the Offices와 황제의 칙령을 초안하는 등의 일을 맡은 최고 법무관인 궁정 검찰관the Quaestor of the Sacred Palace, 그리고 재무를 관장하는 황실 회계관the Count of the Sacred Largesse이었다. 그러나 실제로는 황실의 시종장the Great Chamberlain도 위 세 관직에 버금가는 막강한 권력을 행사하였다. 황실 시종장은 거의 범접할 수 없는 전제 군주가 된 황제와 개인적으로 밀접하게 접촉할 수 있었기 때문에 실질적인 정치적 권력을 누리게 되었다. 전형적인 동방의 예에 따라, 시종장은 대개 내시였다.

디오클레티아누스는 중앙정부와 함께 제국의 지방행정도 개편하였다. 그때까지는 하나의 행정 체계가 민사 업무와 군사 업무를 함께 관장해왔고, 한 속주의 총독은 동시에 그 속주에 주둔한 군대의 사령관이기도 하였다. 이런 상황은 많은 지역 사령관들로 하여금 제위에 오를 야심을 품게 하는 경향이 있었고, 이에 따라 디오클레티아누스는 그러한 상황에 종지부를 찍었다. 그는 제국을 4개의 커다란 지구prefecture로 나누고, 각 지구의 통치를 행정 장관praetorian prefect에게 맡겼다. 이 행정 장관은 민사에 관한 행정만을 책임질 뿐, 군사적인 권한은 지니지 못했다. 지구들 사이의 경계는 대체로 남북으로 그어졌다. 갈리아 지구에는 브리튼, 갈리아, 스페인, 그리고 아프리카의 서북단이 포함되었다. 이탈리아 지구는 이탈리아를 중심으로 북으로는 다뉴브강까지, 남으로는 아프리카 여러 속주의 가운데 토막을 포괄하였다. 일리리쿰Illyricum 지구는 발칸 반도의 대부분을 포괄하였다. 그리고 동부 지구는 트라키아Thrace와 동지중해 연안 지역 그리고 이집트로 이루어졌다. 각 지구는 다시 몇 개씩의 관구diocese로 나뉘어 관구 지사vicar에 의해 통치되었다p. 8의 지도 참조. 모두 합해 12개가 되어 있던 관구는 각각 다시금 여러 속주province로 나뉘었고, 속주는 제국의 유서 깊은 기본 행정 단위인 도시civitas로 나뉘어졌다. 이런 행정 체계를 책임지고 있던 각급의 관리들 모두에게 군사적 권한은 전혀 주어지지 않았다. 황제는 어떤 지위의 관리도 마음대로 임면할 수 있었다.

최고 군 지휘권은 장군magister militium; master of the soldiers의 직함을 지닌 관직에게 주어졌다. 황제의 곁에는 언제나 2명의 장군이 친위대를 거느리고 있었다. 제국의 동부에는 일리리쿰과 트라키아 그리고 동지중해 연안 지역에 각각 1명씩 3명의 장군이 주둔하고 있었다. 제국의 서부에는 처음에는 2명의 장군이 있었으나, 4세기 말에는 1명의 대장군supreme general이 이탈리아에 상주하면서 서로마의 모든 군대를 통괄 지휘하게 되었다. 장군은 공公, dux이라 불리었던 부장들을 휘하에 거느리고 있었다. 군대는 역할에 따라 셋으로 나뉘어졌다. 두 군단으로 이루어진 친위대는 황제의 경호를 맡고 있었다. 야전군은 언제라도 위협을 받는 국경 지대에 출동하거나 반란을 진압하기 위해 기동성을 발휘하도록 되어 있었다. 끝으로 변경 주둔군은 제국의 변경을 수비하는 임무를 띠고 있었다. 이 변경 주둔군은 종종 주둔 지역의 사람들과 통혼하였고, 야전군에 비해 질이 낮은 부대로 간주되었다. 각급의 군 지휘관에게는 민사에 관한 권한이 주어지지 않았다. 민사 행정 체계와 군사 행정 체계를 모두 관장하는 황제는 두 체계를 잇는 유일한 매개로서, 제국을 하나로 통합하는 구심체가 되었다. 4세기에는 제국의 고위 관리들에게 새로운 명칭의 작위가 주어졌다. 가장 높은 작위는 illustres뛰어난 자란 뜻로, 행정 장관과 장군에게 주어졌다. 그 다음으로 spectabiles고귀한 자, 그리고 그 밑으로 clarissimi두드러진 자가 있었고, 가장 낮은 지위의 작위는 이름만은 굉장한 perfectissimi완전한 자였다.

디오클레티아누스는 일종의 황제단imperial college을 구성함으로써 제위 계승의 문제를 해결하려 하였다. 그는 군대의 오랜 동료인 막시미아누스Maximianus를 공동황제로 임명하여 서부의 속주들을 다스리도록 했다. 그와 막시미아누스는 각각 자신의 대리인으로 부황제Caesar를 두었다. 이는 한 황제가 죽거나 양위하고자 할 때, 부황제가 제위를 계승하도록 하려는 것이었다. 디오클레티아누스는 305년에 양위하여, 312년까지 은퇴한 상태로 평온하게 살다가 세상을 떴다. 디오클레티아누스의 강권에 따라, 막시미아누스도 마지못해 305년에 함께 양위하였으며, 이에 따라서 부를 관할하던 부황제 콘스탄티우스Constantius 1세와 동부를 관할하던 부황제 갈레리우스Galerius가 당연하게 제위에 올랐다. 하지만 바로 이 단계에서 계승 체계는 무너져내렸다. 왜냐하면 막시미아누스와 콘스탄티우스 그리고 갈레리우스 모두가 제각기 자기 자식의 제위 계승권을 주장하게 되었던 것이다. 306년에 브리튼 주둔군은 콘스탄티우스의 아들인 콘스탄티누스를 황제로 옹립하였고, 이에 다시금 내란이 발발하게 되었다. 콘스탄티누스는 313년에 로마 근교의 밀비아 다리 Milvian Bridge에서 결정적인 승리를 거두어 제국 서부를 장악하였고, 323년에는 동부에서도 권력을 장악하였다. 그 이후 14년 동안 그는 계속 집권하여, 제국 전역에 질서와 안정을 가져다 줄 수 있었다. 콘스탄티누스는 공동황제를 지명하지 않았으나, 그가 죽은 뒤 제국은 그의 두 아들에 의해 분할 통치되었다. 이때로부터, 두 명의 황제가 각각 동로마와 서로마를 나누어 다스리는 것이 상례화되었다.

디오클레티아누스의 중앙집권적 정책을 더욱 강화하여 지속하는 한편, 콘스탄티누스는 장차 매우 중요한 의미를 지니게 될 두 가지 개혁을 감행하였다. 첫째, 그는 기독교를 받아들이기로 결정하였다. 그 이후 기독교는 급속하게 성장하여, 로마 제국의 국교로 인정되기에 이르르면서, 말기 고전 문화의 성격을 완전히 변모시켰다(여기서 간단하게 언급하기에는 너무나 중요한 주제인 기독교의 발전에 대해서는 뒤에 따로 한 장을 할애하여 논의할 것이다). 둘째, 콘스탄티누스는 보스포러스 해협의 전략적 요충이자 유서 깊은 도시인 비잔티움 Byzantium: 콘스탄티누스가 도읍한 이후 콘스탄티노플Constantinople로 개칭되었고, 뒷날 투르크가 비잔틴 제국을 멸망시킨 뒤로부터 오늘날까지는 이스탄불Istanbul로 불리우고 있다. —역주에 새로운 제국 수도를 건설하였다. 디오클레티아누스는 동부에 행정의 본부를 설치하는 데 그쳤으나, 콘스탄티누스는 의도적으로 동부에 새로운 세계 수도, 요컨대 그가 이름하였듯이 "새로운 로마"를 건설하려 하여 호화로운 궁전과 거대한 원형극장, 광장, 그리고 심지어는 원로원 건물까지도 세웠다. 그의 사업은 커다란 성공을 거두었다. 서로마가 멸망하고 천년이 지나도록, 그 도시 즉 콘스탄티노플은 세계에서 가장 큰 도시의 하나이자 위대한 문명의 중심으로서 존속하였던 것이다. 그러나 콘스탄티누스가 만들어 낸 것은, 콘스탄티노플의 통치자들이 스스로를 언제나 로마 황제라고 일컬었음에도 불구하고, 결국 "새로운 로마"가 아니었다.

그 도시의 공통어는 그리스어였다. 헬레니즘과 동방의 영향으로 형성된 그 도시의 특징적인 예술 양식과 문학 그리고 종교적인 생활은 매우 세련되고 매력적이었으나, 옛 로마의 그것과는 전혀 다른 것이었다. 결국, 옛 로마의 라틴 문화가 서부 지역에 영향을 미친 것과 마찬가지로, 비잔티움의 그리스 문화는 러시아와 동유럽의 문명 형성에 큰 영향력을 행사하게 되었다.

3. 경제 · 사회 · 문화

디오클레티아누스와 콘스탄티누스는 3세기 중엽의 내란 상태로 빚어진 재정적 · 행정적인 문제에 단기적으로는 매우 성공적으로 대처하였다. 그들은 정부의 기능을 다시 원활하게 만들었다. 그러나 둘 다 제국이 안고 있는 기본적인 사회적 · 경제적 취약성에 대해서는 전혀 이해하지 못하고 있었고, 이러한 사회 · 경제적인 측면에 있어서는 그들의 중앙집권 정책이 기왕의 어려움을 경감시키기는커녕 더욱 악화시켰다.

디오클레티아누스 이래로 황제들이 생각할 수 있었던 단 하나의 일관된 경제 정책은 군대와 관료기구의 지탱에 필요한 세수의 확보를 위해 제국의 물적 자원을 조직하는 것뿐이었다. 디오클레티아누스 치하에서 토지 조사가 새로 시행되었고, 모든 구역은 토지의 비옥도와 인구의 수에 따라 과세되었다. 과세의 기본 단위는 한 가족의 자급자족에 알맞는 면적의 토지인 유굼jugum이었고, 유굼에 과세된 세금은 아노나annona라 불리었다jugum: 라틴어의 Jugo—묶다, 연결하다, 짝짓다—에서 파생된 부부관계 또는 가족단위를 가리키는 낱말임; annona: 라틴어의 annus—年—에서 파생된 낱말로 1년의 생산량을 뜻했음—역주. 세금은 곡물이나 기름, 포도주, 기물 등 현물로 납부되었다. 디오클레티아누스는 통화를 안정시키기 위해 순도 높은 금화와 은화를 새로 발행하였다. 그러나 황제의 조폐소는 동화도 더욱 많이 주조해내었고, 이 동화가 일상적인 거래에서 유통되는 화폐의 대부분을 차지하였다. 정부는 정부가 발행했지만 값어치가 별로 없는 통화로는 세금을 받으려 하지 않았다. 아노나는 황제의 기본적인 세입원이었으나, 그에 더하여 수많은 간접세와 개개인 및 온갖 단체로부터의 빈번한 강제적인 기부금 징수도 큰 몫을 차지하였다. 게다가, 도로와 공공 건물의 유지를 위해 부역 또한 강요되었다. 파라오 Pharaoh 통치하의 이집트에서 기원한, 이른바 "성역liturgy"이라 불리었던 강제 부역의 제도는 4세기의 황제들에 의해 로마 제국 전역에 확산되었다.

적정한 수준의 세입을 유지하기 위하여, 황제들은 경제생활의 모든 측면에 대해 전례 없이 강력한 통제를 실시하였다. 유일한 세원은 농민들이 점유하여 경작하는 토지였다. 소농들이 보유지를 버리고 도망하여 세금의 압박에서 벗어나려 하자, 그들과 그 후손을 토지에 결박함으로써 일종의 농노 상태로 전락시키는 법률이 제정되었다. 그들은 자기 집안이 보유한 토지를 떠날 수 없었다. 도시에서는 원래 전통적으로 온갖 매매업과 수공업이 길드 또는 조합으로 조직되어 왔었다. 조합이 과세의 단위로 간주됨에 따라 조합원이 조합에서 이탈하려 하자, 마찬가지로 강제의 원칙이 적용되었다. 직종에 따라 해당조합에 가입하는 것은 강제적인 의무가 되었고, 조합원의 신분은 세습화되었다. 선주들이 정부를 위해 로마와 콘스탄티노플에 곡물을 실어나르는 의무에서 벗어나기 위해 직업을 바꾸려하자, 그들 또한 그러지 못하게 금지당했다. 하나하나 제국의 주된 직업은 세습화되었고, 직업을 바꾸는 것이 금지되어 갔다.

심지어는, 전통적으로 지방 행정의 업무를 자진하여 떠맡아온 속주 도시의 부유한 상층 계급인 시참사회원마저 강제의 틀을 벗어날 수 없었다. 4세기에는 시참사회원이 된다는 것이 단지 징수가 거의 불가능한 과중한 세금을 황제의 금고에 책임지고 넣어야 한다는 것을 뜻할 뿐이었다. 만일 사람들로부터 책임진 액수만큼 세금을 징수하지 못하면, 시참사회원이 자기의 호주머니에서 부족한 부분을 충당해야 했다. 당연히 사람들은 지방의 시참사회에 자진하여 참가하진 않게 되었다. 이에 정부는 시참사회원의 직책을 세습화시키고 시참사회에서의 이탈을 금지하였다. 자기가 살던 도시를 버리고 도망한 시참사회원은 도망한 농민처럼 체포되어 그 도시로 송환되었다. 이러한 정부의 문제 해결책은 사회 계층을 화석화시켰다. 많은 사람이 아버지가 지녔던 지위에 묶여버렸다. 또 다른 결과로, 중산 계급이 서서히 몰락해갔다. 정부의 요구가 무거워질수록, 그 부담을 가장 무겁게 지게 된 집단, 즉 약간의 재산을 지니고 있으나 정치적 영향력은 거의 없는 계층은 몰락의 길을 걷게 되었다. 제국이 옛 부를 그대로 유지하고, 세금이 정직하게 효율적으로 징수되었다면, 세금의 부담이 그토록 과도해지지는 않았을 것이다. 그러나 국가의 통제가 극심한 가운데, 창의적인 경제 활동은 질식당했고, 교역은 쇠퇴하였으며, 도시는 점점 더 정부의 실업 수당으로 먹고 사는 게으른 무리들의 온상이 되었다. 더구나 가장 단호한 황제조차 어찌할 도리가 없었을 정도로 부패가 만연해 있었다. 총리는 온갖 직급의 관리들을 감시하기 위해 정교하게 짜여진 암행 감사agentes in rebus 체제를 거느리고 있었으나, 이로써 대규모의 횡령이 근절되지는 않았다. 관리들은 보통 황제에게 실제로 바치는 것보다 훨씬 많은 것을 인민으로부터 갈취해냈다.

징세 제도의 가장 나빴던 점은 제국에서 가장 부유했던 최고위의 귀족층이 면세되었고, 부유하지만 원칙상 면세되지 못하는 자들은 징세관을 매수함으로써 세금을 탈루하였다는 데 있었다. 이에 부자에게는 더욱 많은 부를 긁어모을 기회가 주어졌고, 무거운 세금의 부담은 온통 가난한 부류에게 지워져 그들의 등을 휘게 하였다. 5세기 초에 살비아누스Salvianus는 야만적인 서고트족이 남부 갈리아 지방을 침입했을 때, 그곳의 농민들은 그들을 해방자로 환영했다고 기록하였다. "그들에게는 징세관보다 오히려 적이 더 자비롭다고 여겨졌다… 그들은 세금을 피하기 위해 적에게로 도망쳤다."

이와 같이 디오클레티아누스 및 그 이후의 황제들이 채택한 재정 정책은 비효율적이었을 뿐만 아니라, 극도로 불공정한 것이기도 하였다. 로마 제국 말기에 모든 다른 쇠퇴 현상과 함께 도덕도 타락하였다고 주장하기는 쉬울 것이다. 실제로 역사가인 아미아누스 마르켈리누스Ammianus Marcellinus와 같은 몇몇 4세기의 저술가들은 도덕의 타락에 대해 개탄한 바 있다. 그러나 도덕적 타락의 정도를 측정하는 데 쓰일만한 지표는 누구도 작성한 바 없으며, 4세기의 인간이 다른 시기의 인간보다 본질적으로 더 사악하였다고 생각할 합당한 이유는 없다. 로마 문명에는, 정부가 도시의 군중을 즐겁게 하기 위해 무대에 올린 병적으로 가학적인 구경거리에서 전형적으로 나타나듯이, 언제나 어느 정도의 도덕적인 둔감증이 밑에 깔려 있었다. 정부는 사회의 밑바닥 계층을 이루고 있는 농민과 노예를 위해 충분할 만큼 관심을 기울인 적이 없었다. 그러나 4세기에는 이미 언제나 도덕적으로 문젯거리가 되어온 태도가 국가를 취약하게 만든 결정적인 근원이 되었다. 부분적으로는 인구 감소와 노동력 부족으로 야기된 경제적 쇠퇴의 시기에, 정부는 제국의 전 상부구조를 지탱하던 생산 노동 계급을 위해 거의 아무런 고려도 해주지 않았던 것이다.

부유한 동부도 징세 제도의 압박에 고통을 당하였으나, 서부와는 달리 살아남을 수는 있었다. 서부에서는 도시 사회의 구조가 야만족의 침입 이전에 이미 변질되기 시작하였다. 도시의 경제적 침체와 도시의 유력 시민에 대한 가혹한 압력은 사회의 "농촌화"를 가속시켰다. 시참사회원의 도시 거주를 강제한 법률이 언제나 지켜질 수는 없었으며, 물론 대귀족들은 제국에 대한 모든 의무와 함께 그러한 거주 제한 규정도 무시해 버릴 수 있었다. 옛 원로원 계급의 부유한 로마인은 언제나 농촌에 거대한 영지를 소유해왔고, 대개 해마다 상당기간 동안 세련되었지만 신경을 쓰게 하는 도시생활에서 벗어나 농촌에서 쾌적한 삶을 누리곤 하였다. 5세기에는, 많은 귀족이 도시를 완전히 떠나, 농촌에 있는 그들의 영지를 사실상 자급자족적인 지역 공동체로 조직하였다이를 빌라villa라고 불렀다—역주. 그러한 영지의 영주는 아름다운 저택을 짓고, 책을 좋아한다면 훌륭한 장서를 모아, 매우 호사스럽게 지주로서의 삶을 누릴 수 있었다. 그는 대개 스스로의 경호원을 거느리고 있었고, 그를 성가시게 하는 지방 관리들을 매수하거나 또는 아예 무시할 수 있었다. 노예 노동이 비경제적으로 되었으므로, 영주의 토지는 콜로누스colonus: 원래는 농민, 특히 차지농借地農을 가리킴—역주에 의해 경작되었다. 콜로누스는 한 조각의 토지를 보유하고, 그 대신 현금이나 현물 또는 노동 부역으로 지대를 지불하였다. 콜로누스는 법률적으로는 해방되었으나 주인의 토지에 일꾼으로 남아 있었던 해방 노예의 후손들과 세금의 부담을 벗어나기 위해 토지를 포기했던 반자유 농민으로 이루어져 있었다. 이 대영지들 가운데에는, 그 독립적인 자급자족적 성격으로 말미암아, 뒷날 게르만족 침입의 혼란 속에서도 계속 존속할 수 있었던 경우가 꽤 많았다. 이와 같이 게르만족 침입 이전에 이미, 중세 초의 특징이라 여겨져 온 농촌화와 분권화 등 몇몇 상황이 서로마에서 나타나고 있었다.

디오클레티아누스와 콘스탄티누스가 로마 제국을 하나의 거대한 감옥으로 만들어 놓았다고 평가하는 사람들도 있다. 하지만 그들이 건강하고 활기에 찬 사회를 노예 상태로 전락시킨 것은 아님을 상기해야 한다. 그들은 완전히 해체될 위기에 처해 있었던 제국을 통합시키기 위한 방책을 썼던 것이고, 그러한 그들의 방책은 잠시 동안이나마 성공하였다. 그들 덕분에 그들 이후 수세기 동안

전쟁에 휩싸였을 지역에 당분간은 평화가 찾아들었고, 뒷날 이 시기는 종종 황금시대로 회고되곤 하였다. 하지만, 장기적으로 보아 그들의 정책이 제국의 회생에 필요한 창조성과 활력을 질식시켰다는 사실을 부정할 수는 없다.

문학과 사상의 측면을 살펴보아도, 마찬가지로 독창성과 자발성이 결여되어 있었음을 알 수 있다. 말기 고전 문명의 업적 가운데 서양문화에 지속적으로 중대한 영향을 미친 것이 단지 교과서뿐이라는 사실은 상징적이다. 4세기에 도나투스Donatus가 쓴 라틴 문법에 관한 두 저서, ≪문법 개요*Ars Minor*≫와 ≪문법 대계*Ars Major*≫, 그리고 프리스키아누스Priscian가 쓴 더욱 발전된 문법서인 ≪라틴어의 구조*Institutes*≫는 중세 전반에 걸쳐 표준적인 교과서로 사용되었다. 5세기 초의 백과사전적인 저작인 마르티아누스 카펠라Martianus Capella의 ≪머큐리 신과 언어학의 결혼*Nuptials of Mercury and Philology*≫ 또한 중세사가들의 관심을 끌고 있는데, 이 저작은 학문 분야를 중세 학교의 기본적인 교과목을 이루고 있던 "7개 학예seven liberal arts", 곧 문법, 수사학, 논리학, 수학, 음악, 기하학 그리고 천문학으로 분류하였던 것이다.

여전히 로마에는 역사가와 시인 그리고 극작가가 활동하고 있었으나, 라틴 문학의 황금시대에 등장했던 거장들에 비견할만한 인물은 나타나지 못했다. 말기 고전 문화를 대표하는 가장 그럴듯한 인물들마저 독창성과 깊이가 결여되어 있었으며, 언제나 과거에 매달려 과거의 업적을 그나마도 조잡하게 흉내 내는데 그쳤다. 예컨대, 로마 원로원의 의원 가문에서 340년에 태어난 퀸투스 아우렐리우스 시마쿠스Quintus Aurelius Symmachus는 자기가 로마 원로원의 의원임을 매우 중요하게 생각하여 원로원의 회의에 빠짐없이 참석하였고, 연설을 해주도록 초빙 받는 것을 최고의 영예로 여겼다. 그러나 로마 원로원이 제국의 통치에 관한 모든 실권을 빼앗긴 상황에서 이러한 그의 사고 및 행동은 일종의 무의미한 유희에 지나지 않았다.

시마쿠스는 문학적인 야심을 뚜렷이 지니고 있었다. 현란한 연설문을 작성하는 외에, 그는 시인을 후원하고, 필사본을 수집하였으며, 끝없는 고상한 문학적 토론에 끼어들었다. 그는 이따금 편지에 쓸 만한 이야깃거리가 없다고 불평하면서도 아름다운 문체로 열심히 편지를 썼으며, 자기가 쓴 편지들을 뒷날 출간하기 위해 조심스럽게 보관해 두었다. 이 시기야말로 고대 세계의 위대한 문명이 몰락의 길을 걷고 있었던 때였으나, 시마쿠스는 자기가 그런 시대에 살고 있음을 전혀 감지하지 못했다. 그가 살아 있는 동안에 시작된 야만족의 침입은 그에게는 영원히 지속될 생활 방식에 성가신 훼방꾼이 끼어든 정도로만 여겨졌을 뿐이었다. 그는 야만족의 침입이 그에게 어떤 행동이나 희생을 요구하리라고는 전혀 생각할 수 없었다. 시마쿠스가 로마를 위해 희생하기를 꺼려했다는 것은 아니다. 반대로, 그는 오랜 전통에 따라 자기의 아들이 집정관의 직책을 맡은 해에 막대한 돈과 정열을 쏟아 로마인을 위해 오락거리를 듬뿍 마련했던 것이다. 시마쿠스는 아프리카에서 사자와 악어를, 스코틀랜드에서 개들을, 그리고 스페인에서는 말을 로마로 수입해왔다. 심지어, 그는 한 떼의 색슨족 포로들을 수입하여, 투기장에서 검투사로 싸우게 하였다. 그러나 색슨인들은 로마인에게 한 시간의 즐거움을 선사하기 위해 생명을 걸고 싸우기 보다는, 검투경기가 있기 바로 전날에 조용히 스스로 목숨을 끊거나 서로의 목을 졸라 죽이는 길을 택하였다. 시마쿠스는 색슨인들이 야만스럽게도 로마의 그 위대한 전통을 냉대한 것에 크게 격노하였다.

시마쿠스가 살던 시대에 사상과 문화의 분야에서 이루어진 가장 중요한 발전은 기독교의 성장이었다. 시마쿠스는 새로운 것을 혐오하였고, 당연히 새로 유행되고 있던 기독교에 동감할 수 없었다. 그의 일생 동안 그에게 어느 정도 깊이 있는 진짜 감정을 일으킨 유일한 사건은 옛 로마 종교의 상징인 승리의 여신Victory상이 로마 원로원 건물에서 철거되었던 일이었다. 시마쿠스는 옛것을 숭앙하진 못할망정 적어도 없애지는 말아야 한다고 진짜 웅변으로 탄원하면서, 당국에 끊임없이 항의하였다. 그는 "위대한 신비에 도달하는 길은 하나만이 아니다"라고 썼다. 이에 밀라노의 암브로시우스Ambrose of Milan는 기독교의 대변자로서 "당신이 모르는 것을 우리는 하나님의 말씀에 의해 알고 있다. 그리고 당신이 환상적으로 찾고 있는 것을 우리는 하나님의 지혜와 진리로부터 이미 찾아내었다"라고 응수하였다. 새로운 사람들, 곧 기독교인들은 진리를 찾고 있는 것이 아니었다. 그들은 진리를 이미 찾아냈다고 믿었던 것이다.

제2장 기독교 교회

거의 모든 측면에서 로마 제국 말기는 쇠퇴의 시기였으나, 종교적인 측면에서만은 활력이 넘쳐흘렀던 시기였다. 아마도 정치적·경제적으로 혼란한 시기에는 사람들의 마음이 정신적인 것에 쏠리게 된다는 널리 알려진 말에는 진실된 면이 있을 것이다. 어떻든, 3세기와 4세기에는 기독교뿐만 아니라 그밖에 수많은 이교들도 급속히 성장하였다. 옛 로마의 다신교에는 감정적인 요소가 매우 희박하였다. 사람들은 자기의 사업이 잘 되도록 신들에게 전통적으로 정해진 바에 따라 예배를 드리는 것뿐이었다. 종교를 대체로 신과의 거래를 신중하게 유지하는 일로 보는 태도는 로마가 정복한 서부 지역의 종교에서도 드러나 있었다. 로마의 다신교는 결코 배타적이지 않았다. 갈리아 지방과 브리튼의 사람들이 숭배하던 신들은 비슷한 성격의 로마 신들과 동일시되든가, 아니면 그대로 만신전panthon에 첨가되었다. 로마의 신들 자체가 외래신인 경우도 많았다. 보편적으로 또는 국한된 지역에서 숭배되는 이 모든 신들은 각각 정해진 의식에 따라 예배되었으나, 예배에 종교적인 열정은 거의 또는 전혀 개재되지 않았다. 많은 사람들이 종교의 매우 중요한 요소로 여기는 이 종교적 열정은 동부에서 수입된 갖가지 종교에 의해 제공되었다. 이 가운데 가장 중요한 것으로는 각각 소아시아와 페르시아, 그리고 이집트에서 기원한 키벨레Cybele교, 미트라스Mithras교, 그리고 이시스Isis교를 들 수 있다. 통틀어 비의종교秘儀宗教, mystery religion라 불리는 이러한 종교들은 서로 크게 달랐으나, 몇 가지 공통된 측면을 지니고 있었다. 즉 이들은 모두 복잡하고 인상적인 의식을 통해 새로운 교도를 받아들였으며, 모든 신입 교도들이 참여하는 일정한 의식을 지니고 있었다. 이러한 의식은 매우 극적인 것으로서, 이따금 실제로 정신적인 발작을 일으킬 만큼 종교적인 열정을 불러일으키도록 계산된 것이었다. 더구나 모든 비의종교는 추종자들에게 영혼에서 죄를 씻어냄으로써 구원해줄 것을 약속하였다. 황소를 도살하여 그 따뜻한 피로 목욕하는 등의 많은 의식은 우리에게 소름끼치고 메스꺼운 일로 여겨진다. 사원에 소속된 한 무리의 창녀들과 열정적으로 혼음하는 등의 의식은 기독교의 기준으로 보면 비도덕적이다. 하지만 죄를 씻어내고 고결한 삶을 살도록 권장하는 이들 비의종교의 일반적인 목적은 매우 가치 있는 것이었다. 비의종교는 시대의 필요를 충족시켰으며, 급속하게 제국 전역에 퍼져 나갔다. 그들은 로마의 전통적인 다신교와 마찬가지로 개방적이었다. 조상이 숭배하던 신을 계속 숭배하면서, 동시에 여러 비의종교에 입문할 수 있었다. 우리는 거의 모든 비의종교에 입문한 로마 귀족들에 대한 기록을 찾아볼 수 있다.

어떤 이들이 비의종교에서 추구하던 것을 다른 이들은 여러 철학 학파에서 찾을 수 있으리라 기대하였다. 스토아Stoa 학파와 에피쿠로스Epicuros 학파는 스스로에 대해 자족하고, 자기 주변의 세계를 하찮은 것으로 무시하라고 가르쳤다. 이 두 학파는 지식 계층에서 강력한 지지를 받았다. 세 번째 주된 학파인 신플라톤 학파Neoplatonism는 신비주의의 색채가 짙었다. 그것은 철학과 종교가 뒤섞여 있는 것이었다. 신플라톤 학파에서는 완전한 지식, 즉 진리 또는 그들이 칭한바 로고스logos가 여러 다른 양으로 세계에 퍼뜨려졌다고 가르쳤다. 그들은 로고스를 많이 함유한 것일수록 우월한 존재라고 생각하였다. 현실의 현상을 무시하고 신성한 진리를 명상함으로써, 인간은 완전한 지식 또는 구원에 더욱 가까이 다가갈 수 있는 것이었다. 구원을 제시하는 이 신비주의적인 요소는 플라톤의 기본적인 철학과 결합하여 특히 동부에서 지식 계층의 마음을 사로잡았다. 신플라톤 철학은 특히 그리스의 사상과 문화에 동화된 유대인Hellenized Jews 사이에서 큰 세력을 얻었다.

4. 기독교 교회와 로마 제국

몇몇 측면에서 원시 기독교는 비의종교와 닮은 점이 많았으나, 비의종교와 전혀 다른 특징도 여럿 지니고 있었으며, 이러한 특징이야말로 기독교의 궁극적인 승리를 설명하는 데 도움이 되는 것이다. 첫째, 기독교는 유대의 일신교 전통을 이어 받았으며, 로마 제국 말기 이래로 대다수의 서양인에게는 (신을 믿는다면) 서로 다투는 신과 여신들로 가득 찬 만신전pantheon보다는 모든 존재의 원천인 단 하나의 절대자를 믿는 것이 더 합리적으로 여겨져 왔다. 둘째, 기독교인은 다른 종교의 추종자들보다 자신의 종교에 대해 더욱 가깝고 구체적인 기원을 주장할 수 있었다. 기독교의 신성한 창시자는 옛 신화에 나오는 인물이 아니었다. 그는 지상에서 삶을 꾸렸고, 자신의 이름으로 가르침을 전파하도록 제자들을 파견한 현실적인 인물이었다. 더구나, 그의 가르침은 매우 호소력이 컸다. 그의 가르침은 한편으로는 아주 단순하면서도, 다른 한편으로는 몹시 정교하였다. 따라서 기독교는 무지한 하층민에게 침투하는 한편, 고전 시대 말기의 최고급 지성들도 매혹시킬 수 있었다. "하나님은 사랑이시니"라든지 "하늘의 왕국이 너에게 있다"는 따위의 구절은, 인간의 사랑이 아마도 유일하게 하나님의 본질과 유사한 것이며 따라서 원칙적으로 불가지한 하나님의 본질을 미루어 짐작하게 한다는 의미를 내포함으로써, 마르지 않는 사색의 샘을 마련해 주었다. 뒷날, 중세의 시와 신비주의 문학이 낳은 가장 뛰어난 몇몇 작품들은 이러한 관념에서 영감을 받은 것이었다.

신학자들은 기독교의 성경이 실제로 땅위를 걸었고 유대에서 가르침을 베풀었던 "역사적 예수"를 어느 정도까지 정확하게 알려주고 있는가에 관해 끝없이 논의해왔다. 중세사가의 과제는 다행스럽게도 이보다는 더 단순하다. 우리 역사가에게는 성경이 예수에 관한 초기 기독교인들의 생각을 잘 알려주고 있다는 사실만으로 충분한 것이다. 따라서 초기 기독교인들의 믿음을 설명하는 데에는, 그 믿음을 잘 보여주는 신약 성서의 몇 구절을 살펴보는 것이 첩경일 것이다.

기독교인들은 태초부터 유일신인 하나님이 존재하였으며, 하나님의 신성한 권능은 삼위 곧 성부와 성자 그리고 성신의 세 역할을 동시에 겸하는 것으로 구현되었다고 믿었다. 인류는 하나님에 의해 창조되었으나, 최초의 인간인 아담이 에덴동산에서 하나님을 거역함으로써 죄를 짓게 된 이래로, 인간의 본성은 불완전해지고 타락하게 되었다. 하나님은 인간을 이러한 영겁의 원죄로부터 구원하기 위해 그가 선택한 민족인 유대인에게 구세주를 보내주기로 약속하였다. 구세주는 아우구스투스 황제 치하에 지상으로 내려왔는데, 그는 예수 그리스도로 체현된 성자로서 기적을 통해 처녀였던 마리아에게서 태어났다. 예수는 기적을 행함으로써 자신의 신성을 증명하였다. 그는 하나님이 인간에게 어떻게 살기를 바라는가에 대해 가르쳤고, 그를 믿고 그의 가르침에 복종하는 자에게 천국에서의 영원한 생명을 약속하였다.

예수가 가르친 계율은 사랑 곧 인간 상호간의 사랑과 모든 인간의 하나님에 대한 사랑이었다. 그는 이 가르침을 표현하기 위해 구약에서 두 가지 교훈을 빌어왔다:(신명기 6:4~5; 레위기 19:18—역주)

> 너희는 네 마음을 다하고, 넋을 다하고, 뜻을 다하고, 힘을 다하여 너의 주 하나님을 사랑하라. 이것이 첫째 계명이다. 둘째 계명은 이와 같으니, 네 이웃을 네 몸과 같이 사랑하라. 이보다 더 큰 계명은 없다.(마르코 12:30~31).

기독교인의 신앙은 계율을 겉으로 지키는 것으로 나타나기 보다는, 내적인 마음의 변화와 이웃 특히 약하고 힘없는 자에 대한 넘치는 자비로 나타나는 것이었다:

> 이 세상의 재물을 가진 자가 형제의 궁핍함을 보고도 도와줄 마음을 닫는다면, 하나님의 사랑이 어떻게 그에게 머무르겠는가? 사랑하는 자녀들아, 우리는 말과 혀로만 사랑하지 말고, 행동과 진실로 사랑하자.(요한 1서 3:17~18)

기독교인은 또한 오만함이나 억압에 직면하여 겸손과 용서 그리고 인내의 태도를 보여야 했다. "누가 너의 오른쪽 뺨을 때리거든, 왼쪽 뺨도 그에게 내밀어라."

기독교인의 믿음에 따르면, 예수는 지상에서의 전도 사명을 완수하고서, 자진하여 아주 고통스럽고 수치스러운 죽음을 맞이함으로써 사랑이 깃든 겸양의 본보기를 몸소 보여주었다. 그러나 그는 죽음에서 부활하여 제자들에게 나타난 뒤, "하늘로 올라감"으로써, 이승에서 한 영생의 약속을 영광되게도 모두 이루었다. 그리스도의 부활에 대한 절대적인 믿음은 초기 기독교의 핵심이었다.

성서에 따르면, 예수는 스스로 사도가 될 제자를 선택하였고, 여러 성경 구절들은 그가 이 사도들에게 어떻게 특별한 권능과 사명을 부여했는지에 대해 말해주고 있다(결국 중세 교회는 이러한 구절을 바탕으로 성사聖事 중심의 신학 체계를 세우게 되었다). 예컨대, 예수는 우선 베드로 사도에게, 그리고 뒤이어 모든 사도에게 인간을 죄로부터 사해주는 권능을 약속하였다 :

> 진실로 너희에게 이르노니, 너희가 땅에서 맨 것은 무엇이든 하늘에서도 매일 것이고, 너희가 땅에서 푼 것은 무엇이든 하늘에서도 풀리리라. (마태오 16:18 및 18:18)

그는 제자들에게 빵과 포도주를 축성하여 나누어 주고는, 그것을 그의 살과 피로서 받아 먹으라고 말했다 :

> 그들이 저녁을 먹을 때, 예수는 빵을 들어 축복하고 여러 조각으로 떼어 제자들에게 나누어 주면서, 말씀하시되, "받아 먹으라, 이것이 내 살이니라" 하였다. 그리고 잔을 들어 하나님께 감사드리고 제자들에게 주며, "너희는 다 이를 마시라. 이는 많은 사람의 죄를 사하기 위해 흘리고 있는 나의 피, 새로운 언약의 피이니라"고 말씀하였다. (마태오 26:26~28)

끝으로, 부활의 기적을 이룬 다음, 예수는 제자들에게 온 세계에 나아가 모든 사람에게 세례를 베풀어 그들을 모두 개종시킬 것을 명하였다 :

> 그러므로, 너희는 모든 족속을 제자로 삼아, 성부와 성자와 성신의 이름으로 그들에게 세례를 베풀고, 내가 너희에게 명한 모든 것을 가르쳐 지키게 하라. 그리고 보라, 내가 세상이 종말에 이르는 날까지 너희와 항상 함께 있으리라. (마태오 28:19~20)

이 구절은 최초의 기독교 전도사들이 해야 할 일을 규정하고 있다. 그들의 과업은 죄를 사하고, 복음을 설파하여 이교도를 개종시키며, 세례의 의식으로 개종자를 기독교 사회의 일원으로 가입시키는 한편, 그리스도를 기념하여 성체 성사Eucharist를 거행하는 것이었다.

기독교가 처음에 어떻게 로마 전역으로 전파되었는지는 거의 알려져 있지 않다. 그러나 3세기 말에 이미 기독교인의 숫자가 정치적으로 중요해질 만큼 많았고, 상층 계급에서도 많은 사람들이 개종하기 시작하였음은 분명하다. 모든 중요한 도시에는 소규모이나마 기독교 사회가 형성되어 있었다. 그러한 기독교 사회는 주교가 사제 및 부제의 도움을 받아 관장하였다. 최초 사도들의 계승자로 간주되었던 주교는 기독교인의 모임에서 선출되었으며, 동료 주교들이 주교 취임을 축성하였다. 교리에 관한 논란이 벌어지기 시작했을 때, 그러한 논란은 지역의 주교 회의에서 타결되었다.

이 성장하는 기독교 교회에 대한 로마 제국 정부의 태도는 마지못한 관용으로부터 잔인한 탄압에 이르기까지 매우 다양했다. 대체로 제국 정부는 편파적이지 않게 제국 내에서 성장해온 온갖 다양한 종교에 관용적이었고, 그리스도는 추종자들에게 제국의 권위를 거역하라고 명하지 않았다. 실제로, 그는 "황제Caesar의 것은 황제에게 주라"고 말한 바 있다. 그러나 기독교인은 유대인과 마찬가지로 황제를 신성한 존재로 섬기기를 거부하였고, 따라서 제국의 통합을 위협한다고 여겨졌다. 그밖에 다른 요인도 기독교인을 위험한 존재로 여기게끔 하였다. 그들은 비밀스럽게 회합하여 의식을 거행하였는데, 어떤 정부도 비밀스러운 회합, 특히 가난하고 비천한 자들의 비밀 회합을 좋아하지는 않는 것이다. 더구나, 기독교인은 폭력에 반대하여 이따금 로마 군대 입대를 거부하였다. 사방이 적으로 에워싸인 제국 정부가 그런 신앙의 전파를 위험스럽게 여긴 것은 당연하였다. 네로Nero; 54~68 황제 시대 이래로 기독교인은 빈번하게 탄압되었다. 이러한 탄압은 의도한 목적을 이루지 못하였다. 왜냐하면, 이따금 야만적으로 무자비한 탄압이 가해지긴 했어도, 교회를 깡그리 쓸어 없앨 만큼 탄압이 오래 지속되진 못했으며, 게다가 탄압으로 희생된 순교자들이 살아남은 교인의 신앙심을 더욱 부채질하는 영웅적인 본보기가 되었던 것이다.

최후의 대규모 탄압은 303년에 디오클레티아누스에 의해 막이 올랐다. 그러나 기독교인의 운명은 콘스탄티누스가 제위에 오름으로써 극적으로 뒤바뀌게 되었다. 그의 치하에서, 기독교는 박해받는 종파의 허울을 벗고 로마 제국이 편드는 유력한 종교로 변신하였다. 주교였던 에우세비우스Eusebius는 콘스탄티누스의 개종에 관한 이야기를 기록해 놓았는데, 그는 황제에게서 직접 그 이야기를 들었다고 주장하였다. 그에 따르면, 콘스탄티누스는 밀비아 다리의 결전을 위해 출정했을 때 꿈을 꾸었다. 그 꿈에서 그는 기독교의 상징인 십자가가 그려져 있는 군기를 앞세우고서 병사를 전투에 내보내라는 말을 들었다. 그는 이 말을 그대로 좇아 굉장한 승리를 거두었다는 것이다. 이밖에도 콘스탄티누스의 개종에 관한 여러 다른 형태의 이야기가 있으나, 어떤 것이든 그의 개종이 기적적인 꿈 또는 환영에서 비롯된 것이라고 전하고 있다. 근대 역사가들은 당연하게도 그런 이야기에 대해 회의를 표명하고, 콘스탄티누스로 하여금 결국 기독교를 택하도록 만든 구체적인 정치적 요인을 찾아내려 애써왔다. 그러나, 그러한 정치적 요인을 찾아내기란 매우 어렵다. 기독교인은 백안시되고 있었고, 제국의 총 인구 가운데 극소수에 불과하였으며, 더욱이 콘스탄티누스의 권력 기반이었던 군대에서는 기독교인을 찾기가 더욱 힘들었다. 어쩌면 황제가 꿈과 뒤이은 승전의 결과, 기독교의 하나님이 진짜 신이자 회유할 필요가 있을 만큼 강력한 존재라고 진심으로 확신하게 되었음은 분명한 것 같다. 하지만 그 당시에 또는 그 뒤에라도 그가 기독교의 교리나 계율을 진정으로 이해하고 있었는지는 의심스럽다.

313년에 콘스탄티누스는 동부의 공동황제인 리키니우스Licinius와 함께 기독교를 포함한 제국의 모든 종교에 대한 관용을 선언하는 법령을 반포하였다. 그 법령은 다음과 같이 불편부당한 어조로 조심스럽게 표현되었다. "기독교인을 비롯한 모든 인민에 대하여, 우리는 누구든 마음대로 어떤 종교라도 선택하여 따를 수 있는 자유를 부여하여, 어떠한 신이든 우리에게 자비롭게 다가오도록 할 것임을 선언하노라." 뒷날 콘스탄티누스는 "하나님이 나로 하여금 기독교의 승리를 이끌도록 하기 위해 나를 기독교에 귀의시켰다"고 말하면서, 더욱 공공연하게 기독교인임을 내세웠다. 그의 뒤를 이은 황제들은, 짧은 치세 동안 옛 로마의 종교를 부활시키려 애쓴 율리아누스Julian; 361~363를 제외하고는, 모두 기독교인이었다. 기독교는 곧 제국의 지배적인 종교로 대두하였다. 처음에는 옛 로마의 다신교가 기독교와 함께 공존하는 것이 허용되었으나, 그라티아누스Gratian; 375~383는 이교 신전의 재산을 몰수하였고, 테오도시우스 1세Theodosius I; 379~395는 마침내 법률로 옛 로마 종교의 숭배를 금지시켰다. 다음 세기에는 제국의 모든 인민이 적어도 명목상으로는 전부 기독교인이 되었다.

제국의 국교로서 기독교는 제국 정부로부터 크나큰 특권을 받았다. 기독교 교회는 재산을 증여받을 수 있는 권리—영속적인 교회기구의 유지를 위해 극히 중요한 특권—를 부여받았다. 기독교의 사제는 면세되었다. 기독교가 박해받는 종파였을 때, 기독교인은 되도록 제국의 법정을 이용하지 않고 주교의 중재를 통해 분쟁을 해결하려고 하였다. 기독교가 공인된 뒤로는, 기독교인이 관련된 모든 민사상의 소송에서 주교가 재판관의 역할을 하는 것이 법에 의해 공식적으로 허용되었다. 게다가 교회는 전에 중요한 신전이 향유하고 있던 죄인 비호권right of sanctuary까지 지니게 되었다 sanctuary: 지성소; 교회에서 제단이 놓여져 있는 구역으로서 대개 칸막이로 본당과 구분된다. 범죄자가 이곳으로 도피하면 세속 당국이 체포할 수 없었다.—역주. 요컨대, 교회는 어느 정도의 통치권까지 지닌 특권적인 기구가 되었다. 콘스탄티누스가 개종한 이후, 교회는 또한 행정 체계를 정비하여 엄격한 계서제를 수립하였고, 교회의 행정단위는 특히 작은 규모의 단위로 내려갈수록 제국의 민사 행정 단위와 거의 일치하게 되었다. 처음부터, 기독교의 주교구bishopric는 대개 로마 제국의 도시civitas와 일치하였다. 4세기에, 각 속주의 주교구들을 통합하여 관장하는 대주교archbihop가 등장하였고, 이에 따라 대주교구archbishopric는 대체로 속주와 일치하게 되었다. 그리하여 중세 프랑스의 주교구 및 대주교구는 옛 로마의 도시 및 속주의 영역을 거의 그대로 보여주고 있다. 이따금 한 관구diocese의 교구들이 모두 1명의 총주교metropolitan에게 복속되어 있는 경우도 있었으나, 제국의 관료조직에 비견될 만한 교회 전체에 대한 중앙집중적인 행정 조직은 없었다metropolitan: 원래 로마 속주의 대도시 metropolis에 자리잡고 있었던 때문에 이런 명칭을 얻었다—역주. 하지만 네 개의 대도시 즉 로마와 예루살렘, 알렉산드리아, 그리고 안티오크의 주교들은 다른 주교보다 더 큰 권위와 특권을 누렸으며, 4세기에는 콘스탄티노플도 이 선택된 집단에 합류하였다. 이 도시들의 교회는 모두 예수가 파견한 사도들에 의해 직접 세워졌다고 주장했다. 그 가운데에서도 로마 교회는 베드로 사도에 의해 세워졌다는 것과 로마가 제국의 유서깊은 수도였다는 것을 이유로 들어 가장 높은 지위를 요구하였다.

황제들이 기독교로 개종함에 따라, 기독교 교회는 절호의 기회를 맞이하였으나 그와 함께 새로운 문제에 직면하게 되었다. 그 가운데 교회와 국가의 관계라는 문제는 4세기 이래로 서양 사회에서 끊임없이 제기되어 왔다. 교회가 제국 정부로부터 기대할 수 있었던 것이 기껏해야 박해로부터의 해방에 지나지 않았던 때에는 이런 문제가 거의 나타나지 않았다. 그러나 기독교인 황제가 등장하자 상황은 크게 달라졌다. 콘스탄티누스와 뒤이은 황제들은 전제적인 성격의 인물로서, 교회의 옹호자가 되었으나, 그 대가로 주교들에게 제국 정부의 충성스러운 신하로 행동할 것을 요구하였다. 황제는 진정한 신앙을 수호할 것이었으나, 이는 곧 기독교인 사이에서 분쟁이 일어나는 경우 바로 황제가 어느 쪽의 신앙을 수호할 것인가를 결정할 것임을 뜻하는 것이었다. 황제가 기독교의 가장 으뜸가는 친구가 되었을 때, "황제의 것"에 어떤 한계를 지우기는 어려웠던 것이다.

이러한 문제들은, 로마 제국의 인민 모두가 기독교로 개종한 바로 그 시기에 기독교 교회가 기본적인 종교적 신앙의 문제로 말미암아 심각하게 분열되어 있었기 때문에, 갑자기 한꺼번에 표면에 노출되었다. 논란을 불러일으킨 것은 알렉산드리아 교회의 한 사제였던 아리우스Arius; ?~336가 창시한 아리우스주의Arianism였다. 아리우스는 삼위에서 성자the Son의 기본적인 신성을 부정하였다. 아리우스에 따르면, 성자 곧 로고스logos는 태초부터 존재한 것이 아니라 유일하게 영원불멸한 존재인 하나님의 피조물이었다. 그리스도는 하나님의 피조물 가운데 가장 높은 지위에 있긴 하지만, 피조물이 아닐 수는 없다는 것이었다. 아리우스의 주장을 둘러싸고 벌어진 논쟁에서, 이 점에 관한 논의는 거의 이해할 수 없을 정도로 복잡해졌으나, 아리우스의 교리가 왜 교회에 그토록 큰 파문을 일으켰는가를 이해하기는 기본적으로 어렵지 않다. 기독교 신학에서 그보다 더 근본적인 문젯거리는 없었을 것이다. 4세기에 그리스도가 진정한 하나님이 아님을 교회가 인정하였다면, 기독교는 실제로 수세기 동안 실제로 존속한 역사상의 기독교와는 아주 다른 형태로 발전되어 나아갔을 것이 틀림없다.

아리우스의 교리는 곧 알렉산드리아 주교에 의해 공박되었다. 그러나 아리우스는 설득력이 강한 달변의 논쟁가로서 많은 주교들을 자기 입장에 끌어들이기 시작하였다. 콘스탄티누스가 324년에 제국 동부까지 장악하게 되었을 때, 그는 새로 지배하게 된 영역이 종교적인 논쟁으로 뜨겁게 달아오르고 있음을 알게 되었다. 그는 모든 기독교 주교들을 회동케 하여 그 문제를 논의하도록 함으로써 분쟁을 일시에 가라앉히기로 하였다. 그때까지 주교 회의는 지역적인 차원에서만 열려 왔다. 제국의 모든 주교를 회의에 초대하고, 그들에게 제국의 곳곳에 있는 역참의 편의시설을 이용하여 여행할 수 있도록 해줌으로써, 콘스탄티누스는 교회 정부의 새로운 제도인 공회의general council를 처음으로 성립시켰다.

최초의 공회의인 니케아Nicea 공회의는 325년에 개최되어, 아리우스의 교리를 비난하고, 성자가 "성부와 동일 본질임"을 선언하는 교리를 올바른 것으로 확정하였다. 이 구절은 뒤에 4세기 이래로 대부분의 기독교 종파에 의해 정통의 시금석으로 이용되어온 니케아 신조Nicene Creed에 삽입되었다. 그러나 니케아에서의 결정이 곧 전반적으로 받아들여진 것은 아니었다. 동부의 많은 주교들이 니케아의 동일 본질 교리에 찬성하지 않았으며, 아리우스파는 잠시 주춤했다가 다시금 추종자를 끌어 모으기 시작했다. 330년에 아리우스파는 황제의 궁정까지 설득하게 되어, 아리우스의 최대 적수였던 알렉산드리아의 주교 아타나시우스Athanasius는 갈리아로 추방되었다.

콘스탄티누스의 아들인 콘스탄티우스 2세Constantius Ⅱ; 337~361는 아버지의 뒤를 이어 아리우스파를 계속 옹호하였다. 337년에 콘스탄티누스가 죽자 알렉산드리아에 되돌아오도록 허용되었던 아타나시우스는 다시 그의 교구에서 추방되었으며, 아리우스파의 주교들이 동부 전역의 교회를 장악하게 되었다. 아타나시우스는 이탈리아로 여행하여, 그곳에서 강력한 동조자인 로마 주교=교황 율리우스 1세Julius Ⅰ; 338~352를 만나게 되었다. 처음에는 동부만을 지배하던 콘스탄티우스 2세는 351년에 서부까지도 통치하게 되었다. 그리고 바로 이때, 종교적인 논란은 새로운 전기를 맞이하였다. 서부의 주교들은 거의 모두 아리우스파에 적대적이었음에도 불구하고, 콘스탄티우스는 그들이 당연하게 황제의 신앙을 받아들일 것으로 기대하였다. 그는 처음에는 아를르Arles에서, 그리고 다음에는 밀라노Milan에서 회의를 소집하여, 참가한 모든 사람에게 아타나시우스에 대한 탄핵에 동참할 것을 명하였다. 이에 지도적인 기독교 주교들이 재위중인 기독교인 황제를 날카롭게 공박함으로써, 처음으로 황제의 권위에 도전하게 되었다. 그들은 황제가 잘못된 신앙을 지니고 있다고 주장했을 뿐만 아니라, 더 나아가 황제에게는 신앙의 문제에 간섭할 어떠한 권리도 없다고 천명하였다.

코르도바Cordova의 주교 호시우스Hosius는 "황제께서는 종교적인 일에 관한 한 아무런 권한도 갖고 있지 않습니다"라고 썼다. 쁘와띠에Poitiers의 주교 힐라리우스Hilary는 황제를 "그리스도의 적 콘스탄티우스"라고 매도하였다. 그러나 실제로는 황제의 앞에 소집된 거의 모든 주교가 마지못해 아타나시우스의 탄핵을 받아들였으며, 끝까지 저항한 호시우스와 힐라리우스 그리고 당시의 로마 주교 리베리우스Liberius; 352~366 등은 귀양을 가게 되었다.

아리우스파의 문제는 마침내 테오도시우스 1세379~395의 치하에서 결말이 났다. 니케아의 신조를 옹호하였던 테오도시우스는 381년에 다시금 모든 주교를 소집하여 콘스탄티노플에서 공회의를 개최하였고, 이 공회의는 니케아 공회의의 결정을 재확인하였다. 부분적으로는 황제의 강요에 따라, 니케아의 신조는 결국 서부에서뿐만 아니라 동부에서도 받아들여지게 되었다. 이 논쟁의 과정에서 교회와 국가가 관할하는 영역을 구별해야 한다는 원칙이 강력하게 제기된 것은 서양 사회의 장래에 매우 커다란 의미를 지니게 되었다. 또한 동부에 있어서는 분쟁이 결국 황제의 뜻에 따라 마무리되었다는 것이 중요한 의미를 지니게 되었다.

5. 교부(教父)의 시대
—히에로니무스, 암브로시우스, 아우구스티누스

4세기 중엽, 새로 대두한 기독교 문화와 옛 이교 문화는 로마 제국에서 서로 끊임없이 영향을 주고받으면서 공존하고 있었다. 이교적인 라틴 문화의 전통은 창조력을 잃고 있었다. 가장 뛰어난 대표적 인물들은 교양 있고 관용적이며 세련되긴 하였지만, 진부한 저술가들이었다. 그에 비해, 새로운 기독교 계통의 저술가들은 광신적이고 거칠며 편협하게 보이긴 하지만, 그들의 저작에는 다음 천여 년 동안 서양 세계의 정신을 형성하게 될 신선한 인생관이 흘러넘치고 있었다. 첫 3세기 동안에는 대부분의 위대한 기독교 사상가들이 그리스어로 글을 썼으나, 4세기 후반에는 중세 교회가 계승하게 될 서양의 기독교 전통을 결정적으로 형성시킨 저작들을 라틴어로 저술한 세 명의 위대한 저술가 곧 히에로니무스Jerome와 암브로시우스Ambrose 그리고 아우구스티누스Augustine가 등장하였다. 바로 이 시기에, 로마에서는 그리스어 대신 라틴어가 기독교 교회의 의식용어ritual language로 쓰이게 되었다.

4세기에 개종자가 물밀듯이 교회로 몰려들자, 기독교 지도자들에게는 새로운 과제가 주어지게 되었다. 첫째, 그들은 대중문화에 휩쓸리지 않도록 독특한 기독교적 생활 방식을 유지해야 했다. 이를 위하여 그들은 이교적인 쾌락주의를 매섭게 공격하는 한편, 기독교적 삶의 본질적 요소로서 금욕주의와 자발적인 육체적 고행을 더욱 더 강조하게 되었다. 둘째, 기독교의 대변자들은 새로운 개종자, 특히 교양 있는 지식층 개종자에게 그들의 신앙을 합리적으로 이해시킬 수 있어야 했다. 문제는 기본적으로 유대적 성향을 지닌 기독교를 그리스·로마의 고전 문화 전통 속에서 교육받은 사람에게 이해될 수 있을 언어와 제도 그리고 사고 형태로 표현해내는 것이었다. 따라서 고전 문화의 문학과 법률 그리고 특히 철학으로부터 동화시킬 수 있고 또 그럴 가치가 있는 것은 무엇이든 새로운 기독교 문화에 흡수시킬 필요가 있었다. 철학 분야에 있어서, 기독교인들은 특히 신플라톤학파의 사상에 눈을 돌렸다. 신플라톤학파의 사상은 몇몇 측면에서 기독교 교리와 흡사하였으므로, 기독교 저술가들은 로마 제국 말기의 지식 계층에게 기독교 신앙을 설명하기 위해 플라톤과 그의 까마득한 제자들을 특히 폭넓게 이용하였다.

오랜 기간, 기독교 사상가들은 이교적인 그리스 철학자들의 사상은 비교적 수월하게 받아들였으나, 이교적인 라틴 문학의 전통은 받아들이지 못해 왔었다. 기독교를 위하여 라틴 문학을 이용하는 이 문제는 바로 성 히에로니무스 345~420의 특별한 관심사가 되었다. 히에로니무스는 로마에서 문학을 연구한 뒤에 잠시 안티오크에서도 살았으며, 그리스어와 히브리어에 능통하였다. 그는 그 당시의 가장 학식 높은 인물이 되었다. 그는 또한 뛰어난 문장가로서, 풍자적인 라틴어 산문의 거장이기도 하였다. 그러나 그는 자신의 문학적 재능에 대해 항상 불만스러워 하였고, 이 점에서 그는 많은 초기 기독교 저술가들의 전형적인 본보기였다. 히에로니무스는 어느 날 "기독교인이 보다는 키케로Cicero 숭배자가 되어버린" 자신을 하나님이 꾸짖는 꿈을 꾸었다. 바로 그 뒤 얼마 안 있어, 성 아우구스티누스도 이교적인 시의 "음탕한 이야기들"을 공부하는 데 젊은 시절을 허비하였다고 한탄하였다. 580년에 교황 대大그레고리우스Gregory the Great는 라틴 문학을 가르치는 학교를 설립하려던 비엔나Vienna 주교를 신랄하게 비난하였다. 심지어는 10세기에 가서도, 클뤼니 수도원장 오도Odo는 베르길리우스Vergil의 시를 겉모습은 우아하지만 속에는 징그럽게 꿈틀거리는 뱀들로 가득 차 있는 항아리에 비유하였다. 천여 년 동안, 사람들은 이교 문학에 대한 연구가 그 매력적인 아름다움으로 말미암아 기독교인의 신앙을 시험하는 것이 되지 않을까 하는 의구심을 떨쳐버리지 못했다. 다행히도, 그들은 종종 스스로 시험받는 쪽을 택하였다.

히에로니무스는 구약 성서 중의 한 편에서 이 문제를 해결할 실마리를 찾아내었다. 신명기는 합당한 정화 의식을 거친 이방인 여인과 이스라엘 사람과의 결혼을 허용하였다. 마찬가지로, 이교적인 문학의 표현 기법은 기독교인 학자에 의해 정화되어 진정한 기독교 신앙을 위해 이용될 수 있다고 히에로니무스는 천명하였다. 히에로니무스는 곧잘 성서를 이와 같이 비유적으로 해석하였고, 그의 저작은 이 비유적 해석의 기술을 후대의 저술가들 사이에 유행시키는데 기여하였다.

382년에 히에로니무스는 교황 다마수스Damasus의 비서로서 로마에 되돌아왔고, 당시의 기독교 사회에 슬그머니 침투하고 있었던 여러 폐해를 웅변적으로 비판함으로써 곧 명성을 얻었다. 그는 로마 사람들에게 극도의 금욕을 설교하였다. 그 자신 독신으로 살았고, 결혼을 진정한 기독교인에겐 거의 용납될 수 없을 아주 열등한 생활 방식으로 경멸하였다. 몇몇 경우 여성이 그의 가장 신랄한 독설의 표적이 되었으나, 그에게는 로마의 기독교 사회가 온통 세속적인 것에 물들어 가고 있다고 여겨졌다. 그는 한 편지에서 다음과 같이 썼다 :

> 우리가 지니고 있는 정신적 능력을 흩뜨리는 과도한 식사에 대해서는 말하지 않겠습니다. 우리는 부끄러운 일이지만 쉴 새 없이 초대하고 초대받아, 매일매일 다른 사람의 집으로 몰려가거나 다른 사람들이 우리 집으로 오기를 기다립니다. 손님들은 도착해서 이야기를 나누기 시작합니다. 활기찬 대화가 오고 갑니다. 우리는 거기에 없는 사람을 머리부터 발끝까지 모조리 해부합니다. 다른 사람들의 생활이 남김없이 발가벗겨집니다. 우리는 다른 사람을 씹고,

> 거꾸로 다른 사람은 우리를 씹습니다… 우리는 "어리석은 자여, 오늘밤 너의 영혼이 너에게 필요하리니"라는 성경 말씀을 잊고 있습니다… 우리는 쓸모보다는 오히려 치장을 위해 옷을 사들입니다. 돈을 벌 건수가 생기면, 우리는 발걸음을 재촉하고 입을 재게 놀리며 귀를 쫑긋 세웁니다.

이와 같은 신랄한 독설로 히에로니무스는 로마에서 인기 없는 인물이 되었다. 그의 후견인이었던 교황 다마수스가 385년에 세상을 뜨자, 그는 로마를 떠나는 것이 상책이라고 판단하여, 성지the Holy Land로 떠나가 베들레헴에 정착하였다. 베들레헴에서도 히에로니무스는 신랄한 신학적 논쟁을 벌이고 독설에 찬 재치를 휘둘러 같은 기독교인들을 궁지에 몰아넣는 취미를 그만두지 못했다. 그러나, 그는 다른 한편으로는 주로 성서를 해석하고 번역하는 건설적인 대사업에 30년이 넘도록 헌신하였다. 이미 나와 있던 구약 및 신약의 라틴어 번역본은 불완전하였으므로, 히에로니무스는 구할 수 있는 가장 완벽한 그리스어 및 히브리어 필사본을 바탕으로 전 성서의 새로운 라틴어 번역본을 만들기로 마음먹었다.

히에로니무스의 번역은 걸작이었고, 성서의 표준판으로서 서양 교회에 보편적으로 받아들여지게 되었다. 뒷날 이는 불가타Vulgate 성서라 불리었다라틴어로는 vulgarus이며 그 뜻은 "공통적으로 통용되는"이다—역주. 히에로니무스만큼 고전을 모방하는 현학적인 취미에 빠질 만한 위치에 있는 사람도 없었음에도 불구하고, 그의 번역은 싯귀에 있어서나 산문에 있어서나 베르길리우스나 키케로의 모방이 아니었다. 그의 업적은 더 위대한 것이었다. 그는 그 당시에 로마 기독교 사회에서 통용되던 언어를 이용하여, 위대한 문학을 창조해냈던 것이다. 그의 불가타 성서는, 흠정 영역 성서King James Bible가 17세기의 영국 문학에 끼친 영향에 못지않게 중세의 라틴어 저술가에게 매우 큰 영향을 미쳤다.

히에로니무스는 기독교 저술가가 라틴 문학의 전통을 어떻게 효과적으로 이용할 수 있는가를 보여준 본보기였다. 그에 비해 그와 같은 시대에 살았던 암브로시우스340?~397는 로마의 법률 전통에 깊이 물들어 있었다. 그의 아버지는 갈리아 지구의 행정 장관이었었고, 암브로시우스도 아버지의 뒤를 이어 관리가 되어 북부 이탈리아의 에밀리아Emilia 속주 총독으로까지 승진하였다. 370년,

밀라노 주교 자리가 비게 되자, 사람들은 그들의 총독이었던 암브로시우스에게 주교로 취임하도록 탄원하였다. 약간의 망설임 끝에, 그는 그들의 탄원을 받아들였다. 선출되기 전에도 암브로시우스는 선량하고 독실한 기독교인이긴 하였으나, 그가 신학 연구에 진지하게 눈을 돌린 것은 주교로 서임된 이후의 일이었다. 그는 매우 능력 있는 신학자가 되었지만, 그렇게 독창적이지는 못했다. 그의 관심은 교리 자체보다는 실제적인 사목 활동에 쏠려 있었다. 그의 신학 논문 가운데에는 그가 밀라노 사람들에게 행한 설교에서 비롯한 것이 많다. 그는 또한 교회 음악에도 관심이 매우 깊었고, 예배할 때 부를 찬송가를 직접 작사·작곡하였다. 또 그는 성가대와 교인 전체가 번갈아가며 한 연씩 노래하는 교송을 밀라노 교회에 도입하였으며, 이 교송은 뒤에 서양 교회에서 전반적으로 채택되었다.

그가 저술한 가장 영향을 크게 미칠 책 가운데 하나가 교구 행정에 관한 실제적인 논저였음은 그의 현실적인 성향을 뚜렷이 보여준다. 키케로는 로마 제국의 관직에 대한 저서로 ≪관직에 관하여*De Officiis*≫를 쓴 바 있었다. 암브로시우스는 제목을 키케로의 이 저서와 비슷하게 ≪성직에 관하여*De officiis Ministrorum*≫라고 붙인 책을 저술하면서, 키케로의 스토아적 도덕관을 성직과 그 의무에 관한 논의에 일부 원용하였다. 이 책은 대부분 도덕적인 훈계로 이루어져 있으나, 교구의 수입을 올바르게 사용하는 방법과 같은 실제적인 문제들도 많이 다루고 있다. 예컨대, 암브로시우스는 도시 빈민층의 문제를 꽤 상세하게 고찰하였다. 그는 주교가 빈민 구제에 힘을 쏟아야 한다고 주장하였다. 보살핌을 받지 못하고 죽어가는 기독교인이 있다는 것은 부끄러운 일이 될 것이다. 그러나 무분별하게 구호품을 나누어 주는 것만으로는 충분치 않으며, 개개의 경우를 신중하게 고려하여야 한다. 빈민 구제 사업을 맡은 사제는 계속해서 보살핌을 받아야 하는 노인 및 병자와 대개 스스로 생계를 꾸려나갈 수 있는 건장한 젊은이를 뚜렷하게 구분해야 한다. 고아들에게는 교육을 베풀어야 한다. 가난한 처녀에게는 신부 지참금을 보조해줄 필요가 있다. 부제는 가난을 감추는 경우를 찾아내야 한다. 왜냐하면 한때 부유하였다가 빈곤해진 사람은 가난을 부끄러워하여 도움을 청하기보다는 궁핍함을 그대로 견디려 할 수 있기 때문이다. 이와 같은 암브로시우스의 인정 많고 분별 있는 교훈은 12세기의 교회법에 그대로 계승되었으며, 중세 빈민 구제법의 바탕을 이루게 되었다.

4세기 말에, 서로마 제국의 정부는 밀라노 시에 소재해 있었으며, 따라서 밀라노의 주교는 정부 당국과 종종 밀접한 접촉을 갖게 되었다. 정부와의 관계에 있어서, 암브로시우스는 콘스탄티우스 2세에게 끝까지 저항하였던 힐라리우스와 호시우스의 전통을 이어 받았다. 손가락 끝까지 로마 행정가의 기질이 뻗쳐 있었던 암브로시우스는 교회가 하나의 사회community로서 올바른 질서에 관한 자체의 고유한 원칙과 그 원칙을 실현키 위한 자체의 행정 조직을 지녀야 한다고 확신하였다. 이러한 확신에 따라, 그는 종교적인 문제에 있어서 교회가 독자적인 권한을 가져야 한다고 역설하고, 교회의 정책을 좌지우지하려는 제국 정부의 시도에 감연히 맞섰다. 그는 "궁전은 황제에게 속하고, 교회는 사제에게 속한다"고 강변하였다. 더 나아가, 그는 "황제는 교회의 위에 있는 것이 아니라, 교회 안에 있다"고까지 말하였다. 한번은 황제인 테오도시우스 1세가 대량 학살로 테살로니카 시를 초토화하도록 명령한 일이 있었다. 테오도시우스는 강력한 지배자였고 가톨릭 신앙의 이름난 수호자였으나, 암브로시우스는 그러한 학살이 잔인하고 죄스러운 일이라고 생각하였다. 그는 황제를 신랄하게 비난하였다. "황제께서는 인간입니다. 당신은 유혹에 빠져 있습니다. 그 유혹을 극복하십시오." 테오도시우스는 그가 순전히 정치적인 문제라고 생각한 일에 암브로시우스가 간섭한 데 대해 처음에는 분노하였으나, 결국에는 암브로시우스의 비난을 받아들여 밀라노 성당에서 공개적으로 참회하게 되었다. 이 사건은 뒷날 교회와 국가가 마찰을 일으키는 경우에 종종 상기되었다.

이 시대에 있어서, 아니 모든 시대를 통틀어 서방 교회의 가장 위대한 기독교 철학자로는 히포Hippo의 성 아우구스티누스354~430를 들 수 있다. 그는 아프리카의 누미디아Numidia 속주에서 태어났다. 그의 아버지는 이교도였고, 어머니는 기독교도였다. 젊은 시절에 그는 카르타고의 학교에서 수사학을 공부하였다. 오랜 세월이 지난 뒤, 그는 그의 ≪참회록*Confessions*≫에서 그가 카르타고에서 죄악과 방종의 삶에 스스로를 내맡겼었다고 술회하였다. "그때, 나는 카르타고에… 그 음란의 가마솥에 다다랐다." 아우구스티누스는 그러한 삶에서 영구적인 만족을 찾아낼 수 없었다. 학생 시절을 보내면서, 그는 인생의 궁극적인 의미나 목표를 찾아내지 못해 절망하고 있었다. 무엇보다도 그를 괴롭힌 것은 악의 문제였다. 하나님이 우주를 창조하였음을 믿는다면, 어디에서나 사악함과 잔인함이 판을 치고 있는 것은 어찌된 일인가? 아우구스티누스에게 기독교는 미개한 미신에 지나지 않았다. 잠시 그는 동방에서 기원한 종교로서 우주에는 선과 악의 두 근본적인 창조 원리가 있다고 주장하는 마니교Manicheanism에 기웃거려 보기도 하였다. 그러나 그는 곧 마니교를 버리고, 모든 존재의 원천인 단 하나의 영원한 빛이 존재한다는 신플라톤 철학에 눈을 돌리게 되었다. 이에 따르면, 악은 실존하는 힘이 아니라, 단지 빛 또는 선이 결여된 상태일 뿐이었다.

아우구스티누스의 마음은 여전히 평온을 찾지 못하였으나, 출세의 길은 훤하게 뚫려 수사학의 교수가 되었다. 그는 직업상의 일로 로마에 갔다가 384년에는 밀라노로 가게 되었다. 밀라노에서 그는 암브로시우스의 설교를 듣고, 처음으로 기독교를 지적으로 존중할 만한 종교라고 생각하게 되었다. 이러한 새로운 발견을 곰곰이 반추하고 있는 동안, 그는 하나님으로부터 직접 부름을 받는 체험을 통해 갑자기 극적으로 개종하였다. 그로부터 그는 기독교의 교리가 살아있는 진리이며, 그에 비해 플라톤 철학의 통찰은 지적인 추상에 지나지 않는다고 여기게 되었다. "플라톤 학파는 진실을 보았으나, 멀찌감치에서 보았다"고 그는 썼다. 개종한 뒤의 아우구스티누스에게 기독교의 하나님은 생생한 실체였다. 태초에 하나님은 모든 우주를 창조하고 흡족해 하였다. 악은, 아우구스티누스 자신이 젊은 시절에 그러했듯이, 인간이 자기의 자유의지를 그릇되게 사용함으로써 하나님의 품안에서 쫓겨났기 때문에 비롯된 것이었다. 이와 같이 아우구스티누스의 인생 경험은 그로 하여금 하나님의 전능함과 선함을 믿고, 인간의 죄를 모든 악의 근원으로서 몹시 애통해 하며, 죄인을 용서하는 하나님의 자비와 은총을 목마르게 갈구하게 하였다. 그는 아프리카로 돌아와서, 390년에 히포 시의 주교가 되었으며, 기독교에 대한 그의 통찰을 수많은 설교와 편지, 또 온갖 종류의 신학적 · 도덕적 문제에 관한 논문 등에 쏟아 붓기 시작하였다. 이러한 글들은 중세 전반에 걸쳐 연구의 대상이 되었다. 철학이 인간에게 진리를 부분적으로는 이해시킬 수 있지만, 하나님의 계시로 철학의 부족한 면을 보충할 필요가 있다는 아우구스티누스의 확신은 중세 학교의 정통적인 교설이 되었다. 하나님에 의한 운명의 예정predestination, 은총, 자유의지, 그리고 악의 기원에 관한 그의 가르침은 중세 신학의 핵심적인 전통을 이루었고, 더 나아가 종교개혁을 주도한 루터Luther와 캘빈Calvin에게도 심각한 영향을 미쳤다.

아우구스티누스는 논쟁가로서 세 가지 중요한 논쟁에 뛰어들었다. 이 세 논쟁이 모두 이단에 관계된 것이었고, 이단은 여러 다른 형태로 중세 전반에 걸쳐 끊임없이 반복하여 나타났으므로, 아우구스티누스의 글들이 중세에서도 여전히 중요하게 여겨졌던 이유는 쉽게 짐작할 수 있다. 첫째, 그는 마니교의 이원론을 부정하고, 그 대신 기독교의 유일신 교리를 내세웠다. 둘째, 아우구스티누스는 인간이 자신의 자유의지를 독립적으로 행사함으로써 구원을 얻을 수 있다고 가르쳤던 펠라기우스Pelagius; 360?~420?주의자들을 논박하였다. 셋째, 아우구스티누스는 도나투스Donatus주의자들과도 격렬한 논쟁을 벌였다. 도나투스파는 지옥에 갈만한 큰 죄를 진 사제는 교회의 성사를 집전할 수 없다고 주장하는 기독교의 한 종파였다. 디오클레티아누스의 대박해 때, 많은 주교와 사제가 순교의 길을 택하지 않고 신앙을 버렸다. 도나투스파는 그들이 교회로 되돌아 왔을 때 그들의 성사 집전을 거부한 일부 기독교인의 후예였다. 도나투스파는 교회 전체로 보아 극소수에 지나지 않았으나, 아프리카에서 뿌리를 깊이 내리고 있었다. 아우구스티누스는 그들을 가톨릭 교회 전체의 권위에 완고하게 맞서면서 하나님의 전능하심을 부정하는 편협한 광신자로 몰아붙였다. 즉, 하나님은 누구든, 설혹 그가 불완전한 인간일지라도, 사제로 택하여 그를 통해 은혜를 베푸실 수 있는 전능하신 존재라는 것이었다(보편적이란 뜻의 가톨릭이란 말은 서로 긴밀한 관계를 유지하면서 기독교 교회의 주류를 이루었던 주교 및 신도들을 그 밖의 군소 교파와 구별하기 위해 사용된 것이었다). 도나투스파와 가톨릭 사이의 분쟁으로 아프리카의 여러 도시에서는 폭동과 시가전이 빈번하게 벌어졌다. 마침내, 호노리우스Honorius; 395~423 황제는 도나투스파가 장악하고 있던 교회의 재산을 몰수하고, 그들의 예배 활동을 불법화하였다. 아우구스티누스는 황제의 이러한 강압적인 조치를 열렬히 환영하였다. 그가 이런 태도를 보인 것은 충분히 이해할 수 있는 일이지만, 종교적 자유를 위해서는 불행한 일이 되었다. 도나투스파를 논박한 그의 글은 지도적인 기독교 신학자가 종교적인 박해를 옹호한 첫 본보기가 되었던 것이다.

그러나 이러한 논쟁적인 글들이 기독교와 국가의 관계라는 문제에 대한 아우구스티누스의 사려 깊은 생각을 제대로 나타내고 있는 것은 아니다. 그는 분명히 교회가 세속 정부에 종속된다든지 인간이 국가를 위한 도구에 불과하다고는 생각하지 않았다. 자서전적인 ≪참회록≫에 못지않게 유명한 그의 저작으로는 ≪신국*City of God*≫을 들 수 있다. ≪신국≫은 바로 이러한 문제들을 다루고 있다. 아우구스티누스가 ≪신국≫을 쓰기 시작한 직접적인 계기가 된 사건은 고트족의 로마 약탈410년이라는 전례 없는 재앙이었다. 옛 로마 종교의 신봉자들은 당연히 이 재앙의 원인을 옛 로마의 신들을 천대한 데에 돌렸다. 많은 기독교인 또한 이 재앙에 낙심하였다. 왜냐하면, 제국이 온통 기독교로 개종한 이후에, 그들은 세계를 하나님의 뜻에 따라 질서지우는 데 있어서 가톨릭 교회와 함께 로마 제국의 체제 역시 반드시 필요하다고 여기게 되었기 때문이다. 실질적으로 로마 제국이 와해될 위기에 봉착하게 되자, 이러한 생각은 기독교인의 신앙을 위태롭게 하는 요소가 되었다. 이러한 문제를 고찰하면서, 아우구스티누스는 교회와 국가의 관계에 관한 이론을 넘어서서, 하나의 역사철학을 체계화하였다. 그는 역사에서 인간이 만든 제국이 덧없이 변천하는 가운데 하나님의 은총이 언제나 인간의 마음에 작용한다고 보았다. 그에 따르면, 역사는 신의 나라the City of God와 지상의 나라the City of the World가 인간의 충성을 서로 차지하기 위해 끊임없이 투쟁하는 과정이었다. 신의 나라는 하나님을 사랑하고 궁극적인 안식처를 하늘에서 찾게 될 사람들의 사회였다. 지상의 나라는 세속적인 것에만 온 마음과 정신이 쏠려 있는 사람들의 사회였다. 아우구스티누스는 신의 나라를 조직된 교회와, 또는 지상의 나라를 로마 제국과 완전히 동일시하지는 않았고, 세속 정부를 지상의 나라로서 경멸하지도 않았다. 그는 어떠한 세속 정부도 완전한 정의를 구현할 수는 없지만, 인간이 타락해 있기 때문에 불완전한 국가마저도 유용한 목적을 위해 기여할 수 있다고 주장하였다. 너무나 많은 사람이 지상의 나라에 충성을 바치고 있어, 그들을 힘으로 제지하지 않으면 서로 강탈하고 싸우고 살인할 것이기 때문에, 강압적인 정부의 존재는 반드시 필요한 것이었다. 기독교인은 평안한 삶을 누리기 위해 국가가 제공하는 사회질서를 이용할 수 있지만, 그들 자신의 행위가 국가의 강제적인 규제에 의해 결정되는 것은 아니어야 했다. 기독교인에게 필요한 것은 단지 신의 나라에 대한 영원한 충성뿐이었다. 아우구스티누스는 결론적으로 로마 제국이 어떻게 되든 기독교가 존속할 수 있음을 주장하고자 하였다. 그의 통찰은 정확했다. 아우구스티누스는 생전에 북아프리카에서 로마 문명이 파괴되는 것을 보게 되었고, 그가 죽은 해인 430년에는 그의 근거지였던 바로 그 히포 시가 반달Vandal족의 군대에게 포위되어 있었던 것이다.

6. 교황의 대두 : 실베스터로부터 대(大) 레오까지

로마가 다른 지역의 기독교 교회에 대해 우위를 주장한 것은 매우 유래 깊은 일이다. 이미 성 이그나티우스St. Ignatius of Antioch: 110년경에 사망, 안티오크의 주교로 로마에서 순교—역주의 편지110년와 성 이레나에우스St. Irenaeus: 202년경에 사망, 소아시아 출신으로 갈리아로가 리옹Lyons 주교로서 서방 최초의 위대한 신학자가 됨—역주의 편지185년경에서 로마 교회의 우위를 암시하는 구절을 찾아볼 수 있다. 그러나, 그러한 우위를 바탕으로 중세의 교황들이 모든 기독교인을 직접 중앙집중적으로 관할해야 한다고 주장하게 된 것은 오랜 역사적 발전 과정을 통해 아주 서서히 이루어진 일이었다. 서로마 제국이 멸망의 길을 걷고 있던 위대한 라틴 교부의 시대는 이러한 발전에 있어서도 결정적으로 중요한 시기였다.

로마 교회의 주장을 뒷받침할 만한 근거는 여러 가지가 있었다. 예컨대, 로마 교회는 사도들의 우두머리인 베드로가 설립하고, 제국의 수도에 위치해 있으며, 많은 순교자의 피로 성화되어 왔고, 또한 다른 교회와는 달리 이단에 오염되지 않고 사도들의 정통 신앙을 그대로 보존해온 교회였다. 실제에 있어서는, 초기 기독교 교회의 여러 논쟁에 있어서 교황이 행사한 영향력의 크기는 교황 개개인의 인물에 따라 크게 좌우되었다. 예컨대, 콘스탄티누스가 개종할 당시의 교황이었던 실베스터 1세Sylvester I는 중세에 그에 관한 수많은 전설적인 이야기가 나타났지만, 실제로는 별로 두각을 나타내지 못한 인물이었다. 반면에 그의 뒤를 이은 율리우스 1세Julius I는 아타나시우스의 지지자로서 아리우스파와의 논쟁에서 중요한 역할을 하였다.

로마 교회의 우월한 사법권이 주교 회의에서 처음 공식적으로 인정된 것은 344년의 일이었다. 사르디카Sardica·Sofia 회의가 교구의 사목회의에서 지위를 박탈당한 주교는 누구나 로마 교회에 최종 판결을 받기 위해 상소할 수 있다고 규정하였던 것이다. 뒤이어 콘스탄티노플 회의381년는 로마의 우위를 확인하면서, 그에 덧붙여 "콘스탄티노플은 새로운 로마"라는 근거로 콘스탄티노플의 주교에게 교황 바로 다음의 지위를 부여하였다. 어떤 도시가 제국에서 차지하는 중요성에 따라, 그 주교의 종교적 권위가 결정되어야 한다는 이러한 사고방식은 로마에게는 반갑지 않은 것이었다. 왜냐하면, 그렇게 되면 콘스탄티노플의 주교가 로마 교황과 대등하거나 보다 더 높은 지위를 주장할 수도 있을 것이기 때문이었다. 따라서 다음 세기에는 일련의 교황들이 전 교회에 대한 교황의 영도가 기본적으로 베드로의 계승자로서 교황이 갖는 역할에 바탕을 두고 있다고 주장하게 되었다. 그들은 또한 교회의 우두머리라는 관념에 사법적인 의미를 점점 더 크게 부여해 갔다.

교황권이 베드로에게서 나온 것이라는 설은 주로 성경의 세 구절에 바탕을 두고 있었다. 첫째, 마태오복음 16장 18~19절은 베드로가 "당신은 그리스도시요, 살아있는 하나님의 아들"이라는 말로 그리스도를 구세주로 인정하자, 그리스도가 다음과 같이 대답하였다고 기록하고 있다:

> 내가 네게 이르노니, 너는 베드로라, 내가 이 반석(그리스어로 petro는 '돌'이라는 뜻임—역주) 위에 나의 교회를 세우리니, 지옥의 문이 그 교회를 이기지 못하리라. 그리고 내가 너에게 천국의 열쇠를 주리니, 네가 땅에서 맨 것은 무엇이든 하늘에서도 매일 것이고, 네가 땅에서 푼 것은 무엇이든 하늘에서도 풀리리라.

둘째, 누가복음 22장 32절에서는 그리스도가 베드로에게 "내가 너를 위하여 너의 믿음이 잘못되지 않도록 기도하였다"고 말하고 있으며, 끝으로 요한복음 21장 15~17절에서는 그리스도가 베드로에게 세 번씩이나 다짐하여 "내 어린 양을 먹이라… 내 어린 양을 먹이라… 내 양을 치라"고 명하였다.

교황 다마수스Damasus; 366~384는 콘스탄티노플 회의의 결정에 맞서서, 로마 교회의 우위는 어떠한 종교 회의의 결정에 바탕을 둔 것이 아니라, 그리스도가 직접 베드로에게 말한 말씀에 근거한 것이라고 주장하였다. 다마수스는 또한 로마 교회를 "사도의 교구the Apostolic See"라 일컬은 최초의 교황이기도 하였다. 그 뒤를 이은 시리키우스Siricius; 384~389 교황은 베드로의 정신이 로마 주교들에게 계승되고 있다는 주장을 내세우는 한편, 예배의식의 통일을 위해 갈리아와 스페인 그리고 아프리카의 주교들에게 수많은 서한을 보냈다. 남아 있는 교황의 교서 가운데 가장 오래된 것은 바로 시리키우스의 재위시에 작성된 것이다. 이노센트 1세Innocent I ; 402~417는 시리키우스의 주장을 되풀이하면서, 콘스탄티노플의 주교가 직접 개입된 사건에서 교황으로서 사법권을 행사하려 시도하였다. 문제의 주교인 성 요한 크리소스톰St. John Chrysostom; 347?~407은 주교회의의 결정으로 주교직에서 밀려났고, 황제인 아르카디우스Arcadius; 395~408는 그를 추방하였다. 이노센트는 주교회의의 결정이 부당하다고 선언하고, 요한의 후임자를 파문하였으며, 요한의 명예가 회복될 때까지 콘스탄티노플 교회와의 관계를 단절하겠다고 밝혔다(그동안, 요한은 추방된 상태에서 세상을 떴다).

5세기의 가장 위대한 교황은 레오 1세Leo I ; 440~461였다. 그는 그 당시에 벌어진 여러 사건에서 막강한 영향력을 행사하였다는 점에서 뿐만 아니라 교황권이 베드로에게서 나왔다는 이론을 아주 명쾌하고도 조리 있게 체계화하였다는 점에서도 중요한 인물이다. 이 시대의 위대한 교황들이 대개 그러하였듯이, 그 또한 옛 로마 귀족 가문의 후예로서, 한때 로마 제국의 지도자들을 특징지웠던 효율적인 행정가로서의 본능적인 기질을 물려받고 있었다. 레오가 교황으로 재위하고 있던 동안, 이탈리아에서는 황제의 권위가 약화되고 있었으며, 그에 반해 로마의 행정 업무에 있어서 로마 주교가 차지하는 중요성은 더욱 커지고 있었다. 이를 특히 뚜렷하게 보여주는 것은 야만족의 군대가 이탈리아를 침입했을 때, 레오가 두 번이나 야만족 지도자와의 협상에서 주역을 맡았다는 사실이다. 즉 그는 453년에 협상을 통하여 훈족Huns: 흉노족, 뒤에 이들이 세운 나라 헝가리 Hungary는 이 Hun에서 파생한 국명임—역주의 로마 공격을 성공적으로 막아내고, 455년에는 성공적이지는 못했으나 반달족과의 협상을 시도하였던 것이다.

레오는 또한 5세기에 벌어진 신학상의 대논쟁에도 결정적으로 개입하였다. 아리우스파가 진압되자마자, 새로운 분쟁이 발생하기 시작하였다. 니케아 공회의325년는 그리스도가 진정한 하나님임을 선언하였다. 이제는 그리스도가 신인 동시에 또한 진정한 인간인가, 또 신성과 인성이 한 개인 속에서 어떻게 공존할 수 있는가 하는 의문이 논쟁의 초점으로 제기되었다. 428년에 콘스탄티노플의 주교가 된 안티오크의 사제 네스토리우스Nestorius는 그리스도의 두 성질을 분명하게 구별할 것을 주장하면서, 그리스도의 인간적 요소를 강조하는 성향을 보였다. 그의 특징적인 교리는 마리아가 낳은 예수는 하나님으로서의 예수가 아니라 인간으로서의 예수였다는 것이었다. 이 교리에 대해 알렉산드리아의 시릴또는 키릴루스Cyril; 376?~444은 통렬하게 공박하였고, 그 당시의 역대 교황들 역시 시릴의 입장에 동조하였다. 결국 이 교리는 에페수스Ephesus 회의431년에서 그릇된 것으로 판정되어, 마리아를 "하나님의 어머니"라 부르는 전통적인 신조가 재확인되었고, 네스토리우스는 추방되었다. 이때 많은 네스토리우스파 기독교인들이 제국을 떠나 페르시아에 정착하였고, 결국은 아시아 전역에 흩어져 나아가, 중국에 네스토리우스파 교회를중국에서는 이를 경교景敎라 불렀다—역주 설립하기까지 하였다.

제국 자체 내에서는, 네스토리우스의 실권에도 불구하고 그가 불붙인 논쟁의 불길이 꺼지지 않았다. 시릴의 뒤를 이어 알렉산드리아의 주교가 된 디오스코로스Dioscoros는 시릴의 교리를 극단화하여, 그리스도의 인간적 요소를 깎아내리고, 그리스도에게는 오로지 신성만이 있을 뿐이라고 주장하기에 이르렀다. "단일 성질one nature"을 뜻하는 그리스어를 따라 단성설Monophysitism이라 불리게 된 이 교리는 교황들에게 네스토리우스의 교리 못지않게 이단적인 설로 비추어졌다. 레오는 간결명료한 라틴어로 ≪교리서*Tome*≫라는 논문을 써서 디오스코로스의 교리를 논박하고, 그리스도가 신성과 인성을 동시에 겸비하고 있다는 로마 교회의 정통 신조를 다시 주장하였다. 뒤에 공식적인 신조 강령에서 표현된 대로 옮기자면451년의 칼케돈Chalcedon 회의에서 신조로 공식 인가되었다—역주, 그리스도는 진정한 하나님이자 진정한 인간이라는 것이었다. 449년에는 에페수스에서 두 번째로 회의가 열렸으나, 참석자가 적었고 또 그나마 알렉산드리아 쪽 사람들이 대다수를 차지하고 있었다. 이 회의는 디오스코로스를 지지하였으며, 황제인 테오도시우스 2세Theodosius II; 408~450 또한 이 회의의 결정에 동조하였다. 교황 레오 1세는 격분하여, 그 집회를 "회의가 아니라, 도둑의 소굴"이라고 매도하였다. 이후 그 집회는 오늘날까지도 "도둑회의Robber Council"라고 일컬어지게 되었다.

테오도시우스 2세가 450년에 죽고, 그 뒤를 이어 마르키아누스Marcian; 450~457가 제위에 오름에 따라, 상황은 교황에게 유리한 방향으로 바뀌었다. 종교적으로 가톨릭에 기울어져 있었던 마르키아누스는 교황과 합의하여 451년에 칼케돈에서 새로운 공회의를 개최하였다. 이 회의에서 레오의 ≪교리서≫는 정통 신앙의 명석한 해설로 인정되었고, 공회의에 참석한 사제들은 "베드로가 레오의 입을 통해 말했다"고 선언하였다. 이는 교황 측에게는 상당한 정도의 승리였으나, 레오의 성공을 과대평가해서는 안 된다. 동부의 주교들이 교황의 교리를 인가한 것은 부분적으로는 황제의 압력 때문이었던 것이다. 황제의 정책이 바뀌게 되면, 많은 주교가 서슴없이 태도를 바꿀 터였다. 더구나, 교리의 문제를 처리하자, 그들은 로마가 서부에서 누리고 있던 사법적 우위를 동부에서는 콘스탄티노플 교회에 부여하는 원칙적인 법령을 제정하려 하였다. 레오는 당연히 이 법령의 인가를 거부하였다.

교황권의 근거에 대해, 레오는 그가 성 베드로의 "후계자"이고, 그리스도가 베드로를 전체 보편교회의 우두머리로 지명하였다고 주장하였다. 레오는 모든 주교가 사도들의 후계자로서, 그리스도가 원래 사도들에게 부여했던 권능을 물려받았다고 믿었고, 이는 그 당시의 보편적인 믿음이었다. 그러나 레오는 또한 모든 다른 사도보다 베드로가 더 높은 지위에 있었으며, 따라서 베드로의 로마 교구를 물려받은 교황이 모든 다른 주교보다 더 높은 지위에 있다고 확신하였다(그는 알렉산드리아의 주교는 마르코 사도의 후계자일 뿐이므로 베드로의 후계자에게 경의를 표해야 한다고 쓴 적이 있었다). 레오의 이론에 따르면, 교황의 권위는 교황 개개인의 인격적 자질에서 비롯되는 것이 아니었다. 그는 교황들이 베드로의 인격적인 장점을 계승하였다고 주장할 수는 없음을 충분히 깨닫고 있었다. 하지만 그 대신 그는 교황이 베드로의 후계자로서 베드로가 그리스도로부터 직접 부여 받은 교회의 우두머리로서의 지위를 물려받을 수 있으며, 또 실제로 물려받고 있다고 주장하였다.

이는 두말할 나위 없이 논란의 여지가 매우 많은 주장이다. 교황권이 중세 문명의 발전에 매우 큰 영향력을 미쳤으므로, 이러한 주장이 중세에 얼마만큼 보편적으로 받아들여졌는지 알아보는 것은 매우 쓸모 있는 일이 될 것이다. 서부의 거의 모든 기독교인은 교황이 성 베드로의 진정한 후계자이며 따라서 전 교회의 우두머리임을 인정하게 되었다. 그러나 그들은 이러한 우두머리의 지위가 곧바로 실질적인 통치권을 정당화한다는 주장에 대해서는 쉽사리 동의하지 않았다. 이러한 의견 충돌은 교황들이 세속적인 사안에 대해 최우선적인 결정권을 주장하는 경우에 가장 뚜렷하게 표출되었다. 이와 같은 교황의 주장은 언제나 강력한 반대에 부딪쳤다. 심지어는 교회 내부의 문제에 있어서도, 교황이 어느 정도로 중앙집중화된 권력을 행사하는 것이 알맞는가에 대해서는 의견이 분분하였다. 중세 전반에 걸쳐 서방 교회가 교황권의 확립을 위해 교황들이 제기한 모든 주장을 다 받아들였다고 이따금 전제되는 경우가 있으나, 이는 사실이 아니며, 이러한 전제야말로 중세사의 많은 부분을 이해할 수 없게 하는 요인인 것이다.

로마 제국 말기의 세계에 있어서, 교황권의 성장과 그와 동시에 나타난 단호한 라틴 신학의 발전은 문화와 종교의 측면에서 중요한 의미를 지니고 있었다. 그리스어는 기독교 신앙의 교리에 관한 논의에 있어서 거의 극도로 미묘한 철학적인 논술에 적합하였다. 반면에 라틴어는 로마의 전반적인 전통을 반영하여, 법률과 도덕, 그리고 행정과 통치의 실제적인 문제들을 논하는 데 더 적합하였다. 아리우스파와 단성설을 둘러싼 논쟁이 일단 결말 지워진 이후에도, 동방 교회는 기독교 신앙의 기본적인 신조들을 더욱 더 철학적으로 정교하게 규정하려 하면서, 끊임없이 교리의 세세한 부분까지 논리적으로 규명해 나아갔다. 반면에 로마 교회는 언제나, 전통적인 공인 신조가 철학적으로 만족스럽게 설명되지 않는 경우조차, 그러한 공인 신조에 완강하게 집착하였다. 그리스인들은 로마 주교들이 복잡한 신학적 문제들에 대한 논의를 이해하지도 못한 채, 무조건 정통 교리를 내세우려 한다고 여겼으며, 이러한 판단은 어느 정도는 타당한 것이었다. 반대로, 로마인은 그리스인들이 철학적으로 구구하게 따지기 좋아하는 비뚤어진 취미를 위하여 기독교 신앙의 가장 기본적인 진실을 왈가왈부하고 있다고 여겼다. 이러한 양측의 논쟁이 계속되는 가운데, 그리스 교회는 언제나 다른 문제에 있어서와 마찬가지로 종교적인 문제에 있어서도 황제의 결정을 받아들이려는 성향을 보인 반면, 로마 교회는 정통 신앙에서 벗어난 교리라면 황제가 지지하는 교리일지라도 종종 거부하였다. 서방 교회는 점점 더 로마 주교를 교회의 당연한 우두머리이자 대표자로 인정하게 되었으나, 동방 교회는 사법적 우위를 요구하는 로마의 주장을 이따금 부정하였고 또는 기껏해야 마지못해 인정할 뿐이었다.

서로마 지역에서 교황권이 성장한 것과 그리고 그리스 교회와 라틴 교회가 서서히 더욱 더 분리되어 간 것은 중세 유럽의 출현에 있어서 결정적인 중요성을 띠고 있었다. 우리는 이미 동로마와 서로마가 정치적·경제적인 구조에 있어서 서로 크게 달랐음을 살펴본 바 있다. 야만족이 침입해온 시기에는, 종교에 있어서도 동·서가 갈라지기 시작하고 있었던 것이다.

제3장 야만족

지금까지 중세 세계를 형성한 기본적인 요소 가운데 두 가지, 곧 로마 제국 말기의 문명과 기독교 교회의 종교를 살펴보았다. 이제 본장에서는 세 번째로, 켈트족과 게르만족의 야만족 문화라는 역시 기본적인 요소를 고찰하기로 하자. 야만족의 문화는 고전 문명에 비해 세련됨이 크게 떨어진다는 의미로 "원시적"이었다. 그러나, 원시 사회는 종종 신선하고 생동감이 넘치는 예술과 문학을 생산해내며, 원시적인 관습법도 우리에게는 비합리적으로 여겨지겠지만 사회의 안정과 결속을 유지하는 데 효과적인 원칙들을 제공할 수 있다. 이런 모든 분야에서, 야만족의 생동하는 문화는 뒷날 중세 문명의 성장에 크게 기여하였다.

로마 사회와 야만족 사회를 가르는 뚜렷한 경계가 있었던 것은 아니다. 4세기에, 제국의 국경선은 순수한 로마 세계와 순수한 야만족의 세계를 칼로 베듯이 구분하는 경계가 아니었다. 기원전 1세기 이래로, 로마인과 야만족은 끊임없이 서로 영향을 주고받았다. 갈리아와 브리튼은 로마의 속주가 될 때부터 이미 로마 문명과 켈트족 문명을 융합하여 혼성 문명을 발전시키고 있었다. 로마인은 또한 많은 게르만인을 제국으로 들여와 노예나 콜로누스로 써먹었다. 또 로마 군대에도 게르만인이 많이 입대하였다. 그들은 개별적으로 부대에 들어가거나, 포에데라티foederati, 즉 동맹군이라 이름하는 부대를 이루어 로마군에 편입되었다. 이러한 게르만 병사들의 부대는 게르만인 지휘관의 명령에 따라 로마를 위해 싸웠다. 그들은 종종 그 대가로 제국의 변경 지역에 있는 토지를 부여받았다. 이에 로마 문명은 정치적 국경선 너머까지도 어느 정도 확산되기에 이르렀다. 정치적 국경 바깥에 있는 야만족들은 그들이 국경에서 얼마만큼 가까이에 있고, 로마 문명을 어느 정도 수용할 수 있는가에 따라 서로 다른 정도로 로마화되었다. 로마인이 그들의 문명을 제국 바깥에까지 확산시키려는 바람을 지니고 있었다면, 로마는 이웃한 족속에게 훨씬 더 큰 영향을 미쳤을 테지만, 로마인의 기질은 근본적으로 정치적이어서 통치할 수 없는 지역에는 거의 관심을 두지 않았다. 야만족에게 문명을 전파하려는 바램을 뚜렷하게 보인 최초의 로마인은 기독교 선교사들이었다.

7. 게르만족

아마도 북유럽의 원주지에서 이동을 시작하기 전에는 여러 게르만족이 언어에 있어서나 관습에 있어서나 서로 별다르지 않았겠지만, 이곳저곳으로 떠돌아다니던 와중에서 개개 집단이 다른 집단과 따로 떨어지게 되면서 각기 고유한 언어적·문화적 특성을 발전시켰을 것이다. 더구나, 각 집단은 이주해간 지역의 환경에 생활 방식을 적응시켜야 했다. 이렇게 하여, 여러 게르만족 사이에는 갖가지 차이점이 나타나게 되었다. 4세기에 있어서, 가장 두드러진 차이는 개개 게르만족 사이에서가 아니라, 서부의 여러 게르만족과 동부의 여러 게르만족 사이에서 나타났다. 서부의 게르만족인 색슨Saxon족과 수에비Suevi족, 프랑크Frank족, 그리고 알레마니Allemanni족은 북유럽에서 그대로 남하하여 대체로 동질적인 자연 환경을 지닌 여러 지역으로 이동하였으며, 이동하지 않은 앵글Angle족 및 쥬트Jute족 등과 계속해서 밀접한 관계를 유지하였다. 그들은 영구적으로 정착하여 살았으며, 농업으로 삶을 꾸려나갔다.

반면에 동부의 게르만족인 롬바르드Lombard족과 반달Vandal족, 그리고 고트Goth족은 북서 유럽에서 아주 먼 지역으로 이동하였다. 헝가리 평원과 흑해 북쪽의 대초원 지대는 기본적으로 방목 지역이었다. 그곳에서 게르만 정복자들은 말을 타고 다니면서 유목 생활을 하였다. 더구나, 러시아 남부의 초원 지대는 오래 전부터 농경을 주업으로 하던 슬라브Slav족과 흑해 연안에 이주해온 그리스인 그리고 아시아 대초원의 광포한 유목민 사이의 경계가 되어 왔었다. 그 지역은 수세기 동안 유목 민족에 의해 지배되어 왔었는데, 유목 민족들은 각기 이곳에 침입해 들어와서, 정복자로서 머물러 있다가, 거꾸로 새로운 침입자에게 정복되곤 하였다. 이곳에서 고트족은 모든 경쟁자를 물리치고 지배 민족으로 군림하는데 성공하였다. 앞서 이곳을 정복했던 민족들과 다름없이, 그들도 무력을 지닌 소수로서 온갖 민족으로 잡다하게 구성된 대다수 인민을 지배하였다. 고트족은 이즈음 두 집단으로 나뉘어 있었다. 서고트Visigoth족은 다뉴브강 하류 지역에서 살았으며, 동고트Ostrogoth족의 국가는 드니에스트르Dniester강에서 돈Don강에 이르기까지 광대한 영역에 뻗어 있었다. 고트족은 다른 게르만족보다 더 진보된 정치적 조직을 발전시켜, 왕을 정점으로 통일되어 있었다. 4세기에 고트족은 로마 제국과 밀접하게 접촉하고 있었다. 서로 적대하던 시기도 있었으나, 평화의 시기에는 문화적인 교류도 이루어졌다. 고트족의 귀족들은 콘스탄티노플을 방문하곤 하였으며, 고트족 사람들은 로마의 도로망을 꽤 잘 알고 있었다. 4세기 중엽, 성 울필라St. Ulfila를 필두로 고트족의 개종이 시작되었으며, 오래지 않아 거의 모든 고트족이 기독교도가 되었다. 그러나 그들은 아리우스파를 옹호하던 콘스탄티우스 2세의 치세 중에 아리우스파 전도사들의 가르침에 따라 기독교로 개종하였으며, 그 뒤로도 계속 아리우스파의 교리를 신봉하였다. 이러한 상황은 고트족이 로마 제국으로 이동해 들어간 뒤 중요한 영향을 미치게 되었다.

지금까지 남아있는 서부 게르만족에 관한 글 가운데 가장 최초의 것은 1세기 말에 로마의 역사가 타키투스Tacitus가 쓴 것이다. 근대 역사가들은 그 글의 몇몇 부분, 특히 게르만 여인들의 물샐틈없는 정조 관념에 대한 이야기를 타키투스가 로마 사회의 결점을 빈정대거나 비난하기 위해 상상력을 발휘해 쓴 가공의 이야기로 여겨 왔다. 그러나 타키투스의 이 글이 대부분 직접 목격한 자의 증언에 바탕하고 있음은 분명하며, 뒷날의 사료 또한 이 글의 내용이 대체로 진실임을 뒷받침해준다. 타키투스의 묘사에 따르면, 게르만인은 붉은 머리카락과 푸른 빛의 사나운 눈, 그리고 커다란 몸집의 거한이었으며, 매우 호전적이었고, 간혹 평화가 찾아드는 때면 축제와 야단스러운 술잔치에 탐닉하였다. 그들은 촌락을 이루어 원시적인 오두막집에서 살았고, 짐승 가죽이나 천으로 옷을 해 입었다. 그들은 귀족과 자유민, 해방민freedman, 그리고 노예의 네 사회 계급으로 나뉘어 있었다. 게르만족은 신을 모시는 사원을 세우지 않았고, 그 대신 그들이 신성시하는 숲에서 신들에게 제물을 바쳤다. 타키투스는 게르만의 신들을 마르스Mars; 군신와 머큐리Mercury; 신들의 사자, 그리고 헤르쿨레스Hercules; 헤라클레스라는 로마식 이름으로 소개하였는데, 이는 각각 게르만 이름으로 티우Tiu;

Tyr; Teiwas; Tiwas; Ziu; Tiv : 전쟁과 하늘의 신—역주, 워단Wodan, Odin; Wuotan; Wotan; Woden : 게르만의 지고신, 전쟁과 문화 그리고 죽은 자들의 신—역주, 그리고 토르Thor; Thunar; Donar : 천둥과 전쟁의 신으로 Wodan의 아들—역주에 해당한다고 여겨진다(이 세 게르만 신명神名은 오늘날까지도 요일명 속에 남아있다. 즉 Tiu는 Tuesday에, Wodan은 Wednesday에, 그리고 Thor는 Thursday에 그 흔적이 남아있는 것이다).

야만족의 지도자들은 로마의 사료에서 종종 왕rex으로 지칭되고 있다(로마인이 그들에게 왕의 칭호를 부여한 경우도 있었고, 스스로 왕을 자칭한 경우도 있었다). 그러나 로마인에게 있어서, 왕이라는 단어는 독립적인 주권을 가리키는 말이 아니었다. 그들은 그들이 권위를 인정한 거의 모든 이민족 지도자들을 왕이라고 칭하였다. 반면에 바실레우스basileus와 임페라토르imperator라는 칭호는 황제에게만 붙었으며, 어떠한 야만족 지도자도 감히 그러한 칭호를 쓸 수는 없었다. 서부 게르만족의 정치 제도는 실로 아주 원시적인 것이었다. 게르만족 지도자의 실질적인 지위를 표현하는 말로는 “왕king”보다 “족장chieftain”이 더 어울린다. 4세기에 있어서, 프랑크나 색슨과 같은 낱말은 제대로 모습을 갖춘 국가가 아니라 언어와 관습이 비슷한 부족 집단을 가리키는 말이었다. 그러한 종족에게는 중앙정부라고 할 만한 것이 전혀 없었다. 비상시에 커다란 전투를 치르기 위해 단일한 전쟁 지도자가 선출되기도 하였으나, 대개는 여러 족장이 제각기 독립적으로 각 부족의 군사적인 행동과 종교적인 행사를 함께 지휘 또는 관장하였다. 예컨대, 모든 프랑크족을 지배하는 왕이 영구적인 지위로 정착된 것은 5세기에 프랑크족이 갈리아 지방을 침입한 이후에야 이루어진 일이었다. 국가에 대한 공적인 충성심은 존재하지 않았고, 친족 관계나 전투를 지휘하는 우두머리에 대한 전사의 개인적인 충성과 같은 사적인 관계가 결속을 유지하는 유일한 매듭이었다.

게르만의 족장은 군사적인 모험을 계획하여, 모험심에 불타는 용맹한 젊은이들을 소집하였다. 젊은이들은 무기, 식량, 의복 등을 제공받고, 약탈물을 분배받는 대가로 족장을 충성스럽게 모실 것을 서약하였다. 이러한 전사단은 종족에 따라 여러 이름으로 불리어졌다. 로마인은 그러한 집단을 코미타투스comitatus: 라틴어 comitor—따르다, 동반하다, 섬기다—에서 파생된 낱말임—역주, 곧 종사단이라 불렀다. 단순한 약탈을 위해 원정하는 경우, 주력 부대는 족장 자신의 종사단만으로 이루어질 수 있었다. 더 대규모의 원정 사업에 있어서는, 족장자신의 종사단이 족장의 친위대로 활약하게 되어 있었다. 타키투스는 종사들과 그 우두머리와의 관계에 대해 다음과 같이 기술하고 있다 :

> 우두머리가 전사한 뒤 살아서 싸움터를 떠나는 것은 일생의 불명예이며 수치이다. 우두머리를 지키고 보호하는 것, 자기의 영웅적인 행동을 우두머리의 명예로 돌리는 것—이것이 바로 그들이 "충성"이란 말로 뜻하는 것이다. 우두머리는 승리를 위해 싸우며, 종사들은 그들의 우두머리를 위해 싸운다.

우두머리에 대한 전사들의 이러한 충성은 봉건적인 주종제vassalage의 본질적인 이념으로 변형되어, 중세 전반에 걸쳐 사회를 결속시키는 기본적인 유대로 기능하였다.

재판은 부족민의 모임인 인민 법정에서 족장의 주재로 행해졌다. 게르만의 법은 주로 개인적인 복수를 대신하는 역할을 하는 데 그쳤다. 어떤 사람이 다른 사람에게 해를 입히면, 피해자는 법정에 가해자를 고소하였다. 이에 피고는 법정에 출두하도록 소환되었다. 그가 출두하지 않으면, 그는 범법자로 선언되었다. 피고가 출두하는 경우에는 초자연적인 존재에게 피고의 유죄 또는 무죄에 대한 판결이 맡겨졌다. 신들의 판단은 선서의 의식compurgation과 갖가지 형태의 시죄법ordeal에 의해 확인되었다p. 101 참조. 이러한 선서 의식과 시죄법이 게르만족에게만 특유한 것은 아니며, 모든 원시적인 종족에게 보편적인 것도 아니다. 이들은 주로 유럽과 아프리카에서 발견되는데, 인류학자들은 이러한 관습이 선사시대에 중동으로부터 전파되었으리라고 추측해 왔다.

많은 역사가들이 원시 게르만 사회를 민주적인 사회로 서술해 왔다. 이러한 해석은 어느 한편으로는 게르만 사회의 참된 민주적 요소를 직시하고 있으나, 다른 한편으로는 민주적인 정부와 개인적인 자유를 혼동한 것이기도 하다. 민주주의란 인민에 의한 통치를 뜻하며, 민주적인 정부는 전제정에 못지않게 개인의 자유를 엄격하게 제한할 수 있다. 반면에, 비민주적인 정부도 개인에 대한 정부의 통제가 제한되어야 함을 신봉할 수 있다. 인민 법정에서 재판을 행하는 게르만의 사법 제도는 민주적인 것으로 보이지만, 부족민이 법정에 모인 것은 기본적으로 종교적인 의식을 보기 위한 것이지 그들에게 제기된 송사에 대해 토론하고 표결하기 위한 것은 아니었다. 또 신분에 따른 법률상의 차별은 명백히 비민주적인 것이었다. 족장을 추대하는 데 있어서 선출의 방식이 부분적으로 사용되었음은 분명한 사실로 보이지만, 일단 선출된 족장에 대해 민주적인 통제가 가해졌다는 증거는 없다. 타키투스는 자유로운 전사들의 모임에서 족장이 제시한 조치를 승인하거나 거부하였다고 기술하였지만, 뒷날의 증거에 따르면 그러한 모임은 주로 막바로 있을 전투의 전략을 협의하고 사기를 북돋기 위해 열렸다고 한다. 게르만의 부족 회의는 입법을 위한 모임이기보다, 전투에 나가기 전에 기세를 올리기 위한 집회였다(타키투스는 전사의 사기를 앙양시키는 함성이 뜻을 알아들을 수 있는 소리가 아니라, 한꺼번에 부르짖는 우렁찬 포효였다고 쓰고 있다). 따라서 게르만 사회의 민주적 요소를 너무 과대평가해서는 안 된다. 하지만, 게르만에 있어서 정부의 기능이 극도로 제한되어 있었음은 분명하다. 정부는 전쟁을 지휘하고 유혈극 없이 법을 통해 분쟁을 해결하는 것 외에는, 모든 것을 인민 스스로 처리하도록 방관하였다. 게르만족은 이로써 개인적인 자유와 최소한의 정부라는 전통을 지니게 되었다. 그들은 거칠고 광포한 전사로서 어떠한 종류의 속박도 참지 못했다. 방종이라 할 정도의 개인적인 자유에 대한 그들의 애착은 서양 문명의 발전에 있어서 중요한 역할을 하게 되었다.

8. 야만족의 침입

로마 제국이 "몰락"하기 시작한 정확한 시기를 꼭 집어내기는 불가능하다. 이미 3세기부터 제국 서부에 속한 여러 속주의 게르만화와 게르만족의 로마화가 동시에 시작되어 오랜 기간에 걸쳐 서서히 진행되었던 것이다. 게르만족은 끊임없이 제국의 국경을 위협하였다. 여러 차례, 그들은 국경 수비대를 물리치고 제국의 속주를 약탈하였다가, 결국 제국 군대가 새로 증원됨에 따라 국경 밖으로 다시 쫓겨가곤 하였다. 제국의 북서부 끝인 브리튼에서는 앵글족과 색슨족이 배를 타고 와 해안 지방을 노략질하였다. 이에 제국 정부는 그들의 침략에 대한 방어를 전담하는 색슨 해안 수비대장the Count of the Saxon Shore을 임명하였다. 동해안을 따라 곳곳에 성채가 건설되었으며, 그 성채를 지키기 위해 1개 군단이 웨일즈로부터 이동해왔다. 라인강 하류에서는, 프랑크족이 로마의 동맹군과 로마의 침략자로 나뉘어 강을 사이에 두고 서로 대치하고 있었다. 라인강 상류에서는 프랑크족으로 구성된 군대가 알레마니족의 준동을 막는 데 큰 몫을 하였다. 다뉴브강 상류에서도 마찬가지로, 게르만족 용병대를 고용하여 국경 수비를 보강하는 정책이 사용되었다. 4세기 말에는, 로마 군대가 지휘관을 제외하고는 거의 야만족으로 구성되어 있었다. 이러한 야만족 병사들 가운데에는 제국 군대에서 높은 자리에 오른 자도 많았다. 심지어는 서부 지역 부대를 통괄 지휘하는 대장군의 직책까지도 종종 게르만족 출신이 차지하였다.

아마도 이러한 게르만의 느린 침투는, 다른 요인이 없었더라도, 결국에는 제국의 영토 안에서 게르만의 국가가 발호하는 결과를 낳았을 것이다. 더구나, 실제로는 400년을 전후하여 새로운 상황 변화 때문에, 게르만족의 로마 유입이 더욱 가속화되었다. 그때까지의 단순한 약탈이 아니라, 게르만족이 큰 무리를 지어 제국으로 이주하여 정착하기 시작했던 것이다. 상황을 변화시킨 새로운 요인은 로마 역사가가 기술하였듯이 "상상할 수 없을 정도로 잔혹한 인종"인 훈족Huns의 등장이었다. 훈족은 몽고 계통의 유목 민족으로서 용맹하고 대담하며 무자비하였다. 그들은 말을 아주 잘 탔으며, 가벼운 무장으로 말을 달리면서 활을 쏘는 기마병들이었다. 그들은 중국의 국경에서 중국에게 패퇴하자, 기수를 서로 돌려 러시아 초원 지대를 횡단하였고, 곧 로마 제국의 국경을 따라 살고 있던 게르만족을 공포의 도가니로 몰아넣기 시작했다. 이제 훈족의 공격은 새로운 민족 대이동의 물결을 일으켰다.

375년에 서고트족은 발렌스Valens; 364~378 황제에게 탄원하여 다뉴브강을 건너 제국의 영토에 정착하도록 허가를 받았다. 이는 게르만의 한 부족이 한꺼번에 제국으로 이주해 들어온 최초의 예가 되었고, 이때만 해도 게르만족은 정복자가 아니라 탄원자로서 이주하였다. 그러나, 378년에 서고트족은 로마 속주의 관리들로부터 모욕적인 대우를 당하는 데 반발하여, 황제의 권위에 정면으로 도전하였다. 그들은 아드리아노플Adrianople의 전투에서 황제인 발렌스를 전사시키는 등 혁혁한 전과를 올리면서 크게 승리하였다. 이제 앞으로 몇 달 동안은 발칸 반도 전 지역과 심지어는 콘스탄티노플까지도 속수무책으로 그들의 공격을 당할 위험에 처하게 되었다. 다행히 매우 유능한 군인이었던 테오도시우스 1세379~395가 발렌스의 뒤를 이어 제위에 오름에 따라 상황은 호전되었다. 그는 질서를 회복하였으며, 그가 살아있는 한 서고트족은 동맹군의 지위로 되돌아간 상태에 만족해야 했다. 396년에 그들은 그들의 가장 위대한 왕 알라릭 1세Alaric Ⅰ의 주도하에 다시 봉기하여 그리스를 휩쓸었다. 로마는 알라릭에게 일리리쿰 장군을 제수하여 그를 진정시켰으나, 얼마 안가 402년에 그는 이탈리아를 침공하였다. 그는 서부 지역 사령관인 반달족 출신의 스틸리코Stilicho에 의해 격퇴되었다. 수도 로마의 안전조차 이제 반달족 출신 장군의 능력과 용기에 의존하게 되었음은 그 당시의 전반적인 상황을 상징적으로 대변하고 있다.

406년에 상황은 급격하게 악화되기 시작하였다. 이탈리아를 방어하기 위하여 스틸리코는 라인강의 방비를 소홀히 할 수밖에 없었고, 급기야 406년 세밑에는 반달족을 주로 한 잡다한 게르만 부족들이 라인강의 수비대를 제치고 물밀듯이 제국 안으로 몰려 들어왔다. 갈리아 지방을 약탈한 그들은 스페인으로 건너가 그곳에 반달 왕국을 세우려 하였다. 스틸리코는 이 재앙의 책임을 뒤집어쓰고 408년에 무능하기 짝이 없는 인물인 호노리우스Honorius; 395~423 황제의 명령으로 처형되었다. 알라릭은 이 기회를 놓치지 않고 다시 이탈리아를 공격하였다. 그는 409년에 일단 막대한 뇌물을 받고 공격의 고삐를 늦추었으나, 410년에는 로마시를 침공하여 점령한 뒤 무자비하게 약탈하였다. 이 전례 없는 재앙의 소식은 제국의 끝까지 충격파를 몰고 갔다. 멀리 베들레헴에서, 히에로니무스는 이렇게 탄식하였다. “로마가 영광을 위해서가 아니라 그저 살아남기 위해서 싸우게 되고, 심지어 싸우기보다는 금으로 생명을 구걸하게 되리라고 그 누가 믿었으리오!”

알라릭은 분명 서고트족을 풍요로운 아프리카 속주로 이주시킬 생각을 품고 있었지만 로마를 약탈하고 불과 몇 달 뒤에 죽었고, 그의 뒤를 이은 아타울프Ataulph는 서고트족의 전통적인 정책으로 되돌아가, 그의 군대를 적어도 명목상으로는 동맹군으로서 제국 정부를 위해 제공하였다. 아타울프는 호노리우스 황제의 누이인 갈라 플라키디아Galla Placidia와 결혼하였고, 서고트족을 이끌고 남부 갈리아 지방으로 갔다가, 다시 스페인으로 옮겨가 반달족을 공격하였다.

아타울프의 후계자들은 지브롤터 해협에서 르와르Loire강에 이르는 광대한 서고트 왕국을 건설하였다. 한편, 제네바 호반에 정착한 부르군드족Burgundians은 론Rhone강을 따라 남동 갈리아 지방으로 그들의 왕국을 넓혀가고 있었다. 또 부르군드 왕국 이북의 지역은 알레마니족이 장악하고 있었다.

스페인에서 서고트족에게 쫓긴 반달족은 429년에 북아프리카로 건너갔다. 그 당시 로마의 아프리카 속주는 도나투스파와 가톨릭 간의 이단 논쟁에서 비롯된 분쟁으로 내란 직전의 상황에 있었고, 게다가 반달족의 가이세릭Gaiseric 왕은 매우 뛰어난 전사였다. 힘겨운 포위전을 적지 않게 치룬 뒤에, 그는 마침내 전 아프리카 속주를 굴복시키게 되었다. 이는 로마에게 큰 타격이었다. 왜냐하면 이탈리아의 식량 공급은 아프리카로부터의 곡물 수입에 크게 의존해 왔기 때문이었다. 게다가, 가이세릭은 동부 게르만족의 통치자 가운데 유일하게 로마 정부를 공공연하게 적대시한 인물이었다. 그는 강력한 함대를 조직하여 시칠리아와 남부 이탈리아를 줄기차게 공격하였고, 마침내 442년에 로마 제국 정부는 마지못해 그를 독립된 주권을 지닌 통치자로 인정하였다. 심지어 그는 명목상으로도 황제의 밑에 있지 않았다. 그러나 이로써 반달족의 공격이 그치지는 않았으며, 급기야 455년에는 가이세릭의 반달족이 로마에 쳐들어와 410년의 서고트족보다 더 철저하게 로마를 약탈하였다.

이 시기에 이탈리아에서는 서고트의 아타울프와 결혼하였던 갈라 플라키디아가 과부의 몸으로 실질적인 황제권을 행사하고 있었다. 첫 남편인 아타울프가 죽은 뒤, 그녀는 로마인 장군인 콘스탄티우스와 재혼하였고, 그녀의 어린 아들 발렌티니아누스 3세Valentinian III; 425~455 황제의 섭정으로서 거의 20년에 걸쳐 권력을 쥐었다. 제국 정부의 행정 수도는 아드리아해 연안의 소택지로 에워싸인 도시인 라베나Ravenna로 되어 있었다. 라베나에는 반투명의 대리석으로 치장되고 모자이크 그림으로 화려하게 장식된 갈라 플라키디아의 웅장한 무덤이 아직도 남아 있다. 이 황태후가 거느린 가장 위대한 장군은 아에티우스Aetius였다. 아에티우스는 서부의 대장군직을 실질적으로 차지한 최후의 로마인이었다. 그는 특히 훈족에게 크게 승리한 인물로 유명하다. 100여 년 동안 제국의 경계 바깥에서 게르만족과 슬라브족을 공포의 도가니로 몰아넣었던 훈족은 452년에 아틸라Attila; 438~453 왕의 통솔 아래 마침내 라인강을 건너 제국으로 쏟아져 들어왔다. 아에티우스는 서고트족의 왕과 동맹을 맺고, 갈리아 지방의 로마인과 서고트족 그리고 그 밖의 게르만족 병사로 이루어진 연합군의 선봉에서서, 샬롱Chalons 근처에서 벌어진 전투에서 훈족에게 결정적인 승리를 거두었다. 다음 해에 훈족은 다시금 이탈리아에 침공하여 로마를 위협하였으나, 전염병으로 힘이 크게 약화되어, 로마를 공격하지 않고 물러나도록 쉽게 설득되었다. 453년 말경에 아틸라가 죽자, 그의 권력은 여러 상속자에게 분할되었고, 제국의 서부 지역은 훈족의 위협에서 벗어나게 되었다.

그러나, 이탈리아에서의 상황은 계속 악화되었다. 아에티우스는 454년에 발렌티니아누스 3세에 의해 죽음을 당하였지만, 발렌티니아누스 자신도 다음 해에 암살되었다. 다음 황제인 막시미아누스Maximian는 즉위한지 불과 몇 달 뒤에 세상을 떴다. 그는 가이세릭의 반달족을 막지 못해 로마시의 초토화를 초래하였다는 이유로 로마 시민에게 폭행을 당해 사망하고 말았던 것이다. 456년에는 게르만족 출신의 장군, 리키메르Ricimer가 이탈리아에서 권력을 장악하여 475년 목숨이 다할 때까지 이탈리아를 통치하였다. 그가 마지막 10년 동안 지명한 5명의 황제들은 그의 꼭두각시에 지나지 않았다. 리키메르의 뒤를 이은 오도아케르Odoacar는 476년에 마침내 마지막 황제인 로물루스 아우구스툴루스Romulus Augustulus를 폐위하고는, 꼭두각시이나마 다음 황제를 지명하지 않았다. 이로써, 서로마에서는 로마인 혈통을 지닌 황제의 대가 끊기게 되었다.

갈리아와 이탈리아는 5세기에 두 차례나 더 침략을 당했고, 이 두 차례의 침략으로 게르만 "계승 국가successor state" 가운데 가장 강력하고 성공적이었던 두 왕국, 즉 프랑크 왕국과 동고트 왕국이 수립되기에 이르렀다. 서로마에서 최후의 황제가 폐위되었을 당시에, 갈리아 지방에는 야만족에게 정복되지 않은 지역이 남아 있었다. 그 지역은 세느Seine강과 르와르강 사이의 지역으로서, 로마인 장군 시아그리우스Syagrius가 지배하고 있었다(게르만인들은 그를 "로마인의 왕"이라 불렀다). 486년에는 이 지역마저 프랑크족의 우두머리인 클로비스Clovis에게 점령당했다. 동고트족은 453년에 훈 왕국이 해체된 틈을 타 다뉴브강을 건넜다. 그들이 동로마 제국의 발칸 지역 속주들을 위협하였을 때, 황제인 제논Zeno은 매우 다행스럽게도 동고트 왕 테오도릭Theodoric에게 귀족의 칭호를 부여하고, 그를 명목상으로는 찬탈자 오도아케르를 응징할 제국 관리로 임명하여 이탈리아로 보내버리는 데 성공하였다. 489년에 테오도릭은 동고트족을 모두 이끌고 알프스를 넘어, 오도아케르를 죽이고는 이탈리아의 통치자로 군림하게 되었다.

서로마 제국에서 아직 고찰되지 않은 지역인 북서쪽 끝의 브리튼 속주에서도 5세기에 게르만족이 수차례에 걸쳐 대규모로 침입하였다. 로마 군대가 언제 브리튼에서 완전히 철수하였는지는 분명하지 않다. 407년이 통설로 되어 있으나, 확실한 것은 아니다. 로마 군대가 철수해 버리자, 근 100여 년 동안이나 덴마크와 북독일 지방으로부터 배를 타고 와 브리튼의 해안 지대를 노략질해오던 앵글족과 색슨족은 이제 약탈보다는 정착을 위해 이주하기 시작하였다. 대체로 브리튼의 로마인은 흙이 찰진 강 계곡을 피하여, 흙이 푸석푸석하여 쉽게 갈리는 고지대에 살고 있었다. 반면에 습지와 울창한 숲에 익숙해졌던 게르만족에게는 강 계곡 지역이 이상적인 정착지였다. 그리하여 그들은 남해안에서 배를 타고 강을 거슬러 올라가면서, 강 주변 지역에 정착촌을 건설하였다.

적어도 몇몇 지역에서는 켈트족 원주민과 게르만족이 각각 고지대와 계곡 지역을 차지하여 오랜 동안 비교적 마찰 없이 지낸 것으로 보인다. 그러나 게르만족이 그들의 정착지를 확대하면서 필연적으로 싸움이 일어났다. 원주민과 게르만족의 투쟁에 대해서는, 그것이 장기간에 걸친 한 치의 양보도 없는 싸움이었으리라는 것 외에는 거의 알려진 바가 없다. 아더Arthur 왕의 전설이 역사적인 사실을 바탕으로 한 것이라면, 아더왕은 켈트족 원주민을 이끌고 게르만족에게 맞섰던 지도자 가운데 하나였을 것이다. 게르만족은 착실하게 한걸음 한걸음 승리를 쌓아, 7세기 초에는 브리튼의 서쪽 끄트머리인 콘월Cornwall과 웨일즈Wales, 그리고 컴버랜드Cumberland만이 켈트족의 수중에 남게 되었다. 이 지역에서 켈트족은 로마의 지배가 막바지에 다다른 한 세기 동안에 브리튼에 뿌리를 내린 기독교의 전통을 유지하고 있었다. 그 밖의 지역, 곧 오늘날의 잉글랜드는 게르만족에게 전부 장악되었다.

500년에 이르면, 옛 서로마 제국의 영역은 모조리 야만족 왕들의 지배를 받게 되었다. 게르만족이 물밀듯이 제국으로 들어오기 전에 서로마 제국의 경제와 문명은 이미 쇠퇴의 비탈길을 내리닫고 있었다. 게르만족의 대이동은 다만 그러한 과정을 가속화한 것뿐이었다. 하지만 이러한 가속화가 중요하지 않은 것은 아니었다. 로마의 전성기에 조차, 제국 정부는 바다의 해적과 노상 강도를 막는 데 어려움을 느끼고 있었다. 그러나 교역을 방해하는 이러한 장애가 게르만족의 대이동에 따른 혼란으로 훨씬 더 커졌음은 부정할 수 없다. 또한 문명의 질적 저하 역시 이와 함께 더욱 촉진되었을 것이다. 5세기 말까지도 서로마 지역에는 몇몇 로마의 대귀족들이 자신의 저택을 중심으로 고전 문화를 지키고 있었으나, 그들은 적은 수에 불과하였고, 그들의 이웃에는 게르만족의 거친 족장들이 들끓고 있었다. 이러한 로마 귀족의 하나인 시도니우스 아폴리나리스Sidonius Apollinaris는 동부 갈리아 지방의 저택에서 보냈던 우아하고 호화로운 생활을 그리고 있을 뿐만 아니라 처음에는 동맹군으로서 그러다가 결국 정복자로서 그 지역으로 들어오고 있던 야만족들과 로마인 지주들 사이의 불편한 관계도 생생하게 보여주는 서한들을 우리에게 남기고 있다. 제국의 옛 수도이자 로마 세계의 중심지였던 로마는 두 번이나 야만족들에게 약탈당했다. 그리고 급기야 5세기 말에 가서는, 정치체political entity로서의 서로마 제국이 더 이상 존재치 않게 되었다.

9. 갈리아, 이탈리아, 스페인의 여러 게르만 왕국

게르만족은 로마 제국에 침입해 들어와 정착하는 과정에서, 종족에 따라 여러 다른 양상을 보였다. 브리튼에서는 앵글족과 색슨족이 원주민을 거의 남김없이 축출하였고 로마 문명의 흔적을 실로 모조리 없애버렸다. 동고트족과 서고트족의 왕국에서는, 이들 동부 게르만족이 관직을 독점하고 그들보다 훨씬 수가 많은 피정복민으로부터 공물을 거두어 들였다. 게다가, 동부 게르만족은 침입 당시부터 인종과 문화뿐만 아니라 종교에 있어서도 피정복민과 구별되었다. 즉 그들은 모두 아리우스파였는 데 반해, 그들이 정복한 로마인들은 거의가 가톨릭이었다. 프랑크 왕국의 경우에는, 또 다른 양상으로 정복과 정착이 이루어졌다. 프랑크족은 이주하지 않고 팽창하였다. 그들은 라인강 너머의 원주지를 버리지 않고 오히려 팽창의 본거지로 삼았다. 게다가 그들은 기독교로 개종할 당초부터 아리우스파가 아니라 가톨릭이었다. 로마 문화와 게르만 문화가 어느 정도 대등하게 만난 지역은 프랑크가 장악한 갈리아 지방뿐이었다. 본절에서는 게르만족이 서유럽에 세운 중요한 세 "계승 국가" 곧 프랑크 왕국과 동

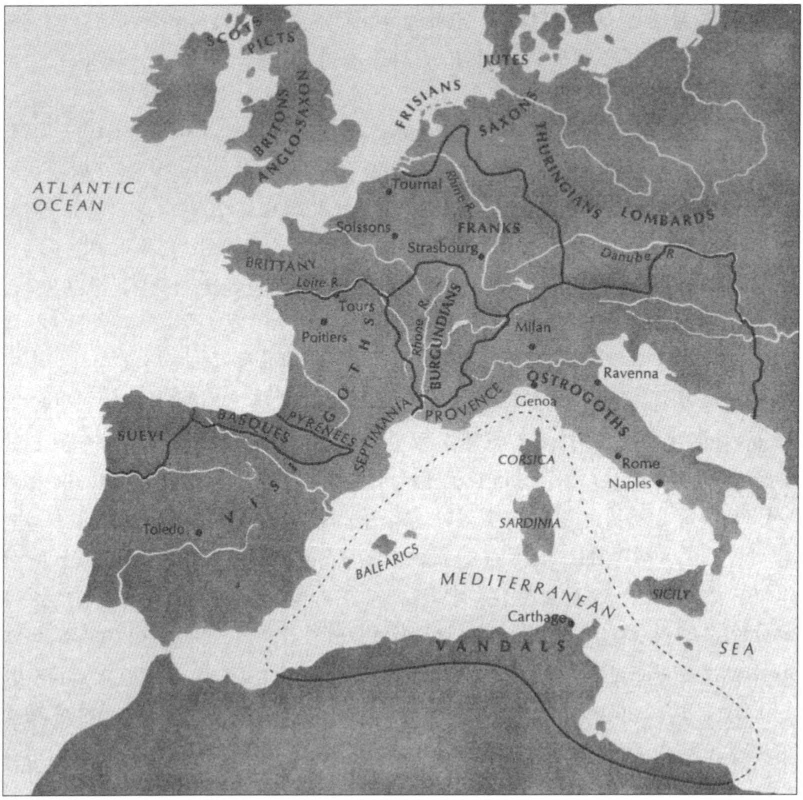

지도 2. A.D. 500년경의 야만족 왕국들

고트 왕국 그리고 서고트 왕국을 차례로 살펴보고자 한다.

클로비스는 486년에 "시아그리우스의 왕국"을 점령함으로써 갑자기 두각을 나타내었다. 프랑크족의 한 부족을 거느리는 작은 우두머리에 불과하였던 그는 일시에 서부에서 가장 강력한 게르만 통치자의 하나로 대두하였던 것이다. 게다가 클로비스는 야심이 대단한 인물이었고, 이 첫 승리는 뒤이은 대정복 사업의 첫걸음일 뿐이었다. 496년과 501년, 두 차례에 걸쳐 그는 알레마니족과 싸웠고, 그 결과 지금의 남서 독일 지방을 정복하게 되었다. 496년, 첫 번째 원정을 나가있는 동안, 그는 기독교로 개종하였는데, 개종할 때부터 그는 자기가 지배하고 있던 갈리아 지방의 로마인들과 같은 가톨릭이었다. 그의 개종은 중대한 사건이었다. 우리는 로마 가톨릭 교회가 살아남은 것을 너무나 당연스러운 일로 여기는 경향이 있다. 그러나 실상 495년 무렵에는 기독교 세계의 어떠한 강력한 통치자도 교황의 가톨릭에 속해 있지 않았다. 동부 게르만족의 모든 왕은 아리우스파였고, 프랑크족은 아직 기독교로 개종하지도 않았으며, 비잔틴 제국의 황제는 그리스도의 강생incarnation에 관한 신학적인 논쟁에서 비롯된 종파 분열로 교황과 결별하고 있었다. 이러한 상황에서, 클로비스의 개종은 중요한 전환점이 되었다.

클로비스의 개종에 관한 이야기는 콘스탄티누스의 개종에 관한 설화와 비슷하다. 그는 결정적인 전투가 벌어지고 있을 때, 기독교의 신에게 기도하여 놀라운 승리를 거두었고, 이에 곧 그가 거느린 3천여 전사와 함께 기독교도가 될 것을 선언하였다는 것이다. 그 이후에 클로비스가 보여준 행동은 그의 개종이 최초의 기독교인 황제인 콘스탄티누스의 개종보다도 더 겉치레에 불과한 것이었음을 보여준다. 장기적으로 보아, 클로비스의 개종은 다음 세기에 모든 프랑크족이 기독교 주교 및 전도사에 의해 진정으로 개종하게 되는 길을 활짝 열어 놓았다는 점에서 중요한 사건이다. 이 사건의 직접적인 결과로는 기독교로의 개종이 클로비스에게 명백한 정치적 이점을 가져다 준 것을 들 수 있으며, 그는 분명 그러한 이점을 예상할 만큼 지략이 뛰어난 인물이었을 것이다. 그 당시 남부 갈리아 지방에서는 가톨릭인 대다수 인민이 아리우스파인 서고트족에게 지배를 당하고 있었다. 그 지방의 인민과 주교들이 가톨릭 교파의 왕을 해방자로서 환영하고, 그에게 협조하리라는 것은 당연히 예상되는 일이었다. 이에 따라, 클로비스는 507년에 "나는 아리우스파 이단자들이 갈리아 지방의 일부를 장악하고 있음을 용납할 수 없다. 자, 나아가 그들을 쳐부수자. 하나님이 우리와 함께 하시리니"라고 선언하였다. 그는 쁘와띠에Poitiers 몇 마일 남쪽에서 크게 승리하였고, 서고트족은 갈리아 지방에서 스페인으로 내쫓겼다. 클로비스는 이탈리아의 테오도릭에게 저지되어 지중해까지 진출하진 못했으나, 피레네 산맥에서 라인강 너머의 옛 프랑크족 원주지에 이르는 광대한 왕국을 건설하게 되었다.

클로비스는 말년에 여러 해에 걸쳐 각기 프랑크족에 속한 소부족의 왕위를 차지하고 있던 친척들을 하나하나 착실하게 제거하여, 그와 그의 직계 자손이 틀림없이 전 프랑크족의 왕으로 군림할 수 있도록 해놓았다. 그는 이러한 숙청 작업에서 꽤 훌륭한 재간을 발휘하였다. 예컨대, 한번은 클로비스가 한 젊은 왕자를 부추겨 그의 부왕을 시해하게 하고는, 곧 자기 부하를 보내 그 왕자를 죽이고서, 시해당한 왕의 신하들에게 자기가 죽은 왕의 원수를 갚았노라고 내세운 적이 있었다. 죽은 왕의 신하들이 클로비스의 통치를 쌍수를 들어 받아들였음은 물론이다. 또 한번은, 클로비스가 라그나챠르Ragnachar란 왕의 전사들을 금팔찌로 매수하여, 전투에서 라그나챠르를 배신하게 하였다. 그 전사들은 라그나챠르를 포박하여 클로비스에게 데리고 왔다. 클로비스는 라그나챠르에게 "어찌 포박을 당하고 말았느냐? 너는 우리 가문을 욕되게 하였다"고 힐책하고는, 전투용 도끼로 그의 머리통을 두 쪽 내었다. 그러고 나서야, 배신자들은 그들이 받은 금팔찌가 청동에 도금한 가짜임을 알아차렸다. 그들이 클로비스에게 항의하자, 클로비스는 냉혹하게 "자기의 주군을 죽음으로 몰아넣은 자는 진짜 금을 받을 자격이 없다"고 말하고, 처형되지 않는 것만도 다행으로 생각하라고 으름장을 놓았다. 기록에 따르면, 클로비스는 가까운 친척을 모조리 죽이고서, "아 슬프도다. 나는 나를 도와줄 친척도 없이 낯선 자들 속에서 외로이 남았구나"라고 탄식했다고 한다. "그러나, 그는 슬퍼서가 아니라 죽여야 할 친척이 남아 있는가를 떠보기 위하여, 친척들의 죽음을 탄식조로 언급하였다"고 기록은 전한다. 클로비스는 진정한 영웅이었고, 그 나름대로 서방 교회의 역사에 있어서 중요한 위치를 차지하였으나, 모범적인 기독교인은 결코 아니었다.

클로비스는 의도적으로 로마 문명이나 로마의 제도를 파괴하려 하지는 않았다. 오히려 그는 동로마의 아나스타시우스Anastasius 황제로부터 집정관consul의 칭호를 받은 것에 대해 자부심을 느꼈다. 그러나 로마 제국 정부의 상부 통치 조직은 클로비스의 정복 이전에 이미 붕괴되어 있었고, 프랑크족은 잔존해 있는 통치조직을 어떻게 유지할 것인가에 대해 거의 아무런 생각도 갖고 있지 못했다. 도시civitas는 부분적으로는 교회의 주교구와 일치하고 있었던 점에 힘입어 행정 단위로 남아 있었고, 클로비스는 그의 부하들에게 각 도시의 통치를 맡기고, 그들을 백伯; comes; count: 원래 콘스탄티누스 1세가 원로원 의원과 특수한 기능을 맡은 신하에게 부여하였던 칭호인 comes—companion의 뜻—에서 유래-역주이라 칭하였다. 적어도 당분간은, 이 백들이 계속 예로부터 내려온 토지세를 거두었다. 왕인 클로비스가 집정관의 직함을 지니고 있었고 도시가 여전히 행정 단위로 기능하고 있었음을 근거로, 클로비스는 단지 로마인 대신 길리아 지방을 통치하게 되었을 뿐이라고 볼 수도 있다. 그러나 이러한 외견상의 정치적 연속성은 대체로 허상이었다. 클로비스와 그의 후계자들이 다스린 나라는 본질적으로 원시적인 게르만 왕국이었다. 메로빙Meroving 왕가는 신의 후손으로 믿어졌고, 왕은 가문 내에서 선출되었다(메로빙이란 이름은 클로비스 가문의 시조로 알려진 반전설적인 인물 메로베치Merovech에서 유래한 것이다). 왕의 실질적인 권력은 대부분 문맹으로 로마법이나 로마의 행정 기술의 전통을 전혀 모르는 프랑크 전사들의 충성에 기반을 둔 것이었다. 징수되는 세금은 모두 왕의 개인적인 재산이 되었다. 왕국 자체도 왕가의 사유재산으로 간주되어, 왕이 죽으면 왕자들에게 분할·상속되었다.

잘 훈련된 일단의 유능한 행정가들에 의해 유지되어온 전통적인 로마의 공적 질서가 이러한 상황 속에서 살아남을 수는 없었다. 반면에, 교회의 제도는 살아남았다. 종종 갈리아 지방에서는 로마인 주교와 프랑크족 백들이 도시를 함께 통치하곤 하였다. 그리고 프랑크족의 지배 하에서 로마 제국의 정치 질서가 붕괴되면서, 프랑크족 스스로가 점차 로마 제국 말기의 교회에 동화되어 들어갔다. 프랑크족의 개종으로 가능해진 라틴 문화와 게르만 문화의 융합은 중세 문명의 미래에 결정적으로 중요한 영향을 미쳤다.

클로비스와 동시대인인 동고트족의 테오도릭왕은 클로비스에 비해 훨씬 더 세련되고 교양 있는 통치자였다. 그는 적수였던 오도아케르를 죽였을 때 이외에는 한번도 음모를 써서 살인할 적이 없었다고 하며, 테오도릭 치하의 이탈리아에서는 어떤 다른 야만족의 왕국에서보다 로마의 전통적인 행정 질서가 성공적으로 유지되고 있었다. 테오도릭은 젊었을 때 여러 해 동안 인질로 콘스탄티노플에 체류했었다. 그는 동고트족의 가장 뛰어난 전사인 동시에 유능한 행정가였으며, 로마 제국의 전통을 속속들이 이해하고 있어서 507년에는 콘스탄티노플의 동로마 황제에게 "나의 왕국은 유일하게 참된 정부 형태를 지닌 귀국을 모방하고 있습니다"라고 편지를 써보냈을 정도였다. 동고트족에게 침입당할 당시, 이탈리아에는 속주와 도시에 있어서 로마 제국의 행정 관료기구가 전부 존속해 있었다. 테오도릭은 이 행정 구조를 그대로 유지하였다. 그는 민사 행정의 업무를 그의 고트족 전사에게 맡기지 않았다. 오히려 그는 군사 업무와 민사 업무를 분명하게 구분하였다. 테오도릭은 기존 민사 행정기구의 운용을 로마인 행정가에게 맡겼고, 이탈리아 사람들은 변함없이 로마인 관리가 집행하는 로마법 아래에서 생활하였다. 고트족은 오로지 군사적인 기능만을 담당하였다. 이탈리아의 대지주들은 그들의 땅 가운데 일부—최대한 3분의 1까지—를 정복자를 위해 내놓도록 요구되었고, 고트족은 이렇게 넘겨받은 토지에서 얻는 수입으로 생활을 영위하였다. 그에 대한 반대급부로, 고트족은 군사력을 제공하여, 테오도릭이 살아 있는 동안에는 어떠한 공격에도 이탈리아를 매우 훌륭하게 방어해 주었다. 고트족은 로마인과 따로 떨어져 같은 고트족인 백Count 아래에서 생활하였고, 그들 고유의 관습에 따라 통치되었으며, 그들 고유의 종교를 숭앙하였다. 테오도릭은 그의 동고트족과 함께 아리우스파였으나, 이탈리아 인민의 가톨릭 신앙에 대해 관용을 베풀었다. "어느 누구도 자기의 뜻과 다르게 어떤 신앙을 신봉하도록 강요될 수는 없으므로, 우리는 신민의 종교를 마음대로 명할 수 없다"고 그는 천명하였다.

이러한 민사와 군사 업무의 양분 체제는 한동안 매우 잘 운용되었다. 이탈리아는 5세기의 어떤 로마 황제보다도 동고트족의 왕 테오도릭에 의해 더 훌륭하게 통치되었다. 테오도릭은 곡물 공급원을 반달족에게 장악되어 있던 아프리카 대신 시칠리아로 전환함으로써, 로마의 식량 문제를 성공적으로 해결하였다. 사람들은 계속해서 공짜로 곡물과 포도주를 배급받았으며, 로마에 물을 공급해주는 수도도 보수되었다. 그리고 밀라노와 라베나 그리고 로마 등의 도시에서는 여전히 법률 학교와 수사학 학교가 번창하였다. 부유한 지주 계급은 다시금 안정을 누리게 되었으며, 가난한 이들도 역시 동고트족의 통치로 더 나은 생활을 영위하게 되었다. 테오도릭은 빈민들에게 한 세대 동안 평화와 질서를 가져다주었으며, 식량 가격을 엄격히 통제하였고, 심지어 징세 제도를 개선하여 부자는 더 많이 빈민은 더 적게 세금을 부담하게 하였다.

이밖에도 테오도릭은 복잡한 정략결혼의 관계를 바탕으로 외교 정책을 성공적으로 이끌었다. 그는 그 당시 이탈리아에 가장 위협적인 존재였던 반달족의 왕에게 자기 누이를 결혼시킴으로써 화평을 맺었다. 또 그의 딸 가운데 하나는 서고트족의 왕과, 다른 하나는 부르군드족의 왕과 결혼하였다. 테오도릭 자신도 클로비스의 누이와 결혼하였다. 이렇게 하여, 테오도릭은 서부의 모든 게르만족을 그의 왕국을 중심으로 하여 복잡하게 얽히고설킨 동맹 관계로 묶어 놓았다.

외면상으로는 테오도릭의 성공적인 통치가 500년경까지도 서부에서 로마 문명이 크게 부활할 가능성이 남아 있었음을 가리키는 것으로 보인다. 그러나 실상 테오도릭 체제는 근본적으로 불안정하였으며, 테오도릭이 죽자 몇 해 안가 무너져 내렸다. 테오도릭은 명목상으로는 동로마 황제의 총독으로서 이탈리아를 통치하였으나, 실질적으로는 독립된 왕으로서 콘스탄티노플로부터 어떠한 명령도 받지 않았다. 테오도릭과 그의 동고트족 그리고 동로마 황제는 모두 이러한 상황을 충분히 인식하고 있었다. 이러한 상황에서는 모든 것이 통치자의 개인적인 자질에 달려 있었다. 즉, 이 체제가 제대로 움직일 수 있었던 것은 오로지 고트족 전사들의 열렬한 충성과 로마 귀족의 실질적인 협조를 함께 획득할 수 있는 인물이 때마침 테오도릭이란 이름으로 왕위에 올랐다는 극히 드문 우연 때문이었다. 그러나 로마인이 협조는 하였지만, 그들의 충성은 언제나 의심스러운 것이었다. 그들은 야만족의 왕이 그 이전 한 세기 동안의 어떠한 황제보다 더 훌륭하게 통치하고 있더라도, 야만족의 왕보다는 로마 황제가 통치하는 것을 언제나 더 바람직하게 여겼을 것이다. 또 그들은 아리우스파인 통치자가 가톨릭에 대해 칭송할만한 관용을 베풀고 있더라도, 아리우스파 통치자보다는 가톨릭 통치자를 언제나 더 환영하였을 것이다. 테오도릭의 치세에는 거의 전 시기에 걸쳐 로마와 콘스탄티노플이 종교적으로 분열되어 있었으므로, 테오도릭을 몰아내고 황제를 통치자로 맞이하려는 움직임이 현실화될 위험성은 최소한으로 억제되었다. 그러나 518년에 종교적인 분열이 해소되자, 곧 로마와 콘스탄티노플 사이에 밀사가 오가게 되었다. 이에 테오도릭은 즉각 한 무리의 명망 있는 로마 귀족들을 그에 대한 음모에 가담한 혐의로 잡아들였다. 이때 철학자인 보에티우스Boethius도 체포되어, 테오도릭에 의해 524년에 처형되었다.

테오도릭이 526년에 죽었을 당시, 그의 통치 체제는 이미 흔들리는 기미를 보이고 있었다. 테오도릭의 자식은 갓난 아들밖에 없었고, 곧 왕위 상속을 둘러싸고 분쟁이 벌어졌다. 그 동안, 비잔티움은 유스티니아누스Justinian; 527~565 황제의 치하에서 다시금 옛 영광을 되찾아가고 있었다pp. 79~82 참조. 유스티니아누스 황제는 운좋게도 말기 로마 세계의 가장 위대한 장군 벨리사리우스Belisarius; ?~565를 휘하에 두고 있었다. 황제는 533년에 처음으로 벨리사리우스를 원정보내 아프리카의 반달 왕국을 치게 하였다. 벨리사리우스는 두 번의 결정적인 전투에서 반달족 군사를 궤멸시켜, 이때부터 하나의 개별적인 종족으로서의 반달족은 역사에서 사라졌다. 유스티니아누스는 이제 이탈리아로 눈을 돌렸다. 벨리사리우스는 535년에 시칠리아에 상륙하여 그 섬을 점령하였고, 그 기세를 몰아 이탈리아 본토에 진출하여 잽싸게 로마를 점령하였다. 이에 동고트족은 주력을 투입해 로마를 포위하였고, 536년과 537년 두 해에 걸쳐 벨리사리우스는 매우 힘겹게 방어전을 치러야 했다. 그러나 마침내 그는 수세를 공세로 전환할 수 있었고, 540년에는 동고트족의 군대를 완전히 제멸시키지는 못했지만 실질적으로 이탈리아 전역을 정복하기에 이르렀다.

한해만 더 이탈리아에 머물렀더라면, 벨리사리우스는 이탈리아 전역을 완전히 평정할 수 있었을 것이나, 갑자기 비잔틴 제국의 동부 속주에 페르시아의 대군이 침입하자 황급히 이탈리아를 떠나게 되었다. 이로써 동고트족은 재기의 기회를 얻게 되었다. 동고트족은 테오도릭가를 버리고, 새로운 전쟁 지도자로 위티기스Witigis를 뽑았다. 위티기스와 그의 뒤를 이은 토틸라Totila의 통솔 아래, 그들은 12년 동안이나 비잔틴 제국에 대해 격렬하게 저항하였으나, 마침내 552년에 완전히 진압되어 별개의 종족으로서의 동고트족은 사라졌다. 그들은 노예가 됐거나, 로마 군대에 들어갔거나, 또는 단순히 이탈리아 사람으로 동화되었다. 비잔틴 제국의 고트족 정벌로 이탈리아는 앞서 어느 야만족이 침입했을 때보다 훨씬 더 크게 황폐화되었다. 전 이탈리아 반도가 수없는 전투의 싸움터가 되었다. 주요 도시는 대부분 양측의 반복된 포위 공격에 시달렸고, 로마시 자체도 전쟁 중 여러 차례 점령군이 바뀌었다. 이 시대는 사실상 지중해 세계의 위대한 중심지로서 영광을 누렸던 옛 로마의 종말을 고하는 시대였다. 주민은 뿔뿔이 흩어졌고, 거창한 규모의 수도는 파괴되었으며, 궁전들은 무너져 내렸다. 이때까지 희미한 존재로나마 명맥을 유지하고 있던 로마 원로원도 마침내 사라져 버렸다. 549년에 고트족의 왕 토틸라가 로마의 콜로세움에서 서커스 공연을 마련하였는데, 그 이후에는 그러한 공연이 있었다는 기록이 없다. 전쟁이 끝났을 때, 원래의 주민 가운데 극소수만이 그 위대한 도시의 폐허 속에서 삶을 꾸려가고 있었다.

게다가, 비잔틴 제국은 그토록 비싼 희생을 치루고 되찾은 이탈리아를 제대로 지키지도 못했다. 보통 이야기되기로는 유스티니아누스 황제가 지나치게 야심적으로 팽창 정책을 추구함으로써 비잔틴 제국의 자원을 고갈시켰다고 한다. 이는 부분적으로는 사실일 것이다. 그러나, 542년으로부터 지중해 세계가 14세기에 유럽을 휩쓸었던 흑사병과 같은 페스트의 창궐로 심각한 타격을 입었고, 그 결과 유스티니아누스 황제 치세의 마지막 몇 년 동안에 인력의 부족을 한탄하는 사례가 빈번해졌음 또한 여러 문헌에서 발견되고 있듯이 사실이다. 군대에는 병사가 모자랐고, 심지어 황제가 건설한 변경 요새에 주둔할 병력도 충원하기 어려울 지경이었다. 그리하여 유스티니아누스가 죽은 뒤, 이탈리아는 수비의 약화로 말미암아 게르만족으로는 마지막으로 대규모의 침입을 해온 롬바르드족 앞에 여지없이 무릎을 꿇게 되었다. 롬바르드족은 568년에 알프스를 넘어 몰려들어와, 알보인Alboin 왕의 영도 아래 북이탈리아에 롬바르드 왕국을 세웠다. 뒤이어 두 명의 롬바르드족 유력자가 군사를 이끌고 본대에서 이탈해 남진하여, 각각 실질적인 독립국가인 스폴레토Spoleto 공국과 베네벤툼Beneventum 공국을 건설하였다. 롬바르드족은 동고트족보다 훨씬 더 야만적이고 파괴적이었으며, 로마 제국의 제도를 보존하는 데 대한 관심은 훨씬 미약하였다. 그러나 그들은 분열하여 서로 싸우는 데 탐닉하였으므로, 이탈리아에서 황제의 지배권을 완전히 몰아내지는 못했다.

6세기 말에도 시칠리아와 남부 이탈리아는 여전히 비잔틴 제국의 수중에 있었다. 그밖에도 여러 주요 도시, 특히 라베나와 나폴리, 로마, 제노바를 비롯한 해안 지대의 많은 지역들 또한 비잔틴 제국의 지배하에 있었다. 라베나에서는 제국의 강력한 통치가 유지되었다. 그 밖의 도시는 황제의 종주권을 인정하긴 했지만 제각기 자치 체제를 갖추어 가고 있었다.

스페인의 서고트 왕국은 이탈리아의 동고트 왕국보다 더 오래 존속하여, 711년에 가서야 회교도의 침입을 받아 멸망하였다. 스페인에서 로마인과 게르만족은 또 다른 유형으로 공존하게 되었다. 서고트 왕국은 처음에는 클로비스의 갈리아 지방보다는 테오도릭의 이탈리아에 더 흡사한 성격을 지니고 있었으나, 곧 독자적인 특징을 뚜렷하게 발전시키게 되었다. 507년에 클로비스에게 패한 뒤, 서고트족은 갈리아 지방에서 물러갔고, 그 이후로 스페인이 그들의 세력 기반이 되었으며, 피레네 산맥 이북에서는 해안을 따라 론강 하구까지 뻗어 있는 좁다란 지역인 셉티마니아Septimania만이 서고트족의 수중에 남아 있었다. 510년으로부터 왕위는 아말릭Amalric; 510~531에게 돌아갔다. 그는 테오도릭의 손자였으며, 테오도릭이 살아있을 동안에는 스페인이 테오도릭에게 조공을 바치는 속국이었다. 테오도릭이 죽자, 아말릭은 독립된 주권을 지닌 왕으로 등장하게 되었다. 554년, 유스티니아누스 황제가 추진하고 있던 재정복 사업의 일환으로 비잔틴 제국의 군대가 스페인에 침공하여, 서고트족은 한때 위기에 몰렸으나, 강력한 왕 레오비길드Leovigild; 568~586의 성공적인 정책에 힘입어 서고트 왕국은 살아남을 수 있었다. 레오비길드는 톨레도Toledo에 항구적인 수도를 건설하였고, 얼마 전 비잔틴 제국의 군대에게 점령당한 지역을 재정복하여 그들의 세력을 남부의 좁다란 해안 지대에 국한시키는 데 성공하였다. 그는 또한 북동부 스페인의 수에비Suevi족과 피레네 산맥 기슭의 바스크Basques족에게 쳐들어가 승리를 거두기도 하였다.

서고트 왕국이 통일 왕국으로서 더욱 확고한 기반을 다지는 데 장애가 되고 있던 한 가지 주된 요인은 서고트족과 스페인 지방의 로마인들이 서로 다른 신앙을 지니고 있었다는 점이었다. 이탈리아에서와 마찬가지로, 스페인에서도 고트족은 전사 귀족으로서 피지배민인 로마인에 비하면 극소수에 불과하였고, 대다수 피지배민이 가톨릭인 데 비해 고트족은 아리우스파였다. 레오비길드는 가톨릭파 주교들을 아리우스파로 개종시키려 하였으나, 이는 반란을 촉발시켰을 뿐이었다. 레오비길드의 아들인 레카레드Recared; 568~601는 부왕의 정책과 정반대되는 길을 택하였다. 그는 피지배민의 가톨릭 신앙을 택하고, 아리우스파 주교들에게 자기를 따라 개종하도록 설득하였다. 이런 조치로 동고트족 지배하의 이탈리아에서 언제나 불안정의 요인이 되었던 종교적 긴장이 스페인에서는 해소되었다.

레카레드의 개종으로 교회와 국가 사이의 밀월 시대가 열리게 되었다. 왕들은 주교를 임명하고 또 보호하였다. 주교들은 그에 보답하여 왕의 권위를 뒷받침하였다. 왕이 소집하는 스페인 교회의 총사목회의National Councils of the Spanish Church가 톨레도에서 자주 열렸다589년과 701년 사이에 18번의 회의가 열렸다. 이따금 주교 및 사제와 함께 속인 귀족lay nobles도 이 회의에 참석하였는데, 이러한 경우 이 회의는 종교적인 문제뿐만 아니라 국정에 관해서도 왕에게 충고를 하는 일종의 의회national assembly로 기능할 수 있었다.

로마 사회 및 정부의 기존 구조도 상당 부분 서고트족의 지배 아래에서 계속 유지되었다. 예나 다름없이, 농촌에서는 부유한 로마 귀족들이 노예나 콜로누스가 경작하는 거대한 영지를 소유하고서 호사스럽게 살고 있었다. 또 로마의 속주나 도시도 행정 단위로 계속 잔존해 있었다. 서고트의 왕은 각 속주의 통치를 공公; duke : 로마 제정 말기에 한 구역이나 속주를 통치하던 무관인 dux에서 유래함-역주에게, 그리고 각 도시의 통치를 백count에게 맡기고, 이런 직책에 서고트족과 로마인을 함께 기용하였다. 도시에서 과세 및 징세의 실무는 로마 제국 말기에 그러했듯이 여전히 시참사회가 떠맡고 있었다.

6세기 중엽으로부터는 서고트족과 로마인이 서로 뒤섞이기 시작했다. 레오비길드는 두 종족 간의 통혼을 금지한 옛 법을 폐지하였으며, 레카레드의 개종 이후에는 두 종족의 통혼을 가로막던 종교적인 장애마저 사라져 버렸다. 처음에는 두 종족이 각기 다른 법률을 적용받았으나, 적어도 레오비길드의 시대로부터는 서고트의 왕들이 모든 주민에게 구별없이 적용되는 법을 제정하였다. 이에 따라 고트족과 로마인에게 똑같이 적용되는 새로운 법률 체계가 나타나게 되었다. 레케스윈트Receswinth; 649~672 왕은 고트족의 전통과 로마의 전통을 모두 섭렵하여, 스페인의 모든 인민에게 똑같이 적용되는 법을 수록한 ≪판례집*Book of Judgements*≫을 편찬하였다. 이는 13세기에 ≪법전*Fuero Juzgo*≫이란 제목으로 까스띨랴어로 번역되었으며Fuero : 왕이 자치시에 부여한 특허장이나, 한 계급 또는 왕국에 적용되는 법 전체를 가리키는 낱말-역주, 중세 전반에 걸쳐 스페인법의 중요한 일부로서 살아남았다.

서고트 왕국의 상당한 업적에도 불구하고, 왕국의 구조에는 한 가지 중요한 약점이 있었다. 모든 적법한 권력은 왕에게 집중되어 있었으나, 서고트족에게는 왕위 상속법도 없었고, 새로운 통치자를 선출하는 절차가 명확하게 규정되어 있지도 않았다. 그리하여 왕이 죽으면, 충분한 수의 전사를 거느린 고트족 귀족이라면 누구나 왕위를 노릴 수 있었다. 그리하여 종종 내란이 한바탕 벌어진 뒤에야 새로운 왕이 자리를 굳힐 수 있었다. 또 야심이 큰 귀족이 왕이 죽는 것을 기다리지 못하고 왕을 암살하는 경우도 많았다. 531년과 555년 사이에 네 명의 왕이 살해되었다. 한 근대 역사가가 말하고 있듯이, "서고트족 왕이 그 신하에게 암살당하는 것은 거의 필연적으로 정해진 일이었다." 6세기에 프랑크족의 한 연대기 작가는 암살을 "고트족의 고질병"이라고 일컫고, "고트족은, 어떤 왕이든 그들의 기분을 상하게 하면, 그 왕을 뒤에서 칼로 내려치고는, 누구든 마음에 맞는 자를 왕으로 옹립한다"고 덧붙였다.

교회는 왕위의 신성한 권위를 강조함으로써 이러한 상황을 고쳐보려 애썼다. 주교들은 왕을 하나님으로부터 신성한 권위를 부여받은 "새로운 콘스탄티누스"라고 찬양하였고, 왕은 즉위할 때 구약 성서에서의 이스라엘 왕들처럼 신성한 기름으로 도유받았다(도유식은 뒤에 앵글로-색슨족과 프랑크족에게도 확산되었다). 톨레도에서 열린 네 번째의 사목회의633년에서, 교회는 왕위 계승자를 결정하는 명확하게 규정된 절차를 확립하려 하였다.

> 누구도 감히 왕국을 탈취하려 해서는 안 된다. 누구도 인민들을 선동해 난동을 일으키게 해서는 안 된다. 누구도 왕을 살해할 생각을 해서는 안 된다. 그러나 왕이 평온한 죽음을 맞이하였을 때, 모든 인민을 대표하는 유력자들과 사제들이 의견 충돌 없이 왕국을 위해 새로운 왕을 옹립하여야 한다.

유감스럽게도, 선동과 왕위 탈취 그리고 국왕 살해에 대한 언급은 의견의 일치와 평화적인 왕권 계승에 대한 절실한 바람보다 더 정확하게 그 당시의 현실 상황을 반영하고 있다.

서고트족의 스페인에서 교회와 국가 사이의 긴밀한 유대는 한 가지 유감스러운 결과를 낳았다. 즉 유일하게 중요한 종교적 소수 집단을 이루고 있던 유대인이 빈번하게 박해되었던 것이다. 왕위 계승을 명확히 규정하려 한 바로 그 톨레도의 회의는, 왕이 채택하고자 한 강제적인 개종 정책에 대해 주교들이 제한을 가하기는 하였지만, 유대인을 박해하는 일련의 가혹한 조치를 법령화하였다. 탄압받은 유대인이 결국에 가서는 서고트 왕국을 멸망시킨 회교도 침입자에게 협조함으로써 서고트 왕국의 멸망을 조장하였다는 설이 종종 제기되어 왔으나, 이를 입증할 만한 당시의 증거는 없다.

서고트 왕국은 종교적 소수 집단을 박해하여 원성을 샀다는 것보다 더 명백한 허점이 있었다. 711년 회교도가 침략하였을 때, 서고트족은 왕위 계승의 문제를 둘러싸고 다시금 내분을 일으키고 있었다. 왕위의 불안정이야말로 서고트 왕국의 치명적인 결함이었다. 회교도가 거의 전 스페인을 정복한 뒤, 서고트족도 그 이전에 반달족과 동고트족이 그러했듯이 별개의 한 종족으로서는 존재하지 않게 되었다. 로마 제국의 서부 지역에 정착한 게르만족 가운데, 오로지 프랑크족만이 끝까지 살아남아 하나의 항구적인 민족을 이루었다.

지금까지 언급한 동부 게르만족의 모든 왕국이 결국은, 고고학자와 언어학자를 제외한 어느 누구에게도 그들이 존재했었음을 알려주는 흔적을 거의 남기지 않은 채, 덧없이 사라져 갔다. 그러나 이탈리아와 스페인에서 그러한 왕국들이 잠시나마 로마 문명의 몇몇 요소를 보존하고 있었기 때문에, 장차 매우 중요하게 될 수많은 문헌들이 나타날 수 있었다. 테오도릭 치하의 이탈리아에서는 보에티우스Boethius; 480~524와 카시오도루스Cassiodorus; 490?~580, 그리고 서고트족의 스페인에서는 세빌리아의 이시도르Isidore of Seville; 570?~636가 중세에 널리 읽히게 될 저서들을 내놓았다. 물론, 동고트족과 서고트족의 지배 하에서는 새로운 "교부의 시대"라 할 만한 빛나는 업적이 나오지는 않았다. 이미 살펴보았듯이, 4세기에는 고전 문학의 전통이 스러져가면서 과거를 모방하는 데 그치고 있었다. 6세기의 기독교 저술가에게도 똑같은 경향이 나타났다. 그들은 과거의 유산을 보존하는 데 그쳤을 뿐이었다. 그러나 그러한 일이 미래를 위해 중요하지 않은 것은 아니었다.

아마도 이 시대에 씌어진 것으로 오늘날까지도 생명력을 지니고 있는 유일한 책은 보에티우스가 처형을 기다리며 투옥되어 있는 동안에 쓴 ≪철학의 위안*Consolation of Philosophy*≫일 것이다. 보에티우스는 우선 그의 비참한 처지를 묘사하고, 우의적인 여인 필로소피아Philosophia, 철학와의 대화를 통해 절망으로부터 체념으로, 그리고는 마침내 삶을 고결하게 꾸려온 사람은 스스로 자족할 수 있으며 외면적인 불행을 두려워할 필요가 없다는 깨달음으로까지 다다르게 된 그의 심적 행로를 그리고 있다. 보에티우스는 성실한 기독교인이었지만, 그의 가장 유명한 저서인 ≪철학의 위안≫이 가르치고 있는 바는 기본적으로 옛 스토아학파의 가르침이었다. 하지만, 책이 씌어진 상황은 작가에게 영감을 불러일으켜, 이 옛 교설에 새로운 생명과 절박함을 불어 넣었고, 보기 드문 명문으로 이를 표현하게 하였다. 보에티우스는 또한 번역가로서도 중요한 인물이었다. 그는 플라톤과 아리스토텔레스의 모든 철학 저술들을 해설과 비평을 곁들여 라틴어로 번역하는 작업에 착수하였다. 유감스럽게도, 그는 아리스토텔레스 철학의 기초에 해당하는 논리학 관계 일부 저술들과 그에 대한 포르피리우스 Porphyry의 입문서만을 완역할 수 있었으며, 수세기 동안 서양 세계에는 아리스토텔레스의 사상 가운데 보에티우스에 의해 번역된 부분만이 알려져 있었다.

카시오도루스는 로마 귀족으로서 테오도릭의 정부에서 고위직에 오른 인물이었다. 그가 서기관으로서 테오도릭에게 보낸 서한은 이 시대에 관해 알려주는 주된 사료이다. 카시오도루스는 젊었을 때, 옛 이교 학원이 고전 문학과 철학을 가르쳤던 것처럼, 기독교 교육을 효율적으로 제공할 기독교 학원을 로마에 설립하리라는 꿈을 지니고 있었다. 테오도릭이 죽은 뒤 이탈리아를 휩쓴 전란으로 이 계획은 수포로 돌아갔으며, 카시오도루스는 가문이 소유한 남부 이탈리아의 땅으로 돌아갔다. 그곳에서 그는 기독교인은 종교를 위해 문예를 연구·활용하여야 한다는 히에로니무스의 제언을 실천하기 위한 수도원을 설립하였다. 그 수도원에서는 고전 문학 작품 및 기독교 저술의 수집과 보존이 강조되었다. 카시오도루스는 또한 신학과 교양 과목을 모두 포괄하는 실용적인 문헌 소개서인 ≪성·속 필독서 안내*Introduction to Divine and Human Readings*≫에서 기독교 학자를 위한 교과 과정을 제시하기도 하였다.

세빌리아의 이시도르는 서고트족의 스페인에서 가장 뛰어난 학자였다. 이시도르는 신학과 역사 그리고 자연과학에 관해 폭넓게 저술하였다. 그는 또한 후대에 크나큰 영향을 끼칠 교회법 모음집인 ≪스페인 교회법령집*Collectio Hispana*≫의 편찬을 감독하기도 하였다. 그는 전혀 독창적인 사고를 하진 못하였으나, 지칠 줄 모르는 끈기로 수많은 사료를 편찬하여 후대에 물려주었다. 그의 가장 유명한 업적은 과학과 법학, 역사, 신학, 그리고 교양 과목 등 온갖 지식 분야를 20권의 백과사전으로 집대성해 놓은 ≪만물의 어원*Etymologiae*≫이다. 각 항목의 해설은 라틴어 낱말의 어원과 의미를 설명하는 형태로 되어 있다. 많은 경우, 그의 어원 설명은 확실한 근거 없이 상상력만으로 제시되어 있다. 예컨대, "인간homo은 창세기에 나와 있듯이 흙에서ex humo 태어났다는 것에서 기원한 말"이라는 것이다. 이시도르의 언어학적 방법은 오늘날의 학자들에게는 거의 우스꽝스러울 정도로 엉터리이며 단지 얼토당토않은 말장난에 불과한 것으로 여겨지겠지만, 중세 사람들은 틀림없이 그의 허황된 어원 추출에서 심오한 상징적 의미를 발견하였을 것이다. 곳곳에서 오류가 발견되지만, 그의 이 대작은 고대 세계로부터 전해진 수많은 값진 지식을 쉽게 찾아볼 수 있는 형태로 집대성하여 보존해 주었다.

예전에는 우리가 본장에서 살펴본 5세기 말·6세기 초를 고대 세계가 막을 내리고 새로운 시대가 시작된 시기로 보는 견해가 지배적이었다. 그러나 이 견해는 그 뒤 여러 측면에서 의문시되어 왔다. 앙리 피렌느Henri Pirenne는 지중해 세계의 경제적 통일성이 게르만족의 침입 이후에도 계속 유지되었고, 7세기에야 이슬람의 흥기로 무너지게 되었다고 주장하였다. 돕쉬Dopsch나 라투슈Latouche 등의 경제사가들은 말기 고전 문명과 초기 중세 문명 사이의 여러 중요한 연속성에 주목하였다. 예컨대, 많은 로마 도시가 5세기의 위기로 크게 피해를 입었음에도 중세 내내(그리고 실로 오늘날까지도) 거주 지역으로 존속하였다는 것이다. 그러나 이러한 여러 반론에도 불구하고, 예전의 전통적인 견해가 그래도 가장 그럴듯한 것 같다. 한 사회에 있어서 그 구성원이 일시에 멸종하지 않는 한, 칼로 베이듯이 역사가 단절될 수 없음은 당연하다. 왜냐하면 인간은 언제나 과거의 것을 일부나마 자손에게 물려주기 때문이다. 5세기를 한 시대의 진정한 종장으로 보는 견해를 정당화하는 사실은 완전한 단절이 있었다는 것이 아니라, 여러 측면에서 급격한 변화가 동시에 일어났다는 것이 된다. 고대세계의 노예 경제는 반자유 농민의 노동력을 기반으로 하는 경제 체제에 자리를 내주었고, 제국의 인민은 종교적 혁명에 휩쓸렸으며, 서부 지역에서는 로마 제국의 통치체제가 해체되었다. 더구나, 이런 변화들은 모두 다시는 역전되지 못하였다. 옛 로마제국의 경제와 다신교 그리고 정치 구조 모두가 다시는 되살아나지 못한 채 스러져버렸던 것이다.

제2편 유럽의 출현

제4장 비잔티움, 프랑크 왕국, 로마 교회

로마 세계의 잔해로부터 세 가지 주된 제도, 곧 비잔틴 제국과 프랑크 왕국 그리고 로마 교회가 출현하였다. 그 각각은 서로 다른 방식으로 고전 문명의 몇몇 요소를 보존하여 동방이나 그리스 또는 만족의 문화적 전통과 뒤섞음으로써 독특한 문화를 발전시켰다.

로마가 멸망한 뒤 수세기 동안 이 세 제도가 서로 어떻게 작용하고 어떠한 관계를 맺어 갔는가에 따라, 그 이후의 동유럽과 서유럽의 역사적 흐름이 결정되었다.

10. 비잔틴 문명

게르만의 대이동으로 5세기에 로마 제국의 서부 지역은 앵글로-색슨족과 프랑크족, 부르군드족, 서고트족, 동고트족, 그리고 반달족의 지배를 받게 되었으나, 그에 비해 제국의 동부 지역은 상대적으로 별 영향을 받지 않았다. 다뉴브강 이남의 여러 속주가 무참하게 약탈당하기는 했지만, 게르만족은 그곳에 정착하지 않았고, 소아시아와 시리아, 팔레스타인, 그리고 이집트는 거의 영향권에서 벗어나 있었다. 서로마 제국의 마지막 황제 로물루스 아우구스툴루스475~476가 폐위되었을 때, 동로마 황제인 제논474~491은 콘스탄티노플에서 계속 통치하고 있었다. 제논과 그 다음 황제는 동로마에서 황제권을 가까스로 지킬 수 있었을 뿐, 서부 속주를 탈환하기 위한 어떠한 행동도 취하지 못했다. 그러나, 518년에 제국의 통치권은 유스티니아누스에게 장악되었다. 그는 처음에는 황제인 아저씨의 대리자로서, 527년으로부터는 그 자신 황제로서 47년간 제국을 통치하였다. 이미 언급된 바 있는 서로마 지역에 대한 그의 재정복 사업은 지중해 세계에 로마의 제도와 로마 문명을 완전히 원상복구시키려는 원대한 정책의 한 측면에 불과하였다.

유스티니아누스의 사람됨을 파악하기는 어렵다. 역사가들은, 그가 착수한 일들을 전부 다 성취하지는 못했음을 이유로, 그를 범용한 사람으로 간주해버리는 경향이 아마 지나칠 정도로 많았다. 그러나 그의 야심은 너무나 커서, 누구도 그러한 야심을 모두 성취할 수는 없었을 것이며, 유스티니아누스가 성취한 몇 가지 사업은 매우 중요한 것으로서 먼 뒷날까지 큰 영향을 미쳤다. 그는 비잔틴 제국을 새롭게 조직하였고, 획기적으로 로마법을 집대성한 법전을 편찬하였다. 그는 또 웅장한 건물들을 새로 지어 비잔티움의 면모를 일신하였다. 이러한 건물 가운데 성 소피아Hagia Sophia 성당은 오늘날에도 비잔티움에 건재하고 있으며, 지금까지 세워진 기독교 교회 가운데 가장 장엄한 건물의 하나로 이름이 드높다.

유스티니아누스의 가장 위대한 업적들은 모두 다른 사람의 힘을 빌어 이루어진 것이었다. 그는 대규모 원정 사업을 착수하였으나, 스스로가 직접 전투에 나선 일은 없었다. 그는 언제나 뛰어난 장군과 법률가 그리고 예술가들의 뒷전에서 일을 꾸몄을 뿐이었다. 그러나 그런 인재들을 뽑는 것은 바로 유스티니아누스의 일이었다. 그는 또한 황후를 택하는 데 있어서도 뛰어난 분별력을 발휘하였다. 비잔티움의 수많은 숙녀를 다 물리치고, 그는 비천한 출신의 배우이자 창녀였던 테오도라Theodora를 황후로 골랐다. 황제가 창녀와 결혼하길 바랐다는 것 그 자체는 별로 주목할 만한 일이 아닐 것이다. 유스티니아누스의 비범함은 훌륭한 황후가 될 자질을 지닌 창녀를 찾아냈다는 데 있다. 테오도라는 뛰어난 머리에 자존심이 강하고 용감한 여인으로서, 20년 이상을 남편과 함께 제국을 실질적으로 통치하였다. 심지어 결혼 초에는 그녀 덕분에 유스티니아누스의 제위가 보전된 적도 있었다. 532년에 갑자기 콘스탄티노플에서 반란이 일어났다. 폭도들이 거리를 메웠고, 폭도에게 포위된 유스티니아누스는 군대가 그를 지지할 것인지 불확실한 가운데 궁정 안에서 전전긍긍하고 있었다. 어떤 조치를 취할 것인가 결정하기 위해 열린 궁정 회의에서, 그는 콘스탄티노플에서 도망칠 생각을 하였다. 그때, 테오도라가 힘찬 연설로 그의 용기를 북돋았다. 그리스인 연대기 작가 프로코피우스Procopius가 기록한 그녀의 연설은 다음

과 같았다 :

> 황제가 되어본 사람에게, 도망하는 것은 견딜 수 없는 수치입니다. 나는 도저히 이 자줏빛 어의를 벗어 던지지 못하겠습니다. 또 나를 만나는 자가 나를 황후로 받들지 않는다면 차라리 죽는 것이 낫습니다. 황제시여, 당신이 지금 살아남길 바란다면, 우리는 돈이 많고, 바다가 있고, 배가 있으니 도망치기는 어렵지 않습니다… 하지만 저로서는 어의가 곧 훌륭한 수의라는 옛말을 따르고자 합니다.

유스티니아누스는 군대에게 폭도들을 공격하라고 명하였고, 폭동은 곧 진압되었다.

서방 세계의 문명에 관한 한, 유스티니아누스의 업적 가운데 가장 큰 영향을 미친 것은 로마법의 집대성이었다. 로마법은 일찍이 로마가 공화정으로 첫 출발을 하던 때부터 새로운 상황에 발맞추어 발전·변화되어 왔다. 로마법은 원로원이나 황제와 같은 권력기관이 제정한 법령과, 재판관에 의한 판례, 그리고 출중한 법률가들의 견해로 이루어져 있었다. 3세기에 집대성된 로마법은 구법jus vetus이라 일컬어졌다. 4세기로부터는 거의 모든 법률이 황제의 칙령으로 제정되었다. 이러한 후기의 로마법은 신법jus novum이라 일컬어졌다. 로마법은 거대한 제국에서 온갖 종류의 인간이 문명 생활을 누리면서 함께 살 때 제기되는 모든 문제를 아주 미묘한 측면까지도 상세하게 다루고 있었다. 로마법이 다루지 못하는 문제는 아주 오랜 시간이 지나서야 나타나게 될 것이었다. 반면에, 로마법은 아주 오랜 기간에 걸쳐 상황에 따라 그때그때 적용하는 방식으로 발전해 나왔기 때문에, 모호한 점이나 자가당착적인 모순이 비일비재하였다. 유스티니아누스는 그러한 결함을 일시에 제거하기로 마음먹었다.

528년에 그는 법률가들에게 우선 작업하기가 쉬운 신법부터 집대성하도록 명하였고, 그들은 얼마 안가 ≪유스티니아누스 법전*Codex Justinianus*≫을 편찬해 내었다. 530년에 황제는 막대한 양의 구법을 편찬할 새로운 위원회를 구성하였다. 이 사업은 신법 편찬보다 훨씬 더 어려운 작업을 요했으나, 마침내 50권의 ≪법령집*Digest*≫으로 완성되었다. 유스티니아누스는 교과서로 사용하기 위해 로마법의 주요 원칙을 간결하게 요약한 ≪개요집Institutes≫을 펴냄으로써 이 작업을 마무리하였다. 그가 옛 로마의 법을 보존하는 그 어려운 일을 해냈음은 미래를 위해 그지없이 중요한 의미를 지닌 것이었다. 유스티니아누스 자신은 전제군주였고, 제국 말기에는 황제들의 법령 제정 또한 전체적으로 이루어졌다. 하지만, 제국 초기의 법률 조문은 황제권이 인민으로부터 나온 것이며, 황제도 법에 입각하여 통치해야 한다고 천명하였다. 그리하여 뒷날 로마법은 절대주의적 국가 이론과 민주주의적 국가 이론의 어느 쪽이든 뒷받침하는 것으로 이용될 수 있었으며, 또 실제로 그렇게 이용되었다. 유스티니아누스의 법전은 서로마 지역을 지배하던 게르만족에게 널리 알려지기에는 너무 늦게 편찬되었으나, 11세기 말에 재발견되고서는 중세의 법과 정치이론에 심각한 영향을 미치게 되었다.

유스티니아누스 자신은 과도기적인 인물이었다. 그는 라틴어를 모국어로 말한 최후의 비잔틴 황제로서, 라틴 문화의 부활과 라틴어를 말하는 서부 속주의 탈환을 위해 크게 힘썼다. 그의 법률가들은 라틴어로 로마법을 편찬하였다. 그러나 콘스탄티노플은 그리스의 도시였고, 비잔틴 제국의 대부분 지역에서 그리스어가 공용어로 통용되고 있었으므로, ≪유스티니아누스 법전≫과 ≪법령집≫이 편찬된 직후에 곧 그리스어 축약판이 나오게 되었다. 그리고 건축에 있어서 유스티니아누스는 동방의 양식을 채택하였다. 그가 세운 기념비적인 건물인 성 소피아 성당은 지붕이 평평하고 수수한 로마의 바실리카basilica가 아니라, 지붕이 거대한 반구dome로 되어 있었다. 이러한 양식은 원래 시리아에서 발전한 것으로서, 그리스 건축가들은 이 양식을 빌어 성 소피아 성당을 설계하였던 것이다. 유스티니아누스는 스스로 로마 제국의 황제로 자처하였으나, 동시에 새로운 건축 양식인 비잔틴 양식을 출현시킨 창시자이기도 하였다. 더구나, 그가 죽은 뒤 50년이 채 되지 않아, 제국의 궁정과 정부가 모두 그리스화 되었음은 분명하다. 580년경, 뒤에 황제가 된 마우리키우스Maurice는 군사학에 관한 유명한 논문을 쓰면서, 그가 사용한 라틴어에다가 그리스어를 병기해 놓아야 했다.

유스티니아누스가 죽은 뒤 한 세기 동안, 비잔틴 제국은 사방의 적들 때문에 멸망의 일보 직전까지 내몰렸다. 북쪽에서는 뒷날의 마자르Magyar족과 매우 유사한 투르크족의 한 사나운 부족인 아바르족Avars이 가장 위협적인 존재였다. 아바르족의 세력 기반은 헝가리 평원과 다뉴브강에서 알프스 산맥까지의 지역에 있었다. 그들과 이웃하여 여러 슬라브계 부족들이 살았는데, 그들은 아바르족과 합류하여 제국을 습격하곤 하였다. 기본적으로 제국의 영토에 정착할 마음이 없이 그저 습격하여 약탈하는 것으로 만족하였던 아바르족은 다뉴브강 이남 지역을 비참하게 황폐화시켰다. 여러 번 그들의 군대가 콘스탄티노플의 성벽까지 출몰하였으나, 완전히 요새화된 그 도시를 함락시킬 수는 없었다. 이 시대의 황제들은 대개 아시아 쪽 변경의 수비에 매달려 있었기 때문에, 아바르족은 마음껏 약탈을 자행할 수 있었다. 그러나 종종 아바르족에 끼어 함께 침입해 온 슬라브족은 단순한 약탈자가 아니라 정착할 땅을 원하였다. 조금씩 조금씩 슬라브족은 제국의 유럽 지역 속주를 잠식해 갔다. 몇몇 학자는 7세기에 그리스 자체를 포함한 이 지역의 주민이 거의 모두 슬라브 족으로 이루어지게 되었다고 믿고 있다. 이러한 견해는 과장인 것 같으나, 어느 곳에나 슬라브족이 많이 모여 사는 거주지가 존재하였으며 주민의 구성이 본질적으로 바뀌었음은 부정할 수 없다.

황제의 입장에서는 이미 게르만족에게 약탈당해 황폐화된 유럽 지역 속주는 상대적으로 중요하지 않았다. 콘스탄티노플의 튼튼한 방벽은 아바르족과 슬라브족으로부터 수도를 보호해주었으며, 이에 황제들은 부유한 아시아 지역의 수비에 관심을 집중하였다. 여기서 그들은 진짜 강력한 적인 페르시아를 만났다. 그지없이 무능한 포카스Phocas; 602~610 황제 치하에서 제국은 내란과 전반적인 혼란에 빠져 있었으며, 이러한 절호의 기회를 놓칠 새라 페르시아는 611년에 시리아로 물밀듯이 쳐들어왔다. 613년에는 다마스커스가, 614년에는 예루살렘이 함락되었다. 다음 해에 페르시아군은 소아시아로 건너가, 마르모라Marmora해를 사이에 두고 콘스탄티노플과 바로 마주보고 있는 칼케돈Chalcedon까지 진출하였다. 619년에 페르시아군은 콘스탄티노플이 아바르족과 슬라브족의 대군에게 포위되어 있는 틈을 타, 이집트를 장악하였다. 그러나 포카스 황제의 뒤를 이어, 결단성 있는 유능한 군인 헤라클리우스Heraclius; 610~641가 제위에 오름으로써 상황은 호전되었다. 그는 일련의 전투에서 승리하여 페르시아군을 제국에서 몰아내었고, 그 여세를 몰아 페르시아로 쳐들어갔다. 627년에

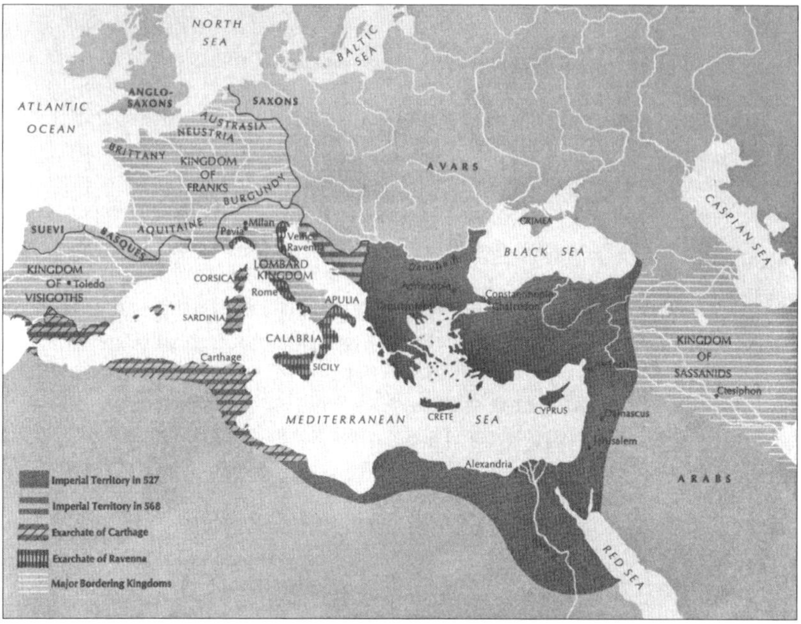

지도 3. 유스티니아누스 황제 이후의 제국과 서방의 왕국들

그는 옛 니네베Nineveh 자리 근처에서 큰 승리를 거두어 페르시아의 세력을 영원히 꺾어 놓았다. 7세기에 이슬람이 침입하기 직전까지도, 비잔틴 제국은 여전히 거의 정복될 가능성이 없을 만큼 강력한 세력을 구축하고 있었다.

헤라클리우스의 치세가 끝날 무렵에 이미 동로마 제국은 마지막 날까지 비잔틴 제국의 독특한 성격을 이루게 될 여러 가지 뚜렷한 특징들을 보이고 있었다. 비잔틴 문화는 기본적으로 말기 로마 문명의 그리스적 요소와 동방적 요소를 바탕으로 형성되었으며, 서방에서 중세에 매우 중요한 영향을 미치게 될 게르만적·켈트적 요소는 받아들이지 않았다. 이는 많은 분야, 예컨대 비잔틴의 경제 조직과 통치 체제, 종교, 예술 그리고 문학에서 뚜렷하게 나타나 있다.

비잔틴 황제들은 로마 제국 말기의 정책을 이어받아, 경제적 활동에 대한 정부의 통제를 계속하였다. 그들은 제국의 생존이 제국의 경제적인 자원에 크게 의존하고 있음을 충분히 깨닫고 있었다. 무엇보다도 중요한 것은 농업이었다. 농업 분야는 필요한 식량을 공급할 뿐만 아니라, 군대의 병력을 제공하기도 하였다. 황제들은 황무지와 미개척지를 개간하여 식민하는 데 아주 열심이었다. 유럽 지역 속주에 정착한 슬라브족 가운데 일부는 침략자로서 그 지역에 왔으나, 나머지는 식민 이주자였다. 어떻게 왔든, 일단 정착한 슬라브족은 농업 생산을 증대시켰다. 7세기 말에 유럽 지역의 속주와 소아시아는 인구 밀집 지역으로서, 농업이 번창하고 있었다. 콜로누스가 경작하는 대영지가 많긴 하였지만, 자유농의 자영 농장으로 이루어진 촌락도 많았다. 토지는 밭과 과수원, 올리브 숲, 그리고 포도밭으로 이용되었다. 유스티니아누스의 치세에 누에가 도입되었고, 그 이후 누에치기가 상당한 규모로 발전하였다.

제국의 수많은 도시는 산업과 교역의 중심이었다. 콘스탄티노플의 인구는 이즈음 백만에 달했고, 테살로니카Thessalonica의 인구는 50만에 이르렀다. 다른 도시는 이 두 도시보다 작은 규모였으나, 도시의 수는 매우 많았다. 중요한 산업은 국가가 엄격히 통제하는 길드 즉 조합에 의해 영위되었다. 각 조합은 해당 수공업을 독점하였다. 국가는 원자재의 구매와 완제품의 판매, 제조 방법, 가격 그리고 이윤 등 거의 모든 측면을 규제하였다. 모든 것은 정부의 감독관에 의해 면밀하게 감독되었다. 실로, 수공업 기술자는 국가에게 고용되어 국가의 지시에 따라 작업하는 셈이었다. 그 결과 산업은 크게 안정되었으나, 기술적 진보는 거의 또는 전혀 이루어질 수 없었다. 주된 생산품은 무기와 갑옷을 제외하고는 모두 비단이나 고급 모직물, 융단. 보석, 그리고 에나멜과 상아로 만든 온갖 장신구 등의 사치품이었다. 성찬식에 쓰이는 잔이나 성물함과 같은 종교와 연관된 물품은 특히 많은 공을 들여 제작되었다. 비잔틴 제국의 수공업품은 유럽 전역에서 높이 평가되어 모방되었다.

상업도 산업 못지않게 엄격한 통제를 받았다. 가장 수지맞는 곡물 교역과 비단 교역은 정부가 독점하였고, 모든 상인이 엄격하게 규제되었다. 그러나 규제에도 불구하고 상인들은 번창하는 상업망을 구축해 내었다. 콘스탄티노플은 세계에서 가장 커다란 시장이었다. 비단과 면직물, 설탕, 향료 등의 동방 산물이 콘스탄티노플로 흘러들어왔고, 서방의 많은 산물도 베네치아, 라베나, 그리고 아말피Amalfi와 같은 비잔틴 제국에 예속된 이탈리아 도시들의 선박으로 콘스탄티노플까지 운반되었다. 각지로부터 상인들이 콘스탄티노플에 모여들어 갖고 온 상품을 팔았고, 제국의 산물을 사가지고 되돌아갔다. 제국의 공식 화폐인 베잔트bezant화의 가치는 주의 깊게 유지되었다. 거부를 축적한 비잔틴 상인은 별로 없었지만, 상인과 수공업자는 활력 있는 중산 계급을 이루고 있었다.

사방이 적으로 에워싸인 나라에서는 군대가 가장 중요한 제도일 수밖에 없다. 비잔틴 제국의 군대는 대우가 좋았고, 주도면밀하게 조직되었으며, 훈련이 잘 되어 있었고, 장비도 빠짐없이 잘 갖추어져 있었다. 군대의 주축은 중장 기병으로서, 총 병력의 약 반을 차지하였다. 비잔틴의 기병은 쇠투구를 쓰고, 넓적다리까지 내려오는 쇠미늘 갑옷을 걸쳤으며, 금속으로 된 긴 장갑과 구두를 착용하였다. 무기는 칼과 창 그리고 활이었다. 따라서 그는 중무장한 채 말을 달리면서 활을 쏘아 적을 괴롭힘으로써, 일격에 적을 제압할 수 있었다. 비잔틴의 기병대는 보병의 지원 없이 완전히 독자적으로 전투를 수행할 수 있었다. 군인들이 모든 시간과 힘을 훈련과 전투에 쏟을 수 있도록, 그들에게는 막사를 세우고 군수품을 조달하며 요리를 하고 말을 돌보는 많은 하인들이 딸려 있었다. 기병대의 지휘관은 언제나 비잔틴의 귀족이었다. 사병과 하사관은 대부분 군역의 대가로 국유지를 보유한 소자영농으로 이루어져 있었다. 보병은 중보병과 경보병의 두 종류로 나뉘어 있었다. 경보병은 갑옷을 걸치지 않았으나, 기병이 지닌 활보다 더 멀리 나가는 활을 갖추고 있었다. 중보병은 투구와 미늘 갑옷 그리고 종종 장갑까지 착용하였고, 방패를 들었으며, 칼과 창 그리고 전투용 도끼를 무기로 갖추었다. 비잔틴 제국의 장군은 서유럽의 전사들과 달리 저돌적인 아마추어가 아니라 직업 군인이었다. 그들은 요행을 바라 불필요한 모험을 하지는 않았으며, 승리가 꽤 확실하다고 판단되지 않는 싸움에는 나서려 하지 않았다. 그들은 무모한 전투로 얼마 안 되는 병력 자원을 헛되이 소비할 수는 없었던 것이다.

제국 정부는 복잡한 관료 기구로 이루어져 있었다. 관료 조직은 방대하고 유지 비용이 매우 많이 들었으나, 그 대신 꽤 효율적이었다. 나랏일에 태만한 허약한 황제의 치하에서는 관료 조직이 부패의 기미를 보였으나, 뒤이어 강력한 황제에 의해 과감한 개혁이 이루어지곤 하였다. 정부의 수반은 황제 또는 이따금은 여러 명의 황제였다. 비잔틴 제국 초기에는 황제가 이론상으로는 선출되었다. 원로원과 인민 그리고 군대의 세 집단 가운데 하나 또는 그 이상의 추대로 황제가 옹립되었던 것이다. 실질적으로 전임 황제의 아들이 제위를 승계하는 것이 상례였으나, 그가 허약하고 무능한 자임이 드러나면, 반란을 일으켜 그를 내쫓고 반란의 지도자를 황제로 옹립하는 것도 가능하였다. 그러나 시간이 지남에 따라 상속의 원칙이 더 강해졌다. 8세기 이후에는 무능한 황제가 권력을 빼앗긴 뒤에도 계속 명목상으로는 황제로 남을 수 있었으며, 반란의 지도자는 공동 황제로 통치하였다.

비잔틴 황제는 하나님으로부터 인간을 지배하도록 임명받은 신성한 인물로 여겨졌다. 그는 엄숙한 의식에 따라 제관을 받고, 성유로 도유되었다. 그와 연관된 모든 것은 성스러운 것으로 간주되었다. 헤라클리우스 황제는 바실레우스basileus라 자칭함으로써, 왕을 반신반인의 존재로 보는 헬레니즘의 전통을 이어받았음을 스스로 내보였다. 신하들은 그들의 조상이 이교적인 신격왕god-king 앞에서 그러하였듯이 황제 앞에서 엎드려 부복하였다. 황제는 아주 호사스럽게 살았다. 보스포러스 해안에 있던 그의 궁전은 수많은 사치스러운 건물과 정원들로 이루어진 웅장한 규모를 자랑하였다. 그의 생활은 엄숙한 의식의 연속이었으며, 언제나 관리와 하인 그리고 경호원이 그를 에워싸고 있었다. 이 엄청나게 호사스럽고 사치스러운 궁정은 단순한 낭비가 아니었다. 비잔틴 제국을 이루고 있던 지역의 전통에 따르면 왕은 다른 사람과는 구별되는 존재이어야 했으며, 궁정은 바로 이러한 점을 충족시키는 것이었다.

황제는 절대적인 권한을 지니고 있었으며, 그의 자의적인 권력 행사를 억제하는 요소는 단지 폐위나 암살의 위협뿐이었다. 그가 권력을 쥐고 있는 한, 민사 업무와 군대는 모두 그의 마음대로였다. 비잔틴 문명은 기본적으로 종교적인 성향의 문명이었으며, 황제는 대체로 교회까지도 지배하였다. 황제는 교회 조직의 우두머리인 콘스탄티노플 총주교의 임명을 통제하였다. 그는 또 교회의 사목회의를 소집하고, 회의에서 의결된 법령을 공포하였다. 비잔틴 제국은 전성기의 로마 제국이 갖고 있지 못했던 것—모든 계층의 인민에게 뿌리를 깊이 내린 공통된 종교—을 지니고 있었다. 공통된 신앙은 모든 인민의 충성심을 북돋았으며, 예술과 건축에서 지배적인 양식을 출현시켰고, 통치 목적을 공공연하게 드러낼 수 있게 하였다. 기독교가 국가를 하나로 결속시키는 구심적인 요소로 작용할 수 있음은 분명하지만, 신학적인 논쟁이 끊임없이 계속되는 시대에는 분열의 원인이 될 수도 있었다. 그러나 대체로 황제는 종교적인 문제에서 자기의 입장을 관철할 수 있었다. 황제는 교리의 문제를 직접 결정할 권리는 주장하지 못했겠지만, 총주교를 선택하는 권한을 통해 어떤 교리를 정통으로 인정되게 할 것인지 실질적으로 결정할 수 있었다. 그러나 비잔틴 제국에서도 황제의 교회 통제권이 그리 절대적인 것은 아니었다. 제국의 인민은 믿음이 매우 깊었고, 종교적인 문제에 강렬한 관심을 보였다. 황제는, 교리상의 문제로 대중의 지지를 받고 있는 총주교를 공격하는 경우, 언제나 인민으로부터의 비난과 공격을 피할 수 없었다. 그리하여 강력한 황제가, 특히 황제의 사생활에 관련된 문제에서, 총주교에게 굴복한 사례를 여럿 찾아볼 수 있다.

비잔틴 문명은 예술에서 위대한 독창성을 보였다. 로마 제국 말기에 두 가지 다소 뚜렷한 형태의 기독교 예술이 발전하였다. 하나는 기본적으로 그리스적인 성향을 지닌 것으로, 그리스 문화를 특징지우는 현세적인 아름다움과 즐거움에 물들어 있었다. 이 유파의 예술가들은 그리스도를 잘생기고 수염이 없는 젊은이로, 또 대개는 벌거벗은 모습으로 그렸다. 다른 하나는 팔레스타인과 시리아에서 발전된 것으로, 그 기본적인 특징은 위엄 있는 기품에 있었다. 그리스도는 길게 흘러내리는 동방의 옷을 입고 수염을 덥수룩하게 기른 인물로 묘사되었다. 이 두 유파는 서유럽과 동유럽의 중세 미술에 커다란 영향을 미쳤다.

비잔틴 제국에서는, 이 두 경향이 곧 서로 뒤섞여 비잔틴 미술이란 독특한 양식으로 발전하였다. 비잔틴 미술은 모자이크와 필사본의 삽화로 나타났다. 비잔틴 교회는 원래부터 모자이크로 장식되게끔 설계되었다. 교회의 바깥쪽은 높이 솟은 반구의 돔dome이 인상적이었으나, 그밖에는 수수하게 아무런 장식도 하지 않게 되어 있었다. 반면에 교회 내부는 화려한 모자이크로 온통 치장되어 있었다. 모자이크의 효과는 거의 전적으로 황금색과 파랑, 빨강, 그리고 자줏빛 등 현란한 색깔에 의존하였다. 사실주의realism라 부를만한 시도는 전혀 없었다. 모자이크된 형상은 사실적으로 보이도록 묘사된 것이 아니라, 근본적으로 장식의 디자인 및 정신에 알맞게 짜맞춘 상징이었다. 그러나 이러한 상징적 형상의 인상적인 기품과 색깔의 현란한 아름다움은 다른 예술에 견줄 수 없는 놀라운 결과를 낳았다(그러한 모자이크의 훌륭한 예로는 라베나에 있는 성 비탈레S. Vitale 성당과 성 아폴리네르S. Apollinaire 성당의 모자이크를 들 수 있다). 모자이크에서 나타나는 특징은 비잔틴의 필사본을 장식한 세밀화miniatures에서도

그림 1. 로마 말기의 기독교 미술 : (왼쪽) 동방 양식의 그리스도, (오른쪽) 그리스 양식의 그리스도

똑같이 나타났다. 즉, 세밀화에서도 디자인에 꼭 들어맞도록 주의 깊게 묘사된 상징적인 형상의 매력과 풍부한 색채가 결합하여 보기 드문 아름다움을 만들어 내고 있다. 그러나 아름다움에 대한 사랑은 모자이크 제작자나 필사본에 세밀화를 그리는 화가에게만 있는 것이 아니었다. 비잔틴의 수공업 기술자들 역시 세속적 · 종교적인 목적에 쓰일 온갖 장신구를 만들면서, 장식 예술에서 뛰어난 기술을 발휘하였다. 에나멜로 만든 모자이크와 아름다운 상아 세공이 성찬식용 잔이나 성물함 그리고 십자가상을 멋지게 장식하였다.

비잔틴 사람들은 유명한 그리스 화약을 비롯하여 실용적인 물품을 많이 발명해내긴 하였지만, 순수 과학에 있어서는 거의 발전을 이루지 못했다. 그 대신, 비잔틴 제국에서는 위대한 문학적 전통이 자라났다. 비잔틴의 학자와 저술가들은 옛 고전 시대의 유산을 보존하고 발전시켰다. 학자들은 옛 그리스의 문헌들을 열심히 읽고 필사하고 주석을 달았으며, 사전과 문법서 그리고 백과사전을 편찬하여 축적된 지식을 쉽게 이용할 수 있게 하였다. 새로운 비잔틴 특유의 문예 작품은 공통적으로 고전을 모델로 한 것이었으나, 또한 그리스어의 형태 변화가 끼친 영향도 보여주고 있다. 저술가들은 법률과 지리, 전쟁의 기술, 행정학 등의 실제적인 분야에 대해 많은 논문을 썼다. 그러한 실용적인 저술 외에, 비잔틴의 저술가들은 역사와 종교에 관한 저술에서 가장 큰 업적을 남겼다.

유스티니아누스의 치세에 배출된 가장 위대한 역사가인 프로코피우스Procopius는 벨리사리우스 장군의 비서였으며, 따라서 많은 경우 직접 경험한 사실을 토대로 사건을 기술하였다. 그는 투키디데스를 비롯한 위대한 고전 시대 역사가들의 전통을 이어 받아 생동감이 넘치는 문체로 역사를 서술하였다. 하지만, 프로코피우스는 증인으로서 그리 믿을만한 인물은 아니다. 그가 생전에 출간한 저작들에는 당시의 황제와 거물들에 대한 판에 박힌 예찬이 곳곳에 들어 있다. 그러나 그는 또한 유스티니아누스와 테오도라 그리고 그 밖의 유력한 궁정인들에 관한 상스럽고 추잡한 험담으로 가득 찬 ≪비사*Secret History*≫도 남기었다. 마우리키우스Maurice; 582~602 황제는 예술과 문학의 열렬한 후원자였으며, 그의 후원 아래 "옹호자Protector"라 불리는 메난드로스Menander는 558년에서 582년까지의 역사를 썼다마우리키우스 황제 자신도 군사학에 관한 중요한 논문을 썼다.. 6세기 말에, 시리아의 에바그리우스Evagrius of Syria는 에페수스 공회의431년로부터 593년까지 교회가 걸어온 발자취를 그린 ≪교회의 역사*Ecclesiastical History*≫를 썼다. 역사 서술의 전통은 비잔틴 문명이 스러질 때까지 면면히 이어졌다. 비잔틴 역사의 거의 모든 시대가 통찰력이 있는 연대기 작가들 덕분에 우리 눈앞에 밝혀져 있는 것이다.

비잔틴 사람들은 고대 그리스 철학을 뚜렷하게 특징지웠던 정교하면서도 힘찬 사고의 능력을 물려받았으나, 그들의 지적 노력은 주로 신학적 문제에 집중되었다. 새로운 종교적 논쟁이 벌어질 때마다, 수많은 논문과 설교가 쏟아져 나왔다. 또한 찬송가와 성자의 일대기 그리고 사변적이고 신비주의적인 신학 논문 등의 문헌도 방대하였다. 유스티니아누스 시대의 가장 위대한 종교시인인 찬송가 작가 로마누스 멜로두스Romanus Melodus는 고전 그리스에서의 음길이에 따른 운율 대신 강약의 리듬을 사용한 점에서 주목된다같은 변화가 뒷날 중세 라틴어 시에서도 나타났다.—p. 507 참조. 서방 세계에서 가장 영향력이 컸던 신비주의 신학자는 신플라톤주의자인 시리아인 디오니시우스Dionysius였다. 중세에는 이 디오니시우스와 바울이 사도행전에서 언급한 아테네의 디오니시우스Dionysius of Athens가 서로 혼동되었다. 이 디오니시우스는 영혼을 고양시키는 기나긴 과정을 통해 깨달음에 이름으로써 인간이 하나님에게로 가까이 다가설 수 있다고 가르쳤다. 그의 저작 ≪천국의 위계에 대하여*On Celestial Hierarchy*≫와 ≪교회의 위계에 대하여*On Ecclesiastical Hierarchy*≫는 천국에 있는 천사들의 위계질서가 어떻게 최후의 깨달음으로 인간을 인도해줄 지상의 교회 조직에 반영되는가를 기술하고 있다. 지상의 사회를 천국의 질서가 투영된 영원불변하는 상image으로 보는 이러한 관념이야말로 비잔틴 문명의 요체였다. 서로마 지역에서는 끊임없이 변화가 잇따른 데 비해, 비잔틴 문화는 놀라운 연속성과 안정성을 보여주고 있다. 이는 단순한 우연이 아니다. 비잔틴 사람들은 바로 안정을 이상으로 추구했던 것이다.

만족의 침입 이후에 동과 서의 문화적 전통이 각기 다른 길을 걷게 되었지만, 중세 문명의 성장에 끼친 비잔틴 문명의 영향은 실로 막대한 것이었다. 기독교의 기본적인 교의는 주로 비잔틴 황제가 소집한 회의에서 그리스 신학자들에 의해 형성되었다. 이탈리아 미술은 13세기까지 비잔틴 미술을 모태로 하고 있었다. 중세 내내 서부에서 새로운 로마 제국을 부활시키려는 시도가 계속 거듭된 것은 옛 로마에 대한 기억뿐만 아니라 이웃에 현실로 남아 있는 비잔틴 제국에 의해서도 자극을 받은 것이었다. 그리고 유스티니아누스의 위대한 업적인 로마 법전은 1100년경 이탈리아에서 재발견된 이래로 서방 세계의 법 전통에 큰 영향을 미쳤다.

요컨대, 비잔티움은 수세기에 걸쳐 뛰어난 문화의 중심으로 존속하였으나, 그 문화는 본서가 주로 다루고 있는 중세 서양의 문화와 많은 측면에서 전혀 달랐다. 이 두 문명은 중세 내내 끊임없이 서로 영향을 주고받았으며, 두 문명의 관계는 중세사의 중요한 연구거리이다. 뒤에서, 우리는 비잔틴의 정치와 종교를 서방 세계의 역사 전개에 미친 영향을 중심으로 다시 다루게 될 것이다.

11. 프랑크 왕국

세련된 비잔틴 문명에서 6세기 갈리아 지방의 프랑크 왕국으로 눈을 돌리면, 그것은 마치 전혀 새로운 세계를 보는 것과 같다. 고전 문명의 기준으로 판단하면, 프랑크족은 모든 면에서 비잔틴 사람보다 더 미개하고 야만적이었다. 서기 500년경에 서로마 제국이 처한 상황을 바라본다면, 분별력이 있는 사람이면 누구나 미래는 비교적 개화된 동고트족과 서고트족에게 있으리라고 생각했을 것이다. 그러나, 프랑크의 왕 클로비스는 상대적으로 문명화된 고트족 통치자들에 비해 단지 더 교활하고 피에 굶주린 야만인에 불과하였음에도 불구하고, 살아남은 것은 프랑크 왕국이었다. 프랑크 왕국과 동부 게르만족의 왕국들 사이의 결정적인 차이는 프랑크 왕국이 라인강 너머 원주지에 수많은 프랑크족 인력을 남겨두었다는 데 있었다. 또한, 이미 정복이 시작될 첫무렵부터, 프랑크족과 피지배 로마인 사이에는 종교적인 갈등이 없었다. 이에 따라 갈리아 지방의 로마인과 게르만족의 두 부류를 함께 토대로 하는 새로운 사회가 성장할 수 있었다. 더구나, 프랑크족의 세력 중심은 지중해에서 멀리 떨어져 있어, 비잔틴 제국이나 이슬람의 침입을 받지 않을 수 있었다.

메로빙 왕조 치하 갈리아 지방의 사회적 · 종교적 · 정치적 구조를 비교적 상세하게 분석하기 전에, 우선 제도에 대한 논리적인 분석보다는 사건에 대한 꾸밈없는 서술로 더욱 생생하게 그 당시의 실상을 보여주는 편이 나을 것이다. 클로비스의 후손들, 즉 메로빙 왕조 시대의 프랑크 역사에 관한 사실은 대부분 6세기 후반에 뚜르의 그레고리우스Gregory of Tours가 쓴 연대기를 전거로 하고 있다. 그레고리우스는 주교로서 그의 로마 혈통을 자랑스럽게 여겼다. 그러나 그는 고전을 기준으로 할 때 라틴어 문장이 형편없었고, 스스로도 이 사실을 잘 알고 있었다. 그의 엉터리 문체는 프랑크족 치하의 갈리아 지방에서 문명의 수준이 전반적으로 낮아지고 있었음을 보여주는 하나의 징표이다. 또한 그가 써야했던 이야기—있는 그대로의 사실을 기록한 역사라기보다는 오히려 과장이 심한 역사 소설로 여겨질 만큼 배신과 폭력 그리고 더러운 탐욕이 난무하는 거칠고 야만적인 이야기—도 역시 그러한 징표의 하나이다.

클로비스가 511년에 죽자, 그의 왕국은 그의 네 아들에게 분할 · 상속되었다.

그들 형제는 종종 서로 싸우기는 하였지만, 대외적으로는 힘을 합쳐 531년에는 튀링겐족Thuringians, 534년에는 부르군드족을 정복하였다. 마침내 536년에는 프로방스Provence까지 프랑크족에게 정복되어, 프랑크 왕국의 판도는 지중해 해안까지 넓혀지게 되었다. 이 거대한 판도의 왕국은 클로비스의 아들 가운데 가장 늦게까지 살아 남은 클로타르 1세Clothar I의 수중으로 다시 통합되었다. 그러나 클로타르 1세가 562년에 죽자, 왕국은 또다시 넷으로 분할되었다. 클로타르 이후, 메로빙 왕가의 주요 인물들 사이의 인척 관계는 다음 계보도와 같다.

프랑크 왕가 계보

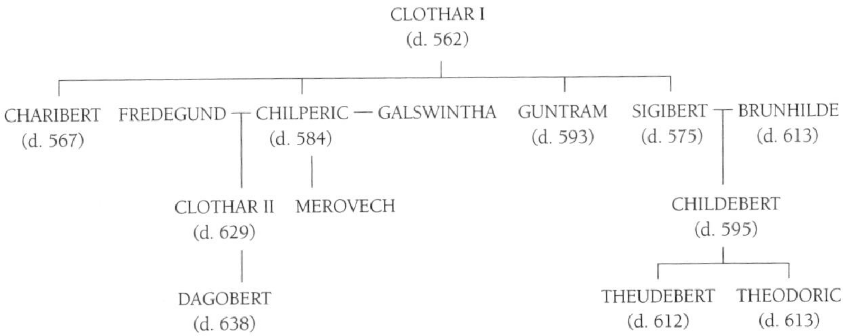

이때부터, 프랑크 왕국을 네 지역으로 나누는 것이 통례화되었다. 라인강 양안의 옛 프랑크족 원주지가 아우스트라시아Austrasia 왕국을 이루었고, 북부 갈리아 지역은 새로운 영토라는 뜻으로 뉴스트리아Neustria라고 불리었다. 이전에 부르군드 왕국이었던 론강과 사온느강 계곡 지역이 메로빙가의 세 번째 왕국이 되었다. 대개 아키텐Aquitaine이라 불리는 남부 갈리아 지역은 때로는 독립 왕국이었다가 때로는 다른 세 왕국 가운데 하나에 병합되곤 하였다p. 84의 지도 참조. 562년의 왕국 분할에서 하리베르트Charibert는 아키텐을, 힐페릭Chilperic은 뉴스트리아를, 군트람Guntram은 부르군디를, 그리고 시기베르트Sigibert는 아우스트라시아를 차지하였다. 그러나 567년에 하리베르트가 죽자, 그의 왕국은 나머지 세 형제에게 분할되었다. 이 셋 가운데 군트람은 그레고리우스의 연대기에서 나머지 두 형제 사이를 중재하는 조정자로 나타났다. 그는 당시로서는 꽤 훌륭

한 왕이었다. 19세기의 역사가인 미슐레Michelet가 기술하였듯이, "그는 몇 번의 살인 행위를 빼고는 누구에게도 반감을 살 일을 하지 않았다." 그레고리우스는 시기베르트를 호전적이지만 존경할만한 왕으로 그리고 있다. 힐페릭은 셋 가운데 가장 노골적인 악한이었음이 분명하며, 매혹적이지만 놀라울 정도로 사악한 그의 아내 프레데군트Fredegund는 그의 악행을 더욱 부채질하였다(그레고리우스는 그녀가 남자들에게 "마법을 걸었다"고 썼는데, 그는 실제로 그녀에게 마법의 힘이 있다고 믿었다). 힐페릭에 관해서, 그레고리우스는 그를 "오늘날의 네로이자 헤롯"이라고 부르고 있다. 네로처럼, 힐페릭은 문학가이자 학자로 자처하였다. 그는 그의 주교들과 신학을 논하였으며, 라틴어로 시를 쓰려 하였고, 심지어 알파벳에 4개의 새로운 문자를 첨가한다는 독창적인 생각도 해내었다.

시기베르트는 당시 프랑크 왕족 사이에서 프레데군트와 같은 비천한 출신의 하녀와 결혼하는 풍조가 퍼지고 있음을 크게 개탄하였다. 그는 진짜 왕녀만을 배우자로 바랐고, 결국 스페인의 서고트 왕가에서 신부를 맞이하였다. 그의 아내 브룬힐데Brunhilde는 재능이 넘치는 보기 드문 여자였다. 힐페릭은 곧 질투심에 불탔고, 그레고리우스에 따르면 "이미 아내를 여럿 두었는데도," 자기도 스페인의 공주를 아내로 맞이하겠다고 결심했다. 서고트왕과의 협상 끝에, 브룬힐데의 누이인 갈스윈타Galswintha가 스페인에서 와서 힐페릭과 결혼하였다. 힐페릭은 처음에는 "그녀가 많은 재물을 갖고 왔기 때문에" 그녀와의 결혼을 매우 기뻐하였으나, 몇 달 되지 않아 새 아내에게 싫증을 내 그녀를 목 졸라 죽이고는, 애첩인 프레데군트와 결혼하였다. 이때부터, 시기베르트 집안과 힐페릭 집안 사이에 피비린내 나는 격렬한 싸움이 벌어졌다. 시기베르트는 575년에 뉴스트리아로 쳐들어가서 그의 형제를 패퇴시켰다. 뉴스트리아의 프랑크족은 기꺼이 시기베르트를 그들의 왕으로 맞아들이려 하였으며, 비트리Vitry에서 환호로 왕을 추대하는 의식을 준비하였다. 그러나 프레데군트는 이런 상황에도 흔들리지 않았다. 그녀는 자객을 보냈고, 그 자객은 전사들의 방패 위에 올라서서 환호를 받고 있던 시기베르트를 독 묻은 단검으로 찔러 암살하였다. 아우스트라시아의 군대는 왕이 피살되자 시기베르트의 갓난 아들 힐데베르트Childebert를 데리고 썰물이 빠지듯이 본국으로 돌아갔다. 브룬힐데는 힐페릭에게 사로잡혔으나, 놀랍게도 처형당하지 않고, 그 대신 루앙Rouen으로 귀양을 갔다.

이야기는 여기서 믿기지 않는 방향으로 전개된다. 힐페릭에게는 메로베치Merovech라는 아들이 있었다. 메로베치는 힐페릭에게 반란을 일으키고는, 아주머니인 브룬힐데와 진짜 사랑에 빠졌든 아니든 결혼하였다. 힐페릭은 군대를 보내 그들을 공격케 하였으나, 브룬힐데는 아우스트라시아로 도망가 버렸다. 메로베치는 믿기 힘든 여러 모험을 겪은 끝에 힐페릭의 전사들에게 발견되자, 사로잡히는 대신 충성스러운 노예의 손을 빌어 스스로의 목숨을 끊었다. 메로베치의 죽음에 관한 이 이야기는 적어도 공공연하게 유포된 것으로서, 실제로 그 신빙성을 더해주게끔 그 노예는 혹독한 고문을 받고 죽었다. 그러나 많은 사람은 프레데군트 왕비가 메로베치의 죽음을 연출해 내었었으리라고 믿었다.

다음 몇 년 동안, 상황은 크게 바뀌게 되었다. 부르군디의 군트람왕은 어린 왕자 힐데베르트를 자기의 보호 아래 두고, 자기의 후계자로 삼았다. 브룬힐데는 어린 아들의 섭정으로서 아우스트라시아의 실질적인 통치자가 되었으며, 목숨이 붙어 있는 한 이 권력을 포기하려 하지 않았다. 프레데군트는 계속해서 옛 적을 암살하고, 새로운 적을 만들고 있었다. 힐페릭은 그의 신민을 억압하고, 장관을 이루었던 옛 로마의 서커스를 부활시킬 욕심으로 스와쏭Soissons에 커다란 원형 극장을 짓는 데 몰두하고 있었다. 그에게는 유감스럽게도, 그는 그 원형 극장이 완성되기 전에 암살되었다.

군트람이 593년에 세상을 뜨자, 힐데베르트가 부르군드 왕국을 상속하여 아우스트라시아와 합병하였으나, 그는 2년 뒤에 죽었다. 그는 독살된 것이 거의 확실하다. 또 프레데군트도 같은 해에 악행으로 점철된 생을 끝마쳤다. 이로써 브룬힐데는 그녀의 두 손자 튜데베르트Theudebert와 테오도릭Theodoric의 섭정으로서 의기양양하게 아우스트라시아와 부르군디를 통치하게 되었다. 그러나 아우스트라시아의 귀족들은 점차 외국 태생의 오만한 늙은 태후에게 불만을 품게 되었다. 612년에 튜데베르트는 한 무리의 귀족들을 이끌고 할머니를 지지하던 테오도릭에게 쳐들어갔다. 튜데베르트는 이 싸움에서 패해 죽음을 당하였으나, 테오도릭도 613년에 세상을 하직하였다. 아우스트라시아 사람들은 브룬힐데의 통치가 더 이상 계속되지 않도록, 테오도릭의 아들들을 왕으로 인정하기를 거부하였다. 그 대신 그들은 뉴스트리아의 클로타르 2세Clothar II에게 왕위를 선사하였다. 연로한 브룬힐데는 사로잡혀 프레데군트와 힐페릭 사이에서 태어난 새로운 왕에게 넘겨졌다. 그녀는 3일 동안 모진 고문을 당한 뒤, 야생마의 꼬리에 묶이어 질질 끌려 다니다가 한 많은 일생을 마치었다. 이로써 오랜 분쟁은 끝났고, 클로타르 2세는 전 프랑크 왕국을 통치하게 되었다.

클로비스의 자손들 사이에서 벌어진 이 피비린내 나는 이야기는 메로빙 왕조 치하 갈리아 지역에서의 삶이 폭력으로 점철되었음을 뚜렷하게 보여준다. 그러나 그 당시의 사회에는 다른 측면도 있었다. 뚜르의 그레고리우스는 또 다른 세계, 곧 아직도 라틴 문학에 관심을 쏟고 있던 시인과 학자, 그리고 여러 형태의 은둔 생활 속에서 여전히 높은 수준의 기독교적 경건함을 잃지 않고 있던 성자들의 세계를 엿보게 해준다. 그 당시의 가장 매력적인 성인은 왕녀였던 라데군트Radegund였고, 가장 뛰어난 시인은 베난티우스 포르투나투스Venantius Fortunatus였다. 라데군트는 튀링겐의 공주였으나, 531년의 전쟁에서 클로타르 1세에 사로잡혀 그의 아내, 또는 그의 여러 아내 가운데 하나가 되었다. 클로타르가 그녀의 어린 남동생을 살해하자, 그녀는 쁘와띠에로 도망갔다. 쁘와띠에의 주교는 그녀를 수녀로 축성하고, 그녀가 평화롭게 살도록 내버려두라고 클로타르를 설득하였다. 한 무리의 믿음 깊은 여인들이 라데군트 주위에 모여들어 수녀원을 설립하였다. 교양 있고 지성적인 여인이었던 라데군트는 한사코 수녀원의 간부직을 받아들이려 하지 않고, 모두들 하기 싫어하는 가장 천한 일을 스스로 떠맡았으며, 특히 가난하고 병든 사람들을 돌보는 데 몸을 바쳤다.

베난티우스 포르투나투스는 이탈리아에서 태어나, 라베나의 학교에서 교육받았다. 565년에 그는 뚜르의 성 마르티누스St. Martin of Tours의 유해가 안장된 성당을 방문하기 위해 갈리아 지방으로 순례를 떠나, 그 북방의 왕국에서 일종의 비공식 궁정 시인으로 여생을 보내었다. 뚜르에서 포르투나투스는 연대기 작가인 뚜르의 주교 그레고리우스를 만나 친구가 되었다. 그는 시기베르트와 브룬힐데의 결혼식에 참석하여, 브룬힐데를 "스페인의 보석"이자 "새로 태어난 비너스"라 칭송하는 결혼 축하시를 썼다. 얼마 뒤에 그는 프레데군트를 위해서도 결혼 축하시를 썼다. 포르투나투스는 멋들어진 찬사와 밉지 않은 아첨에 뛰어난 재능을 발휘하여, 어느 곳을 가나 환영을 받았다. 그의 시는 대부분 오늘날의 관점에서 볼 때 매우 진부하며, 근대 역사가들은 그의 시를 경청한 사람이 있었다는 것조차 놀라운 일로 여겨 왔다. 그러나, 프랑크의 왕들, 적어도 힐페릭은 스스로 시인이라 자칭할 만큼 문학에 관심이 있었음을 상기해야 한다. 뚜르의 그레고리우스는 힐페릭의 시가 형편없는 졸작이었다고 썼으나, 포르투나투스는 과연 그답게 힐페릭의 시를 꽤 만족스러운 작품이라고 칭찬하였다.

567년에 포르투나투스는 쁘와띠에에 갔다가, 라데군트의 인격에 매혹되었다. 마침내 그는 사제가 되어, 그녀의 수녀원에 있는 성당에 자리 잡았다. 이 시기로부터 그는 많은 시를 남겼는데, 대부분은 하찮은 것이었으나, 이따금 꽤 매력적인 것도 있었다. 포르투나투스는 특히 라데군트가 한때 왕비였다는 것 때문에, 그녀의 겸양에 깊은 감명을 받았고, 한번은 그녀가 거들떠보지도 않았을 어의를 등장시킨 시를 써서 꽃과 함께 그녀에게 바쳤다 :

> 오, 지고하신 여왕이시여
> 자줏빛과 황금색의 옷을 떨쳐 버리신 이여…
> 입지 않으시렵니까,
> 제비꽃의 자줏빛과 크로커스의 황금색으로 어우러진 어의를?

포르투나투스는 모순되게도 그의 온갖 경박한 시 및 얄팍한 아첨과 함께 두 곡의 힘차고 감동적인 찬송가 「주를 찬미하라Pange lingua gloriosi」와 「주의 전사들은 전진한다Vexilla regis prodeunt」를 내놓았다. 이 두 찬송가는 수세기 동안 가톨릭 교회의 예배식에서 불리어졌다. 그는 쁘와띠에의 주교로 일생을 마치었다.

포르투나투스와 라데군트의 이야기는 피비린내 나는 프랑크 왕족 사이의 싸움과 뚜렷하게 대조된다. 뚜르의 그레고리우스가 쓴 연대기나 6~7세기에 씌어진 수많은 성자 일대기를 읽으면, 메로빙 왕조 치하 갈리아 지방의 이러한 이중성이 언제나 모습을 드러낸다. 야만스러운 폭력의 바다에는 점점이 평화와 경건의 섬들이 뚜렷한 대조를 이루며 산재해 있었다. 그러나 역사가에게는 메로빙 시대의 가장 중요한 측면이 당시의 연대기 작가가 서술하거나 분석하지 않은 무언가 다른 것, 즉 6세기의 갈리아 지방에서 프랑크족과 로마인이 점차 뒤섞여 새로운 민족과 문화를 낳기 시작하였다는 사실이다. 이러한 혼합은 모든 측면에서 일어났다. 종교와 언어 그리고 경제 조직의 몇몇 측면에서는 로마의 전통이 지배적이었다. 그러나 법률과 정부의 영역에서는, 프랑크의 제도가 로마의 제도를 거의 완전하게 대체하였다. 그리고 이러한 프랑크의 제도가 중세 초기 정부의 기반을 형성하였으므로, 이 제도를 좀더 상세히 고찰할 필요가 있다.

법과 정치 조직에 대한 프랑크의 관념은 거의 모든 측면에서 로마의 그것과 달랐다. 로마의 국가 개념은 기본적으로 근대적인 국가 개념과 비슷했다. 공공의 복지를 책임지는 하나의 주권자가 존재한다. 이 책임을 수행하기 위해 주권자인 황제는 필요한 법률을 제정하고 무거운 세금을 거둔다. 그리고 세금은 대규모의 군대와 직업적인 관료 기구를 유지하고, 광범위한 공공사업의 비용을 조달하는 데 사용된다는 것이었다. 시민이 공적인 존재res publica인 국가에 충성심을 느끼는 것은 당연한 일로 간주되었다res publica로부터 공화국republic이란 낱말이 유래하였다-역주. 이와 같은 요소 가운데 어느 것도 프랑크의 국가 체제에는 존재하지 않았다. 왕국은 종종 거의 무정부 상태가 될 만큼 질서가 붕괴된 상황에 빠졌으며, 통합이 되어 있다 하더라도 그 통합은 왕에 대한 전사 귀족의 개인적인 충성, 그리고 더 내려가면 각 귀족이 거느린 종사들의 주군에 대한 개인적인 충성을 통해 이루어진 것이었다. 공공의 복지를 책임진 공직으로서의 왕이라는 관념은 전혀 없었다. 왕은 근본적으로 전쟁 지도자였다. 클로비스는 집정관이란 직함을 지녔고, 그의 궁정에는 로마의 온갖 높은 직함을 지닌 관리들이 들끓었으나, 그들은 사실상 직함에 합당한 전문적인 기능을 하지는 않았다. 그들에겐 거느릴 관료들이 없었다. 그들은 사실상 개인적인 충성의 관계로 왕과 맺어진 한 무리의 개인적인 친구였다. 왕과의 그러한 개인적 관계는 옛 게르만 종사제comitatus의 프랑크족판이었으며 프랑크족은 이러한 동배의 무리를 신뢰로 묶어진 무리truste라고, 또 그 구성원을 신뢰 받는 자들antrustiones이라고 불렀다. 마찬가지로, 도시civitas를 다스리는 프랑크족 백들은 그들 이전에 도시를 통치했던 로마 행정가와 거의 비슷한 점이 없었다. 그들은 법정을 열고 질서를 유지하였으나, 국가로부터 보수를 받는 공직자는 아니었다. 그들은 정복시에 왕으로부터 하사받은 사유 영지에서의 수입으로 살아갔다. 그들과 왕의 관계 역시 개인적인 충성의 관계였으며, 왕이 허약하거나 인기를 못끌어 그들의 충성을 유지할 수 없을 때에는 백들이 독립적인 존재로 대두하는 경향이 있었다.

무엇보다도, 백들이 프랑크족에게 적용하는 법률은 로마법과 완전히 달랐다. 로마법은 이성과 정의를 법질서의 필수적인 바탕으로 간주하는 법 이론을 근간으로 하고 있었다. 특정한 법령은 보편적인 정의의 원칙을 구현한 하나의 실례이다. 이러한 원칙은 이성적인 사고에 의해 발견될 수 있으며, 이 원칙에 따라 적절한 법령이 법제정자의 명령에 의해 법으로 선포되는 것이었다. 게르만법의 전제는 완전히 달랐다. 게르만의 어떤 종족도 법을 추상적인 정의가 구현된 실례라거나 주권자인 법제정자에 의해 선포된 법령이라고 보지 않았다. 게르만족에게 있어서 법이란 성문화되지 않은 부족의 오랜 관습으로서 언제나 존재하면서 입을 통해 한 세대에서 다음 세대로 전해지는 것이었다. 각 종족은 제각기 고유한 법을 지니고 있었다. 심지어 프랑크족을 구성하는 두 분파인 살리족Salian Franks과 리푸아리우스족Ripuarian Franks의 관습도 서로 달랐다5세기 초에 라인강 이남의 프랑크족은 살리족으로, 쾰른 지역 및 그 이북의 프랑크족은 리푸아리우스족으로 불리게 되었다-역주. 부르군드족이나 알레마니족과 같이 프랑크 왕국의 지배를 받게 된 개개의 종족도 각기 변함없이 자기 종족 고유의 관습법을 적용받았다. 정복자의 법이 피정복민에게 강요되어야 한다든지, 어떤 종족의 관습법이 다른 종족의 것보다 우월하며 따라서 보편적으로 인정되어야 한다는 관념은 전혀 없었던 것이다.

프랑크법의 내용은 매우 원시적이었다. 유스티니아누스 법전을 들추어 보면, 오늘날의 법전에서 발견할 수 있는 것과 똑같이, 상업과 계약과 동업의 문제, 토지 보유의 형태, 증거에 대한 규정, 재판 절차 등을 다루고 있는 복잡한 법령들을 쉽게 찾아볼 수 있다. 그러나 프랑크족의 살리 법전을 살펴보면, 다음과 같은 구절에 마주치게 된다 :

> 다른 사람의 머리를 때려서 뇌가 드러나고, 뇌 아래에 있는 뼈 세 개가 튀어나오게 한 자에게는 1,200데나르(denar), 곧 30실링(shilling; solidus)의 벌금을 물린다… 한 여자를 창녀라고 욕하고 그 사실을 입증하지 못한 자에게는 1,800데나르, 곧 45실링의 벌금을 물린다… 프랑크족 자유민이나 살리법의 적용을 받는 이민족을 죽였다고 증명된 자는 8,000데나르의 벌금을 내야 한다… 그러나 왕을 위해 봉직하고 있는 자를 죽인 자는 24,000데나르, 곧 600실링의 벌금에 처한다.

그러나 원시 게르만법은 조야하고 미개한 것이기는 했지만, 로마 제국 말기의 로마법에서 거의 사라져 버린 한 가지 값진 측면을 지니고 있었다. 즉, 원시 게르만법은 법이란 단순히 위로부터 부과되는 일련의 법령이 아니라, 인민의 삶 전체로부터 자연스럽게 발생하는 것이며, 또 그래야 한다는 것을 암암리에 전제하는 것이었다.

우리에게 남아있는 가장 이른 시기의 게르만 법전은 원시적인 유혈극에 의한 분쟁 해결이 체계화된 벌금형에 의한 분쟁 해결로 바뀌어 가고 있었던 사회 상황을 반영하고 있다. 로마법에서는 범죄의 책임이 범죄자 개인에게만 있었으며, 범죄자를 처벌할 책임은 공권Public authorities에 있었다. 게르만 사회에서는, 한 개인에 대한 범행이 가해자와 피해자의 친족 모두에게 관계되었다. 어떤 사람이 살해되면, 그의 친척은 살인자 및 그 친척에게 복수할 권리와 의무를 지니고 있었다. 이러한 유혈 복수극은 전 부족의 전투력을 약화시킬 수 있었으므로, 명예로운 대안으로서 벌금형이 나타나게 되었다. 범죄는 "창을 매수하는" 적절한 벌금으로 대신 속죄될 수 있었다. 이 벌금 가운데 일부는 왕의 몫으로 돌아갔고, 나머지는 피해자(또는 그의 상속자)와 그의 친척에게 돌아갔다. 왕의 몫은 아마 그가 손수 또는 대리인을 통해 재판을 주재해 준 대가로서 생겨났을 것이다.

재판을 주재하는 관리—대개는 프랑크족 치하 갈리아 지방의 백—는 증거를 듣고 그 증거에 따라 판결을 내리지 않았다. 유죄나 무죄를 확증하는 유일한 방법은 초자연적인 존재에게 묻는 것이었다. 가장 원시적인 형태의 방법은 선서compurgation였다. 주교와 같이 지위가 높은 사람은 자기 혼자만의 선서로도 자신의 결백을 입증할 수 있었으나, 다른 사람들은 한 무리의 "선서 보조인oath-helpers"을 필요로 했다. 12명 또는 25명으로 이루어지는 선서 보조인은 피고인이 믿을만한 사람임을 선서하여 피고의 선서를 뒷받침하였다. 이는 죄를 지은 자가 그렇게 많은 정직한 선서 보조인을 찾아낼 수 없을 것이며, 선서인으로서는 감히 거짓 선서를 함으로써 신의 노여움을 받으려 하진 않으리라는 것을 전제로 하는 것이었다. 더구나, 선서는 세밀하게 규정된 의식에 따라 행해졌으며, 한 마디라도 더듬거리면 신이 선서자의 선서를 거짓이라 판별한 것으로 간주되어, 선서자의 패소가 결정되었다.

선서 대신에 쓰인 또 하나의 방법은 여러 가지 잔혹한 형태로 이루어지는 시죄법ordcal이었다. 달군 쇠에 의한 시죄법에서는, 피고가 빨갛게 달아오른 쇳덩이를 집어 들고 정해진 거리만큼 옮기도록 요구되었다. 그 다음 화상을 입은 그의 손을 붕대로 감고는, 3일 뒤에 상처를 조사하여, 상처가 깨끗이 나았으면 무죄로, 상처가 곪고 있으면 유죄로 판결하였다. 뜨거운 물에 의한 시죄법도 비슷한 방식이었다. 피고는 가마솥의 끓는 물에서 돌 하나를 집어내야 했고, 화상을 붕대로 감은 뒤 3일이 지난 다음 조사하게 되어 있었다. 차가운 물의 시죄법에서는, 피고가 미리 축성된 물속에 들어가야 했다. 그 신성한 물이 피고를 거부하여 피고가 물 위로 떠오르면, 유죄로 판결하였다. 피고가 완전히 물속에 잠기면, 피고는 무죄로 인정되었고, 익사하기 전에 구조되었다. 중세 후반에 유행했던 매우 단순한 형태의 시죄법은 결투였다. 원고와 피고는 어느 하나가 죽을 때까지 싸웠고, 살아남은 자가 결백하다고 인정되었다. 두 소송 당사자는 손수 싸우거나 대리 결투자를 지명하여 대신 싸우게 할 수도 있었다.

위에서 기술한 종류의 법제도가 프랑크족에만 특유한 것은 아니었다. 영국의 앵글로-색슨족과 프랑크 왕국 동쪽의 여러 게르만족도 비슷한 성격의 법에 따라 살고 있었다. 북유럽 전역에서 소송 사건은 13세기 초까지도 선서나 시죄법의 야만적인 의식에 의해 해결되었다. 13세기 초에야 비로소 교회는 시죄법 시행에 사제가 참여하는 것을 금하였고1215년의 제4차 라테란 공회의The Fourth Council of Lateran에서였다-역주, 그 대신 증거에 의한 판결 방법이 고안되었다.

프랑크 왕국에서, 정복당한 로마인도 처음에는 로마법의 적용을 받았다(서로마 지역에서 마지막으로 편찬된 로마 법전인 ≪알라릭 소법전Breviarium Alarici≫은 506년에 서고트왕 알라릭 2세의 명령으로 마련되었다. 그 법전은 남부 갈리아 지방의 로마인들에게 사용하기 위한 것이었다). 그러나 새로운 세대의 법률가를 배출할 만한 법률 학교가 전혀 없었고, 유능한 재판관의 공급이 끊기게 되자, 로마법은 다른 관습법과 마찬가지로 선서와 시죄법으로 유·무죄를 가리는 야만적인 상태로 전락하게 되었다.

로마의 징세 제도 또한 똑같은 운명을 맞이하였다. 초기의 프랑크왕들은 신민으로부터 거두어들일 수 있는 모든 세금을 탐욕스럽게 갈취하여, 자기의 개인 재산을 늘리는 데 혈안이 되어 있었다. 그러나 로마의 징세 체제는 잘 훈련된 서기와 회계관에 의해서만 운용될 수 있는 것이었고, 클로비스 이후의 프랑크왕들에게는 그러한 전문가들이 없었다. 그들에게는 편지를 대필해주는 몇 명의 사제들만이 있을 뿐이었다. 더구나, 그들의 마음속 깊이에는, 떳떳한 프랑크의 전사답게, 신민으로부터 세금을 갈취하는 징세 제도 자체를 본질적으로 나쁜 것으로 여기는 관념이 있었다. 뚜르의 그레고리우스는 이 점을 잘 보여주는 프레데군트와 관련된 이야기를 알려주고 있다. 프레데군트의 두 아이가 병들어 거의 절망적인 상태에 빠지자, 그녀는 하나님의 진노를 달래려면 자기의 옛 죄를 속죄하는 실로 획기적인 일을 해야 한다고 생각하게 되었다. 그래서 그녀는 남편인 힐페릭 왕에게 "그 사악한 징세대장을 불태웁시다"라고 제의하였고, 결국 실천에 옮겼다. 이러한 상황에서 정교한 징세 체제가 제대로 유지될 수 없음은 당연하다. 점차 로마의 토지세는 몇몇 영지로부터의 관례적인 연공年貢, tribute으로 축소되었다. 간접세와 관세 그리고 시장세는 더 손쉽게 거둘 수 있었으나, 종종 지방의 백들이 그러한 세금들을 독식하였다. 프랑크왕의 수입은 대부분 왕의 사유 영지에서 나왔다.

종교의 측면에 있어서 프랑크족은 서서히 이교를 버리고 로마 가톨릭에 동화되어 갔으나, 그러는 가운데 교회 조직은 중요한 변화들을 겪게 되었다. 클로비스와 그 뒤를 이은 왕들은 교회와의 제휴가 갖는 값어치를 잘 알고 있었으며, 그 이점을 최대한 이용하려 하였다. 그들은 교회나 수도원에 재산과 특권을 선사하는 데 결코 인색하지 않았다. 주교들은 대영주가 되었고, 부유한 수도원이 등장하였다. 로마 정부 아래에서 교회가 누리었던 특권은 더욱 크게 확대되었다. 정교한 로마의 사법 체제에 익숙해 있던 교회는 그들에게 매우 원시적으로 비친 게르만법에 애착을 가질 수 없었다. 그리하여 교회는 왕들을 설득하여 성직자에 대한 사법권을 부여받았다. 더구나, 고위 성직자들은 거칠은 프랑크족 백들이 그들의 영지에 얼굴을 내미는 것조차 원치 않아, "불수불입권immunity"을 요구하였다. 이 특권은 왕의 어떠한 관리도 교회의 영지에 들어올 수 없음을 뜻하는 것이었다. 교회의 관리는 범죄자를 체포하였으며, 교회의 사법권이 미치지 못하는 사건인 경우에만 범죄자를 백에게 인도하였다.

그러나, 메로빙 왕조 치하에서 교회가 온갖 특권을 누리고는 있었지만, 성직자의 임명은 점점 더 세속 권력자로부터 통제를 받게 되었다. 로마법에서는 교회가 하나의 법인legal corporation으로 간주되어, 주교가 관할 교회의 재산과 성직자를 독자적으로 관리·통제할 수 있었다. 프랑크족은 그런 미묘한 법적 개념 따위에는 전혀 문외한이었다. 한 프랑크족 영주가 자기 영지에 교회를 세우면, 그는 교회를 자기의 재산으로, 또 그 사제를 자기가 마음대로 임면하는 고용인으로 간주하였다. 다른 게르만족 왕국들에서도, 기독교를 받아들이면서, 똑같은 체제가 성립되었다. 중세 유럽의 교구 교회parish church가 되는 대부분의 농촌 교회는 대개 그 지방의 영주를 후견인으로 삼고 있었으며, 후견인은 마을의 사제를 임명하는 특권을 누렸다(영국에서는 이러한 관행이 앵글로-색슨 시대로부터 20세기까지도 존속하였다). 원칙상으로는 주교의 동의가 필요하였으나, 이는 단지 형식에 불과한 경우가 많았다. 주교들 자체가 왕에 의해 임명되었으며, 성직자와 신도들이 주교를 선출해야 한다고 규정한 교회법은 유명무실한 것이 되었다. 주교 자리를 대부분 게르만족이 차지하게 되자, 성직자의 질은 교양에 있어서나 종교적 규율에 있어서나 급격히 낮아졌다.

로마 제국의 복잡한 경제 조직도 방치된 채 크게 쇠퇴하였다. 로마의 빌라villa 체제는 존속하였으나, 겨우 명맥만 유지하였을 뿐이었다. 이미 3세기로부터 갈리아에서 점진적으로 쇠퇴해 왔던 교역 활동은 메로빙 시대에 더욱 급속한 속도로 쇠퇴하였다. 프랑크족은 기본적으로 장사꾼이 아니라 전사였으며, 도시 생활에 아무런 관심도 없었다. 게다가, 왕들도 도로와 교량을 보수하고, 교역로의 치안을 유지하며, 상인과 그들의 상품을 보호함으로써 교역과 상업을 장려하는 일을 왕이 해야 할 기능으로 보지 않았다. 비록 지중해 연안의 몇몇 유서 깊은 도시는 해상 교역을 계속하고 있었으나, 내륙에서는 교역 활동이 거의 사라져버렸다. 메로빙 왕조가 끝났을 무렵의 갈리아 지방은 본질적으로 국지적인 농촌 경제를 위주로 한 농업 지역이었다. 화폐는 거의 유통되지 않았고, 도로를 따라 옮겨 다니는 상인도 거의 없었다. 후기 메로빙 시대야말로 "암흑시대"란 명칭에 걸맞는 시대라 할 것이다.

메로빙 왕조의 마지막 한 세기에 왕권은 크게 약화되었다. 클로비스의 후손 가운데 마지막으로 강력하고도 효과적인 통치를 한 왕은 다고베르트Dagobert; 623~638였다. 그가 죽은 뒤, 아우스트라시아와 뉴스트리아는 각각 또 다시 분할되었으며, 7세기 중엽에는 왕들끼리 종종 전쟁을 일으켰다. 이 시대의 메로빙 왕조 왕들은 대개 감상적인 퇴행성 환자로 묘사되고 있으나, 이러한 묘사는 다음 왕조인 카롤링the Carolingians 왕조에 호의적인 자들이 남긴 글을 근거로 한 것이다. 분명한 것은 후기 메로빙 왕조의 왕들이 아주 단명했다는 사실이다. 연이어 어린 왕들이 즉위함에 따라, 실권은 여러 파벌로 나뉘어진 귀족들에게, 그리고 궁재mayor of the palace라 불리는 왕실을 관장하는 우두머리 관리에게 넘어갔다. 궁재는 왕을 대신해서 왕권을 행사하였다. 다고베르트 왕 때의 궁재는 란덴의 페핀Pepin of Landen이란 사람이었으며, 그 이후로 궁재의 직책은 그의 집안에서 세습되었다. 바로 이 페핀이 뒷날의 카롤링 왕조의 조상이었다. 페핀의 친손자 하나는 656년에 왕위를 찬탈코자 하였으나, 싸움에 져서 살해당하고 말았다. 외손자인 헤리스탈의 페핀Pepin of Heristal은 아우스트라시아의 궁재가 되었으며, 이 두 번째 페핀은 아우스트라시아와 뉴스트리아 사이의 전쟁을 끝맺는 데 성공하였다. 687년에 그는 뉴스트리아를 공격하여 승리를 거두었고, 그의 왕인 테오도릭 3세를 전 갈리아 지방의 통치자로 내세웠다. 그때부터 714년 그가 죽을 때까지, 페핀은 프랑크 왕국을 모두 장악한 실질적인 통치자였다. 그가 죽자, 또 한번 내란이 있은 뒤, 그의 서자인 마르텔Martel : 망치라는 뜻이 뒤를 잇게 되었다.

찰스 마르텔Charles Martel에게서, 최초의 프랑크 왕들이 지니고 있던 야만적인 야심과 전쟁의 능력이 되살아났다. 그는 사나운 귀족들을 그의 휘하에 규합하는 데 성공하여, 그들을 이끌고 북으로는 프리지아족Frisians을, 동으로는 바이에른족Bavarians을 자주 공격하였다. 더구나, 그는 프랑크족의 전투 방식을 개선하였다. 원래 프랑크 전사는 언제나 보병이었으며, 단지 왕과 대귀족만이 말을 타고 싸웠다. 새로운 전투 방식은 아주 단순해 보이는 작은 발명인 등자말을 탔을 때 두 발로 디디는 제구-역주 때문에 가능하게 되었다. 어디에서 등자가 처음으로 사용되었는지, 또는 정확하게 언제 등자가 서유럽에 도입되었는지에 대해 확실한 것을 알 수는 없으나, 찰스 마르텔의 군대가 등자의 이점을 전투에 처음으로 활용한 것은 분명한 사실로 여겨진다. 등자로 발을 안정시킴으로써, 기사는 말에 탄 채 창을 던지거나 찌를 수 있게 되었고, 등자를 버티고 일어나서 칼로 매우 효과적인 공격을 가할 수 있게 되었다. 찰스 마르텔은 그런 기사를 많이 양성하여 프랑크족의 전통적인 보병 부대를 보강하였으며, 그들 기사 하나하나는 개인적인 충성의 서약으로 마르텔에게 직접 매이게 되었다. 전투 기술의 이러한 변화는 뒷날 봉건제의 형성에 중요한 의미를 지니게 되었으며, 이에 대해서는 다음에 다시 고찰하게 될 것이다.

요컨대 6세기와 7세기의 갈리아 지방에서 로마 문화와 프랑크 문화가 복잡하게 뒤섞이고 있었음은 분명하지만, 이와 함께 문명의 수준은 크게 낮아졌다. 게르만족의 왕정과 원시적인 관습법이 로마 제국의 제도를 대체하였다. 로마 제국의 질서는 빈번한 내란에 자리를 물려주었다. 로마 제국 말기의 종교인 기독교는 보편적으로 받아들여졌으나, 종종 질이 낮은 상태로 전락하였다. 로마의 빌라 제도는 살아남았으며, 로마 제국 말기에 이미 진행되고 있던 국지적인 자급자족 및 원시적인 농업 경제를 향한 추세는 크게 가속화되었다. 끝으로, 언어에 있어서 라틴어 전통이 살아남았음을 지적할 수 있다. 프랑크족은 라인강 주변의 옛 원주지에서만 계속 게르만어를 쓰고 있었다. 우리가 프랑스라 부르는 지역에서는, 켈트족이 살고 있었던 브르타뉴Brittany를 제외하고는, 통속화된 라틴말vulgar Latin이 보편적으로 사용되면서 프랑스어로 발전해가는 도중에 있었다.

12. 로마 교회

6세기에 갈리아 지방과 비잔틴 제국 사이에 끼어 있던 이탈리아의 미래는 매우 불투명하였다. 로마는 더 이상 세속 제국의 수도가 아니었으나, 로마 주교가 그의 모든 주장을 완전히 실현시킬 수 있다면, 로마는 여전히 기독교 세계에서 중요한 지위를 누리게 될 것이었다. 그러나 교황의 주장이 실현되는 데에는 무식한 서부 게르만의 미개 상태와 동방의 세련된 신정 체제가 모두 장애가 되었다. 일단 로마 제국이 사라져버리자, 로마 교회도 살아남기가 쉽지 않았다.

비잔틴 황제들은 스스로를 하나님에 의해 기독교 세계를 통치하도록 임명받은 신성한 통치자로 여겼다. 로마 교황들은 스스로를 성 베드로의 직계 계승자이며, 따라서 전 교회를 통치하도록 그리스도로부터 위임받았다고 간주하였다. 이러한 양측의 주장으로 말미암아, 로마와 비잔티움 사이에는 분쟁이 일어날 소지가 항존하고 있었다. 교리상의 여러 문제에 관해 새로 의견 대립이 나타나면, 이는 필연적으로 그 이상의 분쟁으로 확산될 수밖에 없었다. 6세기와 7세기에 나타난 모든 교리상의 문제는 실로 전 이집트의 교회가 칼케돈에서 부정되고 로마에 의해 이단으로 규정된 단성론 신앙에 여전히 역력히 집착하고 있었다는 사실에서 비롯하였다pp. 47~48 참조. 종교적인 이견이 알렉산드리아에서는 내란으로까지 파급되었다. 당연히 평화 유지를 바라지 않을 수 없는 황제 측은 언제나 가톨릭 교도를 분격케 하지 않으면서 동시에 단성론자를 만족시킬 수 있을 타협적인 교리를 찾아내려 하고 있었다.

그러한 첫 번째 시도는 제논 황제가 482년에 ≪단일 강령*Henotikon*≫이라 불리는 신조 백서를 공표한 것이었다. 중재자가 으레 그러하듯이, 그 역시 어느 쪽도 만족시키지 못하였다. 콘스탄티노플의 총주교 아카키우스Acacius는 교황에 의해 파문당했고, 이집트에서는 새로 폭동이 발발하였다. 뒤이은 로마와 비잔티움 사이의 분쟁 곧 이른바 아카키우스의 분열Acacian schism을 틈타, 동고트족의 테오도릭 왕은 이탈리아를 장악하였다. 이 아카키우스 분열은 교황 겔라시우스 1세 Gelasius I ; 492~496로 하여금 기독교 세계의 통치에 있어서 사제와 왕의 역할을 분명히 구분짓는 선언서를 공표하게 한 점 때문에 교회사에서 중요한 위치를 차지한다. 그는 492년에 비잔틴 황제 아나스타시우스Anastasius에게 다음과 같이 써보냈다 :

> 황제시여, 이 세계를 다스리는 주된 두 권위는 사제의 신성한 권위와 왕권입니다. 이 가운데 사제의 책임이 더 무겁습니다. 왜냐하면 사제는 하나님이 심판하실 때, 바로 인간의 왕들을 위해 변호해줄 것이기 때문입니다.

위 글은 분명히 두 가지 기능이 공존하고 있음을 강조하였지만, 또한 사제의 역할이 왕의 역할보다 더 큰 권위를 지닌다고 주장하는 것이기도 하다. 뒷날, 정 · 교 분리론과 교황 우위론은 모두 위와 같은 언명으로 뒷받침되었다.

518년에 유스티니아누스는 그의 아저씨인 황제 유스티누스Justin의 대리인으로서 권력을 잡자마자, 재빨리 로마와의 협상을 개시하여, 교황 호르미스다스Hormisdas; 514~523가 제시한 조건을 수락함으로써 분열을 끝맺었다. 유스티니아누스는 이탈리아의 재정복이라는 장대한 설계의 일환으로서 로마와의 화해를 필요로 했으나, 그에게 정치적으로 불리한 데도 불구하고 종교의 문제에서 로마 교황에게 복종할 생각은 조금도 없었다. 그리고 그 동안에도 이집트에서 단성론자의 세력은 전혀 약해지지 않았다. 교황 실베리우스Sylverius; 536~537가 황제의 뜻을 거슬렀을 때, 그는 반역죄로 고소되어 즉각 팔메리아Palmeria 섬으로 귀양을 갔다가, 전해지는 바에 따르면 그곳에서 곧 굶어 죽었다. 실베리우스는 로마 교회의 예배식에서 순교자로 경배되는 교황 가운데 최후의 인물이다. 다음 교황 비길리우스Vigilius; 537~555는 황후인 테오도라의 비호를 받고 있었으나, 그마저도 유스티니아누스가 다시금 단성론자와 타협을 꾀하게 되자 거추장스러운 존재가 되었다. 비길리우스는 콘스탄티노플로 압송되어 옥에 갇혔으며, 몇 년 동안이나 수없이 모욕적인 대우를 받은 뒤에 마침내 황제의 정책을 받아들이기로 동의한 다음에야 로마로 돌아갈 수 있었다. 그의 뒤를 이어 교황이 된 펠라기우스 1세Pelagius Ⅰ; 555~560도 역시 황제가 지명한 자였다.

6세기 중엽은 교황권이 밑바닥으로 떨어져 있던 시대였다. 유스티니아누스의 치세가 끝날 무렵, 로마 교황이 비잔틴 황제의 정책에 놀아나는 꼭두각시에 불과한 존재로 전락해버릴 것은 거의 틀림없어 보였다. 568년에 롬바르드족이 이탈리아로 침입함으로써 이러한 일은 일어나지 않게 되었으나, 그 뒤에도 로마가 만족의 지배 아래 가톨릭 교회의 한 보잘 것 없는 변방 거점에 불과한 존재로 겨우 살아남을 가능성은 온존하였다(이 시대의 교황 가운데 펠라기우스 2세Pelagius Ⅱ는 동고트족이었다). 이 두 번째 가능성은 로마 교회의 역사에 있어서 가장 위대한 교황 가운데 하나인 그레고리우스 1세Gregory Ⅰ가 등장함으로써 사라지게 되었다. 대大 그레고리우스라 불리게 된 그는 종종 중세 교황권의 아버지라 일컬어진다.

그레고리우스는 부유한 로마 귀족 가문에서 540년에 태어났다. 소년 시절, 그는 비잔틴 제국과 고트족 사이의 전쟁과 그로 인한 이탈리아 문명의 파괴를 직접 맛보면서 자라났다. 그가 28세가 되었을 때, 롬바르드족이 이탈리아에 침입하였다. 그때 그는 제국의 관리로 입신하여, 로마시의 행정 장관prefect까지 올랐다. 574년에 그레고리우스는 관직을 버리고 수도원에 들어갔으나, 579년에 교황 베네딕트 1세Benedict Ⅰ의 설득으로 콘스탄티노플에 교황의 대사로 파견되었다. 586년에 그는 로마로 돌아와서, 교황을 보좌하여 로마 교회의 행정을 맡아보게 되었다. 마침내, 590년에는 그레고리우스 자신이 교황으로 선출되었다. 그는 통치자이자 교사로서 뛰어난 능력과 활동력을 발휘함으로써 장차 교회사에 뚜렷한 자국을 남기게 되었다.

통치자로서, 그는 로마시의 모든 문제를 떠맡아 처리하였다. 6세기 말에 로마시의 민사 행정은 완전히 마비되어 있었다. 굶주린 인민은 먹을 것을 갈구하였으나, 그들을 도와줄 사람은 전혀 없었다. 롬바르드족이 로마시를 위협하고 있었으나, 방어를 지휘할만한 사람도 없었다. 억울한 피해를 당한 사람들은 정의를 바랐으나, 그들의 호소를 들어줄 적절한 세속 법정이 없었다. 그레고리우스 자신 593년에 로마 시민에게 행한 설교에서 로마시의 참상을 묘사한 바 있었다. 그는 예언자 에제키엘Ezekiel의 말씀을 인용하여, "살코기는 끓어 산산이 흩어지고, 그런 가운데 뼈다귀도 부스러져 버린다"고 말했다.

> 한때 이 세계의 여왕으로 존경받던 로마는 오늘날 어찌 되었는가? 수많은 참담한 고난에 기진맥진하고, 시민은 크게 줄어들고, 적들은 쳐들어오고, 건물은 망가져 언제 무너질지 모르고… 원로원은 어디에 있는가? 인민은 어디에 있는가? 뼈다귀는 모두 흐트러지고, 살은 문드러졌으며, 이 세계가 자랑하던 장엄함과 화려함은 온통 사라져 버렸다.

그레고리우스는 592년에 롬바르드족과 휴전 협상을 했고, 593년에 전쟁이 재발하자 로마시의 방어를 지휘하였다. 시민들에게 식량을 마련해주기 위해, 그는 로마 교회가 지난 몇 세기 동안 꾸준히 기증받아 거대한 면적에 다다른 남부 이탈리아의 교황령을 대폭 재편하였다. 각 속주의 토지는 교구장rector이라 불리우는 성직자 관리의 관할 아래 통합되었고, 개개의 영지는 속인 관리인bailiff으로 하여금 관리케 하였으며, 그레고리우스 스스로도 교황령 전체의 경영에 대해 관심을 기울였다. 영지 경영의 문제를 다루고 있는 그의 서한들은 그가 빈틈없고 매우 성공적인 사업가였음을 밝혀준다. 그는 좋은 조건의 시장을 찾아내었고, 이집트에는 목재를, 콘스탄티노플에는 곡물을 수출하도록 조정하였다. 그러한 노력의 결과, 교황의 책무가 전례 없이 무거워진 그 당시에 바로 때맞추어, 로마 교회의 수입은 막대하게 증대되었다. 이 증대된 수입은 기근을 구제하고, 포로의 몸값을 지불하며, 교회와 병원 그리고 학교에 지원금을 제공하는 데 쓰여졌다.

로마 이외에 이탈리아의 모든 다른 교회에 대해서도 그레고리우스는 확고한 통제권을 행사하여, 종종 교회들 사이의 분쟁을 해결하기 위해 직접 문제에 개입하였으며, 자기의 재원으로 다른 교회를 재정적으로 돕기도 하였다. 그의 영향력은 이탈리아를 넘어서까지 확산되었다. 그는 프랑크족의 통치자들, 특히 브룬힐데와 많은 편지를 주고받았다. 그는 브룬힐데에게 그리 성공적이지는 못하였으나 프랑크 교회를 개혁하도록 촉구하기까지 하였다. 스페인의 지도적인 주교였던 레안드로스Leander는 그레고리우스의 충고와 지원을 구했다. 콘스탄티노플의 주교는 "전 교회의 총주교universal patriarch"라 자칭했다고 교황으로부터 힐책당했다(그레고리우스는 자기가 명예로운 칭호로 불리는 것도 거부하고, 좀더 겸손한 명칭인 "하나님의 종복들을 돕는 머슴"으로 불리길 바랐다).

이탈리아 바깥에서의 문제에 대해 그레고리우스가 개입한 사례 가운데 가장 중요한 것은 597년에 영국의 개종을 위해 전도사를 파견한 일이었다pp. 119~121 참조. 앵글로-색슨의 역사가인 비드Bede가 전해 주어, 오랜 세월 영국의 학동들에게 친숙해져 온 전설에 따르면, 그레고리우스는 로마의 한 시장에 매물로 나온 금발에 파란 눈의 노예 소년들로부터 처음으로 영국의 상황에 대해 알게 되었다고 한다. 그는 그 소년들의 아름다움이 눈에 번쩍 띄었으나, 그들이 이교도라는 것을 알고 실망하였다. 그는 "저 아이들은 누구인가?"라고 물었고, 앵글족Angles이라는 대답을 들었다. 그레고리우스는 "그들은 당연히 천사angels이겠지"라고 대꾸하였다. 뒤이어 그는 말놀음을 좀더 계속하였다. "그들은 어디에서 왔는가?" "데이라Deira:노덤버랜드의 한 속주에서 왔습니다." "그들을 하나님의 분노로부터de ira dei 구함을 받게 하리라"고 교황은 약조하였다. "그들의 왕은 누구인가?" "아엘레Aelle라는 자입니다." "그의 인민으로 하여금 주를 찬미하는 노래alleluia를 부르게 하리라"고 그레고리우스는 말했다. 이 이야기가 어느 정도는 사람들이 재미있게 꾸며낸 것임을 부정할 수는 없지만, 그레고리우스가 로마에서 영국 출신의 노예들과 마주쳤을 가능성은 충분히 있다. 그가 영국에 전도사를 보낸 것은 분명한 사실이며, 로마시의 비참한 상태에 비추어 볼 때 놀라운 용기와 상상력의 산물이라 할 이 행위는 북유럽의 종교사에 뚜렷한 흔적을 남기었다.

교사로서, 그레고리우스는 중세인에 의해 히에로니무스, 아우구스티누스, 암브로시우스와 함께 네 번째의 위대한 교회 박사Doctor of the Church로 손꼽혔다. 오늘날 대부분의 학자는 이러한 평가에 거의 동의하지 않을 것이다. 그레고리우스는 그리 독창적인 사상가가 아니었다. 그의 신학 저술들은 주로 성 아우구스티누스의 핵심적인 가르침을 단순하고 알기 쉬운 형태로 중세 신학에 전달하였다는 것 때문에 중요성을 지니는 것이다. 그레고리우스의 주된 성서 주석서인 욥기에 대한 주석은 대부분 억지스러운 비유로 이루어져 있다. 대개 ≪대화*Dialogues*≫로 일컬어지는 다른 저작 또한 오늘날의 독자에게는 잘 읽혀질 수 없는 책이다. 이 책의 내용은 또 하나의 제목인 ≪이탈리아 교부들의 기적들*Miracles of the Italian Fathers*≫이 더 잘 나타내준다. 이 책은 성자와 죄인들에 관한 일화를 놀라울 만큼 많이 모아 놓은 것으로, 믿을 수 없는 기적들에 대한 이야기로 가득 차 있다. 그레고리우스는 실제적인 행정의 문제에서는 언제나 냉철하고 명민한 지능을 발휘하였으나, 사람의 일에 하나님이나 악마가 개입하는 이야기에 대해서는 소박하게 믿어 버리는 경향이 있었다. 그는 그의 시대보다 앞선 인물이 아니었다. 그 당시의 사람들은 매일매일의 생활에 초자연적인 힘이 종종 개입된다는 것을 당연한 사실로 믿었으며, 이런 태도는 중세 전반에 걸쳐 계속되었다. 설교에 생기를 불어 넣기 위해 수많은 일화를 인용하는 그레고리우스의 방식은 설교 방식의 발전에 있어서 신기원이 되었으며, 뒷날 많은 설교가가 이를 본땄다.

아마도 모든 교황의 저작 가운데 가장 영향력이 컸던 것은 그레고리우스의 ≪목자의 서*Book of Pastoral Core*≫일 것이다. 이 책은 성직에 대해 논한 것으로서, 그레고리우스는 여기서 훌륭한 주교가 갖추어야 할 생활방식을 제시하면서 그의 높은 이상주의를 보여주었고, 주교가 그의 양떼를 어떻게 돌보아야 하는가 충고하면서 보통 사람들의 본질에 대한 그의 깊은 이해를 내보였다. 마지막 절의 제목은 저작 전체를 더욱 빛내면서, 저자의 겸손한 성격을 잘 보여주고 있다: "설교자가 그에게 요구된 모든 일을 다 했을 때, 그는 어떻게 그의 삶이나 설교하는 일이 자신을 자만케 하지 않도록 유의해야 하는가?" 몇 세기 뒤, 이 책은 영국의 알프레드Alfred 왕에 의해 서부 색슨 방언으로 번역되었다. 이는 어떤 형태로든 영어로 씌어진 최초의 주요한 책 가운데 하나이다. 위에서 거론한 저작 말고도, 그레고리우스는 800통이 넘는 서한을 남겨, 모든 서방 교회를 자신만만하게 관장하는 교황의 상을 미래 세대에게 남겨 주었다.

그레고리우스의 치세 동안, 로마는 다른 교회보다 우월한 지위를 강력하게 재천명하였다. 몇몇 역사가는 그레고리우스가 이를 넘어서서 이탈리아에서 교황의 세속권을 확립한 장본인이라고 주장해왔다. 그러나 이는 부분적으로만 사실이다. 유스티니아누스 황제는 주교들에게 민사에 관해 상당한 권한을 위임하는 법을 제정하였고, 그레고리우스가 그러한 권한을 최대한으로 행사하였음은 분명하다. 심지어 그는 위임받은 권한의 한계를 넘어서기까지 하였다. 로마에는 권력의 공백이 있었으며, 그레고리우스는 그 공백을 채웠다. 그는 황제의 관리가 해야 할 일을 떠맡을 사람이 없었기 때문에 대신 떠맡았던 것이며, 그 뒤의 교황들은 그가 확립한 전통을 뒤따랐다. 그러나 그레고리우스는 결코 비잔티움에 있는 황제의 주권을 부인하고, 스스로 독립된 군주로 나서진 않았다. 그는 황제가 죄를 짓고 있다고 여길 때에는 언제나 황제를 힐책할 태세를 갖추고 있었으나, 어떤 경우에든 황제를 이탈리아의 정당한 주권자로서 예의를 갖추어 대하였다. 그로서는 로마가 로마 제국으로부터 떨어져 나갈 수 있다고는 거의 생각할 수조차 없었다.

역사가는 그레고리우스를 미래를 위한 위대한 건설자로 취급하지 않을 수 없다. 그러나 그것은 결코 그레고리우스가 의도한 것은 아니었다. 그레고리우스는 자기가 말세에 살고 있으며, 세상의 종말이 눈앞에 다가오고 있다고 확신하였다. 얼마 안 되는 남은 시간에 그는 손에 닿는 일을 했을 뿐이었다. 그는 사람들에게 설교하고, 굶주린 자를 먹였으며, 사제들을 가르쳤고, 이교도를 개종시켰다. 그리고 이 모든 일을 더할 나위 없이 훌륭하게 해냄으로써, 그는 의식하지 못하는 가운데 중세 내내 그리고 중세를 넘어서까지 존속하게 될 제도를 만들어 내고 있었던 것이다. 그레고리우스는 교황의 부와 권위를 크게 증대시켰다. 무엇보다도, 그는 그의 서한과 그 밖의 저작으로 자신의 우뚝 솟은 인격을 영원히 기억되게 하였다. 뒷날 한 교황은 그에게 꼭 맞는 묘비명을 바쳤다 : "고난의 시대에… 그는 세상이 망할지라도 낙담하는 것을 경멸하였도다."

제5장 8세기의 위기

누구도 유럽사에 있어서 7세기와 8세기를 위대한 시대라고 생각하진 않는다. 그러나 그 시대의 여러 사건이 다른 방향으로 진행되었다면, 유럽은 결코 존재하지도 못했을 것이다. 새로운 예언자 모하메드Mohammed의 추종자들은 동지중해와 북아프리카의 옛 기독교 영역을 모조리 비잔틴 제국으로부터 앗아갔다. 한편 다른 쪽 끝에서는, 브리튼의 섬들이 불가사의하게도 기독교 문화의 중심으로 등장하였고, 새로운 수도승단이 북유럽에 교황의 권위를 확산시켰다. 교황들은 유서 깊고 세련된 반동방적인 비잔티움 문명과 북방의 조야하지만 새로운 세력 사이에서 망설이고 있었다. 8세기 중엽, 수많은 중요 인물들—교황들, 프랑크의 왕들, 비잔틴 황제들—은 눈앞에 열린 여러 길 가운데에서 선택을 해야 했다. 그들의 결정은 중세의 남은 기간 동안 서방 세계의 종교적·정치적 구조에 크게 영향을 미쳤다.

13. 수도원과 전도 사업 : 북방의 로마 기독교

수도원은 초기 중세 문명에 있어서 주된 역할을 수행하였다. 우선, 수도승들은 북유럽의 이교도를 기독교로 개종시키는 데 주도적인 역할을 하였다. 또 그들은 새로 이교도가 침입해온 시대에 고전 문명과 초기 기독교 문화를 보존하는 데 큰 힘이 되었다. 수도원 생활의 첫 형태는 동지중해 지역에서 출현하였다. 교회사에서 매우 일찍이, 믿음 깊은 기독교인은 동료 신도들을 떠나 외딴 곳으로 가 은둔 생활을 영위하기 시작하였다. 그들은 홀로 최소한의 음식과 옷으로 삶을 유지하며 기도와 명상에 온 시간을 바쳤다. 그들은 모두 독신으로 검약한 삶을 고수하였다. 몇몇 사람은 혹독한 단식과 자학을 감내하기도 하였다.

또 다른 사람들은 몇 년 동안 기둥 위에서 지낸 주상 고행자 성 시몬St. Simon the Stylite처럼 좀더 독특한 형태의 금욕 생활을 전개하였다. 기독교가 국교로 인정됨에 따라 많은 기독교인이 로마 세계의 규범과 어느 정도 타협하게 되었을 때, 극도로 열정적인 신도들은 오히려 더욱 더 은자의 금욕 생활에 빠져 들어갔다.

4세기 초, 이집트에 살고 있던 많은 은자 가운데 두 명의 중요한 인물, 곧 성 안토니우스St. Anthony; ?~356와 성 파코미우스St. Pachomius; 290?~346가 등장하였다. 안토니우스는 극도의 금욕을 통해 성인으로 큰 명성을 얻었고, 추종자들이 그의 주위에 모여 들어 사막에 자리잡았다. 그들은 여전히 각기 홀로 지내면서 이따금씩 기도하거나 안토니우스의 설교를 듣기 위해 모였을 뿐이었다. 파코미우스는 수도승을 위한 공동체적 수도원 생활을 창시한 인물이었다. 그는 이집트의 수천 기독교인을 대규모 수도원 공동체로 조직하고, 복종의 미덕을 크게 강조하는 규율을 제정하였다. 수도승은 모두 상위자에게 복종하도록 요구되었고, 그 상위자들은 다시 그 지역의 주교에게 복종하게 되어 있었다. 파코미우스는 또한 육체 노동이 수도원 생활의 필수적인 요소가 되어야 한다고 믿었다. 그의 추종자들은 여러 노동 집단으로 조직되어 가능한 한 많이 생산하도록 촉구되었다. 그들의 검소한 생활에 필요한 만큼을 뺀 나머지는 모두 가난한 자들에게 분배되었다.

360년경, 성 바실리우스St. Basil는 파코미우스의 생각을 더욱 발전시켰다. 그는 노동과 공동체 생활이 완벽한 기독교인의 생활을 이루는 필수적인 요소라고 믿었고, 이집트의 수도승들과는 달리 개인적인 금욕 행위를 별로 강조하지 않았다. 그의 수도승들은 함께 살고, 함께 먹고, 함께 일하고, 함께 예배를 드렸다. 다 같이 함께 고된 노동을 하면서 검소하고 순결하며 꾸밈없는 삶을 영위한다는 이상을 정립함으로써, 성 바실리우스는 동방 교회에서 기독교적 수도원 생활의 진정한 창시자가 되었다.

수도원 제도는 아리우스파의 강력한 적수였던 성 아타나시우스에 의해 그가 이탈리아에 망명해 있는 동안304년경 서방 교회에 전해졌다pp. 34~35 참조. 아타나시우스는 알렉산드리아의 주교였으므로, 그가 서방 교회에 전해준 것은 극도의 금욕과 육체적 고행을 이상으로 삼는 이집트의 수도원 생활이었다. 갈리아 지방에서 수도원 제도를 창립한 두 주역, 뚜르의 성 마르티누스St Martin of Tours; 316?

~397: 쁘와띠에에서 360년경 갈리아 최초의 수도원인 리귀제Ligugé 수도원 설립, 뒤이어 뚜르 교외에 마르무띠에Marmoutier 수도원을 설립. 뒤에 메로빙 왕조의 수호 성자가 됨-역주와 성요한 카시아누스St. John Cassian; 360?~432 : 갈리아에서 태어나 팔레스타인과 이집트에서 수도원을 견학하고 돌아와 마르세이유에 수도원과 수녀원을 하나씩 설립함-역주 역시 이집트의 선례, 특히 파코미우스의 예에서 크게 영향받았다. 이집트의 수도승처럼, 그 두 성인의 추종자들도 도시를 떠나 황야에서 살았다. 그러나 갈리아 지역에서의 상황은 달랐다. 이집트 수도승들은 기독교도인 민중들에게 영웅으로 대접받았다. 주상 고행자 성 시몬은 기둥 위에서 수많은 예찬자를 매혹시켰다. 더구나, 이집트의 사막 지역은 이따금 기독교도들이 자기가 좋아하는 성인들의 볼만한 고행 광경을 보기 위해 떼를 지어 도시로부터 몰려드는 경우를 제외하면 언제나 적막하였다. 그러나 갈리아 지방의 농촌에는 농민이, 그것도 이교도인 농민이 살고 있었다. 따라서 갈리아 지방에서는 수도승들이 우선 종교적 의무의 당연한 일부로서 이교도의 개종에 착수하기 시작하였다.

서방 교회에서 결국 지배적이 된 형태의 수도원 생활은 6세기 초 이탈리아에서 누르시아의 성 베네딕트St. Benedict of Nursia; 480?~543가 확립한 것이었다. 베네딕트는 테오도릭의 이탈리아 왕국에서 보에티우스 및 카시오도루스와 같은 시대에 살았다. 그는 로마와 나폴리 사이에 있는 몬테 카시노Monte Cassino에 수도원을 설립하였고, 그곳에서 아마도 520년경에 수도승을 위한 ≪성스러운 계율 *Holy Rule*≫을 작성하였다. 이집트의 수도원 생활과는 대조적으로, 베네딕트의 계율은 중용과 안정이라는 고전적인 이상의 영향을 받았다. 베네딕트 수도원의 수도승들은 영웅적인 단식이나 기묘한 형태의 자학적인 고행을 하도록 요구되지 않았으나, 청빈과 순결 그리고 복종의 이상에 따라 매우 규율이 엄격한 삶을 영위하여야 했다. 식사는 건강을 유지하는 데는 모자람이 없었으나, 매우 소박하고 검소하였다. 계율에 내재되어 있는 중용의 정신은 음식에 대한 몇몇 규정에서 잘 나타나고 있다 :

> 다른 사람이 매일 섭취해야 하는 음식의 양을 우리가 정한다는 것은 좀 망설여지는 일이다. 하지만, 마음이 약한 자는 음식을 눈앞에 두고 의지가 흔들릴 것이다. 포도주는 한 사람 당 하루에 ½리터면 충분하다고 여겨진다. 하나님

의 은총으로 좀더 절제할 수 있는 능력을 타고난 사람은 뒷날 응분의 보상을 받게 될 것이다. 그러나, 수도원의 부원장은 장소와 노동의 경중, 그리고 햇볕의 강약에 따라 포도주가 더 필요한지 어떤지를 판단해야 하지만, 어떤 경우든 과음해서 취해버리는 일은 없도록 해야 한다. 사실, 포도주는 수도승에게 전혀 걸맞지 않는 것이라 할 수 있다. 하지만, 오늘날 수도승들에게 포도주를 마시지 않도록 설득하기란 불가능하므로, 최소한 차선책으로 과음하지 않고 절제해 마셔야만 한다는 선까지 물러나기로 하자.

수도승은 상위자의 면밀한 감독 아래 매일 틀에 박힌 집단생활을 하는 가운데 개개인의 의지와 욕구를 내버리도록 요구되었다. 수도원의 행정은 "수도원의 가장"인 수도원장이 떠맡았다. 각 수도원은 수도승들의 생활을 유지하는 데 충분한 토지를 기증받고 있었다. 이처럼 베네딕트 수도원은 주변의 사회가 아무리 크게 붕괴된다 하더라도, 자체의 질서 잡힌 생활을 유지할 수 있는 자급자족적이고 독자적인 공동체가 되었다.

베네딕트의 계율은 수도승으로 하여금 매일매일을 노동과 기도로 보내도록 규정하였다. 게으름을 방지하기 위해 수도승은 매일 여러 시간 육체 노동을 하도록 되어 있었으나, 처음부터 대부분의 힘든 밭일은 예농villein; serf에게 맡겨졌음이 분명하다. "기도prayer"는 개인적인 명상 및 독서와 집단적인 예배를 뜻했다. 이 가운데 집단적인 예배가 계율에서 특히 더 강조되었다. 매일 밤낮으로 일정한 간격을 두고 7번씩 수도승들이 모여 찬송하고 기도하였다. 베네딕트는 이 예배 모임—"성무일과opus dei"—를 수도원 공동체의 존재 이유raison d'être 그 자체로 간주하였다. "하나님을 경배하는 일을 최우선으로 하라"고 그는 적고 있다. 수도승들은 함께 잠을 잤고, 함께 먹었으며, 함께 일하고 공부하고 예배를 드렸다. 베네딕트 수도승은 허가 없이 수도원을 떠날 수 없었으며, 수도원 담벽 안에서 살다가 죽음을 맞이하였다.

6세기와 7세기에 걸쳐, 아일랜드와 영국에서 수도원 제도의 역사상 매우 중요한 발전이 이루어졌다. 그렇게 먼 섬 지역들이 기독교로 개종한 뒤에 교회의 변경 지역 이상의 존재로 부상하리라고는 예상하기 어려웠을 것이다. 그러나 실상 아일랜드의 켈트족과 영국의 앵글로-색슨족은 새로운 신앙을 놀라운 정열로 맞아들였으며, 만족 문화와 기독교 문화를 종합하여 중요한 새 문화를 형성해 내었다. 그리고 더 나아가 그들은 고유하게 발전시킨 종교 생활의 형태를 광범위한 전도 사업을 통해 유럽의 많은 지역에 전파시켰다. 이리하여 아일랜드와 영국의 교회는 중세 기독교의 미래에 크나큰 영향을 미치게 되었다. 따라서 이 두 섬 지역의 교회를 좀더 상세히 고찰할 필요가 있다.

성 패트릭St. Patrick; 390?~461이 아일랜드를 개종시킨 유명한 이야기는, 그 시기를 정확히 가려내기는 매우 어렵지만, 대체로 사실인 것 같다. 전해져 내려오는 이야기에 따르면, 패트릭은 4세기 말에 기독교인들이 살고 있던 브리튼 서부에서 태어났다고 한다. 젊었을 때, 그는 아일랜드인 침입자에게 사로잡혀 아일랜드로 끌려가 수년 동안 노예 생활을 하였다. 그 뒤 그는 갈리아 지방으로 도망가, 이집트 수도원의 금욕주의 전통에 영향 받은 여러 수도원을 전전하였다. 마침내 432년경 그는 주교로 아일랜드에 돌아와 그곳에서 30여 년 동안 설교하고 가르쳤다. 패트릭이 전도하기 전에 이미 아일랜드에 기독교인이 몇몇 살고 있었음은 분명하지만, 모든 사람이 대규모로 개종한 것은 그의 노력이 낳은 결실이었다.

아일랜드는 로마 제국의 일부가 된 적이 없었으며, 기독교로 개종한 얼마 뒤에는 야만족의 침입으로 유럽 대륙과의 관계가 두절되었다. 따라서 아일랜드의 기독교는 서방 교회와 완전히 동떨어진 방향으로 발전했으며, 서방 교회와는 다른 고유한 특징을 많이 지니게 되었다. 가장 중요한 특징은 독특한 유형의 교회 조직에 있었다. 서방 교회는 옛 로마 제국의 도시civitas와 일치하는 행정 구역으로 나뉘어 있었고, 각 구역은 주교에 의해 관할되었다. 아일랜드에서는 그러한 행정 단위가 없었고, 그런 행정 단위의 중심이 될 도시도 없었다. 이러한 상황에서, 교회 조직의 기본 단위는 주교구가 아니라 수도원이 되었다. 각 부족은 대개 그 부족의 족장이 설립하고, 그 족장의 직계 가문에서 나온 수도원장이 관할하는, 자체의 부족 수도원을 지니고 있었다. 주교도 계속 임명되긴 하였으나, 주교의 기능은 성찬식을 집전하는 데 그쳤다. 실질적으로 교회를 다스린 것은 수도원장이었으며, 아일랜드인은 수도원장 외에 어떤 다른 형태의 교회 권위도 상상할 수 없었다. 그들은 교황을 로마 수도원장이라고 일컬었다. 아일랜드 교회와 로마 교회 사이의 다른 차이점들은 상대적으로 중요하지 않은 것이었다. 이러한 차이점으로는 삭발 형태와 세례 의식, 그리고 부활절을 계산하는 방법에 있어서의 차이 등을 들 수 있다.

아일랜드의 수도원은 중세의 일반적인 수도원처럼 규모가 큰 석조 건물들로 이루어진 것이 아니었다. 아일랜드의 수도원은 대개 조그마한 교회를 둘러싼 한 무리의 초가집으로 이루어져 있었고, 그 주위에는 돌담이 아니라 말뚝담이 쳐져 있었다. 이런 수도원에 사는 수도승들은 극도의 금욕 생활을 하였다. 그들은 하루의 대부분을 침묵으로 보냈고, 자주 단식을 감내하였으며, 얼음물 속에 들어가거나 십자가 모양으로 두 팔을 엇갈려 뻗친 채 몇 시간 동안이나 기도를 계속하곤 하였다. 그들은 완전무결한 삶을 이루려고 노력하였고, 자기의 일상적인 행위에 조그마한 결함이라도 있는가 주의 깊게 반성하였다. 이렇게 하여, 수도승들은 각기 자기의 양심을 끊임없이 되돌아보았고, 상위자에게 기회가 있을 때마다 죄를 고백하였다. 죄를 고백하는 그러한 관행은 결국 서방 교회 전체에 확산되었다. 또한 더욱 놀라운 사실로, 수도승들은 스스로 정열을 바쳐 배움에 힘썼다. 완벽한 기독교인이 되려면, 반드시 성서와 위대한 교부들의 저작을 읽고 명상해야만 한다고 여겨졌으나, 이러한 책들은 그리스어와 라틴어로 씌어진 채로 아일랜드에 전해졌다. 이 두 언어는 아일랜드인에게 완전히 생경한 언어였다. 아일랜드인은 고전적인 문법책을 보고 이 두 언어를 습득하였으므로, 그들이 배운 것은 순수한 고전적인 형태의 그리스어 및 라틴어였다. 이 당시 유럽 전역에서는 구어로서의 라틴말이 갖가지 로망스 방언으로 변형되어 본래의 모습을 잃어가고 있었다. 여러 가지 상황이 기묘하게 결합됨으로써, 순수한 고전적인 라틴말은 한 번도 옛 로마 제국의 일부로 편입된 일이 없는 머나먼 섬 지역에서만 살아남을 수 있었으며, 결국 아일랜드로부터 거꾸로 유럽 대륙에 역수출되게 되었다.

아일랜드인은 새로운 형태의 종교 생활과 함께 완전히 새로운 양식의 기독교 미술도 발전시켰다. 이러한 양식은 아일랜드인의 필사본에 장식된 삽화들에서 가장 전형적으로 나타난다. 모든 북방 민족의 원시 미술은, 그리스 및 로마 세계의 인간중심적·자연주의적인 미술 양식과는 대조적으로, 기하학적이고 추상적인 형태를 취하는 경향이 있었다. 아일랜드 미술에서의 전형적인 양식은 여러 선을 서로 교차시키는 것이었다. 필사본의 한 면이 복잡하게 얽혀있고 현란하게 색칠해진 나선과 원으로 장식된 대문자 하나로 온통 채워지곤 하였다. 이러한 작품은 성서에 나오는 이야기나 수입된 필사본에서 빌어온 동방적인 요소로 더욱 생기 있게 치장되었다. 포도나무의 잎사귀와 포도송이가 곁들여졌으며, 추상적인 격자 무늬로부터 사람의 얼굴이나 상징적인 동물이 모습을 내밀기도 하였다. 동물 그림으로서는 종종 동방의 동물들—사자, 천국의 새, 또는 환상적인 파충류—이 판에 박힌 양식화된 모습으로 그려졌다. 환상적인 장식과는 대조적으로, 아일랜드 필사본의 실제 글자는 아름답고 분명하여 읽기 쉬웠다. 이 글자체는 영국에, 그리고 부분적으로 수정되어 갈리아 지방에까지 전해졌다.

아일랜드의 영향은 아일랜드 수도원 생활의 또 다른 특질, 즉 특히 어려운 고행 형태로서 유랑 생활을 자청하는 성향 덕분에, 6세기에는 다른 지역에까지 파급되기 시작했다. 563년에 "그리스도를 위해 방랑자가 되기를 바랐던" 성 콜룸바St. Columba; 521~597는 스코틀랜드 해안 앞바다의 이오나Iona 섬에 수도원을 설립하고, 그곳으로부터 픽트Pict족 주민을 개종시키면서 스코틀랜드 전역을 유랑하였다. 성 콜룸바누스St. Columbanus; 530?~615는 더욱 멀리까지 여행하였다. 590년에 그는 12명의 동료와 함께 메로빙 왕조의 부르군디왕 군트람의 궁정을 방문하여, 부르군디에 여러 수도원을 설립하였다. 군트람이 죽고 나서, 콜룸바누스는 브룬힐데와 다투고는 이탈리아로 가서 보비오Bobbio 수도원을 설립하였다. 콜룸바누스와 그의 추종자들이 세운 수도원 가운데 많은 경우가 중세 내내 중요한 학문의 중심으로 존속하였으나, 그 당시에 가장 중요했던 역할은 주변의 농촌 지역에 복음을 전파하는 거점이 된 것이었다. 로마 제국 말기에 도시들이 대개 기독교로 개종한 뒤에도, 농촌 지역의 농민들은 여전히 이교를 고집하였다. 아일랜드인은 스스로가 농민이었으므로, 농민에게 복음을 전하는 방법을 알고 있었다. 그들의 노력으로 서유럽의 농촌 인구가 대규모로 기독교에 귀의하기 시작하였다. 그 과정 속에서, 옛 자연 종교의 비교적 무난한 관행들이 중세 교회의 생활 속에 많이 동화되어 들어왔다. 옛 축제는 새로운 명칭 아래 여전히 거행되었으며, 성소들 또한 계속 존숭되었다(교황 대 그레고리우스는 아예 공공연히 그러한 행태를 권장하였다). 워단Wodan 신에게 봉헌된 수풀이 기독교의 한 성인에게 다시 봉헌되어 "성림Holywood"으로 등장하는 경우도 허다

했다. 지방마다 물의 요정이 살고 있다고 경배되던 샘은 성모 마리아의 샘, 또는 브리지트St. Bridget; Brigit; Brigida; Bride: 528년경에 죽은 킬다르Kildar 수녀원장. 아일랜드의 수호 성녀가 됨-역주의 샘으로 변신하였다. 이교적인 관행, 특히 신년과 하지, 그리고 할로윈Halloween: All Hallow Even—모든 성자의 밤—의 준말. 이 축제는 10월 31일에 있었다. p.326 참조-역주의 절기에 행해졌던 풍습은 중세 내내 일반 대중의 하위 문화에서 중요한 요소로 살아남았다. 사실, 이러한 관행 가운데 일부는 오늘날까지 서양 세계에서 사라지지 않고 있다.

앵글로-색슨족이 기독교로 개종한 데에는 아일랜드의 수도승들과 교황 대 그레고리우스가 파견한 전도사들이 다 함께 기여하였다. 로마에서 온 전도사들의 지도자는(히포의 위대한 주교와는 다른 인물인) 아우구스티누스라는 수도승이었다. 아우구스티누스는 596년에 출발하였으나, 아마도 영국인의 흉포함을 얻어 들은 때문에 갈리아 지방에서 잠시 주춤해 머물러 있었다. 그레고리우스에게 재촉을 받은 그는 마침내 597년에 영국 땅을 밟았다.

아우구스티누스가 영국에서 마주친 것은 로마 문명의 전통에 거의 영향을 받지 않은 원시적인 게르만 사회였다. 그곳의 사람들은 옛 튜톤의 신들을 숭배하였고, 본질적으로 전사들의 두목에 불과하였던 왕과 귀족의 지배 아래 소규모 국가를 이루어 살고 있었다. 또 자유민이 참여하는 인민 법정에서 유서 깊은 선서와 시죄법의 의식을 통해 관습법이 시행되고 있었다. 아우구스티누스가 전도 사업을 할 무렵, 영국에는 앵글로-색슨의 침략 시대에 세워진 수많은 소국들의 난립 상태로부터 바야흐로 7개의 주된 왕국이 대두하기 시작하고 있었다. 이는 켄트Kent와 웨섹스Wessex, 서섹스Sussex, 에섹스Essex, 동앙글리아East Anglia, 메르시아Mercia, 그리고 노덤브리아Northumbria였다. 가장 강력한 세 나라는 노덤브리아와 메르시아 그리고 웨섹스였으며, 이 세 나라는 제각기 영국 전역을 지배하려고 각축을 벌였다. 10세기가 되어서야 마침내 웨섹스의 왕가가 전 영국을 통합 지배하게 되었다.

아우구스티누스가 상륙한 켄트 왕국은 프랑크의 공주로서 브룬힐데의 조카딸이 되는 기독교도 여자와 결혼한 에델베르트Ethelbert 왕의 통치 아래 있었다. 왕은 아우구스티누스에게 자유롭게 설교하도록 허가해 주었고, 곧 모든 신민과 함께 기독교로 개종하였다. 아우구스티누스는 영국의 복음화를 위한 거점으로서 캔터베리Canterbury에 수도원을 설립하였고, 교황으로부터 캔터베리 대주교의 칭호를 부여받았다. 그는 또한 브리튼 서부의 켈트족 주교들로부터 협력을 얻는 한편 그들에 대해 그의 권위를 주장하려 시도하였으나, 여기서는 완전한 실패를 맛보았다. 아우구스티누스를 만난 웨일즈Wales의 고위 성직자들은 그들 민족의 철천지원수들을 개종시키는 데 그리 관심을 보이지 않았다. 그들이 왜 그 못된 앵글로-색슨족을 지옥의 불로부터 구해내길 바라야 하는가? 아우구스티누스는 앵글로-색슨족은 더욱 성공적으로 설득시킬 수 있었다. 604년에 동색슨족이 개종하였고, 이에 주교좌가 런던London에 설치되었다. 605년에 아우구스티누스가 사망했을 때, 켄트와 에섹스는 완전히 기독교의 품안에 들어와 있는 것으로 보였다. 그러나, 아우구스티누스가 이루어낸 그토록 급속한 개종은 그리 뿌리 깊은 것이 아니었다. 616년에 에델베르트 왕이 죽은 뒤, 켄트의 왕과 에섹스의 왕은 둘 다 잠시 이교로 되돌아갔으며, 로마의 전도 사업은 수치스럽게도 실패로 끝나는 듯 싶었다. 다행히, 에델베르트의 후계자가 마음을 고쳐먹어 결국 기독교를 받아들이기로 결정함으로써, 켄트에서 교회는 계속 존속할 수 있게 되었다.

그 다음의 주된 발전은 영국 북부에서 이루어졌다. 노덤브리아의 에드윈Edwin 왕은 에델베르트의 딸과 결혼하였으며, 새로운 왕비와 함께 로마인 수도승 가운데 하나인 파울리누스Paulinus가 노덤브리아에 들어왔다. 625년에 에드윈 왕은 세례를 받았고, 다음 8년 동안 파울리누스는 매우 성공적으로 데이라 속주의 주민들을 개종시킬 수 있었다. 그러나 이교도인 메르시아의 펜다Penda가 잠시 노덤브리아를 정복하고, 이에 파울리누스와 그의 동료 선교사들이 남쪽으로 도망가지 않을 수 없게 됨으로써, 파울리누스의 사업은 중단되었다. 펜다는 같은 황가의 한 강력한 분가를 이끌고 있던 오스왈드Oswald에 의해 곧 노덤브리아에서 축출당했다. 이 오스왈드는 이오나섬 근처에서 여러 해 동안 망명 생활을 한 적이 있었고, 그곳에서 아일랜드 수도승들에 의해 기독교로 개종했었다. 오스왈드는 일단 노덤브리아 왕의 지위에 확고하게 오르자, 켈트족 수도승인 아이단Aidan을 파견하여 노덤브리아의 인민에게 설교하게 했다. 아이단은 그의 거점으로서 오스왈드의 도읍지 밤버로우Bamborough 가까이에 있는 린디스판Lindisfame 섬에 수도원을 설립하였다. 오스왈드의 보호 아래, 아이단은 노덤브리아 사람들을 기독교로 개종시키는 사업을 계속하였다.

오스왈드의 뒤를 이은 오스위Oswy도 켄트에서 로마 기독교의 전통에 따라 교육받은 공주와 결혼하였다. 그녀는 노덤브리아에 자기의 사제들을 이끌고 왔으므로, 7세기 중엽에는 아일랜드의 선교사와 로마의 선교사가 공존하면서 전도 사업에 열을 올리게 되었다. 그러나 양측의 종교적 관행이 달랐기 때문에 분쟁은 불가피한 것이었다. 커다란 신학상의 문제는 개재되지 않았으나, 의식과 계율의 차이가 당사자들에게는 대단히 중요한 문제로 인식되었다. 로마측은 아일랜드인이 서방 교회의 일반적인 관행을 따라야 한다고 주장하였다. 이에 대해 아일랜드측은 자체의 성인들이 물려준 전통을 포기하려 하지 않았다. 664년에 오스위 왕은 둘 사이의 분쟁을 해결하기 위해 노덤브리아의 유력자들을 성·속을 불문하고 휘트비Whitby에 소집하였다. 두 집단은 여러 날 동안 박식한 토론을 벌였다. 마침내 로마측의 대변자가 오스위로 하여금 마음을 결정케 하는 의견을 개진하였다. 그는 교황이 그리스도에 의해 그의 교회를 다스리도록 직접 지명 받은 성 베드로의 계승자임을 말했던 것이다. 왕은 켈트족 성직자들에게 그 말이 사실이냐고 물었다. 그들이 사실이라고 수긍하자, 왕은 로마측의 승리를 결정하였다. 이 시점에서, 많은 아일랜드 수도승들이 노덤브리아를 떠났으나, 일부는 로마 교회의 관행을 받아들여 영국 북부 및 중부의 주민들을 개종시키는데 여전히 주된 역할을 수행하였다. 이때부터, 영국 교회는 교리상으로나 관행상으로나 하나로 통일되어, 로마와 깊은 인연을 맺게 되었다.

휘트비 회의 때까지, 영국 교회는 본질적으로 선교 조직에 머물러 있었다. 대부분이 주교는 뚜렷하게 정해진 교구를 갖지 않았고, 복음화의 필요가 있는 곳이면 어디로나 달려갔다. 그러다가 669년에는 교황 비탈리아누스Vitalian가 새로운 캔터베리 대주교로 타르수스의 테오도르Theodore of Tarsus를 영국에 파견하였으며, 테오도르는 새로 뚜렷하게 정해진 교구들을 설치하고, 왕들을 설득하여 교구 교회의 영속적인 기본 재산으로서 토지를 기증하도록 하였다. 673년에 그는 허트포드Hertford에서 영국 교회 최초의 전국적인 사목회의를 소집하는데 성공하였다.

타르수스의 테오도르는 고전 연구의 전통이 여전히 살아남아 있었던 동로마제국 출신이었다. 그 자신 박학했던 그는 두 명의 위대한 학자를 대동하고 왔는데, 하나는 아프리카 출신의 수도원장 하드리아누스Hadrian였고, 다른 하나는 앵글로-색슨의 귀족이었으나 수도승으로 출가한 베네딕트 비스콥Benedict Biscop으로서 로마에서 공부를 한 인물이었다. 이 기묘하게 조를 이룬 3인은 앵글로-색슨의 영국에서 학문의 성장을 크게 자극하였다. 하드리아누스는 캔터베리에 학교를 세웠고, 베네딕트 비스콥은 영국 북부의 웨어머스Wearmouth와 재로우Jarrow에 두 유명한 베네딕트 수도원을 창설하였다. 그는 또한 여러 차례 로마로 여행하여, 그때마다 많은 필사본을 가지고 돌아와 그가 세운 수도원의 장서를 늘렸다. 노덤브리아의 기독교는 아일랜드와 로마의 학문 전통 양쪽으로부터 영향을 받았으며, 비스콥의 주도 아래 그 지역의 수도원들은 이탈리아 이서以西에서 가장 중요한 기독교 문화의 중심으로 대두하였다. 아일랜드의 영향이 지속되고 있었음은 수도승들이 만든 유명한 린디스판 성서Lindisfarne Gospels를 비롯한 아름답게 장식된 필사본들에서 특히 뚜렷하게 나타난다.

비스콥의 제자인 비드Bede, the Venerable는 로마 문명의 몰락과 샤를마뉴 시대 사이에 서유럽이 낳은 가장 위대한 학자일 것이다. 그는 배울 수 있는 모든 것을 완벽하게 통달하여, 글로써 자기의 지식을 해석하고 동시대인들에게 알려주었다. 아마비드의 가장 값진 업적은 ≪영국인의 교회사*Ecclesiastical History of the English People*≫일 것이다. 비드는 참다운 역사적 감각을 지녀, 진실과 소문, 그리고 사실과 전설을 구별해야 한다는 것을 인식하고 있었다. 이전 시대에 관한 몇몇—지금은 남아있지 않은—오래된 사료를 이용하고, 그의 생애 중에 일어난 사건들에 관한 자기 스스로의 지식을 활용하여, 비드는 초기 앵글로-색슨 시대의 영국에 관한 중요한 자료를 우리에게 남겨주었다. 비드는 물론 라틴어로 학문적인 저술을 썼지만, 영국에 문자가 보급됨에 따라 속어 문학Vernacular literature도 상당히 크게 발전하였다. 위대한 앵글로색슨의 서사시 ≪베오울프*Beowulf*≫는 700년경에 글로 옮겨져, 그 형태로 오늘날까지 남아 있다. 켄트 왕국에서는 기독교로 개종한 바로 얼마 뒤에 최초로 튜톤법이 편찬되어 글로 옮겨졌다. 종교시인인 캐드몬Caedmon과 키네울프Cynewulf는 앵글로-색슨어로 수많은 기도시를 지어 내었다.

8세기 초에, 영국의 기독교 문화는 뿌리를 깊이 내렸고, 영국인은 이에 힘입어 아일랜드인 대신에 유럽의 미개종 지역에 대한 전도에서 주역을 담당하게 되었다. 이 전도 사업을 주도한 가장 위대한 지도자는 이따금 "독일인의 사도"라 불리는 베네딕트 수도승 성 보니파키우스St. Boniface; 680?~755였다. 그의 전도 사업이 아일랜드 성인들의 개별적인 전도 사업과 크게 다른 점은 그가 열렬한 선교사였을 뿐만 아니라, 교황과 긴밀하게 협력하여 전도 지역에 교회 조직을 확립시킨 위대한 조직가이기도 하였다는 사실에 있다. 그는 718년에 처음으로 로마를 방문하였고, 교황은 그를 프리지아Frisia에 선교사로 파견하였다. 722년, 교황 그레고리우스 2세Gregory II는 보니파키우스를 로마에 소환하여, 그를 주교로 임명하고는, 라인강 너머 독일 지역에 파견하였다. 보니파키우스는 그곳에서 20여 년 동안 힘껏 전도하면서, 수많은 베네딕트 수도원을 설립하였다. 그는 로마뿐만 아니라 앵글로-색슨 교회와도 긴밀한 관계를 유지하여, 새로 설립한 수도원에서 일할 잘 훈련된 영국인 수도승들을 독일 지역으로 착실히 끌어들일 수 있었다(유럽의 많은 아일랜드계 수도원들도 영국인 선교사들의 영향을 받아 베네딕트 계율을 받아들였다). 742년, 교황은 보니파키우스를 대주교로 임명하였고, 뒤이어 보니파키우스는 그가 개종시킨 오늘날 오스트리아의 잘츠부르크Salzburg에서 독일의 에어푸르트Erfurt에 이르는 넓은 지역을 8개의 항구적인 주교구로 조직하였다.

보니파키우스는 또한 교황의 사절로서 갈리아 지방의 교회를 개혁하는 데에도 주된 역할을 하였다. 이 개혁 사업은 741년에 찰스 마르텔이 죽은 뒤에야 시작될 수 있었다. 찰스는 보니파키우스에게 친서를 주어 그의 신변을 보호하고 전도 사업을 도왔으나, 프랑크의 그 실권자는 그의 지배 아래에 있는 프랑크 교회에 교황이 간섭하는 것을 용납하려 하지 않았다. 그런데 찰스는 그야말로 말썽 많은 방법으로 교회를 떡 주무르듯 하고 있었다. 그는 거리낌 없이 자기의 전사들을 위해 교회의 수입을 유용했으며, 전혀 주교로는 부적격한 자기의 친구 및 추종자들에게 주교 자리를 상으로 내주었다(보니파키우스는 그러한 고위 성직자들에 대해 "간부나 정부가 아니면, 잘해야 모주꾼이든지 기독교인의 목숨을 서슴지 않고 앗아버리는 군인 따위의 무리"라고 힐난한 바 있다). 찰스 마르텔의 아들인 페핀Pepin; 741~768은 비교적 보니파키우스의 말을 잘 따랐고, 이에 보니파키우스는 741년에서 747년 사이에 교회 개혁의 입법을 위한 일련의 회의를 열었다. 규율을 확립하기 위해, 대주교와 주교는 각기 매년 관할 지역의 성직자들을 모아 회의를 열도록 규정되었다. 또한, 프랑크 왕국의 수도원들은 베네딕트 계율을 따르도록 명령받았다.

아일랜드와 영국의 수도승들은 농촌 지역의 미개하고 원시적인 농민 대중을 개종시킴으로써 유럽을 기독교 대륙으로 만들었다. 특히 성 보니파키우스의 업적은 두 방향에서 서방 교회의 발전에 큰 영향을 미쳤다. 첫째, 그의 전도 사업으로 대부분의 게르만족이 최초로 기독교 유럽의 체제에 편입되었다. 그리고 둘째, 갈리아 지방에서의 그의 활약으로 프랑크 교회와 교황 사이의 관계가 전례 없이 밀접해지게 되었다.

14. 이슬람 : 새로운 문명

북유럽에서 교황의 영향력이 커지고 있는 동안, 기독교 지역이었던 지중해 세계에는 새로운 적이 파죽지세로 공격을 가하고 있었다. 뜻하지 않게 공격의 봉화는 7세기 이전에는 로마 세계의 역사에 전혀 중요한 영향을 미치지 못했던 아라비아 반도에서 불타올랐다. 아라비아는 비잔틴 제국과 페르시아 제국의 사이에 끼인 일종의 완충 지대였다. 양 제국은 서로 아라비아에 어느 정도의 종주권을 행사하려 했으나, 양쪽 모두 크게 성공하진 못하였다. 광포한 유목민이 살고 있던 건조한 내륙 지역은 끊임없는 무정부 상태에 있었다. 비교적 비옥한 반도의 가장자리 지역에는 시리아와 극동 지역 사이에서 중개상의 역할을 하고 있던 상인들이 교역 도시를 이루어 살고 있었다. 기독교인과 유대인이 얼마간 공동체를 이루어 살고 있었으나, 지배적인 종교는 원시적이고 이교적인 우상 숭배였다.

이런 상황을 완전히 뒤바꾸어 놓은 예언자 모하메드Mohammed; 570?~632는 메카Mecca시에서 태어났다. 중년에 그는 일련의 계시를 받았는데, 그는 이 계시를 하나님이 직접 내리신 것으로 받아들였고, 이 계시는 뒤에 이슬람교의 성전인 코란Koran에 기록되었다. 그의 가르침은 구약 성경의 일신교에서 자라난 세 세계종교 가운데 마지막으로 형성된 이슬람교의 모태가 되었다. 모하메드의 하나님인 알라Allah는 전지전능하고 냉혹한 성격의 신이었다. 모하메드에게는 하나님이 유일하며 초월적인 존재라는 교설을 복잡하게 할 뿐인 삼위일체나 신의 체현incarnation 등의 교리가 전혀 없었다. 하나님은 일련의 예언자—아브라함Abraham, 모세Moses, 예수 그리스도(기독교인들은 그의 가르침을 잘못 이해하였다), 그리고 마지막으로 모하메드—를 통해 인간에게 계시를 전했으며, 모하메드야말로 마지막 예언자로서 하나님의 계시를 가장 완전무결한 형태로 전해 줄 수 있다는 것이었다. 모하메드의 비타협적인 유일신 교리는 분명히 유대교의 영향을 받은 것이지만, 모하메드는 또한 기독교인으로부터 내세에서의 개인적인 영생에 대한 강렬한 집착을 빌어왔다. 인간의 의무는 하나님의 뜻을 실천하는 것이었다. 그 의무를 다하지 못한 자는 지옥으로 떨어지지만, 알라의 충실한 하인은 영원한 천국에 들어가 모하메드가 상세하게 매력적으로 묘사한 감각적인 즐거움을 마음껏 누리게 되는 것이었다.

모하메드의 도덕적인 가르침은 단순하면서도 엄격하였다. 알라를 믿는 자들은 부족과 계급의 차이를 뛰어 넘어 하나의 신자 공동체를 형성하였다. 그들은 모두 서로를 정의와 자비로 대하였다. 기독교에서처럼, 가난하고 힘없는 자에 대한 자선의 의무가 크게 강조되었다. 정화의 의식과 식사 관행에 관한 상세한 규정도 마련되었는데, 이는 부분적으로는 유대교에서 빌어온 것이었으나, 회교도에겐 돼지고기뿐만 아니라 포도주도 금지되었다. 회교도는 하루에 다섯 번씩 일정한 양식에 따라 기도를 드려야 했다. 그들은 또한 신앙을 위해 싸우도록 요구되었으며, 성전jihad에서 죽는 것은 천국에 가는 확실한 길로 여겨졌다.

토착의 우상 숭배에 대한 모하메드의 공격은 메카 시민의 반감을 불러일으켜, 622년에 모하메드는 메카에서 추방되었다. 이 추방헤지라Hegira의 해가 이슬람력의 원년이다. 모하메드는 메카시와 적대적인 관계에 있던 메디나Medina시로 망명하여, 곧 메디나 시민을 개종시키고는 그들의 지도자가 되었다. 초기 이슬람교에서는 정치적인 권위와 종교적인 권위의 구별이 없었다. 알라에게 복종하는 것은 곧 모든 일에 있어서 알라의 예언자에게 복종하는 것을 뜻하였다. 모하메드는 곧 정치 조직가이자 전술가로서도 뛰어난 재능을 발휘하였다. 메디나로부터 그는 메카의 대상들을 끈질기게 공격하여, 마침내 630년에는 그를 내쫓았던 메카시를 정복하고, 메카 시민을 개종시키는 데 성공하였다. 모하메드의 이슬람교는 내륙 지역의 원시적인 부족민도 쉽게 이해할 수 있을 만큼 단순하였으나, 그들의 토착 종교보다는 훨씬 더 정교하고 만족스러운 것이기도 하였다. 게다가 모하메드의 군사적인 무용은 어떤 다른 것보다 그들에게 깊은 감명을 주었을 것이다. 모하메드가 숨을 거두기 전 2년 동안, 아라비아 중앙부의 모든 호전적인 부족이 공통된 종교를 받아들여 단일한 정치적 구심점을 중심으로 뭉치게 되었다.

모하메드는 뚜렷하게 규정된 승계 체제를 남기지 않았으나, 그의 추종자들은 유능한 지도자 아부 바크르Abu Bakr; 632~634를 칼리프Caliph: 대리자 또는 계승자란 뜻로 선택하였다. 아부 바크르의 뒤를 이어 우마르Umar; 634~644가, 그리고 우마르의 뒤를 이어 우트만Uthman; 644~655이 칼리프가 되었는데, 우트만은 위대한 우마야드Umayyad 가문에서 나온 첫 칼리프였다. 그 뒤에 우마야드가는 왕조를 세워 750년까지 이슬람 세계를 다스렸다. 모하메드의 사위인 알리Ali는 우마야드가에 도전하였으나, 661년에 암살당했고, 681년에는 그의 아들 후세인Husain까지 암살당했다. 우마야드가는 권력을 유지하였으나, 알리의 추종자들은 이슬람 세계에서 종교적인 분파 집단을 형성하여 오늘날까지 시아파Shi'ite로 존속하고 있다.

비잔틴 제국의 변경을 최초로 공격하기 시작한 것은 바로 모하메드 자신이었다629년. 이슬람 세력은 예언자가 죽은 직후에 아라비아 반도를 벗어나 크게 팽창하기 시작하였다. 우마르 칼리프 치하에서 이슬람은 634년에 시리아를 침입했다. 불과 몇 해 전에 페르시아군을 결정적으로 패퇴시킨 비잔틴 황제 헤라클리우스는 이것이 으레껏 있었던 변경 약탈에 불과한 것이 아님을 깨닫고, 위협당하고 있는 시리아 속주를 방어하기 위해 대군을 동원하였다. 그러나 비잔틴군은 야무크Yannuk의 전투에서 비참하게 궤멸 당했고636년, 다음 두 해 동안 요새화된 도시들이 하나씩 하나씩 이슬람의 공격 앞에 무릎을 꿇게 되었다. 예루살렘Jerusalem은 638년에 함락되었다. 640년에 아라비아군은 시리아를 완전히 정복하였다. 뒤이어 숨돌릴 새도 없이 그들은 이집트로 쳐들어가 641년에는 이집트를 석권하였다. 그 동안, 일부 아라비아군은 동쪽으로 짓쳐 나아갔다. 637년에 그들은 페르시아군에게 결정적으로 승리하였고, 650년에는 페르시아 제국을 완전히 정복하기에 이르렀다. 그들은 그곳에서 멈추지 않고 더욱 동진하여 인더스Indus 강을 건너고, 중앙아시아에까지 진출하였다. 지중해 세계에서는, 아라비아군이 이집트로부터 북아프리카 속주들을 통해 서진함으로써, 7세기 후반 내내 이슬람의 정복이 계속되었다. 처음에 아라비아군은 북아프리카의 베르베르Berber족으로부터 완강한 저항을 받았으나, 7세기 말에는 베르베르족 자체가 대부분 이슬람으로 개종하여 오히려 그 뒤의 원정에서는 이슬람의 군사력을 더욱 보강하게 되었다. 674년에는 강력한 아라비아 함대가 콘스탄티노플 자체를 포위하였으며, 콘스탄티노플은 가까스로 그들을 물리칠 수 있었다. 이리하여 700년경에는 다마스커스시에 도읍한 우마야드 왕조의 칼리프들이 중국 국경에서 대서양에 이르는 광대한 제국을 다스리게 되었다.

역사가들은 그러한 극적인 팽창을 설명하는 데 애를 먹어 왔다. 아라비아에서 내전이 종식되면서 남아돌게 된 군사력이 바깥 세계의 정복에 투입될 수 있었음은 분명하다. 또 아라비아군의 지도자들이 매우 유능한 군인이었으며, 병사들이 새로운 종교에 대한 열렬한 믿음으로 종종 사기가 높아졌던 것 또한 부정할 수 없다. 그러나 이러한 요인 이상으로, 아라비아군이 운좋게도 비잔틴 제국과 페르시아 제국이 서로 오랫동안 싸우느라고 크게 약화되어 있던 바로 그때에 공격을 개시하였다는 점을 들지 않을 수 없다. 비잔틴 제국이 페르시아군을 패퇴시킨 뒤, 페르시아 제국에서는 내란이 발생하였다. 비잔티움은 전쟁을 승리로 끝맺었으나, 시리아와 이집트의 속주들은 황제의 지배가 부활되는 것을 그리 달가워하지 않았다. 헤라클리우스는 페르시아로부터 이 지역을 탈환한 뒤에, 전쟁 비용을 충당하기 위해 주민들의 원성을 무릅쓰고 무거운 세금을 부과하지 않을 수 없었다. 더구나, 이 지역의 많은 주민은 종교적으로도 불만을 품고 있었다. 시리아의 유대인과 이집트의 단성론자 기독교인들은 제국 정부로부터 박해를 받아왔으므로, 제국 정부를 몸바쳐 방어할 이유를 찾을 수 없었다. 반면에, 이슬람의 지배자들은 다른 종교를 박해하거나 무력으로 개종을 강요하지 않았고, 단지 공물을 바치라고 요구했을 뿐이었다.

8세기의 첫 4반세기에, 아라비아인은 지중해 세계의 양쪽 끝에서 새로 정복을 개시하였다. 711년에 그들은 북아프리카에서 스페인으로 쳐들어가, 역시 왕가의 분열과 내란으로 이미 취약해 있던 서고트 왕국을 삽시간에 무너뜨렸다. 아라비아인과 베르베르인으로 이루어진 침략군은 코르도바Cordoba를 수도로 스페인에 이슬람 국가를 창건하였다. 기독교인은 북서부의 산악 지역에 있던 아스투리아스Asturias 왕국만을 겨우 유지할 수 있었다. 720년에 이슬람 군대는 피레네 산맥을 넘어, 요충지인 나르본느Narbonne시를 함락하고, 프로방스의 대부분 지역을 차지하였다. 732년에 그들은 더욱 북쪽으로 쳐올라갔으나, 뚜르 근처에서 찰스 마르텔에게 패하였다. 일부 서양의 역사가들은 뚜르의 전투가 지니는 의미를 가볍게 보는 경향이 있다. 아라비아인이 유럽의 정복을 진지하게 시도하기에는, 그들의 통신·보급로가 너무 지나치게 길었다는 것이다. 다른 역사가들은 모든 보급상의 문제에도 불구하고, 이슬람 정복의 물결이 아라비아군을 인더스강과 르와르강까지 몰고 갔음을 지적하면서, 찰스 마르텔과 같은 강건한 전사가 732년에 프랑크 군대를 지휘한 것은 다행한 일이었다고 여긴다. 뒤이은 일련의 전투에서, 프랑크의 지도자 찰스 마르텔은 남부 갈리아의 거의 모든 피정복 지역으로부터 이슬람군을 몰아내었다. 한편, 비잔틴 황제 레오 3세Leo Ⅲ도 718년에, 대체로 세계 전사상 가장 결정적인 전투 가운데 하나로 인정되는 싸움에서, 이슬람 군대에게 승리를 거두었다. 헤라클리우스 왕조의 마지막 황제인 유스티니아누스 2세Justinian Ⅱ는 잔인하고 원성 높은 폭군이었다. 그는 711년에 폐위되어 처형당했으나, 그 뒤를 이을 유능한 인물이 나타나지 않다가, 마침내 아나톨리아Anatolia 속주의 군사령관이었던 레오가 717년에 제권을 장악하였다. 그는 마침 때맞추어 등장하여 콘스탄티노플을 구해 내었다. 레오가 즉위한 바로 그 해에, 칼리프인 술레이만Suleiman은 단번에 기독교 제국을 영원히 절멸시킬 요량으로 콘스탄티노플에 대한 공격을 개시하였다. 8천명의 병력이 육상에서 콘스탄티노플을 포위하였고, 바다로부터는 강력한 해군이 공격하였다. 레오는 717년 여름에 시작된 이슬람의 공격을 격퇴하였고, 그 해 겨울 유난히도 추운 날씨 속에 콘스탄티노플 주변에서 천막으로만 몸을 가린 채 수세에 몰린 이슬람군은 큰 피해를 입었다. 718년 봄, 그리스의 화공선이 이슬람의 함대를 궤멸시켰다. 그 해 여름, 마침내 술레이만은 포위를 풀고 막대한 손실을 입은 채 퇴각하고 말았다. 레오는 때를 놓치지 않고 술레이만이 정복했던 소아시아의 속주들을 탈환하였다. 그는 23년 동안 통치하였고, 치세 초기에 승리를 거둔 뒤, 비잔틴 제국의 행정을 크게 재편하였다. 그의 업적으로 비잔티움은 다시 강력한 국가로 재건되어, 정복당하는 일 없이 500년이나 더 존속하게 되었다.

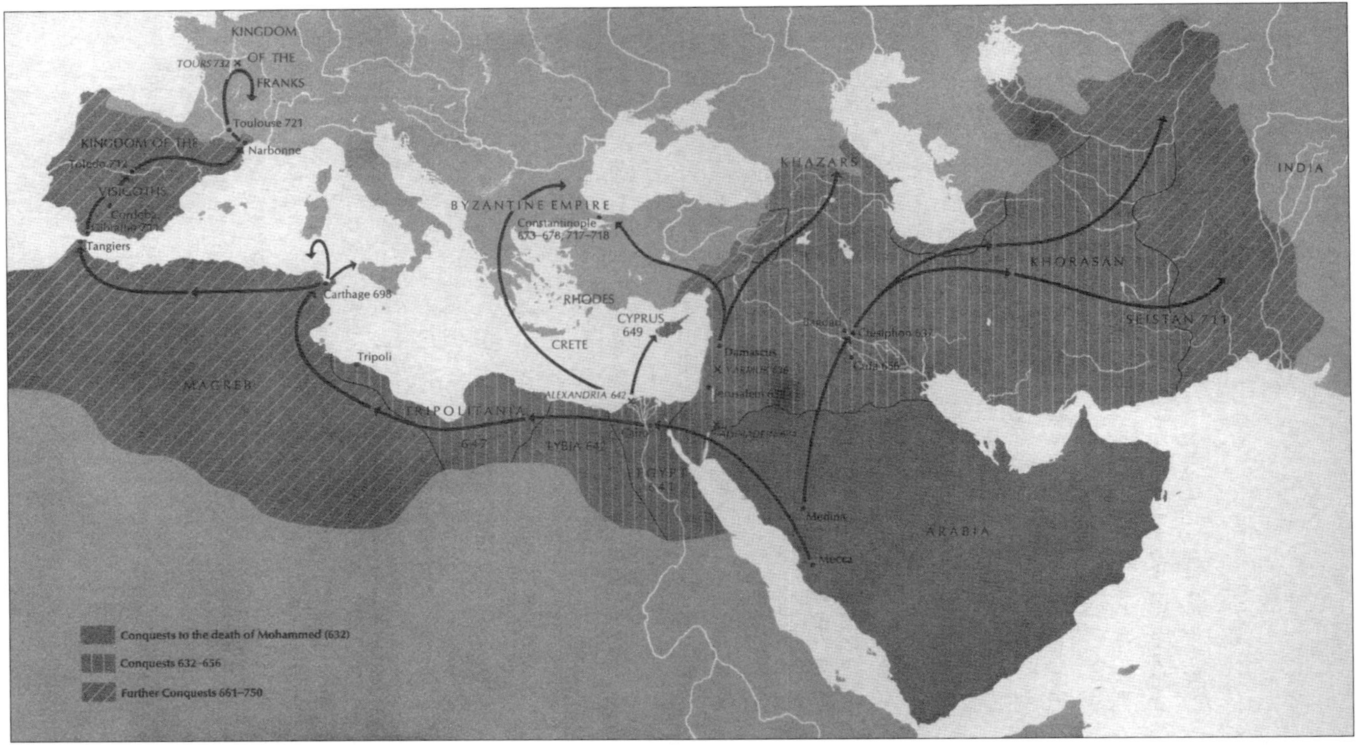

지도 4. 이슬람의 팽창(750년까지)

레오 3세와 찰스 마르텔의 승리로 이슬람 세력이 거대한 팽창의 첫 물결을 타고 온 기독교 세계를 석권하는 것이 저지되었다. 이슬람 세계 자체 내에서 전개된 상황도 8세기 초 이후 더 이상의 팽창을 가로막는 요인이 되었다. 8세기 중엽에 우마야드 왕조에 대한 일련의 반란이 부분적으로는 시아파에 의해 자극되어 발발하였다. 그리고 750년에는 새로운 아바시드Abassids 왕조가 칼리프의 지위를 장악하고, 아랍 제국의 수도를 다마스커스에서 바그다드Bagdad로 옮겼다. 아바시드 왕조는 거대한 정복지에 대한 효율적인 통제를 유지하지 못하였다. 우마야드가의 한 분파가 스페인에서 여전히 권력을 쥐고 있었으며, 뒤이어 북아프리카와 이집트에서는 새로운 토후 가문들이 발호하여 아바시드 왕조의 칼리프들에게 명목상의 충성만을 바쳤다.

이러한 정치적 분열에도 불구하고, 이슬람 세계는 종교적·문화적인 통일성을 유지하였다. 아라비아어는 국제 언어가 되었고, 위대한 문학의 매체가 되었다. 처음에는 아라비아 정복자들이 전사 귀족으로서 피정복민과 따로 떨어져서 그들의 조공을 받아 생활하였으나, 서서히 융합이 이루어지게 되었다. 기독교 공동체가 아라비아 세계에서 존속하긴 했지만(그리고 오늘날까지도 존속해 오지만), 대다수 피정복민은 이슬람교를 받아들이게 되었다. 동시에, 원래 야만적이었던 아라비아인은 그들이 정복한 지역의 고등 문화에 동화되어 갔다. 칼리프들은 비잔틴 또는 페르시아의 행정 체계를 받아들였다. 그리스의 철학 및 과학 서적은, 대개 네스토리우스파 기독교도 학자에 의해, 죄다 아라비아어로 번역되었다. 이슬람의 철학자와 신학자들은 합리적인 철학과 신의 계시를 조화시키는 문제에 도전하기 시작하였다. 그리스보다는 동방의 영향을 더 많이 받은 새로운 형태의 미술과 건축이 자라났다. 위대한 의학 학파가 히포크라테스Hippocrates와 갈레누스Galen의 저술들에 자극을 받아 형성되었다(그러나, 이슬람 세계의 의사들은 그리스의 선배들을 훨씬 능가하는 수준의 의학을 발전시켰다). 중국과 인디아로부터 아라비아인은 정교한 수학적 기법, 특히 인디아의 십진법과 0의 사용을 배워왔다. 또 그들은 스스로 대수학을 발전시켰다. 이 모든 아라비아의 학문은 결국 아주 뒤늦은 시기에야 서방 세계에 전해져, 중세 사상의 발전에 심각한 영향을 미쳤다pp. 475~478 참조. 그러나 이슬람의 침입이 있은 직후 몇 세기 동안, 서방의 학자들은 고립된 수도원에 틀어 박혀 그들에게 남겨진 고전 문화와 기독교 문화의 뼈대만을 보존하는 데에도 온 힘을 기울여야 했으며, 그들에게는 낯설은 이교도의 문명을 배울 만한 지적 융통성도 결여되어 있었다.

이슬람 세계의 물질적 번영 또한 매우 높은 수준에 올라 있었다. 이슬람이 정복한 지중해 연안 지역은 옛 로마 제국에서도 가장 부유한 속주들이었으며, 게다가 그 지역의 부wealth는 아라비아 교역상들의 활발한 활동으로 더욱 증대되었다. 북유럽에서는 "도시"가 방어를 위한 성채와 그 주변의 몇 채 안 되는 목조 오두막집으로 이루어져 있었던 바로 그 당시에, 이슬람 세계에서는 웅장한 사원과 거대한 궁전, 도서관, 학교, 병원 등이 가득 차 있는 대도시가 건설되었다. 12세기까지, 중세 유럽은 이슬람 세계에 비해 매우 뒤떨어지고 낙후된 지역이었다고 아니할 수 없다.

15. 비잔틴의 우상파괴운동 : 프랑크와 교황의 제휴

이슬람의 침입으로 옛 로마 제국의 전 지역이 하나의 공통된 종교에 의해 계속 지배될 수 있을 가능성은 완전히 사라져 버렸다. 8세기 초에는, 남아 있는 기독교 지역이 장차 하나로 모아져 조직되리라는 전망도 매우 불투명하였다. 로마가 지휘한 선교 사업을 통해 북유럽의 넓은 지역이 개종함으로써, (이제 교황을 주된 구심점으로 하고 있는) 라틴 문명과 튜톤족 및 켈트족의 문화가 융합될 가능성이 나타나게 되었다. 그러나 한편 비잔틴 세력의 부활로 제시된 좀더 분명한 발전 노선은 콘스탄티노플을 기반으로 하여 소아시아와 발칸 지역 그리고 이탈리아를 포괄하게 될 그리스적인 축소판 제국의 등장이었다. 비잔틴은 8세기에 이탈리아의 문화적·종교적 생활에 지배적인 영향을 미치고 있었다. 비잔티움이 이탈리아를 동방 제국의 속주로 계속 장악할 수 있었다면, 중세의 특징적인 서양 문명은 결코 나타나지 못했을 것이다. 그러나, 8세기 중엽에 로마 교황들은 북유럽의 만족 세력과 제휴하는 정책을 추구하였다. 이는 "유럽의 출현"을 위해서는 결정적인 사건이었다.

교황의 결정에 영향을 미친 두 가지 요인은 황제가 롬바르드족의 재침략으로부터 로마를 방어해주지 못하였던 것과 그리고 아마 그보다도 더욱 중요한 것으로서 로마와 콘스탄티노플 사이에 격렬한 신학상의 논쟁이 재연되었던 것이었다. 7세기 중엽에 단성론을 둘러싼 논쟁은 지루하게나마 끝맺음 단계에 들어가 있었다. 칼케돈의 종교회의는 그리스도가 인성과 신성의 두 가지 성질을 함께 지니고 있음을 선언한 바 있었다. 그러나 이집트의 단성론자들은 그리스도에게 단 하나의 성질, 곧 신성만이 있다는 믿음을 버리지 않았다. 이집트 교회를 무마하기 위해, 콘스탄티노플의 총주교 세르기우스Sergius는 또 하나의 교묘한 교리를 내놓았고, 황제는 이를 공인 교리로 선포하였다. 즉, 세르기우스에 따르면, 그리스도의 두 성질은 단일한 의지에 의해 지배된다고 할 수 있다는 것이며, 이는 단성론자의 주장을 모순되지 않게 만들 것이었다(이 교리는 "하나의 의지one will"를 뜻하는 그리스말을 빌려 단의론Monothelitism이라 불리었다). 그 당시의 교황 호노리우스Honorius; 625~638는 논쟁에 개재된 문제를 이해하지 못한 채 이 새로운 교리를 잠자코 받아들였으나, 그 뒤 교황 마르티누스 1세Martin Ⅰ; 649~655는 그 교리를 칼케돈의 정통 교리에서 완전히 벗어난 것이라고 비난하였다. 이때의 황제 콘스탄스 2세Constans Ⅱ; 641~668는 이슬람의 침입을 막아내는 데 온 힘을 기울이고 있는 와중에서, 로마의 불손함을 참아낼 마음의 여유가 없었다. 이에 비잔틴군의 한 부대가 라테란Lateran 교회에서 마르티누스를 체포하여, 콘스탄티노플로 압송해 갔다. 그곳에서 교황은 비잔틴 원로원에 의해 반역자로 내몰렸고, 귀양을 가서 얼마 지나지 않아 이승을 하직하였다. 그러나, 이슬람으로부터 이집트를 탈환할 희망이 전혀 없다는 것이 분명해지자, 황제의 관점에서 단의론은 아무 쓸모도 없는 것이 되었다. 681년, 콘스탄티노플에서 열린 회의에서 단의론이 이단으로 선언됨으로써, 일단은 로마 교회와 그리스 교회의 화합이 이루어졌으나, 이 화합은 오래 가지 못했다. 692년에, 교황은 또 다른 비잔틴의 공회의에서 선포한 교령을 거부하였으며, 8세기 초까지도 두 교회는 여전히 서로 적대하고 있었다.

이슬람으로부터 콘스탄티노플을 구해낸 황제 레오 3세로 말미암아 양 교회의 사이는 또 다시 위기에 직면하였다. 레오의 생각으로는, 국가의 안녕을 위협하는 두 가지 심각한 위험 요소—즉 종교적인 것과 사회·경제적인 것—가 있었다. 아주 일찍부터, 기독교 교회는 그리스도와 성인들을 묘사한 형상이나 그림, 모자이크, 그리고 조각을 폭넓게 사용해 오고 있었다. 그러한 형상은 문맹인 대중에게 종교적인 교육을 베푸는 데 분명 효과가 있었으며, 또 신앙에 구체적인 영감을 불러일으키는 이점도 있었다. 그러나 성인들 자체가 아니라 그들의 형상을 숭배하는 성향이 강했으며, 이는 특히 이교에서 개종한지 얼마 안 되는 지역에서 심각하였다. 오래 전부터 많은 성실한 사람들이 이러한 성향을 비판하였고, 특히 비잔틴 제국의 아시아 지역에서는 형상 사용을 반대하는 움직임이 강력했다. 유난히 믿음이 깊었던 레오는 이러한 감정이 특히 강하게 퍼져 있던 지역 출신이었다.

레오의 마음을 괴롭힌 두 번째 문제는 소규모 자유농의 몰락을 대가로 대토지 겸병이 급속하게 진행되고 있었던 점이었다. 이는 여러 가지 측면에서 부정적인 현상이었다. 소자유농은 비잔틴 제국군의 주력을 형성하고 있었으므로, 제국 정부로서는 그들의 몰락을 방치할 수 없었다. 또한 대토지 소유의 증가는 토지 소유자가 거의 언제나 차지인tenant에 대해 어느 정도 사법권을 획득하였기 때문에 황제권을 잠식하는 결과를 낳았다. 몇몇 경우에는 대토지 소유자가 사법권을 찬탈하거나 매수하였다. 또 제국 관리가 공인으로서 사법권을 행사하던 지역의 토지를 획득하여, 그 토지와 사법권 모두를 사유 재산으로 소유해 버리기도 하였다. 대토지 소유자들은 그들의 정치적 권력을 이용하여 소자유농으로 하여금 소유 토지를 팔아넘기게 만들거나, 어려운 시기를 틈타 궁핍해진 소자유농의 토지를 사들이곤 하였다. 이리하여 점차 대토지 소유자는 토지를 더욱 많이 소유하게 되었고, 소자유농의 수는 감소하게 되었다.

속인이 차지한 대영지도 레오에게 위험스럽게 비쳐졌지만, 교회가 소유한 대영지의 존재는 더욱 더 레오를 불안케 하였다. 수도원들은 거대한 영지를 소유하고는, 급속히 그 영지를 늘려나가고 있었다. 더구나, 수도원은 면세의 특권과 아주 광범위한 사법권을 누리고 있었다. 이에 따라 거대한 면적의 토지가 징세 대장에서 자취를 감추게 됨으로써, 그렇지 않아도 크게 압박을 받아온 제국의 재정은 심각한 타격을 받게 되었다. 수도승들은 대개 형상의 사용을 확고하게 지지하고 있었으므로, 형상 사용에 대한 공격인 우상파괴iconoclasm의 정책은 종교적인 개혁과 토지 개혁의 두 가지 목적에 기여하게 될 것이었다. 레오가 우상파괴 정책을 마음먹게 된 데에는 분명 종교적인 동기가 주된 역할을 하였을 것이지만, 그가 이 정책의 이중 효과에 끌렸던 것 또한 의심의 여지가 없다.

최초의 우상파괴령은 726년에 공포되었으며, 이에 그리스와 이탈리아에서는 반란이 일어나 아주 어렵게 가까스로 진압되었다. 레오의 적대자들은 그리스도를 눈에 보이는 형상으로 묘사할 수 없다고 하는 주장은 그리스도가 인간의 몸으로 강림하였음을 의문시하는 불경스러운 생각이라고 여겼다. 그들에겐 우상파괴가 지상의 모든 물질적인 존재를 본질적으로 사악하다고 보는, 이미 성 아우구스티누스가 싸워 물리친바 있는, 옛 동방의 사고방식으로 되돌아가는 것이라 여겨졌다. 우상파괴를 둘러싼 논쟁이 왜 그토록 뜨겁게 열기를 불러 일으켰는지 이해하려면, 우선 그에 개재된 교리상의 문제들에 대한 이해가 앞서야 한다. 가장 노골적인 "형상 숭배자"는 단지 물신론자에 불과한 반면, 가장 극단적인 우상파괴주의자는 거의 마니교도에 가까웠다. 이 논쟁은 비잔티움에서 한 세기도 넘게 지속되었다. 여제 이레네Irene는 787년에 우상파괴령을 폐기하였으나, 레오 5세Leo V는 815년에 다시 우상파괴령을 제정하였다. 843년에 가서 또 다른 여제가 마침내 형상의 사용을 부활시키고서야, 우상파괴를 둘러싼 논쟁은 끝을 맺었다.

726년의 첫 우상파괴령은 로마와 콘스탄티노플의 사이를 결정적으로 갈라놓는 계기가 되었다. 이때까지는, 온갖 교리상의 분쟁에도 불구하고, 교황들은 언제나 제국의 충성스러운 신하로 자처하였으며, 황제를 그들의 군주로서 존경과 예의를 갖추어 대접하였다. 그러나 교황 그레고리우스 2세Gregory II; 715~731는 레오의 우상파괴령에 복종하기를 거부하였을 뿐만 아니라, 황제에게 도전적이고 거친 어투로 비난하는 서한을 보내기까지 하였다. 그레고리우스는 전 서방 세계는 성 베드로의 후계자에게 충성을 바치고 있으며, 황제가 로마에 있는 성 베드로의 상을 없애려 한다면 서방의 야만족들에게 도움을 청하겠다고 황제에게 으름장을 놓았던 것이다. 이에 분격한 레오는 라베나 총독에게 로마로 진군하여 그레고리우스를 체포하라고 명령하였으나, 총독의 군대는 롬바르드군에게 공격을 받아 패주하였으며, 로마에 있던 군대는 교황에 대한 충성을 견지하였다. 그러자 황제는 남부 이탈리아의 비잔틴 영토에 있던 거대한 교황령을 모조리 몰수하였고, 남부 이탈리아와 일리리쿰의 교구들에 대한 사법권을 교황에게서 빼앗아 콘스탄티노플의 총주교에게 넘겨버렸다.

이탈리아에서의 사건 과정에 영향을 미친 마지막 요인은 롬바르드족의 세력이 두 명의 호전적인 왕, 리우트프란드Liutprand; 712~744와 아이스툴프Aistulf; 749~757 아래에서 크게 흥기하였다는 것이었다. 제3장에서 고찰하였듯이, 롬바르드족은 북부 이탈리아에 하나의 왕국과 더 남쪽에는 두개의 독립적인 공국을 세웠다. 시간이 지남에 따라, 롬바르드족은 아리우스파 신앙을 버리고 가톨릭 신도가 되었으며, 대체로 교황과 우호적인 관계를 맺고 있었다. 그러나 8세기 초에, 리우트프란드는 그의 세력을 넓히기 시작하여, 이탈리아 전역을 석권하려는 의도를 분명히 했다. 그는 우선 롬바르드족의 두 독립 공국을 합병한 다음 비잔틴 제국의 세력권으로 남아 있던 지역을 공격하기 시작했다. 롬바르드족은 성 베드로의 교구를 파괴하려고 하진 않았다. 오히려 그들은 로마를 롬바르드 왕국의 중심 교구로 삼으려 하였다. 그러나 교황은 로마와 그 주변 지역에 대한 지배권을 포기하고, 롬바르드 왕국의 최고 성직자에 불과한 존재가 될 마음이 추호도 없었다. 이에 그는 롬바르드족으로부터 그를 보호해줄 수 있는 군사력을 찾게 되었다. 739년에 교황 그레고리우스 3세Gregory III; 731~741는 찰스 마르텔에게 도움을 청했다. 찰스는 뒷날 언젠가 이슬람과 싸울 때 롬바르드의 도움이 필요하리라고 믿고 있었으므로, 개입하기를 거부하였다. 그러나, 교황을 도와줄 만큼 강력한 세력은 프랑크 왕국뿐이었고, 교황은 프랑크왕의 도움을 갈망하였다. 741년에 성 보니파키우스를 교황 사절로 갈리아 지방에 파견한 것은 종교적인 의미와 함께 정치적인 의미도 지닌 조치였다.

마침내 몇 년 뒤, 교황과 찰스 마르텔의 후계자인 페핀의 이해관계가 일치한 데 힘입어, 교황과 프랑크 왕국의 제휴가 성립되었다. 페핀은 심각한 정치적 문제에 직면해 있었다. 프랑크왕 튜데리치 4세Theuderich IV; 720~737가 죽었을 때, 찰스 마르텔은 새 왕을 옹립하지 않은 채, 그저 계속해서 궁재이자 공작의 신분으로 통치해 나갔다. 이러한 불법적인 상황이 페핀에게는 꺼림칙한 것이어서, 그는 죽은 왕의 먼 친척을 찾아내어 왕위에 올렸으며, 이 사람이 힐데릭Childeric 왕이었다. 그러나 왕 따로 다스리는 사람 따로라는 상황을 기본적으로 어리석은 일이라 여긴 페핀은 자기가 프랑크 왕으로 즉위하기를 바라게 되었다. 장애가 되는 것은 메로빙 왕조가 전승에 따르면 신에 의해 왕가로 지명되었다는 점이었다. 더구나, 프랑크족의 유력한 고위성직자와 전사들이 모두 힐데베르트에게 충성의 서약을 한 바 있었다. 따라서 페핀은 새로운 왕조로 왕위가 넘어가려면, 그 새 왕조가 반드시 신의 재가를 받아야 한다고 느끼게 되었다. 751년에는 페핀의 두 특사가 로마로 가서, 교황 자카리아스Zachary; 741~752에게 실제로 통치하지 않는 사람이 왕으로 불릴 자격이 있는지 의견을 물었다. 이에 교황은 강력한 친구를 얻을 수 있는 기회를 놓치지 않고, 즉각 "왕권이 없는 자보다는 실권을 쥔 자가 왕으로 불릴 자격이 있다"고 대답하였다. 아마도 이러한 답변을 보내면서, 교황은 스스로의 처지를 생각하지 않을 수 없었을 것이다. 교황 역시 정당한 칭호 없이 로마와 그 주변 지역에 대해 독립적인 통치권을 행사하고 있었던 것이다. 교황의 회신을 받은 즉시, 페핀은 힐데릭 왕을 폐위하였고, 성 보니파키우스는 엄숙하게 페핀에게 성스러운 기름을 붓고 왕관을 씌워 주었다. 이리하여 프랑크의 새로운 왕조는 하나님의 재가를 얻었다.

교황에게는 곧 그의 새로운 동맹자로부터 도움 받을 일이 생겼다. 752년에 아이스툴프가 라베나시를 함락하고는 로마를 위협하기 시작했던 것이다. 교황 스테파누스 2세Stephen II; 752~757는 페핀에게 구원을 요청하였으며, 페핀은 정상회담을 위해 교황을 호위하여 알프스를 넘어 프랑크 왕국까지 모시고 오도록 프랑크의 용맹한 전사들을 로마에 보냈다. 이들이 도착한 동시에, 비잔티움에서 보낸 사자가 도착하여 교황에게 롬바르드족과 새로운 협상을 개시하라는 명령을 전하였다. 스테파누스는 그나마 황제의 요구 조건을 아이스툴프에게 제시하기는 하였으나, 아이스툴프는 그 자리에서 그 조건을 거절하였다. 그러자 교황은 콘스탄티노플에 등을 돌리고, 알프스 산맥을 넘어 프랑크 왕국으로 들어갔다. 페핀은 그를 열렬히 환영하였고, 다시금 직접 교황으로부터 기름 부음을 받았다. 스테파누스는 또한 페핀에게 대개 황제의 라베나 총독에게 주어지던 "로마인의 지도자Patrician of the Romans"라는 칭호까지 부여하였다. 그 대가로, 프랑크왕 페핀은 교황을 도와 롬바르드족을 무찌르겠다고 약속했다. 755년에 페핀은 이탈리아에 진군하였고, 이에 아이스툴프왕은 페핀에게 평화를 간청하는 한편 라베나와 그 주변 지역을 교황에게 양여할 것을 약속하지 않을 수 없었다. 그러나 아이스툴프가 약속을 무시하고 로마를 공격하자, 페핀은 프랑크군을 이끌고 되돌아와 다시금 아이스툴프를 패퇴시켰다. 이번에는 페핀이 곧 프랑크로 되돌아가지 않고, 교황이 라베나 총독령을 확고하게 소유할 때까지 이탈리아에 남아있었다. 물론 비잔틴 제국은 롬바르드족으로부터 되찾은 지역이 제국에 다시 귀속되어야 한다고 요구하였으나, 페핀은 화를 내며 이를 거부하였다. 그는 자기가 롬바르드족과 싸운 것은 성 베드로를 위해서이며, 따라서 자기가 정복한 지역은 "성 베드로"에게, 곧 교황에게 넘긴다고 선언하였다. 이때부터 교황은 중부 이탈리아를 독립적인 군주로서 다스리게 되었다. 페핀의 기진donation으로 1870년까지 존속케 될 교황국가Papal State가 성립되었다.

로마 교황청의 몇몇 재주 있는 성직자가 콘스탄티누스의 기진장the Donation of Constantine이라 알려진 유명한 위조문서를 만들어낸 것도 이 당시의 일로 여겨진다. 5세기 이래로, 콘스탄티누스 황제가 동쪽에 새로운 수도를 건설하였을 때, 로마와 서부 제국의 세속적 통치권을 실베스터 교황에게 양도하였다는 전설이 끊임없이 입에 오르내렸다. 위조된 기진장은 그 양여를 인정하고 있는 황제의 칙서 원본으로 가장한 것이었다. 그것은 아마도 중부 이탈리아에 대한 교황의 통치가 정당함을 더욱 뚜렷하게 증명키 위한 것이었을 것이며, 15세기까지도 진본으로 널리 인정되었다. 그러나 위조된 기진장은 뒷날 교황이 세속적 통치권을 주장하는 데 있어서 기대에 훨씬 못 미치는 역할만을 수행하였다. 중세의 위대한 교황들은 대부분 그들의 권한이 조금이라도 황제로부터 부여받은 것이라고 인정하길 꺼려하였다. 그들은 오히려 그들의 모든 권한이 오직 하나님으로부터 나온 것이라고 주장하려 했다.

8세기 중엽의 교황들은 뒷날 중세의 교황들이 내세운 모든 거창한 주장들을 입밖에 내기에는 너무나 약한 존재였다. 그들이 강력한 프랑크왕과 제휴하여 그의 보호를 받을 수 있게 된 것만도 다행스러운 일이었다. 사실, 앞에서 기술한 750년대의 사건에 관계한 모든 인물은 서로 눈앞의 편의와 이익을 위해 행동하였다. 그러나 그들의 행위는 장기적으로는 8세기의 어떤 사람도 예상하지 못했을 결과로 발전하였다. 무엇보다도 교황과 프랑크 왕국의 제휴는 보니파키우스와 같은 선교사들이 구축해온 로마와 북유럽 사이의 유대를 더욱 긴밀하게 만들었고, 또 그럼으로써 중세 유럽의 문화적 · 종교적 미래상을 형성하는 데 기여하였다.

제6장 최초의 유럽

교황과 프랑크왕 사이의 유대는 페핀의 아들 찰스샤를마뉴 : Charles ; Charlemagne의 치세에 더욱 공고해졌다. 대 정복사업의 성공으로, 샤를마뉴는 서유럽 전역을 지배하게 되었고, 교황 레오 3세Leo III가 그를 로마 황제로 대관한 것을 계기로 황제와 교황 사이에 새로 밀접한 관계가 맺어져 중세 내내 정세에 중대한 영향을 미쳤다. 샤를마뉴의 치세는, 그의 제국이 정치적으로 곧 분해되었다는 의미에서, 유럽사의 "잘못된 출발"로 간주될 수도 있다. 그러나, 좀더 깊은 차원에서 바라보는 역사가는 샤를마뉴의 대관으로 상징되는 로마 문화와 기독교 문화 그리고 게르만 문화의 융합이 황제가 죽었을 당시 이미 되돌이킬 수 없는 과정이 되었음을 알 수 있을 것이다.

16. 샤를마뉴 제국

768년 페핀이 죽자, 그의 뒤를 두 아들 찰스768~814와 카를로만Carloman; 768~771이 계승하였다. 두 형제는 사이가 좋지 않았으므로, 프랑크 왕국으로서는 페핀이 죽고 3년 뒤에 카를로만이 세상을 떠난 것은 다행한 일이었다. 찰스는 카를로만의 어린 아들을 무시하고, 즉각 전 프랑크 왕국을 독차지하였다. 찰스는 키가 꽤 크고 건장한 몸을 지녔으며, 붉은 머리카락에 굵은 목, 그리고 멋지게 배가 불러있는 모습이었다. 그는 사냥을 좋아했고, 어느 시합이든 즐겨하였다. 그의 전기를 쓴 아인하르트Einhard에 따르면, 그는 아주 적당하게 술을 즐겨, 한 끼니에 세 잔 이상의 포도주를 마시는 경우가 드물었다. 그러나 그 당시의 술잔을 본 적이 있는 사람이면, 찰스가 절제하여 마셔댄 술의 양이 얼마만한지 알 수 있을 것이다.

그리고 찰스는 공격적이고 야심적이며, 결단성이 있고, 목적 달성을 위해서는 수단과 방법을 가리지 않는 냉혹한 성격이었다. 그는 예리하고 캐묻기 좋아하는 정신의 소유자였다. 그는 군인이자 정치가였고, 학자들의 후원자였다. 그러나 알려져 있는 그의 성격을 아무리 열거한다 하더라도, 그의 놀라운 능력을 설명할 수는 없다. 그의 업적은 여전히 불가사의한 것으로 남아있으며, 그것을 설명하기 위해서는 성격상의 장점이라는 등의 모호한 말에 의존할 수밖에 없다. 그는 그 당시의 서방 세계에서 우뚝 솟은 인물이었으며, 중세인에게는 전설적인 영웅이었고, 역사가들은 오늘날까지도 그를 샤를마뉴, 즉 찰스 대제Charles the Great라고 부른다.

샤를마뉴가 즉위한 뒤 곧바로, 페핀이 조정해 놓은 이탈리아의 정세가 항구적인 것이 될 수 없음이 분명해졌다. 롬바르드 왕국에 유능하고 야심적인 왕이 즉위할 때마다, 그들은 이탈리아 전역을 정복하려고 하였다. 롬바르드 왕국이 존재하는 한, 교황령은 결코 안전할 수 없었다. 더구나, 샤를마뉴는 롬바르드 왕 데시데리우스Desiderius와 개인적으로 적대 관계에 있었다. 그와 카를로만은 데시데리우스의 두 딸과 결혼하였으나, 샤를마뉴는 곧 자기 아내와 이혼한데다가, 데시데리우스의 외손자인 카를로만의 아들에게서 왕위 상속권을 찬탈해 버렸다. 이런 모욕적인 처사에 분개한 데시데리우스는 샤를마뉴에게 적대적인 여러 무리의 프랑크 귀족과 밀통하기 시작하였다. 이에 샤를마뉴는 773년에 전사들을 이끌고 이탈리아로 들어가, 롬바르드 왕국의 수도인 파비아Pavia를 포위·함락하였고, 롬바르드 왕을 수도원에 연금시킨 뒤, 스스로 롬바르드 왕임을 선언하였다. 통치의 편의를 위해 아들인 페핀을 780년에 이탈리아 왕으로 즉위시키긴 했지만, 샤를마뉴는 죽을 때까지 롬바르드 왕국을 실질적으로 통치하였다.

롬바르드족을 치기 위해 남진하기 이전에 이미, 샤를마뉴는 그의 할아버지와 아버지가 북독일 지방에서 못다 한 사업, 즉 작센Saxony의 정복 및 기독교로의 개종을 완결하기 위해 행동을 개시했다. 772년에 그는 작센 남서부를 지나 베저Weser 강까지 진격하면서, 곳곳의 지방 토후들로부터 항복을 받았다. 그러나 샤를마뉴가 이탈리아로 떠나자마자, 정복된 색슨족은 반란을 일으켜 프랑크의 변경 지방을 약탈하였다. 775년, 샤를마뉴는 작센에 되돌아와 같은 지역을 다시 한 번 제압하였다. 색슨족은 완강하고 거칠며 호전적인 종족이었다. 그들은 어쩔 수 없이 항복하게 될 때까지 완강하게 저항하였으며, 프랑크 군대가 귀국하자마자 반란을 일으켰다. 그들은 그들 고유의 신들에게 충성스러웠으며, 샤를마뉴는 가혹하게 무력으로 강요함으로써 겨우 그들을 기독교로 개종시킬 수 있었다. 782년에 색슨족이 프랑크 침략군의 한 부대를 몰살해 버리자, 샤를마뉴는 보복전을 감행하여, 한번은 큰 승리를 거둔 뒤 수천 명의 색슨족 전사를 학살해 버리기도 하였다. 마침내 785년에 색슨족의 지도자 비두킨트Widukind는 샤를마뉴에게 항복하고, 기독교를 받아들였다. 그 뒤에도 샤를마뉴는 20여 년 동안 여러 차례 색슨족의 소규모 반란을 진압해야 했지만, 이로써 대규모의 저항은 끝난 셈이었다.

샤를마뉴는 작센 지역을 안정시키기 위해 통상적인 모든 방책을 사용하였다. 그는 거대한 요새들을 구축하고, 그곳에 프랑크 부대를 주둔시켰다. 그는 프랑크족 백들을 이주시켰고, 프랑크족 전사들에게 토지를 하사하였다. 그는 심지어 수많은 색슨인을 그의 서부 영토에 이주시키고, 그 대신 프랑크인을 작센에 정착시켰다. 그러나 그가 주로 의지한 것은 교회와의 긴밀한 협력이었다. 샤를마뉴는 색슨인에게 강제로 기독교를 받아들이게 하였을 뿐만 아니라, 정복지에 주교구를 설치하고 선교의 거점으로서 수도원을 설립하였다. 그는 이교에의 복귀와 교회에 대한 불복종을 반란죄에 버금가는 중죄로 다스리는 법령을 공포하였다. 요컨대, 샤를마뉴는 단기적으로는 그의 군대와 요새가 색슨족을 제압하리라고 기대하였으나, 장기적으로 색슨족을 고분고분하고 믿을만한 신민으로 만드는 데는 교회에 의존하였다. 그의 이러한 희망은 헛되지 않았다. 30여 년 동안 압제와 복음화가 동시에 추진된 뒤, 작센은 완전히 가톨릭 제국의 한 부분으로 통합되었던 것이다.

페핀이 바이에른Bavaria 공으로 하여금 그를 상위주군overlord으로 인정하도록 강요하였고, 성 보니파키우스가 바이에른 교회를 재편해 놓기는 하였지만, 바이에른 공국은 여전히 기본적으로는 독립국이었다. 샤를마뉴는 이 공국을 그의 왕국에 통합시키기로 마음먹었다. 바이에른 공과의 여러 가지 다른 견해를 구실로 삼아, 그는 787년에 바이에른을 침공하였고, 다음 해에는 바이에른 공을 제거하고는 바이에른을 여러 백령伯領, county으로 분할하였다. 바이에른이 그의 영역에 흡수됨에 따라, 샤를마뉴는 오랫동안 비잔틴 제국을 괴롭혀 왔고 헝가리 평원과 오늘날의 오스트리아 지역을 장악하고 있던 흉포한 기마 민족인 아바르족과 직접 마주치게 되었다. 샤를마뉴는 791년에 대군을 이끌고 그들에게 쳐들어가, 그들을 다뉴브 강 계곡으로 몰아넣었다. 그의 아들인 이탈리아 왕 페핀은 그의 롬바르드 기마병의 선두에 서서 아바르족과 일련의 전투를 치러, 그들을 카린티아Carinthia: 지금의 남부 오스트리아 지역로부터 완전히 몰아내었다. 이로써 샤를마뉴의 동쪽 정복사업은 완결되었다. 그는 베저강과 엘베강 상류 사이에 있던 슬라브족에게 여러 번 쳐들어갔으나, 이는 본질적으로 응징을 위한 원정이었으며, 이 원정으로 새로운 영토가 항구적으로 획득되지는 않았다.

샤를마뉴는 작센을 정복하고 있는 동안에, 작센과 정반대 쪽에 있던 또 다른 적과도 전쟁을 벌였다. 778년에 그는 대군을 이끌고 스페인 북부로 진격해 들어갔다. 이 원정은 그리 성공적이지 못했다. 그는 거의 모든 시간을 같은 기독교인인 바스크족Basques과 싸우는 데 허비하였고, 더구나 그가 피레네 산맥을 넘어 본국으로 되돌아갈 때에는 바스크족이 매복해 있다가 그의 후위대를 궤멸시켰다. 샤를마뉴에 관한 전설 가운데 가장 훌륭한 것이라 할 유명한 ≪롤랑의 노래*Song of Roland*≫는 바로 이 불운한 사건을 바탕으로 하고 있다p.519 참조. 그러나 그 위대한 왕의 끈기는 결국 성공을 낳았다. 기나긴 일련의 전투를 치러, 그와 그의 장군들은 피레네 산맥 남쪽, 스페인 변경Spanish March이라 불리는 길쭉한 지역을 정복하는 데 성공하였다. 이 지역에서 그의 많은 전사에게 은대지benefice를 하사함으로써, 샤를마뉴는 그 지역을 프랑크 왕국과 스페인의 이슬람 세력 사이의 효과적인 완충 지대로 만들었다.

샤를마뉴의 정복 사업을 체계적으로 서술하는 것만으로는 그의 놀라운 군사적 업적을 충분하게 그려내지 못한다. 이를 위해서는 간단하게나마 그의 원정을 연대별로 나열할 필요가 있다. 그는 772년에 작센을 공략했고, 773년과 774년에는 롬바르드 왕국을 정복하였으며, 775년과 776년에는 다시 색슨족을 공격하였다가, 778년에는 스페인에 진격하였고, 779년에는 또 다시 작센에 가 있었다. 거의 매해 프랑크 왕국의 군사적 자원을 동원하여, 머나먼 변경 지역으로 원정하는 것은 엄청난 일이 아닐 수 없었다. 그의 원정 병력이 아마 수적으로는 얼마 많지 않았다고 하더라도, 보급의 문제는 극히 해결하기 어려웠을 것임에 틀림없다. 샤를마뉴가 이러한 난제를 해결할 수 있었다는 사실만으로도 그의 비범한 능력과 흔들리지 않는 과단성이 여지없이 드러난다고 하겠다.

새로운 영토의 정복만큼이나 어려운 것은 그 광대한 영역의 통치였다. 왕국의 평온한 내륙 지역은 백들에 의해 통치되었다. 방어의 중요성이 큰 변경 지역에서는, 변경백margraves—변경 지역을 뜻하는 mark와 백을 뜻하는 graf가 합쳐 이루어진 markgraf가 어원이다—이 보통의 백령보다 더 큰 규모의 행정 단위를 관할하였다. 이러한 백 및 변경백의 위에는 왕의 이익을 지키는 왕의 직속 부관lieutenant들이 소수 있었다. 끝으로 샤를마뉴의 아들들이 여러 지역에서 명목상의 왕으로 군림하고 있었다. 이러한 수많은 관리들의 충성을 확실하게 유지한다는 것은 매우 어려운 일이었으며, 샤를마뉴는 수많은 위험한 음모를 억눌러야 했다. 지방 관리들의 동태에 대한 적절한 정보를 입수하기 위한 목적으로, 샤를마뉴는 순찰사missi dominici라 불리는 관직을 창설하였다. 고위 성직자와 속인 귀족 각 1명씩 2인조로 이루어진 순찰사를 파견하여 한 지역의 정황을 살피고, 왕명을 백 및 변경백에게 전달토록 했던 것이다. 매년 각 순찰조의 담당 지역을 바꾸어, 같은 사람이 같은 지역을 반복하여 순찰하지 않도록 하였다. 이러한 장치는 감독의 방법으로서 가치가 있었으나, 그 실제적인 효율성은 왕의 권력과 권위에 따라 좌우되었다. 샤를마뉴의 칼이 순찰사의 뒤에 도사리고 있는 한, 이 통치 체제는 꽤 잘 굴러갔다. 그러나 샤를마뉴는 허약한 왕이라도 그 거대한 영역을 무리 없이 경영할 수 있게 해줄 어떠한 제도도 고안해내지 못하였다.

그의 제국에 속한 온갖 상이한 민족은 각기 계속해서 고유의 법에 따라 삶을 영위하였다. 샤를마뉴는 이러한 다양성을 없애려 하지 않았다. 오히려, 그는 각 민족의 관습법을 더욱 효율적으로 보존하기 위해 글로 옮겨놓도록 명령하였다. 그러나 그는 이러한 여러 관습법을 모든 신민에게 공통적으로 적용되는 새로운 일련의 법령으로 대폭 보강하였다. 이러한 황제의 법령은 왕명capitularies이라 불리어진다. 왕명은 병역의 의무, 앞에서 서술한 순찰사의 제도, 그리고 왕령지의 경영과 같은 문제를 다루었다. 왕령지의 경영은 공적인 징세 제도가 실질적으로 없었고 샤를마뉴의 수입이 거의 모두 자기 소유 토지의 경영에서 나왔기 때문에 중요했다. 또 다른 왕명은 사제의 행동을 규제하고, 주교의 의무

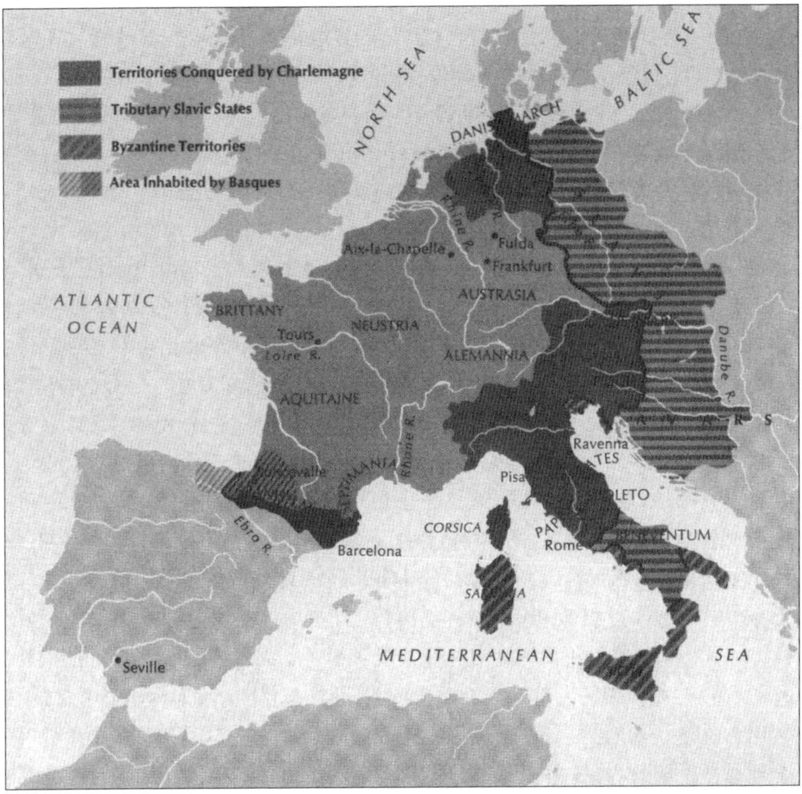

지도 5. 카롤링 제국

를 규정하였다. 샤를마뉴는 그가 "하나님의 은총에 의해" 통치한다고 확신한 신정주의적인 군주였으며, 그에게 세속적인 통치권과 함께 교회를 통치할 권리와 의무도 있음을 믿어 의심치 않았다. 그는 성 아우구스티누스의 ≪신국*City of God*≫을 곧잘 낭독케 하였고, 사실 그가 지상에 신국을 건설하기 위해 노력했다고 종종 일컬어져 왔다. 만일 이것이 사실이었다면, 그는 분명 성 아우구스티누스를 잘못 이해하였던 것이며, 노력의 결과 역시 그러한 목적과는 전혀 동떨어지는 것이 아닐 수 없었다. 샤를마뉴의 통치 체제는—한 정치적인 천재의 관리를 받고는 있었지만—여전히 원시적인 게르만 왕정이었던 것이다.

또 하나 고찰해야 할 사건이 있다. 이후 몇 세기 동안 샤를마뉴의 서유럽 통일을 상징하는 것으로 찬양된 이 사건은 800년의 크리스마스에 때맞추어 프랑크 왕 샤를마뉴가 성 베드로 대성당에서 로마 황제로 대관받은 일이었다. 그 해 세밑에 샤를마뉴는 교황이 직면해 있던 문제를 해결하기 위해 로마로 행차하였다. 799년에 로마에서 교황 레오 3세795~816에 대한 반란이 일어났다. 교황은 행렬 도중에 길거리에서 공격을 받았다. 그는 모질게 매를 맞고 잠시 감금되었으나, 용케 로마에서 도망쳐 알프스를 넘어 샤를마뉴의 궁정으로 피신하였다. 왕은 동정어린 마음으로 교황의 하소연을 듣고는, 로마의 폭도들을 충분히 제압할 수 있을 만큼 넉넉한 수의 프랑크 전사들과 함께 교황을 로마로 되돌려 보냈다. 그러자 레오를 공격했던 무리들은 교황을 여러 가지 죄상을 들어 고소함으로써 자기들의 행위를 정당화하려 하였고, 로마에는 교황을 재판할 수 있는 권한을 지닌 자가 없었으므로 그 송사는 샤를마뉴 자신이 로마에 도착할 때까지 미해결인 채였다. 800년 12월 23일, 왕은 성 베드로 성당에 고위성직자와 귀족들을 소집하여 회의를 개최하였다. 교황은 회의장에 나타나 엄숙하게 자기의 무죄를 선서하였으며, 회의는 그의 선서를 받아들였다. 12월 25일, 왕은 크리스마스 미사를 위해 성 베드로 성당에 다시 나타났다. 그가 기도를 드리고 몸을 일으키자마자, 미사를 집전하고 있던 교황이 제관을 꺼내어 샤를마뉴의 머리에 씌웠다. 그러자 충분히 예행연습을 거쳤을 것이 분명한 미사 참석자들은 새로운 황제의 즉위를 환영하는 의례적인 함성을 외쳤다. "찰스 아우구스투스, 하나님의 뜻으로 즉위하셨도다! 위대하고 평화를 주시는 황제여, 그에게 생명과 승리를!"

황제로서의 대관이라는 생각이 교황청에서 나왔는지 샤를마뉴의 프랑크족 보좌관들로부터 나왔는지는 분명하게 말하기 어렵다. 교황의 동기는 분명했다. 그에겐 항구적인 보호자가 필요했던 것이다. 더구나, 우호적인 로마 황제가 있어야만, 페핀이 동방 제국으로부터 낚아챘던 중부 이탈리아의 옛 비잔틴 영토에 대한 교황의 통치가 정당화될 수 있었다. 한편, 대관식 바로 몇 년 전부터 샤를마뉴의 궁정에서 왕의 영역을 "기독교 제국Christian empire"이라 칭하고 있었음을 지적할 수 있다. 샤를마뉴 자신은 황제라는 칭호에 그다지 관심을 보이지 않았다. 그가 황제의 칭호를 갖도록 설득된 가장 그럴듯한 이유는 비잔틴 황제와 대등한 지위를 주장하기 위한 것이었다고 할 수 있다. 샤를마뉴는 그 당시의 가장 위대한 정복자였다. 그는 바그다드의 위대한 칼리프 하룬 알-라시드Harun al-Rashid에게는 대등한 입장에서 서한을 보냈다. 그러나 비잔틴 황제와 관계하는 경우, 콘스탄티노플의 지배자는 황제이자 바실레우스였지만, 그는 언제나 황제의 밑에 있는 하나의 왕으로 지칭되는 데 불과하였다. 이러한 상황은 샤를마뉴에게 분통터지는 일이었을 것이다.

대관식에 관한 오늘날의 학문적 논쟁은 가장 중요한 원사료 두 개가 상반되는 기술을 하고 있기 때문에 매우 복잡하게 되어버렸다. ≪프랑크 왕가 연대기 *Frankish Royal Annals*≫는 12월 23일의 회의에서 교황의 송사가 처리된 뒤 그곳에 모인 귀족과 성직자들이 제국의 상황을 논의하고는 샤를마뉴에게 황제로 즉위하도록 설득하였다고 전한다. 반면에 샤를마뉴의 전기를 쓴 아인하르트는 대관받은 뒤에 왕이 너무나 분개하여, 그 날이 큰 축제날이었음에도 불구하고 교황의 의도를 알기 전에는 교회에 들어가지 않겠노라고 선언하였다고 전한다.

분명, 대관으로 샤를마뉴의 실권은 전혀 강화되지 않았고, 샤를마뉴의 권력은 그 뒤에도 오로지 프랑크 전사들의 충성에 의존하였다. 몇몇 학자들은 샤를마뉴가 황제의 칭호를 받는 것에는 동의하였지만, 교황이 대관식에 로마 시민의 환호 의식을 끼워 넣은 데 대해 분개하였다고 주장하였다. 어떻든, 샤를마뉴는(대관 뒤 몇 달 동안 황제의 칭호를 사용하지 않았으나) 일단 새로운 칭호를 받아들이기로 마음을 굳힌 다음에는, 비잔틴 정부로 하여금 그를 진정한 황제로 인정하게 만들기로 결단을 내렸다. 그는 이탈리아에 남아 있는 비잔틴의 영토를 여러 차례 공격하였고, 마침내 813년에는 비잔틴 황제 미카엘 1세Michael I가 굴복하여 사절을 보내 공식적으로 샤를마뉴를 황제이자 바실레우스로 인정하기에 이르렀다. 그 뒤 얼마 지나지 않아, 샤를마뉴는 그의 아들 루이Louis를 공동 황제로 즉위시켰다.

신성로마 제국을 전공한 19세기의 역사가 브라이스 경Lord Bryce은 샤를마뉴의 대관에 대해 논의하면서, 성 베드로 성당에서의 환호성은 "그토록 오래 준비되어 왔고, 그토록 커다란 결과를 낳게 될, 로마인과 튜톤족의, 그리고 남부의 옛 유산 및 문명과 북부의 신선한 에너지의 결합을 선언한 것"이었다고 말했다. 그리고 그는 뒤이어 "바로 그때부터 근대사는 시작된다"라고 덧붙였다. 이 말은 좀 과장되어 보이지만, 샤를마뉴의 대관이 중대한 사건이었음은 부정할 수 없다. 뒷날 교회와 국가 사이에 벌어진 수많은 분쟁에서는 샤를마뉴의 대관 당시에 교황이 취한 행동이 정확하게 어떤 의미를 지니는가가 언제나 문젯거리로 등장하였다. 무엇보다도, 샤를마뉴의 대관은 종교적인 수도를 로마에 두고 군사적인 중심은 알프스 이북에 둔 서구 기독교 사회가, 동쪽의 비잔틴 문명이나 남쪽의 이슬람 문명과는 뚜렷이 구분되는 모습으로, 최초로 출현하였음을 상징적으로 보여준 사건이었다.

17. 카롤링 왕조의 문화

샤를마뉴의 첫째가는 야심 가운데 하나는 야만상태에 머물러 있는 그의 거대한 영역에 학문의 빛을 다시 밝히는 것이었다. 그 동기는 아마도 어느 정도는 순전히 실제적인 고려로 촉발되었을 것이다. 그러나 샤를마뉴가 옛 학자들이 쓴 책들에 저장되어 있는 지식에 대하여 진정으로 열렬한 호기심을 지니고 있었다는 것 또한 분명한 듯하다. 어떻든, 샤를마뉴는 유럽 전역으로부터 학자들을—슬그머니 납치해 오거나 드러내 놓고 고용하여—그의 궁정으로 끌어 모았다. 그런 학자들의 우두머리는 노덤브리아의 학문 전통을 이어 받은 유명한 요크York의 학교에서 공부하였던 색슨인 알퀸Alcuin이었다. 이탈리아에서는 문법학자인 피사의 페트루스Peter of Pisa와 롬바르드족의 역사를 쓴 사제 파울루스Paul the Deacon가 샤를마뉴의 궁정으로 왔다. 왕의 전기를 쓴 아인하르트Einhard; 770?~840는 프랑크 사람이었다. 서고트 사람으로서 스페인에서 온 테오둘프Theodulf는 세빌리아의 이시도르Isidore of Seville가 확립한 스페인의 학문 전통 속에서 교육받은 인물이었다. 그밖에 아일랜드와 독일 지역에서도 여러 학자가 왔다. 15년 동안 알퀸은 샤를마뉴의 궁정에서 학자들을 지휘하였다. 샤를마뉴 자신도 열심히 공부하였으며, 그는 라틴어와 그리스어를 모두 이해할 수 있었다고 한다. 샤를마뉴가 끌어 모은 학자들은 과거가 남겨준 학문을 중세인에게 가용한 것으로 만드는 장기적이고 속도가 느린 작업을 시작하였다. 첫 단계는 당연한 일이지만 비교적 단순하였다. 그들은 고전 라틴어 문법의 규칙들을 연구하고 가르쳤으며, 논리학의 기초 원리를 서서히 흡수해 나갔다. 알퀸은 카시오도루스Cassiodorus를 따라 지식을 7개 학예 과목으로 나누는 후기 고전 시대의 학문 구분을 받아들였고, 독자적으로 이 7개 과목을 삼학trivium: 문법 · 논리학 · 수사학과 사과quadrivium: 산수 · 기하 · 천문 · 음악로 크게 나누었다. 이러한 삼학과 사과의 구분은 중세 학교에서 그대로 사용되었다pp. 74~75; 472 참조.

샤를마뉴 시대의 거의 모든 학문 본거지는 그 이전의 두 세기 동안 아일랜드 또는 영국의 선교사들이 세워 놓은 수많은 수도원이었다. 샤를마뉴의 궁정에 있던 많은 학자들이 수도승으로 교육받은 사람들이었고, 그들 가운데 알퀸을 포함한 몇몇은 궁정을 떠난 뒤 다시 수도원으로 돌아갔다. 카롤링 시대의 거의 모든 문예적 · 신학적 연구는 궁정을 떠나 대수도원에서 수행되었다. 하지만 이런 연구에도 샤를마뉴는 격려와 지원을 아끼지 않았다. 예컨대, 796년경 왕은 중부 독일 지역의 풀다Fulda 수도원 원장에게 수도원 및 그 주변 지역에서 교육과 학문을 더욱 발전시키라고 촉구하는 서한을 보냈다. 그리고 실제로 풀다 수도원은 중요한 학문 중심지가 되었고, 그 부속학교에서 카롤링 시대의 가장 뛰어난 학자가 여럿 배출되었다. 아인하르트가 그곳에서 교육을 받았고, 그의 동시대인인 풀다 수도원 원장 흐라바누스 마우루스Hrabanus Maurus는 네 명의 위대한 라틴 교부들의 책을 기본 서적으로 하고, 이에 이시도르와 비드의 저작을 보충하여, 성경에 대한 방대한 주석서를 편찬하였다. 흐라바누스의 제자로서 풀다 수도원을 나와 라이헤나우Reichenau 수도원의 원장이 된 발라프리트 스트라보Walafrid Strabo는 감각이 예민한 시인이자 박식한 학자였다. 그는 주로 흐라바누스가 편찬한 주석서에서 발췌하여 요약판 주석서를 만들었는데, 이는 중세 전성기의 표준적인 성서 주석서인 ≪공인 주석*Glassa Ordinaria*≫에 큰 영향을 미쳤다. 실로, 흐라바누스 마우루스와 발라프리트 스트라보의 이러한 업적들은 중세 전반에 걸쳐, 그리고 그 뒤에까지도 서구의 성서 주석 전통에 폭넓게 영향을 미쳤다.

그러나 샤를마뉴의 노력에도 불구하고, 제국의 대다수 인민은 여전히 야만적이고 문맹이었음을 염두에 두어야 할 것이다. 샤를마뉴는 수도원 바깥에 있는 성당과 그 밖의 교회에도 학교를 설립하여, 일반 사제와 속인 대중에게도 교육을 베풀려고 노력하였으나, 그의 생전에 유럽 대륙의 모든 인민을 교육시킨다는 것은 너무나 무리한 일이었다. 따라서 카롤링 왕조의 문화를 논의하는 경우, 유럽 전역에 산재해 있던 수도원에서 극소수의 중요한 저술가들이 내놓은 업적만을 논의의 대상으로 삼을 수밖에 없다. 좀더 광범위한 문화의 움직임을 뒷받침할 만한 일반 교양계층은 형성되어 있지 않았던 것이다.

그러한 한계에도 불구하고, 학자들은 이따금 9세기의 문명을 "카롤링 왕조의 르네상스"라는 명칭으로 그럴듯하게 부른다. 이 명칭이 어떻게든 의미 있는 것이 되기 위해서는, 그 시대에 실제로 이루어진 문화적 업적과 그 업적이 후대에 미친 영향을 구별해야만 한다. 9세기의 독자적인 창조적 업적 그 자체는 상대적으로 보잘 것 없었다. 카롤링 왕조의 학자들은 라틴어로 꽤 방대한 양의 시를 썼고, 꽤 능숙한 솜씨를 보여주고는 있지만, 그 대부분은 무미건조하고 생동감이 없다. 수도원에서는 종종 매해에 일어난 주요 사건들을 기록한 연대기를 작성하였다. 그러한 연대기는 오늘날 역사가에게 매우 값진 사료가 되고 있지만, 그 자체로는 별로 학문적인 가치가 없다. 가장 유명한 아인하르트의 샤를마뉴 일대기를 비롯한 전기도 씌어졌으나, 그 수는 얼마 안 되었다. 이 시대는 단 한 사람의 독창적인 철학자 존 스코투스 에리게나John Scotus Erigena를 배출하였으나, 그의 뒤를 이을 후계자는 없었다.

그리스어를 알고 있었던 에리게나는 신플라톤 철학과 기독교를 새로 종합하려 했다. 둘 가운데 플라톤 철학의 요소가 너무 지배적이어서, 그의 저작은 여러 군데 이단으로 빠져 들고 있었으나, 에리게나에겐 다행스럽게도 그 당시엔 어느 누구도 그의 논의를 이해하지 못했으며, 교회도 4백년이 지나고 나서야 그의 저작에 대한 비난에 나섰다1215년에 파리에서 열린 사목회의에서 그의 저작이 범신론pantheism으로 탄핵되었다-역주. 다른 분야에서는 카롤링 시대에 몇 가지 신학적 논쟁이 발생하였다. 샤를마뉴는 우상파괴 논쟁에 깊은 흥미를 느껴, 학자들로 하여금 우상파괴와 형상숭배의 두 극단을 피하고 중도를 찾으려 시도한 일련의 저작인 ≪카롤링 왕조 전집*Libri Carolim*≫을 저술토록 하였다. 수도승 고트샤크Gottschalk는 신학에서의 두통거리인 예정설의 문제를 제기하였고, 그 대가로 탄핵되어 감금당했다. 그러나 그러한 경우는 예외적이었다. 대개의 경우, 카롤링 왕조의 신학자들은 흐라바누스 마우루스와 마찬가지로 교부들의 저작을 발췌 · 편찬하는 작업에 스스로를 한정하였다. 조형예술의 영역에서, 카롤링 시대의 필사본을 장식한 그림들은 최상의 경우 비잔틴 양식과 켈트적 · 앵글로-색슨적 · 고전적 주제를 결합시킨 독창적이고도 중요한 업적이었다. 카롤링 시대의 건축은 거의 남아 있지 않다. 그러나 예외적으로 아아헨Aachen에 남아 있는 샤를마뉴의 웅장한 예배당은 라베나에 있는 비잔틴 양식의 성 비탈레San Vitale 교회를 모방한 것이다.

이 모든 것을 하찮다고는 할 수 없지만, 전반적으로 유럽 문화의 위대한 시대와 비교해 볼 때, 이러한 업적이 극히 한정된 것임을 부정할 수는 없다. 한 줌의 읽을 만한 시와 약간의 유용한 백과사전적인 편찬물, 얼마 안 되는 훌륭하게 장식된 필사본—이 정도로 르네상스 운운하기는 힘들 것이다. 그러나, 아주 한정되고 특정한 의미로 르네상스가 있었다고 할 수는 있다. 즉, 고전 연구와 인문학이 어느 정도는 뚜렷하게 부활하였던 것이다. 9세기 중엽에는, 유럽의 변경에 있는 켈트족 거주지와 비잔틴 제국에서뿐만 아니라 갈리아와 독일 지역 전역에 산재한 수도원에서도 라틴어를 읽고 쓸 수 있으며 고전 문학과 교부들의 신학을 이해할 수 있는 지식인 집단이 존재하고 있었다. 카롤링 시대의 수도승들은 옛 라틴 문화와 초기 기독교 문화의 모든 유산을 습득하고 보존하는 데 몸을 바쳤으며, 이러한 과제를 꽤 성공적으로 이루어 내었다. 9세기로부터는, 베네딕트 계율에 따라 수도승이 매일 몇 시간씩 하게 되어 있었던 "노동"을 대개 책을 필사하는 일로 충당하는 것이 당연시되었다. 이에 따라 필사본이 크게 증가하였는데, 이러한 필사본의 증가는 장차 매우 중요한 의미를 지니게 되었다. 야만족의 침입이 있었던 시대와 샤를마뉴 시대 사이에 많은 고전 저작들이 완전히 망실되긴 했지만, 800년까지 잔존할 수 있었던 저작이 그 뒤에 망실된 경우는 거의 없었던 것이다. 바꿔 말해서, 오늘날 우리가 알고 있는 옛 로마 시대의 저작들 가운데 90퍼센트 이상은 가장 오래된 본이 카롤링 시대의 필사본으로 남아 있는 경우이다. 오늘날 간행되어 있는 로마 시대의 저작은 거의 모두 이러한 필사본을 바탕으로 편집된 것이다.

필사본의 대규모 양산과 함께 글자체도 크게 개선되었다. 메로빙 말기의 필사체는 거의 해독할 수 없을 정도였다. 글자들이 서로 난삽하게 뒤얽혀 있어서 판독이 거의 불가능하였고, 그런 글자체로 씌어진 책을 다시 필사할 때마다 많은 잘못이 끼어들곤 하였다. 카롤링 소문자체Carolingian minuscule라 알려진 새로운 형태의 필사체는 주로 코르비Corbie 수도원에서 개발되어 나온 것으로, 글자체가 명확하면서도 우아했고, 띄어쓰기도 분명했다. 이러한 필사체는 알퀸의

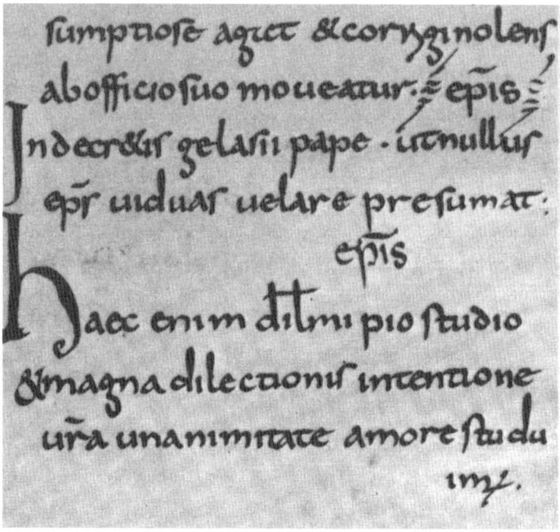

그림 2. 필사본의 글자체
(위) 메로빙 시대의 글자체
(아래) 카롤링 소문자체

영향으로 크게 확산되었다. 알퀸은 말년을 뚜르에 있는 성 마르티누스 수도원의 원장으로 보냈는데, 그 수도원에 필사실scriptorium을 설치하고 성서와 여러 기도문을 신중하게 편집하여 새로운 필사체로 발간하게 하였다. 샤를마뉴는 어느 것에나 흥미를 느끼는 성격으로 이러한 작업에도 관심을 보였다. 그의 왕명 가운데 하나는 "필사에 관하여—틀리게 필사하는 것을 금함"이라는 제목을 달고 있다. 카롤링 소문자체는 15세기의 르네상스 인문주의자들에 의해 재현되었고, 오늘날의 소문자체는 이로부터 유래된 것이다.

샤를마뉴의 노력으로 점등된 빛은 그리 밝지 않았고 거대한 암흑의 바다 속에서 깜박거리는 등대 정도에 불과하였으나, 그 불빛은 이후 완전히 꺼진 일이 없었다. 9세기의 창조적인 문화적 업적은 미미했으나, 수도승들의 작업은 장차 결정적인 중요성을 지니게 될 것이었다. 그들이 수도원의 필사실에서 베껴 놓은 필사본이 없었다면, 우리가 알고 있는 중세 문명이나 그 뒷날의 르네상스는 결코 존재하지 못했을 것이다.

18. 포위된 유럽 : 마쟈르와 이슬람 그리고 바이킹의 침입

샤를마뉴의 후손들

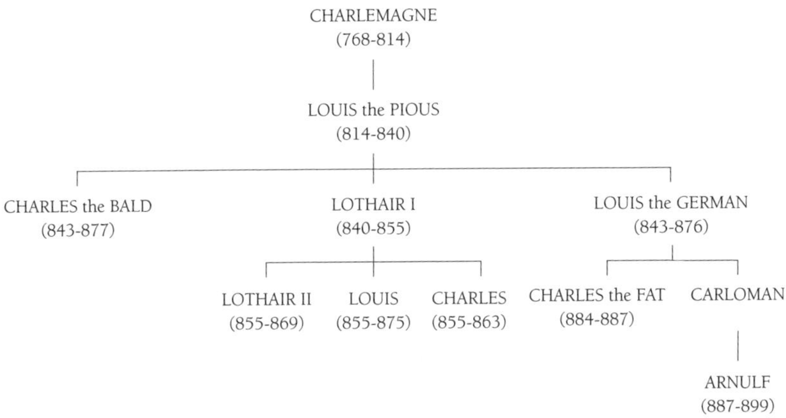

800년경의 서유럽을 잠깐 일별해 보면, 기독교 문명이 사방의 적들로 둘러싸여 있었음을 알 수 있다. 샤를마뉴 황제는 프랑크 및 롬바르드의 왕이었다. 브르타뉴 반도를 제외하고, 그는 피레네 산맥 아래의 스페인 변경으로부터 덴마크 반도 기슭까지 대서양과 북해의 연안 지대를 지배하였다. 그 영역의 동쪽 경계는 엘베강을 따라 보헤미아 삼림까지 그어져 있었다. 그는 로마 이북의 이탈리아 지역을 지배하였다.

영국에서는 앵글로-색슨족이, 웨섹스의 에그베르트Egbert가 미약하게나마 종주권을 지니고 있는 가운데, 북으로는 포드Forth만까지의 동해안 지역과 콘월Cornwall과 웨일즈Wales를 제외한 솔웨이Solway만까지의 서해안 지역을 장악하고 있었다. 이 정도까지가 게르만족 기독교도의 유럽이었다. 그 서쪽의 브르타뉴, 콘월, 웨일즈, 아일랜드, 그리고 스코틀랜드에는 기독교도인 켈트족이 거주하고 있었다. 로마 이남의 이탈리아 지역과 시칠리아는 여전히 명목상으로나마 비잔틴 황제의 지배 아래에 있었다. 이러한 서유럽의 기독교 지역을 비기독교도들이 에워싸고 있었다. 스칸디나비아에는 이교도 게르만족이 살고 있었다. 엘베강과 보헤미아 삼림 이동에는 슬라브족이 있었고, 잔류한 일부 아바르족은 헝가리 평원을 차지하고 있었다. 끝으로 스페인과 북아프리카를 장악하고 있던 이슬람은 강력한 함대로 지중해를 지배하고 있었다.

샤를마뉴의 제국은 그가 죽은 뒤 곧 해체되기 시작하였다. 이는 아마 불가피한 일이었을 것이다. 제국은 언어와 법과 전통이 제각기 다른 잡다한 종족을 포괄하고 있었다. 샤를마뉴 자신의 사람됨 이외에는 그들을 하나의 정치적 통일체로 규합해줄 만한 요소가 전혀 없었다. 제국의 잡다한 민족이 공통된 종교를 신봉하였고, 소수 지성적인 성직자들이 질서 잡힌 통일된 기독교 왕국Christendom의 이상을 제시하긴 하였지만, 그들의 노력으로 그런 이상이 야만적인 프랑크 귀족들에게 주입될 수는 없었다. 더구나 제국의 이러한 내재적인 해체 성향은 잦은 내란과 외적의 침입으로 더욱 가속화되었다.

샤를마뉴가 죽었을 때, 그의 여러 아들 가운데 생존해 있던 사람은 루이 경건왕Louis the Pious; 814~840 뿐이었다. 루이는 지성적이고 교양 있는 인물이었으나, 유능한 전사는 아니었고, 거친 프랑크 귀족들은 차치하고 자기의 아들들조차 통제하지 못했다. 새로운 황제 루이는 제국의 통일이 유지되길 바랐고, 그리하여 장남인 로타르Lothair에게 황제의 칭호와 대부분의 왕령지를 물려주고 나머지 아들들에게는 조그마한 부속 왕국만을 남겨주게 될 상속 계획을 마련하였다. 이러한 계획은 로타르의 동생들에게 매우 불만스러운 것이었다. 829년으로부터 그들은 끊임없이 번갈아가며, 또 서로 결탁해서 로타르와 루이에게 대항하였다. 840년에 루이가 죽자, 그때까지 생존해 있던 로타르의 두 동생 샤를르 대머리왕Chales the Bald; 843~877과 루드비히 독일왕Louis the German; 843~876이 연합하여 로타르에게 도전하였고, 이 싸움은 퐁뜨느와Fontenoy의 전투로 절정에 이르렀다. 이 전투에서는 대단한 살육전이 전개되었으나, 결정적인 승패는 가려지지 않았다. 결국 843년에 세 형제는 제국을 대충 비슷한 크기로 삼분할 것에 합의하였다베르덩 조약Treaty of Verdun. 샤를르는 뒷날 프랑스 왕국으로 발전할 서부 프랑크 영토를, 루드비히는 동쪽의 독일 지역을 차지하였다. 로타르840~8555는 황제 칭호와 함께, 북해에서 이탈리아에 이르는 길쭉한 땅으로 이루어진

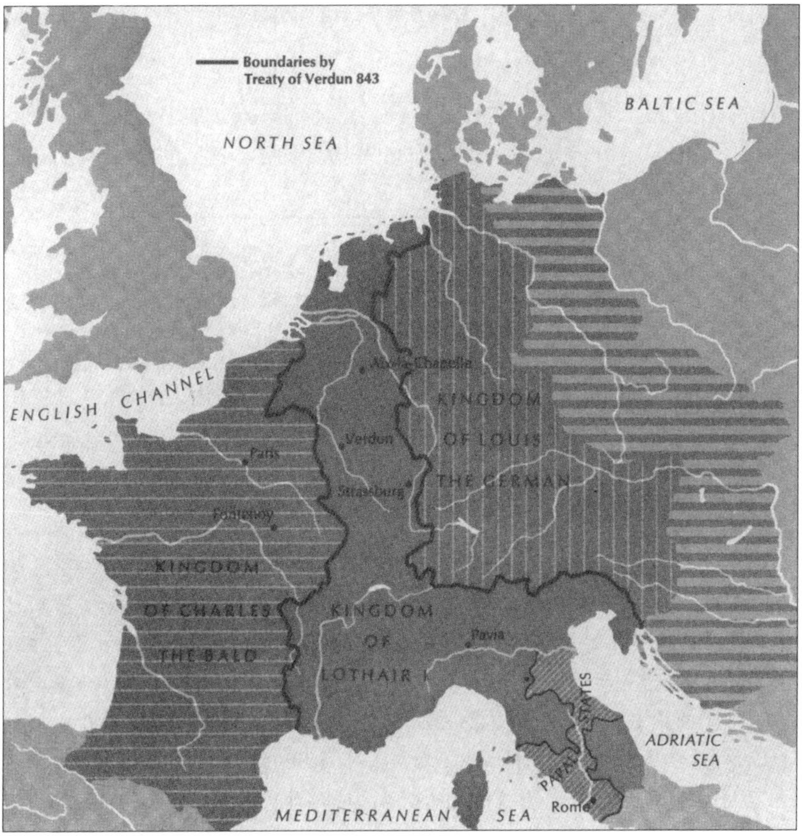

지도 6. 베르덩 조약(843년)

"중부 왕국Middle Kingdom"을 차지하였다. 중부 왕국에는 네덜란드와 라인란트, 론강 계곡, 그리고 북부 이탈리아가 포괄되었다.

이러한 분할이 민족주의적인 이유로 이루어진 것은 분명 아니었지만, 그것은 뒷날 유럽의 가장 중요한 몇몇 민족이 항구적으로 구분될 상황을 미리 점치게 해주는 것이었다. 최초로, 로망스어를 사용하는 서프랑크 왕국이 튜톤어를 사용하는 동프랑크 왕국과 별개의 정치체political entity로 등장하였다. 두 왕국 사이의 뚜렷한 언어상의 차이는 샤를르 대머리왕과 루드비히 독일왕이 842년에 상호 지원을 서약하였던 스트라스부르의 선서Strasbourg Oath에서 잘 나타난다. 샤를르는 루드비히의 전사들이 알아들을 수 있도록 독일어로 말했고, 루드비히는 샤를르의 전사들이 알아들을 수 있도록 로망스어로 말했던 것이다. 그 당시의 연대기 작가인 니따르Nithard가 로망스어로 적어 놓은 서약문은 남아 있는 로망스어 기록 가운데 가장 오래된 것이다. 카롤링 왕조는 독일에서는 911년까지 통치하였고, 프랑스에서는 887년까지 죽 이어져 내려오다가 그 뒤 한 세기 동안은 카롤링 왕조와 카페 왕조Capetians가 번갈아 가며 프랑스 왕위에 올랐다.

로타르의 "중부 왕국"은 세 왕국 가운데 가장 불안정한 길을 걸었다. 855년에 로타르가 죽자, 왕국은 그의 세 아들에게 분할되었다. 로타링기아Lotharingia; 뒷날의 로렌느Lorraine는 로타르 2세Lothair II; 855~869에게, 프로방스Provence는 찰스Charles; 855~863에게, 그리고 이탈리아는 루이Louis; 855~875에게 돌아갔다. 황제 칭호는 우선 이탈리아의 루이에게 갔다가, 서프랑크 왕국의 샤를르 대머리왕에게 넘어갔으며, 그가 877년에 죽은 뒤에는 동프랑크 왕계의 카알 비만왕Charles the Fat과 그의 후계자인 아눌프Arnulf에게로 전해졌다. 그 뒤로 924년까지 황제 칭호는 일련의 이탈리아 소왕들에게 가있다가, 924년으로부터 거의 40여 년 동안은 빈 자리가 되어 있었다. 로타르 2세가 869년에 죽자, 서프랑크 왕과 동프랑크 왕은 각기 로타르의 북부 영토를 차지하려고 대들었다870년에 메르센Mersen 조약으로 두 왕이 이 영토를 분할·차지하였다-역주. 두 나라 왕 사이의 분쟁은 10세기까지 계속되었다. 실로 프랑스와 독일은 이미 그 당시부터 로렌느를 두고 각축을 벌여 왔던 것이다.

샤를마뉴의 후손들이 서로 열심히 싸우고 있는 동안, 그들의 왕국은 옛 카롤링 제국의 영토를 둘러싸고 있던 비기독교도들의 파괴적인 침략에 직면하게 되었다. 895년에는 중앙아시아에서 기원한 알타이 계통의 마자르Magyar족이 새로 헝가리 평원에 도래하여 잔류해 있던 아바르족과 합류하였다. 5년 뒤, 그들은 다뉴브강을 건너 바이에른을 휩쓸어 버렸다. 그들은 906년에는 작센을, 그리고 2년 뒤에는 튀링겐Thuringia을 약탈하였다. 다음 20여 년 동안, 그들은 독일 전역을 비롯하여 알자스Alsace와 라인강 계곡의 변경 지방까지 온통 약탈하였다. 937년에 그들은 프랑스의 랭스Reims까지 이르렀다. 그들의 야만스러운 약탈 행위는 955년에 독일왕 오토 1세Otto I가 레히필트Lechfeld 전투에서 그들을 궤멸시킬 때까지 계속되었다p. 226 참조.

9세기는 또한 이슬람이 지중해 세계를 재침략한 시대였다. 827년에 이슬람은 시칠리아를 공격하기 시작해서, 9세기 중엽 내내 계속된 일련의 전투로 시칠리아를 완전히 정복하였다. 843년에 그들은 로마시까지 위협하기에 이르렀다. 이슬람은 또한 코르시카Corsica와 사르디니아Sardinia, 그리고 남부 프랑스의 론Rhone강 삼각주 지역도 장악하였다. 이슬람군은 이탈리아 본토에 영구적으로 정착하진 않았으나, 비잔틴의 육·해군이 그들을 완전히 몰아냈던 915년까지 이탈리아에 거점을 두고 있었다. 이 전 시기를 통해, 그들은 이탈리아를 참담하게 발가벗겼다. 시칠리아는 한 세기가량 더 그들의 수중에 남아, 꽃피우고 있던 이슬람 문화의 중심지가 되었다.

그러나 새로 침입해온 외적 가운데 가장 중요한 결과를 낳은 사람들은 스칸디나비아에서 도래하였다. 8세기 말, 그 지역으로부터 게르만족 이동의 마지막 큰 물결이 일기 시작하였다. 이 이동의 원인은 전혀 분명치 않다. 그나마 그럴듯한 기본적인 이유로는 자원이 매우 한정되어 있는 지역에 인구가 급격히 증가한 것을 들 수 있다. 경작할 토지가 없는 농민과 지배할 영지가 없는 귀족들은 모험과 생계를 위해 바다로 나가려 하였다. 대이동의 시대는 또한 스칸디나비아에 정부라 할 만한 것이 자리를 잡아가고 있었던 시대와 일치하였다. 독립적인 지위를 누리고 있던 수많은 소부족들이 9세기에 들어와 서서히 덴마크와 노르웨이 그리고 스웨덴의 왕 밑으로 통합되기 시작했던 것이다. 이러한 왕들이 안으로 질서를 다져가기 시작하자, 왕의 통치를 감내하지 못한 부족들이 다른 지역으로 이주하였다는 설도 제시되어 왔다. 이러한 설명 가운데 그 어느 것도 완전히 만족스럽지는 못하다. 역사가로서는 여러 상황이 결합되어 수많은 스칸디나비아 사람들로 하여금 귀족이건 농민이건 배를 타고 약탈물 획득을 위해 항해하도록 하였을 것이라고 말할 수밖에 없다. 스칸디나비아 사람들은 이들 해적을 바이킹Viking이라 일컬었고, 오늘날의 역사가들 또한 그 용어를 택해 사용해왔다. 그러나 기독교 유럽의 사람들은 그들을 북방인Northman이라 불렀다.

스칸디나비아의 세 종족이 모두 이러한 이동에 참여하였으나, 서유럽에 진출한 것은 노르웨이와 덴마크의 종족뿐이었다. 스웨덴의 바이킹은 발트해를 장악하여, 동쪽으로 향해 슬라브족 거주지를 침략하였다. 9세기 중엽, 그들은 핀란드만 남동쪽에 있는 노브고로드Novgorod에 거점을 마련하고, 급속히 남진하여 드니에프르Dnieper강 연안의 키에프Kiev를 장악하였다. 종종 바랑고이Varangians족이라고도 불리는 이 스웨덴 바이킹들은 슬라브 지역 전역에 요새화된 거점들을 건설하였다. 이러한 거점들을 중심으로, 그들은 주변 농촌의 슬라브족을 정복하여, 통치권을 장악하였다. 서유럽의 바이킹과 마찬가지로, 바랑고이족은 전사인 동시에 상인이기도 하였다. 키에프를 비롯한 강 연안의 여러 거점으로부터 그들은 러시아 삼림의 산물(모피와 꿀)과 포획한 노예들을 배에 싣고 흑해로 나아가, 해안을 따라 콘스탄티노플까지 운반하였다. 이따금 그들은 단순히 교역을 위해 비잔틴의 수도를 방문하였지만, 적으로서 그 도시를 침략한 경우도 많았다. 여러 번 그들은 콘스탄티노플에 대규모 공격을 감행하였다. 그 강력한 성벽을 공략하는 데 크게 성공한 적은 없었지만, 그들은 이러한 공격을 빌미로 황제로부터 상업상의 특권을 얻어낼 수 있었다. 10세기에 바랑고이족은 오늘날의 러시아 서부를 완전히 장악하였고, 이 거대한 지역을 키에프공이 지배하는 하나의 국가—러시아 최초의 국가—로 통합시켜 놓았다.

이따금씩 스웨덴의 모험가들이 북해와 대서양에 출몰하긴 했지만, 이 두 바다는 대체로 노르웨이 및 덴마크 바이킹들의 활동 무대였다. 바이킹 침략자들은 787년 여름에 영국에 침략함으로써 서유럽 침략의 막을 올렸고, 그 뒤 7년 동안 린디스판과 재로우의 수도원들을 약탈·방화하였다. 814년에 북방인들은 르와르강 어귀 앞바다에 있는 느와르무티에Noirmoutier 섬의 수도원을 불태웠다. 약 반세기 동안, 거의 매해 여름이면 바이킹들이 영국과 프랑스의 해안 지방과 강 하류의 계곡 지대를 약탈하곤 하였다. 대체로 이들은 소규모 무리를 지어 외떨어진 수도원이나 무방비 상태인 농촌을 약탈하는 것 이상의 행위는 하지 않았다. 그러나 841년에는 대규모 함대가 세느Seine강 하구로 몰려들어, 루앙Rouen시를 약탈하였다. 2년 뒤, 또 다른 강력한 바이킹 군대가 르와르강을 거슬러 낭트Nantes에 도달하여, 그 도시를 노도와 같이 장악하고는, 주민을 마구 살육하고 약탈과 방화를 마음껏 자행하였다. 그리고 그들은 전과는 달리 겨울에 본거지로 돌아가지 않고, 느와르무티에 섬에 상륙하여 그곳에서 겨울을 지냈다. 851년에는 덴마크의 함대가 템스Thames강 어귀에 있는 타네트Thanet섬에 겨울 막사를 구축하였다. 이로써 바이킹의 침략은 새로운 국면에 들어섰다. 그들은 이제 단순한 여름철의 약탈자가 아니라, 튼튼한 기반을 갖추고 지속적으로 침략을 자행하는 항구적인 두통거리가 되었던 것이다.

르와르강 하구의 거점으로부터, 바이킹은 프랑스 침략을 더욱 강화하였다. 844년에 그들은 가론느Garonne강 계곡을 약탈하고, 계속 스페인 해안으로 남진하여, 마침내 세빌리아를 노략질하였다. 다음해에 그들은 르와르강 계곡을 약탈하였다. 857년에는 보르도Bordeaux와 뚜르, 블로아Blois, 오를레앙Orleans, 쁘와띠에Poitiers, 그리고 파리Paris가 한번 이상씩 약탈당했다. 그 뒤 859년에는 바이킹의 한 함대가 남쪽으로 뱃머리를 돌려, 스페인의 해안 지대를 약탈하고, 지브롤터Gibraltar 해협을 지나, 모로코Morocco와 발레아레즈Baleares 군도를 노략질한 뒤, 결국 남부 프랑스의 론강 삼각주에서 겨울을 지내기 위해 진을 쳤다. 그곳에서 그들은 론강을 거슬러 올라가 발랑스Valence까지 침략하기에 이르렀다. 862년에 이 함대는 르와르강 어귀의 거점으로 되돌아왔다. 872년 르와르강의 바이킹은 앙제르Angers를 함락하고, 그 뒤 몇 년 동안 그곳을 새로운 기지로 이용하였다. 880년에는 프랑스의 서부 지역이 여러 번 약탈당해 완전히 헐벗기웠기 때문에, 바이킹들은 새로운 약탈 대상 지역을 찾아 나섰다. 885년에 대함대가 세느강을 거슬러 프랑스 동부로 향하였다. 함대가 파리 근처에 이르렀을 때, 바이킹들은 파리 수비대가 그들이 강을 거슬러 올라가는 데 방해를 하지 않는다면, 파리시를 건드리지 않겠다고 제안하였다. 그러나 파리의 백은 그 제안을 거부하였고, 그 결과 파리는 황제인 카알 비만왕884~887이 강력한 프랑크군을 이끌고 와 구원해줄 때까지 무려 2년 동안이나 바이킹의 포위 공격에 시달려야 했다. 유감스럽게도, 황제는 부르군드족과 싸우는 데 여념이 없었기 때문에, 바이킹이 그 지역을 약탈하는 것을 방관할 수밖에 없었다.

샤를마뉴의 후손들이 서로 단합하여 모든 힘과 자원을 그들의 영역을 방비하는 데 쏟았다고 해도, 그들이 바이킹을 효과적으로 막아낼 수 있었을런지는 의심스럽다. 북방의 해적 떼들은 기동성이 매우 컸고, 어느 지방을 약탈하든 약탈할 수 있다는 것만으로 만족하였다. 그래서 그들은 수비가 튼튼한 도시를 만나면 대개 그곳을 우회했을 뿐, 쓸데없이 강력한 수비대와 충돌하려 하지 않았다. 어떤 지역을 정복하여 지배하려는 침략자에 대해서는 중요한 전략 요충을 방비함으로써 대적할 수 있지만, 단순한 약탈자에 대해서는 거의 어쩔 도리가 없는 것이다. 10세기 초에 가서야 프랑크 왕국은 바이킹으로 하여금 바이킹을 막게 하는 이이제이의 효과적인 방책을 발견하였다.

911년에 서프랑크의 샤를르 단순왕Charles the Simple; 893~923은 바이킹의 지도자 롤로Rollo에게 세느강 어귀 주변의 토지를 하사하였다. 이 토지는 뒤에 점점 더 넓어져, 노르망디Normandy라 불리게 될 지역을 모두 포괄하게 되었다. 토지를 받은 대가로, 롤로는 기독교로 개종하고 명목상으로나마 왕의 봉신vassal이 되었다. 롤로가 노르망디에 자리잡음으로써, 프랑스는 영국 해협 연안에서 바이킹의 침략으로부터 효과적으로 보호될 수 있게 되었고, 서프랑크왕들은 르와르강 계곡에서 그들을 도울 값진 동맹자를 얻게 되었다. 911년 이후에도 20여

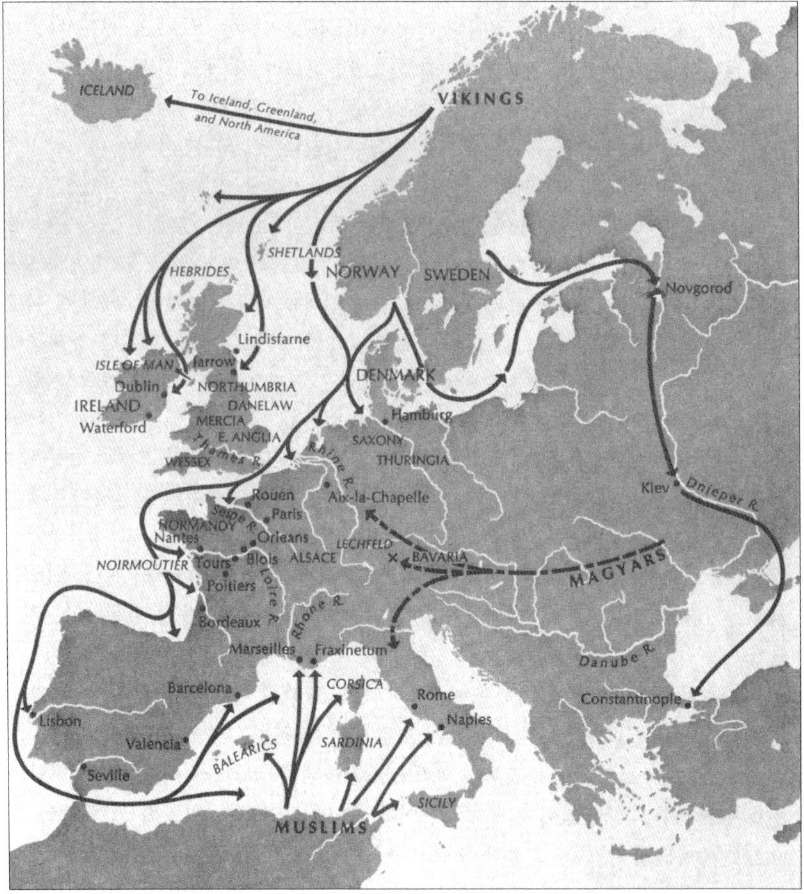

지도 7. 9·10세기의 침입

년 동안 르와르강과 남부 프랑스에서 침략 행위가 계속되었지만, 바이킹의 침입은 이로써 실질적으로는 막을 내리게 되었다.

9세기 후반에 영국은 프랑스보다 더욱 심한 고통을 겪었다. 870년에 덴마크의 바이킹이 동앙글리아를 정복하였다. 876년에 그들은 노덤브리아를, 877년에는 메르시아의 거의 대부분을 장악하였다. 바이킹들은 늘 그래왔듯이 약탈하고 방화하였으나, 이는 단순한 약탈 행위가 아니라 영국을 정복하려는 진지한 시도였다. 이에 대한 앵글로-색슨의 저항은 웨섹스왕 알프레드Alfred; 871~899가 조직하고 이끌었다. 얼마 동안은 알프레드의 노력이 허사로 돌아가는 듯 싶었으나, 885년에 그는 바이킹을 매우 성공적으로 저지하였고, 이에 바이킹들은 화평을 바라게 되었다. 이로써 템스강 이남의 지역은 알프레드의 직접 통치 아래에 놓였고, 서메르시아는 앵글로-색슨의 공국이 되어 웨섹스와 동맹을 맺게 되었다. 덴마크의 바이킹들은 동앙글리아와 동메르시아, 그리고 오늘날의 링컨셔Lincolnshire와 요크셔Yorkshire 두 주를 포괄하는 지역을 차지하였다. 이들 지역은 데인로Danelaw: 덴마크인의 법률이 적용되는 지역라 불리어졌다. 평화 협정의 일부로서, 알프레드는 덴마크인에게 기독교로 개종할 것을 고집하였고, 이로써 덴마크 정착민들이 앵글로-색슨왕들이 지배하는 통일 왕국에 궁극적으로 동화될 가능성이 마련되었다.

바이킹은 또한 북쪽 바다에서도 종횡무진으로 활약하였다. 9세기 초에 그들은 아일랜드를 침략하였다. 몇 년 동안 그들은 거의 전 아일랜드를 장악하였으나, 결국은 정착이 꽤 진척되어 있었던 동해안의 몇몇 항구지역—더블린Dublin, 웩스포드Wexford, 그리고 워터포드Waterford—으로 물러나지 않을 수 없었다. 북쪽 바다의 여러 섬들—오르크니 제도Orkneys, 헤브리디즈 열도Hebrides, 그리고 셔틀랜드 군도Shetlands—과 맨Man섬은 바이킹 식민 이주자들에 의해 점유되었다. 874년에 그들은 아이슬랜드Iceland에 최초로 정착하였다. 뒷날, 모험가들은 아이슬랜드로부터 그린랜드Greenland와 심지어는 북아메리카 해안에까지 진출해 나아갔다. 그린랜드는 지금도 덴마크 왕이 통치하고 있으며, 아이슬랜드는 1944년까지 덴마크왕의 지배를 받았다. 13세기 중엽까지, 바이킹 왕들은 맨섬과 스코틀랜드 주변의 섬들을 지배하였다.

8세기와 9세기 초에 걸쳐, 서유럽에서 서서히 힘겹게 발전해 나온 문명은 대

침입의 시대에 거의 완전히 파괴되었다. 서프랑크 왕국에서는 거의 모든 수도원이 파괴되었고, 대부분의 도시가 여러 차례 약탈과 방화에 헐벗기웠다. 수많은 인명이 살육되었고, 많은 땅이 경작되지 못함으로써 급속히 숲과 황무지로 변했다. 프로방스의 이슬람 정복자는 프랑스와 이탈리아 사이의 접촉을 방해하였다. 동프랑크에 대한 마자르족의 침략도, 서프랑크에 대한 바이킹의 침략보다는 짧은 기간 안에 끝을 맺긴 했지만, 극히 파괴적인 것이었다. 서유럽의 중세 문명은 이러한 깊은 나락으로부터 회복하는 과정 속에서 발전해 나왔다.

제3편 중세 초의 유럽 : 새로운 사회

제7장 봉건 세계

바이킹과 이슬람, 그리고 마자르족의 침략 시대로 로마 문명으로부터 중세 문명으로의 전환기는 끝을 맺었다. 샤를마뉴 제국의 잔해로부터 중세의 여러 제도가 싹터 나오게 되었다. 오로지 생존만을 생각해야 하는 절박한 상황에 내몰렸을 때, 서유럽 사람들은 놀라운 탄력을 발휘하였다. 외적 침입의 위협에 직면하여, 그들은 장차의 외적 침략을 물리칠 수 있을 새로운 종류의 정치적·군사적 체제를 갖추었다. 기근의 위협에 직면하여, 그들은 새로운 경작 방법을 발견해 냄으로써, 농업생산을 크게 늘렸다. 기독교가 타락의 늪으로 빠져들자, 그들은 새로운 개혁 운동을 강력하게 추진하였다. 이러한 업적들에 힘입어, 9·10·11세기의 초기 중세인은 새로운 문명의 물질적·정신적 기반을 창조해 내었다. 이제 우선 정치적·군사적 제도의 재편에 대해 고찰하기로 한다.

19. 봉건제의 기원

봉건제Feudalism는 중세 초에 성립한 사회적·군사적·정치적 장치의 복잡한 패턴을 가리키기 위해 근대 역사가들이 만들어낸 모호한 용어이다. 봉건제를 규정하는 가장 좋은 방법은 그 어원에서 출발하는 것이다. feudalism은 봉토를 뜻하는 중세 라틴어의 feudum에서 나온 것이다. 중세에는 그 말이 대개는 군사적 봉사의 대가로 주군에게서 부여받은 영지를 가리켰다. 봉건 사회는 거의 모든 토지가 봉토의 형태로 보유되는 사회, 또는 더 일반적으로는 기본적인 사회적·정치적 구조가 봉토 보유를 통해 결정되는 사회이다. 원시적인 농업 사회에서는 거의 모든 부wealth가 토지 및 토지의 직접 생산물로 이루어져 있었기 때문에, 봉건적인 토지 보유는 사회 구조를 전반적으로 결정하는 요인이 될 수 있었다. 더구나, 주군과 봉토보유자tenant 사이의 관계는 순수하게 경제적인 것만이 아니었다. 봉토보유자는 영주의 봉신vassal이었다. 즉, 특정한 충성의 서약으로 영주에게 매여 있었다. 게다가, 봉신은 대개 봉토로 보유하는 토지에서 사법권을 행사하였다. 그는 봉토보유자인 동시에 통치자이기도 하였다.

봉건제의 출현을 논의하는데 있어서, 봉건제를 구성하는 여러 요소의 기원을 설명하는 것은 그리 어려운 문제가 아니다. 봉건제와 관련된 모든 관행은 만족 침입의 시대로 소급될 수 있으며, 그 가운데 게르만족에게서 기원한 것도 있고 로마 제국으로부터 기원한 것도 있음은 분명하다. 우선, 충성의 서약으로 맺어지는 봉신과 주군과의 관계가 게르만의 종사제comitatus에서 기원한 것임은 전혀 의심할 여지가 없다. 반면에, 특정한 봉사에 대한 대가로서의 조건부 토지 보유는 옛 로마의 토지법에서 유래한 것이었다. 프랑크족 치하의 갈리아 지방에서는, 그렇게 보유된 토지를 은대지benefice라 불렀고, 9세기 이후에는 feudum이란 말이 더 보편적으로 사용되었으나, 더 오래된 말인 beneficium도 중세 전반에 걸쳐 봉토를 가리키는 용어로 계속 사용되었다. 이와 같이 봉건제를 구성하는 여러 요소는 아주 이른 시기에 이미 존재해 있었다. 그러나 그들은 서로 따로따로 존재하고 있었다. 주군을 위해 싸울 것을 맹세한 전사가 반드시 주군으로부터 은대지를 부여받은 것은 아니었다. 오히려 대부분의 은대지 보유자는 충성의 맹세를 한 봉신이 아니었다. 사법권과 토지 보유는 아무 연관도 맺고 있지 않았다. 봉건제를 연구하는 역사가가 해결해야 할 주된 문제는 이러한 여러 다른 요소가 어떻게 서로 결합하여, 봉신이 당연하게 봉토를 보유하고 봉토에 대해 사법권을 행사하는 새로운 종류의 사회를 형성하게 되었는가를 설명하는 일이다.

이러한 발전에 있어서 중요한 시대 가운데 하나는 8세기 초 찰스 마르텔이 실권을 장악하고 있던 시기였다. 이때 프랑크족은 처음으로 기병을 대규모로 이용하기 시작하였다. 등자를 사용하고, 갑주와 방패로 몸을 보호하며, 칼과 창으로 무장한 기병 앞에서 보병은 무력하였다. 그러나 이러한 장비는 너무나 값비싼 것이었고, 또 이 장비를 효과적으로 사용하기 위해서는 끊임없는 훈련이 필요했다. 말에 탄 채 방패와 칼과 창을 다룬다는 것은 오랜 연습과 엄격한 훈련을 통해서만 달성될 수 있는 재주였다. 따라서 기병이 되려면, 말과 장비를 갖출 수 있을 만큼 부유한 동시에, 생계를 위해 일할 필요에서 벗어나 있어야만 했다. 8세기에 프랑크 왕국은 화폐 수입이 거의 또는 전혀 없었다. 왕과 귀족들은 자신의 영지에서 나오는 생산물로 자신과 가족 그리고 가계를 유지하였다. 그러므로 찰스가 기병 부대를 지니고자 하였을 때, 그는 기병 하나하나에게 토지와 그 토지를 경작할 노동력을 제공하여야 했다.

찰스가 고안한 제도는 관습과 시대 상황이 자연스럽게 빚어낸 산물이었다. 그는 유능한 전사들을 모집하여 그들로 하여금 그에게 절대적인 충성을 서약케 하였다. 그들은 그의 봉신vassi dominici: 주군의 신하라는 뜻이 되었다. 개개의 봉신에게 그는 생계와 무장에 충분한 면적의 영지를 은대지beneficium로 부여하였고, 봉신은 군인으로서 찰스에게 봉사하는 한 그 은대지를 계속 보유할 수 있었다. 하지만 필요한 수의 은대지를 공급할 만큼 많은 토지를 찾아내기는 어려웠다. 찰스는 물론 이를 위해 왕령지를 사용하였으나, 왕령지에서 너무 많은 은대지를 창출해내는 것은 정부의 재원을 심각하게 위축시키는 결과를 낳을 것이었다. 곧 찰스는 교회의 거대한 토지 재산에 눈독을 들이게 되었다. 교회는 이미 오래 전부터 소유 토지를 은대지로 부여해오고 있었다. 그러면 교회가 그의 전사들에게 은대지를 부여하지 못할 이유는 없지 않은가? 찰스는 그에게 군인으로 봉사한다는 조건으로 전사들에게 교회 토지를 은대하도록 고위성직자들에게 강요하였다. 이러한 은대지는 이론상으로는 교회가 부여한 것으로서, 여전히 교회 소유의 토지였지만, 실제로는 찰스의 통제를 받았다. 즉 그러한 교회 은대지를 보유하고 있던 전사가 죽으면, 다름 아닌 찰스가 그 은대지를 다른 유능한 전사에게 부여하였던 것이다. 이리하여 찰스는 그의 군사적인 문제를 해결하였다. 그는 서약에 의해 그에게 매이고, 그의 통제 아래에 있는 토지를 보유한 많은 수의 기병을 확보할 수 있었다. 그러한 과정에서, 주종제와 은대지 보유의 결합이 크게 보편화되었다.

봉건제의 발전에 있어서 두 번째의 결정적인 국면은 9세기와 10세기에 샤를마뉴의 제국이 와해되고 있는 동안에 찾아 왔다. 루이 경건왕과 그의 아들들 사이의, 그리고 루이가 죽은 뒤에는 로타르와 루드비히 독일왕 그리고 샤를르 대머리왕의 3형제 사이의 격렬한 내란은 그 자체만으로도 거의 무정부 상태의 상황을 빚어내었고, 이런 가운데 힘은 곧 법이 되었다. 게다가 이런 혼란이 바이킹과 이슬람 그리고 마자르의 침략으로 더욱 가중됨에 따라, 전사가 판을 치는 시대가 도래하였다. 무장한 자들에 의해 충분한 정도로 보호받지 못하는 곳은 농촌의 마을이건 성당 도시이건 수도원이건 무사할 수 없었다. 군인의 도움 없이는 농민은 밭을 갈지 못했고, 사제는 교회에서 미사를 올리지 못했다. 더구나, 가장 크게 필요한 군인은 갑주를 갖추어 입은 기병이었다. 9세기의 갑주는 비교적 가벼운 것이었으나—대개 가죽이나 천으로 만든 기다란 셔츠에다가 금속 고리를 매달아 놓은 것이었다—보병이 가한 어떤 공격에도 대개는 끄떡없었다. 그리고 등자를 버티고 서서 내지르는 기병의 강력한 공격 앞에서 보병은 거의 완전히 무력한 존재였다. 9세기의 라틴어 저술에서 기병은 단순히 군인 miles이라고 지칭되었으나, 뒷날 프랑스어로는 기사chevalier라 불리었다. 이제부터 중세의 기병을 기사(영어로는 knight)라 칭하기로 한다.

9세기의 혼란 시대에, 두 가지 과정이 새로운 강력한 계층으로서 봉건 영주가 등장하는 데 기여하였다. 즉 위로부터는 왕권이 지속적으로 봉건 영주에게 양도되고 있었고, 한편 아래로부터는 하층민들이 자발적으로 복속해 들어오고 있었다. 내란의 상황에서, 권력을 다투는 왕들은 가장 유능한 전사들의 지지를 받기 위해 홍정을 해야 했고, 종종 전사들을 매수하기 위해, 왕령지를 특정한 봉사에 대한 대가로서의 봉토로 하사하곤 하였다. 또 한 영주가 왕의 군대에 이를테면 50명의 기사를 제공하기로 되어 있다면, 그는 자기의 커다란 영지로부터 기사들의 생계와 장비를 위한 봉토를 재분봉하곤 하였다. 이러한 과정 속에서, 영주는 종종 자기의 영지에 대한 통치권을 획득하였다. 이는 여러 가지 방식으로 이루어질 수 있었다. 프랑크 왕국에 있어서, 정치적·사법적 권한은 백들이 행사하였으나, 프랑크왕들은 종종 규모가 큰 교회 단체에게 "불수불입권 immunity"을 부여하였다. 이는 백이나 그의 관리가 교회의 영지에 들어갈 수 없음을 뜻하였다. 처음에는 아마 불수불입권을 지닌 토지 보유자가 단지 범죄자를 체포하여 백에게 인도하는 권한만을 지니고 있었을 것이지만, 9세기에는 거의 모든 불수불입권 보유자가 직접 재판과 처벌까지 떠맡고 있었다. 9세기에 보편적으로 일어난 일로, 봉건 영주가 교회 토지의 보호를 떠맡게 되자, 그들은 교회로부터 이러한 사법권까지 넘겨받았다. 또한 왕들은 이따금 몇몇 대봉신에게 봉토를 하사하는 동시에 백의 정치적 권한까지 부여하였다. 끝으로, 실제로 권리가 있든 없든 강력한 영주가 이러한 권한을 찬탈하는 것을 저지하기는 어려웠다. 이리하여 10세기 말에는, 통치권이 영주 계층 사이에 널리 분산되어 있었다. 권세 있는 영주는 그의 영지에 살고 있는 사람에 대해 완전한 사법권을 행사하였고, 중소 영주는 부분적인 사법권을 행사하였다. 이러한 구분은 극형 선고권의 유무에 따른 것이다. 극형을 선고할 수 있는 영주는 뒷날 "고등 사법권high justice"이라 불리어진 권한을 지닌 것이었다. 교수대의 소유는 신분과 지위를 나타내는 중요한 상징으로 여겨졌다.

위에서 언급한 두 번째 과정, 곧 하층민이 강력한 봉건 영주에게 자발적으로 복속한 과정은 그 당시의 전반적인 무질서와 특히 바이킹의 약탈에 의해 촉진된 것이었다. 옛 프랑크의 군사 제도는 그러한 약탈 위주의 공격에 제대로 대처할 수 없었다. 전통적으로 프랑크군은 초여름 어느 날에 왕국의 모든 지역으로부터 모여 들어 대군을 이룬 다음 정기적인 여름 원정을 떠나는 것이 상례였다. 그러나 바이킹은 그렇게 프랑크군이 편성될 즈음이면 이미 약탈을 완전히 마치고는 배를 타고 바다로 나가 있었다. 따라서 그들을 효과적으로 막아내려면 개개의 지역마다 군사력이 마련되어야 했다. 이는 정치적 분권화를 촉진시키는 데 중요한 요인으로 작용하였다. 그저 평범한 자유민으로서는 이러한 상황에서 선택의 여지가 거의 없었다. 그는 기사의 보호를 받아들여 예농의 지위로 전락하든지, 아니면 스스로 기사가 되기 위해 노력하는 수밖에 없었다. 그러나 전투 능력이 있고 기사가 될 만큼 재력이 있는 상층 자유민조차 혼자서는 자신의 재산을 지키리라 기대할 수 없었다. 그리하여 자신의 토지를 더욱 강력한 유력자에게 기탁하고, 그것을 봉토로 되돌려 받으면서 봉신이 되는 경우가 거의 대부분이었다.

이리하여, 9세기에는 주군과 봉신의 관계로 얽혀진 위계질서가 발달하게 되었다. 자신과 가족을 부양할 만큼의 토지 및 노동력만을 지니고 있을 뿐인 평기사는 좀더 영지가 큰 영주의 봉신이 되었고, 후자는 다시 더욱 세력이 큰 사람—예컨대 백—의 봉신이 되었다. 또 백은 다시 더 강력한 백이나 공, 또는 왕의 봉신이 될 수 있었다. 요컨대, 왕을 정점으로 하고, 평기사를 밑바닥으로 하는 거대한 피라미드가 형성되었다. 9세기에는 이러한 피라미드 구조가 완벽하지 않았고, 카롤링 왕조의 통치 영역을 모두 포괄하지도 못하고 있었다. 그것은 오늘날의 프랑스 지역인 서프랑크 왕국과 로렌느 및 프랑켄Franconia에서 가장 빠르게 발전하였다. 그러나 이들 지역에서조차 이 구조에 포괄되지 않은 부분이 있었다. 그 당시의 기록에서 allods라 지칭된 완전한 사유지가 12세기까지도 많았고, 몇몇 지역에서는 중세 내내 존속하였다. 그러나 11세기 말에, 적어도 북부 프랑스에서는, 완전 사유지가 드물었고, 봉건 법률가들이 즐겨 쓰던 "영주 없는 토지는 없다"는 격언은 대체로 현실에 부합하는 것이었다. 뒤에 몇 장을 할애하여 우리는 봉건적인 토지보유 형태가 어떻게 영국과 스페인, 독일, 시칠리아, 그리고 동부 지중해 연안에까지 확산되었는가를 고찰할 것이다.

20. 봉건적 의무와 봉건적 정치

봉건적 위계질서가 형성되고 있던 시대에, 주군과 봉신 사이의 관계는 심각한 변화를 겪게 되었다. 이 가운데 가장 중요한 변화는 주군이 언제라도 회수할 수 있었고, 기껏해야 한 생애 동안만 보유될 뿐이었던 봉토가 세습화된 것이었다. 이러한 변화의 기본적인 원인이 봉신의 성장한 아들로 하여금 봉토를 상속하지 못하게 하기가 극히 어려웠다는 데 있었음은 틀림없다. 샤를르 대머리왕은 제관을 받으려고 로마로 출발하면서, 자기가 없는 동안 왕의 봉신이 죽는 경우가 있다면 봉신의 아들이 자기가 돌아올 때까지 봉토를 보유해야 한다고 포고하였다. 자료의 부족으로 그 과정을 상세히 추적할 수는 없지만, 10세기에는 대부분의 봉토가 세습되고 있었음이 분명하다. 그 당시의 지배적인 상속제는 장자 상속prmogeniture이었다. 주군이 봉토를 회수할 수 있는 한, 봉신의 의무는 본질적으로 주군의 뜻에 따라 정해지게 되어 있었다. 그러나 봉토가 세습화되자, 봉신의 의무는 상호 계약에 따라 규정되었다. 더 이상 주군은 언제나 마음대로 봉토를 회수할 수 없었다. 주군이 봉토를 회수할 수 있는 경우는 봉신이 계약을 위배했을 때뿐이었다. 주군과 봉신의 상호 의무를 규정한 계약 조건은 개개의 영주 및 봉신에 의해 다소간 개별적으로 결정되었다. 더구나, 봉신들은 주군보다 훨씬 더 강력한 입장에 있었다. 주군은 그의 봉신 모두 또는 심지어 그 가운데 상당수가 담합하여 그에게 대항하는 경우 완전히 궁지에 몰리게 되어 있었다. 왜냐하면 봉신들은 그에게 가용한 유일한 전투 병력이었기 때문이다. 주군의 주재 아래 봉신들이 모여 있는 가운데 주군과 봉신 사이의 관계가 규정되는 것이 관례화되었다. 그 결과, 개개의 봉토는 각각 고유한 관습을 지니게 되었다.

역사가들은 종종 "봉건 체제feudal system"를 운위하며, 중세 사회를 특징지우는 봉토를 중심으로 한 일련의 관계 전체를 지칭하는 그러한 용어가 필요한 것 또한 사실이다. 그러나 봉건제의 실상이 결코 체제적이지 않았음을 염두에 두는 것은 대단히 중요하다. 봉건제는 되는 대로 성장해 나왔다. 봉건적인 관행은 시대에 따라, 장소에 따라 달랐다. "봉건법", "봉건적 관습" 또는 "봉건 체제"와 같은 널리 사용되는 용어는, 중세 전반에 걸쳐 유럽 전역에 존재하고 있었던 균일한 패턴의 구조를 가리키는 것으로 받아들여지는 경우, 잘못된 인상을 줄 수 있다. 실제로 존재했던 것은 특정 시기·특정 봉토의 관습이었으며, 프랑스에서조차 두 봉토의 관습이 똑같은 경우는 거의 없었다. 봉신이 소유한 사법권의 정확한 한도와 주군에게 제공해야 하는 특정한 봉사, 그리고 세세한 상속 규칙 등 모든 것이 봉토에 따라 달랐다. 더구나, 봉건제가 다른 지역으로 확산될 때, 그 실상은 기존의 지역적인 상황, 예컨대 영국에서는 앵글로-색슨 제도의 잔존이나 시칠리아에서는 비잔틴 행정 전통의 존속에 의해 더욱 복잡해졌다. 오늘날 이러한 지역적 차이에 대한 연구에 관심이 크게 기울여지고 있다.

그러나, 이러한 사실을 모두 감안한다 하더라도, 주로 북부 프랑스에서 기원한 봉건적인 관행들이 12세기에 대부분의 중세 세계에 확산되었음은 여전히 사실이다. 다음 몇 단락에서의 봉건적 의무에 대한 기술은 이와 같이 봉건 사회에서 비교적 일반적으로 통용되던 관행을 서술한 것일 뿐이다.

봉건적 관계의 기본적인 목적은 전쟁에서의 협력이었다. 주군의 주된 기능은 그의 봉신 및 봉신의 토지를 보호하는 것이었고, 봉신의 주된 기능은 주군의 군대에서 복무하는 것이었다. 바이킹의 침략이 서유럽을 괴롭히고 전반적인 혼란이 지배하던 초창기에는, 주군이 봉신에게 요구할 수 있는 군사적 봉사에는 아마 제한이 없었을 것이다. 봉신은 주군의 부름이 있을 때에는 언제나 주군의 군대에 합류하였다. 그러나 시간이 지남에 따라, 봉신들은 두 가지 유형의 전쟁, 즉 공격전과 방어전을 구별하기 시작하였다. 주군의 봉토가 침략당하고 있는 경우, 그의 봉신들은 적이 물러날 때까지 주군에게 봉사해야 했다. 반면에, 주군이 이웃한 영주의 토지를 약탈하든지 남의 성이나 촌락을 빼앗으려 하는 경우에는, 봉신들이 군사적 봉사의 의무를 한정하려 하였다. 대체로, 공격전에서 봉신이 종군해야 하는 기간은 1년에 최대한 40일이 되었다. 이 기간이 봄의 파종기와 추수기 사이 쾌적한 기후의 여름철과 꼭 일치하였음은 흥미로운 사실이다. 어떤 봉토에서는, 봉신이 40일간은 자기의 비용으로 종군하고, 주군이 그와 그의 말을 먹이는 조건으로 다시 40일을 종군해야 했다. 또 다른 경우, 종군 기간이 30일 또는 그보다 짧기도 하였다. 그러나 어느 봉토에서건 공격전과 방어전이 구별되고 있었다.

주군의 군대에 종군할 의무와 밀접한 관계에 있었던 것으로 주군의 성 수비대에 참여하여 봉사하는 의무를 들 수 있다. 10세기에는 대부분의 성이 둔덕motte과 성 안뜰bailey로 이루어진 요새였다. 이러한 요새는 대개 깊이 10피트 너비 30피트의 해자를 파고, 파낸 흙을 쌓아 인공의 둔덕을 만듦으로써 조성되었다. 해자의 끝과 둔덕 꼭대기는 나무 울타리로 방비되었다. 둔덕 정상의 울타리 안뜰에는 목조 망루가 세워졌다. 둔덕 기슭에는 대개 울타리가 쳐진 더 얕고 더 좁은 해자로 둘러싸인 공간이 하나 또는 둘이 있었다. 그 둔덕이 바로 motte였고, 해자로 둘러싸인 공간이 bailey였다. 영주와 그의 식솔은 둔덕 위의 망루에서 살았다. 성 안뜰에는 마구간과 기타 건물이 들어서 있었고, 위급한 경우에는 농민과 그들의 가족 그리고 가축이 그곳으로 피신하게 되어 있었다. 11세기에는, 모든 유력한 영주가 하나 이상의 성채를 지니고 있었고, 그의 봉신들은 그에 대한 수비의 의무가 있었다. 이러한 성 수비의 의무는 봉토에 따라 크게 달랐다. 불과 몇 명의 봉신을 거느린 소영주는 봉신 가운데 하나로 하여금 영주의 직속 기사와 농민들을 지휘하여 성을 지키도록 상근을 명할 수 있었다. 많은 봉신을 거느린 대영주는 항상 강력한 수비대를 마련할 수 있었다. 예컨대, 영국의 리치몬드Richmond 남작령 영주는 그의 기사 186명을 6집단으로 나누어, 각 집단으로 하여금 2달씩 성에 주둔케 하였다. 이는 아마도 이례적으로 무거운 성 수비 의무였을 것이다. 대개는 봉신의 성 수비 의무가 30일 또는 40일로 제한되어 있었던 것으로 여겨진다.

군사적 봉사 이외에 봉신이 지고 있던 가장 중요한 의무는 주군이 부르면 언제라도 주군의 궁정court에 참석하는 것이었다. 어떤 중요한 결정을 내리기 전에 협의를 거쳐야 한다는 생각은 중세인의 관념에 깊이 뿌리박혀 있었다. 이는 특히 수도원의 규칙에서 뚜렷하게 나타났는데, 수도원장은 수도원 전체의 이익에 관계되는 문제를 결정하기 전에 반드시 수도승들의 의견을 묻도록 되어 있었다. 이는 또한 봉건적 관습의 기본적인 특징이기도 하였다. 주군과 그의 봉신은 봉토에 공동 이해를 지니고 있었으며, 봉토에 관계된 일은 그들 모두에게 관심사가 되었다. 주군은 자기 아내나 며느리 또는 사위를 고르기 전에 봉신들의 조언을 구하게 되어 있었다. 주군은 또 십자군에 나가거나 이웃 영주와 전쟁을 하려 할 때도, 먼저 봉신들의 의견을 물었다. 요컨대, 봉토 전체의 이해에 관계되는 어떠한 문제에 대해서도 주군은 관례적으로 봉신의 의견을 구했으며, 이는 특히 주군이 봉신의 도움이 필요한 계획을 염두에 두고 있는 경우 더욱 필수적이었다. 따라서 주군에게 정직한 충고를 하는 의무는 봉신의 중요한 의무가 아닐 수 없었다.

주군의 궁정에 모인 봉신들은 주군과 봉신 사이에, 또는 봉신 상호간에 벌어진 온갖 분쟁을 해결하였다. 주군이 의무 불이행을 이유로 한 봉신을 비난한 경우, 주군의 궁정에서 이 문제가 다루어졌다. 한 봉신이 자기의 권리를 침해하였다고 주군을 고발한 경우도 마찬가지였다. 또 한 봉토의 상속을 둘러싼 분쟁이 발생하였을 경우에도 역시 그러하였다. 바로 이 주군의 궁정에서 서서히 봉토의 봉건적 관습이 형성되어 나왔다. 그러나 주군은 조언을 구하거나 심의할 문제가 없는 경우에도, "자기의 위신을 세우기 위해" 봉신을 소집할 수 있었다. 어떤 사람이 봉건적 위계질서에서 차지하는 지위는 주로 전투에서 그를 따를 전사의 수로 결정되었다. 기사 이야기romance의 작가들은 등장인물의 비중을 공식 행사에서 그의 뒤에 포진한 봉신들의 수로 가리키곤 하였다. 주군이 부르면 달려나가 주군의 위신을 높여주는 것은 봉신의 의무였다.

군사적 봉사와 조언의 의무가 봉신 일반에게 있어서 두 가지 주된 의무였지만, 주군이 다른 유형의 봉사에 대한 대가로 봉토를 부여하는 경우도 있었다. 영주의 가계를 관장하는 주된 관리들, 곧 영지관리인seneschal :영주를 대리하여 장원을 관리하는 직책 ; 프랑스에서는 13세기로부터 대개 귀족 출신으로 한 행정구역에 대해 사법권과 군사권을 행사하는 무관-역주, 시종무관constable: 로마 제국 말기의 마구간 담당관comes stabuli; count of stable에서 유래 ; 11세기에 프랑스에서는 5대 고위직의 하나로 대두하였고, 14세기에는 군 총사령관이 됨 ; 영국에서는 직책이 세습화되었고 marshal과 함께 군대를 지휘, 영국의 경우 13세기 말부터 군hundred과 촌락의 치안을 맡은 하급관리, 즉 경찰을 지칭-역주, 마관marshal: 프랑크 시대 초기의 군마 관리인; 카롤링 왕조 말기와 신성로마 제국에서는 군사와 의전을 담당하는 최고 왕실관리; 프랑스의 경우 필립 존엄왕Philip Augustus이 이 직책을 도입, 곧 조정의 고위직으로 대두-역주, 그리고 때로는 시종chamberlain: 카롤링 시대에는 왕실 회계관 및 보좌관 역할을 하는 왕실 관리; 프랑스의 경우 대귀족이 차지하는 명예직이 됨—grand chambrier de France; 영국의 경우 노르만 정복 이후 왕실 가계를 담당-역주과 청지기butler까지도 봉사의 대가로 봉토를 받았다. 성 수비를 맡은 무관도 봉토를 보유하곤 하였다. 삼림관forester과 같은 관리도 대개 봉토 보유자였다. 영국왕은 "궁정에 속한 창녀들의 의전관"으로서의 봉사에 대한 대가로 봉토를 하사하였다. 요리사cook에게 봉토를 주는 경우도 많았다. 간단히 말해서, 초기 봉건제 시대에 영주가 그의 관리와 하인에게 봉급을 주는 수단은 두 가지밖에 없었다. 즉 영주는 봉사의 대가로 먹여주고 입혀주든지, 아니면 봉토를 수여하여 스스로 생계를 꾸려가게 하는 수밖에 없었던 것이다. 13세기의 봉건법학자들은 관리 및 하인에게 부여된 봉토와 정상적인 봉건적 봉사의 대가로 주어지는 봉토를 구분하려 하였다. 관리나 하인에게 주어진 봉토는 하인의 은급serjeanty이라 불리었다. 그러나 이러한 구분이 중세 초에 존재했다는 증거는 없으며, 그러한 봉토도 봉건적 구조의 중요한 일부를 이루고 있었다.

기본적인 봉건적 봉사에 더하여, 봉신은 주군에게 또 다른 의무를 지고 있었다. 이 가운데 하나가 상속세relief였다. 아마도, 상속세는 봉토가 세습화되기 전에, 주군이나 봉신이 죽었을 경우 봉토의 승계를 확실하게 하기 위해 바치던 보증금에서 유래했을 것이다. 봉토가 세습화되자, 상속세는 봉건적인 의무가 되었다. 원래는 주군이나 봉신이 죽었을 경우 언제나 상속세가 부과되었다는 증거가 있으나, 11세기에는 대개 봉토가 실제로 상속되었을 경우에만 부과되기에 이르렀다. 상속세는 분명 군사 장비—죽은 봉신의 무기와 갑주—로 납부되는 경우가 가장 많았으나, 12세기에는 화폐로 납부되었다. 요구될 수 있는 상속세의 액수에 대해서는 일반적인 규칙이 전혀 없었으나, 봉토의 1년 수입에 해당하는 정도가 일반적으로 적당하다고 여겨졌다는 증거가 있다.

봉신의 또 한 가지 의무는 경제적 부조aid였다. 주군은 자기의 수입보다 많은 물자가 필요한 경우, 자연스럽게 그의 봉신들에게서 도움을 받으려 하였다. 새로 주군이 된 상속자는, 상속받은 봉토에 대한 상속세를 내지 못할 경우, 그의 봉신들로부터 부조를 기대하였다. 주군이 그의 적에게 사로잡혔을 때, 그의 몸값을 거두는 것은 봉신들의 의무였다. 주군의 장남이 기사로 서임되거나 장녀가 결혼하는 때에는 굉장한 잔치가 벌어졌는데, 봉신들은 이 잔치에 드는 비용을 부조해야 했다. 아마 처음에는 봉신들이 단순히 음식과 포도주를 제공하는 것이었겠지만, 뒤에는 돈으로 부조하는 것이 관례화되었다. 또 주군은 십자군으로 나가거나 새로 성을 세우는 등, 자기가 댈 수 있는 것보다 비용이 많이 드는 사업을 하려 할 때는 언제나 봉신들로부터 부조금을 뜯어내려 하였다. 11세기에는 부조가 두 종류로 나뉘어, 주군이 당연히 요구할 수 있는 부조와 강제성이 없는 부조가 구별되어 있었다. 대체로, 모든 봉토에 있어서, 주군의 몸값, 장남의 기사 서임식비, 장녀의 혼인 잔치값을 부조하는 것은 봉신의 의무로 여겨졌다. 어떤 봉토에서는 주군의 상속세를 부조하는 것도 이러한 강제적인 부조의 범주에 속하였다. 그러나 그 밖에 다른 목적을 위한 부조를 바라는 경우, 주군은 봉신의 동의를 구해야 했고, 봉신은 부조를 거부할 수 있었다.

모든 봉토의 봉신에게 공통된 경제적 봉사는 상속세와 부조뿐이었으나, 주군에게 숙식을 제공할 의무도 꽤나 보편화되어 있었다. 처음에는 아마 숙식 제공에 제한이 없어서, 주군이 봉신을 방문할 때는 언제나 봉신이 주군과 주군의 수행원들을 대접해야 했을 것이다. 그러나 시간이 지남에 따라, 이 의무는 엄격하게 규제되기에 이르렀다. 주군이 봉신을 방문할 수 있는 횟수와 그 기간, 그리고 수행원 및 말의 수까지 뚜렷하게 규정되었다. 이따금 사람 및 짐승에게 줄 음식의 종류 및 양까지도 합의에 의해 또는 관습에 따라 규정되었다.

봉건적인 봉사에 더하여, 주군은 봉신 및 그의 봉토에 대해 봉건적 관계의 기본적인 성격에서 비롯되는 권리를 지니고 있었다. 어떤 봉신의 딸이 결혼하는 경우, 딸은 아버지의 봉토 가운데 일부를 결혼 지참금으로 남편에게 가져가게 되어 있었고, 따라서 사위가 되는 자는 주군의 토지에 이해관계를 지니게 되어 있었다. 따라서 어떤 주군도 적으로 하여금 자기 봉신의 사위가 되게 내버려 두지는 않았을 것이다. 이에 봉신은 그의 사위가 될 자에 대해 주군의 재가를 얻어야 했다. 또 너무 어려 전투에 참여할 수 없는 아들이나 미혼의 딸을 남긴 채

봉신이 죽은 경우, 봉토에 부과된 의무를 수행할 사람이 없었으므로, 주군은 봉토 관리자를 지명하여 그로 하여금 의무를 수행케 할 권리를 지니고 있었다. 몇몇 경우 상속인의 친척이 봉토 관리자가 되는 것이 관례였는데, 이런 경우 대개는 봉토 상속의 자격이 전혀 없어 상속인을 제거할 동기가 없는 상속인의 첫째 외삼촌에게 이 의무가 맡겨졌다. 친삼촌이 봉토 관리자가 되면, 그가 조카를 제거하고 봉토를 차지하려는 유혹에 빠질 수도 있었던 것이다.

그러나 대개의 경우, 주군 스스로가 상속인 및 그 봉토의 후견인 또는 관리자가 되기 마련이었다. 상속인이 남자인 경우, 주군은 상속인이 성년이 될 때까지 봉토를 보유·관리하였다. 상속인이 여자일 경우, 봉토에 부과된 의무를 수행할 수 있는 남편감을 찾아주는 것이 주군의 도리였다. 이는, 당연한 일이지만, 주군의 가장 귀중한 특권 가운데 하나였다. 주군에게는 언제나 봉토를 갈망하는 젊은 기사들이 식솔로 딸려 있었고, 주군의 관점에서 그들의 욕망을 충족시킬 수 있는 가장 손쉬운 방법은 그들을 상속녀와 결혼시키는 것이었다. 이는 봉토가 없는 기사가 유력자로 발돋움할 수 있는 거의 유일한 길이었다.

봉신이 주군과 그의 궁정에 의해 상속인으로 인정될 만한 후손을 남기지 않은 채 사망했을 경우, 봉토는 주군의 소유로 복귀escheat되었다. 봉신이 주군의 궁정에서 의무를 이행치 않았다고 판결되면, 그의 봉토는 몰수될 수 있었다. 이러한 경우는, 궁정에 모인 봉신들이 다른 봉신을 탄핵하여 그의 봉토를 몰수케 하기를 꺼려했기 때문에, 그리 잦은 편이 아니었다. 봉신들은 각기 자기가 언젠가는 비슷한 곤경에 처할 수도 있음을 깨닫고 있었던 것이다.

지금까지 주군에 대한 봉신의 물질적인 의무를 논의해 왔지만, 봉건적 관계에 있어서 사적인 의무가 결정적인 역할을 하였다는 점을 염두에 두는 것이 중요하다. 봉신은 군주에게 완전하게 충성스러워야 했고, 그의 이익을 위해 가능한 모든 일을 하고, 그에게 해로울 수 있는 일은 전혀 하지 말아야 했다. 봉신에게 있어서 가장 큰 죄는 주군을 위해하거나 살해하는 일이었다. 주군의 아내나 장녀를 농락하는 것도 그에 못지않게 무거운 죄였다. 장녀 이외의 딸들에 대해 봉건법학자들은 거의 언급하지 않았지만, 봉신이 그녀들을 꼬이는 것은 아마 악취미로 여겨졌던 것 같다. 봉신은 주군과 주군의 가족을 자기 가족에 못지않게 성심성의껏 보호해야 했다.

주군과 봉신 사이의 관계는 쌍무적인 것으로서, 주군 또한 봉신에게 여러 의무를 지고 있었다. 물질적인 면에서, 주군은 봉신에게 극히 중요한 의무를 지고 있었다. 주군은 그 자신의 봉토 바깥에서 봉신 및 봉신의 봉토를 모든 적으로부터 보호할 의무가 있었다. 주군은 또 그의 궁정에서 봉신을 "온당하게 취급할" 의무도 있었다. 어떤 봉신이 주군이 자기를 푸대접한다고 믿어 동료 봉신들 앞에서의 심문을 요구하는 경우, 주군은 이를 인정해야 했다. 주군은 또한 봉신의 가족과 개인적인 이익을 존중해야 했다. 주군이 봉신에 대한 의무를 충족하지 못하는 경우, 봉신은 자기가 더 이상 그 주군의 봉신이 아님을 선언함으로써 주군과의 관계를 끊을 수 있었다. 봉신이 그와 그의 봉토를 보호해 주지 못했다고 주군과 관계를 끊는 경우는 꽤 보편화되어 있었고, 푸대접을 이유로 주군에게 대드는 경우도 상당히 잦았다. 이러한 경우, 주군은 봉토의 몰수를 선언하고, 봉신은 의무를 저버린 것은 바로 주군임을 들어 봉토를 계속 보유할 권리가 있다고 주장하여, 결국 전쟁으로 분쟁이 해결되곤 하였다. 주군에 대한 봉신의 도전이 전쟁을 의미했으므로, 대개 봉신은 공식적으로 도전을 표명하기 전에 주군과 적대 관계에 있는 자의 지원을 확보해 놓기 마련이었다.

주군과 봉신 사이의 관계는 신서臣誓, homage와 충성fidelity의 맹세라는 엄숙한 의식으로 맺어졌다. 봉신은 주군 앞에 무릎을 꿇고 앉아, 두 손을 주군의 손 사이에 놓고, 충성스러운 봉신으로서 봉토에 부과된 의무를 다하겠다고 맹세하였다. 이 의식은 의례적인 키스로 끝맺을 수도 있었으나, 주군이 봉토 부여의 상징으로서 한 줌의 흙을 봉신에게 건네주는 경우도 많았다. 역사가들은 충성의 맹세와 신서를 구별하려 노력해 왔으나, 그리 큰 성과는 없었다. 가장 일반적인 가설은 충성의 맹세로 개인적인 관계가 확립되고, 신서는 봉토를 대상으로 관습에 따라 그에 부과된 의무를 수행할 것을 약속하는 것이었다는 설이다. 이 견해는 군사적인 봉사를 제대로 수행할 수 없는 고위성직자들이 충성의 맹세는 그들의 당연한 의무로 받아들였지만, 대개 신서의 의식은 거부하였다는 사실로 뒷받침된다. 하지만, 봉토가 개입되어 있지 않은 경우에도 이따금 신서가 행해진 것 또한 분명한 사실로 여겨진다. 한 기사가 주군의 식솔이 되어 의식주를 제공받는 대가로 주군에게 봉사하는 경우, 그는 대개 충성의 맹세뿐만 아니라 신서도 하였던 것이다. 요컨대, 충성의 맹세와 신서는 대개 함께 행해졌다. 그 둘이 개별적으로 행해지는 경우, 각각의 의미는 관련 당사자들의 취향과 해당 봉토의 관습에 따라 해석되었던 것 같다.

봉건제 초기 시대에는 봉신이 오로지 한 주군만을 섬길 수 있었던 것으로 보이지만, 이러한 상황이 오래 지속될 수는 없었다. 어떤 사람이 결혼하여 아내와 함께 지참금으로 토지를 받게 되면, 그는 처가쪽 가장의 봉신이 되는 것이었다. 또 젊은 아들이 아버지의 주군이 아닌 다른 주군에게 봉사하여 봉토를 받은 뒤, 뒤에 아버지의 봉토까지 상속하게 되는 경우도 있을 수 있었다. 또한 주군이 이웃의 유력자에게 봉토를 줌으로써 그의 호의와 지원을 매수하는 경향도 있었다. 예컨대, 영국에서는 노포크Norfolk의 비고드Bigod백이 동앙글리아에서 막강한 봉건 세력을 구축하고 있었는데, 그 지역의 수많은 중소 제후들은 설득되든지 또는 그저 강요되어 백에게 봉토를 부여하고 있었다. 공공연한 정복이 신서의 의식으로 그럴듯하게 은폐되는 경우도 많았다. 예컨대, 앙주Anjou백이 블로아Blois백을 뚜렌느Touraine에서 쫓아냈을 때, 앙주백은 정복한 영토에 대하여 블로아백에게 신서를 하였던 것이다.

12세기에는 거의 모든 중요한 영주가 여러 주군의 봉신이었다. 상파뉴Champagne백은 프랑스왕과 부르군디공, 신성로마 황제, 랭스와 상스Sens의 두 대주교, 그리고 랑그르Langres, 샬롱Chalons, 오떵Autun, 오세르Auxerre의 네 주교를 주군으로 모시고 있었다. 그의 봉신으로는 왕으로부터 봉토를 받은 여러 영주와 그밖에 80여 명의 영주가 있었다. 봉건제에 있어서 이러한 복잡한 상황은 당연히 상당한 혼란을 야기할 수 있었으며, 이는 특히 한 봉신의 주군들 사이에 전쟁이 벌어지는 경우에 더욱 그러하였다. 따라서, 시간이 지남에 따라, 지상至上의 신서liege homage라는 새로운 관념이 나타나게 되었다. 즉 지상의 신서를 한 주군에게는 봉신 개인의 직접적인 봉사를 바쳐야 했고, 다른 주군에게는 단순히 봉토에 부과된 봉사만을 제공하면 되었다. 예컨대, 앙주백은 프랑스왕에게 지상의 신서를 하였고, 따라서 왕과 블로아백이 전쟁을 하는 경우, 왕의 군대에는 직접 가담해야 하는 한편, 블로아백에게는 적정수의 기사만 보내면 되었다.

봉건적 관계가 아마도 전사 계급의 구성원들을 묶어주는 가장 중요한 끈이긴 했겠지만, 반드시 언급해야 할 또 하나의 관계가 있었다. 가족적 유대는 중세의 정치에 있어서 매우 큰 역할을 하였다. 한 영주가 전쟁에 나갈 때, 그는 봉신들에 못지않게 그의 가문 즉 친척에게 의존하였다. 봉건적 관계를 맺고 있지 않은 영주들 사이의 동맹은 대개 가족적 유대를 바탕으로 하고 있었다. 전 가문이 단합하여 가문 전체의 발전을 도모하는 경우도 많았다. 예컨대, 클레어Clare 가문은 헨리 1세Henry I 왕에게 매우 총애를 받아 12세기 초 영국에서 유력한 지위를 얻었고, 100년 뒤에는 바로 이 가문이 존John 왕에 대한 저항 세력의 중추를 이루었다. 까스띨랴의 블랑슈Blanche of castile가 나이 어린 왕 루이 9세Louis IX의 섭정으로서 프랑스를 다스릴 때, 그녀를 괴롭혔던 제후 연합은 기본적으로 드르와Dreux 가문 사람들을 중심으로 한 동맹 집단이었다. 요컨대, 영지의 면적이나 봉신의 수가 보잘 것 없는 비교적 군소 영주에 속하는 제후도 친척들에 힘입어 큰 세력을 행사할 수 있었다. 형제와 사촌들은 서로 격렬하게 다투다가도 가문 전체의 이익을 위해서는 단합하곤 하였다.

여기서 고찰해야 할 봉건 사회의 또 한 가지 측면이 있다. 봉건제는 기묘한 명칭의 여러 제도가 뭉뚱그려진 것에 불과한 것이 아니었다. 봉건제를 통해 개개 지역의 정치 생활이 이루어졌으며, 봉건제는 실질적인 통치 구조로 기능하였다. 봉건제의 여러 제도는 프랑스가 거의 완전한 무정부 상태에 직면했을 때 자라나기 시작했던 것이다. 여기서 당연히 그 제도들이 질서 유지의 수단으로 얼마만큼 효과적이었는가 하는 물음이 제기된다. 봉건제가 질서 유지를 위한 체제로서 심각한 결함을 지니고 있었음은 분명하다. 가장 명백한 결함은 본질적으로 봉건제가 아주 싸우기를 즐기는 많은 수의 직업적인 전사 계급을 부양하기 위한 것이었다는 점이다. 이론상으로나마, 주군과 봉신 사이 그리고 같은 주군을 섬기는 봉신들 사이에서 야기되는 모든 분쟁을 평화적으로 해결할 수단은 봉건제에 갖추어져 있었다. 그러한 모든 분쟁은 주군의 궁정에서 심의될 수 있었던 것이다. 그러나 서로 다른 주군의 봉신들 사이에서 벌어지는 분쟁에 대비한 방책은 마련되어 있지 못했으며, 이러한 분쟁은 협상이나 전쟁으로만 해결될 수 있었다. 더구나, 이론과 실제는 그리 일치하지 못했다. 같은 주군의 두 봉신 사이에 분쟁이 벌어진 경우, 그들은 대개 주군이 허용하는 한 서로 싸우는 것이 상례였고, 주군도 한쪽 봉신이 의무를 수행할 수 없을 만큼 큰 해를 입을 위험에 처하지 않는 한 간섭하지 않았다. 또 주군과 분쟁하고 있는 봉신치고 제정신이 있다면 주군의 궁정이 내리는 불리한 결정을 받아들이려고 하지 않았다. 이러한 결정은 무력의 뒷받침이 있어야만 효능을 지닐 수 있었다. 12세기 말과 13세기에 왕과 봉건 제후 등의 대영주들이 압도적으로 강력한 세력을 쥐게 되었을 때에야, 그들은 주군으로서의 권리를 행사하여 봉건적인 전쟁을 실질적으로 줄일 수 있었다.

또 하나 흥미로운 문제는 봉건적 위계질서에 있어서 권력의 중심이 어디에 있었느냐 하는 것이다. 이론상 충성의 피라미드는 왕을 정점으로 하고 있었으나, 실제에 있어서는 한 예로 프랑스왕은 10세기에 거의 무력한 명목상의 왕에 지나지 않았다. 위계질서의 어느 단계에 있는 사람이 상위자로부터 가장 독립된 상태에서 마음먹은 바를 행할 수 있었을까? 12세기 후반까지는 강력한 성을 세우고 수비해 낼 수 있는 영주 가운데 가장 낮은 위치에 있던 사람들이 이러한 입장을 누리고 있었다. 둔덕과 안뜰로 이루어진 성을 구축하는 데에도 노동력으로 볼 때 값이 비싸게 먹혔으며, 어느 정도 재원이 있는 영주만이 성을 세울 수 있었다. 또 상당수의 기사를 거느린 영주만이 봉신의 성 수비 의무를 통해 성채를 방비할 수 있었다. 성을 지니고 있으며, 그 성을 강력하고 충분하게 방비할 수 있는 영주는 특출한 지위를 누렸다. 어느 정도 확고하게 방비되는 성채를 봉건 군대의 통상 종군기간인 40일 동안에 함락하기란 불가능하였다. 그래서 성을 가진 봉신이 주군에게 도전하는 경우, 그는 성문을 닫고 농성하면 대개 심각한 결과를 피할 수 있었다. 동시에 성을 가진 주군의 봉신들은 성을 갖고 있지 못한 경우 대체로 주군 앞에서 무력하였다. 11세기 프랑스에서, 제후baron란 말은 대개 성을 가진 자를 가리켰고, 고등사법권이 성의 소유에 수반되는 경우가 보통이었다. 10세기 프랑스에서 출현하고 있었던 실질적으로 독립된 제후국feudal states의 크기는 대체로 그러한 요새화된 성채를 중심으로 기사들이 영향력을 행사할 수 있는 범위와 일치하였다.

일견하여, 역사가들에게 가장 인상 깊은 것은 무질서와 무정부에 가까운 초기 봉건사회의 상황일 것이다. 그러나 그 상황을 달리 보는 방법도 있다. 샤를마뉴의 제국이 해체되고 바이킹의 침략이 가중되고 있었던 시대에 프랑스가 처해 있던 상황을 고려할 때, 주요 봉토의 성장은 건설적인 국가 형성의 과정으로 간주될 수 있는 것이다. 봉건적인 제후국은 바이킹을 막는 데 효과적인 단위가 되었다. 제후국의 출현으로 사회는 완전히 붕괴하여 "만인의 만인에 대한 투쟁"

의 상태로 전락하지 않을 수 있었다. 제후국은 비교적 질서와 규율이 잡힌 통치 단위를 확립하였으며, 이러한 통치 단위는 결국 더 광범위한 통일체로 결합될 수 있을 것이었다.

유력한 대봉신들을 실로 효과적으로 통제할 수 있을 만큼 강력한 봉건 왕권의 성장은 매우 느리고 험난한 과정을 통해 이루어졌다. 봉토의 세습화는 왕이 왕국의 각 지역을 다스릴 인물을 마음대로 선택할 수 없었음을 뜻하였다. 영주 하나하나에게 군사적 · 정치적 · 경제적 권력이 모두 집중되어 있었기 때문에, 독립적인 봉건 제후국이 더욱 쉽게 출현할 수 있었다. 분쟁이 벌어지는 경우, 대개의 기사는 멀리에 있는 왕보다는 바로 위의 직속 주군에게 더 큰 충성심을 느끼는 것이 보통이었다. 이러한 문제는 해결이 어렵긴 했지만, 유능하고 결단성 있는 왕이 연이어 나오는 경우 해결이 불가능하지는 않았다. 실질적인 왕권을 누리고자 하는 왕은 그의 봉신 가운데 가장 유력한 자 또는 봉신들의 연합 세력을 충분히 제압할 수 있을 만큼 권력과 부를 직접 소유하고 있어야 했다. 왕은 세습적인 봉토 보유자들보다는 왕에 의해 임명된 관리들을 기반으로 하는 통치 체제를 구축해야 했다. 그는 또 어떤 다른 권위에 대한 충성보다도 왕에 대한 충성이 우위에 있음을 주장해야 했다. 우리는 뒤에 몇 장에 걸쳐 중세의 왕들 가운데 누가 어떻게 이러한 일을 이루는 데 성공하고, 또는 실패하였는가를 살펴보게 될 것이다.

21. 봉건 계급

이제 봉건 사회의 여러 제도로부터 봉건 사회를 구성하고 있던 남녀 구성원에게로 눈을 돌려보자. 중세 초 서유럽을 지배하였던 이 계층을 가리키는 만족스러운 용어를 찾아내기는 힘들다. 아주 이른 시대에 모든 봉토 보유자가 귀족이자 기사였던 때에는 귀족 계급이라든지 기사 계급이라는 용어가 알맞게 사용될 수 있지만, 13세기에 가서는 이러한 용어가 한정된 의미로 쓰여 봉건 사회의 모든 구성원을 가리키지 못하게 되었다. 가장 손쉬운 방법은 봉건제에서 한 몫을 차지하고 있던 사람과 그의 가족들을 가리키기 위해 가장 이론의 여지가 없는 봉건 계층 또는 봉건 계급이라는 용어를 사용하는 것이다.

봉건 계급의 남성에게 있어서 주된 기능은 싸우는 것이었다. 그는 이러한 기능을 위해 교육받았고, 또 생활하였다. 7살 또는 8살에 그는 부모 특히 어머니의 사랑으로 나약해지지 않도록 집을 떠나야 했다. 그는 관계가 가까운 봉건 영주, 대개는 아버지의 주군이나 친척의 궁정으로 보내져, 그곳에서 교육을 받았다. 몇 년 동안 그는 시동page으로서 성주의 마나님을 모셨다. 악기 연주나 노래 등 비군사적인 재능은 대개 이 시기에 획득되었을 것이다. 14~15세에 그는 종자squire가 되어 영주를 모셨다. 그는 말을 돌보고, 갑주를 닦았으며, 음식 시중을 들었다. 그는 갑주를 입고, 기사의 장비를 다루는 훈련을 받았다. 대개 20살 전후한 시기에 충분히 나이가 들고 모든 준비가 제대로 되었다고 여겨질 때, 그는 무기와 갑주 그리고 자기의 말을 받고, 엄숙하게 기사로 서임되었다. 기사도 관념이 발전해 나오기 전의 가장 단순한 형태에서는 이 의식이 그가 새 갑주를 입고 한 기사—대개 그를 훈련시킨 영주—앞에 무릎을 꿇고 앉으면, 기사가 주먹 또는 칼등으로 그를 세게 후려치는 것으로 이루어져 있었다. 봉건 계급의 한 남자가 기사로 서임되면, 그는 성년이 된 것으로 여겨졌다. 그때부터 그는 신서를 하고, 그의 봉토를 다스릴 수 있었다.

기사의 주된 일이자 오락은 싸우는 것이었다. 제후baron인 기사는 그의 봉신들을 제압하고, 이웃한 제후의 재산을 빼앗기 위해 싸웠다. 봉토를 보유하고 있을 뿐인 평기사는 자신의 의무를 다하는 한편 전리품의 배당에 기대를 걸고 주군을 따라 싸움터에 나갔다. 봉토가 없는 기사는 생계를 위해 싸웠다. 농촌의 약탈로 그리 많은 전리품을 얻는 경우는 거의 없었으나, 다른 기사를 포로로 잡아 몸값을 뜯어낼 기회는 언제나 있었다. 하지만 이익을 얻을 기회를 완전히 배제하더라도, 싸우는 것 자체가 아주 즐거운 스포츠로 여겨지고 있었음을 기억하는 것이 중요하다.

봉건 영주는, 집에서 평화롭게 살고 있는 경우, 동이 트기 훨씬 전에 잠을 깨어, 집안의 예배당에서 미사를 올린 뒤, 그날 할 일을 대충 해치웠다. 그는 그의 관리들과 의논하고, 송사를 판결하였으며, 대개 봉토의 업무를 살펴보았다. 동이 트면, 그는 진짜 중요한 일인 사냥을 나갈 채비를 갖추었다. 사냥의 방법은 여러 가지가 있었다. 가장 전투와 비슷했기 때문에 제일 높게 쳐지던 방법은 말을 타고 수사슴이나 멧돼지를 쫓아가서 살육하는 것이었다. 암사슴, 이리 그리고 살쾡이도 같은 방법으로 잡았다. 좀더 점잖은 사냥 방법으로 특히 여자에게 알맞은 것으로 여겨졌지만 남자들도 몹시 탐닉했던 것은 매사냥이었다. 매사냥에서 사냥꾼은 팔뚝에 훈련된 매를 올려 놓은 채 하천을 따라 푸른 초원을 가로질러 말을 내달리다가, 사냥감이 될 새가 나타나면 매를 날려 보내 잡게 하였다. 사냥은 귀족의 생활에서 극히 중요한 부분을 차지하고 있었으며, 귀족들은 사냥개와 훈련된 매 또는 (사냥에 더 알맞은) 송골매를 많이 사육하고 있었다.

오후 2~3시경, 기사는 온갖 고기에다 빵과 과자를 곁들인 매우 실속 있는 식사를 시작하였고, 그 지역의 관습에 따라 굉장한 양의 맥주 또는 포도주로 목을 축였다. 식사를 마치면, 그는 배가 불러 오락을 즐길 기분이 되었다. 여기서는 사람에 따라 취향이 달랐다. 영국의 존John 왕은 식후의 오락거리로 죄인의 교수형을 보는 것이 제일 좋다고 생각하였다. 그러나 다른 사람들은 좀더 고상한 오락거리를 더 좋아했다. 방랑 시인들이 들러서 온갖 재능을 발휘하곤 하였다. 이들은 모든 시대의 사람들을 즐겁게 해온 옛날 이야기를 무진장으로 들려주던 단순한 이야기꾼이거나, 아니면 곡예사나 춤추는 곰 또는 무희를 데리고 다니는 흥행사를 겸한 시인이었다. 많지는 않지만 장편의 서사시를 외워 낭송해 주던 사람들도 있었다p. 517 참조. 어두워진 뒤에는 조명 수단이 연기를 내뿜는 횃불밖에 없었으므로, 기사는 대개 곧바로 잠자리에 들었다.

두말할 나위 없이, 11세기와 12세기 초의 기사는 점잖거나 세련된 것과는 거리가 멀었다. 그는 거의 매일 인사불성이 될 때까지 술을 퍼마셨다. 장기를 두다가 상대방 때문에 애를 먹게 되면, 그는 무거운 장기 말로 상대의 머리통을 후려갈기곤 하였다. 하인이 포도주를 좀 늦게 갖다 바치기라도 하면, 그는 하인에게 창을 내던져 발걸음을 재촉케 하였다. 아내가 그에게 거슬리는 행동을 하면, 그는 아내를 무자비하게 구타하였다. 그 당시에 떠돌던 한 이야기에는 목욕하고 있는 손님을 살해하는 것은 정당한 일이 아니라고 남편에게 충고한 아내가 말을 끝내자마자 남편에게 얻어맞아 뻗어버리는 장면이 있다.

봉건 계급을 이루는 구성원의 개인적인 행동에 대한 법적 제한은 거의 또는 전혀 없었다. 그는 주군과 주군의 직계 가족, 봉신과 봉신의 가족에게 해를 입혀서는 안 되었고, 동료 봉신에 대해 공격하면 주군의 궁정에서 그 행위를 변명해야 했으나, 그 밖의 모든 사람에 대해서는 무슨 짓을 하건 마음대로였다. 13세기 이전의 프랑스에서는, 봉건적인 관습만이 효력을 지니고 있었다. 공법public law은 귀족에 관한 한 실질적으로 존재하지 않았다. 1091년에 윌리엄 러퍼스William Rufus: 뒤의 영국 왕 윌리엄 2세와 그의 형 로베르Robert는 노르망디에서 무질서를 어느 정도나마 줄이려는 시도로, 어떤 사람이 그의 적을 살해하고자 하는 경우 공격을 가하기 전에 뿔나팔을 불어 정당하게 미리 경고하도록 규정한 법령을 공포하였다. 영국에는 이론상으로 모든 자유민에게 평등하게 적용되는 유효한 공법이 존재해 있었다. 그러나 실제로는 왕의 관리들은 유력자가 저지른 범죄를, 피해자가 가해자 못지않게 유력한 자가 아닌 이상, 종종 문제삼지 않았다. 예컨대, 대로상에서 한 기사의 저택으로 납치되어 기사와 그의 졸자들에게 윤간당한 한 처녀에 관한 기록에 따르면, 그 처녀가 강제로 자기 집에 납치되었다는 말을 듣고 어이가 없었다는 기사의 증언을 법정이 엄숙하게 받아들였다고 한다.

기사는 의심 없이 교회의 기본적인 가르침을 받아들이고 규정된 예배의식을 충실히 행했다는 점에서 종교적이었다고 할 수 있다. 그는 정기적으로 미사에 참석하였다. 그는 형편에 따라 종교 단체에 재화를 기부하고 헌납하였다. 그러나 기사는 대체로 덕행보다는 회개하고 속죄하는 것을 훨씬 더 쉬운 일이라 느꼈다. 기사는 제멋대로 무슨 짓이건 하였고, 그 대신 교회에 아낌없이 재물을 바쳤다. 심지어 그는 멀리 순례나 십자군에 나가기도 하였다. 어느 정도 세력이 있는 귀족 가문치고 수도원을 세우지 않은 경우는 거의 없었다. 대제후는 그의 가문과 봉신들의 헌납으로 세워진 4~5개의 수도원을 지니고 있기도 하였다. 기사들의 종교적 열정과 교회 및 그 가르침에 대한 헌신은 의심할 여지가 없으나, 신앙이 어느 정도나마 개인적인 행위에 영향을 미치지는 못한 듯하다.

봉건 계급의 여성은 남성과 함께 몇몇 특징을 공유하고 있었다. 설교가나 이야기꾼들이 전하는 바에 따르면, 여자들도 수시로 즐겨 과음하였다. 사실, 그 당시의 이야기에서 "술 한 병쯤 언제나 마셔대는 아름답기 그지없는 여인"이란 묘사가 곧잘 나온다. 그네들은 하녀를 때로는 죽을 때까지 마구 때렸다. 물론, 그네들의 일상생활은 그보다는 덜 폭력적이었다. 그네들의 일은 대개 실잣기, 천짜기, 바느질, 그리고 가정일의 감독이었다. 사냥을 하는 경우, 그네들은 대개 매사냥을 하였다.

봉건 사회에서 여성의 지위가 어떠하였는가는 극히 복잡한 문제이다. 여자는 전투 능력이 없었으므로, 초기 봉건 관습에 의해 언제나 미성년자minor로 취급되었다. 여자는 언제나 남자의 보호 아래 있었다. 결혼하기 전에는 아버지의 보호를 받았고, 결혼해서는 남편이 보호자가 되었으며, 남편이 죽으면 남편의 주군이나 아들의 보호 아래 두어졌다. 여자는 남편의 뜻을 거역할 권리가 없었으며, 여자의 인신과 재산은 완전히 남편의 통제 아래 있었다. 교회는 남편이 아내를 구타할 때 쓰는 몽둥이의 크기를 제한함으로써 아내에 대한 폭력을 줄여보려고 하였지만, 교회의 가르침이 여성의 지위를 개선시키지는 못했다. 교회의 가르침에 따르면, 여자는 모든 악의 근원이었다. 이브Eve의 죄로 남자마저 천국에서 추방되었다는 것이었다. 여자란 그 자체가 죄에 빠진 약한 그릇weak vessel이었다베드로 전서 3:7, "남편된 사람도 이와 같이 자기 아내가 약한 그릇임을 잘 이해하여…"-역주. 게다가, 교회는 남편에 대한 아내의 복종을 강조하였다. 인간이 하나님을 섬기듯이 아내는 남편을 섬겨야 했다. 그러나 초기 봉건 시대의 여성 지위를 하염없이 한탄하기 전에, 먼저 이를 그 당시 다른 사회에서의 여성 지위와 비교해 보아야 할 것이다. 이슬람의 여인들은 하인들의 감시 아래 집안에 갇혀 있었고, 비잔틴의 귀부인들도 그에 못지않게 속박되어 있었다. 봉건 계급의 여인들은 완전히 남편에게 복속되어 있었지만, 남편 이외에 모든 사람과의 관계에서는 남편의 지위에 걸맞게 대접받았다. 기사가 부재중일 경우에는, 그의 아내가 가계와 봉토를 다스렸다. 여자로서의 장애에도 불구하고, 여인들은 봉건 사회에서 중요한 역할을 할 수 있었다.

봉건 계급의 생활은 단순하고 조야하였으며, 그들의 땅을 가는 농민의 생활보다 별로 사치스럽지 못하였다. 기사는 그의 땅에서 나는 것은 무엇이든 충분히 먹고 쓸 수 있었다. 그는 얼마든지 빵과 사냥물 그리고 맥주 또는 포도주를 먹고 마실 수 있었다. 그러나 그의 음식이 양에 있어서는 모자라지 않았지만, 음식의 종류는 아주 간소하였다. 그는 또 얼마든지 모직물 옷을 입을 수 있었으나, 그 옷들은 비교적 솜씨가 서툰 아내나 하녀의 손으로 만들어진 것이었다. 요컨대, 기사는 농민보다 더 많은 음식과 옷을 먹고 입었으나, 그 질은 농민의 것과 별다름 없었다.

기사의 성채는 극히 질박하고, 매우 불편했을 것이 틀림없다. 성채에는 대개 홀hall과 내실chamber의 두 방이 있었다. 홀에서 기사는 그의 관리와 봉신 그리고 농민들과 일을 처리하였다. 홀에서는 기사가 괴임목 위에 놓인 널빤지 식탁에서 식사를 하였다. 홀은 하인들과 병사, 손님, 그리고 영주 및 그의 가족들이 잡다하게 섞이어 혼잡한 광경이었을 것이다. 밤이 되면 하인들은 홀의 식탁 위에서 또는 맨바닥에서 잠을 잤다. 내실은 영주 및 그 가족의 방이었다. 그곳에서 영주는 지위 높은 손님들을 접대하였다. 밤이 되면, 영주와 그의 아내 및 자식들은 침대에서 잤고, 몸종들은 내실 바닥에서 잤다. 이따금 아주 유력한 영주는 성 안에 예배당을 지니고 있는 경우도 있었다. 12세기에는 내실에 덧붙여 의상실dressingroom을 만들어 놓을 만큼 사치스러운 영주도 약간은 있었다. 성은 춥고 외풍이 심했다. 창은 널빤지로 가리거나 아니면 열린 채였다. 13세기 이전에 대개 그러하였듯이 성이 목조인 경우, 기사는 불을 피울 수 없었다. 돌로 쌓은 성에서는 불을 피울 수 있었지만, 12세기 말까지는 굴뚝이 없었으므로, 연기가 거의 참을 수 없을 정도였을 것이다. 우리 현대인은, 겨울밤을 영주와 그의 예농 가운데 누구와 같이 지낼 것인가 선택해야 한다면, 마룻바닥에서 체온이 따스한 돼지를 껴안고 외풍이 비교적 안 드는 초가집에서 지내기를 택할 것이다.

제8장 농업과 농촌 생활

초기 중세 사회는 거의 전적으로 농업적이고 농촌적이었다. 로마 제국 초기를 특징지웠던 도시 생활과 광범위한 교역 활동은 3세기의 무수한 내란으로 크게 타격을 받았고, 게르만의 침입으로 더욱 쇠퇴를 맛보았다. 카롤링 제국에는 교역 활동이 거의 없었고, 도시다운 도시도 매우 드물었다. 성당이나 왕궁 부근에 가옥 밀집지역이 있긴 하였지만, 그곳의 거주자들은 산업이나 상업보다는 가까운 농토에서 생산되는 작물을 생계의 근거로 삼고 있었다. 원시적인 경제 상태 아래에서 화폐는 거의 유통되지 않았고, 화폐의 필요성 또한 거의 느껴지지 못했다. 사람들은 땅을 직접적인 생계수단으로 삼고 있었다. 음식이든 옷이든 집이든 모두 바로 이웃한 땅에서 나오는 산물로 이루어져 있었다. 유럽 문명의 부활이 있으려면, 그것은 바로 이 원시적인 농업사회로부터 첫걸음을 내디뎌야 했다.

22. 농업 경제

농업 사회를 이해하기 위해서는, 농업 사회의 기본적인 특징들—촌락의 유형과 토지 이용의 방식—을 어느 정도 알아야 할 필요가 있다. 서유럽에는 두 가지 유형의 촌락이 공존하였는데, 하나는 집촌이었고, 다른 하나는 농민들이 작은 부락을 이루거나 이웃과 떨어져 살았던 산촌이었다. 집촌nucleated village은 방비하기가 더 수월하긴 하였지만, 비옥한 지역만이 그렇게 집중화된 정착촌을 뒷받침할 수 있었다. 그에 따라 스코틀랜드와 웨일즈, 콘월, 브르타뉴, 노르망디 서부, 그리고 프랑스 중부 고지와 같은 박토 지역에는 산촌의 유형이 널리 퍼지게 되었다. 좀더 비옥한 지역에는 집촌이 형성되었다.

산촌 지역에서의 토지 경작은 극히 원시적인 수준으로 이루어졌다. 각 가구는 집 바로 가까이에 가축의 분뇨로 비료를 주어 항상 경작을 할 수 있는 좁은 면적의 토지in-field를 보유하고 있었다. 그에 더하여, 울타리가 없이 개방된 토지out-field도 있었는데, 이러한 토지는 그 일부를 1~2년간 경작하고, 그곳의 지력이 고갈되면, 다른 일부를 경작하는 방식으로 이용되었다. 경작지 주변의 황무지는 방목지로 이용되었다. 이러한 유형의 농업은 대개 내전-외전식 경작in-field and out-field exploitation이라 불리며, 토지가 박하고 인구가 희박한 지역에 알맞다.

집촌이 지배적이었던 지역은 크게 두 지역으로 나뉘어 있었다. 샤를마뉴 시대에, 영국 대부분, 르와르강 이북과 세느강 어귀 이동의 프랑스, 그리고 독일의 비옥한 지역은 대개 개방 경지제open-field system에 따라 경작되었다. 각 촌락은 울타리가 없이 개방된 경작지로 에워싸여 있었는데, 이 개방 경지는 대개 크기가 대체로 같게 둘로 나뉘어, 매해 번갈아가며 한쪽은 경작되고 나머지 한쪽은 휴경되었다. 또 이 둘은 각기 쟁기가 만들어 놓은 이랑에 의해 너비가 좁고 길쭉한 지조地條, strip로 나뉘어 있었다. 전형적인 경우, 각 가구는 각 경지에 여러 지조를 보유하였다. 르와르강 이남의 프랑스 지역과 지중해 연안 지역에서는 대개 촌락의 경작지가 거의 정방형의 사각형 토지로 나뉘어 있었고, 개개의 토지는 울타리로 경계지워져 있었다. 각 가구는 이러한 토지를 여럿 보유하였고, 개방 경지에서와 마찬가지로 경작과 휴경을 2년 주기로 번갈아 하였다.

이러한 토지 이용의 유형은 유럽의 기본적인 기후 조건과 초기 중세 농업기술의 원시성에 연관을 맺고 있었다. 지중해 연안 지역에서는, 비가 주로 겨울철에 내렸고, 여름은 길고 건조하였다. 반면에 북유럽에서는 보통 여름에 비가 많이 내렸다. 남유럽 농민이 직면한 주된 문제는 긴 여름 동안 땅의 물기를 유지하는 것이었다. 땅을 깊게 갈면 물기가 많이 증발될 것이었으므로, 땅의 표면만을 긁어 엎을 뿐인 가벼운 쟁기가 보편적으로 사용되었다. 그러한 가벼운 쟁기는 방향 전환이 용이하여 얼마든지 엇갈려 땅을 갈 수 있었고, 이러한 종류의 농법에는 남유럽의 정방형 경지가 알맞은 형태였다. 북유럽에서는 종종 과도하게 내리는 여름 빗물을 빼기 위해 두둑과 고랑으로 이루어진 이랑의 형태가 바람직하였다. 이러한 필요는 게르만 정착자들의 무겁고 크며, 땅을 깊이 갈아주는 쟁기가 충족시켰다. 이러한 무거운 쟁기의 사용은 로마인과 켈트족이 대개 버려두었던 비옥하나 습기가 많은 저지대의 경작을 가능케 하였다. 그러나 무거운 쟁기를 끌기 위해서는 넷 또는 여덟 마리의 소가 조를 이루어야 했다. 따라서 이 쟁기는 방향을 바꾸기가 극히 곤란하였으며, 북유럽 농업을 특징지웠던 길쭉한 지조는 방향 전환을 최소한으로 줄이기 위한 것으로 여겨진다. 쟁기를 끌기 위해 여러 마리의 소가 필요하였음은 또한 농민들로 하여금 공동으로 역축力畜을 내놓도록 하였고, 따라서 북유럽에 보편화되었던 촌락 공동경작의 유형을 출현시키는 데 기여하였다. 반면에, 남유럽에서는 가구별로 독자적으로 작업하는 가족 농지family farm가 경작의 기본 단위를 이루었다.

유럽 전역에서, 중세 농민들은 한 가지 공통된 문제, 즉 비료의 부족에 직면해 있었다. 땅에 질소를 회복시켜줄 수 있는 작물 돌려짓기crop rotation는 전혀 알려져 있지 않았다. 유일하게 가용한 비료는 동물의 분뇨였고, 휴경 없이 연이어 경작하면서 지력을 유지하기에는 분뇨가 태부족이었다. 중세인이 발견할 수 있었던 유일한 해결책은 땅을 주기적으로 "쉬게" 하는 것이었다. 바로 이 때문에 이미 서술한 바와 같이 북유럽에서나 남유럽에서나 매년 번갈아 가며 경작지의 반만이 경작되고 나머지 반은 휴경되었던 것이다.

중세 농업의 한 가지 중요한 측면은 오늘날의 수확량에 비해 1에이커acre 당 수확량에 있어서나 단위 파종량 당 수확량에 있어서나 그 수준이 매우 낮다는 것이었다. 경작 방법이 그 전에 비해 어느 정도 개선되었던 13세기에도, 가장 성공적인 경우조차 2부셸bushel: 1부셸은 약 2말의 씨앗을 1에이커에 뿌려 10부셸의 밀을 수확할 수 있다면 다행이었다. 그에 비해 1850년에 영국에서는 1에이커 당 26부셸이 생산되고 있었고, 프랑스와 독일의 일부 지역에서는 그 이상의 수확량이 기록되고 있었다. 중세의 낮은 수확량은, 수확된 곡물이 주식인 빵의 원료일 뿐만 아니라, 영국을 비롯한 유럽의 여러 지역에서 가장 대중적인 술의 원료이기도 하였기 때문에, 특히 심각한 문제였다. 영국에서는 수확된 곡물이 빵과 맥주에 대체로 반반씩 소비되었다고 헤아려진다. 따라서 인구를 먹여 살리려면 경작이 가능한 모든 땅에 곡물을 심어야 했다. 하지만 사료인 질좋은 건초를 기르기 위해서도 곡물을 기르는 땅 못지않게 기름진 땅이 필요하였고, 북유럽 전역에서는 긴 겨울철 동안 가축을 먹여 살려야 할 필요까지 있었다. 그 결과, 건초 부족의 문제는 악순환을 걷게 되었다. 밭을 경작하려면, 쟁기를 끄는 소들을 먹여야 했고, 4~8마리의 소가 먹어치우는 건초의 양은 막대한 것이었다. 건초의 부족으로 겨울철에 먹여 살릴 수 있는 가축의 수는 밭 가는 소들을 제외하면 극히 제한될 수밖에 없었고, 이에 따라 가용한 분뇨의 양 또한 제한되지 않을 수 없었다. 비료의 부족에 더하여, 파종시 언제나 씨를 심는 것이 아니라 흩뿌렸기 때문에 새들이 먹어 치우는 씨앗이 많았을 것을 감안한다면, 수확량이 낮았던 것은 당연한 일이었다.

여기서 잠시 개방 경지가 지배적인 지역의 촌락생활 유형을 일별해 보자. 각 농가에는 과일나무 몇 그루가 심어져 있는 뜰이 있었다. 각 농가는 또한 경작지에서 여러 지조를 보유하였고, 사료 작물을 기르는 초지도 한 자락 지니고 있었다. 차지인tenant은 경작에 알맞지 않은 마을 공유지에 그의 가축을 방목할 수 있었다. 촌락의 삼림에서는 돼지를 방목시키고, 또 죽은 나무를 땔감으로 수거할 수 있었다. 하천이 있는 경우에는, 물고기를 잡을 수도 있었다. 요컨대, 농민의 경제적인 자원은 두 종류로 이루어져 있었다. 하나는 그 자신의 집 뜰 및 경작지의 지조들이었고, 다른 하나는 촌락의 공동 재산이었다. 촌락은 기본적으로 농업 협동체였다. 촌락민은 함께 땅을 갈았고, 함께 추수하였으며, 함께 탈곡하였다. 개방 경지의 길쭉한 지조는 개인의 독자적인 경작을 실질적으로 불가능하게 하였다. 다른 사람이 울타리도 없이 바로 연이어 있는 이랑에 가축을 방목시키고 있는데, 혼자서만 씨를 뿌릴 수는 없었다. 방목지와 숲은 촌락민의 동의로 확립된 규제 하에 모두에게 공유되었다. 촌락에서 임명한 가축지기herdsman는 자기의 가축과 함께 이웃들의 가축도 돌보았다. 이와 같이 작업은 완전히 협동에 의해 이루어졌으나, 촌락이 완벽한 공동체는 아니었다. 각 농민은 자기 보유지에서 나오는 산물로 자기 가족을 부양했던 것이다.

농민의 생활은 촌락을 중심으로 이루어졌고, 그가 촌락 바깥의 세계와 접촉하는 일은 거의 없었다. 촌락의 토지에서 그는 의식주 모두를 구했다. 의식주는 모두가 극히 소박하였다. 농민은 대개 진흙 벽에 초가지붕을 얹은 오두막에서 살았다. 그의 옷은 솜씨가 서툰 촌락 아낙네가 만든 조잡한 것이었다. 그의 음식은 주로 빵이었고, 마실 것은 맥주나 포도주였다. 그의 오두막 뒤뜰에서는 계절에 따라 약간의 과일과 채소가, 그리고 숲에서는 이따금 밤이나 산딸기 같은 열매가 나왔다. 복이 있는 사람은 닭도 몇 마리 기를 수 있었다. 겨울철 동안 먹여 살릴 수 없는 동물들을 도살하는 가을에는, 아주 질기고 양도 적었지만 쇠고기도 맛볼 수 있었다. 그러나 대개의 경우 농민이 정규적으로 먹을 수 있었던 고기는 돼지고기뿐이었다. 돼지는 겨울이나 여름에 사람이 돌보지 않아도 숲과 방목지에서 스스로 살아남을 수 있었다. 돼지들은 대개 비쩍 마르고 질겼으나, 먹을 만은 하였고 또 기르는 비용이 얼마 안 들었다. 촌락 경제에서 돼지는 매우 중요하여, 1086년에 영국에서 이루어진 대 조사사업의 결과인 둠즈데이 북Domesday Book에서는 어떤 촌락의 삼림의 크기를 그 삼림에서 몇 마리의 돼지가 연명할 수 있는가로 표시하고 있다.

23. 사회 조직 : 중세 장원

촌락 공동체의 농사일 행태는 영국, 북부 프랑스, 그리고 대부분의 독일 지역 그 어디에서나 거의 같았다. 그러나 촌락민의 정치적·법적·사회적 지위는 지역에 따라, 촌락에 따라, 그리고 심지어는 같은 촌락 안에서도 개개인에 따라 달랐다. 10세기에 덴마크족이 정복하여 정착한 영국 일부 지역에서는 촌락민이 거의 모두 자유민이었다p.159와 p.212 참조. 그들은 땅을 협동 작업으로 경작하였으며, 그 수확물을 남김없이 향유하였다. 독일의 몇몇 지역에서도 같은 상황이 나타나 있었다. 그러나 대개의 경우, 촌락민은 영주에게 복속하고, 영주의 차지인으로서 보호를 받는 대가로 영주를 먹여 살렸다. 생활이 어떠하였는지 이미 살펴본 바 있는 모든 봉건영주 계급은 거느린 농민들로부터 착취한 잉여 생산물을 경제적 기반으로 하고 있었다. 한 영주의 지배 아래 어떤 한 장소에 위치한 농경지를 장원manor이라 부른다. 종종 촌락과 장원은 일치하였다. 즉 한 농민 정착지가 곧 한 특정 영주의 영지를 이루었던 것이다. 하지만 한 장원이 2개 이상의 촌락을 포함하거나, 커다란 마을이 2개 이상의 장원으로 나뉘어진 경우도 있었다.

영주가 차지인을 수탈하는 장치는 대개 장원제manor system 또는 영주제seigneurial system라 불린다(봉건제는 지배층인 기사 계급 내의 여러 관계를 가리

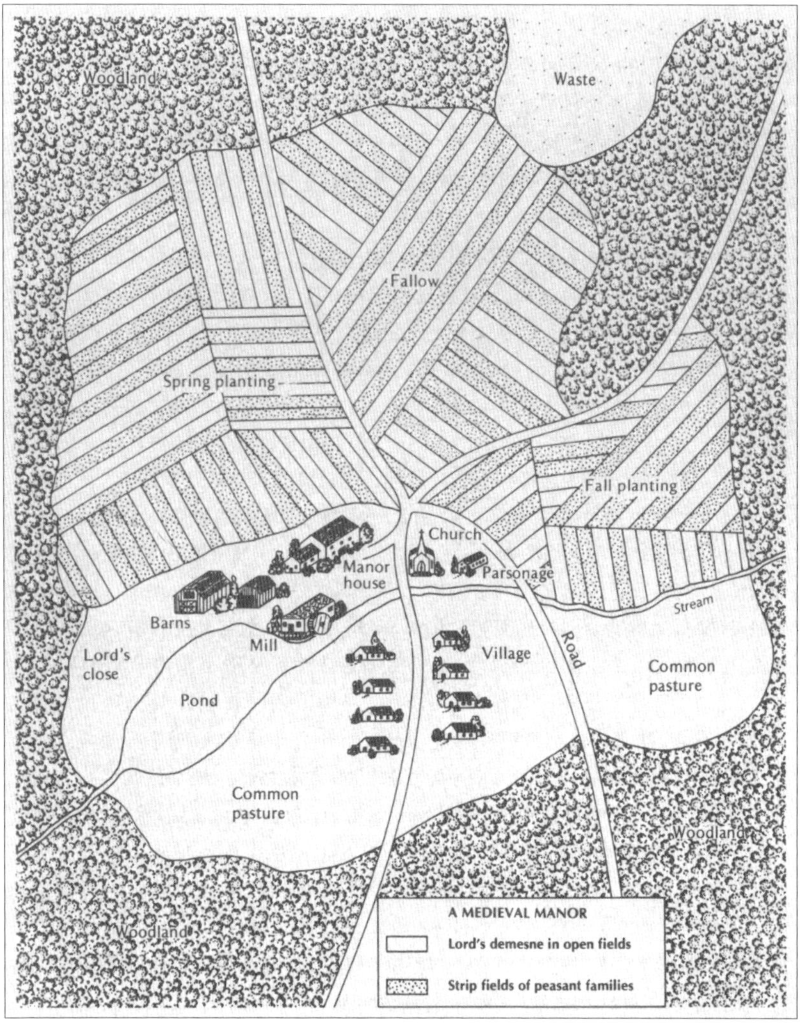

그림 3. 중세 장원

키는 용어로 사용된다). 장원제의 기원 및 초기 발달과정은 전혀 분명치 않다. 프랑스에서는 로마 시대에 노예나 콜로누스에 의해 경작되었던 몇몇 대영지가 중세에 들어와 새로운 영주를 맞이하여 존속하였던 것 같다. 영국과 프랑크족이 정착한 프랑스의 일부 지역들, 그리고 서부 독일 지역에서는, 수장과 그의 추종자들이 건설한 촌락의 농민들이 수장에게 복속하여 처음부터 부역을 제공하였을 것이다. 그리고 원래 영주가 없었던 촌락들은 유력자에 의해 복속된 것이 대체로 분명한 사실로 보인다. 9세기와 10세기의 극심한 혼란 속에서는, 누구도 보호해 줄 무사가 없으면 안전할 수 없었다. 이미 살펴보았듯이, 촌락민들은 이 시기에 기사들에게 자진하여 또는 강제로 복속되었다. 또 왕과 대영주의 기진에 의해, 많은 촌락이 성직 영주—즉 수도원이나 교구교회—에게 귀속되기도 하였다.

단순한 평기사인 영주는 그의 영지에서 살면서 직접 영지를 경영하기도 하였으나, 대개는 (대영주의 영지는 널리 산재한 많은 장원으로 이루어져 있는 경우가 대부분이었으므로) 집사steward나 장원 관리인bailiff이 여러 마을일을 감독하고 영주의 세입을 거두었다. 영주는 여러모로 촌락민의 생활을 통제하였다. 영지의 주인으로서 그는 농민으로부터 지대와 부역을 수취하였다. 또 그는 차지인의 인신에 대해서도 권한을 지니고 있었다. 곧, 차지인은 영주의 노예거나 더 보편적으로는 반자유 예농serf이었다(완전한 노예는 10세기에 드물어지고 있었다). 끝으로, 영주는 대개 농민들에 대하여 원래는 왕과 왕의 관리에게 귀속되어 있는 사법권을 행사하였다.

영지의 주인으로서 영주는 차지인들로부터 토지보유의 대가로 노동부역과 현물지대를 수취하였다. 촌락의 경작지 가운데 일부—대개 1/3에서 1/2 사이—는 영주의 생계를 위해 할당되어 있었다. 직영지demesne라 불리는 이 토지는 대개 지조로 이루어져 농민들의 지조와 섞여 있었다. 농민은 영주를 위해 직영지를 경작하였다. 영주는 또 차지인들이 건초를 수확해 주는 초지도 한 자락 지니고 있었다. 영주의 가축은 마을 가축지기의 돌봄을 받으면서 마을 방목지에서 풀을 뜯었다. 영주가 해자를 파거나 헛간을 세우려 하는 경우, 그 노동력은 농민이 제공하였다. 영주를 위해 차지인이 제공해야 하는 노동의 양은 아주 가지각색이었으나, 많은 경우 1주일에 3일가량이었다. 부자유 농민의 아내는 영주의 집에서 실잣기나 천짜기 또는 소모梳毛, 실로 잣기 전에 양털을 가지런히 빗기는 공정—역주와 같은 작업을 맡도록 되어 있었다. 이러한 부역에 더하여, 차지인은 온갖 종류의 현물지대를 영주에게 바쳐야 했다. 농민이 자기의 지조에서 수확한 곡물 가운데 일부는 영주의 차지였다. 공동 방목지에 소를 방목시키는 대가로, 차지인은 치즈를 바쳤다. 숲에 돼지를 놓아 기르면, 그 대가로 돼지고기를 바쳤다. 개울이나 연못에서 물고기를 잡으면, 그 가운데 일부는 영주에게 돌아갔다. 숲에서 사목을 채취하는 대가로, 차지인은 영주에게 땔나무를 바쳤다. 이밖에도 더 들자면 거의 한정이 없을 정도이다. 닭, 과일, 채소, 양모 등의 지대도 있었다. 요컨대, 영주는 차지인이 거두어들이는 모든 종류의 생산물을 지대로 받았다.

영지의 주인으로서 지대와 부역을 수취하는 외에, 영주는 차지인의 인신에 대한 권리에서 비롯된 여러 유익한 권한을 지니고 있었다. 이러한 권한은 영주의 지위와 차지인의 법적 지위에 따라 천차만별이었다. 프랑크 시대의 대영지에 남아 있던 옛 로마 시대의 콜로누스 및 노예의 후손들은 대부분 이른바 예농 serf, villein: 원래 serf는 노예인 servus에서 유래하여 비자유신분이었고 villein은 지대와 부역은 지고 있지만 신분상으로는 자유민이었으나, 13세기로부터는 두 낱말이 거의 동의어가 되었다.-역주이라 불리는 신분으로 바뀌었으며, 오랜 혼란 기간 동안에 자유민이었던 많은 농민도 영주의 압력에 굴복하여 서서히 신분이 낮아져 역시 예농으로 전락하였다. 신분은, 심지어 예농 사이에서도, 아주 엄격하게 규정되지는 않았다. 예농이 영주에게 지는 부담은 일정하지 않았다. 그리고, 여러 세대가 지나는 동안, 어떤 토지 보유 예농은 토지를 보유하지 못한 임금노동자로 전락한 반면, 다른 예농은 보유지를 계속 넓혀 마을의 유지가 되기도 하였다. 그러나 전형적인 경우, 모든 예농은 자유민으로서의 권리를 완전히 누리지는 못하였다. 교회는 기독교인을 짝지워 줄 권리를 주장하였으나, 예농은 결혼할 수는 있었지만, 영주의 허가 없이 다른 마을 사람과 결혼할 수는 없었다. 예농은 토지에 구속되어 있었으며, 땅에 결박된 노동력이었다.

영주제가 발전함에 따라, 예농은 또한 영주의 사법권에 복속하게 되었다. 법정을 열고 경찰권을 행사하는 권리로 말미암아 영주는 차지인들을 확고하게 지배할 수 있었다. 사법권의 소유는 또한 영주로 하여금 여러 가지 사업을 독점하여 이득을 취할 수 있게 하였다. 영주는 차지인들이 곡물을 빻기 위해 맷돌을 소유하거나 돌리지 못하도록 금지하고, 자기의 방앗간을 강제로 이용토록 하여 그 사용료를 거두어들일 수 있었다. 영주는 또 차지인들에게 자기의 화덕에서만 빵을 굽도록 강요하여, 화덕 사용료를 수탈할 수도 있었다. 요컨대, 사법권을 지닌 영주는 차지인의 인신과 재산을 모두 통제하였으며, 모든 영주가 정도의 차이는 있으나마 그러한 사법권을 지니고 있었다. 프랑스의 대부분과 서부 독일 지역에서는 영주가 생사여탈권을 지니고 있던 경우가 많았으며, 노르망디와 영국에서는 대개 공과 왕만이 그러한 "고등 사법권"을 지니고 있었다.

중세 초의 촌락 생활에 관해 우리가 알고 있는 대부분의 사실은 대수도원의 장원 문서를 출처로 하고 있다(수도승들은 속인 영주에 비해 영지에 관한 세세한 사항들을 기록으로 남기는 성향이 있었고, 또 그들이 남긴 문서들은 수도원에 차곡차곡 보관되어 쉽사리 소멸되거나 없어지지 않았다). 그러한 문서는 종종 촌락 주민 모두의 이름과 신분 그리고 영주에 대한 의무를 일일이 기록하고 있다. 그러한 문서로부터 우리는 농촌 생활에 대한 일종의 기본적인 사회상을 구성할 수 있다. 이 문서들 가운데 가장 많은 정보를 제공하는 것으로는 파리 근처 생-제르맹Saint-Germain 대수도원에서 9세기 초반에 만들어진 것을 꼽을 수 있다. 이 문서의 편찬자들은 수도원령의 각 장원에 소속된 농민들의 신분을 세심하게 구분하였다. 세르부스servus는 노예(이 시기에는 예농이 더 적확한 역어일 것이다)로서, 대개 자신의 보유지에서 살고 있었다. 콜로누스colonus는 토지 보유에 대한 대가로 영주에게 노동부역을 제공해야 했지만, 신분적으로는 자유민이었다. 리두스lidus는 세르부스와 콜로누스의 중간쯤 되는 신분으로서 반자유민이었다.

그러나 농민들은 대개 신분이 달라도 서로 통혼하였다. 예컨대, 생-제르맹 수도원령의 한 장원인 작은 마을 뇌이이Neuillay의 장원 문서에는 "세르부스인 엘렉테우스Electeus와 콜로누스 신분인 그의 아내 란디나Landina"라는 기록이 있다. 엘렉테우스는 약 20에이커의 토지를 보유하고 있었다. 그들 부부에게는 아이가 없었다. 역시 세르부스인 힐데볼두스Hildeboldus와 리두스 신분인 그의 아내 베르테닐디스Bertenldis도 비슷한 면적의 토지를 보유하고 있었으나, 그들에게는 아이가 9명이나 있었고, 그들 가족은 그때까지 뇌이이 마을에서 가장 많은 식구를 기록하였다. 이 마을에서 가장 가난한 농민은 가우트마루스Gautmarus라는 사람이었다. 그에 대한 기록은 다음과 같다 : "세르부스인 가우트마루스와 리두스 신분인 그의 아내 시갈리스Sigalis. 둘 사이에는 시클레볼두스Siclevoldus와 시클레아르두스Sicleardus의 두 아이가 있다. 그는 뇌이이에 산다. 그는 한 밭의 1/4을 경작지로 보유하고 있는데 그 면적은 1.5부나리아bunaria: 1부나리아는 약 5에이

커이며, 초지는 1아르펜트arpent: 1아르펜트는 0.5에이커 미만를 보유하고 있다. 그는 그 밭 전체에 부과된 지대 가운데 1/4을 부담한다." 가우트마루스는 아마도 영주나 부농의 임금노동자로 일해서 근근히 생계를 꾸려 나갔을 것이다. 총 48에이커의 토지를 보유한 위 세 가구는 다음과 같은 부역과 지대를 부담하고 있었다 : "앙주Anjou로, 그리고 5월에는 파리로 짐을 운반한다. 병역세army tax로 양 2마리, 닭 8마리, 달걀 30개, 널빤지 100장, 지붕널 100장, 장대 12개, 굴렁쇠 6개, 횃불 12개를 바쳐야 한다. 쉬트레Sutré에 나무 두 짐을 보낸다. 영주의 궁정 주위 4퍼치perch: 1퍼치는 약 25.3㎡를 말뚝으로 울타리를 치고, 초지 4퍼치에 울타리를 치며, 추수기에는 필요한 만큼 울타리를 쳐야 한다. 추전winter field은 8퍼치, 춘전spring field은 26퍼치를 쟁기로 갈아야 한다. 그밖에도 영주의 직영지에 비료를 운반한다. 한 사람 당 인두세heed tax로 4펜스가 부과된다."

뇌이이는 아주 작은 마을로, 19가구만이 거주한 것으로 기록되어 있다. 이 가운데 5가구에는 자녀가 없었고, 나머지 14가구에 42명의 자녀가 있었다(모두 이름이 기록되어 있다). 아이들은 갓난아기일 때 죽은 경우까지 더하면 훨씬 더 많았을 것이 틀림없다. 9명이나 되는 자녀가 살아남은 베르테닐디스는 매우 예외적인 경우였다. 중세 촌락에서 여러 세대가 모여 사는 "대가족extended family"이 있었다는 증거는 거의 없다. 전형적인 농민 가족은 부부와 2~3명의 자녀로 이루어져 있었다. 뇌이이에서는 19명의 성인 남자가 기록되어 있으나, 성인 여자는 14명에 지나지 않았다아내 없이 남자 혼자서 꾸려가던 가구가 여럿 있었는데, 이 남자들은 아마도 홀아비였을 것이다. 뇌이이 하나만으로부터의 수치가 통계학적으로는 큰 의미가 없을지 모르나, 이 수치는 여러 다른 마을의 장원 문서로부터의 수치와 일치된 성향을 보여준다. 생-제르맹의 수천 명 예농 가운데, 남자가 여자에 비해 132 대 100으로 많았다. 남자 아이보다 여자 아이가 성인이 될 때까지 살아남는 확률이 적었음은 분명하다. 그 이유에 대해서는 아직 알려진 바가 없다. 여아 살해의 증거는 없으며, 여아 살해의 관행이 있었다면 교회가 분명 그것을 탄핵했을 것이다. 더구나 전통적으로 게르만법에서는 여성을 차별대우하지 않았으며, 오히려 여성을 우대하는 성향마저 있었다. 살리 법전에서는 가임 여성이 자유 전사에 대한 속죄금wergild의 3배, 폐경된 여성도 자유 전사에 대한 속죄금과 같은 액수의 속죄금으로 보호되었다. 그러나 중세 초에 여성 예농이 남성에 비해 오래 살지 못했음은 분명한 사실이다. 여자 아이들이 보살핌을 별로 받지 못했거나, 아니면 여자가 폭력 앞에 더 무기력하였든가, 또는 고통스럽고 힘든 농민 생활을 견디기 어려웠기 때문이라고 추측될 뿐이다. 중세 말에 가서는 상황이 뒤바뀌어, 여성의 기대수명이 남성의 그것보다 더 높아지게 되었다. 남아있는 증거에 따르면 중세 초에 결혼 적령기의 미혼 여성이 부족하였음은 틀림없지만, 이 때문에 인구증가가 저해되지는 않아 인구는 10세기로부터 상당한 폭으로 증가하기 시작하였다. 지금까지 논의한 모든 상황은 인구학자에게 흥미로운 문젯거리가 되고 있으나, 이 문제는 아직 적절한 해결을 못보고 있다.

비자유 농민의 지위에 관하여 몇 가지 더 언급해야 할 것이 있다. 이론—영주의 이론—상으로, 비자유 농민은 경제적으로 완전히 영주seigneur의 자의에 내맡겨 있었다. 영주는 마음대로 어떤 종류든 또 어느 정도든 지대와 부역을 요구할 수 있었다. 그러나 이러한 권리를 행사하는 데에는 실질적인 한계가 분명히 있었다. 죽은 농민은 영주에게 아무런 쓸모도 없었으므로, 영주는 적어도 농민들이 충분히 생명을 유지할 수 있도록 해야 했다. 비슷하게, 영주의 자의적인 사법권도 촌락 공동체를 유지해야 할 필요 때문에 어느 정도 제한되게 행사되었다. 촌락민들 사이의 분쟁과 영주에 대한 부역을 둘러싼 분쟁은 장원 법정에서 해결되었다. 법정은 영주의 장원 관리인이 주재하였으나, 송사는 장원의 관습, 즉 여러 세대에 걸쳐 농민들 사이에 전래되어온 촌락 공동체의 여러 규칙들에 따라 판결되었다. 이러한 관습은 촌락에 따라 달랐으나, 예농이 보유지에 따르는 의무를 다하는 한 예농 보유지의 보유권 및 상속권을 보호한다는 점에서는 공통되었다. 중세에는 관습의 권위가 매우 커서 사람들은 대개 선조가 했던 대로 따라하려는 성향을 보였다. 영주는 차지인으로부터 받는 지대 및 부역을 증가시키려 하였을 것이고, 많은 경우 이러한 증가가 실제로 이루어졌음은 부정할 수 없다. 그러나 적어도 변화는 악이라는 관념은 언제나 존재하고 있었고, 이러한 관념이 어느 정도 농민들을 보호했을 것은 틀림없다.

이러한 긍정적인 측면에도 불구하고, 부자유 농민의 운명은 전혀 부러울만한 것이 아니었다. 그의 마을은 주변의 숲을 한 자락 개간한 자그마한 촌락이었다. 그곳에서 농민은 자급자족적인 공동체 속에서 외부세계로부터 고립된 채 뼈를 깎는 고된 노동의 나날을 보내었다. 사상의 세계에 관한 농민의 지식은 마을의 사제에게서 얻어 들은 것뿐이었다. 사제는 농민의 영혼을 돌보았다. 즉 그는 농민에게 세례를 베풀고, 그를 결혼시켰으며, 그에게 기독교의 기본적인 교리를 가르치려 애썼다. 그러나 사제 자신도 아마 다른 예농보다 약간 더 많은 교육을 받아 겨우 글을 깨쳤을 뿐인 농민 출신이었을 것이다. 교회에서 벌어지는 축제가 촌락민의 유일한 오락거리였다. 이러한 축제는 이교 시대의 축제가 기독교 성인의 기념일로 지정되어 살아남은 것인 경우가 많았다. 어떻든 축제는 농민들에게 그들이 영주 못지않게 좋아하던 술—지방에 따라 포도주 또는 맥주—을 실컷 마실 좋은 구실이 되었다. 20에이커 또는 30에이커의 토지를 보유한 비교적 부유한 농민의 가족은 좋은 시절에는 충분히 먹을 수 있었다. 그러나 나쁜 시절에는 그들도 모두 기아선상에 놓였으며, 그들보다 더 가난하고 약한 농민들은 실제로 굶어 죽곤 하였다. 영주는 대개 마음대로 농민에게 형벌을 내릴 수 있었으며, 몇몇 경우에는 사형을 내릴 수도 있었다. 오늘날 자유로운 노동자가 누리고 있는 지위에 비교해 볼 때, 중세 예농의 지위는 끔찍할 정도로 열악한 것이었다. 하지만, 고대 세계의 동산動産 노예chattel slavery에 비하면, 예농의 지위는 신분상의 상승을 보여주는 것이었다. 예농의 일상생활은 촌락 공동체의 관습에 의해 규제되었는데, 예농은 촌락 공동체의 구성원으로서 발언권을 지니고 있었다. 무엇보다도 가장 중요한 것은 관습이 예농에게 토지의 보유권 및 상속권을 보장해 주었다는 점이다.

중세 초 농민의 지위에 관한 지금까지의 논의는 촌락의 부자유 농민을 중심으로 서술되어 왔는데, 그 이유는 이러한 부자유 농민이 10세기와 11세기에 영국과 프랑스 그리고 서부 독일의 농업 인구 가운데 대부분을 차지하였기 때문이다. 12세기에는 영주제가 중부 독일에 확산되었으며, 그 뒤 동부 독일에, 그리고 결국은 러시아에까지 파급되었다. 그러나 10세기와 11세기에 자유농민도 꽤 많았다는 사실을 기억하는 것은 중요하다. 앵글로-색슨 시대의 영국, 특히 덴마크족 지역에는 많은 자유 농민이 있었고, 노르만 정복Norman Conquest으로 많은 자유 농민이 부자유 예농의 신분으로 전락하긴 했지만, 자유로운 신분을 유지한 경우도 꽤 많았다. 이 시대 전반에 걸쳐, 영국 동부에는 보유지에 대해 화폐지대를 내는 자유 농민이 존재하고 있었다. 프랑스의 몇몇 지역, 특히 보르도Bordeaux 부근 지역에는 자유 농민이 여전히 많은 수로 남아 있었다. 그리고 작센도 자유 농민이 많았던 곳이었다. 대체로 고지대의 산촌 지역에는 장원제가 뿌리를 내리지 못했다. 역사가는 서술하고 있는 사회의 지배적인 측면들에 중점을 두지 않을 수 없지만, 독자는 언제나 지배적인 것이 반드시 보편적인 것은 아니라는 사실을 염두에 두고 있어야 한다.

24. 농업 생산의 팽창

중세 농민은, 가난하고 종종 미개한 상태의 삶을 꾸려 나갔지만, 참을성이 많고 강인하였다(물론 강인한 자만이 살아남을 수 있었다). 그는 보유지를 늘리거나 보유지를 더욱 효율적으로 경작함으로써 자신의 경제적 상황을 향상시킬 수 있었으며, 중세민이 이러한 기회를 휘어잡은 길들을 따라 유럽의 경제적 미래는 모습을 갖추어 갔다. 10세기와 11세기에 유럽에서는 생산성과 인구가 엄청나게 증가함으로써 장차의 정치적·경제적 우위를 위한 기틀이 마련되었다. 그 과정은 "농업 혁명"이라 불리어왔는데, 그 중요성은 18세기의 농업 혁명에 비견되곤 해왔다.

모든 역사가가 농업 생산의 대팽창이 있었음을 사실로 인정하고 있다. 그러나 그것을 야기한 여러 요인의 상대적인 비중에 대해서는 이견이 많은 편이다. 일부 경제사가들은 생산증가가 바이킹과 마자르의 공격을 점차 물리치게 되면서 평화와 질서가 회복되었다는 요인으로 적절하게 설명된다고 주장한다. 혼란이 아주 조금만 줄어들어도, 질서의 회복은 토지 보유의 안정을 뜻하였고, 토지 보유의 안정은 더욱 세심하고 효율적인 경작을 고무하였다는 것이다. 다른 역사가들은 카롤링 시대에 시작되고 있었던 이미 기술한 2포제two-field system로부터 3포제three-field system로의 점진적인 전환을 중요한 요인으로 강조해 왔다. 10세기와 11세기에 걸쳐 북유럽에서는 점점 더 많은 촌락이 이 3포제를 채택하게 되었다(3포제는 남유럽의 기후 조건에는 적합하지 못했다). 그것은 간단한 변화였으나, 상당히 큰 결과를 낳을 수 있었다. 2포제에서는, 매년 한 포는 휴경되고 나머지 한 포에 곡물이 경작되었는데, 가을에 씨를 뿌리고 다음 해 늦여름에 수확하였다. 3포제에서는 한 포가 휴경되고, 또 한 포에는 (가을에 파종되는) 겨울 작물이 경작되었으며, 나머지 한 포에는 다른 작물—많은 경우 귀리와 콩—이 봄에 심어졌다. 600에이커의 경작지가 있는 마을의 경우, 농민들은 매년 2포제 아래에서의 300에이커 대신 3포제 아래에서는 400에이커를 경작할 수 있는 셈이었다. 이로써 토지의 생산성은 일시에 1/3이나 증가할 수 있었다. 더구나 잡초를 제거하기 위해 매해 두 번씩 휴경지를 쟁기로 갈아야 했으므로, 쟁기질을 해야 할 면적도 줄어들었다. 2포제 아래에서는 경작지는 한 번, 휴경지는 두 번 갈아야 했으므로 매년 900에이커를 갈아야 했던 반면, 3포제 아래에서는 800에이커만 갈면 되었다. 물론 지방에 따라 수많은 변수가 있어, 그러한 수학적으로 정연한 결과가 어떤 경우에나 얻어지지는 못하였고, 실제로 북유럽의 일부 촌락에서는 중세 말에도 여전히 옛 2포제를 사용하고 있었다. 그러나 북유럽의 많은 지역에서 3포제가 채택됨으로써 유럽의 총 식량 생산은 크게 증가할 수 있었다. 가장 근본적인 혁신은 봄 작물의 도입이었다(물론 봄 작물을 도입한 모든 촌락이 3포제로 전환한 것은 아니었다). 봄 작물은 북유럽과 같이 여름이 비교적 습한 기후 조건 아래에서만 제대로 자라날 수 있었으므로, 옛 지중해 문명의 세계에서는 별로 보급되지 못하였다.

3포제로의 전환과 함께, 축력의 이용에 있어서도 주된 혁신이 이루어졌다. 이 발전에 관해서는 전문적인 역사가가 아니라 프랑스군의 기병으로서 현역에서 은퇴한 뒤 여생을 말의 역사에 대한 연구에 바쳤던 르페브르 데 노에뜨 Lefebvre des Noettes가 많은 사실을 우리에게 알려준다. 그는 경제사가들만큼 중세에 관해 알지는 못하였으나, 말에 관해서는 풍부한 지식을 자랑하였고, 그러한 그의 지식은 매우 값진 것임이 판명되었다. 르페브르 데 노에뜨는 고대 세계에서의 축력 이용 방법이 너무 비효율적이었음을 밝혀내었다. 징을 박은 말굽은 별로 사용되지 않았으며, 아예 전혀 알려져 있지 않았을 가능성도 있다. 따라서 가축들은 곧잘 발굽이 깨져 쓸모없게 되는 일이 많았다. 무엇보다도 고대의 마구들은 거의 믿을 수 없을 정도로 불합리한 것이었다. 멍에는 말의 어깻죽지에 놓였고, 멍에에 맨 가죽 끈은 말의 목 둘레에 둘러져 있었다. 말이 짐을 끌기 위해 힘을 쓰면, 이 끈은 말의 숨구멍을 졸라매어 말을 질식시키기 시작했다. 오늘날의 합리적인 가슴걸이horse collar는 말의 어깨에 놓여져, 말이 자기의 모든 체중을 짐을 끄는 데 쓸 수 있게 한다. 그런 마구를 채운 말은 고대의 마구를 채운 말보다 3~4배의 일을 해치울 수 있는 것이다.

르페브르 데 노에뜨는 이 가슴걸이가 9세기에 유럽에서 발명된 것이라고 생각하였다. 다른 학자들은 그것이 중앙아시아의 몽고족Mongoloid peoples 또는 심지어 유럽 최북단의 랩족Lapps으로부터 유럽으로 전래되었다고 주장해 왔다. 확실한 것은 10세기로부터 그것이 북유럽에 널리 퍼지게 되었다는 사실이다. 역축으로서 말의 이점은 몸놀림이 느린 소보다 일을 훨씬 빨리 해치울 수 있다는 데 있었다. 불리한 점은 말에게 건초뿐만 아니라 비교적 값비싼 곡물을 먹여야 한다는 것이었다. 그러나 북유럽의 비교적 비옥한 지역에서는 3포제 덕분에 말에게 먹일 만큼 충분한 양의 귀리가 생산되고 있었다. 바로 이 시기에 튼튼한 가슴걸이가 채택된 것과 함께, 징을 박은 말굽이 사용되기에 이르렀고, 병렬 대신 직렬로 말을 연결하는 더욱 효율적인 마구 체계가 고안되었다. 그와 동시에, 곡물을 빻는 데 물레방아를 이용하는 것도 보편화되어 갔다. 통틀어 보면, 이러한 기술적 혁신들은 인력 이외의 가용한 동력원을 크게 증대시켰다.

3포제의 채택으로 초보적인 작물 돌려짓기를 실험할 기회가 마련되기도 하였다. 이전에는 주된 작물이 토양과 기후에 크게 의존하는 밀, 보리, 귀리 또는 호밀과 같은 곡물뿐이었다. 농민의 식량은 주로 탄수화물로 이루어져 있었고, 거기에 약간의 육류와 치즈가 곁들여졌을 뿐이었다. 9세기와 10세기에는 봄 작물로 콩류를 심는 것이 보편화되었다. 중요한 점은 새로운 작물—주로 완두콩, 렌즈콩, 그리고 잠두콩broad bean—이 비교적 단백질을 많이 함유하고 있다는 것이다. 따라서 10세기의 농민은 옛 로마 제국의 프롤레타리아보다 더 많은 단백질을 섭취할 수 있었을 것이다.

인구 증가가 중세 초의 사람들로 하여금 위에서 논의한 변화들을 빚어내도록 하였는지, 아니면 거꾸로—더 그럴듯한 이론이지만—식량 생산의 증대가 더욱 많은 아이들을 살아남을 수 있게 하였는지는 알 수 없다. 유럽의 인구가 10세기에 증가하기 시작하여 다음 300년 동안 계속 팽창하였음은 분명하다. 인구 증가는 총 경작면적의 증가로 반영된다. 처음에는 9세기와 10세기의 혼란기에 황폐화되었던 땅에 개간의 노력이 투입되었다. 덤불과 작은 나무들로 뒤덮여 있던 땅이 조금씩 개간되어 경작지로 되바뀌었다. 그 다음에 농민들은 커다란 숲을 서서히 잠식해 들어가기 시작했다. 늪의 물을 빼내 간척하는 것은 숲을 개간하는 것보다 기술적으로 훨씬 더 어려웠기 때문에 별로 보편화되지 못했으나, 몇몇 지역에서는 대단한 노력으로 간척 사업을 시행하여 어느 정도 성공을 거두었다.

유감스럽게도, 이 거창한 개간 사업은 당대 저술가들의 관심을 별로 끌지 못해 그에 관해 상세한 것은 거의 알려져 있지 않다. 우리가 알고 있는 사실 가운데 일부는 지명에서 비롯된 것이다. 개간지를 뜻하는 단어는 아사르assart였고, 따라서 아사르-르-르와Assart-le-Roi라는 지명은 왕의 개간지라는 뜻으로서 개간지에 세워진 마을을 가리킨다. 라 포레-르-르와La Foret-le-Roi : 왕의 숲도 비슷한 뜻을 지닌다. 이따금 대규모 토지를 개간하여 새로운 촌락을 건설하는 경우도 있었으나, 숲에 인접한 마을의 경작지가 숲이 조금씩 개간되면서 늘어나는 경우가 더 많았다. 농업 기술의 변화가 어떠한 결과를 빚어내었건—전문가들은 이에 관해 논란을 벌이고 있지만—숲과 늪 그리고 황무지의 개간에 따른 경작지의 확장이 중세 초 서유럽에서 총 농업생산의 증가를 가능케 한 온갖 요인 가운데 가장 중요한 것임은 의심할 여지가 없다.

제9장 중세 초의 정부

침략의 시대가 막을 내렸을 때, 서유럽의 주된 부분은 앵글로-색슨족과 서프랑크족 그리고 동프랑크족의 세 나라로 나뉘어 있었다. 이 세 대국을 제외하면, 기독교 유럽 지역에서 인구가 제법 많고 생산적인 곳은 이탈리아 반도뿐이었다.

북쪽 스칸디나비아에서는 노르웨이와 스웨덴 그리고 덴마크의 세 왕국이 모습을 갖추기 시작하고 있었다. 동유럽에서는 폴란드와 보헤미아 그리고 헝가리가 항구적인 국가로 성장하고 있었다. 그 남쪽으로는 발칸 반도의 대부분이 비잔틴의 영향권 안에 놓여 있었다. 서유럽의 군사적 지배권은 영국과 프랑스 그리고 독일 지역에 있었다. 850년과 1100년 사이에 이 세 지역의 정치 구조는 봉건제의 발전과 확산, 그리고 경쟁 세력인 교황권의 대두로 말미암아 근본적인 변화를 겪었다. 본장에서는 봉건제와 교회의 영향이 어떻게 서유럽과 그 북쪽 변경 및 동쪽 변경의 정치 구조를 형성하였는가에 대해 고찰할 것이다. 이탈리아와 교황권에 대해서는 다음 장에서 다룰 것이다.

25. 프랑스 : 초기 카페 왕조

카롤링 제국의 분해로 나타난 두 주요 파편인 서프랑크 왕국과 동프랑크 왕국은 정치 구조에 있어서 근본적으로 서로 달랐고, 혼란의 시대가 요구하는 바에 서로 다르게 적응하였다. 서프랑크의 전 영역은 옛 로마 제국의 일부였었고, 5세기 이래로 메로빙 왕조와 카롤링 왕조에게 통치되어 왔었다. 브르타뉴와 그리고 어느 정도는 아키텐까지 제외한 나머지 지역에서는 독자적인 문화와 전통을 지닌 별개의 종족으로 자처하는 집단이 없었다. 이 지역은 로마 시대의 도시

civitas와 대체로 일치하는 주교 관구diocese를 바탕으로 한 백령county으로 나뉘어 있었다. 백들은 서프랑크 왕국의 정치 구조에서 핵심적인 존재였다. 왕의 대리인으로서 그들은 자기 백령에 거주하는 기사들에게 봉사를 명하였다. 백의 직책은 일반적으로 인정된 상속 원칙이 없었다는 점에서 완전히 세습적이지는 않았으나, 능력 있는 아들은 대개의 경우 아버지의 뒤를 이어 백이 될 수 있었다. 상속인이 나약한 경우에는 왕이 다른 사람을 임명할 권한을 내세우든가, 또는 상속 경쟁자가 백의 지위를 찬탈할 수 있었다. 종종 강성한 귀족은 여러 백령을 장악하곤 하였다. 특히 한 가문은 백령을 하나하나 보태가는 데 매우 뛰어난 수완을 보였다. 샤를르 대머리왕은 별명이 강자the Strong인 로베르Robert라는 매우 유능한 전사를 르와르강 계곡 지역에 파견하여 바이킹의 침략을 막게 하였다. 로베르와 그의 자손은 바이킹을 몰아내는 데에는 그리 큰 성공을 거두지 못하였으나, 자기들의 세력을 넓히는 데에는 전문가였다. 얼마 안가 그들은 앙제르Angers, 뚜르, 블로아Blois, 오를레앙, 샤르트르, 파리, 그리고 그밖에 여러 지역의 백이 되었다. 장차 카페 왕조를 열게 될 로베르의 후손들은 서프랑크 왕국에서 가장 강성한 귀족이었으나, 그밖에도 많은 가문이 여러 백령을 차지하여 위세를 떨치고 있었다.

이 강성한 제후들로 말미암아 샤를르 대머리왕의 후손들은 곧 명목뿐인 왕으로 전락하게 되었다. 역사가들은 부당하게도 카롤링 왕조 왕들을 허약하고 무능한 인물로 그리는 경향을 보여 왔다. 하지만 그들은 사실 꽤 유능한 인물로서 권력을 유지하기 위해 최선을 다하였으나, 이를 위한 재원을 충분히 지니지 못했던 것이었다. 샤를마뉴의 세력 중심은 라인강 계곡에 있었고, 제국 서부에는 왕령지가 비교적 적었다. 따라서 서프랑크 왕국의 왕은 언제나 궁핍할 수밖에 없었다. 대부분의 왕령지는 대귀족들의 지지를 매수하기 위한 봉토로 빠져나갔다. 10세기에 남아 있었던 왕령지라고는 고작 랑Laon시뿐이었으며, 카롤링 왕조 말기에 사람들은 이따금 왕들을 "랑의 왕"이라 비웃었다. 이리하여 왕에게는 전혀 행사할 수 없었던 그의 관리인 백에 대한 복종 명령권만이 명목상으로 남아 있을 뿐이었다.

카롤링 왕조 초기의 왕들은 왕위를 아들에게 상속하였지만, 이론상으로 왕위는 여전히 선출제였으며, 강력한 봉건 제후들은 이 이론을 현실로 바꾸려는 성향을 보이곤 했다. 선출되어 왕관을 쓴 왕이 자기를 뽑아준 사람들에게 아주 강력하게 맞서기는 힘든 노릇이었다. 게다가, 완전한 선출제 아래에서는 대제후가 각기 왕위를 꿈꿀 수 있었다. 처음에는 귀족들이 카롤링 집안의 여러 왕위계승 요구자들 사이에서 왕을 뽑는 데 선출제 원칙을 이용했을 뿐이었으나, 887년에는 강자 로베르의 아들인 뉴스트리아 후작marquis of Neustria 오도Odo; 888~898를 왕으로 선출하기에 이르렀다. 이후 한 세기 동안 카롤링 왕조의 왕자들과 로베르의 후손들은 치열한 왕위 쟁탈전을 벌였다. 이리하여 어느 때는 카롤링 집안이, 또 다른 때는 로베르의 후손들이 왕위에 올랐다. 수시로 두 집안의 우두머리가 서로 왕을 자처하고는 격렬한 싸움을 벌이곤 하였다. 독자적인 권력 행사를 바라마지 않는 봉건 제후의 입장에서는 이야말로 절호의 상황이었다. 각 제후는 봉토와 관직으로 가장 많은 대가를 치루는 쪽을 편들 수 있었다. 전쟁을 위해 양육되고 훈련받은 귀족 계급은 계속되는 혼란 속에서 더욱 힘을 키워나갔다.

그러나 강력하고 능률적인 정부를 갈구하는 커다란 세력 집단이 있었다. 교회는 원칙상, 그리고 전통적으로 불필요한 전쟁을 반대하였다. 게다가 전반적인 혼란으로 주교와 수도원장들은 거칠고 탐욕적인 속인 제후 앞에서 무력한 존재가 되어 버렸다. 고위성직자들은 스스로와 자기가 거느린 사제들 그리고 교회의 재산을 보호하기 위해, 대제후의 봉신이 됨으로써 봉건적 위계질서에 편입되지 않을 수 없었다. 하지만 이로써도 교회의 재산 및 특권이 찬탈되지 않도록 막을 수는 없었다. 고위성직자들은 강력한 왕이 까다로운 주인이 될 수 있음을 충분히 깨닫고 있었으면서도, 수많은 제후와 씨름하기 보다는 한 사람의 왕을 섬기는 것을 바랐고, 더구나 교회가 왕에게 왕관을 씌우고 도유한다면 왕은 교회를 보호할 특별한 의무를 갖게 될 것이었다. 이런 이유로, 성직자들은 왕위의 신성함을 꾸준히 일관되게 설교하였고, 대제후를 통제할 수 있을 만큼 강력한 왕권의 확립을 위해 애썼던 것이다.

서프랑크 왕국의 마지막 카롤링 왕조 왕인 루이 5세Louis V; 986~987가 죽었을 때, 왕국의 귀족과 고위성직자가 소집되어 두 왕위 요구자 가운데 하나를 선택하게 되었다. 카롤링 집안의 마지막 생존자로서 루이 5세의 아저씨였던 샤를르Charles는 하 로랜느 공duke of Lower Lorraine이었다. 그와 맞서 서프랑크 왕위를 탐낸 자는 로베르 가문의 우두머리인 위그 카페Hugh Capet; 987~996로서, 그는 프랑스공duke of France이라는 칭호를 지니고 있었다. 위그는 오를레앙, 파리, 그리고 드르외Dreux의 백이었고, 앙주와 메인Maine, 뚜렌느Touraine, 블로아, 샤르트르, 그리고 그밖에 십수 백령의 백들을 직속 봉신으로 거느리고 있었다. 그의 형제는 부르군디부르고뉴공이었다. 그의 출마는 서프랑크 왕국의 수좌 대주교이자 왕의 도유를 맡고 있던 랭스 대주교를 필두로 대부분의 사제들로부터 지지를 받았다. 대주교의 주장에 따르면, 로렌느의 샤를르는 전반적으로 무능하기 때문에 통치할만한 인물이 못 된다는 것이었다. 위그의 유능함은 하나님께서 그가 왕이 되게끔 예정하셨음을 보여주는 것이었다. 결국 위그는 왕으로 선출되어, 이후 수백년 동안 프랑스를 지배하게 될 왕조를 열게 되었다. 그의 직계 후손은 오늘날에도 프랑스 왕위를 주장하고 있다.

위그 카페를 왕으로 선출한 귀족들은 새로운 왕조를 열려는 의도가 전혀 없었다. 그은 왕관을 한 가문에 주었다가 다음에는 다른 가문으로 옮기는 이미 확립된 관행이 계속되리라고 철석같이 기대하였다. 그러나 위그는 왕위를 자기 가문에서 세습시키기로 결심하고 있었다. 그래서 그는 왕위에 오르고 바로 얼마 뒤 왕의 책무가 한 사람이 떠맡기에는 너무 무겁다고 토로하고는, 귀족들에게 그의 장남을 부왕으로 선출하여 왕관을 쓰고 도유받을 수 있게 해달라고 요청하였다. 그런 요청을 거부하기는 어려웠다. 귀족들은 투덜대면서도 위그의 요청에 응했다. 위그 카페가 창안한 이 교묘한 조치는 관행이 되어 그의 계승자들에게 계속 이어졌다. 1227년까지 프랑스왕은 죽기 전에 후손이 왕관을 쓰는 것을 마음 편하게 바라볼 수 있었다. 이러한 왕위 계승 방법은 끊임없이 계속 남자 계승자를 생산해 낼 수 있었던 카페 왕조의 능력과 결합하여 프랑스 왕위의 세습화를 가능케 하였다.

위그 카페가 처해 있던 상황을 이해하려면, 그를 세 가지 서로 다른 입장에서 고찰할 필요가 있다. 그는 서프랑크 왕국의 왕으로서 대관되고 도유받았으며, 카롤링 왕조의 뒤를 이어 받았다. 그는 또한 서프랑크 왕국의 대제후들을 봉신으로 거느리고 있었다. 끝으로 그는 자기 공령公領의 지배자이기도 하였다. 위그가 즉위한 이후의 서프랑크 왕국을 편의상 앞으로 프랑스라 지칭하게 되겠지만, 그 당시 프랑스라 하면 훨씬 더 좁은 지역을 가리켰다. 위그는 스스로를 카롤링 왕조의 왕들과 마찬가지로 프랑크족의 왕이라 일컬었다. 프랑스는 오늘날의 일 드 프랑스Ile de France, 곧 파리와 그 주변 지역만을 가리켰다. 이 지역이 위그의 세력 기반으로서 그의 봉토인 프랑스 공령의 대부분을 이루고 있었다. 그 지역은 부와 세력에 있어서 프랑스의 많은 다른 백령보다 별로 뛰어난 것이 없었다.

왕으로서 위그는 이론상 카롤링 왕조 왕들의 모든 전통적인 권한을 지녔다. 그는 그의 전 영역에서 법의 효력을 갖는 칙령을 공포할 수 있었고, 모든 건장한 남자를 전쟁에 소집하여 싸우게 할 수 있었다. 백들은 그의 관리로서 그를 대리하여 사법권을 행사하였다. 외적으로부터 나라를 방비하고, 안으로 질서를 유지하며, 교회를 지원·보호하는 것은 그의 의무였다. 교회는 그를 도유하여 그에게 특별한 권위를 부여하였다. 그러나 이러한 왕의 특권은 대부분 위그에게 실질적인 도움이 되지 못하였다. 그가 칙령을 내려도, 백들은 스스로의 판단에 따라 칙령을 따르거나 무시하였다. 백은 그의 관리이기는 하였지만, 그가 마음대로 임면하거나 통제할 수 없는 세습 관리였다. 그리고 왕국의 전사들은 모두 봉건제후들의 봉신으로서, 주군을 따라 전투에 참가할 의무가 있었다. 하지만 도유받은 왕은 적어도 두 가지 결정적인 이점을 누릴 수 있었다. 왕의 인격은 신성한 것이었으며, 따라서 가장 무례한 제후도 왕의 인격을 손상시키기 전에 오래 망설이곤 하였다. 그리고 왕은 교회로부터 정신적인 무기 이상의 확고한 지원을 받았다. 프랑스의 고위성직자들은 거대한 영지를 소유하였으며, 많은 기사를 봉신으로 거느리고 있었던 것이다.

카롤링 왕조 말기에 프랑스의 대제후들은 영지 내의 주교 및 수도원장들에 대한 통제권을 획득하려 애써, 전반적으로 성공을 거두었다. 노르망디, 브르타뉴, 아키텐, 부르군디, 그리고 프랑스의 공들은 공령 내 고위성직자들의 주군이 되어 있었다. 단지 랭스 대주교를 비롯한 북동부의 고위성직자들만이 왕과 직접적인 관계를 유지하면서, 왕에게 봉건적 봉사의 의무를 지고 있었다. 그러나, 위그 카페와 그의 후손들에게는 다행하게도, 그들은 카롤링 왕조에겐 종속되지 않았던 많은 고위성직자들을 통제할 수 있는 위치에 있었다. 위그의 선조들은 위그가 왕위에 올랐을 때 장악하고 있던 것보다 훨씬 많은 백령을 통치했었다. 이 가운데 일부는 장남 이외의 아들들에게 상속되었고, 다른 일부는 지지를 매수하기 위한 봉토로 떨어져 나갔다. 그러나, 이렇게 영지를 여기저기 떼어 주면서도, 카페 집안은 주교직에 대한 통제권을 세심하게 고수하였다. 그리하여, 부르군디와 오늘날 상파뉴라 불리우는 지역이 대제후에게 넘어갔음에도 불구하고, 그 지역의 주교들은 카페 왕조에게 예속되어 있었다. 주교직에 대한 이러한 통제권은 극히 중요한 것이었다. 주교의 주군 또는 후견인은 사실상 주교를 선임할 수 있었다. 이 주교들이 많은 기사를 봉신으로 거느린 대제후였으므로, 주교의 후견인은 신임할 수 있는 봉신을 얻는 동시에 필요한 경우 군사적 지원을 확실하게 받을 수 있는 입장에 있었다.

프랑스의 대제후들을 휘하에 거느리는 주군으로서, 위그 카페는 봉건적 위계의 정점에 서 있었다. 소수의 공과 백, 대주교, 그리고 주교들이 그의 봉신이었는데 그들은 뒷날 프랑스의 작위 귀족peer으로 불리게 되었다. 적어도 이론상으로는, 이들 대제후들은 왕에게 모든 정규적인 봉건적 의무를 지고 있었다. 그러나 실제로는 이론과 현실의 차이가 매우 컸다. 아키텐공은 여러 세대에 걸쳐 카페 왕조를 인정하지 않았다. 비로소 12세기에 이르러서야, 아키텐공과 툴루즈백을 비롯한 남부 프랑스의 대제후들은 카페 왕조의 왕들에게 신서를 할 생각을 갖게 되었다. 노르망디공은 신서를 하고 왕의 궁정에 참석하는 것이 자신의 의무임을 인정하긴 하였으나, 이러한 봉건적 봉사를 받으려면 왕이 그의 공령 경계에까지 납셔야 한다고 고집하였다. 북부 프랑스의 대제후들도 군사적 봉사를 요구할 왕의 권리를 인정하고 있었으나, 그들은 재간이 뛰어난 흥정꾼이었으며, 그들이 실제로 거느리고 있던 기사 봉신들의 수에 비해 왕에게 제공하게 되어 있던 군사적 봉사는 너무나 미약한 것이었다. 예컨대, 상파뉴백은 2천 명가량의 기사를 거느리고 있었으나, 왕에게는 10명의 기사만 제공하면 되었다.

위그 카페의 실권은 그의 즉위로 왕령지가 된 프랑스 공령에 있었다. 자기의 이 영지에서, 위그는 완전한 통치권을 행사하였고, 범법행위에 대한 벌금과 교량 통행세, 그리고 그밖의 관습적인 부과금을 거두었다. 또 바로 그곳에 위그와 그의 궁정이 필요로 하는 음식과 의복을 제공하는 직영 장원들이 있었다. 왕령지에서 봉토를 보유한 자들, 즉 프랑스공의 봉신들은 위그에게 봉건적 봉사의 의무를 지고 있었으며, 왕의 대봉신들처럼 그 의무를 무시할 수는 없었다. 요컨대, 카페 왕조의 왕권은 왕령지의 크기와 자원, 그리고 그에 대한 통제력에 거의 전적으로 의존하고 있었다.

사실상, 10세기 말의 프랑스는 통일된 하나의 국가라기보다는 대봉건제후들의 느슨한 연합체로 간주되어야 할 것이다. 이 제후들은 모두 카페 왕조 왕의 봉신이라는 점에서 서로 결합되어 있었다. 그러나 현실정치에 있어서 그들은 왕을 봉건제후의 하나인 프랑스공으로만 대접하였다. 제후들은 자신의 목적에 합당한 경우에는 왕과 연합하여 다른 대제후들과 맞섰으나, 어느 때건 자신에게 더 유리하다면 왕에게 대항하는 동맹에 가담하기를 서슴지 않았다.

위그 카페가 프랑스왕에 오르고 난 다음 한 세기 동안, 봉건체제는 아주 활발하게 발전해 나아갔고, 정치적 권위의 분열은 아무런 장애도 없이 계속 심화되어 갔다. 위그와 다음 몇 대의 왕들은 대봉신들의 독립성을 억제하는 데 전혀 무력했을 뿐만 아니라, 왕령지에서 원래 지니고 있던 권력조차 유지하지 못했다. 퓌이세Puiset, 꾸시Coucy, 그리고 몽모랑시Montmorency의 제후들을 비롯한 파리 지역의 대봉신들은 견고한 성채를 세우고는 주군인 공이자 왕의 권위를 제멋대로 무시하였다. 위그 카페의 계승자들은 파리와 오를레앙 사이를 안전하게 여행하려면, 두 도시 사이의 도로를 지배하는 에땅쁘Etampes 대성大城의 성주인 퓌이세 제후의 허락을 받아야 했다. 더구나, 봉건적인 관직 세습의 관념이 너무 강해, 왕령지에서 왕과 관리들의 관계에 영향을 미치게 되었다. 감독관provost이라 불리는 관리들은 왕의 직영 장원들을 감독하고 세금 등을 거두었는데, 이 직책은 매년 일정액을 왕에게 납부하는 조건으로 임대farm되었다. 게다가 감독관직은 세습화되어, 감독관들은 봉신들 못지않게 통제하기 어려운 존재가 되었다.

초기 카페 왕조 왕들의 궁정과 가계 그리고 생활 양식은 실로 믿기 어려울 정도로 소박하고 단순하였다. 궁정 사제chaplain는 궁정 사람들의 고해를 듣고, 미사를 집전하였다. 그는 사제로서 글을 읽고 쓸 줄 알았기 때문에, 왕의 편지들을 대필하는 일을 담당하였다. 시간이 지나면서, 그는 상서chancellor : 프랑크 시대에 귀족 및 왕의 비서를 포함한 여러 직책 ; 13세기 영국에서는 재무청exchequer—뒤의 대장성—의 우두머리 ; 일부 대학의 최고 관사官吏, 참사회의 학무관→총장; pp.468~469 참조-역주라 불리게 되었으며, 휘하에 사제이자 비서의 역할을 하는 서기들을 거느리게 되었다. 왕실을 관장하는 다른 직책은 대세속귀족들이 담당하였다. 시종chamberlain은 왕의 침실을 돌보았다. 그는 침실에 보관되어 있는 보석이나 옷가지 또는 각종 문서 등 왕의 귀중품을 관리하였고, 대개 왕과의 접견을 통제하였다. 시종무관constable과 마관marshal은 왕실의 말들을 돌보았다. 집사steward는 왕실의 가계를 책임지고 있었는데, 그에게는 포도주 조달을 담당하는 청지기butler와 술창고를 관리하는 출납관dispenser 등의 관리들이 보조원으로 딸려 있었다. 왕실을 관장하는 이러한 관리들은 왕명의 갖가지 업무도 맡고 있었다. 예컨대, 시종무관과 마관은 왕의 명을 받아 군대를 지휘하였다. 이 관리들 가운데 가장 권력이 컸던 것은 집사였다. 그는 왕실의 가계를 맡고 있었으므로, 왕실 가계의 공급원인 장원들을 담당하는 감독관provost들을 관리 · 지휘하였으며, 모든 실제적인 문제에서 행정의 우두머리로 행동하였다. 집사의 권한이 너무 강력해지자, 왕들은 12세기 이후 집사를 두지 않았다.

위그 카페와 그의 아들 그리고 손자는 모두 강인하고 용감한 전사였다. 사실 그 혼란스러운 시대에 확고하게 하나의 왕조를 세울 수 있었던 것만도 상당한 위업이라 할 것이다. 그들은 파리 근처의 전략적 요충지를 고수하는 데도 성공하였다. 그러나 이들 초기 카페 왕조의 왕들을 강력한 인물이라고 평가할 수는 없다. 그들은 파리 근처에 있는 그들의 영지에서만 활동했으며, 프랑스 공령의 봉신들과 격렬한 전쟁을 치르었을 뿐이었다. 이따금, 왕들은 대제후들 사이의 전쟁에 개입하였으나, 많은 제후들이 왕보다 훨씬 많은 자원을 지니고 있었으므로, 그러한 중요한 문제에서 그리 결정적인 역할을 할 수는 없었다. 그러한 상황에서 왕이라는 직위가 존속할 수 있었던 이유가 무엇이었는지 의문을 품는 것은 당연할 것이다. 아마도 주된 요인은 교회의 변함없는 강력한 지지였을 것이다. 더구나, 왕들은 너무나 무력하여 대제후들의 눈에 크게 거슬리지 않을 수 있었고, 그들의 왕령지는 너무나 작아 대제후들이 그렇게 탐을 내지 않았다. 하나님으로부터 기름부어진 신성한 프랑스왕을 쳐부수려 한다는 것은 그리 단순한 문제가 아니었다. 그로 인한 위험부담에 비해 얻을 수 있을 대가는 별로 없었다. 끝으로, 봉건제는 이론상 군주를 필수적인 존재로 간주하였는바, 카페 왕조 왕들보다 더 무해한 군주는 없었던 것이다.

카페 왕조의 권력은 필립 1세Philip I ; 1060~1108의 치세 초에 가장 밑바닥에 도달하였다. 필립의 증조할아버지인 위그 카페의 즉위 이래 줄곧, 왕령지는 축소되어 갔다. 그러나 필립은 왕령지의 축소를 중단시키고, 더 나아가 왕령지의 확대를 꾀하였다. 부르즈Bourges 자작viscount이 제1차 십자군에 나가기 위해 돈을 구하려 하자, 필립은 그의 봉토를 되샀다. 그리고 필립은 형을 사로잡아 감금함으로써 새로 앙주백이 된 찬탈자를 공인해 주는 대가로, 왕령지인 퐁텐느블로Fontainebleau 숲 남쪽의 앙주 백령 일부를 받아냈다. 그러나, 이렇게 왕령지를 늘렸음에도, 필립이 사용할 수 있는 자원은 대봉신들의 자원에 비해 여전히 빈약하였다. 이 당시에는 대봉건제후령들이 꽤 안정된 상태가 되어 있어, 제후들 사이의 투쟁으로 왕이 어부지리를 얻을 기회도 얼마 없었다. 북쪽으로는 플랑더즈 백령이 오늘날의 서부 벨기에와 프랑스 최북단을 포괄하고 있었다. 그 아래 해안지방에는 바이킹 롤로의 후손들이 보유하고 있던 봉토인 노르망디 공령이 있었다. 브르타뉴 반도의 켈트인과 그 동쪽 경계를 따라 낭트Nantes 아래로부터 몽-생-미셸Mt-St-Michel에 이르는 지역에 살고 있던 한 무리의 프랑스어 사용민들은 브르타뉴 공령을 이루었다. 브르타뉴 동쪽, 그리고 서부 노르망디 남쪽에는 메인Maine 백령과 앙주 백령이 있었다. 이 봉건제후령들의 동쪽에는 블로이 가문의 거대한 영지들이 있었다. 이 강력한 가문은 일 드 프랑스의 동부와 서부 지역을 장악하여 왕령지를 두 방향에서 포위하고 있었다. 11세기에, 블로아 가문의 지도적 인물들은 스스로 블로아백 또는 트르와Troyes백을 자칭하였다. 12세기가 되어서야 그들은 상파뉴 및 브리에의 팔라틴백Count Palatine of Champagne and Brie 팔라틴백 : 프랑크 시대 및 독일에서 왕령지와 왕의 수입을 관장하던 관리 ; 라인 팔라틴 백령의 백=팔쯔백, p. 610 참조 ; 헝가리왕의 대변인 ; 영국의 경우에는 체셔Chesre와 랭카셔Lancashire 등의 주에서 실질적인 왕권을 행사하던 주교나 영주—예 : 더람Durham 주교—를 가리킴-역주이라는 칭호를 갖게 되었으나, 여기서는 편의상 그들을 상파뉴백으로 부르기로 한다.

상파뉴 백령 남쪽, 및 부르군드 왕국의 최북단을 이루고 있던 지역에는 부르군디 공령이 있었다. 그리고 르와르강 남쪽, 낭트에서 남쪽으로 얼마 멀지 않은 곳으로부터 비스케이Biscay만을 따라 피레네 산맥이 보이는 곳까지, 그리고 비스케이만으로부터 론강 바로 서쪽편 제국의 경계에 이르는 해안지역에는 거대한 아키텐 공령이 있었다. 끝으로 왕국의 지중해 연안과 툴루즈Toulouse에 이르기까지 서쪽으로 뻗어 있는 넓은 띠 모양의 지역은 툴루즈 백령을 이루었다.

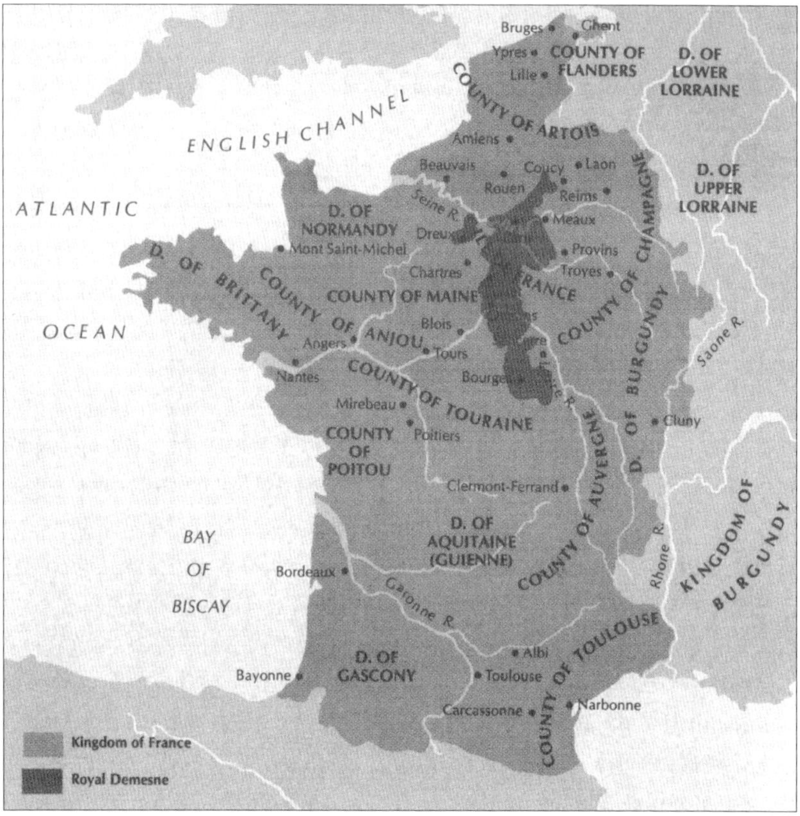

지도 8. 필립 1세(1060~1108) 시대의 프랑스

이러한 대봉토를 보유한 제후들의 권력은, 봉토마다 정치적 구조가 다르듯이, 각기 달랐다. 플랑더즈백은, 어떤 봉신도 그의 권위에 정면으로 도전할 만큼 강력하지 못한, 잘 조직된 봉건제후국을 다스리고 있었다. 노르망디 공령은 플랑더즈 백령보다도 더 잘 조직되어 있었는데, 공은 상급재판권과 가장 중요한 요새들을 장악하고 있었다. 블로아 가문은 블로아와 샤르트르, 상세르 Sancerre, 모Meaux, 프로뱅Provins, 그리고 트르와 등 소유하고 있는 백령들을 효율적으로 통제하였다. 앙주백은 그의 봉토를 강력하게 다스렸다. 물론 이 제후국들이 오늘날의 기준으로 질서잡힌 상태에 있었다고는 볼 수 없으나—이들은 끊임없이 봉건적인 분쟁으로 이합집산을 반복하였다—각 제후는 자기 영지에

서 그의 봉신을 지배하고, 진짜 마음을 먹으면 그들에게 복종을 강요할 수도 있을 만큼 강력하였다.

브르타뉴 공령은 이러한 비교적 질서잡힌 제후국들과 아주 대조적인 모습을 보이고 있었다. 브르타뉴 공령은 사실상 독립적인 백령들이 모여 있는 것에 불과했고, 브르타뉴공이라는 칭호도 여러 백 가운데 하나가 별 의미 없이 지니고 있는 것에 지나지 않았다. 공의 칭호는 전쟁의 승패에 따라 한 백으로부터 다른 백에게로 옮겨 갔고, 공의 직할영지도 없었다. 또 부르군디공 역시 그 칭호에도 불구하고 별로 중요하지 않은 위치에 있었다. 부르군디공의 가장 부유한 영지는 그보다 훨씬 강력한 상파뉴백에게 봉토로 넘어가 있었고, 부르군디의 다른 대제후들도 공에 못지않게 강력하였다. 아키텐공은 보르도와 바욘느Bayonne를 중심으로 한 가스코뉴와 귀엔느Guienne, 그리고 쁘와띠에 바로 주변의 지역에 대해서는 비교적 강력한 통제권을 행사하였으나, 그밖에 그의 거대한 영지 대부분은 그가 전혀 통제할 수 없는 대봉신들의 수중에 놓여 있었다. 툴루즈백들은 영지를 아들들에게 분할 상속하고, 장남에게는 별 의미 없는 칭호만을 남겨주는 가문의 관행 때문에 계속 미약한 존재로 남아 있을 수밖에 없었다.

프랑스의 봉건제후들은, 권력에 있어서 서로 크게 달랐지만, 대부분 자그마한 프랑스 공령의 지배자인 그들의 왕보다는 더 강력하였고, 더 약하더라도 왕에게 맞서지 못할 정도로 약한 제후는 없었다. 이 가운데 가장 강력한 제후는 왕령지 가까이에 영지를 갖고 있던 노르망디공과 플랑더즈백 그리고 상파뉴백이었다. 필립왕은 자기보다 훨씬 강력한 봉신들에 의해 완전히 사면을 포위당해 있었던 것이다. 그의 치세 초에는 영국에서의 노르만 정복Norman Conquest으로 더욱 상황이 악화되었다pp. 215~219 참조. 그때부터 중세 프랑스 왕정사는 11세기 말의 매우 장래가 불투명한 상황으로부터 왕권이 회복되어가는 과정으로 이루어진다.

26. 영국의 색슨족과 노르망디인

9세기와 10세기에 걸쳐 오랜 동안 계속되었던 덴마크인과의 투쟁을 통해 영국은 하나의 왕국으로 통일되었다. 통일 왕국의 진정한 토대를 마련한 인물은 알프레드 대왕Alfred the Great; 871~899이었는데, 정작 그 자신은 영국 전역을 통치해 보지는 못하였다p. 159 참조. 알프레드는 885년에 덴마크족과 화평을 맺은 뒤, 그의 치세 후반을 거대한 재건 계획에 바쳤다. 그는 앵글로-색슨의 징병제를 재조직하였고, 해군을 창설하였으며, 앞으로의 바이킹 침입에 대비하여 요충지에 일련의 요새를 구축하였다. 알프레드는 또한 바이킹이 많은 주요 수도원을 파괴함으로써 쇠퇴의 길을 걷게 된 문예와 학문의 회복을 위해 노력하였고, 속인들에게까지도 읽고 쓰기를 배우라고 촉구하였다. 왕 자신이 라틴어를 알고 있었고, 많은 중요한 저작을 서색슨어로 손수 번역했거나, 번역하는 데 도움을 주었다. 그 가운데 대표적인 것으로는 교황 그레고리우스의 ≪목자의 서 *Pastoral Care*≫, 비드Bede의 ≪교회사*Ecclesiastical History*≫, 그리고 보에티우스의 ≪철학의 위안*Consolation of Philosophy*≫ 등을 들 수 있다. 이 모든 업적에 더하여, 알프레드는 법전을 공포하였는데, 이 법전은 이전의 법전과 달리 자기 종족의 관습만을 기록하는 데 그치지 않고, 다른 색슨 종족의 법까지 선택적으로 받아들인 것이었다.

알프레드의 아들인 에드워드Edward the Elder; 899~925와 손자인 에델스탄Aethelstan; 925~939은 덴마크족이 점령한 지역을 탈환하였고, 그들의 후손들은 영국 전역을 통치하게 되었다. 실로 그들은 오늘날의 영국보다 더 넓은 지역을 다스렸는바, 그들의 왕국에는 에던버러Edinburgh에 이르는 동부 스코틀랜드까지 포함되어 있었던 것이다. 그러나 영국이 하나의 왕 아래 통합되었다고 해서, 앵글로-색슨족과 덴마크족 사이의 구별이 사라진 것은 아니었다. 덴마크족 정착민들은 그들의 독자적인 법률과 전통과 관습을 유지한 채 그대로 남아 있었다. 옛 앵글로-색슨 지역은 대부분 오래 전부터 장원으로 조직되어 왔는 데 반해, 데인로Danelaw는 독립 자영농의 지역으로서, 직영지를 수반하는 장원은 거의 없었다. 덴마크족의 침입 · 점령으로 말미암은 또 한 가지 결과는 중부 영국 대부분의 정치적 지리가 바뀌었다는 것이었다. 원래 영국의 주shire; county는 웨섹스 왕국의 행정구역이거나 웨섹스에 합병된 소왕국들예컨대, 켄트Kent, 서섹스Sussex, 에섹스Essex이었다. 그러나 덴마크족으로부터 탈환한 지역에서는 요새화된 도시를 중심으로 하여 새로운 주가 신설되었고, 각 주는 그 도시의 이름에 따라 호칭되

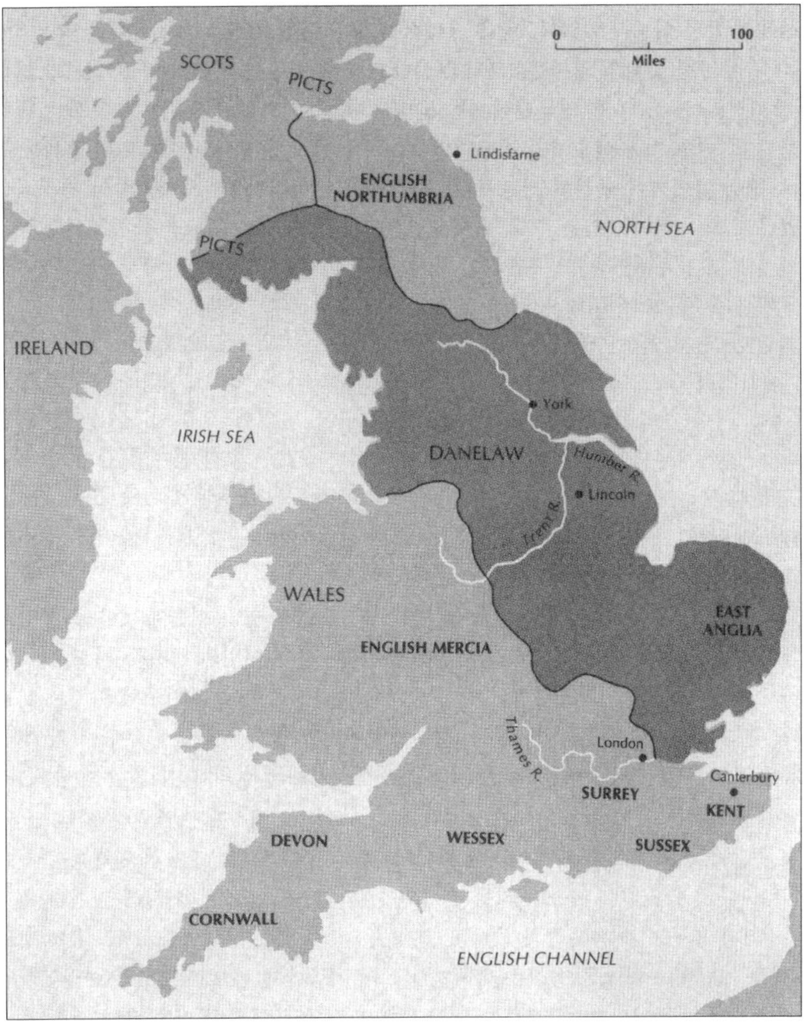

지도 9. 885년경의 영국

었다. 예컨대 노팅엄셔Nottinghamshire는 노팅엄, 캠브리지셔는 캠브리지, 베드포드셔Bedfordshire는 베드포드에 각각 셔shire; 州를 붙여 만들어질 주명인 것이다. 이 주들은 몇몇 경우 덴마크족 침략군이 정복지를 분배하면서 나누었던 지역 구분과 일치하였다. 단지 동앙글리아와 옛 웨섹스 왕국 지역에서만 옛 주가 그대로 유지되었다.

앵글로-색슨 왕국의 통치체제는 서유럽의 어떤 나라보다도 훨씬 더 능률적으로 조직되어 있었다. 왕은 이론상으로 선출제였으나, 피선될 자격은 대체로 옛 왕가의 출신, 즉 알프레드의 후손에게만 한정된다고 여겨졌다. 왕은 영국 전역에 산재된 수많은 영지를 가지고 있었다. 모든 신체 건강한 영국 남자는 왕의 소집에 응하여 군사적 봉사를 제공할 의무가 있었다. 왕은 일반적인 경우 지방 법정local court이 범법행위에 대해 부과한 벌금의 일부를, 그리고 아마도 특별히 중한 범죄의 경우에는 그 전부를 차지하였다. 요컨대, 영국 왕에게는 군대와 자신 및 왕실의 자족에 충분한 거대한 왕령지, 그리고 적은 액수지만 정규적인 화폐수입이 있었다. 더구나, 모든 주에는 왕의 뜻대로 임면되어 완전히 왕권에 종속되는 주장관shire-reeve; sheriff이 자리잡고 있었다. 그에 더하여, 왕은 주교 및 수도원장을 임명하였고, 그들을 통치체제의 정규적인 일부로 간주하였다. 알프레드 가계의 우위가 확고부동하였기 때문에, 10세기에 영국에서는 프랑스에 비해 봉건적 권력 분열이 훨씬 덜하였다.

앵글로-색슨 왕국은 또한 위탄 회의Witangemot라 알려진 회의체를 지니고 있었다. 유감스럽게도, 그 권한과 기능에 대해서는 알려진 바가 별로 없다. 그것은 영역 내 유력자들—관리, 영주들, 그리고 고위성직자—의 모임이었다. 이 모임에서 왕 선출의 의식이 거행되었다. 왕은 새로운 법의 제정과 같은 중요한 문제에 관해 이 회의에 자문을 구하도록 되어 있었다. 끝으로, 앵글로-색슨의 왕들에겐 아주 효율적인 서기청chancery이 있어, 앵글로-색슨어로 왕의 칙령writ을 작성하여 왕명을 신민들에게 전하는 일을 맡았다.

그러나 왕과 위탄 회의는 우리가 정부의 일이라 여기는 일 가운데 극히 일부만을 수행하였다는 사실을 반드시 염두에 두어야 한다. 왕은 신민의 군사적 지도자였고, 아마도 강간, 살인, 그리고 방화와 같은 중죄에 대해서는 직접 재판하였던 것으로 보인다. 그러나 일반적인 법의 집행은 지방 법정에 맡겨졌다. 해가 질 무렵에 각 주의 자유민들은 지방 군사령관ealdoman: 앵글로-색슨 시대에 주의 핵심적인 왕의 관리. 주의 군대를 지휘하고, 주 법정을 주재. 11세기 초에 백earl으로 개칭됨.-역주과 주 장관 그리고 주교가 주재하는 주 법정에 회동하였다. 주마다 법정에는 고유한 일련의 관습이 있었다. 이 관습은 주재하는 관리들의 지휘 아래 인민들 스스로에 의해 실행에 옮겨졌다. 죄의 유무는 옛 튜톤족의 선서 및 시죄법 의식으로 결정되었다. 그러나 옛 앵글로-색슨의 법에는 어떠한 범죄든 피해자나 그의 가족에게 돈으로 보상하는 벌금형만이 규정되어 있었지만, 10세기에는 왕의 칙령으로 몇몇 특정 범죄는 왕이 직접 뜻대로 처벌할 수 있게 되었고, 이 경우 왕은 체형을 가할 수도 있었다.

11세기 초, 영국은 또 다시 덴마크족의 침입을 당했다. 이번에는 노략질하는 해적 떼가 아니라, 덴마크의 왕 스웨인Swein과 그의 아들 카누트Canute가 대함대를 이끌고 쳐들어온 것이었다. 1016년 여름, 앵글로-색슨의 왕 에드먼드 아이언사이드Edmund Ironside; 1016는 카누트와 화평조약을 맺기에 이르렀다. 이 조약에 따라 영국은 둘 사이에 양분되었고, 둘 가운데 하나가 죽으면, 남은 사람이 전 잉글랜드를 통치하게 되어 있었다. 에드먼드는 이 조약이 맺어진 뒤 불과 몇 달 만에 죽었고, 이에 따라 카누트1016~1035가 전 영국을 통치하게 되었다. 그는 전왕들의 법과 관례를 존중한 공정하고도 유능한 통치자였다. 카누트는 또한 교회를 보호하고, 더 나아가 육성하기까지 하였다. 그는 덴마크족 병사로 이루어진 소규모 상비군을 두어 영국에서의 그의 권위를 보호하였는데, 그에게는 재미있는 아이러니였을 테지만, 이 상비군은 원래 바이킹 침략자를 매수하기 위해 거두었던 데인겔트Danegeld: 991년 에텔레드Aethelred 2세가 처음 부과한 토지세로서, 덴마크인을 매수하여 침략행위를 막기 위한 것이었음. — 역주로 유지되었다. 카누트는 1035년에 죽었고, 그의 아들들은 덴마크 왕위를 놓고 서로 격렬하게 싸우고 있었으므로, 영국 왕위의 유지에는 신경을 쓸 여유가 없었다. 이에 위탄 회의는 에드먼드 아이언사이드의 동생인 에드워드 참회왕Edward the Confessor; 1042~1066을 왕으로 선출하였다.

11세기 중엽에는 영국의 역사를 뒤바꾸어 놓은 1066년의 노르만 정복이 다음과 같은 경위로 발생하였다. 에드워드의 어머니는 노르망디공 리차드 2세Richard II의 누이였고, 카누트의 치세 중 에드워드는 노르망디공의 궁정에서 살았다. 그는 영국으로 되돌아가면서 노르망디의 많은 친구들을 데리고 가 그들에게 토지와 관직을 하사하였다. 그밖의 노르망디 제후들도 에드워드의 궁정을 자주 방문하였다. 외국인 친구와 친지들에 대한 에드워드의 총애는 당시 영국에서 가장 강력한 가문으로서, 카누트에 의해 웨섹스백jarl; earl으로 제수받은 고드윈Godwin과 그의 아들들을 분격케 하였다earl : p. 214 참조. 고드윈은 위탄 회의에서 에드워드를 왕으로 선출하는 데 매우 역할을 하였고, 에드워드는 그의 딸을 왕비로 맞이하였다. 에드워드에게 자식이 없었으므로, 고드윈은 자기나 그의 아들 가운데 하나가 왕으로 선출될 날을 꿈꾸게 되었다. 그러나 똑같은 야심을 품은 자가 또 하나 있었으니, 에드워드의 사촌인 노르망디공 윌리엄William은 자식이 없는 친척의 뒤를 이어 자기가 당연히 영국 왕이 되어야 한다고 생각하고 있었던 것이다. 1051년, 고드윈과 에드워드의 노르망디 친구들 사이의 반감이 드디어 공공연한 분쟁으로 터져 나오자, 윌리엄은 이를 목표에 접근할 기회로 포착하였다. 도버Dover에서 그곳 주민들이 불로뉴Boulogne백과 그의 수행원들을 공격한 사건이 발발하자, 에드워드는 도버가 웨섹스에 속해 있었으므로 고드윈에게 습격자들의 처벌을 명하였다. 그러나 습격자들에게 공감하고 있었던 고드윈은 왕의 명을 거부하였다. 그 결과, 고드윈과 그의 아들들은 추방되었다. 윌리엄은 이 상황을 기회삼아 영국을 방문하였고, 뒷날 그는 이때 에드워드가 그에게 왕위 계승을 약조하였노라고 주장하였다.

에드워드왕과 고드윈 가문은 곧 화해하였고, 고드윈이 죽자 그의 아들 가운데 가장 유능했던 해롤드Harold가 웨섹스백이 되었다. 그 뒤 1064년 해롤드는 영국 해협을 항해하는 도중에, 노르망디 해안에서 조난당해 윌리엄공의 한 봉신에게 사로잡히는 몸이 되었다. 뒷날의 노르망디 연대기들에 따르면, 이때 해롤드는 자기를 풀어주는 대가로 에드워드가 죽으면 윌리엄이 영국 왕위를 계승하도록 지원할 것임을 서약했다고 한다. 그 대신 해롤드는 왕 바로 아래의 최고 지위에 오르고, 윌리엄의 누이와 결혼하게 되어 있었다는 것이다. 그러나 정작 1066년에 에드워드가 죽자, 위탄 회의는 해롤드를 왕으로 선출하였다. 그러나 윌리엄공은 전혀 왕위를 포기할 생각이 없었다. 그는 즉각 교황에게 사절을 파견하여 해롤드가 서약을 어겼다고 비난하였다. 교황이 이 고발을 심각하게 받아들였건 말건, 교황에게는 윌리엄을 지지할 이유가 충분히 있었다. 교황은 교회를 자신의 권위 아래 통일시켜, 통일된 법률과 관행을 통용시키려 하고 있었다. 윌리엄은 대체로 이에 협조적이었다. 그리고 영국 교회는 거의 로마의 영향에서 벗어나 있었고, 왕에 의해 강력하게 통제받고 있었다. 이에 교황은 왕위계승을 강행하려는 윌리엄의 생각에 적극 찬성하였다. 윌리엄공은 영국을 침입하기 위해 봉신들을 소집하였으나, 여기서 그만 장벽에 부딪쳤다. 약간명을 제외하고는, 대부분의 노르망디 제후들이 바다 건너의 모험을 위한 군사적 봉사의 의무는 없다는 이유로 영국 출정을 거부했던 것이다. 이에 윌리엄은 전리품과 봉토를 얻고자 하는 모험가를 총모집하는 초청장을 뿌렸다. 이는 그야말로 대성공이었다. 플랑더즈, 브르타뉴, 메인, 앙주 그리고 쁘와뚜 등지에서 사람들이 벌떼처럼 그의 기치 아래 모여들었다. 윌리엄과 개인적으로 가까운 몇몇 노르망디 대제후들과 노르망디 귀족 가문의 많은 젊은이들도 가담하였다. 대함대가 결성되었고, 윌리엄은 약 5천에 달하는 침략군을 알맞은 바람이 불 때까지 대기시켰다.

이즈음 해롤드는 극히 어려운 입장에 있었다. 그의 형인 토스티그Tostig가 해롤드의 성공을 질투한 나머지 노르웨이왕 해롤드와 동맹을 맺고 영국에 침입하려 하였다. 또 노덤브리아의 공동백인 에드윈Edwin과 모르카르Morcar는 해롤드에게 그리 호감을 갖고 있지 않았다. 해롤드는 단지 형제들이 다스리는 백령들과 그 자신의 웨섹스 백령에 대해서만 충성을 확신할 수 있었다. 해롤드는 그의 식객 무사와 직업적인 호위병 그리고 웨섹스의 정예군으로 군대를 끌어 모아, 해안가에서 윌리엄과 맞설 준비를 하였다. 그러나 갑자기 그는 토스티그와 노르웨이의 해롤드가 북쪽에 상륙하여 에드윈과 모르카르를 패주시켰다는 소식을 받게 되었다. 해롤드는 서둘러 북진하여 요크셔의 스탬포드 브리지Stamford Bridge에서 침략군을 무찌른 다음, 그길로 다시 남쪽으로 향했다.

그러나, 해롤드가 대승을 거둔 바로 3일 뒤, 윌리엄공은 남쪽 해안에 성공리에 상륙하였다. 1066년 10월 14일, 웨섹스와 동앙글리아에서 마구잡이로 징발한 병사로 증원된 해롤드의 지친 군대는 헤이스팅스Hastings 근처에서 윌리엄의 군대와 마주쳤다. 정확하게 어떤 전투 양상이 벌어졌는지는 전혀 분명치 않다. 오합지졸의 증원군은 얼마 안가 곧 궤멸당했으나, 노르망디 기병대는 언덕 위에서 일렬로 늘어서서 창을 내뻗고 있는 해롤드의 식객 무사 및 정규군에게는 아무런 타격도 주지 못했다. 아마도 위장 후퇴전술을 썼던 것으로 보이지만, 어떻든 윌리엄은 색슨군의 전열을 흩뜨리는 데 성공하였다. 이때, 그의 중무장한 기사들이 그 틈새로 뛰어들어, 색슨 보병대를 와해시켰다. 해롤드와 그의 형제들은 부하들과 함께 전사하였다. 어떻든 이로써 영국은 윌리엄공에게 실질적으로 정복되었다. 그 뒤로도 5년 뒤에야 마지막 완강한 색슨 반군이 늪지로 퇴각해 있다가 궤멸당했으나, 새로운 왕의 지위가 색슨 반군에 의해 심각하게 도전받지는 않았다.

윌리엄의 영국 정복은 행운의 공로였다. 해롤드가 노르웨이 침략군을 맞이하러 북진하지 않고, 따라서 지치지 않은 군대로 윌리엄공의 상륙군에 맞설 수 있었다면, 그는 승리할 수도 있었을 것이다. 또 헤이스팅스에서 전투를 벌이는 대신, 일단 내륙으로 퇴각하여 에드윈과 모르카르 휘하의 재편성된 노덤브리아군의 증원을 기다렸다면, 그는 승리를 거둘 절호의 기회를 잡을 수도 있었을 것이다. 그리고 아예 전투를 하지 않고, 윌리엄의 군대를 점점 더 내륙 깊숙이 들어오도록 유인하기만 했어도, 그는 거의 틀림없이 궁극적으로는 승리를 거두었을 것이다. 색슨 정예군은 실로 훌륭한 전사들이었고, 노르망디공 윌리엄은 누구보다도 이 사실을 잘 알고 있었다. 그리하여 윌리엄은 진격하면서 각 도시에 시민들의 동태를 감시하기 위한 성을 세웠다. 지금까지 남아 있는 이러한 성 가운데 가장 유명한 것은 런던 탑Tower of London의 내성central keep이다. 영국에서 윌리엄이 취한 군사적 조치의 또 한 가지 주목할 만한 측면은 필요한 경우 안전하게 대륙으로 퇴각할 방도를 세심하게 마련해 놓았다는 점이다. 그는 도버에 커다란 성을 세웠고, 켄트 전역을 의붓 형제인 바이외Bayeux 주교의 영향 아래 두었다. 서섹스 해안을 따라서는 브램버Bramber, 류이스Lewes, 헤이스팅스, 페번시Pevensea 그리고 아룬델Arundel 등에 일련의 요새들이 세워졌다. 각 요새는 공이 가장 신뢰하던 부하에게 한 덩어리로 떼어 하사한 봉토의 중심지가 되었다. 색슨족이 성공적으로 봉기하였다고 해도, 노르만군은 함대가 그들을 데리러 올 때까지 잘 방비된 요새에서 안전하게 버틸 수 있었을 것이다.

정복지의 군사적 조직은 사면에서 적들이 위협하고 있는 상황 아래에서 윌리엄의 최우선 관심사였다. 북쪽으로는 웨섹스가의 친척이 왕으로 있던 스코틀랜드가 있었고, 서쪽으로는 웨일즈가 있었다. 덴마크인 왕이 영국을 지배하였던 것은 불과 몇 년 전의 일이었고, 노르웨이군은 윌리엄이 영국에 상륙하기 직전에 격퇴되었다. 따라서 윌리엄에게 스칸디나비아의 세력들은 끊임없는 위협이 되었다. 끝으로, 색슨족이 반란을 일으킬 가능성이 상존해 있었다. 윌리엄은 봉건제후국인 노르망디 공령의 군주였으므로, 당연히 새로운 군사조직을 봉건적인 방식으로, 즉 봉토와 군사적 봉사의 원칙에 따라 만들어 내려 하였다.

스코틀랜드와의 경계 바로 아래 동해안의 비교적 기복이 없는 저지대인 노덤버랜드주는 한 노르망디 대제후에게 봉토로 몽땅 하사되었고, 그 제후는 노덤버랜드백의 칭호를 얻었다. 더람Durham 주는 한 덩어리로 더럼 주교에게 주어졌다. 북부 요크셔도 리치몬드 성주령Castellany of Richmond이라는 한 덩어리의 봉토가 되었는데, 그 영주인 브르타뉴의 한 제후에겐 이 변경 봉토의 수비를 뒷받침하기 위하여 영국 내의 광활한 토지가 덤으로 하사되었다. 랭카셔는 노르망디의 가장 강력한 제후 가운데 하나인 몽고메리의 로제Roger of Montgomery의 아들 쁘와뚜의 로제Roger of Poitou에게 돌아갔다. 그리고, 웨일즈와의 경계를 따라서, 윌리엄은 세 개의 집중된 봉토, 즉 체스터Chester, 슈로우즈베리Shrewsbury 그리고 헤리포드Hereford의 세 백령earldom을 설치하였다. 이러하여 각각 한 영주의 지배를 받는 일련의 집중된 봉토들이 스코틀랜드와 웨일즈의 침입을 막는 방파제가 되었다.

나머지 지역을 봉토로 분배하는 데 있어서, 윌리엄은 단순히 가장 손쉽고 자연스러운 과정을 따랐다. 그는 자기가 그냥 정복자가 아니라, 에드워드 참회왕의 정당한 계승자라고 생각하였으므로, 당연하게 왕령지를 차지하였다. 그에게 대항하여 무기를 들지 않은 앵글로-색슨족 영주들은 원래 보유하고 있던 영지를 그대로 지닌 채, 그의 봉신이 되었다. 그 다음, 그에게 저항한 색슨 영주들의 토지는 정복군의 장수들에게 분배되었다. 색슨 영주들의 영지는 원래 너른 지역에 여기저기 산재되어 있었으므로, 윌리엄의 부하들도 비슷하게 산재된 봉토를 보유하게 되었다. 모든 봉토 보유자에게는 색슨인이건 노르만인이건 왕의 군대에 일정수의 기사를 제공해야 하는 의무가 부과되었다. 윌리엄은 하사하는 봉토의 크기나 생산력에 대해 거의 알지 못했으므로, 각 봉토에 할당된 기사의 수는 그 봉토가 몇 명의 기사를 뒷받침할 수 있는가에 대한 주먹구구식 계산으로 결정된 것에 불과했다. 윌리엄은 또한 고위성직자와 주교 그리고 베네딕트 수도원의 수도원장들에게도 기사의 제공을 의무화시키고, 그 수를 할당했다. 그리하여 윌리엄은 총 5천 명가량의 기사를 제공받게 되었다. 왕으로부터 직접 봉토를 받은 대제후들은 마음대로 그들의 봉신subvassal에게 다시 재분봉할 수 있게 되어 있었다. 각 기사가 하나의 봉토를 보유하는 안정된 패턴은 서서히 나타나기 시작하여, 한 세기가 지나서야 완성되었다.

지도 10. 노르만 정복 이후의 영국

역사가들은 노르만 정복이 앵글로-색슨 사회에 미친 영향에 대해 아주 오랜 동안 논쟁을 벌여왔고, 그 논쟁은 아직까지도 계속되고 있다. 어떤 역사가는 정복으로 영국사에 급격한 단절이 야기되었다고 주장하는 반면, “윌리엄은 영국 정복으로 (기존 사회를) 파괴하거나 (새로운 사회를) 세운 것이 아니라, 단지 (기존 사회를) 지속시켰을 뿐”이라고 주장하는 역사가도 있다. 진실을 말하자면, 1066년 이후 앵글로-색슨 시대의 많은 측면이 존속되었지만, 바뀐 것도 많다는 것이 될 것이다. 12세기에 모습을 드러낸 새로운 영국은 색슨적인 것도 노르망디적인 것도 아니었고, 바로 앵글로-색슨과 노르망디의 종합이었다.

이미 살펴보았듯이, 윌리엄은 스스로를 에드워드 참회왕의 정당한 계승자라고 생각하였다. 그는 영국의 옛 관습을 그대로 유지하고, 앵글로-색슨 왕들의 법을 존중하겠다고 약속하였다. 인민법정은 계속 관습법을 시행하였다. 앵글로-색슨인 주장관은 노르망디인으로 대체되어 대개 주의 가장 강력한 영주에게 맡겨졌으나, 주장관의 직은 그대로 남아 있었다. 반면에 윌리엄은 대륙의 관습에 따라 성·속의 사법권을 분리하였다. 주교는 더 이상 주 법정에서 주장관과 함께 배석하지 않았으나, 교회의 문제를 다루는 자신의 법정을 갖게 되었다. 이와 함께, 윌리엄이 영국의 정치구조에 야기한 가장 중요한 변화는 노르망디의 봉건 관행을 영국에 도입시킨 데에서 비롯된 것이었다. 윌리엄의 봉신들의 모임인 봉건적인 조정curia 회의가 위탄 회의를 대체하였다. 모든 유력한 노르망디인에게는 각자의 신민에 대한 경찰 재판권police court jurisdiction; sac and soc이 부여되었는바, 이 특권은 노르망디인들에게는 익숙한 것이었다. 더욱 중요한 제후에게는 그의 차지인tenant이 그의 영지에서 도둑질을 하다가 현행범으로 체포되었을 경우, 그를 목매달을 수 있는 권리the right of infangen theof도 주어졌다. 이는 노르망디인 제후의 관점에서는 중요한 권리였는바, 이 권리를 가지면 제후들의 세계에서 높은 지위를 가리키는 중요한 상징인 교수대를 가질 수 있었던 것이다. 끝으로, 앵글로-색슨 시대의 영국에서는 주교와 수도원장이, 적어도 그들 영지의 일부에 대해, 국왕 관리의 출입을 금하는 불수불입권을 지니고 있었는데, 윌리엄은 이 특권을 속인 영주 가운데 가장 유력한 몇몇 제후에게도 부여하였다.

노르만 정복으로 영국 인민의 정치적·사회적·경제적 지위가 낮아졌다는 주장이 빈번하게 제기되어 왔다. 이는 어느 정도는 의심할 수 없는 사실이다. 토지를 박탈당하지 않은 소수 앵글로-색슨 대영주들도 봉건적 봉사의 의무를 새로 짊어지게 되었다. 색슨인 소영주들은 제후들의 봉신으로 전락하였다. 하층 계급들 또한 피해를 당했다. 앵글로-색슨의 영국에서는, 농민들의 지위가 많은 층으로 나뉘어 있었다. 완전히 자유로운 농민과 땅에 속박되어 무거운 노동부역을 해야 했던 예농 사이에는, 영주에게 여러 가지 봉사를 해야 했으나 인신상으로는 자유인으로 간주되었던 많은 차지인이 존재하고 있었다. 노르망디인들은 그러한 중간 계층을 예농으로 간주하여 그들에게 영주제의 관습을 적용시키려 하였다. 그리하여 앵글로-색슨 시대에 자유민으로서의 지위를 누리던 많은 소자영농들이 노르망디인 치하에서 영주의 자의에 복속되고 말았던 것이다.

윌리엄왕은 봉건적 환경에서 자라나고 본질적으로 봉건적인 정치 관념을 지니고 있었지만, 일반적인 봉건국가의 구조가 지니고 있는 결함들에 대해서도 충분히 인식하고 있었다. 그 자신 노르망디공이 되고 얼마 동안 그의 노르망디 봉신들과 일련의 격렬한 투쟁을 치르었고, 또 카페 왕조의 나약함을 잘 알고 있었다. 그는 영국에서 그의 봉신들이, 프랑스왕의 대봉신들은 말할 것도 없이, 노르망디의 대제후들처럼 독립적인 존재가 되도록 내버려둘 마음이 추호도 없었다. 사실, 윌리엄은 봉건적 원칙이 강력하고 중앙집권화된 왕권의 토대로 이용될 수 있음을 보여준 유럽 최초의 지배자였다. 왕에 대한 봉건적인 군사적 봉사의 의무를 통해 그는 막강한 군사력을 수중에 넣을 수 있었다. 그는 옛 앵글로-색슨 왕가의 영지를 차지하여 어느 봉신보다도 훨씬 부유하고 강력하게 되었으므로, 봉신들로부터 어렵지 않게 군사적 봉사를 받아낼 수 있었다. 그는 또한 앵글로-색슨 왕들로부터 효율적인 서기청과 데인겔트의 형태로 비정기적인 세금을 거둘 권한을 물려받았다. 웨일즈 및 스코틀랜드와의 변경지역을 제외하고는, 봉신들의 봉토가 한 곳에 집중되어 있지 않고 너른 지역에 산재되어 있었으며, 윌리엄은 왕의 주장관 임명권을 이용하여 비봉건적 관리들을 통해 지방의 법적·행정적 업무를 통제할 수 있었다. 1086년에 그는 대제후들로부터 재분봉받은 봉신subvassal들을 소집하여, 왕인 자기에게 그들의 직속 주군에 대한 충성보다 우선하는 충성의 서약을 하라고 요구하였다. 처음부터, 왕은 제후들 사이의 사적 전쟁을 금할 수 있었다. 윌리엄이 일단 권력을 확립한 뒤의 영국은 11세기의 왕국치고는 예외적으로 평화롭고 질서 잡힌 나라였다.

윌리엄의 효율적인 통치는 특히 1086년에 둠즈데이 북Domesday Book이라 알려진 거창한 조사서survey가 편찬된 사실에서 충분히 짐작할 수 있다. 왕은 조사관commissioner을 파견하여 각 주 법정에서 회의를 열게 하였는데, 이 회의에서는 각 촌락으로부터 소집된 배심원jury이 그 지역의 재원에 대한 상세한 정보를 제공하였다. 그 정보는 세심하게 기록된 다음, 왕이 통치에 이용하기 쉬운 형태로 편집되었다. 둠즈데이 북에는, 영국의 모든 토지가 어떤 주에, 그리고 더 나아가 어떤 제후의 영지에 위치해 있는가가 일일이 기록되어 있다. 둠즈데이 북을 보면 지명과 그곳을 보유하고 있는 제후의 이름, 그리고 배신subtenant이 있는 경우엔 그의 이름까지도 알 수 있다. 그리고 그 영지의 면적이 어느 정도였는지도 기록되어 있다. 게다가 경작지 면적, 노동력의 크기, 쟁기plow team의 수, 숲·방앗간·어장 등의 기타 재원, 그리고 끝으로 에드워드왕 시대 및 조사가 행해진 1086년의 각 영지별 1년 수입 평가액까지도 알 수 있게 되어 있다. 실로, 둠즈데이 북은 역사가에게 정보의 보고가 되고 있으나, 윌리엄왕은 이를 실제적인 목적에 이용하고자 하였다. 그 당시 서유럽의 어떤 왕도 신민의 과세 대상 재산을 그렇게 상세하고도 큰 규모로 조사해 놓은 기록을 갖고 있지 못했다.

윌리엄과 그의 제후들은 거창하고 위험스러운 모험에 함께 참가한 동업자들이었다. 그들은 영국의 지배권을 공고히 하는 데 긴밀하게 협력하였다. 그러나 이러한 상황은 곧 바뀌었고, 윌리엄이 두려워했던 일들은 하나도 나타나지 않았다. 덴마크족 침략자들이 그의 백들을 여럿 살해하긴 하였으나, 스칸디나비아로부터 심각한 위협이 될 만한 침략은 더 이상 없었다. 변경지역의 요새화된 봉토들은 웨일즈와 스코틀랜드로부터의 침략을 저지할 수 있었을 뿐 아니라, 더 나아가 노르망디인 제후들은 곧 남웨일즈의 저지대를 잠식해 들어갔고, 계곡을 거슬러 올라가면서 구릉지대까지도 정복하기에 이르렀다. 늪지에 숨어 있던 반군이 소탕된 뒤에는, 색슨인도 더 이상 반란을 일으키지 않았다. 윌리엄의 권력이 점점 더 강력해지자, 그와 그의 제후들 사이에는 긴장 상태가 형성되기 시작하였다. 윌리엄은 앵글로-색슨 왕들의 권력을 고스란히 유지하려고 하였다. 반면에, 영국의 제후들은 가능한 한, 적어도 노르망디 제후들이 누리고 있는 만큼은 독립을 원하였다. 그리하여 윌리엄은 왕과 왕의 대리인인 주장관의 권력을 유지하고 가능하다면 증대시키려 노력한 반면, 제후들은 왕권을 잠식하려 애썼다. 윌리엄이 살아 있는 한, 제후들은 왕에게 저항하지 못했다. 그러나 그 뒤의 영국 왕들 모두가 윌리엄만큼 성공적으로 제후들을 제압할 수 있었던 것은 아니다.

27. 중세의 제국

동프랑크 왕국의 정치적 구조 및 전통은 영국 및 프랑스의 그것과 달랐으며, 따라서 그 통치자들이 직면하게 된 문제도 달랐다. 로렌느와 서프랑켄Franconia

을 제외한 나머지 지역은 한 번도 로마 제국의 영토가 된 적이 없었다. 로렌느와 프랑켄은 또한 동프랑크 왕국의 영토 가운데 메로빙 왕조의 영토였던 유일한 지역이었다. 10세기에, 로렌느는 여전히 서프랑크 왕국의 영토가 되었다가 동프랑크 왕국의 영토가 되었다가 하여 유동하고 있었다. 바이에른은 잠시 메로빙 왕조 왕들에게 복속되어 있었으나, 궁극적으로 프랑크 왕국에 편입된 것은 샤를마뉴의 아버지인 페핀왕 치하에서였다. 작센의 정복은 순전히 카롤링 왕조가 이룬 업적으로서, 찰스 마르텔이 시작하고 샤를마뉴가 완수한 것이었다. 샤를마뉴는 슬라브와의 변경지역에 몇몇 봉신vassi dominici을 두었으나, 로렌느와 프랑켄 이동 지역에는 대체로 봉건제가 확산되지 못하였다. 동프랑크 왕국의 대부분 지역은 백령으로 조직되어 있지 않았다. 백들은 단지 지방의 인민 법정에 대한 감독권을 지닌 왕의 대리인에 불과했다. 끝으로, 영주제는 게르만 지역에는 깊이 침투하지 못하였고, 작센에는 실질적으로 전혀 전파되지 못하였다. 이 지역에서는 귀족이나 귀족이 아닌 자유농이 지배적이었다.

9세기 중엽, 카롤링 왕조 왕들의 권력이 약화되기 시작하자, 동프랑크 왕국의 인민들은 곧 독립을 누렸던 옛날을 기억해냈다. 특히, 작센과 바이에른의 인민들은 스스로를 별개의 종족으로 여기고 있었다. 그리하여, 카롤링 왕조 왕들이 바이킹과 마쟈르의 침략을 막아내지 못하자, 그들은 옛 전통을 되살려 각기 독자적으로 지도자를 추대하였다. 이에, 왕국의 주요 구역—작센, 프랑켄, 로렌느, 슈바벤Swabia 그리고 바이에른—각각에서 중요한 영주가 그 지역의 군사적 지도자로 등장했다. 이 지도자들은 공duke의 칭호를 자처하였고, 역사가들은 그들을 부족공tribal duke; stem duke이라고 일컬어 왔다. 이 공들의 권력은 자신의 소유 토지와 그들의 종족에 대한 개인적 영향력에 의존해 있었다. 처음에는 그들에게 백들에 대한 권위와 공령 내의 주교구 및 수도원들에 관한 권리가 없었으나, 그들은 당연한 일이지만 자신의 공령 내에서 왕령지를 찬탈하고 백들을 굴복시키며 교회에 대한 후견의 권리를 획득함으로써 전권을 장악하려는 야심을 품고 있었다. 동프랑크의 마지막 카롤링 왕조 왕인 루드비히 유아왕Louis the Child; 899~911의 무기력한 치세 동안, 그들은 결정적으로 권력을 신장하여, 자신의 공령에서 독립적인 군주가 되는 길을 탄탄하게 닦아 놓았다. 그들은 왕위를 비워 놓은 채 내버려 두고, 그들 자신의 권력을 키워나가려 하였다.

그러나 그들은 결국 목적을 달성하지 못하였는데, 그 주된 요인은 교회세력의 개입과 마자르족의 위협이었다. 프랑스에서와 마찬가지로 독일에서도 교회는 비슷한 이유로 강력한 왕권을 원했다. 고위성직자들은 5명의 공들과 상대하기보다는 1명의 왕과 상대하기를 훨씬 더 바랐던 것이다. 그들은 왕국 전역에 평화와 질서를 유지시킬 수 있을 강력한 지배자의 필요성을 느끼고 있었고, 그들 대부분은 신성한 왕이라는 신정주의적 이상을 신봉하고 있었다. 그러나, 마자르족의 존재가 없었다면 교회가 왕을 뽑도록 공들을 설득할 수 없었을지도 모른다. 마자르족의 침략은 최고조에 달해 있었으나, 어떤 공도 마자르족이 자신의 공국에 쳐들어오기 전까지는 그에 맞서 어떤 조치를 취해야 할 것인지 확신하지 못하고 있었다. 이제 공들에게조차, 힘을 합해야만 마자르족의 기세를 누그러뜨릴 수 있음이 분명히 인식되기에 이르렀다. 이에 그들은 타협하기로 하였다. 그들은 공들 가운데 가장 세력이 약한 프랑켄공 콘라트Conrad of Franconia; 911~918를 왕으로 선출하였다. 이 실험은 성공적이지 못했다. 콘라트는 로렌느를 프랑스의 샤를르 단순왕Charles the Simple; 893~923에게 넘겨주기는 하였으나, 그 밖의 지역에서는 공들의 신민, 특히 사제들과 내통하여 공들의 권력을 약화시키려고 끊임없이 노력하였으며, 또한 마자르족을 물리치기 위해서는 진지한 노력을 기울이지 않았다. 이에 독일의 대제후들은 마지못해 공들 가운데 가장 강력한 작센공 새사냥꾼 하인리히Henry the Fowler를 왕으로 뽑아야 한다는 결론에 다다르게 되었다. 콘라트 1세는 임종의 자리에서 하인리히를 후계자로 지명하였고, 하인리히는 무난하게 왕으로 선출되었다.

작센 왕조의 시조인 하인리히 1세Henry I; 919~936는 콘라트와는 전혀 다른 정책을 행하였다. 그는 모든 공들로 하여금 왕으로서의 그의 지위를 명백하게 인정하도록 하였으나, 그들에게 각 공국의 내치를 거의 독립적인 통치자로서 장악하도록 허용하였다. 하인리히는 그 대신 북쪽으로 자신의 세력을 확대하는 데 주력하였다. 그는 로렌느를 프랑스로부터 되찾고, 로렌느공과 동맹을 맺었다. 그는 작센 공국의 동쪽 변경에 강력한 요새를 구축하고, 이를 발판으로 엘베강 이동의 슬라브족을 공격하였다. 끝으로, 그는 대규모의 기병대를 조직하여 마자르의 침입을 훌륭하게 저지하였다. 그는 그의 아들에게 강력한 권력기반을 물려주었다.

하인리히의 아들이자 후계자로서 종종 오토 대제Otto the Great라 불리는 오토 1세Otto Ⅰ; 936~973는 중세 초의 걸출한 인물 가운데 하나였다. 그는 독일에서 강력한 왕권을 확립하였고, 뒷날 신성로마 제국the Holy Roman Empire이란 이름으로 어떤 형태로든 나폴레옹 시대까지 존속하게 될 중세 제국을 세웠다. 그는 또한 955년에 레히펠트Lechfeld 전투에서 마자르족에게 최후의 일격을 가하였고, 그로써 동유럽에 질서 잡힌 문명의 성장을 위한 풍토를 마련해 주었다. 마자르족은 레히필트에서 대패한 뒤, 다시는 독일에 대규모 침입을 감행하지 못했으나, 헝가리로 물러나 마자르 왕국을 세우고 정착하였다.

오토는 치세가 시작될 때부터 다른 공들과의 관계에서 아버지인 하인리히처럼 "동등한 자들 가운데 첫째"로 만족하지만은 않을 것임을 분명히 하였다. 그는 의도적으로 샤를마뉴의 옛 수도인 아아헨Aachen까지 가서, 엄숙하게 왕으로서 대관과 도유의 의식을 받음으로써 카롤링 왕조의 전통을 부활시켰다. 공들은 대관식에서 오토에게 의례적인 충성의 서약을 하였으나, 오토가 명목상으로뿐만 아니라 실질상으로도 왕이 되려 한다는 것을 깨닫게 되자, 그에 대해 일련의 반란을 일으켰다. 오토는 938년에 그들을 격파하였고, 그로써 자신의 권력을 크게 강화하였다. 프랑켄공은 전투 중에 죽었는데, 오토는 공의 자리를 비워 놓은 채 직접 프랑켄을 다스렸다. 작센에서 그는 총애하던 신하 마그누스 빌룽Magnus Billung에게 광대한 토지를 하사하였으나, 신중하게도 공의 칭호만은 주지 않았다. 그리하여 그는 네 부족공국 가운데 둘에 대해 완전한 통치권을 장악하였다. 프랑켄 공령의 합병으로 독일왕은 그 뒤 훨씬 더 강력하고 부유하게 되었다.

오토는 공들에 대한 자신의 권력을 강화하는 데 무엇보다도 교회의 지원에 크게 힘입었다. 10세기에 왕은 종종 신성한 인물로 간주되어, 사제들이 서품식에서 축성받는 것처럼 성직으로 축성받았는데, 오토는 이러한 신정적 역할을 최대한 이용하였다. 그는 자기 뜻대로 왕국의 대주교 및 수도원장을 임명하고 그들의 부와 권력을 크게 증대시켜 주었으나, 그러한 보호의 대가로 그들에게 완전한 충성과 지지를 요구하였다. 프랑스와 영국의 왕들도 사제들의 지지에 의존하고 있었으나, 어디에서보다도 독일에서는 교회가 왕권의 대들보로 역할하였다. 주교들은 대개 주교령에 대한 통치권을 지니고 있었고, 교회에 속하지 않은 이웃 지역에 대해서도 백의 권한을 행사할 수 있는 권리를 부여받은 경우도 많았다. 그 대신 그들은 요구가 있을 때면 언제나 왕의 군대에 강력한 전사들을 파견할 의무가 있었다. 이렇게 하여, 오토는 믿을만한 군대를 언제라도 끌어 모을 수 있었고, 모든 공국에 왕에 대한 강력한 지지자들을 심어 놓았다. 그리하여 한 공이 반란을 일으키면, 그의 공국 내 교회세력이 그를 공격하게 되어 있었다. 오토는 수도를 두지 않았고, 백들을 제외하면 관리도 거의 없었다. 그의 군대는 그 자신의 작센군과 교회가 제공하는 군사로 이루어져 있었을 뿐이었다. 그러나 작센 사람들이 그에게 변함없이 충성하고, 그가 교회에 대한 통제력을 유지하는 한, 그의 왕정은 대단히 강력하고 효율적일 수 있었다.

오토는 그의 치세 초에는 기본적으로 작센과 프랑켄을 세력기반으로 하는 북부 독일의 한 유력자일 뿐이었다. 남부 독일에 있어서, 그의 영향력은 백들과 교회에 대한 통제에 한정되었다. 이런 상황은 남부 독일에 강력한 유력자가 없는 한 오토에게 그리 불안한 것이 아니었다. 그러나 슈바벤공과 바이에른공은 야심 있는 인물로서, 각기 세력 팽창을 꾀하였다. 그들은 둘 다 롬바르디에 탐욕의 눈을 돌리고 있었으며, 슈바벤공은 부르군드 왕국을 집어삼킬 야심을 품고 있었다. 남부 독일의 두 공국 가운데 하나라도 그런 식으로 영토를 넓힌다면 독일에서의 세력균형은 깨지게 될 것이었다. 더구나 한 강력한 통치자 아래 이탈리아와 부르군디가 통합되는 것은, 그 통치자가 나머지 로타르의 옛 영토까지 탐을 내게 될 것이므로, 독일 왕국에게는 곤란한 일이었다. 937년에 부르군디의 루돌프 2세Rudolph II가 죽자, 오토의 지위에 대한 이러한 위협은 바로 눈앞으로 다가왔다. 이탈리아 왕 아를르의 위그Hugh of Arles가 부르군디를 장악해 버렸던 것이다. 오토는 잽싸게 행동을 취하였다. 그는 부르군디에서 위그를 내쫓고, 루돌프 2세의 아들을 그의 보호 아래 왕으로 즉위시켰다. 14년 뒤에는 이제 그 자신이 롬바르디를 침략하였다. 이 새로운 영토를 재편하면서, 그는 독일에서 매우 성공적이었던 방법을 따랐다. 주교들은 그들 주교구의 모든 종교적·세속적 사안에 대한 통제권을 부여받았고, 그리하여 오토와 공통된 이해관계를 지니게 되었다.

역사가들은 오토가 탐욕과 정복의 즐거움에 빠져 눈을 독일에서 이탈리아로 돌림으로써, 독일 왕권의 약화를 초래하였다고 부정적인 평가를 해왔으나, 적어도 오토의 경우에만은 남쪽으로의 팽창이 단순히 방어적인 조치였다는 것은 분명한 듯하다. 롬바르디에 강력한 지배자가 없는 한, 그 지역은 모험가들의 탐욕을 부추기게 마련이었고, 오토는 롬바르디가 남부 독일의 제후들에게 넘어가도록 내버려둘 수는 없었던 것이다.

951년에 롬바르디를 정복한 오토는 곧 제위에 오를 계획을 세웠다. 오토는 아마 꽤 단순한 이유로 이러한 의도를 찾게 되었을 것이다. 게르만 출신의 어떤 대정복자도 샤를마뉴의 황제 칭호를 갖는 것을 자랑스러워했을 것이다. 더구나, 로타르 황제가 통치했던 옛 중부 왕국Middle Kingdom은 이탈리아와 부르군디 그리고 로렌느로 이루어져 있었는바, 이제 이 지역은 모두 오토의 수중에 놓여 있었고, 그는 황제가 됨으로써 이 지역에 대한 전통적인 통치권을 공식적으로 확보하려 했을 것이다. 그러나 교황을 통제하고 있었던 로마의 귀족들은 황제권의 부활을 달가워하지 않았다. 그들의 반대는 독일에서의 소요—대귀족들의 반란과 헝가리인들의 새로운 침입—와 결합하여 오토의 계획을 지연시켰으며, 962년이 되어서야 오토는 군대를 이끌고 로마에 와서 엄숙하게 제관을 쓸 수 있었다. 그 당시의 교황인 요한 12세John XII는 지나치게 사악한 인물로서, 처음에는 오토를 자기에게 적대하는 로마 귀족 당파를 제압할 동맹자로서 환영하였으나, 곧 황제의 통치가 억압적임을 깨닫자 반란을 부추겼다. 이에 오토는 사목회의synod를 소집하여, 교황을 폐위시켰다. 그때부터, 오토와 그의 후계자들은 황제의 권한으로 독일에서 주교를 임명하는 것과 마찬가지로 로마에서 교황을 임명하는 것도 당연한 일로 간주하게 되었다.

오토는 황제가 됨으로써 시칠리아의 사라센인들로부터 종종 괴롭힘을 당하고는 있었지만 여전히 남부 이탈리아의 주요 도시를 장악하고 있던 비잔틴 제국과의 분쟁에 휩싸이게 되었다. 승부가 나지 않은 일련의 전투가 있은 뒤 오토는 화평을 맺을 수 있었다. 이로써 그의 황제 칭호는 그대로 인정되었고, 그의 아들인 장래의 오토 2세Otto II는 비잔틴의 공주인 테오파노Theophano와 결혼하게 되었다.

오토 2세973~983는 그의 아버지에 비해 성공적이지 못하고 불운한 치세를 보냈다. 그는 978년에 바이에른공이 주도한 커다란 반란을 그럭저럭 진압하였고, 980년에는 로마에서 황제로 대관받았다. 2년 뒤, 그는 새로 남부 이탈리아

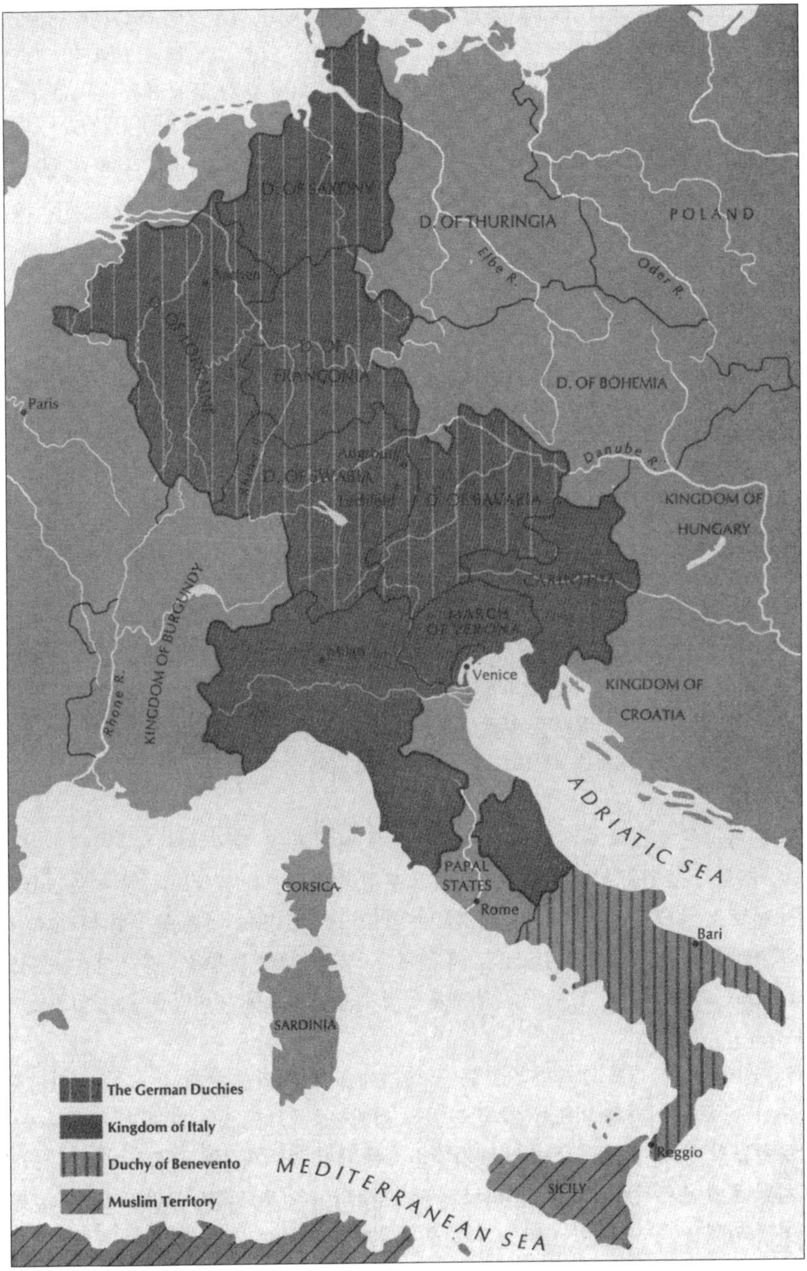

지도 11. 오토 대제의 제국(960년경)

에 침입해 온 사라센인들에 맞서 커다란 전투를 치르었으나, 비참하게 패배를 당해 병력의 대부분을 잃었다. 오토는 살아서 로마에 돌아왔으나, 몇 달 안가 그곳에서 숨을 거두고 말았다. 그의 수치스러운 패배와 죽음의 소식이 작센에 전해지자, 오토 1세에 의해 정복되었던 엘베강과 오데르강 사이의 슬라브인들은 때를 놓칠 새라 일제히 반란을 일으켰다. 독일인 이주자와 선교사들이 모조리 살해되었고, 작센은 겨우 옛 경계인 엘베강에서 슬라브 반란군을 저지할 수 있었다. 이로써 엘베 이동 지역에 대한 독일의 식민사업은 2세기가량 뒤로 미루어졌다.

오토 2세는 후계자로 세 살 난 아이를 남겼다. 어머니인 테오파노의 보호 속에 자라난 이 오토 3세Otto III; 983~1002는 본질적으로 비잔틴의 분위기에 물들어 있었고, 로마를 제국의 수도로 만들려고 계획하였다. 그는 아벤틴 언덕Aventine Hill에 궁정을 짓고, 당대의 가장 위대한 학자인 프랑스인 제르베르Gerbert를 교황으로 임명하였다. 제르베르는 의미심장하게 스스로를 실베스터 2세Sylvester II라 칭하였다. 콘스탄티누스 대제 시대의 교황이 바로 실베스터 1세였던 것이다. 이런 모든 정책은 젊은이의—아마도 어머니의 영향이 크게 작용한—낭만적인 꿈에 지나지 않았다. 이는 오토가 로마에 실질적인 권력기반을 전혀 갖고 있지 않았기 때문에 결코 실현될 수 없는 것이었다. 그의 권력은 바로 작센 군대의 지지를 기반으로 한 것이었고, 로마 귀족의 당파들은 그의 통치를 마지못해 받아들인 것뿐이었다. 어떻든 오토는 겨우 21살에 요절했다. 그에게는 아들이 없었으므로, 작센 왕조의 한 방계를 이끌던 하인리히 2세Henry II; 1002~1024가 왕위를 이어 받았다. 하인리히는 작센 왕조에 속해 있긴 하였으나, 그의 영지와 이해관계는 대개 바이에른에 있었고, 그는 작센인들의 충성을 요구할 수 없었다. 그리하여 그는 치세 내내 독일에서 그의 지위를 유지하는 데 급급하였을 뿐이었다.

하인리히 2세는 작센 왕조의 마지막 왕이었다. 1024년에 그가 죽자, 독일의 귀족과 고위성직자들은 오토 대제의 한 딸을 선조로 하는 프랑켄공 콘라트 2세Conrad II of Franconia를 왕으로 선출하였다. 그로부터 이른바 살리 왕조Salian dynasty가 시작되었다(프랑켄은 살리 프랑크족의 본거지였다). 오토 대제 시대 이래로 독일 왕이 직면하는 문제들은 상당한 정도로 바뀌어 왔는바, 여기서 잠깐 독일 정치에서 결정적인 역할을 담당할 수밖에 없었던 집단, 즉 독일 역사가들은 Fürsten이라 칭하고 영국 역사가들은 princes라 부르는 대제후들에게 눈을 돌려보는 것이 좋을 듯하다. 작센 왕조 왕들은 부족공들의 세력을 꺾기 위해 주로 성직 영주들의 세력을 강화시키는 방법을 사용하였으나, 여러 공국 내에서 왕의 신임을 받는 속인들을 유력자로 키워 공들과 맞서도록 하는 방법도 썼다. 그리하여 작센 왕조 시대가 끝날 무렵, 독일에는 공도 아니고 성직자도 아니면서, 강력한 세력을 구축한 제후들이 많이 있었다. 그들의 입장은 매우 다양한 성격을 지니고 있었다. 예컨대, 한 사람이 비봉건적인 사유지로 많은 토지를 소유하는 동시에, 백의 지위도 차지하고, 또 그와 함께 황제나 공으로부터 봉토를 하사받아 보유하고 있을 수 있었다. 아마도 이러한 제후 가운데 가장 특출한 예는 빌룽Bilhuig 가문일 것이다. 가문의 시조인 마그누스 빌룽은 오토 1세의 총애를 받아 작센의 중요한 영주가 되었고, 왕으로부터 너른 지역을 봉토로 하사받았다. 빌룽 집안은 그 이후 꾸준하게 땅을 넓혀, 작센 왕조 말기에는 스스로 작센공을 자처할 정도였으나, 그들이 작센 왕조 왕으로부터 작센공으로 인정받은 적이 있는지는 분명치 않다. 그러나 빌룽가 이외에도 그런 가문은 많았다. 각 가문은 보유 토지를 넓히면서 여러 특권과 사법권을 획득하려고 애썼다. 이들은 프랑스의 대봉건제후들과 동일한 사회적·정치적 집단을 이루고 있었으나, 이 초기 시대에는 그리 강력한 입장에 있지 못했다. 그들의 사유지는 마음대로 상속할 수 있었으나, 사법권을 제공하는 백 등의 직책은 독일의 경우 세습되지 않았으며, 왕으로부터 하사받은 봉토도 세습이 완전히 인정되지는 못하고 있었다. 사실상, 제후들의 주된 목표는 그들의 직책과 봉토를 세습화시키는 것이었다. 물론 그들은 가능한 한 자신의 신하에게는 그러한 세습권을 허용하지 않으려 했다.

새로운 살리 왕조의 시조인 콘라트 2세1024~1039는 기독교인 왕으로서의 덕목과 전혀 거리가 먼 인물이었다. 그는 딱딱하고 거칠며 글도 읽을 줄 모르는 군인이었다. 그러나 그는 왕권 유지의 문제에 대해서는 뛰어난 능력을 발휘하였다. 1033년 부르군디의 왕위가 비게 되자, 콘라트는 그의 아내 쪽으로 아주 빈약하기 짝이 없는 왕위 계승권이 있음을 구실로, 부르군디왕을 겸할 수 있었고, 이에 부르군디는 독일왕에게 귀속되었다. 그는 또한 폴란드인에 대해 여러 차례 큰 승리를 거둠으로써, 그들로 하여금 그를 상위군주로 인정케 하였다. 내정에 있어서 콘라트는 성직 봉토에 대한 통제만으로는 강력한 왕권의 토대가 마련될 수 없음을 인식하여, 직신直臣, ministeriales이라는 속인 관리계층을 형성시키기 시작하였다. 이들은 대개 예농인 농민 출신으로서, 왕의 직영지에서 차출되어 전사나 행정관으로 훈련을 받은 자들이었다. 그들은 혈연으로나 이해관계로나 귀족 또는 성직자와 전혀 유대가 없는 관리 집단 및 군대를 제공할 수 있었다.

콘라트의 아들인 하인리히 3세Henry Ⅲ; 1039~1056는 부왕의 정책을 계속하였다. 그는 전왕들이 모두 그러했듯이 고위성직자들의 지지에 크게 의존하였으나, 오토 대제가 작센을 왕권의 기반으로 삼은 것처럼 왕권의 확고한 중심이 있어야 함을 깨닫고 있었다. 그리고 진정 효율적인 정부는 충성스러운 속인 관리들과 충분한 화폐 수입을 필요로 하였다. 살리 왕조는 프랑켄공을 겸하고 있었으며, 슈바벤에도 광활한 토지를 소유하고 있었다. 여기에 남부 작센과 튀링겐이 보태어진다면, 왕은 독일의 심장부를 모두 장악하게 되는 것이었다. 하인리히는 튀링겐과 남부 작센에 성을 세우고, 그의 슈바벤 영지로부터 직신들을 데려다가 그 성들을 방비하도록 하는 사업을 시작하였다. 이 직신들은 완전히 그에게 매여, 그의 이익을 위해 헌신하였고, 이러한 왕권의 확대에 저항하던 작센의 귀족들과는 아무런 유대감도 지니지 않았다. 그들의 도움을 받아, 하인리히는 남부 작센에 대한 공의 권한ducal rights을 장악하기 시작하였다. 이는 당연히 작센공으로 자처하고 있던 빌룽가의 비위를 크게 거슬렀고, 근래에 왕의 통제로부터 거의 완전히 벗어나 독립적 지위를 누려왔던 작센의 귀족들 모두를 분격케 하였다.

하인리히 3세는 왕이자 황제로서의 역할을 숭고하게 여겼던 유능한 군주였다. 그는 교회를 왕국의 정치구조에서 아주 중요한 요소로 생각하였으나, 또한 교회의 정신적·영적 역할에도 관심을 지니고 있었다. 그는 자신의 영지에서 벌어진 수도원 개혁운동을 지원하였고, 비슷한 개혁사상을 품고 교회 전체의 개혁을 위한 선도적 역할을 교황에게 맡기려 하던 교황청 내의 인사들을 격려·고무하였다pp. 248~252 참조. 하인리히의 정책은 두 가지 전제에 입각한 것이었는데, 첫 번째는 제후들이 왕권의 점진적인 강화를 묵인하리라는 것이었고,

두 번째는 교회가 변함없이 왕에게 충성스러울 것이라는 전제였다. 이 두 전제 모두 하인리히가 죽은 다음 세대에는 완전히 잘못된 것으로 판명되었지만, 적어도 그가 살아 있었던 동안에는 맞아들어 갔다. 1046년 그는 독일 전역을 평정하였다. 그 해에 그가 이탈리아로 가서 그곳에서 황제권을 확립하고 로마에서 황제로 대관받았을 때, 독일의 신정적인 왕은 그 권력과 위엄에서 정점에 달해 있었다.

28. 유럽의 변경지역 : 기독교의 확산

850년에서 1050년 사이의 두 세기 동안, 기독교 유럽을 에워싼 변경지역의 종교적·정치적 구조는 중요한 변화를 겪었다. 가장 중요한 변화는 기독교가 이교도들에게 전파되고, 그와 함께 그들이 팽창한 기독교 세계expanded Christendom의 문화에 서서히 동화되어간 것이었다. 이러한 변화로 영향을 받은 곳은 스칸디나비아의 여러 지역과 동유럽의 폴란드, 보헤미아, 헝가리 그리고 러시아 및 발칸 반도의 슬라브족 거주지였다. 이러한 기독교로의 개종과정과 함께 종종 항구적인 왕국이나 공국dukedom이 세워졌으며, 이들 왕국 및 공국은 근대에 이르기까지 정치적 단위로 존속하였다.

바이킹이 크게 활약하던 시대인 9세기와 10세기에, 스칸디나비아 지역에는 정치적 조직이 거의 형성되어 있지 않았다. 각 지방에는 앵글로-색슨의 군 법정hundred court에 해당하는 인민법정과 딩thing; ding이라 불리는 회의체가 있었다. 또 지방마다 수장이 있어, 그들은 기독교 유럽의 해안을 약탈하러 떠나지 않을 때면 끊임없이 서로 싸웠다. 이따금 이 수장들 가운데 하나가 꽤 너른 지역에 대한 지배권을 장악하는 경우도 있었으나, 금발의 해롤드Harold Fairhair가 900년경에 전 노르웨이를 평정하기까지는 어느 누구도 스칸디나비아 국가의 왕으로 불리어질 수 없었다. 그러나 스칸디나비아인들은 분열되어 있으면서도 북유럽에 거대한 영역을 점거하였다. 그들은 스칸디나비아 반도와 덴마크를 비롯하여, 러시아의 노브고로드Novgorod와 키에프Kiev의 두 나라와 프리지아Frisia, 노르망디, 영국 동부, 영국 서부의 스트래트클라이드Strathclyde 왕국, 아일랜드의 대부분, 파로우Faroe, 헤브리디즈Hebrides, 오르크니Orkney, 셔틀랜드Shetland 등의 제도諸島, 아이슬랜드Iceland 그리고 그린랜드Greenland의 몇몇 정착지를 장악하고 있었다. 이는 그들이 최대한 팽창했을 당시의 판도였다.

스칸디나비아인 가운데 최초로900년경 기독교를 받아들인 집단은 영국 동부에 정착한 덴마크인과 노르망디의 바이킹이었다. 그 이전 826년에 이미 루

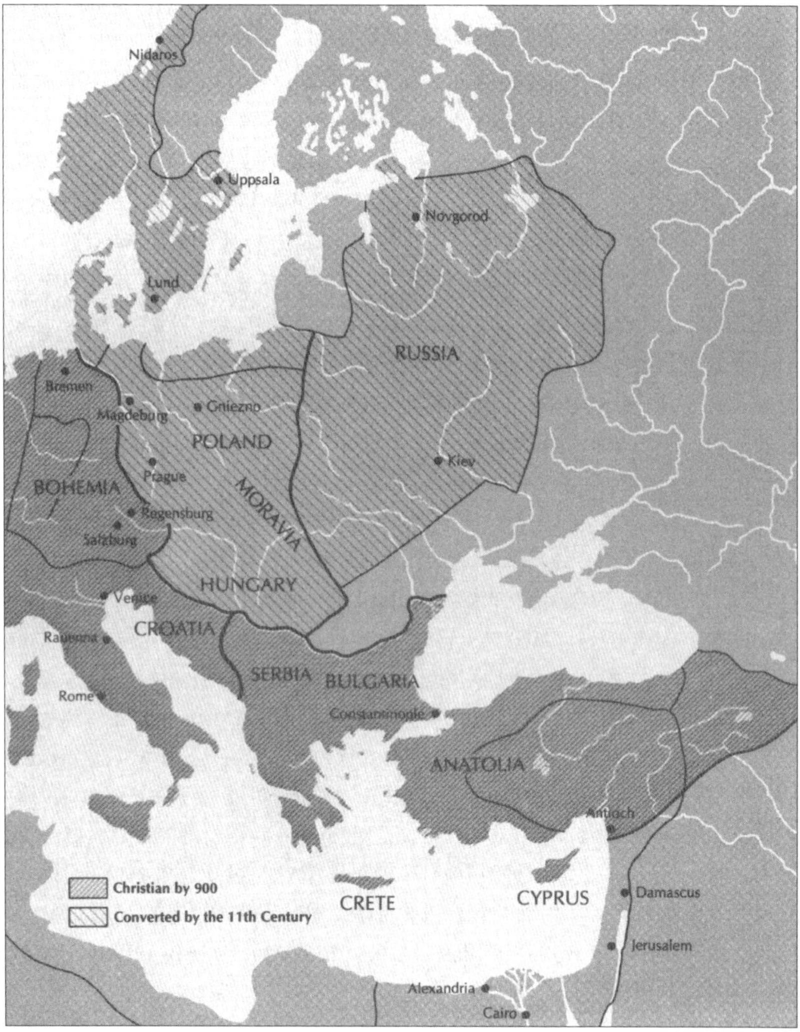

지도 12. 기독교의 확산

이 경건왕은 수도승 앙스가르Ansgar를 스칸디나비아에 선교사로 파견한 바 있었다. 앙스가르는 별 성과를 거두진 못하였으나 덴마크와 스웨덴에서 전도 사업을 행하였고, 뒤에 브레멘Bremen 대주교가 되었다. 바로 그의 후임 대주교들이 영국에서 파견된 선교사들의 도움을 받아 개종 사업을 수행하였다. 10세기 후반과 11세기 초반에 세 명의 위대한 왕—덴마크의 해롤드 청치왕Harold Bluetooth, 노르웨이의 올라프 트리그버선Olaf Trygvesson 그리고 스웨덴의 올라프 징세왕Olaf Taxgatherer—이 스칸디나비아에 세 왕국의 기반을 탄탄하게 다지고, 기독교를 국교로 삼았다. 아마도, 이들이 이교를 몰아낸 것은 종교적인 동시에 정치적인 목적을 위해서였을 것이다. 그들은 교회조직이 국가의 질서 유지를 위해 필요하다고 믿었던 것이다. 덴마크의 해롤드 청치왕은 960년경에 개종하였다. 올라프 트리그버선은 영국에 살고 있을 당시 기독교를 받아들였고, 995년에 노르웨이의 왕이 된 뒤에는 그의 새로운 종교를—부분적으로는 영국 선교사들의 전도사업을 지원함으로써, 그러나 또 한편으로는 개종을 꺼리는 이교도들을 가혹하게 탄압함으로써—노르웨이의 국교로 만들었다. 거의 같은 시기에 스웨덴의 올라프 징세왕도 기독교인이 되었으나, 스웨덴에서는 옛 이교가 가장 끈질기게 살아남아, 이교와 기독교 사이의 투쟁이 11세기 내내 지속되었다. 옛 종교의 가장 큰 거점은 웁살라Uppsala였다. 연대기 작가 브레멘의 아담Adam of Bremen은(그에 따르면 1070년대까지도 그곳에서 벌어지고 있었던) 인간과 동물을 제물로 바치는 의식을 소름끼치게 묘사하였다 : "개와 말들이 인간과 함께 매달려 있는 모습을 볼 수 있다. 한 기독교인은 72구의 제물이 함께 매달려 있는 것을 본 적이 있다고 내게 말했다." 웁살라의 신전은 1100년 이전에 파괴되었고, 12세기 초에는 기독교가 보편적으로 받아들여지기에 이르렀다. 아이슬랜드는 1000년경 기독교를 받아들였고, 그린랜드를 위한 가다르Gardar 주교구는 1050년에 설치되었다.

한 세기도 넘게, 브레멘의 대주교는 북방의 세 왕국에 있는 모든 교구의 우두머리로 간주되었다. 그러나 1104년에는 덴마크의 룬트Lund가, 1152년에는 노르웨이의 니다로스Nidaros가, 그리고 1164년에는 스웨덴의 웁살라가 대주교 소재지로 되었다. 이따금 스칸디나비아의 왕들과 교회 사이에 격렬한 싸움이 벌어지긴 하였으나, 대체로 교회의 성직자들은 왕권을 지지하였고, 세 왕국의 통일에 협조하였다.

11세기와 12세기 내내, 스칸디나비아 제국의 정치사는 전쟁과 반란으로 점철되었다. 세 왕국이 서로 싸웠고, 각국 내에서는 강력한 집안 사이에 왕위 쟁탈전이 벌어졌다. 내부적으로, 이 시대는 토지소유 귀족계급이 성장하여 지배권을 차지하게 된 시대였다. 11세기에도 크고 작은 토지 소유자들이 있었으나, 그들은 모두 같은 지위에 놓여 있었고, 왕이 전쟁에 즈음하여 소집하면 반드시 그에 응해야 할 의무가 있었다. 그러나 13세기에는 오로지 귀족만이 군사적 봉사를 행하는 것으로 되어 있었고 또 면세의 혜택을 받은 반면, 일반 자유농은 복무하는 대신 세금을 냈다. 이에 따라 당연한 일이지만, 자유농이 자신의 토지를 귀족에게 넘겨주고 귀족의 차지인이 되는 추세가 나타났다. 왕들은 이러한 추세를 막으려고 노력하였으나, 귀족의 토지는 계속 증대해갔다. 봉건적 관행의 도입은 이러한 귀족계급의 성장을 더욱 촉진시켰다. 12세기 말, 덴마크의 왕들은 군사적 봉사의 대가로 봉토를 하사하기 시작하였고, 이 관행은 뒤에 노르웨이와 스웨덴으로 확산되었다. 봉토는 세습되지 않았고 귀족들의 주된 세력 기반은 그들의 사유지allodial lands에 있었지만, 봉토가 왕의 총애를 받은 자들의 부를 더욱 살찌웠음은 두말할 나위 없다. 세 나라 모두에 있어서 귀족들은 대회의great council에서 회동하였고, 왕권의 제한을 꾀하였다.

그러나 전반적으로 볼 때 봉건제는 스칸디나비아 여러 국가에서 결코 지배적인 것이 되지 못하였다. 봉토를 지닌 귀족들이 있긴 하였으나, 귀족 계급은 대체로 사유지를 세력 기반으로 하고 있었다. 귀족들의 군사적 봉사 의무와 남작이나 기사 또는 종자squire와 같은 수입된 칭호의 사용은 본질적으로 비봉건적이었던 사회를 봉건적인 겉모습으로 위장시킨다. 영주제가 존재하지 않았음은 더욱 분명하다. 봉토 보유자와 귀속은, 노르웨이에서 보편적이었듯이, 왕의 관리가 되지 않는 이상 사법권을 지닐 수 없었다. 사법은 공적 기능으로 인식되어, 토지의 소유와 함께 사법권이 개인에게 귀속되지는 않았던 것이다. 교회는 귀족과 함께 면세의 특권을 누렸으나, 고위성직자들은 그들의 토지를 봉토로 보유하고 있지 않았다.

10세기에 동유럽의 종교적·정치적 구조도 중요한 발전들을 겪었다. 독일 왕국의 경계 너머에서 항구적인 세 나라—폴란드, 보헤미아, 헝가리—가 나타났다. 이 세 나라는 모두 10세기와 11세기 초에 주로 독일 선교사들에 의해 기독교로 개종하였다. 오토 1세는 기독교의 전파를 기독교도 황제의 의무이자 또한 그 자신의 영향력 확대를 위한 방법으로 여겼다. 이에 따라, 968년에 그는 막데부르크Magdeburg에 동쪽 경계를 정하지 않은 채 대주교구를 설치하여, 독일의 기독교를 폴란드의 슬라브족에게 전파시키기 위한 기지로 삼았다. 보헤미아의 개종에 있어서는 바이에른의 레겐스부르크Regensburg가 전진기지의 역할을 하였다. 보헤미아의 공들은 일찍이 894년에 기독교를 받아들였고, 체코인들은 920년대에 최초의 순교자—성 루드밀라St. Ludmila—를 내었다. 프라하Prague에 설치된 주교구에서는 처음에는 독일인들이 주교 자리를 맡았으나, 982년에는 체코인인 성 아달베르트St. Adalbert가 주교로 임명되었다. 아달베르트는 뒤에 로마로 여행하여, 그곳에서 황제였던 오토 3세의 절친한 친구가 되었다. 그는 발트해 지역의 이교도들에게 전도하다가 죽음을 맞이하였다.

오토 3세의 짧은 치세가 동유럽에서의 기독교 확산을 위해서는 매우 중요한 시기가 되었다. 아마도 아달베르트의 영향을 받아, 젊은 오토(또는 그의 보좌관들)는 전왕들과는 달리 독일인 주교들로부터 독립된 동유럽 제 민족의 독자적인 교회 설립을 기꺼이 재가하였다. 폴란드에서 결정적인 시기는 미에츠코Mieszko; 960?~992 제후의 치세 동안이었다. 미에츠코는 체코의 기독교도 공주와 결혼하였고, 기꺼이 세례를 받았다. 그러나 그는 그의 교회가 독일의 막데부르크 대주교로부터 감독받는 것을 매우 달가워하지 않았다. 990년에 그는 그의 영지를 로마 교회의 직접적인 보호 아래 두고, 이 영지를 교황의 봉신으로서 다시 받았다. 1000년에는 교황이 폴란드의 독립적인 그니에쯔노Gniezno 대주교구를 오토 3세의 재가를 얻어 설치하기에 이르렀다.

거의 같은 시기에 헝가리에도 로마 기독교가 자리를 잡았다. 레히펠트에서 오토 1세에게 패한 뒤, 마자르족은 헝가리로 이동하여 왕국을 세우고 정착하였다. 그들의 지도자들은 10세기 후반에 주로 레겐스부르크와 잘츠부르크Salzburg에서 온 독일인 선교사들을 받아들였고, 997년에서 1038년까지 왕위에 올라 있었던 성 스테판St. Stephen에 의해 기독교는 확고하게 자리를 잡게 되었다. 그는 1000년에 교황으로부터 왕관을 하사받았고, 뒤이어 로마에 직접 복속하는 헝가리 성직 계서階序를 확립하였다. 이리하여 1000년경에는 보헤미아와 폴란드 그리고 헝가리가 모두 서방의 기독교를 받아들이면서, 로마 교회와 직접적인 유대를 맺었다. 이제 많은 인구가 여전히 이교도로 남아 있는 지역은 슬라브족이 살고 있던, 폴란드와 러시아 사이의 북방 지역뿐이었다.

헝가리 남쪽, 발칸 반도의 주민들은 이미 한 세기 전에 개종하였으나, 이 지역의 개종과정은 로마와 콘스탄티노플의 두 교회가 경쟁하는 바람에 복잡한 양상을 띠게 되었다. 863년, 비잔틴 황제 미카엘 3세Michael III는 서로 형제간인 키릴루스Cyril와 메토디우스Methodius를 모라비아Moravia의 슬라브족을 개종시키기 위한 선교사로 파견하였다. 형제는 출발하기에 앞서, 슬라브어 문자를 고안하여, 성서를 슬라브어로 번역하였다. 그들은 상당수의 개종자를 탄생시켰으며, 더 나아가 슬라브식 예배의식을 창조해 내었다. 867년에 그들은 로마로 가서 교황으로부터 이 혁신에 대한 재가를 받아내었다(로마와 콘스탄티노플의 두 교회 사이에 긴장이 점증하고 있던 그 당시 양쪽 모두에 계속 충성스러울 수 있었던 것은 키릴루스와 메토디우스의 상당한 업적이었다). 곧, 이 두 사람과 그들이 훈련시킨 제자들의 노력을 통해, 남부 슬라브족 모두가 기독교로 개종케 되었다. 교황과 콘스탄티노플 총주교는 서로 새로운 개종자의 충성을 획득하는 데 열을 올렸다. 결국 달마티아Dalmatia 해안을 따라 정착해 있던 크로아티아인the Croats은 로마와 유대를 맺게 되었으나, 세르비아인the Serbs은 그리스의 기독교를 받아들였다(첫 개종자였던 모라비아인들은 906년 마자르족에게 정복되었다).

이 당시에 발생한 로마와 콘스탄티노플 사이의 주된 분쟁은 좀 더 상세히 고찰할 필요가 있다. 그 분쟁은 불가리아가 종교적으로 두 교회 가운데 어느 쪽에게 충성을 바칠 것인가를 둘러싼 것이었다. 이는 교황이 콘스탄티노플 총주교 자리를 두고 경쟁하던 이그나티우스Ignatius와 포티우스Photius사이의 분쟁을 조정하려고 시도했기 때문에 더욱 복잡한 양상을 띠게 되었다. 사건의 전개는 아주 복잡하였으나, 이 분쟁은 그리스 정교와 로마 가톨릭 교회가 점차 분리되어 간 과정의 중요한 한 장을 이룬다는 점에서 충분히 고찰할 가치가 있다.

원래 투르크-몽고인 계통이었던 불가리아인은 7세기에 오늘날의 불가리아 지역을 점령하였고, 그곳에서 훨씬 많은 수의 슬라브족과 동화되었다. 9세기에 그들은 강력한 국가를 세워 발칸 반도의 거의 전역을 지배하였고, 때로는 콘스탄티노플까지 위협하였다. 860년에 이르러, 모험적이고 기회주의적인 불가리아의 칸khan 보리스Boris는 기독교로 개종할 것을 마음먹었다. 바로 이 시점에서 비잔틴 총주교 자리를 둘러싼 로마와 콘스탄티노플 사이의 분쟁이 발발하였다. 이는 858년에 콘스탄티노플에서 총주교 이그나티우스와 어린 황제 미카엘 3세Michael III를 대리하여 통치하던 강력한 섭정 바르다스Bardas가 충돌하면서 시작되었다. 이그나티우스가 바르다스와 그의 며느리가 간통하였다고 비난하였던 것이다. 이에 황제는 종교회의를 열어 이그나티우스를 축출하고 그 대신 바르다스의 친구인 포티우스를 총주교 자리에 앉혔다. 포티우스는 그의 선출이 공표되었을 때 아직 속인이었지만, 세련되고 교양있는 귀족으로서 총주교 자리에 적임이었다. 그의 총주교 취임을 선언하는 서한이 여느 때와 마찬가지로 로마의 교황을 비롯한 다른 총주교들에게 전달되었다.

이 당시의 교황은 니콜라스 1세Nicholas I ; 858~867였는데, 그는 로마 교황 가운데 가장 의지가 굳고 뜻을 굽히지 않는 인물 중 하나였다. 그는 그의 사절들이 사정을 모두 조사할 때까지 포티우스의 총주교 취임을 인가할 수 없노라고 회신하였다. 이에 더하여, 그는 한 세기도 더 전에 레오 3세가 앗아간 남부 이탈리아와 일리리쿰을 로마 교회의 사법권 아래로 되돌려 주는 것이 옳다고 황제에게 요구하였다p. 134 참조(일리리쿰에는 그 당시 보리스의 불가리아가 포함되어 있었다). 몇몇 역사가는 뒤이은 분쟁에서 교황의 목적이 한결같이 단지 로마 교회의 사법권을 이 지역들에 확장시키려는 것뿐이었다고 주장한다.

비잔틴 측은 예나 다름없이 특유의 교묘함과 세련됨으로 대응하였다. 그들은 교황의 사절들을 맞아 지극히 융숭하게 대접하였으며, 엄청난 선물 또는 뇌물을 선사하였다. 이에 보답이라도 하듯이, 사절들은 교황이 바랐던 이탈리아와 일리리쿰에 대한 양보를 별로 졸라대지 않고 선선히 포티우스의 총주교 취임을 인정해 주었다. 사절들의 행위에 분격한 니콜라스는 863년에 로마에서 회의를 소집하여 사절들을 탄핵하고, 포티우스를 축출하는 대신 이그나티우스를 다시 총주교로 추대키로 결정하였다.

비잔틴 측은 로마 측의 간섭을 용납하려 하지 않았다. 더구나 바로 이때 비잔틴의 입장은 불가리아에서의 상황 변화로 강화되었다. 강력한 비잔틴군의 위협에 굴복하여, 보리스는 그리스 정교를 받아들이기로 결정하였다. 그는

864년 포티우스에 의해 세례를 받았으며, 황제인 미카엘이 그의 대부가 되었다. 미카엘은 또한 교황에게 포티우스에 대한 교황의 판결을 냉랭하게 거부하는 서한을 보냈다. 이 서한을 접한 니콜라스는 가장 강경한 표현으로 콘스탄티노플의 교회를 포함한 모든 교회에 대한 로마의 지배권을 주장하는 답신을 미카엘에게 보냈다. 니콜라스는 교황의 권위가 "온 세계에, 따라서 모든 교회에" 미친다고 썼던 것이다.

그러나 이는 단지 말에 지나지 않았다. 교황에게는 그의 주장을 관철시킬 도리가 없었던 것이다. 그러나 상황은 야심가인 불가리아의 보리스 때문에 또 다시 복잡해졌다. 보리스는 동방 정교를 받아들이기는 하였으나, 비잔틴의 총주교로부터 간섭을 받을 마음은 전혀 없었다. 그는 자신의 독자적인 총주교를 둘 것과 그리스 정교의 관행과 마찰을 빚고 있는 불가리아의 여러 관습을 존속시킬 권리를 요청하였다. 포티우스는 이번엔 외교적으로 큰 실책을 범하여, 그 요청들을 즉각 거부하였다. 그러자 보리스는 다시 로마로 돌아섰다. 니콜라스는 보리스에게 불가리아에 대주교를 파견할 것을 약속하고, 야만적이긴 해도 결코 이단적인 것은 아닌 불가리아의 관습들을 재가하는 장문의 동정적인 서한을 보냈다(교황은 중혼에 대해서는 분명히 선을 그었으나, 여자가 바지를 입는 것에 대해서는 양보하였다). 가장 중요한 일은 니콜라스가 이후 줄곧 그리스 교회와 로마 교회 사이에 끝없이 분쟁을 야기하게 될 신학 교리를 불가리아에 도입시켰다는 것이었다. 이는 삼위에 관한 신학상의 모호한 점에 관련된 것이었다. 일찍이 콘스탄티노플 회의381년에서는 "성신은 성부로부터 나온다"는 구절이 들어 있는 신조강령을 공포한 바 있었다. 그러나 서방교회에서는 (스페인을 필두로) 이 공식을 변형시켜 성신이 "성부와 성자로부터patre filioque" 나왔다고 하는 것이 관례가 되었다. 니콜라스 교황의 사절들은 보리스와의 협상에서 이 변형된 공식을 인가하였다. 여기서 실제로 신학상의 심각한 쟁점이 개재되어 있었는지, 아니면 동·서양 교회가 상대방을 비난하기 위해 신학적인 언어를 빌었는지는 분명치 않다. 어떻든 동방 주교들은 867년에 종교회의를 열어 교황 니콜라스를 파문하였으며, 이로써 이른바 포티우스의 분열Photian schism이 시작되었다.

같은 해에 궁정반란으로 새로운 황제 바실리우스 1세Basil I ; 867~886가 집권하였고, 그의 치하에서 미결 문제들이 해결되었다. 이그나티우스는 총주교로 복위하였고, 그가 877년에 죽은 뒤에는 포티우스가 이번에는 교황의 인가를 얻어 총주교로 취임하였다. 879년에는 로마 교회와 콘스탄티노플 교회 사이의 관계가 회복되었으나, 성자로부터의 성신 유래에 관한 논쟁이나 로마의 보편적 사법권 주장에 대해서는 아무런 실질적인 동의도 이루어지지 않은 상태였다. 불가리아에서는 보리스가 명망 있는 고위성직자를 대주교로 보내주지 않은 교황과 곧 결별하였다. 870년, 그는 다시 동방 교회로 돌아서서, 콘스탄티노플로부터 한 명의 대주교와 12명의 주교를 받아들였는데, 이들이 불가리아의 정통 성직 위계를 이루었다. 그때부터 불가리아인들은 동방정교에 줄곧 충성하였다. 890년, 그들은 키릴루스와 메토디우스의 제자들이 퍼뜨린 슬라브식 예배의식을 받아들였다.

한 세기 뒤, 비잔틴 교회는 슬라브족에 대한 최후의 대선교사업인 러시아의 개종을 완수하였다. 황제 바실리우스 2세Basil II; 976~1025는 뒷날 매우 강력한 통치자가 될 것이었으나, 치세 초에는 일련의 반란과 성공적이지 못한 전쟁으로 시달렸다. 987년에 그는 키에프의 제후 블라디미르Vladimir에게 원조를 청했다(키에프 제후국은 원래 스웨덴 바이킹에 의해 세워졌다. 그러나 10세기 중엽으로부터 그 통치자는 스칸디나비아식 이름보다는 슬라브식 이름을 택하였다). 블라디미르는 바실리우스에게 "어의에 싸여 태어난" 가장 고귀한 신분의 비잔틴 공주인 바실리우스의 누이 안나Anna를 자기의 신부로 보내줄 것을 조건으로, 원조를 제공할 뿐 아니라 그리스정교를 받아들일 것을 약조하였다. 이 블라디미르는 그야말로 사악함과 잔인함의 화신이었다. 그런 인물이 기독교를 받아들일 마음을 먹게 된 것조차 신기한 일로 비추어질 정도였다. 아마도 그 이유는 스칸디나비아의 왕들이 기독교를 받아들인 이유와 마찬가지로, 적어도 부분적으로는 정치적인 것이었을 게다. 즉 블라디미르는 강력한 제후국을 건설하려 했고, 교회 조직은 질서 잡힌 국가를 건설하는 데 기여할 수 있을 것이었다. 그는 비잔틴 공주와의 결혼을 바실리우스에게 요구하였을 당시 이미 여러 명의 아내와 800명이 넘는 애첩을 거느리고 있었다. 그러나 바실리우스로서는 거의 선택의 여지가 없었다. 가엾은 안나는 결국 키에프로 갔고, 블라디미르는 약속을 지켰다. 곧 러시아에는 비잔틴 교회를 모델로 하여 조직되고, 비잔틴 양식의 건물을 지니며, 콘스탄티노플의 총주교를 최고의 우두머리로 인정하는 교회가 자리 잡게 되었다.

9세기와 10세기에 동유럽이 겪은 종교적 변화는 항구적인 결과를 낳았다. 이미 살펴보았듯이, 폴란드와 보헤미아, 헝가리 그리고 크로아티아는 서방의 라틴 기독교를 받아들였고, 세르비아와 불가리아 그리고 러시아는 동방의 정교를 받아들였다. 초기 시대에 확정된 이러한 종교적인 분포는 20세기에 이르기까지 동유럽의 정치와 문화에 지대한 영향을 미치게 되었다.

지금까지 우리는 동유럽의 슬라브족에 대한 비잔티움의 영향을 고찰하였다. 여기서 비잔틴 제국을 "유럽의 변경지역" 가운데 하나로 간략하게 논의하고자 하는데, 이 경우 유럽의 변경지역이라는 말은 단지 지리적 의미로만 사용되고 있음을 염두에 두어야 한다. 콘스탄티노플은 여전히 그 당시의 어떠한 서방 왕국들보다도 더 강력하고 훨씬 더 문명화되어 있었던 대제국의 수도였다. 더구나 제국은 완전히 또는 심지어는 현저히 유럽 세력이라고는 할 수 없었다. 부와 인력의 대부분은 아나톨리아Anatolia, 오늘날의 터키의 속주들로부터 나왔다. 콘스탄티노플은 대항구로서 중앙아시아를 거쳐 중국에까지 뻗어 있던 상업망의 중심이었다.

바실리우스 2세의 뒤를 이은 황제들은 제국의 안정에 모두 필수적인 세 가지 항구적인 제도, 즉 관료기구와 군대 그리고 교회의 도움에 의지하였다. 콘스탄티노플에는 가장 교육을 많이 받고 지적 수준이 높은 시민들 가운데에서 충원되는 복잡하고 효율적인 관료기구가 징세와 외교업무, 그리고 온갖 내정 문제를 감독하였다. 군대는 그 병력을 제국의 여러 속주로부터 얻어내었다. 속주는 전사 귀족들에 의해 통치되었고, 속주 주민은 주로 건전한 자영농으로 이루어져 비잔틴의 강력한 기병대는 이들 자영농으로부터 충원되었다. 교회는 공통된 종교로 사람들을 묶어 주었고, 비잔틴 사회의 모든 계층을 매료시키는 화려한 예배의식을 거행하였다. 교회는 또한 제국의 이념도 제시해 주었다. 황제 개개인은 종종 폐위되고 또 이따금 암살되기도 했지만, 황제의 직책이 기독교 세계의 모든 일을 이끌어 나가도록 하나님에 의해 세워진 것임을 의심하는 사람은 없었다. 비잔틴 사람들은 그들의 제국이 고대 말기의 기독교 로마 제국을 직접 계승하고 있다고 진정으로 믿었다. 그들은 이따금 외교상의 필요로 샤를마뉴나 오토 1세의 황제 칭호를 인정해 주긴 했지만, 언제나 서방의 황제들을 벼락출세한 야만족으로밖엔 여기지 않았다. 오토 1세가 콘스탄티노플에 사절로 보냈던 롬바르디의 한 주교 리우트프란드Liudprand는 그곳에서 겪은 일들을 생생하게 기록해 놓았다. 그 기록은 로마제국 말기 이래로 비잔틴 문화와 서구 문화 사이의 간격이 어떻게 더욱 더 벌어져 왔는지 생생하게 보여주고 있다. 리우트프란드는 황궁의 휘황찬란함에는 약간 넋을 잃었으나, 비잔틴 사람들이 거만을 떨며 많고 많은 술수로 오토 1세를 위해 협상하려는 그의 시도를 계속해서 좌절시키는 데에는 너무나 화가 났다.

10세기에 비잔틴 제국은 새로운 성장과 활력의 시대에 돌입하였다. 이 시대는 비잔틴 예술 및 문학의 "황금시대"로 불리어 왔다. 이 시기는 또한 활발한 군사적 팽창의 시대이기도 하였다. 971년에는 동부 불가리아, 1018년에는 나머지 서부 불가리아가 정복되어 제국에 합병되었다. 이러한 승리로 다뉴브강을 따라 그어지는 옛 제국의 국경선이 다시 확립되었다. 더욱 중요한 것은 이슬람이 장악했던 동방 영토의 수복이었다. 크레타Crete는 961년에, 키프로스Cyprus는 965년에 비잔틴에게 함락되었다. 960년대 초에 시작된 일련의 원정에서 두 위대한 군인황제 니케포루스 2세Nicephorus II; 963~969와 요한 1세John I; 969~976는 대도시인 안티오크Antioch를 포함한 시리아와 팔레스타인을 거의 전부 정복하였다. 바실리우스 2세Basil II; 976~1025는 비잔틴의 세력권을 아르메니아Armenia까지 넓혔다. 그의 치세가 끝날 무렵, 비잔틴 제국은 아제르바잔Azerbajian에서 아드리아해에 이르는 광대한 제국을 이루고 있었다.

제10장 교회의 개혁

9세기와 10세기에 몇몇 열정적인 선교사들이 새로운 종족들에게 기독교를 전파하고 있는 동안, 서유럽 중심부에서는 교회 제도가 크게 퇴락하고 있었다. 10세기에 서방 교회는 타락과 무질서의 나락에 달하였다. 바로 그때 종교적 정열이 광범위하게 분출되어 교회 제도의 구조를 다시 활성화시켰고, 교회를 좀 더 영적이고 도덕적인 차원으로 끌어올렸다. 이 시대의 개혁으로 교회는 12세기와 13세기의 문화에서 지배적인 역할을 수행할 수 있게 되었다.

이러한 개혁은 또한 황제와 교황 사이의 투쟁을 야기하여, 그 이후 독일과 이탈리아가 걷게 될 전 역사과정의 틀을 형성하는 데 기여하였다. 11세기에 교황은, 황제의 독일에 확립되어 있었고 이웃한 비잔티움과 이슬람의 문명을 특징짓는 것이기도 하였던 왕의 신정정치 전통을 단호히 거부하였다. 더구나, 이 시대의 걸출한 교황들은 순수한 명상 위주의 수도원적 이상을 버리고, 내세에서의 구원을 위한 인간 영혼의 정화뿐만 아니라 현세의 여러 제도에 대한 개혁까지 추구하는 종교적 행동주의religious activism의 정책을 택하였다. 이로 말미암은 교회와 국가 사이의 긴장과 많은 종교 지도자들이 한결같이 지니고 있던 기독교 사회의 구조 개혁 및 혁신에 대한 관심은 중세 내내 그리고 근대에 들어와서까지도 오랜 동안 서구 문명을 특징짓는 요소로 줄곧 작용케 될 것이었다. 이리하여 11세기의 교회 개혁 운동은 서구 사회의 역사에서 전환점을 이루었다.

29. 교회의 타락과 개혁

9세기 중엽, 샤를마뉴 제국이 해체되고 있던 짧은 시기 동안, 교회의 지도자들은 서유럽 세계에 어느 정도나마 질서와 규율을 유지시키려 애썼다. 랭스의 수좌 대주교 힝크마르Hincmar의 주도 아래, 프랑스의 대주교들은 프랑스왕의 정책을 통제하고, 정치적 분쟁에서 최종적인 중재자로 역할하려 애썼으며, 어느 정도는 성공을 거두었다. 그리고 이 당시 교황청도 가장 강력한 교황 가운데 하나인 니콜라스 1세858~867를 내놓았다. 그는 포티우스의 총주교 취임을 둘러싼 비잔틴 교회와의 분쟁에서, 로마 교구의 우위를 다시금 강경하게 주장하였다pp. 238~241 참조. 그는 또한 로타링기아로렌느의 왕 로타르 2세Lothair II; 855~869와 분쟁하는 가운데, 속인 지배자들의 행동에 대해 도덕적인 판단을 할 권리를 강력하게 주장하였다. 니콜라스는 로타르가 불법적으로 재혼하였다고 격렬하게 비난하여, 그로 하여금 첫 번째 아내를 다시 맞이하게 하였고, 왕의 불법을 관대하게 보아 넘긴 두 명의 독일인 고위 주교를 폐위하였다. 이러한 행동을 기록한 문서는 9세기 교황의 실권에 대해 과장된 인상을 주지만, 뒷날 분쟁에 개입된 후임 교황들에게 중요한 선례를 제공하였다.

같은 시기에 또 하나의 값진 선례가 될 문서가—이 경우에는 날조된 것이지만—프랑스에서 만들어졌다. 프랑스의 주교들은 그들을 단지 하인처럼 취급하려던 힝크마르 같은 강력한 수좌 대주교 및 각 지방의 봉건귀족으로부터 심각한 압력을 받고 있는데 불만을 품고 있었다. 그들에게는 주교가 교황에 의해서만 폐위될 수 있으며, 주교의 토지가 세속 귀족의 간섭에서 면제된다는 것을 분명하게 확인해 줄 교회법 법령집이 필요했다. 갈리아 지방의 문서고에는 그런 법령집이 없었으므로, 북부 프랑스의 한 부지런한 사제는 그런 법령집을 하나 만들어 내기로 작정하였다. 그의 수단은 문서를 날조하고, 그 문서의 출처를 초기 기독교 시대의 반전설적인 교황들에게 돌리는 것이었다. 그 다음 그는 날조한 문서를 진짜 교황의 교령decretal과 뒤섞어 놓고, 이렇게 완성된 법령집을 7세기의 성인 세빌리아의 이시도르가 편찬한 것으로 위장하였다. 그 주된 목적은 지방의 속인 영주와 고위성직자로부터 주교의 독립성을 지키려는 것이었다. 그러나 그로 인한 주된 결과는 교황들로 하여금 교황 레오 1세440~461가 실제로 처음 주장한 것보다 훨씬 더 앞선 시기부터 교황에게 교회에 대한 절대적 지배권이 있었음을 줄곧 주장하게 만든 것이었다. 이 이른바 ≪가짜 교령집*False Decretals*≫은 중세 내내 누구에게나 진짜로 받아들여졌고, 이후의 많은 교회법 법령집에 수록되었다.

니콜라스 1세의 강력한 치세는 일시적으로 교황권이 강화된 시기에 불과하였다. 그가 죽은 뒤, 교황청과 실로 전 서방 교회는 폭력이 난무하던 혼란스러운 시대 상황 속에서 비참하게 타락한 상태로 빠져 들어갔다. 이탈리아는 바로 이 시기에 정치적으로 분열되었다. 시칠리아와 남서부 이탈리아는 회교도의 수중에 들어갔다. 아드리아해 연안에는 이탈리아에 남은 비잔틴의 영토—약간의 실질적인 비잔틴 영토와 비잔틴의 영향 아래에 있던 몇몇 독립적인 소국들—가 있었다. 교황은 중부 이탈리아를 다스렸고, 북쪽으로는 실질적으로 독립된 도시 및 공령들로 이루어진 독립 왕국이 있었다. 명목상의 "이탈리아왕"은 포Po강 유역만을 근근이 통치하였을 뿐이었다.

교황은 특히 취약한 상황에 놓여 있었다. 로마와 교황령은 줄곧 시칠리아의 회교도로부터 침략의 위협을 받고 있었으나, 그들을 막아줄 강력한 왕이나 황제는 없었다. 교황은 강력한 지방 귀족이 로마를 보호해 줄 수 있는 경우에만 로마의 통치자가 될 수 있었다. 이런 상황에서 교황직은 로마 귀족의 여러 당파가 서로 쟁취하려는 세속적인 직책에 지나지 않게 되었다. 10세기 초의 교황들은 대개 이러한 당파의 우두머리였고, 그마저 평판이 지독히 나쁜 인물이기 일쑤였다. 50여 년 동안 귀족인 테오필락트Theophylact 가문이 로마를 지배하면서, 일련의 무능한 교황들을 마음대로 임명하였는데, 그 극치는 너무나 비도덕적이고 신성모독적인 요한 12세John XII였다. 요한은 956년에 16세의 나이로 교황이 되어 963년에 오토 1세가 그의 여러 더러운 범죄를 탄핵하여 폐위시킬 때까지 자리를 지켰다. 그 다음 세기에는 독일의 황제들이 로마를 지배하였던 비교적 짧은 기간 동안 (대체로 비교적 괜찮은 인물로) 교황을 임명하였다. 나머지 훨씬 더 긴 기간 동안은 로마를 지배한 로마 귀족들이 (대개 매우 질 나쁜 인물로) 교황을 선택하였다. 이 당시 교황의 위엄과 정신적 권위 모두가 가장 밑바닥에 떨어져 있었다.

한편, 교회는 유럽 전역에서 바이킹과 마쟈르 그리고 사라센의 침입으로 말미암아 크게 고통당하고 있었다. 아일랜드와 브리튼의 서해안을 따라 세워져 있었던 켈트족의 대수도원들은 바이킹의 약탈로 거의 완전히 궤멸되었다. 프랑스에서는 많은 수도원이 명맥은 유지할 수 있었으나, 큰 피해를 당하였고, 몇몇 특출한 수도원을 제외하고는 대개 규율이나 학식이 형편없는 지경에 떨어져 있었다. 고위성직자들은 관점에 있어서나 생활방식에 있어서나 친척인 기사들과 거의 다를 바 없었다. 독일에서의 상황도 오토 왕조가 대두할 때까지는 별다르지 않았다. 더구나, 프랑크 왕국 전역에서, 속인 제후들은 혼란한 상황에 편승하여 교회의 토지를 찬탈하였다.

살아남기 위하여, 교회는 보호를 제공할 수 있는 유일한 세력인 속인 귀족들과 긴밀한 관계를 맺지 않을 수 없었다. 고위성직자는 많은 경우 대제후의 봉신이 되어, 통상적인 봉건적 봉사의 의무를 지게 되었다. 그러나 성직자는 살인이나 사형선고를 할 수 없었으므로, 할당된 수의 기사를 직접 이끌고 전투에 나서거나 세속적인 재판 기능을 할 수 없었다. 전사 주교들도 있기는 하였으나—몇몇 주교는 머리통을 깨부수는 것은 피를 뿌리는 것이 아니라는 근거로 전투에서 철퇴를 사용하였다—대부분은 다른 해결책을 찾았다. 대개의 경우, 고위성직자는 한 속인 제후를 선택하여, 그를 자기의 대리자advocate로 삼았다. 대리자는 고위성직자의 기사들을 이끌고 전투에 참여하였고 세속의 재판 의무를 대행하였으며, 그 대가로 봉토나 법정의 벌금 수입 가운데 큰 부분을 받는 따위의 권리를 받았다. 당연하게도 고위성직자의 주군인 대제후들은 어느 누구의 간섭도 받지 않고 마음대로 주교와 수도원장을 임명하려 하였다. 이리하여 교황의 세속화와 더불어, 주교의 고도로 영적인 기능도 봉토 보유의 부속물에 지나지 않게 되었다.

일반 교구도 비슷한 과정을 겪고 있었다. 원래 주교와 그의 사제들은 성당 도시cathedral city에서 살면서, 그 주변의 농촌을 관장하였다. 로마 시대, 갈리아 지방에 프랑크족이 침입하였던 초기에, 마을 교회가 세워지기 시작하였고, 그 과정은 유럽이 소규모의 준독립적인 봉토로 분해됨에 따라 더욱 가속화되었다. 영주는 자기 봉토의 세속적 측면뿐 아니라 종교적 측면까지도 통제하기를 원했다. 그는 교회를 건립하고, 십일조 및 교회 토지로부터의 수입을 거두었으며, 사제를 임명하고 그에게 생활 유지에 필요한 최소한의 급여를 제공하였다(십일조는 교회법에 따라 교회에 모든 농산물의 10분의 1을 내었던 것을 가리킨다). 십일조 및 교회 토지로부터의 수입은 영주의 수입에서 중요한 부분을 차지하였다. 그러나, 또 하나 중요한 결과로는 교회 조직의 매우 중요한 부분을 이루는 농촌 교구의 망이 이루어졌다는 것이었다.

서유럽의 수도원들은 대부분 베네딕트 계율을 채택하고 있었으나, 그것이 제대로 실행되고 있었던 수도원은 별로 없었다. 수도원은 종교적 정열의 중심지라기보다는 혼란한 바깥세상을 견디지 못한 사람들의 피난처였다. 각 수도원은 독립적이었으므로, 그 규율은 본질적으로 정치적인 이유 때문에 대개 속인 제후가 임명하기 마련이었던 수도원장에게 거의 전적으로 달려 있었다. 사실상, 10세기의 프랑스에서는 제후가 명목상의 수도원장이 되어 수도원의 수입을 독차지하고, 그의 대리인으로 성직자가 수도원장의 정신적 기능을 떠맡는 것이 보편화되어 있었다. 이론상, 주교는 자기 주교구에 있는 수도원들에 대해 책임을 졌고 감독권을 지니고 있었으나, 실질적으로는 통제가 제대로 되지 못했다.

기본적으로 봉건 귀족이나 속인 제후에게 하수인으로 고용된 사제였던 주교 및 수도원장들이 열렬한 종교 지도자일 수는 거의 없었다. 이리하여 초기 봉건시대에는 사제의 규율이 전반적으로 흐트러지게 되었다. 서방 교회의 교회법에 따르면, 사제는 결혼하지 않고 순결하게 살도록 되어 있었으나, 그 원칙은 유럽 어디에서건 그리 심각하게 받아들여지지 않았다. 앵글로-색슨의 영국에서는 교구 사제 그리고 심지어는 고위성직자들까지도 결혼하여, 그의 직책을 아들에게 상속하는 것이 보편화되어 있었다. 대륙에서는 사제의 아내가 공식적인 아내로 인정되진 않았지만, 아내를 얻는 것은 대체로 당연한 일로 간주되었다. 이 문제는 순전히 도덕적인 문제만은 아니었다. 가족을 거느린 사제는 어느 정도는 본연의 의무에서 벗어난 이해관계를 가질 수밖에 없었고, 이웃들이 어떻게 생각하든 교회 재산을 그의 자식들을 위해 유용할 가능성이 극히 컸다. 그 당시 보편화되어 있었던 또 하나의 위법 행위는 성직 매매simony였다. 기본적으로 성직 자체가 수입원으로 여겨지게 되었으므로, 성직은 공공연하게, 많은 경우 가장 부적격한 자들에게 매매되었다. 교회 개혁가들에게는, 사제의 결혼과 성직 매매의 이 두 위법 행위가 현존 상황의 모든 그릇된 양상을 대표하는 것이었다. 그 둘은 교회 전체의 생명을 좀먹고 있는, 물질적 이해에 대한 정신적 가치의 굴복을 상징하는 것으로 여겨졌다.

종교적 정열이 전반적으로 낮은 수준에 떨어져 있었지만, 몇몇 성직자들은 끊임없이 당시의 악폐를 직시하고 그것을 제거키 위해 몸을 바쳤다. 10세기 초에 한 무리의 그러한 헌신적 성직자들은 대규모의 수도원 개혁운동을 개시하는 데 성공하였다. 910년에 그들은 아키텐공 윌리엄 1세를 설복하여 클뤼니Cluny 수도원을 설립케 하였다. 클뤼니 수도원의 설립 강령에는 클뤼니가 다른 수도원의 난맥상에 빠지지 않고 전반적인 수도원 개혁의 첨병으로 나설 수 있도록 여러 단서 조항이 삽입되었다. 클뤼니는 봉건적 봉사의 대가로 토지를 보유하지 않았다. 클뤼니가 받는 기부에는 기부자를 위한 미사와 기도 이외에 아무런 조건도 붙지 않았다. 설립 강령은 또한 수도승이 스스로 수도원장을 선출할 권리를 보장하였고, 수도원을 지방 교회조직의 모든 통제로부터 제외시켰다. 클뤼니는 직접 교황에게 예속되었으나, 그 당시 교황청의 상황을 감안하면 이는 클뤼니 수도원의 실질적인 독립을 뜻하는 것이었다.

이러한 조처로 개혁을 가능케 할 뼈대가 만들어졌다. 뒤이어 곧 수도원 생활에서 악의 주된 근원을 추방하려는 시도가 추진되었다. 그러한 근원 가운데 하나는 게으름이었다. 필사본을 베끼고 장식하는 작업은 옛 계율에서 규정한 육체노동을 일부 대신하는 것이기는 했으나, 수도원 전체의 일손을 채우기에는 부족하였다. 이 문제를 클뤼니 수도원의 창설자들은 베네딕트 계율에 따른 수도원 생활의 요소 가운데 개인적인 기도와 생산 활동의 비중을 상대적으로 낮추는 대신, 집단적인 예배의식에 훨씬 많은 시간을 할당함으로써 해결하였다.

클뤼니의 창설자들은 당연히 다른 수도원들이 같은 방식으로 창설되고, 기존 수도원들도 새로 클뤼니의 계율을 받아들이기를 바랐다. 여기서 그들은 당시 수도원에 만연되어 있던 또 하나의 해악, 즉 개개 수도원에 대한 효율적인 감독의 결여를 시정하기로 계획하였다. 클뤼니 승단은 단 한 명의 수도원장을 갖게 되어 있었고, 클뤼니 수도원장이 승단 전체의 수도원장이 되었다. 그 밖의 모든 수도원은 부원장prior이 관장하게 되어 있었다. 수도원장은 모든 예하 수도원의 규율 유지에 전반적인 책임을 졌고, 예하 수도원에 대해 수시로 감독을 하도록 되어 있었다. 클뤼니 승단은 연이어 등장한 위대한 수도원장들의 주도 아래 놀라운 속도로 팽창해 나아갔다. 많은 수녀원이 설립되었고, 프랑스의 가장 유서 깊은 베네딕트 수도원들도 앞다투어 클뤼니의 계율을 받아들였다. 더구나, 클뤼니 승단은 매우 높은 수준의 규율을 유지하였다. 클뤼니 수도원장은 서유럽의 거의 전역에 수백의 수도원을 거느린 교회 제국ecclesiastical empire의 우두머리가 되었다.

클뤼니 승단의 수도원 개혁은 10세기의 개혁 운동 가운데 가장 광범위한 것이기는 하였지만, 그것이 유일한 개혁 운동은 아니었다. 영국에서는 에드가 Edgar; 959~975 왕의 지원을 받아 성 던스탄St. Dunstan이 독자적인 수도원 개혁 운동을 펼쳐 나갔다. 프랑스의 많은 수도원들은 클뤼니 승단에 가입하지는 않은 채, 클뤼니의 패턴에 따라 개혁되었다. 북이탈리아의 여러 도시에서는 속인의 신앙혁신 운동이 세력을 키우고 있었는데, 그에 참가한 속인들은 사제의 타락에 대해 극도로 비판적이었다. 또 하나 매우 중요한 개혁 중심지는 로타링기아였다. 그곳에서는 오토 왕조의 왕들로부터 지원을 받아 주교와 수도원장들이 스스로 개혁을 주도하였고, 수도원에서 뿐만 아니라 교구 사제들에게도 기독교적 삶의 수준을 고양시키려 하였다. 로타링기아의 고르제Gorze 수도원은 수도원 개혁의 중심지로서 클뤼니 수도원 다음가는 영향력을 행사하였다.

이러한 움직임들은 모두 11세기 중엽으로부터 교황청이 주도한 국제적인 개혁 운동의 큰 흐름으로 합쳐졌다. 이 교황의 개혁 운동은 실로 문자 그대로 획기적인 것이었다. 이 개혁 운동으로 중세 교회의 구조가 혁신되었고, 그에 따라 서방의 여러 제도들의 미래가 모두 큰 영향을 받게 되었다. 이미 살펴보았듯이, 교황직은 11세기 초 비참한 상태로 빠져 들었다. 그러나 교황 개개인의 결점에도 불구하고, 로마는 여전히 기독교 세계에서 베드로의 도시로 존경받고 있었다. 교황의 교회 지배권은 사실상 유명무실하게 되어 버렸으나, 누구도 이론상으로는 그것을 의문시하지 않았다. 레오 1세나 그레고리우스 1세와 같은 위대한 교황들이 로마 교구의 우위를 주장한 문서들은 교황청 문서고에 잘 보관되어 있었다. 로마는 위대한 선대 교황들의 전통을 부활시킬 수 있는 교황들이 연이어 나타난다면, 보편적인 개혁 운동의 자연스런 중심지가 될 것이었다.

그러한 조건은 독일의 황제 하인리히 3세가 마련해 주었다. 그는 1046년 대관식을 위해 로마로 갔을 때, 그 당시에조차 지나치다고 할 만큼 추잡한 상황에 마주쳤다. 그 당시 교황의 자리를 둘러싸고 세 명이 각각 자기가 정당한 교황이라고 주장하면서 어지러운 싸움을 벌이고 있었다. 그들 가운데 하나인 그레고리우스 6세는 열렬한 개혁가였고, 나머지 둘은 단지 당파의 지도자일 뿐이었다. 하인리히는 복잡하게 얽혀 있는 세 사람의 주장에 거의 귀 기울이지 않고,

셋을 모두 축출하고는 독일의 주교 가운데 하나를 교황으로 임명하였다. 이 교황과 역시 독일인인 다음 교황의 치세는 각각 불과 몇 개월에 그쳤다. 그러나, 하인리히가 세 번째로 임명한 교황인 레오 9세Leo IX는 1049년에서 1054년까지 재위하면서, 그 5년 동안 교황청을 새로운 개혁 운동의 사령탑으로 만들어 놓았다. 콜뤼니 수도원 운동과 달리, 교황의 개혁 운동은 세상과 떨어져 평정한 기독교적 삶을 누릴 수 있는 승단을 만드는 것만을 목적으로 하지는 않았다. 교황의 목적은 오히려 세상 자체를 개혁하는 데 있었다. 주교와 교구 사제는 독신 원칙의 엄수와 모든 성직 매매의 체계적 제거로 정화되어야 할 것이었다. 그로써 진정한 영적 지도자로 재탄생한 사제는 세속의 민중들을 이끌어 그들에게 영감을 불러일으킬 수 있을 것이었다.

레오 9세는 황제의 사촌이었고, 로타링기아 개혁 운동의 중심지였던 교구의 주교를 역임한 바 있었다. 교황으로서 그는 주로 교회의 조직에서 뛰어난 수완을 발휘하였다. 이 방면에서 그가 이룬 주요 업적은 추기경단body of cardinals을 창설한 것인데, 이때부터 추기경은 로마 교황청에서 중요한 역할을 수행하였다. 추기경의 칭호는 더 일찍부터 있어 왔으나, 그것은 단지 로마의 대성당들에서 예배를 집전하는 로마의 몇몇 고위성직자들에게 명예로 주어지는 칭호에 지나지 않았다. 레오는 유럽 여러 지역의 두드러진 개혁가들을 로마 교회의 추기경으로 임명하고 그들을 가장 신임하는 보좌관이자 행정가로 등용함으로써, 추기경의 성격을 바꾸어 놓았다. 레오의 추기경 가운데 세 명은 특히 중요한 인물이었다. 뒷날 교황이 되어 그레고리우스 7세Gregory VII로 불리게 된 힐데브란트Hildebrand는 1046년 황제에 의해 퇴위당한 그레고리우스 6세의 비서였다. 로타링기아 출신의 수도승인 훔베르트Humbert는 개혁 운동의 지도적인 이론가이자 교황권의 열렬한 옹호자가 되었다. 페트루스 다미아니Peter Damian는 고행자이자 열화같은 설교가로 대단한 명성을 얻은 이탈리아의 수도승이었다. 그는 그 당시의 폐해에 대해 극렬한 공격을 퍼부었으나, 정치적으로는 보수적이었다.

그러한 인물들의 도움을 받아, 레오 9세는 로마에서 일련의 종교회의를 열어, 성직 매매와 사제의 결혼을 몰아내기 위한 새로운 법을 제정케 했다. 게다가 교황은 로마에서 그런 법을 제정하는 것만으로 만족하지 않고, 그 법이 실제로 효력을 갖도록 노력하였다. 그리하여 로마 교구의 재편과 함께, 그는 두 번째 대혁신으로서 유럽 전역을 여행하면서 새로운 개혁 법령을 널리 알리고 실행시키기 위해 주요 교회 중심지에서 회의를 열었다. 1049년 한 해에만, 교황은 로마, 파비아Pavia, 마인츠Mainz 그리고 랭스에서 회의를 주재하였다. 그 뒤로도 그는 아우그스부르크, 레겐스부르크, 그리고 트리에르Trier에서 회의를 주재하였다. 이러한 회의에는 주변의 모든 주교와 사제가 소집되었다. 매 회의마다. 개혁 법령이 공포되었고, 성직 매수로 고발된 고위성직자들이 심리에 회부되었다. 주교가 그 자리에서 폐위되는 경우도 있었고, 그 이상의 심리를 위해 로마로 소환되기도 하였다. 교황의 입법권 및 사법권은 이제 수세기만에 처음으로 알프스 이북에서도 효력을 갖게 되었다. 1054년 레오가 죽었을 당시, 서방 교회에 대한 교황의 수장권은 실질적으로 재확립되어 있었고, 로마에는 그의 뒤를 이어 개혁을 수행해 나갈 유능한 개혁가 집단이 포진하고 있었다.

30. 서임권 투쟁

황제 하인리히 3세는 1056년에 죽었고, 그의 어린 아들 하인리히 4세가 뒤를 이었다. 이 어린 왕이 성년이 되기까지 오랜 기간 동안, 로마의 개혁가들 사이에는 황제권에 대한 불만의 징후가 최초로 나타나기 시작하였고, 곧 그들의 불만은 공공연한 적대감으로 바뀌었다. 뒤이은 분쟁에 개재된 문제들을 이해하려면, 11세기 중엽 제국 정부가 어떻게 조직되어 있었는가를 염두에 두어야만 한다. 하인리히 3세는 그의 주교들에게 강력한 세속권과 부를 부여하였으나, 그들을 직접 선임하여 자기의 종복으로 이용하였다. 그들의 지지는 그의 권력 안정에 필수적인 것이었다. 비슷한 상황이 정도는 덜하였지만 프랑스와 영국에서도 존재하고 있었다. 정신적 통치 영역과 세속적 통치 영역의 구분이라는 관념은 거의 없었다. 왕들은 주교를 임명하였고, 주교들은 세속권을 지니고 영지를 다스렸다. 왕국은 왕이 주재하는 일종의 통합된 교회-국가였다. 왕의 고위성직자 임명은 권한 남용으로 여겨지지 않았고, 9세기와 10세기의 혼란스러운 시대에 더욱 강력한 왕이 완전한 무정부 상태에 대한 유일한 대안으로 비추어졌을 때 성직자들 스스로가 만들어내 널리 받아들여지고 있던 왕의 신정 이론에 의해 정당화되었다. 영국의 대관식에서는 앵글로-색슨왕이 모세, 여호수아Joshua, 다윗 그리고 솔로몬에 비유되었다. 오토 왕조와 살리 왕조의 황제들은 하나님의 지상 대리인으로 인정되었다. 11세기의 왕들은 주교를 지명했을 뿐만 아니라, 그들이 선택한 자에게 주교의 권위를 상징하는 반지와 지팡이를 "서임investing"함으로써 실질적으로 성직 자체를 부여하였다. 개혁가들은 이러한 속인 서임의 관행을 공격하게 되었으며, 그럼으로써 왕권의 기반을 송두리께 부정하기에 이르렀던 것이다.

그러한 왕권에의 도전은 거의 불가피한 일이었다. 초기 교회의 규율로 되돌아가고자 하였던 개혁가들은 개혁의 지침으로 이용할 수 있을 옛 교회법령의 수집에 큰 힘을 쏟았다. 그들이 찾아낸 (진본의, 또는 위조된) 문서에는 교회에 대한 교황의 절대권을 뒷받침하는 것은 많았으나, 왕들의 주장을 뒷받침해주는 것은 거의 없었다. 초기 교회법에 따르면, 주교는 동료 주교들에 의해 선출되고 또 축성되는 것으로 되어있었다. 속인 서임의 보편화된 관행은, 1055년 추기경 훔베르트가 한 논문에서 지적하였듯이, 교회법상 아무런 근거도 없는 것이었다. "교회의 성물이자 주교의 권능—즉 주교로서의 축성을 상징하는 중요한 물건인 지팡이와 반지—을 어떻게 속인이 부여할 수 있는가?"라고 그는 반문하였다. 그러나 속인 서임에 대한 반대는 단순히 교회법 이론의 문제에 그치는 것이 아니었다. 교황의 자리 그 자체를 포함하여 모든 중요한 성직이 무책임한 인물일 수도 있는 속인 군주의 변덕스러운 마음에 따라 임명된다면, 로마가 주도하는 개혁 운동은 전혀 영속적이거나 효과적일 수 없을 것이었다. 하인리히 3세는 신중하게 적절한 인물을 성직에 임명하였다. 그러나 선왕인 콘라트 2세는 정반대로 부적격자만을 선택하였다. 이제 하인리히 4세가 성년이 되어 왕국을 통치하게 되었을 때 어떤 방향으로 나아갈 것인지는 아무도 모르는 것이었다.

개혁가들의 입장에서, 무엇보다도 가장 중요한 것은 교황직에 대한 통제권을 확보하는 것이었다. 따라서, 니콜라스 2세Nicholas II; 1059~1061의 짧은 치세 중인 1059년에 로마에서 열린 한 회의에서는 교황 선출의 절차를 규정한 법령이 선포되기에 이르렀다. 그에 따르면, 로마 귀족의 당파들과 황제의 정부는 이후 교황 선출에 간여할 수 없도록 실질적으로 배제되었고, 교황 선출은 로마 교회의 추기경들에게 맡겨졌다. 이 체제는 여러 가지 절차상의 수정이 있긴 하였으나 그 이후 지금까지 존속되고 있다. 그러한 과감한 혁신이 격렬한 반발에 부딪칠 경우를 예상하여, 니콜라스 2세는 이미 반세기 전부터 남부 이탈리아에 자리를 잡아 왔던 노르망디인 전사들과 동맹을 맺었다p. 276 참조.

교황 선출에 관한 법령을 선포한 바로 그 회의는 또한 모호하게나마 이후로는 어떤 사제도 속인으로부터 교회를 제공받을 수 없다고 선언하였다. 그러나 이 법령을 실천에 옮긴다거나 그 정확한 의미를 명시하려는 시도는 전혀 없었다. 반면에 교황 선출에 관한 법령은 얼마 안 있어 1061년에 교황의 자리가 비게 되자마자 실행에 옮겨졌다. 추기경들은 롬바르디의 개혁가인 알렉산더 2세Alexander II를 선출하였고, 그는 노르망디인들의 지원을 받아 로마에서 정식으로 취임하였다. 2년 동안 망설인 끝에, 독일의 주교들과 황제의 섭정들도 그를 교황으로 인정하였다. 알렉산더는 12년 동안 비교적 오랜 치세를 누렸는데, 그 기간은 개혁가들이 그때까지 이루어 놓은 업적들이 깊이 뿌리를 내리는 중요한 시기가 되었다.

개혁가들의 주된 목적 가운데 하나는 교황권을 전 교회에 확산시키는 것이었다. 이는 서방 교회뿐만 아니라 동방 교회에도 해당되는 목적이었고, 레오 9세는 1054년 추기경 훔베르트를 콘스탄티노플에 사절로 파견하였다. 그러나, 훔베르트가 교황의 대권을 너무 완강하게 고집하였기 때문에, 그의 파견은 그리스인들의 비위를 거슬러 오히려 새로운 분열을 야기하는 결과를 낳았다. 서방 교회에서는 교황 사절들이 비교적 좋은 성과를 올렸다. 그들은 독일과 프랑스뿐만 아니라, 스칸디나비아, 헝가리 그리고 스페인과 같은 기독교 세계의 변경 지역에서도 활발한 활동을 벌였다. 이들 지역에서, 교황 사절들은 각 지역의 사목회의를 주재하여, 새로운 개혁 법령을 선포케 하였다. 이 시기에는 또한 교황이 매년 봄에 로마에서 회의를 여는 것이 관례화되었다. 그러한 회의에는 이탈리아의 주교들과 어떤 지역에서건 마침 로마에 와있게 된 모든 고위성직자가 참석하였다.

비교적 평온했던 알렉산더 2세1061~1073의 치세 동안, 두 가지 중요한 발전이 이루어지고 있었다. 개혁가 가운데 가장 급진적이고 열성적이었던 힐데브란트가 로마에서 두드러진 인물로 대두하고 있었고, 독일에서는 하인리히 4세1056~1106가 자라나고 있었던 것이다. 아마도 어떻게든 개혁가 교황과 황제 정부 사이에는 분쟁이 벌어졌을 테지만, 실제로 벌어진 분쟁의 모질고 격렬함은 부분적으로는 이 두 적대자의 사람됨에서 비롯된 것이었다. 하인리히 4세는 성년이 될 때까지 오랜 동안 독일 제후들의 권력 잠식으로 왕권이 약화되었음을 통탄하고 있었다. 그는 주교들의 지지를 필요로 하였으며, 자기가 원하는 자를 자유로이 선택하는 데 외국인 교황이 간섭하도록 내버려둘 마음이 추호도 없었다. 하인리히는 교회 개혁의 명분에 전혀 동감을 느끼고 있지 않았다. 그는 결혼하여 안락하게 살고 있는 그의 사제들을 사제의 독신이란 광신적인 이념으로 괴롭히고 싶지 않았다. 그의 목적은 왕권의 회복에 있었으며, 그는 그 밖의 모든 것을 그 목적 아래 복속시켰다.

반면에, 1073년 그레고리우스 7세로 교황이 된 힐데브란트는 정열적인 개혁가로서 자신이 교회의 정화를 위해 하나님으로부터 선택받았다고 믿었고, 또한 성직 서임에 대한 왕의 통제권을 완전히 소멸시켜야만 개혁이 지속적으로 수행될 수 있다고 확신하였다. 힐데브란트는 이러한 요구의 정치적 의미에 대해서는 전혀 무관심했던 것 같다. 그는 자신을 하나님의 대리자라고 생각하였다. 만일 어떤 왕이 그의 신성한 사명을 감히 거부한다면, 그 왕에게는 오히려 그만큼 더 나쁜 것이었다. 힐데브란트에 대해 제기되어온 비판 가운데 가장 분명한 것은 그가 사제의 정신적인 권한에 만족치 않고 스스로 유럽의 세속적 상위주군으로 군림하려 했다는 것이다. 그러나 이는 지나친 단순화로 여겨진다. 그는 세속 지배자의 권력을 스스로 쥐고 싶어 할 만큼 높이 평가하지 않았다. 오히려 그는 세속 권력을 경멸하였으며, 세속 권력에는 어떤 본질적인 위엄이나 고려될만한 진정한 가치가 없다고 생각하였다. 그에게는 왕과 봉건제후들이 강제력을 사용하여 교회가 제시한 목표를 달성할 의무가 있는, 기본적으로 경찰 우두머리의 성격을 지닌 자들에 불과했다. 힐데브란트는, 당대인들이 그가 왕권을 찬탈하려 하고 있다고 비난하였을 때, 실로 당혹하여 그 비난에 분개하였던 것으로 보인다. 그는 경찰직 따위를 탐내지 않았다. 그는 그것을 자기 위엄에 못 미치는 것으로 여겼던 것이다.

1073년 알렉산더 2세가 죽었을 때, 로마 시민은 교황으로 제일 먼저 힐데브란트를 점찍었고, 곧이어 절차에 따라 추기경들은 그를 교황으로 선출하였다. 그가 선출되기 전에 이미, 교황과 하인리히 4세의 관계는 매우 긴장되어 있었다. 온건한 알렉산더의 치세에조차, 하인리히의 최고위성직자 5명이 악명 높은 성직 매매로 파문당했던 것이다. 게다가, 밀라노 주교의 선출을 둘러싸고 교황과 왕이 서로 다른 후보를 밀었기 때문에 분쟁이 발생하였다. 밀라노는 양측 모두에게 매우 중요하였다. 밀라노 주교는 밀라노시의 통치권을 쥐고 있었고, 북부 이탈리아에서 황제권을 다시 회복하려면 황제는 롬바르드 평야에서 가장 큰 도시인 밀라노의 통치자를 자신의 통제 아래 두어야 했다. 그러나, 성 암브로시우스의 교구인 밀라노는 이탈리아에서 로마 바로 다음으로 중요한 주교구이기도 하였다. 교회법에 따른 주교 선출이라는 개혁가들의 원칙이 현실화되기 위해서는, 그 원칙이 어느 곳보다도 밀라노에서 관철되어야만 하였다.

이제 교황 그레고리우스 7세가 된 힐데브란트는 선출된 직후, 하인리히 4세에게 자신이 독일로 여행할 터이니 길을 잘 고쳐 놓을 것과 밀라노에서의 간섭을 중지할 것을 준엄하게 명령하는 서한을 보냈다. 그 당시, 하인리히는 작센에서의 대규모 반란으로 경황이 없었으므로, 타협적인 답신을 보냈다. 1075년 2월에 그레고리우스는 로마에서 종교회의를 주재하여, 이후 어떤 주교나 수도원장도 속인 통치자로부터 서임을 받아서는 안 된다는 법령을 선포케 하였다. 그 직후, 그레고리우스는 그의 공식 문서에 교황의 권한에 관한 일련의 주장을 적어 놓았는데, 이는 대개 ≪교황의 교의*Dictatus Papae*≫로 불리어진다. 이에는 "(교황) 자신은 누구에 의해서도 심판받을 수 없다"라든지 "그에게는 황제를 폐위시킬 권한이 있다"라는 따위의 주장이 포함되어 있었다. 그러한 주장은 속인 서임에 대한 법령과 함께 황제 정부에 관한 모든 기존의 이론 및 실제를 정면으로 부정하는 것이었다. 하인리히는 이 새로운 법령을 받아들일 마음이 전혀 없었다. 1075년 여름 그는 작센의 반란군에게 크게 승리하였고, 가을에는 그가 밀었던 밀라노 주교 후보에 대한 지원을 재개하였다. 사건과정은 급격히 위기로 치달았다. 그레고리우스는 파문과 폐위의 위협을 담은 서한을 하인리히에게 보냈다. 왕은 이에 대응하여 독일 주교들을 소집하여 종교회의를 열고, 그레고리우스가 힘으로 교황 자리를 탈취한 찬탈자이며 하인리히의 왕권을 침해함으로써 스스로 교황이 될 자격이 없음을 드러냈다고 선언케 하였다. 그 소식은 1076년 2월에 로마로 전해졌다. 그레고리우스는 즉각 그의 위협을 실천에 옮겼다. 그리스도가 베드로에게 부여한 "맺고 푸는" 권한을 엄숙하게 상기시키며,

교황은 하인리히의 파문과 왕위로부터의 폐위를 선언하였다. 이는 옛 베드로의 서한에 나오는 구절을 혁명적으로 현실에 적용시킨 것이었다.

교황의 행동은 독일에 즉각적이고도 충격적인 파급효과를 낳았다. 제후들은 언제나 중앙집권적인 강력한 왕의 통치를 꺼려하였고, 작센 반란군에 대한 승리로 하인리히는 그들에겐 달갑지 않게 너무나 강력해졌다. 그들은 반란의 구실이 생긴 것을 크게 기뻐하였다. 심지어 처음에는 하인리히를 지지하였던 주교들마저 교황이 직접 선언한 엄숙한 파문 선고에 놀라 당황하게 되었다. 왕은 그의 지지자들이 모두 그를 버린 것을 깨닫고, 어쩔 수 없이 제후들의 요구에 굴복하게 되었다. 귀족 및 주교들의 회의를 1077년에 아우그스부르크에서 교황의 주재 아래 개최할 것이 합의되었다. 하인리히는 거기에서 교황에게 항복하고, 회의에서는 그가 왕위에 복귀할 자격이 있는지 여부를 결정할 것이었다. 이렇게 된다면, 그레고리우스의 입장에서는 더 이상 기쁜 일이 없었을 것이다. 그러나 하인리히는 개인적으로는 수치스럽지만 정치적으로는 이로운 행동을 감행함으로써 이러한 각본을 망쳐 놓았다.

교황이 예정된 회의에 참석키 위해 1076년 12월에 북행하고 있을 때, 하인리히는 알프스를 넘어 남행하여 카놋사Canossa에서 교황 일행을 만났다. 그곳에서 왕은 겸손한 참회자답게 맨발로 나타나, 온순하게 죄를 고백하고, 사면을 애걸하였다. 그레고리우스는 왕을 3일 동안 기다리게 하여 자존심을 만족시켰으나, 결국은 왕의 청원을 받아들였다. 죄를 참회하는 자를 사면해주는 것은 사제로서 온당한 행동이었으나, 그것은 전략상 그레고리우스의 큰 실책이었다. 하인리히는 일단 교황의 파문 선고에서 풀려나자, 곧 독일에서 지지자를 끌어 모을 수 있었던 것이다. 변함없이 왕에게 적대하고 있던 제후들은 교황이 하인리히와 개인적인 합의에 도달함으로써 그들을 배반하였다고 생각하였다. 이에 그들은 그레고리우스와는 상의도 없이, 하인리히에 맞세워 루돌프Rudolph를 왕으로 선출하였다. 아우그스부르크의 회의는 결국 열리지 못했고, 이후 3년 동안 독일은 격렬한 내란으로 황폐화되었다.

그레고리우스는 치세 초에 독일뿐만 아니라 프랑스와 영국에서도 그의 개혁 프로그램을 구현시키고자 노력하였다. 프랑스왕 필립 1세Philip I는 완전히 타락한 왕이었고 또한 악명 높은 성직 매매의 주범이었다. 필립의 뻔뻔스러운 수단을 보여주는 전형적인 예로, 필립의 절친한 친구로서 빈 자리가 되어 있는 주교 자리에 자기를 밀어달라고 그에게 요청한 한 선량한 수도원장의 이야기를 들 수 있다. 필립은 그 수도원장의 요청을 받고, 자기는 그를 사랑하며 그는 훌륭한 주교가 될 것이라고 대답하였다. 그러나 그 수도원장은 돈도 별로 없었거니와, 어떻든 성직 매매를 하지 않으려 했다. 게다가, 필립은 이미 왕비에게 주교 자리를 팔아 보석을 살 돈을 마련하라고 허락해 놓은 터였다. 그러나 필립에게는 해결책이 하나 있었다. 신임 주교는 1년 안에 주교 자리에 대한 대가를 지불하겠다고 약속한 바 있었다. 필립은 일단 왕비가 돈을 받으면, 그 신임 주교를 성직 매매로 고발하여 자리에서 내쫓고는 그 훌륭한 수도원장을 주교에 앉힐 심산이었다. 이와 같은 행동거지에 관한 이야기는 물론 그레고리우스를 격노시켰고, 1075년에 교황은 필립에게 파문하겠다고 위협하였다. 그러나 교황은 하인리히 4세와의 투쟁에 빠져 들게 되었으므로, 일단 프랑스왕에 대한 조치는 연기하기로 하였다.

영국에서는 상황이 좀 달랐다. 노르망디공으로서 윌리엄 1세는 개혁 운동에 우호적이라고 알려져 있었다. 그는 물론 그의 영국 왕국에서 주교의 임명을 그만둘 마음은 꿈에도 없었지만, 그는 대체로 적격자를 임명하였다. 그레고리우스가 속인 서임을 금하는 법령을 제정하였을 때, 윌리엄은 그의 영토에서 그 법령을 공포하는 것을 거부하였다. 그레고리우스는 이에 응수하여 윌리엄을 비난하였으나, 그를 파문하지는 않았다.

1080년, 3년 동안의 망설임 끝에, 교황 그레고리우스는 마침내 독일의 내란에서 하인리히 4세의 경쟁자인 루돌프를 지원하기로 결정하여, 두 번째로 하인리히를 파문하고 폐위하였다. 그러나 이번에는 그레고리우스가 때를 잘못 택한 것이었다. 하인리히는 교황이 루돌프에 대한 지지를 선언하였을 바로 그 시점부터 싸움에서 우세해지기 시작했던 것이다. 1080년 안에 그는 루돌프를 쳐부수고 결국은 그의 목숨을 앗았다. 루돌프가 제거되자, 그는 교황에 대해 공세로 전환할 수 있었다. 그는 다시금 그레고리우스를 찬탈자라고 비난하고, 대립교황antipope을 임명한 뒤, 이탈리아로 쳐들어갔다. 수차례의 포위 공격 끝에, 황제의 군대는 1084년에 로마를 점령하였다. 하인리히는 그가 세운 교황에 의해 성 베드로 성당에서 황제로 대관받았고, 그레고리우스는 불과 몇백 야드 떨어진 난공불락의 성 안젤로 요새fortress of St. Angelo로 피신하였다. 그곳에서 교황은 동맹자인 남부 이탈리아의 노르망디인들에게 지원을 호소하였다. 노르망디인들은 로마로 진격하였고, 황제군은 로마에서 퇴각하였다. 그레고리우스는 지체 없이 구조되었으나, 노르망디인은 광포하고 야만스러운 점에서 명성이 높았고, 이번에도 이를 유감없이 발휘하였다. 그들은 로마가 완전히 그들에게 내맡겨진 것을 알아차리고는 로마를 마음껏 약탈한 뒤에야, 교황을 함께 데리고 남쪽으로 철수하였다. 그레고리우스는 불과 몇 달 뒤에 그의 모든 노력이 헛수고였음을 한탄하면서 숨을 거두었다.

사실상, 싸움은 아직 끝나지 않았다. 하인리히는 나머지 치세 동안 독일 제후들의 연이은 반란으로 고통의 나날을 보냈다. 그는 결국 아버지 시대의 강력하고 안정된 왕권을 회복시키지 못하였고, 1106년에 이승을 하직할 당시에는 그의 아들인 하인리히 5세Henry V가 그에 대한 반란을 주도하고 있었다. 그 동안 교황들은 노르망디인의 지원을 받아 로마를 다시 장악할 수 있었다. 우르바누스 2세Urban II; 1088~1099는 속인 서임의 금지를 비롯한, 그레고리우스의 개혁 프로그램에 포함된 모든 주된 주장을 열렬하게 재천명하였다. 바로 이 시점에서 프랑스의 필립은 너무 늦은 감이 있지만 그에게 걸맞는 파문 선고를 받았고, 영국에서는 캔터베리 대주교 성 안젤름St. Anselm이 속인 서임에 대한 투쟁을 벌였다. 그레고리우스 7세가 첫 법령을 반포한 지 25년이 지난 1100년에도 그가 제기한 문제는 거의 아무런 결말도 나지 않은 채 미결로 남아 있었다.

12세기 초, 서임권 투쟁으로 자극을 받아 왕권과 교황권의 문제에 관한 상당수의 논쟁적인 글들이 씌어졌다. 극단적인 왕권 지지의 글은 보통 "요크의 무명씨Anonymous of York"라 불리는, 성명 미상의 한 앵글로-노르만 사제가 쓴 것이었다. 그는 왕과 사제가 둘 다, 서로 다른 측면에서, 그리스도의 대변자라고 주장하였다. 그러나 사제는 그리스도의 인성만을 대변하는데 반해 왕은 그리스도의 신성을 대변한다. 따라서 하나님이 인간보다 한량없이 더 위대한 것과 마찬가지로, 왕은 사제보다 한량없이 더 위대하다는 것이었다. 극단적인 교황 지지의 입장으로는 독일의 저술가 라우텐바하의 마네골트Manegold of Lautenbach를 들 수 있는데, 그는 교황이 "현세의 모든 권력과 권세를 능가"하고, 반면에 왕은 단지 행정가로서 인민에 의해 임명되며 그의 의무를 제대로 행하지 못하면 "돼지치기와 마찬가지로" 인민에 의해 제거될 수 있다고 선언하였다. 이와 같은 극단적인 견해는 실제적인 문제 해결에 아무런 도움도 되지 못하였다. 그러나 20여 년에 걸친 투쟁 끝에, 교황과 황제의 양 진영에서 온건한 사람들이 진지하게 타협을 꾀하기 시작하였다. 교회의 기본적인 관심은 속인 지배자가 성직을 부여하지 못하게 하는 데 있었다. 왕들의 기본적인 관심은 세속적인 지배권을 겸비하게 될 주교들로 하여금 그들의 세속권이 왕으로부터 나온 것임을 인정케 하는 데 있었다. 이 두 입장은, 프랑스의 교회법학자 샤르트르의 이보Ivo of Chartres가 1097년에 지적하였듯이, 반드시 상충될 필요가 없는 것이었다. 교회법에 따라 선출이 이루어진 다음 선출된 후보에게 왕이 서임하는 것은, 누구든 왕이 단지 세속권만을 부여하고 있음을 이해할 것이기 때문에, 별 문제가 될 수 없다고 이보는 주장하였다. 역시 프랑스의 저술가인 플뢰리의 위그Hugh of Fleury는 반지와 지팡이가 주교의 정신적 권능을 상징하는 물건으로 여겨져 왔기 때문에, 왕은 서임식에서 그 두 상징물을 사용하지 말아야 한다고 덧붙였다.

이러한 제안들은 투쟁이 해결될 수 있을 길을 가리켜 주는 것이었다. 그 뒤 곧 속인 서임의 문제에 관한 교황과 왕들 사이의 첫 타협이 교황 파스칼 2세 Pascal II; 1099~1118의 재위시에 이루어졌다. 1107년에 캔터베리의 성 안젤름과 헨리 1세Henry I는 영국에서의 타협안을 마련하였고, 이는 뒤이어 교황으로부터 승인을 받았다. 이에 따르면, 주교는 우선 교회법에 따라 선출된 다음, 봉신으로서 왕에게 신서를 하고 왕으로부터 봉토와 직책에 따른 세속 사법권을 받고 나서야, 주교로 축성되도록 되어있었다. 왕은 반지와 지팡이의 사용을 포기하였으나, 그에게는 마음에 들지 않는 주교 후보의 신서를 거부할 권한이 주어져 있었으므로 주교의 선택에서 여전히 결정적인 발언권을 행사할 수 있었다. 거의 같은 시기에, 프랑스에서도 필립의 뒤를 이은 루이 6세Louis VI; 1108~1137와 교회 사이에 비슷한 타협이 이루어졌다.

그러나 독일에서는 문제가 타결되지 않고 있었다. 1111년, 독일의 하인리히 5세Henry V; 1106~1125는 황제로 대관받기 전에 그 준비작업으로 서임권 문제를 최종적으로 타결할 속셈으로, 황제군을 이끌고 이탈리아로 와 로마를 점거하였다. 이미 영국과 프랑스에서 이루어진 타협을 일시적인 양보로만 여겼던 파스칼 2세는 이제 자기가 바라는 해결책을 밝혔다. 그것은 극히 급진적인 것이었다. 왕은 주교들이 왕의 토지를 보유하고 세속 사법권을 행사하기 때문에 주교 임명권을 주장하는 것이었다. 따라서 교황은 주교들이 모든 봉건적 영지와 세속권을 포기할 것을 제안하였다. 주교들은 다시 순수한 영혼의 목자가 될 것이며, 그렇게 되면 왕은 주교 임명에 간섭할 이유가 없다는 것이었다. 역사가인 아놀드 토인비Arnold Toynbee는 교회가 이러한 길을 택했다면, 전 기독교 세계가 강력한 정신적 제국으로 통합되어 서양 문명의 미래가 온통 달라졌을 것이라고 가정한 바 있다. 그러나 사실상 파스칼의 제안이 실현될 가능성은 조금도 없었다. 그의 제안이 공개되자마자, 로마의 추기경들과 독일의 주교들이 한결같이 교황의 계획을 거부하고 나섰던 것이다. 이에 하인리히 5세는 로마를 떠나오면서 교황을 인질로 대동하였으며, 몇 달 뒤, 이번에는 분명히 속박된 상태에서 파스칼은 하인리히에게 반지와 지팡이로 서임하는 권리를 양보하였다. 그러나 추기경들은 또 다시 교황의 조치를 거부하였다. 상황은 이제 너무나도 복잡하고 어려워져서, 어떤 해결책도 파스칼의 치세에는 이루어질 수 없었다. 서임권 투쟁을 종결시킨 이른바 보름스 화의the Concordat of Worms라 불리는 타협은 하인리히 5세와 교황 칼릭스투스 2세Calixtus II; 1119~1124 사이에서 1122년에 이루어졌다. 그 타협안은 독일의 경우 왕이 주교를 선출하는 자리에 참석할 권리를 갖는다는 것을 제외하고는, 대체로 영국에서의 타협안과 비슷했다.

31. 서임권 투쟁의 결과

속인 서임의 문제 그 자체에 관한 한, 투쟁의 결과는 타협이었다. 왕들은 하나님의 대리인으로서 성직을 부여할 수 있다는 신정주의적 주장을 철회하였으나, 실제로는 여전히 주교를 임명할 수 있게 되었다. 하지만, 그들이 지나치게 부적격한 인물을 성직에 임명하기는 훨씬 더 어려워졌다. 선거권이 있는 주교들을 강요하여 그러한 자를 선출토록 한다고 하더라도, 교황에게 탄원하면 그런 자가 실제로 성직을 차지하지 못하게 하는 것은 그리 어려운 일이 아니었다. 분명히, 12세기에는 성직 임명의 기준이 크게 향상되었다.

정치적인 차원에서, 서임권 투쟁의 가장 중요한 결과는 왕의 신정정치가 서구 세계의 통상적인 통치 형태로 받아들여지는 경향이 저지되었다는 것이었다. 그러나, 그로써 교황의 신정정치가 대두한 것은 아니었다. 교황이 왕을 폐위할 수 있다는 그레고리우스 7세의 주장은 왕들에게 전혀 받아들여지지 못했고, 기껏해야 매우 논쟁의 여지가 많은 주장으로 남았을 뿐이었다. 따라서 서임권 투쟁은 이후 중세 정부에 일종의 이중성이 존재하여 교회와 국가 사이에 끊임없는 긴장이 존속하리라는 것을 확실케 하였다. 투쟁의 결과로 또 하나 중요한 것은 권력을 남용한 통치자에 대한 저항의 권리를 주장하는 이론이 태동하였다는 것이었다. 이는 독일의 하인리히 4세를 겨냥한 글들에서 가장 분명하게 나타나지만, 파스칼 2세에 대한 추기경들의 반발은 유사한 관념이 교회에서도 뿌리를 내릴 수 있었음을 가리킨다 하겠다.

투쟁에 참여한 주역들 모두가 각기 다르게 영향을 받았다. 투쟁의 영향은 영국과 프랑스에서 가장 보잘 것 없었는데, 투쟁이 절정에 올라 있을 당시 영국왕은 제후들의 준동을 원천적으로 봉쇄할 만큼 강력하였고, 프랑스왕은 너무나 약해 제후들이 그에 대항하여 반란을 일으킬 이유가 없었던 것이다. 그러나 독일에서는 상황이 크게 달랐다. 즉 교황 그레고리우스 7세의 도전은 성장하는 봉건 제후들이 강력하고 야심적인 왕의 권력에 저항하고자 열망하던 때에 맞추어 개시되었던 것이다. 물론 서임권 문제가 없었더라도 독일에서는 반란이 일어났을 것이지만, 하인리히 4세는 만일 교황과의 투쟁에 말려들지 않았더라면, 반란을 모두 진압하고 강력한 왕권을 수립할 수도 있었을 것이다. 그러나 실제로는 전반적으로 혼란스러웠던 그의 치세를 틈타 제후들은 세력을 증대시키려 하였다. 하인리히 5세가 1125년에 후손 없이 죽었을 때, 제후들은 공들 가운데 가장 강력하였던 호엔슈타우펜의 프리드리히Frederick of Hohenstaufen를 무시하고 빌룽의 후손인 작센공 수플린부르크의 로타르Lothair of Supplinburg를 왕으로 선출하였다.

로타르1125~1137는 아무런 혈통상의 왕위 계승권도 없이 그저 제후들의 지지로 왕위에 올랐을 뿐이었으므로, 제후들 앞에서 무력할 수밖에 없었다. 독일 전역에서 제후들은 그들의 권력을 강화해 나갔다. 그들은 관직과 봉토를 찬탈하여 후손에게 세습하였다. 그들은 그들의 영지에 수많은 성채를 세우고, 충성스러운 직신ministeriales으로 하여금 그 성채를 방비케 하였다. 이러한 찬탈의 풍조는 당연히 정치구조의 하부로 확산되어갔다. 군소제후와 기사들은 강제로 소자유농을 예농으로 전락시켰고, 영주제는 독일의 대부분 지역에서 확고히 자리잡게 되었다. 혼란의 시대가 끝날 무렵에는 백의 직책과 그에 수반된 사법권이 제후들의 수중으로 모조리 들어가 있었다. 끝으로, 봉건제가 독일 전역에 확산되었다. 군소제후는 대제후의 봉신이 되었고, 제후들은 그들의 직책과 영지를 세습적인 봉이라고 주장하였다. 하인리히 4세는 강력하고 중앙집권적인 국민적 왕정을 확립하는 길로 나아가고 있었으나, 수플린부르크의 로타르는 위그 카페가 그러하였듯이 명목상의 왕일 뿐이었다.

교황은 투쟁을 통해 권위를 크게 높였다. 그레고리우스 7세의 정치적 요구가 보편적으로 받아들여지지는 않았으나, 종교적 문제에 관한 한 기독교 세계의 최고 지배자로서의 교황의 지위는 강력하게 재천명되어 보편적으로 인정되었다. 다음 세기에 교황이 해결해야 할 주된 문제는 스스로 떠맡은 역할을 더욱 효과적으로 수행할 수 있도록 법과 행정의 체제를 정비하는 일이었다. 12세기 초에는 유럽 전역에서 통용될 수 있는 일관된 교회법전이 없었다. 또한, 교황이 이탈리아 바깥 지역의 상황에 관한 충분한 정보를 얻기는 여전히 매우 어려웠으며, 그가 취한 조치는 잘 알려지지 않거나 아주 더디게 시행되기 마련이었다. 개혁가들은 이 문제를 교황 사절papal legates을 활용하여 극복하려 하였다. 사절들에게는 그들이 발견하는 모든 폐해를 개혁할 전권이 주어지기도 하였고, 어떤 한 특정한 문제를 다루기 위해 파견되는 사절도 있었다. 개혁가들은 또한 주교들과 그 밖의 고위성직자들에게 로마 방문을 권장하였다. 특히 중요한 것은 대주교가 선출된 직후에 로마를 방문하는 전통적인 관례였다. 아주 일찍부터, 교황이 특히 명망 있는 대주교에게 하얀 모직 띠에 4개의 자주색 십자가를 수놓은 이른바 영대pallium를 하사함으로써 경의를 표하는 것이 관례화되었다. 이 관례에서 개혁가들은 교황이 대주교 선출에 대해 거부하거나, 새로 선출된 고위성직자에게 친히 지시를 내릴 수 있는 기회를 마련할 방법을 찾아냈다. 그들은 대주교는 영대를 받고 나서야 직무를 수행할 수 있으며, 완전히 불가피한 이유로만 영대를 받기 위해 로마를 방문해야 하는 의무가 면제될 수 있다고 선언했던 것이다. 개혁된 교황청의 이 첫 중앙집권 지향적인 조치들은 유용하기는 하지만 충분한 것은 아니었다. 다음 세기에 교황의 법률 및 행정기구는 더욱 큰 발전을 이루었다.

교회가 중세사에서 매우 중요한 역할을 하였으므로, 여기서 서임권 투쟁이 끝날 무렵의 교회조직에 대해 간단히 살펴보는 것이 좋을 것이다. 교회의 위계 서열에서 교황과 추기경들 다음으로 중요한 지위는 주교였다. 물론 대주교는 그의 교구가 주교들의 교구보다 더 크고 부유하였으며, 그가 휘하 주교들의 법정으로부터 항소를 받을 수 있었다는 점에서는 주교들보다 더 강력하였다. 그러나 그는 휘하 주교구의 내부 문제에 대해서는 실질적인 통제권을 행사하지 못했다. 반면에 주교는 교회의 모든 정신적인 권위를 보유하고 있었다. 그는 모든 성사를 행할 수 있었으며, 사제 서품의 성사를 통해 이 권한을 다른 사람에게 부여할 수도 있었다. 또 견진 성사는 주교만이 행할 수 있었다. 주교는 실제로는 지방 유력자의 선택을 승인하는 데 그쳤지만, 적어도 이론상으로는 주교구의 모든 하급 사제를 임명케 되어 있었다. 주교는 사제의 규율을 책임지고 있었다. 또 주교는 그의 교회가 보유한 토지를 지배하였다. 요컨대, 주교는 주교구에 있는 교회의 사제 및 재산을 지배하였으며, 교황을 제외하고는 어떠한 상위 성직자로부터도 실질적으로 독립되어 있었다. 교회법에 따르면, 주교는 주교구의 사제와 인민에 의해 선출되도록 되어 있었으나, 실제로는 주교좌의 성당교회Cathedral church: 주교좌를 뜻하는 cathedra에서 유래하여, 주교가 소재하는 교회를 뜻함-역주에 속한 이른바 참사회원canons인 고위성직자만이 선출에 참여하였다.

참사회원은 선거인단을 구성했을 뿐만 아니라 주교를 보좌하여 주교구의 행정 및 성당교회의 관리를 맡은 주요 관리로도 활동하였다. 사제장dean은 참사회의 우두머리로서 주교구에서 주교 다음으로 위엄 있는 자리였다. 학무관chancellor은 성당 학교의 감독과 교습의 인가를 관장하였다. 회계관treasurer은 재정을 담당하였다. 성가대 감독precentor은 성가대를 감독하고 성당의 음악에 관한 것을 총괄하였다. 각 주교구는 대개 4개의 부주교구archdeaconry라는 행정구역으로 나뉘어졌다. 부주교구를 관장하는 부주교archdeacon는 하급 사제의 규율을 감찰하는 주교의 주된 관리였으며, 많은 경우 이러한 감찰 역할 때문에 매우 인기가 없었다(중세의 대학생들은 "부주교가 과연 자신의 영혼을 구제할 수 있는가"라는 미묘한 문제를 두고 논쟁을 벌이곤 하였다). 그러나 부주교 자리는 많은 경우 교회에서 더 높은 자리로 출세할 수 있는 발판이 되었기 때문에 대단한 선망의 표적이 되었다. 부주교는 지방 집사rural dean들의 보좌를 받았으며, 그 밑에 일반 마을 사제parish priest가 있었다. 주교와 그의 관리 그리고 참사회원은 대개 봉건계급 출신이었다. 마을 사제는 보통 농민 출신으로 충원되었다. 비천한 출신이 교회의 고위직으로 출세하는 것은 불가능하지는 않았으나, 당연히 매우 어려운 일이었다.

여기서 정식 사제가 아니면서도 성직자인 이른바 "하급 성직자minor orders"들이 있었음을 유념해야 한다. 이들은 삭발을 하고 교회의 사법권 아래에 들어가긴 하였으나, 사제로 서품되지 않고 또 많은 경우 사제가 되리라 생각하지도 않았던 사람들이었다. 그들로부터 성·속 제후들의 비서를 비롯하여 어떻게든 문자해독 능력이 요구되는 직책을 맡는 서기들이 배출되었다. 또 주교구 전역에는 수많은 수도승들이 널려있었다. 이상과 같은 성직자들은 다음 두 세기 동안 문명의 모든 측면에 지극히 중요한 기여를 하였다. 사상의 세계는 거의 교회가 독점하고 있었다. 철학사상과 정치사상도 성직자에 의해 발전되었다. 황무지에 정착한 수도승들은 새로운 경작지를 개간해 내었다. 끝으로, 유럽의 세속 정부들이 택한 행정체제는 대개 성직자들이 교황청을 모델로 하여 고안해낸 것이었다.

제4편 12세기의 개화

제11장 유럽의 팽창 : 제1차 십자군

7~10장에서는 9세기에서 10세기까지 서유럽의 중세 문화가 겪은 사회적, 경제적, 정치적 그리고 종교적인 발전들을 서술하였다. 9세기에는 서유럽 문명이 살아남을 수 있을까조차 의심스러울 정도였다. 10세기에는 서유럽의 종교와 제도가 북유럽 및 동유럽의 변경 지역으로 확산되기 시작하였다. 1050년경으로부터는 이러한 느린 팽창에 뒤이어 지중해 지역에서 회교도가 장악하고 있던 스페인과 시칠리아 그리고 팔레스타인을 겨냥한 본격적인 정복 운동이 벌어졌다.

이 시대에 몰아닥친 팽창의 커다란 물결은 여러 상황이 복합된 데에서 비롯된 결과였다. 이미 살펴보았듯이, 이 시대는 많은 측면에서 활력과 생기가 용솟음치던 시대였다. 서유럽 중심부의 인구와 생산성 그리고 부가 모두 급속도로 증대되고 있었다. 이에 따라 인력과 부가 남아돌게 되어, 팽창 운동에 눈을 돌릴 여건이 마련되었다. 더구나, 인구 가운데 지배 집단—사제와 기사 그리고 도시민—은 더 넓은 활동무대의 필요를 느끼고 있었다. 교회는 개혁된 교황청의 주도 아래, 기독교 신앙과 교회의 정신적·정치적 권위를 확산시키고자 하였다. 매 세대마다 봉건 제후의 장남 이외 아들들은 장남이 상속한 봉토에 못지않게 부유한 봉토를 얻기에 혈안이 되었다. 성장하고 있는 도시의 상인들은 새로운 시장을 찾고 있었다pp. 308~317 참조.

새로운 팽창 운동에서 교황은 봉건계급과 긴밀한 유대를 맺었고, 지중해에서는 이탈리아 도시들의 상인들이 그들과 합류하였다. 끝으로, 우리는 이 당시 교회가 개혁되고 있었고, 대중의 신앙심이 되살아나고 있었다는 사실을 유념해야 한다. 십자군 운동의 착수에 기여한 온갖 상황들 가운데, 단순한 종교적 정열이야말로 가장 중요한 것의 하나로 평가되어야 한다.

32. 스페인과 시칠리아

11세기 초, 회교도는 스페인의 남쪽 2/3와 발레아레즈 제도, 코르시카, 사르디니아, 시칠리아, 북아프리카의 전 해안, 팔레스타인 그리고 시리아의 일부를 장악하고 있었다. 종교적 정열과 정치·경제적 야심으로 서유럽 사람들은 이 회교도 지역을 공격하기로 결심하게 되었다. 봉건계급, 특히 장남 이외의 아들들은 그들이 좋아하는 일을 하면서도, 구원과 부유한 봉토라는 정신적·세속적 보상을 함께 얻을 일거양득의 무한한 기회를 포착하였다. 교황은 좀더 복잡한 동기를 지니고 있었던 듯하다. 교황이 기독교 신앙과 자기 자신의 권위를 확산시키고자 했던 것은 분명하지만, 봉건계급의 광포한 호전성을 가치 있는 일에 이용한다는 것을 아주 멋진 생각이라고 여기기도 했을 것이다. 끝으로, 흥기하고 있던 이탈리아 도시들, 특히 제노바와 피사는 회교도 해적 떼의 끊임없는 위협으로부터 벗어나서 서부 지중해의 해안을 따라 안전하게 교역을 행할 수 있기를 염원하였다.

회교도의 스페인 정복은 결코 완결되지 못한 상태였다. 8세기에 사라센군이 스페인으로 물밀듯이 쳐들어 왔을 때, 서고트군의 잔류 병력은 북서쪽 구석으로 퇴각하여, 그곳에 아스투리아스Asturias 왕국을 세웠다. 1000년경, 이 왕국은 레옹Leon과 까스띨랴Castile의 두 나라로 분열되었다. 이 두 나라의 동쪽으로 피레네 산맥의 남쪽 기슭을 따라 샤를마뉴는 스페인 변경Spainish March을 설치하였다. 9세기가 끝나기 전, 스페인 변경의 서쪽 부분은 독립하여 나바르Navarre 왕국이 되었는데, 이 왕국은 빰플로나Pamplona를 수도로 하여 바스크족의 거주지와 뒷날 아라공Aragon이라 불리게 될 지역을 포괄하고 있었다. 그 뒤 1035년에는 아라공이 독립 왕국으로 떨어져 나왔다. 옛 스페인 변경의 동쪽 부분은 바르셀로나Barcelona 백령으로 불리어졌다. 이들 지역—레옹, 까스띨랴, 아라공 그리고 바르셀로나—이 11세기 중엽 기독교 스페인Christian Spain을 이루고 있었다.

회교도 세력이 에미르emir : 아랍의 부족장 ; 칼리프 시대에 속주의 총독을 지칭하던 칭호—역주 그리고 뒤에는 코르도바Cordova의 칼리프 아래에서 비교적 단합된 상태로 남아 있는 한, 스페인의 기독교 국가들은 자신의 명맥을 유지하는 것만으로도 만족해야 했다. 그들이 존속할 수 있었던 것도 그들 스스로의 용기 및 군사적 능력과 함께 회교도들 사이의 알력에 크게 힘입은 것이었다. 1034년에는 회교도 족장들 사이의 투쟁이 극에 달하여 코르도바의 칼리프국이 완전히 와해되었고, 20개도 넘는 독립적인 회교 왕국이 출현하였다. 바야흐로 서유럽에서 팽창의 힘이 강력해지고 있던 때에 맞추어 일어난 회교도들의 분열은 기독교 국가들에게 절호의 기회를 마련해 주었다.

11세기 초에, 클뤼니의 수도승들은 피레네 산맥 남쪽에 여러 수도원을 세우고 있었다. 곧 그들은 프랑스의 귀족들에게 스페인의 회교도들에 대한 토벌을 부추기기 시작하였다. 그들의 동기에 대해서는 추측에 맡길 수밖에 없다. 교회는 "하나님의 평화Peace of God"나 "하나님의 휴전Truce of God" 등을 통해 봉건적 전쟁을 줄이려고 안간힘을 쓰고 있었는데pp. 332~333 참조—역주, 귀족들의 남아도는 힘을 배출할 새로운 출구를 찾는 동시에 그로써 훌륭한 목적을 이루는 데에도 보탬이 될 수 있으리라는 계산이었는지도 모른다. 아마도 그 수도승들은 스페인의 새로운 수도원들이 클뤼니 승단의 유용성과 부 그리고 세력을 크게 증진시킬 수 있으리라고 기대했을 것이다. 그리고 물론 그들이 회교도의 축출에 진

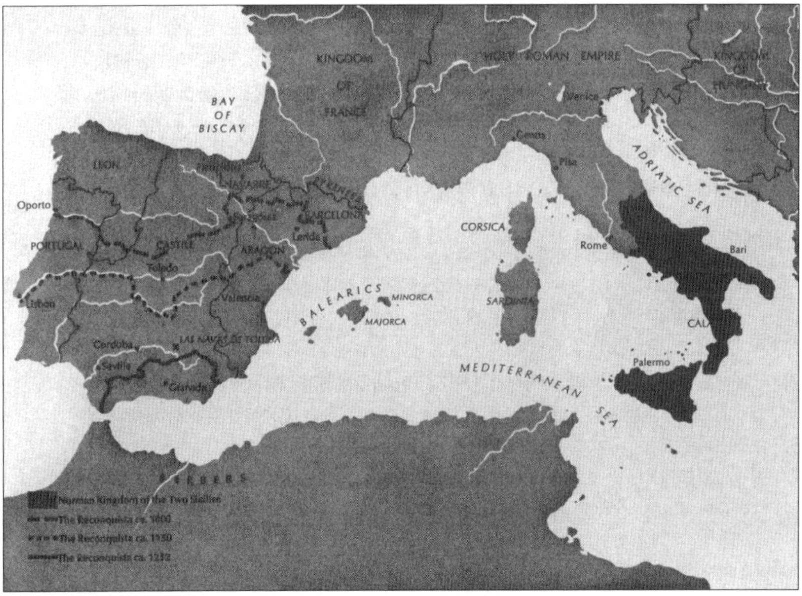

지도 13. 1140년경의 서부 지중해

정 관심을 지니고 있었음은 부정할 수 없다. 어쨌든, 그들은 스페인 십자군이 하나님께 기쁨을 드리는 일이라고 설교하였다.

1018년, 노르망디의 대제후인 로제 드 또니Roger de Tony가 군대를 이끌고 스페인으로 와 회교도와 싸운 이래, 북쪽으로부터 대개 프랑스 귀족들이 이끄는 원정군이 빈번히 도래하여 회교도들을 성가시게 공격하였다. 11세기 후반에, 기독교 스페인의 대부분은 두 왕의 통치 아래 놓이게 되었는바, 알퐁소 6세 Alfonso VI; 1065~1109는 레옹과 까스띨랴의 왕이었고, 산쵸 라미레스Sancho Ramirez; 1063~1094는 아라공과 나바르의 왕이었다. 프랑스 기사들, 특히 노르망디인과 부르군디인 기사들로 이루어진 강력한 군대의 지원을 받아, 이 두 왕은 회교도에게 공세를 취하였고, 1085년에는 알퐁소가 중요한 도시인 톨레도Toledo를 함락하였다. 그가 치세 중에 획득하여 다시는 빼앗기지 않은 지역 가운데 가장 실속 있는 곳은 톨레도 정도밖에 없었으나, 그와 산초 라미레스가 오랜 기간에 걸쳐 치른 일련의 전쟁으로 모든 회교 왕국들은 크게 약화되었다. 바로 이 시기에 강력한 전사이자 반전설적인 스페인 민족의 영웅인 로드리고 디아스 데 비바르 Rodrigo Diaz de Vivar 또는 통상 불리어지는 이름으로 시드Cid라는 인물이 출현하였다. 스페인에 온 프랑스 기사들은 신앙을 위해 싸우는 십자군이었을지 몰라도, 스페인 귀족들의 입장은 그러한 것이 아니었다. 그들에게 회교도는 시시때때로 적이 되었다가 친구가 되었다가 하는 이웃이었다. 그들은 두 기독교 국가 사이에 전쟁이 벌어지는 경우 회교도의 원조를 청하는 데 아무런 거리낌도 느끼지 않았다. 시드는 주군인 알퐁소 6세와 사이가 좋을 때에는 알퐁소를 위해 용맹하게 성공적으로 싸웠으나, 종종 사이가 틀어지게 되면 서슴없이 회교도 제후들을 섬겼다. 한번은 회교도 군대의 선봉에 서서 바르셀로나백을 무찔러 생포하고는, 문제가 되었던 레리다Lerida 주변 지역의 총독이 되기도 하였다. 그러나 그는 포로가 된 백을 매우 친절하게 대접하여, 백은 뒤에 그의 아들이자 후계자를 시드의 딸과 결혼시켰다.

알퐁소 6세와 산쵸 라미레스의 성공적인 전투로 스페인의 군소 회교군주들은 곧 도움이 없이는 기독교 군대에게 굴복하게 되리라 믿게 되었고, 그리하여 북서아프리카를 장악하고 있던 베르베르Berber족의 일파인 알모라비드족 Almoravides의 통치자에게 원조를 청하였다. 알모라비드족은 1086년에 스페인에 도착하였다. 그들의 군대에게 밀려, 알퐁소 6세는 시드의 정복으로 얻은 레리다와 발렌시아의 광대한 지역에서 퇴각할 수밖에 없었다. 그러나 기독교인들에게는 다행스럽게도, 알모라비드족은 곧 스페인의 회교도 군주들과 갈등을 일으켰고, 회교도 진영은 분열되기 시작하였다. 1118년에 아라공은 회교도의 사라고사Saragossa 제후국을 정복하였고, 1137년에는 바르셀로나를 합병하여 훨씬 강대한 나라로 탈바꿈하였다. 한편, 까스띨랴와 레옹의 왕 알퐁소 7세1126~1157는 회교도의 영토 깊숙이 침입해 들어가, 한때는 코르도바시 남부 지역까지 점령하기도 했다.

12세기 초, 전쟁의 와중에서, 포르투갈이 독립된 왕국으로 출현하였다. 원래 포르투갈은 레옹 왕국의 한 백령이었다. 알퐁소 6세는 사생아인 그의 딸을 십자군의 한 장수였던 부르군디의 앙리Henry of Burgundy와 결혼시키고, 오늘날의 포르투갈 영토의 북부 1/3가량으로 이루어진 이 백령을 그에게 주었다. 앙리의 아들 알퐁소 엔리케Alfonso Henriques; 1112~1185는 회교도와 그리고 그의 사촌이자 상위주군인 까스띨랴왕과도 전쟁을 치르었다. 1139년, 교황은 사촌 간의 싸움을 중재하여 평화조약을 맺도록 하였다. 알퐁소 엔리케는 교황의 봉신으로서 포르투갈왕의 칭호를 받았다. 4년 뒤, 운좋게도 우연한 일로 새로운 왕은 남쪽으로 영토를 넓힐 수 있었다. 영국과 플랑더즈 그리고 북부 독일의 십자군을 태우고 제2차 십자군과 합류키 위해 팔레스타인으로 가던 함대가 오뽀르또Oporto에 잠시 정박하였다가, 알퐁소 엔리케의 지원요청을 받게 되었다. 이에 그들은 떠나기 전에 리스본Lisbon을 함락하여 포르투갈왕에게 넘겨주었던 것이다. 그리하여, 12세기 중엽의 스페인은 기독교의 영역과 회교의 영역으로 대체로 반반씩 나뉘어 있었다. 그 당시의 가장 중요한 기독교 국가는 까스띨랴와 아라공 그리고 포르투갈의 세 왕국이었다.

기독교 스페인의 영역이 팽창하고 있었던 11세기에, 스페인 교회는 피레네 산맥 너머로부터 그리고 로마로부터 새로운 영향을 받게 되었다. 옛 전설에 따르면 사도 야곱James의 시체가 매장되었다는 콤포스텔라Compostella시는 중세 세계의 중요한 순례지 가운데 하나가 되어 있었다. 프랑스 기사들과 함께 프랑스인 순례자들도 11세기 내내 북부 스페인으로 떼지어 왔다. 한편, 클뤼니 수도승들은 로마 교회의 예배 관행을 스페인에 도입하였다. 회교도가 스페인을 처음 침입한 이래 수세기 동안, 스페인의 기독교도들은 옛 서고트식 예배의식을 고수하였다. 처음에는 당연히 클뤼니 스도승들의 새로운 의식에 대해 반발이 있었다. 그러나 교황 그레고리우스 7세1073~1085는 교회의 개혁과 중앙집권화를 위한 조치의 일환으로, 로마 관행의 채택을 고집하였다. 알퐁소 6세도 교황의 정책을 지지하였고, 결국 1080년에 부르고스Burgos의 회의에서 로마의 예배의식이 받아들여졌다. 알퐁소 6세는 또한 그레고리우스의 사절들에게 개혁을 위한 회의의 개최를 허용하였으나, 그의 까스띨랴 왕국을 교황으로부터의 봉토로 보유해야 한다는 제안에 대해서는 분명하게 선을 그었다.

스페인 역사의 새로운 장은 1146년에 새로운 강력한 회교도 종족인 알모하드족Almohades이 스페인에 도래함으로써 시작되었다. 1125년에 알모하드족은 북아프리카의 알모라비드족 세력을 거꾸러뜨렸는데, 스페인의 회교도 군주들은 최근에 기독교도들이 거둔 성공에 두려움을 품고 그들에게 원조를 요청하였다. 알모하드족은 스페인의 회교 제후국들에 대한 지배권을 공고히 하는 데 거의 20여 년을 보낸 다음에야, 기독교도에 대한 공세를 취하기 시작하여 곧 알퐁소 7세에게 정복되었던 지역을 대부분 탈환하였다.

그러나, 그들은 곧 스페인의 역사에서 가장 유능한 군인왕 가운데 하나인 까스띨랴의 알퐁소 8세1158~1214와 마주치게 되었다. 알퐁소 8세는 그의 아저씨인 레옹의 왕과 연합하여 강력한 역습을 개시하였다. 알모하드족은 즉각 북아프리카로부터 증원군을 불러와 까스띨랴군과 마주칠 태세를 갖추었다. 1195년에 있었던 알라르꼬스Alarcos의 대전투에서, 알퐁소는 비참한 패배를 당하였고, 그의 군대는 궤멸당했다. 그의 아저씨인 레옹왕과 나바르왕은 약속했던 지원군을 알퐁소에게 보내지 못해놓고서도, 그의 패배를 기회삼아 까스띨랴를 침략하였다. 그러나 알퐁소는 곧 그들을 몰아내고, 다시 한 번 회교도에 대한 공격을 준비하였다. 다음 10년 동안 양측은 결정적인 전투를 위해 준비하는 데 여념이 없었다. 알모하드족은 회교 스페인의 모든 병력을 소집하고, 북아프리카로부터 더 많은 부대를 불러 들였다. 교황은 회교도에 대한 십자군을 선언하였고, 유럽의 수많은 기사들이 스페인 태생의 나르본느Narbonne 대주교를 뒤쫓아와 레옹을 제외한 스페인의 모든 기독교 국가의 병력과 함께 알퐁소의 진영에 합류하였다. 1212년 7월 16일, 양군은 드디어 라스 나바스 데 똘로사Las

Navas de Tolosa에서 격돌하였다. 그 결과는 기독교군의 놀라운 승리였고 동시에 알모하드족 세력의 종말이었다.

당시 스페인의 기독교 국가들이 지니고 있었던 주된 취약점은 회교도에 대해 승리를 거두면 언제나 안도의 한숨을 내쉬고는 곧바로 자기들끼리 싸우기 시작한다는 것이었다. 그리하여, 알퐁소 8세의 손자인 페르디난드 3세Ferdinand III; 1217~1252가 레옹과 까스띨랴 두 나라의 통합왕이 된 1230년에 가서야, 회교도에 대한 공격이 다시금 활발하게 추진될 수 있었다. 1236년에 페르디난드는 코르도바를 함락하였고, 1248년에는 세빌리아를 함락하였다. 그동안, 아라공의 제임스 1세James I; 1213~1276는 마요르까Majorca와 미노르까Minorca를 정복하였다. 1238년에 제임스는 발렌시아까지 장악하였다. 1252년에 페르디난드 3세가 죽었을 당시, 회교도는 그라나다Granada 지역을 빼고는 스페인 반도를 모조리 상실한 상태였다. 그라나다 지역은 15세기에 가톨릭왕 페르디난드Ferdinand the Catholic; 1479~1516에게 정복될 때까지 회교도의 수중에 남아 있었다.

중세 기독교 스페인의 제도는 전 지역에 걸쳐 전혀 일관되어 있지 못했다. 바르셀로나 백령은 스페인 변경의 일부였으며, 그 백은 남부 프랑스의 봉건적 정치 상황에 깊이 개입되어 있었다. 그리하여 이 지역에서는 프랑스를 모델로 하는 봉건제가 완전하게 발달되어 있었다. 정도는 덜하였지만 아라공도 마찬가지였다. 아라공의 귀족들은 그들의 영지를 봉토로 보유하고 있었던 것으로 여겨지나, 봉건적인 위계는 그리 고도로 발달되어 있지 않았으며, 다수의 귀족들이 왕의 직속 봉신이었다. 서쪽의 여러 나라—까스띨랴, 레옹 그리고 포르투갈—는 봉건적이라고 부르기가 거의 불가능하다. 군사적 봉사의 대가로 토지를 보유하는 사람이 있기는 했으나, 대개의 귀족과 성직자는 사유지를 갖고 있었던 것 같다. 봉건적 위계는 전혀 형성되어 있지 않았고, 봉토를 보유한 봉신들은 비슷한 무기와 장비를 갖춘 농민 전사들과 어깨를 나란히 하고 싸웠다. 유럽적인 유형의 예농제는 한 번도 회교도에게 점거되지 않았던 지역에만 한정되어 있었다. 새로 탈환된 지역에서는, 자유농이나 노예가 땅을 경작하는 것이 더 보편적이었다.

스페인을 제외하고, 서유럽 사람들과 회교도 사이에 가장 직접적인 접촉이 있었던 곳은 남부 이탈리아였다. 회교도는 시칠리아를 정복하였고, 그곳에서 이탈리아 본토로 종종 강력한 약탈군을 보내곤 하였다. 그들은 많은 도시를 함락하였고, 농촌을 무자비하게 약탈하였으며, 심지어 로마시 자체까지도 위협하였다. 그들은 결국 비잔틴 함대의 지원을 받은 교황의 군대에 의해 축출되었다. 그러나 남부 이탈리아는 여전히 정치적으로 매우 혼란한 상태에 머물러 있었다. 비잔틴 제국의 관리들이 통치하는 구역이 있는가 하면, 롬바르드족 족장들의 수중에 있는 구역도 있었다. 이 두 지배집단 사이에는 끊임없이 소규모의 전쟁이 벌어졌다.

11세기 초에, 한 무리의 노르망디 기사들이 예루살렘에 순례를 하고 돌아오는 길에 남부 이탈리아를 지나치게 되었는데, 그들은 즉각 그곳의 상황이 그들의 능력을 마음껏 발휘할 수 있을 여건임을 알아차렸다. 이들 모험가들 가운데에는 땅크레드 드 오뜨비유Tancred de Hauteville라는 이름을 지닌 한 노르망디 소제후의 세 아들이 있었다. 노르망디 기사들은 처음엔 단지 누구건 가장 좋은 보수를 제공하는 사람을 위해 싸우는 용병일 뿐이었으나, 곧 스스로를 위해 땅을 차지하기 시작하였다. 형제 중 가장 위인 윌리엄은 1046년에 사망할 당시 아뿔리아Apulia의 지배자가 되어 있었다. 그 동안, 그 삼형제는 훌륭한 기사에게 남부 이탈리아가 얼마나 멋진 기회를 마련해 주는가를 구구절절 집에 알렸고, 곧 땅크레드의 여러 아들들이 집을 떠나 가족 모험에 합류하였다. 그 가운데 두 사람의 뛰어난 지도자가 있었으니, 그들은 바로 교활한 로베르Robert Guiscard와 로졔Roger였다.

1059년에 교황은 로베르를 아뿔리아 및 깔라브리아Calabria의 공으로 인정하고, 이 두 봉토에 대한 그의 신서를 받았다. 그 뒤 로베르1057~1085는 비잔틴 황제가 장악하고 있던 지역을 정복하기 시작하였고, 그의 동생인 로졔1061~1101로 하여금 시칠리아를 공격케 하였다. 두 형제는 모두 성공을 거두었다. 1071년, 바리Bari의 함락으로 로베르는 남부 이탈리아에서 비잔틴 세력을 완전히 몰아내었고, 1072년에는 두 형제가 힘을 합하여 팔레르모Palermo를 함락하였다. 이탈리아에서 비잔틴 세력을 몰아낸 데 만족하지 않고, 로베르는 그리스로 침략해 들어갔다. 그러나 그 당시의 황제 알렉시우스Alexius는 유능하고 정력적이며 결단성이 있는 장군이었다. 알렉시우스는 베네치아인들에게 광범위한 상업상의 특권들을 부여하고, 콘스탄티노플에 베네치아인 지구를 따로 마련해 주며,

제국 전역에서 관세를 면제해 주는 조건으로, 그들로 하여금 로베르의 이탈리아로부터의 보급망을 차단케 하였고, 이에 로베르는 결국 제국 침략을 포기할 수밖에 없었다. 그 동안, 로제는 서서히 그러나 착실하게 시칠리아를 장악해 나아갔다. 1091년 로제는 정복을 완수하고, 아직 교활한 로베르의 한 아들인 아뿔리아공 휘하의 백령이었던 그의 나라를 정비하기 시작하였다.

오뜨비유 가문의 다음 세대에서도 두드러진 인물이 배출되었는데, 그는 로제의 아들로 1103년에 시칠리아백이 된 로제 2세1103~1154였다. 교활한 로베르의 손자가 1127년에 죽자, 로제 2세는 아뿔리아 공령을 찬탈하였다. 3년 뒤, 교황은 그에게 시칠리아왕의 칭호를 제수하고, 로제는 시칠리아를 교황으로부터의 봉토로 보유하게 되었다. 로제의 왕관은 그의 아들 윌리엄 1세William I ; 1154~1166에게, 그리고 그의 손자 윌리엄 2세1166~1189에게 물려졌다.

로제 1세와 로제 2세는 고도로 중앙집권화된 강력한 국가를 건설하였다. 그들은 그들의 통치 아래 있는 여러 종족들을 동등하게 취급하려 애썼다. 그들의 서기청Chancery에서는 라틴어와 그리스어 그리고 아랍어로 문서를 발행하였고, 노르망디의 봉건 관습과 로마법 그리고 회교법이 왕이 임명하고 순회 사법관이 감독하는 직업적인 판사에 의해 각각 해당되는 영역에서 시행되었다. 재정 업무는 두 부서가 나누어 맡았는데, 그 부서명은 이 기묘한 나라의 복잡한 성격을 잘 보여주고 있다. 즉 통상적인 왕의 세입은 Duana de Secretis왕실청가, 그리고 봉건적인 수입은 Duana de Baronum제후청이 관장하였는데, Duana는 아랍어의 divan(diwan: 오마르Omar 칼리프가 작성한 이슬람 전사들의 명부 뒤에 아바시드 왕조Abbasids 치하에서는 정부의 재정업무 기록부 및 정부의 주요 부서를 가리키는 낱말이 되었다—역주)에서 파생된 말이고, secretis는 통상적으로 쓰이던 그리스어 낱말이었으며, baronum은 중세 라틴어의 낱말이었던 것이다. 왕국의 제후와 기사들은 잘 갖추어진 봉건적 위계로 조직되어 있었고, 왕에 대한 그들의 의무는 ≪제후 등록부*catalogus baronum*≫에 세심하게 기록되었다. 시칠리아왕은 서유럽의 다른 왕들에겐 없었던 한 가지 큰 이점을 지니고 있었다. 교황의 봉신이자 이교도로부터 시칠리아를 탈환한 정복자로서 시칠리아왕은 교황에 의해 상임의 교황 사절로 임명되었다. 그리하여 시칠리아왕은 영토 내의 고위성직자들에 대해 절대적인 통제권을 지니고 있었으며, 교회 법정으로부터 항소된 모든 송사를 판결할 수 있었다. 실로 시칠리아 왕국은 노르망디인의 정치적 천재가 거둔, 노르망디인 치하의 영국보다 더하면 더했지 못하지는 않은, 위대한 승리였다.

11, 12, 13세기에 서유럽의 기사 및 도시민들이 지중해의 회교도 지배자들에게 취한 전반적인 공세는 중요하고도 항구적인 결과를 낳았다. 그라나다 지역을 제외한 전 스페인 반도와, 발레아레즈 제도, 코르시카, 사르디니아 그리고 시칠리아가 사라센으로부터 탈환되어 기독교 유럽에 귀속되었다. 이제 훨씬 더 장관을 이루었지만, 궁극적으로는 훨씬 덜 성공적이었던 중동의 회교도에 대한 원정을 살펴보기로 하자.

33. 비잔티움과 이슬람 그리고 제1차 십자군

11세기 후반, 서쪽에서는 기독교인이 회교도를 몰아내고 있었던 반면, 동지중해 지역의 상황은 전혀 달랐다. 콘스탄티노플에서는 위대한 황제 바실리우스 2세976~1025의 뒤를 이어 나약하고 무능한 황제들이 연이어 즉위하였다. 그들은 국경을 제대로 방어하지 못하면서도, 다른 한편으로는 비잔틴의 기준으로 보아도 지나칠 정도의 사치스러운 궁정 생활로 제국의 재정을 압박하고 있었다. 황궁의 화려함은 극에 달하였고, 속주들의 사정은 등한시되었다. 각 속주의 귀족들은 언제나 소자유농의 토지를 그들의 거대한 영지에 병합하여 비잔틴 군대의 근간인 자유농을 예농의 지위로 전락시키는 경향을 보이고 있었다. 바실리우스는 이러한 추세의 위험성을 깨달아, 법률의 제정과 강력한 행정으로 이를 막으려 하였다. 그러나 그의 뒤를 이은 나약한 황제의 치하에서, 이 추세는 거침없이 더욱 가속화되었다. 서방의 봉건제와 유사한 체제가 제국의 속주들에서 나타났다. 속주의 귀족들이 강력해질수록 중앙정부에 대한 그들의 충성은 점점 더 믿을 수 없는 것이 되어갔다. 그리고 1081년, 황제 알렉시우스 콤네누스Alexius Comnenus; 1081~1118에 의해 새롭고 더 강력한 황조가 열렸다. 그러나 그때는 이미 제국이 절망적인 상태에 빠져 있었다.

비잔틴 제국은 전에도 여러 번 정부의 약화를 겪었고, 그때마다 그런 어려운 시대를 잘 극복하였다. 11세기에 찾아온 새로운 위기는 제국이 가장 허약해진 바로 그때에 이슬람 세계에서는 강력하고 공격적인 새로운 세력, 즉 셀주크 투르크가 발흥한 데에서 비롯된 것이었다. 10세기 말에 셀주크 이븐 타카Seljuk ibn Takah라는 이름의 한 족장과 그의 아들들이 이끄는 한 무리의 투르크인이 중앙아시아에서 회교 제국의 동부로 들어와, 지방의 한 술탄sultan을 섬겼다. 그곳에서 그들은 개종하여 열렬한 회교도가 되었다. 1020년대에, 셀주크의 자손들은 회교 제국의 동부를 장악하였고, 1055년에는 셀주크의 한 손자가 바그다드Bagdad를 점령하여 칼리프로부터 엄숙하게 술탄의 칭호를 받았다. 곧 그는 칼리프와 수도를 완전히 손아귀에 넣었다. 1071년에 비잔틴 황제 로마누스 4세Romanus Ⅳ; 1067~1071는 무모하게도 투르크인들을 공격하였다. 투르크인은 아르메니아의 만찌케르트Manzikert에서 로마누스를 맞이하여 황제군을 궤멸시키고, 황제를 생포하였다. 그 다음에 술탄은 그의 육촌인 슐레이만Shleiman에게 비잔틴과의 전쟁을 내맡기고, 자기는 터키스탄Turkestan으로 출정하였다. 슐레이만은 곧 소아시아 전역을 포괄하는 술탄국Sultanate을 세우고, 대도시인 니케아Nicea를 수도로 삼았다. 비잔틴 제국은 아시아 영토를 모두 상실하였다. 이는 그 지역이 제국의 영토 가운데 가장 부유한 곳이었고, 또 병력 공급원으로서 특히 중요하였기 때문에, 매우 타격적인 것이었다.

제1차 십자군은 빼앗긴 땅 회복을 위한 비잔틴 황제의 원조 요청에 대한 반응으로 착수되었다. 만찌케르트 전투가 있기 전 2세기 동안, 비잔티움과 서유럽 세력 사이의 관계는 불편하였고, 때로는 공공연하게 적대적이기까지 하였다. 언제나 두 가지 불화의 요인이 있었는데, 하나는 전 교회에 대한 실질적인 지배권을 요구하는 교황의 주장을 그리스인들이 받아들이려 하지 않은 것이었고, 다른 하나는 비잔틴이 남부 이탈리아에서 정치적 권력을 유지하고자 한 것이었다. 이미 살펴보았듯이, 교황 니콜라스 1세859~867의 치세에 교황과 비잔틴 총주교 포티우스 사이에서 분쟁이 발발하였다pp. 238~241 참조. 그리고 10세기 중엽에는, 오토 1세의 제위 요구와 관련하여 다툼이 재연되었다. 로마와 비잔티움 사이에서 가장 최근에 있었던 분쟁은 1054년에 발생한 것이었다. 이는 남부 이탈리아에서의 정치적 갈등으로 시작되었다. 교황 레오 9세는 유감스럽게도 콘스탄티노플에 보낼 사절로 격한 성격의 추기경 홈베르트를 택하였다. 홈베르트는 전혀 진지한 협상을 시도하지 않고, 단지 교황의 주장을 완강하게 되풀이했을 뿐이었다. 그러한 주장이 완전히 받아들여지지 않자, 그는 비잔틴 총주교에게 파문선고를 내려버렸다. 이에 분격한 폭도들은 훔베르트를 도시 밖으로 쫓아냈다. 이 사건에서 두드러지게 나타난, 그리스 교회와 로마 교회 사이에 점점 심해지고 있던 불화는 점차 공식적인 분열로 굳어져, 오늘날까지 내려오고 있다.

이러한 불화가 양측 사이에 깔려 있었음에도, 서유럽인에게는 그리스인이 어쨌든 공통된 적인 이슬람 세력과 맞서 싸우고 있는 한, 그들을 마땅히 도와주어야 할 기독교인으로 여기는 감정이 남아 있었다. 그리하여 황제 미카엘 7세 Michael Ⅶ; 107~1078가 만찌케르트의 전투가 있은 뒤 교황 그레고리우스 7세에게 투르크족을 공격하는 데 도움을 달라고 요청하였을 때, 교황은 그 요청을 따르기로 마음먹었다. 그때는 1054년의 분쟁이 있은 지 불과 20년밖에 되지 않았고, 실질적인 지원이 있었다면 동서 교회의 분열이 해소될 수도 있었을 것이다. 그러나 그레고리우스는 때마침 하인리히 4세와의 격렬한 투쟁에 휘말려 들어 아무런 실질적인 조치도 취할 여유가 없었으며, 그 뒤로는 모험적인 사업을 추진할 입장에 있지 못했다. 그 뒤 1094년에는 콤네누스 왕조를 열은 황제 알렉시우스 콤네누스1081~1118가 그레고리우스의 뒤를 이어 교황이 된 우르바누스 2세1088~1099에게 비슷한 요청을 해왔다.

투르크족에 대한 대원정을 교황이 일으키고 지휘한다는 생각은 우르바누스의 마음을 사로잡았으나, 그는 알렉시우스가 생각했던 것과는 매우 다른 성격의 원정을 염두에 두고 있었다. 황제는 아시아 영토의 회복에 도움이 될 기사들을 바라고 있었다. 이는 분명 교황 우르바누스에겐 그리 매력 있는 사업이 아니었다. 우르바누스는 기독교 세계를 위해 기독교의 성지를 되찾는 것을 목적으로 시리아와 팔레스타인의 투르크 세력을 공격한다는 구상을 하게 되었다. 회교도가 예루살렘을 장악하고 있었지만, 상당수의 기독교도 순례자들이 여전히 그곳을 찾아가고 있었다. 아마도 그들이 회교도에게 당한 수모에 관한 이야기가 우르바누스에게 어느 정도 영향을 끼쳤을 것이다. 그러나 그의 구상이 어떤 특별한 계기에서 비롯되었는가를 따질 필요는 없을 것이다. 알퐁소 6세는 이제 막 톨레도를 장악하였고, 로에드 오뜨빌은 시칠리아 정복을 완수하였다. 기독교 세계의 우두머리가 유럽 기사들의 눈을 또 다른 회교도 지역에, 더구나 모든 기독교도가 신성시하는 곳에 돌리게 하는 것보다 더 당연스러운 일이 있었겠는가?

1095년 11월 27일, 교황은 오베르뉴Auvergne 언덕의 클레르몽Clermont에서 열린 한 회의에서 십자군의 필요성을 설파하였다. 회교도의 승리는 기독교 세계의 수치이다. 유럽의 귀족들은 상호간의 끊임없는 아귀다툼을 그만두고, 동방교회를 돕고 성지를 회복하기 위해 칼끝을 기독교의 적들에게 돌려야 한다. 이는 성전이 될 것이며, 이 전쟁에서 죽는 자는 모두 천국에서 보상을 받을 것이라는 것이었다. 회의가 끝난 뒤, 교황은 십자군에의 참가를 설교하면서 프랑스를 순회하였다. 다른 열정적인 설교가들도 여러 나라를 방방곡곡 돌아다니며, 신성한 사업에 동참할 것을 호소하였다.

우르바누스 2세는 소아시아와 시리아 그리고 팔레스타인의 지형 및 기후와 투르크의 전술에 관해 아마 전혀 몰랐을 테지만, 하나님의 도움만 있으면 아무나 이교도를 물리칠 수 있으리라고 믿었던 몽상가는 아니었다. 그는 자기가 알고 있는 한 가장 강력한 전사인 서유럽의 중무장 기사들을 보내려 하였다. 그는 어떤 제후도 다른 제후에게 복종하려 하지 않는다는 것을 잘 알고 있었으므로, 원정군의 지휘자로 르 쀠이Le Puy의 주교 아데마르Adhemar를 지명하였다. 모여든 귀족들의 면면은 화려하였다. 영국왕과 프랑스왕의 형제들인 노르망디공 로베르Robert와 베르망드와Vermandois백 위그Hugh도 참가하였다. 플랑더즈백 볼드윈Baldwin과 그의 형제인 하 로렌느Lower Lorrain공 고드프리 드 부이용Godfrey de Bouillon은 플랑더즈와 제국의 북서부 봉토들의 기사들을 이끌고 왔다. 남부 프랑스의 기사들은 스페인의 회교도들과 싸운 역전의 용사 툴루즈백 레이몽 드 생 질Raymond de St. Gilles의 기치 아래 참가하였다. 끝으로, 교활한 로베르의 아들 보헤몽Bohemond은 형제간인 로제 보르사Roger Borsa와의 아뿔리아 상속을 둘러싼 격렬한 전쟁을 중단하고 십자군에 참가하였다. 대국의 왕들이 하나도 제1차 십자군에 참여치 않은 것이 눈에 띄지만, 그 당시 프랑스의 필립 1세와 독일의 하인리히 5세는 교황과 분쟁을 벌이고 있었으며 십자군이 선포되었을 때에는 파문된 상태에 있었다.

유감스럽게도, 교황 우르바누스의 정열은 농촌 지역 곳곳에 십자군을 선전하고 돌아다니던 설교가들에게 옮아 붙었지만, 그의 건전한 상식은 그들에게 옮아가지 못하였다. 교황은 휘하 병사들을 자비로 먹이고 입힐 수 있는 제후만을 참가시키려고 하였으나, 설교가들은 가난한 기사와 모험적인 농민들에게 마구 십자가를 뿌렸다. 그러한 자들은 아무런 준비도 없이, 1096년 봄에 가장 먼저 성지로 향했다. 그들은 여러 무리로 나뉘어 진군하였다. 가장 앞선 두 무리는 가장 성공적으로 십자군을 선전했던 은자 피에르Peter the Hermit와 가난한 프랑스 기사 왈터 상사브와르Walter Sansavoir가 이끌고 있었다. 남부 독일에서 많은 독일인이 피에르와 합류하였으나, 그 가운데 귀족은 극소수에 불과했다. 두 무리 모두 보급물자나 돈을 갖고 있지 않았으므로, 그들은 기부를 받거나 약탈을 하여 보급문제를 해결하는 수밖에 없었다. 헝가리왕은 십자군에 호의를 품고 있어 그들을 잘 먹여주었으므로 헝가리에서는 비교적 말썽이 없었다. 그러나 불가리아에서는 대접을 잘 못 받은 십자군이 마구 약탈을 저질렀다. 이에 분격한 불가리아인들로부터 호되게 보복당한 뒤, 이 두 무리는 마침내 콘스탄티노플에 도착하였다. 알렉시우스는 무기도 제대로 갖추지 못한 이 완전한 오합지졸의 지원군을 보자마자, 서둘러서 그들을 해협 건너 소아시아로 보내 버렸다. 투르크군은 기다렸다는 듯이 지체 없이 그들을 분쇄해 버렸다. 극소수만이 그럭저럭 비잔틴 요새로 도망쳐와 제후들로 이루어진 본대를 기다렸다.

이른바 농민 십자군Peasants' Crusade의 다른 무리들은 아예 콘스탄티노플에 도착하지도 못했다. 두 무리는 헝가리에서 약탈을 개시했다가 헝가리인들에게 궤멸당했다. 이름난 강도 귀족robber baron이 이끌던 한 무리는 아예 헝가리 국경에서 헝가리왕에게 쫓겨났다. 이 세 무리는 이후의 십자군들까지 답습케 될 극히 유감스러운 관례를 개시한 장본인들이었다. 즉 그들은 독일에서 원정을 떠나기에 앞서 유대인을 마구잡이로 학살했던 것이다. 이러한 유대인 학살은 어느 정도는 십자군에 수반된 지나친 종교적 열정의 결과였다. 유대인은 그리스도를 죽였다. 그 유대인을 고향에 산 채로 놔두고 그리스도의 탄생지를 구하러 떠나야 한단 말인가? 그러나, 유대인이 많은 재산을 소유했고 대개 고리대금업을 하고 있었다는 것이 그들의 종교 못지않게 유대인 학살의 중요한 원인이었던 것으로 여겨진다. 강도 귀족들과 가난한 기사들은 유대인의 많은 재산에, 특히 그 유대인에게 빚을 지고 있는 경우, 눈독을 들였을 것이다. 사실상 뒷날의 유대인 학살, 특히 제3차 십자군이 있기 전에 요크York에서 있었던 대학살은 기본적으로 채권자를 살해하여 부채를 말소하려는 의도에서 빚어진 것이었다.

농민 십자군은 완전히 무계획적으로 이루어진 것이었다. 그 가운데 두 무리가 콘스탄티노플에 도착했다는 것조차 놀라운 일이 아닐 수 없다. 만일 모든 무리가 소아시아에 도착했더라도, 그들은 삽시간에 투르크군에게 분쇄되었을 것이 분명하다. 십자군에 참가한 사람 가운데 약탈을 주목적으로 끼어든 악한들도 많았음은 부정할 수 없다. 그러나, 이러한 사실을 다 인정한다고 해도, 농민 십자군은 여전히 신앙심의 놀라운 발로임이 틀림없다. 수천 명의 성실한 사람들이 신앙심만 갖고 오랜 여행의 고난과 야만적인 적들에게 맞섰던 것이다. 그들은 진정으로 하나님께서 그러기를 원하시며, 여행하는 중에 그들을 먹이시고, 투르크에게 승리를 거두게 해주시리라고 믿었다.

1096년 늦여름에 출발한 제후 및 그 수행원들로 이루어진 십자군 본대는 세 갈래 서로 다른 길을 따라 콘스탄티노플로 향했다. 고드프리 드 부이용은 가장 확실한 육로를 택하여, 헝가리와 불가리아를 지나 다뉴브강을 따라 내려갔다. 툴루즈백은 새로운 길을 창안하였는데, 어느 누구도 그런 길을 택할 만큼 어리석지는 않을 것이다. 그는 이탈리아를 가로질러 베네치아에 도착한 다음, 그곳에서 아드리아해 연안을 따라 두라쪼Durazzo까지 남하하였다. 험준한 산맥이 뻗어 있고 매우 광포한 주민들이 살고 있던 이 지역을 통과하느라고 그는 많은 병력을 상실하였다. 노르망디와 북부 프랑스의 병력은 이탈리아 반도를 남하하여 아뿔리아에 다다른 다음, 그곳에서 두라쪼로 건너갔다. 아뿔리아에서 그들은 보헤몽과 그의 조카인 땅크레드 그리고 그밖에 오뜨빌가의 여러 사람들과 합류하였다. 많은 경우 제후들은 순수한 종교적 정열을 갖고 십자군에 참가하였으나, 보헤몽은 그런 경우가 아니었음이 거의 확실하다. 그의 목적은 오로지 그가 이탈리아에서 얻지 못한 봉토를 팔레스타인이나 시리아에서 획득하는 것뿐이었다.

황제 알렉시우스는 십자군의 구성을 알고서 상당히 당황하였다. 그는 그의 지휘 아래에서 보수를 받고 싸워줄 기사들을 원하였다. 그러나 그에게 온 군대는 높은 신분의 제후들이 (지나치게 많지는 않더라도) 많이 끼여 있었으며, 또 성지 회복을 주목적으로 하고 그를 지원하는 것은 부수적인 일로 미루어 놓고 있었던 것이다. 게다가 그 제후들 가운데 하나인 보헤몽은 그의 아버지인 교활한 로베르의 군대를 이끌고 그리스를 침략했던 철천지원수였다. 알렉시우스가 택한 정책은 단순하면서도 현명한 것이었다. 그는 십자군에게 먹을 것과 수송수단을 제공하는 대신 그 제후들로부터 충성의 서약을 받아내려 하였다. 그러나 알렉시우스로서도 그의 위험한 동맹자들과 전혀 갈등을 일으키지 않을 도리는 없었다. 서유럽의 제후 및 그들의 부하들에게는 그리스인은 타락하고, 나약하며, 사치를 좋아하고 전혀 신뢰할 수 없는 사람들로 비추어졌다. 한편, 황제와 그의 신민들로서는 서유럽 사람들을 거친 야만인으로 여길 수밖에 없었다.

콘스탄티노플에 제일 먼저 도착한 제후는 베르망드와의 위그였는데, 그는 도착하자마자 충성의 서약을 하도록 설득되었다. 서방측의 문헌에 따르면, 위그가 서약을 하는 데 동의할 때까지 감금되어 있었다고 하지만, 이는 고드프리의 군대에 전해진 헛소문이었을 가능성이 높다. 어떻든 고드프리는 이 이야기를 믿었고, 그리하여 농촌 지역을 마구 파괴·약탈하기 시작하였다. 그는 위그가 직접 그에게 찾아오고 나서야 파괴행위를 중지하였다. 그러나 고드프리는 여전히 의심을 품고, 황제에게 인질을 분명하게 요구하였다. 알렉시우스는 그 요구를 거부하였으나, 고드프리와 그의 군대에게 콘스탄티노플 교외에다 숙소를 마련해 주었다. 그러나 얼마 뒤, 무엇인가가 십자군 병사들을 분격케 하였다. 그들은 주둔지 주변에 불을 지르고 다시 약탈을 시작하였다. 결국 황제는 고드프리와 타협하여 그에게 인질을 보냈고, 고드프리는 그제서야 충성의 서약을 하였다. 그 뒤 곧 고드프리와 위그는 군대를 이끌고 소아시아로 건너갔다.

고드프리와의 갈등으로 알렉시우스는 뒤이어 도착한 십자군에 대해 더욱 경계하게 되었다. 이제 십자군은 아드리아 해안에서 비잔틴 고위관리의 영접을 받게 되었는데, 그 관리는 십자군이 충분한 보급물자를 지니고 있는지 살펴보게 되어 있었다. 그리고 십자군이 그리스를 가로질러 진군할 때, 비잔틴군이 그들과 동행하여 약탈 행위를 막았다. 이 호위군과 약간의 실랑이가 있었던 것을 제외하면, 십자군은 평화스럽게 제국을 통과하여 소아시아로 건너갔다. 그 제후들도 약간의 논란이 있은 뒤 충성의 서약을 하였다. 모든 십자군 부대가 일단 소아시아로 안전하게 건너간 뒤에, 황제는 분명히 안도의 한숨을 내쉬었을 것이다. 모든 상황을 감안할 때, 그는 요령과 외교만으로 큰 승리를 거둔 것이나 다름없었다. 1097년 5월, 십자군은 투르크의 수도인 동시에 콘스탄티노플과 위험할 정도로 가까이 있는 요새인 니케아를 포위하였다. 약 한달 뒤 니케아가 함락되자, 황제의 군대가 그곳을 점령하였다. 알렉시우스는 십자군이 팔레스타인을 향해 긴 행군을 시작하는 동안, 그 부근의 투르크족을 소탕하기 시작하였다.

계산에 의해서라기보다는 운이 좋아서, 십자군은 아주 절호의 시기를 택하여 아바시드Abbasid 제국의 서쪽 변경을 공격하기 시작하였다. 그 지역의 회교도 족장들은 바그다드에 있는 술탄의 통제로부터 벗어나, 서로 격렬하게 싸우고 있었다. 소아시아의 대부분은 룸Rum의 술탄에게 속해 있었고, 알레포Aleppo, 안티오크Antioch 그리고 다마스커스Damascus는 각기 군소제후의 지배를 받고 있었다. 룸의 술탄은 그의 수도인 니케아가 포위당해 있다는 소식을 듣자마자 곧 병력을 소집하기 시작하였으나, 그가 전투준비를 채 하기도 전에, 십자군은 니케아를 함락시키고 그의 영역을 가로질러 진군하기 시작하였다. 십자군은, 그들이 적진 속에 있었다는 점을 감안할 때, 놀라울 정도로 흐트러진 진용으로 행군하였다. 십자군은 두 종대로 나뉘어, 북쪽 종대는 노르망디의 로베르와 보헤몽이, 남쪽 종대는 고드프리 드 부이용과 툴루즈의 레이몽이 지휘하였다. 몇몇 문헌에 따르면 이러한 두 종대로의 분리가 우연한 것이었다고 하나, 다른 문헌들은 말에게 먹일 풀이 부족했기 때문이라고 전한다. 어떻든 두 종대는 서로 연락을 유지하려고 거의 애쓰지 않았고, 어느 쪽도 다른 종대의 위치에 대해 정확하게 알고 있지 못했다.

유감스럽게도, 십자군의 규모를 알 수 있게 해줄 증거는 거의 없다. 10만 명의 기사와 60만 명의 보병이 있었다고 한 당시대인의 이야기는 완전히 환상적인 것으로 믿을 수 없다. 대충 2~3천 명의 기사와 8천~1만 2천 명의 보병이 실제 수치에 가까울 것이다. 그에 더하여, 군대와 함께 남녀의 비전투원이 많이 종군하였다. 많은 순례자가 십자군과 함께 성지로 향하고 있었으며, 중세 군대는 반드시 하인과 창녀들을 데리고 다녔던 것이다. 투르크족과 그리스인 사이에 벌어진 여러 차례의 전쟁으로 농촌은 크게 황폐화되어 있었고, 게다가 투르크족은 십자군의 진로에 있는 모든 것을 남김없이 파괴해 버렸다. 그리하여 십자군은 곧 사람과 말 모두 식량의 부족으로 크게 고통 받게 되었다.

7월 1일, 북쪽 종대를 지휘하던 보헤몽은 척후병으로부터 강력한 투르크군이 접근하고 있음을 보고받았다. 그는 즉각 그의 여행짐과 비전투원을 작은 늪 옆으로 소개시키고 보병대로 하여금 그들을 호위토록 명했다. 그리고는 그는 연락병들을 보내 다른 종대에 적의 접근을 알리도록 하고, 휘하 기사들을 전투대형으로 벌렸다. 투르크군은 모두 기마 궁사로 이루어져 있었고, 수적으로 십자군보다 훨씬 우세하였다. 투르크군은 잽싸게 십자군의 기사들을 에워싸고 빙빙 돌면서, 기사들의 무기가 닿지 않게 거리를 유지한 채 활을 쏘아 댔다. 몇몇 무리의 기사들이 투르크군을 공격하려 했으나, 경무장의 투르크 기병은 거리를 유지하면서 기사들이 십자군 본대에서 멀리 떨어져 나올 때까지 달아났다가, 틈을 주지 않고 역습하여 기사들을 분쇄하였다. 보헤몽은 그러한 공격이 소용없음을 보고, 기사들에게 함께 모여 방어하라고 명령하였다. 그러나 기사들은 빗발 같은 화살 세례 아래에서 제자리를 지키려 하지 않았고, 진영은 흐트러지기 시작하였다. 그 동안 투르크군은 무장이 잘 안된 보병대를 공격하여 주둔지를 유린하고 비전투원을 살육하고 있었다. 투르크의 화살은 중무장한 기사들을 약올리고 격앙시켰을 뿐 그들에게 거의 해를 입히지 못했으나, 말들을 죽임으로써 기사들의 전투력을 없애버리는 효과가 있었다. 그러나 십자군의 상황이 완전히 절망적으로 비추어질 무렵, 갑자기 고드프리 드 부이용과 그의 기사들이 가까운 산등성이에 나타나 즉각 투르크군을 공격하였다. 이는 투르크군의 전략을 완전히 혼란에 빠뜨렸다. 두 기사 부대 사이에 끼이게 되자, 그들은 중무장한 기사들의 칼과 창 앞에서 완전히 무력하였다. 많은 투르크 병사가 살해되었고, 나머지는 무질서하게 도망쳤다.

도릴레움Dorylaeum의 전투라 불리는 이 대승전으로 말미암아 투르크군의 사기는 일시적으로 크게 떨어졌고, 그들은 안티오크로 행군하는 십자군을 다시는 감히 공격하지 못하였다. 물론 십자군의 승리는 순전히 행운의 결과였다. 고드프리 드 부이용의 주둔지는 싸움터에서 불과 6마일 거리에 있었으나, 보헤몽의 연락병들은 그곳을 찾아내는 데 5시간이나 잡아먹었다. 분명 그들은 어느 쪽을 찾아봐야 하는지 전혀 알지 못했고, 따라서 고드프리의 부대를 때맞추어 찾아내지 못했을 가능성이 실은 더 컸던 것이다.

이 승리를 거둔 뒤에, 십자군이 직면한 유일한 위험은 심각한 보급물자 부족이었다. 많은 보병이 굶어 죽었고, 말들도 속속 죽어 자빠졌다. 운좋게도, 십자군은 죽음의 행군으로 말미암아 완전히 궤멸되기 전에 우호적인 아르메니아Armenia의 기독교 국가들에 도착할 수 있었다. 그곳에서 고드프리의 동생인 볼드윈은 에데사Edessa 부근에서 스스로 봉토를 마련하기 위해 적은 수의 병사를 이끌고 십자군과 헤어졌다. 남은 십자군은 안티오크로 남진하였다. 안티오크에서 그들은, 중세에 일컬어진 바에 따르면, 포위공격을 본격적으로 개시하였다고 한다. 그러나 십자군은 그 도시를 에워쌀 만큼 병력이 많지 않았고, 포위공격을 위한 병기도 갖추고 있지 못했다. 십자군은 단지 성벽 가까이에 진을 치고, 수비대가 바깥 지역과 연락하기 어렵게 정찰대를 계속 내보내는 것 이외에는 아무런 행동도 취할 수 없었다. 안티오크는 그러한 포위라면 분명 무한정 견딜 수 있었다. 그러나 안티오크를 구원하러 온 투르크군이 두 번이나 십자군에게 패배를 당하자, 수비대의 일각에서 동요가 일기 시작하였다. 결국 보헤몽은 성루의 지휘자를 매수하여 성루를 그에게 내주겠다는 밀약을 맺는 데 성공하였다. 그는 곧 동료 제후들에게 기습작전을 주장하였고, 기습시에 성 안에 가장 먼저 들어가는 자가 안티오크를 차지하도록 하자고 제안하였다. 보헤몽이 그 영광스러운 선봉이 되었음은 물론이다. 안티오크는 함락되었고, 보헤몽은 그 지배자로서 안티오크공prince of Antioch의 칭호를 받았다. 며칠 안가, 새로운 투르크군이 몰려와 성 안의 십자군을 포위하였다. 바로 이때, 십자군의 장졸들은 진기한 성물, 즉 십자가에 못 박힌 그리스도의 옆구리를 찔렀다는 바로 그 창이 발견되었다는 소문에 사기가 올라 있었다. 1098년 6월 28일, 십자군은 성에서 뛰쳐나와 투르크군을 공격하였다. 여기에서 투르크군은 큰 실수를 저질렀다. 그들은 십자군이 그들을 배후에 물이 있는 좁은 지역으로 몰아넣도록 허용했던 것이다. 그리하여 투르크군은 특유의 기동성을 발휘할 수 없었고, 결국 승리는 또 다시 십자군에게 돌아갔다.

보헤몽은 북부 시리아에서 자신의 봉토를 마련하기 위해 미심쩍은 수단으로 얻은 안티오크성에 남았고, 나머지 십자군은 다시 안티오크를 떠나 해안을 따라, 해안의 투르크 요새 도시들을 무시하면서, 남진하였다. 1099년 6월에 십자군은 예루살렘에 당도하여, 그곳을 포위하였다. 7월 13일, 그들은 예루살렘에 진입하였다. 곧이어 수많은 주민들이 잔혹하게 학살당하였다. 당시대의 문헌

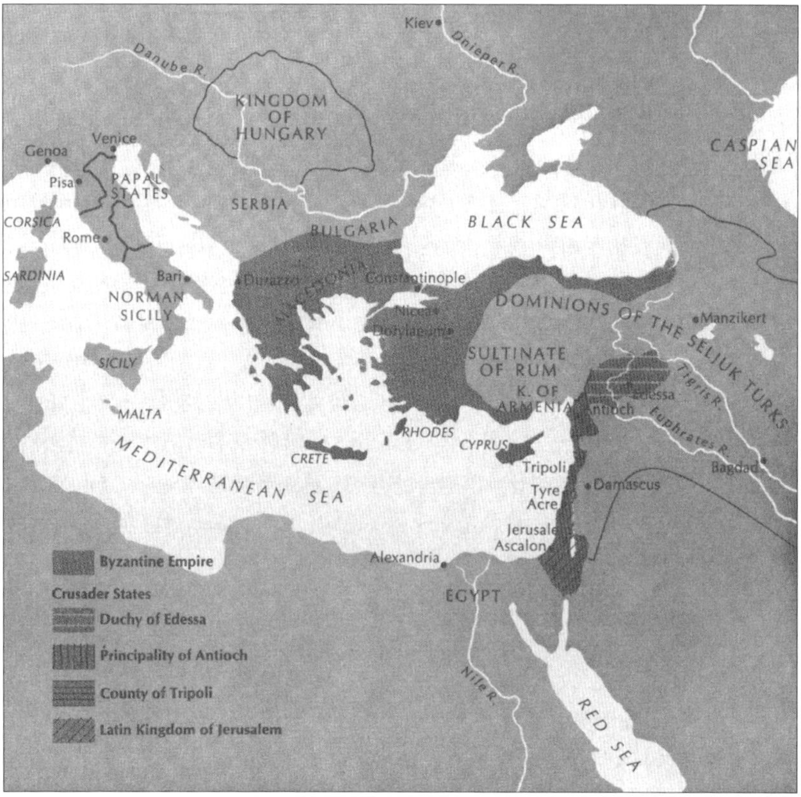

지도 14. 제1회 십자군과 비잔티움

에 따르면, 솔로몬 신전에서만 만여 명이 살육당했으며 바닥에는 발목까지 찰 정도로 피가 고여 있었다. 지나친 열정으로 과장되었으리라는 점을 감안한다 하더라도, 연대기 작가들이 환호하여 마지않은 이 "하나님의 심판"은 실로 소름 끼치는 것이었다.

34. 십자군 전사들과 그들이 세운 나라들, 1099~1204

예루살렘을 완전히 장악하자마자, 십자군 전사들은 그들이 세우고 있는 나라를 다스릴 왕을 선출키로 하였다. 안티오크를 공략하고 예루살렘으로 진군해오는 동안, 툴루즈의 레이몽은 보헤몽 및 노르망디의 로베르와 끊임없이 다투었다. 양측 가운데 어느 쪽도 다른 쪽이 왕위에 오르는 것을 허용하려 하지 않았다. 중립적인 유일한 대제후는 고드프리 드 부이용이었다. 그리하여 그는 즉각 왕으로 선출되었다. 곧 뒤이어 고드프리는 피사의 대주교이자 예루살렘의 총주교인 댕베르Daimbert에게 신서를 하여 그의 왕국이 교회로부터 하사된 봉토임을 인정하였다. 실제로 고드프리는 "왕"이 아니라 "성묘聖墓의 수호자 Defender of the Holy Sepulcher"라는 칭호를 받았다.

예루살렘을 장악한 지 채 한 달도 못 되어, 십자군은 회교도들의 공격에 직면하였다. 십자군에 함락되었을 당시의 예루살렘은 투르크족의 영토가 아니라, 이집트의 파타미드Fatamid 왕조 칼리프의 한 관리에게 통치되고 있었다. 이집트의 칼리프는 즉각 예루살렘의 탈환을 위해 군대를 급파하였다. 고드프리는 병력을 소집하여 팔레스타인 최남단에 있는 아스칼론Ascalon 근처에서 이집트군을 맞이하였다. 칼리프의 군대는 대부분 활도 없는 경장 기병으로 이루어져 있었고, 유럽 기사들의 상대가 되지 못하였다. 고드프리는 손쉽게 완승을 거두었고, 이로써 제1차 십자군은 막을 내렸다.

고드프리 드 부이용은 예루살렘을 함락한 지 채 1년도 못되어 죽었다. 그의 뒤를 이어 그의 동생인 에데사백 볼드윈이 왕위에 올랐는데, 예루살렘의 라틴 왕국은 사실상 그에 의해 실질적인 기반이 다져졌다. 볼드윈1100~1118은 이탈리아 함대의 지원을 받아 티루스Tyre와 아스칼론을 제외한 모든 해안 도시를 정복하였다. 그는 또한 요르단Jordan 강을 건너 그곳에 요새를 세웠다. 한편, 보헤몽과 그의 조카 땅크레드는 알레포Aleppo의 회교도 제후들을 쳐부수고 안티오크 공령을 넓혀 놓았다. 보헤몽의 지배 영역 남단과 예루살렘 왕국의 최북단 요새인 베이루트 사이의 해안 지대에는 툴루즈의 레이몽과 그의 아들 베르트랑 Bertram이 트리폴리Tripoli 백령을 세웠다. 볼드윈 1세의 사촌인 볼드윈 2세가 티루스를 함락함으로써, 시리아와 팔레스타인의 전 해안지대는 십자군 전사들의 수중에 장악되었다.

고드프리는 정복지와 앞으로 정복할 지역을 여러 봉토로 나누어 분배하였다. 볼드윈 1세는 이러한 정책을 계속하였다. 예루살렘과 티루스 및 아크레Acre의 두 항구는 왕령지가 되었다. 왕으로부터 직접 봉토를 받은 대제후들은 다시 자기 휘하의 봉신들에게 봉토를 분배하였으며, 이에 따라 완성된 형태의 봉건적 위계가 확립되었다. 유럽에서 가장 완전하게 봉건제가 발전된 두 나라인 영국과 프랑스에서는 왕이 적어도 이론상으로는 봉건적인 최고 주군으로서의 특권과 함께 앵글로-색슨왕이나 프랑크왕으로서의 권한도 보유하고 있었으나, 왕국이 존재한 적이 없고 따라서 왕조의 전통이 없었던 예루살렘에서는 왕이 단지 봉건적인 최고 주군에 지나지 않았다. 왕국의 실권은 왕으로부터 직접 봉토를 받은 대제후들Tenants-in-chief의 모임인 고등 법정High Court에 있었다. 이 법정은 왕을 선출하였고, 왕은 모든 일에 관하여 이 회의의 승인을 받아야 했다. 이 법정은 또한 제후들이 개입된 모든 문제에 관한 최고 법원이자, 행정부 그리고 입법부로서 기능하였다. 모든 제후는 각각 자신의 봉토 안에서 고등 법정과 같은 기능을 수행하는 봉신 법정Feudal Court을 지니고 있었다. 제후들은 왕에게 봉건적 봉사의 의무를 지고 있었으나, 어떠한 봉사를 어느 정도로 해야 하는지는 고등 법정에서 결정하였다.

1162년, 예루살렘 왕국의 역사에서 가장 강력한 왕인 아모리 1세Amaury I; 1162~1174는 고등 법정의 성격을 크게 변질시켰다. 고등 법정의 승인을 받아, 그는 왕의 직속봉신이건 제후들의 봉신(즉, 배신)이건 모든 봉토 보유자가 왕에게 신서를 해야 하며, 또 왕에게 가장 우선적인 의무를 진다고 선포하였다. 한 제후가 왕에게 도전하는 경우, 그의 봉신들은 그에게 왕에 대한 복종을 설득하거나 왕과 힘을 합해 그에게 맞서야 할 의무를 갖게 되었다. 그리고 모든 봉토 보유자는 고등 법정의 구성원이 되어, 고등 법정에서 그들과 그들의 주군 사이에 벌어지는 분쟁을 심리에 부칠 수 있게 되었다. 이러한 혁신은 대제후들의 힘을 약화시킴으로써 강력하고 유능한 자가 왕위에 있을 때에는 왕국의 힘을 크게 강화시켜 주지만, 왕이 나약할 때에는 오히려 혼란을 가중시키는 것이었다. 끊임없이 전쟁의 위협을 받는 나라에서는, 지방 제후가 그의 봉신들에 대해 절대적인 지배권을 가질 필요가 있었다. 심지어 영국왕들도 체스터Chester백과 더람 주교 그리고 웨일즈 변경령의 여러 제후들이 지니고 있던 실질적, 왕권palatinate power의 가치를 인정하였던 것이다p. 209의 역주 참조. 요컨대, 예루살렘의 라틴 왕국은 완전한 봉건국가였으며, 왕은 봉건관습에 의해 주군에게 주어지는 것 이상의 절한을 누리지 못하였다고 말할 수 있다.

고등 법정과 제후들 각각의 봉신 법정은 봉토 보유자인 귀족들이 관련된 문제에 대해 사법권을 행사하였다. 귀족이 아닌 자들에 대한 사법권은 또 하나의 법정 체제인 시민 법정courts of the bourgeoisie이 지니고 있었다. 각 영주는 자신의 직할령demesne에 시민 법정을 두었다. 영주의 대리인viscount이 그 법정을 주재하였으나, 법정의 판결은 영주가 직할령의 시민들 중에서 임명한 12명의 배심원이 내렸다. 한편 원주민의 송사에 대해서는 원주민 재판관이 주재하는 하위 법정이 판결권을 가졌다. 이와 같이 예루살렘 왕국에서는 봉건계급에 대한 사법권과 예속계급에 대한 사법권이 뚜렷하게 구분되어 있었다.

예루살렘 왕국과 시리아의 세 십자군 나라—안티오크 공령과 트리폴리 백령 그리고 에데사 백령—사이의 관계는 그리 분명하게 정립되지 못하였다. 이 세 나라의 제후들은 예루살렘왕에게 신서를 하였고, 예루살렘왕은 그들의 후계자가 미성년일 경우 대개 후견권the right of custody을 행사하였으나후견권에 대해서는 pp. 174~175 참조—역주, 그들은 고등 법정에 속하지 않았다. 이 세 봉토는 각기 독자적인 봉건관습과 법정을 지니고 있었다. 셋 모두 예루살렘 왕국과 마찬가지로 아주 봉건적으로 조직된 나라였다.

예루살렘 왕국의 군사력은 수많은 원천에서 충당되었다. 우선 물론 정규의 군사적 봉사 의무를 지고 있는 제후들 및 그들의 봉신들이 있었다. 봉토로 내줄 만한 생산적인 토지가 극히 제한되어 있었고 왕과 제후들은 교역으로부터 큰 수입을 얻고 있었으므로, 화폐로 봉토를 대신하는 관행money fief이 아주 보편화되었고, 그것이 왕국의 봉건적 군사 대부분을 공급하였다. 한편 왕국의 상설 수비대로는 두 개의 커다란 기사단—신전 기사단the Knights of the Temple과 예루살렘의 성 요한 구호소 기사단the Knights of the Hospital of St. John of Jerusalem이 큰 몫을 담당하였다. 11세기 초에 수사 사제regular canon들은 예루살렘으로의 순례자들을 위해 구호소를 설립하였고regular canon에 대해서는 pp. 343~344 참조—역주, 이 구호소는 십자군이 예루살렘을 함락하여 순례자 수가 크게 늘어나자 더욱 중요해졌다.

볼드윈 1세의 치세에, 프랑스의 기사 위그 드 빠이옝Hugh de Payen은 8명의 동료와 함께 수사 사제의 서약을 하고 해안에서 예루살렘에 이르기까지 순례자들을 호위해주기 시작하였다. 곧 그들에겐 솔로몬 신전 부근의 한 집이 거처로 제공되었고, 그리하여 그들은 신전 기사단이라 불리게 되었다. 1128년에 교황과 종교회의는 신전 기사단을 군사적인 교단으로 공식 인가하였고, 클레르보의 성 베르나르St. Bernard of Clairvaux는 시토 교단Cistercians의 계율을 토대로 신전 기사단의 계율을 작성하였다pp. 337~343 참조. 그리하여 신전 기사단은 회교도와의 싸움을 주된 기능으로 하는 하나의 승단이 되었다. 신전 기사단은 스페인에서 사라센과의 싸움을 위해 조직된 세 기사단—깔라트라바Calatrava, 알깐따라Alcantara 그리고 산띠아고Santiago의 세 기사단—의 모델이 되었고, 예루살렘의 성 요한 구호소를 위해 일하는 사람들도 신전 기사단의 예를 따랐다. 그들은 계속해서 구호소를 운영해 나갔지만, 동시에 기사단의 편제를 갖추었다. 몇 년 뒤인 1198년에는 튜톤 기사단the Teutonic Knights : 1190년에 뤼벡Lübeck과 브레멘Bremen의 상인들이 아크레Acre에 세운 구호소에서 비롯, 이노센트 3세에 의해 기사단으로 승인됨. p. 436 참조—역주이 새로 창설되었다. 성지에서 가장 먼저 설립된 두 기사단은 예루살렘왕으로부터 회교도의 위협에 가장 크게 노출된 지역의 광대한 땅을 수여받았다. 그들은 수여받은 땅에 튼튼한 요새를 세우고 강력한 상설 수비대를 주둔케 함으로써 그 지역을 방비하였다. 아마도 이런 지역 가운데 가장 유명한 것은 투르크와 트리폴리 백령 사이의 좁다란 변경지역이었던 크락 데 슈발리에Crac des Chevaliers : 기사들의 협지였다.

구호소 기사단은 전성기에 한 전투에 500여 명의 기사를, 신전 기사단은 300여 명의 기사를 내보낼 수 있을 정도였다. 이 거대한 군사 집단을 성지 지역의 한정된 자원으로 지탱하기는 불가능하였다. 그리하여 두 기사단은 성지에서의 활동을 뒷받침하기 위해 유럽 전역에서 광대하고 값진 토지와 재산을 기증받았다. 그들은 투르크 군대의 손이 미치지 않는 곳에 있는 기본 재산으로 유지되는, 예루살렘 왕국의 상비군이 되었다. 두 기사단은 서로 격렬하게 싸우지 않았더라면 더욱 유용한 존재가 되었을 테지만, 그래도 라틴 왕국을 떠받쳐 주는 큰 대들보로서 불가결한 존재였다.

라틴 왕국은 이러한 항구적인 군사력에 더하여 아주 다양한 수의 방문객들, 즉 십자군 전사들과 무장한 순례자들도 일시적이나마 병력으로 이용할 수 있었다. 성지가 아주 위급한 상황에 빠진다면 대규모의 십자군이 지원하러 올 수도 있었다. 그런 대규모 출정 사이사이에도 개인적으로 또는 작은 무리를 지어 십자군 전사들이 꾸준하게 흘러 들어왔다. 실로 성지에는 1년가량 회교도와 싸우고, 그리스도의 무덤을 참배한 다음, 고향으로 돌아갈 계획을 지닌 기사들이 끊임없이 찾아왔다. 이들 가운데 일부는 예루살렘왕의 봉신이 되어 머물러 앉았으나, 대부분은 전사하거나 유럽으로 되돌아갔다. 한 예로, 영국왕 헨리 2세의 장남인 청년왕 헨리Henry the Young King는 임종의 자리에서 친구이자 조언자였던 윌리엄 마샬William Marshal에게 자기의 십자가를 예루살렘에 가져다 줄 것을 부탁하였다. 윌리엄은 팔레스타인으로 가서, 약간의 전투를 치른 다음, 헨리의 주검을 쌀 훌륭한 비단천을 갖고 되돌아갔다. 서방으로부터의 그러한 방문 기사들은 이미 자리를 잡은 권력자들에게 반드시 달가운 존재만은 아니었다. 12세기 말에 씌어진 아랍 귀족 우사마Ousama의 자서전에 따르면, 회교도들은 오래전에 팔레스타인에 정착한 프랑크족 십자군 전사들과는 사이좋게 지낼 수 있었다. 정착한 십자군 전사들은 회교에 대해 관용적이게 되었고 동방의 풍속을 이해하였으나, 유럽에서 온 호전적인 신참자들이 언제나 평지풍파를 일으키고 있었다고 우사마는 쓰고 있다.

끝으로, 이탈리아 도시들의 함대가 없었다면, 라틴 왕국이 존속할 수 없었음은 물론이고 설립될 수조차 없었을 것이라는 점을 반드시 유념해야 한다. 그 함대들은 제해권을 장악하여 회교도 함대의 활동을 봉쇄하였다. 제1차 십자군 부대가 예루살렘으로 진군할 때 보급물자를 공급한 것도 바로 이탈리아 함대였으며, 예루살렘의 공략에서도 함대의 병력이 제법 큰 몫을 해냈다. 볼드윈 1세는 해상에서의 지원이 없었다면 해안 도시들을 함락시킬 수 없었을 것이다. 라틴 왕국이 존속한 동안 내내 성지에 보급물자와 순례자들을 실어 나른 것도 이탈리아 도시들의 선박이었다. 십자군 전사들이 세운 여러 나라는 기껏해야 유럽으로부터 계속 지원을 받아야 하는 전초 기지에 지나지 않았고, 그들의 존재에 필수적인 유럽과의 교통·통신을 바로 이탈리아 도시들이 담당했던 것이다

1144년, 모술Mosul의 통치자가 에데사 백령을 정복하였다. 회교도의 이 승리는 기독교 세계를 전율케 하였고, 교황은 빼앗긴 땅 회복을 위한 제2차 십자군을 호소하였다. 이러한 호소는, 클레르보의 성 베르나르가 특유의 설득력으로 온 정열과 힘과 말재간을 바쳐 유럽의 귀족들에게 십자군에의 참여를 촉구한 데 크게 힘입어, 성공을 거두었다. 서유럽의 두 대국인 프랑스와 독일의 군주 루이 7세와 콘라트 3세가 십자군에 참가하였다pp. 380~382; p. 386 참조. 그러나 프

랑스의 대제후들 가운데에서는 플랑더즈백만이 왕과 함께 참가하였고, 콘라트는 대부분의 독일 제후와 격렬한 싸움을 벌이고 있었다. 그리하여, 지도자들의 지위는 대단하였지만, 그들의 군대는 아마도 그리 큰 규모가 아니었을 것이다. 시칠리아왕 로제 2세는 그의 함대로 성지에까지 그들을 실어 나르겠다고 제안하였으나, 그들은 육로를 택하였다.

니케아를 떠난 지 10일 뒤에 콘라트의 군대는 투르크군의 공격을 받아 거의 전멸하고 말았다. 콘라트 자신과 병력의 1할가량만이 니케아로 퇴각할 수 있었고, 결국 니케아에서 배를 타고 팔레스타인으로 향했다. 패배한 콘라트가 니케아로 퇴각해 돌아올 바로 그때에 니케아에 도착한 루이는 아랑곳하지 않고 계속 소아시아를 가로질러 진군하였다. 한 좁은 골짜기에서 그는 투르크군의 공격을 받아, 그의 여행짐과 많은 수의 말, 그리고 대부분의 비전투원을 잃었다. 이 사건으로 왕은 육로를 꺼리게 되었다. 그는 해안으로 진군하여 기사 전원과 일부 보병을 배에 태운 뒤 안티오크로 향했다. 배가 부족하여 모두 태울 수 없었기 때문에, 남은 보병은 명에 따라 육로로 행군하다가, 곧 투르크군에게 몰살당했다. 일단 안티오크에 도달한 루이는 레이몽으로부터 에데사 회복을 도와달라는 요청을 받았으나, 그는 예루살렘으로 갈 것을 고집하였다. 그의 동기가 성묘를 참배하고 싶은 마음이 너무 컸던 데 있었는지, 아니면 동행한 왕비 엘레노어Eleanor를 그녀가 너무나도 좋아하던 그녀의 아저씨 안티오크공 레이몽으로부터 멀리 떼어 놓으려 한 데 있었는지는 알 수 없다. 예루살렘에서 루이는 콘라트와 만났고, 두 왕은 그 지역 제후들과 무엇을 해야 할 것인지 의논하였다. 예루살렘 왕국의 제후들은 멀리 있는 에데사에 별 관심이 없었기 때문에, 두 왕에게 다마스커스를 공격하라고 설득하였다. 그것은 완전히 무모한 계획이었다. 십자군은 다마스커스를 포위할 만큼 병력이 충분치 않았기 때문에, 한쪽에 진을 쳤다가 얼마 뒤 다른 쪽으로 옮기기만 하다가, 결국 제풀에 꺾여 포기하고 말았다. 제2차 십자군은 실로 아무것도 이루지 못하고 끝났다.

12세기의 네 번째 4반세기가 시작될 무렵, 예루살렘 왕국은 불운을 만났다. 최후의 강력한 왕 아모리 1세는 1174년에 죽었고, 그 뒤를 이어 그의 아들 볼드윈 4세1174~1185가 왕위에 올랐는데 그는 나병으로 지독한 고통을 당하고 있었다. 볼드윈이 완전히 통치하지 못할 지경에 빠지자, 1184년 고등 법정은 그의 조카인 볼드윈 5세1185~1186를 왕위에 앉혔다. 볼드윈 5세는 1년도 안 되어 죽었고, 그의 어머니와 의붓아버지인 귀이 드 뤼시냥Guy de Lusignan; 1186~1192이 왕위를 찬탈하였다. 왕국에게는 불운하게도, 제후들이 한결같이 싫어하던 귀이 드 뤼시냥의 즉위는 회교도 세력이 크게 증대되고 있던 시기에 때맞추어 이루어졌다. 역사에서 살라딘Saladin; 1137~1193이라 불리는 위대한 쿠르드Kurd 장군이 1169년에 스스로 이집트의 지배자가 되었고, 1174년에는 다마스커스를 장악하였다. 1186년에 살라딘은 이집트와 회교 시리아Muslim Syria의 통합 지배자가 되었고, 십자군이 세운 나라들은 두 방향에서 동일한 세력과 마주치게 되었다.

1187년 6월, 살라딘은 예루살렘 왕국을 치기 위해 그의 광대한 영토 내에 있는 모든 병력을 소집하여, 대군을 이끌고 갈릴리해the Sea of Galilee 서해안을 따라 진군해서 티베리아스Tiberias를 포위하였다. 그 도시는 쉽게 함락되었으나, 여성주인 트리폴리백 레이몽의 아내는 휘하 부대와 함께 성 안으로 퇴각하여 살라딘군의 한 부대에게 포위된 채 농성하였다. 예루살렘왕 귀이 드 뤼시냥은 그의 모든 자원을 투입하여 살라딘군 격퇴에 진력하기로 결정하였다. 그는 봉신들과 기사단의 병력을 소집하였다. 왕국의 요새들을 방비하던 수비대도 거의 모두 차출되었다. 그리하여 귀이는 1200명의 기사와 15000명의 보병을 끌어모을 수 있었다.

부대는 티베리아스에서 16마일가량 떨어진 물이 풍족한 계곡 지대의 사파리아Saffaria라는 마을에서 집결하였다. 그러나 사파리아와 티베리아스 사이에는 물을 거의 구할 수 없는 거친 사막이 가로 놓여 있었다. 자기 아내와 아이들이 티베리아스에서 농성하고 있는데도, 트리폴리백 레이몽은 물 많고 말먹일 풀도 흔한 사파리아에서 살라딘군이 오기를 기다리자고 왕에게 진언하였다. 그러나 다른 제후들은 회교도 군대를 찾아 나서자고 고집하였다. 그것은 결정적인 실수였다. 부대가 사막지대에 들어서자마자, 투르크의 기마 궁사들이 그들을 에워쌌다. 거의 완전히 탈진한 상태에서, 부대는 티베리아스에서 6마일 거리에 있는 하틴Hattin에 도착하여, 협의를 하기 위해 행군을 멈추었다. 그들 앞에는 높은 구릉이 줄지어 있었고, 투르크군은 그 위에 포진하여 그들을 기다리고 있었다. 레이몽은 어떤 희생을 치르더라도 밀고 나가 물이 있는 곳까지 가는 것이 유일한 길이라고 주장하였으나, 귀이는 또 다시 그의 충고를 일축하고 진을 치라고 명령하였다. 밤새 내내 투르크군이 공격을 해왔고, 귀이는 날이 밝자 그의 군대를 전투대형으로 벌렸다. 그러나 이미 상황은 절망적이었다. 사람이건 말이건 하루 전부터 한 모금도 물을 먹지 못하고 있었으며, 그들은 더 우세한 투르크군에게 완전히 포위되어 있었다. 레이몽은 그를 따르는 몇 안 되는 부하와 함께 포위망을 뚫고 피신하였으나, 나머지는 살해되거나 포로가 되었다. 살라딘은 귀이와 그밖의 속인 포로들에 대해서는 매우 정중한 대접을 해주었으나, 신전 기사단이나 구호소 기사단에 속한 포로들은 모조리 살육하였다. 하틴의 전투로 라틴 왕국의 군사력은 완전히 파괴되었고, 살라딘은 아주 손쉽게 예루살렘을 포함한 팔레스타인과 시리아의 내륙 지역을 모조리 정복하였다.

하틴에서의 참패 소식이 유럽에 전해지자, 교황은 살라딘으로부터 성지를 회복키 위한 십자군을 호소하였다. 이 제3차 십자군에는 영국의 헨리 2세1154~1189와 프랑스의 필립 존엄왕Philip Augustus; 1180~1223, 그리고 황제 프리드리히 1세Frederick I ; 1152~1190가 모두 참가하기로 했다pp. 369~371; p. 382; p. 385 참조. 그러나 프랑스와 영국의 두 왕은 각기 국내 문제 때문에 곧바로 출발할 수는 없었으므로, 프리드리히는 1189년에 독자적으로 출발하였다. 그는 수많은 십자군 부대에게 최후를 안겨 주었던, 발칸 반도와 소아시아를 가로지르는 육로를 택하였다. 그러나 프리드리히는 매우 유능한 장수였다. 그는 보병 궁사로 하여금 투르크 기마 궁사들의 활보다 더 멀리 나가는 활을 쏘게 함으로써 적의 접근을 차단하는 전략을 완벽하게 구상해 놓았고, 기사들을 언제 기용하는 것이 가장 효과적인가를 잘 알고 있었다. 투르크군은 거듭거듭 십자군을 공격하였으나, 그 때마다 큰 손실을 입고 패주하였다. 프리드리히는 룸의 술탄이 수도로 삼고 있던 이코니움Iconium에 도착하자마자, 노도와 같이 공격하여 그곳을 장악하였는데, 그곳에는 약탈할만한 재화뿐만 아니라 보급물자도 그득하게 있었다. 술탄은 수도의 함락에 기가 완전히 꺾여, 프리드리히에게 빨리만 지나가 준다면 그의 나라를 가로질러 진군하는 데 방해하지 않겠다고 제안하였다. 그러나 프리드리히는 불운하게도 칼리카드누스Calycadnus 강에서 멱을 감다 익사하였다. 그의 군대는 안전하게 안티오크에 도달하였으나, 그 가운데 태반은 안티오크에서 되짚어 귀향해 버렸다.

헨리 2세는 십자군 원정의 준비가 완수되기 전에 세상을 떴지만, 그의 뒤를 이은 이른바 사자심왕 리차드 1세Richard Ⅰ, the Lionhearted; 1189~1199는p. 398 참조 프랑스의 필립 존엄왕과 함께 1190년 여름에 중부 프랑스의 베즐레이Vézelay에서 출발하였다. 두 왕은 시칠리아에서 겨울 내내 서로 격렬하게 싸운 뒤, 1191년 봄에 메시나Messina에서 배를 탔다. 필립은 직접 성지로 향했으나, 리차드는 우연한 일로 지체하였다. 갑자기 광풍이 불어 그의 배 여러 척을 키프로스Cyprus의 해안으로 몰아갔는데, 그 가운데 한 척에는 리차드의 약혼녀가 타고 있었다. 키프로스 섬의 그리스인 지배자는 그녀를 포로로 삼으려 하였다. 이는 리차드의 격한 성격으로는 참을 수 없는 일이었다. 그는 키프로스에 상륙하여 그 섬을 장악하고, 그 지배자를 감금한 다음, 키프로스를 자기 것으로 만들었다. 1192년에 그는 키프로스를 아내가 죽어 예루살렘 왕국을 지배할 명분을 잃은 귀이 드 뤼시냥에게 팔았다. 귀이의 뒤를 이어 그의 형제인 아모리Amaury가 키프로스 왕이 되었고, 아모리의 후손들은 15세기에 베네치아가 섬을 식민지로 삼을 때까지 통치하였다. 귀이 드 뤼시냥은 예루살렘 왕국과 똑같은 법률과 관습에 따라 키프로스 왕국을 봉건국가로 조직하였다.

1189년 여름에, 예루살렘 왕국의 잔존한 기독교 군대는 아크레를 포위하였다. 1년 뒤 프리드리히 1세의 군대 가운데 귀향하지 않은 병력이 그들과 합류하였으며, 1191년 초여름에는 필립 존엄왕과 리차드도 도착하였다. 리차드와 필립은 여전히 싸우고 있었으므로 아크레에 대한 연합 공격을 펼치기는 어려웠으나, 결국 식량이 달리게 된 아크레는 항복하였다. 필립은 거기에서 유럽으로 되돌아갔다. 리차드는 예루살렘이 보이는 곳까지 진군하였으나, 자신의 병력이 포위를 하기에는 충분치 않다고 느꼈다. 그리하여 그는 남부 팔레스타인으로 진군하여 아스칼론에 견고한 성채를 세웠다. 거기에서 그는 살라딘과 화평을 맺었다. 이로써 기독교 순례자들은 예루살렘에 자유롭게 드나들 수 있게 되었고, 자파Jaffa와 그 밖의 여러 해안 도시는 라틴 제후들에게 되돌려졌다. 이는 서유럽의 세 대국 통치자들이 모두 참가한 대규모 십자군이 이룬 성과로는 빈약한 것이 아닐 수 없었다.

위대한 교황 이노센트 3세Innocent Ⅲ; 1198~1216가pp. 397~408 참조 발진시킨 제4차 십자군은 십자군이란 이름조차 무색케 하는 결과로 끝났다. 1204년, 이노센트는 군대를 모아 베네치아의 함대에 태우는 데 성공하였다. 그러나 베네치아인들은 성지의 회복보다는 그들 자신의 상업적 이익에 훨씬 더 관심이 컸다. 그들이 1081년에 알렉시우스 콤네누스를 도와 교활한 로베르의 그리스 침략을 저지하는 데 기여하였을 때, 황제는 그들에게 광범위한 상업적 특권을 부여하였고, 얼마 안가 제국의 교역은 대부분 그들의 수중에 장악되었다. 알렉시우스는 이에 경계심을 품고 피사인들에게도 비슷한 특권을 줌으로써 베네치아인의 독점을 와해시키려 하였다. 그의 아들 요한 2세John II; 1118~1143는 제노바인들에게도 특권을 부여하여 베네치아인의 경쟁자를 하나 더 만들어 놓았다. 그 뒤 1182년에는 콘스탄티노플에서 폭동이 일어나 그곳의 라틴 상인들이 학살된 사건이 벌어졌다. 그리하여 12세기 말에 베네치아인들은 비잔틴 황제의 권력을 와해시키는 데 큰 관심을 지니게 되었다. 그들은 이윤이 많이 남는 콘스탄티노플과의 교역을 누구의 간섭도 받지 않고 완전히 독점하기를 바랐던 것이다.

1204년의 십자군은 그들에게 절호의 기회를 제공하였다. 베네치아인들은 십자군 지도자들을 설득하여 교황의 원래 계획에 따라 성지로 향하는 대신 콘스탄티노플을 공격하게 하였다. 콘스탄티노플이 함락되자, 십자군 전사들은 3일 동안 마음껏 약탈에 탐닉하였다. 그들은 그리스의 기독교 교회들을 약탈하고, 한 창녀를 소피아 대성당의 총주교 좌석에 앉히는 등 신성모독도 서슴지 않았다. 십자군의 공격으로 옛 비잔틴 제국은 분해되어 버렸다. 그에 대신하여 콘스탄티노플의 라틴 제국Latin Empire of Constantinople이 들어섰고, 플랑더즈백 볼드윈Baldwin이 황제의 칭호를 받았다. 그러나 그는 단지 수도와 아드리아노플, 그리고 그 두 도시 사이의 지역과 소아시아의 가까운 해안지대에 대해서만 직접적인 통치권을 행사하였다. 십자군 제후들은 각기 테살로니카Thessalonica 왕국, 아테네 공국, 아케아Achaea 공국 그리고 그 밖의 여러 나라를 세워 그 지배자가 되었다. 이들 나라는 원칙상 황제로부터 하사받은 봉토였으나, 실질상으로는 독립된 나라였다. 베네치아인들은 콘스탄티노플의 큰 구역과, 유보에아Euboea 전역, 크레타Crete, 코르푸Corfu 그리고 두라쪼를 비롯한 많은 값진 항구를 차지하였다. 게다가, 베네치아의 귀족들은 베네치아 총독doge : 697년부터 베네치아를 다스리던 비잔틴 관리의 칭호. 1032년에는 거의 대부분의 권한을 상실하고, 군 지휘자로서의 지위만을 지니게 되었다.—역주으로부터의 봉토로서 수많은 섬나라를 세우도록 허용되었다. 한편, 여러 비잔틴 제후들도 십자군의 손길이 미치지 않는 지역에 나라들을 세웠다. 비잔틴 황제의 딸을 아내로 맞이하였던 테오도르 라스카리스Theodore Lascaris는 니케아에 도읍을 정하고 스스로 황제를 자칭하였다. 알바니아의 험한 산악지역에는 황실의 한 사생아가 에피루스 전제국despotate of Epirus despot : 12세기에 비잔틴 황제의 사위와 제위상속 예정자에게 붙여진 칭호—역주을 세웠다. 끝으로, 콤네누스 왕조의 두 왕자는 흑해 남해안을 포괄하는 트레비존드Trebizond 제국을 세웠다.

콘스탄티노플에 최후의 공격을 감행할 때까지, 이노센트 3세는 십자군이 성지에 가지 않고 딴 짓을 하는 것에 대해 완강하게 반대하였다. 그러나, 일이 막상 벌어지자, 그는 라틴 제국의 설립을 하나님의 놀라우신 역사로 환영하였다. 그는 뒤늦게 정복 뒤의 야만스러운 약탈 행위를 전해 듣고 깜짝 놀랐으나, 곧 이미 이루어진 사실과 타협하였다. 어쨌든 라틴 기독교 세계가 또 하나의 영역을 차지한 것이었으니 말이다.

십자군 운동이 서유럽에 끼친 영향에 관한 논의는 수없이 활자화되어 왔다. 사실상, 그 영향은 원정에 투입된 막대한 물질적 · 인적 자원을 고려할 때 실로 아주 보잘 것 없는 것이었다. 십자군 전사들이 필요로 했기 때문에 이탈리아 도시들의 지중해 해상권 장악이 더욱 촉진되었고, 전사들이 돌아오면서 어느 정도 동방에 관한 지식과 동방 물품에 대한 기호를 유럽에 전해준 것은 사실이다. 그러나, 십자군 운동이 없었다면, 이탈리아 도시들이 동방의 시장을 찾아나서지 않았을 것이라거나, 그들이 유럽인에게 설탕이나 향료의 맛을 가르쳐주지 못했을 것이라고 말할 수는 없다. 그럼에도 십자군 운동은 중세인의 동기와 태도에 대해 많은 것을 알려주기 때문에 중세사가에게 여전히 극히 흥미로운 주제가 되고 있다.

십자군 전사들 가운데에는 고향에서는 활개를 펼 수 없다고 느꼈기 때문에, 또는 단순히 모험을 하고 싶어서, 봉토와 전리품을 얻으려고 십자군에 끼어든 자들도 있었지만, 대부분은 진정한 종교적 정열에 이끌려 십자군이 구원에의 길임을 추호도 의심치 않으면서 종군했음이 분명하다. 수많은 사람들이 토지를 저당 잡히거나 팔고, 아내와 가족을 남겨둔 채 하나님의 적들과 싸우기 위해 황량한 지역을 가로질러 또는 두렵기 짝이 없는 바다를 건너 오랜 여행을 서슴없이 떠났던 것이다. 많은 사람이 빈털터리가 된 채 지친 몸으로 되돌아 왔지만, 훨씬 더 많은 사람이 이역만리에 주검을 묻었다. 십자군 운동은 중세 문명의 엄청난 활력과 팽창력을 가장 두드러지게 보여준다. 그러나 십자군 전사들의 야만적인 행위는 기독교의 이상을 전사 귀족의 기질과 결합시키기가 얼마나 어려웠는가를 잘 보여준다. 좋든 나쁘든 여러 측면에서, 십자군 운동은 "신앙의 시대"라는 통상적인 표현의 의미를 가장 뚜렷하게 보여준다고 하겠다.

제12장 경제의 부활과 사회적 변화

11세기와 12세기에, 서유럽 문명이 기초하고 있던 경제체제에 근본적인 변화가 나타나고 있었다. 이 변화의 기본적인 측면은 활발한 상품 교환에 바탕을 둔 경제의 출현과 그에 수반된 화폐 유통량의 증가였다. 1200년경에는 누구나 잉여 생산물을 팔고, 생산하지 못하는 물품을 살 수 있었다. 이러한 교역의 증대와 인과적으로 밀접한 관련을 맺으면서, 전문적인 수공업이 부활하고, 도시가 발달하였다. 사제와 기사 그리고 농민의 사회에서 상인과 무역업자 그리고 수공업자가 새로 대두하였다. 이러한 새로운 현상들은 중세 문명의 모든—정치적, 문화적, 사회적, 경제적—측면에 심각한 영향을 끼쳤다. 본장에서는 교역 및 상업의 부활과 도시의 발달 그리고 화폐 경제의 재출현을 고찰하고, 이러한 발전들이 중세 사회에 미친 전반적인 영향을 살펴볼 것이다.

35. 상업의 부활

2세기와 3세기의 빈번한 내란으로 비롯되어, 게르만의 침입으로 더욱 심각해진 서유럽에서의 전반적인 교역 쇠퇴는 9세기에 정점에 달하였다. 로마 제국에서 상업의 주요 동맥을 이루었던 지중해의 여러 해로는 대부분 아프리카 및 스페인의 해안 지대와 서지중해의 섬들을 장악한 회교도들의 수중으로 넘어갔다. 그러나 문제는 회교도 지역이 기독교도와의 교역을 거부하였다는 것이 아니라, 오히려 기독교 유럽이 회교도 지역에 수출할 만한 물품을 거의 갖고 있지 않았다는 것이었다. 게다가, 회교도 해적들 때문에 바다 여행은 매우 위험하였다. 비잔틴 해군이 베네치아에 이르는 아드리아해의 해로를 안전하게 지켜주었고, 실제로 몇몇 유대 상인들은 회교도 지역과 기독교도 지역 사이에서 교역

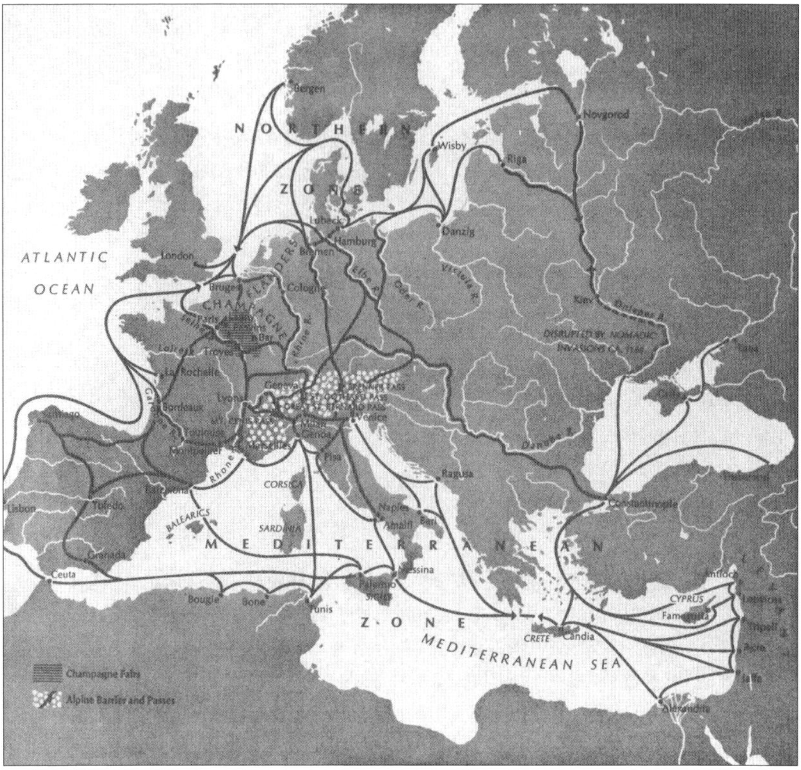

지도 15. 12~13세기의 교역로

활동을 벌였으나, 대규모 교역은 사라졌다. 북방에서는 유럽이 해안지역에서 명맥을 유지하고 있던 몇 안 되는 상인 거주지마저 바이킹 침략자들에 의해 파괴되었다. 바이킹들 자신이 약탈행위와 함께 어느 정도 교역활동도 하였으나, 북유럽에서의 상업활동은 전체적으로 보아 너무나도 보잘 것이 없게 되었다.

서유럽 전역에 큰 영향을 미치게 될 상업의 부활은 이탈리아에서 처음으로 나타났다. 10세기 말, 베네치아는 곡물과 포도주 그리고 목재를 콘스탄티노플로 수출하고, 그곳에서 고급 비단천을 싣고 돌아와, 그 비단을 북이탈리아의 이웃 도시들에게 팔고 있었다. 한편 그 당시에 아말피Amalfi의 상인들도 카이로Cairo와 광범위한 교역 관계를 맺고 있었다. 북이탈리아의 내륙 도시들은 독자적으로 산업 특히 모직물 산업을 발전시키고 있었으나, 이 모직물에 대한 시장은 처음에는 매우 한정되어 있었다. 새로운 시장으로 새로운 무역로를 개척한 것은 대개 서이탈리아 해안 도시들의 업적이었다. 10세기에 제노바와 피사의 상인들은 회교도 해적 떼들의 위협이 상존하고 있었음에도 과감하게 해안을 따라 프랑스로 항해하기 시작하였다. 11세기 초까지도 제노바와 피사는 이따금 회교도 해적 떼에게 약탈을 당했으나, 1016년에는 그들의 연합 함대가 회교도들을 사르디니아에서 쫓아내었다. 제노바와 피사가 코르시카와 사르디니아를 정복하고 회교도에게 장악되어 있던 아프리카의 여러 항구를 공격하는 동안, 남부 이탈리아의 노르망디 모험가들은 시칠리아를 점령하였다. 1091년에 노르망디인의 시칠리아 정복이 완수됨으로써, 서지중해에서 기독교도의 상업활동은 실질적으로 자유롭게 되었다.

제노바와 피사의 발전은 십자군 운동으로 크게 촉진되었다. 1096년의 제1차 십자군에 참가한 제후 및 기사들은 발칸 반도를 가로질러 콘스탄티노플까지, 그리고 그곳에서 소아시아를 가로질러 팔레스타인까지 육로로 진군하였으나, 그들은 바다를 통한 보급과 지원을 바라고 있었다. 1097년에 제노바의 함대가 안티오크로 향한 것을 필두로, 곧 제노바와 피사의 선박들은 새로 세워진 예루살렘의 라틴 왕국에 십자군 전사들과 순례자들 그리고 보급물자를 싣고 정기적으로 드나들게 되었고, 또한 그 동안 두 도시의 전함들은 서서히 회교도들로부터 동지중해의 해상권을 빼앗아 갔다p. 293 참조—역주. 예루살렘왕과 그 제후들은 그들의 동맹자들에게 온당하게 감사를 표하였다. 제노바와 피사는 라틴 왕국의 시장들에 자유로이 출입할 권리를 부여받았고, 이를 이용하여 큰 이익을 올렸다. 그들은 또한 주요 항구에 상인 지구를 만들어 독자적인 법률 아래 함께 모여 살 수 있었다. 그 당시 세계에서 가장 큰 시장 가운데 하나였던 바그다드로부터 동방 산물이 다마스커스로 흘러 들어왔고, 다시 다마스커스에서 시리아와 팔레스타인의 여러 항구에 자리잡고 있던 이탈리아 상인들에게로 넘겨졌다. 베네치아와 아드리아해의 몇몇 항구로부터 감질나게 서유럽으로 흘러 들어오던 비단과 설탕 그리고 향료가 이제 새로운 교역로를 따라 대량으로 유입되기 시작하였다. 이러한 동방 산물들은 제노바와 피사로부터 해안을 따라 마르세이유와 나르본느 그리고 바르셀로나로 옮겨졌다. 그 당시의 또 하나 중요한 상업활동은 노예무역이었는데, 그 주된 교역로는 슬라브족 거주지에서 이탈리아의 항구나 남부 프랑스를 거쳐 스페인과 시리아 그리고 이집트의 회교도 지역에 이르는 것이었다. 그러나 이 노예무역은 11세기와 12세기에 쇠퇴하고 있었다.

북부 이탈리아가 지중해 상업 부활의 중심지가 되고 있는 동안, 플랑더즈는 북유럽에서 같은 역할을 수행하고 있었다. 로마가 갈리아 지방을 정복하기 전부터, 오늘날의 벨기에와 북서부 프랑스에 해당되는 해안 지대는 모직물로 유명하였다. 카롤링 시대에, 이 모직물은 활발하게 교역되는 몇 안 되는 물품 가운데 하나였다. 플랑더즈는 바이킹의 침략으로 큰 피해를 입었으나, 10세기 후반에는 일련의 강력한 백들이 나와 그 지역에 질서를 회복시켰다. 곧 플랑더즈는 전보다 더 활발하게 모직물을 생산하게 되었다. 플랑더즈는 지리적 여건상 그 생산물을 쉽게 팔 수 있었다. 스칸디나비아 상인들이 그들의 특산물인 가죽과 사냥매를 갖고 북쪽에서 내려오면, 플랑더즈는 그들을 맞아 그들의 물건과 모직물을 교환할 수 있었다. 그리고 플랑더즈 사람들은 프랑스와 독일로 가는 편리한 교역로로서 라인강 및 그 지류들을 이용할 수 있는 위치에 있었다.

11세기 중엽, 플랑더즈 사람들은 그들의 모직물을 북유럽 전역에 팔고 있었고, 그 주요 도시인 브뤼지Bruges, 겐트Ghent, 릴Lille, 이프르Ypres 그리고 아라스Arras 등은 교역과 생산의 중심지로 번창하고 있었다. 이미 오래전부터, 바닷물이 드나드는 플랑더즈의 늪지에서는 충분한 양의 양모가 생산되지 못하고 있었다. 그리하여 플랑더즈 상인들은 양모 생산지역에 모직물을 갖고 갔다가, 양모를 갖고 돌아왔다. 11세기에는 영국 남부가 주된 양모 공급지였고, 영국 북부의 황무지와 웨일즈에서 시토 교단이 양을 기르기 시작한p. 341 참조—역주 12세기에는 영국이 서유럽에서 가장 중요한 양모 생산지가 되었다. 이리하여 플랑더즈는 중요한 상업 중심지가 되었다. 상인들은 양모와 북방의 모든 산물을 플랑더즈로 갖고 왔다가, 모직물을 사가지고 돌아갔다.

북유럽에서 모직물 교역이 상업의 부활에 주된 견인차가 되기는 하였지만, 적어도 또 하나의 물품도 그러한 견인차 가운데 하나로 주목될 만하다. 앵글로-색슨인은 원래 그들이 기른 곡물로 만든 맥주를 마셨다. 그러나 에드워드 참회왕이 즉위했을 때p. 215 참조—역주, 그의 노르망디인 친구들은 도저히 그 떨떠름한 술에 익숙해지지 못했고, 그들의 입맛에 맞는 포도주를 마시고 싶어 하였다. 이에 파리의 세느강 주변에 살고 있던 사공들은 강을 거슬러 올라가, 가띠네

Gatinais에서 포도주를 배에 가득 실은 다음, 다시 세느강을 따라 루앙Rouen에까지 내려왔다. 루앙의 상인들은 그들로부터 포도주를 넘겨받아, 런던으로 가져갔다. 노르만 정복은 영국의 포도주 수요를 급증시킴으로써 이 포도주 교역을 더욱 촉진시켰다. 곧 루앙과 영국 사이의 포도주 교역은 번창하게 되었다. 앙주백이자 아키텐공이었던 헨리 2세가 1154년 영국 왕이 되었을 당시, 르와르강 계곡과 보르도 주변 지역은 영국의 주된 포도주 공급원이 되어 있었다.

플랑더즈와 북부 이탈리아가 11세기 말 각각 상업 중심지로 번창하고 있었지만, 이 둘 사이의 교역은 비교적 빈약했다. 이는 주로 수송의 어려움 때문이었다. 이탈리아에서 플랑더즈로 가는 뱃길은 극히 위험했다. 지브롤터 해협과 그 부근은 아직 회교도 해적 떼들에게 장악되어 있었고, 비스케이Biscay만은 폭풍이 잦기로 유명했다. 제3차 십자군에서 영국 왕 리차드 1세의 군대를 수송했던 것 같은 튼튼한 전함만이 감히 그 뱃길에 도전할 수 있었다. 14세기가 되어서야 이탈리아 상인들은 이 뱃길을, 그것도 베네치아나 제노바의 커다란 갤리선으로만 이용하였다p. 621 참조—역주. 이탈리아와 플랑더즈를 잇는 가장 쉽고 또한 가장 실용적인 길은 마르세이유까지 배를 타고 가서, 프로방스를 지나 론강 계곡에 이르른 다음, 론강과 사온느강의 계곡을 따라 동중부 프랑스까지 갔다가, 그곳에서 다시 조금 더 여행하여 라인강이나 모젤Moselle강, 세느강 및 그 지류들, 또는 르와르강을 따라 플랑더즈로 향하는 것이었다. 그러나 그러한 대륙 횡단 교역은 위험하고 또 비용이 많이 들었다. 실제 수송비용은 차치하고라도, 길을 따라 영지를 보유한 봉건제후들의 비위를 맞추는 비용이 엄청났던 것이다. 모든 제후는 그의 영지를 지나는 상인들에 대한 관세 징수권을 주장하였다. 게다가 많은 돈이 급하게 필요한 경우에, 제후들은 거의 거리낌 없이 상인들의 모든 재산을 강탈하였다.

12세기 초, 한 강력한 제후 집안이 이러한 상황을 이용하여 큰 수입을 올릴 방책을 생각해 냈다. 즉 샹파뉴백은 남북 교역로의 핵심 지역인 사온느강 상류와 라인강, 세느강, 르와르강의 지류들 사이에 있는 지역을 차지하고 있었는데, 백들은 이 지역을 하나의 거대한 시장으로 탈바꿈시키는 작업에 착수하였다. 그들은 트르와Troyes, 프로뱅Provins, 라니-쉬르-마른느Lagny-sur-Marne를 비롯한 그 지역의 수많은 주요 도시들에 정기시定期市, fair를 설치하였다. 그들은 정기시를 위한 장소를 따로 마련해 놓고, 상가를 세웠으며, 질서 유지를 위한 경찰과 분쟁 해결을 위한 재판관을 제공하였고, 여러 지역의 상인들이 아주 다양한 종류의 화폐를 가져오는 문제를 해결하기 위해 환전상까지 두었다. 정기시는 하루도 빠짐없이 그 지역 내의 어디에선가 열리도록 적당한 시간적 간격을 두고 열렸다. 게다가, 정기시에서의 상거래는 세심하게 조직되었다. 상품에 따라 거래일이 따로 정해져 있었다. 거래가 이루어지는 동안에는 전혀 돈을 주고받지 않았으며, 단지 거래 계좌만 세심하게 기록되었다. 그리하여 장이 파하는 날이면, 모든 상인이 그들의 화폐를 환전상에게 갖고 와 정기시의 공인 화폐인 트르와의 파운드로 바꾼 다음, 그 화폐로 그들의 거래 계좌를 결제하였다. 상파뉴백은 모든 거래 상품에 대한 판매세를 거두었고, 상가를 좋은 값으로 임대하였으며, 정기시의 규칙을 위반한 자로부터 벌금을 받았고, 끝으로 환전 수수료까지 챙겼다. 그는 이러한 수입을 자신의 세력 확대와 정기시의 사업 발전에 사용하였다. 상인들이 정기시로 가기 위해 이용하는 주요 도로 주변의 영주들은 백으로부터 신서와 봉사의 대가로 봉토 대신 매년 일정액의 현금을 받았다. 그들의 주된 기능은 백의 정기시로 가는 상인들을 보호하는 것이었다.

상파뉴의 정기시는 이탈리아 상인과 북방 상인들이 만나는 장소가 되었다. 이탈리아 상인들은 그곳으로 직물과 명검銘劍 그리고 롬바르디아의 훌륭한 전투용 말과 같은 이탈리아의 산물을 가지고 왔다. 그들은 또한 시리아에서 사들인 비단과 설탕 그리고 향료도 가지고 왔다. 먼 북방에서 온 상인들은 가죽과 꿀, 그리고 대삼림에서 나는 그 밖의 산물을 가져 왔다. 플랑더즈에서는 플랑더즈의 모직물이, 영국에서는 아주 값진 주석이 상파뉴로 흘러 들어왔다. 약 200여 년 동안, 상파뉴의 정기시는 서유럽에서 가장 중요한 시장으로 군림하였으나, 상파뉴에만 정기시가 있었던 것은 아니었다. 사실, 12세기에는 서유럽 전역에서 정기시들이 나타나 하나의 망을 형성하게 되었다. 성·속을 불문하고 모든 대제후가 자기 영지 내의 주요 도시나 장원에 정기시를 유치하고 싶어 했다. 이들 가운데에는 물론 1년에 한 번 열리는 가축시장 정도에 불과하여 몇 안 되는 도붓장수가 먼 지방의 물품을 가져올 뿐인 경우가 많았으나, 매우 중요한 정기시도 꽤 있었다. 윈체스터Winchester 주교는 그의 성당 도시 바로 바깥에 성질St. Gilles 정기시를 지니고 있었다. 정기시가 열리는 동안에는, 모든 거래가 그곳에서 이루어지도록 윈체스터에서의 거래는 완전히 중단되었다. 정기시가 열리기 직전에 사우스햄프턴에 상륙한 상인들은 그들이 갖고 온 상품을 윈체스터로 가져가든지, 아니면 정기시가 끝날 때까지 기다렸다가 팔아야 했다. 영국 동부의 보스톤Boston 정기시는 큰 양모 시장이었다. 플랑더즈 상인들은 이탈리아 상인으로부터 구입한 동방 산물을 지니고 그곳으로 와, 그것을 판 돈으로 양모를 샀다. 사실, 12세기 말에는 이탈리아의 모직물 산업을 위한 양모를 사려는 이탈리아 상인들이 영국에 오고 있었다.

대규모 정기시는 기본적으로 오늘날의 도매시장과 비슷하였다. 외국 상인들이 상품을 가져와 지방 상인들에게 팔았고, 지방 상인들이 그 지역에 그 상품을 배급하는 것이었다. 그러나 대제후들은 이 정기시에서 그들이 필요로 하는 물건을 많이 샀다. 윌리엄 마샬은 젊은 기사 수련생knight-errant이었을 당시 새로운 전투용 말을 사기 위해 라니-쉬르-마른느의 정기시로 갔다. 보스톤 정기시가 열릴 무렵이면, 링컨셔Lincolnshire의 주장관은 왕실 집사로부터 두툼한 구매품 목록을 받곤 했다. 13세기 초, 링컨의 주교 로버트 그로스테스트Robert Grosseteste는pp. 480~481 참조—역주 한 젊은 귀부인에게 살림을 잘 꾸려나가는 방법을 충고하는 편지를 썼다. 그는 매년 그녀와 그녀의 집사가 1년 동안 살림에 필요한 물건이 무엇인지, 그리고 어떤 정기시에서 그런 물건을 가장 값싸게 살 수 있는지 미리 계획을 세워야 한다고 썼다.

상업의 부활로 당연히 화폐의 필요성이 커지게 되었다. 서유럽에는 금광이 없었고, 금은 14세기까지도 화폐 금속으로 널리 사용되지 못했다. 이탈리아는 회교 지역과의 교역을 통해 일찍이 금을 축적하였다. 제노바와 피렌체는 1252년에 금화를 찍어내었고, 그 이전에 이미 황제 프리드리히 2세는 아우구스탈레스augustales라 불리는 대단히 아름다운 금화를 발행한 바 있었다. 그러나 대부분 지역에서 중세 서유럽의 화폐는 은이었다. 기본 화폐는 은화인 데나리우스denarius 또는 펜스penny였다. 12데나리우스는 1솔리두스solidus 또는 실링이었고, 20솔리두스는 1리브라libra 또는 파운드가 되었다. 또한 13실링과 4펜스는 1마르크mark가 되었다. 그러나 실링과 파운드 그리고 마르크는 계산상으로만 이용되었을 뿐, 실제 화폐로 나타나지는 않았다. 화폐를 주조하는 제후는 모두 제 나름대로 화폐의 무게와 순도의 기준을 결정하였고, 또 변경시켰다.

12세기와 13세기에 북부 프랑스와 영국에서 쓰이던 비교적 중요한 화폐만 들더라도, 영국과 파리, 뚜르, 앙주, 그리고 프로뱅의 파운드가 각기 달랐다. 영국에서는 파운드 스털링Pound Sterling만이 통용되었으나, 대륙에서는 내로라하는 제후들이 모두 제 나름의 화폐를 주조할 권리를 갖고 있었다. 13세기에 프랑스 왕 루이 9세는 그의 화폐인 파리의 파운드가 프랑스 전역에서 통용되어야 한다고 선포하였으나, 그로써 다른 화폐의 국지적인 통용이 중단되지는 않았다. 그리고 부채를 많이 지고 있는 제후에게는, 그리고 그런 경우에는 왕도 마찬가지로, 언제나 그의 채무를 좀더 값싸게 탕감하기 위해 화폐의 질을 떨어뜨린다는 생각이 큰 매력을 갖고 있었다.

12세기와 13세기에 외환 업무를 담당한 주요 기관은 두 개의 대 기사단인 신전 기사단과 구호소 기사단이었다. 그들은 유럽 전역에 막대한 재산을 지니고 있었고, 종교적 신성함과 군사력을 겸비하고 있었기 때문에, 그들의 손 안에 있으면 무엇이나 아주 안전하였다. 그들은 한 나라에서 돈을 받아, 그것으로 다른 나라에서 지불하곤 했다. 영국왕 존John은 전쟁에서 포로가 된 부하들의 몸값을 치르고, 대륙의 동맹자들에게 동맹의 대가를 지불하기 위해 두 기사단과 크게 거래하였다. 그러나 13세기에는 외환 업무를 충분히 감당할 만큼 광범위한 활동을 하는 상인들이 나타나게 되었다. 서유럽의 한 왕이 교황청에 사절단을 파견하는 경우, 왕은 사절단에게 일정 액수까지 그들이 지출한 비용을 국고에서 지불한다고 명시한 증서를 주어 보냈다. 이에 따라, 이탈리아 상인들은 영국 사절들에게 돈을 미리 지불하고, 런던에 있는 그들의 대리인들이 그 빚을 받아내곤 하였다.

36. 도시와 길드

상업의 부활은 11세기로부터 도시 생활의 새로운 성장을 촉진시키는 데 중요한 역할을 하였다. 상인과 수공업자들이 장사를 열심히 하고 그 이익으로 먹을 것을 구입함으로써 삶을 꾸려 나가는 장소라는 경제적 의미에서의 도시는 게르만의 침입으로 서유럽에서 거의 사라졌다. 그러나, 비교적 많은 인구가 함께 거주하는 지역은 남아 있었다. 프랑스에서는 옛 로마 시대의 도시civitas가 여전히 많은 경우 주교나 백의 소재지이자, 중요한 수도원의 소재지로서 존속하고 있었다. 예컨대, 루앙에는 노르망디공에 속해 있던 루앙 탑Tower of Rouen과 성당, 그리고 큰 규모의 성 우앙St. Ouen : 684년에 사망. 루앙 대주교로서 많은 수도원을 설립하였다.—역주 수도원이 있었다. 이들 각각은 도시 주변의 농경지를 포괄하는 장원의 중심지였다. 루앙 탑에는 공의 관리들과 수비대가 거주하고 있었다. 성당 주변에는 성당의 사제들뿐만 아니라 교회 건물을 돌보고, 그 장식물을 만들며, 그 밖의 필요한 기능을 담당하는 전문적인 장인들이 언제나 모여 살고 있었다. 파리에서는 일 드 라 시떼Ile de la Cité에 성당과 주교관, 사제들의 관사, 그리고 왕궁이 있었다. 또 세느강 건너 왼쪽 기슭에는 성 쥬느비에브St. Geneviéve : 500년경에 사망. 오세르Auxerre 출신의 성녀로서 파리를 훈족의 침입으로부터 구해냈다고 전해짐. 파리의 수호 성녀.—역주 수도원과 성 제르맹드 프레St. Germain de Prés : 576년에 사망, 파리 주교로 프랑크왕들 사이의 분쟁을 종식시키려 큰 노력을 함.—역주 수도원이 자리잡고 있었다. 맞은편 오른쪽 기슭에는 약간 북쪽으로 떨어져 성 드니St. Denis : 프랑스의 수호 성자, 파리의 전설적인 최초의 주교. 258년경에 순교당함. 라틴어 이름은 디오니시우스Dionysius.—역주 수도원이 있었다. 요컨대, 옛 도시들은 사실상의 도시적 생활은 결여하고 있었지만, 성·속의 행정중심지로서 명맥을 유지하고 있었다.

일부 중세 교역도시는 이러한 옛 중심지들에 서서히 상인과 수공업자들이 다시 자리를 잡으면서 성장하였다. 왕과 백, 주교들, 그리고 그 밖의 대제후들은 거의 모두 그들의 차지인이 전문적인 장인이 되는 것을 매우 달가워하였다. 그들은 훈련과 실습을 통해 기술을 습득한 자만이 제대로 만들어 낼 수 있는 많은 물건을 필요로 했던 것이다. 그리하여 11세기에는, 자기의 기술로 만들어낸 생산품으로 지대를 내는 장인 겸 예농이 나타나게 되었다. 이들은 아마도 원래는 영주를 위해서만 생산하였겠지만, 그들이 곧 영주의 필요 이상으로 생산하여 그 여분을 팔려고 했으리라는 것은 쉽게 짐작할 수 있는 일이다. 영주가 거처하는 모든 장원에는 대장장이나 무구武具 수선공과 같은 장인이 많지는 않아도 분명히 있기는 했을 것이다. 대제후나 고위성직자가 주로 거처하는 장원에는 그 수가 더욱 많았을 것이다. 그러한 주요 장원들이 가까이 밀집해 있는 루앙 같은 지역에서는, 꽤 많은 수의 장인들이 모여 살았던 것으로 보인다. 이러한 장인들의 잉여 생산물을 사고 팔기 위해 상인들도 그러한 지역에 모여 들었을 것이다.

다른 경우에는, 대개 옛 로마 제국의 경계 바깥에서, 상인 집단들이 중요한 교역로 위나 여러 교역로의 교차점에 전략적으로 입지한 요새—성이나 수도원—주변에 정착하여 새로운 도시를 창건하였다. 상인들은 공격을 받는 경우 요새의 성벽 안으로 피신할 수 있었다. 그 뒤, 정착지가 항구적으로 자리잡고 번창하게 되면 상인들의 거주지 둘레에 새로운 성벽이 축조되었다. 몇몇 경우에는 인구가 이 최초의 새 성벽을 넘어서까지 팽창하였고, 이들 교외의 거주지를 보호하기 위하여 또 하나의 새로운 성벽이 세워졌다. 경제사가인 피렌느Pirenne는 저지대the Low Countries의 많은 도시가 바로 이러한 방식으로 성장하였음을 밝혀내었다. 다른 역사가들은 중세 도시생활의 패턴에서 옛 행정 중심지로서의 중요성을 강조해 왔다.

모든 중세 도시는 고대 세계나 근대 세계의 거대도시들에 비하면 매우 작았다. 상인들이 항상 거주하고 있고, 외부 상인들의 발길을 끌 만큼 중요한 정기시가 열리는 꽤 큰 도시도 대개 5천 명 정도의 주민밖에 없었다. 또 그러한 도시에 살고 있던 사람들도 많은 경우 여전히 주변 농촌에서 농사를 짓거나 도시를 에워싼 공유지에서 가축을 방목하고 있었다. 북유럽에서는 런던과 브뤼허 그리고 겐트와 같은 가장 큰 몇몇 상업 중심지만이 4만 명가량의 인구를 지니고 있었다. 베네치아, 피렌체, 제노바, 밀라노, 나폴리 등 이탈리아의 대도시들은 10만 명 선의 인구를 지니고 있었다. 중세 전반에 걸쳐 (그리고 그 이후에도 오랫동안) 유럽 인구의 대부분은 농업인구로 이루어져 있었다. 그러나 도시들은 그 부 때문에 도시민 총수에 비해 훨씬 큰 영향을 경제적·정치적 생활에 끼치게 되었다.

중세 도시에서 일하였던 장인과 노동자들은 대개 주변 농촌의 농민으로부터 충원되었다. 상인 계급의 기원은 더 복잡하고 논란의 여지가 많다. 물론 도주한 예농이 약간의 재화를 긁어모아 도붓짐 장사가 되고, 그들 가운데 가장 성공한 자들이 부유한 상인으로 발돋움하는 경우도 있었다. 그러나 좀더 전형적으로는 어느 정도 상술과 대담성을 가지고 있을 뿐만 아니라, 사업자본도 끌어댈 수 있는 기사들이나 부농들의 장남 이외 아들들이 상인으로 탈바꿈하였던 것 같다.

중세 도시의 주민들은 몇 가지 공통된 관심사를 지니고 있었다. 출신이 어떻든 그들은 모두 사업을 어느 정도 효과적으로 수행하기 위해서는 예속적 의무로부터 해방되어야 했다. 예농에 속한 것은 모두 자의적인 과세의 대상이었으므로, 부자유한 장인에겐 능력에 닿는 한 많은 물건을 만들어낼 유인이 거의 없었다. 부자유한 신분으로 말미암은 불이익은 상인으로 활동하고자 하는 사람에겐 더욱 심각하였다. 교역을 하기 위해서는 여기저기를 돌아 다녀야 했으나, 예농은 영주의 토지를 떠날 권리가 없었다. 이러한 기본적인 신분상 자유의 필요를 넘어서서, 도시 주민들은 그들 자신의 재정적·사법적 문제에 대해 가능한 한 많은 자율권을 얻는 것이 유리함을 알고 있었다.

11세기 말 경에는 수공업자들과 상인들 그리고 장래의 상인들로 이루어진 많은 집단이 영주로부터 그들이 필요로 하는 특권들을 획득하고 있었다. 처음에는 아마도 수공업자 및 상인들이 먼저 나섰을 것이다. 그들은 영주에게 접근하여, 그들이 원하는 특권을 부여해주면 그에게 상당 액수의 돈을 대가로 주겠다고 제안하였다. 종종 그들은 많은 돈을 거두어 영주의 탐욕을 만족시킬 수 있었다. 그러나 뒤에는 영주 쪽이 먼저 나서는 경우가 많아졌다. 이웃 제후가 번창하는 도시에서 큰 세입을 거두어들이는 것을 본 제후는 자기도 그러한 도시를 하나 갖고 싶어 하였다. 때때로 영주는 자기 성 주변에 사는 몇 안 되는 주민에게 특권을 부여하여, 다른 사람들을 그곳으로 유인하려 하였다.

대개 영주가 부여한 특허장charter은 특허장에 의해 창설된 도시의 주민은 누구나 자유이며, 그곳에서 1년하고 하루만 살면 누구든 자유민이 된다고 규정하고 있었다. 그리하여 예농이 도시로 도주하여 1년하고 하루 동안 추적을 피하게 되면, 그는 자유민이 되었다. 종종 영주는 자기의 예농들은 이러한 권리를 누릴 수 없다고 단서를 붙였지만, 다른 영주의 예농들이 자기 도시로 도망오는 것은 언제나 환영하였다. 한편 상인이나 수공업자는 그의 집이나 상점에 대한 지대를 사업의 산물인 화폐로 지불할 수 있어야 했다. 그는 영주에게 노동부역을 제공해야 하는 경우 효과적으로 사업을 수행할 수 없었다. 따라서 특허장은 대개 도시 주민들이 그들의 토지와 건물을 화폐지대를 내는 조건burgage tenure으로 보유한다고 명시해 놓았다. 한 건물이나 토지에 대한 지대는 종종 특허장에 일정액으로 기록되어 있었다. 끝으로, 도시민의 재산은 영주의 자의적인 압수나 점유로부터 보호되어야 했다. 누구도 자기 재산을 영주가 마음대로 빼앗을 수 있다면, 돈을 벌려고 열심히 일하지 않을 것이다. 이러한 재산권 보호는 영주가 여러 가지 방법으로 차지인으로부터 돈을 끌어낼 수 있었기 때문에 간단하게 규정되기가 어려웠다. 특허장에는 대개 세금액이 일정 한도를 초과할 수 없다고 규정되어 있었다. 많은 경우 범법 행위에 대한 벌금 액수도 고정되었다. 몇몇 경우에는, 화폐의 질을 떨어뜨리는 영주의 권리까지도 제한되었다. 요컨대, 영주가 자의적으로 돈을 뜯어낼 수 있는 기회는 가능한 한 제한되었다.

바로 위에서 논의한 세 가지 기본적인 특권은 실로 모든 도시의 특허장에 다 나타나 있었으나, 그 이외의 사항에 관해서는 일반화가 거의 불가능할 정도로 다양하였다. 영주는 화덕이나 제분기와 같은 시설에 대한 독점권을 어떤 도시에서는 유지하고 있었으나, 다른 도시에서는 포기하기도 하였다. 종종 영주는 그의 영지 안에서 모든 다리 통과세와 판매세를 도시민에게 면제해 주었다. 도시민은 시 법정 이외에서는 도시에서 저지른 범죄에 관해 심문당하지 않고, 도시 안에 있는 재산에 관해 소송을 당하지 않는다는 규정도 꽤 보편화되어 있었다. 상인들은 상업상의 분쟁에 대한 신속한 해결을 필요로 하였고, 많은 영주가 도시민에게 그러한 송사에 대한 사법권—먼지투성이들pide-powder; dusty-foot : 프랑스어의 pied poudré에서 유래한 것으로 정기시를 찾아다니는 행상을 가리킴.—역주의 법정, 즉 상인 법정을 열 권한—을 부여하였다. 그러한 특권의 부여는 자연히 모종의 정치적 조직을 구성할 권리를 내포하는 것이었다. 그러한 조직이 존재하는 경우, 영주는 대개 그 조직에 하급사법권, 즉 오늘날의 경범죄에 해당하는 사안을 처리할 권한을 부여하였다. 시 행정부는 대개 1명의 시장Provost; mayor과 시참사회council of aldermen로 구성되었다. 영국에서는 많은 도시의 행정부가 왕으로부터 도시 안에서 왕을 대리할 권한을 매수하였다. 시의 관리들은 도시 내에서 왕이 부과한 세금을 거두고, 주장관의 기능을 수행하였다. 시장은 영주에 의해 임명되기도 했고, 시민들에 의해 선출되기도 하였다.

많은 도시 특허장은 주민들의 길드guild 구성권을 명시하고 있었다. 다른 특허장에서는 길드의 존재를 기정사실로 당연시하였다. 게르만족 사이에서는 "길드"라는 낱말이 오래전부터 사교적인 모임 특히 술 모임을 가리키는 것으로 사용되어 왔었으나, 도시 특허장에 나오는 길드가 그것과는 다른 것이었음은 분명하다. 그것은 사실상 도시민들이 그들의 공통된 이익을 위해 창조해낸 조직이었다. 우선, 길드는 온갖 종류의 보장을 위해 조직되었다. 한 상인이 화물을 실은 배가 난파하는 바람에 그의 물건을 몽땅 잃으면, 그의 동료들은 그가 새로 시작할 수 있도록 도와주었다. 다른 도시의 사람이 길드 구성원에게 채무를 갚지 않으면, 길드는 채무자의 이웃이 그 도시에 오면 그의 물건을 압류하였다. 한 구성원이 죽으면, 그의 동료들이 그를 장사지내고 그의 유가족을 돌보게 되어 있었다. 많은 경우, 길드는 구성원의 자식을 교육시키기 위한 학교를 운영하였다. 길드는 또한 대개 종교적인 축제를 후원하고 그 지역의 교회를 지원하는 종교적인 단체이기도 하였다. 경제적인 측면에서, 길드는 그 구성원을 위해 그 도시에서의 사업 독점권을 확보하였다. 길드에 속하지 않은 자는 그 도시에서 물건을 소매할 수 없었다. 외부 상인이 그 도시로 물건을 갖고 오면, 그는 길드의 구성원에게 그 물건을 팔든지, 아니면 적어도 매우 무거운 판매세를 물어야 했다. 한 길드는 많은 경우 그 구성원들을 대표하여 영주와의 교섭을 맡았다. 사실상, 대제로 길드의 간부는 동시에 도시의 관리를 겸하고 있었다.

처음에는 대개의 도시에 수공업자와 상인 모두를 구성원으로 하는 하나의 길드만이 있었다. 그러나 시간이 지나면서, 이 두 집단은 분리되어 갔다. 상인은 수공업자에 비해 훨씬 많은 돈을 벌 수 있었고, 따라서 더 부유해졌다. 이에 따라 두 집단 사이에는 이해의 상충이 나타나기 마련이었다. 상인들은 도시로 온갖 상품을 갖고 들어와 이윤폭을 크게 하기 위해 높은 값을 매기려 하였던 반면, 그 상품을 소비하는 입장인 수공업자들은 낮은 가격을 원했다. 그로 인한 전반적인 결과로 수공업자들은 길드를 이탈하여 그들끼리 수공업자 길드를 형성하였다. 그리하여 원래의 길드는 상인 길드가 되었다. 12세기 말에는 대부분의 도시에서 중요한 위치를 점하고 있는 산업의 경우 수공업자 길드가 결성되어 있었고, 그들은 13세기에 놀라울 정도로 급속하게 성장하였다. 모든 가능한 직종에 길드가 형성되어, 심지어 창녀의 길드도 있었다. 여러 공정으로 이루어지는 산업의 경우에는 각 공정마다 따로 길드가 구성되었다. 예컨대 직물산업에 있어서는 방적공 길드와 방직공 길드, 축융공 길드, 염색공 길드가 따로 구성되어 있었다. 대개 한 길드의 구성원은 같은 거리에 모여 살았다.

수공업자 길드의 기본적인 기능은 상인 길드의 그것과 똑같았다. 길드는 그 구성원을 장사지내고, 유가족을 돌보았다. 또 길드는 길드 생활의 종교적 측면을 행하는 종교적 단체로서 기능하기도 하였다. 샤르트르 성당 중앙부에 있는 그 훌륭한 착색 유리stained-glass는 그 도시의 여러 길드가 돈을 대어 만든 것이었다. 길드는 또한 구성원의 경제적 활동을 엄격하게 통제하였다. 길드는 가격과 품질 그리고 생산 방법까지도 규정하였다. 그리고 생산물의 공급이 수요를 초과하지 못하도록, 길드는 그 업종에 종사할 수 있는 업자의 수를 통제하였다. 수공업자는 도제apprentice가 됨으로써 경력을 시작하였으며, 일을 다 배울 때까지 도제로 일해야 했다. 도제의 수 및 그 수습기간은 길드에 의해 결정되었다. 도제는 수습기간을 모두 끝마치면, 장인master으로서 길드의 구성원이 될 자격이 있음을 증명해 줄 "졸업작품masterpiece"을 만들어 제출해야 했다. 이따금 도제는 스스로 가게를 열어 도제를 거느릴 수 있기 전에 몇 년간 더 보수를 받는 직인journeyman : 도제 수업을 마친 뒤 장인의 작업장에서 일당journée을 받고 일한 데에서 유래한 명칭임. ―역주으로 일하도록 요구되었다.

길드는 그 구성원을 일상생활의 여러 어려움으로부터, 그리고 다른 구성원들이나 길드에 속하지 않은 자들과의 경쟁으로부터 보호해 주었다. 길드는 사람들을 자기 업종으로 끌어 들여, 품질의 수준을 유지하는 데 크게 기여하였다. 길드는 도시생활과 산업 그리고 상업의 발전에서 극히 중요한 역할을 하였다. 그러나, 길드가 사회의 발전이란 관점에서 몇 가지 바람직하지 못한 측면도 지니고 있었음을 간과해서는 안 된다. 각 길드는 한 도시 안에서 해당 업종을 독점하였으므로, 가격을 올리고 품질 수준을 떨어뜨리려는 성향을 가지기 십상이었다. 왕 정부가 강력하였던 영국에서는 빵이나 맥주 같은 생활필수품의 품질과 분량 그리고 가격이 엄격하게 중앙정부의 규제를 받았으나, 길드의 영향력 아래에 있는 시 관리들이 전적으로 정부의 기능을 맡고 있던 곳에서는 길드가 독점권을 남용하기 십상이었다. 또한 독점권의 남용이 그리 심하지 않은 경우에도, 길드의 규제는 경쟁을 배제하여 기술 혁신을 저해하는 경향이 있었다.

지금까지 우리는 도시를 경제적·사회적인 측면에서 논의하면서, 고등사법권과 같은 본질적으로 정치적인 권력은 영주에게 있었다고 전제해 왔다. 사실상, 북방의 많은 도시는 광범위한 정치적 권력을 전혀 획득하지 못하였다. 예컨대 파리의 경우, 시민들이 선출한 상인 시장provost of the merchants : 원래는 상인 조합장으로서 민선 시장이 됨. 파리의 유명한 상인 시장으로는 에띠엔느 마르셀Etienne Marcel을 들 수 있다. pp. 594~597 참조—역주은 상인 법정을 열고 하급사법권을 행사하였으나, 고등사법권은 여전히 왕이 지명한 시장royal provost의 수중에 있었다. 봉건제후 및 대영주들은 경제적 특권과 하급사법권의 부여에는 비교적 손쉽게 동의하였으나, 그의 권한을 그 이상으로 양여하는 것은 극히 꺼려하였다. 광범위한 정치적 권력을 획득한 도시는 대개 영주를 설득해서라기보다는 힘으로써 권력을 쟁취한 것이었다. 이러한 힘은 대개 도시민들의 맹약을 통해 이루어진 코뮌commune에 의해 행사되었다.

코뮌은 도시 생활이 북방에서와 같은 정도로 쇠퇴한 적이 없었던 이탈리아에서 가장 먼저 출현하였다. 특히 롬바르디와 토스카나Tuscany에서는 도시와 그 주변 농촌의 본질적인 결합으로서의 도시국가city-state라는 기본적인 관념이 계속 유지되고 있었다. 도시는 대개 그 주교에 의해 통치되었고, 그 주변 농촌에 토지를 갖고 있는 귀족들은 주교의 봉신이었다. 그 귀족들은 도시에 살든 농촌의 영지에 살든 도시에서의 일들에 관계하고 있었다. 주교들의 정치적 권위는 그들을 황제권의 근간으로 삼고 있던 황제의 권력에 의해 더욱 강화되었다. 그러나 11세기 말에 가면서, 도시의 주요 주민들은 주교의 통치에 반발하기 시작하였다. 상인과 수공업자들은 주교의 봉신인 귀족들과 맹약을 맺어 코뮌을 형성함으로써 주교의 권위를 무너뜨리려 하였다. 부유한 상인과 농촌 귀족과의 동맹—북유럽에서는 아주 드물었지만, 이탈리아에서는 보편적으로 이루어졌다—은 매우 강력한 힘을 발휘하였다. 1080년에는 루카Lucca와 피사에 독립적인 코뮌이 형성되어 있었다. 다음 한 세기 동안 대개의 주교들이 정치적 권위를 박탈당했고, 코뮌이 독자적인 정부를 세웠다. 이는 12세기와 13세기에 황제들과의 오래고도 격렬한 투쟁을 야기했는바, 이에 대해서는 뒤에 논의하게 될 것이다. 어쨌든 이 투쟁에서 궁극적인 승리는 코뮌에게 돌아갔고, 주요 도시는 독립적인 도시국가로 성장하게 되었다.

11세기 말, 프랑스와 플랑더즈에서도 코뮌이 나타나기 시작하였으나, 이 두 지역의 경우 코뮌은 도시민 단독의 주도로 형성되었다. 이러한 맹약 단체들이 속인 영주에 대해 무장 반란을 일으킨 경우, 영주는 대개 그들을 제압하는 데 충분한 군사력을 소집할 수 있었으므로 코뮌이 승리할 가능성은 거의 없었다. 그러나 주교들은 대개 그렇지 못하였다. 북방에서 최초로 기록된 코뮌 반란은 1077년에 깡브레Cambrai 시민이 영주인 주교에 대해 반란을 일으킨 것이었다. 1111년에 랑Laon의 시민들은 주교로부터 코뮌 구성권을 매수하였는데, 불과 몇 년 뒤 주교가 그 특권을 무효화하려 하자, 유혈 폭동이 일어나 주교의 목숨까지 앗아갔다. 코뮌은 보베Beauvais, 느와용Noyons 그리고 생 깡땡St. Quentin과 같은 북유럽 도시에서도 대략 같은 시기에 독립을 쟁취하였다. 12세기 말에는 힘으로보다는 설득과 매수를 통해 많은 도시가 어느 정도의 정치적 독립을 획득하였다. 상황은 곳에 따라 매우 다양했지만, 어느 정도의 일반화는 가능하다. 코뮌은 자체의 관리들을 선출하였으며, 그 영역 내에서는 영주를 대리하는 어떤 자도 권위를 지니지 못했다. 영주에 대한 코뮌의 의무는 대개 일정액의 연공과 일정량의 군사적 봉사로 분명하게 고정되었다. 시의 관리들은 도시 내에서 고등사법권을 지니고서, 완전한 통치권을 행사하였다. 그러나 프랑스와 영국에서는, 모든 도시가 왕의 궁극적인 정치적 권위에는 여전히 복속하였고, 따라서 이탈리아의 코뮌과는 달리 독립적인 도시국가로 발전하지는 못하였다.

결론삼아, 중세 도시의 일반적인 형태에 대해 잠시 언급할 필요가 있다. 성벽 건립에는 극히 많은 비용이 들었으므로, 성벽 안쪽의 공간은 어느 경우에나 최대한으로 이용되었다. 이에 따라 도로는 아주 좁았고, 건물은 대개 2층집으로서 2층은 도로로 돌출해 있곤 하였다. 사실, 종종 너무 성벽 가까이까지 집들이 가득 들어차서, 포위공격을 당하는 경우 많은 건물을 허물어야 하였다. 14세기 이전에는 거의 모든 건물이 나무로 지어졌으므로, 불이 한번 나면 아주 급속도로 번지기 십상이었으나, 다른 한편으로는 재건이 비교적 쉬운 이점도 있었다. 도시의 가장 중요한 건물은 교회였는데, 교회 건물은 믿을 수 없을 정도로 많아 예컨대 1200년경의 런던에는 120개의 교회 건물이 있었을 정도였다. 성당 교회가 있는 도시에서는 성당 건물이 시민의 자랑이자 영광으로서 다른 건물을 압도하고 있었다. 성당과 함께 수많은 부성당collegiate Church : 성당 교회처럼 참사회가 구성되어 있고 규모도 큰 교회이지만, 주교좌가 없다. ―역주과 수도원 교회, 그리고 그보다 더 많은 교구 교회가 있었다. 교회의 첨탑은 멀리에서 본 도시의 모습에서 가장 눈에 띄는 광경이었다.

교회 다음으로 위용을 자랑한 것은 하나 또는 둘 이상의 성이었다. 이탈리아 도시들에서는, 수많은 성채의 망루가 그곳에 귀족들이 살고 있음을 나타내 주었다. 북방에서는 귀족들이 도시에 거주하지 않았으므로 도시의 성채 수는 비교적 적었다. 파리에는 두 개의 웅장한 왕성인 루브르Louvre와 바스띠유Bastille 성이 있었고, 왕이 임명한 시장의 관저로서 왕성보다 규모가 작은 성채가 하나 있었다. 런던에는 왕성인 런던 탑London Tower 이외에 두 제후의 성이 있었고, 윈체스터에는 왕과 주교가 각기 하나씩 성을 지니고 있었다. 대개, 도시의 영주에게 속한 성은 외부로부터 보급과 지원을 받을 수 있도록 도시의 성벽에 인접하여 세워졌다. 이는 성이 도시의 방어와 함께 시민들에 대한 통제를 목적으로 하고 있었기 때문에 영주의 입장에서 바람직한 것이었다. 교회와 성들 다음으로 도시에서 두드러진 건물은 길드 회관들이었는데, 이들은 각기 해당 길드의 부와 번영을 드러내주었다. 14세기와 15세기에는, 몇몇 부상들이 부르즈Bourges에 있는 쟈끄 꾀르Jacques Coeur의 집처럼 거창한 석조 저택을 짓고 있었다. 그러한 웅장한 저택은, 한쪽 면은 크고 장식이 현란한 상인 저택의 면모를 보이고 다른 쪽 면은 제후의 성과 같은 모습을 띨 수 있도록, 경사진 대지에 세워졌다.

37. 부르주아지의 사회적 · 경제적 태도 ; 유대인

상업의 부활과 교환경제의 재출현은 중세 사회에 심각한 영향을 끼쳤다. 이런 영향 가운데 가장 두드러진 것 하나는 중산계급—부르주아지bourgeoisie; 도시민—의 형성이었다. 물론 이 계급 안에는 아주 다양한 계층이 존재하고 있었다. 부유한 상인은 생존을 위해 애태우는 직인과 사회적으로나 경제적으로나 거리가 멀었다. 그러나 그들 모두에겐 공통된 특질들이 있었다. 그들은 모두 법적으로 자유인이었다. 모두가 재산의 대부분을 화폐나 상품 등 동산으로 지니고 있었다. 모두가 시 정부 아래의 도시에 모여 살았다. 북방에서는, 대개 도시민과 농촌의 귀족들 사이에 아무 애착도 없었다(이미 살펴보았듯이, 이탈리아에서는 상황이 달랐다). 상인에게는 귀족이 기회만 있으면 그를 약탈하려고 하는 게으른 낭비꾼으로 여겨졌고, 귀족은 상인들이 사회의 지배층으로서 귀족이 누려

온 배타적인 지위를 위협하고 있다고 경계하였다. 상인은 대개 귀족에 비해 더 많은 돈을 벌어들였고, 많은 경우 귀족 못지않게 잘 입고 사치스럽게 생활하였다. 그러나 상인은 돈을 교역사업의 자본으로 사용해야 했으므로, 돈을 쓰는 데 조심스러운 경향이 있었다. 귀족들은 상인들이 신중하게 돈을 지출하는 것을 지독하게 인색한 것으로 생각하였다. 귀족의 부는 토지에 있었고, 따라서 그의 돈은 자본으로 재투자할 필요가 없는 순수한 수입이었다. 그리하여 귀족은 돈을 마구 써버릴 수 있었고, 또 실제로 그렇게 하였다.

중세의 논자들은 사회를 "기도하는 자와 싸우는 자 그리고 일하는 자"의 세 계급으로 나누곤 하였다. 가장 높은 계급인 성직자는 하나님을 섬기고, 인간의 구원을 위해 힘썼다. 두 번째 계급인 귀족은 교회와 사회 전체를 적으로부터 보호하였다. 세 번째 계급은 노동을 통해 생산을 함으로써 다른 두 계급의 물질적인 필요를 충족시켰다. 상인들은 이러한 구분에 전혀 걸맞지 않았으며, 그들이 중세 사회에서 인정받고 존중되는 역할을 찾기는 어려웠다. 물론, 중세에도 아주 미약한 정도나마 사회이동social mobility이 있었다. 중세 전반을 통해 가난한 태생이지만 뛰어난 능력을 지닌 자들이 교회에서 높은 자리에 오르는 경우가 여럿 있었고, 독일의 농민출신 직신ministeriales : p. 233 참조 가운데 일부는 기사 가문으로 성장하기도 했다. 12세기 중엽까지도, 농민 태생이 귀족의 자질을 타고나 귀족이 되기를 열망하는 것은 있을 법한 일로 여겨졌다. 사회가 기본적으로 사제와 귀족 그리고 농민으로 이루어져 있는 한, 이러한 일은 귀족의 관점에서 대수로운 것이 아니었다. 기존 귀족과 경쟁하여 귀족의 신분으로 상승하려고 시도할 수 있었던 농민은 거의 없었다. 그러나 도시민의 성장은 이러한 상황을 변화시켰다. 한 계급 전체가 귀족과 경제적으로 동등해질 수 있게 되었고, 또 실제로 그렇게 되었다. 태생에 따른 귀족 신분의 원칙은 비교적 서서히 발전하였는데, 이는 분명히 부르주아지의 상승을 억제하기 위한 것이었다. 그럼에도 불구하고 상인들은 종종 왕에 대한 봉사를 통해 끊임없이 귀족 신분으로 상승해 나아갔다.

더욱 활성화된 경제의 성장은 기존 사회구조를 변형시키는 한편, 12세기인에게 아주 뿌리깊이 박혀 있던 몇몇 관념의 토대를 뒤흔들었다. 중세 초의 사람들은 하나님이 그의 뜻대로 세계를 창조하였으며, 그 세계는 기본적으로 영구불변한 것이라고 믿는 경향이 있었다. 화폐의 구매력이 장차 떨어진다거나, 가격이 올라 같은 물품이 더 값나가게 될 가능성은 그들에게 전혀 생소한 것이었다. 왕과 귀족은 주저 없이 토지와 권리를 고정된 화폐 지대로 항구적으로 임대하였다. 그들은 인플레이션에 직면했을 때조차 무슨 일이 일어나고 있는지 전혀 분명히 알지 못했던 듯하다. 경제적 안정과 불변성에 대한 이러한 믿음은, 공공재정의 분야에서 왕은 그의 정부와 궁정을 예로부터의 변함없는 세입으로 지탱할 수 있어야 하며, 긴급한 사태가 벌어진 경우가 아니라면 그의 수입원을 증대시키는 것은 본질적으로 비도덕적이라는 원칙을 낳았다. 마찬가지로 중세 초의 전 농촌사회는 고정불변의 사회질서를 전제하고 있었다. 일정한 토지에 부과된 의무와 부담은 영구불변한 것으로 간주되었다. 예농은 그의 토지에 결박되었으며, 영주는 예농을 보호해야 했다. 그러나, 상업은 그러한 고정된 사회체제를 완전히 부정하는 것이었다. 마음대로 드나들 수 있는 권리야말로 상인의 생활방식을 특징지우는 요체였다. 그리하여 부유한 부르주아지는 봉건적인 생활유형에 새롭고 진보적인, 그리고 잠재적으로 파괴적인 요소로 작용했다.

새로운 상인계급에 대한 중세 군주들의 태도는 탐욕으로 완화된 본능적인 적대감으로 표현될 수 있을 것이다. 그 당시의 지배적인 이론이 어떠했든, 왕들은 실상 더욱 많은 수입을 필요로 하였고, 도시는 그들에게 매우 유용한 수입원이었다. 이에 따라 12세기가 지나면서 도시의 발달에 대한 왕들의 태도는 뚜렷하게 변하게 되었다. 예컨대, 12세기 초에 프랑스의 루이 6세는 새로운 도시 공동체를 억압하려고 애썼으나, 그의 손자인 필립 존엄왕은 거꾸로 도시의 육성에 힘썼다. 도시들이 막대한 금액의 수입을 제공해 줄 수 있었으므로, 왕들은 결국 왕국을 통치하는 데 봉건제후들의 충성심에 의존할 필요가 없게 되었고, 그리하여 중세의 통치관행에서 벗어날 수 있었다.

교회는 처음에는 모든 상업행위를 의심의 눈으로 바라보았다. 어쨌든, 교역의 궁극적인 목표는 돈을 버는 것이었고, 탐욕은 기독교 윤리에 따르면 용서받지 못할 죄였던 것이다. 그러나 막상 교역활동이 정상적인 생활방식으로 당연시될 정도까지 보편화되자, 교회의 교리에는 그 발전을 억제할 요소가 거의 없었다. 중세의 도덕가들은 경제 윤리의 세 가지 측면—빈민구제와 공정가격 그리고 고리대금—에 주목을 집중하였다. 그들의 가르침은 기독교 교리와 그 당시의 지배적인 관습 그리고 인간의 자연스러운 성향으로부터 영향을 받았다. 가난하고 병든 자의 구제라는 첫 번째 영역에서는 기독교적 요소가 두드러졌다. 불쌍한 사람에게 인간적인 존중을 해주고, 가용한 자원에 비하여 최대한의 보살핌을 제공한 점에서 중세 문명에 필적할 문명이 있을는지는 의심스러울 정도다. 가난하고 병든 자의 존재는 기독교도의 덕 가운데 가장 중요한 자비를 베풀 기회를 주기 때문에, 저주라기보다는 축복으로 간주되었다. 재산깨나 있는 사람은 모두 빈민에게 자선을 베푸는 것을 당연하게 여겼다. 제후와 귀족들은 구빈을 전담하는 관리를 두어, 아낌없이 자선을 베풀었다. 성 · 속의 영주들과 부유한 상인들도 병자를 돌보기 위한 병원을 설립하였다. 중세의 구빈 원칙에는, 상인들이 벌어들인 돈을 가난한 이에게 아낌없이 나누어 주려고만 한다면, 상업을 저해할 요소가 없었다.

교회의 공정가격 이론 또한 상업에 어떠한 장애도 되지 않았다. 공정가격에 대한 중세의 관념은 종종 여겨지는 것보다 훨씬 덜 엄격하였다. 유용성이나 희소성 또는 생산비에 따라 상품의 가격을 고정시키려는 여러 가지 이론이 제시되었으나, 가장 널리 받아들여진 토마스 아퀴나스Thomas Aquinas의 이론은 단순히 "공정가격"이란 개방된 시장에서 공정한 거래로 정해지는 가격이라는 것이었다. 다시 말해서, 상인은 상품의 질을 속이거나, 사재기를 하여 인위적으로 상품을 희소하게 만듦으로써 시장을 교란시키지 않는 한, 자기의 상품에 대해 "공정가격"을 요구하는 셈이었다.

고리대금에 대한 중세 교회의 태도는 특히 금융업의 발전을 저해함으로써, 대규모 교역에 장애가 되었다. 중세의 교리에 따르면, 빚에 대한 이자는 예외 없이 죄스러운 것이었다. 이 교리는 돈이 본질적으로 무익한 것이라는 고전적인 관념에서 비롯되었고, 성경의 "주기만 하고, 아무것도 바라지 말라"는 구절로 뒷받침되었다. 이웃이 곤경에 처해 있을 경우, 기독교인의 명백한 의무는 그를 돕는 것이었다. 이웃의 곤경을 이용하여 이웃으로부터 이자를 뜯어낸다는 것은 분명 사악한 일로 여겨졌다. 이러한 사고방식은 중세 초의 농업적 농민사회에서는 충분히 타당성을 지니고 있었으며, 교회의 이자놀이 금지는 중세 농민들을 오늘날 동양의 농민사회에서 매우 중요한 역할을 하고 있는 마을 돈놀이꾼의 음흉한 손길에서 벗어날 수 있게 하였다. 그러나, 이러한 중세의 교리는 소비를 위한 대금과 투자를 위한 대금을 구별하지 않았다. 하지만 13세기로부터는, 기본적으로 채권자가 대금에 따르는 돈 떼일 위험에 대해 대가를 받아야 한다는 관념에 근거하여, 여러 주된 수정이 이루어졌다.

고리대금에 대한 교회의 태도는 12세기에 유대인의 지위에 큰 영향을 미쳤다. 중세 사회의 거의 모든 계층이 생활의 향상을 맛보고 있을 때, 유대인들은 파멸적인 좌절을 맛보았다. 교회의 가르침에 따라, 유대인은 강제로 기독교로 개종될 수 없었고, 유대인은 중세 초에 갖가지 수공업과 교역에 참여하면서 기독교도 이웃과 상호 관용적인 관계 속에서 섞여 살았다. 그러나 십자군 운동으로 말미암아 야만적이고 광신적인 반유대주의가 발생하였고, 같은 시기에 도시의 길드체제와 농촌의 봉건체제가 다같이 유대인을 대부분의 업종과 토지보유로부터 축출하였다(봉토를 획득하거나 길드에 입회하기 위해서는 선서—물론 기독교의 선서—를 해야 했으며, 유대인은 이 선서에서 배제되었다). 유대인은 점점 더 불가피하게 자본 이용의 유일한 방법으로 대금업을 택하게 되었다. 중세 내내, 몇몇 기독교도가 교회의 고리대금 금지령을 피하여 대금업에 종사하였고, 유대인이 여지껏 여겨져온 정도로 중세의 대금업을 독점한 적은 결코 없었다. 그러나 12세기에는 유대인이 모험자본을 필요로 하는 상인들뿐만 아니라 낭비가 심한 귀족과 재정이 궁핍한 정부에게도 매우 중요한 돈줄이 되어 있었다.

유대인은 그들의 인신을 보호하고 그들이 꿔준 돈을 되받는 데 도움을 주는 봉건제후나 대영주들 앞에서 완전히 무력하였다. 제후에게 유대인 거주자들은 값진 자산이 될 수 있었다. 그들은 제후와 기사 그리고 심지어는 수도원 등의 교회조직에도 높은 이자율로 돈을 빌려 주어, 큰 이익을 거두었다. 그들은 영주에 대해 아무런 권리도 갖고 있지 못했으므로, 영주는 돈이 필요할 때마다 그들의 재산을 압류할 수 있었다. 예컨대, 영국의 유대인은 왕의 윤허에 의해, 그리고 왕의 보호 아래 영국에 정착하였다. 유대인이 돈을 꾸어줄 때마다, 그 거래 명세는 왕의 관리들에 의해 문서에 기록되었다. 왕은 꾸어준 돈을 되받을 때 유대인을 돕는 대가로 채무액의 1할을 받아 내었고, 유대인이 죽었을 때에는 그 재산의 1/3을 차지하였다. 어느 때건 돈이 크게 필요하면, 왕은 마음대로 얼마든지 유대인에게서 돈을 뜯어낼 수 있었다. 고리대금업자는 언제나 혐오의 대상이었고, 그들의 종교—즉, 유대교—가 더욱 더 그들을 그렇게 만들었으므로,

그들은 그들이 필요한 동안에만 용인되었다. 13세기에 들어서자, 기독교도 상인들이 대금업을 대규모로 수행하게 되었다. 이탈리아의 상인이 영국의 제후에게 돈을 꾸어주곤 하였다. 채무변제는 양모로 이루어졌는데, 양모 가격은 정상보다 낮게 쳐져, 공식적으로는 이자가 없었지만 실질적으로는 채권자에게 충분한 이익이 돌아가게 되어 있었다. 이러한 기독교도 대금업자들의 대두로 유대인은 더 이상 필요치 않게 되었고, 이에 따라 그들은 13세기 말에 영국과 프랑스에서 추방되었다. 유대인에 대한 박해가 중세 말 독일에까지 확산되자, 북방의 유대인은 폴란드를 그들의 주된 피난처로 삼았다.

38. 농민의 생활

도시의 발달과 그에 따른 농산물 시장의 발달은 농촌사회의 구조를 대체로 농민에게 유리한 방향으로 크게 변화시켰다. 이 변화는 극히 서서히 일어났고, 그 여러 측면이 동시에 진행되었기 때문에, 이를 논리정연하게 서술해 내기는 어렵다. 한 가지 측면은 예농의 해방이 크게 진척된 것이었다. 교회는 언제나 영주에게 예농을 해방시켜 주는 것이 경건한 행위라고 설교하였다. 신앙심과 충실한 봉사에 대한 감사로 많은 업주가 예농들을 개별적으로 해방시켜 주었으나, 대규모의 예농해방은 좀더 강력한 동기가 나타날 때까지 기다려야 했다. 이는 도시의 성장과 함께 나타났다. 도시의 발달로 농민은 열심히 일해서 얻은 잉여생산물을 내다 팔 수 있게 되었다. 이로써 촌락의 예농들은 영주에게 상당액의 돈을 주고 자유를 살 수 있었다. 더구나 도시의 존재 그 자체가 자유를 더욱 값진 것으로 만들었다. 도시에는 자유민이 유리하게 이용할 수 있는 기회가 널려 있었다. 또 한편으로, 도시는 예농들에게 도주할 마음을 심어줌으로써, 영주에게 더욱 많은 문제를 안겨 주었다.

농민에게 유리한 방향으로 작용한 또 다른 요인은 12세기에 새로운 농경지가 크게 증가한 것이었다. 10세기와 11세기의 농업팽창 시기에, 새로운 토지가 "무단 정주"나 개간(즉, 기존 촌락의 경작지를 넓히는 것)에 의해 경작지로 편입되었다pp. 199~200 참조. 12세기에는 많은 경우 왕과 대영주들이 앞장서서 농민들을 유인해 그들의 토지에 정착시키고 새로운 촌락을 건설케 하였다. 이로 인한 영주의 이익은 명백한 것이었다. 영주로서는 황무지로부터는 아무런 수입도 얻어낼 수 없지만, 일단 그 토지가 경작되면 지대를 거둘 수 있게 되는 것이다. 정착이 특히 성공적으로 이루어져, 번창하는 작은 시읍market-town으로 성장하면, 지대 외에도 관세나 시장세와 같은 수입까지 생기게 되었다. 정착민을 끌어들이기 위해, 영주는 대개 인신의 자유와 부역 대부분의 면제 그리고 촌락 공동체에 대한 상당한 자율성 부여 따위의 유리한 조건을 제시해야 했다. 새로운 정착촌은 대개 앞에서 이미 언급한 도시 특허장과 비슷한 특허장을 받았다. 전형적인 예로 루이 6세1108~1137가 르와르 지역의 로리Lorris라는 소읍에 부여한 특허장을 들 수 있는데, 이 특허장은 그 뒤 널리 모방되었다. 이 특허장은 모든 주민에게 가옥 및 토지에 대한 지대의 고정, 1년과 하루 뒤의 인신적 자유, 그리고 자의적인 과세 및 처벌로부터의 면제를 보장하였다. 이러한 "로리의 특권"은 매우 큰 반향을 일으켰고, 프랑스의 다른 여러 촌락에 부여된 특허장의 모델이 되었다. 새로 설립된 정착촌은 프랑스에서 빌 뇌브ville neuves : 새로운 촌락라 불리어졌고, 빌 뇌브는 오늘날의 프랑스에서도 아주 흔한 지명으로 남아 있다.

새로운 촌락으로 농민이 몰려들자, 이웃한 기존 촌락의 영주들도 이에 자극을 받았을 것이다. 그들은 농민의 도주를 막기 위해, 농민들에게 좀더 좋은 조건을 제시하였다. 그리하여, 12세기와 13세기에는 집단적인 예농해방이 꽤 보편화되기에 이르렀다. 영주는 한 촌락의 주민들을 한꺼번에 자유민으로 선언하는 특허장을 발행하곤 하였다. 특허장에는 그에 뒤이어 그들이 영주에게 지는 의무들이 나열되었다. 대개의 경우, 이에는 그들이 예농으로서 지고 있던 부담들이 거의 그대로 들어가 있었으나, 예농 신분을 특징짓는 표지로 여겨지던 부담들은 제외되었다. 예농은 영주의 동의 없이 결혼할 수 없었다. 자유농free peasant은 물론 영주에게 묵인의 대가를 지불해야 했지만, 자기 뜻대로 결혼할 수 있었다. 예농은 장원을 떠날 수 없었다. 해방된 예농은 대개 속옷만 입고 빈털터리로 떠나야 한다고 전제되긴 했지만, 장원을 떠날 수 있었다. 농민들의 생활은 거의 나아지지 않은 것으로 여겨지지만, 영주는 일단 예농을 특허장으로 해방시킨 뒤에는 농민의 부담을 증가시킬 수 없었다. 농민의 부담은 특허장으로 영구히 고정되었던 것이다. 따라서, 해방된 예농은 자유민으로서의 위엄 및 위신과 함께 부담의 확실한 고정화라는 이점을 누리게 되었다. 이러한 부담은 무거운 것이었을 테지만, 농민은 이제 더 이상 영주의 자의에 좌우되지 않게 된 것이다.

농민이 예농으로 남아 있든 해방되었든, 농산물 시장의 발달은 그의 입장을 변화시켰다. 농민이 생산물 가운데 일부를 팔아 영주에게 화폐로 지대를 낼 수 있게 되자마자, 양쪽 모두로부터 이러한 지대형태 변화를 지향하는 성향이 나타나게 되었다. 대체로, 가장 먼저 금납화된 지대는 농민보유지와 장원의 편의시설 사용에 대한 현물공납이었다. 이들은 양측 모두에게 성가셨기 때문에, 곧 대부분 화폐지대로 바뀌었다. 그 다음에 노동부역의 금납화가 이루어졌다. 농민들은 부역을 극히 싫어하였다. 씨뿌리기, 추수하기, 또는 풀베기에 꼭 알맞는 날씨에 그들은 자기 땅은 제쳐놓고 우선 영주의 직영지에서 일을 해야 했다. 이러한 부역은 영주의 관점에서도 바람직하지 못한 것이었다. 마지못해 하는 노동은 비능률적일 수밖에 없었다. 영지 경영에 관한 그 당시의 문헌들은 농민들의 작업을 감독하고 그들로 하여금 매일 충분한 양의 일을 하게 할 방법들을 기술하는 데 많은 지면을 할애하고 있다. 영주는, 부역 대신에 화폐를 받게 되면, 직영지를 경작할 임금노동을 고용할 수 있었다. 물론, 대개의 경우 영주는 가장 손쉽게 이용할 수 있는 노동력 공급원인 자기 장원의 농민들을 고용하였을 것이다. 임금노동자로서, 그들은 더 효율적으로 통제될 수 있었다. 이따금 영주는 한걸음 더 나아가, 직영지를 여러 부분으로 나누어 차지인에게 임대하였다. 이 경우 영주에게 필요한 것은 오로지 지대징수관뿐이었다. 이따금 "장원의 해체"라고 불리는 이러한 과정은 12세기에 시작되었다가, 곡가의 등귀로 직영지 경영이 매우 이윤 높은 것이 되었던 13세기에 중단되었던 것 같지만, 중세 말에 가서는 훨씬 더 광범위한 규모로 재개되었다pp. 618~619 참조.

지대의 금납화가 처음 이루어졌을 때, 그것은 단지 영주와 차지인 양쪽 모두에게 편리한 것일 뿐이었다. 그러나 일단 차지인이 그의 토지를 고정된 화폐 지대로 보유하게 되자, 가격의 상승이나 화폐가치의 하락은 그의 상황을 향상시키게 될 것이었다. 대부분의 영주는 경제학적인 관념을 거의 갖고 있지 못했고, 한때에는 꽤 높은 지대였던 것이 어느 땐가는 아주 낮은 것이 되리라고는 전혀 짐작도 못했을 것이다. 몇몇 신중한 영주는 미리 자구책을 강구해 두었다. 그리스도 처치Christ Church의 캔터베리 수도원은 차지인들의 노동부역을 금납화하였을 때, 적절하다고 여겨지는 경우 다시 부역을 요구할 권리를 유보해 놓았던 것이다. 그러나 그러한 예방책을 강구한 영주는 거의 없었다. 가격은 13세기 동안 시장 팽창에 자극받아 서서히 그러나 꾸준하게 상승하였다. 그 결과, 고정된 지대의 실질 가치는 농민에게 유리하고 영주에게 불리하게 하락하였다. 그러나, 지금까지 논해온 발전들이 전반적으로 농민에게 유리한 것이긴 하였지만, 상황개선으로 변화는 대개 매우 느렸고, 또 결코 일률적인 것이 아니었음을 염두에 두어야 한다. 12세기 말에도 촌락민에는 여전히 여러 등급의 자유로운 또 예속된 농민들이 포괄되어 있었다. 많은 촌락민의 경우에는 이미 앞 장에서 고찰한 바 있는 상황—강제 노동부역, 영주에의 직접적인 예속, 그리고 기껏해야 겨우 목숨을 지탱하는 데 모자라지 않을 식사 등—이 여전히 개선되지 않고 있었다.

이제 경제적 변화에 관한 전반적인 고찰로부터 농민생활과 농민문화의 구체적인 양상으로 눈을 돌려보자. 13세기 영국의 농촌사회에 관한 선구적인 연구에서, 조지 호만스George Homans는 전통적인 유형의 장원에서 농민 가족이 1년 단위로 되풀이하는 주기적인 활동을 전형적으로 재구성해 내었다G. C. Homans, *English Villiages of the Thirteenth Century*, Cambridge, Mass, 1941—역주. 약간의 수정을 가하면, 그의 묘사는 북부 유럽의 대다수 농민에게도 타당할 것이다. 농민의 생활이 매일매일의 고된 노동으로만 이루어진 것은 아니었다. 물론 노동은 모든 농민의 실생활에서 주된 부분을 차지하고 있었고, 농민의 생활은 계절의 변화와 그에 맞는 노동으로 가장 두드러지게 형성되었다. 그러나 이러한 노동의 연속 중간중간에 교회의 대소 축제가 끼여 있었다. 또한 이교 시대의 자연숭배와 다산의식으로부터 유래되어 남아 있던 옛 관행들도 농민생활을 좀더 다채롭고 다양하게 해주었다. 그러한 관행은, 농민들은 그런 민속이 지니고 있었던 원래의 종교적 의미를 몰랐을 테지만, 촌락의 생활양식 속에 완전히 융해되어 있었다.

교회의 축제 가운데 가장 큰 세 가지는 크리스마스와 부활절 그리고 오순절(각각 그리스도의 탄생과 부활 그리고 부활 50일 뒤에 사도들에게 성령이 강림한 것을 기념함)이었다. 그러나 명망 높은 성인을 기리거나 성처녀the Virgin의 특별한 축일들을 기념키 위해 휴일로 제쳐진 날의 수는 꾸준하게 늘어나, 1년에 50일은 다반사가 되었고, 몇몇 교구에서는 심지어 100일(그리고 이에 더해 매주 일요일도 휴일이다)에 이르렀다. 사람들이 휴일을 열광적으로 맞이하였음은 충분한 증거로 뒷받침된다. 12세기의 한 작가에 따르면, "축제날이면… 젊은이들이 펄쩍펄쩍 뛰고, 춤추고, 씨름하고, 돌을 던지고, 창던지기를 하면서… 마구 날뛴다… 그리고 미의 여신Cytherea이 달이 뜰 때까지 소녀들의 춤을 이끈다."

경작 주기는 추수가 끝나 모든 낟알이 다 거두어진 뒤인 9월 말에 시작되었다. 성 미카엘과 모든 천사의 축제9월 29일가 바로 그때를 가리켰는데St. Michael, Archangel : 구약에 언급된 천사들의 우두머리. 4세기부터 동방에서는 병자의 수호자로, 서방에서는 전사의 수호자로 숭앙됨—역주 이 "미카엘제Michaelmas"가 임대차 계약을 개시하고, 장원의 회계 문서를 작성하며, 그 해의 지대나 부과금을 납부하는 날로 널리 알려져 있었다. 10월에는 다음 해의 농사를 위해 준비하는 작업이 쟁기질과 써레질 그리고 대개 밀이나 호밀인 겨울작물의 파종으로 시작되었다. 그 다음에 오는 것이 이교와 기독교의 전형적인 혼합인 할로윈Hallow'een 축제였다. 많은 종교에서 연말쯤에 사자死者의 축제를 거행해 오는데, 옛 북유럽에서는 그러한 축제가 11월 1일에 열렸다(이는 3개월마다 열리는 네 가지 축제 가운데 하나였는데, 나머지 세 개는 각각 2월, 5월, 8월의 초하루에 있었다. 이들은 모두 중세에도 여전히 어떤 형태로든 경축되었다). 농민들이 어떻게든 사자의 축제를 경축하려 했으므로, 중세 교회는 11월 1일을 모든 성자의 날All Saints' Day : All Hallows' Day로, 11월 2일을 모든 영혼의 날All Souls' Day로 명명하였다. 농민들은 의무적으로 11월 1일에는 성자들의 영광을 봉축하기 위해, 그리고 11월 2일에는 연옥에서 고통당하는 영혼들의 위안을 빌기 위해 미사에 참석하였다. 그러나 진짜 즐거운 일은 모든 성자의 날 전야All Hallows' Eve에 있었다. 사람들은 그때에 사자의 넋이 무덤에서 나온다고 생각하여, 그런 넋에 흘리지 않기 위해 여러 조치를 취하였다. 밤새도록 교회의 종들을 울려 대거나, 큰 화톳불을 피우고 그 주위를 맴돌며 때로는 가면을 쓰고서 춤을 추어댔다. 이때에는 또한 미래를 점치는 일도 성행하였다(처녀나 총각이 다음 해에는 결혼을 할 것인지 점치는 수많은 방법이 즐겨 쓰여졌다).

11월에는 쟁기질을 좀더 하고, 앞서 추수한 곡식을 탈곡하여 쌓아두는 일을 하였다. 그러나 11월의 가장 특징적인 작업은 가축의 도살이었다. 여름에 방목하였던 모든 가축을 겨울 내내 먹여 살릴 만큼 사료가 충분한 적은 없었다. 그래서 나머지 가축은 11월에 도살하였고, 그 고기는 겨울양식으로 소금에 절여 놓았다.

12월은 12월 25일에 시작하는 크리스마스 축제를 준비하는 데 거의 다 들어갔다. 옛 동지 축제에서 유래되고, 4세기 이래로 지금까지 그리스도 탄신일로 경축되어 온 크리스마스는 농민에게 1년 중 가장 큰 축제였다. 그때는 축제에 이상적인 시기였다. 저장해 놓은 음식은 아직 많이 남아 있고, 할 일은 거의 없는 농한기였던 것이다. 크리스마스 날이 되면, 농민들은 미사를 마친 뒤, 대개 영주의 집에서 함께 모여 맘껏 먹고 즐겼다. 그 이후 12일 동안은 하루도 빼지 않고 다 휴일이었는데, 그 절정은 1월 6일의 주현절Epiphany : 세 명의 동방박사가 베들레헴으로 아기 예수를 찾아뵌 것을 기념하는 축제—역주이었다. 이때에 사람들은 그저 먹고 마셔댔으며, 도덕적인 규제도 전반적으로 느슨해졌다. "엉터리 영주님Lord of Misrule"도시에서는 "꼬마주교Boy-Bishop"이 선출되어 술잔치를 주재하였다. 이때에는 또한 신비스러운 내용의 무언극도 공연되었다. 그 줄거리는 마을마다 달랐으나 주제는 언제나 같았다. 등장인물 가운데 하나 또는 그 이상이 살해당했다가 기적적으로 다시 생명을 되찾게 된다는 것이었다. 아마도 이는 해年의 죽음과 부활을 경축하는 옛 의식이 잔존한 것일 게다.

2월 2일은 성처녀의 축제인 성촉절Candlemas : 아기 예수가 예루살렘의 신전에 봉헌된 것과 성모 마리아의 순결을 경축하는 촛불 행렬의 축제—역주로 경축되었는데, 이때 사람들은 촛불을 들고 교회로 갔다. 2월에는 농사일의 속도가 빨라지기 시작했다. 3포제의 촌락에서는 지난해에 밀을 심었던 포field를 이때에 갈아서 봄 작물—대개는 귀리와 보리 그리고 그와 함께 콩과 완두콩—을 파종할 준비를 해야 했다(그리고 농민들이 자신의 보유지를 갈고 씨뿌릴 때면 언제나 영주의 직영지에서도 그러한 작업이 이루어져야 했다). 이 계절에 교회의 달력은 3월 22일에서 4월 25일 사이의 어느 일요일도 될 수 있는 유동적인 축제인 부활절이 다가옴을 알리고 있었다. 부활절 이전의 40일간은 사순절Lent로서, 이때에는 다가올 축제를 대비하여 단식과 참회를 행하였다. 아마도 그때쯤이면 어찌되었든 농민들에겐 먹을 것이 부족했을 것이다.

부활절을 뜻하는 영어 이스터Easter는 앵글로-색슨의 풍요의 여신인 에오스터Eostre에서 유래한 것이다. 그러나 농민들이 실제로 지냈던 부활절 축제에는 중세 기독교가 지닌 강력한 상징체계가 유감없이 나타났다. 사순절 내내 교회의 제단 앞에 휘장을 치고 십자가도 천으로 싸놓았다가, 부활절 이전의 예수 수난일Good Friday : 예수가 십자가에 못박혀 죽은 날로 알려짐—역주에 휘장을 찢어 거두고, 십자가에 둘렀던 천을 벗겨내었다. 사람들은 무릎걸음으로 제단에 다가가 제단 아래에 놓인 십자가에 입맞추었는데 이 의식은 "십자가로 기어감creeping to the cross"이라 불리었다. 부활절 전야에는 "새로운 불new fire"의 의식이 있었다. 어두워진 교회 안에서 불꽃을 하나 살려 거대한 부활절 초에 옮겨 붙이는 것이었는데, 이 초는 "진정한 빛"으로서의 그리스도를 상징하였다. 끝으로, 부활절 아침에는 기독교도의 1년 가운데 가장 기쁨에 찬 행사인 부활절 미사가 거행되었다.

부활절 이후 한 주일은 휴일이었다. 부활절 다음으로 중요한 기독교 축제인 오순절Pentecost은 부활절 50일 뒤에 있었고, 오순절 이후에도 역시 한 주일의 휴일이 있었다. 그 사이에는 5월제Mayday : 이교 시대의 다산을 기리는 축제에서 유래된 것으로 추정됨—역주가 있었다. 이는 전혀 기독교 축제가 아니었으나, 농민들은 아주 즐겁게 5월제를 경축하였다. 5월제는 젊은이와 꽃과 화환과 사랑의 축제였다. 마을의 젊은 남녀는 들판으로 나가 산사나무 꽃(영국에서는 "메이may"라 불리었다)을 따 모았다. "5월의 여왕May Queen"이 뽑혔다. 5월제의 기둥maypole을 에워싸고, 또는 교회 경내에서 춤판이 벌어졌다. 잘 알려진 사실이지만, 중세 농민들은 축제날에 마을 교회에서 즐겨 춤추었는데, 이는 교회의 사제들이 언제나 그렇게 하는 것을 꾸짖었기 때문이었다. 실제로 사제들은 특히 교회 축제 때에는 춤추는 것을 아예 금지해버리려 하였다. 중세의 한 도덕가는 "휴일날 쟁기질과 같은 천한 일을 하는 것이 용서받지 못할 중죄라면, 춤추는 것은 그보다 훨씬 더 죄스러운 일이다"라고 썼다. 그러나 농민들은 그러한 훈계에 전혀 귀 기울인 것 같지 않다.

농민의 한해살이를 놀이나 축제 중심으로 묘사하는 것은, 중세 장원에서의 끊임없는 노동이라는 배경을 염두에 두지 않는다면, 전혀 잘못된 인상을 줄 것이다. 초여름의 몇 달은 비교적 덜 고된 기간이지만, 그래도 필요한 일들—부활절 이후 또 한 번의 쟁기질, 작물과 채소가 자라고 있는 밭에서의 끝없는 김

매기, 양털 깎기, 퇴비를 운반하고 뿌리기—이 끊임없이 밀어닥쳤다. 그리고 언제나 우유 짜는 일과 가축을 먹이고 돌보는 일이 있었다. 촌락민들은 시간을 내어 6월 24일의 하지Midsummer 축제를 경축하였다. 이는 세례자 요한의 탄생 축제였으나, 실은 이 역시 이교 시대로부터 유래된 것이었다. 성 요한제 전야에는 젊은이들이 횃불을 들고 들로 달려나가 언덕 밑으로 불붙인 굴렁쇠를 굴려 내렸다. 그러나 이 축제가 지나면 기나긴 여름날의 거의 모든 시간이 화급하고 긴요한 노동으로 채워졌다. 7월은 촌락의 경제에 극히 중요한 건초를 수확하는 달이었다. 겨울 동안 적어도 쟁기를 끌 가축들을 먹일 만큼 건초가 확보되지 않으면, 마을 전체가 비참한 곤경에 처하게 될 것이었다.

마지막 대축제는 앵글로-색슨의 빵축제hlaf-mass; loaf-mass에서 유래한 수확제Lammas였다. 8월 1일의 이 축제는 곡물 수확의 개시를 가리키는 것이었다이때 첫 곡식으로 빵을 만들어 먹었다—역주. 이제 일할 수 있는 마을의 모든 사람이 남녀노소를 가리지 않고 일을 해야만 했다. 농민의 주식은 빵이었고, 다가올 겨울에 굶지 않으려면 밀이나 호밀을 충분히 수확해야만 했다. 그리고 농민이 자기 보유지에서 힘을 다해 일해야 할 바로 그 시기에, 영주의 집사는 직영지의 추수를 위해 농민에게 부역을 강요하곤 했던 것이다. 그리하여 수주일 동안 뼈를 깎는 고된 노동이 계속되었다. 그러나 마침내 9월의 언젠가엔 추수가 끝나고, 마을 전체가 영주관에서 수확완료를 축하하는 만찬을 즐기며 쉴 수 있게 되었다. 곧 다시 미카엘제가 다가오고, 또 다시 새로운 1년이 시작되었다.

중세 촌락민의 상황은 10세기에서 13세기 사이에 개선되었다. 그러나 그들의 물질적인 복지에 대해 지나치게 낙관적인 생각을 해서는 안 될 것이다. 삶은 언제나 불확실하였다. 풍족한 시절이 지나면, 한 작물이 다 소비되고 다음 작물이 아직 수확되지 않은 상황에서 굶주림의 시절이 찾아들었다. 위대한 경제사가인 마르크 블로흐Marc Bloch는 중세 프랑스의 농촌생활을 묘사하면서, 중세 내내 변함없이 존속한 몇 가지 현실을 지적하였다M. Bloch, *French Rural History*, Berkley and Los Angeles, 1970—역주(그는 중세를 1050년경 이전과 이후의 두 "봉건시대"로 나누었다). "두 봉건시대의 사람들은 자연에 가까이—우리보다 훨씬 더 가까이—있었다. 그리고 그들이 알고 있던 자연은 오늘날 우리가 알고 있는 자연보다 훨씬 더 거칠고 광폭하였다… 오늘날 옛날이야기에서나 나오는 야수들—곰, 그리고 무엇보다도 이리—이 황야에서 그리고 심지어는 경작지에서도 어슬렁거리고 다녔다… 밤은 빈약한 조명 때문에 더 어두웠고, 추위도 더 혹독했다. 요컨대, 전 사회생활의 저변에는 원시적인 것, 통제할 수 없는 자연에의 복종, 그리고 어찌할 수 없는 가혹한 환경이 배경으로 깔려 있었다."

우리는 언제나 중세의 상황이 오늘날의 "저개발" 사회가 처해있는 상황과 본질적으로 유사하지만, 중세인은 외부로부터의 원조마저 기대할 수 없었다는 사실을 염두에 두어야 한다. 중세에서 가장 사정이 좋았던 시절에도 오늘날의 기준으로 보면 놀라울 정도로 굶주림과 질병이 크게 만연해 있었고, 유아 사망률이 매우 높았다. 갓 태어났을 때의 기대수명은 13세기 중엽 영국의 경우 35년으로 증가하였는데, 이는 1930년대의 중국에서와 대략 같은 수준으로서 오늘날의 서구를 기준으로 볼 때 너무나 낮은 것이다. 반면에 이는 대부분의 산업사회 이전에 나타나는 수치에 비해서는 매우 높다고 할 수 있다.

39. 기사도 : 새로운 사회규범

화폐경제의 발달은 처음에는 기사계급에게 완전히 긍정적인 영향을 미쳐, 그들의 생활양식을 크게 변화시켰다. 기사들은 이제 직영지의 생산물과 농민으로부터 받은 현물지대 중에서 쓰고 남는 부분을 내다 팔 수 있었다. 그 돈으로 그들은 여지껏 써보지 못한 사치품을 살 수 있었다. 그들은 더 이상 자기 양모를 가지고 촌 아낙네가 서툰 솜씨로 지은 볼품없는 옷을 입지 않아도 되었다. 플랑더즈의 훌륭한 기술로 만들어진 고급 모직물을 살 수 있게 되었던 것이다. 설탕과 향료가 끼니때마다 그들의 혀를 만족시켜 주었다. 공식 행사가 있을 때면, 그들은 동방에서 들여온 비단옷을 걸쳤다. 그들의 갑주는 숙련된 기술자들에 의해 멋지게 치장되었다. 곧 그들은 선조들보다 훨씬 더 사치스러운 생활을 누리게 되었다. 그들의 사치욕이 수입에 비해 너무 지나치다면, 그들을 빚구렁에 빠뜨리게 해줄 돈놀이꾼이 있었다. 변화는 많은 장원을 지닌 제후들의 경우에 특히 두드러졌다. 직영 장원을 여기저기 떠돌아다니면서 배를 채울 필요는 더 이상 없었다. 한 곳에 거처를 정해 놓고, 다른 장원의 생산물을 팔아 그 돈으로 살아가면 되었던 것이다. 또 흙둔덕 위에 세운 4~5개의 목조 요새 대신에, 주된 거처에 멋진 석조 성채를 세워 더욱 안락하게 꾸밀 수 있게 되었다. 그들은 음침한 내성에서 빠져 나와, 위용을 자랑하는 탑들을 거느린 높은 돌담으로 에워싸인 쾌적한 저택을 지었다. 그곳에는 대개 커다란 벽난로가 딸린 멋진 홀이 있어 영주와 그의 종자들이 잔치를 벌이곤 하였고, 영주와 그의 가족을 위한 방들도 갖추어져 있었다. 벽은 처음에는 벽화로, 뒤에는 융단 벽걸이로 치장되었다. 이 모든 것은 10세기와 11세기의 불편했던 상황에 비한다면 놀라운 발전이 아닐 수 없었다. 물론 우리에게는 가장 훌륭한 중세의 석조 성채도 춥고, 외풍이 심하며, 불편하고 비위생적인 것으로 비추어질 것이다. 그러나 뒷날의 통치자들이 살게 될 웅장한 바로끄와 로코코 궁정들도 역시 그러했다. 모든 시대는 각기 제 나름의 사치를 알고 있었다. 안락함은 현대의 발명인 것이다.

상업의 부활은 대다수 귀족—기사와 소제후—과 대봉건제후 사이의 격차를 크게 벌려 놓았다. 전자는 조그마한 시장으로부터, 또는 지나가는 상인에게 다리 통행세를 부과하여 약간의 수입을 올리긴 했겠지만, 그들의 수입은 대부분 농업에서 나왔다. 그러나 커다란 이윤은 큰 시장의 통제와 번창하는 대도시의 소유에서 비롯되었고, 이들은 제후들의 수중에 있었다. 상파뉴의 정기시들이 전성기에 있었을 때, 상파뉴백은 프랑스에서 가장 부유한 제후의 하나였고, 플랑더즈백은 그의 번창하는 도시들로부터 막대한 수입을 끌어냈다. 모든 귀족이 교역의 부활로 이익을 얻기는 했지만, 대귀족이 소귀족보다 훨씬 더 많은 것을 얻었다.

12세기와 13세기에, 여러 가지 요인이 결합하여 기사들의 윤리규범과 생활방식을 적어도 어느 정도는 세련되게 만들었다. 화폐경제의 재출현은 기사들로 하여금 더욱 안락하고 사치스러운 생활을 누릴 수 있게 해주고, 봉건제후의 권력을 강화시킴으로써, 이러한 변화에서 한 몫 했을 것이 분명하다. 제후들은 자기 영역에서 전보다 더 큰 정도로 질서를 유지할 수 있었고, 생활이 안락해지면 사람들은 세련되는 경향이 있는 것이다. 세련된 새로운 기사 윤리—기사도 chivalry라 통칭된다—의 첫 징표는 충분히 예상되듯이 전투와 연관하여 나타났는데, 이는 주로 전투를 전투참가자들에게 좀더 유쾌한 것으로 만들기 위한 것이었던 듯하다. 한 기사가 다른 기사를 포로로 잡은 경우, 그는 전과 달리 포로를 쇠사슬로 묶어 포로의 가족과 봉신들이 몸값을 치를 때까지 토굴감옥에 던져 넣지 않았다. 오히려 포로는 존중해야 하는 손님으로 대접받았다. 실상, 몸값을 마련하지 못하면 되돌아오겠다는 서약을 받고 포로를 풀어주어 몸값을 마련케 하는 것이 곧 관례화되었다. 한편, 기사의 갑주는 아주 무겁고 바람도 안 통해 대단히 불편하였다. 더운 날에 갑주를 입고 다니는 것은 아주 괴로운 일이었음에 틀림없다. 그러나 기사들은 언제 어디서 적을 만날지 몰랐으므로 무장하지 않고서는 나다니지 않으려 하였다. 12세기 중엽에는 무장하지 않은 기사를 공격하는 것이 온당치 못한, 실로 수치스러운 행위가 되었다. 품위 있는 기사는 적을 공격하기 전에 갑주를 갖춰 입을 기회를 주게 되어 있었다. 이로써 기사들은 필요할 때를 대비하여 갑주를 짐말에 싣고 편안하게 여행할 수 있게 되었다.

비교적 세련된 이 행동규범 뒤에 깔려있는 관념은 기사로서의 명예라는 것이었다. 불리한 상황의 기사를 공격한다는 것은 공격자 자신의 용맹과 힘을 의심케 하는 것이었고, 따라서 수치스러운 일이었다. 12세기 말, 많은 기사들은 더 이상 자기가 이익을 위해 싸운다는 것을 인정하지 않으려 했다. 이론상으로 그들은 오로지 명예를 위해—기사들 사이에서 위엄을 떨치고 후손들로부터 명망을 얻기 위해—싸우는 것이었다. 그러나 실제로는 대부분의 기사들이 얻을 수 있을 이익에 여전히 촉각을 곤두세우고 있었다. 윌리엄 마샬의 전기를 쓴 작가는 그의 영웅이 오로지 명예를 위해 싸웠다고 줄곧 강조하였으나, 실제 행적을 보면 윌리엄이 포로나 말을 포획할 수 있는 기회를 언제나 호시탐탐 노리고 있었음을 분명하게 알 수 있다. 그리고 그 전기 작가 자신도 한 차례의 마상시합에서 윌리엄이 거둔 전리품을 자랑스럽게 열거하였다.

기사들의 행동에 영향을 미친 또 하나 주요한 요인은 교회의 꾸준한 감화였다. 게르만 전사들이 개종한 때부터 교회는 꾸준히 일관되게 그들에게 윤리를 갖추게 하려고 애썼다. 교회는 언제나 봉건전쟁에 반대하였고, 전쟁 억제에 힘썼다. 교회는 전리품을 얻기 위한 전투의 죄스러움을 설교하였다. 11세기에는 한 종교회의에서 하나님의 휴전Truce of God과 하나님의 평화Peace of God를 선포하였다. 하나님의 휴전은 축일—일요일과 주된 경축일—에 전투를 금지한 것이었다. 하나님의 평화는 여성과 상인, 농민 그리고 사제 등 비전투원에 대한 공격을 금지한 것이었다. 이 둘 모두 완전히 지켜지지는 않았지만, 봉건적 사투를 줄이고 완화시키는 역할을 한 것은 사실이다. 또한 설교의 효과나 고위성직자와 사제 그리고 궁정사제 등의 개인적인 영향을 측정할 수는 없지만, 그러한 것들이 별로 영향을 미치지 못했다고 단정할 이유는 없는 것이다. 어쨌든, 중세 내내 평화의 종교를 내세우는 교회의 이상과 본질적으로 호전적인 성향을 지닌 봉건 지배계급의 본능적인 태도 사이에는 긴장이 지속되었다. 기사계급에 대한 교회의 영향은 십자군에서 가장 분명하게 나타난다. 사람들로 하여금 기독교 세계의 적과 맞서 싸우게 한 동기는 여러 가지였겠지만, 종교적 정열이 그 가운데 가장 중요한 요소였음은 분명하다. 교회로서는 기사들을 싸우지 말도록 설득하기는 극히 어려웠겠지만, 그들의 호전적인 열정을 교회의 적에게 지향시키기는 비교적 쉬웠던 것이다.

그러나 12세기에 기사들의 행동에 중요한 영향을 미친 또 하나의 요인은 봉건사회에서 여성의 역할이 새로 강조된 데에서 비롯된 것이었다. 이는 교회의 영향과 함께 새로운 궁정적 사랑courtly love의 유행에 기인한 것이었다. 이미 고찰하였듯이 여성에 대한 교회의 입장은 모호하였으나, 교회는 꾸준히 여성에 대한 존중과 예의를 설교하였다. 더구나 성처녀 숭배와 막달라 마리아Mary Magdalene와 같은 성녀에 대한 숭앙이 점점 더 중요해지면서 여성의 지위도 전반적으로 향상되었다. 12세기와 13세기에 사제들이 꾸준히 노력한 결과 여성의 사회적 지위가 크게 개선된 것은 분명한 사실로 여겨지지만, 이에 대한 뚜렷한 증거는 결혼의 분야에서만 찾아볼 수 있다. 12세기 초에는 봉건계급에 속한 어느 누구도 싫증난 아내를 버리고 다른 여자와 결혼하는 것에 전혀 가책을 느끼지 않았다. 그러나 12세기 말에 가서는 이런 행위를 하려면 교회 법정의 인가를 받아야 한다는 것이 일반적으로 인정되고 있었다. 교회는 여전히 강력한 제후에게는 관대해야 했고, 그 법을 너무 엄격하게 시행할 수는 없었지만, 결혼관계는 교회법의 규제 아래 확고하게 안정되기에 이르렀다. 부부가 모두 헤어지기를 바라는 경우에는 별것 아닌 구실로도 결별이 가능하였으나, 여자가 반대를 하는 경우에는 교회가 개입하여 여자 쪽의 이익을 보호하였으며, 교회의 그러한 개입권이 일반적으로 인정되었다.

궁정적인 사랑은 중세 사회에 미친 매우 비교회적인 영향이었다. 그 핵심적인 내용은 기사가 가장 효과적으로 명예를 얻는 방법이 한 숙녀—대개 어떤 다른 기사의 아내—에게 찬미와 충성을 다하여 헌신하는 것이라는 것이었다. 이 기묘한 관념은 남부 프랑스의 음유시인들이 발명해 낸 것으로서, 충분히 이해할 수 있는 일이지만 이 새로운 이론에 흠뻑 매혹된 아키텐의 엘레노어Eleanor of Aquitaine와 샹파뉴의 마리Marie of Champagne 등 귀부인들에 의해 북쪽으로 전파되었다. 궁정적 사랑에 관한 문헌과 그 속에 들어 있는 관념들에 대해서는 다른 장에서 고찰될 것이다pp. 515~519 참조. 여기서는 단지 기사들의 행동에만 논의를 국한하고자 한다. 귀부인들이 직접, 또는 그들의 생각을 표현한 글들을 통해 얼마나 큰 영향을 끼쳤는지는 평가하기 어렵다. 기사들은 저녁에 오랜 시간 궁정적 사랑의 낭만적인 이야기를 즐겨 들었으나, 그들의 실제 행위가 그로부터 얼마만큼 영향받았는지는 알기 힘들다. 적어도 피상적으로나마 어느 정도의 개선이 있었음은 분명하다. 대부분의 기사는 노래나 악기 연주 또는 서정적인 연애시 낭송과 같이 여성을 즐겁게 해주는 재주를 익히려고 애썼다. 여자들은 좀 더 예의바른 대접을 받았다. 13세기에 귀부인을 유혹하는 일이 11세기에서보다 훨씬 더 미묘하고 세련되게 이루어졌음은 분명하다. 여성의 지위가 전반적으로 향상되었음을 가리키는 증거는 상당히 많다. 예컨대, 11세기에는 여자가 토지에 대한 신서를 하여 그 영지를 다스리는 일은 거의 없었다. 남편이 없는 여자는 어떤 남자든 남자의 보호를 받아야 했다. 그러나 13세기 초에 가면, 영주가 과부로부터 그녀가 상속한 봉토에 대해 신서를 받는 것이 예사로 되어 있었다.

봉건귀족이 특히 좋아했던 오락인 마상시합tournament의 발전에서는 중세 기사들의 행동에 영향을 미친 모든 요인을 찾아볼 수 있다. 봉건제후들이 자기 봉신들 사이에서의 싸움을 크게 줄여 비교적 평화로운 상황을 빚어내기 시작하자, 기사들은 권태에 빠지게 되었다. 전투는 그들이 해야 할 기능일 뿐만 아니라 주된 오락이기도 했던 것이다. 그리하여 그들은 마상시합이라고 하는 어느 정도 친선의 성격을 띤 전투를 고안해 내었다. 한 대제후가 각지에 사자를 보내어 아무 날 아무 곳에서 노르망디의 기사들과 일 드 프랑스의 기사들이 마상시합을 벌일 것임을 알린다. 지정된 날에 기사들이 양 진영을 이루어 정규적인 전투에서처럼 서로 맞닥뜨린다. 실상, 이러한 초기의 마상시합은 전투와 별다를게 없었다. 대개 두 지역을 줄로 쳐 안전지대로 삼고, 그곳에서 기사들이 갑주를 입거나 수선하였으며, 사로잡힌 기사는 언제나 몸값 마련을 위해 풀려났다. 단 하나 진짜 전투와 다른 점은 오락과 개인적인 이익 외에는 아무 목적도 없다는 데 있었다.

당연한 일이지만 혈기 넘친 기사들은 그러한 싸움의 와중에서 냉정을 잃기 십상이었고, 종종 죽는 사람이 나왔다. 이는 단순히 오락과 이익을 위한 살인이었고, 따라서 교회의 관점에서 볼 때 당연히 죄스러운 일이었다. 그리하여 교황들은 마상시합을 금하였고, 시합에 참여한 모든 사람을 무더기로 파문하였다. 그러나 이러한 조치는 기사들 사이에서 마상시합의 인기를 별로 누그러뜨리지 못했다. 하지만, 어느 정도는 교회의 영향 때문에, 마상시합은 훨씬 더 부드러운 것이 되었다. 12세기 말에는 두 진영이 집단적으로 난투melée를 벌이기 전에 몇 차례의 1대1 싸움이 벌어지곤 하였다. 곧 이러한 1대1 싸움—마상 창시합jousts이라 불리었다—이 마상시합의 주된, 그리고 뒤이어 유일한 부분이 되었다. 13세기 후반에는 날이 없는 창과 고래 뼈로 만든 칼로 마상시합을 벌이곤 하였다. 이 당시에 귀부인들이 구경꾼으로 참석하기 시작하였고, 시합이 끝나면 커다란 연회가 베풀어졌으며, 참관했던 지위 높은 귀부인이 가장 잘 싸운 기사에게 상을 내리곤 하였다. 이리하여 마상시합은 기사들이 명예와 귀부인들의 칭송을 얻기 위해 싸우는—그리고 어느 누구도 다칠 염려가 없는—대규모의 사교적인 유흥이 되었다.

그러나 여성의 지위 향상과 기사들의 윤리 및 행동양식의 세련화를 과대평가해서는 안 될 것이다. 빅토리아 시대Victorian age : 빅토리아Victoria 여왕[1837~1901]의 시대로 예절과 격식이 극도로 발달되었다—역주가 13세기에 태동한 것은 아니며, ≪왕의 목가 *Idylls of the King*(테니슨Tennyson[1809~1892]의 대표작—역주)≫에서와 같은 기사는 거의 없었다. 아내들은 여전히 남편에게 심하게 구타를 당하고 있었다. 법정에서 여성의 증언은 그녀 자신이 강간당하거나 그녀 앞에서 남편이 살해된 경우를 제외하고는 받아들여지지 않았다. 사람이 들끓는 성 안에서의 생활양식은 소위 '여성의 정숙함'을 전혀 불가능하게 하였다. 짝이 없는 귀부인이 자기가 임신했다는 소문을 들은 경우, 그녀는 거리낌 없이 그녀의 봉신들을 불러모아 자기의 완전히 발가벗은 몸을 보게 하였다. 14세기의 매우 엄격한 도덕가인 라 뚜르 랑드리La

Tour Landry의 기사는 자기 딸들에게 낯선 사람이 많이 있는 홀에서 함부로 옷을 벗지 말라고 충고하였다. 성 안에는 여전히 창녀들이 들끓었고, 어떤 귀족도 사생아를 낳고 부끄러워하는 법이 없었다. 요컨대, 도덕과 행동양식에서 나타난 변화는 중요하기는 하지만 아직은 상대적인 것에 지나지 않았다.

제13장 종교와 학문

12세기에는 경제의 대팽창과 함께, 문화적 활동도 활짝 꽃피웠다. 이 시대는 "인문주의Humanism"의 시대로 불리어 왔으며, 그 모호한 낱말이 지닌 많은 의미에 있어서 사실 그럴 만도 한 시대였다. 12세기의 저술가들은 그 전의 중세 저술가들보다 더 생동하는 인물로 우리에게 다가온다. 고전 문예의 연구가 되살아났고, 서정시에서는 자연에 대한 생생한 느낌이 넘쳐흐르고 있으며, 고딕 예술에서는 새로운 자연주의naturalism가 대두하였다. 중세 문명의 이러한 측면들은 뒷장에서 고찰될 것이다. 여기서는 12세기에 이루어진 기본적인 교회 및 학문의 발달을 다루기로 한다. 이들 영역에서 우리는 역시 강력한 인문주의적 또는 개인주의적personalist인 요소를 종교적 헌신의 형태로 지니고 있는 새로운 수도원 개혁 운동과 신학 및 철학에서의 새로운 사고방식, 그리고 법학의 대부활을 발견하게 된다.

40. 새로운 교단—클레르보의 베르나르

11세기 후반과 12세기 초반을 특징지운 거대한 종교적 열정의 물결은 중세 생활의 모든 영역에 영향을 끼쳤다. 어떤 사람들은 좀더 순수하고 비세속적인 형태의 종교가 필요하다는 느낌에 너무나 사로잡혀, 아예 기성 제도로서의 교회와 결별하고 이단 집단을 형성하였다pp. 409~422 참조. 좀더 전형적으로는 기성 교회 안에서 새로운 생활방식이 특히 새로운 교단의 형태로 성장해 나왔다. 예컨대, 1066년에 영국에는 36개의 수도원과 12개의 수녀원을 합쳐 총 48개의 베네딕트 수도원이 있었다. 1154년에는 6개의 교단에 245개의 수도원과 72개의 수녀원이 영국에 산재되어 있었다. 이들 새로운 승단은 서로 다른 형태를 지니고서, 종교생활 그리고 사회 전반에 대하여 서로 다른 목적을 추구하였다. 이탈리아에서는 11세기에 은자의 생활방식이 되살아났다. 그 운동의 주도적 인물들은 초기 교회사에 등장하는 사막 교부들Desert Fathers의 이야기에서 영감을 받았다. 11세기 말에는 비슷한 운동이 프랑스에서도 출현하였다. 새로운 개혁운동 가운데 가장 큰 영향력을 지니게 될 시토 교단the order of Citeaux은 성격상 순수한 수도원 운동으로서 베네딕트의 계율을 매우 엄격하게 지키려는 것이었다. 그러나 수사 사제regular canons, 즉 공동생활을 하기 위해 모여든 사제 집단들은 또 다른 종교생활 유형을 나타내었다. 우리는 이러한 서로 다른 조직 유형을 차례로 살펴보기로 하겠다.

새로운 은자적 종교 집단 가운데 가장 중요한 것은 카르투지오 교단Carthusian order : 카르투지오라는 이름은 이 교단의 본산인 라 그랑드 샤르트뢰즈 수도원의 샤르트뢰즈Chartreuse에서 유래하였다—역주이었다. 그 설립자인 랭스Reims의 성당학교 교장 브루노Bruno는 은자로 몇 년 동안 수행한 뒤, 약간 명의 추종자들과 함께 그레노블Grenoble 주교구로 흘러 들어가 한 황량한 산악지의 계곡에 정착하였다. 1084년에 그는 그곳에다 교단의 본산인 라 그랑드 샤르트뢰즈La Grande Chartreuse 수도원을 설립하였다. 교단의 구성원은 정규 수도승과 평수사lay brothers로 나뉘었다. 수도승들은 거의 모든 시간을 개인 수행방에서 보냈고, 특정한 예배를 드리거나 일요일과 축제날에 식당에서 회식을 하는 경우에만 함께 모였다. 그들은 전혀 고기를 먹지 않았다. 1주일에 3일은 빵과 물밖에 먹지 않았고, 나머지 4일은 야채와 우유 또는 치즈, 그리고 물을 탄 포도주를 섭취하였다. 그 수도원은 자리잡고 있던 황폐한 계곡 바깥에서는 어떠한 재산도 기증받지 않았기 때문에, 수도승들의 청빈은 보장되어 있었다. 평수사들은 약간의 야채를 재배하고 그 황폐한 계곡에서 기를 수 있는 만큼의 가축을 돌보았다. 그러나 그들에게는 수도원의 재정업무를 통제할 권리가 전혀 주어지지 않았다. 그들의 작업을 감독할 수도승이 한 사람 임명되었고, 그 수도승은 그들에 대해 완전한 통제권을 행사하였다. 카르투지오 승단은 극도로 열정적인 사람만이 그 엄격하기 짝이 없는 규율을 견뎌낼 수 있었으므로 처음에는 아주 서서히 확산되었다. 이 승단이 크게 팽창하여 기독교 수도원 제도에서 큰 비중을 차지한 것은 중세 말의 일이었다.

시토Citeaux 교단은 그 교단의 진정한 설립자는 아니지만 12세기의 가장 위대한 종교 지도자 가운데 하나였던 성 베르나르St. Bernard의 영향을 크게 받았다. 이 교단은 그 종교적 열정에 있어서는 카르투지오 승단에 필적하였지만, 많은 본질적인 측면에서 카르투지오 승단과 전혀 판이하였다. 1098년, 몰레즘Molesme 수도원의 원장이었던 로베르Robert는 그 수도원에서 베네딕트 계율의 준수를 위해 노력하였으나, 실망만을 맛보게 되었다. 그는 거느리던 몇몇 수도승들과 함께 시토로 옮겨가 계율을 엄격하게 준수하는 수도원을 새로 설립하였다. 로베르는 곧 몰레즘으로 되돌아 왔으나, 시토 수도원은 1109년까지 끈질기게 살아남았고, 바로 그때에 열정과 상상력을 겸비한 스티븐 하딩Stephen Harding: 1134년에 사망. 영국의 수도원 개혁가. 몰레즘 수도원에 있다가 로베르와 함께 시토로 갔다. 시토 교단의 조직에 많은 기여를 하였다—역주이 수도원장으로 취임하였다. 바로 얼마 뒤인 1113년에 베르나르라는 한 젊은 부르군디 귀족이 30여 명의 동료와 함께 그곳으로 찾아들었다. 3년 뒤, 베르나르는 자매 수도원인 클레르보 수도원의 원장이 되었다. 그로부터 1153년 그가 세상을 뜰 때까지 클레르보의 성 베르나르St. Bernard of Clairbeaux; 1090~1153는 서방 교회에서 두드러진 인물로 위광을 떨쳤다.

베르나르는 종교적 열정이 매우 큰 여러 가지 면에서 진정한 광신자로서, 자기의 생각이 옳음을 추호도 의심치 않았고, 그와 의견을 달리하는 사람과의 논쟁을 결코 피하려 하지 않았다. 그는 교사이자 신학자인 피에르 아벨라르Peter Abelard: pp. 351~355 참조, 수도승이자 정치가인 성 드니St. Denis 수도원장 쉬제르Suger, 그리고 클뤼니 교단 전체와 격렬한 논쟁을 벌였다. 하지만 다른 한편으로 그는 놀라울 정도의 관용과 실제적인 양식을 겸비하고 있었다. 그는 휘하의 수도승들에게, 심지어는 잘못을 저지른 자에게도 온화하고 친절하게 대하였다. 부르군디공이 수도승으로 받아주기를 간청하였을 때 베르나르는 공에게 그냥 제자리를 지키라고 말했다. 덕 있는 수도승은 지나칠 정도로 많지만, 경건한 공작은 거의 없다는 것이었다. 성스러움과 웅변으로 큰 명성을 얻은 덕분에, 베르나르는 종종 당시의 공적인 일에 개입해 달라고 요청받았고, 적극적인 성품의 그는 이따금 요청이 없어도 개입하곤 하였다. 그는 프랑스왕 루이 7세의 조언자였다. 그는 새로운 군사 교단인 신전 기사단의 설립에 조력하였다. 그는 1130년대의 교황 선출을 둘러싼 논쟁에서 대중의 지지를 교황 이노센트 2세Innocent II; 1130~1143에게 몰아줌으로써 결정적인 영향력을 행사하였다. 그는 제

2차 십자군의 선전에서 주도적인 역할을 하였고, 그 참담한 결과는 베르나르가 그의 공적인 경력에서 맛본 몇 안 되는 차질 가운데 하나였다. 그는 또한 그의 십자군 설교가 새로운 유대인 학살을 야기한 것에 몸서리쳤고, 십자군에의 열정이 낳은 이 불행한 부산물을 억제하는 데 그의 온 영향력을 행사하였다.

베르나르는 놀라운 지도력과 감화력을 지니고 있었다. 그의 설교와 영향력으로 시토 교단은 믿기 어려울 정도로 급속하게 팽창하였다. 1115년에는 시토, 라 페르떼La Ferté, 퐁티니Pontigny, 클레르보, 그리고 모리몽Morimond의 다섯 시토 수도원이 있었다. 1153년에 베르나르가 죽었을 당시에는 그 수가 343개로, 다시 13세기 말에는 그 두 배로 증가하였다. 전성기의 시토 수도원들은 수가 많았을 뿐만 아니라 규모도 컸다. 영국의 리볼크스Rievaulx 수도원에는 1142년에 650명의 수도승이 있었는데, 그 당시 영국에서 가장 큰 규모의 베네딕트 수도원이었던 그리스도 처치의 캔터베리 수도원에서조차 수도승이 150명을 넘지 못했던 것이다.

시토 교단 설립자들의 기본적인 목표는 가장 엄격하게 해석된 베네딕트 계율을 곧이곧대로 준수하는 것이었다. 그들은 계율이 명한 단 한 벌의 질박한 옷과 금욕적인 소량의 식사를 고수하였다. 교회 및 기타 건물은 소박하고 치장이 없는 것이어야 했다. 십자가상이나 촛대와 같은 제단 장식물은 단순하고, 값싼 재료로 만든 것이라야 했다. 다른 수도원 교회에 수없이 치장된 금은의 장식물들은 추방되었다. 클뤼니 수도원의 특징이었던 기나긴 예배시간은 개인적인 기도와 육체노동에 더 많은 시간을 할당하기 위해 단축되었다. 더구나 시토 수도원은 농민들의 노동력에 기대지 못하게 되어 있었다. 수도원은 주민이 없는 황무지에 자리잡도록 되어 있었고, 주민과 함께 장원을 기증받는 것이 금지되었다. 그들은 또한 교회의 후원patronage of churches을 수락치 못하게 금지되었다.

11세기의 클뤼니 개혁가들이 속인의 교회 지배를 공격하였을 때, 그들은 속인 영주들이 자기 영지의 십일조를 거두어 그 가운데 일부만을 교구 사제에게 주는 관행을 격렬하게 비난하였다. 많은 영주들이 이러한 공격을 대수롭지 않게 무시하였으나, 다른 영주들은 자기 교회의 후원을 수도원에 맡김으로써 문제를 해결하였고, 이는 많은 수도원의 중요한 수입원이 되었다. 시토 교단은 결국엔 계율을 완화하여 교회의 후원을 수락하였으나, 초창기에는 그러한 증여를 단호하게 거절하였다. 시토 수도승은 전혀 가외의 수입원 없이 오로지 여지껏 경작되지 않던 땅을 스스로 갈아 생계를 유지하였다.

주민이 있는 토지를 받아들이지 않은 시토 교단의 조치는 몇 가지 중요한 결과를 낳았다. 첫째, 그것이 교단의 급속한 팽창에 큰 역할을 하였음은 분명하다. 예로부터의 베네딕트 수도원을 설립하는 것은 값진 장원들의 기증을 요하는 매우 비싸게 먹히는 일이었다. 그러나 시토 수도원은 영주에게 전혀 가치가 없는 한 조각의 황무지만으로 설립될 수 있었다. 시토 교단의 정신적 권위와 그러한 황무지의 기증으로 얻을 수 있는 정신적 이익이 수도원 설립이 값싸게 이루어질 수 있다는 요인과 결합하여 현세와 내세에서의 복된 삶을 갈구하는 영주들을 크게 매혹시켰다. 게다가, 소유하고 있는 황무지를 기름진 땅으로 만듦으로써 시토 교단은 사회 전체에 큰 기여를 하였다. 이는 특히 영국에서 두드러졌는데, 그들은 요크셔의 황무지를 거대한 양 방목지로 탈바꿈시켜 영국을 으뜸가는 양모 생산국으로 등장케 하였다. 사실, 시토 교단은 농업에 매우 놀라운 재간을 발휘하여, 그들은 곧 그토록 열망하던 청빈에서 벗어나게 되었다.

시토 교단은 또한 수도승의 육체노동을 요구한 베네딕트 계율의 규정을 다시 강조하였다. 수도승들은 모두 들에 나가거나 작업장에 나가 일하였다. 그러나 황무지를 그들의 노동력만으로 경작하는 경우에는 필요한 작업에 비해 노동시간이 크게 부족하였다. 그리하여 시토 교단은 평수사lay brothers 제도를 채택하였다. 평수사는 수도 서원monastic vow을 하지만, 예배와 수도에는 거의 시간을 쓰지 않고, 읽고 쓰기를 배우는 것이 금지되었다. 그들의 기능은 수도원 유지에 필요한 대부분의 육체노동을 수행하는 것이었다.

시토 교단의 조직은 완전히 자치적인 베네딕트 수도원과 매우 중앙집중적인 클뤼니 교단을 효과적으로 절충한 것이었다. 클뤼니 교단의 조직은 지리적으로 한 지역에 집중되어 있는 소규모 교단에는 알맞는 것이었다. 수도원이 점점 증가하면서 널리 산재하게 되자 그 조직이 허물어져 클뤼니 수도원장은 예하 수도원들을 효과적으로 통제하지 못하게 되었다. 시토 교단의 조직은 기본적으로 계서 조직으로서 봉건적 정치구조를 연상케 한다. 새로운 시토 수도원이 설립되는 경우, 기존 수도원에서 한 무리의 수도승이 그쪽으로 옮겨 핵심적인 집단을 이루었다. 이런 식으로 시토 수도원은 클레르보와 퐁티니 같은 수도원의 모체가 되었고, 이들 수도원은 재차 다른 수도원의 모체가 되는 식으로 수도원들 사이의 관계가 맺어졌다. 모체 수도원은 자녀 수도원에 대해 여러 가지 권한을 행사하였다. 모체 수도원의 원장은 자녀 수도원을 정기적으로 방문하여 계율 준수 여부를 감찰하도록 되어 있었다. 이리하여 클뤼니 교단에서는 클뤼니 수도원장에게만 주어졌던 권한이 시토 교단에서는 많은 수도원 사이에 분할되어 있었다. 1년에 한 번씩 모든 시토 교단 수도원장들이 시토에 모여 교단 전체에 관련된 문제를 논의하였다. 이 수도원장 회의는 자격이 없다고 여겨지는 수도원장을 축출할 수 있었다. 끝으로 4개의 주요한 자녀 수도원—라 페르떼, 퐁티니, 클레르보 그리고 모리몽—의 수도원장에게는 시토를 방문하여, 필요하다고 여겨지는 경우, 시토 수도원장을 폐위시킬 권한이 주어졌다. 이와 같이 시토 교단은 효과적인 감독 및 통제의 수단을 확보하는 한편, 개개 수도원에 적당한 정도의 독립성을 부여하고, 시토 수도원장의 권한 남용을 방지하였다.

시토 교단에는 또 하나의 중요한 측면이 있었다. 베네딕트 및 클뤼니 수도원은 언제나 수도원 생활 속에서 훈육받는 동승oblate으로 어린 소년들을 받아들였다. 그들은 성년이 되었을 때, 수도원 생활과 세속세계 가운데 하나를 선택할 수 있었으나, 물론 대부분은 익숙한 세계에 남기를 택하였다. 그 결과 이러한 수도원에는 진정한 종교적 열정 때문에 수도승이 된 사람이 별로 없게 되었다. 그러나 시토 교단은 16살 아래는 누구든 받아들이지 않았으며, 모든 신입자가 1년 동안 수련수사 생활을 견뎌낸 다음에야 종신 수도 선서를 할 수 있다는 규정을 엄격하게 시행했다.

시토 교단은 새로운 수도원 교단들 가운데 가장 성공적이었다. 비록 시간이 지남에 따라 원래 계율의 몇몇 조항이 완화되긴 하였으나, 시토 교단은 비교적 높은 수준의 규율을 유지하였다. 그리고 시토 교단을 성립케 하였던 종교적 열정의 물결이 잦아지면서 수도승의 수도 감소하였지만, 시토 수도원의 수도승 수는 여전히 비교적 많은 수준으로 유지되었다. 수세기 동안, 시토 수도원은 황무지를 옥토로 만들어 사회에 기여하였고, 모범적인 기독교인의 생활을 유지함으로써 교회에 이바지하였다. 시토 교단은 그 존엄함과 정신적 권위로 높은 명성을 얻고 있었으나, 동시대인들 모두가 그들을 한결같이 사랑한 것은 아니었다. 다른 교단과 재속 사제secular clergy는 그들이 견딜 수 있는 수준보다 훨씬 더 엄격한 삶을 꾸려나가는 자들이 이웃에 있다는 것에 분노를 느꼈다. 더구나 귀족과 고위사제들은 수도원을 편리한 여관 정도로 보는 경향이 있었는데, 이러한 점에서 시토 수도원들은 가장 불만스러운 곳이었다. 그들은 여자 손님을 거부하였으며, 모든 손님은 수도승들과 똑같이 맛없는 음식을 먹어야 했다. 옥스포드Oxford 부주교 월터 맵Walter Map에게는 시토 수도승들이 인색하게만 보였다. 그리고 월터는 얼마나 지독한 죄를 저질렀기에 죄를 용서받기 위해 그토록 엄격한 생활을 해야 한단 말인가 하고 반문하였다.

성격상 수도원적인 새로운 교단들과 함께, 12세기의 교회는 수많은 수사 사제단community of regular canons을 새로 만들어 내었다. 아주 일찍부터 교회 개혁가들은 부성당collegiate churches에 재직하는 재속 사제들의 규율을 개선하기 위하여 그들에게 준수도원적인 계율을 부과시키려 하였다. 성 페트루스 다미아니St. Peter Damian와 교황 그레고리우스 7세 같은 개혁가들은 이러한 정책을 열렬히 지지하였고, 사제단은 점점 더 증가하였다(그들은 규율을 뜻하는 라틴어 regula에서 나온 "regular"라는 이름을 얻었다). 1100년경에 이 사제단의 대부분은 단일한 계율—성 아우구스티누스의 계율(그의 서한에 근거한 계율이기 때문에 이런 이름이 붙었다)—을 채택하였다. 같은 시기에 여러 다른 수사 사제단이 속속 설립되었다. 이러한 사제단의 규율은 정규 수도원의 계율과 별다르지 않았으나, 본질적인 차이점이 몇 가지 있었다. 정규 수도원에서는 사제가 아닌 수도승이 많이 있었으나, 수사 사제단에서는 모두가 사제여야 했다. 또 그들은 수도승들처럼 완전히 외부와 차단되어 있지 않았고, 이에 따라 수도승이 하지 못하는 일을 할 수 있었다. 그들은 교구 사제로 일할 수 있었고, 특히 병원과 구빈원을 운영하는 데 적합하였다.

이미 살펴보았듯이, 아우구스티누스 교단은 지방마다 다른 관례를 따라 독자적인 삶을 영위하고 있던 많은 수사 사제단이 하나의 계율을 갖게 됨으로써 성립하였다. 그리하여 이 교단은 13세기까지도 하나의 통일된 교단으로 조직되지 못했다. 아우구스티누스 교단은 12세기와 13세기에 아주 급속하게 확산되었고, 영국에서는 어떤 다른 교단보다도 많은 지원支院을 지니게 되었다. 그 이유 가운데 하나는 봉건계급에게 큰 매력이 되었다는 데 있었다. 수도원의 설립은 설립자 및 그 후손들에게 정신적인 이익뿐만 아니라 위엄까지도 가져다주는 것이었고, 따라서 모든 영주가 자기 영지에 수도원을 설립코자 하였다. 그러나 대제후만이 베네딕트 수도원이나 클뤼니 수도원을 설립할 수 있었고, 시토 교단이 찾던 넓은 황무지를 지닌 영주도 비교적 적었다. 작은 대가로 독자적인 승단을 갖고 싶어 하는 영주에게 아우구스티누스 교단은 이상적이었다. 이 승단은 크지 않아도 되었다. 이 승단의 구성원은 교구 사제를 겸할 수 있었고, 영주 직할 영지의 교회들만으로도 설립이 가능하였다. 그리고 영주와 승단과의 관계는 설립 증서charter로 규정되었다. 영주는 원장이나 부원장의 임명에서 결정적인 권한을 보유할 수 있었다. 실제로는 아우구스티누스 승단들은 서로 크게 달랐다. 어떤 승단은 규모가 작아 그 구성원들이 교구 교회의 사제를 겸하고, 학교에서 가르치거나 병원 또는 구빈원을 운영한 반면, 실질상으로 베네딕트 수도원과 거의 같은 대규모의 수도원 조직을 갖춘 승단도 있었다.

같은 시대에 설립된 다른 수사 사제단 가운데 가장 중요한 것은 프레몽트레Premontré 교단이었다(아우구스티누스 교단 사제들과 프레몽트레 교단 사제들은 종종 옷의 색깔에 따라 각각 "흑색" 사제와 "백색" 사제로 불리었다). 프레몽트레 교단은 1120년, 성 베르나르의 친구인 노르베르Norbert에 의해 설립되었다랑Laon 근처의 프레몽트레에서 최초로 설립되었기 때문에 이런 이름이 붙었다. 설립자의 이름을 따 노르베르 교단Norbertines이라 불리기도 했다—역주. 이는 시토 교단이 기존 베네딕트 교단의 계율을 엄격하게 지키려는 시도였던 것처럼, 아우구스티누스 계율의 보다 엄격한 시행을 분명한 목적으로 내세웠다. 프레몽트레 교단은 시토 교단의 계율에 입각한 엄격한 규율을 따랐으며, 시토 교단의 조직을 본따 조직되었다. 초창기에는, 백색 사제들도 교구 교회의 일을 맡아 교구 사제로 활동하였으나, 시간이 지나가면서 점점 더 수도원적인 성격이 커지게 되었다. 이 교단이 12세기 후반에 크게 발전한 영국의 경우, 그 승단은 시토 교단의 수도원과 실질적으로 거의 같아졌고, 그들이 위치한 지리적 환경 또한 비슷했다. 대륙에서는 프레몽트레 교단의 주된 기능 가운데 하나가 유능하고 열정적인 자를 고위 재속 사제의 후보로 길러내는 것이었다.

12세기의 새로운 종교적 운동에는 여성들도 적극적으로 참여하였다. 사실, 여성의 지위는 종교적 측면에서나 세속적 측면에서나 점점 더 중요해지고 있었다. 성처녀 마리아는 죄를 진 인간을 위해 친절하게도 그녀의 아들 예수에게 말을 잘 해주는 중재자로서의 위치를 확립하고 있었다. 막달라 마리아에 대한 숭배는 유럽 전역에 확산되고 있었고, 그녀는 클뤼니 교단 소속 베즐레이Vézelay 대수도원의 수호 성인 가운데 하나가 되었다. 서정시의 유행과 궁정적 사랑의 찬미로 여성은 세속 문학의 중요한 주제로 등장하였다. 이러한 상황에서 12세기에 수많은 새로운 수녀원이 설립되었다. 이 가운데 일부는 옛 베네딕트 계율을, 또 다른 일부는 시토의 혁신 계율을 따랐고, 새로운 수사 사제단과 연관을 맺은 수녀원도 나타났다. 아마 새로 설립된 수녀원 가운데 가장 큰 것은 로베르 드 아르브리셀Robert de Arbrissel이 창설한 퐁떼브롤Fontevrault 수녀원이었을 것이다. 로베르는 사제로 있다가 브르타뉴와 메인 그리고 앙주 사이의 변경지역에서 은둔 생활을 했던 사람이었다. 설교가이자 종교지도자로서 그는 여성에게 큰 설득력을 발휘하였고, 그 지역의 귀부인들로부터 강력한 추종을 받았다. 퐁떼브롤 수녀원에서는 극히 금욕적이고 명상적인 삶을 영위했던 한 무리의 수녀들이 핵심을 이루고 있었다. 그리고 그들과 함께 수녀 및 그 밑의 평수녀lay sisters들을 위해 미사를 집전하는 한 무리의 사제가 있었다. 수녀들 가운데에는 귀족 출신의 여자가 많이 있었다. 그들이 수녀원의 주도 세력을 이루었고, 수녀원장은 모든 집단—수녀, 수사 사제, 그리고 평수녀—에 대해 통제권을 행사하였다수녀는 베네딕트 계율을, 수사 사제는 아우구스티누스 계율을 따랐다—역주. 서유럽에는 많은 수녀원이 있었으나, 퐁떼브롤 수녀원만큼 규모가 크고 부유하며 종교적 · 세속적인 양 측면에서 위엄을 지닌 수녀원은 극히 드물었다.

새로운 교단들은 단순히 교회조직의 형태 변화를 가리킬 뿐만 아니라, 더 나아가 12세기의 기독교를 특징지우게 된 새로운 종류의 사고방식, 즉 하나님과 인간의 관계를 인식 · 표현하는 새로운 방식을 예시하는 것이었다. 기존의 베네딕트 및 클뤼니 수도원에서는 수도승이 끝없는 예배와 기도로 하나님에게 성실하게 봉사함으로써 신을 찬미하였다. 그의 태도는 오히려 주군에게 성실하게 봉사하는 봉신의 태도에 가까웠다. 그러나 새로운 은둔자적 금욕 운동은 고독한 명상을 통한 신과의 좀더 직접적인 접촉을 지향한 것이었다. 다른 측면에서처럼 이 측면에서도 당대의 가장 영향력 있는 지도자였던 클레르보의 베르나르는 시토 교단에 중세 초의 기독교보다 더 신비적이고 개인주의적personalist인 새로운 경신敬神 방식을 도입시켰다.

동료 수도승을 위해 쓴 종교적 삶에 관한 그의 논문과 서한에서, 베르나르는 황홀하고 신비로운 하나님과의 영적인 합일에 이르는 "하나님께 다가가는" 길로서 네 가지 사랑의 단계를 서술하였다. 이러한 글들은 종교 문학의 백미이다. 그러나 베르나르의 설교는 종종 좀더 평범한 주제를 다루었다. 그는 잘 알려진 성경 이야기를 아주 생생한 표현으로 재생시키곤 하였다. 성경 이야기의 핵심 인물인 예수와 마리아 그리고 사도들은 언제나 존경의 대상으로 언급되었으나, 그들이 인간과는 거리가 먼 지고한 성자들로만 묘사된 것은 아니었다. 베르나르는 그들을 숨 쉬고 살아 있는 듯한 생생한 인물로 묘사하였다. 그는 청중들에게 지고한 신성에의 외경만이 아니라, 예수의 사람됨에 대한 열렬하고 감동적인 사랑을 심어주려 하였다. 그는 인간을 아들인 예수에게 인도할 수 있는 중재자로서의 마리아의 역할을 강조하였다. 상습적으로 죄를 저온 자는 스스로의 죄 때문에 엄격하신 하나님께 직접 다가가는 것을 매우 두려워할 것이다. 베르나르는 그러한 자를 위해 도움을 청할 수 있을 부드럽고 자애로우며 한없이 관대한 여성의 상을 그려 내었다. ≪성처녀의 기적*Miracles of the Virgin*≫이라 불리는 마리아에 관한 일련의 이야기가 널리 알려지기 시작한 것은 바로 이때쯤의 일이었다. 베르나르의 설교는 마리아 숭배를 크게 자극하였던 것이다.

새로운 수사 사제단도 12세기의 종교적 사고방식을 형성시키는 데 독자적인 기여를 하였다. 이따금 베르나르처럼 수도승들도 수도원 바깥의 일에 개입하곤 하였으나, 이는 그의 진짜 핵심적인 소명에서 벗어난 일로 여겨졌다. 그러나 수사 사제단의 사제들은 생활방식의 본질적인 부분으로서 교구나 학교 또는 병원 등 속세의 일에 늘상 개입하였다. 이러한 활동은 그들의 종교적 글들에 반영되었다. 첫 형태의 수도원적인 경신에서는 수도승이 하나님에 대한 헌신과 이를 통한 자기완성을 목적으로 삼았다. 수사 사제단의 사제들은 이러한 이상을 버리진 않았지만, 새로운 요소를 추가하고 강조하였다. 그들에겐 자기완성의 본질적인 목적이 다른 사람을 위한 본보기가 되는 것이었다. 그들의 글에서 되풀이해 나타나는 주제는 이웃에게 봉사함으로써 하나님을 섬겨야 한다는 것이었다. 12세기의 종교적 사고방식을 특징지우는 여러 요소—예수에 대한 개인적인 헌신, 신비적 체험, 이웃에 대한 봉사—는 13세기에 나타난 새로운 탁발승단orders of friars에서 하나로 모아졌다pp. 423~430 참조.

10, 11, 12세기에 서유럽 문명의 발전에서 수도원 제도가 차지하는 중요성은 아무리 강조해도 지나치지 않을 것이다. 그 시대의 수많은 정신적 지도자들이 수도원에서 교육을 받고 영감을 얻었다. 성 베르나르나 위대한 클뤼니 수도원장들과 같이 수도원 내에서 지도력을 행사한 이들도 있었고, 랑프랑Lanfranc : 1089년에 사망. 파비아와 뚜르에서 법학과 신학을 배운 뒤, 노르망디의 베크Bec 수도원에 들어갔다가, 캔터베리 대주교가 됨—역주이나 안젤름Anselm : p. 260, p. 350 참조처럼 수도원을 떠나 고위성직자가 된 사람도 있었다. 클뤼니와 시토 등 중앙집중화된 대교단은 교황권의 신장에 중요한 요인으로 작용하였다. 그리고 수도원은 대규모의 성당 부속학교가 나타나기 전인 10세기와 11세기에는, 교회가 필요로 하는 지식층을 배출하는 유일한 기관이었다. 과거의 지적 유산을 보존하는 도서관은 대부분 수도원에 있었고, 도서관의 성립을 가능케 하는 필사의 일도 수도승들에 의해 이루어졌다.

그 당시의 경제생활에 대한 수도원들의 기여 또한 매우 중요하였다. 수도승들은 속인 영주에 비해 더 많은 교육을 받고 더 사려 깊었으므로, 그들의 영지는 속인 영주의 영지에 비해 더 합리적으로 경영되었다. 개선된 경작방법은 대개 수도원령에서 가장 먼저 발전해 나왔다. 황무지의 개간에서는 시토 교단이 아마 으뜸이었을 테지만, 그밖에도 많은 수도원이 개간 운동에서 중요한 역할을 하였다p. 322 참조. 수도원이 사회 전체에 미친 사회적 기여는 평가하기가 좀 어렵다. 모든 수도원은 가난한 자에게 자선을 베풀고 병든 이웃을 돌보았으나, 곳에 따라 이런 활동의 규모는 크게 달랐다. 수도원은 또한 여행하는 귀족이나 고위성직자의 숙박 장소로도 이용되었다. 아마도 중세 초에는 수도원의 주된 사회적 가치가 폭력이 난무하는 세상에서 온화하고 사려 깊으며 학문을 좋아하는 사람들에게 피난처가 되었다는 데 있었을 것이다.

당대 및 그 이후의 많은 사람들이 수도원에 대해 갖가지 비난을 퍼부어 왔다. 그 대부분은 수도승들의 타락한 도덕과 생활방식에 관한 것이었다. 수도원 생활의 이상은 아주 고결한 것이었으나, 수도승도 당대에 살고 있던 인간이었다. 따라서 타락한 수도승이 없을 수는 없었고, 청빈이나 단식과 같은 불편한 계율을 요리조리 피해 나간 수도승은 더욱 많았다. 캔터베리의 그리스도 처치와 같은 부유한 베네딕트 수도원에서는, 많은 수도승이 개인 숙소를 마련하고 하인들을 거느렸다. 그들은 건강에 아주 민감해서 수도원 식당의 맛없는 식사를 피하여 병실에서 식사하였다. 그러나 수도승들이 전반적으로 재속在俗 사제 및 세속세계의 생활보다는 훨씬 더 도덕적인 생활방식을 유지하였음은 분명하다. 물론 사회에 대한 수도원의 기여가, 적어도 중세 말의 경우, 수도원의 지탱을 위해 막대한 자산이 소비된 것을 정당화할 수 있을지는 의심스럽다. 정신적인 봉사를 값진 것으로 인정하지 않는 사람은 분명 부정하는 쪽으로 기울 것이다.

그러나, 중세인은 다른 무엇보다도 이 정신적 봉사를 크게 평가하였다. 자기가 설립한 수도원의 성스러운 수도승들이 기도를 통해 그의 고통스러운 연옥 체류기간을 단축해 주리라 믿었던 사람은 그 수도승들이 수입의 상당부분을 빈민구제에 쓰든 말든 전혀 상관하지 않았다. 오직 물질적인 기준에만 비추어 보면 수도원이 생산자원을 크게 허비한 주범이었음을 부정할 수 없으나, 중세는 물질보다는 오히려 정신을 중시한 시대였다.

41. 성당학교 : 안젤름, 아벨라르, 피터 롬바르드

12세기 초에 수도원 개혁 운동이 크게 벌어졌지만, 다음 시대에는 수도원이 문화적·지적 활동의 핵심적인 중심지로 기능하지 못했다. 시토 교단은 옛 베네딕트 계율의 범위 안에서 나타난 최후의 대규모 부활·재생 운동이었다. 이미 12세기에, 문화적 주도권은 수도승들로부터 재속 사제들에게로, 수도원으로부터 성당 학교로 이전되기 시작하고 있었다. 물론 언제나 그렇듯이 약간의 예외는 있었다. 예컨대, 파리의 성 빅또르St. Victor 수도원은 12세기에 두드러진 신비주의적 신학자들을 배출하였다성 빅또르 수도원 : 샹뽀의 윌리엄William of Champeaux—p. 351 참조—이 1113년에 2세기 말의 교황 성 빅또르의 이름을 따 설립한 수사 사제단. 12세기에 아담Adam, 위그Hugh, 리차드Richard 등 많은 학자를 배출하였다—역주. 문화적 중심의 이동은 여러 가지 요인에서 비롯되었다. 수도원 생활은 유서 깊은 전통적 틀을 따르고 있었으나, 12세기는 급속한 발전과 변화의 시대였다. 수도원은 새로운 상업적 도시생활과 거의 접촉하지 않았고 그에 우호적이지도 않았다. 수도원은 또한 12세기에 나타나고 있었던 새로운 사조에도 비우호적이었다. 당대의 최고급 두뇌들은 점점 더 사변적인 신학과 논리학 그리고 법학에 매료되고 있었다. 그들은 서로 경쟁적인 학파를 형성하여, 상대방을 열심히 공격하고 있었다. 이 모든 것이 수도원의 전통적인 예배 위주의 경건한 생활방식과는 조화되지 않았다.

무엇보다도 세상에 대한 교회의 태도가 전반적으로 바뀌고 있었다. 폭력과 혼란으로 점철된 중세 초에는 독실한 기독교인이 수도원의 높다란 울타리 안에 틀어 박혀 야만적인 바깥 세상에 등을 돌리려는 당연한 성향을 지니고 있었다. 11세기 말의 개혁가들은 다른 이상을 지니고 있었다. 그들은 세상에 나아가 세상을 개혁함으로써 초기 봉건 유럽의 어지러운 사회 대신 화기애애한 기독교 세계를 창조해 내고자 하였다. 클레르보의 베르나르는 언제나 옛 이상과 새로운 이상 사이에서 유동하고 있었다. 그 뒤에는 거의 모든 활동적인 교회 지도자가 대수도원 바깥의 세상에서 행정과 개혁의 사업에 헌신하였으며, 대부분의 뛰어난 학자들이 그러한 인물의 양성에 몸담고자 하였다. 그리하여 및 수도원의 바깥에서 새로운 학교가 급속히 성장하게 되었다.

이탈리아에는 로마 제국 말기로부터 줄곧, 수업료를 받고 학생들을 가르치는 개인교수들이 있었다. 알프스 이북에서는, 주요 학자들이 대개 정규적으로 급료를 지불할 수 있는 성당이나 부유한 교회에 몸을 기대고 있었다. 11세기와 12세기를 통해, 특히 북부 프랑스의 많은 성당 도시들이 (물론 문법·수사·논리학의 삼학trivium에 대부분 치중되었으나) "7개 교양과목"pp. 23~24 ; p. 472 참조 모두를 배울 수 있는 교육과 학문의 중심지로 명성을 얻게 되었다. 일찍이 11세기 초에 주교 풀베르Fulbert는 샤르트르에 문예 연구를 위한 유명한 학교를 설립하였다. 랑Laon은 신학, 오를레앙Orleans은 법학으로 유명해졌다. 랭스와 네베르Nevers 그리고 뚜르네이Tournai 등에도 유명한 학교가 있었다. 가장 으뜸가는 곳으로서 파리는 알프스 이북에서 가장 큰 학문 중심지로 등장하고 있었다.

그토록 많은 새로운 학문 중심지의 성장과 함께, 사상의 세계에도 굉장한 활력이 불어 닥쳤다. 고대의 가장 명민한 이교도 및 기독교도 학자들을 괴롭혔던, 그리고 그때 이후 용케도 무시되어 왔던 유서 깊은 문제들이 갑자기 12세기에 다시금 표면으로 떠올랐다. 특히 그 가운데 두 가지 문제가 1100년경에 논의되기 시작하여, 중세 내내 계속 논란의 대상이 되었다. 그 둘은 당대의 가장 위대한 창조적인 사상가 가운데 두 사람의 주목을 끌었다. 문제는 하나님의 존재를 증명하는 것과 보편개념the universals의 본질을 규정하는 것이었고, 사상가는 성 안젤름또는 안젤무스St. Anselm; 1034?~1109과 피에르 아벨라르Peter Abelard; 1079~1142였다.

첫 번째 문제는 말하기는 쉽지만 해결하기는 어려운 것이다. 합리적인 논의로 하나님이 존재한다는 것을 증명할 수 있을까? 증명할 수 없다면, 어떻게 하나님의 존재를 확신할 수 있겠는가? 이 문제에 전념한 성 안젤름은 수도승으로 경력을 시작하였으나, 수도원을 떠나 주교가 되었다는 점에서 당시대의 전형적인 예였다(캔터베리 대주교로서, 그는 영국에서의 서임권 문제 해결을 위한 협상의 주역을 맡았다). 물론 안젤름은 하나님의 존재를 결코 의심하지 않았다. 그는 기독교 신앙이 모든 참 지혜의 시초라고 생각했다. "나는 믿는다. 그리하여 나는 이해할 수 있다"고 그는 썼다. 그러나 그는 또한 이해의 과정이 중요하며, 지적인 노력을 통해 기독교인은 신앙에 대한 그의 지식을 깊이 하는 동시에 이교도를 어떻게 설득할 것인지 배우게 되리라고 믿었다. 하나님의 존재를 증명하기 위해 안젤름은 다윗왕의 싯귀 "어리석은 자, 마음속에서 '하나님은 없다'라고 말하도다"를 그 출발점으로 삼았다시편 14:1—역주. 안젤름의 "증명"은 "하나님은 없다"라는 진술이 본질적으로 자기모순임을 드러내려는 시도였다. 정의에 따라 하나님은 "그보다 더 위대한 것을 생각할 수 없는" 존재라고 안젤름은 논하였다. 그러나 실재하는 존재는 인간의 주관적 상상 속에서만 있는 존재보다 더 위대하다. 따라서 하나님에 대한 우리의 관념 자체가 하나님의 실재를 전제하는 것이며, "하나님은 없다"라는 진술은 자기모순이다. 이와 같은 논의는 공격당할 여지가 매우 많았고, 실제로 고닐로Gaunilo라는 한 수도승이 조롱 섞인 제목의 팸플릿 ≪어리석은 자를 대변하여*On Behalf of the Fool*≫를 즉각 내놓음으로써 철학사의 한 귀퉁이를 차지하였다. 고닐로는, 모든 가능한 좋은 점들이 완벽하게 갖추어진 성을 생각할 수 있다면, 바로 그 때문에 그러한 성이 반드시 실재한다고 논하는 것 또한 정당하지 않겠느냐고 반문하였다. 안젤름은 결국 그의 논의가 하나님에게만 적용되는 것이지, 어떠한 피조물에게도 다 적용되는 것은 아니라고 답변하였다. 즉, 우리가 상상할 수 있는 모든 완전한 존재가 반드시 실재한다는 것이 아니라, 이 논의는 단 하나의 완전한 존재인 하나님의 경우에만 적용된다는 것이었다. 그러한 하나님의 존재를 생각하고 동시에 그 존재를 부정하는 것은 자기모순인 것이었다. 이러한 형태로, 이 논의는 12세기 이래로 철학자들의 논쟁거리가 되어 왔고, 지금도 여전히 논쟁이 그치지 않고 있다.

12세기 초에 등장한 또 하나 중요한 철학적 문제는 개체들의 집단 전체를 칭하는 데 사용되는 보통명사인 "보편개념the universals"에 관한 것이었다. 그러한 명사는 '장미'처럼 구체적일 수도 있고, '아름다움'처럼 추상적일 수도 있다. 문제는 이러한 보편개념에 합치하는 것이 자연 속에 실재하는가 하는 것이다. 감각경험은 우리에게 수많은 개체들의 존재만을 알려준다. 따라서 실재하는 것은 개체뿐이라는 것이 상식처럼 되어 있다. 그러나, 보통명사 이를테면 장미라는 개념으로 수많은 개개의 장미꽃들을 지칭하는 경우, 우리는 그 개념이 의미있게 사용되고 있음을 느낀다. 모든 개별적인 장미들이 공통적으로 어떤 실질적인 성질을 공유하지 않는다면 장미라는 명사가 어떻게 의미를 지닐 수 있겠는가? 고대 그리스에서 이 문제를 제기했던 플라톤은 감각경험의 세계를 벗어난 "형상form" 또는 "이데아idea"의 세계가 있으며, 우리에게 감각되는 모든 개체는 이 다른 세계에 저장되어 있는 원형 "이데아"의 불완전한 모사에 불과하다고 생각하였다. 이 이론은 보편개념이 실재한다고 주장하므로 철학적 "실재론realism"이라 불린다. 이에 대립되는 설은 보편개념을 인간이 발명해낸 명칭일 뿐이라고 보므로 "명목론nominalism"이라 불린다. 이 문제는 극히 난해하고, 또 때로는 무의미한 것으로 비추어지기도 하지만, 이에 대한 철학자의 관점은 분명 중요한 많은 문제에 대한 그의 입장을 결정할 수 있다. 정치학에서는, 집합체인 국가가 그 구성원인 개인보다 더 현실적인가? ; 윤리학에서는, 불변적인 도덕원리가 있는가, 아니면 관찰자가 자신의 편견에 따라 판단하는 개개의 행위만이 있을 뿐인가? ; 신학에서는, 삼위Trinity가 각각 존재하는가, 아니면 그 각각을 초월하는 하나의 신성한 본질이 있는가? 하는 등이 그러한 문제이다.

11세기 말, 로셀리누스Roscelinus라는 사람은 극단적인 명목론을, 그리고 샹뽀의 윌리엄William of Champeaux이라는 사람은 플라톤류의 극단적인 실재론을 가르치기 시작하였다두 사람 모두 아벨라르를 가르친 바 있다—역주. 그 둘 사이에 피에르 아벨라르가 있었는바, 그는 명민한 두뇌와 자만심이 강한 성격으로 12세기 초반의 파리 학계를 지배하였다. 아벨라르는 보편개념이 실재하긴 하지만, 보편개념을 내포하고 있는 개체와 별개로 존재하지는 않는다고 가르쳤다. 이를테면 "아름다움"이란 말을 사용하는 경우, 우리는 실재하는 무엇에 대해 말하고 있는 것이지만, 그것은 현실적인 개체 속에서만 존재한다는 것이다. 개체와 별개의 것으로 파악된 보편은 인간 지성이 만들어낸 추상일 뿐이었다. 이러한 관점은 14세기 초까지 널리 인정되었다.

아벨라르 자신은 파란만장한 생애를 겪었다. 그는 1079년 브르타뉴의 한 기사 가문에서 태어났고, 샹뽀의 윌리엄 아래에서 공부하였다. 아벨라르는 윌리엄의 가르침에 만족하지 못했고, 그가 스스로 말한 바에 따르면, 공개적인 논쟁에서 스승을 논박하였다. 한동안 철학을 가르친 뒤에 그는 랑의 안젤름Anselm of Laon : 랑의 성당 학교에서 학생을 가르침. 위대한 성 안젤름의 제자—역주 아래에서 신학의 좀더 수준 높은 문제를 연구하였다. 또 다시 그는 스승과 다투었다. 아벨라르가 쓴 바에 따르면, 안젤름은 매우 유창하게 말을 하였지만, 그 말들은 별로 의미가 없었다. 아벨라르는 자기는 더 잘할 수 있다고 공언하였고, 이러한 공언을 이행키 위해 에스겔서에 대한 일련의 강의를 하기 시작하였다. 그 강의들은 좋은 반응을 받아, 1113년에 아벨라르는 파리에서 신학 교수로 자리잡았다. 그는 이제 황금기를 맞이하여, 멋지고 힘찬 논리를 폈고, 그리고—그의 적들 가운데 하나의 말에 따르면—"뛰어난 변설"을 휘둘렀다. 그러나 이때 그는 자서전을 쓰면서 그 제목을 ≪재난의 역사*A History of Calamities*≫라고 불렀고, 바로 그때부터 실제로 재난이 그에게 닥쳐오기 시작하였다. 첫 번째 재난은 비극적인 연애사건이었다. 아벨라르는 노트르 담Notre Dame 성당의 참사회원인 풀베르Fulbert의 집에서 하숙하고 있었다. 풀베르는 조카딸인 엘로이즈Heloise와 같이 살고 있었는데, 아벨라르와 그녀는 사랑에 빠져 급기야는 그녀에게 애가 들어섰다. 이 시점에서 엘로이즈는 경솔하게 결혼을 하여 교회의 고위직에 오를 수도 있을 아벨라르의 앞날을 막기보다는 오히려 정부로 살아가겠다고 반대하였지만, 아벨라르는 결혼을 고집하였다. 당분간은 결혼 사실이 외부에 알려지지 않았으나, 소문은 파리의 학교와 선술집으로 퍼져 나갔다. 풀베르는 명예를 훼손당했다고 느껴, 복수를 하기로 마음먹고는 폭력배들을 고용하여 아벨라르를 습격해서 거세하게 하였다. 이 사건은 아벨라르가 파리 부근의 성 드니St. Denis 수도원으로 들어가고, 엘로이즈가 수녀가 되는 것으로 막을 내렸다. 그들은 죽을 때까지 편지를 주고받았는데, 엘로이즈는 언제나 사랑을 정열적으로 표시하였고, 그에 비해 아벨라르는 냉담하고 형식적이었다. 그들의 편지에서 보이는 자기표현

self-revelation은 12세기의 새로운 "인문주의"를 보여주는 또 다른 징표이다.

피에르 아벨라르는 성 드니 수도원에서도 평화를 찾지 못하였다. 그는 처음부터 그 수도원의 설립자가 전설과는 달리 신약에 나오는 유명한 판관 디오니시우스Dionysius the Areopagite가 아니라고 논함으로써 수도승들과 다투었다Dionysius의 프랑스어 이름이 Denis였다. p. 309의 역주 참조—역주. 그 뒤 그의 몇몇 학설이 이단으로 공격받았다. 그는 지방 사목회의에서 탄핵을 받아, 비난의 대상이 된 책을 태우도록 명령받았다. 잠시 아벨라르는 파리에서 벗어나 은자로 살아가려 하였으나, 학생들이 그를 쫓아와 가르쳐 줄 것을 간청하였다. 얼마 뒤 아벨라르는 고향인 브르타뉴에서 한 수도원의 원장이 되었다. 그러나 그곳은 거칠고 규율이 아주 엉망인 수도원이었으며, 여러 해 비참한 생활을 한 뒤 아벨라르는 1133년 그곳에서 도망쳐 나왔다. 그는 처음에는 랭스에서 다음에는 다시 파리에서 가르치는 일을 재개하였고, 다시금 학교의 으뜸가는 선생으로 자리잡을 것 같았다. 그는 종종 윗 연배들을 화나게 하였으나, 젊은이들에게는 언제나 아주 인기 있는 선생이었다. 그러나 아벨라르에게는 유감스럽게도, 바로 이즈음에 그는 위대한 클레르보의 베르나르로부터 주목과 적개심을 끌게 되었다. 베르나르는 아벨라르가 거짓된 가르침으로 젊은이의 정신을 타락시키고 있다고 확신하여, 그의 온 영향력을 행사하여 아벨라르가 또 한 번 이단으로 고발당하게끔 일을 꾸몄다. 아벨라르는 다시 탄핵받았으나, 이번에는 교황에게 호소하기로 마음먹고 로마로 향했다. 부르군디를 지나는 동안 그는 위중한 병에 걸려 클뤼니 수도원에서 요양을 하게 되었다. 그 자신 위대한 학자였던 수도원장 덕승 피에르Peter the Venerable는 아벨라르를 설득하여 그곳에 계속 머물게 하였고, 아벨라르는 불과 몇 달 뒤 그곳에서 숨을 거두었다. 아벨라르의 생명이 꺼져가고 있던 무렵, 베르나르가 그를 방문하러 왔었는데, 피에르는 이 마지막 만남에서 "그들의 해묵은 원한이 풀렸고," 그들이 서로 관용하는 가운데 헤어졌다고 썼다.

보편 문제에 대한 아벨라르의 해결은 형식 형이상학formal metaphysics에 미친 그의 주된 기여였다. 그는 또한 윤리학에 관한 중요한 논문도 썼는데, 여기에서 그는 어떤 행위의 도덕적 가치는 오직 행위자의 의도로 결정된다고 논하였다. 그러나 그는 무엇보다도 모든 것을 철학화하는 그의 스타일로 유명하였다. 바로 이것이 성 베르나르의 적개심을 불러 일으켰던 것이었다. 아벨라르가 탄핵 받았던 두 경우 모두, 문제가 된 것은 삼위와 하나님의 은총에 관한 극히 난해한 신학상의 논점들이었다. 그러나 실제로 심판에 부쳐진 것은 비판적 이성을 성서해석에 응용한 아벨라르의 방법 그 자체였다는 사실을 반드시 유념해야 한다. 이 방법은 간단하게 ≪긍정과 부정*Sic et Non*≫이라 불리는 아벨라르의 가장 유명한 저술에서 전형적으로 구사되었다. 이 책은 기나긴 쟁론으로 구성되어 있는데, 이 쟁론 가운데 몇몇 주장은 기독교 신앙의 뿌리 자체를 건드리는 것이었다. 아벨라르는 우선, 예컨대 "하나님은 전능하시다는 주장—그리고 그렇지 않다는 주장"과 같은 식으로 문제를 제기한다. 그 다음에 그는 가장 존경받는 교부들의 저작으로부터 여러 가지 구절을 인용하면서 긍정적인 관점이 옳다는 것을 분명하게 증명해 갔다. 그리고는 마찬가지 방법으로 부정적인 견해가 옳다는 것을 역시 거의 결정적으로 증명해 갔다. 여기에서 그는 해결책을 제시하지 않고 다음 문제로 넘어갔다. 그는 서로 모순되는 점들을 융화시키려 하지 않았고, 학생들 스스로가 판단토록 하였다. 이 훈련은 "그들의 정신을 예리하게 해줄 것"이라고 그는 썼다. 그러나 그는 사용해야 할 분석방법을 제시한 서론을 저술에 첨부해 놓았다 : 같은 낱말도 여러 다른 의미를 가질 수 있다 ; 문장들은 문맥에서 따로 떼어 놓으면 종종 잘못 해석되기 쉽다 ; 심지어 성서도 필사 과정에서의 잘못으로 왜곡될 수 있다 ; 초기의 교부들은 이따금 특정한 논점에 대해 생각을 바꾸었으므로 그들의 저술로부터 그대로 따온 인용문이 반드시 그들의 성숙된 견해를 밝혀주는 것은 아니다.

아벨라르는 그의 태도를 "의심함으로써 탐구에 이르게 되고, 탐구를 통해 진실에 이르게 된다"는 말로 요약하였다. 이는 "나는 믿는다. 그럼으로써 나는 이해할 수 있다"는 안셀름의 말과 아주 정반대의 말로 보인다. 그러나 아벨라르는 신앙의 뿌리를 흔들려는 회의주의자는 아니었다. 그는 오히려 새로운 논리적 기술이 신앙의 옹호에 필요하다는 것을 지적한 신자였다. 그의 책 전체를 관통하는 주안점은 공인된 권위들로부터 솜씨 있게 전거를 취합함으로써 거의 무엇이든 증명할 수 있기 때문에 이성을 거부하고 권위에만 의존하여 신학적 문제를 해결할 수는 없다는 사실을 보여주려는 것이었다. 권위적인 전거들의 인용은 그 자체가 목적이 아니라, 필수적인 합리적 탐구과정의 출발점이었다. 아벨라르는 아주 도발적으로 그 점을 주장하였고, 그 과격함 때문에 고통을 당했으나, 그의 논의는 반박할 수 없는 것이었고, 신학 연구를 위해 그가 제안한 "변증법적 방법"은 그가 죽은 뒤 곧 학교에서 전반적으로 받아들여지게 되었다. 아벨라르의 방법을 최초로 완벽하게 성공적으로 적용한 것은 피터 롬바르드Peter Lombard; 페트루스 롬바르두스 : 1160년에 사망. 파리의 노트르 담 성당 학교에서 신학을 가르쳤고, 1159년에 파리 주교로 축성됨-역주가 1150년에 파리에서 편찬해낸 ≪전거집*Book of Sentences*≫이었다. 그것은 아벨라르가 편찬해 낸 것보다 훨씬 방대한 것이었고, 인용된 모든 전거가 어떻게 전통 신앙과 합치되게 해석될 수 있는가를 보여주기 위한 주석이 붙어 있었다.

≪전거집≫은 곧 신학의 표준 교과서로 채택되었으며, 중세 내내 교과서로 사용되었다. 그에 대한 수많은 주해서가 씌어졌으며, 그 주해서들의 내용은 기독교 신학의 전분야에 걸쳐 있었다. 12세기 후반 파리 신학파에서 피터 롬바르드를 뒤이은 가장 중요한 계승자로는 랄프 아르당Ralph Ardent, 로베르 드 꾸르숑Robert de Courçon, 스티븐 랭튼Stephen Langton : pp. 402~403; p. 451 참조-역주 그리고 재미있는 이름의 피에르 꼬메스또르Peter Comestor, 즉 대식가the Eater라는 뜻—그러나 그가 탐닉한 것은 음식이 아니라 책이었다 등이었다. 피터 롬바르드의 계승자들이 이룬 아마 가장 중요한 업적은 교회의 성사에 관한 교리를 최종적으로 분명하게 규정하였다는 점일 것이다. 이 교리에 관한 간략한 개괄은 12세기 사상의 합리화 성향이 초자연적 종교에 큰 도움이 되었음을 인식시켜줄 것이다. 성사는 "내적 은혜의 외적 표현outward sign of inward grace"으로 규정되었다. 그리스도 자신이 하나님의 은혜를 신자들에게 내려주는 몇몇 의식과 관행을 만들어 내었다는 것은 일반적으로 인정되고 있었다. 기독교 사제의 기본적인 기능은 이러한 성사를 신자에게 베푸는 것이었다. 그러나 그리스도가 몇 가지 성사를 만들었는지에 대해서는 한 번도 완전하게 동의가 이루어진 적이 없었다. 11세기에는 왕의 성직 서임이 성사인지 아닌지 논란이 벌어졌다. 서임권 투쟁 이후, 신학자들은 이해할 수 있는 일이지만 그것이 성사가 아니라고 결정하였다. 피터 롬바르드의 계승자들은 최종적으로 7개의 성사를 확정하였다. 그 7개는 미사mass, 세례식baptism, 견진 성사confirmation, 종부 성사extreme unction, 고해 성사penance, 혼례 성사marriage, 그리고 성직 서품식ordination이었다. 물론 이 가운데 미사가 으뜸가는 성사였다.

누구나 그러하였지만 사제가 빵과 포도주를 그리스도의 살과 피로 바꾼다고 믿는 사람에게, 미사는 엄청난 기적이었고 교회의 영적인 권한을 보여주는 진정한 상징이었다. 세례식과 견진 성사 그리고 종부 성사는 모든 기독교인이 태어나서 죽을 때까지의 인생 여정에서 거쳐야 하는 단계였다. 성직 서품식은 한 세대에서 다음 세대로 그리스도가 사제들에게 부여한 영적 권위를 건네주는 역할을 하였다. 고해 성사는 인간으로 하여금 그가 진정으로 참회하는 죄에 대한 형벌을 피할 수 있게 하는 것이었다. 혼례 성사는 심각한 딜레마를 해결하는 성사로 인식되었다. 교회는 금욕주의 전통에 따라 독신 생활의 우월성을 일관되게 설교하였다. 그러나 모든 남녀가 독신이 되면, 인류는 곧 멸종할 것이었다. 이에 따라 혼례 성사는 아이를 잉태하는 목적에 수반되는 성교를 고귀한 것으로 만드는 성사로 간주되었다.

이러한 성사 가운데 고해 성사는 그 중요성과 그 대상 범위가 급격히 변화하고 있었다는 사실 때문에 좀더 상세한 언급을 요한다. 고해 성사에 깔려 있던 기본적인 관념은 비교적 단순한 것이었다. 그리스도의 희생으로 인간에 대한 하나님의 용서가 이루어졌다. 진정으로 자기의 죄에 대해 참회하여 사제에게 고백하는 사람은 지옥행을 피하게 된다는 의미에서 구원을 받는 것이었다. 그러나 영혼에는 여전히 오점이 남아있고, 이 오점은 연옥에서 머무름으로써 지워야 하는 것이었다. 이러한 연옥 체류기간은 하나님을 기쁘게 해드릴 행위를 함으로써 단축시키거나 심지어는 아예 없앨 수도 있으며, 이 행위가 바로 고해성사라는 것이다. 11세기 전에는 고해가 아주 드물게 심각한 이른바 중죄mortal sins에 대해서만 행해졌다. 그러나 이때쯤 해서 경중을 가리지 않고 모든 죄에 대해 수시로 고해하는 아일랜드 교회의 관행이 널리 채택되기에 이르렀다p. 117 참조. 이러한 변화는 인간의 삶에 대한 교회의 영향력을 크게 증대시켰다. 고해가 있을 때마다, 해당하는 온갖 생각할 수 있는 주제에 관한 교회의 윤리적 가르침이 고해자에게 가해졌다. 회죄 총칙悔罪 總則, penitentials, 즉 죄의 종류 및 그에 합당한 고해를 나열한 목록이 언제나 교회 문헌의 중요한 일부가 되어 있었다. 참회와 고해는 그 관념이 바뀜에 따라, 훨씬 더 복잡하고 상세해졌다. 그들은 사실상 인간 윤리에 적용된 교회법의 축약판이었다.

42. 법의 부활

중세의 지식인들은 질서를 열망하였다. 그것은 이제 겨우 혼란과 폭력으로부터 문명이 모습을 드러내기 시작하고 있었던 상황에서는 당연한 반응이었다. 안젤름이나 아벨라르 같은 사람의 세련된 철학적 사변을 읽는 경우, 국지적인 전쟁이 당연한 것으로 되어 있고 유일한 법적 절차가 오늘날의 몇몇 야만적 · 원시적인 사회의 그것과 별다르지 않은 사회에서 이들이 태어났다는 사실을 우리는 반드시 유념해야 한다. 모든 봉토는 각기 독자적인 일련의 관습을 지니고 있었다. 왕국 전역에 적용되는 보통법common law은 존재하지 않았다보통법에 대해서는 pp. 374~376 참조-역주. 법의 본질에 대한 관념은 야만족이 로마 제국에 침입해 들어올 때 함께 가져온 것과 별로 달라지지 않았다. 법은 유능한 법 제정자가 공포하고 또 필요한 경우엔 개정하는 일련의 규칙들로 이루어진 구조라고 여겨지지 못했다. 법은 오히려 예로부터의 관습이자 사물의 외적 질서를 이루는 당연한 부분으로서 태고적부터 존재해온 것으로 여겨졌다. 물론 실제로는 여러 세기가 지나면서 어느 정도 변경이 이루어지긴 하였다. 옛 분할 상속법은 봉건적인 장자 상속 관행으로 바뀌었다. 초기 법전에 수록된 벌금체제는 중죄에 대한 신체절단이나 사형과 같은 좀더 가혹한 형벌로 보충되었다. 그러나 심리 절차와 증거의 형태는 본질적으로 비합리적이고 야만적인 것으로 남아 있었다. 옛 튜톤의 시죄법 및 선서 의식은 여전히 12세기에서도 통상적인 법 절차의 일부로 남아 있었다. 세련된 지성의 소유자들이 그러한 체제에 불만을 느꼈음은 당연한 일이었다. 더구나, 옛 법규는 새로운 도시의 상업적 생활에서 야기되는 문제들을 다루는 데 도무지 적합하지 못했다.

이러한 전반적인 배경은 1100년경으로부터 중세 학교의 주된 교과목이 된 고전 로마법 연구에 대한 놀라운 열정을 설명해 준다. 로마법은 중세 초에도 일부나마 이탈리아와 남부 프랑스에서 살아남아 있었고, 라베나Ravenna와 로마 같은 도시들에서는 공증인이나 수사학 교수들이 법의 기본 원칙이나 법적 논의에 대해 초보적으로나마 가르치고 있었다. 그 뒤 1100년 직전에 이르네리우스Irnerius라고 하는 교사가 나타나 볼로냐에서 유스티니아누스 대제가 편찬한 로마법 대전 전반에 관해 가르치기 시작하였다. 그때 이래로 볼로냐는 중세 유럽에서 으뜸가는 법학 중심지가 되었다. 이르네리우스의 위대한 업적은 로마법의 전 영역에 능통하였다는 것이었다. 그의 업적은 법전에 나오는 어려운 용어를 설명하고 법전의 여러 다른 부분을 서로 연관시키는 주해의 형태로 남아 있다. 이러한 주해 작업은 그 뒤의 모든 주석학파에 의해 지속되었다. 12세기 중엽에는 네 박사Four Doctors라 알려진 특히 유명한 네 명의 주석가가 있었는데, 이들 넷—불가루스Bulgarus, 휴고Hugo, 야코부스Jacobus 그리고 마르티누스Martinus—은 이르네리우스의 제자들로 전해지고 있다. 그들의 제자들은 다시 로마법 연구를 서구 전역의 주요 학문 중심지에 이식시켰다.

우리가 아는 한, 유스티니아누스 법전의 완벽한 필사본은 11세기까지 오직 하나만 이탈리아에서 보존되고 있었고, 그리하여 일부 역사가들은 이 유일한 필사본의 (아마도 우연한 일이었을) 발견이 어떻게 유럽 법제사를 완전히 변혁시켰는가 따짐으로써 상상력을 멋지게 구사하였다. 그러나 이런 종류의 사고는 핵심을 놓친 것이다. 필사본들은 누구든 필요하다고 느꼈다면 쉽게 비잔티움에서 얻을 수 있었다. 1100년경의 새로운 발전은 고전 법학을 이해하고 찬미할 수 있는 사회의 등장이었다. 유스티니아누스 법전에서 중세인들은 합리적 원칙에 따라 구성된 하나의 정교한 법체계를 발견하였다p. 81 참조. 로마의 법률가들은 인간 이성이 분별할 수 있는 법의 추상적 원칙이 있으며, 그러한 원칙은 주권을 지닌 법 제정자가 공포하는 구체적인 법으로 구현될 수 있고, 이러한 법은 인간 상호간의 관계를 가장 미묘하고 세세한 점까지도 합리적으로 규제할 수 있다고 전제하였다. 고전 법학에서는, 물론 특정 원칙들은 불변의 것으로 간주되긴 했지만, 구체적인 법들은 임의로 개정하여 변화하는 사회의 필요에 적응시킬 수 있는 것이었다. 오래된 법이라고 해서 반드시 훌륭한 법은 아니다. 상황이 바뀌면, 법도 바뀌어야 한다. 주권을 지닌 법 제정자는 바로 이를 위해 존재하는 것이었다.

주권의 원천에 관하여 로마법전은 그리 분명하게 이야기하고 있지 않다. 핵심적인 관념은 로마 인민이 스스로 입법할 수 있는 천부적 권리를 지니고 있으나 그 권리를 황제에게 양도하였다는 것이었다. 그러나 몇몇 조문에서는 황제권이 인민이 아니라 신에게서 나왔다고 말하고 있다. 중세 법률가들은 황제의 직이 신에 의해 설치되었지만 개개의 황제는 선출 과정을 통해 선택된다고 하여 이 모순을 설명하였다. 대체로 그들은 정치적 권력이 위에서 나오는지 아니면 아래에서 나오는지, 신으로부터 나오는지 아니면 인민으로부터 나오는지에 대해 별 관심을 두지 않았다. 그들에겐 정치적 권력이 신과 인민 양쪽에서 나온다고 생각하는 것이 편했다. 사회 여론이 일치됨은 신의 뜻이 작용하고 있음을 가리키는 것이었다. 12세기의 한 법률가가 썼듯이, "이러한 문제에서는 신이 주재자이고 우리는 그의 도구일 뿐"이었다.

로마법의 특정 이설들이 지역에 따라 서로 다른 정도로—예컨대 이탈리아의 도시국가에서는 아주 큰 정도로, 반면에 영국에서는 비교적 미약한 정도로—서유럽의 법체계 전반에 동화되어 들어갔다. 그러나 이러한 개별적인 이설의 동화가 12세기와 13세기에 로마법 연구가 끼친 주된 영향은 아니었다. 로마법 연구의 가장 큰 영향은 중세인에게 법체계가 어떠한 것이 될 수 있는지에 대하여 새로운 관념을 갖게 해주고, 그들 자신의 법적 전통을 체계적·논리적으로 성문화하도록 자극한 것이었다. 예컨대, 영국의 법에 관한 최초의 주요 업적인 글랜빌Glanvill의 논문 ≪영국의 법과 관습에 관하여*On the Laws and Customs of the Realm of England* (1189년경)≫는 로마의 성문법 전통을 언급하면서, "비록 성문화되진 않았으나 영국의 법을 '법'이라 칭하는 것은 그리 이치에 어긋난 일이 아닐 것"이라고 자랑스럽게 단언하였다. 이 업적에 뒤이어 13세기 중엽에 이르면 왕의 판사royal judge인 헨리 브랙튼Henry Bracton이 영국 보통법에 관하여 훨씬 더 방대하고 로마의 헌법을 많이 수용한 업적을 내게 된다. 프랑스와 독일의 여러 지역에서도 많은 법전 편찬이 이루어졌으며, 1265년경에는 까스띨랴의 현명왕 알폰소 10세Alfonso X the Wise가 로마법 원칙의 영향을 크게 받은 법전 ≪시에테 파르티다스*Siete Partidas*≫를 편찬하였다. 로마법은 서구 사상에 입법권을 부여받은 공권으로서의 정부와 국가라는 관념을 다시 소개해 주었다. 봉건적 관행에서는 정부 기능의 행사가 기본적으로 개인적인 특권이자 봉토에 딸린 다른 재산권과 함께 부여받는 일종의 재산권이었다. 고전법학자들은 공권이 신으로부터 나오는지 인민으로부터 나오는지는 분명하게 밝히고 있지 않지만, 공권이 영지 소유에서 비롯된다고 보지 않았음은 분명하다. 반면에 중세 초의 국왕들은 완전히 튜톤적 또는 봉건적인 관습의 테두리 안에서 움직였다. 그러나 13세기로부터, 왕들은 실질적으로 입법을 행하고 있음을 충분히 자각하고, 단순히 옛 관습을 재해석하거나 재언명하는 것으로 가장하지 않으면서, 의도적으로 새로운 법들을 만들기 시작하였다.

세속법의 첫 성문화가 이루어지기도 전에 이미 교회에서는 로마법 원칙이 구체적인 행정의 문제에 체계적으로 적용되기 시작하였다. 서임권 투쟁은 옛 교회법에 대한 관심을 크게 불러일으켰고, 11세기에는 몇 가지 중요한 교회법령집이 편찬되었으나, 어느 것도 보편적인 권위로는 인정받지 못했다. 서방 교회 전체에 일관되게 적용될 통일된 법전이 없었던 것이다. 예컨대 프랑스의 혼인법은 이탈리아의 혼인법과 달랐다. 이러한 상황은 1140년경 ≪법령 집성 *Decretum*≫이라 알려지게 된 방대한 교회법전을 편찬해 낸 볼로냐의 한 수도승 그라티아누스Gratian에 의해 극복되었다. 유스티니아누스 법전이라는 선례에 자극받은 것이긴 하지만, ≪법령 집성≫의 초판은 로마법으로부터 직접 빌어온 것이 하나도 없었다. 오히려 그라티아누스의 의도는 교회법이 유스티니아누스의 법전 못지않게 완벽한 법체계를 이룰 수 있음을 보여주려는 것이었다. 그는 선배들보다 훨씬 방대한 전거를 수집 · 편찬했을 뿐만 아니라, 피에르 아벨라르의 정신에 따라 비판적인 주석으로 전거들을 서로 연관시킴으로써, 일견 모순되어 보이는 점들이 어떻게 해소될 수 있는가를 보여주었다(그 자신이 붙인 책명은 ≪부정합한 교회법들의 화합*A Concord of Discordant Canons*≫이었다). 이 작업은 큰 성공을 거두어, 곧 교회법에 대한 권위 있는 해설로 널리 받아들여졌다.

그라티아누스의 전거들은 최고 심판관이자 법제정자로서의 교황의 역할을 강조하였다. 당대의 여러 교황, 특히 알렉산더 3세는 그들 자신 위대한 교회법학자로서, ≪법령 집성≫에 포함된 전거들이 교황에게 속한 것으로 주장한 권한을 행사하여 수많은 새로운 법을 제정하고, 교황 법정을 서방 기독교 세계 전역에서 제기되는 모든 송사의 실질적인 최종 상급심으로 확립하였다. 유럽의 먼 지역에서 교황청으로 상소되는 사건은 대개 교황 사절papal delegates에 의해 심리되었다. 예컨대, 영국의 두 수도원이 한 재산의 분배를 둘러싸고 분쟁을 벌이다가 교황에게 상소하면, 교황은 영국의 두 고위성직자—대개는 주교—를 교황 사절로 임명하여 대신 심리케 하였다. 이들 고위성직자들은 사안을 조사하고, 증언을 듣고, 증거를 수집하여 그 결과의 사본을 로마로 보냈다. 교황은 그들의 보고서를 토대로 판결을 확정하여 선포하는 것이었다.

이는 교황권의 성장에서 중요한 단계를 이루었다. 12세기의 법학자 교황들이 내건 이론적인 주장들은 선임자들의 주장과 별다르지 않았다. 새로운 것은 그 교황들이 그러한 주장을 실현시킬 적절한 행정기구를 만들어 내기 시작하였다는 사실이었다. 이때 이래로, 오래전부터 사법적 우위를 요구하던 교황청의 주장이 모든 서방 교회의 중요한 사안에 대한 실질적인 감독권 행사로 구현되었다.

교황이 집행하던 교회법은 물론 사제와 교회 재산에 관련된 모든 문제를 취급하였으나, 평신도 또한 교회의 구성원이었으므로 교회법은 평신도의 생활에 관해 많은 측면을 규제하였다. 결혼이나 지참금에 관련된 문제, 유언장의 검인, 성실한 계약의 이행, 선서 및 서약에 관한 논란(이는 봉건사회에서는 매우 중요한 문제가 될 수 있었다), 빈민구제 및 교육에 대한 감독, 이단 및 고리대금의 척결 등 이 모든 일이 교회법으로 규제되었다. 교회법정에서의 재판절차는 기본적으로 로마법에 규정된 그것과 비슷하였다. 재판관은 진술조서를 받고 필요하다고 여길 때는 증인을 심문하였다. 하급심에서 상급심으로 정규 항고체제가 갖추어져 있었고, 그와 함께 각급심에서 교황에게 직접 상고할 수도 있었다. 우리는 로마법학이 중세 세계에 공법 및 국가의 관념을 재도입시켰다고 일컬어 왔다. 그러나 그러한 관념은 중세 교회의 구조 속에서 처음으로 구현되었다. 위대한 법제사가 메이틀랜드Maitldand가 말했듯이, "중세에는 교회가 하나의 국가"였던 것이다.

12세기 말에는, 볼로냐에서뿐만 아니라 파리와 옥스포드에서도 중요한 교회법학파들이 등장하였다. 이른바 "주석학파Decretists"라 불리는 이들은 그라티아누스가 모아놓은 옛 전거들을 해석하고 이들을 당시 교황들이 제정한 새로운 법들과 조화시키는 데 전념하였다. 교회법은 오늘날의 학생들에게는 별로 흥미로운 주제가 아니겠지만, 12세기 사람들에게는 대단히 매력적인 연구분야로서 당대의 으뜸가는 인물들을 매료시켰다. 그들은 단순히 옛 법령을 구체적인 경우에 기계적으로 적용시키는 것을 넘어서서, 체계가 전혀 없던 분야에 완전히 새로운 통일적인 법률체계를 부여하는 창조적 작업에 전념하였다. 교회법에 대한 주석과 논문들이 12세기로부터 방대하게 쏟아져 나왔다. 이러한 문헌은 대부분 위에서 언급한 종류의 교회적 · 준교회적인 문제를 다룬 것이었다.

그러나, 교회의 헌법constitutional law을 연구하는 가운데, 교회법학자들은 기본적으로 정치이론의 문제라 할 주제들에 대해 폭넓게 의견을 내놓게 되었다. 특히 두 가지 주제는, 그에 관한 글들이 이후의 중세 사상에 큰 영향을 미쳤으므로, 좀더 상세히 고찰할 필요가 있다. 이는 교회와 국가의 관계라는 문제와 주권의 문제였다.

그라티아누스의 ≪법령 집성≫에 포함된 여러 전거들이 주석가들에게 교회와 국가의 관계라는 문제를 제기하였으나, 특히 중요한 전거는 두 개였다. 하나는 사제의 권위와 왕권에 대한 교황 겔라시우스Gelasius의 견해를 상세하게 서술한 인용문이었고, 다른 하나는 프랑크왕 힐데릭의 폐위를 위해 교황 자카리아스Zachary가 취했던 행동을 기록한 문서였다p. 106; p. 136 참조. 1200년경, 이 두 전거를 서로 다르게 해석하는 두 학파가 성장해 나왔다. 온건한 "이원론dualist"의 가장 뛰어난 대변자는 피사의 휴구치오Huguccio of Pisa : 1210년에 사망. 볼로냐에서 가르쳤고, 1190년에 페라라의 주교가 됨. 법학뿐만 아니라 신학과 문법에 관한 저작도 내놓았다.-역주로서, 그는 1188년에 ≪법령 집성≫에 대한 주석서인 ≪대요(大要)*Summa*≫를 내놓았다. 겔라시우스의 생각을 거의 그대로 따르면서, 휴구치오는 하나님이 황제직과 교황직을 설치하여 각각에게 적절한 행동영역을 할당하였다고 썼다. 황제권은 교황으로부터가 아니라 황제를 선출한 제후와 인민으로부터 나오는 것이었다. 교황에 의한 황제의 대관은 권력의 실체가 아니라 단지 명목상의 권위만을 부여하는 것이었다. 옛 문헌들에서 교황이 왕과 황제를 폐위시키는 기록이 나오는 경우, 그것은 세속 제후들이 폭군이 된 군주를 제거하기로 결정했을 때 교황이 그들의 결정을 비준할 수 있다는 것을 의미할 뿐이었다.

휴구치오의 이러한 견해는 다음 세대의 주도적 교회법학자로서 13세기 벽두에 볼로냐에서 법학 교수로 명성을 떨친 영국인 알라누스Alanus에 의해 부정되었다. 알라누스는 기독교 사회가 하나의 통일체를 이루려면, 우두머리는—"괴물이 아닌 한"—하나이어야 한다고 주장했다. 이 우두머리는 오직 교황일 수밖에 없었다. 따라서 교황은 영적 권한과 세속적 권한의 두 "칼"을 모두 장악하는 존재여야 했다두 칼의 소유 여부에 대해서는 루가, 22:38 참조-역주. 모든 정당한 정치적 권위는 교황으로부터 나오는 것이었다. 필요하다면, 교황은 그에게 내재된 권한으로 황제를 비롯한 어느 군주라도 폐위시킬 수 있었다. 휴구치오와 알라누스의 두 관점 모두 중세 내내 지지자를 끌어 모았으나, 알라누스의 견해가 교황청에서 더 인기를 끌게 되었고, 이후의 교회법학자들에게 더욱 널리 받아들여졌다.

주권의 문제, 즉 군주가 사회에 대하여 행사하는 권리를 규정하는 문제는 교회에 대한 교황의 권한이 어떠한 성격의 것인가를 고찰하는 가운데 교회법학자들에게 제기된 문제였다. 교회법학자들은 수세기 동안 자라나온 일단의 해로운 관습을 쓸어버릴 수 있을 만큼 강력한 중앙정부를 확립하고자 하였고, 그러한 권력을 규정하는 데 로마법의 주권 이론이 안성맞춤으로 이용될 수 있음을 발견하였다. 이에 따라, 그들은 로마법의 "절대주의적absolutist" 구절들을 몽땅 드러내어, 교황의 직책에 적용하는 데 열을 올렸다. "군주prince가 뜻하는 것은 법의 효력을 지닌다" ; "군주는 법에 의해 구속되지 않는다" ; "군주는 그의 가슴 속에 모든 법을 간직한다"는 따위의 구절은 군주 대신 교황이란 말로 바뀌었을 뿐 그대로 옮겨졌다. 교황은 엄격하게 법적인 의미에서 교회의 황제이자, 그의 뜻이 곧 법인 입법권자, 그리고 항고가 있을 수 없는 최종 심판관으로 그려졌다.

그러나, 여기까지 도달한 다음, 교회법학자들은 고전법학자들이 거의 전혀 다루지 않았던 문제를 고찰하게 되었다. 교황이 이러한 막강한 권력을 남용한다면 어떻게 될 것인가? 교회법학자들은 기독교인이었다. 그들은 모든 사람이 자유의지를 가지고 있다고 믿었으며, 교황은 그의 지위가 아무리 높든 결국 인간이었다. 교황은 죄를 택할 수 있고, 권력에 맛들어 타락할 수 있으며, 오류에 빠질 수도 있을 것이었다. ≪법령 집성≫에 수록된 전거들은 실제로 죄를 범하거나 오류에 빠진 옛 교황들의 경우를 여럿 언급하고 있었다. 그러한 교황에 의해 전 교회가 타락하고 부패할 수 있으리라는 생각은 교회법학자들에게는 용납할 수 없는 것이었다. 그들은 모두 상상할 수 있는 최악의 경우에—교황이 실제로 이단자가 되는 경우에—교황이 어떻게든 폐위될 수 있어야 한다는 데 동의하였다. 일부는 교황이 악명 높은 죄인이 되었을 경우에도 폐위되어야 한다고 주장하였다. 하지만, 그러한 교황의 폐위가 어떻게 이루어질 수 있겠는가에 대해서는, 많은 논의가 있었으나, 일치된 해답은 나오지 않았다.

죄인 교황으로 말미암아 제기된 문제는 단순히 절차상의 문제에 그치는 것이 아니었다. 교황의 뜻이 곧 법이라면, 그의 행위가 어떻게 범죄로 규정될 수 있을까? 교황이 신앙의 문제에 관한 최고 심판관이라면, 그의 판결이 어떻게 이단으로 탄핵받을 수 있겠는가? 물론 교황은 하나님의 법에 의해 구속된다고 말할 수는 있지만, 교황이 하나님의 법을 해석할 수 있는 유일한 존재라면, 그러한 말로는 문제가 해결되지 않는다. 교회법학자들은 로마법의 주권 이론과 교회의 본질에 대한 교부들의 견해를 융합시킴으로써 이 모순에서 벗어나려 하였다. 그들은 개개인은 누구나 타락할 수 있겠지만, 교회 전체—"신자들의 총체"—는 결코 타락하거나 오류를 범할 수 없다고 믿었다. 그들은 더 나아가 교회의 공회의general council가 그러한 신자들의 총체를 대변하며 따라서 공회의 역시 오류에 빠질 수 없다고 주장하였다. 이로써 교황까지도, 적어도 "신앙과 교회 전체의 복리에 관련된" 중대한 문제에 관해서는, 공회의의 법령에 구속되었다.

교회법학자들은 교황을 "최고 입법권자"라든지 "최고 심판관"으로 부르면서 동시에 이러한 입장을 견지할 수 있다고 느꼈다. 왜냐하면 그들의 이론에서는 공회의의 우두머리가 바로 교황이기 때문이었다. 교황은 분명 교회의 최고 입법권자이지만, 입법 방법은 여러 가지일 수 있으며, 다른 것보다 우선하는 입법 형태가 있다. 전 교회의 합의를 반영하는 공회의의 법령은 가장 지고하고 권위 있는 형태의 교황 입법으로 간주될 수 있다. 따라서 그런 법령은 하나의 인간으로서의 교황 자신과 그 이후의 교황들까지도 구속할 수 있는 것이었다. 이러한 생각은 12세기 말에 보편적으로 받아들여졌다.

교회법 사상의 이 복잡한 장은 바로 세속적 영역에서 주권이 "의회 내의 왕King-in-Parliament"에게 있다고 보는 입헌군주주의로 직결된다는 점에서 중세사의 중요한 장이 되고 있다. 사실상, 그 이후의 실로 모든 "정치 이론"은 12세기 법학자들이 처음으로 공식화하였던 법률이론을 좀더 일반적으로 표현한 것에 지나지 않았다. 뒤에 가서 우리는 법학자들의 전문적인 이론이 어떻게 중세 말의 정교한 입헌정부 이론 속으로 동화되어 들어갔는가 살펴보게 될 것이다.

제14장 봉건 왕정 : 제국과 교황

12세기의 법 부활은 단순히 학문이론의 문제만이 아니었다. 유럽의 여러 주요 왕국에서 이 시기에 좀더 질서 잡히고 효율적인 통치체제가 자리잡게 되었다. 왕들은 각각 다른 문제에 다른 방법으로 대처하였다. 영국왕들은 봉건 주군으로서의 권리에 더하여, 비봉건적인 형태의 국왕 사법권을 획득함으로써 왕권을 크게 강화하였다. 프랑스에서는 가장 중요한 발전으로서 왕령지가 크게 넓혀졌다. 독일에서는 새 왕조가 롬바르디에 대한 황제로서의 지배권을 다시금 주장함으로써 강력한 왕권의 기반을 마련하려 했으나, 이는 교황과의 새로운 분쟁을 야기하였다. 12세기 말에 영국과 프랑스의 왕권은 상당히 강화되어 있었으나, 이탈리아와 독일의 미래는 여전히 짙은 안개 속에 가리워 있었다.

43. 영국 : 노르만 왕조와 플란타지네트 왕조

정복왕 윌리엄이 죽자, 노르망디 공령은 그의 장남인 로베르Robert에게, 그리고 영국 왕위는 차남인 윌리엄William; 1087~1100에게 돌아갔다. 막내인 3남 헨리Henry는 노르망디에 있는 약간의 영지만을 받았을 뿐이었다. 러퍼스Rufus라는 이름의 윌리엄 2세는 제멋대로이고 탐욕스러우며 아마도 변태성욕자였던, 그지없는 악한이었다. 그는 탐욕스럽게 모든 가능한 수입원 특히 현금을 뜯어낼 수 있는 봉건적 권리를 최대한 이용하였다. 한 제후가 죽으면 왕은 상속인에게 가능한 한 최고액의 상속세를 물렸다. 어떤 제후가 딸을 결혼시키기 위해 허가를 받고자 하면, 그는 막대한 대가를 치르어야 했다. 어떤 제후가 미혼의 딸을 남기고 죽으면, 왕은 그녀를 경매에 붙여 최고 입찰자에게 시집보냈다. 러퍼스는, 적어도 한번은, 한 제후가 죽자 그 제후의 배신rear-vassal들로부터 보조금aid

을 거두었다. 윌리엄 2세는 여러 번 제후들의 반란에 부딪쳐야 했으나, 그런 반란이 전적으로 주군으로서의 권리를 남용했기 때문에 일어난 것만은 아니었다. 그의 형인 로베르는 노르망디뿐만 아니라 영국도 자기 차지가 되었어야 했다고 생각하여, 영국에 끊임없이 소요를 일으키고 있었다. 윌리엄은 로베르의 온후하나 비효율적인 통치 아래에서 이미 완전한 혼란상태에 빠져 있었던 노르망디를 침입함으로써 이자를 붙여 보답하였다. 결국, 로베르는 노르망디를 러퍼스에게 양도하고는 제1차 십자군에 참가하였다p. 281 참조.

1100년의 어느 날, 윌리엄 러퍼스가 사냥하고 있을 때, 같이 간 귀족들 가운데 하나가 전해진 바에 따르면 왕을 사슴으로 오인하여—아마도 사고였겠지만—화살을 쏘아 치명상을 입혔다. 왕의 동생인 헨리는 멀리 있지 않았으면서도 현장으로 급히 가보려는 충동을 억제하고 그 대신 윈체스터성에 있는 왕의 금고를 재빨리 장악하였다. 헨리는 형을 죽인 자에 대해 아무런 처벌도 가하지 않았다. 오히려 이 가해자의 가문인 클레어Clare가는 헨리의 치세에 영국에서 가장 강력한 가문이 되었다.

헨리는 운좋게 마침 그 자리에 있었기 때문에 영국왕이 될 수 있었다. 그의 왕위 계승권은 큰형인 로베르의 계승권보다 아래에 있거나, 기껏해야 동등한 정도였다. 이런 상황 아래, 그는 자기를 왕으로 받아들인 제후들의 환심을 살 필요를 느꼈다. 그는 대관식 날 윌리엄 2세가 자행한 권력남용을 끝내기로 약속하는 문서를 엄숙하게 공포하였다. 이 문서는 헨리가 스스로 법에 의해 구속됨을 인정하는 것으로서, 그리고 그 법의 몇 가지 점에 대한 규정으로서는 매우 중요하다이 문서는 Charter of Liberties라 불린다. p. 453 참조-역주. 그러나 이 문서는, 헨리가 그에 명기된 약속들로 자기의 권력행사가 제한되는 것을 용납치 않았기 때문에, 실질적으로는 별 가치가 없었다. 헨리는 오히려 더 열을 내어 형의 정책을 계속하였다.

헨리 1세1100~1135는 강력하고 유능한 통치자이자 뛰어난 군인이었다. 제후들이 부분적으로는 로베르의 사주로 또 부분적으로는 헨리의 강력한 통치에 대한 반발로 반란을 일으키자, 그는 반란군을 격파하여 추방하였다. 뒤이어 헨리는 노르망디를 침입하여, 오랜 싸움 끝에 형을 사로잡아 영국의 한 성에 유폐시켰다. 프랑스왕 루이 6세1108~1137가 노르망디의 문제에 끊임없이 간섭하였기 때문에 헨리는 노르망디 공령에 평화와 질서를 확립할 수는 없었으나, 로베르보다는 훨씬 더 효과적으로 준동하는 제후들을 다스렸다. 영국은 그의 강력한 통치 아래 평화와 안녕의 본보기가 되었다.

헨리 1세는 그의 아버지와 형이 사용하던 방법을 더욱 발전시키고 또 독자적인 방법을 개발해냄으로써 왕권을 크게 신장시켰다. 윌리엄 1세와 윌리엄 2세는 심각한 중죄를 재판하는 이른바 왕의 송사pleas of the crown는 특별한 왕의 재판관에 의해 심리되어야 한다고 주장하였다. 이따금 두 왕은 이를 위해 재판관을 파견하였으나, 대개는 각 주의 주장관으로 하여금 왕의 재판관으로서 심리하도록 명령하였다. 헨리 1세는 왕 직속의 재판관을 통치기구의 정규적인 일부로 확립하여, 그들을 영국 전역에 파견해 왕의 송사를 심리토록 하였다. 윌리엄 러퍼스는 제후들 대신에 왕에게 더 크게 의존할 수밖에 없는 지위 낮은 인물을 주장관으로 대치시키기 시작하였는데, 헨리는 이 작업을 완결하였다. 그의 주장관과 재판관들은 대부분 막대한 독자적인 수입원을 지닌 제후들이 아니라, 왕에게서 보수를 받는 자들이었다.

헨리와 그의 관리들이 이루어낸 중요한 업적의 하나는 효율적인 재정을 발전시킨 것이었다. 그의 선왕들은 튼튼한 성 안에 돈을 쌓아두었으나, 모든 경상비current funds는 왕의 시종들이 관리하는 왕실 금고 속에 보관되었다. 헨리는 왕실에서 세 명의 시종을 차출하여, 상임 재정관으로 윈체스터에서 일하도록 하였다. 얼마 안 가, 이 세 시종 가운데 하나는 왕실 회계관treasurer 나머지 둘은 재무 시종chamberlains of the exchequer으로 불리게 되었다.

헨리의 왕실 회계관은 왕의 수입에 대한 회계문서를 작성하는 체제를 만들어 내었다. 1년에 두 번씩, 영국의 주장관들은 재무관barons of the exchequer이라 불리는 한 무리의 왕 직속 관리들 앞에 출두하여 회계문서를 제시하였다. 각 주장관은 자기 주에 대하여 일정한 액수의 지대 또는 "조공farm"을 책임졌고, 거기에서 왕의 명령으로 지출한 액수가 공제될 수 있었다. 주장관은 지출을 인가한 명령서를 재무관에게 제출하였고, 재무관들은 그의 회계를 결산하였다. 주장관은 또한 상속인이 미성년자여서 왕의 후견을 받는 영지들과 같은 특별한 수입원에 대해서도 회계를 밝혔다. 주장관은 자기 주에서 왕에게 납부해야 할 돈을 완납하지 못한 자들을 모두 대동하여 그 이유를 설명케 하였다. 그리하여 회계가 완결되면, 재무관들은 왕의 수입액이 어느 정도이며, 더욱 중요한 것으로 덜 걷힌 돈이 얼마인가를 확연히 알 수 있었다. 이러한 회계 결과는 파이프 롤Pipe Roll이라는 문서로 기록되어 남아 있다이 명칭은 아마도 양피지로 된 그 문서가 동그랗게 파이프pipe처럼 말린roll 데에서 비롯된 듯하다.-역주. 헨리 1세의 치세에는 그런 기록이 하나 남아 있고, 헨리 2세의 치세에는 첫해부터 그런 기록이 연이어 작성되어 있다.

당대에 헨리의 전기를 쓴 작가 하나는 찬탄의 마음을 숨기지 않으면서 헨리가 지상에 자손을 홍성케 하라는 하나님의 명령을 심각하게 받아들여 아주 성공적으로 시행했다고 썼다. 그러나 유감스럽게도, 그의 수많은 자녀 가운데 아들인 윌리엄과 딸인 마틸다Matilda를 빼고는 모두 사생아였다. 윌리엄은 아직 젊었을 때, 동년배의 귀족 자제들과 함께 모두 만취한 채 역시 술에 취해 있던 선장과 선원이 모는 배에 탔다. 폭풍이 몰아쳐, 배는 모든 탑승자와 함께 실종되었다. 이리하여 헨리에겐 상속할 아들이 없어졌다. 그는 영국의 고위성직자와 제후들에게 신성로마 제국 황제 하인리히 5세의 미망인이자 앙주백 지오프리Geoffrey의 아내였던 마틸다에게 충성을 맹세토록 강요하였다.

헨리의 가까운 친척 가운데 그때까지 살아 있던 사람은 헨리의 누이에게서 태어난 블로아백 띠보Thibaut와 스티븐Stephen뿐이었다. 헨리 1세가 죽자, 헨리의 증여로 불로뉴Boulogne백이 되어 있던 스티븐은 즉각 영국에 가서 왕위 계승을 주장하였다. 영국의 제후들은 마틸다에게 충성을 맹세하긴 했지만, 그녀를 달갑게 생각하지 않았다. 누구도 여자가 영국을 효율적으로 다스릴 수 있다고는 믿지 않았으며, 제후들은 악명 높은 강도 귀족인 앙주백 지오프리가 그들의 행동을 제약할 정도로 강력한 통치를 하지 않을까 깊은 의구심을 품고 있었다. 스티븐은 점잖고 온화한 인물로 알려져 있었고, 제후들은 그를 왕으로 선택하였다. 띠보는 동생을 자기보다 우선시킨 데 대해 몇 차례 항의하였으나, 이 문제에 매달리기에는 프랑스에 있는 그의 거대한 영지에서의 일만으로도 너무나 바빴다. 반면에 마틸다와 지오프리는 전쟁을 불사하였다. 지오프리가 노르망디를 침략하는 동안, 마틸다는 영국으로 건너가 지지자를 끌어 모은 다음 스티븐에게 싸움을 걸었다.

스티븐의 치세1135~1154는 온통 두 당파 사이의 격렬한 내란으로 얼룩졌다. 이는 제후들에게는 절호의 기회였다. 각 제후는 막대한 토지와 값진 특권을 대가로 충성을 팔고, 다른 쪽이 더 큰 대가를 제공하면 거리낌 없이 그쪽으로 돌아설 수 있었다. 예컨대, 에섹스의 강력한 제후 지오프리 드 망드빌Geoffrey de Mandeville은 간교하게 이쪽에 붙었다가 저쪽에 붙었다가 함으로써, 에섹스백의 칭호를 얻었고, 광대한 왕령지를 봉토로 획득하였으며, 왕 직속의 수많은 중소 봉신들로부터 봉사를 받게 되었고, 수많은 성을 세울 허가와 그를 화나게 한 런던 주교 소유의 한 성을 때려 부술 허가를 얻어 냈으며, 런던 탑the Tower of London의 세습 관할권과 런던, 미들섹스Middlesex, 에섹스, 하트포드셔Hertfordshire의 세습 주장관직 및 왕의 재판관직, 그리고 그의 친척을 위한 유사한 양보들을 획득하였다. 요컨대, 지오프리는 실질적으로는 런던시를 포함한 4개 주의 절대적인 지배자로 군림하게 되었다.

물론 지오프리만큼 크게 해먹은 제후는 아주 드물었지만, 그래도 대부분은 어느 정도나마 이익을 보았다. 그들은 자기 주의 주장관이나 왕에 직속한 성들의 성주가 되었다. 그들은 왕령지와 왕 직속 중소 봉신의 봉사를 획득하였다. 영국 전역에서 제후들의 새로운 성채가 우후죽순처럼 솟아올랐다. 그리고 대제후들이 권력을 강화하여 왕으로부터 실질적으로 독립되어 가는 동안, 중소 제후들은 군사들을 모아 곳곳의 성채를 빼앗아 근거지로 삼은 뒤 무자비하게 주변 농촌을 약탈하였다. 전쟁은 스티븐이 마틸다의 아들 헨리와 화약을 맺음으로써 결국 끝을 맺었다. 스티븐은 계속 왕위에 머물렀으나, 그가 죽은 다음에는 왕위가 헨리에게 돌아가게 되었다. 헨리가 1154년에 헨리 2세로 즉위하였을 때헨리 2세의 성이 플란타지네트Plantagenet였으므로, 이로부터 플란타지네트 왕조가 열렸다.-역주, 그는 이미 상속에 의해 앙주백이자 노르망디공이 되어 있었다. 그는 또한 아키텐공의 상속녀 엘레노어Eleanor와 결혼하여 아키텐공도 겸하게 되었다. 그리하여 그는 스코틀랜드와의 경계로부터 피레네 산맥까지 뻗친, 종종 앙주 제국Angevin Empire이라 불리는 거대한 영토를 다스리게 되었다. 그는 서유럽에서 가장 강력한 군주로 대두할 참이었다.

그러나 헨리는 영국에서 왕권이 정복 이래로 가장 볼품없이 약화되어 있음을 알게 되었다. 제후들은 스티븐과 마틸다로부터 광대한 왕령지와 중소제후의 신서 및 봉사, 그리고 수많은 세습 직책을 뜯어내었다. 그들은 내란을 기회 삼아 자신의 영지에 강력한 요새를 구축하였다. 더구나, 헨리 자신도 스티븐과

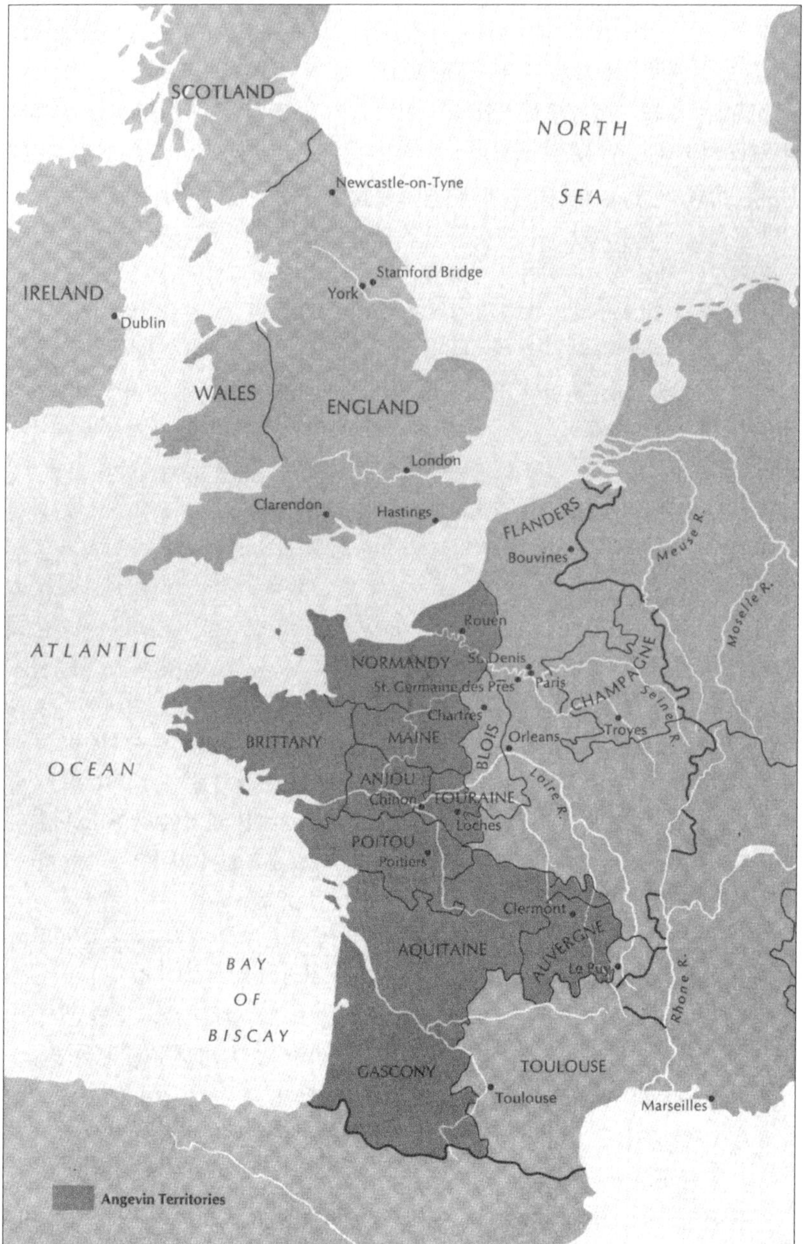

지도 16. 앙주 제국과 프랑스(1189년)

싸우는 와중에서 무모할 정도로 토지와 특권을 약속하여 제후들의 지지를 얻어내곤 하였다. 제후들이 스티븐과 마틸다로부터 얻어낸 것을 그대로 지니고 헨리가 그의 약속을 지킨다면, 영국의 왕권은 오랜 동안 크게 약화될 것이었다. 그러나 헨리는 그의 왕조에겐 다행하게도, 양심의 가책으로 고민하는 성격이 결코 아니었다. 그는 약속을 지키는 것처럼 가장하지도 않았다. 더구나, 그는 바로 전임자가 부여하였던 것들을 대부분 냉정하게 무시하였다. 그와 스티븐은 왕의 허락 없이 불법적으로 세워진 성들을 파괴해야 한다는 데 동의했었다. 헨리는 자기에게 위협적인 모든 성을 불법적인 것으로 몰아붙여, 파괴해버리거나 자기 수중에 넣었다. 세습 직책의 경우에, 헨리는 대개 상속권 주장자를 무시하고 자기 사람을 임명하였다. 즉위하고 불과 몇 년 안에, 그는 스티븐의 혼란한 치세에 왕이 상실하였던 권력기반을 대부분 되찾았다.

헨리는 즉각 모든 가능한 방향에서 왕권을 강화하는 데 착수하였다. 노르만 왕조의 왕들처럼, 그는 영국 제후들의 봉건 주군으로서 왕이 지닌 권리를 최대한 이용하려 하였다. 봉건관습에 따르면 봉신은 그의 딸을 결혼시키기 전에 주군의 허락을 받게 되어 있었고, 노르만 왕조 왕들은 언제나 그 허락을 상당한 대가를 받고 내주었다. 이는 헨리 1세가 엄숙하게 중지키로 약속했던 바로 그 미심쩍은 절차였다. 헨리 2세는 할아버지보다 더 극도로 그의 권리를 남용하였다. 그는 제후들에게 아들을 결혼시킬 때에도 그의 허락을 얻도록 강요하고, 그에 대한 대가를 요구하였다. 한 제후가 보유권이 확실한 영지를 아들에게 상속할 경우, 헨리는 대개 공정한 상속세액으로 여겨지던 100파운드만을 받을 수밖에 없었으나, 보유권에 하자가 있거나 상속인이 아들이 아닌 경우, 그는 받아낼 수 있는 한 최대한의 액수를 요구하였다. 그는 또한 그의 봉신들이 지고 있는 군사적 봉사의 가치를 증대시키는 데에도 특별한 관심을 기울였다.

정복왕 윌리엄은 그의 봉신들이 제공하게 되어 있던 5천 명가량의 기사가 색슨족의 반란과 웨일즈인 및 스코틀랜드인의 침략 그리고 바이킹의 침입으로부터 영국을 방어하는 데 꼭 알맞다는 믿음을 전제로, 영국의 군사체제를 확립하였다. 이러한 상황은 헨리 2세 시대에 완전히 바뀌어 있었다. 누가 색슨인이고 누가 노르망디인인지 확실하게 말할 수 있는 사람은 거의 없었고, 색슨족의 반란은 분명 문제가 되지 않았다. 스칸디나비아의 여러 왕국도 더 이상 위협적인 존재가 아니었으며, 웨일즈인과 스코틀랜드인은 변경 주들의 제후들만으로도 충분히 막아낼 수 있었다. 헨리가 군대를 필요로 한 것은 바로 대륙에서였다. 대륙에서 그는 프랑스의 루이 7세 및 그 동맹자인 블로아Blois 가문과 오랫동안 일련의 전쟁을 치르었다.

그러나, 영국에서 봉건 군대를 소집해봐야 노르망디에서는 별 소용이 없었다. 5천여 명의 기사를 수송하고 보급하기는 불가능했다. 게다가, 봉건 군대는 한정된 기간만 종군하도록 되어 있었고, 해협을 건너는 것만으로도 그 기간은 거의 끝나가기 마련이었다. 헨리는 이 문제를 해결하기 위하여 여러 가지 방책을 시도하였다. 그는 봉사의 일부만이라도 좀더 장기간에 걸쳐 제공하도록 요구하였다. 그러나, 가장 손쉬운 해결책은 봉신들로 하여금 기사 대신에 일정액의 돈을 내도록 허용하여 이 돈으로 용병을 고용하는 것이었다. 이 방책의 유일한 결함은 군역 소집에서 왕보다는 제후들이 더 큰 이익을 얻을 수 있다는 점이었다. 대부분의 제후는 왕에게 제공해야 하는 수보다 더 많은 기사를 봉신으로 거느리고 있었다. 그리하여, 헨리가 병역면제세scutage를 거두었을 때, 제후들은 할당된 액수보다 더 많은 돈을 거두어 들였다. 노포크백은 왕에게 60명의 기사를 제공하면 되었으나, 그로부터 봉토를 받은 기사는 162명에 달했다. 왕이 기사 한 사람당 1마르크mark의 병역면제세를 거두었을 때, 백은 60마르크만 왕에게 납부하고 나머지 102마르크는 자기 수중에 넣었다. 1166년에 헨리는 제후들이 얼마나 많은 기사를 봉신으로 거느리고 있는가를 밝혀내기 위해 대규모의 조사를 행하였고, 그 결과를 이용하여 제후들의 병역면제세 중간착복을 근절시키고자 하였다. 제후들은 이에 크게 반발하였고, 결국 타협이 이루어졌다. 제후들은 헨리 1세가 죽기 전부터 거느려온 봉신들에 대해서는 병역면제세를 지불하게 되었으나, 그 이후에 거느리게 된 봉신에 대해서는 지불하지 않아도 되었다. 이는 왕에게 막대한 수입증가를 가져 왔다.

스티븐의 치세에는, 교회에 대한 왕의 통제권도 약화되었다. 헨리는 이 영역에서도 왕권을 회복하려 했으나, 여기에서는 여러 가지 어려움에 부딪치게 되었다. 1164년에 그는 약간 수정되긴 했지만 헨리 1세가 행사했던 권한을 다시금 재천명한 클라렌돈 헌장the Constitutions of Clarendon을 선포하였다. 주교들은 축성받기 전에 먼저 왕에게 신서를 해야 한다(이는 왕에게 주교의 임명에서 적어도 거부권을 부여하는 것이었다) ; 왕의 허락이 없이 영국 교회는 교황에게 상소할 수 없다 ; 범법행위로 고소당한 사제는 우선 교회법정에 의해 사제직에서 추방당한 뒤 왕의 법정에 의해 처벌되어야 한다. 캔터베리 대주교 토마스 아 베케트Thomas a Becket는 처음엔 이러한 규제를 묵인하였으나, 곧 이를 교회법에 어긋난 것으로 규정하여 거부하였고, 특히 세 번째 사제 처벌 문제에 반발하였다. 베케트는 사제를 성직에서 추방하고 그에 더하여 세속 법정에서 처벌하는 것은 같은 죄에 대해 두 번 벌하는 것이라고 주장하였다. "이중 처벌double jeopardy"의 개념이 영국법에 도입된 것은 바로 이러한 논쟁을 통해서였다.

토마스 아 베케트는 왕의 충복이었다. 런던 상인의 아들로 태어난 그는 캔터베리 대주교의 관저에서 교육을 받아 부주교archdeacon가 되었다. 그 뒤 그는 왕의 통치기구에 들어가 왕의 상서chancellor로까지 승진하였다. 헨리 2세는 베케트를 뛰어난 행정가이자 충직한 친구로 여겼다. 1162년 캔터베리 대주교의 자리가 비게 되자, 베케트가 왕의 입김으로 그 자리에 임명되었다. 그때까지 베케트의 역정은 전형적인 중세의 성공담이었다. 그러나, 대주교가 된 베케트는 갑자기 변신하였다. 그는 두드러지게 경건한 생활을 하기 시작하면서, 교회의 권한에 관계된 모든 문제에서 왕과 사사건건 격렬하게 맞섰다. 그가 클라렌돈 헌장을 거부하자, 왕은 그를 유배시켰다. 1170년에는 마음내키지 않는 화해가 이루어져 토마스가 캔터베리로 되돌아 왔으나, 곧 그는 유배되어 있던 동안 왕을 지지했던 고위성직자들을 파문함으로써 새로운 싸움을 불러 일으켰다. 분노에 휩싸인 헨리는 그러한 "처치곤란한 사제"를 제거하고 싶다고 내뱉었다. 네 명의 기사가 이 말을 곧이곧대로 듣고는 캔터베리로 달려가, 성당의 높은 제단 앞에서 토마스를 살해하고 말았다. 이러한 신성모독 행위는 왕에 대한 반감을 크게 자극하였고, 왕은 모든 현안문제에 대해 교황과 타협하지 않을 수 없었다. 헨리는 주교들의 신서를 받을 권리는 보유하였지만, 교황청에 영국의 교회법정으로부터 상고받을 권리를 양보하였다. 중앙집중적인 교황의 사법체제는 바로 이때에 모습을 드러내고 있었는데, 영국 교회는 때맞춘 헨리의 패배로 로마의 교회법에 완전히 예속케 되었다.

영국 왕권의 발전에 끼친 헨리 2세의 주된 기여는 왕 법정의 사법권을 크게 신장시킨 것이었다. 헨리 1세는 그의 재판관을 영국 전역에 파견하여 왕의 송사를 심리케 하였다. 헨리 2세는 그 재판관들의 업무를 증대시키려 하였다. 형사사건은 피해자나 피해자의 친구 또는 친척에 의한 고소, 즉 공식적인 고발이 있어야만 재판에 회부될 수 있었다. 이러한 제도 아래에선, 많은 범법자가 처벌을 면할 수 있었다. 살해된 자에게 친구나 친척이 전혀 없는 경우엔, 고소를 할 사람이 없었다. 피의자가 유력한 인물인 경우, 그를 고소하는 것은 경솔한 짓이 될 수 있었다. 헨리는 정부에 의한 기소라는 관념을 창안해 내었다. 그는 각 군hundred : 주의 구성단위으로부터 12명, 그리고 각 읍township으로부터는 4명이 왕의 재판관이나 주장관 앞에 출두하여 그의 치세가 시작된 이래로 그 지역에서 살인, 강도, 또는 절도를 저질렀다고 여겨지는 피의자를 선서로써 고발하도록 명령하였다. 그들이 피의자로 지목한 자는 체포되어 왕의 재판관 앞에 출두케 되었다. 재판에서 피의자는 물의 시죄법에 의해 심리되었다. 즉 특정한 종교적 의식을 치른 뒤, 그는 손과 발을 결박당한 채 물 속으로 내던져졌다. 축복을 받은 물은 죄인을 거부하여 그를 떠오르게 할 것이었다. 죄없는 자는 물에 의해 받아들여져 가라앉을 것이었다. 헨리는 이 시험의 유효성에 대해 그리 신뢰하지는 않은 듯하다. 무죄로 증명되었지만, 12명의 배심원이 여전히 혐의를 두는 자는 유배되어야 했다. 이러한 재판방법은 오늘날의 대배심jury of presentment; grand jury의 원형이었다. 이로써 훨씬 많은 형사사건이 재판에 회부되어, 공공질서가 크게 증진되었다. 게다가, 왕은 유죄가 확정된 범죄자의 모든 재산을 몰수하였으므로, 왕의 수입 또한 크게 증가하였다.

민법의 분야에서도, 헨리는 매우 창의적인 생각을 해내었다. 그가 취한 첫 번째 단계는 재산의 소유를 왕 법정의 보호 아래 둔 것이었다. 당시의 법에 따르면, 정당한 토지소유자는 처벌당할 위험 없이 토지점유자를 강제로 쫓아낼 수 있었다. 그리하여, 어떤 유력한 영주가 어떤 토지의 소유권을 주장하여 그 점유자를 쫓아내는 경우, 그 영주는 다른 누군가가 소유권을 확증하려 애쓰는 동안 그 토지로부터의 수입을 향유할 수 있었다. 헨리는 누구든 법정의 명령 없이 힘으로 토지점유자를 내쫓을 경우, 피해자가 상서chancellor에게 제소할 수 있다고 선포하였다. 상서는 주장관에게 12명을 모아 왕의 재판관 앞에 출두시켜 쫓겨난 자가 법정의 인가 없이 힘으로 내쫓긴 것인지 여부를 선서케 하도록 명령하였다. 배심원들이 그가 그렇게 내쫓겼음을 인정하면, 그는 다시 토지를 되찾았고, 토지를 찬탈했던 자에겐 무거운 벌금이 부과되었다. 배심원들이 반대로 말하면, 원고에게 허위로 제소한 벌로 벌금이 부과되었다. 이리하여, 소유권은 보호되었으며, 왕은 송사의 결과가 어찌되었든 벌금을 거두어들였다. 이런 종류의 송사는 소유권 재판possessory assizes이라 불리었는데, 12명의 배심원이 결정을 내리는 재판이었다.

대배심과 소유권 재판의 창안으로 왕 법정의 업무는 제후들의 사법권을 침해하지 않으면서도 크게 증대하였다. 그러한 것들은 전에는 없었던 전혀 새로운 절차였던 것이다. 그러나 헨리의 또 다른 방책은 그렇게 무해한 것이 아니었다. 토지소유권을 둘러싼 분쟁은 양 당사자가 같은 주군의 봉신인 경우 봉건법정에서, 그리고 서로 다른 주군의 봉신인 경우에는 주 법정에서 심리되었다. 유일한 심리방법은 결투에 의한 것이었다. 원고는 스스로 결투에 나설 수 없었고, 그의 주장을 옳다고 생각하는 봉신을 대리 결투인으로 내세워야 했다. 그러나, 아마 그는 가능한 한 최상급의 전사를 고를 수 있었을 것이다. 결투에 의한 심리는 분명 운에 크게 좌우되는 것이었으므로, 자기의 주장이 옳다고 확신하는 토지소유자에겐 달갑지 않은 것이었다. 헨리는 이에 대안을 제시하였다. 피고는 결투에 의한 심리를 거부하고, 어느 쪽의 토지소유권 주장이 더 타당한가를 선서에 의해 증언할 24명의 기사를 소집하도록 주장관에게 명령하는 영장writ을 서기청Chancery에 요구할 수 있었다. 이러한 절차는 대심grand assize이라 불리었다. 이를 통해, 왕 법정은 봉건법정 및 지방법정의 업무를 빼앗아 올 수 있었다.

대심을 통해 봉건법정의 권한을 위축시키는 한편, 왕은 더욱 직접적으로 봉건법정의 업무에 간섭하기도 했다. 봉건법정에서 부당하게 취급되었다고 생각하는 소송 당사자는 그의 송사를 왕의 법정으로 이관하도록 명령하는 영장을 획득할 수 있게 되었다. 예컨대, 어떤 과부가 그녀에게 충분한 과부산寡婦産, dower을 주지 않았다고 남편의 상속인을 주군의 봉건법정에 제소하였으나 패소한 경우, 그녀는 상속인에게 그녀가 주장하는 만큼의 과부산을 그녀에게 주거나, 아니면 그렇게 하지 않으려는 이유를 왕의 재판관에게 설명하도록 명령하는 영장을 획득할 수 있었다. 그러한 영장은 거의 모든 송사에서 왕 법정으로 사건 이관에 이용될 수 있었다.

헨리 2세의 이러한 법제 혁신은 실로 보통법common law의 개막을 알리는 것이었다. 보통법이란 영토 전역의 모든 사람 모든 지역에 통용되는 법을 뜻하였다. 각 지방법정 및 봉건법정은 제각기 고유한 관습법을 지니고 있었으나, 왕의 재판관들은 어느 곳을 가던 왕의 법을 시행하였다. 헨리 1세의 치세에, 왕의 재판관들은 왕의 송사를 심리하는 데 보통법을 적용하였으나, 이는 영국 전체의 사법 업무 가운데 극히 일부에 지나지 않았다. 그러나 왕 법정의 사법 영역이 헨리 2세 치하에서 크게 확장되자, 더욱 더 많은 사건이 왕의 재판관들에게 돌아오게 되었다. 송사를 왕의 법정에 빼앗길 수 있음을 깨달은 봉건법정은 미리 선수를 쳐서 송사를 보통법에 따라 재판하려 하였다. 그리하여 보통법은 점차 관습법을 몰아내면서, 약 한 세기 동안 아주 급속히 영향력을 넓혀갔다. 왕의 재판관은 처벌받아야 할 범법행위를 발견할 때마다, 그 사건을 자기 법정에 회부시킬 영장을 발행하려 하였다. 이러한 과정은 13세기에 제후들이 왕과 그의 재판관들에게 제후들의 동의 없이 이런 식으로 새로운 법을 만들지 말도록 촉구할 때까지 계속되었다. 그때 이후로는, 법의 주된 변경이 대개 의회에서 왕이 공포하는 조례statute에 의해 이루어졌다pp. 457~465 참조.

보통법의 시초라는 문제를 떠나기 전에, 소배심petty; trial jury의 기원에 대해 잠깐 짚고 넘어가는 것이 좋을 듯하다. 앵글로-노르만의 통치관행에는 사실을 증명하기 위해 한 무리의 선서한 사람들로부터 증언을 듣는 오랜 전통이 있었다. 둠즈데이 북도 이런 방법으로 얻어진 증언을 바탕으로 한 것이었다. 헨리의 재판관들은 12명의 배심원을 특별한 방법으로 이용하기 시작하였다. 대배심의 배심원들은 어떤 자의 혐의사실을 인정하지만, 피고는 자신이 무죄이며 그의 이웃이 그것을 알고 있다고 확신하는 경우 재판관에게 시죄법에 의해 시험당하는 대신 "가까운 이웃들로 이루어진 배심원"을 소집하여 그의 유·무죄를 증언케 하도록 요구할 수 있었다. 이 방책은 어떤 사람의 악의로 거짓 고발당한 피고의 경우에 특히 값지게 적용될 수 있었다. 그러나 이러한 심리방법은 피고가 요청해야 하는 것이었다. 즉 그는 자기 운명을 배심원의 손에 맡기도록 강요될 수는 없었다. 물에 의한 시죄법은 여전히 유일한 법적 심리방법이었다.

그러나, 1215년에 제4차 라테란 공회의the Fourth Lateran Council는 시죄법을 부정하고, 사제들의 시죄 절차 참여를 금지시켰다. 시죄법은 "하나님의 판결"이었으므로, 사제의 도움 없이는 아무런 의미도 없었다. 그리하여 영국의 재판관들은 갑자기 죄인 심리의 유일한 수단을 잃게 되었다. 이에 그들은 모든 피고에게 배심원에 의한 심리를 요청하도록 최선을 다해 설득하였다. 당분간, 그들은 배심원에 의한 심리를 거부하는 자들을 석방시키는 수밖에 없었다. 그러나 곧 그들은 교묘한 방책을 생각해내었다. 물론 배심원에 의한 심리를 거부하는 자를 유죄로 판결할 수는 없었다. 그러나 그 대신 그러한 자는 발가벗겨 돌바닥에 결박시킨 다음, 그 위에 판자를 올려 놓고 눌려 죽을 때까지 무거운 돌을 쌓아 올렸다. 이러한 지겹고 힘겨운 고통의 위협은 대부분의 피고에게 배심원에 의한 심리를 요청하도록 설득하기에 충분했다. 이로부터 소배심은 형사사건 심리의 통상적인 방법이 되었다.

헨리 2세의 통치는 제후들에게는 달갑지 않은 것이었다. 제후들은 그들의 봉건적 봉사 의무를 증대시키고 그들의 법정으로부터 송사를 빼앗아가는 그의 조치에 분개하였다. 그들은 스티븐 치하에서 누렸던 독립적인 지위를 간절히 동경하고 있었다. 한편, 헨리는 그의 장남인 헨리를 따돌렸다. 헨리 2세는 헨리 1세가 죽었을 때 왕위 계승을 둘러싼 분쟁으로 영국이 혼란에 빠졌던 것을 기억하지 않을 수 없었고, 그리하여 그의 후계자를 논란의 여지가 없게 분명히 해 두려 하였다. 여기서 그는 카페 왕조의 방식을 본따 장남을 부왕으로 책봉하였다. 그러나 그는 젊은 헨리에게 왕의 칭호를 주었으면서도, 토지나 성 또는 심지어 정규적인 수입마저 주지 않았다. 이는 왕자를 불쾌하게 하였고, 왕자는 의붓아버지인 프랑스의 루이 7세와 헨리 2세의 아내인 아키텐의 엘레노어는 루이 7세의 아내였었다. pp. 380~381 참조-역주 영국 및 노르망디의 불만에 찬 귀족들과 함께 음모를 꾸미게 되었다. 그 결과는 루이의 노르망디 침공 및 스코틀랜드왕의 영국 침공과 연계된 대규모 제후반란으로 나타났다. 이는 헨리 2세의 통치능력에 대한 더없는 시험이었고, 여기에서 헨리 2세는 합격점을 받았다. 얼마 안 되는 충직한 제후들의 지원을 받아, 왕의 충복들은 왕의 영토를 성공적으로 방어하였고, 반란은 진압되었다. 헨리는 아들을 용서하였으나, 여러 제후가 오랜 기간 감옥에 갇혀 지냈고, 모든 반란자들의 성은 파괴당했다. 영국왕은 다음 세대에 존King John이 등장할 때까지는 더 이상 제후들 때문에 곤란을 겪지 않았다.

44. 프랑스 : 필립 1세로부터 필립 존엄왕까지

필립 1세Philip I ; 1060~1108가 프랑스 왕위에 올랐을 때, 카페 왕가의 세력은 가장 밑바닥에 떨어져 있었다pp. 208~211 참조. 필립은, 이미 살펴보았듯이, 왕령지의 축소를 막고, 심지어는 왕령지를 어느 정도 늘리기까지 하였다. 그러나 필립은 결코 강력한 국왕이라고 할 수 없었다. 특히 말년에 그는 지독하게 뚱뚱하고 무기력해지면서 왕령지를 에워싼 봉토의 대봉신들은 물론이고, 왕령지의 군소제후들에게조차 실질적인 권위를 행사할 수 없게 되었다. 그는 위인은 아니더라도 최소한 흥미로운 인물이긴 했지만, 그렇게 유능한 왕은 결코 아니었다.

필립의 뒤를 이은 루이 6세Louis VI; 1108~1137는 위인에 속하는 사람이긴 했지만, 언제나 지나친 열정으로 들떠 있었다. 그는 즉위하자마자 일 드 프랑스Ile de France의 군소제후들을 복속시키는 일에 착수하였다. 그것은 지리하고 힘겨운 싸움이었으나, 루이는 유능하고 심지 굳은 왕이었다. 그는 또한 부왕보다 훨씬 더 도덕적으로 명망 높아 교회의 열렬한 지지를 받았다. 무엇보다도, 그는 파리 근처 성 드니 대수도원의 원장이었던 쉬제르Suger의 도움에 크게 힘입었다. 쉬제르는 프랑스왕의 매우 충성스럽고 유능한 충복으로 활약하였다. 1125년에 루이는 그에게 행정의 "민사" 업무 전반에 대한 관할권을 위임하였고, 그럼으로써 옛 왕실 관리들의 권한을 크게 축소시켰다. 쉬제르는 행정기구를 확대 개편하여 유능한 사제들을 기용함으로써 유례없이 능률적인 행정을 폈는데, 뒷날의 프랑스 관료기구는 쉬제르의 행정기구를 핵으로 하여 발전한 것이었다. 루이가 죽자 쉬제르는 루이의 전기를 썼는데, 이는 아주 효과적인 국왕 선전물로 간주될 수 있다. 쉬제르는 루이의 끊임없는 전투에 대해 생생하게 서술하는 가운데 자신의 이상적인 국왕상—교회의 보호와 질서 및 정의의 유지에 헌신하는 강력한 국왕 정부의 이상—을 솜씨 있게 표현해냈다.

루이는 그의 봉신들을 응징하는 데 정해진 절차를 따랐다. 그는 우선 어떤 제후를 궁정에 소환하여 그의 위법행위에 대해 응답하게 하였다. 이때 그는 그 제후에게 심리가 끝난 뒤 안전하게 자기 성으로 돌아갈 수 있도록 보장해 주었다. 당연히, 그 제후는 법정에서 유죄로 판결되면 자기 성으로 돌아가자마자 왕에게 도전하여 공공연히 반란으로 치달았다. 그러면 루이는 그를 파문하고, 자기 군대와 교회 소유령의 군사들을 이끌고 그에게 쳐들어갔다. 루이는 여러 차례 전투에서 패하였고, 강력한 요새를 점령치 못한 경우는 더욱 많았으나, 궁극적으로는 성공적인 결과를 낼 수 있었다. 그의 봉신 가운데 가장 다루기 힘들었던 위그 드 퓌이세Hugh de Puiset와 또마 드 마알리Thomas de Marly 두 사람은 그들의 성이 무너지고 봉토가 몰수되는 것을 보아야 했다. 이에 그 밖의 봉신들은 서둘러 스스로 왕에게 복속하였다. 그 이래로 몽모랑시Montmorency의 제후들을 필두로 일 드 프랑스의 제후들은 카페 왕조의 충직한 종복이 되었다. 루이의 후계자들은 군대를 이끌고 전투에 나갈 장군marshal과 사령관constable을 바로 이들 가운데에서 발탁하였던 것이다.

왕령지의 봉신들을 복속시키려는 루이의 노력은, 루이가 노르망디공이자 영국왕인 헨리 1세1100~1135 및 그의 조카인 블로아백 띠보와 같은 강력한 봉건제후들의 연합군과 일련의 격렬한 전투를 치르느라 치세의 대부분을 허비하였기 때문에, 장벽에 부딪쳤다. 루이는 앙주백을 설득하여 측면에서 그의 적을 공격하도록 하고 헨리의 노르망디 봉신들을 부추겨 반란을 일으키게 함으로써 가까스로 버티어 나갈 수는 있었으나, 그가 할 수 있는 일은 기껏해야 현상유지일 뿐이었다. 그러나, 그는 여러 대봉토에서 왕의 권위가 인정되도록 일을 꾸미기 시작하였다. 아키텐공의 봉신인 클레르몽백이 주교도시인 클레르몽-페랑Clermont-Ferrand에 있는 클레르몽 주교를 포위하고 있다는 소식을 듣자, 루이는 군대를 모아 포위를 풀기 위해 서둘러 출동하였다. 이에 아키텐공은 경악하여, 루이에게 신서를 하고 왕에 대한 봉건적 의무를 완전히 인정하였다. 다음에 플랑더즈백이 살해당하자, 루이는 그 지역을 점령하여 범인들을 처벌하고는 자기가 선택한 자를 백으로 앉혔다. 그 사람은 결국 플랑더즈 사람들에 의해 거부당했으나, 루이는 주군으로서의 왕의 권위를 인식시킬 수 있었다. 또 1124년에 독일의 하인리히 5세가 프랑스 침공을 계획하였을 때, 루이는 프랑스의 봉건군대를 소집하였고, 실제로 북부 프랑스의 거의 모든 대봉토로부터 상당한 규모의 군대를 끌어 모았다. 이러한 무력시위에 직면한 하인리히는 침공 계획을 백지화하였다. 아마도 루이의 권위를 가장 잘 보여준 사건은 아키텐공이 죽음을 눈앞에 드고 그의 딸이자 상속인인 엘레노어를 왕에게 의탁한 일일 것이다.

루이 6세가 죽었을 때에는, 카페 왕조의 권력기반이 탄탄하게 다져져 있었다. 전임자들의 것과 다름없이 보잘 것 없는 자원을 가지고 그는 왕령지를 확고하게 장악하였고 적어도 두 대봉토에서 그의 권위를 인식시켰다. 바로 이러한 기반을 토대로 그의 후계자들은 강력한 국가를 건설하게 되었다.

루이는 죽기 전의 마지막 조치로 장남 루이를 아키텐공의 상속녀 엘레노어와 결혼시켰다. 얼핏 보기에는 브르타뉴, 앙주, 뚜렌느Touraine의 남쪽 경계로부터 피레네 산맥에 이르고, 비스케이만의 해안으로부터 아를르Arles 왕국의 경계에 이르는 이 광대한 공령의 획득이 그지없이 값져 보일 것이다. 그러나, 실제로는 이 공국의 획득이 카페 왕조를 강화시키기 보다는 약화시켰다. 아키텐공들은 쁘와띠에, 보르도 그리고 바욘느Bayonne와 같은 주요 도시 주변의 좁은 지역만을 실질적으로 통제하였을 뿐이었다. 공령의 나머지 지역은 공의 권위를 거의 인정하지 않는 강력하고 불손한 제후들에게 장악되어 있었다. 엘레노어의 아들인 리차드 플란타지네트Richard Plantagenet, 영국왕 리차드 1세는 공령에 계속 머무르면서 기꺼이 군대의 선두에 서서 살아가려는 유능한 전사라면 제후들을 어느 정도 제압하여 그 대공령에서 실권을 행사할 수 있음을 보여주었지만, 공이 유순하고 독실한 성격을 지니고 게다가 파리에 눌러 앉은 경우에는 제후들의 할거를 어찌할 도리가 없었다. 루이의 아키텐 지배는 완전히 형식에 지나지 않았다. 카페 왕조는 파리 근처 한두 개의 강력한 요새를 지닌 작은 영지를 획득하는 편이 훨씬 더 나았을 것이다.

엘레노어와 루이는 성격적으로 맞지 않았다. 루이 7세1137~1180는 유순하고 진지하며 교회의 보호에 힘을 다하는 독실한 인물이었다. 엘레노어의 할아버지인 아키텐공 윌리엄 9세William IX of Aquitaine는 음유시인이었고, 그녀는 궁정적 사랑에 관한 달콤한 생각에 완전히 물들어 있었다. 그녀의 생활방식에 관한 당시의 여러 이야기를 대부분 믿지 않는다고 해도, 그녀가 얌전한 것과 거리가 멀다는 결론은 어쩔 수 없이 받아들이게 된다. 당시의 소문에 따르면, 엘레노어는 그녀의 아저씨인 안티오크공 레이몽Raymond이나 프랑스 공령의 지사seneschal이자 앙주백이었던 지오프리 플란타지네트Geoffrey Plantagenet : 이 지오프리는 다름 아닌 뒤에 엘레노어의 두 번째 남편이 된 영국왕 헨리 2세의 아버지이다.-역주와 내연의 관계에 있었다 한다. 특히 레이몽과의 관계는 십자군 원정 기간에 맺어져 매우 충격적인 것으로 여겨졌다. 그러나 엘레노어의 천박함이 루이를 괴롭히긴 했겠지만, 그들의 파경에는 훨씬 더 심각한 이유가 있었다. 엘레노어는 루이와의 사이에서 딸 둘을 낳았을 뿐 카페 왕조의 장래가 달려있는 아들은 낳지 못했다. 정확한 이유가 어찌됐든, 두 사람은 결별에 동의했고, 1152년 초에 프랑스 주교들의 회합에서는 둘이 서로 인척이라는 이유로 결혼의 무효를 선언하였다. 불과 몇 달 뒤, 엘레노어는 노르망디공이자 앙주백이었던 헨리와 결혼하였다.

아키텐에 대한 명목상의 통치권을 잃은 것 자체는 카페 왕조에 심각한 타격을 주지 않았으나, 노르망디와 앙주의 지배자가 그 공령을 차지한 것은 극히 위험스러운 일이었으며, 2년 뒤 헨리가 영국왕이 되자 위협은 더욱 가중되었다. 루이는 이를 잘 알고 있었으나, 그가 할 수 있는 일은 거의 없었다. 그는 엘레노어와 헨리의 결혼이 봉건주군인 자기의 동의 없이 이루어졌기 때문에 불법이라고 선언하고 헨리에게 싸움을 걸었으나, 이는 젊은 헨리를 별로 괴롭히지 못하였다.

루이 7세는 까스띨랴의 공주와 재혼하였으나, 그녀 또한 딸만 낳았으므로, 1164년에 상파뉴백 관대한 앙리Henry the Liberal, 블로아백 띠보, 그리고 랭스 대주교 블로아의 윌리엄William of Blois과 오누이 사이인 블로아의 아델Adéle of Blois을 세 번째 아내로 맞이하였다. 엘레노어의 태생인 루이의 두 딸 마리Marie와 알리스Alix가 거의 같은 시기에 상파뉴백과 블로아백에게 시집을 갔으므로 왕은 전에는 그와 그의 부왕에게 매우 적대적이었던 블로아가와 확고한 유대를 맺게 되었다. 이 강력한 가문의 지지를 얻어 그보다 더 강력한 헨리 플란타지네트에게 맞선 것은 분명 적절한 조치였으나, 나약한 왕은 곧 야심만만한 처남들의 꼭두각시가 되었다. 당분간 프랑스는 노르망디공과 상파뉴백 사이에서 양분될 것처럼 보였다.

기본적으로는 나약했지만, 루이는 카페 왕조의 지위를 유지하기 위해 용감하게 싸웠다. 그는 부왕의 정책을 이어 받아 탐욕스러운 제후들로부터 교회를 지켜줌으로써 왕의 위엄을 높이려 하였다. 그는 비록 싸움터에서는 헨리 2세의 맞수가 되지 못하였으나, 기회가 있을 때마다 책모로써 헨리를 괴롭혔다. 예컨대, 그는 헨리의 적이었던 대주교 토마스 아 베케트를 지원하였으며, 헨리의 세 아들이 일으킨 제후들의 대반란에 물심양면으로 도움을 주었다. 그러나 루이의 노력은 별로 큰 성과를 보지 못하였다. 헨리는 반란을 진압하고, 그의 거대한 영토—영국, 노르망디, 브르타뉴, 메인, 앙주 그리고 아키텐—에 대한 지배권을 더욱 공고하게 틀어쥐었다. 루이 7세는 블로아가의 세도 아래 망령이 들기에 이르렀다.

루이 7세는 아델과의 사이에서 필립Philip이란 아들을 얻었다. 필립은 15살이 되자 노쇠한 아버지와 프랑스 왕국에 대한 블로아가의 세도를 타파하기로 결심하였다. 외삼촌들의 숙청을 위한 지원을 얻기 위해, 그는 플랑더즈백 알자스의 필립Philip of Alsace의 조카딸과 결혼하였고, 헨리 2세와의 화해를 꾀하였다. 이러한 모험은 성공적이어서, 그는 부왕이 죽기 1년 전인 1180년에 실권을 장악하여 왕위에 올랐다.

헨리 2세의 도움으로 권력을 장악하긴 했지만, 존엄왕 필립 2세Philip II Augustus; 1180~1223는 그의 주된 목적이 플란타지네트 세력의 타도이어야 함을 잊지 않았다. 영국왕이 노르망디와 메인, 앙주, 그리고 아키텐을 장악하고 있는 한, 프랑스왕은 결코 강력해질 수 없었다. 더구나 헨리는 자기가 갖고 있는 것에 만족치 않아, 툴루즈 백령을 차지하려 여러 번 시도하였고 사보이의 모리엔느Maurrienne백들과 협상을 벌였다. 필립은 우선 부왕의 책모 전술을 따를 수밖에 없었다. 그는 헨리의 아들들을 부추겨 헨리에 대해 반란을 일으키게 하였다. 1189년에 헨리가 죽었을 당시, 살아 있던 그의 두 아들 리차드Richard와 존John은 둘 다 필립과 제휴하고 있었다. 그러나 일단 영국 왕위에 오른 리차드1189~1199는 아버지인 헨리 못지않게 강력한 적으로 변신하였고, 필립은 그저 희망을 갖고 기다리는 수밖에 없었다. 1190년 초에 이미 리차드와 필립은 제3차 십자군 도중에 사이가 틀어졌다. 그들은 시칠리아에서 잠깐 전투를 벌였고, 십자군 원정 기간 내내 1191년 7월 필립이 팔레스타인을 떠나 귀국하겠노라고 공언할 때까지 반목하였다. 필립이 내세운 귀국 이유는 건강악화이었으나, 동기는 아마도 정치적인 이유였을 것이다. 플랑더즈백이 죽자, 필립은 아내의 상속 몫을 확보하는 데 신경을 썼던 것이다. 게다가 리차드가 팔레스타인에 있는 동안, 그의 땅을 어느 정도 탈취할 기회가 있을지도 모르는 일이었다.

필립은 프랑스로 돌아오자마자, 노르망디의 지사seneschal에게 리차드가 시칠리아에서 노르망디의 큰 조각을 필립에게 주겠다고 약속했다는 내용의 허위 조약문서를 제시하였다. 지사가 리차드로부터 직접 명령을 받기 전에는 이 조약

문서를 인정할 수 없다고 버티자, 필립은 제후들을 소집하여 노르망디를 공격하려 하였다. 그러나, 십자군에 나간 리차드와 그의 영토는 교황의 보호 아래 있었으므로 제후들은 움직이려 하지 않았다. 그러자 필립은 다시 한 번 책략을 써서, 리차드의 동생인 존과 제휴하였다. 필립은 존이 영국 왕위에 오르도록 돕는 대신, 존으로부터 플란타지네트가의 프랑스 내 영지를 넘겨받기로 하였다. 리차드는 곧 이 음모 소식을 듣고, 서둘러 팔레스타인을 떠났다. 그는 아드리아해 입구에서 상륙하여 그의 적인 오스트리아Austria 공의 영토를 변장하여 몰래 지나가려 하였으나, 발각되어 포로로 잡혔다. 돈이 궁색했던 공은 곧 그를 황제 하인리히 6세에게 팔아 넘겼다. 필립은 즉각 하인리히에게 리차드를 계속 억류시키는 조건으로 큰 돈을 주겠다고 제안하였고, 리차드를 미워하던 하인리히도 이에 응하려 하였다. 그러나 리차드는 부하를 잘 두었다. 리차드의 밀사가 독일의 제후들을 매수하여 그의 석방을 요구케 하였고, 결국 1194년 그는 막대한 몸값을 내고 자유의 몸이 되었다. 다시 한 번 필립은 좌절하여, 강한—실로 당대의 가장 유능한 전사였던—적과의 끈질긴 싸움 속에서 현상유지를 위해 노력하는 수밖에 없었다. 1199년에 리차드가 쁘와띠에의 한 소제후와 싸우다가 죽었을 때, 필립은 플란타지네트 세력을 위축시키는 데 제자리걸음을 하고 있는 상태였다.

리차드의 뒤를 이은 존 1세1199~1216는 필립에겐 좀더 손쉬운 상대였다. 존은 유능한 지휘관이요 행정가였으나, 리차드의 인간적 매력을 갖추지 못했고 제후들의 신뢰와 충성을 붙들지 못했다. 더구나 왕위를 노리는 경쟁자가 있었는데, 그는 존의 큰형 지오프리의 아들인 브르타뉴공 겸 앙주백 아더Arthur였다. 필립은 신중하게 준비작업을 해나갔다. 그는 아더의 환심을 사는 한편, 존이 그에게 좋은 기회를 마련해줄 때를 기다리면서 열심히 군자금을 모았다. 이 기회는 곧 존이 필립의 봉신인 쁘와뚜의 라 마르슈La Marche백 위그 드 뤼시냥Hugh de Lusignan의 약혼녀와 결혼함으로써 찾아 들었다. 분개한 라 마르슈백은 필립의 법정에 제소하였다. 존이 소환에 불응하자, 필립은 프랑스 내의 영토 몰수를 선언하였다. 필립은 이때 아더와 동맹을 맺어 약간의 군대를 빌려 주었고, 아더가 쁘와뚜로 쳐들어가는 동안 그는 노르망디로 침입하였다. 아더는 할머니인 노년의 엘레노어 왕비가 살고 있던 미라보Mirabeau 성을 포위하였으나 존의 기습

공격을 받아 생포당했다. 아더는 즉각 존의 팔레즈Falaise 성으로 호송되어, 다시는 세상에 나타나지 못했다. 존이 그를 죽였던 듯하지만 확실한 증거는 없다. 그러나 브르타뉴와 앙주의 제후들은 즉각 그들의 주군인 아더의 석방을 요구하였고, 그 요구가 묵살되자 필립왕에게 합세하였다.

필립은 모아둔 돈이 있었고, 그 돈을 어떻게 쓰든 마음 쓰지 않았다. 어떤 성의 성주를 매수할 수 있다면 거리낌 없이 그렇게 했고, 그럴 수 없을 때에는 용병을 고용하는데 돈을 썼다. 존은 돈도 없었고 봉신들의 신뢰도 얻지 못하고 있었다. 필립은 노르망디에 있는 존의 요새와 대도시를 하나하나 정복하였다. 뒤이어 그는 뚜렌느Touraine로 진격하여 시농Chinon과 로슈Loches의 두 요새를 성공적으로 공략하였다. 1205년 말, 그는 노르망디, 메인, 앙주, 그리고 뚜렌느의 지배자가 되었고 쁘와뚜의 제후들 대부분을 복종시켰다. 존은 반격에 나섰다. 그는 영국에 가서 프랑스 내 영토의 회복을 위한 자금을 모금하였고, 조카인 신성로마 제국 황제 오토 4세Otto IV; 1208~1215, 라인 강 계곡의 제후들, 그리고 매수가 가능한 모든 프랑스 제후들과 일련의 동맹을 맺었다pp. 393~394; pp. 398~399 참조. 그 결과 1214년에 거대한 연합체가 결성되었다. 존은 앙주를 공격하였고, 오토와 그의 군대는 북쪽에서 파리로 진격하였다. 필립은 북부 프랑스의 부빈느Bouvines에서 오토를 맞이하여 완승을 거두었다. 이 대전투로 영국인이 노르망디나 메인 또는 앙주를 되찾을 위험성은 이후 백여 년 동안 사라지게 되었다. 쁘와뚜는 변경지역으로 남았다. 그곳의 난폭한 제후들은 전시에는 군대를 이끌고 쁘와뚜에 진주한 자와, 그리고 평화시에는 가장 멀리 떨어져 있어 그들을 성가시게 하지 못할 주군과 우호관계를 맺었다. 영국왕은 아키텐의 해안 지역과 가스코뉴 및 귀엔느Guienne에서만 실권을 유지하게 되었다.

노르망디, 메인, 앙주 그리고 뚜렌느의 정복은 카페 왕조의 발전에서 주요한 단계가 되었다. 노르망디만 해도 정복 이전의 왕령지 전체에서 나오던 수입에 맞먹는 수입을 제공하였다. 그리고 정복 이전, 필립의 수입 가운데 절반가량은 첫 번째 아내가 그녀의 아저씨인 플랑더즈백으로부터 상속받은 몫이었던 아르뜨와Artois 백령에서 나온 것이었다. 그러니까 필립 2세는 프랑스왕의 재정수입을 4배로 증가시킨 셈이었으며, 그로써 왕은 어느 대봉신보다도 훨씬 더 강력해졌다.

이러한 왕령지의 확대로 원시적일 정도였던 카페 왕조의 행정조직은 완전히 부적합하게 되었다. 필립은 두 종류의 새로운 행정관리, 즉 대관代官, baillis과 지사知事, seneschal를 창설하였다. 이들 관리 각각에게는 상당히 넓은 지역의 통치가 위임되었다. 예컨대 노르망디는 5개의 대관구代官區, bailiwicks로 나뉘어졌다. 대관은 각 대관구에서 재판을 하고 왕의 세입을 거두었는데 그 대가로 정기 급료를 받았다. 그들은 또한 왕과 왕령지 봉신들 사이의 관계를 조정하는 왕의 대리인 역할을 하였다. 대개의 경우, 그들은 다스리는 지역의 사람들과 이해관계로 묶이지 않도록 자주 담당구역을 옮기게 되어 있었다. 게다가 대관들은 중산계급에서 충원되어, 그들의 지위는 왕의 총애에 크게 좌우되었으므로, 왕의 이익에 헌신적이었다. 지사는 적과 대치하고 있는 지역의 대관구를 다스렸고, 따라서 강력한 군사력을 요하였다. 그들은 왕의 군대를 지휘하여 국지적인 전투를 감당해 낼 수 있는 제후나 기사 중에서 임명되었다. 그 밖의 기능은 대관들과 같았다. 대관과 지사는 모두 대관구를 다스리는 데 도움을 주는 하급관리를 거느렸고, 이들의 수가 급속히 증가하여 비교적 강력한 관료집단을 이루게 되었다.

45. 제국과 교황

살리 왕조의 마지막 황제 하인리히 5세1106~1125는 1125년에 죽기 직전 그의 가령家領을 조카인 슈바벤Swabia공 호엔슈타우펜의 프리드리히Frederick of Hohenstaufen에게 양도하고 그를 후계자로 지명하였다p. 262 참조. 그러나 프리드리히와 그의 아버지는 제후들과 교황에 맞서 살리 왕조를 충직하게 지원해 온 사람들이었다. 마인츠Mainz 대주교의 주도 아래, 제후들과 교황은 단합하여 프리드리히를 따돌리고 그 대신 작센Saxony공 수플린부르크의 로타르Lothair of Supplinburg를 왕으로 선출하였다. 이렇게 남의 힘으로 왕위에 오른 로타르1125~1137는 명목상으로만 왕이자 황제였다. 게다가 그의 치세 내내 그는 그의 선출을 인정하지 않는 프리드리히와 격렬한 전쟁을 치러야 했다. 로타르는 그의 딸이자 상속인을 벨프Welf가의 우두머리인 바이에른Bavaria공 거만한 하인리히

Henry the Proud에게 시집보냈고 따라서 하인리히가 그의 후계자로 되었다. 그러나 교황과 제후들은 작센과 바이에른을 함께 장악한 지배자를 슈바벤공만큼이나 위험스럽게 생각하였다. 그들은 나약한 왕을 바랐다. 그리하여 그들은 호엔슈타우펜가에 눈을 돌리게 되었다. 그들은 그 가문의 우두머리인 프리드리히가 아니라, 그의 동생을 선택하여 콘라트 3세Conrad III; 1137~1152로 옹립하였다. 이는 물론 벨프와 호엔슈타우펜 두 가문 사이의 내란을 더욱 채근했을 뿐이며, 콘라트의 치세는 거의 완전한 혼란의 시대가 되었다.

독일의 제후들은 허약한 왕을 원했지만, 계속되는 내부 혼란을 바란 것은 아니었다. 우선, 그들에게는 살리 왕조를 희생시키고 얻은 이익을 공고히 하기 위해 평화의 시기가 필요했다. 또한, 혼란을 틈타 제멋대로 성을 세운 중소제후들이 대제후들의 권력에 심각한 위협을 가하게 되었다. 그리하여 1152년에 콘라트가 죽었을 당시, 제후들은 질서를 유지할 수 있는 왕을 뽑을 태세가 되어 있었다. 그들은 로타르의 원수였던 프리드리히의 아들, 슈바벤공 프리드리히 바르바로사Frederick Barbarossa를 선출하였다. 이는 이상적인 선택으로 여겨졌다. 프리드리히는 호엔슈타우펜가의 우두머리였고, 콘라트의 조카이며 하인리히 4세의 증손자였다. 그는 또한 벨프가의 새 우두머리로서 작센 및 바이에른을 지배하고 있던 사자공 하인리히Henry the Lion와 사촌간이기도 했다. 게다가 제후들이 그 사실을 알았든 몰랐든, 그는 영국의 헨리 2세와 프랑스의 존엄왕 필립 2세에 필적하는 제1급의 정치가였다.

프리드리히 1세1152~1190가 왕위에 올랐을 때, 살리 왕조의 왕령지는 비참하리만큼 줄어들어 있었다. 게다가 로타르와 콘라트의 치세 동안에 독일의 제후들은 왕의 통제를 크게 벗어나 준독립적인 지배자로 등장하였다. 프리드리히가 독일 내에서 갖고 있던 유일한 확고한 권력 기반은 슈바벤 공국에 있는 그 자신의 가령뿐이었다(슈바벤공의 칭호는 콘라트 3세의 아들 프리드리히에게 부여되었다). 새 왕은 두 가지 분명한 대안을 지니고 있었다. 그는 우선 살리 왕조의 왕령지, 특히 프랑켄Franconia과 남작센의 왕령지를 회복하고, 제후들의 세력을 위축시키려 할 수 있었다. 이는 틀림없이 고슬라Goslar와 그 주변 지역을 탐내고 있던 사자공 하인리히와의 전쟁을 불가피하게 할 것이었다. 또 다른 대안은 언제나 슈바벤공들을 유혹했던, 부르군디 왕국과 이탈리아로 팽창하는 정책을 택하는 것이었다. 이들 지역에서 강력한 통치를 펴 막대한 수입을 거둔다면, 불손한 독일 제후들을 제압할 만큼 강력해질 수 있을 것이었다. 프리드리히는 바로 이 두 번째 대안을 선택하였다. 그는 고슬라를 사자공 하인리히에게 주었다. 동시에 그는 바이에른을 기반으로 한 하인리히의 세력과 균형을 이루게끔 오스트리아를 공국으로 재편하였고, 북부에서 하인리히와 맞서있던 빌룽Billung가의 한 방계인 곰백 알브레히트Albrecht the Bear의 세력을 강화시켰다. 이렇게 사자공 하인리히를 회유 · 견제하는 조치를 취해 놓은 다음, 프리드리히는 독일을 제후들에게 맡겼다. 그는 제후들의 신서를 받고, 주군인 그에 대한 봉건적 제 의무를 인정토록 요구하였으나, 그와 함께 그들에게 중소제후들을 억압하여 봉신으로 삼을 수 있도록 행동의 자유를 주었다. 독일은 마침내 봉건국가가 되었던 것이다. 이제 남은 문제는 독일왕이 영국의 노르만조 왕들처럼 봉건제를 강력한 왕권의 기반으로 삼을 수 있을 것인가, 아니면 제후들이 실질적으로 독립적인 지배자가 될 것인가 하는 것이었다. 프리드리히는 1158년에 모든 봉건적인 충성의 맹세 가운데 왕에 대한 것이 가장 우선되어야 한다고 주장함으로써 그의 의도를 분명히 하였다.

1156년에 프리드리히는 부르군디의 베아트리체Beatrice of Burgundy와 결혼하였고, 그녀의 이름으로 부르군디 왕국을 차지하였다. 다음 단계는 롬바르디에서 황제권을 되찾는 것이었다. 하인리히 4세의 치세 이래로pp. 255~259 참조, 그 지역에서는 커다란 정치혁명이 일어나고 있었다. 도시의 귀족 및 상인들이 주교들의 정치권력을 박탈하고 자치정부인 코뮌commune을 수립하였던 것이다. 주교들은 백을 겸하였고, 그에 따라 황제의 대리인 역할을 하였으므로 이는 자치정부에 의해 황제권이 침해된 셈이었다. 롬바르디의 자치정부들은 서로 격렬한 투쟁을 벌였고, 이로 말미암아 전쟁이 그칠 새가 없었다. 그 가운데 가장 강력했던 밀라노Milan 시가 광범위한 패권을 수립하였으나, 이에 크레모나Cremona를 주축으로 한 무리의 도시들이 격렬하게 도전하고 있었다. 그리하여 롬바르디의 도시들은 황제권에 효과적으로 저항할 수 없는 처지에 놓여 있었다. 프리드리히는 롬바르디로 진격하여 롬바르디왕의 권한을 주장하였다. 그는 주교들의 복권을 꾀하지는 않았으나, 자치정부의 관리를 선택할 권리가 황제에게 있고, 그 관리들은 황제의 대리인임을 자인해야 하며, 그에게 정기적인 공납이 납부되어야 한다고 주장하였다. 게다가, 그는 이들 시 관리의 권한이 도시 성벽 안에만 국한되어야 하고 농촌에서는 황제의 관리들이 황제권을 행사해야 한다고 주장하였다. 프리드리히의 이탈리아 침략은 거의 불가피하게 교황청과의 불화를 야기하였다. 교황들은 무슨 일이 있어도 서임권 투쟁에서 획득한 독립을 유지하려 했고, 따라서 이탈리아에서 황제권이 부활되는 것을 두려워하였다. 프리드리히는 1154년 교황 아드리아누스 4세Adrian IV; 1154~1159에 의해 황제로 대관되었다. 교황들은 황제의 칭호가 명목상의 권위로 남아 있는 한 그 칭호의 부여를 꺼리지 않았으나, 이탈리아를 실질적으로 지배하고자 하는 "로마" 황제는 거의 불가피하게 교황이 세속군주로 군림하고 있는 로마 자체에 대한 지배권을 주장하기 마련이었다. 이러한 위협에 대한 아드리아누스의 대응은 프리드리히가 황제로서 얻은 모든 권한이 그의 상위자인 교황에게서 나온 것임을 은근히 암시하는 것이었다. 1157년, 아드리아누스는 브장송Besançon에서 열리고 있던 제국회의imperial diet에 두 명의 사절을 보내 제국을 교황이 하사한 "은전benefice"으로 지목한 편지를 전달케 하였다. 중세 라틴어의 은전beneficium이란 낱말은 단순히 은혜를 뜻할 수도 있었으나, 전문적인 용어로 봉토라는 의미도 지니고 있었다. 황제의 상서chancellor 다셀의 라이날트Rainald of Dassel는 모인 귀족들에게 그 편지를 통역해 주면서 두 번째 뜻으로 그 말을 해석하였다. 그리하여 교황의 편지는 제국을 교황이 봉건 주군으로서 하사한 봉토라고 주장하는 것이 되었다. 프리드리히는 이에 크게 분격하였고, 교황은 결코 그런 의미로 쓴 것이 아니었다고 변명하면서 물러서지 않을 수 없었다.

아드리아누스 4세는 1159년에 죽었고, 추기경들 대다수의 합의로 알렉산더 3세Alexander III가 교황으로 선출되었다. 알렉산더는 외골수의 반황제파로 알려져 있었고, 게다가 브장송에서 황제를 분격케 했던 두 사절 가운데 하나였다. 프리드리히는 알렉산더의 선출을 인정하지 않고 대립교황을 임명하였다. 그리하여 롬바르디에서 황제권을 확립하려 애쓰고 있을 때, 그는 교황청과의 격렬한 분쟁에 휘말리게 되었다. 롬바르디를 뺀 이탈리아 지역은 프리드리히의 아저씨로서 토스카나Tuscany와 스폴레토Spoleto를 장악하고 있던 벨프 6세Welf VI와 시칠리아왕 윌리엄 1세 그리고 교황에 의해 지배되고 있었다. 시칠리아왕은 이탈리아에서의 황제권 증대에 전적으로 반대하는 입장이었고, 교황은 프리드리히의 적이었다. 그리하여 밀라노가 반란을 일으키자 그 둘은 밀라노와 연합하여 황제에게 맞섰다. 그러나 그때엔 황제가 너무 강력하였고 게다가 벨프 6세의 지원을 받고 있었다. 1162년, 밀라노는 함락되어 크게 파괴당했다. 황제는 롬바르디에 거칠은 독일 기사들을 데려와 강압적인 통치를 펴게 하였다. 다셀의 라이날트를 필두로 한 독일 제후들의 강압적인 통치는 곧 모든 자치도시를 필사적인 투쟁으로 이끌었다. 자치도시들은 상호간의 쟁투를 중단하고 1167년 모두 연합하여 롬바르디 동맹Lombard League을 결성하였다. 여러 해에 걸쳐 소규모의 충돌이 있은 뒤, 프리드리히는 1176년 그들을 제압하기 위해 진격하였으나, 레냐노Legnano의 대전투에서 참패당했다. 그 뒤, 황제는 도시들과 휴전을 협상하였고, 1177년에는 알렉산더 3세를 교황으로 인정함으로써 교황청과 화의하였다.

프리드리히가 레냐노에서 참패한 큰 원인은 독일 내의 분열에 있었다. 사자공 하인리히와 그의 동맹제후들은 지원군 파견을 거부하였다. 1162년에 황제가 밀라노를 격파한 직후, 토스카나의 벨프 6세는 교황 측으로 붙어버렸고, 이는 당연히 벨프가와 호엔슈타우펜가 사이의 알력을 심화시켰다. 이미 살펴보았듯이 프리드리히는 치세 초에 사자공 하인리히에게 고슬라를 넘겨주었으나, 1168년에는 북부의 요충인 이 옛 살리조의 왕령지를 하인리히로부터 다시 빼앗았다. 프리드리히가 롬바르디 동맹에 맞서 하인리히의 지원을 요청하였을 때 하인리히는 그 대가로 고슬라를 되돌려 줄 것을 요구했으나, 프리드리히는 이에 응하지 않았다. 레냐노 전투 이후 황제는 하인리히를 격파할 결의를 품고 독일에 돌아왔다. 곧 그에게 기회가 다가왔다. 사자공 하인리히는 야심적이고 교만한 인물이었다. 그는 교회재산을 몰수하여 한 무리의 주교들과 격렬한 투쟁을 벌이게 되었다. 황제는 봉신인 그를 궁정에 소환하고 그의 모든 봉토를 몰수하였다. 사자공은 장인인 영국왕 헨리 2세의 궁정으로 피신하였고, 황제는 전 독일의 지배자가 되었다. 작센 공국은 둘로 나뉘어 서부의 베스트팔렌Westphalia은 꼴로뉴Cologne; Köln 대주교에게, 동부는 안할트의 베르나르트Bernard of Anhalt에게 주어졌다. 바이에른은 프리드리히의 가장 충성스러운 지지자 가운데 하나인 비텔스바하의 오토Otto of Wittelsbach에게 주어졌다.

독일에서 권력기반을 튼튼히 다져놓은 프리드리히는 다시 이탈리아로 되돌아왔으나, 이때에는 전쟁보다는 외교를 택하였다. 1183년, 그는 롬바르디 동맹과 최종적인 타협을 하는 데 성공하였다. 자치도시들의 독립성은 인정되었으나, 그 관리들은 황제의 사법권을 대행하는 대가로 매년 큰 액수의 조공을 납부하게 되었다. 게다가 동맹은 황제가 불충한 벨프 6세로부터 몰수한 토스카나와 스폴레토에서 제권을 확립하는 데 지원을 하기로 약속하였다. 황제는 다음 단계로 시칠리아와 조약을 맺었다. 프리드리히의 아들이자 상속인인 하인리히는 시칠리아왕 로제 2세Roger II의 딸로서 당시의 왕 윌리엄 2세William II의 아주머니인 콘스탄스Constance와 결혼하게 되었다p. 277 참조. 토스카나와 스폴레토 그리고 안꼬나Ancona는 여러 행정구역으로 나뉘어 독일인 백들에게 통치되었다. 이 관리들은 사법권을 행사했고, 많은 종류의 조공을 거두었다. 피렌체Florence와 같은 토스카나의 몇 안 되는 대도시들은 이 통치체제에 편입되지 않고 자치를 허용받았으므로, 프리드리히의 정책에 대한 실질적인 저항은 나타나지 못했다. 그러나, 교황은 중부 이탈리아의 일부 지역을 여전히 교황령이라 주장하였고, 이는 호엔슈타우펜가와 교황 사이에 또 다시 분쟁을 일으켰다.

프리드리히 바르바로사는 작센조와 살리조의 황제들이 다스리던 것과는 본질적으로 다른 새로운 제국을 건설하였다. 이전의 황제들은 부르군디와 이탈리아를 속국으로 하는 강력하고 중앙집권적인 독일 왕국을 건설하려 하였다. 그러나 프리드리히의 치하에서 독일은 봉건왕국이 되었고 그의 수입은 대부분 독일 바깥—부르군디, 롬바르디, 토스카나, 스폴레토 그리고 안꼬나—에서 나왔다. 그의 정치권력은 슈바벤과 중부 이탈리아를 핵심적인 기반으로 한 것이었다. 제국 통치를 위한 물리적 기반을 마련하는 동시에 프리드리히는 그에 더하여 확실한 이론적 기반도 마련하려 하였다. 살리조가 끝난 뒤, 승리한 교황들은 교황으로부터 대관받지 않은 황제는 황제권을 행사할 수 없다고 끊임없이 주장하였다. 로마법 연구의 부활로 프리드리히와 그의 보좌관들은 로마 황제가 하나님의 지상 대리인으로서 어떤 다른 권위로부터도 독립된 존재였음을 분명히 밝힐 수 있었다. 프리드리히는 샤를마뉴와 오토 1세가 정복에 의해 황제가 되었고 따라서 로마 황제로서의 권한을 완전히 누렸다고 천명하였다. 그는 오토의 정당한 후계자였다. 그는 또한 제위의 신성한 성격을 강조하기도 하였다. 샤를마뉴는 1165년에—유감스럽게도 대립교황에 의한 것이어서 오래지

지도 17. 프리드리히 바르바로사의 제국

않아 성인의 지위를 박탈당했지만—성인으로 봉축되었다. 프리드리히는 "신성 제국holy empire"이라는 말을 처음으로 사용한 군주였다.

1190년 프리드리히 바르바로사가 숨을 거두었을 때, 독일의 통치체제는 확립되지 못한 상태에 있었다. 이미 말했지만 프리드리히는 봉건군주였다. 그 자신의 슈바벤 공국과 고슬라 같은 약간의 왕령지를 뺀 나머지 지역에 대해서는, 그는 단지 제후들의 주군으로서 다스릴 뿐이었다. 그러나 사자공에 대한 법적 응징과정에서, 그는 강력한 왕은 가장 강력한 봉신에게도 봉건적 의무를 강요할 수 있음을 보여주었다. 게다가 독일에는 왕권 회복의 시도를 뒷받침할 세력들이 존재하고 있었다. 부와 규모가 급속히 성장하고 있었던 도시들은 공공연하게 제후들에 대해 적대적이었고, 강력한 왕권을 환영하였다. 반면에 사자공 하인리히의 타도에 제후들이 지원해준 데 대한 보답으로, 프리드리히는 왕이 몰수한 모든 봉토를 1년하고 하루 안에 다른 사람에게 다시 수봉授封해야 한다는 원칙을 받아들여야 했다. 따라서 독일왕이 프랑스왕처럼 왕령지를 늘리는 것은 불가능하였다. 또 토스카나와 슈바벤처럼 멀리 떨어진 지역을 기반으로 하는 왕권은 그리 견고할 수 없었고, 이탈리아에 대한 황제의 통치권 주장은 끊임없이 교황청과의 분쟁을 낳을 것이었다. 모든 것은 이후의 황제들이 어떤 정책을 펼 것인가에 달려 있었다. 그들이 교황과의 대립을 피하고, 중부 이탈리아에서 얻은 수입을 독일에서의 권력강화에 이용하는 정책을 일관되게 폈다면, 독일의 역사는 아주 다른 길을 걷게 되었을 것이다.

그러나, 그들은 독일에서의 권력강화에는 신경을 별로 쓰지 않고, 이탈리아에 더욱 깊숙이 개입하였다. 프리드리히 바르바로사는 1190년에 셀주크 투르크로부터 예루살렘을 탈환하기 위해 제3차 십자군을 이끌고 소아시아의 한 강을 건너다가 익사하였다. 이에 이미 독일왕이 되어 상속을 확실히 해놓은 그의 아들 하인리히 6세Henry VI; 1190~1197가 즉위하였다. 새 황제는 여러 중요한 문제에 봉착하였다. 재산을 빼앗겼던 벨프가의 우두머리 사자공 하인리히는 처남인 새로운 영국왕 리차드 1세라는 확실한 맹우盟友를 얻었다. 리차드로부터 자금을 풍부하게 지원받아 그는 독일에 동요를 일으키려 하고 있었다. 이탈리아에서는 교황이 여전히 교황령을 크게 빼앗아간 황가皇家에 매우 적대적이었다. 교황의 저항은 하인리히의 앞에 시칠리아 왕위라는 매우 큰 유혹이 있었기 때문에 특히 심각한 문제였다. 시칠리아왕 윌리엄 2세1166~1189는 후손 없이 죽었고 왕위는 그의 사촌인 레체Lecce백 땅크레드Tancred; 1190~1194에게 돌아갔다. 땅크레드는 사생아였고, 그의 아주머니인 하인리히 6세의 아내 콘스탄스가 훨씬 더 우월한 왕위 계승권을 지니고 있었으나, 시칠리아 사람들은 독일인인 하인리히의 통치를 달가워하지 않았다. 그러나 콘스탄스를 지지하는 강력한 당파가 있었고, 하인리히 6세가 아내의 왕위 계승권을 주장하는 경우 땅크레드는 하인리히의 힘을 당해내지 못할 것이었다.

하인리히 6세는 그의 독일 왕국에 거의 신경을 쓰지 않았다. 그는 포로가 된 영국왕 리차드 1세를 오스트리아공으로부터 인수받기 위해 단 한번 독일을 방문했을 뿐이고, 그것도 첫회분의 몸값을 받자마자 독일에서 떠나버렸다p. 383 참조. 그는 또한 리차드로 하여금 자기에게 신서를 하도록 강요하였고, 그 대신 리차드에게 완전히 명목뿐인 부르군디왕의 칭호를 주었다. 아마도 그는 이러한 조치로 벨프가에 대한 영국의 지원이 중단될 것을 기대한 듯하다. 이 추측이 사실이라면 그는 실망했을 것이다. 그 뒤 1194년에 하인리히는 남진하여 시칠리아로 쳐들어갔다. 곧 그는 그 노르망디인의 왕국을 완전히 장악하여 주요 관직에 독일인 관리들을 앉혔다. 이로써 그는 독일과 부르군디, 이탈리아 전역, 그리고 시칠리아를 포괄하는 실로 광대한 제국의 통치자로서 전성기를 맞이하였다.

하인리히는 시칠리아와 함께 시칠리아왕들이 오래 꿈꾸어 오던 대규모 지중해 정복의 야망까지 넘겨받았다. 그는 시칠리아 왕위를 확실하게 차지하자마자 그리스의 정복과 팔레스타인으로 십자군 원정을 계획하였다. 그러나 이러한 모험을 착수하기 전에, 그는 교황 및 독일의 제후들과 협상을 할 필요가 있었다. 그가 건설한 거대한 제국의 미래는 시칠리아 왕위 계승자인 그의 어린 아들 프리드리히가 독일왕으로 선출되느냐 않느냐에 달려 있었다. 게다가 그는 독일 왕위를 세습화시켜 제후들의 입김을 배제하는 것이 얼마나 중요한 일인지 잘 알고 있었다. 그는 제후들에게 조건을 내걸었다. 그들이 독일 왕위의 세습화 선언에 동의한다면 그들의 봉토 또한 완전히 세습적인 것으로 인정하겠다는 것이었다. 그 당시 어느 왕도 부자 간의 상속일 경우 이외에는 봉토의 세습을 원칙상으로는 인정하지 않고 있었으므로, 이는 결정적인 양보였다. 그러나 독일왕의 선출과 대관을 크게 좌우하고 있었지만 봉토의 세습에는 별로 관심이 없었던 성직 대제후들의 공작으로 그 조건은 수락되지 못하였다. 제후들은 프리드리히를 독일왕으로 선출하는 것에는 동의하였으나 그 이상은 응하지 않았다. 얻을 수 있는 것으로 만족해야 했던 하인리히는 그 다음에 교황에게 눈을 돌렸다. 그는 교황에게 교황령이라 주장하는 중부 이탈리아의 여러 지역들을 포기하면 제국의 모든 교회로부터 매년 막대한 수입을 거두게끔 해주겠다고 제안하였다. 그러나 로마를 제외한 전 이탈리아를 한 사람이 지배할 가능성이 눈앞의 일로 다가선 데 두려움을 느낀 교황은 이 제안을 거절하였다. 협상은 시칠리아에서의 격렬한 반란으로 중단되었다. 하인리히는 무자비하게 반란을 진압하였으나, 바로 얼마 뒤에 세상을 떴다.

처음에는, 하인리히의 갑작스러운 죽음이 그의 제국에 별 해를 끼치지 않을 것으로 보였다. 시칠리아와 이탈리아를 다스리던 독일인 관리들은 그 지위를 단단히 유지하고 있었다. 하인리히의 동생인 필립Philip of Hohenstaufen은 독일로 급히 달려가 어린 조카 프리드리히의 섭정으로 인정받았다. 그러나 벨프가로서는 이 좋은 기회를 절대로 놓칠 수 없었다. 사자공 하인리히는 살아 있지 않았으나, 그의 둘째 아들 오토는 영국왕의 궁정에서 살고 있었다. 리차드왕은 그에게 충분한 돈을 주고는 독일에 가서 모험을 해보도록 하였다. 오토는 돈을 마구 뿌려, 급속히 지지자를 끌어 모았고, 1198년에는 독일왕으로 선출되었다. 이에 필립의 지지자들은 필립에게 왕위에 오르도록 촉구했고 필립은 즉각 이 충고를 받아들였다. 이리하여 12세기 말에 독일은 2명의 왕을 지니게 되어 다시금 내란으로 빠져 들었다.

제5편 중세 문명의 결실

제15장 교황 이노센트 3세의 시대

13세기는 인간활동의 여러 다양한 분야—종교적 조직, 법률, 철학, 건축, 예술 그리고 문학—에서 두드러진 업적이 이루어진 시대였다. 13세기는 능력과 업적에서 통상 중세 교황 가운데 가장 위대한 인물로 일컬어지는 이노센트 3세 Innocent III의 치세1198~1216와 함께 막이 올랐다. 그와 바로 뒤를 이은 교황들의 치세 아래에서 중세 교회는 그 정신적 · 지적 · 세속적 권위의 정점에 달하였다. 교황청은 조직을 완비하였으며, 성 · 속의 모든 면에 대한 권위를 증대시켰다. 교회법의 체계화와 발전 그리고 적용은 꾸준히 계속되어, 교황 그레고리우스 9세의 ≪교금집(敎今集)*Decretals*(1234년)≫에서 절정에 이르렀다. 옛 수도원 교단의 열정이 시간이 지나면서 점차 식어갔으나, 새로운 "탁발mendicant" 승단이 활기 있고 신선한 정신적 지도력을 발휘하였다.

그러나 같은 세기에 교회 및 교황의 영적 · 세속적 권위에 대한 도전도 격심하였다. 13세기는 이단의 시대로서, 잘 조직된 이단들이 민중 속에 깊이 뿌리를 내리고 있었다. 더구나 세속 군주들의 권력이 커지면서 교황의 간섭에 대한 그들의 반감 또한 더욱 위협적으로 커졌다. 13세기는 교황과 황제 사이의 장기간에 걸친 격렬한 투쟁, 그리고 다른 군주들과의 잦은 분쟁으로 특징지워졌다. 교회에겐 다행하게도 뒷날 종교개혁Reformation을 특징짓게 될 정신적 저항과 정치적 도전 사이의, 즉 이단자들과 세속 군주들 사이의 긴밀한 유대는 13세기에는 결코 이루어지지 못했다. 당분간 교회는 그 적들과 싸워 승리를 거두었다.

46. 교황권의 만개

1198년 추기경단은 로타리오 디 세니Lotario di Segni를 교황으로 선출하였다그가 바로 이노센트 3세Innocent Ⅲ이다-역주. 강력한 귀족 가문 출신의 이 37살내기는 고위 성직에 적합한 경력을 쌓고 있었다. 교황청에 출사하기 전에 그는 파리에서 신학을, 볼로냐에서는 교회법을 공부하였다. 그는 두 분야 모두에 능통하였으며, 침착하고 예리하며 건전한 정신의 소유자였다. 일부 역사가는 그가 알라누스Alanus 같은 교회법학자들이 전개한 극단적인 교황 신정주의pp. 362~364 참조를 받아들여, 이를 의도적으로 실현시키려 하였다고 주장하고, 또 다른 역사가는 그를 좀더 실제적인 인물로 본다. 그러나 그가 교황의 정치적 권력을 극대화시키려 했다는 것은 모두가 동의하고 있다. 하지만 이노센트 3세를 크게 부각시키는 사실은 그가 정치에 적극 간여하였지만 결코 단순한 정치가가 아니었다는 점이다. 그는 교회의 도덕적 개혁과 그 내부 기구의 개선에도 끊임없는 관심을 기울였다. 게다가 세속 정치에 대한 그의 간여를 단순한 이기적 야망에서 비롯된 것으로 볼 이유는 전혀 없다. 이노센트는 분명 기독교 세계의 통일과 평화가 이룩될 수 있으려면, 반드시 유럽의 모든 군주로 하여금 교황을 기독교 세계 전체의 최고 지배자이자 재판관으로 인정케 해야만 한다고 믿었다.

브라운슈바이히의 오토Otto of Brunswick : 사자공 하인리히의 둘째 아들임. p. 394 참조-역주와 호엔슈타우펜의 필립 사이의 분쟁은 이노센트에게 치세 초부터 제국의 문제에 간섭할 빌미를 마련해 주었다. 이노센트의 전임자 셀레스틴 3세Celestine Ⅲ; 1191~1198는 하인리히 6세의 침략에 거의 저항할 기력조차 없는 80대 노인이었으며, 하인리히는 교황령의 대부분과 교황의 봉토인 시칠리아 왕국도 차지하였다. 1197~1198년에 상황은 극적으로 바뀌었다. 하인리히는 어린 외아들을 상속자로 남긴 반면, 셀레스틴의 뒤는 최고로 유능한 이노센트로 이어졌던 것이다. 새 교황은 교황령을 수복하고 시칠리아를 제국에서 분리시키기로 굳게 마음먹었다. 1200년에 그는 추기경 회의에서 독일의 제후들이 왕을 천거할 권리는 있지만, 교황에겐 후보자를 황제로 대관하기 전에 그가 적절한 인물인지 심사할 의무가 있다고 천명하였다. 이노센트에 따르면, 이는 선출에 논란이 있는 경우 교황이 어느 후보가 더 적합한지 결정할 수 있음을 뜻하였다.

이 원칙에 따라 이노센트는 처음에는 어린 조카를 보호하면서 그의 시칠리아 왕위 계승권을 지지하고 있는 호엔슈타우펜의 필립 대신 벨프가의 오토를 지지하였다. 그러나 유감스럽게도 오토는 그리 똑똑한 위인이 아니었고, 독일에 진정한 지지기반을 전혀 갖고 있지 못했다. 필립은 유능하고 널리 사랑과 신뢰를 받고 있었다. 곧 오토는 다시 한 번 영국으로 물러가야 했고, 이노센트는 내키지 않지만 필립과의 협상을 고려하게 되었다. 그러나 갑자기 1208년에 상황이 완전히 바뀌었다. 필립은 개인적인 원한 때문에 피살되었고, 오토는 재빨리 독일의 통치권을 장악하였다. 1209년에 그는 교황에 의해 엄숙하게 황제로 대관되었다오토 4세; 1208~1215-역주. 그러나 이노센트는 곧 오토에게 실망하게 되었다. 오토는 교황에게 빼앗겼던 교황령을 모두 되돌려주겠다고 약속했으나, 약속을 이행하는 조치를 전혀 취하지 않았다. 더구나 그는 군대를 모아 시칠리아를 침공하려 했다. 이에 이노센트는 일단 황제가 되면 시칠리아를 포기하겠다는 약속을 받고, 젊은 프리드리히를 황제 후보자로 내세웠다. 이노센트의 지원을 받아, 프리드리히는 독일의 지배자가 되었다(그는 1214년의 부빈느 전투에서 필립 존엄왕이 오토를 패퇴시킨 데 크게 힘입었다. p. 384 참조). 이노센트가 죽은 뒤 프리드리히는 후임 교황의 허를 찔러 시칠리아를 그대로 지니게 될 것이었으나, 이노센트가 살아 있는 동안에는 그의 제국정책이 매우 성공적인 것으로 나타났다. 11세기에는 황제들이 마음대로 교황을 선택하였는데, 이제는 교황이 황제를 선택하고 있었던 것이다.

제위 쟁탈전에의 개입은 이노센트와 다른 나라와의 관계에도 영향을 미칠 수밖에 없었다. 오토는 영국왕 리차드와 존의 조카였다. 리차드는 호엔슈타우펜의 필립에 대한 그의 싸움에 자금을 댔고 유언으로 그에게 막대한 돈을 남겼다. 존은 오토에게 리차드가 남긴 유산을 몽땅 줄 만큼 호감을 갖진 않았으나 그래도 상당한 재정적 지원을 해주었다. 따라서 이노센트는 오토를 지지하는 한 존과 우호적인 관계를 유지하려 애썼다. 반면에 필립 존엄왕은 언제나 호엔슈타우펜가에 호의적이었다. 따라서 이노센트는 정책을 바꾸어 필립의 정책과 같은 노선을 걷게 되기까지는 필립을 불신하는 경향이 있었고, 1204년 필립이 존의 프랑스 내 봉토를 공격했을 때에는 성공적이진 못했으나 존의 입장에 서서 간섭하려 하였다.

제위 쟁탈전에서 필립 존엄왕과 대립된 입장에 섰을 뿐 아니라, 이노센트 3세는 또한 프랑스왕의 집안문제를 둘러싼 분쟁을 전임자로부터 물려받았다. 1193년에 필립은 막대한 현금지참금과 덴마크 함대의 지원을 기대하여 덴마크의 공주 잉게보르그Ingeborg와 결혼하였다. 그러나 그는 그녀를 너무나도 싫어하게 되어, 왕비를 거의 거들떠보지도 않았다. 2년 뒤, 그는 한 무리의 프랑스 고위성직자들을 설득하여 인척관계라는 상투적인 이유로 결혼의 무효를 선언케 하였다. 실상 둘 사이에는 전혀 혈연이 없었으므로, 이 결정은 교회의 정의보다는 정치권력의 승리였다. 잉게보르그와 덴마크의 친척들은 로마에 항고하였고, 노老교황 셀레스틴 3세는 결혼무효 결정을 무효로 선언하였다. 필립은 이를 아예 무시하고 1196년에 남부 바이에른의 한 제후인 메란Meran 공의 딸 아그네스Agnes와 결혼하였다. 이노센트 3세는 너무나 명백히 교황의 권한에 속하는 문제에서 왕이 교황에게 도전하도록 허용할 인물이 아니었다. 그는 사절을 보내 필립에게 명을 따르도록 설득하고 그래도 필립이 거절하면 프랑스에 성사금지령interdict을 내리게 하였다(이는 교회의 모든 공적인 업무를 실질적으로 정지시키는 것이었다). 왕이 양보하지 않았으므로, 1200년 1월에 성사금지령이 내려졌다. 필립은 이로 인한 신민들의 분개로 말미암아 프랑스에서 그의 영향력이 약화될 위험을 무릅쓰려 하진 않았다. 게다가 7월에 아그네스가 죽자, 이 문제에 대한 왕의 관심도 약해졌다. 그는 굴복하였고 성사금지령은 9월에 해제되었다. 그러나 필립은 결혼무효 결정이 무효임을 인정했을 뿐 문제를 다시 제기할 권리는 포기하지 않았으며, 실제로 즉각 그 권리를 행사하였다. 필립이 이노센트와 화해할 충분한 정치적 이유를 갖게 된 1213년이 되어서야 잉게보르그는 공식적으로 프랑스의 왕비로 복귀하였다.

영국왕 존은 이노센트의 치세가 시작될 때부터 골칫거리였다. 브라운슈바이히의 오토를 지지하던 이노센트는 리차드의 유산을 오토에게 지급하라고 존에게 촉구하였다. 존은 오토에게 돈을 빌려주고 오토의 빚을 일부 대신 갚아주었으나 결코 유산 전부를 넘겨주려고는 하지 않았다. 또 교황은 당연히 과부의 보호자였는데, 존은 형수인 나바르의 베렝가리아Berengaria of Navarre에게 과부산을 넘겨주려 하지 않았다. 이노센트는 여러 번 편지를 보냈으나 대개 무시당했다. 이노센트가 점차 강경해지자 존은 형수에게 재산을 주겠다고 약속했지만, 결코 그 약속을 실행에 옮기지 않았다. 사실 그녀는 결국 필립의 돌봄을 받게 되었다. 필립은 앙주를 정복했을 때, 그녀에게 과부산으로 르 망Le Mans 시를 주었던 것이다.

또 하나 분쟁의 원인은 존의 의붓동생인 요크York 대주교 지오프리 플란타지네트Geoffrey Plantagenet였다. 지오프리는 거만하고 심술궂었다. 그는 그의 교회 참사회와, 그리고 형인 존과 끊임없이 싸웠다. 존은 참다가 더 이상 견디지 못할 정도가 되면, 지오프리를 그의 교구에서 쫓아내곤 하였다. 그때마다 이노센트는 겨우겨우 형제간의 싸움을 수습하곤 했으나, 얼마 안가 싸움이 재개되었다. 존과 사이가 좋지 않은 또 하나의 대주교는 더블린Dublin의 존 커민John Cumin이었다. 왕은 그를 추방하고 그가 자기 교구로 돌아가는 것을 완강하게 거부하였다. 이 문제 또한 교황으로 하여금 끝없이 편지를 보내도록 하였으나, 이 편지들은 존이 새롭고 더 구미에 당기는 싸움을 위하여 옛 싸움을 청산해야 할 필요를 느낄 때까지 거의 또는 아예 영향을 미치지 못했다. 1204년에 영국에서 가장 부유한 교구의 하나인 윈체스터 교구의 주교 자리가 공석이 되었는데, 존은 그의 충복 피터 데 로슈Peter des Roches의 선출을 다른 후보자 및 그 지지자들을 투옥시킴으로써 확실하게 만들었다. 피터는 교활하고 유능한 외교가로서 교황을 설득하여 그의 선출을 인가받을 수 있었으나, 이노센트는 패배한 후보자 측을 석방시키기 위해 여러 해 동안 수많은 편지를 썼다. 요컨대 오토의 아저씨와 우호적인 관계를 유지할 필요가 있었기 때문에 이노센트는 그토록 오랫동안 참았던 것이다.

1205년 7월에 캔터베리 대주교 허버트 월터Hubert Walter가 죽었는데, 이를 기회로 영국왕과 교황 사이에는 장기간에 걸친 격렬한 투쟁이 시작되었다. 허버트는 강직한 성직자로서 존은 그를 두려워하고 존경하긴 했으나 결코 좋아하지는 않았다. 그가 죽자 왕은 충복인 노르위치Norwich 주교 존 드 그레이John de Grey를 그 자리에 앉히기로 마음먹었다. 왕은 허버트의 사망소식을 듣자마자 급히 캔터베리로 달려가서 성당참사회를 구성하는 수도승들로부터 12월까지 대주교 선출을 보류하겠다는 약속을 받아냈다. 아마 존은 그 몇 달 동안 존 드 그레이의 선출을 공작하려 했을 것이다. 그러나, 적어도 일부의 참사회원이 비밀로 회동하여 그들의 부원장을 대주교로 선출한 다음, 그를 로마로 보내 교황으로부터 인가를 받도록 하였다. 그는 로마에 도착할 때까지 선출된 사실을 비밀로 하도록 충고받았다. 그러나 유감스럽게도 그는 비밀을 지키지 못했고 존은 곧 그가 스스로 대주교 피선자라 자칭하고 있다는 사실을 알게 되었다. 왕은 분격하여 캔터베리로 달려갔고, 두려움에 질린 수도승들은 기왕의 선출을 무효화하고 고분고분하게 존 드 그레이를 선출하였으며, 새 피선자 또한 인가를 받기 위해 로마로 향했다. 그리하여 이노센트는 두 명의 피선자를 맞이하게 되었다. 그는 두 사람의 이야기를 듣고는 두 번의 선출을 모두 무효로 선언했다. 부원장의 선출은 참사회의 일부만에 의해 왕의 허락 없이 비밀로 이루어진 것이므로 분명 의심쩍은 것이다. 그러나 어떻게 된 것이든 일단 선출에 대한 재가 요청이 로마로 들어온 한, 교황의 결정이 있기 전에는 또 다른 선출이 있을 수 없으며, 따라서 존 드 그레이의 선출 또한 무효라는 것이었다. 그 뒤 이노센트는 양쪽 당사자들에게 전권 사절을 로마로 파견토록 지시하였다.

참사회로부터 사절들이 도착하자 교황은 그들을 불러내어 대주교를 선출토록 명령하였다. 사절들은 존 드 그레이와 부원장 사이에 반반으로 갈렸다. 그러자 이노센트는 유명한 신학자이자 추기경인 요크 성당의 참사회원 스티븐 랭튼 Stephen Langton의 선출을 제안하였다. 수도승들은 이 제안을 받아들여 만장일치로 스티븐을 뽑았다. 존의 사절들은 왕의 동의를 요구받자, 그들에겐 존 드 그레이에 대한 동의만이 위임되었다고 발뺌하였다. 이에 교황은 존에게 스티븐의 선출을 알리고 이에 대한 동의를 구하는 서한을 보냈다. 왕은 격렬한 말투로 스티븐이 인격적으로 형편없는 자이며 자기의 동의도 없이 뽑혔다고 응답하였다. 그는 또한 부하들을 캔터베리로 보내, 수도승들을 쫓아내고 그리스도 처치 수도원의 재산을 몰수케 하였다.

1207년 6월, 이노센트는 스티븐 랭튼을 캔터베리 대주교로 축성하고 그에게 영대pallium를 하사하였다. 그는 존왕에게 직접 도전하였던 것이다. 그 결과 오랫동안 복잡하게 투쟁이 전개되었는데 이에 대해 여기서는 간단하게 개괄할 수밖에 없다. 1208년 3월, 영국에 성사금지령이 내려졌고, 1209년 11월에는 존이 파문을 당했다. 또 증명할 수는 없으나, 1212년 말에 이노센트는 존을 폐위시키고 프랑스의 필립 존엄왕에게 프랑스로부터 존을 축출하라고 명령하는 문서를 발행한 것으로 보인다. 이 시기 내내 둘 사이에는 협상이 계속되었다. 처음에 존은 결코 스티븐을 인정하지 않겠다고 고집하였으나 1208년에는 약간 후퇴하였다. 그는 스티븐을 인정하는 대신, 교황이 이번 일을 선례로 삼지 않을 것과 이후에는 캔터베리 대주교의 선출이 유효하려면 반드시 왕의 동의가 있어야 함을 인정할 것을 조건으로 내세웠다. 이는 그 이후의 논쟁에서 존의 공식 입장이 되었다. 이노센트는 존의 요구를 전부 들어줄 마음이 결코 없었고, 왕은 싸움을 서둘러 종결시킬 이유가 없었다. 성사금지령이 선포되자 왕은 교회와 사제의 모든 재산을 몰수하였고, 싸움이 계속되는 한 막대한 수입이 그의 금고로 흘러 들어왔던 것이다. 성사금지령도 파문도, 영국민에겐 아무리 괴로움을 주었건, 조금이라도 존을 동요시키지는 못했다. 마침내 1213년에 필립 존엄왕이 영국을 치기 위해 군대를 소집하게 되자 존은 깨끗하게 굴복하였다. 그는 랭튼을 받아들이고 교회에서 갈취한 돈을 변상하기로 약속하였다. 그리고 그는 영국을 교황에게 헌상한 뒤, 교황으로부터 봉토로 되돌려 받았다.

이 유명한 투쟁의 핵심적 문제에 관해 이노센트와 존은 각기 정당한 입장을 견지하고 있었다. 적임자가 고위성직에 오르도록 감독하는 것은 교황의 의무였다. 스티븐 랭튼은 캔터베리 대주교 자리에 완전히 적임인 인물이었다. 그는 영국인이었고 뛰어난 학자이자 유능하고 헌신적인 교회정치가였다. 그의 경쟁자인 존 드 그레이는 단순히 궁정인이자 관리일 뿐이었다. 반면에, 어떤 왕도 자기 나라의 대주교를 선택하는데 전혀 간여할 권리가 없다고 인정할 수는 없었다. 캔터베리 대주교는 중요한 정치적 위치를 차지하고 있었으며 매우 광대한 영지를 소유하였다. 왕은 그 자리에 대한 그의 동의권을 고집하지 않을 수 없었다. 싸움이 시작되었을 무렵과 비교해 볼 때, 이노센트는 굉장한 승리를 거둔 셈이었다. 존은 아무 조건 없이 스티븐을 인정하였던 것이다. 게다가 존은 교황의 봉신이 됨으로써 교황의 위신을 크게 높였다. 그러나 1213년에 존의 처지가 바뀐 사실을 간과해서는 안 된다. 제후들이 왕에게 도전하였으며, 이에 존은 지원을 필요로 하게 되었다. 여기서 존은 과감하게 교황과의 투쟁을 청산하였다. 이노센트는 제후들과 맞선 존을 확고하게 지지하였으며, 제후들에 호의적이었던 랭튼이 제후들을 겨냥한 교황의 명령을 시행하길 망설이자, 그를 대주교 자리에서 몰아냈다p. 451 참조. 게다가 존은 교회에서 갈취해냈던 돈을 거의 한 푼도 변상하지 않았다. 요컨대, 이 싸움은 양측이 모두 승리를 한 이례적인 경우가 되었다.

지금까지 고찰한 세 차례의 분쟁은 이노센트 3세가 얼마만한 권세를 휘둘렀는지 분명하게 보여준다. 그는 두 번 황제를 선택하였고, 필립 존엄왕으로 하여금 잉게보르그를 다시 왕비로 받아들이게 했으며, 존을 굴복시켰다. 요컨대, 그는 서유럽 주요 삼국의 우두머리들과 큰 싸움을 벌여 승리하였던 것이다. 그 밖의 나라에서도 그는 비슷한 승리를 거두었다. 아라공Aragon 왕은 교황의 봉신이 되었고, 포르투갈왕은 전왕이 교황청에 바친 신서를 인정하지 않을 수 없었다. 까스띨랴왕은 너무나 가까운 혈연관계 때문에 아내와 헤어져야 했고, 그 또한 이노센트의 봉신이 되었다. 왕들이 교황의 봉신이 되는 것은 거의 실질적인 영향을 미치지 못했지만, 교황의 위엄을 높여주었고 매년 바치게 되어 있는 조공으로 교황의 수입도 어느 정도 증가시켰다.

물론 이노센트 3세에게 성공만이 있었던 것은 아니다. 그는 자기의 치세에서 가장 중요한 목표 가운데 하나라고 공언하였던 성지의 이교도에 대한 십자군을 결코 성공적으로 진수시키지 못했다. 1204년에는 프랑스의 필립과 영국의 존 사이의 전쟁을 중지시키려 애썼으나 성공하지 못했다. 그는 또한 노르웨이의 왕위 계승 분쟁에 개입하려 했으나, 스베르Sverre 왕은 무난하게 교황의 간섭을 물리칠 수 있었다. 그러나 이러한 실패들은 그의 위업에 비해 하찮은 것에 불과하였다. 그의 치세 내내, 이노센트 3세는 이전의 어느 교황보다도 더욱 두드러지게 기독교 세계의 지도자로 군림하였다.

교회개혁의 영역에서 이노센트가 이룬 가장 항구적인 업적은 1215년에 로마에서 열린 제4차 라테란 공회의the Fourth Lateran Council에서 결실을 맺은 것이었다. 이 회의는 400여 명의 주교, 800여 명의 수도원장, 그리고 유럽의 모든 대군주들이 파견한 대표들이 참가한 역사상 유례없는 회의였다. 회의에서는 거창한 개혁 법령이 제정되었다. 채택된 장문의 교리 문서는 당시의 갖가지 이단들을 논박하기 위해 가톨릭의 기본 교리를 재천명하였다. 성체 성사eucharist에서 빵과 포도주의 "본질substance"이 그리스도의 살과 피로 변한다는 화체설化體說, doctrine of transubstantiation이 엄숙하게 재규정되었다. 가톨릭 교도는 1년에 적어도 한번 사제에게 고해를 하도록 규정되었다. 사제는 시죄에 의한 판결 참여를 금지당했고, 그리하여 이때 이래로 세속 법정은 좀더 합리적인 판결방법을 고안해내야 했다. 주교 자리의 장기간 공석화를 방지하기 위해, 성당 참사회가 3개월 내에 주교를 선출하지 못하면 대주교가 개입하여 새로운 주교를 지명토록 규정되었다. 모든 대주교구에서는 1년에 한 번씩 주교회의를 열도록 되었고,

이 회의에서 주교들은 그들 가운데 배교자를 색출하여 징계할 수 있었다. 또 사제의 도덕적 생활에 관해 상세한 규정이 제정되었다. 사제는 독신이어야 했고, 음주, 도박, 사냥, 상행위, 잦은 여인숙 출입, 밝고 화려한 옷차림 등이 금지되었다. 사제는 목자로서의 의무인 "영혼의 치유"를 대가로 지나친 시주를 받을 수 없었다. 공회의에서 채택한 한 법령은 많은 부적격한 사제보다는 소수의 훌륭한 사제가 낫다는 원칙을 선언하였는데, 이 법령이 제대로 시행되었다면 중세 교회는 크나큰 혜택을 입었을 것이다.

강력한 세속 군주에 대한 권위 행사와 대규모 공회의에서의 주도권 장악은 매우 강력한 교황만이 할 수 있는 일이었다. 그러나 교황청의 전반적인 조직과 자원 그리고 권한은 지속적으로 발전하여, 그 과정을 교황 개개인에 비추어 고찰하기는 어렵다. 위대한 교황들이 중요한 개혁을 이루어낸 것은 사실이지만, 평범한 교황들도 유능한 부하들을 거느린 경우 위대한 교황들에 못지않게 훌륭한 업적을 내었다. 따라서 이제 이노센트 3세의 복잡한 개인적인 사람됨으로부터 눈을 돌려 이 시대에 이루어진 교회와 교황청의 전반적인 발전상황을 다루기로 한다.

12세기와 13세기를 통하여, 교황청과 그 관리들의 업무는 매우 크게 팽창하였다. 교황 사절의 제도는 점점 더 폭넓게 이용되었다. 교황의 법정에 제소하려면, 원칙상으로는 그저 사건의 개요를 적은 편지를 교황에게 보내기만 하면 되었다. 대개의 경우 제소자는 로마로 대리인을 파견하였고, 그 대리인은 그 자신이 교회법 전문가이거나 또는 로마에서 법률 전문가를 고용하였다. 교황청 관리들에게 뇌물을 주는 것은 반드시 필요하진 않더라도 매우 유익한 것으로 여겨졌다. 13세기에 로마로 제소되어 교황 사절들에 의해 심리된 송사 건수는 엄청나게 많았다. 이에는 보잘 것 없는 기사의 이혼 소송으로부터 드르외Dreux공 피에르Peter와 브르타뉴의 주교들 사이에 벌어진 유명한 싸움에 이르기까지 갖가지 사건이 포괄되어 있었다. 비교적 쉽게 로마로 제소할 수 있는 이 제도야말로 교회법을 진정으로 보편화시킨 요인이었다. 이는 또한 교황으로 하여금 교회의 내부조직 및 교회와 속세와의 관계에 관련된 문제들을 언제나 가까이 접할 수 있게 해주었다. 반면에 교회에서의 중앙집중화된 사법권의 발전은 여러 결함도 지니고 있어 곧 반발을 불러일으키게 되었다. 우선 교황의 재판에는 비용이 많이 먹혔다. 게다가 송사가 늘어남에 따라, 모든 송사를 신속하게 처리할 수는 없게 되었다. 로마에 제소하기가 쉬웠음은 현지에서 충분히 해결될 수 있는 많은 사소한 사건까지 교황청으로 제소케 하여, 소송 당사자들을 종종 하염없이 기다리게 만들었던 것이다.

같은 시기에 교황 사절의 이용 또한 크게 증가하였다. 이따금 현지의 고위성직자에게 사절의 직책이 맡겨지기도 하였다. 예컨대 영국의 리차드 1세가 십자군에 나갔을 때, 그의 최고 사법관으로서 영국을 대리 통치하게 된 대주교 허버트 월터는 교황 사절의 권한을 부여받았다. 사실 요크 대주교와 캔터베리 대주교 자리를 둘러싼 계속된 자리다툼으로 말미암아 교황 사절이 아니면 영국교회 전체의 회의를 주재할 수 없게 되어 있었다. 그러나 현지 고위성직자에 대한 사절 권한의 부여는 필요한 경우 가외의 권한을 부여하는 수단일 뿐이었다. 실제로 교황의 영향력을 유럽 곳곳에 미치게 한 것은 교황청에 소속되어 사절로 파견된 사람들이었다. 교황은 폭넓은 권한을 위임받은 사절이 필요하다고 여기면, 어디에든 사절을 파견하였다. 존의 굴복을 받아들이기 위해 한 사절이 영국으로 파견되었고, 성사금지령을 해제하고 영국왕과 그의 사제들을 화해시키기 위해 또 다른 사절이 파견되었다. 1216년, 존이 미성년의 헨리 3세를 남기고 세상을 뜨자 교황은 그의 어린 봉신의 이익을 보호하기 위해 사절을 보냈다. 실제로 사절로 파견된 펨브로크Pembroke백 윌리엄 마샬William Marshal은 여러 해 동안 섭정으로서 영국을 다스렸다. 까스띨랴의 블랑슈Blanche of Castile가 그녀의 어린 아들 루이 9세를 위해 프랑스의 섭정이 되자, 교황은 그녀를 지지하기 위해 사절을 파견하였다. 알비Albi파 이단의 탄압과 십자군 운동 등 교황의 중요한 일을 지도하기 위해서도 사절들이 파견되었다. 사절을 이용하여 교황은 그의 영향력 행사에 큰 장애가 되었을 기독교 세계의 대팽창에 효과적으로 대처할 수 있었다.

교황 업무가 크게 팽창함에 따라 로마의 중앙행정부 조직도 정비되어야 했다. 아마 교황청의 가장 중요한 부서는 문서국chancery이었을 것이다. 사절이나 대사가 로마에서 파견되는 비교적 드문 경우를 제외하곤, 교황의 명령과 결정, 탄원, 그리고 충고는 모두 서면으로 작성되어야 했다. 중요한 서한은 교황 자신이 구술했으나 통상적인 서한은 관리들이 작성하였다. 서술의 정확성은 매우 중요했으므로, 이 작업은 숙련된 전문가를 요하였다. 또한 문서 위조가 중세에는 인기 있는 소일거리였으므로, 위조를 어렵게 하기 위해 정규적인 문서작성 틀과 공식도 개발해야 했다. 모든 왕과 심지어 대부분의 제후도 중요한 문서를 위한 틀을 확립하였고, 모든 문서에는 문서발행을 목격한 책임자들의 부서副署가 따랐다. 지방 제후의 문서를 위조하는 것은, 서명한 사람들에게 즉각 진위를 물어볼 수 있었고 많은 사람들이 옳은 문서작성 틀을 알고 있었으므로, 비교적 위험한 일이었다. 그러나 교황의 문서에 부서한 추기경들은 멀리 떨어져 있었고 교황 문서국의 문서작성 틀은 별로 알려져 있지 않았으므로, 교황 문서의 위조는 매우 널리 행해졌다. 위조를 방지하고 동시에 교황에게 그와 선임자들이 취했던 조치들을 일목요연하게 알 수 있도록 해주는 한 가지 분명한 방법은 발송된 문서의 기록을 보관하는 것이었다. 이러한 기록은 이노센트 3세와 그의 후임자들 아래에서 매우 고도로 발전하였다. 교황의 문서국은 서유럽의 어느 세속 군주의 문서관리 부서보다 더 일찍이 더 급속하게 발전하였고, 국왕들은 이를 크게 본떴다.

교황청의 기구확대 및 업무팽창으로 경비가 많이 들게 되자, 교황들은 끊임없이 새로운 수입원을 찾아내고 기존 수입원에서는 더욱 많은 수입을 끌어내기 위해 애썼다. 교황령의 지배자로서 교황은 세속 제후의 수입에 버금가는 수입을 거두었다. 직접 장원과 도시는 매해 지대를 냈다. 교량 통과세, 시장세 그리고 재판 수입금도 있었다. 또 교황의 봉신들은 대부분 여타 봉사와 함께 연공을 납부하였다. 이노센트는 프리드리히 1세와 하인리히 6세가 빼앗아간 교황령을 되찾자, 교황령을 전반적으로 재편하여 그로부터의 수입을 크게 증가시켰다.

초기 교황들은 교황령 이외에 여러 수입원을 지니고 있었다. 9세기로부터 여러 수도원 교단은 성·속의 제후들에 맞서 교황의 보호를 요청하였다. 이들 수도원은 교황의 영구적인 보호를 받는 대신 매년 일정액의 대가를 지불하게 되었다. 이러한 대가는 대개 작은 액수였으므로 이 수입원에서의 총수입 또한 그리 크지 않았다. 또 몇몇 나라는 교황에게 베드로의 펜스Peter's Pence라 불리는 세금—원칙상 한 가구 당 1펜스씩이었다—을 매년 지불하였다. 이 세금은 영국에서 10세기에 확립되었고, 카누트Canute 왕에 의해 덴마크로 확산된 것으로 여겨진다. 아마 노르웨이와 스웨덴에서는 12세기에 교황 사절로 활동한 영국인 추기경이 이 세금을 확립한 듯하다. 이 세금은 폴란드에서도 납부되었다. 그러나 적어도 영국에서는 현지의 징수관들이 대부분을 착복하였고 교황은 불과 200파운드밖에 받지 못했다. 이노센트 3세는 이런 상황을 타개하려고 열심히 노력했으나, 전혀 성과를 보지 못하였다. 또 다른 수입원은 교황의 봉신이 된 군주 및 제후들이 내는 조공이었다. 13세기 말에는 포르투갈, 까스띨랴, 아라공, 시칠리아 그리고 영국이 매년 조공을 바치고 있었다. 영국의 조공은 꽤 큰 액수인 1,000마르크에 달했다. 그러나 왕들은 조공을 꼬박꼬박 내지는 않았고, 따라서 이 수입원은 기본적으로 믿을만한 것이 아니었다.

적어도 11세기로부터 교황들은 이따금 기독교 세계 전체 또는 일부 지역의 고위성직자들에게 기부금을 요구하였다. 이 기부금은 보조금subsidies이라 불리었으며 이론상으론 내지 않아도 되는 것이었다. 그러나 물론 실제로는 세속 제후들이 봉신으로부터 거두어들이는 “자비로운 보조금gracious aids”과 마찬가지로 어느 정도 강제성이 있었다. 보조금은 특별히 돈이 필요한 경우에만 부과되긴 했지만, 교황이 필요로 하면 거의 언제나 보조금을 부과시킬 수 있다고 여겨졌다.

게다가, 13세기에 교황들은 사제들로부터 소득세를 거두기 시작하였다. 이 소득세는 교황의 여러 다른 수입원과 마찬가지로 십자군의 경비를 조달하기 위해 사용되었던 수단에서 기원한 것이었다. 제3차 십자군 이전에 헨리 2세와 필립 존엄왕은 살라딘으로부터 예루살렘을 되찾기 위한 원정의 경비를 조달하기 위해, 교황의 동의를 받아 사제 및 속인 모두에게 소득세를 부과하였다. 1199년에 이노센트 3세는 그의 십자군 계획을 위해 소득세를 부과하였다. 1228년에 교황은 프리드리히 2세에 대한 전쟁의 비용을 조달키 위해 사제들에게 소득의 1/10을 요구하였다. 그때부터 교황은 교회에 중요한 일이라 주장할 수 있는 어떤 목적을 위해서라도 큰 돈이 필요하면 언제든 그런 소득세를 부과하였다. 그러나 실제로는 교황은 징수된 돈의 일부만을 차지할 수 있었다. 왕들은 자기 나라의 재물이 교황에게로 빠져나가는 것을 달가워하지 않았고, 교황은 대개 각지의 군주에게 소득세 징수를 허락받기 위해 그 가운데 상당 부분을 양보하지 않을 수 없었다.

47. 알비파와 왈도파의 이단들

교황청과 교회의 권한이 절정에 달한 시기는 그들에 대한 새로운 위협이 나타난 시기이기도 하였다. 중세 교회의 제도적 구조에 대한 가장 심각한 위협은 바로 기독교 자체의 이념과 가르침에 깊이 뿌리박혀 있는 관념에서 비롯된 것이었다. 그리스도는 세속적 부의 위험성에 대해 설교하였다. 부자가 천국에 들어가기는 낙타가 바늘귀를 지나가는 것보다 어렵다는 것이었다. 사도들은 장래를 생각하지 말도록 명령 받았다. 초기의 열정적이고 박해받던 기독교 공동체에서는 재산이 공동으로 소유되었다. 기독교도의 이상적인 생활에 청빈이 꼭 필요하다는 관념은 수도된 제도의 근본을 이루는 개념이었다. 수도승이나 수녀는 결코 아무것도 소유할 수 없었고 모든 재산은 수도원 전체에 속하는 것이었다. 그리고 이는 단순히 원론적인 소유권 이론이 아니었다. 기독교인은 어떤 종류의 재산이라도 자기만을 위해 사용할 수 없었다. 그러나 수도승들은 청빈의 중요성을 주창하였지만, 재속 사제들은 이러한 이상에 별로 구애되지 않았다. 교회의 부는 점차 증대되었고, 고위사제들의 생활은 점점 더 사치스러워졌다. 이미 살펴보았듯이 그들의 재산은 그들로 하여금 사도들의 청빈한 생활에서 멀어지게 했을 뿐만 아니라, 세속적인 일에 깊이 개입하게 하였다. 아벨라르는 이 문제를 분명하게 통찰하여 사제의 생계와 예배에 꼭 필요한 만큼을 뺀 모든 재산을 포기해야 한다고 주장하였다. 12세기에 많은 진지한 기독교인들은 재속 사제들의 부 및 사치가 청빈의 이상과 너무나 거리가 멀다는 데에 크게 통탄하게 되었다. 이들 가운데 일부는 청빈이 구원을 위해 필수적이라고 확신하여 청빈의 실천에 헌신하는 집단을 형성하였다.

열렬히 청빈을 추구하는 사람들은 재속 사제들을 끊임없이 성가시게 하였다. 재속 사제들은 청빈한 생활이 하나님을 기쁘게 해드린다는 것을 부정할 수 없었다. 교회는 이 원칙을 구현하는 수도원 계율을 인가해 왔던 것이다. 그러나 그들은 또한 청빈을 실천하는 자들이 사람들로 하여금 그들의 생활방식에 의구심을 품게 만든다는 사실을 깨닫지 않을 수 없었다. 주교들은 사도들의 후계자였으나, 사도들의 이상을 실천하는 것은 그들이 아니라 수도승들이었던 것이다. 수도원 교단은 이 점에서는 대개 그리 문제를 일으키지 않았다. 어느 수도승도 재산을 소유할 수 없었지만, 교단은 재산을 소유할 수 있었고, 대부분의 수도승이 상당히 안락한 삶을 누리고 있었던 것이다. 속세 사람들은 베네딕트나 클뤼니 교단의 수도승들이 재속 사제들과 그렇게 다른 생활방식으로 살고 있다고 느끼진 않았을 것이다. 하지만 시토 교단은 특히 초기에 있어서 전혀 달랐다. 시토 수도승들은 청빈과 소박한 생활을 실천하였다. 그 결과, 부유한 교단과 재속 사제들은 마음속으로 시토 교단을 싫어하였다. 그러나 시토 수도승의 생활방식이 그들을 난처하게 했지만, 시토 수도승들은 재속 사제의 부 또는 심지어 사제의 재산 소유에 대해서도 전혀 공격을 하지 않았다.

이는 개혁을 지향한 다른 수도원 교단도 마찬가지였다. 그러나 중세 수도원 제도의 주류 바깥에서는 원시 기독교 사도들의 생활을 향한 크나큰 열정으로 급기야 기성 교회의 구조를 아예 거부하게 될 과격 집단이 태동하고 있었다. 이 탈자들은 수많은 집단을 이루고 있었는데, 이 집단들은 모두 청빈과 금욕을 강조하였으나 구체적인 종교적 가르침에서는 서로 달랐다. 크게 그들은 두 범주로 나뉠 수 있다. 하나는 스스로 기독교인이라 자처하지만 전통적인 정통 기독교의 여러 기본적인 교리를 부정하는 쪽이고, 다른 하나는 전통 기독교의 기본적인 가르침은 인정하지만 당대의 기독교가 더 이상 그런 가르침에 충실하지 못하고 있으며 따라서 그 권위를 잃었다고 주장하는 쪽이었다. 12세기에 이 두 흐름을 대표했던 이단은 카타리Cathari파와 왈도파Waldensians였다(카타리라는 말은 "순수함"이란 뜻이다. 카타리파는 그 중심지가 프랑스의 알비Albi시였으므로, 알비파Albigensians라고도 불리었다. 왈도파는 그 창시자인 피에르 왈도Peter Waldo의 이름을 딴 것이었다).

카타리파의 기본적인 교리는 신학적 이원론이었다. 구약에 따르면, "태초에 하나님은 하늘과 땅을 창조하였다." 그러나 카타리파에 따르면, 선한 빛의 하나님the God of light은 오로지 영혼의 세계만을 창조하였다. 물질세계는 바로 어둠의 왕인 사탄이 창조했다. 영혼은 본질적으로 선하며, 물질은 본질적으로 악하다. 정신은 선하며, 육체는 악하다. 온 세계는 빛의 세력과 어둠의 세력, 영혼과 물질이 서로 싸우는 싸움터이다. 삶의 목적은 육체의 속박으로부터 정신을 구해내어 죽은 뒤에 빛의 왕국에 들어갈 수 있게 하는 것이었다.

이러한 믿음은 여러 가지 면에서 정통 기독교와 양립할 수 없는 것이었다. 육체가 본질적으로 악하다면, 하나님이 인간의 육체를 빌어 태어난다는 것은 불가능한 일이었다. 따라서 카타리파에 의하면, 그리스도는 하나님이 아니라 하나님의 사자이며, 인간으로 태어난 것이 아니라 단지 인간의 모습을 띠고 있었을 뿐이었다. 또한 카타리파에게는 물질적 요소를 통해 하나님의 은총을 내리는 것으로 간주되는 성사—성수에 의한 영세 성사, 빵과 포도주에 의한 성체 성사—도 본질적으로 신성모독이었다. 카타리파는 결혼 역시 출산을 야기하여 더욱 많은 영혼을 사악한 육체에 속박되게 만든다는 이유로 반대하였다.

이러한 신앙은 서기 3세기에 예언자 마니Mani가 가르쳤던 동방의 마니교Manicheeism와 분명한 유사성을 지니고 있다. 12세기의 가톨릭 신학자들은 성 아우구스티누스가 마니교에 관한 책을 써놓았기 때문에 마니교의 교리를 제법 잘 알고 있었다p. 41 참조. 따라서 그들은, 당시 사람들 사이에 이원론적 신앙이 퍼지고 있음을 깨닫자마자, 그 신봉자들을 마니교도로 낙인찍었다. 오늘날 역사가들은 마니교의 전통이 살아남아 12세기에 유럽에서 "표면화"된 것인지, 아니면 카타리파가 기성 교회의 타락상에 대한 반발로 자생된 것인지 확실하게 말하지 못하는 입장에 있다. 서방의 카타리파가 불가리아에서 태동하여 10세기와 11세기에 비잔틴 제국 전역으로 퍼진 이원론적인 보고밀교Bogomils : 보고밀—슬라브어로 '하나님을 기쁘게 하다'라는 뜻—이라는 정체가 불확실한 사제로부터 유래한 명칭-역주의 전도사들에게서 영향을 받았음은 분명하다. 문제는 보고밀교와 원래의 마니교 사인에 연관이 있는지 알 수 없다는 것이다. 보고밀교는 두 파로 나뉘어, 둘 다 서유럽에서 어느 정도 신자를 모았는데, 한 파는 "온건한 이원론"으로, 다른 하나는 "극단적 이원론"으로 지칭될 수 있다. 두 파 모두 사탄이 물질세계를 창조하였고 물질세계는 본질적으로 악하다고 주장하였으나, 전자는 사탄이 하나님의 탈선한 아들이라고 주장한 반면 후자는 태초부터 선·악의 두 창조원리가 팽팽하게 맞서 있었다고 가르쳤다. 극단적 이원론자들의 교리가 원래의 마니교에 더 가까운 전자보다 정통 기독교와 더욱 동떨어진 것임은 두말할 나위도 없다.

그러나 이원론의 두 형태는 실제로는 같은 결론으로 귀결되었다. 모든 물질은 사탄이 창조한 것이므로, 카타리파의 가르침에 따르면, 완벽한 삶은 철저하게 금욕적인 것이어야 했다. 그 신봉자들은 완전히 독신이어야 했고, 동물의 고기를 먹지 말아야 했다. 이러한 원칙을 지닌 카타리파의 생계 문제는 신도를 사제perfecti : 완전한 자와 평신도credentes : 믿는 자의 두 계급으로 나눔으로써 해결되었다. 사제는 엄격한 금욕의 이상을 실행해야 했다. 그들은 두 명의 사제가 주재하는 서품식徐品式, consolamentum : consolor—라틴어로 '위안하다, 위로 올리다'의 뜻—에서 파생됨-역주에서 이 등급에 올랐다. 평신도는 마음 내키는 대로 생활할 수 있었다. 그들은 어떤 직업을 가져도 좋았고 가정을 이룰 수도 있었으며 고기를 먹어도 되었다. 그들의 유일한 기본적인 의무는 기성 기독교 교회에 대한 충성을 거부하고, 죽기 전에 서품식을 받는 것이었다. 지난날의 모든 죄를 씻어내는 이 의식은 대개 평신도가 죽기 직전에 행해졌다. 사실 다시 죄를 질 위험에서 벗어나려면 의식이 끝나자마자 스스로 목숨을 끊는 것이 가장 좋은 방법이라는 생각이 널리 퍼져 있었다.

카타리파의 신앙에 관한 우리의 지식은 대부분 그들을 비난한 글들에서 비롯된 것이므로, 당연히 그 교리 가운데 가장 잘 알려진 측면들은 교회의 가르침에 정면으로 위배되는 것들이다. 예컨대 그들은 죄인이 영원히 지옥에서 고통당하기보다는 세상에 다시 태어난다고 믿었다. 영혼은 구원을 얻을 때까지 인간의 육신으로 몇 번이고 태어나게 되어 있다는 것이었다. 또한 이미 살펴보았듯이, 카타리파는 기독교의 핵심적인 교리인 화체설을 부정하고 교회의 성사를 거부하였다. 결혼에 대한 그들의 비난은, 그것이 중세 교회의 도덕적 가르침과는 완전히 거꾸로 성행위 자체보다는 오히려 자녀의 출산을 더 사악한 것으로 매도하는 것이기 때문에, 정통 기독교도에게 특히 충격적으로 받아들여졌다. 그리하여 카타리파는 종종 "변태적" 성행위의 혐의를 받았다. 끝으로 카타리파는 어떤 종류의 것이든 선서를 하지 않으려 했다. 기독교 신앙의 중요한 조목을 부정하는 것만으로도 그들은 교회와 모든 독실한 신도들의 적이 되기에 충분하였다. 그러나 선서하기를 거부하는 것이야말로 사회의 결속이 개인과 개인을 묶어주는 선서에 크게 의존하고 있던 시대에는 아주 위험스러운 것이 아닐 수 없었다.

카타리파의 주된 호소력은 사제들의 금욕생활에 있었다. 그들의 적들 가운데에는 카타리파 사제들이 벌거벗은 채 여자와 동침함으로써 독신에의 헌신을 시험하는 등, 금욕주의를 터무니없을 정도로 지나치게 고집한다고 비난하는 사람도 있었으나, 대개의 경우에는 박해자들마저도 카타리파 사제들의 철저한 금욕생활을 인정하였다. 그리하여 그들과 사치스러운 생활을 누리면서 이따금 도덕적으로 비난받아 마땅한 행위를 저지르는 가톨릭 사제들은 뚜렷하게 대비되었다. 사실상, 카타리파가 융성했던 지역은 바로 가톨릭 사제들이 특히 타락한 지역이었다. 경건한 기독교도, 특히 그 가운데에서도 가난하고 비천한 사람들은 두 사제 집단 사이의 이 대조적인 양상을 목격하고는 카타리파에 크게 기울어졌다. 또한 평신도에게 허용된 극도의 자유가 많은 사람들에게 매력적이었을 수도 있다. 특히 사람들의 성격이 쾌활한 남부 프랑스에서는, 제멋대로 살다가 죽기 직전에 의식을 통해 구원을 얻는다는 생각은 아주 매력적이었을 것이다. 물론 평신도의 도덕적 방종이 정통 기독교도들에 의해 크게 과장되었을 가능성도 있다.

12세기가 지나면서 청빈을 설교·실행하고 극도의 금욕생활을 영위하는 집단이 카타리파 말고도 여럿 나타났다. 그 지도자들 가운데에는 브뤼이의 피에르Peter of Bruys와 로잔느의 앙리Henry of Lausanne가 가장 유명했다. 피에르는 남부 프랑스에서 사제로 있다가 방랑 설교가가 되어 한 무리의 추종자를 모았다. 앙리의 활동 영역은 더 넓었다. 그는 1116년에 르 망Le Mans에서 설교를 개시하여 뒤에 뚜르, 랭스, 보르도, 알비, 그리고 뻬리괴Perigeux를 방문하였다. 처음에 앙리는 사제의 사치를 공격하고, 열렬하게 개혁을 부르짖는 설교가에 불과하였으나, 남부 프랑스에서 피에르를 만나 그로부터 카타리파의 여러 관념을 받아들였다. 대체로 이런 과정이 이단의 지도자 및 그 집단들이 따랐던 전형적인 과정이었던 듯하다. 그들은 교회의 부를 비판하고 청빈을 부르짖는 입장에서 출발했다가, 뒤에 분명하게 이단적인 생각들을 받아들이게 되었던 것이다. 이단 운동의 가장 중요한 지도자 피에르 왈도 역시 이러한 과정을 거쳤다.

피에르 왈도는 리옹Lyons의 부상富商으로서 부업으로 고리대금업을 했다. 1173년에 그는 우연히 한 방랑시인이 부유한 로마 귀족의 아들로서 지위와 상속재산을 모두 포기하고 방랑 걸인으로 시주에 의지하며 청빈하게 독신으로 살아간 성 알렉시스St. Alexis의 이야기를 읊어대는 것을 들었다. 피에르 왈도는 그 이야기에 깊은 인상을 받았고, 바로 그날 저녁에 성 알렉시스를 모방하기로 결심하였다. 그는 아내에게 그의 동산과 부동산 가운데 택일하여, 생계 수단으로 삼으라고 말했다. 아내가 부동산을 택하자, 피에르는 동산을 처분하기 시작하였다. 우선 그는 돈을 빌려간 사람들의 채무를 말소하였다. 다음에는 여러 값진 명분으로 후하게 기증하였고, 나머지 돈은 리옹의 빈민에게 나누어 주었다. 재산을 모두 처분한 그는 문전걸식을 하며 다녔다. 이는 아내의 자존심을 상하게 하여, 그녀는 리옹 대주교에게 제소하였다. 피에르는 아내 이외에는 누구로부터도 구걸을 하지 않도록 명령받았다. 그러나 어쨌든 그는 가난한 생활을 시작한 셈이었다.

사도들의 생활방식을 따르기 시작하자마자 그는 원전인 성경으로부터 그 생활방식의 정확한 성격을 배우고 싶어졌다. 그는 라틴어를 읽지 못했으므로 두 사제에게 부탁하여 신약의 일부를 번역해 받았다. 그는 이를 무기로 하여 그리스도가 가르친 생활방식에 대해 설교하기 시작하였다. 곧 다른 사람들이 그에게 합류하여 설교를 하면서 떠돌아 다녔다. 성서에 대한 교회의 해석은 수세기에 걸쳐 서서히 구축된 것이었다. 하지만 무지한 자가 성서를 읽고 좀 다른 결론에 도달하는 것은 이상한 일이 아니었다. 1178년에 리옹 대주교는 피에르와 그의 추종자들이 아주 어긋난 내용으로 설교하고 있다는 소식을 들었다. 교회법에 따르면 누구도 주교의 허락 없이는 설교할 수 없었으나, 이 규정은 그리 엄격하게 시행되지 않았다. 하지만 대주교는 이 규정을 들어 피에르 및 그의 추종자들에게 설교 중지를 명령하였다. 피에르는 어리둥절해졌다. 그와 그의 추종자들은 암기한 신약의 몇 구절을 되풀이하고 거기에 나온 대로 기독교도가 영위해야 할 생활방식을 설교하고 있을 뿐이었다. 이것이 어째서 잘못일까? 몇 명의 추종자와 함께, 그는 교황에게 제소하기 위해 로마로 여행하였다. 로마에서는 교황이 카타리파 문제를 다루기 위해 소집된 제3차 라테란 회의the Third Lateran Council, 1179를 주재하고 있었다. 피에르 일행은 학식 높은 신부들에 의해 심사되었다. 곧 그들이 교회의 교리나 관행을 공격하려는 것이 아니라, 무지의 소치로 성서를 이단적으로 해석한 것임이 분명하게 밝혀졌다. 교황은 청빈하게 살려는 그들의 계획은 인가하였으나, 주교의 허락 없이 설교하는 것은 금지시켰다.

그러나 그들은 신약을 보고 나서 설교가 사도적 생활의 필수적인 요소임을 확신하였으므로 교황의 금지령을 무시하였다. 그들은 점점 더 지역을 넓혀 가면서 한층 더 열심히 설교하였다. 1181년 교황은 카타리파와 함께 그들을 이단으로 선포하였고, 같은 해에 리용의 신임 대주교는 그의 교구로부터 그들을 추방하였다. 이에 그들은 이웃 지역으로 흩어져 특히 남부 프랑스에서 카타리파에 버금가는 세력을 구축하였다.

리용의 빈자the Poor Men of Lyons 또는 왈도파라고 불리었던 그들은 그리스도가 가르친 완벽한 기독교도 생활의 실행을 기본 목표로 하였다. 그들이 설교를 포기하려 했다면 누구도 그들에게 트집을 잡으려 하지 않았을 것이다. 그러나 그들은 설교를 사도적 생활의 필수적인 요소로 여겨 결코 중단하려 하지 않았다. 이로써 그들은 허가 없이 설교를 하였고, 교회의 권위에 복종하기를 거부했다는 두 가지 범법행위를 저지른 셈이 되었다. 그러나 그들은 몇 년 동안 그 이상은 나아가지 않았고, 교회 또는 교회의 교리에 대해 아무 공격도 하지 않았다. 그들은, 결국 이단으로 낙인찍혀 탄압받기 시작해서야 적들에 대해 공세를 취하였던 것이다. 이때 그들은 그리스도가 구원으로 인도하는 생활방식을 가르치셨고, 그의 가르침은 신약에 나타나 있다고 선언하였다. 구원을 얻기 위해 사람이 해야 할 일은 오로지 그리스도가 무엇을 명령했는가를 배워 그에 합치되게 사는 것뿐이었다. 교회와 성사는 전혀 필요 없는 것이었다. 그들의 생각이 발전함에 따라, 그들은 스스로 사도적 생활을 실천하고 있으므로 자기들이야말로 사도들의 진정한 후계자라고 말하게끔 되었다. 그리스도의 가르침을 곧이곧대로 따르지 않는 가톨릭 성직자들은 사도들의 진정한 후계자가 아니었다. 그들이 1181년에 이단으로 탄핵된 것은 기본적으로 부당한 일이라 여겨진다. 그 당시 그들은 단순히 순종하지 않는 열정적인 신자였을 뿐이었다. 그러나 그들은 곧 실질적인 이단으로 변신해 가톨릭 교리의 토대 자체를 공격하게 되었다.

교회가 이단을 타도할 수 있는 방법은 실로 많았다. 가장 간단하고 직접적인 것은 힘에 의한 탄압이었다. 이단은 교회당국에 의해 탄핵되고, 세속 정부에 의해 처벌될 수 있었다. 이 방법은 12세기 전반에 걸쳐 이따금 사용되었다. 이단은 영국에 온 카타리파 전도사들에 대해 헨리 2세가 했던 것처럼 취급될 수도 있었다. 유럽의 군주들에 의해 많은 이단자들이 화형 당했던 것이다. 상파뉴 백은 한때 한 무리의 이단자를 한꺼번에 불태워 죽인 적도 있었다. 이단자가 적고 세속 제후들의 동정을 받지 못하던 지역에서는 이단자들이 무력으로 쉽게 근절될 수 있었다. 그러나 이단 세력이 가장 강력했던 남부 프랑스에서는 이 방법이 별로 소용없었다. 실제로 이단에 가담한 귀족은 별로 안 되었으나, 대부분의 귀족은 툴루즈 백을 필두로 이단에 대해 매우 동정적이었다. 게다가 이단자의 수가 너무 많아, 그들을 몰살시키는 것은 인구의 격감을 초래할 것이었다. 그리하여 남부 프랑스의 봉건제후들은 교회의 요구에 꼼짝도 하지 않았다. 롬바르디와 토스카나의 일부 지역에서도 비슷한 상황이 벌어졌다. 몇몇 도시에서는 카타리파가 압도적 다수를 점하였고, 다른 도시에서도 수가 너무 많아 여타 주민들이 그들에게 동정적이지 않다 하더라도 그들을 몰아낼 수는 없었다.

또 하나의 가능한 방법은 이단자들에게 논쟁을 통해 그들의 오류를 깨닫게 하는 것이었다. 12세기 후반에 많은 낙관적인 성직자들이 이단자들과 논쟁을 벌여 이를 꾀하였으나, 물론 거의 아무런 성과도 거두지 못하였다. 고의적으로 사제에게 도전하고 사제들의 가르침을 타당하지 않다고 비난하는 사람들에게는 아무리 논리적이고 웅변적인 설득도 별 소용이 없었다. 좀더 그럴듯한 방법은 사제들의 타락상을 제거하여 이단자들이 비난할 구실을 없애는 것이었다. 이 또한 특히 이노센트 3세의 치세에 시도되었다. 시간이 있고 결의가 단호하다면 교황은 성직 임명을 세심하게 감독함으로써 이단에 감염된 지역의 교회를 혁신할 수 있었을 것이나, 일단 자리 잡은 자를 제거하기는 극히 어려웠다. 이노센트 3세는 교구에 붙어 있으려고도 않고 완전히 직무를 태만히 한 나르본느 대주교를 축출하기 위해 수년 동안 격렬한 투쟁을 치러야 했다. 성직자의 급격한 혁신은 불가능한 일이었다. 그러나 또 다른 가능성이 있긴 하였다. 교회는 부적격한 사제를 제거할 수는 없어도, 금욕생활에서 카타리파의 사제들에 버금가는 사람들을 교회조직으로 영입해 들일 수는 있었다. 그러면 교회는 "모든 사제로 하여금 사도적 생활을 하게 할 수는 없지만, 그런 생활을 하는 자를 지원하며 높이 평가한다"고 말할 수 있는 것이었다. 도미닉 교단Dominican order의 설립이나 프란체스코 수도회the Franciscans에 대한 이노센트의 인가에는 바로 이러한 생각이 깔려 있었던 것이다pp. 423~430 참조.

이노센트 3세는 교황이 되자, 남부 프랑스의 이단자들에 대해 효과적인 제재를 가하기로 마음먹었다. 처음에는 평화적인 수단을 시도하였다. 설교가들이 시토 수도원장과 여러 고위성직자 그리고 교황 사절인 피에르 드 카스텔로Peter de Castelnau의 지휘 아래 그곳으로 파견되었다. 그러나 설교가들은 전혀 성과를 거두지 못했고, 교황 사절은 대제후들에게 이 문제에 대한 관심을 불러일으키지 못했다. 그 지역의 우두머리 격인 툴루즈 백 레이몽 6세Raymond VI는 사치스럽고 언제나 창녀들에게 둘러싸여 방탕한 생활을 했으며 종교에는 거의 무관심하였다. 그는 훌륭한 가톨릭 교도가 치러야 할 모든 의식을 빠짐없이 치르고 수도원 설립에 관대하였으나, 이단자들에 대해 호감을 가지고 있었고 그들에 대한 제재를 결단코 거부하였다. 그의 봉신인 베지에Béziers 및 까르까손느Carcassone 자작, 레이몽 로제Raymond Roger도 같은 입장이었다. 프와Foix 백은 더욱더 중립적이었다. 그 역시 공식적으로는 가톨릭이었지만 그의 아내와 누이 하나는 왈도파였고, 또 다른 누이는 알비파였다.

1204년, 이노센트 3세는 평화적 방법에 실망하여 무력만이 이단을 절멸시킬 수 있다는 강경론자들의 충고에 귀를 기울이게 되었다. 툴루즈 백이 무력의 제공을 거부하였기 때문에 교황은 다른 곳에서 무력을 제공받아야 했다. 이노센트는 필립 존엄왕에게 군대를 이끌고 이단자들을 공격해달라고 요청하였으나, 필립은 영국왕 존과의 싸움에 완전히 매달려 있었으므로 다른 모험을 생각할 겨를이 없었다. 교황은 1205년과 1207년에 재차 요청을 하였으나 역시 성과는 없었다. 그 동안 남부 프랑스에서는 위기가 태동하였다. 1207년에 교황 사절 피에르 드 카스텔로는 툴루즈 백을 파문하였다. 다음 해에 피에르는 백의 한 부하에게 살해당했다. 레이몽 백이 직접 이를 지시한 증거는 없었지만, 교회는 당연히 이 사건이 그의 책임이라고 여겼다. 이노센트 3세는 즉각 백의 파문을 확정하고, 그의 신하들을 그에 대한 충성의 서약으로부터 해제하였다. 교황은 또다시 필립에게 토벌을 요청하였다.

필립 존엄왕은 난처한 입장에 직면하였다. 그 당시 존과의 싸움이 소강상태에 있어 어느 정도 병력을 빼낼 수는 있었다. 그러나 합당한 정도의 도발을 자행하지 않은 봉신을 공격한다는 것은 명백한 봉건관습의 위반이었고, 따라서 프랑스의 여타 대제후들을 자극시킬 위험이 있었다. 게다가 필립은 파문만으로 폐위의 충분한 이유가 된다는 원칙이 확립되는 것을 보고 싶지 않았다. 요컨대 프랑스왕은 정치적으로 현명치 못한 일인 줄 알면서도 툴루즈 백을 공격할 만큼 그렇게 교회에 헌신적이지 못했다. 필립은 무난하다고 여기는 안을 제시하였다. 교회가 레이몽을 이단으로 탄핵한다면, 필립은 그의 주군으로서 툴루즈 백에게 대한 보호를 철회하겠다. 그러나 레이몽은 이단자가 아니고 누구도 그가 이단임을 증명할 수 없다. 하지만 필립은 자기 봉신들이 십자군으로서 툴루즈를 공격하려 한다면 이를 막지는 않겠다는 것이었다. 이노센트는 이 정도로 만족할 수밖에 없었다. 그는 십자군을 제창하였고 북부 프랑스에서 상당수의 기사들이 모여 군대를 형성하였다. 랭스와 상스Sens 그리고 루앙의 세 대주교, 여섯 명의 주교, 부르군디 공, 네베르 백과 생 뽈St. Pol 백, 그리고 몽포르 라모리Montfort l'Amaury의 영주이자 영국의 레스터Leicester 백이었던 시몽 드 몽포르Simon de Monfort가 참여하였다영국에서 헨리 3세에게 대항하여 귀족 정치를 이끌었던 시몽 드 몽포르의 아버지임. p. 454; p. 463 참조-역주. 새로운 교황 사절 아놀드 아말릭Arnold Amalric의 총지휘 아래, 십자군은 1209년 초여름 남쪽으로 향했다.

7월에 십자군은 이단자들이 많이 있던 부유한 도시 베지에Béziers에 도달하였다. 7월 21일 베지에는 기습으로 함락되었고 그곳 주민은 모조리 학살당했다. 십자군이 성벽을 점령해가고 있을 때, 누군가가 베지에에 많은 선량한 가톨릭 교도가 살고 있다고 교황 사절에게 말했으나, 아놀드는 "모두 죽여! 하나님께선 누가 그의 자녀인지 아실 터이니까"라고 대답했을 뿐이었다. 7천 명의 사람이 한 교회로 피신했다가 살육되었다. 베지에의 비참한 운명은 그 지역 주민들의 마음속에 공포를 몰고 왔다. 레이몽 로제는 난공불락의 요새인 까르까손느를 싸우지도 않고 내주었고 그 자신 정당한 취급을 약속받고 포로가 되었다.

교황 사절은 곧 군대를 떠났다. 그는 나르본느의 대주교로 승진하였고 곧 그 도시 및 인근지역에 대한 세속적 지배권을 둘러싸고 십자군과 격렬하게 싸우게 되었다. 이제 십자군 총사령관은 시몽 드 몽포르가 맡게 되었다. 조상 대대로 몽포르가의 영지는 카페 왕조의 왕령지와 노르망디 공령의 경계 양쪽에 있었다. 직계인 에브르외Evreux 백들은 카페 왕가와 플란타지네트가의 싸움에서 후자를 지지함으로써 거의 모든 영지를 잃었다. 그러나 시몽은 필립 존엄왕을 지지하여 가령인 몽포르 라모리를 유지할 수 있었지만, 그의 부유한 영국의 레스터 백령은 차지할 수 없었다. 그러므로 그는 중소제후에 속하는 인물이었다. 그러나 그는 끝없는 야망을 지녔고 교회에 맹목적으로 헌신하였으며 군사적 능력이 대단하였다. 까르까손느를 내어주자마자, 레이몽 로제는 십자군의 감옥 속으로 사라졌다. 십자군의 지도자들은 즉각 시몽을 베지에 및 까르까손느의 자작으로 선출하였다. 그는 툴루즈 백령의 요새들을 차례차례 정복해 갔다. 이 정복에는 물론 이단자들 또는 적어도 이단의 혐의가 있는 사람들의 무자비한 학살이 수반되었다. 1212년 시몽은 툴루즈와 몽토방Montauban의 두 도시를 제외한 툴루즈 백령 전역을 장악하였다. 이 정복은 극히 보잘 것 없는 병력으로 이루어진 것이었다. 십자군의 주력부대는 최초의 몇몇 승리를 거둔 뒤 돌아갔고 시몽에게는 약간의 용병과 이단자들의 땅을 노리는 몇몇 모험가들밖에 없었다.

시몽 드 몽포르의 성공은 아라공왕이자 바르셀로나Barcelona 백이었던 페드로 2세Peter II; 1196~1213의 심기를 크게 건드렸다. 페드로는 몽펠리에Montpellier의 영주였고 프로방스 백의 주군이었다. 게다가 그는 툴루즈 백령의 일부인 (베지에 자작령을 포함하는) 나르본느 공령과 프와 및 코뮌Commines의 두 백령에 대한 종주권을 주장하고 있었다. 1213년, 그는 교황에게 시몽의 공격으로부터 그의 봉신들을 보호하는 데 지원을 해달라고 요청하였다. 그는 평화로운 방법으로는 아무것도 할 수 없음을 깨닫자, 군대를 모아 남부 프랑스로 진격하였다. 그는 시몽의 군대가 수비하고 있던 뮈레Muret 요새 앞에 진을 쳤다. 시몽은 즉각 모을 수 있는 한 많은 수의 군대—240명의 기사와 500명의 하급 기병mounted sergeants : 경무장으로 싸우는 기병-역주—를 소집하여, 서둘러 뮈레로 달려가서는, 부하를 성 안으로 들여보내 수비를 상화하도록 하였다. 그는 적인 페드로를 별로 높이 평가하지 않았다. 페드로는 마상시합과 예쁜 여자를 좋아하는 분방하고 분별없는 기사로 알려져 있었다. 시몽은 페드로의 시중꾼을 하나 생포하였는데, 그는 그 지역의 한 여인에게 왕의 원정이 오직 그녀에 대한 사랑을 위한 것이라고 쓴 페드로의 편지를 지니고 있었다. 시몽은 화냥년을 즐겁게 하기 위해 하나님에 대한 싸움을 선언한 자를 두려워할 필요가 있겠느냐고 부하들에게 반문하였다. 또 페드로와 함께 있던 툴루즈 백, 프와 백 그리고 코뮌 백은 언제나 정정당당한 전투를 기피하는 졸장부들로 조롱당했다.

시몽은 과감한 전략을 쓰기로 결정하였다. 그는 적진과 마주한 뮈레의 성문을 열고 성 안에 보병을 배치하도록 명령하였다. 그는 기병대와 함께 반대쪽 문 근처에 포진하였다. 그가 기대했던 대로, 아라공왕은 즉각 프와 백의 지휘 아래 한 부대를 보내 열린 성문으로 뚫고 들어가게 하였다. 나머지 부대는 이 공격 작전을 보면서 진영에 앉아있었다. 시몽과 그의 기병대는 반대쪽 문으로 뮈레를 빠져 나와 곧바로 아라공의 진영으로 짓쳐 들어갔다. 페드로와 그의 부하들은 전날 밤에 한껏 마셔대었기 때문에 아직 정신이 몽롱하였고 페드로 자신 말을 탈 수조차 없을 지경이었다. 더구나 그들은 전투대형을 이루지 않은 채 프와 백의 공격전을 보는 데 완전히 넋이 빠져 있었다. 시몽의 부대는 기습으로 적을 완전히 쉽게 제압하였다. 아라공왕은 싸움터에서 죽었고 세 명의 백은 상황이 너무 급박해지기 전에 재빨리 전속력으로 달아났다. 전투가 끝난 뒤 몇 시간 동안 시몽과 그의 부하들은 툴루즈 백을 도우러 왔다가 백이 패주하자 오도 가도 못하게 된 툴루즈 시민들을 살육하였다.

뮈레에서의 승리로 시몽은 툴루즈시를 제외한 전 툴루즈 백령을 실질적으로 장악하게 되었다. 1215년에는, 필립 존엄왕의 장남인 루이Louis가 이끄는 십자군이 툴루즈를 함락하여 시몽에게 넘겨주었다. 같은 해에 제4차 라테란 회의에서는 툴루즈 백령의 법적 소유권을 레이몽 6세로부터 박탈하였다. 레이몽은 그의 모든 영지를 잃었고 그의 어린 아들에겐 제국 내의 영지인 프로방스 후작령Marquisite of Provence만이 주어졌다. 분명 이러한 조치는 이노센트 3세의 바람과는 어긋나는 것이었다. 교황은 레이몽에게 좀더 관대한 처분이 있기를 바랐다. 교황은 언제든 어린 레이몽 7세가 자격이 있다고 인정되면 집안의 영지를 모두 되찾아야 할 것임을 암시하였다. 그러나 당분간은 시몽이 툴루즈 백이었다. 그의 성공은 오래 가지 못했다. 3년 뒤 뜰루즈시에서 반란이 일어났고 시몽은 뜰루즈시를 재함락하려다가 전사하였다. 그의 아들 아모리Amaury가 툴루즈 백령을 넘겨받았으나, 그는 현상유지도 못하였고 결국 그 봉토를 프랑스 왕에게 헌납하고 말았다. 레이몽 7세는 그의 상속인인 딸을 루이 9세의 동생인 쁘와뚜 백 알퐁스Alphonse에게 결혼시키는 대가를 치르고 마침내 툴루즈 백령을 되찾을 수 있었다. 알퐁스가 죽자 쁘와뚜와 뜰루즈는 왕령지로 편입되었다이처럼 알비 십자군의 결과 프랑스왕의 왕령지가 크게 늘어났고, 이는 왕권강화의 중요한 단계가 되었다. pp. 442~443 참조-역주.

알비 십자군은 그 목적을 이루었다. 이단을 보호하던 남부 프랑스의 귀족세력은 파괴되었고, 이단자들은 이제 교회에 의해 마음대로 처벌될 수 있었다. 이단을 끝장내기 위해 필요한 것은 이단자를 발견하여 재판에 회부하기 위한 효율적인 교회조직뿐이었다. 이는 종교재판소가 점차 형성·발전됨으로써 해결되었다.

12세기의 교회법에 따르면, 교회법정에 제소하는 데에는 대개 부주교가 맡는 재판장에 의한 제소와 개개인의 사적인 제소의 두 방법이 있었다. 이 체제는 이단자의 수가 많은 곳에서는 그리 효과적이지 못하였다. 부주교는 이단자 사냥에 몰두할 만큼 한가하지 못했고, 개개인은 이단자들에게 동정적이거나 보복을 두려워하였다. 1184년의 베로나Verona 공회의에서 주교들은 제각기 교구의 모든 이단 혐의자를 색출하여 심리하라는 명령을 받았으나, 주교들도 이 작업을 제대로 해낼 틈이 없었다. 곧 이단자를 색출하여 교회법정에 회부하는 전문가들이 나타나게 되었다. 그러나 남부 프랑스의 사제들은 이단자들을 처단하는 데 있어서 용기도 정열도 부족하였고, 이에 이노센트 3세는 피에르 드 카스텔로와 같은 사절을 파견하였다. 사절들은 원래 논의로써 이단자들을 설복하는 것이 목적이었으나, 그들을 체포·심리하는 권한도 지니고 있었다. 바로 이 권한이 알비 십자군으로 이단을 보호하던 세속 제후들이 제거된 뒤에 이단의 근절을 위해 사용되었던 것이었다. 1233년 교황 그레고리우스 9세1227~1241는 이러한 특수한 교황 사절을 정규적인 기구로 대체하였다. 프란체스코 수도회 및 도미닉 교단의 탁발승들이 이단자를 색출·심리하라는 명령을 받고 각 교구로 파견되었던 것이다. 이 종교재판관들은 모든 실질적인 면에서 현지 교회의 통제를 받지 않고 직접 교황에게 속하였다. 이리하여 전문적인 종교재판 기구 및 법정이 형성되었던 것이다.

종교재판소의 목적은 인간의 영혼을 이단으로부터 구해내는 동시에 이단의 전파를 저지하는 이중적인 것이었다. 그러한 값진 명분을 위해서는 어떤 방법이든 사용될 수 있다고 여겨졌다. 모든 선량한 가톨릭 교도는 이단자를 고발하도록 촉구받았다. 고발된 자는 체포되어 심문을 받았다. 혐의가 없음을 증명할 수 있으면 물론 석방되었다. 그러나 피의자는 고발자와 대면하도록 허용되지 않았고 심지어 고발자가 누구인지도 고지받지 못했으므로, 무혐의를 증명하기란 어려운 일이었다. 이러한 정책은 고발자를 보호하기 위해 필요하다고 여겨졌다. 심문의 주된 목적은 자백을 받아내는 것이었다. 자백을 한 피의자는 속죄를 하게 되는데, 속죄의 내용은 순례, 대개 교회 안에서의 공개적인 태형, 십자가와 같은 표지의 부착, 또는 투옥 등이었다. 자백한 이단자는 또한 모든 재산을 몰수당했다. 대개 몰수된 재산은 왕 또는 다른 제후와 교회가 나누어 가졌으나 프랑스에서는 곧 왕이 전부를 차지하게 되었다. 이 때문에 종교재판에 대한 왕의 관심이 크게 증대되었다.

피의자가 무혐의를 증명하지도 못하면서 자백하기를 거부하는 경우에는 고문이 마음껏 자행되었다. 법에 따르면, 고문은 한 번만 행할 수 있었고 자백은 자의에 의한 것이어야 했다. 이러한 제한은 고문을 "반복"하는 대신 오래 "계속"하고, 고문에 못 이겨 자백한 자로 하여금 뒤에 자백을 확인토록 함으로써 극복되었다. 피의자가 완강하게 자백을 거부하고 회유와 고문을 모두 이겨내는 경우, 그는 사형이나 수족 절단형에 처하지 말라는 요청과 함께 세속 정부에 이첩되었다. 그러나 세속 정부가 이 요청을 무시하고 피의자를 화형시키는 것이 상식으로 되어 있었다. 자백하여 속죄한 뒤 다시 이단에 빠진 자는 누구든 즉각 세속 정부로 이첩되었다.

정의와 인간성에 대한 오늘날의 관점에서 볼 때, 종교재판은 극도로 잔인하고 너무나 부당한 것으로 여겨진다. 그러나 우리는 구원에 이르는 길은 오로지 하나뿐이라는 믿음이 통용되지 않는 시대에 살고 있음을 염두에 두어야 한다. 이단을 범죄라거나 사회에 위협적인 요소라고 여기는 사람은 오늘날 거의 없다. 하지만 중세인들에게는 이야말로 하나님 자체를 배반하는 짓으로서 가장 무거운 죄였다. 더구나, 이단은 인간의 영혼을 파멸시키는 전염병이었다. 마마에 걸려 있다고 여겨지는 사람을 격리시키지 않은 의사에겐, 그의 진단이 전혀 확실하지 않다고 해도, 우리는 결코 신뢰를 보낼 수 없을 것이다. 이단의 혐의가 있는 사람에 대한 중세인들의 기피는 이보다 더욱 심각한 것이었다. 무서운 질병이 퍼지도록 놔두기 보다는 약간의 무고한 자를 처벌하는 것이 훨씬 나았던 것이다. 일부 종교재판관들이 탐욕과 복수심으로 또 심지어는 정치적 고려로 형평을 잃은 판결을 내린 것은 부정할 수 없지만, 종교재판의 목적은 정직한 것이었고 그 담당자들은 대개 좀 광신적일 정도로 헌신적이었다. 하지만 종교재판은 고문과 자백, 그리고 세속 정부로 이첩에 관한 자체의 규정과 원칙을 스스로 위배한 위선적인 점에서는 변명할 여지가 별로 없다. 교회는 그 자체의 정의 관념을 지키지 않았던 것이다. 요컨대, 정직한 역사가는 당시의 환경에 비추어 볼 때 이해할만한 것이었다고 확신하게 되더라도 종교재판을 죄악이라고 평가할 수밖에 없을 것이다.

48. 프란체스코 수도회와 도미닉 교단

이단을 나타나게 한 바로 그 종교적 열정은 다른 한편으로는 이단 탄압과 교회조직의 강화에서 큰 역할을 하게 될 두 교단을 나타나게 하였다. 사실상 프란체스코 수도회의 기원과 초기 발전과정은 왈도파의 그것과 거의 똑같았다. 성 프란체스코St. Francis; 1182~1226는 아시시Assisi에서 부상富商의 아들로 태어났다. 그는 궁정적 사랑의 노래를 즐겨 부르고, 아시시와 그 이웃들 사이의 끊임없는 국지적 전쟁에 뛰어들어 싸움을 즐기던 쾌활한 젊은이였다. 그러다가 그는 한 전투에서 생포·투옥되어 병에 걸리게 된다. 이를 기회로 그의 마음은 좀더 진지한 문제에 쏠리게 되었다. 1206년의 어느 날 그는 아시시 교외의 황폐한 성 다미아니 교회에서 기도를 하다가 제단 위에 그려진 십자가상으로부터 신의 계시를 들었다. "프란체스코야, 가서 나의 교회를 세우거라"라는 이 계시를 그는 곧이곧대로 받아들였다. 그는 아버지의 가게에서 물건을 빼내어 그것을 판매한 대금을 교회의 보수를 위해 사제에게 기증하였다. 아버지가 그의 행위를 이해하지 못하자, 프란체스코는 집을 나왔다.

잠시 그는 손수 황폐해진 교회들을 손질하며 방랑하였다. 이 시절은 혼란과 방황의 시기였다. 프란체스코는 모종의 신성한 봉사에 부름 받았음을 확신하였으나, 그의 정확한 소명이 무엇인지는 알지 못했던 것이다. 그러던 어느 날 그는 한 사제가 마태오복음의 한 구절을 읽는 소리에 귀가 번쩍 띄었다. "가서, '하늘나라가 다가 왔다… 너희가 거저 받았으니, 거저 주어라. 돈주머니에 금이나 은이나 동전을 넣어 가지고 다니지 말 것이며, 식량자루나 여벌 옷이나 신이나 지팡이도 가지고 다니지 말라…'고 가르치거라."마태오 10:9~10-역주 그는 "바로 이거다, 이 일을 온 마음으로 하겠다"고 외쳤다. 그때부터, 그는 회개와 사도적 생활의 덕을 설교하며 방랑하기 시작하였다. 매일매일 그는 노동으로 생계유지에 필요한 만큼의 음식을 얻으려 하였다. 일거리가 없으면 시주를 받았다. 그는 돈을 가지고 다니지 않았으며, 그날그날 필요한 만큼 이외에는 음식을 받지 않았다. 프란체스코는 쾌활하고 소박하며, 다른 사람의 불행을 진정 온 마음으로 동정하는 매우 매력적인 인물이었다. 사람들은 그를 사랑하였고 그에게 감화되었다. 그는 곧 약간의 추종자를 거느리게 되었고, 그들에게 간단한 몇 가지 계율을 정해주었다. 이 계율이 수도원의 통상적인 계율과 근본적으로 다른 점은 절대적인 청빈을 강조한 데 있었다. 수도승들은 언제나 개인적인 청빈을 서약했으나 수도원은 아주 부유해질 수 있었다. 프란체스코는 그의 탁발승들에게 개인적으로나 공동으로나 어떤 종류의 재산이든 소유하지 못하게 하였다. 그들은 손수 노동을 하거나 구걸을 하여 살아가야 했다. 그들은 돈을 가지거나 심지어는 돈에 손을 대는 것조차 금지되었다. 탁발승은 속세를 떠나 수도원에 은둔하는 것이 아니라, 떠돌아다니며 가난한 자를 돕고 설교를 하면서 중생 속에서 살아가도록 되어 있었다. 프란체스코는 특히 나병환자를 보살피는 데 헌신하였다.

프란체스코는 모든 형태의 자연—새, 동물, 꽃, 해. 그리고 바람 등—에 대해 보기 드물 정도로 깊은 애착을 느꼈다. 야수들에 대한 그의 사랑과 그들을 길들이는 능력에 관련하여 수많은 일화가 생겨났다. 프란체스코의 이러한 측면은 오늘날 지나칠 정도로 많은 감상적인 글들을 낳았고 대개 호감이 가는 기벽으로만 기억되고 있다. 그러나 이는 프란체스코의 경력 가운데 많은 측면을 간과하게 한다. 그 당시 교회에 가장 심각한 위협이 되었던 이단들은 자연의 피조물들이 본질적으로 사악하다고 가르친다. 학식 있는 사람은 논리적으로 이 교리를 논박할 수 있었겠지만, 프란체스코는 가장 깊이 있는 감정적 체험의 차원에서 일반 민중에게 이 교리가 옳지 않음을 보여주었던 것이다. 그는 하나님께서 이 세상을 아름답게 창조하셨다고 믿었으며, 이러한 믿음을 다른 사람에게 전할 수 있을 만큼 자비로운 마음과 말재간을 갖고 있었다. 모든 피조물에게 창조자이신 하나님을 찬미하라고 권하는 내용의 ≪태양의 찬가*Canticle of the Sun*≫는 이탈리아 속어시vernacular poetry의 초기 걸작 가운데 하나이다.

프란체스코는 그의 탁발승들을 세세한 규칙에 얽매이게 하지 않으려 하였다. 하루하루는 자발적으로 자유롭게 살아가야 하는 것이었다. 그가 짜맞춘 첫 "계율"은 복음 전도의 의무와 청빈의 덕을 강조한 성서의 가르침들을 모아놓은 것에 지나지 않았다. 1210년, 프란체스코는 로마로 가서 이노센트 3세에게 이 이례적인 계율의 인가를 요청하였다. 이때가 프란체스코 수도회의 역사에서 결정적인 전환점이었다. 그들은 피에르 왈도가 교황에게 갔을 당시의 왈도파와 거의 똑같은 입장에 있었다. 프란체스코 수도회로 하여금 가톨릭 교회 내에서 큰 교단으로 성장할 수 있게 만든 한 가지 본질적인 차이점은 프란체스코가 동시대의 이단들이 공통되게 거부하였던 교회의 두 측면—사제의 직과 성체 성사—에 특별히 헌신적이었다는 것이었다. 어쨌든, 교황은 아주 난처하였다. 그 계율은 너무나도 모호하였다. 프란체스코와 그의 추종자들은 어째서 조용히 기존 수도원 교단에 편입해 들어갈 수 없다는 것인가? 그러나 한 추기경이 교회는 논리상 그리스도가 가르치신 생활방식에 대한 인가를 거부하기 힘들다는 사실을 지적하였다. 이노센트 자신도 아마 왈도파의 경우를 기억하여, 새로운 이단 교파를 탄생시키는 결과를 빚지 않을까 저어하였을 것이다. 결국 그는 현명하게도 누더기를 걸친 이 아시시 출신 설교가가 곤란한 요청을 해오긴 했지만, 아주 특별한 자질을 갖추고 있음을 알아차렸다. 그는 구두로 계율을 인가하고 설교를 허락하였다.

프란체스코 수도회는 급속히 성장하였다. 그들의 본부는 아시시의 뽀르티운클라Portiuncla 교회 주변에 모여 있던 한 무리의 오두막이었으나, 그들은 이탈리아 전역을 떠돌아 다녔다. 1217년에는 알프스 이북과 튀니스Tunis 및 시리아에까지 선교사가 파견되었다. 1219년에는 더 대규모의 선교단이 프랑스와 독일, 헝가리, 그리고 스페인으로 향했다. 이들 최초의 프란체스코 수도회 선교사들은 그들의 생활방식으로 말미암아 대개의 경우 이단으로 받아들여졌기 때문에 많은 어려움을 겪었다. 프란체스코 자신은 십자군과 함께 다미에타Damietta로 갔다가, 이집트 술탄의 궁정에까지 진출하여 술탄에게 설교하였다. 다음에 그는 팔레스타인으로 건너갔다. 그러나 1220년, 그의 추종자들이 계율을 개정하려는 기미를 보이고 있다는 꺼림칙한 소식을 받고 그는 이탈리아로 되돌아갔다.

프란체스코가 제시한 이상에는 어떤 종류이든 개정을 불가피하게 하는 자기모순이 있었다. 프란체스코는 조직을 불신하였으나, 아주 작은 집단만이 조직 없이 지탱할 수 있는 법인데도 그의 교단이 팽창하는 것을 그냥 내버려 두었던 것이다. 1210년의 첫 계율은 프란체스코가 직접 지도·편달할 수 있을 만큼 교단의 규모가 작았을 때에는 전혀 무리가 없었으나, 기독교 세계 전역에 수천 명이 흩어져 활동하게 되자 아주 부적당한 것이 되었다. 처음부터 프란체스코는 겸손의 징표로서 절대적 복종의 덕을 강조하였으나 정규적인 위계질서는 전혀 마련해 놓지 않았다. 탁발승들은 도대체 누구에게 복종해야 하는지 알 수가 없었다. 한편, 프란체스코는 탁발승들이 정통 가톨릭으로서 설교하길 바랐지만 그들이 신학교에서 공부하는 것은 원치 않았다. 그러나 그들은 이단에 맞서 가톨릭의 입장을 견지하기 위해서는 신학적 소양을 필요로 했으며, 이는 눌러 앉아 책을 접할 수 있게 해줄 영구정착지를 요하는 것이었다. 끝으로 프란체스코는 추종자들이 특권과 정신적 권위를 가져서는 안 된다고 굳게 믿었다. 그들은 설교와 모범적 행위로 사람들의 마음을 돌려놓아야 하며, 그들을 주교들의 통제권으로부터 제외시키는 특허장을 로마로부터 얻어내서는 안 된다는 것이었다. 그러나 탁발승들에게 설교를 허락하지 않을 가능성이 가장 큰 세속적이고 오만한 자들이 주교로 앉아 있는 지역은 바로 복음 전도가 가장 필요한 지역이었던 것이다.

프란체스코는 초기의 소박함이 깨어지는 것에 실망하여, 1220년에 이탈리아로 돌아온 뒤에는 직접적인 교단 운영을 그만 두었다. 그는 새 계율의 작성에 전념하였으나, 그 초안은 지도적인 탁발승들에 의해 아직 너무 모호하다고 비판받았다. 1223년에 프란체스코는 두 번째의 개정 계율을 내놓았는데, 이는 교황에 의해 인가되어 프란체스코 수도회의 항구적인 공식계율이 되었다. 그것은 절대적 청빈의 의무를 재확인하였으나, 정규적인 위계질서를 마련한 것이었다. 끝으로 프란체스코는 죽어가면서 청빈과 소박 그리고 겸손에 관한 그의 이상을 담은 유언장을 구술하였다.

1226년에 프란체스코가 죽은 뒤 일련의 변화가 있었다. 1230년의 교황 칙서로 탁발승들의 후견인들은 각 지역에서 교단을 대신하여 재산을 소유하고 돈을 기증받을 수 있게 되었다. 각 지역의 프란체스코회 상위자는 "필요한 경우" 그 후견인에게 자금을 요청할 수 있었다. 1245년의 교황 칙서는 이 규정의 "필요한 경우"란 말을 "형편에 따라"로 바꾸었다. 이 칙서는 또한 교단이 점유하고 있는 모든 건물의 법적 소유권을 교황에게 귀속시켰다. 1220년대부터, 프란체스코회 수사들은 정규적으로 대학에서 공부하였다. 1254년에 교황 알렉산더 4세는 그들에게 주교의 허락 없이 어떤 교구에서도 설교하고 고해를 받을 수 있는 특권을 양보하였다. 이는 1300년에 수정되었는데, 이때 최종 결정된 규정에 의하면 탁발승은 고해를 받으려면 주교로부터 허락을 얻어야 하지만, 각 주교는 교구의 인구에 비례하여 일정한 수의 고해 허가를 내주어야 하도록 되어 있었다. 오늘날 역사가들은 이러한 모든 변화들이 과연 필요하고 또 정당한 것이었는가에 대해 의견을 달리하고 있다. 그런 변화를 불가피한 적응으로 보는 견해가 있는가 하면, 고귀한 이상의 타락으로 보는 견해도 있다. 이런 변화들은 대부분 프란체스코 수도회의 탁발승들이 자청하여 교단의 대다수로부터 재가를 받은 것이었다. 그러나 모든 적응과 타협을 성 프란체스코의 이상에 대한 배반으로 배격하는 일부 과격파도 언제나 있었다. 이 "정통파Spiritual Franciscans"는 중세 말에 교황에 대해 가장 격렬하고 웅변적인 비판을 가하게 되었다pp. 537~538 참조.

또 하나의 커다란 탁발승단인 도미닉 교단의 개조開祖 성 도미닉St. Dominic; 1170~1221은 프란체스코와 아주 다른 성격의 인물이었다. 그는 행정과 입법에 뛰어난 능력을 타고난 지식인이었다. 그는 까스띨랴에서 태어나 사제가 되었다. 1205년에 그와 그의 주교는 이노센트 3세를 알현하고 아시아의 타르타르인에게 선교사로 파견시켜줄 것을 요청하였다. 이노센트는 가까운 곳의 일이 더 급박하다고 판단하여 그들을 알비파에게 설교하도록 남부 프랑스로 파견하였다. 거기에서 그들은 사도적 생활을 하는 학식 있는 자로 하여금 이단자들을 설복시키는 것이 이단을 물리치는 가장 좋은 방법이라고 믿게 되었다. 도미닉은 이 생각을 실행할 교단을 창설하기로 마음먹었다. 그는 1215년에 제4차 라테란 회의에 나타나 설교에 헌신할 탁발승단의 설립에 대한 교황의 허가를 요청하였다. 회의에서는 바로 직전에 새로운 교단의 설립을 금하는 법령을 통과시켰으므로, 교황은 아주 모호해서 어떤 유형의 교회조직에도 적용될 수 있는 성 아우구스티누스의 계율을 채택하라고 도미닉에게 제안하였다. 이리하여 도미닉 탁발승단이 설립되었는데, 도미닉 교단의 탁발승은 회색옷 탁발승Grey Friars이라 불리던 프란체스코 수사들과 구별하여 검정옷 탁발승Black Friars이라 불리었다.

도미닉 교단의 계율은 물론 청빈한 생활을 규정하고 있었으나 프란체스코만큼 청빈의 덕을 강조하지는 않았다. 육체노동과 나환자 봉사 등에 대한 프란체스코의 강조는 도미닉의 계획에 들어 있지도 않았다. 도미닉 교단의 주된 기능은 설교였으며, 이를 위해 탁발승들은 신학적 소양을 충분히 쌓아야 했다. 도미닉 교단은 소속된 탁발승들을 교육시키기 위해 여러 등급의 학교를 설립하였다. 탁발승은 교양학부studium artium에서 2년, 자연학부studium naturalium에서 3년을 배운 다음에야 최고학부인 신학부studium theologiae로 진급할 수 있었다. 신학부 학교들 가운데 가장 중요한 몇몇 곳은 교단 전체로부터 학생들을 뽑고 대개 대학과 연계를 맺고 있었기 때문에 "종합학교general schools"라 불리었다.

도미닉 계율은 두 가지 특징을 지니고 있었다. 하나는 지적인 연구를 강조하는 것이었다. 계율에 따르면 지적 연구가 다른 어떤 것보다 우선되어야 했다. 다른 하나는 교단을 교묘하고 치밀한 대의제적 구조로 조직하고 있다는 점이었다. 도미닉 교단은 여러 교구province로 나뉘어 각 교구는 교구장provincial prior에 의해 관할되었고, 교단 전체는 총교구장master-general이 관할하였다. 이러한 행정관은 대개의 기존 교단들과 마찬가지로 교단 구성원에 의해 선출되었다. 그러나 도미닉 교단에만 특유하게도 주요 교구마다 탁발승 회의가 딸려 있어 그 동의가 없이는 입법을 할 수 없게 되어 있었다. 이러한 교구회의는 교구의 모든 도미닉 수도원장과 각 수도원에서 선출된 대표들로 구성되었다. 전 교단의 총회의는 3년을 주기로 첫해에는 모든 교구장이, 다음 두 해에는 각 교구에서 선출된 대표들이 교구장들 없이 모이는 것으로 이루어졌다. 교단의 입법은 연이은 세 번의 총회의에서 이루어졌다. 모든 관직은 총교구장을 빼고는 전부 일정한 임기로 선출되었다. 총교구장은 종신직이었으나, 부당행위를 한 경우에는 총회의의 의결로 축출될 수 있도록 단서가 붙어 있었다.

도미닉 교단과 프란체스코 수도회 이외에도 13세기에는 대부분 소규모이고 생명도 짧긴 했지만 많은 탁발승단이 설립되었다. 이들 가운데 계속 중요한 위치를 유지할 수 있었던 것은 둘밖에 없었다. 1155년에 한 프랑스 사제가 까르멜 산Mount Carmel 위에 은자의 교단을 설립하였다팔레스타인에 있는 까르멜산에서 살던 은자들로 이루어짐. 창설자는 성 베르톨드St. Berthold로 추정, 원래 이름은 'Brothers of the Blessed Virgin Mary of Mount Carmel'이었다-역주. 1238년에 그들은 팔레스타인으로부터 키프로스와 시칠리아 그리고 남부 프랑스로 이동하였다. 1241년에 그들은 영국에 상륙하였다. 1247년에는 이 교단의 계율이 두 도미닉 탁발승의 도움으로 개정되었다. 그들은 이제 은둔생활을 청산하여 공동체를 이루어 살기 시작했고, 도시에 수도원을 가질 수 있도록 허락받았으며, 걸식과 설교 그리고 고해의 청문을 할 수 있게 되었다. 1274년의 리옹 회의는 그들을 정규 탁발승단으로 인정하였다. 그들은 까르멜회 수사Carmelite 또는 흰옷 탁발승White Friars이라 불리었고, 그들의 목적 및 역할은 도미닉 탁발승들의 그것과 비슷하였다. 성 아우구스티누스 교단의 은자 탁발승단the Friars Hermits of the Order of St. Augustine 또는 오스틴 탁발승단Austin Friars이라 불리었던 또 다른 교단은 여러 집단의 이탈리아 은자들 및 탁발승들을 한 교단으로 모은 것이었다성 아우구스티누스를 정신적 개조開祖로 숭앙하는 교단이지만 수사 사제단과는 달리 은자적 생활을 꾸려나갔다-역주. 1274년, 리옹 회의는 오스틴 탁발승단을 정규 탁발승단으로 공인하였다.

탁발승은 교회에서 극히 중요한 요소였다. 아마 그들이 13세기에 맡았던 가장 중요한 역할은 교회의 정신적·지적 권위를 이단자들의 공격으로부터 지켜낸 것이었을 게다. 그러나 기독교 세계에서 이단과 맞서 싸우는 한편, 탁발승들은 그 밖의 이교도 지역에 널리 선교사를 보내기도 하였다. 13세기 중엽에 중앙아시아에서 도래한 몽고족이 바빌로니아를 정복하고, 시리아와 팔레스타인 그리고 이집트를 위협하였다. 우연히 교황과 프랑스왕 루이 9세는 몽고족과 기독교도가 연합하여 회교도에게 맞설 수 있지 않을까 하는 생각을 똑같이 하게 되었다. 두 사람은 각각 카라코룸Karakorum에 있는 칸Khan의 궁정에 프란체스코회 수사를 파견하였다. 두 수사는 회교보다는 기독교에 더 호감을 지니고 있던 아량 넓은 칸에게 융숭한 대접을 받았다. 몽고족이 일련의 전투에서 이집트의 술탄에게 패퇴당했으므로 연합 계획은 결코 성사되지 못했으나, 탁발승들은 몽고 제국에 튼튼한 발판을 마련하게 되었다. 한 무리의 프란체스코회 탁발승들은 중국으로 들어가 몽고제국이 1368년에 멸망할 때까지 활발한 선교사업을 벌였다. 몽떼 코르비노의 요한John of Monte Corvino은 1289년에서 1328년까지 중국에서 활동하여 북경Pekin 대주교가 되었다. 도미닉 탁발승들도 아시아에서 활발한 전도활동을 벌였다. 1318년에 교황은 아시아를 둘로 나누어, 북부 아시아에서의 모든 전도활동은 프란체스코 수도회에, 아르메니아와 페르시아 그리고 인디아에서의 전도활동은 도미닉 교단에게 일임시켰다.

탁발승들이 서유럽 전역에서 일상적으로 수행했던 역할 또한, 그들의 특수한 역할에 비해 눈에 확 뜨이지는 않지만, 매우 중요하였다. 제4차 라테란 회의에서 모든 기독교도는 1년에 적어도 한번 고해를 해야 한다고 규정되긴 했지만, 교구 사제들은 수적으로나 학식으로나 이 법령을 제대로 실행하기엔 부족하였다. 탁발승들은 곳곳을 돌아다니며 고해를 받고 설교를 함으로써 이 문제를 해결해 주었다. 그들은 또한 사제가 하게 되어있는 장례식과 같은 다른 일도 수행하였다. 하지만, 그들은 이런 식으로 분명 유용한 존재가 되긴 하였으나, 바로 그 때문에 당연히 각지 사제들의 질시를 받게 되었다. 시줏돈과 사례금을 둘러싸고 끊임없이 꼴사나운 다툼이 벌어졌다. 게다가 탁발승의 입장은 분명 악용될 여지가 많았다. 죄인은 당연히 그에 대해 너무나 잘 알고 있을 교구 사제보다는 그의 과거를 전혀 모르고 다음날이면 다른 곳으로 떠나갈 탁발승에게 고해를 하려 했다. 그리고 탁발승은 많은 시줏돈을 받는 대신 속죄의 고행을 가볍게 해주려는 유혹에 빠지기 쉬웠다. 탁발승들은 여전히 떠돌아다닐 때는 문전걸식을 하였으나 교단 건물에 거처하고 있을 때는 안락하게 심지어는 사치스럽게 살고 있었다. 초서Chaucer의 ≪캔터베리 이야기*Canterbury Tales*≫만 읽어봐도 14세기 말에 탁발승들을 겨냥하여 어떤 비난들이 있었는지 아주 생생하게 알 수 있다. 탁발승들은 농촌에서 못지않게 대학에서도 재속 사제들과 격렬한 싸움을 벌였고, 교황의 변함없는 지지에 힘입어 겨우 대학에서 쫓겨나지 않을 수 있었다. 어디에서건 재속 사제들은 신자들의 시주와 사례금이 그들과 탁발승 모두를 먹여 살리기에는 부족하다고 느꼈다. 한편, 속죄 고행 제도의 급속한 발전은 탁발승들의 노력에 크게 힘입은 것이었다. 13세기 중엽에 교황의 재가를 받은 공인 고해안내서는 도미닉 교단 탁발승인 레이몽 드 뻬나포르Raymond de Penafort의 작품이었다. 그리고 그 당시의 지성사를 대충만 훑어보아도 탁발승들이 대학에서 수행했던 중요한 역할을 엿볼 수 있을 것이다.

탁발승들에 대한 교황의 편애는 이해하기 어렵지 않다. 교회 전체에 대한 교황의 권한이 크게 증대했음에도 지방 사제에 대한 교황의 통제에는 여전히 한계가 있었는데, 바로 탁발승들이 교황 직속의 고도로 조직된 대부대를 이루었던 것이다. 각 교단에 대의체 격인 총회의가 있긴 했지만 각 교단의 행정권은 한 사람에게 주어졌고 그 사람은 교황에게 직접 복속되어 있었다. 그리하여 탁발승단은 교황권을 크게 강화시키게 되었다.

제16장 중세 정부의 발전

13세기에는 교황권뿐만 아니라 유럽 여러 지역의 세속 왕권도 강화되고 있었다(하나의 중요한 예외는 독일 제국이었다). 교역의 부활, 도시의 발전, 그리고 교환경제의 재출현 등이 통치기구의 발전에 큰 영향을 미쳤다. 왕들은 적어도 일부는 징세에 의한 현금수입을 갖게 되었고, 따라서 관리와 군대를 고용할 수 있었다. 왕들의 활동은 더 이상 봉신들의 봉사에 의존하지 않았다. 정치무대는 중산계급이 독자적인 욕망과 야심 그리고 사회경제적 이해관계를 지니고 출현함으로써 복잡해졌다. 왕과 귀족과 농민이 모두 토지 생산물로 살아가던 비교적 소박한 세계는 이제 사라져 버렸다.

이 시대에 서유럽의 세 대국인 영국과 프랑스 그리고 제국의 정치적 양상이 전반적으로 복잡해지면서, 적어도 500여 년 동안 지속될 정치제도가 발전하였다. 18세기 유럽을 연구하는 사람은 11세기의 여러 제도에서는 친숙한 것을 거의 찾아볼 수 없겠지만, 1300년경의 제도에서는 18세기 제도의 씨앗을 찾아볼 수 있을 것이다. 13세기에 이 세 나라가 겪은 발전과정은 한결같지 않았다. 11세기에 가장 강력했던 제국은 가장 약한 나라가 되었고, 가장 약했던 카페 왕조의 프랑스는 가장 강력한 나라로 탈바꿈하였다. 이 시대는 성장과 변화 그리고 정치적 격변의 시대였다.

49. 호엔슈타우펜 왕조의 제국

교황 이노센트 3세의 도움으로 제위에 오른 프리드리히 2세Frederick II; 1215~1250는 교황의 가장 위협적인 적으로 탈바꿈하였다. 그는 혈통상 반은 시칠리아인이었고 취향으로는 더욱 그러했다. 그에게 독일은 늪과 숲이 너무 많고 춥고

습하며 음침한 고장일 뿐이었다. 그는 1220년까지 독일에 머물렀으나, 그것은 가능한 한 신경을 쓰지 않을 수 있도록 독일을 재편하기 위한 것이었을 뿐이며, 독일을 떠난 뒤에는 잠깐씩 들르는 것에 그쳤다. 독일을 재편하는 가운데 그는 할아버지의 전반적인 정책을 훨씬 더 일관되게—오히려 지나칠 정도로—따랐다pp. 387~393 참조. 그는 제후들에게 그들이 요구한 실로 모든 것을 주었다. 제후들의 봉토는 완전히 세습화되었으며, 제후들은 완전한 사법권을 부여받았다. 왕은 제후들의 영지에 그들의 동의 없이는 요새를 세우거나 과세하지 않겠다고 약속하였다. 그는 심지어 왕권의 마지막 보루인 독일의 도시들마저 제후들에게 넘겨주었다. 몇 년 뒤, 그의 장남인 하인리히가 독일왕으로서 이 정책을 수정하여 왕권의 완전한 해체를 막으려 하였을 때, 프리드리히는 제후들의 편을 들었고 하인리히는 아버지의 감옥에서 죽었다. 말할 것도 없이 이러한 조처는 제후들을 진정시키는 데에만 성공적이었다. 제후들은 프리드리히로부터 모든 것을 다 얻어내자, 그의 이해관계에 전혀 무관심하게 되었고 그의 이탈리아 원정에 대한 지원을 거침없이 거부하였다.

프리드리히 2세는 당대 사람들의 상상력을 사로잡은 남다른 인물이었고, 뒷날의 작가들 역시 그에게 매료되었다. 그는 교양과 학식이 높았고, 시인들의 후견인이자 그 자신 시인이었다. 그는 이슬람 문화에 깊이 물들어 있던 시칠리아 왕궁에서 자라났다. 그가 이슬람 미녀들이 득시글거리는 후궁을 가지고 있다는 소문도 떠돌았다. 그가 교회에 대해 적의를 품고 있었다는 말은 과장된 것이었겠지만, 그가 당시의 대다수 왕들에 비해 크게 신앙심이 뒤떨어져 있었음은 분명하다. 사제 또는 심지어는 교황의 권위에도 그는 거의 외경심을 품지 않았고 전혀 거리낌 없이 이슬람 군주들과 친분을 맺었다. 요컨대, 그는 그가 다른 나라의 왕이었더라도 교황에게 결코 달가울 수 없는 유형의 군주였다. 1220년에 이탈리아를 시칠리아 왕국이 지배하는 중앙집권적 국가로 통일하겠다는 결심으로 독일을 떠나는 그 순간부터, 그는 교황의 철천지원수가 되었다.

이노센트 3세의 뒤를 이은 호노리우스 3세Honorius III; 1216~1227는 온화한 성격의 교황이었다. 프리드리히는 십자군에 참가하고 프리드리히 바르바로사의 치세 이래로 황제의 수중에 들어와 있었던 일부 교황령을 되돌려주겠다고 약속함으로써, 신임 교황의 환심을 샀다. 결코 이행할 생각 없이 내던진 프리드리히의 이러한 약속에 혹한 호노리우스는 시칠리아를 양도받지도 않은 상태에서 프리드리히에게 제관을 씌우는 큰 실수를 저질렀다. 이에 프리드리히는 모든 정력을 시칠리아 왕국과 중부 이탈리아에서 그의 권력을 확보하는 데 쏟았다. 중부 이탈리아에서 그는 할아버지와 아버지가 자리에 앉힌 독일인 관리들을 훨씬 더 평판이 나쁜 시칠리아인으로 대체하였다. 온화한 호노리우스도 그의 치세가 끝나가면서는 프리드리히 2세에게 참을 수 없게 되었다. 다음 교황인 그레고리우스 9세Gregory IX; 1227~1241는 불같은 성격으로서 교황의 권리가 조금이라도 침해되는 것을 용납하지 않으려 하였으며, 교황이 되자마자 십자군에 참가하겠다는 서약을 어겼다는 이유로 프리드리히를 파문하였다.

교황에겐 분통터지게도, 프리드리히는 교회와 화해하려 하지 않고 곧 성지로 떠났다. 이 십자군은 기묘한 것이 되어 버렸다. 예루살렘에 도착한 프리드리히는 파문당했다는 이유로 그곳의 총주교로부터 격렬한 비난을 받았다. 그러나 프리드리히는 이에 동요하지 않고, 예루살렘을 장악하고 있던 이집트의 술탄과 계속 협상하면서 군대를 팔레스타인으로 진격시켰다. 마침내 술탄은 프리드리히의 끈질김에 지쳐 협약을 맺게 되었다. 프리드리히는 예루살렘과 베들레헴, 나자렛Nazareth, 그리고 그 밖의 몇몇 도시—요컨대, 성시聖市와 그에 이르는 넓은 회랑—를 차지하게 되었다. 기독교도와 회교도는 모두 예루살렘에서 종교의 자유를 누리게 되었고, 프리드리히는 술탄이나 술탄의 영토를 공격하는 십자군에 지원하지 않기로 약속하였다. 이 협약은 총주교를 경악시켰다. 프리드리히가 예루살렘에 입성하자마자 예루살렘에는 성사금지령이 내려졌다. 뒤이어 곧 프리드리히는 교황의 군대가 그의 이탈리아 영토를 침입하고 있다는 소식을 들었다. 프리드리히는 서둘러 귀국하였고 이로써 그 어처구니없는 희극은 끝났다. 그러나 프리드리히가 근래의 다른 십자군보다 더 큰 성과를 거두었다는 사실은 마땅히 기억되어야 한다. 그는 예루살렘을 수복했던 것이다.

이탈리아로 돌아온 프리드리히는 어렵지 않게 교황군을 물리쳐, 그레고리우스는 1230년에 화약을 맺지 않을 수 없었다. 다음 해는 프리드리히의 치세에서 결정적으로 중요한 해였다. 시칠리아에서 그는 멜피Melfi에서 대회의를 열어 왕국의 새로운 법전을 선포케 하였다. 이는 최고 법 제정자이자 재판관으로서의 왕의 절대권을 크게 강조하고, 봉건귀족과 도시민의 특권을 심각하게 축소시키며, 모든 주요한 민 · 형사 사건을 왕의 법정에 회부토록 한 것이었다. 시칠리아는 11개의 주로 나뉘어, 각각 형사문제에 대해서는 검찰관justiciar, 민사 문제에 대해서는 지사chamberlain에 의해 통치되었다. 황제가 임명하는 이들 지방관리는 관료들이 포진해 있는 중앙정부의 감독을 받았다. 이 체제는 이따금 근대적 절대국가의 첫 원형으로 간주되어 왔다. 그러나 그에는 진보적인 측면도 있었다. 프리드리히는 교역의 발전에 큰 관심을 보였고 관세를 인하하였다. 다른 세금은 높았으나 모든 계급에 공평하게 부과되었다. 이따금 대의체가 소집되어, 도시들이 파견한 대표들이 귀족 및 고위성직자들과 한 자리에 모여서 왕에게 조언을 하였다.

멜피 헌장the Constitutions of Melfi이 선포된 같은 해에, 프리드리히는 라베나 회의Diet at Ravenna를 소집하여 롬바르디 도시들에 대해서도 비슷한 중앙집권적 통치를 펴겠다고 선언하였다. 역시 같은 해에, 그는 독일의 각 제후에게 소유 영지 내에서의 실질적인 주권을 부여하는 ≪제후들을 위한 헌장*Constitution in Favor of the Princes*≫을 선포하였다. 그의 의도는 분명하였다. 즉 이탈리아는 고도로 집권화된 왕국으로 만들고, 독일은 제국의 변방에 있는 비교적 중요치 않은 지역으로서 방치하려는 것이었다.

이 계획에서 가장 어려운 부분은 롬바르디의 진압임이 드러났다. 프리드리히 바르바로사에게 저항하였던 롬바르디 동맹이pp. 389~390 참조 교황의 지원을 받아 곧 재결성되었다. 1239년에 교황은 프리드리히를 다시 파문하였고, 1241년에 그레고리우스가 죽었을 때 황제는 로마 자체에 대한 공격을 준비하고 있었다. 다음 교황인 셀레스틴 4세는 선출된 지 불과 몇 주 만에 세상을 떴으나, 그 뒤를 이은 이노센트 4세1243~1254는 또 하나의 매우 강력한 교황이었다. 이노센트는 위대한 교회법학자였고 저돌적이고 굽히지 않는 투사였다. 치세 초에 그는 로마에서 피신하여 프리드리히의 손길이 미치지 않는 알프스 너머 리용으로 교황청을 옮겼다. 그곳에서 이노센트는 공회의를 소집하여 황제가 (또 다시!) 파문되었음을 선언하고 프리드리히의 폐위를 선포케 하였다. 이노센트 3세와는 달리 이노센트 4세는 그의 치세에 벌어진 정치적 위기상황을 다른 어떤 것보다 우선하여 다루었고, 교황으로서의 권한을 주로 이탈리아에서 계속되는 전쟁의 비용을 대기 위해 전 교회로부터 (종종 미심쩍은 방법으로) 돈을 거두는 데 사용하였다.

이노센트 4세는 또한 온 힘을 다하여 유럽의 군주들에게 개입할 것을 설득하였다. 그러나 영국의 헨리 3세에겐 개입할 이유가 전혀 없었고, 프랑스의 성왕聖王 루이St. Louis는 비록 믿음이 깊긴 하였지만 교황의 너무 극단적인 주장에 거의 동감을 느끼지 못했으므로, 이 마지막 노력은 수포로 돌아갔다. 프리드리히는 그 나름대로 왕들에게 로마 교황청의 세속적 주장을 비난하고, 교회를 고유 영역으로 환원시켜 사도적 청빈의 상태로 복귀시키려는 것이 자기의 의도임을 천명하는 멋들어진 편지를 보냈다. 그 당시 전통적인 생각에 물들어 있던 가톨릭 군주들에겐 그러한 프리드리히의 의도가 흥미롭긴 하지만 좀 극단적인 것으로 여겨졌다. 그리하여 사실 어느 쪽도 외부로부터 실질적인 지원을 얻지 못하였다. 이 문제는 황제와 교황의 자금지원을 받는 롬바르디 도시들 사이에서 판가름날 수밖에 없었다. 프리드리히는 여러 번 전투에서 승리를 거두었으나 궁극적인 승리는 거두지 못하였다. 그의 인적 · 물적 자원은 싸움터에서 롬바르디 동맹군을 물리쳐 요새화된 도시를 차례차례 함락해 나가기에는 충분치 못하였다.

황제는 롬바르디를 장악하지 못한 상태에서 1250년에 숨을 거두었고, 그의 죽음은 호엔슈타우펜 왕조의 실질적인 종말을 뜻하는 것이었다. 프리드리히의 아들 콘라트Conrad는 독일에서 왕으로 인정되었으나 명목상의 군주에 지나지 않았다. 시칠리아에서의 그의 입장은 좀더 강력하였으나, 그는 왕권을 확립할 여유도 없이 1254년에 죽고 말았다p. 440 참조. 콘라트가 죽은 뒤, 황제 선출권을 지닌 독일의 제후들은 두 파로 갈렸고, 두 파 모두 다른 나라의 군주를 황제로 옹립하려 했다. 두 황제 후보는 까스띨랴왕 알퐁소 10세Alfonso X와 영국왕 헨리 3세의 동생인 콘월Cornwall 백 리차드였다. 둘 다 독일 제후들에게 후한 뇌물을 써야 했고, 누구도 독일 제후들의 입장에선 너무나 다행스럽게도 독일에서 실권을 확보하지 못하였다. 마침내, 1273년에 선제후選諸侯들은 교황령에 대한 황제의 모든 권리를 포기한다고 약속함으로써 교황의 지지를 얻은, 소제후인 합스부르크Hapsburg 백 루돌프Rudolph를 선출키로 동의하였다. 루돌프1273~1291는 그의 지위를 매우 효과적으로 이용하여 아들을 오스트리아의 상속녀와 결혼시킴으로써 그의 가문이 장차 강대해질 수 있도록 토대를 마련해 놓았지만, 독일 왕권의 강화를 위해서는 아무 일도 하지 않았고 사실 할 수 있는 일도 거의 없었다. 독일 제후들은 독일의 실질적인 지배자가 되어 있었고, 강력한 왕권의 부활을 용납할 마음은 전혀 없었다. 독일은 본질적으로 더 이상 통일된 나라가 아니라, 선출된 왕의 미약한 종주권 아래 제후들이 느슨하게 연합해 있는 것에 지나지 않았다.

프리드리히 2세가 이탈리아에서의 실랑이에 온 힘을 쏟고 있는 동안, 독일 왕국의 변두리에서는 이후 수세기 동안 동유럽의 역사에 큰 영향을 미치게 될 두 가지 사건이 일어나고 있었다. 하나는 튜톤 기사단the Teutonic Knights이 프로이센Prussia으로 팽창해 나아간 것이었다. 이 기사단은 원래 성직 수호를 위해 설립되었으나, 13세기 초에 그 단원들은 독일 너머의 슬라브족 이교도들에게서 더 얻을 것이 많은 활동영역을 발견하게 되었다. 프리드리히 2세는 1226년에 그 기사단의 우두머리인 헤르만 폰 살짜Hermann von Salza에게 동프로이센을 하사하였다. 1231년, 튜톤 기사단은 비스툴라Vistula 강을 건넜고, 이후 30년 동안 일련의 전투를 치르어 강 이동 지역을 점령하였다. 이교도 원주민들은 강제로 개종당했거나 아니면 독일인 식민 이주자들에 의해 쫓겨났다. 13세기 후반에 프로이센은 독일인이 절대 다수를 차지하는 기독교 지역으로 탈바꿈하였다.

또 하나의 중요한 사건은 몽고족의 대군이 파죽지세로 침략해 온 것이었다. 이는 오토 대제가 955년에 마자르족을 물리친 이래 유럽에 처음으로 다가온 심각한 위협이었다. 1237년에, 징기스 칸Genghis Kahn, 1206~1227의 손자인 바투Batu; 1224~1255의 지휘 아래, 통상 황금 군단Golden Horde이라 불리는 몽고족의 대군이 남부 러시아의 대초원 지대를 휩쓸었다. 러시아의 제후들뿐만 아니라 초원지대의 유목민족들도 패배하여 굴복하였다. 몽고군은 계속 진격하여 헝가리왕의 군대와 폴란드-튜톤 기사단의 연합군을 격파한 뒤 헝가리와 폴란드를 석권하였다. 그러나 그의 군대가 아드리아해의 동쪽 해안을 약탈하고 있는 동안, 바투는 아저씨인 대황제the Great Khan의 죽음을 전해 듣고 즉각 승계다툼에 끼어들기 위해 급히 중앙아시아로 향했다. 그의 군대는 러시아 초원지대로 퇴각하여 그곳에 몽고국을 세웠다. 많은 역사가들은 바투가 그러한 불상사만 없었다면 쉽게 서유럽을 모조리 석권할 수 있었을 것이고, 이는 서구 문명의 종말을 초래할 수도 있었을 것이라고 가정해 왔다. 그러나 사실 몽고군은 무적이 아니었다. 이집트군은 그들을 여러 차례 무찔렀고, 서유럽의 군대 또한 그러지 못할 이유는 없었다. 유럽은 우연한 일로 다행스럽게 시험받지 않을 수 있었다. 그러나 몽고족은 헝가리와 폴란드에서 물러가긴 했지만, 여전히 남부 러시아의 슬라브족을 지배하였다. 원래 바이킹 모험가들이 10세기에 세웠던 러시아 나라는 두 세기 동안 타타르Tartar : 몽고족의 지배를 받아야 했다.

50. 지중해 : 스페인과 시칠리아

13세기에 까스띨랴와 아라공은 스페인에서 가장 강력한 두 왕국으로 대두하였다. 레옹Leon은 1230년부터 까스띨랴에, 그리고 바르셀로나는 1137년부터 아라공에 줄곧 합병되어 있었다(포르투갈은 독립국의 지위를 유지하였다. 조그마한 나바르Navarre 왕국은 1234년 상파뉴 백 테오볼드Theobald가 상속하여, 그 이래로 프랑스의 영향 아래 놓이게 되었다). 스페인의 모든 왕국들은 이때 샘솟는 활력과 정력을 내보였다. 입헌군주제의 실험과 교역의 대팽창 그리고 상당한 문화적 업적이 이루어졌다. 그러나 중세 스페인에는 언제나 정치적 안정이 결여되어 있었다.

나라에 따라 상황은 달랐다. 또 한 나라 안에서도 예로부터의 기독교 지역과 새로 이슬람으로부터 수복된 지역 사이에는 중요한 차이점들이 있었다. 스페인은 12세기를 특징지웠던 도시의 전반적인 성장과정을 겪었고, 12세기 말에는 특히 북부의 많은 스페인 도시들이 왕의 특허장을 획득하여 특권을 누리게 되었다. 1188년에는 새로운 발전이 추가되었다. 레옹의 도시들은 왕국의 재정적 · 법적 문제를 협의하는 왕과 귀족들의 회의체인 코르테스Cortes에 대표를 파견하도록 권유받았다. 반세기 안에 스페인의 모든 왕국에서 도시 대표들을 포함하는 비슷한 회의체가 소집되었다. 이들 초기 스페인 코르테스는 도시 대표들에게 전권이 위임되지 않았으므로 진정한 의미의 대의체는 아니었다. 이 전권plena potestas은 뒷날 중세 (그리고 근대) 대의체의 본질적인 특징이 되었다p. 462 참조. 그러나 도시 대표가 그토록 일찍이 나랏일의 협의에 참여하였음은 도시와 부르주아지의 중요성이 커지고 있었음을 잘 보여준다.

스페인 남부에서는 도시의 발전이 상대적으로 미진하였다. 까스띨랴에게 정복되기 이전에 이슬람 지역이었던 안달루시아Andalusia에는 도시들이 번창하고 있었으나, 정복 이후 도시 주민들이 대부분 추방되었다. 까스띨랴의 핵심부에서는 목축업이 지배적인 위치를 차지하게 되었다. 야생에 가까운 소와 양들이 큰 떼를 이루어 땅을 뒤덮었다. 토지는 거대한 방목지들로 구획되어 재정복Reconquista에 참여한 기사단과 속인 제후들에게 주어졌다. 수세기 뒤에 이러한 방목 형태는 오늘날의 텍사스Texas를 포함한 스페인령 멕시코로 이식되었다.

아라공에 정복되기 전 발렌시아Valencia는 관개가 잘 되어 있고 소규모 농장이 지배적인 지역이었다. 여기서는 정복 이후에도 회교도 농민들이 기독교도 영주에게 무거운 지대를 내면서 계속 땅을 갈았다. 좀더 큰 규모의 농장에서는 대개 노예노동이 사용되었다. 모든 새로운 정복지에서, 교단들의 세력과 대다수 회교도 인구에 대한 통제의 문제가 입헌정부의 발전을 가로막았다.

재정복의 중요한 한 가지 결과는 이슬람과 유대교 그리고 기독교의 세 전통

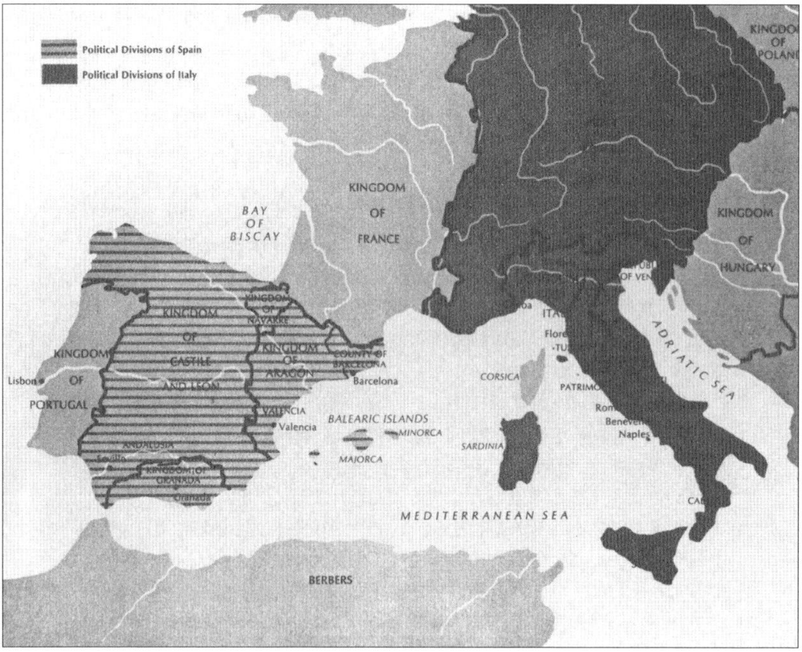

지도 18. 1300년경의 스페인과 이탈리아

이 뭉뚱그려진 화려한 국제문화가 꽃피게 된 것이었다. 학문의 위대한 후견인이었던 까스띨랴의 알퐁소 10세Alfonso X; 1252~1284는 즐겨 "세 종교의 왕"이라 자칭하였다. 그의 치세 아래 톨레도Toledo는 학문의 중심지로 번창하였다. 스페인의 유대인 및 회교도들 사이에서 독창적인 사상이 크게 발흥한 시기는 11세기와 12세기였으나, 13세기에는 종합의 작업이 두드러지게 이루어졌다. 유대인 학자들이 이슬람 철학의 많은 저작을 까스띨랴어로 번역하였다. 그들은 또한 중요한 일련의 천문도를 작성하였는데, 이는 왕에게 헌정되어 알퐁소 천문도Alfonsine Tables라 불리게 되었다. 알퐁소의 법률학자들은 까스띨랴법에 로마법과 교회법의 중요한 관념들을 접합시켜 ≪법전*Las Siete Partidas*≫을 편찬하였다.

유감스럽게도, 알퐁소는 정치적으로는 그리 성공적이지 못했다. 정치에서 그는 언제나 야심은 컸으나, 대개의 경우 적절한 조치를 강구하지 못했다. 호엔슈타우펜 왕조가 무너지고 독일에 오랜 공위 기간이 계속되던 동안, 그는 두 주도적인 황제 후보자의 하나였다(왕의 어머니인 베아트리체Beatrice가 프리드리히 바르바로사의 손녀였다). 알퐁소는 이 경쟁에서 패배했을 뿐만 아니라, 까스띨랴 왕국에서 평화를 유지하는 데에도 성공하지 못했다. 알퐁소는 1275년에 장남인 페르디난드Ferdinand가 죽자, 로마법의 원칙에 따라 페르디난드의 어린 아들이 정당한 왕위 계승자라고 주장하였다. 그러나 까스띨랴의 귀족들은 페르디난드의 동생인 산쵸Sancho의 왕위 계승을 더 바랐다. 이에 내란이 발발하여 결국 산쵸가 산쵸 4세1284~1295로 왕위에 올랐다. 그러나 명확한 계승 원칙이 전혀 확립되지 못하여, 이후 까스띨랴의 정치사는 왕위 계승 분쟁과 내란으로 점철되었고, 귀족들은 파당을 지어 각기 다른 왕위 후보자를 밀거나 이따금 왕이 연소할 경우엔 섭정회의council of regency를 장악하기 위해 서로 쟁투하였다.

이웃한 아라공 왕국의 정치는 왕의 재산을 여러 아들에게 분할 상속하는 관행 때문에 아주 복잡해졌다. 예컨대 제임스 1세James I; 1213~1276은 마요르까Majorca의 정복을 완수하자 장남인 페드로Peter에게 원래의 영토를 물려주고 차남에게는 마요르까를 독립왕국으로 상속하였다. 또한 원래의 아라공 왕국 주민들과 바르셀로나를 중심으로 한 까딸로니아Catalonia 지역 주민들 사이에는 뿌리 깊은 반목이 온존해 있었다. 옛 아라공은 육상세력으로서, 그 인민들은 주로 스페인 반도의 내부사정에 관심을 두었다. 반면에 까딸로니아 사람들은 뱃

사람으로서 교역망과 상업적 영향력을 지중해 전역에 확산시키는 데 관심을 쏟고 있었다. 아라공의 역대 왕들은 까딸로니아 사람들의 야망에 매료되었다. 그들은 대개 옛 아라공의 귀족 및 도시에 특권을 부여함으로써 어떤 구속도 받지 않고 홀가분하게 바다로의 모험을 감행하고자 하였다. 이리하여 아라공 역신 왕위 계승 분쟁과 내란에 시달리긴 했지만, 그 정치사는 좀더 큰 문제—위대한 지중해 제국을 건설하려는 왕들의 노력—를 중심으로 전개되었다. 제임스 1세의 마요르까 정복은 첫걸음에 불과하였다. 13세기 말에는 시칠리아와 사르디니아 그리고 코르시카가 아라공의 지배 아래로 들어 왔다. 한편 바르셀로나는 중세 세계에서 가장 큰 교역도시의 하나로 성장하여 베네치아 및 제노바에 못지않은 부와 세력을 누리게 되었다.

프리드리히 2세가 죽은 뒤, 이탈리아에서 나타난 주된 정치문제는 시칠리아 왕위를 둘러싼 분쟁이었다. 교황 이노센트 4세는 그냥 시칠리아 왕국을 교황령에 합병하기를 원했을 것이다. 프리드리히가 죽자마자 나폴리에서 황제정부에 대한 반란이 발발했을 때, 교황은 열심히 그 반란을 지원하였다. 그러나 프리드리히의 아들인 콘라트는 반란을 진압하였다. 그 뒤 1254년에 콘라트가 죽자, 그의 배다른 형제인 만프레트Manfred가 시칠리아에서 권력을 장악하였다. 만프레트는 사생아였으므로 공식적으로는 정당한 왕위 계승자인 콘라트의 어린 아들 콘라딘Conradin의 섭정으로 다스렸다. 만프레트는 인기 있고 유능한 통치자였다. 곧 교황은 만프레트를 축출하기 위해서는 자력으로 시칠리아를 정복할 수 있을 만큼 강력한 외국인 군주에게 시칠리아 왕국을 내맡겨야 한다는 사실을 깨달았다. 이노센트 4세는 우선, 차남인 등굽은 에드먼드Edmund Crouchback에게 시칠리아 왕관을 씌워주려 하던 영국의 헨리 3세에게 접근하였다. 교황들은 헨리로부터 군자금을 얻어 만프레트와 싸웠으나 만프레트는 1258년에 결정적인 승리를 거두었다. 같은 해에 영국의 제후들은 더 이상 왕의 지중해 사업에 재정적 지원을 하지 않겠다고 분명하게 밝혔다. 교황은 이에 프랑스에 눈을 돌려, 루이 9세의 형제인 앙주의 샤를르Charles에게 시칠리아 왕위를 제수하였다. 샤를르는 1266년에 시칠리아로 쳐들어가, 베네벤툼Beneventum 전투에서 만프레트를 격파하여 전사시키고 왕위에 올랐다. 시칠리아에서 호엔슈타우펜가의 세력을 회복하려는 마지막 시도는 어린 콘라딘에 의해 이루어졌다. 그는

1268년에 독일군을 이끌고 남부 이탈리아로 진격하였다. 그러나 호엔슈타우펜가의 마지막 인물인 콘라딘은 패배하여 생포된 뒤 공개 처형당했다. 샤를르는, 1282년에 반란이 일어나고 곧이어 아라공이 침입해 옴으로써 그의 권력이 도전받을 때까지, 시칠리아왕으로서 확고하게 군림하였다.

북부 이탈리아에서는 황제권의 붕괴로 대도시들이 실질적인 독립국으로서 독자적인 정치적·경제적 목적을 마음대로 추구할 수 있게 되었다. 십수개의 독립적인 도시국가가 존재했으나, 지배적인 영향력을 행사할 수 있는 지위에 오른 것은 극소수의 대도시뿐이었다. 제노바는 1284년에 구적舊敵인 피사Pisa와의 경쟁에서 승리하여 그 지역의 지배적인 해양국가로 대두하였다. 피렌체는 500명의 직업군인을 상비군으로 유지하는 새로운 토스카나 도시동맹의 맹주가 됨으로써 토스카나에서의 지도적 위치를 재확인하였다. 1282년에 피렌체는 부유한 길드의 대표들에게 실권을 부여한 새로운 공화제 정체를 채택하였다. 서로 다른 경제적 이해관계를 대변하는 정당들 사이에 끊임없이 파쟁이 계속되었으나 피렌체는 15세기까지 공화정을 유지하였다. 그 밖의 많은 도시에서는 전제정이 혼란의 유일한 대안으로 나타났다. 롬바르드 평야의 지배적인 도시 밀라노는 비스콘티Visconti 가문의 지배를 받게 되었고, 그 밖의 롬바르디 도시들 또한 잔인함의 정도는 각기 달랐지만 대부분 폭군의 지배를 받아들이게 되었다. 대 상업제국의 수도 베네치아는 예외적으로 안정된 공화정을 이룩해 내었다. 그곳에선, 종신직으로 선출되는 총독Doge이 주재하는 과두적인 위원회가 대체로 온화한 통치를 폈다. 정부는 주로 경쟁자인 제노바시를 물리치고 베네치아의 교역을 팽창시키는 일에 몰두하였다. 전 반도를 개괄하자면, 이탈리아는—스페인과 마찬가지로—13세기 후반에 경제적으로는 활력이 넘치지만 정치적으로는 상당히 혼란스러운 모습을 보여준다.

51. 프랑스 : 왕권의 강화

프랑스는 독일 및 이탈리아와 아주 대조적인 정치발전 과정을 겪었다. 프랑스에서는 13세기를 통하여 왕권이 지속적으로 강화되었던 것이다. 존엄왕 필립 2세1180~1223가 왕권 강화의 기반을 튼튼하게 마련하였고, 다음 네 세대 동안 카페 왕조 왕들은 이를 이어받아 왕권을 계속 강화해 나갔다. 왕령지가 꾸준히 팽창하였다. 정략결혼을 통해 툴루즈 백령과 상파뉴의 넓은 봉토가 왕령지로 편입되었다. 왕들이 수중에 들어온 영토를 계속 소유했다면 14세기 초에 왕령지는 프랑스의 반을 넘었을 것이나, 필립 존엄왕의 아들 루이 8세1223~1226가 장남 이외의 아들들에게 왕자령appanages을 하사하는 정책을 부활시킴으로써 이러한 결과는 나타나지 못했다.

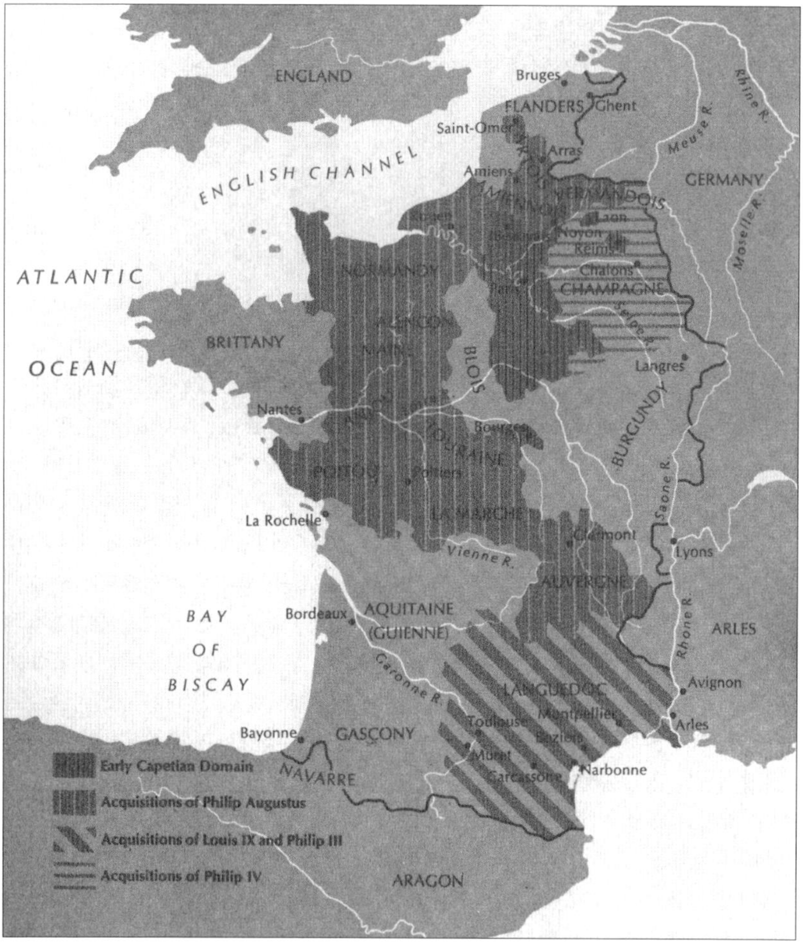

지도 19. 1300년경의 프랑스 왕령지

장남 이외의 왕자들을 어떻게 부양해야 하는가 라는 문제는 모든 봉건왕국에서 곤혹스러운 문제가 되어 있었다. 왕의 수입으로 충분한 부양금을 줄 수 있는 경우에도, 기개 높은 왕자로서는 그러한 방법에 만족할리 만무하였다. 그는 자기 소유의 장원들과 봉신 그리고 봉토의 소유에 수반되는 독립적 지위를 원하였다. 초기 카페 왕조의 왕들은 다행히도 자손이 적었다. 그들은 정규적으로 왕령지에서 땅을 떼내어 장남 이외의 왕자들에게 주었으나, 아들들이 별로 없었으므로 이 관행으로 인한 왕령지 축소는 보잘 것 없는 정도에 그쳤다. 루이 8세는 그 당시의 관습에 따라 장남 이외의 아들들에게 봉토를 떼어준 것뿐이었으나 그에겐 장남을 빼고도 아들이 3명이나 있었다. 로베르Robert는 아르뜨와Artois 백령을, 알퐁스Alphonse는 쁘와뚜 백령을, 그리고 샤를르Charles는 앙주와 메인을 받았다. 이로써 루이가 어머니로부터 물려받은 영지와 필립 존엄왕이 영국왕 존으로부터 빼앗은 땅의 절반이 한꺼번에 왕령지에서 빠져나가 버렸다.

얼핏 보기에 이러한 왕자령 하사 정책은 아주 어리석어 보이고, 실제로 많은 역사가들이 그렇게 간주해 왔다. 그러나 사실 그것은 아마 그 당시 상황에서는 불가피한 것이었을 게다. 필립 존엄왕과 루이 8세의 왕령지는 그 당시의 가용한 행정조직으로 통치하기에는 너무나 컸다. 왕자령으로 토지를 떼어줌으로써, 왕은 효과적으로 통치할 수 있고 믿을만한 제후를 얻는 셈이었다. 그러나 이 정책은 장기적으로는 왕권을 약화시켰다. 왕의 동생들 및 그들의 아들들은 왕과 왕의 장남에게 대체로 충성스러웠을 테지만, 다음 세대의 육촌들 사이는 긴밀한 유대가 맺어지기엔 너무 멀었다. 1328년에는 옛 대봉토 가운데 플랑더즈, 브르타뉴, 부르군디, 아키텐의 4개만 남아 있었으나, 왕자령의 하사로 새로운 봉건제후 집단이 형성되어 있었다. 그러나 13세기에는 이 정책의 장기적인 결과가 아직 나타나지 않았다. 당분간 왕자령의 보유자들은 왕에게 절대적인 충성을 바쳤고, 왕권은 전보다 오히려 더 강력해진 것으로 보였다.

이미 고찰하였듯이 도시의 발달과 상업의 부활 그리고 교환경제의 재출현은 대제후들의 권력을 증대시켜 주었다. 부유한 도시와 번창하는 시장을 소유한 영주는 막대한 현금수입을 올렸고, 그 돈으로 그의 이익을 위해 헌신하는 관리들과 그의 명령에 언제나 따를 채비를 갖춘 군인들을 고용할 수 있었다. 반면에 중소귀족들은 기본적으로 쇠퇴의 길에 들어섰다. 더 이상 튼튼한 요새만으로는 불손한 제후가 독립성을 유지할 수 없게 되었다. 대제후는 마음만 먹으면, 용병을 고용하여 얼마든지 오랫동안 성을 포위할 수 있었던 것이다. 필립 존엄왕과 그의 계승자들은 현금수입으로 중산계급 출신의 관리와 용병을 고용하였고 왕령지의 중소제후들은 더 이상 왕에게 도전할 수 없게 되었다.

그러나, 다른 봉건제후들 역시 같은 방식으로 권력을 강화하고 있었다. 따라서 이 시기에 그토록 많은 대봉토들이 왕의 수중에 들어오게 된 것은 카페 왕조에겐 그지없이 다행한 일이었다. 13세기의 왕권강화와 귀족세력의 쇠퇴를 말하는 경우, 이는 주로 왕령지의 팽창을 가리키는 것이다. 이 시대에 왕권은 줄곧 강화되었는데, 이는 왕들이 왕령지를 좀더 효율적으로 통치한 덕분이기도 하지만, 주 요인은 왕령지가 왕자령으로 많이 떨어져 나갔음에도 12세기에 비해서는 훨씬 더 넓어졌다는 데 있었다. 루이 6세1108~1137는 파리 부근 지역에서만 실질적인 통치권을 행사하였다. 반면에 루이 9세1226~1270는 북해로부터 지중해에 이르는 광대한 지역을 장악하고 있었다. 왕령지 확대의 중요한 두 계기는 필립 존엄왕이 영국왕 존의 북부 봉토들을 빼앗은 것과 알비 십자군의 장기적인 결과로서 남부의 광활한 지역을 차지한 것이었다.

13세기 중엽 내내, 이렇게 강화된 왕권을 마음껏 행사한 왕은 다름 아닌 중세 프랑스왕 가운데 가장 위대한 루이 9세였다. 뒤에 성인으로 추앙받게 된 그는 중세에 나타난 어떤 군주보다도 이상적인 봉건군주에 가장 가까운 왕이었다. 그는 용감하고 관대하며 신앙이 깊었고, 누구에게나 존경을 받았다. 루이처럼 "나는 혼자 자지만, 누구도 나에게 적의를 품고 있지 않기 때문에 아주 안전하다"고 말할 수 있는 중세의 군주는 거의 없었을 것이다. 루이의 전기를 쓴 즈왱빌Joinville은 왕의 인민에 대한 헌신과 공정한 판결에 관하여 많은 이야기를 전해준다. 이따금 루이는 벵센느Vincennes 숲의 커다란 참나무 아래에서 비공식으로 법정을 열어 눈에 띄는 모든 폐해를 시정토록 명하곤 했다. 그는 자기의 권리를 주장하는 것 못지않게 다른 사람의 권리도 존중하려 하였다. 그는 헨리 3세를 가스코뉴에서 몰아내려 하지 않고 그와 화약을 맺었다. 헨리는 프랑스왕의 봉신으로서 그에게 가스코뉴의 보유권이 있음을 루이가 인정해 주는 대신, 노르망디, 베인, 앙주 그리고 쁘와뚜에 대한 권리를 포기하기로 하였다. 루이는 그의 봉신들이 이를 영국왕에 대한 지나친 양보라고 항의하자, "우리 둘 사이는 반드시 평화로워야만 하오"라고 답하였다. 또 루이의 아버지에게서 봉토를 받았던 사람이 봉토에 대한 그의 권리를 증명하도록 요구받은 일이 있었다. 그는 갈기갈기 찢어진 문서를 제출하였고, 루이의 관리들은 왕에게 그 문서를 인정하지 말라고 충고하였다. 그러나 루이는 파손된 문서에서 부왕의 인장을 알아볼 수 있었고, 이에 그 문서가 유효함을 인정하였다.

루이가 왕위에 올랐을 때, 왕의 대관들baillis이 자행하는 부정과 부패에 대한 불평이 들끓고 있었다. 루이는 왕권의 올바른 행사를 종교적 의무라 여겼고, 관리들의 권한 남용을 용납하지 않으려 하였다. 그는 이를 위해 감찰관enquêteurs을 파견하여, 각지를 순회하면서 지방관리들의 행위를 감사하고 폐해를 근절시키도록 하였다. 루이는 또한 왕령지가 아닌 지역의 봉건제후들이 거느린 봉신들에게 주군으로부터 부당한 취급을 받고 있다고 생각하는 경우 왕의 법정에 제소하도록 부추겼다. 상위 주군인 왕에게 제소할 권리는 이론상으로야 언제나 존재하였지만 실질적으로 행사된 경우는 거의 없었다. 널리 존경받고 있고 자기의 판결을 집행할 힘을 갖춘 루이의 치하에서는 그러한 제소가 좀더 보편화되었다.

다루어야 할 송사의 증가에 발맞추어 왕의 법정 조직에도 중요한 변화가 이루어졌다. 루이 7세와 필립 존엄왕의 치세에는 왕실 관리, 제후, 고위성직자 그리고 기사들이 전문적 법 지식을 지닌 약간 명의 서기로부터 도움을 받아 송사를 심리하였다. 이 법정은 왕과 함께 순회하였으며 사실상 왕실의 한 부서에 지나지 않았으나, 루이 9세의 치하에서는 이 법정의 업무가 대폭 증가함에 따라 한 장소에 꽤 오랫동안 머물러야 했다. 이에 파리에는 정기적으로 개정되는 상설 법정이 설립되기에 이르렀다. 제후와 고위성직자들은 소송당사자가 중요인물이어서 그들의 참석이 필요한 경우에만 재판에 참가하였다. 대제후가 관련된 사건인 경우 그와 동등한 지위의 귀족들이 재판과정에 참여하였으나, 수많은 일상적인 송사는 상임의 전문 법률가들에 의해 처리되었다. 루이 9세의 치세에 이 중앙법정은 파리 고등법원parlement으로 알려지게 되었다.

루이는 제후들과의 관계에서 왕의 권한을 단호하게 지켰다. 독실하고 믿음 깊은 그는 봉건적 사투를 몹시 혐오하였다. 그는 처음엔 여러 가지 제한을 두어 사투를 막아보려 하였다. 전쟁을 개시하기 전에 귀족은 그의 적에게 미리 선전 포고를 해야 한다. 그는 또한 적의 친척들에게 전쟁을 통고하고, 그들이 전쟁에 끼어들 것인지 물어보아야 한다. 한쪽이 휴전을 요청하면 다른 쪽은 이를 반드시 수락해야 한다. 요컨대 루이는 사투의 절차를 아주 복잡하게 만들어 사투를 별로 재미없는 것으로 여기게끔 하였던 것이다. 치세 말에 가서 루이는 사투를 완전히 금지시켰고, 심지어 그의 휘하 귀족들이 군대의 선두에서 말을 달리는 것조차 금지시켰다. 루이는 만약 그보다 보잘 것 없는 인물이 시도했더라면 분노와 저항을 야기했을 정도까지 제후들을 규제할 수 있었던 것이다. 그와 그의 아들 그리고 손자의 치하에서 프랑스는 이후 수세기 동안에는 유례가 없을 정도로 안정된 상황을 누렸다.

루이에게는 그의 시대에 특유한 덕목과 함께 결함도 있었다. 그는 이단자와 유대인을 죽도록 미워하였다. 그가 진정으로 인정한 유일한 형태의 전쟁은 십자군뿐이었다. 그의 경력 가운데 실패를 기록한 몇몇 경우는 바로 이러한 십자군에의 열정 때문에 비롯된 것이었다. 1244년에 프리드리히 2세가 1227년의 기묘한 십자군으로 수복했던 예루살렘이 이집트의 술탄과 동맹을 맺은 한 떼의 투르크인들에게 다시 점령당했다. 그곳을 되찾기 위한 모든 시도는 실패하였다. 1249년에 루이는 십자군 참가를 결정하고 대군을 모았다. 그의 계획은 회교도 세력의 핵심지인 이집트를 치는 것이었다. 루이의 십자군은 다미에타 Damietta 시를 함락하고 나일강 삼각주를 가로질러 행군을 시작하였으나, 곧 나일강의 수많은 지류들 사이에서 길을 잃고 완전한 혼란에 빠졌다. 이때 이집트군이 그들을 공격하여 완승을 거두었다. 루이는 그를 따라온 귀족들 대부분과 함께 생포되었다. 루이는 결국 막대한 몸값을 내고 풀려났고, 이후 4년 동안 팔레스타인에서 머물렀으나 그 동안 그가 한 일은 몇 안 되는 요새를 세운 것뿐이었다. 루이 9세는 1270년에 동생인 앙주의 샤를르와 함께 또 다시 십자군에 착수하였으나 튀니스Tunis에 상륙하자마자 숨을 거두었고, 지도자를 잃은 십자군은 급속히 와해되었다.

루이의 뒤를 이은 필립 3세1270~1285와 필립 4세1285~1314는 루이의 정책을 그대로 계승하였다. 그들의 관리는 계속 귀족의 사법권을 침해해 나갔으며, 사투는 엄격히 억제되었다. 파리 고등법원의 조직은 더욱 정교해졌다. 필립 4세 시대에 고등법원은 세 부서로 나뉘어졌다. 재판부chambre des plaids는 실제로 송사를 심리·판결하였다. 청원부chambre des reqêts는 고소를 받아 그것을 심리할 것인지 여부를 결정하였다. 사문부chambre des enquêtes는 법률상의 조사를 담당하였다.

왕실 재정에서도 중요한 발전이 있었다. 필립 존엄왕의 핵심적인 재무행정은 매년 파리의 신전 기사단 건물에서 기사단원이 왕의 대리인 자격으로 대관 및 시장provost의 회계보고를 감사하는 것으로 이루어졌다. 이 건물은 왕의 비축재산을 보관하는 금고로도 이용되었다. 필립은 존의 봉토를 정복하였을 때, 앙주 왕조가 확립해놓은 정교하고 효율적인 재정제도도 그대로 넘겨받았다. 아마 십중팔구 그와 그의 후계자들은 이 제도를 그들 자신의 재정을 개선키 위한 모델로 사용했을 것이다. 첫 번째 단계는 연례 감사를 담당할 왕실 관리 및 서기를 임명하는 것이었다. 그러나 필립 4세는 시간 여유가 별로 없는 고위 관리들이 모두 처리하기에는 업무가 너무 많다는 사실을 깨달아, 상설의 재무부서인 회계청chambre des comptes을 창설하였다. 필립은 또한 왕실 금고를 파리의 신전 기사단 건물로부터 그의 루브르Louvre 성으로 옮기고 그의 돈을 출납하는 관리들을 임명하였다.

왕은 재정관리와 법정의 재판관들 외에도 한 무리의 보좌관을 거느렸다. 이들 보좌관은 가능한 한 가장 훌륭한 조언을 하겠다는 특수한 서약을 하였다. 이리하여 초기 카페 왕조에서 왕실이 하던 기능들은 세 기구—보좌회의와 회계청 그리고 고등법원—에 분할·귀속되었다. 이는 이 세 기구의 구성원이 완전히 구별되어 있었음을 뜻하는 것은 아니다. 왕의 중요한 충복은 세 기구 모두에서 직책을 차지할 수도 있었다. 그러나 왕의 행정은 대체로 전문가들에 의해 수행되었다. 여기서 중앙행정의 발전이 관료의 수를 증가시켰다는 사실은 중요하다. 중앙행정부의 구성원과 수많은 하급관리를 거느린 대관 및 지사들을 고려할 때 왕에게 의존하여 살아나가던 사람이 매우 많았음은 분명하다.

모든 봉건제후는 그의 모든 봉신들로 이루어지는 조정curia을 지니고 있었으며 카페 왕조의 왕들 역시 예외가 아니었다. 이 조정은 크리스마스나 부활절 같은 특별한 때, 그리고 왕이 상임 보좌관들에게만 조언을 구하기에는 너무나 중요한—예컨대 대제후들의 이익에 영향을 미칠 법률의 제정과 같은—문제에 관해 조언을 필요로 할 때는 언제라도 열렸다. 프랑스왕이 본질적으로 봉건주군에 불과한 존재인 한 그의 조정은 그가 필요로 하는 어떤 조언이라도 왕에게 제공할 수 있었다. 그러나 카페 왕조 왕들은, 상위 봉건주군으로서의 기능 이외에 왕으로서의 기능까지 행사할 수 있게 되자, 다른 신민 집단과의 접촉도 필요함을 느끼게 되었다. 예컨대, 도시는 왕국의 재정적 · 군사적 자원 가운데 큰 몫을 차지하였고 도시민들의 호의는 왕에게 극히 중요한 것이었다. 게다가 순수한 봉건적 공조보다 일반 과세가 더 중요해짐에 따라, 왕의 직속 봉신이 아닌 중소귀족들도 왕의 정책에 관심을 갖게 되었다. 왕들은 곧 관계된 사람들의 동의를 받음으로써 세금 징수나 법률의 시행이 더 쉽게 이루어진다는 사실을 깨달았다. 그리하여 왕은 시시때때로 조정의 구성원이 아닌 여러 사회집단의 조언을 구하였다. 그러다가 1302년에는 교황과 사생결단으로 싸우게 된 필립 4세가 전 인민의 지지가 필요하다고 느낀 나머지 교회와 귀족 그리고 도시들의 대표를 소집하였고, 이로써 최초의 삼부회Estates General가 개최되었다p. 541 참조.

이 삼부회는 왕의 정책을 열렬히 지지하여, 왕으로 하여금 단합된 인민의 선봉에 서서 적들과 맞설 수 있게 하였다. 필립과 그의 후계자들은 긴급한 상황이 발생할 때 삼부회를 소집하곤 하였다. 삼부회는 특히 왕이 돈을 필요로 하거나 기존 관습에 어긋나는 법률을 제정하고자 하는 경우에 유용하였다. 요컨대 봉건군주의 권한은 관습과 전통에 의해 제한되었는데, 왕은 대표들을 통해 전 인민의 지지를 받은 경우에만 소극적인 저항도 받지 않고서 중요한 문제에 관한 관습을 변경하거나 도외시할 수 있었다. 이렇게 삼부회는 왕에게 유용하고 왕권을 강화시켰기 때문에 확립된 것이었다. 삼부회의 동의를 받음으로써, 왕은 전에는 못했던 일들을 할 수 있었다. 삼부회가 동의를 거부함으로써 왕을 통제할 수도 있다는 생각은 뒷날에야 나타났다.

필립 존엄왕과 루이 9세 그리고 그들의 충복들은 왕권 강화를 꾀하였으나, 그것은 관습의 한계 내에서의 시도였다. 그들은 카페 왕국을 강력한 봉건왕국으로 만들고자 했던 것이다. 반면에 필립 4세의 궁정에는 왕권을 아주 다르게 생각하는 무리가 있었다. 로마법 교육을 받은 그들은 왕을 하나님이 절대적인 권력으로 나라를 다스리도록 임명한 지상 대리인이라 생각하는 경향이 있었다. 나라 전체의 이익을 위해 다스리는 것이 왕의 의무이지만, 어떤 것이 나라에 이익이 되는지 결정할 수 있는 것은 왕뿐이었다. 이러한 생각은 상당한 정도로 관료사회 전체에 확산되었다. 이 관료집단은 왕권을 개인으로서의 왕이 아니라 하나의 제도로서의 왕직이 가지는 권력으로 아주 높이 평가하는 관념을 발전시켰다. 게다가, 그들은 스스로를 왕직—즉, 왕의 정부—으로 여기곤 하였다. 이렇게 필립 4세의 치세에서는 절대왕정과 전권을 지닌 관료라는 두 근대적 제도의 맹아를 찾아볼 수 있는 것이다.

52. 영국 : 입헌군주제의 발전

프랑스와 마찬가지로 영국에서도 왕 정부의 권위는 13세기에 증대되었으나, 여기서는 자의적인 권력 행사에 대한 새로운 형태의 저항이 나타났다. 헨리 2세의 두 아들인 리차드1189~1199와 존1199~1216은 부왕의 왕권 강화 정책을 지속시키려 하였다. 그들은 무거운 상속세를 요구하고, 봉신들의 군사적 봉사 의무로부터 최대한의 수입을 끌어냈으며, 상속녀들을 경매에 붙여 결혼시켰다. 그들은 계속 왕 법정과 보통법의 영역을 넓혀 나갔다. 리차드는 매력적인 인물이었으나, 군주로서는 완전히 낙제였다. 그는 미남이고 솔직 · 대범하며 관대하였다. 그는 또 시인들의 후견인인 동시에 그 자신 괜찮은 시를 썼다. 십자군의 지도자로서 그는 대체로 교회와 우호적인 관계를 유지하였다. 게다가 그는 당대의 제일가는 전사기도 했다. 그러나 그는 그의 치세 동안 영국에는 1년도 있지 않았다. 전쟁은 그의 최고 즐거움이었고, 영국은 그에게 군자금을 대주는 돈줄에 지나지 않았다. 그가 독일에 포로로 있는 동안 존과 필립에 협력하여 음모를 꾸민 극소수를 제외하곤, 리차드는 그의 제후들과 사이가 좋았다. 그들은 그를 개인적으로 좋아했으며 그의 칼을 진심으로 두려워했다.

존은 그의 형과 정반대였다. 그는 유능하고 지각 있는 왕이었으나 인간으로서는 완전히 낙제였다. 그는 궁정과 재무부서에 직접 나앉아 행정개선의 방도를 생각해내는 등 통치업무에 열심이었다. 그는 분별력이 모자란 형이 별로 깨닫지 못한 문제를 통찰하고 있었다. 그 당시 영국에선 도시가 성장하고 교역이 번창하며 농산물 시장이 급속하게 커지고 있었다. 도시의 상인들과 농업에서 소득을 얻는 봉건제후들은 급속히 부를 쌓고 있었다. 그러나 왕의 수입은 대체로 고정되어 아주 조금 증가할 뿐이었다. 이에 존은 수입을 크게 증가시키기로 마음먹었다. 그는 병역면제세를 좀더 요구하고 무거운 상속세를 물리며 왕이 부여하는 특권의 대가로 막대한 금액을 뜯어냄으로써, 어느 정도는 수입을 증가시킬 수 있었다. 그러나 그는 새로운 방책도 여럿 시도하였다. 헨리 2세는 십자군 자금을 대기 위해 소득세와 재산세를 걷었고, 리차드도 몸값을 지불하기 위해 같은 일을 한 바 있었다. 존은 군자금을 조달키 위해 그러한 세금을 부과하였다. 그는 또한 관세 부과도 시도하였다. 주장관이 고정적으로 납부하는 액수가 너무 작다고 확신한 그는 주장관들을 해임하고 새로운 관리들을 그 자리에 앉혔는데, 이 관리들은 봉급을 받는 대신 걷은 돈을 몽땅 국고로 납부하였다. 요컨대, 존은 왕의 권력과 수입을 증대시키려 애쓴 유능한 군주였다. 그러나 이러한 왕권 강화는 제후들의 희생을 수반하는 것이었으므로, 존은 커다란 반발에 부딪치게 되었다.

존은 중세 군주의 위엄에 가장 필요한 용맹한 전사로서의 명성을 얻지 못하고 있었다. 그는 스코틀랜드와 웨일즈 그리고 아일랜드에서는 성공적인 전투를 행하였으나, 대륙에서는 참패를 면치 못하였다. 그는 필립 존엄왕에게 노르망디를 빼앗겼고, 황제 오토 4세의 지원을 받아 프랑스왕을 격파하려던 그의 대단한 노력도 수치스러운 패배로 끝났다p. 384 참조. 정당하건 부당하건, 영국인은 그를 종이칼 존John Soft-sword이라 불렀다. 그는 동시에 중세의 어떤 왕과도 다르게 절대 용서를 하지 못하는 기질이었다. 가장 훌륭한 제후는 거칠고 제멋대로였다. 모든 왕은 치세 동안에 모든 제후와 적어도 한 번씩은 싸우게 되리라고 예상해야 했다. 리차드는 그의 적을 완전히 격파해 버리든지 아니면 완전히 용서하였다. 존은 용서하는 것처럼 가장하였으나, 용서한 자를 결코 다시 신뢰하지 못했다. 그 결과 그의 치세가 끝날 무렵엔 그는 어느 제후도 믿지 못했고, 따라서 어느 제후도 그를 믿지 않았다.

이러한 상호 불신은 존이 우회적인 방법을 즐겨 썼기 때문에 더욱 심각해졌다. 예컨대, 존은 어떤 제후가 곧 어떤 성에 대해 권리를 주장할 것이라고 확신하게 되면, 그 성주에게 성을 인도하라는 명령서를 갖고 있는 사람에게라도 명령서에 "나는 너의 엄지발가락을 잡았다"는 따위의 암호가 들어 있지 않으면 절대 성을 인도하지 말라고 미리 명하곤 했다. 그리하여 그 제후가 실제로 그 성을 요구하면, 존은 그에게 인도명령서를 거리낌 없이 주어놓고는 성을 내주지 않는 성주의 고집에 대해 그 제후에게 동정을 표하곤 했던 것이다. 끝으로 존은 극도로 음탕하고 잔인하였다. 그는 봉신들의 아내와 딸들을 농락하였다. 그가 조카인 아더Arthur의 살해를 명령한 것은 거의 확실하며, 그의 총애를 잃은 한 제후의 아내와 아들이 왕의 성에서 굶어 죽은 일도 있었다.

존의 치세 내내 개인적인 원한에 사무친 제후들은 개별적으로 또는 작은 무리를 이루어 끊임없이 그를 몰아내려는 음모를 꾸몄다. 존이 1214년 가을에 대륙에서 참패하고 돌아오자, 그를 미워하던 모든 제후들이 하나로 뭉쳐 반란을 일으키려고 큰 모임을 열었다. 이 모임에는 캔터베리 대주교 스티븐 랭튼도 참석하였다. 스티븐이 존을 좋아할 이유는 전혀 없었다. 왕은 그를 대주교로 인정하길 거부하였고, 그를 7년 동안 망명케 하였다. 왕은 스티븐의 친척들을 영국에서 추방하였다. 그러나 스티븐은 당대의 위인이었다. 그는 파리에서 신학 교수를 지냈고 교황청에서는 추기경으로 있었다. 그는 교회가 교회법에 의해 통치되는 것과 마찬가지로, 세속사회에도 왕과 제후와 인민이 복종해야 할 법이 있어야 한다고 믿었다. 그는 제후들에게 개인적인 원한은 뒷전에 미루고, 영국의 모든 제후를 설득할 수 있을 전반적인 개혁계획을 작성하도록 촉구하였다.

1215년 이른 봄, 제후들은 무장반란을 일으켰다. 존은 무엇을 해야 할지 결정할 수 없었다. 그는 협상을 제안했다가는 곧 다음엔 가스코뉴로부터 군대를 소집하고 있었다. 마침내 반란군은 존을 극도로 미워하던 런던 시민의 도움을 받아 런던을 점령하였다. 성벽의 보호를 받는 그들은 아주 유리한 전술적 위치에 있었고, 존은 결국 굴복하였다. 제후들은 윈저Windsor 성 근처 러니미드Runnymede라 불리는 테임즈 강변의 초원에서 왕을 만나, 이른바 "제후들의 헌장Articles of the Barons"이라 불리게 될 성문화된 개혁일정을 제시하였다. 존은 그 요구를 받아들이기로 동의하여 문서에 조인하였다. 곧 전문적인 왕의 서기들이 이러한 개혁일정을 담은 공식 문서를 작성하게 되었는데 이 문서가 바로 대헌장Magna Carta이다.

대헌장의 조항들은 네 부분으로 확연하게 나뉜다. 그 가운데 한 부분은 단 하나의 조항만으로 이루어져 있는데 교회와 국가의 관계를 다룬 것이다. 존은 교회의 모든 권리를 인정하기로 약속하였다. 다음의 15개 장은 왕과 그의 봉신 사이의 봉건적 관계에 관한 것이다. 존은 상속세를 제후령에 대해서는 100파운드, 기사령Knight's fee에 대해서는 5파운드 이상 요구하지 않겠다고 약속했다. 그는 또 왕의 모든 직속 봉신들로 이루어진 모임의 동의가 없이는 병역면제세나 특별 보조금을 부과하지 않겠다고 동의하였다. 35개의 장은 왕의 여러 통치 절차 및 관행을 다룬 것이다. 예컨대, 존은 주장관으로부터 더 많은 수입을 끌어내려 하지 않고 관습으로 고정된 액수만을 받기로 약속했다. 또 한 장에서는 왕에게 이해관계가 없는 민사사건은 왕과 함께 순회하는 법정에서가 아니라 웨스트민스터에서 열리는 정기 법정에서 심리되어야 한다고 규정하였다. 이상의 세 부분이 제후들의 개혁계획을 이룬다. 네 번째 부분은 제후들의 이기적인 욕심을 만족시키기 위한 것이었다. 제후들은 그들의 정당한 권리를 약속받았고, 그들이 선출한 25인 위원회가 그 약속의 이행을 감시하게 되었다.

대헌장의 조항들은 대부분 그 당시에나 중요한 것이었다. 그러나 두 조항은 예외로서 주목을 받을만하다. 세 가지 경우—왕의 장남이 기사 서임을 받을 때, 왕의 장녀가 결혼할 때, 그리고 왕이 포로가 되어 몸값을 지불해야 할 때—를 제외하고는 모든 직속 봉신으로 구성된 회의의 동의 없이 보조금을 부과하지 않겠다는 존의 약속은 뒤에 개정된 대헌장에는 빠지게 되었다. 그러나 왕들은 실제로는 그 약속을 지켰고, 이는 의회의 과세 통제를 위한 토대가 되었다. 또 하나, 제39장은 "어떤 자유인도 같은 자유인의 법적 판단이나 나라의 법에 의하지 않고서는 체포 · 구금되거나, 재산을 몰수당하거나, 법의 보호를 박탈당하거나, 추방되거나, 그 밖의 어떤 방법으로든 피해를 입을 수 없으며, 또한 그에게 불리한 조치를 당할 수 없다"고 명시하고 있다. 이 유명한 구절은 영 · 미의 개인적 자유 관념의 토대를 이룬다. 정부는 적절한 법적 절차—"적법절차due process of law"—를 통하지 않고서는 개인의 이익에 어긋나는 조치를 취할 수 없었다. 그리고 그러한 약속은 제후나 기사들에만 한정되지 않고 모든 자유인에게 적용되었던 것이다. 물론 1215년에는 영국의 인구 가운데 자유인은 반도 되지 않았으나, 시간이 지남에 따라 자유가 확산되면서 이러한 권리들 또한 함께 확산되었다.

정부의 자의적인 행위로부터 모든 자유인을 보호하는 이 구절이 중요한 것은 사실이지만, 대헌장의 중요성은 그 세세한 조항들에 있는 것이 아니다. 대헌장을 공포함으로써, 존이 왕도 법의 구속 아래 있음을 인정했다는 것 자체가 실로 아주 중요한 것이다. 봉건적 관계는 본질적으로 쌍무계약이며 모든 봉건군주는 봉건관습의 구속을 받는다고 논할 수 있지만, 이 사실을 최초로 명백하게 인정한 것은 헨리 1세의 특권헌장Charter of Liberties p. 366 참조-역주과 대헌장이었다. 대헌장 이후의 세대들은 이를 충분히 인식하고 있었다. 영국의 제후들은 왕이 너무 전제적으로 되고 있다고 느끼고는 있으나 왕을 비난할 구실이 될 특별한 권력남용의 사례를 찾기 어려울 때면 언제나 대헌장을 재확인하라고 요구하곤 했다. 그렇게 함으로써 왕은 법의 우위를 인정하는 셈이었다. 그리하여 대헌장은 줄곧 영국왕에게 그가 "입헌 군주"임을 상기시키는 역할을 하였다.

존의 아들 헨리 3세1216~1272는 너무나 나약한 군주였다. 그의 치세 내내, 그가 분별없이 선택한 친구와 총신들이 정사를 마음대로 주물렀다. 그들 가운데엔 헨리와 왕비의 친척인 외국인들이 많았다. 존이 죽자, 왕비인 앙굴렘의 이사벨Isabelle of Angouleme은 원래 약혼자의 아들인 라 마르슈 백 위그 드 뤼시냥Hugh de Lusignan과 재혼하였다. 그녀가 재혼으로 얻은 아들들은 의붓형인 헨리 3세의 궁정에 몰려들어 권력과 재물을 탐하였다. 헨리는 프로방스 백의 딸인 엘레노어Eleanor와 결혼하였는데, 그녀의 궁핍한 아저씨들 또한 영국에서 안락한 삶을 찾으려 하였다. 이 친척들은 관직과 토지를 얻었고 또한 헨리를 돈이 많이 드는 외국의 모험으로 유혹하였다. 게다가 헨리는 독실한 신자로서, 호엔슈타우펜의 황제 프리드리히 2세와 격렬한 투쟁을 벌이고 있던 교황의 지원 요청을 물리칠 수 없었다pp. 433~435; p. 440 참조. 교황은 헨리로부터 영국에서 막대한 자금을 거둘 수 있도록 허락을 받아냈고, 그 어리석은 왕을 그의 둘째 아들을 위해 시칠리아를 정복한다는 실현 불가능한—실제로 완전히 실패로 돌아간—계획에 끌어넣었다. 그리하여 치세 내내 헨리는 언제나 돈을 필요로 하여 많은 돈을 거두었으나 그에겐 그 돈을 제대로 써먹을 만한 의지력도 지혜도 없었다. 제후들은 외국인 친척에 대한 그의 총애와 교황에 대한 비굴한 추종 그리고 분별없는 낭비에 분격하였다. 더구나, 나약한 자가 으레 그러하듯이 그는 성질이 나면 성급하고 변덕스러우며 제멋대로가 되곤 했으며, 종종 제후들이 자기들 것으로 생각하는 여러 권리를 침해하였다.

헨리의 치세에 관한 우리의 주된 관심은 제후들이 영국과 그들 자신을 위해 왕을 통제하려고 기울인 여러 가지 노력에 있다. 헨리 3세에 맞선 제후들의 움직임은 대부분 그 의도가 기본적으로 이기적인 것이 아니었고 공동 선을 위해 정부를 개선하려는 정직한 시도였지만, 제후들은 획득한 권력을 이용하여 자신의 부와 독립성을 증대시키려는 유혹을 물리치기 어려웠다. 헨리의 치세 초에 제후들은 그들의 움직임을 왕으로 하여금 돈을 현명하고 효율적으로 쓰게 하는 데 한정하였다. 그러나 이러한 노력이 아무 쓸모없는 것으로 나타나자, 그들은 왕에 대한 특별 보조금 납부를 거부하기 시작하였다. 1258년, 돈만 엄청나게 들고 성과는 전혀 없는 왕의 시칠리아 정책에 분개한 제후들은 알비 십자군을 지휘했던 시몽 드 몽포르의 아들인 레스터 백 시몽 드 몽포르의 지도 아래 좀더 강력한 대책을 취하였다. 그들은 왕에게 제후 출신의 사법관justiciar을 행정 수반으로 삼고, 왕의 통치에 대한 제후들의 통제를 받아들일 것을 강요하였다. 이는 헨리에겐 지나친 요구였고 헨리는 싸우기로 하였다. 이 싸움에서 그는 패하여 생포 당했다. 여러 해 동안 시몽 드 몽포르와 그의 동맹자들이 헨리의 이름을 내세워 영국을 통치하였다. 시몽은 나라 전체를 위해 봉건계급이 지배하는 영국을 꿈꾸었으나, 일단 승리를 거두자 제후들을 단합시킬 수 없게 되었다. 제후들은 전리품을 둘러싸고 격렬한 투쟁을 벌였고, 그들의 탐욕을 억제하려는 모든 시도에 분개하였다. 헨리의 아들 에드워드Edward는 이 상황을 이용하여 시몽의 적들과 협상함으로써 시몽의 그늘에서 벗어나 군대를 모았다. 에드워드는 군인으로서나 정치가로서나 대단히 유능하였다. 그는 놀라운 속도로 진격하여 아버지를 도우러 진군하고 있던 시몽의 아들들을 기습·격파하였다. 그리고는 그는 이브샴Evesham의 대전투에서 시몽의 군대를 격파하였다. 시몽은 죽음을 당했고, 그의 세력은 완전히 파괴되었다.

에드워드 1세1272~1307는 강력한 군주로 등장했다. 그는 효율적으로 통치하였고, 대체로 귀족 및 다른 지도적 인물들과 빈번하게 협의를 함으로써 그들의 지지를 유지하였다. 그가 가장 먼저 착수한 일은 부왕의 치세에 내란으로 잃었던 왕권의 기반을 되찾는 것이었다. 제후들은 혼란한 시대를 틈타 온갖 종류의 특권—특히 사법권—을 차지하였다. 그들은 자기 영지로 주장관이 출입하는 것을 금지했고 주장관의 기능을 찬탈하였다. 그들은 자기의 차지인이 군 법정에 참석하는 것을 금지시키고, 그들의 송사를 자기의 사적인 법정에서 심리하였다. 에드워드는 내란 중에 찬탈된 왕의 권리들을 되찾고 더 이상의 찬탈을 막으려고 결심하였다. 그는 법률상 왕권에 속하는 특권을 주장하는 모든 제후에게 왕의 재판관 앞에 출두하여 그의 권리를 증명하도록 명령하였다. 제후는 왕이 발행한 특허장을 제시하든지 리차드왕의 치세에 이미 그 특권을 누리고 있었음을 증명해야 했다. 사실상 에드워드에 의해 특권을 박탈당한 제후는 얼마 안 되었다. 그는 대개 상당한 액수의 대가를 받고 특권을 인정했던 것이다. 그러나 일단 자기가 주장하는 특권들을 명문화시킨 제후는 왕의 허락이 없이는 자기 입장을 강화하기 위해 마음대로 새로운 특권을 주장할 수 없었다. 그리하여 사적인 개인에 의한 공권의 찬탈은 중지되었다.

에드워드의 또 한 가지 조치는 봉건적 위계의 발전을 중단시켰고, 더 나아가 봉건적 위계를 서서히 쇠퇴시키기 시작하였다. 13세기 후반에 계속된 재분봉 과정으로 봉건체제는 극도로 복잡해져 있었다. 실제로 어떤 토지를 직영지로 보유한 자와 왕 사이에는 6~7단계의 주군-봉신 관계가 연이어 맺어진 경우도 허다했다. 이는 봉건적 의무의 이행을 거의 불가능하게 만들었다. 실제 토지보유자가 납부한 병역면제세는 왕에게 도달하기 전에 많은 부분 중간 주군들의 호주머니 속으로 사라졌다. 에드워드는 대개의 중간 주군들을 무시하고 실제 토지보유자로부터 직접 병역면제세를 거두어 이 문제를 해결하였으나, 이와 함께 재분봉 과정을 중단시키기로 결정하였다. 이는 ≪토지구매법*quia emptores*≫으로 이루어졌다. 이전까지는 토지가 법률상으로는 매매될 수 없었다. 토지는 오로지 봉토로만 하사될 수 있을 뿐이었다. 토지를 사려 하는 자는 그 토지의 보유자에게 돈을 주고 그 대신 그 땅을 봉토로 받았다. 에드워드의 법령은 토지매매를 구매자가 판매자의 주군을 이어받아 섬긴다는 조건으로 허용하는 것이었다. 이는 재분봉 과정을 실질적으로 중지시켰다. 1660년에 봉건제가 실질적으로 사라질 때까지 주군과 봉신의 관계가 존속하긴 했지만, 점점 더 왕으로부터 직접 봉토를 하사받은 사람들의 비율이 커져갔다.

에드워드의 치세에 영국의 행정기구는 여러 전문기구로 확연하게 구분되었다. 우리는 이미 헨리 1세 치하에서 재정기구가 어떻게 확립되었고, 헨리 2세 치하에서 왕의 법정이 어떻게 중요하게 되었는가를 살펴본 바 있다pp. 373~377 참조. 이 두 기구는 기능이 서로 달랐으나, 같은 사람이 양쪽에 모두 관여하는 경우가 대부분이었다. 왕은 한 무리의 왕실 관리와 시종들에게 둘러싸여 있었는데, 이들은 상황에 따라 재무관과 재판관 그리고 보좌관의 역할을 모두 해냈던 것이다. 그러나 시간이 지남에 따라 이들 분야는 각각 전문화되었다. 회계를 감독하고 왕의 수입에 관련된 문제를 결정하는 재무관은 네 명이었다. 돈을 갚으라고 채무자를 소환하는 영장에 인장을 찍는 부상서deputy of the chancellor는 독립된 관직으로 되어 재무 상서chancellor of the exchequer라 불리었다. 그리고 왕의 법정도 둘로 나뉘었다. 네 명의 재판관으로 이루어지는 민사 법정court of common pleas은 신민들 사이의 모든 민사사건을 심리하였다. 어전 법정court of king's bench은 왕이 관심을 두는 모든 민·형사 사건을 다루었다. 끝으로 왕에게 조언을 하는, 서약을 한 한 무리의 보좌관이 있었다. 이 시기에 이루어진 또 하나의 극히 중요한 발전은 영국 의회의 출현인바, 이에 대해서는 다음 절에서 논의하기로 하겠다.

에드워드 치세에 브리튼 전역을 한 나라로 통일시키기 위한 두 가지 사업이 추진되었다브리튼Britain은 잉글랜드와 웨일즈 그리고 스코틀랜드로 이루어진다-역주. 그 가운데 하나는 실패로 돌아갔으나 다른 하나는 완벽하게 성공하였다. 노르만 정복 이래로 영국의 제후 및 기사들은 줄곧 웨일즈인과 싸움을 벌여 웨일즈 쪽으로 영지를 넓혀 갔다. 일찍이 헨리 1세의 치세에 남부 웨일즈의 저지대와 잉글랜드에서 웨일즈로 뻗어 있는 비옥한 계곡들이 이미 노르망디인 제후들에게 장악되었다. 그러나 웨일즈인은 산악의 요새에서 이따금 평지로 내려와 영국인을 공격하곤 하였다. 여러 번 영국왕은 기사들을 이끌고 웨일즈로 출동하였다. 이 군대는 그들의 손이 미치지 못하는 언덕 위에서 웨일즈인이 조용히 앉아 있는 동안, 계곡을 따라 진군하곤 했다. 헨리 3세의 치세에 벌어진 내란에서 웨일즈인은 몽포르 쪽을 지원하였다. 에드워드는 왕위에 오르자 웨일즈인을 일거에 완전히 격파하기로 마음먹었다. 그는 영국의 봉건군대를 소집하여 남과 동으로부터 웨일즈로 진군시켰고, 웨일즈인은 이에 서쪽 끝의 구릉지대로 쫓겨갔다. 왕은 서부 여러 주에서 보병부대를 소집하여 그곳에서 웨일즈인을 차단토록 하였다. 그는 웨일즈인의 도피처를 빙 둘러 강력한 성벽을 쌓았다. 오래지 않아 웨일즈인은 항복하지 않을 수 없었고, 웨일즈는 여러 주로 나뉘어졌다. 이후에도 웨일즈인은 여러 번 반란을 일으켰으나 다시는 결코 영국의 지배에서 오랜 기간 벗어난 적이 없었다.

1290년, 스코틀랜드 직계 왕가의 마지막 인물인 마가렛Margaret이 죽자 에드워드는 이를 기회로 그의 영향력을 북쪽으로 넓히려 하였다. 스코틀랜드 왕위의 계승을 주장하는 자가 십수명에 이르렀고, 에드워드 1세는 누가 정당한 계승자인가 결정해달라는 요청을 받았다. 그의 법률 전문가들은 오랫동안 성실한 토론을 거쳐 마침내 한 스코틀랜드왕의 형제하고 어머니 쪽으로 인척관계가 있는 영국의 귀족 존 발리올John Baliol을 후계자로 점찍었다. 존은 스코틀랜드 왕국에 대해 에드워드에게 신서를 해야 했다. 그러나 영국왕이 스코틀랜드의 내정에 간섭함으로써 그의 종주권을 실제로 행사하려 하자, 스코틀랜드인은 반란을 일으켜 발리올을 내쫓았다. 에드워드는 스코틀랜드로 쳐들어가 곧 그곳을 장악하였다. 스코틀랜드의 애국자 윌리엄 월라스 경Sir William Wallace이 이끄는 반란군은 격파당했고 월라스는 교수형을 당했다. 그러나 스코틀랜드인에게는 곧 로버트 브루스Robert Bruce라는 새로운 지도자가 나타났다. 로버트는 영국의 귀족으로서, 그의 할아버지는 발리올의 주된 왕위 경쟁자였다. 에드워드가 딴 곳의 일에 몰두해 있는 동안 브루스는 왕의 군대를 상당한 정도로 밀어붙였다. 에드워드는 반란 소식을 듣고 진압을 위해 북진하였으나 변경 부근에 이르러 죽고 말았다. 이로써 로버트 브루스는 숨 쉴 틈을 얻었다. 에드워드 2세1307~1327가 그를 공격할 준비를 마쳤을 때, 그는 이미 스코틀랜드에 있는 영국군의 요새를 하나만 남기고 모두 함락한 뒤였다. 에드워드는 이 마지막 요새인 스털링Stirling 성을 구해내기 위해 대군을 이끌고 진군하였다. 에드워드는 배넉번Bannockburn이라는 작은 시내에 이르러 브루스의 군대와 마주쳤으나 참패를 당하고 말았다. 스코틀랜드는 로버트 브루스의 치하에서 다시금 독립국이 되었다.

53. 대의제 정부 : 관념과 제도

에드워드 1세의 치세에 이루어진 정치적 발전 가운데 가장 중요한 의회의 대두는 13세기에 유럽 전역에서 나타난 일반적인 동향의 한 부분으로 볼 때 가장 잘 이해될 수 있다. 대의제 정부의 대두는 영국만의 특유한 현상이 아니었다. 스페인과 시칠리아 그리고 헝가리에서 대략 같은 시기에 대의체가 발전하고 있었다. 스칸디나비아 제국 또한 14세기에 유사한 제도를 지니고 있었다. 독일의 여러 제후국 역시 마찬가지였다. 프랑스의 삼부회는 1302년에 첫 모임이 있었다. 교회의 공회의는 적어도 1215년의 제4차 라테란 회의 때부터는 대의체로 인식되었다. 요컨대 대의체를 소집하여 정책결정에 참여시키는 일은 중세 말에 보편적인 관행이 되어 있었던 것이다. 반면에, 그것은 인류의 정치제도사에 있어서는 아주 예외적인 현상이었다. 위대한 동방 문명 가운데 어느 문명도 그러한 제도를 발전시키지 않았다. 고전고대의 그리스나 로마에도 그러한 제도는 전혀 없었다. 통치 기술에 있어서 그러한 이례적인—그리고 분명히 중요한—발전이 왜 다른 문명이 아니라 중세 유럽에서 이루어져야 했는가에 대해 근대 역사가들은 광범위한 논쟁을 벌여왔으나, 지금까지 일치된 해답은 발견되지 못했다. 중세의 왕들이 왜 동방 군주들처럼 절대적·신정적인 군주가 되지 못했는가는 이해하기 어렵지 않다. 봉건제후들의 무법성과 교회와 국가 사이의 지속적인 긴장상태만으로도 그러한 발전을 막는 요인으로는 충분한 것이다. 그러나 중세에 대의제 정부의 성장을 촉진한 긍정적 요인들을 규정하기는 어려운 일이다.

이에 대해서는 두 가지 주된 설명 틀이 제시되어 왔다. 19세기 영국의 위대한 휘그Whig 역사가들자유당의 전신인 휘그당의 의회적 자유주의를 신봉하는 성향을 지닌 역사가들을 지칭함-역주은 19세기의 의회제도를 이상적인 정부형태로 믿는 경향이 있었다. 그들은 중세 초 튜톤족의 원시적 부족민들 사이에 자유에 대한 원초적인 사랑이 퍼져 있었고, 그러한 자유에의 사랑이 대의제도의 필수적인 토양이 되었다고 믿었다. 그들에 따르면 대의체가 출현하여 나라에서 지배적인 위치로 대두한 실제 과정은 여러 세기에 걸친 끈질긴 투쟁을 통해, 의회적 입헌제의 이상에 감명되어 그 이상을 구현하려 노력해온 위대한 정치가들에 의해 이루어진 것이며, 특히 영국 의회는 1300년경 "에드워드 1세의 놀라운 재능과 정치적 지혜 그리고 정직성" 덕분에 존재하게 되었다는 것이었다.

이러한 해석은 근대적인 동기를 중세인에게 적용한다는 점에서 오늘날 명백히 시대착오적인 것으로 간주되고 있다. 좀더 인기 있는 해석은 의회제도들이 추상적인 관념이나 이상이 아니라 개인 및 압력집단들 사이의 이해 상충과 조정에 의해 형성된 것이라고 주장한다. 지배자는 권력을 추구하며, 이는 그 자체로는 도덕적으로 중립이다. 정부는 돈을 필요로 한다. 신민들은 징세에 반대한다. 바로 이러한 것이 정치의 실체인 것이다. 누구도 중세에 근대적인 입헌정부의 이상을 자각하여 그 이상에 맞는 제도를 만들어내진 않았다. 중세의 왕들이 대의체를 소집한 것은 단지 그렇게 하는 것이 통치기술상 편리하다는 사실을 깨달았기 때문일 뿐이라는 것이다.

오늘날 많은 역사가들이 이 두 번째 설명 틀을 만족할 만큼 현실적인 해석으로 여기는 듯하다. 물론 논의는 모두 타당하다. 하지만, 유감스럽게도 이 역시 문제의 핵심에서는 벗어나 있다. 사람들이 언제나 이기심에 지배당하며 지배자가 언제나 권력 강화를 원하고 정부가 언제나 더욱 많은 돈을 필요로 한다는 것은 물론 사실이다. 그러나 이러한 상황들만 있으면, 통상 대의제 정부가 발전하는 것은 결코 아니다. 그러한 발전은 오직 중세 유럽에서만 이루어졌던 것이다. 모든 정치체제에 공통된 측면에 주목하여 중세 제도의 특유한 측면들을 설명하려는 것은 옳지 않다. 진짜 문제는 왜 중세의 왕들이 다른 지배자들과 달리 대의체 소집을 "통치기술상 편리한" 것으로 깨닫게 되었는가를 설명하는 것이다. 여기서 적절한 설명이 되려면, 반드시 사회와 정부에 대한 중세인의 근본 관념과 전제들에 관한 고찰이 있어야 한다. 그러나 역사가는 시대착오적인 논의를 피하기 위해서는, 그러한 전제들이 어떻게 근대적 이상을 중세로 투영시킨 허구적인 관념에서가 아니라 중세 사회 자체의 구조에서 자라났는가를 설명해야 한다.

중세 군주들은 실로 여러 가지 동기로 대의체를 소집하였다. 황제 프리드리히 2세가 멜피 회의를 소집했을 때, 그의 의도는 그의 종주권을 인정시키고 일련의 법률을 제정하려는 것이었다. 프랑스의 첫 삼부회는 왕의 교회 정책에 대한 거국적인 지지여론을 불러일으키기 위해 소집되었다. 영국에서는 과세에 대한 동의를 얻을 필요가 의회 소집의 주된 요인이었다. 교회의 공회의는 개혁 입법과 정통 신조의 규정 그리고 교회의 중요한 정치문제를 다루었다. 그러나 어느 경우에든 중요한 개혁조치는 그 사회의 가장 지고한 권위에 의해서만 효과적으로 수행될 수 있으며, 그 권위는 사회 전체를 대표하는 대의체를 거느린 군주에게 내재한다는 전제가 밑에 깔려 있었다. 그러한 전제는 고대 로마 제국이나 비잔티움 또는 이슬람 제국 어디에서건 존재하지 않았다.

우선 그러한 사고방식이 어떻게 자라났는가를 이해하기 위해서, 우리는 기독교적, 로마적, 튜톤적인 세 요소가 기묘하게 결합하여 중세 문명을 이루었음을 상기하여야 한다. 대의체에 주권이 있다는 기본적인 관념은 12세기에 교회법학자들이 공회의가 기독교 세계 전체의 여론을 대변한다고 논의하는 가운데 최초로 공식화한 것이었다. 도미닉 교단은 그러한 관념이 대의제 정부의 복잡한 체제구조에 훌륭하게 적용될 수 있음을 보여주었다p. 428 참조. 그러나 중세의 왕들이 그러한 교회의 대의제를 모방하도록 강요된 것은 아니었고, 그들은 대의제 실험으로 즉각 실제적인 이익이 보장되지 않았다면 결코 그런 실험을 하지 않았을 것이다. 사실 대의제는 아주 유익한 것으로 판명되었다. 중세의 왕들은 모든 의도적인 개혁에 대한 신민의 완강한 저항에도 불구하고, 새로운 법을 제정하고 새로운 세금을 부과해야 한다는 (사회구조의 변화로 필연적으로 나타난) 문제에 골치를 앓고 있었다. 11세기 초에는 왕이 의도적으로 옛 법을 철폐하고 새 법을 제정한다는 것이 거의 생각할 수도 없는 일이었다. 그러나 로마법이 부활되고 교회법이 발전하게 되면서는, 입법개혁이 로마법의 주권이론으로 정당화될 수 있음이 분명해졌다. 게다가 대학의 법학자들만 그러한 이론을 알고 있던 것이 아니었다. 중세 왕들의 관료기구 대부분에는 법 교육을 받은 자들이 자리를 차지하고 있었던 것이다(영국의 에드워드 1세가 거느린 61명의 중급 관리 대다수가 로마법이나 교회법 또는 양자 모두를 공부한 적이 있었다는 사실이 최근 조사에서 밝혀졌다). 그러한 자들은 왕이 입법할 수 있음을 추호도 의심치 않았다. 그러나 실제로는 새로운 법을 제정하려는 시도가—봉건관습과 장원관습에 깊이 뿌리박혀 있었고 궁극적으로는 튜톤족의 관습에까지 소급되는—법이란 위에서 내린 명령이 아니라 공동체 전체의 생활에서 저절로 발생한 것이라는 보편적인 신념에 의해 저지될 수 있었다.

이 문제에 직면하여, 세속 법률가들은 이미 교회법학자들이 제기했던 통치자와 신민의 관계에 관한 문제들을 논의하기 시작하였다pp. 362~364 참조. 종종 그들은 통치자가 입법을 할 수 있음은 분명하지만, 중요한 조치는 신민 전체의 조언과 동의를 요한다고 결론지었다. 이 견해는 13세기 영국의 가장 위대한 법률가인 헨리 브랙튼Henry Bracton이 아주 분명하게 표현해냈다. 브랙튼은 다른 이론가들을 위해 글을 쓴 법 이론가가 아니라, 1260년 전후에 영국 정부를 재편성하는 데 적극적인 역할을 했던 왕의 재판관이었다. 그는 왕이 영국에서는 가장 지고하다고 되풀이해 강조하였다. 그는 로마법의 "군주가 뜻하는 것은 곧 법의 효력을 갖는다"는 금언을 알고 있었고, 이를 영국왕에 적용하였다. 그러나 그는 왕이 "법률 아래에" 있다고 쓰기도 했다. 왕의 뜻이 곧 법이긴 하지만, 법이 왕의 뜻만으로 이루어지는 것은 아니었다 :

> 군주나 왕의 주재 아래 이루어진, 제후들의 조언과 동의 그리고 신민 전체(the realm)의 합의에 의해 규정되고 인가된 것은 무엇이든 법의 효력을 갖는다.

그러한 법은 일단 확정되면 그 법을 제정한 사람들의 동의가 있어야만 개정될 수 있는 것이었다.

브랙튼은 법이 신민 전체의 동의에 의해 제정되어야 한다는 생각을 뚜렷이 가지고 있었으나, 그가 생각했던 신민은 봉건제후에 한정되어 있었다. 그러나 13세기 후반에는 도시의 상인들과 농촌의 평기사들도 국가사회national community의 중요한 일부를 이루고 있었다. 그들의 협력은 새로운 법의 제정과 새로운 세금의 부과에 유용할 수 있었다. 그러나 그들을 모두 한 곳에 모이게 할 수는 없었으므로 새로운 절차가 필요하였다. 봉건제후들은 여전히 개별적으로 참석할 수 있었지만, 큰 규모의 집단은 대표를 뽑아 보낼 수밖에 없었던 것이다.

13세기 이전에도 이미 여러 나라에서 왕이 여러 집단의 대표들과 의논을 한 전례는 많이 있었다. 왕들은 종종 재정문제에 대한 조언을 얻기 위해 여러 도시로부터 상인들을 소집하곤 했으며, 특히 영국에서는 농촌의 촌락에서 대표를 뽑아 그로 하여금 촌락의 이익을 대변케 하는 전통이 있었다. 이미 1086년에, 각 촌락으로부터 한 명씩 배심원이 소집되어 둠즈데이 북의 편찬자에게 자기 마을의 현황을 알려 주었던 예가 있다. 1213년에는 존왕이 각 주로부터 4명씩 기사를 소집하여 "나랏일을 논의케" 하였다. 주 법정에서, 웨스트민스터에 있는 왕의 재판관에게 주 법정의 "기록을 증언"하도록, 기사를 선출하는 일도 많았다.

이런 모든 관행이 뒷날에 이루어진 대의체의 출현을 설명하는 데 도움이 되는 것은 사실이다. 그러나 지방의 현황을 보고하기 위해 파견되는 단순한 사자使者는 결정권을 위임받은 대표와는 크게 다르다. 이러한 진정한 법적 의미의 대의 관념은 교회법에서 유래된 것인 듯하다. 전문적인 교회법률가들의 일상적인 업무는 대부분 수도원이나 성당참사회 같은 종교단체들 사이의 송사를 다루는 것이었는데, 이런 단체는 선임된 대표를 통해 법정에 제소하게 되어 있었다. 이리하여 정치영역에서 큰 집단들로부터 대표를 소집할 필요가 분명하게 나타나고 있던 바로 그때에, 단체에 의한 권한 위임에 관하여 정교한 법이론이 등장해 나왔던 것이다. 교회법학자들의 논의에서 핵심적인 용어는 전문용어인 전권plena potestas; plena auctoritas이었다. 어떤 집단은 대표를 선출해 그에게 전권을 위임하는 경우 그 대표의 행위에 완전히 구속되는 것이었다. 13세기 초에는 그 용어가 교회문서뿐만 아니라 세속 군주의 대의체 소집령에서도 쓰이고 있었다. 영국에서 이런 식으로 전권이란 말이 처음 쓰인 것은 1283년이었고, 1294년부터는 의회 소집령에 정규적으로 쓰이게 되었다. 1294년에 채택된 의회 소집령 양식은 1872년까지 별로 바뀌지 않은 채 계속 사용되었다. 또한 대륙 여러 나라의 대의체 소집령에서도 비슷한 양식들이 발견된다.

이제 중세의 관념과 관행에 관한 이러한 전반적인 배경에 비추어 영국 의회의 성장을 구체적으로 상세하게 고찰하기로 하자. 영국 의회는 두 가지 이유에서 중세 대의체의 발전을 가장 잘 보여주는 본보기이다. 우선, 영국에는 이례적일 만큼 많은 문서가 남아 있어, 그로부터 의회제의 발전을 상세하게 추적할 수 있다. 또한, 영국 의회는 중세 대의체들 가운데 가장 끈질기고 튼튼하게 유지되었다. 영국 의회는 그 놀라운 생명력으로 중세의 대의제 정부 전통을 오늘날까지 존속시킬 수 있었던 것이다.

의회를 가리키는 라틴말 parliamentum은 13세기에 생성된 말이었다. 처음에는 그 말이 특정한 제도를 가리키지 않고, 둘 또는 그 이상의 사람 사이에서 벌어지는 모든 "협의parley"나 토론을 가리키는 데 사용되었다. 1240년대에 그 말은 왕이 그의 재판관과 보좌관 그리고 주요 관리를 대동하고 대제후 및 고위 성직자들과 만나는 이른바 영국 대회의English Great Council의 모임을 가리키기 시작했다. 이렇게 원래의 의회는 선출된 대표를 포함하지 않았으나, 제후들은 이

제 더 이상 자기가 스스로만을 위해 행위하는 개인이라고는 여기지 않았다. 그들은 그들이 나라 전체를 위해 행동할 의무를 지닌 집단이 되었음을 깨달았던 것이다. 1258년의 개혁 운동에서 제후들은 종종 스스로 "나라의 유일한 신민집단"이라고 자처하였다.

1265년, 시몽 드 몽포르는 각 주에서 기사 2명씩, 그리고 각 도시에서 시민대표 2명씩을 소집하여 고위성직자 및 대제후들과 회동시켰다. 이로써 선출된 대표들이 최초로 영국 의회에 참가하게 되었다. 시몽의 목적은 그를 지지하던 제후들이 그에게 등을 돌리려 하는 상황에서 기사와 도시민들의 지지를 얻고자 함이었다. 그러나 시몽이 반역으로 몰려 다음 해의 싸움에서 패배하고 죽음을 당하였으므로, 그의 이러한 조치는 선례로 확립되지 못하였다. 하지만 다음 왕인 에드워드 1세는 의회를 정기적으로 열고 선출된 대표들을 의회에 이따금 참가시키는 관행을 만들었다. 예컨대, 1275년의 대회의에서는 선출된 대표들이 참석한 가운데 법을 제정하고 왕에게 상당액의 새로운 세금을 부과하도록 인가하였다. 고위성직자와 제후들은 각각 개인별로 회의에 소집하라는 서한을 받았다. 대표들은 주장관으로 하여금 주 법정과 주의 모든 도시에서 대표의 선출을 행하도록 명령한 명령서를 통해 소집되었다.

에드워드 1세의 이런 정책에는 중세 왕들로 하여금 대의체를 소집케 하였던 모든 동기가 고루 깔려 있었다. 그는 제정해야 할 법이 많았다. 그는 여러 대규모 전쟁에 개입하게 되어 전국적인 지지를 필요로 하였다. 게다가, 전쟁 비용 때문에 그는 빈번하게 세금을 부과해야 했다. 중세 영국의 세금은 대체로 두 유형으로 나뉘었다. 기사령이나 소득에 근거한 보조금은 농업 인구에게 부과되었고, 인두세tallage는 왕령지와 대부분의 도시에 부과되었다. 대헌장은 보조금 부과에 동의가 필요하다고 규정하였다. 인두세 부과에는 원칙상 동의가 필요하지 않았으나, 헨리 2세 시대 이래로 인두세는 납세자와의 흥정을 통해 도시에 부과되었다. 이에 왕의 대리인들이 도시로 가서 인두세 부과에 관해 협상을 벌이곤 하였다. 에드워드는 그 절차가 도시의 대표들을 의회로 소집하여 과세에 동의하게 함으로써 단순화될 수 있음을 알게 되었다. 치세 말기에 크게 자금 압박을 받게 된 에드워드는 점점 더 빈번하게 대표들을 그의 의회로 소집하였다.

1295년에 그는 이례적으로 규모가 큰 의회를 열었는데, 이는 이유는 분명치 않지만 대개 모범의회Model Parliament라 불린다. 각 주와 도시, 성채도시borough 그리고 하급 성직자들의 대표들이 성·속의 제후들과 함께 회동하였다. 이 모임은 사실상 장래 의회의 모범이 되지는 않았다. 하급 성직자의 대표들이 14세기에는 의회에 참석하지 않고, 그 대신 따로 성직회의Convocation를 구성하여 과세를 인가하곤 했던 것이다. 좀더 중요한 의회는 1297년에 열린 것이었다. 그때 에드워드는 여러 전쟁에 끼어들어 막대한 비용을 낭비하고 있었다. 그는 1296년에 동의 없이 새로운 관세를 부과하려다가 상인과 귀족들을 분격케 했고, 다음 해에 의회 지도자들은 대헌장을 개정하여 과세 동의권을 분명하게 강조해 놓을 것을 주장하였다. 이른바 ≪확인헌장Confirmation≫이라 불리는 1297년의 이 개정 대헌장에서는 낱말이 교묘하게 바뀌고 있다. 이는 "온 나라의 대주교, 주교, 수도원장, 부수도원장, …, 백작, 남작, … 그리고 모든 신민집단"에게 적용된다고 규정한다. 40년 전에는 고위성직자와 제후들이 유일한 신민집단으로 자처하고 있었다. 그러나 1297년 이후로는 선출된 대표가 법적인 과세 동의권을 지닌다는 것이 영국에서 당연시되었다.

에드워드 1세의 의회는 과세에 동의하고 정치에 간여하며 입법을 하는 외에 일상적인 사법 업무도 많이 처리하였다. 의회가 열리는 기간은 개인 또는 집단이 왕에게 탄원을 할 수 있는 아주 좋은 기회가 되었다. 청원의 권리는 아주 값진 것으로 여겨졌고, 아주 광범위하게 사용되었다. 일부 역사가들은 의회가 "본질적으로는" 법정이었으며 그 밖의 모든 활동은 "부수적"이었다고까지 주장해 왔다. 그러나 이는 과장으로 보인다. 의회가 어떤 의미로는 법정이었다고 주장하는 것은 결코 잘못이 아니다. 중세인들 스스로가 의회를 "고등 의회법원the High Court of Parliament"이라고 부르게 되었던 것이다. 그러나 여기서 court라는 낱말이 중세에는 사법적, 입법적, 재정적, 그리고 행정적인 어떤 업무라도 회부받아 처리할 수 있는 모든 회의체를 가리키는 말이었음을 반드시 유념해야 한다. 의회가 왕의 사법권을 행사한 것은, 의회의 권한을 강화시킨 요인이 되었지만, 이례적인 경우였다. 예컨대 프랑스에서는 고등법원parlement과 대의체인 삼부회가 언제나 확연하게 구분되어 있었다. 영국 의회의 또 하나 독특한 특징은 하급 귀족들이 상급귀족과는 별개로 "주의 기사들"을 선출하여 대표로 보냈다는 점이었다. 다른 나라에서는, 중소귀족들이 대귀족의 지위에 있는 가문의 우두머리에 의해 대표된다고 여겨지는 것이 상례였다. 영국의 독특한 이 제도는 결국 강력한 하원House of Commons의 출현을 가능케 하였다.

하지만 에드워드 1세 시대에 하원이 지녔던 중요성을 과장해서는 안 된다. 대표들이 의회의 모임에 시시때때 참석하였다는 사실은 장차 극히 중요한 의미를 지니게 되지만, 1307년 에드워드가 죽었을 당시에는 모든 것이 여전히 유동적이었다. 에드워드는 유용한 방법이라 여겨 의회를 빈번하게 소집하였으나, 후대의 왕들에겐 그 관행을 지속해야 할 법적 의무가 부과되어 있지 않았다. 의회의 궁극적인 구조와 구성은 여전히 확정되지 않은 채였다. 선출된 대표의 참가가 점점 더 관행으로 보편화되어가고 있긴 했지만, 14세기 초까지는 선출된 대표가 없이도 누구든 의회라 여겼을 모임이 열릴 수 있었다. 또 대표들은 의회에 참가하는 경우에도 아주 부차적인 역할을 담당했을 뿐이었다. 실로 그들의 유일한 일은 과세에 동의하는 것뿐이었고, 이 일을 마치면 고위성직자와 제후들은 중요한 나랏일을 논의하기 위해 머물러 있었던 반면 대표들은 많은 경우 곧 해산되었다. 언제나 주도권은 왕과 대제후에게 있었다. 그러나 이러한 모든 필요한 단서를 염두에 둔다 하더라도, 서양 세계의 역사에서 가장 중요한 정치제도의 하나인 영국 의회가 13세기 말에 진정한 통치기관으로 성장하기 시작했음은 부정할 수 없다.

제17장 사상의 세계

13세기의 지적 활동은 특정 분야들의 모든 세세한 지식을 조화로운 전체로 종합하는 작업으로 특징지워졌다. 가장 높은 차원에서는, 오늘날 별개의 학문으로 간주될 철학, 신학, 법학, 심리학, 물리학 등 여러 분야로부터 자료를 끌어내어 통일된 지식체계를 구성해 내려했던 토마스 아퀴나스Thomas Aquinas의 ≪신학대전(神學大典)*Summa Theologiae*≫ 같은 업적들이 있었다. 그러한 작업이 이루어진 가장 중요한 교육기관은 중세 대학이었다. 13세기의 철학은 학교에서 선생으로 벌어먹는 사람들이 발전시킨 것이기 때문에, 종종 스콜라Scholar, 학교 철학이라 일컬어진다. 이 시기에 대학 교과서로 나온 저작들을 보면 지식 분야의 놀라운 발전을 엿볼 수 있다. 물론 ≪신학대전≫과 같은 업적은 결코 교과서가 아니었다.

대학에 대해 고찰하기 전에, 중세의 교육이 학문기관에서만 이루어진 것이 아님을 유념해야 한다. 모든 제후의 집안이 젊은 귀족의 학교였다. 제후는 그의 봉신 및 친척들이 맡긴 아이들을 훌륭한 기사가 될 수 있도록 훈련시켰다. 기사로 공식 서임된 젊은이는 제후의 집을 떠나 사회에 진출하였다. 제후의 아내는 귀족 처녀들의 교육을 감독하고 결혼준비를 시켰다. 도시에서는 길드의 도제제도가 유사한 기능을 수행하였다. 도제는 장인의 집에서 함께 살면서 장인의 감독 아래 일을 배웠다. 도제는 "졸업작품masterpiece"을 만들어 장인이 되기 위한 마지막 시험을 통과하면, 길드에 정식 가입하게 되었다. 학문 세계에도 같은 제도가 이식되었다. 교양학부 학생은 사실상 선생의 도제나 다름없었다. 학생이 필요한 공부를 마치고 필요한 지식수준에 도달했음을 증명하면, 그 자신 선생이 되었다. 이 경우 그는 "문학석사Master of Arts"로 불리었다.

54. 대학의 출현

오늘날의 대학—정규 연구과정을 제공하고 학위를 수여하는, 교수와 학생의 공동체—은 12세기 말·13세기 초에 기원하였다. 대학을 뜻하는 universitas는 기본적으로 "모두"라는 집합적 의미를 지녔으며, 공통된 목적을 위해 모인 모든 종류의 집단을 가리키는 말로 사용될 수 있었다. 이 말은 예컨대 길드의 구성원, 영국의 제후들, 심지어는 영국민 전체도 가리켰다. 대학은 본질적으로 교육 길드였다. 북유럽에서는 대학이 선생들의 길드였고, 반면에 이탈리아와 남유럽에서는 학생들의 길드였다. 두 경우 모두, 길드는 그 구성원을 보호하고 공통된 교육상의 이익을 증진시키기 위해 구성되었다. 선생이나 학생은 군주로부터 특별한 허락 없이도 그러한 조합을 결성할 수 있었고, 그런 조합 결성은 당대 연대기 작가들의 주목을 거의 받지 않았기 때문에, 가장 오래된 세 대학—볼로냐 대학, 파리 대학, 옥스포드 대학—의 창설 연대는 알 수 없고, 캠브리지 대학의 창설 연대도 매우 불확실하다. 대체로 그 대학들이 언제 공식적으로 인정되었는가를 말할 수 있을 뿐이다. 이후의 대학들은 군주에 의해 창설되었으므로 창설 연대를 쉽게 알 수 있다.

중세 초에도 이탈리아에서는 수사학 교수가 계속 가르치고 있었다. 당연한 일이지만 수사학 교수의 수는 중요한 도시일수록 많았다. 특히 볼로냐 대학은 표현기술을 잘 가르치는 것으로 이름나 있었고, 그곳의 교수들은 수사학에 관해 수많은 중요한 저작을 남겼다. 그 뒤 11세기에 들어서자, 이탈리아의 법학자들은 그들이 사용하고 있던 피상적인 내용의 로마법 필사본에 불만을 품고, 법에 대한 좀더 깊이 있는 지식을 얻고자 하였다. 이러한 열정은 유스티니아누스의 ≪로마법전*Corpus Juris Civilis*≫이 재발견됨으로써 더욱 높아갔다. 이미 살펴본 대로, 이탈리아의 연구가들은 곧 로마법을 남김없이 파헤쳤고, 이러한 연구의 중심지가 바로 볼로냐 대학이었다. 11세기 말에는 볼로냐에서 교수로 유명했던 뻬뽀Pepo에 대한 언급이 나온다. 그러나 법 연구 중심지로서 볼로냐를 유명하게 한 인물은 사실상 이르네리우스Irnerius였다. 그는 로마법에 대한 폭넓은 지식을 실제로 사용되는 법전의 주석에 이용한 최초의 인물이었다. 교회법을 체계화하여 법전으로 편찬해 낸 인물로 이미 언급한 바 있는 그라티아누스는

12세기 중엽에 볼로냐에서 공부하였다. 살레르노Salerno의 유명한 의학교로부터 의학이 이미 이탈리아 전역으로 퍼져나가고 있었던 12제기 말에 볼로냐 대학에는 적어도 4개의 교과정—수사학, 로마법, 교회법, 그리고 의학—이 개설되어 있었다.

볼로냐 대학의 명성에 이끌려 서유럽 전역에서 학생들이 볼로냐로 몰려들었다. 이 학생들은 개개인으로는 교수와 그곳의 영주 그리고 상점주들의 지나친 요구를 물리칠 수 없었으므로 곧 상호보호를 위해 두 길드를 형성하였다. 이탈리아 바깥에서 온 학생들은 '알프스 이북Ultramontane' 길드를, 이탈리아 학생들은 '알프스 이남Cismontane' 길드를 구성하였다. 이들 학생 길드(nation이라고 불리었다)는 각각 학생장rector을 선출하여 길드를 대표케 하였다. 곧 여러 다른 분야를 가르치는 교수들도 독자적인 길드를 형성하였으나, 학위수여 요건에 관한 것을 제외한 모든 문제에 대해서는 학생 길드가 주도권을 쥐었다. 교수들은 학생장에게 복종을 맹세하고, 볼로냐를 떠나려면 허락을 얻어야 했으며, 강의를 늦게 시작하거나 너무 오래 끌면 벌금을 내야 했다이런 경우에는 학생장이 총장으로 되었다-역주. 처음에는 교수들이 학생들이 내는 수업료에 전적으로 의존하였으나, 뒤에는 봉급쟁이 교수직이 여러 분야에서 나타나게 되었다.

파리 대학은 노트르 담Notre Dame 성당학교의 명성에 이끌려 파리로 모여든 교수들에 의해 형성되었다. 참사회의 관리로서 학교의 감독권과 강의 허용권을 위임받은 학무관chancellor이 자격을 갖춘 교수에게 일 드 라 시떼Ile de la Cité에 있는 성당 부근의 건물에서 강의를 하도록 허락하였다. 사실상, 이들 교수와 성당학교의 유일한 관계는 교수들이 학무관으로부터 강의 허락을 받고 또 그에 의해 강의를 금지당할 수 있다는 것뿐이었다. 교수들은 각각 알맞은 방을 세내어 강의를 했고, 학생들로부터 수업료를 받았으나, 졸업생들에게 강의할 것을 허락하거나 학위를 수여하는 것은 학무관이었다. 샹뽀의 윌리엄William of Champeaux과 피에르 아벨라르가 보편개념의 성격에 관해 논쟁을 벌였을 당시, 그들은 둘 다 노트르 담의 지붕 아래에서 가르치고 있던 교수였다.

학무관과 교수들 사이에는, 특히 교수들 가운데 아벨라르처럼 자존심이 강한 사람이 끼어 있는 경우, 갈등이 있을 수밖에 없었다. 일 드 라 시떼와 마주보고 있는 세느강 왼쪽 강변의 언덕에는 성 쥬느비에브St. Geneviève 수도원이 자리잡고 있었다. 그 자리엔 오늘날 쥬느비에브의 삶과 선행을 그린 벽화가 장식되어 있는 판테온Pantheon 사원이 들어서 있다. 학무관과 싸운 교수들은 종종 강을 건너 이 수도원 원장의 보호 아래 가르치곤 했다. 시간이 지나면서, 이 수도원 부근의 땅과 세느강으로 내려가는 비탈에 파리 대학이 들어서게 되었고, 일 드라 시떼에는 교수가 거의 남지 않게 되었다. 오늘날에도 바로 그곳에 파리 대학이 라틴구Latin quarter 한가운데 자리잡고 있다.

12세기 말에, 파리에서 가르치고 있던 교수들은 조합, 즉 대학university을 형성하였다. 1200년에 존엄왕 필립 2세가 파리의 교수 및 학생에게 특권을 부여한 특허장에는 이 교수조합이 언급되어 있고, 10년이 지나지 않아 조합장proctor이라 불리는 관리가 나타나게 된다. 1219년, 교양학부 교수들은 출신지에 따라 프랑스, 노르망디, 피카르디, 그리고 영국의 네 조합으로 나뉘었고, 각 조합에는 조합장이 있었다. 13세기 중엽, 모든 교양학부 교수들을 대표하는 총장rector이 선출되기에 이르렀다. 신학, 교회법, 의학 교수들은 각기 학장dean으로 대표되는 학부를 따로 형성하였다. 총장은 원칙상 교양학부의 우두머리에 불과하였으나, 교양학부가 가장 컸으므로 대학의 최고 관리임을 주장하였고, 신학부의 학장과 오래도록 격렬한 투쟁을 거쳐 결국 그렇게 인정되었다.

영국에서 옥스포드시는 지리적으로 한가운데 위치하고 있었고, 12세기 초반에는 이따금 파리와 심지어 볼로냐로부터도 교수들이 흘러들어와 그곳에서 강의하곤 하였다. 헨리 2세와 루이 7세의 줄기찬 반목은 파리에 있는 영국인 학자들의 처지를 좀 어렵게 했고, 1167년에 헨리는 그들에게 모두 귀국하라는 명령을 내렸다. 이것이 아마, 증명된 사실은 아니지만, 대규모 교육 중심지로서 옥스포드가 자리 잡는 계기가 되었을 것이다. 1185년에는, 지랄두스 캄브렌시스Giraldus Cambrensis가 교수와 학생이 많이 모인 가운데 그의 한 저작을 읽었고, 1209년에는 한 연대기 작가가 좀 과장했겠지만 옥스포드의 학생 수를 3,000명으로 기록하였다. 1214년에는 총장chancellor이라 불리는 대학의 우두머리가 처음 언급되기에 이른다. 당분간, 교수들은 북부와 남부의 두 조합으로 나뉘어, 각기 조합장을 선출하였다. 그러나 13세기가 끝나기 전에 두 조합장은 대학의 보직으로 계속 남았으나, 조합은 사라졌다. 파리와는 달리, 옥스포드에서는 학부가 거의 구별되지 않았고 따라서 학장도 없었다. 총장과 두 조합장이 대학 전체를 관장하였으며, 대부분의 행정기능은 교수총회에서 이루어졌다.

캠브리지 대학의 기원은 지극히 모호하지만, 옥스포드와 파리에서 옮겨온 교수와 학생들에 의해 창설된 것임은 분명하다. 초기의 대학은 자체 건물이 없이 단지 필요한 건물을 세내었기 때문에, 교수와 학생이 이동하기는 아주 쉬운 편이었다. 수차례에 걸쳐, 옥스포드시 당국 또는 국왕 정부와의 알력으로 대학인들이 옥스포드를 떠났고, 이들 가운데 일부가 캠브리지에 정착한 것으로 여겨진다. 또 1230년에 파리의 대학생들은 대비大妣로서 섭정을 하던 까스띨랴의 블랑슈 및 그녀를 지지하던 교황 사절과 실로 굉장한 싸움을 벌였다. 대비와 교황 사절의 관계에 관한 음란한 시구를 소리높여 읊어대면서, 대학인들은 떼를 지어 파리를 떠났다. 많은 사람이 블랑슈의 철천지원수였던 브르타뉴공 드르외의 피에르Peter of Dreux가 차지하고 있던 앙제르Angers로 갔으나, 캠브리지에도 상당수가 갔다.

13, 14, 15세기에 많은 대학이 설립되었다. 1222년, 볼로냐를 떠난 대학인들이 파도바Padua에서 대학을 시작하였다. 1224년, 프리드리히 2세는 나폴리에 군주의 명으로 설립된 최초의 대학을 세웠다. 6년 뒤, 교황은 알비파 이단의 억압에 도움이 되도록 툴루즈에 대학을 세웠다. 13세기 말에는 스페인과 포르투갈에도 대학이 세워졌다. 14세기에는 이탈리아에 7개, 프랑스에 4개, 독일에 5개의 대학이 설립되었다. 15세기에는 프랑스에 7개, 이탈리아와 독일에도 수많은 새 대학이 창설되었다.

파리, 옥스포드, 캠브리지의 세 대학은 여러 가지 다른 점도 많았으나, 기본적으로는 공통된 특징을 지녔고, 따라서 함께 고찰될 수 있다. 각 대학은 성·속의 권력으로부터 독립하기 위해 오랜 투쟁을 감행하였다. 모든 교수와 학생이 사제처럼 삭발하고 교단에 소속되어 있었으므로, 그들은 원칙상 세속 정부에 의한 체포와 처벌에서 면제되었다. 그러나, 대학의 우두머리들은 사실상 광범위한 세속적 권한을 획득하였다. 그 획득 과정은 대체로 같았다. 어떤 학생이 술집을 난장판으로 만들거나 여자를 강간하는 따위의 범죄를 저질렀다고 치자. 시민들과 시의 관리들은 그 학생을 체포하려 한다. 이에 폭동이 이따금 대규모로까지 발생한다. 한번은, 옥스포드 대학생들이 무장폭도에 의해 여러 날 포위된 적도 있었다. 이때 학생들도 무장을 갖추고 있었으므로, 싸움은 더욱 격렬해졌고 왕의 군대가 도착해서야 겨우 끝이 났다. 폭동이 일어난 뒤에, 대학의 관리들은 왕에게 제소를 하게 되고, 왕은 언제나 대학의 우두머리에게 더욱 많은 세속적 권한을 부여하여 분쟁을 해소하였다. 왕이 머뭇거리면, 대학은 대개의 경우 교황으로부터 지원을 받을 수 있었다. 결국, 대학은 언제나 이기는 쪽이었다. 옥스포드의 총장은 교수와 학생 그리고 그들의 하인에 대해 완전한 사법권을 행사하게 되었다. 음식값과 하숙비를 둘러싼 학생과 시민들 사이의 모든 분쟁은 그의 소관이 되었다. 파리 대학의 총장 역시 그의 관할 아래에 있는 모든 사람에 대해 사법권을 행사하였다. 게다가, 그는 대학에 특별히 필요한 물품을 공급하는 서적상, 잉크 제조업자, 그리고 종이업자 등의 길드들에 대해서도 감독권을 지니고 있었다.

파리 대학이 처음 출현했을 때, 학위 수여 및 강의 허용의 권한은 노트르 담 성당참사회의 학무관에게 있었고, 교수와 학생에 대한 교회 사법권은 파리 주교에게 있었다. 그러나 교황에게 수없이 호소하는 한편 오랜 동안 격렬한 투쟁을 전개함으로써, 대학은 주교와 학무관의 권한을 축소시켜 겉껍데기만 남겨놓았다. 주교는 그의 사법권을 총장에게 넘겼고, 학무관은 여전히 강의 허용권을 지니고 있었으나 교수단에서 천거한 자를 거부할 수 없게 되었다. 옥스포드는 더욱 더 성공적이었다. 링컨Lincoln의 주교는 옥스포드에서 멀리 떨어진 곳에 있었고, 주교의 대리인인 옥스포드 부주교는 교수들이 선출한 대학 총장의 상대가 되지 못했다. 곧 총장은 교수와 학생에 대해 완전한 교회 사법권을 장악하였다.

대학에 들어가려는 학생은 라틴어 독해 능력을 증명하게 되어 있었으나, 시험이 정례화되지 않았으므로 많은 학생이 공부할 준비를 못한 상태로 입학하였다. 와이크햄의 윌리엄William of Wykeham이 옥스포드의 뉴 칼리지New College를 위한 예비학교로 윈체스터 칼리지Winchester College를 세운 것은 바로 이러한 상황을 개선키 위한 것이었다. 일단 입학한 학생은 문법, 수사학, 논리학의 세 과목을 배우기 시작했다. 교수는 프리스키아누스의 ≪라틴어의 구조*Institutes*≫와 같은 저작을 선배 학자들이 붙인 주석과 함께 읽어 나가면서, 거기에 자신의 주석을 덧붙이는 식으로 강의를 했다. 이 과정은 "강독hearing"이라고 일컬어졌다. 파리에서는, 문법책 2권과 논리학책 5권을 강독받으면, 문학사bachelor of arts가 되었다. 문학사는 일종의 도제 교사가 되어 문학사가 되려는 학생을 가르칠 수 있었다. 5~6년 동안 그러한 일을 하면, 문학석사가 되었다. 이 과정에서는 강독을 받는 것과 함께 학생들 스스로 약간의 책을 읽어야 했다. 옥스포드에서는 학위후보자가 일정수의 교수를 내세워 그가 요구된 양만큼 듣고 읽었음을 서약케 해야 했다.

문학석사가 된 학생은 대학을 떠나든지, 교양과목을 가르치든지, 아니면 법학, 의학, 또는 신학의 학위를 받기 위해 기나긴 수업과정에 들어가든지 선택할 수 있었다. 법학은 위에서 언급한 강의방법으로—교수가 교과서와 주석을 읽고 자신의 주석을 보태는 방법으로—교육이 이루어졌다. 의학에서는 학생들이 이론 분야와 실습 분야의 두 종류 책을 강독받았다. 하지만 오늘날처럼 실제로 실습이 이루어진 것은 아니고, 물론 실험실도 없었다. 가장 존중받던 교과정은 신학이었고, 그 박사학위를 따는 것은 진짜 어려운 일이었다. 문학석사는 4년 동안 성경에 관한 강의를 듣고, 피터 롬바르드의 ≪전거집*Book of Sentences*≫에 관한 강의를 두개 더 듣고 나서야 신학사bachelor of divinity가 됐다. 그 뒤, 역시 주로 성경과 ≪전거집≫의 연구에 치중하여 6년을 더 보내고서야, 신학을 가르칠 자격이 생겼다. 게다가 정식으로 박사학위를 받으려면 대개 또 1년을 기다려야 했다. 이런 기나긴 연구기간 동안, 학생은 신학의 여러 문제에 관한 "토론"이나 공개적인 논쟁에 참가하였다. 학위를 따는 때에는 일정한 수의 토론참가 실적이 요구되었다. 학생은 또 대개의 경우 수많은 설교를 행해야 했다. 중세의 신학은 "만학의 여왕"으로 존중되긴 했지만, 이러한 고된 연구과정을 견디어낸 학자는 극히 드물었다. 중세 신학자들은 언제나 대다수 학생들이 좀더 돈벌이가 되는 법학과 의학으로 몰리는 데 대해 개탄을 하고 있었다.

대학의 지적인 활력은 교과정에 계속 새로운 지식이 유입됨으로써 유지되었다. 7개 교양과목 가운데 4과quadrivium는 새로운 형태의 수학에 의해 변형되었다. 유클리드Euclid의 ≪기하학*Geometry*≫이 12세기 중엽 이전에 라틴어로 번역되었고, 12세기 후반에는 아랍의 삼각법과 대수 그리고 산수가 우리에게 친숙한 "아라비아" 숫자(원래는 인디아에서 유래하였다)와 함께 유럽에 알려지게 되었다. 삼학trivium의 연구는 아리스토텔레스의 저작들이 번역된 이후 주로 그의 철학에 대한 연구가 되었다(이 번역작업에 관해서는 다음 절에서 고찰할 것이다). 의학박사들은 12세기 말에 번역된 갈레누스Galen와 히포크라테스Hippocrates의 저작들을 교과서로 썼다. 신학자들은 교황과 공회의가 제정한 새로운 교리법령에 대처해야 했다. 교회법은 점점 더 많은 새로운 법령이 제정됨에 따라 계속 팽창·변화되고 있었다. 그라티아누스 이후에 교황과 공회의가 제정한 법령들은 1234년 교황 그레고리우스 9세가 편찬·반포한 권위 있는 ≪교령집*Decretals*≫에 취합되었다. 13세기 중엽에 대학의 교회법학자들이 주로 한 일은 이 ≪교령집≫을 해설하고 해석하는 것이었다그라티아누스의 ≪법령집성*Decretum*≫을 주석하는 교회법학자를 decretists라 칭한 것과 구별하기 위해, ≪교령집≫ 주석가들은 decretalists라 불린다-역주. ≪교령집≫의 가장 위대한 주석가는 오스티아Ostia의 주교 겸 추기경으로 생을 마친 호스티엔시스Hostiensis; 1200?~1271와 뒤에 교황 이노센트 4세가 된 시니발도 데 피에쉬Sinibaldo de Fieschi; 1200?~1254였다. 뒤이어 1298년과 1317년에 다른 교령집들이 편찬됨으로써, 공식적인 ≪교회법 대전*Corpus Juris Canonici*≫이 완성되었다. 물론 옛 로마법 ≪대전≫은 (법학자들이 유스티니아누스의 법전에 중세 황제들의 법령들을 엄숙하게 덧붙이기는 했지만) 그 같은 방식으로 커질 수 없었다. 그러나 13세기 말에 가서, 로마법의 연구는 새로운 방향으로 나아가게 되었다. 법학자들은 유스티니아누스의 법전을 단순히 해석만 하는 대신에, 로마법의 원칙을 중세 사회의 필요에 더욱 효과적으로 적응시키는 데 노력을 집중했던 것이다. 이 학파의 가장 위대한 학자는 사소페라또의 바르톨루스Bartolus of Sassoferato; 1313~1357였다.

13세기 후반에는, 경건하고 자비심 많은 수많은 남녀가 가난한 학생들의 곤궁에 애처로움을 느끼기 시작하였다. 하숙비와 음식값은 비쌌고, 많은 학생이 그 돈을 대지 못하는 처지였다. 이들 자선가들은 가난한 학생을 무료로 또는 아주 싼 값으로 먹여주고 재워주는 기숙사를 설립하였다. 이런 기숙사에서는 어느 정도 높은 수준의 품행을 유지키 위해, 대개 한 명 또는 그 이상의 교수에게 학생들과 함께 생활하도록 숙식을 제공하였다. 공부에 도움을 얻으려는 학생은 기숙사에서 함께 생활하는 이들 교수에게 도움을 청할 수 있었다. 그리하여 세 대학의 역사에서 아주 중요한 역할을 하게 될 칼리지college가 탄생하게 된 것이다. 파리에서 최초로 나타난 칼리지 가운데 하나는 부유한 상인 로베르 드 소르봉Robert de Sorbon이 1258년에 설립한 것으로, 이 소르본느Sorbonne는 지금도 유명하다. 1500년에 파리에는 60개가량의 칼리지가 있었다. 1264년 로체스터Rochester의 주교 머튼의 월터Walter of Merton는 옥스포드에 머튼 칼리지Merton College를 세웠고, 거의 같은 시기에 영국 북부의 대제후 존 발리올John Baliol은 발리올 칼리지Baliol College를 세웠다. 캠브리지의 첫 칼리지는 1284년에 설립된 피터하우스Peterhouse였다. 칼리지는 많은 토지와 지대를 기증받고 있었다. 칼리지는 또한 종종 여러 교회에 성직자를 추천할 권한도 부여받았는데, 이 권한은 사제직을 지닌 교수들에게 주어질 수 있었다. 중세 말에는, 대학 강의의 중요성이 줄어들고, 그 대신 칼리지가 교육업무의 대부분을 담당하게 되었다.

중세의 대학생들은 오늘날의 대학생과 별로 다르지 않았다. 공부에 열심인 학생도 있었으나, 그렇지 못한 학생도 있었다. 많은 학생이 술집과 창녀집을 제집 드나들듯 하였다. 대부분의 학생은 언제나 돈이 딸렸다. 학생들을 위해 편지의 본보기를 담아놓은 소책자가 여럿 남아 있는데, 이 편지들 가운데는 부모나 친척 또는 후원자로부터 돈을 뜯어낼 여러 가지 구실을 소개한 것이 많다. 또 여자를 저녁식사에 초대하는 수단을 소개한 내용도 많다. 중세는 폭력의 시대였으므로, 교수와 학생들 역시 난폭한 행동을 곧잘 하였다. 동료들 여럿 살해했던 한 독일인 교수는 교수회의에서 또다시 한 동료를 찔러 죽임으로써 결국 추방되었다. 옥스포드의 한 교수는 그의 학생들로 하여금 자기를 비난했던 사제를 죽이게 한 죄로 고소당했다. 옥스포드의 학칙은 학생들이 활과 화살을 교실에 갖고 들어오지 못하게 금지시켰다. 학생과 민간인 사이의 유혈 폭동은 드문 일이 아니었다. 학생들에 의한 절도와 강도는 예삿일이었다. 그러나 여기서, 학생 신분을 얻기가 그리 어려운 일이 아니었고, 학생 신분은 범죄자의 좋은 은폐수단이었다는 사실을 유념해야 할 것이다. 학생에겐 세속 당국의 손길이 미치지 못했고, 범죄소굴은 대학 바로 근처에 있었고, 그곳의 많은 범죄자들은 학생으로 가장했던 것이다.

명백한 온갖 결점에도 불구하고, 대학은 중세 문명의 발전에 큰 기여를 하였다. 대학은 학자들을 지원하였고, 학문에 도움이 되는 환경을 마련해 주었다. 중세 말의 뛰어난 학자들은 대부분 대학에 속해 있었다. 그리고, 각 학부의 교수단은 해당 학문의 권위로 기능하였다. 한 교황은 파리의 신학 교수단에게 자문을 구하지도 않고 신학상의 문제를 결정한 데 대해 구구절절 변명을 해야 했다. 대학 졸업생들은 전문직에 종사하였다. 대학을 떠난 문학석사들은 학교 선생이 되거나 관리가 되었다. 로마법을 연구한 박사들은 로마법이 시행되고 있는 지역에서 변호사로 개업하든지 세속 군주의 관리가 되었다. 교회법 학자들은 교회법정의 엄청난 업무를 수행하였다. 신학박사들은 교수가 되거나 교회의 고위직을 차지하였다. 요컨대, 중세 말을 특징지운 문명의 전반적인 발전은 대학이 없었다면 결코 이루어지지 못했을 것이다.

55. 이슬람과 유대의 사상 : 아리스토텔레스의 재발견

우리는 이미 그리스 과학의 많은 저작이 12세기에 라틴어로 처음 번역되어 나왔음을 언급한 바 있다. 이 번역 작업의 가장 중요한 결과는 아리스토텔레스의 전 저작이 서양 사상의 한 부분으로 편입된 것이었다. 13세기 스콜라 철학의 내용과 틀은 아리스토텔레스의 사상을 기독교 교리체계에 융합시키려는 시도에서 자라난 것이었다. 따라서, 이 문제가 처음에 어떻게 중세 사상가들에게 제기되었는가를 이해하는 것은 중요하다.

로마 제국이 몰락한 이후, 서방에 알려져 있던 아리스토텔레스의 저작은 보에티우스가 번역한 초보적인 논리학 논문 몇 편뿐이었다p. 75 참조. 아리스토텔레스 저작의 훌륭한 그리스어 사본들이 비잔티움에 남아 있었으나, 그들은 비잔티움에서 어떠한 독창적인 철학적 사고의 전통도 만들어내지 못하였다. 이슬람 세계에서는 상황이 달랐다. 아랍인들이 정복한 헬레니즘 문화 지역에는 그리스 철학의 여러 학파가 뿌리를 깊게 내리고 있었다. 아랍인들은 그 학파들의 사상을 습득하여 자기들 것으로 만들고는, 그것을 크게 발전시켰다. 그리고 서방의 기독교인들이 결국 그리스 철학의 전 유산을 되살린 것은 주로 아랍 세계와의 접촉을 통해서 이루어졌던 것이다.

750년에서 900년 사이에, 아리스토텔레스의 모든 저작이 일부는 그리스어에서 직접, 일부는 시리아어 판을 통해, 아랍어로 번역되었다. 수많은 신플라톤 학파의 저술들 역시 비슷한 시기에 번역되어, 아리스토텔레스의 저작으로 오해되었다. 10세기에서 12세기까지, 이슬람 세계에서는 일련의 위대한 유대인 및 아랍인 사상가들이 이 저작들을 해석하고, 그 이설을 유대교 및 이슬람교의 유일신 교리와 조화시키려 노력하였다. 이는 결코 쉬운 일이 아니었다. 아리스토텔레스의 철학은 시작도 끝도 없이 존재해 온 결정론적 우주를 제시하고 있었다. 이는 인격신인 하나님의 천지창조 및 뒤이은 인류역사에의 섭리를 통한 개입과 완전히 배치되는 것이었다. 아리스토텔레스의 가르침은 또한 영혼불멸의 믿음에 대해서도 곤란한 문제를 제기하였다. 플라톤의 철학에서와 마찬가지로, 그의 철학에서도 모든 본질은 질료matter과 형상form으로 이루어져 있었으나, 아리스토텔레스는 형상이 독자적인 영역에서 따로 존재하지는 않는다고 보았다. 인간의 정신은 질료 속에 깃들어 있는 상태로만 형상을 인식한다는 것이었다피에르 아벨라르는 아리스토텔레스의 형이상학을 전혀 알지 못했으나, 보편의 문제에 관해 기본적으로 유사한 해답에 도달하였다p. 351 참조. 아리스토텔레스는 영혼을 인간의 형상으로 보았다. 따라서 육체가 죽은 뒤에 어떻게 영혼이 따로 존재할 수 있는가를 설명하기는 어려웠다. 플라톤은 그냥 분명하게 영혼불멸을 가르쳤다. 아리스토텔레스의 가르침은 잘못은 아니더라도 아주 모호하였다.

아랍인 및 유대인 철학자 가운데 13세기의 서양 학자들에게 특히 중요했던 사람은 아비세브론Abicebron 또는 Solomon Ibn Gabirol; 1021~1070, 마이모니데스Maimonides 또는 Moses ben Maimun; 1135~1204, 아비세나Avicenna 또는 Ibn Sina; 980~1037, 그리고 아베로에스Aveiroës 또는 Ibn Rushd; 1126~1198였다. 아비세브론은 영혼의 "질료요소론hylomorphism"을 주장하였는데, 이 이설은 그가 죽고 200여 년이 지난 뒤 파리에서 격렬한 논쟁거리가 되었다. 이 이설에 따르면, 정신적 본질, 예컨대 인간의 영혼도 육체와 마찬가지로 질료물론 "정신적 질료"이다와 형상으로 이루어져 있다는 것이었다. 이 이론으로 영혼이 육체의 사후에 어떻게 따로 존재할 수 있는가를 이해하기는 쉬웠지만, 영혼과 육체가 어떻게 결합되어 하나의 인간을 이루는가를 설명하는 것은 거의 불가능하였다. 마이모니데스는 학식 높은 탈무드Talmud 학자로서 아리스토텔레스와 구약의 종교를 조화시키려 애썼다. 그는 토마스 아퀴나스와 비슷한 방법으로 신의 존재를 증명하였으나, 성서를 비유적으로 해석하기도 하여 보수적인 율법학자rabbi들의 의심을 샀다. 아비세나는 유출emanation을 모든 존재의 근원으로 보는 신플라톤 학파의 이설을 가르쳤다. 하나의 신성한 원천으로부터 창조적인 지성이 유출되어 나오고, 이로부터 좀더 하급의 지성이 유출되어 나오며, 이 과정이 계속되어 물질세계의 생성까지 이어지게 된다는 것이었다. 이 이론은 모하메드가 받아들인 구약의 천지창조 과정과 거의 조화될 수 없는 것이었다.

끝으로, 아베로에스는 아리스토텔레스의 이설을 어떤 타협이나 왜곡 없이 순수하게 제시하려 하였다. 그는 세계의 영원성, 즉 우주는 시간적으로 처음이 없다는 이론을 크게 강조하였다. 그는 또한 개개인의 영혼이 불멸임을 부정하였다. 아베로에스는 단 하나의 지성만이 있으며, 그 지성이 개개의 육체 속에서 작용하고 있을 뿐이라고 보았다. 개개인은 그저 사라져갈 뿐이고, 보편지성만이 영원히 존속하는 것이었다. 이러한 이설들은 명백히 코란Koran에 배치되었다. 따라서 아베로에스는 코란이 가르치는 것은 일반 사람이 이해할 수 있는 유사진리approximations to truth일 뿐이라고 천명하였다. 철학자는 순수이성을 통하여 좀더 차원 높은 진짜 진리에 도달하여야 했다. 이러한 견해들은 정통 회교도들에 의해 격렬한 공격을 받았고, 아베로에스는 말년에 탄핵을 받아 추방당했다.

기독교도 사상가들이 아리스토텔레스의 저작을 처음 알게 된 것은 비잔틴이 아니라 아랍으로부터였으며, 이는 아마도 아랍인들에게서 아리스토텔레스 철학의 생생한 전통을 발견하였기 때문일 것이다. 사실, 12세기에 이루어진 아리스토텔레스의 라틴어 번역작업은 거의 모두 기독교도와 회교도가 이웃하여 함께 살고 있던 지역에서 수행된 것이었다. 시칠리아에서도 약간의 번역이 이루어졌으나, 가장 큰 번역 중심지는 스페인의 톨레도Toledo였다. 이는 여러 가지 결과를 낳았다. 아리스토텔레스의 저작은 유대인 및 아랍인의 주석과 함께 서양에 전해졌고, 아랍인 학자들의 잘못 때문에 신플라톤 학파의 저술들도 아리스토텔레스의 저작으로 포함되어 함께 들어왔으며, 끝으로 그리스어 원본이 많은 경우 그리스어에서 시리아어로, 시리아어에서 아랍어로, 다시 아랍어에서 라틴어로 중역되는 바람에 많은 오역의 문제가 발생하였다. 이러한 어려움은 13세기 중엽 뫼어벡크의 윌리엄William of Moerbeke이 그리스어 원본을 토대로 아리스토텔레스의 여러 저작을 직접 번역해 냄으로써 극복되었다.

서양에 처음으로 새롭게 알려진 아리스토텔레스의 저작은 수준 높은 논리학 논문들이었다. 1142년 세상을 뜰 무렵의 피에르 아벨라르가 알고 있던 것은 "구논리학舊論理學, Old Logic: 보에티우스가 번역한 저작들을 가리킴" 뿐이었다. 1160년에는, 아리스토텔레스의 논리학 저작 가운데 나머지를 이루는 "신논리학新論理學, New Logic"이 파리에서 사용되고 있었다. 12세기 후반에는, 아리스토텔레스의 과학 분야 저작이 주로 톨레도의 대주교 레이몽Raymond의 후원 아래 일하였던 도미닉 군디살비Dominic Gundisalvi와 크레모나의 제라르Gerard of Cremona에 의해 모두 번역되었다. 이때부터, 아리스토텔레스는 서양 세계에서 철학체계를 구축한 인물로서 뿐만 아니라 모든 지식분야에서의 위대한 스승으로서 명성을 떨치게 되었다. 서양 학자들은 그의 저작에서 새로운 논리학 및 형이상학뿐만 아니라, 윤리학과 심리학 그리고 정치학의 새로운 이론들과 새로운 물리학 · 천문학 · 기상학 · 동물학을 발견하였다. 단테Dante는 아리스토텔레스를 간단하게 "모든 지식인의 스승"이라고 칭송하였다.

56. 중세의 과학과 기술

중세의 과학에 관한 한, 아리스토텔레스의 막강한 권위가 처음에는 부정적인 영향을 미쳤다. 아리스토텔레스는 자연과학이 폭넓은 관찰과 그 관찰에 입각한 과학적 일반화에 토대를 두어야 한다고 가르쳤다. 그러나 이 훌륭한 방법을 사용하는 대신, 13세기인들은 대개 아리스토텔레스가 제시한 결과를 그대로 받아들여, 무비판적으로 다음 세대에게 가르치는 것으로 만족하였다. 중세인이 자연관찰에 능력을 갖추지 못했거나 자연관찰에 관심이 없었던 것은 아니었다. 13세기의 조각 및 그림, 그리고 황제 프리드리히 2세가 쓴 매 훈련법에 관한 글 등의 수많은 실용적인 논문은 자연계에 대한 세밀한 관찰 능력을 충분히 증명해준다. 의사들은 13세기에 살레르노와 볼로냐에서 시체해부를 하고 있었다. 토마스 아퀴나스의 스승인 알베르투스 마그누스Albertus Magnus: 大 알베르트는, 아리스토텔레스의 생물학 관계 저작에 주석을 붙이면서, 고향인 독일의 동 · 식물상에 관하여 직접 관찰한 사실을 제시하였다. 그러나 아리스토텔레스의 과학적 가설이나 결론을 새로 수집한 증거에 비추어 비판하려는 시도는 사실상 전혀 없었다.

그리하여, 13세기 말의 지식인이 지니고 있던 물질계에 대한 관념은 고대 그리스인의 그것과 기본적으로 유사한 것이 되었다. 13세기인은 지구가 흙과 물과 공기와 불의 요소로 구성되어 있다는 고전 이론을 받아들였다. 그는 지구가 구형임을 이해하고 있었으나, 지구가 우주의 한가운데에 붙박혀 있다고 생각했다. 가장 기본적인 물질인 흙이 중심을 이루고, 그 위에 물층과 공기층 그리고 가장 미세한 요소인 불층이 차례로 놓여 있다. 북반구에서는, 별들의 인력이 몇몇 지역의 땅을 물보다 위로 끌어 올린다. 지구 바깥으로는, 우주가 중심이 같은 일련의 투명한 구球들로 이루어져 있고, 그 구들에 달과 해와 혹성들이 보석처럼 박혀 있다. 가장 바깥의 구에 항성들이 있다. 이러한 아리스토텔레스의 우주에서는, 모든 물체가 자신의 자연스러운 성향을 충족시켜 안정상태에 도달하려는 경향이 있다(이는 무생물뿐만 아니라 생물체에도 적용된다. 따라서 인간의 본성에 대한 연구는 어떻게 평화와 행복의 상태에 이를 수 있는지 가르쳐 줄 합리적인 윤리학을 낳을 수 있다고 여겨졌다). 무생물에 있어서는 물체의 본성 이 운동방향을 결정한다. 무거운 "흙"성性의 물체는 본성상 지구의 낮은 부분에 속하며, 따라서 떨어져내리는 성향을 지닌다. 반면에 화염은 높은 불의 영역으로 올라가려는 성향을 지닌다. 어느 물체가 "자연스러운" 방향이 아닌 쪽으로 움직이고 있는 경우에는, 힘이 그 물체에 작용하고 있는 것이다. 우주를 움직이는 힘은 신비스러운 "제1운동자prime mover"이고, 이 힘이 항성의 구를 회전시키며, 그 회전력에 의해 낮은 단계의 구들도 따라 움직이게 된다. 아랍의 신플라톤 학파는 각 구를 주재하면서 그 구의 운동을 야기하는 지도적 원리guiding intelligence를 상정함으로써 이 체제를 약간 변경시켰다. 이는 중세에 널리 받아들여졌다. 또한 일부 중세 사상가는 혹성의 불규칙한 움직임을 설명하기 위해 편심偏心 궤도를 상정한 좀더 복잡한 프톨레마이오스 체계Ptolemaic system도 알고 있었다.

그러나, 물질계에 대한 아리스토텔레스의 설명을 극복하려는 시도는 대개 점성술 및 연금술과 같은 거짓 과학을 빚어냈을 뿐이었다. 널리 퍼져 있던 점성술에의 믿음은 적어도 천문관측과 천체의 움직임을 예견하기 위한 천문도의 작성에 대한 관심을 유지시켜 주었다. 그러한 작업은 아랍의 수학과 천측구 같은 도구가 유럽에 도입됨으로써 더욱 촉진되었다. 연금술사들은 모든 물체가 흙,

공기, 불, 물의 4요소로 이루어져 있다는 보편적인 믿음에서 출발하여, 여러 가지 물질을 결합시키고 갖가지 가열-냉각 과정을 거치게 함으로써 물질의 변화를 야기시키려 하였다. 그들은 여러 유용한 화학기구를 고안하고, 증류의 분야에서 값진 새로운 처리 과정들을 만들어내었다. 그들은 결국 금을 만드는 방법은 알아내지 못했으나, 결코 사소한 것이라 할 수 없을 브랜디 주조법을 발견해내었다. 그러나, 그들의 노력은 기본적으로는 방향을 잘못 잡은 것이었다. 그들이 이루어낸 중요한 성과들은 모두 우연한 부산물이었던 것이다.

13세기인은 순수과학보다는 실용적인 기술에서 훨씬 더 두드러진 발전을 이루었는데, 이는 연금술사들의 복잡한 실험보다는 실생활의 필요에서 자극된 것이었다. 단순하면서도 매우 유용한 물레나 손수레 따위의 기구가 사용되게 되었다. 발구름판이 처음으로 선반과 베틀의 작동에 이용되었다. 자석 나침판이 중국으로부터 도입되었다. 안경이 발명되었다. 물레방아를 이용하여 점점 더 정교한 전동장치가 작동되었고, 그 장치는 대형 제재톱이나 풀무를 작동하는 데 쓰였다. 풍차도 대규모로 쓰이게 되었다. 일부 중세 저술가들은 인디아에서 전래된 영구운동의 관념에 매료되어, 이따금 자력에 의해 영구하게 작동될 엔진의 발명 가능성을 진지하게 고려하곤 하였다. 중세의 기사技士들은 사실상 1300년경에 훌륭한 탈진장치를 갖춘 최초의 추시계를 만들어냄으로써 동력을 새롭게 이용하였다. 이러한 시계는 그 이전의 어떤 사회가 만들어낸 것보다 정교하고 우수한 기계장치였을 것이다.

물질계에 대한 아리스토텔레스의 생각이 13세기에 대체로 거의 그대로 받아들여졌고, 이론과학보다는 응용과학기술에서 더욱 진보가 뚜렷하긴 했지만, 과학방법론의 분야에서는 어느 정도 진보가 이루어졌다. 이 분야에서 가장 중요한 인물은 영국인인 로버트 그로스테스트Robert Grosseteste; 1168~1253였다. 그는 1215년에 옥스포드 대학의 총장이 되었고, 1224년에 최초로 옥스포드에 입학한 프란체스코회 탁발승들의 교사가 되고자 하였다. 그러는 가운데 그는 영국 프란체스코회 철학파의 창시자가 되었다. 1235년에 그로스테스트는 링컨의 주교로 선출되었고, 영국의 중요한 고위성직자 가운데 하나로서 그는 거의 20년 동안 교회업무와 나랏일에서 주된 역할을 수행하였다.

철학자로서 그의 주된 특징은 직접적인 지식과 직접적인 관찰을 강조한데 있었다. 그는 신학도는 성경의 그리스어 및 히브리어 원전을 읽어야 하고, 철학도는 그리스어로 아리스토텔레스를 읽어야 하며, 자연과학도는 직접 자연현상을 관찰해야 한다고 주장하였다. 그로스테스트 자신은 광학에 특히 매료되었다. 신플라톤 학파의 저술들과 기독교 서적들에서는 "빛"이 신성한 존재의 상징으로 자주 원용되었으며, 중세인은 그러한 상징을 문학적 비유로만 받아들이지는 않았다. 오히려 그것은 현실의 빛과 성 요한의 "모든 사람을 비추는 참 빛"요한복음 1장 9절 사이에 모종의 중요한 관계가 있음을 가리킨다고 여겨졌다. 그로스테스트는 현실의 물리적인 빛의 움직임을 완전히 파악하게 되면 우주의 본질 전체를 더욱 깊이 이해할 수 있으리라고 확신하였다. 이 확신으로 말미암아 그는 과학방법론에 중요한 기여를 하게 되었다. 빛의 방사는 기하학적으로 가장 잘 표현될 수 있었고, 그로스테스트는 그러한 작업에의 관심을 통하여 물리학적 법칙의 수학적 표현을 자연철학자natural philosopher가 해야 할 과업의 필수적인 부분으로 강조하게 되었다. 그 자신이 이루어낸 가장 두드러진 업적은 무지개의 형성을 수학적으로 정교하게 설명해낸 것이었다. 과학방법론에 대한 그의 또 하나 중요한 기여는 실험에 의한 가설의 반증이란 원칙을 수립한 것이었다. 자연철학자가 우선 자연현상을 관찰하고, 관찰한 사실을 설명해주는 가설을 세워야 한다는 것은 누구나 잘 알고 있었다. 그로스테스트는 여기서 한 걸음 더 나아갔다. 대개의 경우, 설명되는 사실은 하나인데, 그것을 설명하는 가설은 여러 개에 달한다. 따라서 거짓된 가설이나 그로부터 논리적으로 도출되는 명제를 반증하는 증거를 의도적으로 찾아냄으로써 거짓 가설을 제거하는 작업이 필요하다는 것이었다. 이러한 절차는 근대적인 실험과학의 토대가 되었다.

그로스테스트의 제자인 프란체스코회 탁발승 로저 베이컨Roger Bacon; 1220~1292은, 오늘날에는 그로스테스트보다 더 유명하지만, 사실 독창성에서는 스승에게 훨씬 뒤떨어져 있었다. 베이컨은 기본적으로 명민하고 상상력이 풍부한 비판가였을 뿐이었다. 그는 인간 지식의 진보가 고대의 권위들에 대한 지나친 존숭과 널리 유포된 편견, 그리고 자기의 무지를 인정하지 않으려는 철학자들의 고집 때문에 가로막혀왔다고 주장했다. 그는 자연현상의 연구에서는 "실험과학"을 철저히 사용해야 한다고 천명하였다. 그는 비행기와 잠수함 그리고 동력선의 발명을 예견하였다. 물론 이 모든 것은 훌륭한 업적이다. 하지만, 베이컨이 어떤 중요한 독창적인 실험을 행했다는 증거는 찾아볼 수 없으며, 그는 분명 어떠한 새로운 과학적 법칙도 발견해내지 못하였다.

아리스토텔레스의 물리학에 대한 최초의 본격적인 도전은 14세기에 파리의 두 철학자 장 뷔리당Jean Buridan; 1300?~1370과 니꼴 오레즘Nicole Oresme; 1330?~1382의 업적으로 이루어졌다. 두 사람 모두 아리스토텔레스의 운동법칙을 비판하였다. 아리스토텔레스는 어떤 물체가 움직이고 있는 것은 모종의 힘이 계속 그에 작용하고 있기 때문이라고 주장하였다. 그러면 사람의 손을 일단 떠난 창에는 도대체 어떤 힘이 작용하고 있다는 것인가? 아리스토텔레스는 최초의 운동이 공기를 교란시켜 진공상태를 만들고, 그 진공을 메우기 위해 공기가 창 뒤로 힘차게 몰려들어 창을 더 앞으로 밀어내며, 이로써 새로운 진공이 야기되는 과정이 계속되는 것이라고 설명하였다. 그러나 이러한 설명은 움직이고 있는 물체의 실제 움직임과 배치되는 것으로 여겨졌다. 중세의 비판가들은, 아리스토텔레스의 이론에 따르면, 양쪽 모두 뾰족하게 날을 세운 창은 공기가 밀어낼 만한 표면이 거의 없으므로, 공기 속에서 아예 움직이지 않거나 또는 극히 느리게 움직일 텐데, 사실은 전혀 그렇지 않다고 논의했다. 게다가, 물레방아는 동력원이 제거되어도, 한동안 계속 돈 다음에야 멈추었다. 이러한 계속되는 회전운동은 아리스토텔레스의 이론으로는 설명이 거의 불가능하였다. 이에 따라 뷔리당은 일단 어떤 힘이 물체에 작용하여 운동을 일으키면, 그 물체는 관성impetus을 얻게 되어 마찰과 같은 반작용으로 정지당하지 않는 한 운동을 계속한다는 설을 제시하였다. 이에 따르면 진공상태에서 움직이고 있는 물체는 영원히 운동을 계속할 것이었다.

뷔리당의 젊은 동료 니꼴 오레즘은 특히 낙하하는 물체의 움직임을 연구하였고, 그 결과 최초로 등가속도 운동의 법칙을 제시하였다. 뷔리당과 오레즘은 모두 관성이론이 천체에도 적용될 수 있음을 알고 있었다. 천체를 계속 움직이게 하는 어떤 힘을 상정하는 것은 이제 필요 없게 되었다. 천구는 일단 최초의 관성만 주어지면, 진공 속에서 영원히 움직일 것이었다. 오레즘은 심지어 우주를 하나님이 태초에 작동시킨 거대한 시계에 비유하기도 하였다. 그는 더 나아가 천구가 회전한다는 이론이 증명되지 않은 가설에 불과함을 지적하였다. 관찰되는 현상들은 지구가 돈다는 전제로도 똑같이 훌륭하게 설명될 수 있었던 것이다.

이로써 과학사상은 아리스토텔레스의 우주관과 결별하여 16·17세기의 "과학혁명"을 향한 중요한 첫걸음을 내디뎠다. 오늘날에는 중세의 과학적 발견들을 하찮은 것으로 무시하였던 종래의 해석에 반발하여 그 중요성을 과대평가하는 경향이 있는 듯하다. 하지만, 사실상, 중세가 물리학에서 이룬 업적은 다른 대부분의 분야에서 이룬 업적에 비해 보잘 것 없는 것이었다. 독창적인 창조작업의 흐름은 실낱같이 가느다랄 뿐이었다. 그러나 그것은 14세기가 근대 과학 전통의 원천에 너무 가까이 있었기 때문이었다.

57. 철학과 신학 : 토마스 아퀴나스

종교는 중세 문화의 지배적인 주제였다. 따라서 아리스토텔레스의 철학이 신학의 분야에 제기한 문제들은 자연과학의 분야에 제기한 문제들보다 중세인에게 훨씬 중요하게 받아들여졌다. 신학적인 문제는 중세의 학자들로부터 가장 큰 관심을 불러 일으켰다. 그러한 문제는 여러 가지 이유로 제기되었다. 우선 아리스토텔레스의 철학은 플라톤의 철학보다 더 유물론적이었고, 덜 신비주의적이었다. 초기 교부들의 저작은 신프라톤 학파의 철학에 깊이 물들어 있었는데, 그 당시 교부들의 철학적 전제로부터 결별하는 것은 위험시되고 있었다. 게다가, 아리스토텔레스의 새로운 번역본은 대개 회교도와 유대인의 번역본으로부터 중역된 것이었으므로, 당연히 의심을 받지 않을 수 없었다. 끝으로 아리스토텔레스는 우주가 영원히 존재한다든지 개개인의 영혼이 사멸한다는 등, 기독교 신앙과 정면으로 배치되는 수많은 이설을 가르쳤다(또는 가르쳤다고 주장되었다). 플라톤 학파에 속하는 동시에 기독교인이 되는 것은 그리 어렵지 않았다. 약간의 신앙만 있으면 되었던 것이다. 그러나 아리스토텔레스의 이설을 신봉하면서 동시에 기독교인이 되는 것은 신앙과 함께 상당한 정도의 논리적 두뇌를 요하였다. 아리스토텔레스가 내린 결론들은 가장 뛰어난 철학자가 순수한 합리적 분석을 통해 내린 것이었기 때문이다(아리스토텔레스의 권위는 너무도 높아, 중세 저술가들은 그를 그냥 "철학자the Philosopher"라고 지칭하였다). 이성과 신앙이 서로 모순된다면, 도대체 어쩔 것인가? 이야말로 13세기 사상가들이 부딪친 핵심적인 문제였다.

13세기의 기독교 철학은 종교적 계시와 아리스토텔레스의 철학을 동시에 연구할 때 나타나는 신앙과 이성의 문제를 해결하려는 일련의 시도 가운데 마지막 것이었을 뿐이다. 이미 회교도 및 유대인 학자들이 그 문제에 매달렸으나, 그들은 이를 만족스럽게 해결할 수 없었다. 보수적인 회교 지도자들은 성공리에 아베로에스를 탄핵하였고, 그의 이단설이 야기한 충격은 광신적인 반지성적 성향을 불러 일으켜 아랍인의 합리적 철학 전통을 송두리째 근절시켜 버렸다. 마이모니데스 역시 율법학자들의 공격을 받아야 했다. 그들은 대부분 이성과 신앙 사이의 간격을 메우려는 그의 시도를 거부하여, 탈무드의 가르침에만 매달림으로써 스스로 우물 안 개구리가 되었다. 새로 발견된 아리스토텔레스 철학에 대한 서방의 첫 반응 또한 마찬가지로 배타적인 것이었다. 1210년에, 한 지방 사목회의에서는 파문의 위협과 함께, 파리에서 아리스토텔레스의 자연과학 분야 저술들에 대한 연구를 금지시키는 법령을 제정하였다. 1231년에 교황 그레고리우스 9세는 이 법령을 완화하였다. 그는 아리스토텔레스의 금서들에 유용한 내용도 포함되어 있다는 이야기를 들었고, 이에 문제가 된 저작들을 심사키 위한 위원회를 설치하였다. 위원회는 그 저작들로부터 모든 잘못된 내용을 삭제하도록 되어 있었다. 그 동안, 그 저작들은 계속 금서로 묶일 것이었다. 위원회가 맡은바 임무를 수행하였다는 기록은 없으나, 1255년에는 아리스토텔레스의 과학 분야 저작 모두가 전혀 삭제된 부분 없이 파리 대학의 문학석사 학위를 위한 필독도서 목록에 포함되어 있었다. 1263년에 교황 우르바누스 4세 Urban IV는 1231년의 금령을 다시 선포하였다. 하지만 파리 대학의 어느 누구도 이에 전혀 개의치 않았던 듯하다. 아리스토텔레스의 과학은 아무리 교황의 명령일지라도 명령 한마디에 포기하기에는 너무나 매력적이었고 중요했던 것이다. 그것이 제기한 문제는 힘겹고 고된 사색과 논쟁으로써만 해결되어야 했다.

13세기 중엽, 파리에서 세 개의 주된 학파가 나타났다. 가장 보수적인 아우구스티누스 학파the Augustinians는 성 아우구스티누스의 이설을 "이교적인" 사상에 오염되지 않도록 순수하게 보존하려 했다. 이러한 태도는 프란체스코회 수사들 사이에서 지배적이었고, 가장 위대한 대변자는 1257년에 프란체스코회의 우두머리가 된 성 보나벤투라St. Bonaventura; 1217~1274였다. 그러나 아우구스티누스 학파라는 명칭을 너무 곧이곧대로 받아들여서는 안 된다. 13세기 중엽의 모든 사상가는 아랍어와 그리스어로부터 번역된 수많은 저작들의 세례를 받았고, 모든 주요 사상체계는 아리스토텔레스의 철학과 신플라톤 학파의 이설 그리고 기독교 교리의 종합이었다. 예컨대, 보나벤투라는 영혼도 질료와 형상으로 이루어져 있다는 질료요소론을 진정으로 옹호하였다. 그는 이 이론이 기독교의 영혼불멸설을 옹호하는 데 필요하다고 생각했고, 사실 이 이론의 창시자는 11세기의 유대 사상가 아비세브론이었는데도 아우구스티누스가 이 이론을 가르쳤다고 확신하였다.

하지만, 13세기의 모든 철학체계가 공통된 뿌리에서 나온 것은 사실이나, 그들은 서로 강조점이 크게 달랐다. 아우구스티누스 학파는 진리에 도달하는 필수적인 수단으로 직관적인 지식과 선한 의지를 강조하였다. 보나벤투라는 인간의 정신이 자신의 타고난 능력을 발휘하여 진리에 도달할 수 있다고는 믿지 않았다. 그는 진리에 도달키 위해서는 신의 계시가 반드시 필요하다고 생각했다. 그는 동시대의 모든 사상가들과 마찬가지로 감각으로 체험되는 물리적 우주가 하나님의 작품이며, 따라서 모종의 신성함을 인간에게 드러내 줄 수 있다고 믿었다. 그는 프란체스코회 수사다운 성향을 유감없이 드러내면서 "피조물의 세계는 창조주의 뜻이 반영된 책과 같다"고 썼다. 그러나, 보나벤투라는 성 프란체스코와 마찬가지로, 창조된 세계가 존재한다는 사실로부터 하나님의 존재를 확증해 내기 위해 정교한 논의가 필요하다고는 생각하지 않았다. 그는 마음속에 신의 관념이 존재하는 것만으로 하나님의 실재가 증명된다는 성 안젤름의 논의를p. 350 참조 만족스런 마음으로 되풀이했으나, 그러한 증명이 필요하다고는 전혀 생각하지 않았다. 어떤 경우든, 하나님의 계시로 계몽되지 않은 정신은 확실하게 진리를 포착할 수 없으며, 계시로 계몽된 정신은 자신의 직관이나 바깥의 자연계를 일견하는 것만으로도 충분히 하나님의 실재를 확신할 수 있다는 것이었다. 이러한 신념들과 함께, 신앙과 모순되게 나타나는 모든 철학적 명제를 신학적 근거에서 간단하게 거부해 버리면서 철학적 차원에서 그러한 명제를 논박하는 것을 그리 중요치 않은 일로 무시하는 입장이 나타났다. 아우구스티누스 학파는, 대부분의 다른 중세 철학자들보다 더 심각하게, 철학을 단지

"신학의 시녀"로만 간주하였고, 그 시녀에게 본분을 잊지 않게 하려고 했다.

아우구스티누스 학파의 정반대 쪽에는 라틴 아베로에스 학파Latin Averroists가 있었고, 그 대표적인 대변자는 브라반트의 시제르Siger of Brabant; 1240?~1284였다. 이 학파는 아베로에스의 주석을 아리스토텔레스의 이설에 대한 참된 해석으로, 그리고 아리스토텔레스의 이설을 인간이성의 논박할 수 없는 결론으로 받아들였다. 그리하여 그들은 철학자로서는 우주가 결코 태초가 없이 영원히 존재해 왔으며, 개개인의 영혼은 사후에 단일한 "능동적 지성active intellect"으로 귀일된다고 믿었다. 그러나 그들은 기독교도로서는 하나님이 무로부터 우주를 창조하였으며, 개개인의 영혼은 불멸하다고 믿지 않을 수 없었다. 이에 시제르와 그의 제자들은 통상 "두 진리double truth"의 이론이라 불리는 설을 주장하였다. 즉, 그들은 철학의 결론과 신학의 결론이 서로 배치될 수 있으나, 양자 모두 타당하다고 주장했던 것이다. 사실, 시제르는 이성에 의한 결론을 결코 진리veritas라고 부르지 않았고, 하나님의 계시로 얻어진 결론만을 진리라고 칭했다. 그의 논의는 이단으로 탄핵받지 않으면서 종교에 대한 회의를 표현해 내는 한 가지 수단이었을지도 모른다. 하지만 그가 성실한 교인으로서 인간 지성의 한계를 인정하여 몇몇 모순은 해결될 수 없다고 주장했다는 것이 더 그럴듯한 해석일 것이다. 시제르의 신념이 정확히 어떤 것이었든, 교회의 핵심적인 교리가 인간 이성과 모순된다는 그의 견해는 보수적인 신학자들에게 매우 껄끄러운 것이었다.

오늘날 통상 중세의 가장 위대한 사상가로 간주되는 토마스 아퀴나스Thomas Aquinas; 1225~1274는 아우구스티누스 학파와 아베로에스 학파 사이의 중간에 위치해 있었다. 그는 남부 이탈리아의 한 제후였던 아퀴노Aquino 백의 아들로서 호엔슈타우펜 황가와도 인척관계가 있었다(토마스 아퀴나스는 황제 프리드리히 2세의 육촌이었다). 그는 나폴리 대학에서 공부한 다음, 1244년에 도미닉 교단에 들어가, 파리와 꼴로뉴에서 알베르투스 마그누스의 지도 아래 연구하였다. 알베르투스는 백과사전적인 지식을 지닌 학자로서, 아리스토텔레스의 전 저작을 진짜배기로 통달한 서방 최초의 인물이었다. 알베르투스 밑에서 공부한 뒤, 토마스는 1252년에 파리에서 강의를 시작하였고, 1259년에서 1268년까지는 교황청에서 근무하였다. 1268년, 학문적 영향력이 절정에 달한 그는 파리로 되돌아가 그의 유명한 ≪신학대전(神學大典)*Summa Theologiae*≫을 완성하였다.

토마스는, 그가 50세가 되기 전에 죽었음을 감안한다면, 실로 막대한 양의 저술을 남겼다. 그의 저작은 오늘날의 인쇄판으로도 32권 정도의 두터운 책이 된다. 그는 구약 및 신약의 여러 저술과 아리스토텔레스의 저작들에 대해 주석을 가했고, 그밖에도 온갖 논쟁거리에 대해 수많은 짧은 논문을 썼으며, 끝으로 그의 명성을 드높인 ≪이교도를 위한 신학*Summa Contra Gentiles*≫과 ≪신학대전≫을 내놓았다. 이 두 저작 가운데 전자는 인간 이성에 의해 확증될 수 있는 종교 교의, 즉 "자연종교natural religion"에 대한 논문이었고, 후자는 기독교의 교리를 신이 계시한 진리로 받아들이면서, 우주 전체의 본질 및 그 우주에서 인간이 차지하는 위치를 따지는 거대한 종합으로 기독교의 교리를 통합시키는 것이었다.

≪신학대전≫은 12세기에 피에르 아벨라르가 개척한, 여러 상반된 전거를 병렬시켜 놓고 논의를 전개하는 "변증법적" 방법을 전형적으로 사용한 가장 뚜렷한 본보기였다. 이 저작은 각각 광범위한 문제를 포괄하는 여러 가지 쟁점의 고찰로 이루어졌다. 각 쟁점에 대한 고찰은 더욱 구체적인 쟁점을 제시하는 부분들로 나뉘었다. 예컨대, 주 쟁점은 "신성한 교리란 무엇이며, 그 교리는 어디까지 확산되는가?" 하는 것이었다. 이로 말미암아 파생된 첫 쟁점은 "철학 이외에 그 이상의 이설이 과연 필요한가?"였다. 이 문제에 대한 토마스의 처리는 그의 방법을 아주 잘 보여준다. 그는 우선 합리적인 철학이 현세의 인간에게 필요한 모든 지식을 제공한다는 구약과 아리스토텔레스의 주장을 제시하였다. 그 다음에 그는 이 견해와 반대되는 바울의 "하나님의 영감에 의해 씌어진 모든 성서는 유익하다…"는 말을 인용하였다. 여기서 토마스는 비로소 자기의 결론을 제시하였다. 신의 계시는, 인간의 이성으로는 구원에 필수적인 특별한 지식들을 얻을 수 없기 때문에, 인간에게 꼭 필요하다는 것이었다. 그 다음 끝으로 그는 최초에 제시한 명제를 해명하였다. ≪신학대전≫에는 이러한 소쟁점이 600개 이상 있으며, 이들을 논의하는 가운데 토마스는 만여개의 명제들을 제기하고 해명하였다.

앞에서 살펴본 첫 쟁점의 해결방법이 전 저작을 통해 되풀이되었다. 아퀴나스는 이성의 진리와 신앙의 진리가 개별적으로 존재한다고 믿었으나, 아베로에스 학파와는 달리 두 종류의 진리는 결코 서로 상반되지 않는다고 확신하였다. 그는 인간 정신이 감각경험을 반성하여 자연계에 대한 진리를 발견할 수 있다는 아리스토텔레스의 지식이론을 의심 없이 그대로 받아들였다. 그러나 그는 그에 더하여 신의 은총으로 계시됨으로써만 인간이 인지할 수 있는 초자연적인 진리도 존재한다고 믿었다. 예컨대, 인간은 이성만으로도 신이 존재한다는 사실을 알 수 있지만, 그 신이 삼위일체의 하나님이라는 사실은 신의 계시만이 알려줄 수 있다는 것이었다. 비슷하게, 하나님이 그리스도로 강림하셨다든지 성체 성사에서 그리스도가 나타나신다는 따위의 사실은 합리적인 논증이 아니라, 신앙의 진리로써만 인지될 수 있는 것이었다. 그러나 아퀴나스에게는 초자연적인 진리가 자연적 진리와 모순되는 것이 아니라, 오히려 그를 보완해주는 것이었다. 그의 가장 특색있는 말은 "은총은 자연을 파괴하는 것이 아니라 완벽하게 만든다"는 것이었다. 초자연적 진리와 자연적 진리는 함께 기독교 철학자가 확신 있게 탐구할 수 있는 포괄적인 전체를 이루는 것이었다.

아퀴나스는 아리스토텔레스의 과학을 거의 그대로 받아들였으나, 아리스토텔레스와 기독교 교리가 명백히 모순되는 경우에는 "철학자"와 반대되는 입장을 취하였다. 그런 경우 아퀴나스는 하나님의 계시라는 더 높은 권위를 끌어대는 것에 그치지 않고, 이성적인 철학적 논의로 아리스토텔레스를 논박하려 했다. 예컨대, 그는 철학적 근거에 입각하여 아리스토텔레스가 영원한 과거로부터 우주가 존재해 왔음을 결코 결정적으로 증명하지 못했다고 논하였다. 아퀴나스 자신은 우주의 시간적인 기원이 있는지 없는지를 인간의 이성으로 확증하기는 불가능하다고 생각했다. 다른 문제에 관해서는, 아퀴나스는 아리스토텔레스의 주장이라고 일컬어지는 견해들이 사실은 아리스토텔레스의 견해가 아님을 증명하였다. 예컨대, 그는 아비세나가 주창하였으나 종종 아리스토텔레스의 견해로 오해되고 있던 유출의 이론이 "철학자"의 생각과는 동떨어진 것임을 입증하였다. 마찬가지로, 그는 단 하나의 능동적 지성이 있을 뿐이라는 이론이 아베로에스의 작품이며, 아리스토텔레스의 저작에는 전혀 명시되어 있지 않음을 밝혀내었다. 아퀴나스는 아리스토텔레스와 마찬가지로 영혼이 순수한 형상pure form이라고 주장하였으나, 이 견해가 기독교의 영혼불멸설과 모순되지는 않는다고 강조하였다.

토마스 아퀴나스는 아마도 기독교인으로서 합리적일 수 있는 최대한의 한계까지 이른 예일 것이다. 그는 그의 모든 저작에서 신의 무한한 합리적 이성을 크게 강조하였고, 인간의 이성을 자연계와 순수한 정신적 존재인 하나님 사이를 연결해 주는 고리라고 보았다. 이성은 외적인 자연과 인간 자신의 내적 본성을 둘 다 관찰할 수 있는 것이었다. 성 안셀름은 하나님의 존재를 증명하기 위해 플라톤의 예에 따라 관념론적으로 마음속에 있는 신의 관념에서 출발하였다. 반면에 아퀴나스는 아리스토텔레스의 충실한 제자답게 감각체험의 사실들로부터 출발하였다. 물체의 움직임이 관찰된다는 사실은 제1 운동자가 존재함을 가리킨다. 두 번째로, 또 어떤 현상의 원인이 관찰된다는 사실은 제1 원인First Cause이 존재함을 가리킨다. 세 번째로, 토마스는 감각체험되는 대상들 모두가 일시적이며 변화하고 있음을 지적하였다. 그런 대상들은 존재할 수도 있고 존재치 않을 수도 있다. 따라서 그들 자체에 그들 자신의 존재 원인이 내재되어 있는 것은 아니다. 그러나 어떤 물체가 존재하기 위해서는 그 물체의 존재를 야기하는 어떤 것이 반드시 존재해야만 한다. 모든 다른 존재의 토대가 되기 위해 존재할 수밖에 없는 본성intrinsic nature을 지닌 이 어떤 것이 바로 하나님이라는 것이었다(토마스는 "본질essence"이라는 말을 어떤 사물의 본성을 가리키는 것으로 사용하였고, 그의 이러한 용법에 따라 하나님의 본질은 바로 존재였다). 넷째로, 토마스는 사물의 완전성이 사물에 따라 차이가 난다는 것을 인식할 수 있음은 하나님에게서만 있을 수 있는 절대적인 완전성의 기준이 존재함을 가리킨다고 논하였다. 끝으로, 우리는 자연에서 단순한 우연의 결과라고는 볼 수 없는 순서바른 사건의 연계(예컨대 씨앗에서 식물이 자라나는 것)를 관찰하게 되는데, 이는 우주를 지배하는 최고 지성Supreme Intelligence이 존재함을 가리킨다고 토마스는 생각하였다. 안셀름의 논의와 마찬가지로 이 다섯 가지 "증명"은 그 뒤 수세기 동안 철학자들의 토론거리가 되었고, 오늘날까지도 여전히 논의되고 있다.

인간의 본성에 관해 고찰하면서 아퀴나스는 아리스토텔레스의 윤리학과 정치학을 기독교 사회의 필요에 적용시키려 하였다. 그는 현세에서의 행복을 얻는 것이 인생의 온당한 목적이며, 합리적인 윤리학 체계가 이 목적의 성취를 가능케 하리라는 아리스토텔레스의 견해를 기꺼이 받아들였다. 그러나 토마스는 이 목적이 인생의 유일한 목적은 아니며, 이보다 더 고귀한 목적이 있다고 믿었다. 그것은 바로 하나님을 섬기는 "최고의 행복beatitude"이었다. 아리스토텔레스는 행복을 얻는 가장 좋은 방법으로 지적인 삶을 들었다. 토마스는 이를 인정했으나, 지성의 최고 목표는 하나님을 아는 것이라고 보태었다. 이 목표는 내세에서야 완전히 달성될 것이었고, 내세에서 구원을 받으려면 아리스토텔레스가 제시한 이성적인 덕natural virtues의 실천과 함께 기독교의 덕인 믿음과 자비의 실천도 반드시 필요한 것이었다.

정치이론의 영역에서도 아퀴나스의 영향력은 매우 컸다. 아우구스티누스의 시대 이래로, 신학자들은 통상 인간이 죄에 빠졌기 때문에 국가가 존재하게 되었다고 전제해 왔었다. 이 견해에 따르면, 군주의 강제적인 권력은 죄에 대한 교정수단이자 형벌로서 하나님이 인간에게 짐지우신 것이었다. 반면에 아퀴나스는 아리스토텔레스의 충직한 제자로서 국가는 인간의 본성에 합치되는 것이라고 주장하였다. 인간은 선을 이룰 수 있는 많은 잠재적인 지적 · 물질적 · 도덕적 능력을 지니고 있는데, 그러한 능력은 인간들이 모여 이룬 사회 안에서만 발현될 수 있다. 그러나 그러한 사회가 존재하는 경우에는 공통된 이해관계가 나타나 그 이해관계를 보호해줄 공인된 권위를 필요로 하게 되므로, 반드시 정부가 필요하게 된다는 것이었다. 여기서 국가의 적정한 형태는 인간의 본성과 욕구에 대한 이성적인 고찰에 의해 결정되는 것이었다. 딴 경우와 마찬가지로 여기서도 아퀴나스는 기독교인으로서 아리스토텔레스보다 한 걸음 나아갔다. 인생의 목표가 현세에서의 자연적인 행복한 삶을 꾸리는 것이라면, 국가만으로도 인간의 모든 필요를 완전히 충족시키는 사회를 이룰 수 있을 것이다. 그러나 인간은 내세에서 하나님과 함께 살아야 하는 초자연적인 운명도 지니고 있으므로, 이 또 하나의 목적으로 인간을 이끌기 위하여 교회도 필요하다는 것이었다.

아퀴나스는 특징적으로 법의 필수적인 토대로서 이성을 강조하고, 입헌군주제를 옹호하였으나(이는 13세기 말에 매우 통례화되어 있던 견해였다) 그밖에는 독자적인 정치이론을 내세우지 않았다. 마찬가지로, 교회와 국가의 관계에 대한 그의 견해도, 그가 그 문제를 상세하게 고찰한 적이 전혀 없었으므로, 모호하였다. 그러나, 국가가 인간의 본성에서 기원하였다는 그의 가르침은 뒷날 여러 정 · 교 분리론 및 입헌정부 이론들의 토대가 되었다. 국가를 자연적인 사회로 보는 고전적인 관념은, 이미 한 세기 전부터 로마법 연구자들에게 친숙해 있었으나 로마법학자들이 그 이론을 별로 발전시키지 않았기 때문에, 신학 및 철학 사상의 주류 바깥에서 맴돌고 있었을 뿐이었다. 아퀴나스는 아리스토텔레스의 가르침을 강력하게 재천명함으로써, 수세기 만에 처음으로 정치이론이 법학이나 신학의 한 분야로서만이 아니라 자연철학의 중요한 일부분으로서 연구될 수 있게 하였던 것이다. 이는 매우 중요한 일이었다. 뒤이은 사상가들은 국가에 대한 그리스인의 관념을 되풀이하는 데 그치지 않고, 그들 자신의 사회에서 자라나온 법 원칙들을 보편적인 정치 원칙으로 일반화시키려 했던 것이다. 14세기 초에는, 정부에 대해 동의를 할 권리, 정부도 법에 구속된다는 원칙, 다수결의 타당성 따위의 관념들이 정치철학의 정교한 저작들에서 옹호되기에 이르렀다.

토마스 아퀴나스의 업적을 고찰하면서, 우리는 냉철하고도 강력한 지성으로 당대의 모든 중요한 문제에 과감히 뛰어든 위대한 사상가를 만나게 된다. 중세가 지난 뒤에도 그의 사상이 오랫동안 로마 가톨릭 교회의 공인 철학으로 인정되었던 이유를 이해하기는 어렵지 않다. 그러나 바로 그 이유 때문에 아퀴나스가 당대에는 아주 많은 공격을 받았다는 사실을 알아야 한다. 그를 비판했던 자들은 그가 이성을 너무나 강조하여 소박한 신앙을 해치고 있다고 생각했다. 보수적인 교인들은 그를 위험한 과격분자로 여겼다. 13세기의 아퀴나스는 기독교 사상의 지도자로 인정되어 있던 것이 아니라, 여러 철학 체계 가운데 하나의 창시자였을 뿐이었다.

13세기 일은 대학의 설립, 세련된 신학과 정교한 법체계의 창시, 새로운 과학 방법론의 형성 등 사상의 세계에서 많은 업적을 이루어냈다고 할 수 있다. 그러나 그들 가운데 누구도, 심지어 토마스 아퀴나스조차, 그들이 궁극적으로 추구하였던 목적—모든 지식의 조화롭고도 만족스러운 종합—에는 도달하지 못했다. 어떻든, 그들은 중세인 스스로 만족할 만한 종합조차 이루지 못하였다.

제18장 건축, 예술, 문학

11세기의 한 연대기 작가는 그가 살아오는 동안 유럽이 "하얀 교회 건물"로 온통 뒤덮이게 되었다고 썼다. 그러나 그는 그 이후 중세 내내 계속될 굉장한 건축 활동의 시초만을 본 것뿐이었다. 종교적 건물은 중세의 지배적인 예술형태였고, 12세기에 발전되어 13세기에 완성된 고딕 양식의 성당은 중세 문명의 가장 위대한 예술적 업적이었다. 성당건축의 시대는 라틴 문학 및 속어 문학의 뛰어난 작품들이 태어날 시대이기도 하였다. 13세기 말에는 중세 초의 혼란으로부터 매우 독창적이고 인상적인 문명이 출현해 있었다. 본 장에서, 우리는 예술과 문학에서 중세가 이룬 주요한 업적들을 살펴보고, 그러한 업적에 내재된 정신을 고찰하게 될 것이다.

58. 로마네스크 문화 : 건축과 예배의식

샤를마뉴 시대로부터 12세기 중엽까지의 이른바 로마네스크Romanesque 시대에는 종교문화의 영역에서 두 가지 뚜렷한 발전이 이루어졌다. 첫째, 로마네스크 건축양식이 출현하였고, 둘째, 서방교회의 예배의식이 두드러지게 정교화되었다.

건축에서 중세가 이룬 업적을 평가하는 데 있어서는, 훌륭한 건축물이 양적으로만도 굉장히 많이 세워졌다는 사실을 먼저 강조해야 한다. 중세에 세워진 수천 개의 교구교회와 함께 수백 개의 대성당과 수도원 건물이 지금도 남아있다. "산업화 이전"의 "저개발" 사회에서 그토록 많은 건물이 건축되었음은 인상적인 일이 아닐 수 없다. 게다가, 비교적 큰 축에 속하는 건물들의 규모는 실로 엄청나다. 존 하베이John Harvey는 콘스탄티누스 시대 이후 7세기 동안 서유럽에서 고전적인 바실리카 양식의 대성당들에 견줄 만한 규모의 건물이 전혀 세워지지 않았다고 지적하였다. 예컨대 로마에 있는 바실리카 양식의 콘스탄티누스 성당the Basilica of Constantine 한가운데에 있는 중앙 홀은 세로 265피트, 가로 83피트였다. 로마의 멸망 이후 500여 년 동안에 서방에서 세워진 건물 가운데 가장 큰 것은 아아헨Aachen에 있는 샤를마뉴의 교회800년경였다. 그것은 8각형의 돔dome 구조로서, 장엄한 인상이 없는 것은 아니지만, 실제 크기는 직경 50피트에 불과하였다. 이에 비해, 1097~1099년에 웨스트민스터에 세워진 윌리엄 러퍼스의 대성당 홀은 238피트×83피트의 규모였고, 다음 세기의 많은 대성당들은 그보다도 훨씬 더 컸다. 이 규모의 문제는, 대규모 건축이 공법상의 여러 문제를 야기하여 갖가지 건축 실험을 자극함으로써 고딕 양식의 출현에 크게 기여하였기 때문에, 상당히 중요하다.

로마 제국 말기에, 이탈리아의 기독교 교회건물은 대개 평평한 나무지붕에 직사각형 형태를 한 소박한 바실리카 양식이었다. 건물 내부는 중심의 본당nave과 열주로 칸막이된 하나 또는 그 이상의 측랑側廊, aisles으로 이루어져 있었다. 건물의 치장은 대개 아름다운 대리석 조각과 모자이크 그림으로 이루어졌다. 제단이 위치한 동쪽 끝의 반원형으로 패인 부분apse은 대개 반구형 지붕semidome으로 덮여 있었다. 이따금 제단이 있는 반원형 부분과 교회의 나머지 부분은 본당과 직각을 이루어 교회 좌우로 비쭉 내민 익랑翼廊으로 구분되어 있어 건물의 전체 형태를 상징적인 십자가 형상으로 만들고 있었다. 본당 위의 지붕은 건물의 전장을 가로 지르는 두 내벽 위에 얹혀져, 측랑의 지붕보다 더 높게 솟아 있었다. 벽은 본당 양쪽으로 늘어선 기둥에 연이어 세워진 둥그런 아치로 지탱되었고, 측랑보다 높게 솟은 부분은 고창층高窓層, clerestory을 이루어 채광을 위한 창이 나있었다. 지금도 남아있는 이런 양식의 교회로는 로마의 성 바울 성당St. Paul's-Outside-the Walls을 들 수 있다.

이 바실리카 양식은 중세에 들어와서까지 이탈리아에서 지배적이었다. 그 밖의 중요한 건축양식으로는 라베나에서 특히 많이 발견되는 비잔틴 양식밖에 없었다. 베네치아의 성 마르코 성당으로 대표되는 몇몇 중세의 대성당은 비잔틴 양식으로 건축되었으나, 10세기와 11세기에 북방에서 대규모 건축사업이 시작되었을 때 설계자들은 로마의 바실리카 양식을 더 선호하였다. 로마법이 중세의 법률에 동화된 것처럼 로마의 건축양식도 중세 건축에 동화되어 들어갔던 것이다. 두 경우 모두, 진짜로 고전적인 요소가 재생되었으나, 중세인들은 그에 다른 의미를 부여하여 결국 고대 로마인이 생각했던 것과는 전혀 다른 돌 또는 사상의 건물로 바꾸어 놓았다.

초기 로마네스크 교회들은 기본적인 형태에서 고대 바실리카와 닮아 있었다. 측랑이 딸린 길쭉한 본당, 고창층, 본당과 직각으로 내뻗은 익랑이 전형적으로 배치되었고, 이따금 본당이 익랑의 경계를 침범하여 성가대석choir을 이루는 경우도 있었다. 교회의 동쪽 끝에는 반원형의 공간apse이 붙어 있었는데, 대개 그 둘레에는 회랑ambulator이 둘러져 있었다. 로마네스크 양식의 새로운 특징은 고전적인 바실리카의 평평한 나무지붕 대신에 둥그런 아치형의 돌천장을 올린 데 있었다(그러한 둥그런 천장은 로마인에게는 알려져 있지 않았다). 나무지붕은 언제나 화재의 위험이 있었고, 이 때문에 다른 형태 및 재료로 된 천장의 개발이 자극되었음은 분명하다. 실제로 많은 로마네스크 교회들이 바이킹의 침입으로 불타버린 교회 대신에 세워졌던 것이다. 그러나 거대한 돌천장을 올리는 일은 여러 가지 어려운 문제를 야기하였다. 이 문제는 공법상의 어려움에만 국한된 것이 아니었다. 로마네스크 건물의 설계자들은 구식의 평평한 지붕이 고창층의 벽이나 둥그런 아치와 전혀 유기적인 관계를 갖지 못하여 미학적으로 불만스러움을 깨달은 것이 분명하다. 게다가 그들의 종교적 감정도 영원한 신을 위한 교회에 본질적으로 비영구적인 건축방법이 쓰인다는 것으로 손상받았을 것이다.

로마네스크 지붕양식의 가장 단순한 형태는 원통형 천장barrel vault이었는데,

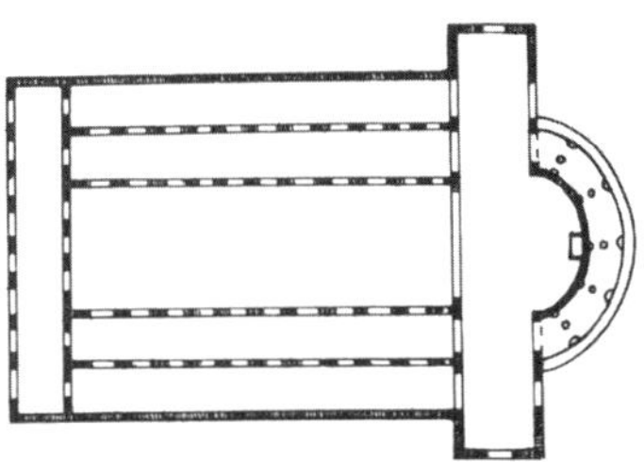

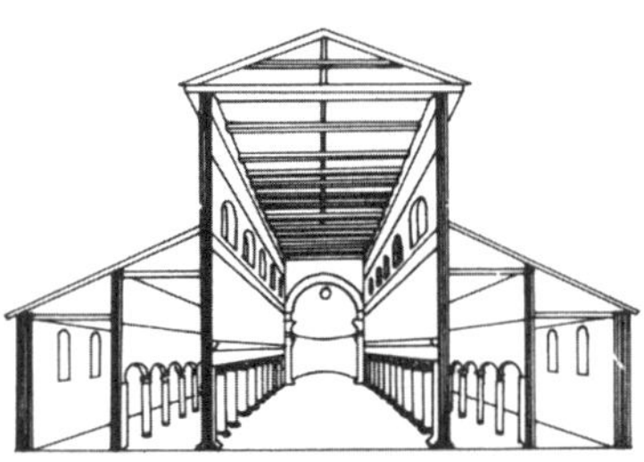

그림 4. (왼쪽) 비실리카의 평면도 (오른쪽) 비실리카의 고창층

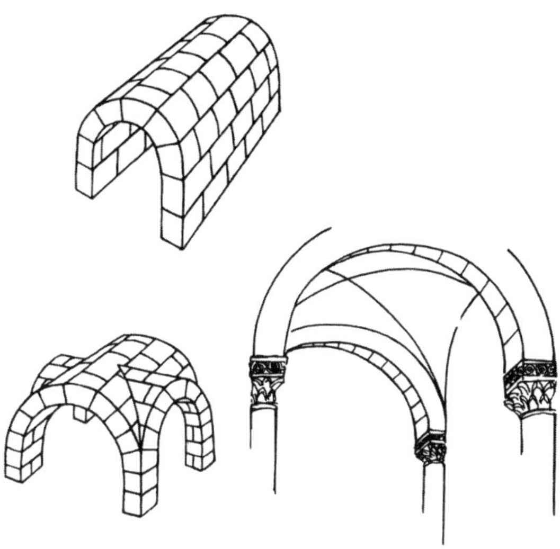

그림 5. 원통형 천장과 궁륭형 천장

이는 본당 위에 반원통형의 돌지붕을 일직선으로 올린 것으로서, 이따금 본당 양편의 두 기둥을 가로지어 잇는 아치로 보강되었다. 그 무거운 중량을 떠받치기 위해 벽은 두꺼웠고 창이 거의 또는 아예 없었다. 두 줄의 원통형 천장이 익랑과 본당이 만나는 곳에서처럼 교차하는 경우에는 궁륭형 천장groin vault; cross vault이 얹혀졌다. 궁륭형 천장은 정사각형 또는 직사각형의 공간을 이루었고, 로마네스크 건축의 최종 형태에서는 본당 양편에 열지어 세워진 기둥들에 의해 4개 기둥마다 하나씩 이루어지는 사각형 공간 하나하나가 별개의 "구획bay"으로 간주되어, 각각 궁륭형 천장을 얹게 되었다. 궁륭형 천장이 내리누르는 힘은 주로 그 네 구석에 집중되었고, 따라서 이 네 곳의 부분만 제대로 버틸 수 있도록 보강되면 나머지 벽 부분에는 창을 비교적 크게 낼 수 있었다. 베즐레이Vézelay의 커다란 수도원 교회는 이 양식을 웅변적으로 보여주는 본보기이다.

그러나 모든 형태의 로마네스크 건축에서는 돌지붕이 엄청나게 무겁기 때문에, 지붕을 받치는 벽과 기둥들이 아주 두꺼워질 수밖에 없었다. 베즐레이 교회의 창도 다른 로마네스크 교회에서보다는 컸지만, 다른 양식의 건물에 비해서는 아주 작았으며, 따라서 로마네스크 교회의 내부는 어둡고 음침하였다. 하지만 바로 그 때문에 건물이 신비한 분위기와 웅장한 견고미를 지니기도 하였다.

로마네스크 교회들은 "하나님의 요새"로 불리어 왔고, 이 표현은 단순한 비유에 그치는 것이 아니다. 로마네스크 건축의 시대는 동시에 성채 건설의 시대이기도 했던 것이다. 10세기와 11세기의 대부분 건물을 특징지우는 두꺼운 벽과 극도로 좁은 창은 군사용 건물에서 매우 유용하게 쓰였다.

로마네스크 설계자들은 교회, 특히 그 외벽을 조각품으로 현란하게 장식하였다는 점에서도 로마의 바실리카 전통에서 결별하였다. 현관과 특히 그 위의 반원형 박공tympana에는 성경에서의 장면을 그린 인간과 동물들의 모습이 조각되었다. 그 모습들은 실물초상이 아니라 상징으로서 그려졌으며, 건축적인 디자인에 완전히 예속되어 있었다. 박공에 즐겨 묘사된 주제는 성인들에게 둘러싸여 영광의 자리에 앉아 있는 그리스도상이었다. 또 하나 자주 다루어진 주제는 요한계시록에 언급되어 있는 네 피조물—인간, 사자, 소, 그리고 독수리—의 형상이었는데, 이 네 동물은 네 명의 성서 필자—마태오, 마르코, 루가, 요한—를 가리킨다고 여겨졌다. 이와 비슷하게 비둘기는 교회를, 어린 양은 그리스도를, 백합은 순결을, 장미는 순교자들의 풀을, 쐐기풀은 악의 세력을 상징하곤 하였다. 로마네스크 조각은 교회 안의 둥근 천장처럼 견고하고 장중한 느낌을 주는 단순화된 형태의 엄숙한 종교예술이었다. 그것은 돌을 통한 일종의 표현주의expressionism로서, 사실적인 묘사는 전혀 시도하지 않고 종교적인 감정을 강력하게 전달하는 것이었다.

로마네스크 양식의 대성당에서 행해지던 예배의식은 엄숙하고 상징성이 풍부하여 그 건물 및 조각과 좋은 짝을 이루었다. 여기서도 우리는 옛 형태가 새로운 구조로 동화되어 들어간 예를 만나게 된다. 성 베네딕트는 옛 로마 바실리카에서 행해지던 관행을 이어받아, 수도승들로 하여금 하루에 7번씩 모여 기도하고 찬송하도록 규정하였다. 6세기 말로부터, 베네딕트 수도승들은 이 "성무일과"의 준수를 북유럽으로 전파하였다. 또한 7시간의 "예배시간canonical hours" 이행도 수도원으로부터 북방의 성당 및 주요 교회로 확산되었다. '성무일과'는 일상적인 미사 및 여타 성사 의식과 더불어 중세 교회의 엄숙한 공적인 예배의식을 이루었다. 8세기에는 지방에 따라 예배의식이 여러 가지로 변형되었다. 이러한 변형을 막기 위하여, 페핀왕은 752년에 프랑크-교황 동맹을 맺은 직후 로마 교회의 의식을 갈리아에 도입하였고, 샤를마뉴는 로마의 의식을 준수하도록 왕국의 모든 교회에 여러 차례 명령을 내렸다. 이때부터 로마의 예배의식이 서유럽 전역에 보편화되었다. 그러나 예배의식이 중세에 완전하게 통일화되지는 못했다. 예컨대, 영국에서는 "사룸 의식Rite of Sarum: 솔즈버리 Salisbury 주교구에서 주로 행해져 솔리즈버리 의식이라고도 불림-역주"이, 밀라노에서는 "암브로시우스 의식Ambrosian Rite: 8세기 무렵 성 암브로시우스의 이름에 연관되어 이런 이름이 붙었다-역주"이 존속하였다. 게다가 로마의 의식 자체도 계속 변화를 겪었다. 북유럽의 대성당과 수도원에서 로마의 예배의식은 여러 가지 수정을 겪었는데, 이는 10세기 중엽(오토 대제의 시대)에 거꾸로 로마의 예배의식에 영향을 미치게 되었다.

9세기와 10세기는 예배의식이 크게 발전하고 체계화된 시대였다. 샤를마뉴의 친구인 알퀸Alcuin이 주도하여 예배식전禮拜式典의 수정판을 출간하고 배포하였다. 그의 제자인 메츠의 아말라리우스Amalarius of Metz는 로마의 예배의식 전반에 대하여 우화적인 주석을 가하였다. 같은 시기에, 원래의 핵심적인 의식내용에 새로 작곡된 찬송가와 성모 마리아에 대한 예배, 죽은 자를 위한 기도, 성인들에 대한 기념의식 등 수많은 새로운 내용이 첨가되었다. 특히 클뤼니 대수도원은 그러한 부가적인 예배내용을 많이 고안해 내었다.

발전과 변화는 중세 내내 계속되었고, 사실 오늘날에도 계속되고 있다. 그러나 11세기에는 중세 예배의식의 기본구조가 이루어져 있었다. 성무일과와 미사로 매일 기도가 복잡하게 연이어졌고, 하루하루의 기도는 서로 연관되어 1년 단위의 일관된 패턴을 형성하였다. 교회의 "예배력禮拜曆, liturgical year"은 부활절과 오순절 그리고 성탄절의 세 큰 축제를 중심으로 편성되었고, 어느 날에 행해지든 대부분의 기도는 이 세 축제 가운데 하나에 연관된 것이었다. 그러나, 하루하루 치르는 예배는 속계에서의 계절변화와도 연관을 맺고 있었다. 성탄절에 중세인은 세상을 밝혀주기 위해 강림한 새로운 "빛"으로서 그리스도를 경배하였다. 그러나 이교 시대에는 성탄절 날이 해가 가장 짧아졌다가 길어지기 시작하는 동지 축제였었다. 부활절은 예수의 부활을 기념하는 축제로서, 사람들은 축제를 준비하면서 "하나의 밀알이 땅에 떨어져 죽지 않으면 하나로 남지만, 떨어져 죽으면 많은 결실을 가져온다"는 그리스도의 말씀을 되새겼다. 이는 물론 그리스도가 죽어 땅에 묻힌 뒤 부활한 것을 기리는 것으로 해석되었다. 그러나 부활절 역시 지난해에 심은 씨앗이 발육하여 들판을 새로운 생명의 녹색으로 가득 채우기 시작하는 봄의 축제였다. 그러한 식으로, 많은 기도가 변화하는 계절에 의식적인 의미를 부여하였다.

예배음악의 초기 발전에 대해서는 오늘날 여러 전문가들 사이에 복잡한 논란이 벌어지고 있다. 아마도 최초의 기독교 찬송가는 유대교의 찬송가에서 유래하였을 것이나, 그러한 발전을 추적할 수 있게 해줄 필사본은 전혀 남아있지 않다. 6세기로부터 발전해 나온 그레고리우스 성가Gregorian Chant의 초기 형태 역시 마찬가지로 안개 속에 싸여 있다(이 명칭은 교황 대 그레고리우스Gregory the Great를 추념하여 붙여진 것이다. 하지만 그가 그 찬송가 양식의 발전에 어떤 기여를 했다는 뚜렷한 증거는 없다). 악보가 있는 9세기의 필사본들이 아직도 남아있고, 그 당시엔 이미 수백 개의 찬송가 곡이 있었으며, 새로운 곡들이 계속 작곡되고 있었다. 이런 최초의 필사본들에 기록된 그레고리우스 성가는 아마도 로마적 요소와 갈리아적 요소의 결합에서 형성되었을 것이다. 곡은 모두 "단선율monophone"로서, 성가대원은 모두 같은 곡조를 불렀고, 종종 오르간 반주가 있는 경우에도 같은 곡조가 연주되었다. 이 때문에 그레고리우스 성가는 종종 "제창성가plain chant"라 불린다. 그것은 아주 소박하면서 장중하고 위엄 있는 음악이다.

제창 성가는 중세 내내 수도원 성가대에 의해 계속 불리었으나, 10세기(또는 그 이전)로부터는 다선율 곡도 나오게 되었다. 오늘날의 악보 형태로 기록된 최초의 음악은 아레초의 귀도Guido of Arezzo; 992?~1050가 작곡한 곡이었는데, 그의 악보에는 단순한 형태의 대위법counter point도 나타나 있다. 12세기와 13세기에는 다선율 곡이, 특히 세속적인 서정시에 붙인 곡들에서, 크게 발전하였다. 음유시인들은 노래를 부르면서, 하프, 류트lute, 목관악기woodwinds, 그리고 기타(그들은 활로 기타를 연주하였는데, 이 활 또한 이슬람 세계에서 도입된 것이었다) 따위의 악기로 반주를 하였다. 그리고 13세기로부터는 악기연주만을 위한 다선율 곡이 나타나게 되었다. 오르간은 여전히 성가 반주에 쓰였고, 교회에서 다른 악기를 쓰는 것은 경솔한 행위로 백안시되었다. 그러나 세속적인 서정시 곡의 곡조 및 정교화되고 있던 대위법이 12세기로부터는 교회음악에 점점 더 크게 영향을 미치게 되었다. 12세기는 또한 비교적 소박한 로마네스크 양식의 건축구조가 더욱 세련되고 정교한 새로운 고딕Gothic 양식의 발전으로 말미암아 밀려나고 있던 시기이기도 하였다.

59. 고딕 성당

베즐레이의 대성당은 로마네스크의 건축기술이 도달할 수 있는 극치를 이루었다. 그러나 중세 건축가들은 여전히 만족하지 못하였다. 그들은 교회를 더욱 높이 올리고, 좀더 밝게 만들기를 바랐다. 그리하여 12세기 중엽에 일련의 건축적인 혁신을 통하여 고딕 양식이 새로 탄생하였다. 바로 이 고딕 양식에서 중세인의 미적·종교적인 충동은 가장 성숙한 표현을 찾았다. 기본적인 기술적 혁신은 보(서까래)로 지탱되는 궁륭ribbed vault과 그에 논리적으로 수반되는 뾰족한 아치pointed arch였다. 새로운 궁륭 구조의 첫 실험에서는, 정방형 또는 장방형인 각 구획의 네 변과 두 대각선 위에 반원형의 보를 세웠다. 그것은 로마네스크 양식의 궁륭형 천장을 떠받치던 기존의 두 대각선 보를 보강하는 것에 지나지 않았다. 이 튼튼한 구조는 궁륭을 버티는 힘을 강화시켰고, 보들에 의해 천장이 비교적 작은 삼각형 조각들로 구획됨으로써 로마네스크 양식에서의 무거운 돌지붕 대신 가볍고 얇은 돌판으로 천장을 덮을 수 있었다.

이러한 단순한 형태의 보 보강 궁륭은 대각선 보의 아치 지름이 가로·세로 보의 아치 지름보다 훨씬 더 길기 때문에 대각선 보가 다른 네 보보다 더 높이 솟을 수밖에 없다는 난점을 안고 있었다. 그 결과 모습도 볼품이 없었을 뿐만 아니라, 중세 건축가들이 시행착오를 통해 곧 발견했듯이 궁륭도 그렇게 완벽하게 안정되지는 못하였다. 이런 문제들을 해결하는 방법은 뾰족한 아치를 사

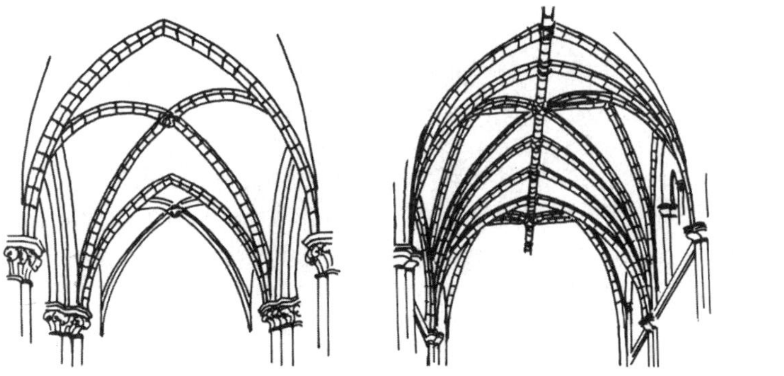

그림 6. 고딕의 보 보강 궁륭

용하는 것이었다. 로마네스크 건축가들 역시 뾰족한 아치를 이따금 사용하였으나, 그들에게 뾰족한 아치는 이슬람 건축에서 빌어온 장식적인 요소일 뿐이었다. 그러나 이제 뾰족한 아치는 고딕 건축기술의 핵심적인 요소가 되었다. 사각형 구획의 네 변 아치를 뾰족하게 만들면, 그 아치들의 높이는 대각선 아치의 높이와 같아질 수 있었다. 이 혁신은 온갖 종류의 흥미로운 가능성을 열어주었다. 뾰족한 아치는 반원형 아치보다 더 수직적이고 덜 수평적이며, 내리누르는 힘도 더 적었다. 그리고 이는 돌지붕의 두께가 얇아진 것과 함께, 건축가로 하여금 천장을 더 높게 올리는 동시에, 천장을 지탱하는 기둥은 더 얄팍하게 만들 수 있도록 해주었다. 한편 고창층이 본당 위로 높이 솟아 있었으므로, 보들이 지붕의 무게를 기둥에 전달해주는 압력점에서 고창층도 지탱해주어야 한다는 문제가 야기되었다. 이 문제는 고딕 양식의 마지막 기술적 혁신인 부연 버팀대flying buttress로 해결되었다. 견고한 돌기둥들이 건물 바깥에 세워졌다. 이 기둥들 꼭대기와 본당 궁륭을 떠받치는 보의 압력점을 잇는 아치가 측랑의 낮은 지붕 위로 가로 질러, 보들을 지탱하였다(측랑의 벽을 지탱하기 위해 더 낮은 곳에도 아치 구조가 가설될 수 있었다). 이로써 성당 건물의 총 하중은 보와 아치 그리고 기둥들로 이루어진 복잡한 구조로 지탱되었다. 이제 하중을 지탱하기 위해 벽은 사실상 필요 없게 되었다. 따라서 벽에는 설계자 마음대로 창을 낼 수 있게 되었다. 캠브리지에 있는 왕립 칼리지의 예배당King's College Chapel: 헨리 6세가 1441년에 캠브리지 대학에 설립한 칼리지의 예배당-역주을 비롯한 중세 말의 몇몇 교회 건물에서는, 벽이 거의 전부 착색 유리로 대체되었다.

건축기술상의 혁신을 실제 건축에 적용하는 것만으로 고딕 교회가 나타난 것은 아니었다. 일찍이 1104년에 준공된 더 람Durham 성당의 본당은 고딕 양식의 궁륭을 지니고 있지만, 전체적인 구조는 두꺼운 벽과 기둥 그리고 매우 작은 창 등 로마네스크 양식을 답습하고 있는 것이다. 고딕 건축은 사람들이 새로운 건축기술에 내재된 미적 가능성들을 의도적으로 구현해내기 시작하였을 때 비로소 제모습을 나타내었다. 그러한 최초의 시도는 파리 부근에 있던 성 드니 수도원 교회의 건축에서 있었다. 위대한 수도원장 쉬제르의 후원 아래 1140년에서 1150년 사이에 건축된 이 건물에서는, 성가대석과 본당 부분에 모두 뾰족한 아치가 사용되었고, 그에 따른 창을 더 크게 낼 수 있는 가능성이 의도적으로

그림 7. 부연 버팀벽

실험되었다. 유리에 채색하는 기술을 가르치는 기관이 1140년대에 성 드니 수도원에서 설립되었고, 그 구성원들은 그들의 기술을 널리 파급시켰다. 그들은 조그마한 유리 조각들을 현란한 원색으로 채색함으로써 아주 뛰어난 효과를 냈다. 유리 조각은 얇다란 납틀에 끼워져 종교적인 주제—그리스도의 삶, 성서에 나오는 일화들, 성자의 전설 등—를 묘사하는 그림을 이루게 되어 있었다. 그러한 채색된 창을 통해 온갖 빛깔이 전물 전체를 장식하였다. 쉬제르는 많은 중세인이 그러했듯이 신플라톤 학파의 신비주의적인 빛 숭배에 매료되었다. 그는 그리스도를 경배하기 위해 세워진 교회에서는 "진정한 빛"이 밝혀져야 한다고 생각하여, 의도적으로 채광 효과를 노렸다. 그는 교회의 웅장한 성가대석이 완성되자, 만족한 마음을 숨기지 않고 "성전이 온통 밝고 신비로운 빛으로 밝혀지게 되었다"고 썼다.

일 드 프랑스의 다른 교회들은 성 드니 수도원 교회의 새로운 양식을 곧바로 모방하고 발전시켰다. 1175년에는 캔터베리 성당의 재건사업을 착수한 상스의 윌리엄William of Sens이 그 양식을 영국에 도입하였다. 13세기에 고딕 양식은 기독교 세계 전역에 확산되었다. 그러나 이탈리아 사람들은 북방의 고딕 양식을 진정으로 받아들인 적이 없었고, 따라서 프랑스 건축가들이 발현시킨 것과 같은 미적 효과를 내진 못하였다(그들은 교회의 창문 크기를 넓히는 대신 프레스코 벽화를 장식할 수 있는 넓은 벽면을 더 선호하였다). 스페인에서는 북방에서 빌어온 로마네스크 건축 및 고딕 건축의 기본 형태들에다 장식적인 벽돌과 도자기류, 그리고 회교도 장인이 만든 현란한 빛깔의 타일 바닥 따위를 가미시킨 독특한 양식이 출현하였다.

13세기 중엽에 프랑스의 고딕 건축은 파리, 랭스, 아미앵Amiens, 샤르트르 등지의 성당에서 조화의 극치에 도달하였다. 완숙한 고딕 양식으로 지어진 성당은 로마네스크 교회와는 전혀 다른 인상을 준다. 고딕 건물은 하늘로 치솟아 있

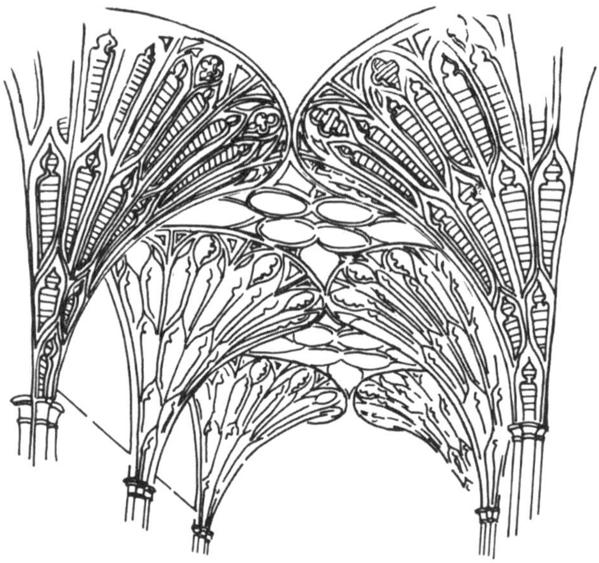

그림 8. 부채꼴 궁륭과 불꽃무늬 장식

었다. 육중한 견고함 대신에 정교한 균형미가 나타났다. 두 가지 기본적인 혁신으로 채색 유리와 보 보강 궁륭이 폭넓게 사용됨으로써 완전히 새로운 아름다움이 빚어졌다. 로마네스크 교회는 어두웠던 반면에 고딕 교회는 현란한 빛깔로 채워졌다. 게다가 고딕 건축은 아주 새로운 방식으로 "기능"하고 있었다. 즉, 건물의 미적 효과는 보와 아치 그리고 부연 버팀대 등 실제로 건물의 하중을 떠받치는 뼈대구조 자체에 의해 나타나는 것이므로, 이런 뼈대구조를 감출 필요가 전혀 없었다. 건물의 아름다움은 바로 사용된 건축기술의 뛰어남에서 비롯되었던 것이다.

이는 또 하나의 결과를 낳았다. 로마네스크 건축 및 예술은 고전 시대의 예술과 마찬가지로 장중함과 질량감을 강조하였다. 고딕 양식에서는 직선적인 형태가 본질적인 미적 요소를 이루었다. 고딕 성당은 수많은 선으로 이루어졌다. 지붕보의 선은 기둥까지 죽 이어져 내려와 우아한 효과를 내었다. 궁륭에는 처음엔 아마도 힘을 보강하기 위해, 하지만 곧 뒤에는 순전히 장식효과를 위해 더 많은 보의 선이 첨가되었다. 이 기술은 중세 말 영국의 부채꼴 궁륭fan vault에서 극에 달하였다. 창에는 채색 유리를 끼워 넣기 위한 돌 격자가 장식되었고, 그 격자장식은 시간이 지날수록 더욱 정교해졌다(그런 격자는 불꽃 모양을 하였기 때문에, 후기 고딕 건축의 매우 장식적인 일파에 "불꽃flamboyant 양식"이란 이름이 붙게 된다). 13세기에는 원래 건축에서 나타났던 아름다운 고딕풍 곡선이 조각과 회화 그리고 융단예술 등 모든 조형 예술을 지배하게 되었다. 심지어 필사 글자체까지도 13세기에 고딕풍에 물들었다.

오늘날의 비평가들은 고딕 양식의 "기능주의functionalism"가 아주 소박한 가운데 두드러지게 나타나 있는 초기 고딕 건물들을 높이 평가하는 경향이 있다. 클레르보의 베르나르 같은 중세의 순수주의자들 역시 같은 느낌을 가졌으며, 비교적 소박한 초기 양식을 가장 잘 보여주는 몇몇 건물은 바로 퐁티니에 남아 있는 것과 같은 시토 수도원 교회들이었다. 그러나 대부분의 중세 건축가는 기능적 아름다움이 현란한 장식으로 말미암아 손상된다고는 생각하지 않았다. 교회의 정면facade은 랭스의 성당에서처럼 다채로운 조각들로 뒤덮였다. 이는 단순히 장식에 그치는 것이 아니라, 기독교를 가르치기 위한 방편이기도 했다. 대부분의 중세인은 까막눈이었으므로, 그들에게 기독교를 이해시키기 위해서는 설교와 함께 눈에 보이는 형상이 필요하였다. 쉬제르 자신 "현세에 묶여 있는 인간의 정신은 오로지 눈에 보이는 것을 통해서만 진리를 감지할 수 있다"고 썼다.

고딕 조각의 주제와 내용은 로마네스크 예술의 그것과 거의 같았으나, 양식은 바뀌었다. 인간의 모습은 더 실물에 가까워졌고, 종종 실존 인물의 초상으로 여겨지는 모습도 나타나고 있었다. 식물과 동물도 더욱 사실적으로 묘사되었다. 식물학자들은 고딕 교회에 장식된 이파리 조각들 가운데에서 아룸arum, 고사리, 토끼풀, 매발톱꽃columbine, 담쟁이덩굴, 그리고 그밖에 많은 식물을 식별해 낼 수 있을 것이다. 농촌에서 흔히 볼 수 있던 동물들과 함께, 고딕 조각가들은 사자, 코끼리, 낙타 따위의 동방산 짐승과 용, 괴사怪蛇, basilisk: 한번 노려보거나 입김을 보이기만 해도 사람을 죽었다는 전설상의 뱀, 그리핀griffin: 독수리의 머리 · 날개 · 발톱에 사자 몸을 가진 괴수, 유니콘unicorn: 말과 비슷하고 이마에 뿔이 하나 있는 동물 따위의 신기한 전설적 동물들도 새겼다. 고딕 건축의 본질적인 논리성을 강조함으로써 고딕 장식예술의 아주 환상적 요소를 간과해서는 안 된다. 물론 묘사된 거의 모든 동 · 식물이 상징적인 종교적 의미를 지니고 있지만, 7개 교양과목의 상징이나 매달의 농사일을 그린 장면 등 세속적인 장면이나 상징도 대성당에 장식되었다.

고딕 성당은 중세인의 세계를 축소해 놓은 것이었다. 성당의 조각과 채색 유리는 중세인의 생활을 그렸고, 그들의 신앙을 상징하였다. 고딕 성당의 균형은 궁극적으로는 고대 피타고라스 학파에서 유래된 수학적 비례에 입각한 것이었는데, 그런 수학적 비례는 우주에 내재하는 조화를 표현하고 있다고 여겨졌다. 그리고 중세인은 성당으로 상징된 우주 그 자체가 하나님의 창조물이라고 여겼다. 자연계는 하나님의 뜻이 구체화된 것이었다. 그리하여 자연의 피조물 전체는 신성한 진리의 상징이었다. 그러나 이 진리는 인간의 합리적 이성이 부분적으로 이해할 수는 있으나 결코 완전히 파악할 수는 없는 것이었다. 이성이 다한 곳에 신앙—또는 아름다움—으로 비약할 여지가 마련되었다. 한 12세기인이 썼듯이, "하나님이 뜻하신 모든 것이 옳다면, 현세에서 정당성을 지닌 모든 것은 말하자면 영원한 아름다움이 현세에 비추어진 상"이었다.

성당 양식은 위대한 스콜라 철학이 낳은 ≪신학대전≫ 등 중세 문명의 다른 주요 업적에 끊임없이 비견되어 왔다. 고딕 성당은 수학적 비례를 사용하는 점에서는 중세 음악에, 그리고 온갖 것을 다 포함하고 매우 복잡한 구조로 이루어진 점에서는 가장 뛰어난 중세 문학작품에 비견되어 왔다. 그러한 유사성이 있음은 부정할 수 없으며, 그것을 강조하는 것이 유용할 수도 있다. 그러나 그런 유사성에 혹하여 중세 건물의 실제 시공 과정에 관한 오해가 있어서는 안 되겠다. 당시에는 커다란 교회를 세우는 경우, 경건한 주교 또는 수도원장이 주교구의 신도들 또는 수도승들을 불러 모아, 그들이 그때그때의 종교적 본능에 따라 하나하나 돌을 쌓음으로써 고딕 성당을 이루어 내는 것이라는 꿈같은 생각이 존재하고 있었다. 물론 이 생각은 터무니없는 것이다. 예술사가인 에밀 말Emile Mâle이 지적하였듯이, "본능은 땅으로부터 어떤 것도 세운 적이 없었다."*The Gothic Image: Religious Art in France of the Thirteenth Century*, London, 1913 중세의 성당은 석공장石工匠, master-mason이라 불리던 빈틈없는 전문 건축가의 설계와 작업감독으로 세워졌다. 그들 석공장 가운데에서 위대한 건축가가 나타났으나, 그들은 결코 스콜라 철학이 남은 ≪신학대전≫을 돌로써 모방하려는 의도를 갖고 있진 않았다. 성당 건축의 실제 작업은 길드로 조직되어 있었고 노동의 대가로 일당을 받던 석공 및 기타 기술자들에 의해 이루어졌다. 그런 노동자들은 ≪신학대전≫을 읽을 기회조차 없었을 것이다.

고딕 성당과 중세 문명의 다른 업적 사이에 분명히 존재하는 유사성은 많은 중세인이 공통적으로 지니고 있던 근본적인 정신자세로 설명되어야 할 것이다. 어느 분야에서건 우리는 복잡하게 얽혀 있는 부분들을 하나의 총체적인 틀로 통합시키려는 의지를 만나게 된다. 이러한 태도는 건축뿐만 아니라, 철학, 신학, 법률, 그리고 문학에서 발견된다. 그리고 이런 분야 모두에는 물론 공통된 종교적 신앙이 깔려 있었다. 성당들은 꼭 알맞은 중세 기독교의 상징이 되었다. 왜냐하면 중세 기독교의 세례를 받은 후원자들—개인 또는 단체들—의 기호에 맞게 성당이 건축되었기 때문이다. 그러나 이러한 종교적 충동 그 자체만으로는 고딕 건축의 실제 형태를 설명할 수 없다. 어쨌든, 비잔티움 문화도 아주 기독교적이었지만, 그 건축양식은 고딕 양식과 전혀 닮지 못했던 것이다. 위대한 예술작품을 합리적으로만 설명할 수는 없으며, 고딕 건축의 출현에 관한 수수께끼는 결코 완전하게 해명되지는 못할 것이다. 그러난 중세 문화를 고찰할 때 으레 그러하듯이, 우리는 적어도 기독교적 요소와 고전적 요소 그리고 북방 특유의 감각 사이의 상호작용이 개재되어 있었음을 밝혀낼 수는 있다.

로마네스크 건축은 고전 시대 말기에 기독교인들이 하나님을 찬양키 위해 돌로 커다란 교회를 세우는 가운데 나타난 형태에서 자라났다. 그 뒤 보를 댄 궁륭이, 아마도 건축구조상의 문제 때문에, 도입되었다. 그러나 구조 기술에 관한 한, 로마네스크 양식인 더람 성당의 보를 댄 궁륭으로부터 고딕 양식인 글로스터 성당의 복잡한 장식용 창 격자로 반드시 발전했어야 할 논리적인 이유는 없었다. 고대 로마인은 보를 댄 궁륭의 축조 기술을 알고 있었으나, 미적 관점에서 그 구조를 완전히 도외시하였던 것 같다. 그러나 오래전부터 추상적인 선 예술의 전통을 지니고 있었던 북방 사람들에게서는, 대각선으로 교차되는 보의 선들이 지중해 세계가 꿈도 꾸지 못했던 미적 효과를 빚어내었다. 고딕 양식의 출현은 초기 게르만 및 켈트 예술의 복잡한 선 양식을 염두에 두어야만 이해할 수 있다p. 117 참조.

중세 성당의 내부를 밝혀주었던 커다란 채색 유리창에도 비슷한 논의가 적용된다. 여기에서도 고전적인 상징주의와 북방 특유의 감각이 교묘하게 혼합되었다. 신성한 존재가 빛으로 상징된 것은 고전적인 요소이자 초기 기독교의 요소였지만, 그러한 상징은 오로지 기나긴 겨울 동안 진정으로 빛에 굶주리던 북방인들에게서만 완전히 새로운 예술형태를 빚어낼 만큼 강력한 감정을 불러일으킬 수 있었던 것이다. 중세가 "암흑시대Dark Ages"로 불리곤 했던 것은 이 점에서 얄궂은 일이 아닐 수 없다. 과학에서, 예술에서, 그리고 예배의식에서, 전 문명이 빛에 매료되어 있었던 것이다.

60. 라틴 문학

중세의 모든 학자들은 교회의 언어이자 학교에선 교육의 매개였던 라틴어를 배워야 했다. 그들은 오래전에 프리스키아누스와 도나투스가 쓴 문법책으로부터, 그리고 1199년 이후에는 외우기 쉽게 운문으로 씌어진 유명한 교과서인 알렉산더 드 비유디외Alexander de Villedieu의 ≪문법론*Doctrinale*≫으로부터 라틴어를 배웠다. 중세인은 오늘날과는 전혀 다른 방식으로 라틴어를 배웠다. 그들에게 라틴어는 죽은 말이 아니었다. 그들은 유창하게 라틴말을 구사하였고, 라틴어로 생각하고, 토론하고, 농담하고, 그리고 무엇보다도 시를 쓸 수 있었다.

중세는 전 세기에 걸쳐 라틴어 시를 남겼으나, 다른 여러 분야에서와 마찬가지로 여기서도 가장 창조적이었던 시기는 11세기 말과 12세기였다. 가장 두드러진 문학 중심지는 샤르트르였고, 샤르트르에서 우아한 라틴어 문체를 배운 영국인 솔리즈버리의 존John of Salisbury은 12세기 초에 샤르트르에서 행해졌던 교육 방식에 관해 다음과 같이 알려주고 있다 :

> 저녁때의 이른바 격(格)변화 연습 시간에는 아주 많은 분량의 문법을 배우므로, 1년 동안 그 강의를 들으면 아주 우둔한 사람을 빼곤 누구든 마음대로 말하고 쓸 수 있게 되었다.

그러나 문법과 연습만 있었던 것은 아니었다. 위에 인용한 교수법의 주인공인 샤르트르의 베르나르Bernard of Chartres는 학생들에게 고대의 시인과 웅변가들을 소개하고, 그들처럼 유창하게 글을 쓰는 방법을 가르치기도 했다. 그의 학생들은 "매일 산문과 시를 썼고, 서로 작품을 비교하였다."(베르나르가 샤르트르 성당의 학무관이었을 때, 성당의 서쪽 면이 건설되고 있었고, 그 면을 따라 예언자 및 사도들과 함께 도나투스와 키케로도 조각되었다). 고전 문학을 공부하는 학생들 가운데에는 고전적인 운율에 맞추어 시를 쓸 줄 알았던 자도 꽤 있었다. 그들의 시는 대부분 모방에 지나지 않았으나, 이따금 예외도 있었다. 라바딘의 힐데베르트Hildebert of Lavardin; 1055?~1133는 위엄 있고 장중하며 진짜 고전 시대의 시로 착각될 만큼 기법이 훌륭한 시를 썼다.

그러나 대다수 라틴어 시는 다른 양식으로 씌어졌다. 고전적인 운율은 모음의 길이에 입각한 것이었다. 중세의 시인들은 새로운 라틴어 운율을 발견해냈다. 그들은 각운과 말의 강약 리듬에 맞추어 시를 썼던 것이다. 많은 위대한 찬송가가 이런 식으로 씌어졌고, 그 가운데 가장 훌륭한 것으로 통상 지목되는 한 찬송가는 그 시작詩作 기법의 극치를 보여준다. 다음 시의 강약 패턴에서는 "망치가 모루를 때리듯, 강과 약이 번갈아 반복된다."Anon, *The Seven Great Hymns of the Western Church*, 7th ed, New York, 1868

Dies irae, dies illa
Solvet saeclum in favilla
Teste David cum Sybilla

진노의 날, 무서운 날
온 세계가 재가 되는 날
다윗과 예언자들이 예언했던 날

대부분의 중세 시는 이보다는 격이 훨씬 떨어진다. 술좌석에서 부르는 노래와 사랑을 그린 노래, 자연을 묘사한 노래와 젊음의 환희에 관한 노래 등, 모두 활기와 즐거움에 차 있지만, 시로서는 하찮은 작품들이 아주 많이 나왔다. 이러한 세속적인 서정시들은 중세에 종종 악의 상징으로 일컬어지던 구약의 골리앗Goliath; Golias의 이름을 따 골리앗의 시Goliardic poetry라 불리었다. 이른바 골리앗의 제자Golliards라 불리었던 자들은 골리앗의 후원을 받았었다는 전설적인 "방랑자단Order of Vagabonds"으로 자처하던 방랑 학생들이었다. 골리앗의 시는 그러한 학생들, 또는 (아마도 좀더 많은 경우에는) 학생시절을 기억하고 있는 성인들의 작품이었다. 그런 시인 가운데 하나는 그저 대시인the Archpoet이라고만 알려져 있다. 그는 꼴로뉴의 대주교이자 황제 프리드리히 바르바로사의 상서였던 다셀의 라이날트Rainald of Dassel의 집에서 식객 노릇을 하였다(라이날트는 이미 바르바로사의 브장송 회의를 고찰할 때 언급한 바 있다—p. 388 참조). 라이날트는 엄격한 성격이었으나, 분명 그 대시인의 시에 매료되어 버렸던 듯하다. '골리앗의 시'가 지닌 분위기는 대시인의 ≪고백*Confession*≫에 전형적으로 표출되어 있는데, 여기서 그 시인은 점잖은 사회규범을 모조리 공공연하게 거부하고, 사랑과 술의 즐거움을 찬양하였다. 그 가운데 한 연은 특히 유명하다A. Symonds, *Women and Song*, London, 1884:

대폿집에서 죽는 것이
  나의 결심 ;
죽은 나의 입가에는

가득 찬 술잔을 :
천사들은 크게 외치리,
기쁨에 넘쳐,
"신이시여, 이 술꾼에게
은총과 용서를!"

13세기 말에는 바이에른의 베네딕트보이어른Benedictbeuern 수도원에서 한 무리의 수도승들이 그 이전의 노래와 시를 모아 베껴 놓았다. 이 필사본이 다행히도 살아남아, 아주 다양한 주제에 대한 세속적인 라틴말 서정시가 상당수 보존될 수 있었다Helen Waddell, *Medieval Latin Lyric*, London, 1929. (아래의 시들은 여기서 인용한 것임). 그 가운데 또 하나의 멋진 술노래가 있다 :

Potatores exquisiti
Licet sitis sine siti
Et bibatis expediti
Et syphorum in obliti…

너희 위대한 술꾼들이여,
별로 갈증도 안 나면서
술은 빨리도 비워버리네
자 이젠 포도주를 돌려라.

사랑을 노래한 시들은 사랑에의 갈망을 담고 있다 :

Si me dignetur quam desidero
Felicitate Jovem supero…

콧대 센 그녀가 사랑을 고백해오면,
나는 조우브를 마음껏 경멸해줄 텐데…

봄철과 젊음을 찬양하는 시들도 있다 :

> Nunc ergo canunt juvenes
> Nunc cantum promunt volucres…
>
> 이제 젊은이들이 노래 부르고
> 새들도 모두 지저귀고 있나니…

그러나 이러한 이교적 색채가 짙은 시들과 함께, 그리스도의 참된 자비가 "로마의 높으신 양반들"로부터 사라지고 있다고 심각하게 항의하는 시도 있었다 :

> Dic christi veritas,
> Dic cara raritas,
> Dic rara caritas,
> Ubi nunc habitas?
>
> 그리스도의 진리여,
> 그 가장 귀중한 것,
> 가장 위대한 자비여,
> 그것은 지금 어디에 있는가?

항의 문학은 '골리앗의 문학'에서 중요한 부분을 차지하였다. 그것은 대개 풍자와 조롱의 형태를 취하였는데, 산문으로 된 것도 많았다. 예컨대, ≪은화의 복음*The Gospel According to Marks of Silver*≫≪은의 마르코 복음≫이라고 번역할 수도 있다. ≪마르코복음 *The Gospel According to Mark*≫의 Mark와 화폐단위인 Mark가 같은 철자임을 이용한 풍자임-역주은 성경을 흉내 낸 말투로 교황청의 부패를 조롱한 것으로서, 뇌물을 잔뜩 받은 교황이 추기경들에게 "나도 받았으니, 여러분도 받으시오"라고 말하는 것으로 끝이 맺어졌다. 이는 교황들에겐 너무 심한 것이었다. 사실 12세기의 로마 교회는 전보다 훨씬 더 훌륭하게 관리되고 있었던 것이다. 하지만 사람들은 분명 훨씬 더 많은 것을 기대하게 되었던 것일 게다.

역사서술은 중세 라틴 문학의 또 하나 중요한 분야였다. 아주 일찍부터, 많은 수도원이 수도원에 관련된 사건들의 기록을 연대기의 형태로 보존해오고 있었다. 12세기 이전에는 이러한 연대기들 거의 모두가 서술범위에서나 분량에서나 보잘 것 없었다. 연대기에는 수도원장의 죽음과 후임 원장의 선출, 수도원의 중요한 인사이동, 수도원에의 재산증여, 이웃한 제후들—특히 수도원에 재산을 기증한 제후들—의 삶에서 중요했던 사건들이 기록되었고, 왕 또는 교황의 죽음과 같은 비교적 거리가 먼 사건들도 이따금 기록되었다. 그런 연대기는 사료가 될 뿐, 그 자체를 역사로 보기는 어렵다. 중세 내내, 대부분의 수도원 연대기가 이러한 비교적 원시적인 서술형태를 계속 따랐으나, 이따금은 진짜 역사가들에게 연대기 작성의 일이 맡겨졌고, 그런 연대기는 참된 역사가 되었다. 12세기 초 오데릭 비탈리스Orderic Vitalis라는 이름의 한 노르망디 수도승이 ≪교회사*Historia Ecclesiastica*≫를 썼다. 이는 기본적으로 그가 속한 수도원의 연대기였으나, 오데릭은 진정한 역사적 정열을 지니고 있어서, 거리낌 없이 본 주제에서 이탈하곤 하였다. 그는 어떤 노르망디 귀족 가문을 언급하는 경우에는 언제나 그 가문의 역사를 서술해 놓았다. 그는 노르망디 공들의 활동에 관해 많은 지면을 할애하였다. 그 결과, 그의 ≪교회사≫는 좀 혼란스럽기는 하지만 11세기와 12세기 초의 노르망디 역사를 다룬 방대한 역사서가 되었다. 다른 프랑스 역사가들은 십자군 운동에 흥미를 느꼈고, 노강의 귀이베르Guibert of Nogent와 샤르트르의 풀베르Fulbert of Chartres는 제1차 십자군에 관한 중요한 서술을 라틴말로 남겼다. 그 이후의 십자군 연대기는 대개 프랑스말로 씌어졌다.

독일에서는 12세기에 시토 교단 소속 수도원장 프라이징의 오토Otto of Freising가 ≪두 가지 나라*The Two Cities*≫라는 저작에서 아우구스티누스의 사관에p. 42 참조 입각하여 역사철학의 체계를 이룩하고자 하였다. 그는 또한 ≪프리드리히 바르바로사의 행적*The Deeds of Frederick Barbarossa*≫에서 자기 시대를 서술하기도 했다. 그 밖의 많은 중세 역사가들은 창조된 이래로 인류가 걸어온 전 역사를 섭렵하려 했다. 그 앞쪽 부분은 성경과 쉽게 구해 볼 수 있는 고전 시대의 역사서나 중세 초의 연대기들로부터 짜맞추어졌다. 연대기 작가들은 이러한 도입부를 다른 연대기에서 거리낌 없이 베껴오곤 하였다. 그런 연대기들은 작가가 자기 시대의 사건들을 기록하기 시작하는 곳에서야 비로소 독자적인 역사적 가치를 지니게 되었다.

모든 중세 국가 가운데, 역사서술이 가장 왕성했던 나라는 영국이었다. 일찍이 9세기에, 알프레드 대왕은 수많은 수도원들에게 연대기 작성을 명하였고, 오늘날 앵글로-색슨 연대기Anglo-Saxon Chronicle로 불리는 이 연대기들은 12세기까지의 영국사를 알려주는 훌륭한 사료가 되고 있다. 또한 12세기에도 캔터베리, 우스터, 더람, 그리고 베리 세인트 에드먼즈Bury St Edmunds 등 많은 수도원에서 뛰어난 역사가들이 배출되었다. 아마도 그 가운데 가장 위대한 역사가는 맘즈베리의 윌리엄William of Malmesbury일 것이다. 그의 ≪영국왕들의 역사*History of the Kings of England*≫는 아주 능수능란한 서술과 사건들에 대한 냉철한 판단이 돋보이는 뛰어난 저작이다. 12세기 말에는 대부분의 주요 역사가가 수도원 바깥에서 활동하고 있었다. 그러나 성 알반스St. Albans 수도원은 예외였다. 중세의 가장 유명한 역사가 가운데 두 명이 13세기에 그 수도원에서 역사를 썼던 것이다. 그 둘은 웬도버의 로저Roger of Wendover와 매튜 파리스Matthew Paris였는데, 그들은 아주 생생하고 힘차게 당대의 큰 사건들을 서술하였다.

중세의 연대기 작가들은 근대 역사가들에게 지배적인 성향, 즉 지나간 시대의 특징적인 생활 및 사상 형태를 깊이 파고들려는 욕구를 결여하고 있었다. 그들은 율리우스 케사르를 봉건기사들을 거느린 봉건군주로 여겼다. 그들은 알렉산더를 중세의 갑옷을 입고 중세의 성에서 살고 있는 모습으로 그렸다. 반면에 그들은 최근에 있었던 사건들을 기록·평가하려는 건전한 역사적 본능을 보여 주었다. 오늘날의 비평가에게는 그들이 전해들은 믿기 어려운 이야기까지 너무 쉽게 믿어버린 것으로 여겨지며, 수도원의 연대기 작가들은 하나님의 종복으로서 하나님의 영광을 위해 역사를 썼으므로 거의 모두 기적이나 도덕적 교훈을 적어 넣곤 하였다. 따라서 그들의 저작을 사료로 이용할 때는 무척 신중을 기해야 한다. 하지만 바로 그들 덕분에 우리는 중세사에 대해 기본적인 지식이나마 얻을 수 있는 것이다.

세속의 인물에 대한 전기나 자서전은 비교적 드물었다. 피에르 아벨라르의 ≪재난의 역사*Historia calamitatum*≫는 특별한 예외였다. 성 드니 수도원을 건설하여 중세 건축의 발전에 크게 기여하고, 루이 6세의 관리로서 프랑스의 국가발전에서 큰 몫을 해냈던 쉬제르 역시 뛰어난 전기 작가였다. 그가 쓴 ≪루이 6세의 생애*Life of Louis VI*≫는 12세기 초에 프랑스 왕의 왕령지가 처해있던 상황을 생생하게 보여준다. 그밖에 전기 형식은 아니지만 많은 저작이 중요한 인물들의 생애와 사람됨에 관해 여러 자세한 이야기를 담고 있다. 예컨대, 브레이클론드의 조슬린Jocelyn of Brakelond이 쓴 연대기에는 베리 세인트 에드먼즈 수도원의 위대한 원장이었던 샘슨Samson을 생생하게 묘사한 기록이 들어 있다. 세속의 인물에 대한 전기는 극히 드문 반면, 성자의 전기는 중세에 수없이 쏟아져 나왔다. 성자는 대중의 신앙생활에서 극히 중요한 역할을 하였고, 그들의 생애는 중세인에게 대단한 관심의 대상이었다. 대체로, 똑같은 성자의 전기가 여러 번 되풀이하여 씌어졌고, 그때마다 내용은 더 풍부해지고 상세해졌다. 물론 이런 전기에는 기적적인 사건들이 수없이 기록되어 있다. 이들 성인전은 중세의 신앙 및 종교사상을 연구하는 사람에겐 아주 값진 자료가 되고 있다.

중세는 그밖에도 많은 종류의 라틴어 글을 남겼다. 많은 기도서와 여러 실용적인 주제에 관한 논문들이 있었다. 13세기에 헨리의 월터Walter of Henley라는 한 영국인은 농업에 대한 논문을 썼다. 영국의 왕실 회계관이었던 리차드 피츠 닐Richard fitz Neal: 닐의 아들 리차드은 영국 재무회계의 절차를 기록한 저작을 남겼다. 수많은 학자가 젊은이의 교육법에 관해 글을 썼다. 이들은 대개 왕족과 귀족의 교육을 위한 것이었다. 귀족들이 즐기던 사냥이나 마상시합 따위의 스포츠에 관한 책들도 나왔다. 끝으로, 중세에는 일화집anecdote이 크게 유행하였다. 그 대표적인 작가로는 솔즈버리의 존을 들 수 있는데, 그는 샤르트르에서 공부한 뒤, 여러 해 동안 교황청에 근무하면서 그곳에서의 일화들을 생생하게 기록하였다. 그는 또한 정치이론서인 ≪정치가의 지침*Policraticus*≫도 썼는데, 이 책은 폭군살해를 변호한 점에서 중세 말에 유명해졌다. 또 ≪초논리론(超論理論)*Metalogicon*≫에서 존은 학생시절을 회고하고, 12세기 중엽의 교육풍토를 비판하였다. 그는 형식논리학이 점점 더 중시되는 사태를 개탄하였다. 그는 형식논리학을 내용 없는 말엮음에 지나지 않는 것으로 여겼고, 그런 헛된 것이 그가 그토록 매료되었던 건전하고 인문주의적인 문예 연구를 몰아내지 않을까 걱정하였다. 존은 운 좋게도 그가 학생시절을 보냈던, 그리고 12세기 말에도 여전히 인문주의의 보루로 남아 있던 샤르트르의 주교로 생을 마치게 되었다.

61. 속어 문학

솔즈버리의 존은 새로운 철학을 쓸모없다고 본 점에서는 그릇되었으나, 라틴 문학이 쇠퇴하고 있다고 본 점에서는 옳았다. 실로, 약간의 위대한 찬송가를 제외하면, 라틴말로 상상력이 풍부한 독창적인 문학을 산출해낼 능력과 그러려는 욕구 모두가 12세기 말에는 뚜렷하게 소멸되고 있었다. 심지어 그 이전에도, 가장 뛰어난 문학은 대부분 속어로 씌어지고 있었다. 라틴말로 시를 쓴 시인들은 많은 뛰어난 짧은 서정시를 남겼으나, 미적 성취에서 고딕 건축에 비견될만한 길고도 세련된 중세 문학작품은 모두 게르만어나 로망스어로 씌어졌다.

남아있는 이런 작품 가운데 최초의 것들은 게르만족에서 기원한 것이었다. 일찍이 게르만족은 축제 때 부르기 위해 영웅적인 전사들의 행위를 기리는 노래를 만들어내는 데 익숙해 있었다. 샤를마뉴가 그런 노래를 모아 편찬하라고 명령했다고 전해지지만, 그의 명령이 실행되었다고 해도 그 노래집은 남아있지 않다. 우리에겐 단지 단편적인 편린들만이 약간 남아 있을 뿐이다. 이 초기 작품들 가운데 가장 중요한 것은 앵글로-색슨의 서사시인 ≪베오울프*Beowulf*≫이다. 이는 이교 시대에 덴마크 반도에서 만들어져 입에서 입으로 전해지다가 앵글로-색슨족이 개종한 뒤 글로 옮겨진 여러 노래가 결합되어 이루어진 것으로 여겨진다. 이야기의 핵심은 영웅 베오울프의 행적으로서, 베오울프는 두 무시무시한 괴물과 불을 내뿜는 용을 죽이지만 마지막 모험에서 목숨을 잃는다. 이 시는 실로 걸작으로서, 독자에게 초기 게르만 문화의 정수를 느끼게 해준다. 한두 가지의 편린을 제외하곤, ≪베오울프≫가 앵글로-색슨 서사시 가운데 유일하게 남아 있는 작품이다. 또한 현존하는 ≪베오울프≫의 필사본은 남아있는 게르만 속어 문학의 필사본 가운데 가장 오래된 것이기도 하다.

그러나 비교적 늦은 시기의 필사본으로는 꽤 많은 양의 초기 게르만 문학 작품이 남아 있다. 이 가운데 가장 오래된 것은 훈족의 왕 아틸라의 시대를 그린 이야기 ≪힐데브란트의 노래*Hildebrandslied*≫로서, 11세기의 한 필사본으로 전해지게 된 이 노래는 아마도 샤를마뉴 시대에 만들어졌다고 추측된다. ≪니벨룽겐의 노래*Nibelungenlied*≫는 초기 게르만 시대에서 기원한 노래들로 이루어져 있으나 13세기의 필사본에 수록되어 남아있다. 영웅주의와 마술이 환상적으로 혼융되어 있는 이 노래는 서유럽 문학의 보배로운 유산이 되어있다. 한편, 유럽의 해안지대를 약탈하고 북대서양의 황량한 섬들과 심지어는 아메리카 해안지대까지 진출했던 바이킹은 그들의 모험에 관한 장편 무용담sagas들을 남겼다. 여기서도 역시, 가장 이른 시기의 필사본들은 12세기의 것이지만, 그 내용은 훨씬 더 이전의 시대를 다루고 있다. 이 무용담을 읽어 보지 못한 사람은 이 거친 모험들이 이루어낸 위대한 업적을 결코 이해할 수 없을 것이다. 사실, 바로 이 무용담들로부터 우리는 중세 귀족들의 도덕률에서 그토록 중요한 요소를 이루었던 게르만족의 특징들—자유를 사랑하고 속박을 참지 못하는 기질, 무모할 정도의 용감성, 아낌없이 주는 관대한 성격—을 가장 뚜렷하게 찾아볼 수 있는 것이다. 게르만 전사들에 관한 지식이 없이 뒷날의 기사도를 이해할 수는 없다.

≪베오울프≫는 앵글로-색슨 문학의 극히 일부분에 불과하였다. 두 명의 위대한 종교시인, 캐드몬Caedmon과 키네울프Cynewulf를 비롯하여 수많은 시인이 있었다. 이미 지적하였듯이, 알프레드왕은 대 그레고리우스의 ≪목자의 서≫, 오로시우스Orosius의 ≪역사≫, 비드의 ≪교회사≫, 그리고 보에티우스의 ≪철학의 위안≫ 등 여러 저작을 앵글로-색슨말로 번역하였다p. 212 참조-역주. 앵글로-색슨의 영국에서는, 라틴어가 순전히 종교적인 주제에 관한 고위성직자의 저술에서만 보존되었다. 연대기, 공식 문서, 왕의 칙령, 전투와 귀족들의 행적에 관한 무용담, 그리고 심지어 대중을 위한 종교서적까지도 속어로 씌어졌다. 이리하여 영국은 서유럽의 여타 지역에서는 라틴어가 지배하고 있을 때, 고유한 문어와 뛰어난 문학을 지니게 되었다. 노르만 정복 이후에야 앵글로-색슨말은 서서히 세력을 잃었고, 그러다가 14세기에 중세 영어Middle English로 다시 출현하게 되었다.

프랑스에서는 11세기 말에 속어 문학이 나타나기 시작하였다. 프랑스에서는 두 가지 서로 다른 로망스어가 쓰이고 있었다. 북부에서는 오일어langue d'oïl가, 남부에서는 오크어langue d'oc: 랑그독Languedoc이란 지명은 바로 이로부터 유래된 것이다-역주가 쓰였는데, 이 이름들은 "예yes"란 뜻의 낱말이 오일과 오크로 서로 달랐던 것에서 연유하였다. 초기의 오크어 문학은 사랑이 주된 주제였던 서정시였다. 이 시의 기원은 모호하다. 남부 프랑스에 로마 시대로부터 상당량의 민중시가 남아 있었음은 분명한 듯하며, 이 시들이 모델이 되었을 것으로 추측된다. 한편, 피레네 너머 스페인에서는 아랍인들 사이에서 서정적인 연애시가 유행하였다. 남부 프랑스의 서정시가 이 연애시로부터 내용은 아니더라도 형식을 빌어왔다는 증거도 있다. 어떻든, 11세기 말에는 남부 프랑스의 시인들이 오크어로 연애시를 쓰기 시작하였다.

이는 그 지역의 가장 강대한 봉건제후였던 쁘와뚜 백 겸 아키텐 공 윌리엄 9세를 매료시켰다. 윌리엄은 이에 손수 시를 쓰기 시작하였다. 그의 가장 훌륭한 서정시 가운데 하나는 성지를 향해 출발할 때의 감정을 묘사하고 있다 :

> 노래하고 싶은 마음이 들어
> 나를 슬프게 하는 것을 노래하리,
> 쁘와뚜나 리무쟁(Limousin)에서는
> 이제 더 이상 사랑할 수 없으리.

윌리엄의 후원 아래 새로운 문학은 인기를 얻어갔다. 곧 알프스와 피레네 사이의 지역에서 수많은 시인이 나타났다. 그들은 음유시인troubadours이라 불리었다. 그들 가운데에는 윌리엄 공과 같은 지체 높은 사람도 있었고, 기사 출신도 꽤 많았으나, 나머지는 단순히 생계를 얻기 위해 시를 읊조리는 평범한 시인들이었다. 음유시인들은 고귀한 여인을 찬양하면 좋은 결과를 얻을 수 있다는 기본적인 관념을 지니고 있었다. 귀부인을 사랑함으로써, 남자는 더 훌륭한 기사가 되고 또 더 훌륭한 시인이 된다는 것이었다. 이 사랑은 그저 단순한 예찬에 그칠 수도 있었으며, 그런 경우에도 효력은 있었다 :

> 슬픔과 기대에 가득 차 나는 떠나리,
> 멀리 있는 나의 사랑 그녀를
> 하루 동안만 만나게 해주소서.

초기 음유시인들은 상상력이 풍부한 예술가들이었으나, 이 시는 곧 극도로 정형화되었다. 귀부인은 모두 백옥 같은 살결에 황금빛 머리카락의 여인으로 묘사되었다. 구애자는 먹고 마시는 것에 전혀 관심이 없었고, 더위나 추위도 느끼지 못했으며, 오로지 귀부인에 대한 사랑에 온 마음을 쏟았다. 귀부인은 오래도록 충실하게 그녀를 섬기고 그녀에게 많은 시를 바친 구애자에게 미소나 입맞춤 또는 심지어 더 농도 짙은 애정표시로 보답을 하곤 했다. 이 귀부인들은 언제나 기혼녀였으므로, 학자들은 이런 시가 불륜으로 유혹하는 수단이 아니었나 의심해 왔다. 그에 대한 해답은 퍽 간단하다. 시인이 대제후일 경우, 그는 물론 궁극적인 보답을 기대하였고 또 종종 실제로 얻어냈다. 윌리엄 공은 분명 정숙한 여인을 멀리서 예찬하는 것에 그치지는 않았다. 그러나 시인이 대제후의 아내를 찬양하는 하급 기사일 경우에는, 그가 정상적인 분별력을 지니고 있다면, 그의 사랑이 예찬에 국한되었다. 그리고 귀부인의 신분이 구애자에게 위엄을 가져다주는 것이었으므로, 신분이 높은 부인일수록 시의 주제로 자주 등장하였다. 이러한 시는 상상력과 참신함 그리고 생동감에 있어서 12세기 중엽쯤에 전성기를 맞이하였다. 그것은 100여 년가량 더 존속하였으나, 점점 더 정형화되면서 생명력을 잃어갔다. 야만적인 알비 십자군은 음유시인의 고장을 짓밟아, 시인들에게 영감을 불러일으켜 왔던 명랑한 기질을 크게 파괴시켜 버렸다.

시를 쓰는 풍조와 사랑에의 관심은, 아키텐 공의 상속녀 엘레노어가 루이 7세와 결혼하여 왕비가 되면서, 그녀에 의해 북부 프랑스로 전해졌다. 엘레노어는 초기 음유시인 가운데 하나였던 윌리엄 9세의 손녀답게 많은 시인들의 후원자가 되었다. 엘레노어와 루이의 결혼이 무효화되고, 그녀가 영국 왕비가 된 뒤에도, 프랑스의 궁정은 여러 해 동안 문학과 궁정적 사랑의 중심지로 남아있었다. 영국왕이 아들들의 반란을 부추겼다는 죄목으로 그녀를 윈체스터 성에 가두었을 때, 많은 음유시인들이 이를 애통해 하는 시를 지었던 것이다. 엘레노어의 뒤를 이어 그녀의 두 딸 마리Marie와 알리스Alix도 궁정적 사랑의 열렬한 후원자가 되었다. 상파뉴 백에게 시집가 트르와에 자리잡은 마리의 궁정은 프랑스 문학의 본산이 되었고, 그녀의 손자 상파뉴 백 띠보 4세는 13세기의 서정시인 가운데 가장 많은 작품을 남긴 일류 시인이었다. 남부에서 그랬듯이 이제 북부에서도 시 쓰기가 유행하게 되었다. 엘레노어의 아들인 영국왕 리차드 1세도 아주 열심히 시를 썼으나, 그리 뛰어난 시인은 못되었다. 13세기 초기에 북부 프랑스에는 서정시에 탐닉한 십수명의 귀족시인이 나타났다. 게다가, 그 유행은 이탈리아와 독일로 확산되었다. 독일의 발터 폰 데어 포겔바이데Waler von der Vogelweide; 1228 사망는 많은 풍자시와 함께 아름다운 연애시를 썼다. 독일의 서정시인minnesinger: 사랑을 뜻하는 minne와 가인歌人)을 뜻하는 singer가 결합된 말-역주이 비교적 짧은 기간 동안에만 번성했던 반면에, 이탈리아에서는 음유시인의 맥이 르네상스 때까지 계속 이어졌다. 한편, 프랑스와 독일에서는 시 쓰기 풍조가 대도시의 시민계층에게 계승되어 14세기까지 계속되었다.

음유시인의 연애시가 북쪽으로 이식될 때, 사랑이란 낱말의 뜻이 상당히 변질되었다. 음유시인들은 귀부인에 대해 거리를 둔 채 예찬하고 충실하게 봉사하는 것만으로도 사랑의 혜택을 얻을 수 있다고 생각했으나, 북부의 시인들은 사랑을 말하는 경우 거의 언제나 성 관계를 뜻했던 것이다. 귀부인을 받들어 모시기는 하였으나, 이는 완전히 형식의 문제에 그쳤고, 시인이 그녀로부터 무엇을 기대하는지는 명백하였다. 이러한 변화는 북부 사람이 남부 사람보다 덜 개화되고 더 야만적이었기 때문일 수도 있겠지만, 북부 사람이 사랑에 대한 새로운 관념을 어떤 전거에서 얻어냈는가가 문제였을 수도 있다. 12세기인이 사랑에 관한 지식을 얻고자 하였을 때, 그들은 당연히 고대의 전거에 눈을 돌렸다. 궁정적 사랑을 추종하던 사람들은 곧 그러한 저작, 즉 오비디우스Ovid의 ≪사랑의 기술*Ars Amoris*≫을 발견해내었다.

오비디우스는 극소수의 여인들—로마의 종교의식을 책임진 가장 지체 높은 원로원 의원들의 아내들—만이 항구적인 결혼관계에 속박되어 있는 사회를 그렸다. 이 사회에서는 대부분의 부부가 합의로 이혼할 수 있었고, 형식적인 법적 혼인관계를 맺으려 하지 않고 그냥 동거하는 남녀도 많았다. 오비디우스의 여인들은 이혼 가능한 기혼녀이거나 완전히 자유로운 바람둥이들이었다. 오비디우스의 사랑은 전혀 우아하거나 낭만적인 요소를 갖지 못했으며, 실로 완전히 감각적인 것이었다. 그러나 궁정적 사랑의 추종자들은 오비디우스의 추잡한 면은 무시하면서, 그의 책에서 사랑의 본질에 관한 여러 가지 관념과 견해를 배우려 하였다. 상파뉴 백의 아내인 마리를 섬겼던 크레띠엥 드 트르와Chrétien de Troyes는 ≪사랑의 기술≫을 번역하였다. 마리의 궁정에서 살던 또 하나의 인물인 궁정사제 앙드류Andrew the Chaplain는 ≪사랑의 기술≫을 주로 참고하여 궁정적 사랑에 관한 안내서인 ≪사랑에 관하여*De Amore*≫를 썼다. 앙드류는 그 책을—아마도 풍자적으로—궁정적 사랑에 빠지고자 할 모든 이에게 안내서로 헌정하였다. 그는 세심하게 사랑을 규정하고, 어떤 사람이 사랑에 적합한가 밝히고는, 사랑의 법전을 고안해 놓은 다음, 여자를 유혹하는 말재간의 보기를 대화 형식으로 제시하였다. 끝으로, 그는 궁정적 사랑을 믿지 않는 독자가 있을 것에 대비하여, 여자에 대한 통렬한 비난으로 마지막 부분을 장식하였다. 중세에 나온 책 가운데 이보다 더 재미있는 것은 없다.

남부 프랑스에서 서정시가 발전하고 있는 동안, 프랑스 문학의 또 다른 유형인 무훈시chanson de geste가 나타났다. 남아있는 필사본 가운데 무훈시를 담고 있는 것으로 가장 오래된 것은 ≪롤랑의 노래*Chanson de Roland*≫의 옥스포드 필사본인데, 이는 1100년경의 것으로 추정된다. 무훈시의 기원에 대하여 학자들은 광범위한 논쟁을 벌여 왔다. 19세기에는 카롤링 시대의 프랑크 전사들이 자신들의 무훈을 기리기 위해 노래를 만들었으며, 이 노래들이 구전되어 오다가 마침내 서로 결합되어 장편 서사시를 이루었다는 것이 통설이었다. 이 설은 무훈시가 사료의 가치를 지니고 있다는 믿음을 낳았다. 그 뒤 학자들은 무훈시들을 좀 더 세심하게 고찰하고, 그것들을 카롤링 왕조 역사의 이미 알려진 사실들과 비교하였다. 이로써 무훈시의 작가들이 카롤링 시대의 역사에 관해 거의 아는 것이 없었다는 사실이 증명되었다. 학자들은 이 사실에 비추어 무훈시가 11세기 말과 12세기의 산물이며, 상상력에 크게 의존하여 씌어진 것이라고 결론짓게 되었다. 진실은 아마 이 두 견해 사이의 어디쯤엔가 있을 것이다. 모든 종족에게는 전설이 있으며, 그 이야기는 아버지로부터 아들에게로 전해진다. 무훈시의 작가들이, 입수할 수 있는 무덤의 비명이나 성인전 따위의 자료와 함께 그러한 전설을 이용했을 것은 거의 틀림없다. 그러한 여러 자료들로 짜여진 뼈대에 시인은 상상력으로 살을 붙였을 것이다. 무훈시에 역사적 사실이 어느 정도 포함되어 있긴 하지만, 그 사실들이 너무 크게 굴절되어 있어서 무훈시는 사료로서의 가치는 없다. 예컨대, 샤를마뉴의 한 차례 스페인 원정이 끝난 뒤, 그의 후위 부대가 피레네 산맥의 좁은 산길에서 바스크족의 공격을 받아 큰 타격을 받은 적이 있었다. 하지만 ≪롤랑의 노래≫에서는 후위 부대가 널따란 계곡에서 사라센인의 공격을 받은 것으로 되어 있다.

무훈시는 주로 봉건계급의 남성들을 즐겁게 해주기 위해 만들어진 것임이 분명하다. 무훈시는 그들이 가장 관심을 두었던 전투와 봉건정치를 주된 주제로 삼고 있었던 것이다. 무훈시의 최고 걸작인 ≪롤랑의 노래≫는 우선 샤를마뉴의 궁정에서 롤랑과 가늘롱Ganelon이 벌이는 정치투쟁으로 시작된다. 다음에는 대전투가 있고, 이 전투에서 롤랑과 그의 동료들은 무수한 사라센인을 죽인다. 기독교인 사이의 봉건적 전쟁을 사라센인에 맞선 전쟁으로 바꾸어 놓은 무훈시도 있긴 하지만, 전반적으로는 모든 무훈시가 같은 요소들로 이루어져 있었다. 이런 무훈시에서는 여자가 거의 완전히 배제된다. 이따금 아들을 전쟁에 내보내는 어머니나 남편에게 흠뻑 두들겨 맞는 아내, 그리고 어떤 기사와 뜨겁게 정사를 벌이는 매력적인—기독교도 또는 회교도—공주들이 나타날 뿐이다. 회교도 공주를 등장시키는 것은 한 가지 큰 이점이 있었다. 회교도 공주는 언제나 개종하여 세례를 받게 되어 있었고, 바로 이 세례식 장면에서 공주를 발가벗기고 그 아름다운 육체를 세세하게 묘사할 수 있었던 것이다. 궁정적 사랑의 관념은 후기 무훈시의 몇몇 작품에서 희미하게 나타날 뿐이다. 서정시가 여성을 즐겁게 하기 위해 씌어졌다면, 무훈시는 뚜렷하게 남성의 취향을 위한 것이었다.

12세기 중엽에는 이야기에 대한 수요가 컸다. 귀족과 그의 신하들은 기나긴 저녁때를 재미있게 보냈으면 하였고, 재미있는 이야기를 들려준 방랑시인에겐 후하게 대가를 치렀다. 이러한 이야기의 작자인 이른바 잡화雜話시인trouvère들은 입수할 수 있는 온갖 자료를 이용하였다. 로마문학에서 유래한 전설들도 인기가 있었다. 예컨대, 한 잡화시인은 아에네아스Aeneas의 설화를트로이의 왕자 아에네아스가 로마로 와서, 그의 후손인 로물루스Romulus가 로마를 건설한다는 이야기-역주 바탕으로 멋들어진 사랑 이야기를 읽어내었다. 궁정적 사랑의 모든 절차를 준수하면서 아에네아스는 디도Dido를 사랑하나, 결국에는 디도를 떠나 라비니아Lavinia를 얻는다는 줄거리였다. 그러나 12세기 프랑스에서는 웨일즈의 민속설화가 주된 이야기 재료로 이용되었다.

12세기 중엽에 몬머스의 지오프리Geoffrey of Monmouth라는 이름의 한 영국인 사제가 라틴어로 ≪영국왕들의 역사*History of the Kings of Britain*≫라는 책을 썼다. 지오프리는 트로이 사람인 브루투스Brutus가 영국으로 와 왕이 되었다고 쓰고는,

앵글로-색슨족의 도래까지에 이르는 영국의 역사를 펼쳐 놓았다. 그가 언급한 왕들 가운데에는 왕국을 위협하는 적들과 격렬하게 싸운 아더Arthur라는 영웅적인 전사가 있었다. 지오프리의 동시대인들은 전혀 망설임 없이 그 책을 상상력으로 꾸며진 완전한 허구라고 단언하였고, 오늘날 많은 학자들도 같은 의견이다. 지오프리 자신은 옛 웨일즈의 한 책에서 자료를 얻었다고 말했다. 그 당시 많은 양의 웨일즈 민속설화—거인들과 요정들, 또는 용감한 영웅들과 정숙한 부인들의 이야기들—가 있었음은 분명하며, 그 가운데 많은 것이 뒷날 아더왕 전설에 끼어들게 되었을 것이다. 지오프리가 아더왕을 창조한 것인지 아니면 웨일즈의 전설에서 발견한 것인지에 관한 논쟁은 너무 복잡하여 세세하게 소개할 수는 없다. 대체로 증거는 후자의 설로 기우는 것 같다. 어쨌든, 지오프리의 책은 큰 인기를 끌었고, 1155년에는 프랑스어 판이 노르망디인 웨이스Wace에 의해 나왔다. 그때부터 아더왕과 그의 기사들은 수많은 이야기의 훌륭한 주제로 못박혀졌다. 게다가, 잡화시인들은 웨일즈의 민속설화를 깊이 파들어가 지오프리가 이용하지 않았던 많은 이야기들을 발굴해 내었다.

이 새로운 재료를 가장 뛰어나게 사용한 사람은 아마도 상파뉴의 마리가 총애하던 작가 크레띠엥 드 트르와였을 것이다. 그는 웨일즈의 설화에다가 궁정적 사랑의 관념을 끼워 넣었다. 그는 이야기를 좀더 다채롭게 하기 위해 거리낌 없이 고전적인 재료를 사용하곤 했다. 그리하여 그의 이야기 가운데 하나인 "클리제Cligès"는 아더의 궁정과 콘스탄티노플의 중간쯤 되는 분위기에 놓여 있다. 아더왕 전설의 모든 주요 영웅들은 크레띠엥의 주목을 받았다. 그는 "트리스탄Tristan", "란슬로트Lancelot", 그리고 "퍼시발Percival"을 썼다. "란슬로트"는 궁정적 사랑만을 그린 작품이다. 아더의 기사 가운데 가장 뛰어난 란슬로트는 사랑을 위해 기사가 소중히 해야 할 모든 것을 포기한다. 그는 왕비인 귀네베르Guinevere와 간통하여, 봉건제 아래에서 가장 무거운 죄의 하나인 주군의 아내를 범한 죄를 저지른다. 그는 순순히 교수대로 오른다. 그는 다른 귀부인들의 유혹은 죄다 물리친다. 그는 완벽하게 궁정적 사랑을 실천한 것이다. 사실, 크레띠엥은 란슬로트를 그리 달갑게 생각하지 않았고, 따라서 신중하게도 상파뉴의 마리가 그에게 재료를 주고 어떻게 그것을 이용하여 이야기를 엮을 것인가 말해주었다고 발뺌한다. 뒤에 그는 모든 여성의 유혹을 물리친 기독교도 기사 퍼시발의 이야기를 썼다. 크레띠엥은 뛰어난 이야기꾼이었고, 그의 이야기는 오늘날에도 아주 재미있다. 크레띠엥의 동시대인인 마리 드 프랑스Marie de Franc는 웨일즈의 전설과 궁정적 사랑 그리고 그녀 주변의 삶을 교묘하게 결합시켜, 짧은 서사시 또는 이야기들을 썼다. 그 작품들은 놀라운 힘과 매력을 지니고 있어, 오늘날의 독자들로부터도 충분히 흥미를 끌 수 있다.

아더왕의 전설은 아주 큰 인기를 끌어, 많은 작가가 이를 이야기 주제로 삼았다. 13세기에는 아더왕과 그의 기사들에 관한 이야기가 성배Holy Grail: 최후의 만찬에서 그리스도가 사용했다고 믿어진 잔을 이름. 이를 지닌 자는 지상과 천국에서 행복을 얻는다고 여겨졌다-역주를 찾아나서는 이야기로 절정을 이루는 일련의 긴 시리즈로 발전하고 있었다. 여기서도 프랑스의 선례들이 독일 작가들에게 영감을 주었다. 볼프람 폰 아이젠바하Wolfram von Eisenbach의 ≪파르찌팔*Parzifal*(1220년경)≫은Parzifal=Percival-역주 성배 이야기Grail Romances 가운데 최고 걸작이다. 시간이 지남에 따라, 아더왕에 관한 이야기는 점점 더 길어지고, 동시에 더욱 많아졌다. 15세기에 토마스 맬로리 경Sir Thomas Malrory이라는 한 영국인 기사는 그런 이야기들에서 자료를 끌어내어 ≪아더왕의 죽음*Morte d'Arthur*≫을 썼다. 아주 생생하고 열정적으로 씌어진 이 훌륭한 아더왕 설화집은 계관 시인 알프레드 테니슨Alfred Lord Tennyson, 마크 트웨인Mark Twain, 엘리엇T.S.Eliot, 그리고 악극 ≪캐밀롯*Camelot*≫아더 왕의 궁전이 있었다는 전설상의 지명-역주의 작자들을 비롯한 후세의 수많은 영국 작가들에게 여러 방면으로 영감을 주어왔다.

프랑스 문학의 또 하나 흥미로운 유형은 우화시fabliaux로서, 이는 많은 경우 이솝Aesop의 우화를 바탕으로 한 짧은 이야기였다. 이런 이야기들은 대개 위트가 조잡하였으며, 별로 세련되지 못한 사람들이 주된 청중이었음은 분명하다. 우화시가 주로 부르주아지의 취향을 위한 것이었다고 주장하는 학자도 있지만, 제후와 귀족들도 우화시를 즐겨 들었으리라는 것은 거의 분명하다. 귀족의 생활을 그린 시들을 쓴 마리 드 프랑스는 별로 세련됐다고는 할 수 없지만 유명한 우화시집을 펴낸 장본인이기도 했다.

모든 주요 나라에서 중세 속어 문학의 중요한 일부를 이루었던 희곡drama의 대부분에서도 비슷한 세속적인 취향이 나타나 있었다. 13세기에는 세 유형의 연극이 널리 성립되어 있었다. 신비극은 성경을 바탕으로 하였고, 기적극은 성인의 생애를 그린 것이었으며, 도덕극은 배우들이 의인화된 덕과 악—현명, 어리석음, 분노, 탐욕 등등—으로 나오는 연극이었다. 연극은 이따금 옛 로마 시대에 건립된 극장에서 상연되었으나, 대개는 광장에 무대장치가 조잡한 가설무대를 세우고 그 위에서 연극을 공연하였다. 영국에서는 마차에 무대를 만들어 여기저기로 옮겨다니며 연극을 공연하는 순회극단이 주를 이루었다. 링컨 성극the Lincoln Plays과 같은 장편 시리즈로 된 신비극은 구약과 신약에 입각한 십수개의 장면에서 인류의 타락으로부터 구원에 이르는 과정을 연이어 상연하였다. 많은 경우, 도시의 여러 길드가 각각 가능한 한 직종에 알맞는 장면을 하나씩 맡곤 하였다. 목수들은 노아의 방주를 만드는 장면을, 포도주 상인들은 카나Cana에서의 결혼식 장면을요한복음 2:1~11-역주, 제빵업자들은 5천명을 먹이는 장면을 맡는 식이었다.

가상 엄숙한 주제를 다루는 연극에까지 조잡하고 웃기는 일화들이 삽입되었으나, 이는 중세에 종교가 어느 정도로 일상생활에까지 침투하여 융해되어 있었는지 보여주는 것일 뿐이다. 몇 가지 삽입된 일화들은 오늘날의 종교적 감각으로는 당혹스러운 것일 수도 있다. 악마는 종종 웃기는 인물로 등장하여 조롱을 받곤 하였다. 더욱 놀라운 것은 성 요셉St. Joseph이 이따금 얼간이로 묘사되었다는 점이다. 분명, 중세인은 다른 남자와 간통한 여자의 남편을, 아무리 그 정부가 하나님일지라도, 조롱하지 않곤 배겨내지 못했을 것이다. 링컨 성극에서, 요셉은 베들레헴으로 가는 동안 아내인 마리아를 거칠고 야비하게 대하는 심술궂은 고집쟁이로 묘사되었다. 마리아가 버찌를 좀 따달라고 부탁하자, 요셉은 퉁명스럽게 내뱉었다 :

> 당신에게 임신시킨 놈한테 따달라고 해!

그러나 이 말에 벚나무는 기적을 행하여 마리아에게 가지를 굽혀 버찌를 따게 해주었으니, 그야말로 관중에겐 아주 재미있는 장면이 아닐 수 없었을 것이다.

12세기 말로부터, 프랑스어로 씌어진 중요한 역사서술과 전기들이 나타났다. 그 가운데 최초의 것은 노르망디공들의 역사를 시로 쓴 웨이스의 ≪루앙 이야기*Roman de Rou*≫였으나루앙은 노르망디 공의 주요 거처였다-역주, 이는 별로 뛰어난 저작이 아니었다. 훨씬 더 훌륭한 저작은 지오프리 드 빌아르두앵Geoffrey de Villegardouin; 1213 사망이 제 4차 십자군 및 콘스탄티노플의 정복에 관해서 쓴 것이었다. 빌아르두앵은 직접 4차 십자군에 참여하였던 세속인이었다. 얼마 뒤 1225년경에는, 저자의 이름은 밝혀져 있지 않으나, 영국의 대제후 윌리엄 마샬의 전기가 프랑스어로 씌어졌다. 이 무명의 역사가는 당대의 어느 역사가보다도 훨씬 더 세련되어 있었다. 그는 확실한 사실과 불확실한 사실을 신중하게 구별하여 서술하였고, 여기저기에서 전거도 꽤 많이 밝혀 놓았다. 그는 때때로 여러 사람으로부터 서로 다른 내용의 이야기를 들었기 때문에 실제로 무슨 일이 있었는지 모르겠다고 솔직하게 인정하였다. 주인공의 행적에 직접 관련되는 사항에 관해서는 서술 내용이 극히 정확하였다. 13세기 말에 즈왱빌Joinville의 영주 양John은 중세의 전기 가운데 가장 유명한 ≪성왕 루이의 생애*History of St. Louis*≫를 구술하였다. 그는 그 위대한 왕의 생애를 웅장하게 그려내었고, 아주 자세하면서도 생동감이 넘치는 그의 책은 그 당시뿐만 아니라 오늘날에도 재미있게 읽을 수 있는 책이다.

스페인에서는 1140년경 시드에 관한 위대한 서사시가 까스띨랴어로 씌어졌다. 다음 세기에는 왕 알퐁소 10세1252~1284가 까스띨랴어로 된 까스띨랴 역사의 편찬에 착수했고, 그 결과로 ≪역사대계*Grande e Generale Estoria*≫가 탄생하였다.

이탈리아의 속어 시문학은 13세기 초에 아시시의 성 프란체스코가 ≪태양의 찬가≫라는 걸작을 내놓기는 하였지만, 프랑스의 경우에 비해서는 훨씬 느리게 발전하였다. 이탈리아의 가장 유명한 시인은 단테 알리기에리Dante Alighieri; 1265~1321였고, 그의 ≪신곡*Divine Comedy*≫은 통상 중세 전반에 걸쳐 가장 위대한 문학 작품으로 인정되고 있다. 단테는 귀부인에 대한 사랑이 기사를 고귀하게 해준다는 중세 기사도의 친숙한 관념을 받아들여, 하나님의 사랑을 비유하는데 그것을 이용하였다. 그의 초기 시들은 그가 어떻게 피렌체 출신의 베아트리체Beatrice라는 소녀와 사랑에 빠졌는지 알려준다. 베아트리체는 단테가 25살 되던 해에 죽었고, 단테는 절망에 빠졌다. 그 뒤 그는 철학을 공부하였고, 1308년에는 아리스토텔레스의 윤리학을 이탈리아어로 해설한 ≪향연*the Banguet*≫을 썼다. 그러는 동안, 단테는 교황의 이탈리아 정책에 반대하는 정파를 지지했다는 이유로 고향인 피렌체에서 추방당했다. 이를 계기로 그는 반교황 · 친황제의 정치적 성향에 깊이 빠져 들게 되었다. ≪왕정에 관하여*On Monarchy*≫라는 논문에서, 그는 황제가 지배하는 보편적인 세계국가를 옹호하였다.

단테의 걸작인 ≪신곡≫은 그의 말년에 씌어진 것이다. 이는 기독교에 있어서의 전 우주 및 그 우주에서의 인간의 위치를 조망한 것으로, 당시 신학자 및 철학자들의 견해를 반영하고 있으며, 그 통찰력과 문학적 표현기술은 더할 나위 없이 훌륭하다. 이 시에서 단테는 지옥과 연옥 그리고 천국을 고루 돌아본다≪신곡≫은 지옥편, 연옥편, 천국편의 3편에, 서장과 각편 33장씩 총 100장으로 이루어져 있다-역주. 세 곳 모두에서 단테는 아주 다양한 사람들—역사적 인물, 중세의 전설에 나오는 인물, 당시의 유명한 사람들 등—과의 만남을 묘사한다(단테는 그의 구적舊敵인 교황 보니파키우스 8세를 위해 지옥에 특석을 예약해 두었다). ≪신곡≫은 종종 ≪신학대전≫의 문학판이라 불리어 왔다. ≪대전≫에는 정신계 및 자연계와 인류의 덕 및 악에 관한 그 당시까지의 모든 관념이 하나의 큰 논문으로 뭉뚱그려져 있다. 단테의 ≪신곡≫도 비슷한 측면을 지니고 있다. ≪신곡≫의 천국과 연옥과 지옥에는 인간 삶의 온갖 측면을 대표하는 사람들이 각기 믿음의 정도에 걸맞는 곳에 자리잡고 있다. 어떻게 보면 복잡한 인간의 사상과 행동이 덕과 악에 대한 추상적인 논의에서보다는 구체적인 남녀 개개인을 통하여 더욱 명백하고 완벽하게 파악될 수 있다는 점에서, 단테가 아퀴나스보다 더욱 완전한 종합을 추구했다고도 할 수 있다. 예컨대, ≪신학대전≫을 오랫동안 어렵게 연구한 뒤에야 궁정문학에 대한 교회의 견해를 알 수 있는 데 반하여, ≪신곡≫에서는 프란체스카Francesca; 1284 사망가 란슬로트를 읽는 바람에 빠올로Paolo와 함께 죄를 짓게 되었다고라베나 총독이었던 귀도 다 뽈렌타Guido da Polenta의 딸인 프란체스카는 시숙인 빠올로와 불륜에 빠졌다-역주 단테에게 한탄하는 장면만으로도지옥편, 제5장, 116행-역주 그것을 분명하고 정확하게 드러내주는 것이다. 또한 귀족이자 쾌활한 음유시인이었던 베르트랑 드 보른Bertran de Born: 1215년경에 죽은 오뜨포르Hautefort 자작-역주은 상인들을 약탈했다거나 농촌을 황폐화시켰기 때문이 아니라, 젊은 왕자 헨리와 그의 아버지인 영국왕 헨리 2세를 이간시켰기 때문에 지옥에서 고통을 받는다지옥편, 제 28장, 134행-역주.

단테가 등장시킨 인물들은 상징적 의미를 지니지만, 또 한편으로는 역사와 종교에 관해, 그리고 단테의 시대에 벌어지고 있던 여러 문제에 관해서도 (종종 격렬하게) 대화를 하는 현실적인 인물이기도 하다. 서술은 언제나 현실과 비유의 두 차원 사이를 유동하고 있다. 여행 초기에 지옥과 연옥을 돌아보는 동안에는 이교도인 베르길리우스Virgil가 단테를 안내했다여기서 베르길리우스는 이성Reason을 상징함-역주. 그러나 천국으로 올라가 있는 동안에는 바로 베아트리체가 안내를 맡았다. 젊은 시절에 잃었던 연인이 그의 가장 위대한 작품에서 기독교인을 비추어주는 신성한 빛의 상징으로서 다시 출현했던 것이다. 천국Paradiso편의 끝부분에서 베아트리체는 천국의 가장 높은 곳으로 들어가는 입구로 단테를 인도하여, 시인이 하나님 계신 곳으로 들어가면서 대미가 맺어진다. 이때 단테는 하나님의 사랑이 온 우주를 감싸고 있는 환상을 보게 된다 :

> 사랑이 해와 다른 별들까지 감싸고 있도다.

단테의 시는, 대성당들이나 스콜라 철학이 낳은 ≪신학대전≫과 마찬가지로, 우리에게 다시금 기독교 신앙이 중세 문화의 핵심주제였음을 상기시켜 줄 것이다.

제6편 중세 세계의 위기

제19장 교황권의 쇠퇴

14세기는 급격한 변화의 시대였고, 그 변화는 대체로 나쁜 쪽을 향한 것이었다. 여러 차례의 전쟁, 전례 없는 역병, 반란들, 기근, 교회의 분열 등등이 있었다. 그러한 나쁜 변화들 때문에, 중세 말은 종종 붕괴의 시대로 불리거나, "기울어가는" 문명의 빛이 스러져가던 시대로만 여겨져 왔다. 그러나 이는 지나치게 단순한 해석이다. 14세기와 15세기의 유럽인은 많은 분야에서 놀라운 창조력을 과시하였다. 그들은 예술과 문학에서 빛나는 새로운 작품들을 내놓았고, 철학과 과학에서 새로운 움직임을 태동시켰으며, 최초의 체계적인 대의제 이론과 영국 하원 그리고 근대 초의 유럽 정치구조를 만들어내었다. 실제로 일부 중세 제도 및 사상은 쇠퇴하고 있었으나, 그 밖의 것들은 새로운 시대의 변화하고 있는 상황에 적응하면서 새로운 활력을 찾았다. 이 시대가 끝날 즈음에 서양 문명은 다시금 팽창의 시대로 접어들고 있었으나, 그것은 13세기의 문명과는 전혀 다른 문명이었다. 중세 말기는 전환기였으며, 바로 그 때문에 극도로 복잡한 성격을 지니고 있었다. 다음 몇 장에서 우리는 겉보기엔 안정되어 있었던 13세기의 문명이 어떤 요인들에 의해 교란당했는지 살펴보게 될 것이다.

62. 중세 문명의 지적 · 사회적 · 경제적 · 정치적인 문제점

1275년의 중세인은 그의 사회가 앞으로 수세기 동안 존속할 수 있을 건강한 문명을 창조해 내고 있다고 낙관할 수 있었을 것이다. 11세기에 시작된 종교적 열정의 확산은 사회구조를 변형시켰고, 심오한 철학사상과 아름다운 예술작품을 빚어내었다. 12세기의 이원론적인 이단들은 성공적으로 진압되었고, 교황은 기독교 교회의 최고 우두머리로 인정되었다. 황제와 교황의 투쟁은 끝을 맺었고, 제국은 합스부르크가의 루돌프Rudolph를 새로운 황제로 맞이하였다. 유럽은 번창하고 있었다. 서양 세계의 대국들은 서로 평화를 유지하고 있었고, 낙관적인 사람이라면 이제 중세의 근본적인 정치문제가 해결되어 장차 큰 전쟁은 없을 것이라고 생각할 법 하였다.

이 모든 안정된 겉모습은 환상이었다. 13세기의 업적은 눈부신 것이었으나, 안정된 것은 아니었다. "중세적 종합"의 본보기로 가장 흔히 인용되는 바로 그 업적들이 사실은 날카로운 긴장을 내재하고 있었다. 토마스 아퀴나스의 ≪신학대전≫은 그리스 철학의 요소와 기독교 교리의 요소를 함께 결합시켰으나, 후세의 사상가들은 대부분 이 둘이 본질상 서로 조화될 수 없다고 생각했다. 가장 위대한 가톨릭 시인인 단테는 당시의 교황들에게 극도로 적대적이었다. 고딕 성당은 안정된 문명의 상징이 아니라 치솟고 찌르는 역동적인 성격이었다.

중세의 생활 및 사상의 모든—지적, 경제적, 정치적, 종교적—영역에서 급격한 변화의 요인들이 이미 13세기 말에 존재해 있었다. 지적 분야에서는, 토마스 아퀴나스의 종합이 전반적인 동의를 얻지 못한 것이 결정적인 요인이었다. 파리 주교는 1227년에 아베로에스 학파의 주장들 대부분을 탄핵하였는데, 이 가운데에는 토마스가 받아들여 자기의 사상체계에 용해해 넣은 이론들도 있었다. 도미닉회 수도사들은 토마스의 이론들을 복권시키고, 도미닉 교단의 공식 교리로 떠받들었으나, 도미닉 교단 바깥에서는 그의 철학이 그리 널리 받아들여지지 못했다. 예컨대, 프란체스코회 탁발승들은 오히려 보나벤투라pp. 484~485 참조나 둔스 스코투스Duns Scotus; 1266?~1308를 따랐다(스코투스는 보편의 문제에 대해 토마스 아퀴나스보다 더 "실재론"에 치우친 주장을 내놓았고, 이성에 비해 의지를 더 강조하였다). 처음에는 지도적인 사상가들 사이의 견해차가 공통적으로 인정된 사상체계 안에서의 사소한 차이에 불과했으나, 14세기의 가장 위대한 논쟁가 오캄의 윌리엄William of Ockam; 1285~1349은 중세 철학의 기존 전통을 과격하게 비판하여 송두리째 파괴하려 했고, 대학세계에 새로운 회의주의적 풍조를 불러 일으켰다. 그의 저작에 관해서는 다음에 고찰할 것이다pp. 548~549 참조.

13세기에 나타난 또 다른 문제들은 사회구조의 변화, 특히 봉건제도의 점진적인 퇴화에서 비롯된 것이었다. 화폐유통에 입각한 교환경제의 성장은 주군과 봉신 사이의 관계를 크게 변질시켰다. 주군은 화폐수입으로 군사와 관리를 고용할 수 있게 되었다. 40일만 지나면 되돌아가버리는 봉건군대 대신에, 주군은 보수가 지불되는 한 종군할 군대를 지니게 되었다. 게다가 중산계급 출신을 관리로 기용함으로써, 주군은 그의 이익을 최우선 순위에 놓을 대리인을 얻게 되었다. 봉신인 지사는 언제나 동료 봉신들의 입장을 염두에 두었으나, 중산계급 출신의 지사는 그러한 공감대를 지니고 있지 않았다. 또한 봉건적 봉사를 화폐로 대납하게 하는 추세도 있었다. 주군은 봉신으로부터 봉건적 군역 대신에 일정액의 돈을 받아, 그 돈으로 용병을 고용하곤 했다. 조금씩 조금씩 주군-봉신 관계는 개인적 관계의 요소를 상실하면서 점점 더 순수한 재정적 관계로 변질되어 갔다. 13세기 말에, 군역에 의한 토지보유는 비교적 돈이 많이 드는 토지보유 방식이 되었다.

어떤 의미로는 이러한 모든 변화가 발전의 징후로 여겨질 수도 있다. 문제는 중세 사회의 결속이 온통 봉건적 가치에 대한 암암리의 합의에 의존해 왔다는 데 있었다. 12세기와 13세기에 사회구조는 급격하게 변화되었으나, 봉건지배층이 공통되게 인정하는 새로운 가치체계는 나타나지 못했다. 이에 봉건적 형태는 점점 더 사회적 현실로부터 멀어지면서도, 계속 중세 생활의 많은 영역을 지배하였다. 중세의 법률가들이 로마법의 공권 이론 및 주권의 토대가 인민의 동의에 있다는 이론을 발전시킨 뒤에도, 오랫동안 왕국들은 여전히 봉건적 재산으로 상속되었고, 정략결혼을 통해 주인이 바뀌었다. 관습적인 토지법도 여전히 시대착오적인 봉건적 규제에 얽매어 있었다. 대귀족들은, 실제 전투에서는 용병의 화살에 맞아 쓰러지기 십상이었는데도, 여전히 기사도에 집착하면서 봉건적인 무술경기를 즐겼다. 사회적인 관념은 변화하는 현실에 제때제때 적응하지 못하고 있었던 것이다.

경제 분야에서도, 13세기 말로부터 중요한 문제들이 나타났다. 3백년에 걸쳐 유럽의 부는 착실하게 증대되어 왔으나, 1300년 전후해서는 이 추세가 중지·역전되기 시작하는 것을 볼 수 있다. 인구 증가의 곡선도 아래로 꺾이었다. 경제는 쇠퇴의 시대에 들어섰다. 이 변화의 모든 원인을 알 수는 없으나, 가장 분명한 이유는 유럽의 몇몇 지역에서 인구가 가용한 경작지에 압박을 가하기 시작한 것이었다. 사실, 14세기 초에 농촌에서 나타난 두 가지 주된 측면은 농민보유지의 분할이 심화된 것과 땅이 없는 노동자 계층이 증가하고 있었던 것이었다. 중세 인구는 11세기 이래로 꾸준히 증가해 왔었다(영국의 경우, 1100년에는 약 150만 명에 불과하던 인구가 1348년에는 350만 명가량으로 증가했다). 그리고 처음에는 숲의 개간이나 비교적 간단한 배수작업으로 얻을 수 있는 비옥한 토지가 거의 무한정인 것처럼 보였다. 그러나 1300년경에는, 대부분의 비옥한 토지는 이미 경작지가 되어 있었고, 박토의 경작은 많은 경우 수지가 맞지 않았다. 게다가, 빙하에 대한 연구에 따르면, 14세기 초에는 기후조건의 장기적인 변화가 시작되었다. 겨울은 더 춥고 습해졌다. 스칸디나비아에서는 경작 가능지가 줄어들었고, 영국에서는 포도가 열리지 않았으며, 네덜란드의 간척지는 거듭하여 홍수에 휩쓸렸다. 그린랜드로 가는 북해 항로가 얼음 때문에 폐쇄되었고, 기독교도 바이킹들의 그린랜드 정착촌이 사라졌다. 마지막으로 남아있던 바이킹 정착민들은 분명 그 지역의 원시적인 에스키모 원주민에 흡수되었을 것이다. 중세 농민들은 흉년에는 언제나 굶주림에 시달려 왔는데, 이제 그 흉년이 더 자주 찾아들었다. 1315년에서 1317년 사이에 아주 극심한 기근이 있었다. 연대기 작가들에 따르면, 유럽 전역에서 수많은 농민이 굶어 죽었고, 식인이 성행하고 있다는 소름끼치는 소문도 나돌았다.

이미 몇 장에 걸쳐 서술한 바 있는 중세 문명의 모든 업적은 농업경제의 착실한 팽창을 바탕으로 이루어진 것이었다. 농촌에서 잉여 식량을 생산할 수 있었기 때문에, 성당과 성채의 건설에 노동력이 투입될 수 있었다. 부의 착실한 증대는 교역을 위한 자본축적을 용이하게 했고, 또한 인민에게 지나친 압박을 주지 않으면서도, 돈이 많이 드는 효율적인 정부기구를 만들 수 있게 해주었다. 그러나 경제가 쇠퇴하기 시작하자, 서로 연관된 긴장의 현상들이 중세 생활의 모든 영역에서 나타나기 시작하였다.

경제적 상황뿐만 아니라, 정치적 상황도 13세기 말에 가면서 악화되었다. 1270년대의 상대적인 평온은 오래가지 못했다. 영국과 프랑스가 13세기 중엽에 평화를 유지했던 것은 헨리 3세가 나약한 왕이었고, 도량이 넓은 루이 9세가 이를 기회삼아 영국에 싸움을 걸려 하지 않았기 때문일 뿐이었다. 그러나 영국왕이 프랑스의 일부 영토를 차지하고 있었음은 뒤에 두 나라 왕 사이에 격렬한 투쟁을 야기하는 요인이 되었고, 이 투쟁이 결국은 파멸적인 백년전쟁Hundred Years' War으로 이어졌던 것이다.

게다가, 이노센트 4세가 이탈리아에서 호엔슈타우펜가의 세력을 축출한 것은, 곧바로 그 결과가 분명하게 나타나진 않았으나, 궁극적으로는 지중해 지역 전역을 불안정하게 만드는 요인이 되었다. 제국의 해체로 교황은 황제의 위협에서 벗어났으나, 서구 세계 전체의 힘은 약화되었다. 13세기 말의 서구 기독교 사회는 더 이상 12세기에 정복한 지역을 모두 유지할 능력이 없었고, 그 이상의 팽창은 더욱 더 불가능하였다. 이미 살펴보았듯이, 1242년에 독일이 몽고의 대침입을 모면했던 것은 단지 운이 좋았기 때문이었던 것과 마찬가지로p. 436 참조, 중세 말에 중앙아시아에서의 큰 침입이 없었던 것 역시 행운일 따름이었다. 반면에, 동지중해에서는 사라센이 계속 빈번하게 공격을 가하여 서서히 기독교 세계를 잠식해 나아갔다.

예루살렘의 라틴 왕국은, 1249년에 성왕 루이의 십자군 원정이 실패로 돌아간 뒤 해안의 몇몇 요새도시로 줄어들었다가, 얼마 안 있어 사라져버렸다. 라틴 왕국이 그나마 그렇게 오래 존속한 것은, 대체로 1258년에 바그다드를 점령한 몽고족이 물러와 잠시나마 이집트인을 묶어둔 덕분이었다. 그 뒤 1260년에 이집트의 술탄은 몽고족을 격퇴하고는, 라틴 왕국으로 눈을 돌렸다. 하나하나 요새가 함락되어, 1291년에는 라틴 왕국의 마지막 보루인 아크레Acre마저 허물어졌다. 이때 아크레 수비군의 끈질기고 용맹한 항전 덕분에 대부분의 기독교도는 키프로스로 피신할 수 있었다. 팔레스타인의 신전 기사단원들은 끝까지 항전하여 전멸당했으나, 구호소 기사단의 강력한 부대는 키프로스로 철수하였다. 구호소 기사단은 몇 년 뒤 로데스Rhodes로 본부를 옮겨, 서구 기독교 세계의 호전적인 전초 기지로 존속하다가 1522년에는 술레이만 대왕Suleiman the Magnificent 휘하의 오토만 투르크족에게 밀려 말타Malta로 쫓겨 갔다.

여러 세기 동안 이슬람의 유럽 공격을 저지하는 값진 방파제의 역할을 해오던 비잔틴 제국은 다름 아닌 유럽인의 제4차 십자군으로 말미암아 여러 개의 서로 싸우는 제후국으로 해체되었다. 1259년에 미카엘 팔레올로구스Michael Palaeologus라는 그리스인 장군이 니케아Nicea 왕국을 장악하고(1282년까지) 황제의 칭호를 차지하였다. 1261년에 그는 콘스탄티노플을 탈환하였고, 이로써 옛 수도를 토대로 한 비잔틴 제국이 다시금 부활되었다. 그러나 제국은 비참하리만큼 축소되어 있었다. 황제는 수도와 바로 그 주변지역, 소아시아의 니케아 주변지역, 그리고 테살로니카Thessalonica 일부만을 다스렸다. 미카엘은 비잔틴 제국의 대부흥을 일으키지 못했다. 마침내 1453년에 멸망할 때까지, 비잔티움을 다스린 미카엘과 그의 후계자들은 베네치아 및 프랑크인 공국들과의 끝없는 투쟁과 음모에만 몰두하였다. 그러는 동안, 회교도인 오토만 투르크족이 제국의 동부 속주들을 공격하기 시작하여, 새로운 적으로 부상하였다. 중세 말의 어떤 교황이나 왕이나 황제도 그들과 실질적으로 맞설 수 있는 십자군을 조직하지 못했다. 정치적 이상주의는 성왕 루이와 함께 사라져버린 것으로 보였다. 중세의 막이 내릴 즈음, 콘스탄티노플은 마침내 투르크족에게 유린당했고, 발칸 반도의 기독교인은 수세기 동안 투르크족의 지배를 받게 되었다.

동지중해의 기독교 지역이 눈에 띄게 위축되고 있는데도, 그 지역의 강력한 기독교도 지배자들은 교황까지 포함하여 모두 시칠리아섬을 둘러싼 권력 투쟁에만 몰두하고 있었다. 루이 9세의 동생인 앙주 백 샤를르가 1266년에 교황의 지원을 받아 시칠리아왕이 되었다. 이는 프리드리히 2세의 사생아인 만프레트의 딸과 결혼하여 시칠리아 왕위를 노리던 아라공왕 페드로 3세를 분격케 하였다. 게다가 샤를르는 시칠리아만으로 만족하지 않았다. 그는 동지중해의 정복이라는 하인리히 6세의 꿈을 되살려, 비잔틴 제국을 정복할 목적으로 베네치아와 동맹을 맺었다. 이는 당연하게도 미카엘 팔레올로구스의 반발을 불러 일으켰다.

끝으로 그 상황에는 결정적으로 중요한 것으로 판명될 요소가 또 하나 있었다. 교황들은 시칠리아 왕관을 놓고 유럽의 여러 군주들과 열심히 흥정을 하면서, 정작 시칠리아인의 뜻은 전혀 고려하지 않았다. 이는 뒤에 판명되었듯이 큰 실수였다. 시칠리아는 지중해 정치의 모든 긴장이 막 폭발해 분출하려는 화산과 같았다. 시칠리아인은 냉혹한 프랑스인 왕 샤를르와 왕이 데리고 온 오만한 외국인 병사들, 그리고 왕이 계획하고 있던 전쟁을 위해 부과한 세금을 미워하였다. 아라공의 페드로와 미카엘 팔레올로구스는 제각기 첩자를 보내 불만을 선동하였고, 바르셀로나에서 콘스탄티노플에 이르는 지중해 세계 전역에 걸쳐 정교하게 짜여진 음모를 펼쳤다. 1282년 부활절의 월요일 저녁기도 시간에 팔레르모Palermo의 민중들이 갑자기 프랑스군 주둔지로 몰려가 프랑스군을 학살하였다. 이를 계기로 시칠리아섬 전역에서 프랑스인의 학살이 잇따랐다. 샤를르가 반란군 진압을 위해 이탈리아 본토 지역에서 군대를 모으기 시작하자, 반란군은 즉각 아라공의 페드로를 시칠리아왕으로 추대하였다. 페드로는 1282년 8월에 강력한 군대를 이끌고 시칠리아에 상륙하였다. 뒤이은 전쟁은 20년을 끌었으나, 결국 아라공가가 시칠리아섬을 확보하였고, 앙주가는 "나폴리왕"이라는 칭호로 남부 이탈리아에 속한 영토만을 점유케 되었다.

63. 교황과 중세 정치

이 전쟁에서 중세 문명 전체의 안정에 가장 나쁜 영향을 미친 요소는 교황의 지나친 개입이었다. 교황 마르티누스 4세Martin IV; 1281~1285는 프랑스왕을 모셨던 경력이 있는 프랑스인이었다. 그는 즉각 아라공의 페드로를 파문하고, 그에 대한 십자군을 제창하였으며, 아라공 왕국의 몰수를 선언하고는 아라공의 왕위를 프랑스의 한 제후에게 부여하였다. 프랑스의 필립 3세는 교황의 판결을 집행하기 위해 아라공으로 쳐들어갔으나, 이 원정은 실패하였고 필립은 원정 도중에 죽음을 맞이하였다.

그 당시 많은 사람들은 그런 "십자군"에 대한 교황의 지원이 로마 교회의 정신적 권한을 크게 남용한 것이라고 생각했다. 그리고 중세 문명의 붕괴를 야기한 13세기 말의 여러 요인들 가운데 아마 가장 중요한 것은 교황이 정치적으로 전반적인 지지를 얻지 못하고 교회에 대한 정신적 지도력마저 제대로 유지하지 못했다는 점일 것이다. 중세 문명은 근본적으로 기독교 신앙을 뿌리로 하여 꽃핀 문명이었다. 이미 살펴보았듯이, 중세의 예술과 문학, 그리고 여러 제도들은 모두 공통된 종교적 신앙에 뿌리박고 있었다. 따라서 그 신앙이 무너져버리면, 전 사회가 무너져 내릴 수도 있었다. 그리고 중세적인 형태의 기독교에는 전 교회의 구심점이 될 교황청과 그럴듯하게 그리스도의 지상 대리인으로 간주될 수 있는 교황이 아주 분명하게 필요했다. 그러나 13세기 말로부터, 로마 교회는 그 전통적인 역할을 수행할 능력을 점점 더 상실해가고 있었다. 그것은 단지 교회가 당시의 사회적 · 정치적 문제에 복잡하게 개입되어 있었기 때문만은 아니었다. 그러한 세속사에의 개입은 서구 기독교의 전통이 되어 있었으며, 잘하면 폭군의 악정을 저지하거나 부패한 제도의 개혁을 촉진시킴으로써 긍정적인 결과를 낳을 수도 있었다. 문제는 많은 당대인들의 눈에 13세기의 교황들이 기독교 사회에 봉사하기 보다는 기독교 사회를 지배하려는 방향으로 치우치고 있다고 여겨졌다는 데 있었다.

교황들이 세속권에 점점 더 집착하게 됨으로써 스스로의 도덕적 권위를 손상시킨 것은 아마도 이노센트 3세가 13세기 초에 택한 정책의 필연적인 결과였을 것이다. 이노센트는 교황청을 세속 국가들의 사소한 문제를 뛰어넘어 공평한 판결을 내리는 일종의 최고 법정으로 만들려 하였다. 아주 뛰어난 교황이 연이어 나타났다고 해도, 그들이 그러한 역할을 오래도록 수행할 수 있었겠는지는 의심스럽다. 심지어 이노센트 자신도 그의 목표를 완전히 이루지는 못하였다. 그러나, 어떻든 그 웅장한 계획에는 결정적인 결함이 있었다. 교황은 교회의 우두머리로서 나라를 초월한 차원의 정신적 지도자일 뿐 아니라, 이탈리아의 조그만 제후국—교황령—을 다스리는 세속 군주이기도 했던 것이다. 따라서 교황은 이탈리아의 한 소제후로서의 이익을 위하여 교황청의 보편적인 정신적 권위를 이용하려는 유혹에 항시 이끌리게 마련이었다. 이는 황제 프리드리히 2세에 맞선 이노센트 4세의 싸움에서도 분명하게 나타났으나, 이노센트는 그래도 프리드리히의 이탈리아 정책이 교황청의 존재 그 자체를 위협하고 있으며, 따라서 어떤 희생을 치르고서라도 반드시 이를 저지해야만 한다고—성왕 루이를 확신시키지는 못했지만—그럴듯하게 주장할 수는 있었다. 그러나 아라공의 페드로에 대한 교황 마르티누스의 "십자군"에서는 그러한 구실조차 있을 수 없었다. 거기에는 두 가톨릭 군주 사이의 권력투쟁 이외에 아무것도 개재되어 있지 않았다. 외교상의 이유로, 교황은 이탈리아의 한 제후로서 이 두 군주 가운데 프랑스 쪽을 편드는 것이 유리하다고 생각하였다. 마르티누스는 교황의 정신적 권한을 이용하여 반대쪽 군주를 패배시키려 하였으나, 사람들은 그러한 세속사에의 개입이 성스러운 요소를 갖추고 있다고 믿지 않았고, 따라서 교황의 노력은 수포로 돌아갔다.

교황들은 또한, 그들이 점점 더 이탈리아의 국지적인 정치에 깊이 개입되고 있었던 바로 그때에, 보편적인 교황권의 이론을 더욱 더 극단화시킴으로써 스스로 교황에 대한 신뢰의 약화를 자초하였다. 철학자인 로마의 질Giles of Rome;

1316 사망은 하나님의 대리자인 교황이야말로 전 세계의 진정한 지배자이며, 따라서 모든 정당한 통치권과 재산권은 교황으로부터 나오고 교황의 뜻에 의해 몰수될 수 있다고 주장하였다Giles은 ≪교황권의 절대성에 관하여*De Summi Pontificis Potestates*≫라는 논문을 썼는바, 교황 보니파키우스 8세의 유명한 칙령 ≪유일한 권위*Unam Samctam*≫는 이 논문에서 자극을 받았다고 추정된다. p. 541 참조-역주. 그러한 생각은 14세기의 교황 지지자들 사이에서 보편화되었다. 하지만 유럽의 군주들로서는 그런 생각을 결코 받아들일 수 없었다.

교황의 세속적 주장은 프란체스코회의 과격파에 의해서도 부정되었다. 그들은 그 주장이 성 프란체스코가 가르친 청빈과 겸손의 이상을 완전히 부정한다고 여겼다. 이러한 "정통파Spiritual Franciscans"는 프란체스코회의 소수파에 지나지 않았으나, 그들의 비판은 13세기 후반에 더욱 예리해졌다. 그들 가운데 가장 극단적인 일파가 성 프란체스코보다 한 세대 먼저 사람인 칼라브리아Calabria의 신비주의자 플로라의 요아힘Joachim of Flora의 가르침을 되살리기 시작했던 것이다. 요아힘은 기독교의 역사에 관해 매우 독특한 견해를 갖고 있었다. 그는 하나님에 삼위—성부, 성자, 성신—가 있듯이 인류의 역사에도 세 시대가 있다고 생각했다. 성부의 시대는 구약의 시대였고, 성자의 시대는 신약의 시대(중세인은 이 시대에 살고 있었다)였으며, 성신의 시대는 미래에 있었다. 현존하는 두 번째 시대에는 법과 정부 등의 제도가 필요하지만, 미래의 세 번째 시대에는 성신이 직접 작용하는 가운데 인간은 소박한 기독교적 무정부 상태에서 행복한 삶을 누리게 될 것이라고 요아힘은 생각했다. 세 시대는 각기 위대한 세계적 인물로부터 시작되는데 첫 시대는 모세가, 두 번째 시대는 그리스도가 막을 올렸다는 것이었다. 가장 극단적인 프란체스코회 수사들은 성 프란체스코를 세 번째 시대의 개시자로, 그리고 그들 스스로는 새로운 복음을 전해주는 예언자로 여기기 시작하였다. 그런 견해의 지지자들은 14세기 초에 교황에 의해 처벌당했고, 이단자로 화형을 당한 경우도 있었다.

정통파 프란체스코회 수사들은 종종 성 프란체스코의 정신을 이어받은 진정한 후계자로 여겨졌고, 실제로 그들 가운데 일부는 그러하였다. 그러나 그밖에는 그들의 아주 빗나간 믿음을 주장하면서 프란체스코 자신의 겸손함과는 거리가 먼 지독한 광신적인 자기주장을 폈다. 그럼에도 그들은 상당한 영향력을 행사하였다. 교황의 권력남용에 관한 온갖 합당한 비판과 함께, 중세 말에는 기존 교회제도 자체를 부정하는 말세적 풍조가 암암리에 자라나고 있었다.

그러한 과격한 항의 운동보다 더 기존 교회에게 위험스러웠던 것은 사회 전체의 점진적인 세속화였다. 오래 전부터 문학에서 강력하게 성장해온 세속적 정신이 세력을 넓혀갔던 것이다. 교역활동은 점점 더 중요한 위치를 차지하고 있었다. 무엇보다도 중요한 것은 정치에서 세속적 관점이 급격하게 확산되고 있었던 것이었다. 이는 종종 아리스토텔레스 철학에 대한 지식의 확산에서 비롯된 일이라고 간주되어 왔다. 그리고 사실, 법률가나 철학자에게 책임이 있든 없든, "국가주의Statism"라 부를 수 있을 사조가 아주 크게 발전했음은 분명하다. 신분회의assembly of estates가 전반적으로 출현했음은 군주 및 인민들이 스스로를 분명한 이해관계를 지닌 정치체로 생각하기 시작하였음을 분명하게 보여준다. 그들은 기독교 세계 전체의 이익보다는 자기 나라의 전반적인 복지를 훨씬 더 중요하게 생각하기에 이르렀다. 필립 존엄왕은 아마도 프랑스의 이익을 위해서라면 교황청을 파괴해도 된다는 식의 제안을 받았다면 깜짝 놀랐을 것이나, 필립 4세나 샤를르 7세는 같은 경우에 전혀 놀라지 않거나 또는 오히려 당연하다고 여겼을 것이다. 세속 국가의 복지가 가장 먼저 우선되어야 한다는 이러한 생각은 교회조직 내에도 심각한 영향을 미쳤다. 14세기와 15세기에는 많은, 아마 대부분의 고위성직자가 군주에 대한 의무를 가장 중요한 것으로 믿고 있었던 것이다.

64. 교회와 국가의 갈등, 1295~1350

세속 군주들의 세력 강화와 교황의 영향력 약화는 1296년에 개시된 교회와 국가 사이의 연이은 마찰이 전개되는 가운데 뚜렷하게 드러났다. 그 전의 싸움에서는 교황이 승리하거나 적어도 영예로운 타협을 이루곤 했다. 그러나 14세기 초에 교황은 최초로 한 세속 군주에게 수치스럽고도 완벽한 패배를 당하였다. 승리한 군주는 바로 프랑스의 필립 4세였다.

1285년, 왕 필립 3세와 교황 마르티누스 4세가 같은 해에 죽었을 당시, 프랑스왕은 교황권의 주된 보루 가운데 하나로 여겨지고 있었다. 그러나 젊은 필립 4세1285~1314는 부왕의 십자군에 참가했다가 원정이 실패한 뒤에도 까딸로니아에 잔류케 된 병력을 구출하려 애쓰는 가운데, 원정을 부추겼던 교황청에 대해 분노를 느꼈을 것이다. 필립은 행실이 모범적이었고, 그다지 믿음이 깊진 않았으나 경건한 편이었다. 하지만 그는 냉정하고 교활하고 잔인하였으며, 왕권 강화의 결의가 매우 단호하였다. 그는, 로마법 교육을 받아 세속 국가의 우위성을 믿던 사람들을 대거 기용하였다. 세속 군주가 교회의 모든 재산과 세속권을 몰수해야 하며, 사제의 생계는 세속 정부가 지급하는 봉급으로 유지되어야 한다고 주장한 피에르 뒤보아Peter Dubois는 물론 필립의 측근자들 가운데 가장 급진적인 인물이었겠지만, 뒤보아의 주장이 필립의 궁정에 퍼져 있던 전반적인 사조를 보여주는 것임은 분명하다. 게다가, 필립을 보좌하던 자들은 목적을 위해서는 어떤 수단이든 주저하지 않았다. 그들은 아주 강력하게 무턱대고 탄핵을 수없이 되풀이해대면, 그 탄핵이 아무리 터무니없이 거짓된 것이라고 해도, 적을 굴복시킬 수 있다고 믿었다. 그리고 고문을 적절히 사용하면, 아무리 얼토당토않은 죄라도 입증해줄 증언을 얻어낼 수 있는 것이었다.

필립 4세는 호노리우스 4세Honorius Ⅳ; 1285~1287 및 니콜라스 4세Nicholas Ⅳ; 1288~1292와도 갈등을 일으켰으나, 심각한 위기로까지 치닫진 않았다. 그러다가, 1294년 7월에 10명으로 이루어진 추기경단이 니콜라스 4세의 후임자를 선출키 위해 회동하였다. 추기경단은 두 강력한 로마귀족 가문인 오르시니Orsini가와 꼴로나Colonna 가에게 지배되고 있었다. 두 파로 나눈 추기경들이 회의에서 승리를 얻기 위해 싸우고 있는 동안, 로마의 여러 거리에서는 두 가문의 지지자들 사이에 피튀기는 전투가 벌어졌다. 여러 달 동안 교착상태가 계속되자 마침내 한 추기경이 아주 훌륭한 새 타협안을 생각해 냈다. 이에 나폴리 왕국의 한 산에 은거하고 있던 한 존경받던 은자가모론느 산에 있었던 페트루스Peter of Morrone였다-역주 교황으로 선출되었고, 그는 완전히 어리둥절해 있는 가운데 셀레스틴 5세Celestine Ⅴ라는 칭호를 받았다. 고결하기는 했지만 지나치게 순진무구하기만 했던 새 교황은 그의 원래 주군인 나폴리왕 샤를르 2세의 손아귀에서 빠져나오기 전에, 8명의 프랑스인과 4명의 나폴리인을 새로 추기경으로 임명하였다. 곧 교황 자신과 추기경들은 교황의 자리에 성자는 부적합하다는 것을 깨달았고, 이에 셀레스틴은 1년도 못되어 퇴위하고 말았다. 그의 결정은 추기경 가운데 가장 강력했던 베네딕트 가에따니Benedict Gaetani에 의해—강요된 것은 아니더라도—촉구된 것이었고, 1294년 12월에는 바로 그 베네딕트가 보니파키우스 8세Boniface VIII; 1294~1303로서 교황이 되었다.

보잘 것 없는 귀족가문의 자손이었던 노년의 보니파키우스는 유능한 행정가이자 교회법학자였으나, 거만하고 건방지고 우쭐대며 게다가 지나치게 야심적이었다. 그가 그의 적들이 거론한 온갖 결점의 대부분을 실제로 지니고 있었다고는 결코 믿을 수 없지만, 그의 사람됨이 비난의 대상이 되지 않을 만큼 고결한 것은 분명 아니었다. 그는 자기의 지위 및 교황의 권세를 최대한 높이려고 마음먹었으나, 동시에 그에 못지않게 자기 집안의 재산 증대에도 몰두하였다. 그는 허영심으로 자신의 조그만 조각상을 살포하였고, 지독하게 거만한 성격 때문에 한번은 자기에게 온 사절을 걷어 차버린 적도 있었다. 그러나 훨씬 더 심각했던 것은 그가 다른 귀족가문들—특히 꼴로나가—의 희생 위에 자기 가문의 힘을 증대시키기 위해 많은 노력을 했다는 점이었다. 치세 초에 그는 조카에게 교황청의 공금을 주어 값진 영지를 사게 하였다. 그때, 역시 그 영지를 원했던 꼴로나가는 구입자금을 수송하던 호위대를 습격하여, 빼앗은 재물을 그들의 한 요새에 갖다 놓았다. 보니파키우스는 즉각 꼴로나가에 대한 십자군을 선포하여 그들의 성들을 함락하고는, 점령한 땅을 자기 친척들에게 나눠주었고, 꼴로나가의 사람들을 추방하거나 투옥하였다. 이런 식으로 행동함으로써 그는 많은 로마 귀족들을 화해 불가능한 적으로 만들었고, 이에 로마에서 입장이 약화되자 그는 분별없이 서유럽의 두 강력한 군주에게 싸움을 걸었다.

1295년에 프랑스의 필립 4세와 영국의 에드워드 1세1272~1307는 가스코뉴 공령을 둘러싸고 전쟁을 준비하고 있었고, 둘 다 사제에게 과세함으로써 전비를 마련하려 하였다. 1296년에 보니파키우스는 ≪재속 사제에게 명함*Clericis Laicos*≫이라는 칙령을 공포하여, 어느 나라의 사제건 교황의 동의 없이 군주에게 세금을 내지 못하도록 금지시켰다. 그것은 각국 군주의 주권에 대한 정면 도전이었다. 필립은 이에 맞서 프랑스로부터의 금·은 유출을 금지시킴으로써, 프랑스로부터 교황청으로 돈이 흘러 들어갈 수 없게 하였다. 보니파키우스는 겨울 내내 고집을 꺾지 않았으나, 수입의 격감과 함께 여전히 굴복하지 않고 있던 꼴로나파 추기경들의 반란으로 크게 고통을 당하였다. 1297년 초에 프란체스코회 정통파의 여러 지도자들이 롱게짜Longhezza 요새에 있던 꼴로나가에 가담하여, 그곳에서 보니파키우스가 교황 자리를 찬탈하였다고 탄핵하는 일련의 선언문을 공표하였다. 교황은 원칙상 양위할 수 없으며, 따라서 셀레스틴의 교황직 사퇴는 불법이고 보니파키우스의 교황 피선은 무효라는 것이었다. 1297년 봄에 프랑스왕은 이 입장에 대하여 지지를 표명하였고, 이 새로운 위협에 보니파키우스는 완전히 양보하지 않을 수 없었다. 교황은 프랑스 영토의 수호와 같은 비상사태의 발생시에는 왕이 마음대로 사제에게 과세할 수 있다고 선언하였고, 비상사태의 여부를 결정하는 것은 교황이 아니라 왕임을 분명히 하였다. 프랑스왕에 대한 호의를 더욱 완전하게 내보이기 위해, 보니파키우스는 1297년에 루이 9세를 성인으로 추대하였다.

그러나 필립과 보니파키우스 사이의 화합은 오래가지 못하였다. 1301년에 남부 프랑스의 한 주교였던 베르나르 세세Bernard Saisset라는 자가 필립의 성질을 건드렸고, 왕은 그의 법률가들로 하여금 세세를 파멸시킬 작업에 착수토록 하였다. 그들은 이단과 신성모독 그리고 반역을 비롯한 수많은 죄를 열거하여 그를 왕의 법정에 회부하고는, 파리에서 투옥하였다. 그제서야 필립은 보니파키우스에게 편지를 보내 이런 조치들에 대한 승인을 요청하였다. 세세의 죄목 가운데엔 "지극히 성스러운 교황이신 보니파키우스를 악의 화신이라 불렀다"는 것도 있었으나, 교황은 개재된 문제들이 완전히 정치적인 것이며, 프랑스 주교들 전체의 독립성이 위기에 처해 있다고 판단하였다. 그는 필립에 대한 지지를 거부하였고, 여러 차례 비난이 교환된 다음에 ≪재속 사제에게 명함≫에서의 원칙을 재천명하는 칙령을 발포하였다. 바로 이때 필립은 최초로 프랑스 삼부회를 소집함으로써 전 인민의 지지를 얻으려 하였다. 왕의 재상들은 삼부회에 나가 보니파키우스가 이단자이자 범죄자이며 따라서 그를 교황 자리에서 내쫓아야 한다고 선언하였다. 보니파키우스는 필요하다면 프랑스왕을 "하인처럼" 폐위시키겠다고 응수하였다. 보니파키우스는 또한 왕권에 대한 교황권의 우위를 가장 극단적으로 내세운 유명한 칙령 ≪유일한 권위*Unam Sanctam*≫를 발포하였다. 이 칙령은 "세속적 권위는 정신적 권한에 복속되어야 한다"; "세속의 권력이 오류를 범하는 경우, 그에 대한 심판은 정신적 권력이 맡아야 한다"; "정신적 권력은 그 위엄이나 고귀함에서 어떤 세속적 권력도 능가한다"는 따위의 구절로 가득 차 있었다. 1303년, 보니파키우스는 이러한 원칙들에 입각하여 필립을 파문하기로 결정하였다. 인민의 지지를 받고는 있었지만, 필립은 교회의 가장 강력한 무기인 파문을 당하고 싶진 않았다. 그는 선제공격을 하기로 결정했다.

필립의 충복 가운데에는 윌리엄(또는 귀욤므) 드 노가레William de Nogaret라는 아주 총애 받던 인물이 있었다. 그는 왕에게 거슬리는 자들에 대한 고발장을 작성하고 이를 위한 증언들을 마련하는 데 놀라운 재능을 발휘한 바 있었다. 왕은 상파뉴 백령의 수입을 관장하는 트르와의 주교가 횡령을 하고 있다고 의심하게 되었을 때, 노가레를 파견하여 행동을 취하게 하였다. 노가레는 그 주교가 한 마녀와 함께 왕비의 형상에 바늘을 찔러댐으로써 왕비를 죽이려는 음모를 꾸몄고 그밖에도 여러 악독한 범죄를 저질렀다고 고발하였으며, 그 자신과 왕에겐 만족스럽게도 이를 멋지게 증명해내었다. 노가레가 거느린 수사요원 가운데 하나는 법정에서 증인이 완전히 자의로 증언하고 있느냐는 질문을 받자, 눈도 깜짝하지 않고 그렇다고 확언하였다. 그러나 사실 그는 증언을 받아내기 위해 그 증인을 발가벗겨 온 몸에 꿀을 바른 다음 벌집 위에 매달았었던 것이다. 필립은 교황 보니파키우스를 제거하는 임무를 바로 이 헌신적이고 재능 있는 충복에게 맡겼다. 노가레는 늘상 그랬듯이 우선 일련의 죄목을 보니파키우스에게 뒤집어 씌웠다. 이에 따르면 보니파키우스는 이단자이며 사악한 마술에 깊이 빠진 마법사였다. 그는 수많은 고위성직자들을 독살하였다. 아마도 그 수많은 죄목 가운데 가장 재미있는 것은 보니파키우스가 남색임을 숨기기 위해 정부情婦들을 거느리고 있다는 지적일 것이다. 이러한 죄목들에 대한 증거를 마련하자, 노가레는 보니파키우스를 누구보다도 미워하고 있던 스키아라 꼴로나Sciara Colonna와 함께 이탈리아로 향했다. 로마 근처에서 두 사람은 꼴로나가 일당과 주변의 깡패들을 끌어 모은 다음, 보니파키우스가 머물고 있던 아냐니Anagni로 진군하였다. 1303년 9월 7일에 그 무법자들은 아냐니를 공격하여 늙은 교황을 사로잡았다. 그 지역의 귀족들이 곧 노가레에게 위협을 가하여 교황을 석방케 하였지만, 보니파키우스는 너무나 큰 충격과 수치를 이기지 못하여 곧바로 세상을 떴다.

새로운 교황 베네딕트 11세1303~1304는 아주 당혹한 입장에 빠져 있었다. 그는 보니파키우스의 충복이자 친구였고, 어떤 교황도 교황의 이름에 합당한 자라면 아나니에서의 범죄를 전혀 처벌하지 않고 넘어갈 수는 없을 것이었다. 그러나 베네딕트는 신중한 인물로서, 필립 4세와 정면으로 대결하려 하지 않았다. 그리하여 그는 꽤 교묘한 방책을 생각해냈다. 그는 프랑스왕에 대한 보니파키우스의 모든 비난을 철회하였으나, 동시에 노가레의 처벌에 진력하였던 것이다. 베네딕트는 이 신중한 방책이 효과를 낼 것인지 아닌지 보지 못한 채 죽었다.

1305년 6월, 추기경단은 보르도 대주교 베르트랑 드 고Bertrand de Got를 교황으로 선출하였다. 이 선출에 필립이 간여했다는 뚜렷한 증거는 없지만, 그랬을 가능성은 매우 높다. 프랑스인 추기경들은 그들만으로 교황을 선출할 수 있을 만큼 추기경단에서 다수를 차지하진 못했으나, 교황 선출에 강력한 영향력을 행사할 정도의 세력을 이루고 있었다. 보르도 대주교는 필립의 적수인 에드워드 1세의 신하였으므로, 이탈리아인 추기경들에겐 프랑스인으로 비추어지지 않았다. 당대의 한 연대기에 따르면, 베르트랑이 필립과 만나 필립의 지원에 대한 대가로 여러 가지 약속을 해주었다고 한다. 필립의 여행기록을 보면 두 사람은 결코 만나지 않았음이 분명한 듯하나, 사절들을 통한 협상으로 비슷한 협약이 이루어졌을 가능성은 있다.

새 교황은 클레멘트 5세Clement V; 1305~1314라는 칭호를 얻었다. 클레멘트는 선출된 것을 알고는 추기경들을 리옹으로 소집하여 그곳에서 교황으로 축성받고 관을 썼다. 그 뒤 그는 론강 동쪽 연안에 있는 아비뇽Avignon시를 거처로 삼았다. 아비뇽은 프로방스백에게 속한 옛 부르군드 왕국의 일부인 브네생Venaissin 백령의 수도였다. 따라서 아비뇽은 신성로마 제국의 영토이긴 했으나, 앙주가의 군주들에게 예속되어 있었으며, 바로 론강 건너편에는 필립의 영지들이 널려 있었다. 따라서 교황은 사실 프랑스에 있지는 않으면서도, 완전히 프랑스의 영향력 아래에 놓이게 되었다. 클레멘트가 새로 임명한 28명의 추기경 가운데 25명이 프랑스인이었다. 교황청은 호엔슈타우펜가를 굴복시켰지만, 이제는 거꾸로 카페 왕조에게 사로잡힌 신세가 되었다. 프랑스인 교황이 프랑스인 추기경들에게 둘러싸여 프랑스에 인접해 있고 프랑스어를 사용하는 도시에서 살게 되었던 것이다.

클레멘트가 교황 자리에 오르자마자, 노가레는 보니파키우스에 대한 그의 행위가 정당한 것으로 선언되어야 한다고 주장하기 시작하였다. 교황은 이 수치스럽기 짝이 없는 일을 하지 않게 해달라고 애원하였고 그럭저럭 6년가량 이 문제를 미루었으나, 결국 보니파키우스의 행위에 관한 심리를 개시하여 노가레로 하여금 보니파키우스를 고발하도록 허용하지 않을 수 없었다. 결과야 뻔하게, 노가레는 보니파키우스의 죄목을 낱낱이 열거하고는 수많은 증언으로 이를 뒷받침하였다. 극히 일부만이 사실이라는 점에 노가레는 전혀 개의치 않았다. 그는 거리낌 없이 보니파키우스의 뼈를 파내어 공개적으로 불태울 것을 요구하였다. 결국, 타협이 이루어졌다. 교황은 그 문제에 관련하여 필립이나 그의 충복들에게 가했던 교회의 모든 비난을 철회하고, 왕이 공정하고도 정당하게 행동하였다고 선언하였다. 그럼으로써 클레멘트는 전임자에 대한 공식적인 탄핵을 모면하였던 것이다.

교황 보니파키우스의 문제로 교황청이 뜨겁게 달아있는 동안, 필립 4세와 그의 충복들은 그 못지않게 고결한 사업에 뛰어 들었다. 1291년에 아크레가 회교세력에게 점령되었을 때, 팔레스타인에 있던 대부분의 신전 기사단원은 그 방어를 위해 싸우다가 전사하였다. 성지에 있지 않았거나 팔레스타인의 다른 요새에 있다가 겨우 빠져나와 살아남은 극소수 단원들은 서유럽의 여기저기에 널려있는 광대한 영지에 눌러 앉아 살게 되었다. 당연히 그 당시 항상 돈에 굶주려 있던 군주들은 더 이상 원래의 목적을 위해 기여하고 있지 않은 막대한 영지에 탐욕의 눈을 돌렸다. 그러나 필립은 그의 동기가 탐욕뿐임을 드러낼 만큼 순진한 인물이 아니었고, 따라서 좀더 멋진 구실을 찾아내려 하였다. 다시 한번 그가 거느린 전문가들께서 일을 꾸몄다. 그들은 신전 기사단이 옛 계율을 버리고 신성모독과 이단으로 가득 찬 계율을 받아들였다고 선언하였다. 신전 기사단에 들어오려는 기사는 그리스도를 부정하고 악마의 형상 앞에서 음란한 의식을 치르게 되어 있으며, 그밖에도 신전 기사단은 수많은 지독한 악에 물들어 있다는 것이었다. 필립은 크게 충격을 받아, 프랑스에 있는 모든 신전 기사단원을 체포하였고, 그 교단의 건물들을 샅샅이 뒤졌다. 그는 에드워드 1세와 다른 군주들에게도 신전 기사단원들의 범죄행위를 알려, 조치를 취하도록 촉구하였다. 에드워드는 영국에서 기사단의 지도적 인물들을 체포하고는, 다음엔 무슨 일이 있을 것인지 기다렸다.

기사단 건물의 수색은 별 성과가 없었으나, 필립의 충복들은 투옥된 단원들에게 고문을 가하여 곧 그들이 제기한 모든 죄목을 입증하는 증언을 얻어냈다. 그리고는 그들은 그들이 밝혀낸 놀라운 추문을 자랑스럽게 교황 클레멘트에게 보고하였다. 교황은 즉각 증거를 심리하여 밝혀낸 사실을 보고하도록 조사위원들을 파견하였다. 그러나 신전 기사단원들은 비교적 공정한 위원들 앞에 서자 즉각 자백을 번복하였다. 이는 필립을 크게 경각시켰다. 상황은 과감한 행동을 요하였다. 필립의 명령에 따라, 상스Sens의 대주교는 50여 명의 기사단원을 이단으로 탄핵하였고, 그들은 즉각 세속 당국에 의해 화형당했다. 이로써 일부 골치를 썩이던 증인들이 제거되었고, 다른 증인들은 감히 자백을 번복할 엄두를 내지 못하게 되었다. 결국 이 문제는 비엔나Vienne에서 열린 공회의에 회부되었다. 다시 한 번 가엾은 클레멘트는 기묘한 결정을 내려야 했다. 즉 그는 신전 기사단을 이단으로 탄핵하진 않았으나, 기사단의 해체를 명령하였고 필립의 종교적 정열을 추켜세웠던 것이다. 프랑스왕은 몇 년 동안 신전 기사단의 재산을 차지하고 있다가, 그 재산의 몰수 및 경영에 든 비용에 대한 막대한 액수의 청구서와 함께 구호소 기사단에게 넘겼다. 에드워드 1세는 신전 기사단의 재산을 몰수하여 단물을 실컷 빼먹은 다음 구호소 기사단에게 넘겼으나, 신전 기사단원을 괴롭히지는 않았다.

교황들이 이토록 수치스러운 패배를 당한 뒤에도 클레멘트의 뒤를 이은 요한 22세John XXII; 1316~1334가 또 다시 국가와의 싸움에 뛰어들 만큼 신념을 가질 수 있었다는 것은 놀라운 일이다. 이번 싸움의 상대는 독일의 황제 루드비히Lewis였다. 이미 살펴보았듯이, 오랜 공위 기간을 거쳐, 1273년에 합스부르크가의 루돌프가 황제로 선출되었다p. 435 참조. 그의 뒤를 이어 그의 아들인 알베르트 1세Albert I; 1298~1308가 즉위했다가, 1308년에는 제위가 룩셈부르크Luxemburg가의 하인리히 7세1308~1313에게 넘어갔다. 이때부터 제위는 거의 언제나 합스부르크가나 룩셈부르크가의 차지가 되었으나, 1314년에는 7명의 선제후 가운데 5명이 20세기까지도 바이에른을 지배한 비텔스바하Wittelsbach 가의 우두머리였던 바이에른의 루드비히를 선택하였다. 그러나 나머지 두 선제후는 합스부르크가의 후보를 선택하였고, 결국 두 황제 후보 사이에 내란이 발발하였다.

1317년에 요한 22세는 교황인 자기에게 최고 심판관으로서 이 분쟁을 해결해달라는 제소를 해오지 않는 데 대하여 노여움을 표하기로 마음먹고, 이에 일방적으로 제위의 공위를 선언하였다. 루드비히는 이를 무시하여 독일의 경쟁자를 처부순 다음, 이탈리아로 침입해 들어왔다. 1328년에 그는 몇 달 동안이나마 로마를 점령하기까지 했다. 로마에서 그는 로마시민으로 하여금 그를 황제로 추대케 하였고, 시민대표 중 한 사람이 그에게 제관을 씌웠다. 그 대표는 다름 아닌, 25년 전에 아냐니에서 보니파키우스를 공격했던 스키아라 꼴로나였다. 그 동안 요한 22세는 아비뇽에서 분노로 시근덕거리면서도 무력하게 안달하고만 있었다. 1338년에 독일의 선제후들은 황제권이 교황이 아니라 하나님으로부터 직접 나온 것이며, 따라서 황제선출 과정에서 교황의 동의나 승인은 불필요하다고 엄숙히 선언하였다. 이로써 이노센트 3세의 주장은 결국 완전히 부정되었다. 루드비히는 1347년에 죽음을 맞이할 때까지 (물론 그리 효율적이지는 못했지만) 계속 통치하였다.

요한 22세는 거의 믿을 수 없을 정도로 툭하면 싸우는 노인네로서, 루드비히와 한참 싸우고 있으면서도 프란체스코회 전체를 상대로 또 다시 싸움을 벌였다. 프란체스코회 수사들은 그들만이 개인적으로나 단체로나 전혀 재산을 소유하지 않고 절대적인 청빈을 실천하여 그리스도를 완벽하게 따르고 있다는 믿음을 소중히 간직하고 있었다. 이 주장은 교회의 다른 모든 교단을 분격케 하는 경향이 있었고, 다른 교단의 수도승들은 종종 성경에 따르면 그리스도와 사도들이 돈주머니를 공동 소유하였다고 지적하곤 했다. 프란체스코회 쪽에서는 이에 대해 그리스도가 특별한 경우에 불완전한 기독교인들이 따라야 할 본보기를 보여주기 위해 "양보"했을 수는 있겠지만, 그래도 완전한 생활방식을 따르는 것은 자기들뿐이라고 응수하였다. 비판자들은 이러한 프란체스코회의 응수를 스스로 그리스도보다도 더 완전하다고 자처하는 신성모독이라 간주했다. 1323년에 요한 22세는 이 꼴사나운 분쟁을 종식시키기로 마음먹고는, 프란체스코회의 입장에서는 그지없이 공격적인 조치를 취하였다. 교황은 엄숙하게 그리스도와 사도들이 개인적으로나 공동으로나 전혀 아무것도 소유하지 않았다는 이론을 이단으로 규정했던 것이다. 이에 경악한 프란체스코회 수사들은 잠시 저항하다기 대개는 마지못해 교황의 결정을 받아들였으나, 그 우두머리였던 세스나의 미카엘Michael of Cesena은 몇몇 다른 급진주의자와 함께 교황을 버리고 루드비히의 보호 아래로 도망쳤다. 그들 가운데에는 14세기의 가장 영향력이 큰 사상가가 된 영국의 프란체스코회 소속 철학자인 오캄의 윌리엄도 있다. 이들은 루드비히의 열렬한 지지자가 되었고, 당시의 교황들에게는 매우 강력한 적이 되었다.

65. 교황권에의 도전 : 세속주의와 신비주의

14세기 초반에 있었던 교회와 국가 사이의 투쟁들은 그 직접적인 정치적 결과뿐만 아니라 그로써 자극된 논쟁적 문헌의 출현 때문에도 중요하다. 정치 이론을 다룬 여러 중요한 저작이 이때 씌어졌다. 이들은 교황의 세계군주정 구상에 맞서 세속 국가의 독자성을 옹호하고, 심지어는 교회 자체 내에서의 절대적 교황권 주장마저 공격하였다. 중세 말에 자라나고 있던 세속주의는 단순히 모호한 풍조로만 남지는 않았던 것이다. 세속주의는 아주 뛰어난 대변자들을 맞이하였다. 오캄의 윌리엄 이외에 가장 중요한 두 사람은 파리의 장John of Paris과 파도바의 마르실리우스Marsilius of Padua였다. 이들의 저작은 중세 말기 내내 큰 영향을 미쳤다.

파리의 장1250?~1306은 프랑스의 도미닉회 수사이자 토마스 아퀴나스의 제자로서, 보니파키우스 8세와 공정왕 필립 4세가 싸우고 있던 중이던 1302년경에 ≪교황권과 왕권에 관하여*On Papal and Royal Power*≫라는 논문을 썼다. 그에 따르면, 세소 정부의 권위는 함께 사회를 이루어 살려는 인간의 본능적 성향에서 비롯된 것이었다. 따라서 교황이 있기 전에 이미 왕들이 존재하였다. 그러므로 왕권이 교황으로부터 나온 것이 아님은 명백하며, 교황은 왕을 폐위할 권한이 없다. 교황은 기껏해야 사악한 왕을 파문함으로써 신민으로 하여금 그 왕을 폐위시키도록 자극할 수 있을 뿐이다. 그리스도는 교황직을 만들었을 때, 교황직에 어떠한 세속적 권력이나 부도 부여하지 않았고, 교황이 이러한 세속적인 것들을 소유하고 있다면 그것은 세속 군주들이 기증해 준 덕분일 따름이다. 물론 하나의 제도로서 교황직은 하나님이 내리신 권한에 따라 순수한 영혼의 문제에서는 최고 사법권을 지닌다. 그러나 개인으로서의 교황은 권한을 남용하여 교황직을 더럽히는 경우 전 교회를 대표하는 공회의나 추기경들에 의해 축출될 수 있다는 것이었다.

파리의 장은 교회와 국가의 관계를 다루면서 균형 잡힌 이원론을 유지하려 애썼다. 파도바의 마르실리우스1275?~1342는 1313년에 파리 대학의 총장으로 취임했던 인물로서 훨씬 더 급진적인 이론을 개진하였다. 그는 ≪평화의 수호자*The Defender of the Peace*≫에서 인민의 동의가 모든 정당한 정부의 바탕이라는 원칙을 일관되게 강조하였다. 물론 마르실리우스는 일반 시민의 의견보다는 상층부류의 의견을 더 중시하였으므로 오늘날의 의미로 민주주의자는 아니었다. 국가구조에 관해서는, 마르실리우스는 정당하게 법을 제정하거나 행정관리를 임명할 수 있는 유일한 존재가 전 사회뿐이라고 썼다. 사제는 사회의 한 구성요소일 뿐이며, 따라서 사회의 모든 법에 구속되어야 했다. 같은 원칙이 교회 정부에도 똑같이 적용되었다. 교회법을 제정할 수 있는 유일한 존재는 신자 전체나 그들을 대표하는 공회의뿐이었다. 마르실리우스의 위대한 혁신은 교황직이 하나님의 권세에 의해 만들어졌음을 부정한 데 있었다. 그에게는 교황직이란 기독교인 사회가 만들어내고 따라서 바람직하게 여겨지는 경우 없앨 수도 있는 행정 관직에 지나지 않았다. 저작의 후반부에서 마르실리우스는 사회에 내재된 모든 권력은 사회가 임명한 세속 군주에 의해 실제로 행사될 수 있다는 입장을 끝끝내 견지하였다(1328년에 루드비히가 "로마 시민"에 의해 황제로 추대된 사건은 바로 마르실리우스가 연출한 것이었다). 따라서 그의 저작은 극단적인 세속주의 체계를 뒷받침하는 성향이 있었다.

끝으로, 오캄의 윌리엄1285?~1349 역시 급진적이었으나, 그의 급진성은 정치이론에 국한되어 있지 않았다. 그는 정치이론가일 뿐만 아니라, 매우 세련되고 힘찬 철학자로서 13세기 스콜라 철학의 모든 측면을 정면으로 공격하였던 것이다. 오캄은 극단적인 형태의 새로운 철학적 명목론을 제시하였다. 모든 보편관념, 모든 일반개념은 명칭일 뿐이라고 그는 논했다. 정신이 인지할 수 있는 유일한 실체는 감각에 의해 체험되는 구체적인 개개의 사물뿐이다. 논리학자는 개념들을 갖고 말놀음을 할 수 있지만, 이러한 말놀음은 외적 실체와 뚜렷한 관계를 맺지 못한다. 따라서 정신은 외부세계에 관한 어떠한 보편적인 명제의 참-거짓을 증명할 수 없다. 예컨대, 순수 이성으로 "신은 존재한다"는 명제가 참임을 확정할 수는 없는 것이었다. 오캄은 분명 기독교도였으나, "신앙의 진리"는 바로 신앙의 진리일 뿐이라고 주장하였다. 즉, 그는 종교의 본질적인 진리는 직관적인 신앙에 의해서만 인지될 수 있다고 생각했다. 정신은 개개의 자연적인 사물에 대한 고찰로부터 초자연적인 진리의 이해로 비약할 수 없는 것이었다. 이러한 생각들은 지난 두 세기의 모든 지적 성향들을 부정하는 것이었다. 이들은 아벨라르의 "탐구함으로써 진리에 이른다"는 말뿐만 아니라 안셀름의 "이해를 추구하는 신앙"이라든지 아퀴나스의 "은총이 자연을 완벽케 한다"는 말들까지도 무의미하게 만들었던 것이다p. 350, pp. 353~354, pp. 487~488 참조.

바이에른의 루드비히를 옹호하기 위해 쓴 두터운 저작에서 오캄이 펼쳐낸 사상은 성 요한 22세와 바로 그 뒤의 교황들이, 프란체스코회의 청빈에 관한 그들의 판단으로 보아, 이단일 수밖에 없다는 확고한 신념에 기반을 둔 것이었다. 그리하여 그는 이단자 교황의 폐위 가능성에 관한 교회법학자들의 해묵은 논의를 다시 끄집어내어 더욱 발전시켰다. 그러나 오캄은 교회법학자들을 훨씬 뛰어넘어, 교회의 어떤 통치제도도, 심지어는 공회의조차도 교회의 신앙을 참되게 규정할 수 없다고 주장하였다. 어쨌든, 오캄은 대다수 프란체스코회 수사들을 포함하여 실로 전 교회가 부정해 왔던 청빈에 관한 프란체스코의 "진리"를 변호하고 있었다. 따라서 그는 교회 전체는 오류를 범할 수 없다고 주장한 및 이론이 뜻하는 바는 아무리 교황과 공회의가 진리를 부정하고 있다 해도 교회 안의 어디에선가 몇몇 불특정 개인들에게서라도 참 진리는 언제나 살아남으리라는 것뿐이었다고 주장하였다. 이 견해는 뒷날의 프로테스탄트 사상들 가운데 몇몇 유형과 명백한 유사성을 지니고 있다. 오캄의 신학은 중세에는 결코 널리 받아들여지지 못했으나, 그의 명목론 철학은 파리 대학에서 급격하게 세력을 넓혀, 중세 말 사상의 전반적인 분위기에 광범위한—또는 침투성의—영향을 미쳤다. 오캄의 철학은 아마도 구체적인 현상의 관찰을 자극함으로써 자연과학의 발전을 촉진시키는 효과를 가져왔다고 할 수 있을 것이다. 반면에 그의 철학은 종교의 영역에서 위대한 스콜라 철학자들이 이루려 애썼던 이성과 신앙의 종합을 여지없이 깨뜨려버렸음이 분명하다.

국가를 내세우는 세속주의적 철학이 성장하긴 했지만, 그렇다고 14세기를 전체적으로 종교에 대한 세속적인 냉소주의의 시대로 볼 수는 없다. 만일 그랬다면, 어떤 측면에서는 교황들이 그토록 비참한 지경에는 빠지지 않았을 것이다. 그러나 유럽은 대개—정도는 각기 다르지만—기존 교회의 교황지배 체제에 적대적인 새로운 종교적 움직임들로 말미암아 다시금 종교적 활력에 휩싸이고 있었다. 대부분 개인적으로 신비적인 계시를 받았다고 주장하는 종교 지도자들이 이끌었던 그러한 움직임들은 독일과 저지대 지방the Low Countries에서 특히 강력하였다.

물론 신비주의는 언제나 기독교의 중요한 요소로 존재하고 있었다. 신비적 체험은 클레르보의 베르나르나 아시시의 프란체스코와 같은 인물들의 종교적 삶에서 핵심요소가 되어 있었다. 그러나 신비주의에 입각한 경건운동들은 제도화된 교회에게는 언제나 골칫거리이기도 하였다. 종교는 사상의 문제일 뿐만 아니라 감정의 문제이기도 하며, 진정 위대한 교인들은 모두 어느 정도는 감정에 의해 움직였다. 대중을 감동시킬 수 있는 열정적인 개혁가나 성공적인 설교가들은 거의 예외 없이 개인적인 강렬한 종교적 체험에서 자극을 받았다. 그러한 인물은 성인일 수도 있었지만, 종교적 히스테리에 곧잘 휩싸이고 게다가 민중선동의 재능까지 타고난 자기기만적인 광신자에 지나지 않을 수도 있었다. 신비주의는 쉽사리 이단으로 빠져들 수 있었다. 무아경의 명상을 통한 하나님과의 직접적인 교류를 추구하는 자는 기존의 매개체인 교회를 도외시하기 십상이었던 것이다.

14세기의 정통 신비주의자 가운데 가장 이름난 사람은 도미닉 교단 소속의 에크하르트Eckhart; 1260~1327와 그의 제자인 타울러Tauler; 1290~1361였다. 두 사람 모두 신플라톤 철학의 영향을 크게 받았고, 이단에 가까운 사상을 가르쳤다. 사실, 에크하르트의 가르침 가운데 많은 것이 그가 죽은 해에 이단으로 탄핵되었다. 이러한 이단의 요소들은 모든 삼라만상에 신성이 깃들어 있다고 보는 신플라톤 철학의 범신론적 성향에서 비롯된 것이었다. 그러나 그 두 도미닉회 수사는 이 믿음으로부터 교회 및 교회의 성사가 필요치 않다는 이단적인 결론을 끌어내지 않았다. 사실상, 성사는 그들의 사상에서 중요한 위치를 차지하였다. 타울러는 기독교적 삶을 힘을 다해 실천하고 설교함으로써, 교회의 내적 개혁을 이루고자 하는 속인 및 성직자들로 구성된 "하나님의 벗Friends of God"이란 집단의 지도자가 되었다. 정통으로 남아 있긴 했지만, 에크하르트와 타울러의 제자들은 개인적인 종교적 체험을 강조하고 교회의 지나친 형식주의를 공격함으로써 마르틴 루터에 이르는 길을 닦는 데 큰 몫을 하였다.

대중적인 신비주의의 다른 대표자들은 공공연하게 이단적인 교리를 가르쳤다. 이런 집단들 가운데 가장 널리 퍼져 있었고 위험했던 것은 "자유정신의 형제단the Brethren of the Free Spirit"이란 집단이었다1400년경에 세력을 크게 떨친, 좀더 신학적인 취향이 뚜렷한 위클리프Wyclif와 후스Huss의 이단들은 뒤에 고찰될 것이다. pp. 654~665 참조-역주. 자유정신의 형제단은 기본적으로 범신론자들로서, 만물에 하나님이 깃들어 있고 모든 생물체는 죽음으로써 하나님으로 환원된다고 믿었다. 따라서 지옥도 연옥도 있을 수 없었고, 죄의 관념도 불가능하였다. 인간의 모든 행위는 하나님의 뜻으로 이루어진 것이었다. 그들은 모든 재산은 공유되어야 하며 노동은 불필요하다고 믿었다. 이 종파의 일부 고결한 사람들은 모든 세속적인 관심이나 정열을 물리치고 극도로 소박한 삶을 꾸려나갔으나, 죄가 있을 수 없다는 교리는 타락 행위를 부채질하는 요소가 되기도 하였다. 이 형제단의 믿음이 교회와 정통 기독교 신앙에 위험스러웠음은 두말할 나위도 없다. 그들은 특히 혐오스러운 이단으로 간주되어, 가능한 한 가장 극악한 방법으로 처형당했다.

교회 당국은 이 형제단을 탄압하는 가운데 급진적이지만 정통인 다른 집단들과 그들을 구별해야 한다는 커다란 어려움에 봉착하였다. 13세기에, 저지대 지방은 많은 비공식적인 종교집단, 특히 여신도 집단의 온상이 되어 있었다. 한 무리의 여자들이 함께 모여, 공동생활을 하면서, 노동이나 구걸로 생계를 꾸려나가곤 하였다. 그들은 공동생활을 하는 동안 순결과 복종을 서약하였지만, 개인재산은 그대로 소유하였고 또 마음대로 공동생활을 그만둘 수 있었다. 그러한 여자는 통상 '베긴 수녀Beguines'라 불리었다란덴의 페핀의 딸이자 헤리스탈의 페핀의 어머니—p. 104 참조—인 성 베가St. Begga를 수호 성녀로 받들고 있었다-역주. 그들은 플랑더즈 백 및 그 지역의 다른 대제후들로부터 큰 호감을 샀고, 14세기에는 독일 전역에 그러한 집단이 퍼지게 되었다. 곧, 남자들로 이루어진 비슷한 집단이 나타나, '베가르 수도승Beghards'이라 불리었다. 그러한 남녀는 대부분 그들의 공동주거에 정착해 살았으나, 많은 사람들이 구걸하면서 방랑하기 시작하였다. 자유정신의 형제단 및 다른 이단 종파들은 스스로 베가르라 자처하곤 했고, 일반 사람들에게도 그렇게 불리게 되었다. 이는 어찌할 도리가 없을 만큼 혼동을 야기했다. 여러 교황이 공동주거에 정착해 있는 자와 방랑하는 자를 확연히 구분하여, 전자는 보호하고 후자는 탄압하려 하였다.

14세기에 속인들이 벌인 정통 경건운동 가운데 가장 중요한 것은 네덜란드에서 제라르 그로트Gerard Groote; 1340~1384가 창설한 공동생활의 형제단the Brotherhood of the Common Life이었다. 그로트와 그의 첫 제자들은 사제가 아니고, 형식적인 서약 없이 작은 집단을 이루어 자선사업을 하고 함께 기도하였다. 이들로부터 중세 말의 가장 위대한 고전적인 신앙서인 ≪그리스도의 모방*the Imitation of Christ*≫이 나왔다(이는 토마스 아 켐피스Thomas a Kempis: 1471년에 사망. 뒤셀도르프 근처 켐펜Kempen에서 태어나, 성 아그네스Agnes 산의 수사 사제단 수도원에 들어가서 많은 저작을 남김-역주의 저작으로 알려져 있다). 제라르 그로트는 그 자신 대학 교수였음에도, 친구들에게 교리의 세세한 점에 관하여 복잡하게 고찰하기 보다는 마음의 단순한 믿음을 배양하라고 촉구하였다. 이 형제단의 이상은 중세 이후에도 살아남아 16세기에 에라스무스Erasmus와 루터에게 영향을 미치게 되었다.

14세기의 기독교사가 단순히 쇠퇴의 역사가 아니었음은 분명하다. 교황청의 큰 실패는 건설적인 방향의 모든 종교적 정열을 포섭하지 못한 데 있었다. 교황들은 점점 더 교회 행정의 사소한 세속적 측면들에 집착하게 되면서, 기존 교회제도 바깥에서 계속 분출되고 있던 더욱 열정적이고 복음주의적인 기독교 사상의 움직임들을 포용할 능력을 잃었던 것이다. 그러나 그러한 열정적인 움직임들은, 종종 전문적인 교회행정가들에겐 곤혹스러운 것이지만, 종교적 신앙의 활력을 유지시키는 데에는 필수불가결한 것이다. 13세기 초의 이노센트 3세는, 소박한 성서의 가르침을 소박한 사람들에게 전파하는 데 헌신하는 움직임이 그가 주재하는 교회제도의 목적과 배치될 수 없음을 확신하여, 주저치 않고 아시시의 프란체스코 같은 사람을 세상에 내보냈다. 반대로 14세기의 교황들은 모든 새로운 종류의 종교적인 사상 또는 감정을 의심의 눈으로 바라보았다. 당분간, 로마 교회는 지난날 필요할 때마다 스스로를 혁신하고 더 나아가 다른 교회들의 개혁까지 주도할 수 있게 해주었던 정신적인 힘을 모조리 잃은 듯 하였다.

제20장 백년 전쟁 : 14세기의 전투들

역사가들이 백년전쟁이라 부르는 영국과 프랑스 사이의 투쟁은 사실 하나의 전쟁이 아니라 수차례의 휴전과 평화로 중단되었던 일련의 여러 전쟁으로 이루어진 것이었다. 이 전쟁들의 와중에서, 교회가 겨우 반쯤이나마 길들여 놓았던 봉건사회에 내재된 폭력의 성향이 극히 파괴적인 형태로 한꺼번에 분출되었다. 프랑스의 도시와 농촌은, 왕과 귀족들의 뿌리 깊은 명예욕과 약탈 습성이 유감없이 발휘됨으로써, 거의 완전히 황폐화되었다. 이 전쟁은 봉건적인 분쟁에서 발단하였고, 전쟁 지도자들은 종종 서로에 대하여 기사도의 공인된 원칙에 따라 행동하였으나, 봉건군대는 전쟁에 부적당함이 판명되어 양측 모두 용병에 크게 의존하였다. 대규모의 전술전set battle에서는 기사가 아니라 자영농yeoman 출신의 궁사가 승리의 주역이었다. 궁극적으로, 이 전쟁은 프랑스에 민족주의적 풍조를 불러일으켜, 프랑스왕이 봉건적 지방주의를 극복하는 데 기여하였다. 전쟁이 진행되는 동안, 두 나라의 인적·물적 자원이 크게 소모되었고, 서유럽의 전반적인 정세도 이 전쟁과 복잡하게 얽혔다. 따라서 백년전쟁의 이해는 중세 말의 정치, 사회, 그리고 경제에 관한 전반적인 이해에 필수적인 토대가 된다.

66. 전쟁의 배경

1259년의 파리 화약에서 헨리 3세1216~1272는 노르망디, 메인, 앙주, 뚜렌느, 그리고 뽀와뚜에 대한 권리를 포기하고, 그 대신 루이 9세1226~1270는 아직 영국왕의 소유로 남은 아키텐 공령의 일부를 프랑스왕으로부터의 봉토로 보유할 헨리의 권리를 인정하였다p. 444 참조. 이 영국왕 소유지는 비스케이만의 해안을 따라 올레롱Oléron 섬과 피레네 산맥 사이에 폭 95~160km로 길게 뻗은 지역이었다. 쁘와뚜 및 툴루즈의 백 알퐁스가 자식이 없이 죽으면, 페리고르Perigord와 리무쟁Limousin을 포함한 250평방km가량의 아키텐 땅이 영국왕의 봉토에 추가되도록 되어 있었다. 가스코뉴의 지사가 대리로 행사하는 영국왕의 실질적인 통치권은 대체로 보르도와 바욘느Bayonne 주변 지역에 국한되었다. 봉토의 나머지 지역인 가스코뉴 공령에서는 각지의 제후들이 거의 독립적으로 통치하였다. 공에 대한 이들 제후의 충성은 공이 공령에 있는 일이 거의 없어 그들에게 간섭할 수 없었다는 사실에 크게 힘입어, 유지되었다.

카페 왕조 왕들이 대제후들의 봉토에 대해 통치권을 행사하지 못하던 시대에는, 다른 나라 왕이 그런 봉토를 보유하고 있는 것이 전혀 문제가 되지 않았다. 그러나 13세기 후반에 프랑스왕들은 대봉신들의 독립성을 크게 위축시켰다. 이 과정에서 그들의 가장 효과적인 무기는 봉건법정으로부터 왕의 법정인 파리 고등법원으로 상소를 받아들이는 것이었다. 그러한 상소사건의 심리에는 왕의 관리를 사건이 발생한 봉토로 파견하여 분쟁의 대상이 되고 있는 재산을 일시 압류하거나 판결을 집행하게 하는 것까지 포함되어 있었다. 이는 모든 대봉신을 분격케 하였으나, 카페 왕조의 왕과 동등한 위치에 있는 영국왕에게는 특히 기분 나쁜 일이었다. 가스코뉴 지사와 왕의 관리들 사이에는 격렬한 싸움이 벌어지곤 했고, 종종 두 나라 왕이 이런 싸움에 직접 개입하기도 했다. 1294년과 1324년에 프랑스왕은 가스코뉴 공이 봉신으로서 주군인 왕에게 반항하였다는 이유로 가스코뉴 공령을 몰수하였다. 두 번 다 결국은 협상으로 분쟁이 해결되었고 가스코뉴 공령은 영국왕에게 복귀되었으나, 그로 말미암아 두 나라 왕 사이에는 좋지 않은 감정이 남게 되었다. 게다가, 프랑스왕은 기회만 좋으면 언제라도 공령을 몰수할 수 있다고 확신하기 시작하였고, 영국왕은 프랑스왕이 그런 계획을 하고 있지나 않은지 끊임없이 의심을 하게 되었다. 끝으로, 카페 왕조는 1259년의 약속을 결코 지키지 않았다. 쁘와뚜의 알퐁스가 자식 없이 죽었으나, 영국왕은 약속받은 땅을 전혀 받지 못했던 것이다. 요컨대, 영국왕과 프랑스왕은 가스코뉴를 둘러싸고 언제나 싸우고 있었고, 이 싸움은 언제라도 대규모 전쟁으로 확대될 수 있었다.

가스코뉴 공령이 두 왕 사이의 불화를 야기한 주된 원인이긴 했지만, 다른 원인도 있었다. 13세기와 14세기에는 해적pirate과 뱃사람seaman이라는 말이 거의 같은 뜻이었다. 어떤 선장도 자기 배보다 약한 배를 약탈하고 싶은 유혹을 쉽게 이겨낼 수 없었을 것이다. 해가 거듭될수록, 프랑스와 영국의 뱃사람들은 서로 열심히 약탈을 하였다. 이 해적질은 "강제나포 면허장letters of reprisal"으로 어느 정도 합법화되었다. 프랑스의 뱃사람에게 약탈당한 영국 선장은 법정에 나아가 다음에 만날 프랑스 배로부터 빼앗겼던 만큼의 재물을 약탈해도 좋다는 왕의 면허장을 받아낼 수 있었다. 프랑스에서도 역시 같은 절차가 사용되었다. 당연하게도, 오래지 않아 대부분의 선장이 이 면허장을 갖게 되었을 것이다. 두 나라 왕은 평화를 원할 때는 두 나라의 뱃사람들이 서로 아무리 큰 규모로 아무리 자주 싸우더라도 이를 문제 삼지 않았으나, 전쟁을 마음먹고 있을 때는 상대국 해적들의 약탈 행위를 아주 좋은 구실로 삼았다.

프랑스와 영국 사이의 불화를 일으킨 또 하나의 중요한 원인은 플랑더즈 백령의 복잡한 정치적 상황에 있었다. 14세기 초, 각 도시의 수공업자들은 부유한 상인들의 정치적·경제적 지배 아래에서 점점 더 반항적으로 되어갔다. 이 때문에 폭동과 반란이 빈번하게 벌어졌다. 플랑더즈백이 그 상황을 진정시키지 못하자, 프랑스왕이 개입하려 했다. 플랑더즈는 영국 양모의 중요한 시장이었고, 양모에 대한 수출관세는 영국왕의 수입 가운데 큰 몫을 차지하고 있었다. 따라서 영국왕은 프랑스왕이 플랑더즈에 대한 실질적인 통치권을 장악하여 양모교역을 마음대로 교란시키지 못하도록 저지해야 했다. 프랑스왕은 부유한 상인층을 지지하였으므로, 영국왕은 수공업자를 편들었다.

영국왕과 프랑스왕 사이의 관계는 1328년에 에드워드 3세가 프랑스 왕위계승권을 주장하게 됨으로써 더욱 복잡해졌다. 1316년에 프랑스왕 루이 10세1314~1316가 딸 하나와 임신한 아내를 두고 죽음으로써 왕위계승에 곤란한 문제가 생겼다. 프랑스가 과부가 된 왕비로부터 아들이 태어나기를 진심으로 고대하는 동안, 루이의 동생인 필립이 섭정으로서 나라를 다스렸다. 왕비는 때맞추어 아들을 낳았으나, 그 아이는 곧바로 죽었다. 그리하여 프랑스는 여자가 왕위를 계승할 수 있느냐 하는 전례 없는 문제에 직면하게 되었다. 당시의 일반적인 봉건관습에 따르면, 딸은 아버지의 봉토를 상속할 수 있었고, 많은 사람이 왕에게도 똑같은 원칙이 적용될 수 있다고 주장하였다. 다른 사람들은 왕위란 특별히 성스러운 직책이므로 여자가 왕위에 오를 수는 없다고 주장하였다. 양파 사이의 싸움은 격렬했고 불튀기는 논쟁이 벌어졌다. 그러나 어느 정도는 당연하게도, 실권을 잡고 있는 왕위계승권자가 승리하였고, 그리하여 필립이 필립 5세1316~1322로서 프랑스 왕위에 올랐다. 루이 10세의 딸 잔느Jeanne 그녀의 사촌인 에브르외Evreux 백 필립과 결혼하였고, 그녀의 할머니로부터 나바르Navarre 소왕국을 상속받고 있었다. 뒤에 그녀는 아들을 낳았는데, 바로 그 나바르의 샤를르Charles of Navarre는 다음 세대의 여러 음모사건에서 주역을 맡게 되었다.

1322년에 필립 5세가 죽자, 별다른 논란 없이 그의 동생인 샤를르1322~1328가 왕위에 올랐다. 그러나 샤를르 4세 역시 아들을 낳지 못하였고, 1328년에 그가 죽음으로써 카페 왕조의 직계는 대가 끊어졌다. 이제 새로운 문제가 대두하였다. 여자가 왕관을 쓸 수 없다고 해도, 그것을 자기 아들에게 넘길 수는 있지 않은가? 프랑스 왕위가 여자에게 계승되거나 모계를 통해 넘겨질 수도 없다면, 왕위계승자는 당연히 필립 4세의 조카인 발로아Valois 백 필립이어야 했다. 그러나, 여성이 왕위를 그녀의 아들에게 넘길 수 있다면, 필립보다 더 강력하게 왕위계승권을 주장할 수 있는 친척이 있었다. 필립 4세의 딸이자 삼형제 왕의 누이인 이사벨Isabelle은 영국왕 에드워드 2세와 결혼하여 아들을 낳았는데, 그가 바로 에드워드 3세였던 것이다p. 582 참조. 이제 에드워드 3세가 프랑스 왕위의 정당한 계승권자일 수도 있는 상황이 나타났다(잔느의 아들인 나바르의 샤를르는 1332년에야 태어났고, 결코 중요한 왕위계승권자로 등장해 보지 못하였다). 사실상, 일반적으로 왕이라 인정된 사람은 발로아가의 필립이었다. 이사벨은 필립의 즉위에 항의하였으나, 그 이상의 일은 할 수 없었고, 어린 에드워드는 항의조차 할 수 없는 처지임을 스스로 느끼고 있었다. 1329년에 에드워드는 프랑스에 가서 가스코뉴 공령에 대한 신서를 필립 6세에게 바쳤고, 그럼으로써 그는 필립을 프랑스왕으로 인정하는 듯 했다.

1330년 18세의 에드워드 3세1327~1377는 섭정이었던 자기 어머니를 체포하고, 영국의 통치권을 장악하였다p. 582 참조. 에드워드는 바로 이전의 선왕들과는 전혀 다른 인물이었고, 증조부 뻘인 리차드 1세를 가장 닮아 있었다. 그는 의지가 강하고 단호한 통치자로서 불온한 제후들을 제압할 수 있었다. 그는 유능한 사람을 관리로 기용하는 재능을 지니고 있었으나, 행정의 세세한 측면들에는 개인적으로 별 관심이 없었다. 그는 사치스러운 생활과 예쁜 여자를 좋아했다. 그는 또한 명예와 위엄을 몹시 탐하였고, 당시의 대부분 귀족들과 마찬가지로 명예와 위엄이 주로 군사적 업적으로 얻어진다고 믿었다. 그런 상황에서 그는 다행하게도 싸움터에서 부하들을 독려하고 뛰어나게 지휘할 수 있는 훌륭한 지휘관이자 전술가였다. 그러나 그는 너무나 현실감각이 없어 유능한 전략가는 되지 못하였다. 여기에서 그는 할아버지인 에드워드 1세와 뚜렷하게 대조적이었다. 에드워드 1세는 전쟁에 나가는 경우, 그 전쟁에서 얻을 수 있다고 확신하는 실제적인 목표를 지니고 있었고, 그에 필요한 여러 전략을 신중하게 계획·실천하였다. 반면에 에드워드 3세는 언제나 그의 능력과 자원을 훨씬 넘어서는 목표를 추구하였다. 그는 세세한 점에 관해서는 대체로 현실적이었고 시대착오적인 기사도에 지나치게 집착하지도 않았으나, 기본적으로는 왕관을 쓴 기사였으며 완전히 기사도가 몸에 밴 군주였다. 그리하여 자기의 명예와 영광을 위해서 거리낌 없이 영국의 인적·물적 자원을 낭비하였다.

프랑스의 필립 6세1328~1350는 적인 에드워드 3세의 결점들을 더욱 심각한 정도로 죄다 지니고 있었고, 게다가 그 자신만의 결점도 있었으며, 그러한 결점들을 상쇄할 장점은 전혀 갖고 있지 못했다. 이미 왕위에 오르기도 전에 필립은 사치스럽고 위엄 있는 생활과 마상시합 같은 기사들의 스포츠에 지나치게 탐닉하여 빚구럭에 빠져있었다. 왕이 되자, 그는 그의 호사스러운 취미를 더욱 마음껏 즐겼다. 에드워드처럼 그는 전사로서 명예와 위엄을 추구하였으나, 영국왕과는 달리 부하를 지휘하는 능력도 없었고 전술에 대해서도 까막눈이었다. 그는 거만하고 화를 잘 내며, 거의 병적으로 모든 사람을 의심하였다. 필립은 기사도의 이상에 꼭맞는 군주였으나, 결코 현명한 왕은 아니었다.

분명한 일이지만, 에드워드 3세와 필립 6세 같은 두 왕은 거의 어떠한 자극에도 전쟁으로 치달을 수 있었다. 이 자극은 가스코뉴 공령이라는 해묵은 분쟁의 불씨로 마련되었다. 1330년에 필립의 법률가들은 1329년에 에드워드 3세가 한 신서가 단순한 신서이지 지상의 신서liege homage가 아니었으므로 무효라고 판결하였다. 에드워드가 이 신서의 불완전함을 시정할 것을 거부하자, 복잡한 외교적 논쟁이 벌어졌다. 그동안, 파리 고등법원에는 가스코뉴로부터 새로운 상소사건들이 빗발치듯 제소되었다. 에드워드는 스코틀랜드인과 전쟁 중에 있었고, 필립은 프랑스 기사들로 하여금 스코틀랜드인을 돕도록 촉구하였다. 이에 대한 영국왕의 항의는 깨끗하게 무시되었다. 마침내, 필립은 영국인을 가스코뉴로부터 내쫓을 때가 이르렀다고 결단하였고, 1337년에 가스코뉴 공령의 몰수를 선언하였다. 에드워드는 이에 즉각 응수하였다. 그는 "소위 프랑스왕이라는" 필립에 대한 전쟁을 선언했던 것이다. 에드워드는, 즉각 영국왕 겸 프랑스왕이라는 칭호를 내세우지는 않았으나, 행동으로 그의 의도를 분명히 하였다. 그는 한정된 목표를 위해 전략을 꾸미는 인물이 아니었던 것이다.

양국은 총자원에서는 전혀 비교도 안될 만큼 차이가 있었다. 양국 간의 싸움은 어떤 경우든 피그미와 거인의 싸움이 될 것이었다. 영국의 인구는 350만가량이었던 데 반해, 필립 6세의 통치 지역에는 약 1600만의 인구가 있었고 왕령지에만도 1200만가량의 인구가 있었다. 프랑스는 또한 생산력이 높고 번창한 지역으로서 생활수준도 꽤 높았다. 그러나, 14세기에는 총자원과 군사력이 그리 큰 상관관계를 지니지 않았다. 문제는 그 자원이 누구에 의해 얼마만큼 효과적으로 사용될 수 있느냐 하는 것이었다. 교통이 불편하고 비싸게 먹히던 시대에는 효율적인 보급체계란 거의 생각할 수도 없었고, 군대는 대개 현지조달로 자체 보급을 충당하는 것이 상례였다. 따라서 이론상 동원할 수 있는 병력이 얼마나 되던, 실제 병력은 그리 대규모일 수 없었다. 게다가 그 당시의 전쟁은 훈련과 장비를 갖춘 군인을 요하였고, 그런 군인이 총인구에서 차지하는 비율은 나라에 따라 크게 다를 수 있었다. 프랑스는 여전히 도시 시민군과 약간의 용병 석궁사crossbowmen로 보강은 되었지만 주로 기사귀족에게 의존해 있었다. 반면에 영국은 농민 또는 적어도 요맨 출신의 효과적인 보병부대를 발전시키고 있었다. 실질적으로 군역에 종사할 수 있는 병력 총수는 두 나라가 엇비슷했던 것으로 여겨진다. 끝으로, 전쟁에는 돈이 많이 드는데, 이 점에서 두 나라 왕은 대략 같은 정도의 전비조달 능력을 지니고 있었던 것이 거의 분명하다. 실상, 에드워드 3세의 수입이 필립 6세의 수입보다 약간 더 많았을 가능성도 있다.

1337년의 프랑스 군대는 12세기 및 13세기 때와 거의 달라지지 않았다. 그 주축은 주군을 따라 종군하는 중무장 기사 부대였다. 기사의 갑주는 전보다 좀 더 무거워져 있었다. 얼굴까지 가리는 투구가 보편화되어 있었고, 노출된 부위는 금속 미늘들로 보호되었으며, 말도 갑주를 착용하였다. 이러한 장비는 극히 비쌌으므로, 아주 부유한 제후들만이 그것을 마련할 수 있었으며, 중소귀족은 좀더 가볍게 무장하고 종군하였다. 이들 중소귀족은 대개 이급 기사squire; mounted sergent라 불리었다. 1337년의 중장 기병대가 13세기의 봉건군대와 본질적으로 다른 점은 군역의 대가로 보수를 받았다는 점뿐이었다. 그러나 각 대제후를 통하여 그 봉신들에 대한 보수가 지급되었으므로, 군대의 기강은 거의 개선되지 못했다. 기병대와 함께, 도시 시민군은 창을 든 보병대를 이루었다. 아주 드문 일이었지만, 기병대가 보병대의 도착을 참을성 있게 기다리는 경우, 이 보병대는 전투에서 꽤 큰 몫을 해냈다. 프랑스군에서 발사 무기를 갖춘 유일한 부대는 대부분 외국인 용병으로 이루어진 석궁사 부대였다. 제노바인은 석궁사로 특히 유명하여 번번이 고용되었으나, 그러한 정규 직업군인들은 보수가 높았으므로 그 수는 대개 아주 적었다.

영국군은 존과 헨리 3세 시대 이래로 발전을 계속하였다. 에드워드 1세는 웨일즈 정복을 계획하고 있을 때, 웨일즈인을 그들의 산위 요새까지 추격할 수 있는 보병대가 필요함을 깨달았다p. 456 참조. 이를 위해 그는 서부 여러 주에서 많은 병력을 차출하고, 그 대신 그들에게 보수를 지급하였다. 뒤에 스코틀랜드를 정복할 때에도 그는 같은 방법을 썼다. 그로써 영국에는 군사적 경험이 있고 돈을 벌기 위해 기꺼이 싸우려는 집단이 형성되었다. 처음에는 거의 모든 보병이 창으로 무장하였으나, 시간이 지남에 따라 아주 효과적인 새로운 무기인 장궁longbow을 갖춘 사람이 늘어났다. 장궁은 남부 웨일즈에서 발명된 것으로 보인다. 웨일즈 전쟁의 와중에서, 일부 영국 보병이 장궁을 사용하게 되었으며, 곧 모든 주에 장궁 사용에 능한 자들이 많이 나타났다. 약 6피트 길이의 이 큰 활은 석궁보다 더 멀리 더 힘차게 화살을 날려 보냈다. 거리가 너무 멀지만 않으면 사슬 갑옷을 꿰뚫을 수도 있었다. 그러나 가장 큰 이점은 발사속도에 있었다. 능숙한 궁사는, 가장 빠른 석궁사가 1분에 두 번 쏠 수 있는데 반해, 1분에 무려 10~12번을 쏘아댈 수 있었다.

에드워드 1세는 별 쓸모도 없으면서 기강이 문란하고 종군기간도 짧은 봉건군대를 별로 좋아하지 않아, 특별한 목적을 위해 대규모 중장 기병대가 필요한 경우에만 이를 소집하였다. 대개의 경우, 그는 용병대에 의존하였다. 그는 대부분 기사인 경험 많고 유능한 전사에게 용병대를 모집할 돈을 주었다. 그 전사는 몇몇 다른 기사나 2급 기사를 장교로 고용하였고, 다음에는 사람들을 보내어 궁사와 창병을 모집케 하였다. 그리하여 약간 명의 기병과 상당수의 보병으로 이루어진—아마 총 100명가량의—용병대가 구성되는 것이었다. 최고위 제후들, 백들, 그리고 강력한 귀족들은 필요한 한 언제까지라도 보수 없이 종군하는 것이 통례였고, 이들은 각각 약간 명의 기병을 거느리고 종군하였다. 이러한 기병들이 소규모이나마 중장 기병대를 형성하였다. 이러한 여러 부대와 함께 영국왕은 프랑스에서 전쟁을 치를 때에는 가스코뉴인에게도 크게 의존하였다. 가스코뉴 공령의 귀족들은 프랑스군에 맞먹는 규모의 중장 기병대를 형성하였고, 가스코뉴는 언제나 상당수의 석궁사를 제공할 수 있었다.

영국인은 새로운 무기와 함께, 그 무기를 사용하는 전술도 개발해 내었다. 브림스필드의 존 지파드John Giffard of Brimpsfield는 웨일즈인에게 포위된 성을 구원하기 위해 진격하는 도중 앞을 가로막은 언덕 위에 강력한 웨일즈 창병 부대가 매복하고 있는 것을 알았다. 지파드는 궁사들을 기병들 사이사이로 들어가게 하여 웨일즈인의 공격을 받지 않도록 했다. 다음에 궁사들은 웨일즈군 진영에 화살을 퍼부었고, 마침내 적군 진영이 무너지기 시작하였다. 그러자 기병대가 때를 놓치지 않고 돌진해 들어가 적을 분쇄하였다. 뒤에 윌리엄 왈라스William Wallace가 지휘하던 스코틀랜드 고지대인의 창병부대도 비슷한 전술로 격파되었다. 또 한 번은, 비교적 소규모의 기병대가 강력한 창병 및 궁사 부대와 함께 진군하다가 스코틀랜드의 주력 봉건군대와 마주친 적이 있었다. 기사들은 말에서 내려 창병들과 함께 싸웠다. 궁사들은 이 창병 대열의 앞과 측면에 포진하였다. 전 대형은 언덕 꼭대기에 위치해 있었다. 스코틀랜드의 기병들 역시 말을 내려 창병과 함께 한 덩어리가 되어 서서히 언덕 위로 진격하였다. 그러나 영국군의 궁사들은 앞과 옆쪽에서 스코틀랜드군의 진열로 화살을 퍼부었다. 그들이 영국군 보병대와 조우하자, 궁사들은 한쪽으로 집결하여 계속 화살을 쏘아댔고, 결국 스코틀랜드군은 진열이 흩어지면서 퇴각하였다. 이 공격과 방어의 두 전술은 백년전쟁 내내 영국군의 주된 전술이 될 것이었다.

67. 에드워드 3세의 정복

에드워드 3세는 세심하게 전쟁을 준비하였다. 그가 군대를 모으고 있는 동안, 그의 사절들은 돈을 듬뿍 가지고 독일로 가서 독일의 제후들을 상대로 프랑스에 대한 공동전선 형성을 공작하였다. 바이에른 공이자 신성로마 제국 황제인 비텔스바하의 루드비히는 에드워드를 라인강 하류 계곡지대의 황제 대리인으로 임명하여 에드워드에게 매수된 제후들에 대한 명목상의 권위를 부여하도록 설득되었다. 영국왕은 1338년에 그곳으로 건너왔으나, 너무 뒤늦어 동맹자들과 친목을 위한 축제를 벌일 수 있었을 뿐이었다. 1339년에 그는 군대를 이끌고 다시 왔고, 필립은 이에 군대를 소집하였다. 왕은 진격과 후퇴를 거듭하였으나, 누구도 감히 대전투를 벌이지는 못했고, 단지 불가능한 상황 아래에서 상대방에게 전투를 하자고 요구함으로써 자존심을 만족시킬 뿐이었다. 물론 약간의 기묘한 싸움은 있었다. 어느 날 초저녁에 소부대의 영국 기사들이 프랑스 왕위계승자인 노르망디공 장이 편안하게 주둔하고 있던 도시에 가벼운 마음으로 잠입해 들어갔다. 그들의 목적은 공을 납치하는 것뿐이었다. 그들은 공이 저녁을 먹고 있던 방으로 들어갔으나, 그의 주변에 너무 많은 호위병이 있다고 판단하였다. 곧 그들은 호위가 잘 안되어 있는 다른 만찬석으로 발길을 돌려 한 떼의 프랑스 귀족을 생포하였으나, 포로들을 도시 바깥으로 빼내고 있을 때 경보가 울렸다. 영국 기사들은 즉각, 뒤에 항복하여 몸값을 치르겠다는 맹서를 받고, 포로를 풀어주고는 안전하게 그 도시를 빠져나왔다. 얼마간 시일이 지난 뒤, 그 포로들은 진짜 기사답게 브라반트Brabant의 본영에서 스스로 영국 기사들에게 항복하여 많은 몸값을 치렀다. 1339년의 전투는 지난해의 전투만큼 완전히 쓸모없이, 제대로 양측이 접전하지도 않은 채 끝났다. 그러면서도 1339년의 전투가 끝날 무렵에 에드워드는 돈을 전부 써버려, 트레브Treves 대주교에게 왕관 가운데 하나를 저당잡혔고, 가능한 한 모든 은행가로부터 돈을 꾸었다. 영국왕의 돈이 다 말라붙자, 독일 제후들의 열의도 급격히 식어버렸다. 1341년에, 황제 및 그의 봉신들은 프랑스와 화약을 맺었고, 그 지역에 남은 에드워드의 유일한 동맹자는 플랑더즈의 수공업자들뿐이었다. 한편 필립도 돈을 다 써버렸으므로, 전쟁은 거의 무해하게 조용히 종식될 것으로 보였다.

그러나 1341년에 갑자기 새로운 불똥이 튀어 꺼져가던 불을 되살려 놓았다. 브르타뉴공 장이 자식을 남기지 못한 채 죽자, 그의 바로 아래 동생의 딸과 그의 막내 동생인 몽포르백 장이 서로 공령의 상속을 주장하였다. 필립왕의 법정은 브르타뉴가 여자에게 상속될 수 있다고 판결하여—브르타뉴 공령이 원래 결혼을 통해 드르외가에게 넘어갔던 것이므로 이는 온당한 판결이었다—공령을 죽은 공의 조카딸과 그녀의 남편인 프랑스 귀족 블로아의 샤를르Charles of Blois에게 넘겼다. 몽포르의 장은 급거 영국으로 달려가 쉽게 에드워드 3세의 지지를 얻어내었다. 그리하여 브르타뉴 계승전쟁이 일어나 23년 동안 계속되었다. 1346년에 몽포르의 장이 죽고 그의 아내는 미쳐버렸으나, 에드워드는 그의 어린 아들을 내세워 싸움을 계속하였다. 영국군은 브르타뉴의 많은 요새를 함락하였고, 블로아의 샤를르를 지지하던 수비군과 격전을 벌였다. 한번은 누군가가 30명씩의 대표 전사를 뽑아 싸우게 함으로써 결판을 짓자는 제안을 내놓았다. 이에 대표 전사들이 만나 힘을 다해 싸웠으나, 양쪽 모두 어느 쪽이 이겼는지 합의하지 못하였고, 전쟁은 끝나지 못했다.

브르타뉴에서 영국군과 프랑스군이 싸우고 있는 동안, 필립의 군대는 가스코뉴 공령을 정복하려 했으나 별로 성공적이진 못하였다. 1346년 초여름에 에드워드는 가스코뉴에의 증원군을 소집하였다. 그러나 그가 항해를 시작했을 때, 역풍이 불어와 그는 약오르게도 콘월 해안으로 되밀려 가고 말았다. 그는 이에 바람이 부는대로 가겠다고 선언하고는, 7월 11일에 노르망디의 라 오그La Hogue에 상륙하였다. 7월 20일, 그는 부유한 도시 캉Caen을 함락·약탈하였으나, 곧 그는 필립이 자기를 치기 위해 프랑스의 모든 군사력을 소집하고 있다는 소식을 들었다. 에드워드는 9천명가량의 병력밖에 없었으므로, 본국으로 퇴각하기로 결정했다. 그러나 그는 이 계획에서 그의 뱃사람들을 고려에 넣지 않았다. 그들은 그를 기다리다 지쳐 그가 해안에 이르렀을 때에는 이미 영국으로 되돌아가 있었고, 에드워드는 프랑스에서 옴짝달싹 못할 지경이 되었다. 그에게는 플랑더즈로 가서 일단 수공업자들에게 피신한 뒤, 새로 함대가 소집되어 그의 군대를 귀국시켜줄 때까지 기다리는 수밖에 없었다. 영국군은 즉각 세느강으로 진군하여 강을 건너려 하였으나, 필립은 모든 배를 북쪽 강변으로 옮기고 교량들은 파괴하거나 강력한 군사력으로 차단시켰다. 마침내, 영국군은 비교적 방비가 허술한 뽀와시Poissy 다리로 해서 강을 건널 수 있었다. 하지만 다음에는 솜므Somme 강이 그들을 가로막고 있었다. 여기서 에드워드는 운좋게도 썰물 때 걸어서 건널 수 있는 말은 여울목을 찾아내어, 프랑스군의 전위대가 다다르기 직전에 강을 건넜다. 그러나 왕은 더 이상 도망갈 수 없음을 인정하지 않을 수 없었다. 그의 군대는 너무나 지쳤고, 그의 보병대는 그들을 뒤쫓고 있는 프랑스 기병대만큼 빨리 이동하지 못하였다. 8월 26일 그는 퐁티외Ponthieu 백령의 크레시Crécy 마을 부근에서 퇴각을 중단하고 군대를 전투대형으로 벌렸다.

에드워드는 크레시의 숲 북쪽에 있는 한 언덕 위에 진을 쳐, 꽤 유리한 위치를 잡았다. 그의 우익은 숲 가장자리를 따라 흐르는 시냇물로 보호되었으나, 좌익에는 작은 둔덕과 마을이 있을 뿐이었다. 그는 병력을 3개 "진영"으로 나누었는데, 각 진영은 말을 내린 기사와 창병을 주축으로 하고, 그 양쪽을 궁사들이 에워싼 형태로 이루어졌다. 이 가운데 두 진영은 전방에, 나머지 하나는 예비대로서 후방에 위치하였다. 에드워드 자신은 싸움터를 전부 굽어볼 수 있도록 우익 부대 바로 곁의 풍찻간 꼭대기로 올라갔다. 에드워드가 진영을 배치하고 있는 동안, 프랑스군은 솜므강변의 아베비유Abbeville를 떠나 크레시의 숲 서쪽으로 지나는 길을 따라서 북진하기 시작했다. 필립은 영국군이 어디에 있는지 알지 못했고, 단지 여전히 플랑더즈로 급히 가고 있으리라고만 생각했다. 그러나, 그는 북진하는 도중에 영국군이 숲 동쪽으로 지나는 길 가까이의 북쪽 숲에 있다는 정보를 얻었고, 이에 즉각 프랑스군에게 그곳으로 가로질러 가라고 명령했다. 그는 또한 정찰병을 보내어 에드워드가 무엇을 하고 있는지 알아 오게 하였다. 정찰병들은 곧 영국군의 위치를 발견하여, 필립에게 보고하였다. 정찰대장은 경험 많고 똑똑한 군인이었다. 그는 왕에게 프랑스군이 아베비유로부터 길을 따라 아주 무질서하게 흩어져 있고, 날이 곧 저물 것이며, 따라서 영국군의 위치에서 좀 떨어진 곳에 정지하여 다음날까지 기다렸다가 공격하는 것이 온당하다고 진언하였다. 놀랍게도, 이 건전한 생각은 왕의 마음을 가리운 기사도의 장막을 뚫고 들어갔고, 왕은 동생인 알랑송Alençon 백 휘하의 전위대에게 현 위치에서 정지하라고 명령하였다.

그 명령이 알랑송에게 도달했을 때는 늦은 오후였고, 영국군이 막 시야에 들어온 때였다. 그는 형인 왕의 명령에 복종하여 진군을 멈추었으나, 그의 뒤에 있던 부대들이 모두 가능한 한 앞으로 나아가려 하는 바람에 상황은 완전한 혼란에 빠졌다. 필립은 그곳에 도착하여 적의 모습과 휘하 기사들이 진격하지 못해 안달하는 광경을 보고는, 판단력을 상실하여 알랑송에게 공격을 명하였다. 알랑송은 발사 무기를 지닌 프랑스 유일의 부대인 강력한 제노바인 석궁사 부대를 거느리고 있었다. 그는 이 부대를 보내어 에드워드의 좌익을 보호하고 있는 영국 궁사들을 공격케 하고, 자신은 중장 기병들과 함께 그 뒤를 바짝 따랐다. 유감스럽게도 영국의 장궁이 석궁보다 조금 더 사정거리가 길었고, 게다가 영국 궁사는 언덕 아래로 쏜다는 이점까지 지니고 있었다. 제노바인 석궁사들은 빗발치는 화살 세례에 동요되었다. 이는 참을성 없는 알랑송을 크게 분격케 하여, 그는 제노바인 석궁사들이 가운데에 끼어있음에도 불구하고 기병들에게 공격을 명하였다. 그 결과는 물론 완전한 혼란이었다. 기사들과 석궁사들이 언덕의 낮은 비탈에서 뒤엉켜 영국 궁사들의 화살세례를 받았다. 곧 알랑송의 부대는 궤멸되었다.

알랑송의 공격이 진행되는 동안, 싸움터에 도착한 다른 프랑스 부대들은 진열을 갖추어 공격할 준비를 했다. 그들은 준비를 마치자마자 적에게 몰려갔다. 그 가운데에는 왕이란 칭호에도 불구하고 실상은 필립의 돈을 받는 용병대의 대장이었던 보헤미아왕 룩셈부르크의 요한John of Luxemburg이 있었다. 요한은 장님이었으므로, 그의 기사들이 말고삐를 쥐고 그를 싸움터로 인도하였다. 프랑스군이 언덕으로 오르기 시작하자, 영국군 궁사들은 화살을 퍼부어 많은 말을 살상하고 몇몇 기사를 부상시켰다. 영국군 창병 진열까지 겨우 도달한 약간의 기사들은 쉽게 살해되거나 생포되었다. 룩셈부르크의 요한은 충성스러운 기사들과 함께 전사하였다. 이것이 비교적 질서 있게 이루어진 마지막 공격이었다. 이 공격이 실패하자, 싸움터에 도달한 모든 프랑스 부대가 차례차례 언덕 위로 짓쳐 올라갔으나, 모두 똑같은 방식으로 격파당했다. 영국군 궁사들은 측방에서 활을 쏘아 공격군의 전투력을 크게 감소시켜 놓았고, 창병은 몇 안남은 공격군을 어렵지 않게 격파하였다. 15~16번의 공격이 있었고, 한밤중에 마지막 공격이 끝나자, 지친 영국군은 서있던 곳에서 그대로 자기 무기 위에 엎어졌고, 프랑스군의 잔류 병력은 남쪽으로 퇴각하였다. 다음날 이른 아침에, 솔리즈버리 백은 영국군을 이끌고 언덕을 내려와, 전투가 끝난 것도 모르는 채 싸움터로 진군하고 있던 프랑스 시민 보병대를 격파하였다.

필립은 크레시에서 전혀 전술을 사용하지 않았다. 그의 부대들은 싸움터에 도착하자마자 차례차례 적을 향해 몰려갔을 뿐이었다. 대개의 경우, 역사가는 지휘관이 어떻게 했어야 한다고 거리낌 없이 말하곤 하지만, 크레시 전투의 경우에는 프랑스군의 규모마저 불확실하므로 이런 말을 하기가 극히 어렵다. 중세 연대기 작가들이 알려주는 병력 수는 전혀 믿을 만한 것이 못된다. 영국군의 규모는 기록된 문헌이 있어 확실하게 알 수 있지만, 프랑스군의 경우에는 그런 기록이 전혀 남아있지 않다. 찰스 오만 경Sir Charles Oman은 프랑스군이 적어도 영국군의 3배는 되었다고 믿었다. 페르디난드 로트Ferdinand Lot는, 전투 과정에 대해서는 오만의 설명을 그대로 따르면서도, 프랑스군이 영국군보다 더 크지 않았고 심지어는 더 소규모였다고 논의하였다. 그러나 로트의 이론으로는 에드워드와 필립의 행동이 설명되지 못한다. 영국왕은 더 약한 군대에게 겁먹어 플랑더즈로 도망치고, 필립은 수적으로 우세하고 위치도 유리했던 적을 공격했다는 기묘한 상황이 되는 것이다. 물론 에드워드와 필립 둘 다 프랑스군이 훨씬 더 강력하다고 믿었음은 틀림없다. 필립은 아마 다음 두 가지 전술 가운데 하나를 택했다면 이길 수도 있었을 것이다. 첫째, 그는 군대를 북쪽으로 이동시켜 에드워드로 하여금 선제공격을 하지 않을 수 없게 만들 수 있었다. 그러나 영예를 탐하는 기사인 필립이 이런 전술을 쓰리라고는 기대하기 어려웠을 것이다. 둘째, 그는 처음에 생각했던 대로 그의 전 부대가 전열을 정비할 때까지 기다렸다가, 중장 기병의 전 병력을 투입하여 공격할 수 있었다. 그가 정말 3대 1로 우세하였다면, 그는 이기지 않을 수 없었을 것이다. 영국군 궁사는 몇몇 기사를 말에서 떨어뜨리거나 심지어는 죽일 수도 있었겠지만, 그래도 프랑스군에는 얼마 안 되는 영국군 창병을 무찌를 만큼의 병력은 충분히 남았을 것이다.

에드워드는 크레시 전투에서 잡은 포로와 전사한 적군의 시체를 세어보고 대승을 거두었음을 깨달았으나, 그 승리를 어떻게 이용해야 할지 갈피를 잡지 못하였다. 북부 프랑스가 그의 앞에 활짝 열려 있었으나, 그는 그 적은 수의 지친 군대로 새로운 침략전을 벌이려 하진 않았다. 가장 유익한 길은 해안의 항구를 장악하여 뒷날의 본격적인 침략을 위한 항구적인 교두보로 삼는 것이라 여겨졌다. 이런 생각으로, 그는 칼레Calais 항을 포위하였다. 에드워드는 칼레시의 육지 쪽 둘레에 칼레와 구원군이 접근할 내륙 쪽 도로 양편을 바라보는 강력한 성벽을 쌓았다. 이 작업에는 연 3만명의 병력이 투입되었으나, 1만~1만5천명 이상이 한날한시에 주둔해 있던 적은 없었을 것이다. 몇 달 뒤, 에드워드는 칼레의 수비대가 끄떡도 않는다는 사실을 깨달았다. 그는 육지 쪽의 모든 입구를 봉쇄하였지만, 칼레는 바다 쪽으로 충분한 공급을 받고 있었던 것이다. 이에 영국왕은 함대를 동원하여 바다 쪽도 봉쇄해 버렸다. 이렇게 되자, 수비대는 제때에 구원받지 못하면 함락될 위기에 처하였다. 1347년 7월 말에 필립은 군대를 모아 칼레로 진군하였으나, 감히 강력한 성벽 너머에 있는 영국군을 공격하진 못했다. 8월 2일에 필립은 진정한 기사라면 정정당당하게 나와서 싸우라고 영국왕에게 요구하였다. 그러나 에드워드는 그의 실제적인 측면으로 기사로서의 충동을 이겨내어, 이를 거절하였다. 필립은 넌더리를 내며 물러갔고, 칼레는 8월 4일에 함락되었다. 처음에 에드워드는 모든 칼레 시민을 학살하려 하였으나, 왕비의 설득으로 시장과 몇몇 유력한 시민만 교수형에 처하기로 했다가, 결국에는 그들까지 살려주기로 했다. 그러나 그는 상당수의 주민을 내쫓고 그 대신 영국인을 그곳에 이주시켰다. 그리고 그는 도시의 방벽을 강화하고, 그곳에 강력한 수비대를 주둔시켰다. 칼레는 1558년까지 난공불락의 요새로서 영국의 수중에 남아있게 되었다.

필립 6세는 1350년에 죽었고, 그 뒤를 이어, 어떤 이유인지 어느 역사가도 밝혀내지 못했지만 "선량왕the Good"이라 불리었던, 필립의 아들 장John, 1350~1364이 왕위에 올랐다. 장은 아버지보다 더 어리석었고, 더 철저하게 기사도의 관념에 물들어 있었다. 그는 병적으로 의심이 많았고, 모든 것을 반란과 연관시켜 생각하였다. 그는 보통 때에는 나약하고 우유부단하면서도, 이따금 갑자기 놀라운 정력을 발산시켜 잔인하고 야만적인 짓을 저지르곤 하였다. 그의 유일한 존경할만한 측면은 무모할 정도의 개인적인 용기와 기사로서의 영예에 대한 돈키호테적 집착뿐이었다. 왕으로서 그는 완전히 무가치하였다. 왕위에 오르자마자 그는 나바르의 샤를르와 충돌을 일으켜, 그의 집안을 크게 괴롭힐 위험한 적을 또 하나 갖게 되었다. 샤를르는 왕녀인 잔의 아들로서, 에브르의 백 겸 나바르 왕이었다p. 556 참조. 그는 통상, 역시 별 이유 없이 "사악왕the Bad"이라 불리었다.

장은 한 스페인 제후를 총애하여 프랑스의 총사령관constable으로 임명하였으나, 프랑스 귀족들은 그를 온 마음으로 미워하고 있었다. 사악왕 샤를르는 그 사령관 나리를 유인하여 암살하였다. 왕은 그에 대한 보복으로 샤를르가 친구들과 만찬을 즐기던 자리를 습격하여, 샤를르의 눈앞에서 그의 친구들을 모조리 살해하고는, 샤를르를 투옥시켰다. 그러나 왕은 결심이 곧 약해져서 샤를르를 풀어주었고, 샤를르는 즉각 에드워드 3세와 동맹을 맺었다. 샤를르의 나바르 왕국은 멀리 떨어져 있어서 별로 골칫거리는 아니었으나, 노르망디에 있는 샤를르의 영지에는 강력한 성채가 많았고, 그 성채들이 이제 영국군을 맞아들이게 되었다.

칼레의 함락 이후에는 소규모의 적대행위만이 일련의 휴전 사이사이에 있었을 뿐, 1355년까지 대규모 전투는 벌어지지 않았다. 그러나 1355년에 영국군은 두 방향으로 프랑스를 침입하였다. 에드워드 3세는 칼레에 상륙하여 내륙으로 진격하였고, 장은 군대를 모아 에드워드에게 맞섰다. 두 왕은 서로 정정당당하게 싸우자고 도전장을 주고받았고, 적어도 그 중 하나는 받아들여졌지만, 정작 전투는 벌어지지 않았다. 한편, 갑옷 색깔 때문에 흑태자the Black Prince로 불리었던 웨일즈공 에드워드는 가스코뉴로부터 소규모이지만 기동력이 아주 뛰어난 부대를 이끌고 남부 프랑스로 진격하였다. 그의 궁사들은 말을 탔기 때문에, 영국의 기사들 및 가스코뉴 귀족들과 보조를 맞출 수 있었다. 젊은 에드워드는 툴루즈 백령 전역을 약탈하고 불태웠다. 그는 까라까손느와 나르본느의 교외를 비롯한 500여 군데를 불태웠다고 자랑하곤 했다. 그 지역의 프랑스군 지휘관은 감히 영국군에게 싸움을 걸어보거나 심지어는 약을 올릴 만큼 가까이 근접해 보지도 못한 채, 자기 영지가 약탈당하는 것을 방관해야 했다. 12월 초에 흑태자는 전리품을 산더미처럼 싣고서 보르도로 복귀하였다. 이런 종류의 원정은 영국인이 특히 좋아하던 것이었다. 군대는 무방비 상태의 농촌을 마구 휘젓고 돌아다니면서 온갖 값나가는 것을 약탈하고, 무력한 도시와 마을을 불태웠다. 그들은 요새를 결코 공격하지 않았으며, 비슷한 군사력의 적과 마주치지 않기 위해 아주 신경을 썼다. 그것은 매우 즐겁고 크게 수지맞는 장사였다.

1356년 봄에 영국군이 그들로서는 아주 놀라울 정도로 복잡한 생각이었을 프랑스에 대한 양면 협공을 착상하였다고 볼 이유도 있다. 에드워드의 육촌으로서 그 당시 영국에서 가장 강력한 제후였던 랭카스터Lancaster 공 헨리는 소부대를 이끌고 브르타뉴로 건너가 그곳에 이미 가있던 영국군 부대를 합류시켜, 노르망디에 침입한 다음, 결국은 르와르강을 향해 남진하고, 한편 흑태자는 가스코뉴에서 북진하여 르와르강 근처에서 헨리를 만나게 될 것이었다. 그러나 그런 포괄적인 전략이 있었다고 치더라도, 그 전략은 실로 형편없이 엉망으로 수행되었다. 헨리는 6월 중순에 브르타뉴에 상륙하여 노르망디를 침략하였으나, 7월 초에 쟝이 군대를 이끌고 오고 있음을 알고는, 그의 소규모 부대로 대적하지 못하리라고 생각하여, 그가 함락시켰던 노르망디의 네 요새 중 하나를 쟝이 헛되이 포위하고 있는 동안 재빨리 브르타뉴로 퇴각해 버렸다. 한편 흑태자는 8월 중순에야 가스코뉴를 출발하였다. 그는 유람하듯이 느릿느릿 약탈과 방화를 일삼으면서 페리고르와 리무쟁, 그리고 베리Berry를 통과하였다. 9월 초순에 그는 르와르강에 도착하였으나, 강물은 크게 불어 있었고 프랑스군이 모든 배를 북쪽 강가에다 끌어다 놓았기 때문에, 강을 건널 수는 없었다. 이로써 그는 브르타뉴의 헨리 공과 만나지 못하게 되었으나, 흑태자는 이를 전혀 섭섭하게 생각하지 않았을 것이다. 르와르강 계곡은 부유하고 번창한 지역이었고, 한번도 철저하게 약탈당한 적이 없었다. 젊은 에드워드는 약탈사업을 완벽하게 해낸 뒤, 9월 11일에 약탈물을 가득가득 실은 마차들을 길게 열지워 보르도를 향해 떠났다.

쟝은 흑태자의 원정 소식을 듣고 그를 정벌키로 결정하였다. 랭카스터 공이 퇴각한 뒤 대부분의 프랑스 군대는 귀향해 버렸으므로, 군대를 다시 모으기에는 시간이 좀 걸렸으나, 영국군이 르와르강 계곡을 떠나 남쪽으로 향하기 직전에 프랑스군은 강을 건너 추격해 왔다. 흑태자는 싸울 마음이 전혀 없었다. 그의 군대는 소규모였고 오랜 전투에 지쳐 있었으며, 게다가 막대한 약탈품까지 대동하고 있었다. 그 당시의 관례대로, 양측 군대 모두 적의 위치를 알려고 별로 애쓰지 않았다. 그 결과, 9월 17일 프랑스군은 영국군의 행렬을 가로지르게 되었으나, 영국군 전위대가 갑자기 프랑스군 후위와 충돌하고 나서야 영국군의 존재를 감지하였다. 흑태자는 이 짧은 전투에서 프랑스의 부유한 백 두 명을 생포한 뒤, 더 이상 싸우지 않고 도망가기로 하여 급히 남동쪽으로 기수를 돌렸다. 유감스럽게도 약탈물 마차 대열이 너무 느리게 움직여 에드워드는 곧 약탈물을 포기하든지 아니면 싸워야 할 것임을 깨달았다. 이에 그는 군대를 전투대형으로 벌리고 프랑스군이 즉각 공격을 하면 맞받아 싸우고, 프랑스군이 지체하면 잽싸게 퇴각할 채비를 차렸다. 그러나 이때 프랑스군의 행동을 지체시킨 것은 왕이 아니라 한 추기경이었다. 페리고르의 추기경 탈레랑Talleyrand은 화약和約이나 적어도 휴전을 맺게 할 수 있으리라는 기대에서 두 군대를 따르고 있었다. 흑태자는 그의 상황이 거의 절망적이었으므로 기꺼이 화약을 맺으려 하였다. 그러나 쟝은 영국군이 자기 손아귀 안에 있다고 생각하여, 흑태자가 고려해 볼만한 타협안을 제안하려 하지 않았다. 이리하여 추기경의 노력은 영국군에게 하루 동안의 휴식을 마련해 주었을 뿐이었다. 18일 밤에 흑태자는 계획을 확정하였다. 그는 마차를 보르도로 출발시켰다. 그의 부대는 프랑스군이 충분한 시간만큼 공격을 늦추면 새벽에 그 뒤를 따르게 되어 있었다.

흑태자는 쁘와띠에시 남동쪽 약간 구릉진 곳에 자리를 잡았다. 그의 좌익은 작은 강이 흐르는 깊은 계곡으로 보호되었으며, 우익은 빽빽한 숲의 가장자리에 의해 어느 정도 방비가 되었다. 전투대형의 앞면은 작은 오솔길만 하나 나있는 산울타리와 덤불숲으로 가리워져 있었다. 예나 다름없이 영국군은 말을 내린 기사, 창병, 그리고 궁사의 세 부대로 나뉘어졌다. 싸움이 벌어진 날 아침 일찍이 이 세 부대 중 하나가 대열에서 빠져나와 퇴각하기 시작했으나 프랑스군이 공격하려 했으므로 곧 화급히 복귀하였다.

쟝과 그의 참모들은 깊이 생각하였다. 그들은 싸움터가 덤불과 산울타리로 뒤덮여 있어 기사들이 공격하기에는 전혀 바람직하지 못함을 깨달았다. 그들은 또한 크레시전투에서 영국군 기사들이 말에서 내려 싸워서 이겼음을 기억하고 있었다. 그들이 얻어낸 분명한 해답은 기사들을 말에서 내리게 하는 것이었다. 왕이 잊고 있었던 것은 말 위에서 싸우는 데 익숙한 중장 기병에게 1마일가량이나 거친 땅을 행군하는 것이 얼마나 힘을 빼는 일인가 하는 것이었다. 크레시에서 말을 내려 싸운 영국군 기사들은 방어하는 입장에서 한 곳에 머물러 있었던 것이다. 프랑스 기사들은 말을 내려 세 개의 강력한 대부대로 편성되었다. 석궁사들은 전투에 뛰어들어 기사들로부터 승리의 영광을 가로채지 못하도록 기사들의 뒤쪽에 배치되었다. 그러나 쟝은 한 가지 교묘한 생각을 해내었다. 그는 한 무리의 기사를 먼저 보내 주력 부대가 쉽게 뛰어들 수 있도록 영국군 전열을 흩어뜨리게 했던 것이다. 300명의 차출된 기사로 이루어진 이 소부대의 지휘자는 어쩌다가 영국군의 방어진에 대한 공격을 반대했다가 수치스럽게도 겁쟁이라고 비웃음을 당한 프랑스의 장군marshal 클레르몽의 장John of Clermont으로서, 그는 자기의 용기를 훌륭하게 드러내 보이겠다고 결심하고 있었다.

그 작전은 그 자체로서는 훌륭한 것이어서, 대규모 기병대라면 길을 짓쳐 내려가 영국군 전열을 교란시킬 수도 있었을 것이나, 300명은 너무나 수가 적었다. 영국군 궁사들로부터 양쪽에서 화살세례를 받아 대부분의 기사는 영국군 전열에까지 이르지도 못했고, 겨우 다다른 자들도 쉽사리 생포되었다. 그러자 왕의 장남인 태자 샤를르의 지휘 아래 있던 첫 번째 프랑스 부대가 영국군에게로 짓쳐 들어갔다. 이는 강력한 병력으로, 기나긴 행군으로 지쳤으면서도 기사들은 용감하게 싸웠다. 흑태자 에드워드는 그들을 물리치기 위해 예비 부대까지 투입하지 않을 수 없었다. 그러나 그들은 결국 격퇴되었고, 나머지는 무질서하게 도주하였다. 두 번째 프랑스 부대는 장의 동생인 오를레앙공 필립의 지휘 아래 있었다. 오를레앙공과 그의 장수들은 오랫동안 조카의 패잔병들이 도망치는 것을 바라보고는 싸울 마음을 상실하였다. 전 부대가 단 한 번의 공격도 가하지 않고, 싸움터에서 도망쳐 버렸다. 이로써 남은 것은 왕이 친히 지휘하는 세 번째 부대뿐이었다. 전 병력의 2/3를 잃었으므로, 그날의 전투는 패배한 것이 분명하였다. 지각 있는 군주라면 자기 자신과 부하들을 아껴 이쯤해서 전투를 그만두었을 것이다. 그러나 장은 기사로서 적 앞에서 꽁무니를 빼지는 않으려 하였고, 그리하여 그의 부대를 이끌고 영국군에게 쳐들어갔다. 전투가 다시금 격렬하게 벌어졌으나, 영국군은 곧 승기를 잡았다. 장의 가신들은 장을 호위하다가 전사하였고, 장과 그의 막내아들 필립은 생포되었다. 이제 흑태자는 프랑스왕과 왕자, 한 명의 대주교, 13명의 백작, 5명의 자작, 16명의 남작, 그리고 그밖에도 수많은 포로를 갖게 되었다. 그는 승리에 크게 만족하여 보르도로 향하였다.

쁘와띠에 전투로 백년전쟁의 첫 국면은 막을 내렸다. 다음 단계는 평화조약을 맺어 프랑스왕을 석방시키는 일이었다. 한편, 아버지의 부재로 통치권을 넘겨받은 태자 샤를르는 파리 시민의 반란, 파리 이북지역 농민들의 봉기, 그리고 나바르의 사악왕 샤를르와의 싸움으로 여념이 없었다. 결국, 태자와 사악왕 샤플르는 서로 연합하여 전 귀족계층을 위협하는 시민과 농민의 반란을 진압하였다. 몇몇 가스코뉴의 장수들, 특히 부흐의 대장captal of Buch은 평온한 시절에 너무나 싫증이 나서, 프로이센인과 싸우던 튜톤 기사단the Teutonic Knights을 도우러 원정하였다p. 436 참조. 프로이센 원정에서 돌아오는 길에, 부흐의 대장은 대규모 농민반란군에게 포위되어 있던 태자비와 수많은 귀부인들을 구출함으로써 그의 기사도적인 예절을 유감없이 발휘하였다. 대장과 그의 군대는 눈에 보이는 대로 농민들을 잡아 죽이면서, 귀부인들을 안전하게 호송하였다.

장은 보르도에서는 흑태자, 런던에서는 그의 아버지 에드워드 3세로부터 극히 예의바른 대접을 받았다. 에드워드는 그의 포로가—물론 자기 비용으로—왕다운 생활을 하도록 허용하였다. 다른 귀족 포로들도 영국 안에서는 마음대로 돌아다닐 수 있게 허용되어, 아름다운 아내를 지닌 영국 귀족들의 근심을 자아내었다. 1359년에 장은 평화조약을 수락하였다. 장은 몸값으로 4백만 크라운을 지불한다. 가스코뉴는 옛 아키텐 공령을 전부 포괄하도록 확장된다. 에드워드는 그에 더하여 뚜렌느, 앙주, 메인, 노르망디, 브르타뉴에 대한 종주권, 그리고 칼레 주변 지역을 차지한다. 또한 에드워드는 프랑스 왕위계승권을 포기하고, 그 대신 장은 에드워드의 프랑스 내 영토에 대한 모든 권리를 포기한다. 이와 같은 내용의 이 조약이 실제로 이행되리라고 생각한 사람은 없었을 것이다. 태자는 그것을 웃기는 농담으로 간주하였고, 이제 그와 흑태자가 진지한 협상을 시작하였다. 그 결과 브레띠니 조약Treaty of Brétigny이 맺어졌고, 뒤에 두 왕도 칼레에서 이 조약을 추인하였다. 몸값은 3백만 크라운으로 깎였다. 에드워드는 옛 아키텐 공령의 영토와 퐁티외Ponthieu 백령, 그리고 칼레 주변의 작은 지역을 차지하게 되어 있었다. 영토 조정이 모두 완결되고 몸값이 다 지불되면, 에드워드와 장은 동시에 각각 프랑스 왕위계승권과 프랑스 내 영국 영토에 대한 종주권의 포기를 선언할 것이었다. 이러한 멋들어진 내용의 조약은 곧 프랑스왕이 될 아주 영리한 젊은이의 교묘한 두뇌가 만들어낸 것일 게다. 그는 에드워드가 명목상의 권리를 포기하는 대신 프랑스왕이 값진 영토에 대한 권리를 포기하는 것을 볼 마음이 전혀 없었으며, 이 조약 아래에서 그러한 일이 결코 이루어지지 않을 것임을 확신하고 있었다.

68. 프랑스의 회복

브레띠니 조약은 이행될 최소한의 기회조차 없었다. 프랑스 정부는 3백만 크라운의 몸값을 마련할 가능성이 없었다. 게다가 영토 조정은 아주 어려운 일이었다. 두 나라 제후들 모두 조약에 언급된 구역의 정확한 경계에 대해 동의하지 못했고, 이것만으로도 몇 년 동안의 협상이 필요할 것이었다. 노르망디와 메인의 많은 성은 영국군 장수들이 장악하고 있었고, 반면에 에드워드에게 주어질 아키텐의 몇몇 지역은 프랑스 귀족들의 수중에 있었다. 프랑스 제후들은 에드워드의 봉신이 되고 싶지 않아, 가능한 한 오래 영토 조정에 대한 합의를 지연시켰으나, 진짜 어려움은 영국군 장수들에게 있었다. 그들은 주변 농촌을 지배하는 강력한 요새에 안락하게 자리잡고 있었고, 현재의 입장을, 다름아니라 포기하라는 명령을 받았기 때문에, 결코 포기하려 하지 않았다.

3백만 크라운의 몸값 가운데 단지 40만 크라운만이 칼레에서 브레띠니 조약이 추인될 때 지불되었으나, 에드워드는 그것을 첫 분할납부금으로 인정하여, 쟝 왕을 석방하였다. 왕의 동생과 두 아들, 그리고 프랑스의 여러 대제후들은 몸값 지불을 위한 볼모로 영국에 남았다. 태자는 몸값을 마련키 위해 영웅적인 노력을 기울였고 심지어는 상당액을 받고 밀라노 공에게 그의 누이를 팔아 넘겼으나, 그 사랑스럽고 기사도에 충실한 왕은 파리에 도착하자마자 그 모아놓은 돈을 자기의 석방을 자축하는 일련의 축제로 탕진하였다. 프랑스는 쟝의 사치를 만족시키는 동시에 그의 몸값을 모을 수는 없었으므로, 몸값의 저축은 지지부진하였다. 그러나 얼마 뒤 프랑스에 행운의 미소가 비추어졌다. 쟝의 둘째 아들인 앙주 공 루이는 아버지 대신 볼모가 되어 칼레에 살고 있으면서, 마음대로 주변 지역을 돌아다닐 수 있게 허용되었다. 그는 쁘와띠에 바로 가까이에서 매력적인 여성과 결혼하였고, 그녀는 칼레에서 멀지 않은 그의 한 성에서 살게 되었다. 젊은 루이에겐 명예심에 비해 유혹이 너무 강했다. 어느 날 그는 그냥 칼레를 떠나 새색시에게 달려갔다. 그의 아버지와 형은 놀라 그에게 꾸지람을 퍼부었으나, 그것은 소귀에 경 읽기였다. 철저한 기사도의 신사인 쟝으로서는 스스로 다시 한 번 포로가 되는 수밖에 없었다. 그는 1364년에 런던에서 죽었다.

지도 20. 백년전쟁(1360년)

프랑스의 새 왕 샤를르 5세1364~1380는 그의 아버지나 할아버지와는 전혀 다른 인물이었다. 그들이 허세를 좋아하고 사치스럽고 어리석었던 반면에, 그는 허세가 없고 검소하고 매우 똑똑하였다. 그는 전투를 좋아하지 않았다. 쁘와띠에에서의 경험만으로도 그에겐 충분했던 것이다. 그 대신 그는 관리들과 함께 열심히 다스리는 데 힘썼고, 남는 시간은 라틴어 책을 읽는 데 썼다. 또한 그는 문무 양면에서 어떤 인물을 등용해야 하는지, 그리고 그들의 재능을 어떻게 최대한으로 활용할 수 있는지 알고 있었다. 16년의 치세 동안, 그는 그의 아버지와 할아버지가 잃었던 것을 되찾았다.

1364~1367년 사이에 세 가지 중요한 사건이 일어났는데, 그 가운데 둘은 오랫동안 프랑스왕을 괴롭혀 오던 골칫거리들이 없어진 것이었고, 나머지 하나는 장차 프랑스왕을 크게 괴롭힐 심각한 골칫거리가 생겨난 것이었다. 1364년에 젊은 몽포르의 쟝은 블로아의 샤를르의 군대를 대파하였고, 샤를르 자신은 이때 전사하였다. 이로써 브르타뉴 문제는 마침내 해결되었다. 같은 해에 사악왕 샤를르도 코크렐Cocherel 전투에서 왕군王軍에게 격파당했다. 그는 그의 노르망디 영지 가운데 대부분을 포기하고, 그 대신 멀리 떨어진 몽펠리에Montpellier를 받지 않을 수 없었다. 그는 그 뒤로도 계속 음모를 꾸몄지만, 더 이상 큰 골칫거리는 되지 못하였다. 그러나 옛 골칫거리들이 해소된 것보다 새로운 부르군디 공가公家의 세력 성장은 더욱 중요한 사건이었다. 옛 부르군디 공가의 마지막 인물은 1361년에 그의 두 대고모大姑母의 후손인 쟝왕과 사악왕 샤를르를 후계자로 남기고 죽었다. 샤를르는 두 대고모 중 언니 쪽의 후손이었으므로 그의 계승권이 더 우세하다고 믿었으나, 쟝이 부르군디 공령을 차지하자 반란을 일으켰다가 코크렐에서 패배한 것이었다.

쟝은 부르군디를 왕령지로 삼았다가 그의 막내아들인 필립에게 통치를 위임하였다. 샤를르 5세는 더 나아가 동생인 필립을 부르군디공으로 제수하였다. 젊은 공은 야심 있고 욕심 많은 인물로서 곧 그 당시 가장 부유했던 상속녀에게 눈독을 들이게 되었다. 그녀는 바로 플랑더즈백 루이 3세의 딸 마가렛Margaret이었다. 그녀는 루이 3세의 외동딸로서 플랑더즈와 레텔Rethel 그리고 네베르Nevers의 세 백령을 상속케 되어 있었다. 플랑더즈는 유럽에서 가장 값진 봉토의 하나였고, 네베르는 부르군디 공령의 주된 백령이었다. 게다가, 마가렛은 그녀의 할머니로부터도 아르뜨와Artois 백령과 뒤의 프랑슈-꽁떼Franche-Comté인 제국의 부르군디 백령을 상속받게 되어 있었다. 그러나 마가렛의 아버지는 영국과의 동맹을 크게 바라, 그녀를 에드워드 3세의 넷째 아들인 캠브리지백 랭글리의 에드먼드Edmund of Langley와 약혼시켰다. 샤를르는 그 값진 플랑더즈 백령을 영국인의 수중에 들어가도록 내버려두지 않았다. 그는 즉각 프랑스왕의 확고한 동맹자인 교황을 설득하여 마가렛과 에드먼드가 너무 가까운 친척이라고 선언케 하였다. 그 뒤 1367년에 고분고분한 교황은 마가렛과 부르군디공 필립의 결혼이 하나님의 뜻이라고 특면特免하였다. 플랑더즈백을 설득하는 데에는 여러 해가 더 소요되었지만, 결국은 결혼이 성립되었다. 쁘와띠에 전투에서의 행동 때문에 대담한 필립Philip the Bold이라 불리게 된 젊은 공은 부르군디, 플랑더즈, 그리고 프랑슈-꽁떼의 지배자가 되었다.

샤를르 5세는 브레띠니 조약의 이행을 형식상으로는 완벽하게 마무리져야 한다는 것을 잘 알고 있었다. 영토 조정에 관한 협상이 느릿느릿하게나마 계속되었고, 몸값 마련도 여전히 진척되고 있었다. 1366년에는 새로운 협약이 이루어져, 샤를르는 몸값의 완불을 약속하였고, 그 대신 에드워드는 왕족 볼모들을 석방하였다. 그러나 샤를르가 실제로 지불한 금액은 40만 크라운 뿐이었다. 요컨대, 샤를르는 그의 입장이 완전히 정당하기를 바라는 인물이었다. 그는 전쟁을 재개하여 잃은 것을 되찾을 마음이 굴뚝같았으나, 그런 일을 완전히 정당하게 이루어내려 하였다. 다행히도 그는 어렵지 않게 구실을 찾아낼 수 있었다. 아버지 대신 아키텐을 다스리고 있던 흑태자는 유능하고 엄격하며 가혹한 통치자였다. 그는 세금을 높게 매겨 가차없이 거두어 들였으며, 자기의 명령에 대한 즉각적인 복종을 강요하였다. 브레띠니 조약으로 가스코뉴에 첨가된 지역의 사람들은 이미 프랑스왕의 억압적인 관리들에게 익숙해 있어서 흑태자와 그의 관리들에게 별로 반발을 느끼지 않았으나, 가스코뉴의 귀족들은 마음대로 무시해 버릴 수 있는 안일하고 무력한 관리들에게 익숙해 있었다. 곧 가스코뉴의 주요 제후인 아르마냑의 장 1세John I of Armagnac와 알브레Albret의 영주 아르노 아마니외Arnaud Amanieu가 파리 고등법원에 제소를 하게 되었다. 1369년에 흑태자는 법정의 소환에 불응했다는 이유로 아키텐 몰수를 선고받았다. 이에 흑태자는 1370년에 프랑스왕의 영토를 침략하여 리모쥬Limoges시를 포위하였고, 포위기간 동안 통례대로 기사도에 따른 전투를 벌인 뒤 시민들을 잔혹하게 학살하였다. 전쟁은 재개되었다.

이후 5년 동안 벌어진 전쟁은 기묘하게 진행되었다. 영국군은 그들이 좋아하는 대규모 약탈원정 전략을 사용하였다. 예컨대, 에드워드 3세의 셋째 아들인 겐트의 존John of Ghent은 1373년에 군대를 이끌고 칼레에 상륙하여 상파뉴를 가로질러 보르도로 진군하였다. 그는 무방비 상태의 촌락을 약탈하고 방화하였다. 그는 성이나 방벽이 있는 도시에 다다르면 잠시 머무르며 수비대의 기사들과 몇 차례 작은 전투를 즐겼지만, 그 요새를 함락하려고 하지는 않았다. 그가 중부 프랑스의 구릉지대를 통과하는 동안, 사람과 말 모두 식량이 점점 더 모자라게 되었고, 보르도에 도착할 무렵에는 군대 전체가 완전히 지쳐버렸다. 교활한 샤를르 5세의 지휘 아래, 프랑스군은 신중하게 전투를 회피하였다. 영국군의 진로를 따라 서 있는 요새들의 몇몇 프랑스 기사들만이 작은 전투를 즐기는 데 끼어들었을 뿐이었다. 이따금 프랑스군이 장악한 지역에서 원정군이 탈진한 기미를 보이는 경우, 프랑스군의 소부대가 원정군을 괴롭히곤 하였으나, 본격적인 전투로 원정을 중지시키려는 시도는 전혀 없었다.

영국군이 기고만장하게 그러나 무익하게 진군하고 있는 동안, 샤를르의 장수들은 착실하게 수단방법을 가리지 않고 영국군의 요새들을 함락시키고 있었다. 영국령 아키텐에 대한 이 원정의 총지휘자는 샤를르의 동생인 앙주백 겸 랑그독Languedoc의 통치자 루이였으나, 실제 전투는 여러 집단의 장수들이 떠맡았다. 이들 가운데 그 당시 그리고 역사상으로도 가장 유명한 자는 베르트랑 뒤게스끌랭Bertran Duguesclin이었다. 브르타뉴의 소귀족이었던 그의 이름은 브르타뉴 해안의 성 말로St. Malo 앞바다에 있는 한 황폐한 섬에서 유래한 것이었다. 베르트랑은 용감하고 힘세고 소규모 부대의 지휘관으로서는 상당히 유능한 인물이었다. 그는 전술가로서는 터무니없이 무능했고 정정당당한 전투에서는 거의 언제나 패배하기 일쑤였으나, 매복과 기습 그리고 성에 대한 은밀한 기습공격에는 천재였다.

젊었을 때 그는 블로아의 샤를르를 모셨고, 30인 대표기사의 전투와 같은 기사도적인 전투에 참여하기도 했다. 조금씩 조금씩 그는 용맹한 투사이자 대담한 장수로서 명성을 얻었다. 전쟁이 재개되자, 샤를르왕은 뒤게스끌랭을 프랑스의 총사령관constable으로 임명하여 영국군을 마음껏 공격하도록 하였다. 그의 첫 공적은 칼레에서 일 드 프랑스를 거쳐 브르타뉴로 진군하던 영국군을 괴롭힌 것이었다. 그는 아주 교묘하게 작전을 펴 영국군을 차단하고 그 가운데 상당수를 궤멸시킬 수 있었다. 그러나 그의 진짜 특기는 성 함락에 있었다. 그는 가능한 경우엔 성 안의 누군가를 매수하여 밤늦게 성문을 열게 하였다. 그는 또 매력적인 창녀들을 성 안으로 보내 수비대를 유혹케 하여 때가 되면 성문을 열게 하는 짓도 서슴지 않았다. 종종 그는 그냥 깜깜한 밤중에 성을 은밀히 기습해, 수비대가 알아채기도 전에 성벽을 장악하곤 하였다.

뒤게스끌랭 이외에도 이런 작전에 참여한 장수들이 많았다. 왕족이고 프랑스의 가장 강력한 제후 가운데 하나였던 부르봉Bourbon 공 루이는 그런 인물 가운데에서도 가장 성공적인 경우에 속했다. 루이의 공적 가운데 하나는 이번 전쟁의 성격을 특히 분명하게 보여준다. 그는 쁘와뚜의 변경지대에서 대개 자기 식객 무사와 봉신들로 이루어진 소규모이지만 강력한 부대를 이끌고 활약하고 있었다. 그는 한 2급 기사 휘하의 영국군 수비대가 지키고 있던 흑태자의 한 성을 공격하기로 결정하였다. 공은 우선 습격을 해보았지만, 그 성은 너무 강력했고 또 훌륭하게 수비되고 있었다. 그러자 그는 굴을 파기 시작했다. 수비대는 곧 이를 알아차리고 맞굴을 파기 시작하였다. 어느 날 공이 막사에 앉아 있는데, 부하 하나가 와서 두 굴이 관통되었음을 알렸다. 그는 즉각 성으로 전령을 보내 한 사람씩 귀족출신 기사를 대표로 뽑아 굴 속에서 싸우게 하자고 제안하였다. 영국군 수비대장은 수비대엔 기사가 없지만 귀족출신 2급 기사인 자기가 나서서 싸울 수 있으면 기쁘겠노라고 회답하였다.

이 회답에 만족한 공은 손수 머리끝에서 발끝까지 무장하고는 굴로 들어가 영국군 수비대장과 맞섰다. 굴은 너무 낮고 좁아 무기를 머리 위로 쳐들거나 옆으로 휘두를 수 없었다. 따라서 두 사람은 서로를 칼로 찌르는 수밖에 없었다. 그러나 둘 다 갑옷을 튼튼히 갖춰 입었으므로 이런 정도로는 누구도 상대방에게 상처조차 입힐 수 없었다. 그 싸움은 진짜 완전히 오락거리에 불과하였다. 공은 너무 흥분을 하여 함성을 내질렀고, 수비대장은 그 소리를 듣자 자기가 진짜로 부르봉공과 싸우고 있는 것이냐고 물었다. 그는 그토록 지체 높은 제후와 싸우게 된 것을 한없이 영광스럽게 여겨, 공이 자기를 기사로 서임해준다면 성을 내주겠다고 제안하였다. 공은 이에 동의하였으나, 다음날까지 항복을 연기해달라고 요청하였다. 부하들에게 굴 속에서 싸우는 재미를 맛보지 못하게 하는 것은 그들에게 너무 이기적인 처사로 여겨졌을 것이다. 그날 내내, 프랑스군과 영국군은 각각 한 명씩 차례로 굴에 내려가 서로를 칼로 찌르는 재미를 즐겼다. 다음날 아침 성문이 열렸고, 공은 수비대장을 기사로 서임했으며, 양측은 선물을 교환한 뒤 제 갈 길을 갔다. 루이공의 전기작가는 이 사건을 전해들은 모든 사람이 양측의 예의바른 행동에 찬탄하였다고 전한다. 부르봉공은 기사와 귀부인들의 사랑을 받던 고귀한 기사였다. 그의 전기작가는 에드워드 3세가 아내의 정조를 염려한 영국 귀족들의 간청에 못 이겨 그를 영국에서 석방하였다고 전한다. 그러나 어쨌든 그가 그 성을 수중에 넣었다는 사실은 주목할 만하다.

프랑스군은 승리를 향해 쾌주하였다. 에드워드 3세는 늙었고, 흑태자는 건강이 나빠져 얼마 살지 못할 것이었으며, 영국군 장수들은 뒤게스끌랭과 그의 동료들에게 상대가 되지 못하였다. 영국군의 요새는 하나하나 함락되어, 마침내 1374년의 라 레올La Réole 함락으로 가스코뉴 공령은 가론느강 어귀와 피레네 산맥 사이의 해안지대로 축소되어 버렸다. 맞받아 싸우는 대신 착실하게 적의 요새와 그 주변지역을 탈취함으로써 샤를르 5세는 선왕들이 잃은 것 이상을 되찾았다.

유감스럽게도, 영국군의 패배로 프랑스가 전쟁의 위험에서 벗어난 것은 아니었다. 중세의 왕은 용병이 더 이상 필요 없는 경우, 그들에 대한 보수 지급을 중단하였다. 왕은 용병들이 귀향하는 것을 보살필 어떠한 책임도 느끼지 않았다. 게다가, 에드워드와 그의 아들들에게 고용되었던 많은 장수와 병사들은 영국인이 아니라 보수와 전리품을 위해 여러 나라에서 몰려든 모험가들이었다. 그들은 보수 지급이 중단되자, 이곳 저곳 방랑하면서 멋대로 약탈을 자행하여 생계를 꾸려나가게 되었다. 귀족 장군들에 의해 약하게나마 유지될 수 있었던 규율마저 벗어난 그들은 잔인하기 짝이 없는 약탈자가 되었다. 처음에는 "자유로운 떼거리들free companies"이라 불리었던 이들은 브레띠니 조약 이후 평화로웠던 시기에 심각한 문제가 되었다. 전쟁의 재개는 이들을 잠시 바쁘게 해주었으나, 1374년 이후 전투가 뜸해지자 이들은 다시금 실업자가 되었다. 그들은 대개 요새를 피해 다녔으나, 때로는 조그마한 성이나 도시를 엄습하기도 했고, 심지어는 귀부인을 포로로 잡아 몸값을 뜯어내는 일도 서슴지 않았다. 그들을 다른 나라로 떠나보내려는 시도들이 있긴 했으나, 프랑스는 약탈하기 좋은 곳이었으므로 그들은 대개 떠나기를 거부하였다. 어떤 지방의 귀족들이 도저히 참지 못해 그들을 공격하는 경우, 언제나 승자는 그들이었다. 여러 차례 그들은 정면 싸움에서 왕군을 패퇴시켰다. 뒤게스끌랭은 그들과의 전투로 그의 마지막 전투를 장식하였다. 그는 이 전투에서 승리하였으나, 살아서 승리를 만끽하진 못했던 것이다. 이러한 떼거리들은 백년 넘게 프랑스를 괴롭히는 재앙이 되었다.

흑태자는 1376년에, 에드워드 3세는 1377년에, 그리고 샤를르 5세는 1380년에 죽었다. 두 나라 사이에 처음엔 공식적인 화약이 맺어지지 않았으나, 이 시기에는 두 나라 왕 모두 심각한 국내 문제에 매달려 여념이 없었다. 1396년에 20년간의 휴전이 합의됨으로써 백년전쟁의 14세기 국면은 종결되었다. 이제 우리는 이 시기까지 유럽 주요 국가들이 걸어온 내적 발전과정을 살펴보게 될 것이다.

제21장 중세 말의 정치 : 분열의 세기

14세기에 이루어진 통치기구의 발전을 고찰할 때, 우리는 여러 나라의 발전 과정이 매우 흡사함을 알게 된다. 어디에서나 더욱 규모가 크고 복잡한 통치기구가 성장하고 있었으며, 동시에 이런 통치기구에서 잘 훈련된 직업 관료의 비중도 점점 더 증대되고 있었다. 그러나, 14세기 내내 정부의 합당한 기능에 관하여, 그리고 무엇보다도 이러한 발전하고 있는 통치기구의 통제권이 누구에게 있는가에 관하여 논란이 벌어졌다. 끝으로, 1400년 전후해서 일련의 중요한 분쟁이 발생하여 교회의 대분열과 유럽 주요 국가에서의 내란을 동시에 야기하였다.

이들 분쟁의 직접적인 원인은 각각 달랐지만, 전체 상황은 모든 분쟁을 중세 정부의 전 기반을 위협했던 전반적인 충성의 위기에서 비롯된 것으로 볼 때에만 이해할 수 있다. 어디에서나 전통적인 충성이 파괴되었다. 세속적인 영역에서는 봉건적인 충성이 쇠퇴하였으나 국가에 대한 충성이 그를 대신할 만큼 아직은 강력해져 있지 못했다. 교회에서는, 교황이 누리고 있던 그리스도의 명백한 직계 계승자로서의 지위가 세속주의 철학자들과 종교적 급진주의자들의 선전활동으로 의문시되기에 이르렀다. 여러 나라에서 제후 및 귀족들은 파당을 지어 국가의 이익에는 무관심한 채 자기만을 위한 권력 획득에 혈안이 되고 있었다. 비슷하게 "교회의 제후"인 추기경들 역시 그들의 이익을 위해서라면 거리낌 없이 교황을 공격해댔다.

14세기 말에는, 정치권력에 정통성을 부여하는 특성들이 무엇이냐에 관해 보편적인 합의가 전혀 이루어져 있지 않다는 사실이 분명해졌다. 교회와 국가 모두에서, 대의체를 통해 표현되는 인민의 동의라는 원칙을 바탕으로 정통성의 분명한 근거를 마련하려는 시도들이 있었다. 그러한 시도들은 장차 극히 중요한 선례가 될 것이었지만, 그 당시에는 부분적으로만 성공을 거두었다. 다시금 우리는 14세기가 쇠락의 시대일 뿐만 아니라 전환기이기도 하였다는 사실에서 비롯되는 아주 복잡한 상황에 직면하게 되는 것이다.

69. 영국과 말기 플란타지네트 왕조

헨리 2세로 열린 영국의 플란타지네트 왕조는 에드워드 1세1272~1307 때 전성기를 맞이하였다. 에드워드는 전통적인 봉건적 수입원과 함께 재산세와 관세도 최대한으로 수취하였다. 전쟁에서 그는 봉건군대와 함께 보병을 이루는 징병군과 용병대도 이용하였다. 그의 정부는 완전히 그의 뜻에 복종하는 충복들의 매우 효율적인 관료체제로 이루어졌다. 최고사법관justiciar이라는 막강한 직책이 사라진 대신, 순수한 법률적 기능만을 지니는 재판장chief justice 직이 신설되었다. 국가의 어떤 관리도 왕의 개인적인 권위를 훼손할 위치에 있지 못했다. 관료체제에서 가장 중요한 기구는 왕에게 조언을 하고 매일매일의 행정업무를 시행하는 한 무리의 서약한 보좌관들이었다. 이들은 주요 정책을 결정하고 법률을 작성하였다. 이들은 또 의회의 주도세력이었다. 제후들은 강력한 통제를 받았다. 왕은 매우 미심쩍은 방법으로 봉건관습과 통상적인 관례를 완전히 무시하여, 가장 큰 여러 제후령을 왕족의 수중으로 넘겼다. 요컨대, 에드워드는 강력하고 유능하며 고압적인 통치자로서, 그의 정책과 통치방식은 반발을 일으키지 않을 수 없었다.

그 반발은 에드워드 1세의 치세 말기에 왕의 징세 요구에 대한 의회의 저항에서 나타나기 시작하였고p. 464 참조 에드워드의 아들인 에드워드 2세1307~1327의 대관식에서 전통적인 대관식 서약에 더하여 "나라 전체community of the realm가 선택할 공정한 법과 관습"을 충실히 지키겠노라는 새로운 문구가 삽입됨으로써 표면화되었다. 게다가, 관례적인 충성의 서약을 하면서 제후들은 분명하게 그들의 충성이 영국의 왕에 대한 것이지 국왕 개인에 대한 것이 아님을 선언하였다. 그것은 바로 14세기 초의 반교황 저술들에서 나타난 사인과 공직의 구별이었다.

에드워드 2세는 부왕과 놀라운 대조를 보였다. 무능하고 나약하고 우유부단한 그는 언제나 좀더 강력한 인물—왕비인 프랑스의 이사벨Isabelle, 가스코뉴 출신의 총신인 피에르 가베스똥Peter Gaveston, 또는 영국의 디스펜서Dispenser 가—의 그늘 아래 있었다. 치세 초에 그는 사촌인 랭카스터백 토마스Thomas가 이끄는 제후연맹의 후견을 받아들여야 했다. 통상 관직 임명 제후단the Lord Ordainers이라 불리었던 이 제후연맹의 주 목적은 행정에 대한 왕의 통제를 제한하는 데 있었다. 상서chancellor나 회계관과 같은 중요한 관직에 대한 임명은 의회의 제후들—즉 대회의Great Council—에게서 승인을 받도록 되어 있었다. 관직 임명 제후단은 공익을 위해 일한다는 명분을 내걸었으나, 실상은 이기적이고 탐욕스러운 집단이었다. 같은 종류의 연합체들이 이미 그러하였듯이, 이 연맹도 결국은 분열되었다. 랭카스터의 토마스는 피에르 가베스똥을 살해하였으나, 그 자신은 에드워드에게 패하여 처형당했다. 1322년에는 왕국 전체에 관련된 모든 문제는 고위성직자 및 귀족들 그리고 나라 전체의 동의를 받아 의회에서 왕에 의해 결정되어야 한다는 법령이 제정되었다. 그러나, 다음 몇 년 간은 오만하고 지나치게 탐욕스러운 디스팬서가가 왕의 이름으로 영국을 통치하였다. 1326년에는 이사벨 왕비와 그녀의 정부 로저 모티머Roger Mortimer가 디스펜서가를 축출하고 나약한 왕으로 하여금 아들에게 양위토록 강요하였다. 에드워드 2세는 얼마 안가 이 후견인들에 의해 잔혹하게 살해되었다. 처음 몇 년 동안 젊은 왕 에드워드 3세는 그의 어머니와 모티머가 영국의 피를 빨아먹는 소름끼치는 모습을 방관하였으나, 그들이 그가 사랑하던 아저씨를 처형하자 더 이상 참지 못하였다. 그는 한 무리의 기사를 모아 왕비와 모티머를 체포하여, 모티머는 처형하고 이사벨은 한 왕령지 장원에 유폐시켰다.

에드워드 3세1327~1377는 프랑스 원정에 몰두하였지만, 그의 긴 치세—영국사에서 그토록 오래 왕위에 있었던 왕은 셋밖에 없다헨리 3세, 1216~1272; 에드워드 3세; 빅토리아 여왕, 1837~1901-역주—는 영국의 정치제도 발전에 극히 중요한 시대였다. 두 가지 근본적인 문제가 제기되어 있었다. 첫 번째 문제는 왕의 정부가 왕의 뜻에 완전히 복속하는 왕의 충복들에 의해 운용되어야 하느냐, 아니면 좀더 중요한 통치기능은 의회—즉, 그때그때 의회의 지배적인 귀족 당파—에게 책임을 지는 국가관리에 의해 수행되어야 하느냐 하는 것이었다. 두 번째 중요한 문제는 의회 자체의 제도적 구조가 어떻게 발전될 것이냐 하는 것이었다. 에드워드는 할아버지처럼 왕의 충복에 의한 통치를 지향하였다. 제후들은 고위 국가관리들이 의회의 대제후들에게 책임을 지기를 원했고, 왕의 내각에 제후들이 많이 입각해야 한다고 주장했다. 에드워드는 한때 자금이 급박하게 필요해서, 그의 각료들에 대한 제후들의 통제를 허용하기로 동의하였으나, 곧 그의 약속을 철회하였다. 치세 내내 그는 자기 뜻대로 관리를 임명하였으나, 고위 국가관리에게 단순히 그의 뜻을 실행하는 것 이상의 책임이 있다는 사실은 인정하였다. 치세 말에 그가 늙어 무기력해지면서, 제후들은 이러한 내각 책임의 관념을 강조할 수 있었다. 의회의 제후들에 의해 왕의 여러 충복이 부당행위를 했다고 탄핵받았다. 이리하여, 아직도 왕으로 하여금 법에 복종토록 하기는 매우 어려웠지만, 왕의 관리들이 불법적인 명령을 수행한 죄로 처벌될 수 있다는 원칙이 나타났다. 이로부터 하원의 요청에 따라 상원이 국가관리를 심리하는 탄핵impeachment의 관행이 생겨났다.

14세기인에게는 가장 중요한 문제가 매일매일 년년세세 영국을 통치하는 왕정부에 대한 통제의 문제였으나, 역사가들은 뒷날의 중요성 때문에 의회의 발전에 더 큰 관심을 갖는 경향이 있다. 에드워드 3세의 치세는 의회의 제도 및 기능이 특히 순조롭게 발전한 시대였다. 에드워드는 그의 정부에 대한 제후들의 통제를 꺼려하였으나, 기본적으로 영국의 내정에는 그리 관심을 두지 않았다. 그는 전사로서 프랑스에서의 전쟁에 거의 전념하였다. 대개의 경우, 그는 막대한 전비를 얻어내기 위해 어떠한 양보라도 기꺼이 하려 했다. 동시에 그는 군사적 성공으로 국가적 영웅이 되었고, 그의 솔직하고 온화하며 관대한 행실로 인민의 사랑을 받았다. 그리하여 다른 왕의 치세에는 격렬한 투쟁을 야기했을 의회의 발전과정이 기본적으로 무리 없이 이루어질 수 있었다.

에드워드의 치세에 의회의 구성과 조직은 오늘날까지 존속될 형태를 갖추기 시작하였다. 가장 중요한 발전 가운데 하나는 대회의의 성격이 변했다는 것이었다. 이 변화로 대회의는 곧 상원House of Lords으로 개편되었다. 대헌장은 이 대회의를 직속봉신tenant-in-chief들의 모임으로 규정하였다. 직속봉신들 가운데 중소귀족은 사실 한 번도 소집된 적이 없었지만, 대회의는 당분간 적어도 이론상으로는 제후들—즉 주요 직속봉신들—의 모임으로 존속하였다. 그러나 13세기 중엽에 봉건제는 일련의 형태만으로 남아 있을 뿐이었다. 봉토의 보유는 전혀 실질적인 의미를 갖지 못했고, 권력은 더 이상 취하에 거느린 기사 봉신의 수로 결정되지 못했다. 나라 안에서 유력한 위치를 차지하려면 개인적인 자질과 화폐수입을 함께 겸비해야 했다. 헨리 3세는 봉토를 소유하지 않은 자도 대회의에 소집하였고, 에드워드 1세는 봉토 보유 여부를 거의 무시하였다. 그는 유력하다고 생각되는 자를 소집했을 뿐이었다. 에드워드 3세의 치세에는 대회의에 참석했던 자의 아들을 대물려 소집하는 것이 관례화되었다. 상속인의 의석 계승권은 15세기에 가서야 관습으로 확정되었지만, 이미 에드워드의 치세에 상당히 보편적으로 인정되고 있었던 것이다. 이리하여 영국 의회의 세습 상원의원직이 뚜렷한 형태를 갖추기 시작하였다. 이 상원의원직은 어떤 특정한 영지의 상속 여부에 무관하게 혈연관계만으로 세습되었다.

이 시기는 또한 의회에서 성직자들의 세력이 점차 쇠퇴해간 시기이기도 했다. 수도원장들은 의회에의 출석을 부담스러워하여 될 수 있는 한 회피하려 했다. 에드워드 2세와 에드워드 3세의 치세에 고위성직자들은 개별적으로 제후령을 보유하고 있지 않다는 이유로 소집면제를 줄기차게 요청하였다. 이러한 요청들 가운데 몇몇은 거부당했으나, 훨씬 더 많은 경우 소집면제가 인정되었으며, 왕은 제후령을 보유한 고위성직자만이 소집에 응할 의무가 있다는 원칙을 받아들였다. 결국 제한된 수의 고위성직자들만이 소집에 응해야 하는 대상자로 등록되었으나, 이들 역시 봉토 보유와는 거의 무관하였다. 이들은 주로 수도원의 재력과 중요성에 입각하여 선별된 것으로 보인다. 실질적인 의미가 있었던 것으로 보이는 단 한 가지 분명한 원칙은 명백히 신도의 시주로만 재산을 지니는 시토 수도원 같은 교단의 제외뿐이었다. 하급 사제의 대표들도 의회에서 사라졌다. 왕은 사제들로부터 돈을 얻어내고자 할 때 각 성직자 집단과 개별적으로 협상하였으며, 따라서 의회에 사제가 참석하는 것은 불필요했을 뿐만 아니라 사제들을 부당하게 세속적 문제에 개입시키는 것일 수도 있었다. 에드워드의 치세가 끝날 무렵, 의회에는 21명의 주교와 27명의 수도원장밖에 남아 있지 않았다. 대개의 경우, 상원의 성직자 수는 이 정도를 넘지 않았다.

이미 살펴보았듯이, 에드워드 1세의 치세 내내 의회parliament라는 낱말은 대제후들이 배석하는 왕실 각료회의를 가리킬 수 있었으나, 그의 아들과 손자의 치세에는 주와 도시의 대표들이 더욱 많이 더 자주 출석하게 되었다. 그러한 확대 회의가 엄숙하게 한 장소에서 열리는 경우, 왕과 각료, 제후, 그리고 대표들이 전부 함께 회동하였다. 그러나 대회의의 제후들은 대표들의 권한을 넘어서는 문제들을 많이 다루었고, 따라서 따로 모이는 경우가 많았다. 주의 기사들과 시민대표들 또한 전체 회의가 있기 전에 의제를 토론하기 위해 각각 따로 만났다. 이 두 집단은 대회의에서 배제되어 있다는 한 가지 공통점을 지니고 있어, 종종 그들의 정책을 결정하기 위해 함께 만났다. 곧, 그들은 함께 "하원의원the Commons"이라 불리게 되었다. 이런 식으로 의회의 상·하원이 서서히 나타나게 되었다. 대회의의 제후들은 상원을, 주와 도시의 대표들은 하원을 이루었다. 하원은, 상원과 별개의 조직체로서는, 1341년에 첫 회의를 기록하였다.

에드워드 3세의 치세 이전엔, 하원이 의회의 업무에 실질적으로 거의 참여하지 못했다. 심지어 처음에는 하원의 소집영장이 상원의 그것과 다르게 작성되어, 하원의 기능이 상원의 결정을 통고받고 승인하는 데 국한됨을 분명히 하였다. 그러나 이러한 별개의 소집영장 형태가 폐기된 뒤에도, 하원의 실질적인 입장은 변하지 않았다. 하원은 제후들의 조치를 확인·재가하는 것 이상의 일을 하지 않았다. 예컨대, 에드워드 2세의 치하에서 하원은 관직임명 제후단이 만든 법령을 승인하고 왕의 폐위에 찬성하였으나, 주도권은 전적으로 각료회의와 제후들의 수중에 있었다. 그러나, 하원이 주도할 수 있는 한 가지 방도는 있었다. 하원은 청원서를 작성하여 상원에 제출할 수 있었던 것이다. 그러한 청원서는 상원의 승인을 거쳐 왕과 각료회의에 제출되곤 하였다. 이 방도는 에드워드 2세 때에는 드물게 이용되었으나, 에드워드 3세 때에는 새로운 법률을 제정하는 통상적인 방법이 되었다. 하원은 새로운 법이 필요하다고 느끼면 청원서를 작성하여 상원에 제출하였다. 그 청원서는, 상원에서 통과되고 왕에 의해 받아들여지면, 법령이 되었다. 그러나 하원은 이 시기에 아직 법률의 최종 형태에 대해서는 통제할 수단을 갖지 못했다. 상원과 각료회의 그리고 왕은 법령을 공포하기 전에 마음대로 법령을 수정할 수 있었던 것이다. 그러나, 대부분의 법령이 하원에서 제안되고, 모든 과세승인이 하원에서부터 시작되는 것은 관례화되었다.

에드워드가 프랑스에서의 전쟁으로 끊임없이 돈을 필요로 하였음은 의회에게 권한 증대의 기회를 많이 만들어 주었다. 왕의 양보를 대가로 과세승인을 해

주겠다고 분명하게 언명한 경우는 드물었지만, 대개는 암암리에 그렇게 여겨지고 있었다. 에드워드는 의회의 승인 없이는 직접세를 과세하지 않겠다고 약속하였다. 뒤에 그는 의회의 관세 통제권도 인정하였다. 그는 심지어 의회의 여러 위원회가 승인된 세수의 지출을 회계감사로 감독하는 것을 허용하기까지 하였다. 게다가, 그는 빈번하게 휴전조약과 같은 중요한 정책문제에 관하여 의회와 협의하였다. 요컨대, 그의 치세에 의회는 상·하원 모두 영국 정부의 불가결한 일부분이 되었다. 에드워드가 늙어가면서 그의 통치가 문란해지자, 모든 사람이 의회가 개혁을 이끌어야 한다고 생각하였다. 그 결과, 부패하고 무능한 관리들이 의회에서 탄핵되었다.

에드워드 3세의 치세에는 사법 행정에서도 중요한 발전들이 있었다. 상원은 14세기 말에 영국의 최고 법정으로 뚜렷하게 대두하였다. 반역죄와 같은 중죄로 고발된 귀족의 경우, 상원이 초심 법정이었다. 상원은 또한 보통법 법정의 선고에 대한 항소도 심리하였다. 한편, 새로운 법정인 형평법 재판소court of the chancellor가 뚜렷한 형태를 갖추게 되었다. 당시의 보편적인 이론에 따르면, 정의의 구현은 왕의 의무였다. 법률로는 시정될 수 없는 부정의가 나타나는 경우, 왕은 그 시정방책을 고안해 내야 했다. 상서chancellor는 왕의 양심을 수호하는 관리로서 이러한 기능을 수행하였다. 예컨대, 계약을 이행하지 못한 자를 보통법에 따라 고소하여 벌금을 선고할 수는 있었으나, 그에게 계약 이행을 강요할 수는 없었다. 상서의 형평법 재판소는 바로 이러한 일을 할 수 있었다. 보통법은 또 문서화된 약속만을 보호하였고 구두 약속은 보호하지 못하였으나, 상서는 보통법이 아니라 "형평equity"의 원칙에 따라, 입증된 구두 약속의 이행을 명령할 수 있었다.

에드워드의 치세에 이루어진 사법제도상의 가장 중요한 발전은 치안판사justice of the peace의 등장일 것이다. 이미 에드워드 1세 때에 치안관keeper of the peace이라는 직책이 모든 주에 설치되어 주장관과 조사관coroner: 왕의 재산을 관리하는 지방관. 주장관을 보좌하는 동시에 견제함. 1194년에 창설되어 줄곧 중요한 직책으로 존속함-역주의 임무 수행을 감독하였다. 그들은 곧 고발을 받아 피고의 체포를 명령할 수 있는 권한을 갖게 되었다. 1329년에는 그들에게 중죄 피의자를 심문할 권한이 주어졌고, 이로써 그들은 치안판사가 되었다. 1388년에는 한 주의 모든 치안판사가 1년에 4번씩 주의 수도에 모여 송사 및 기타 업무를 처리토록 규정되었다. 이로써 영국의 사법체제에서 매우 중요한 위치를 차지해온 지방 형사법원the Quarter Sessions: 1년에 4번씩 열리는 데에서 연유한 명칭-역주이 성립하였다. 치안판사는 귀족 및 그 아래의 지주층으로부터 왕에 의해 임명되었다. 그들은 조금씩 조금씩 원래 인민법정이나 시민법정에 속해있던 경범죄 사법권을 수중에 넣었다. 곧 군郡 법정은 사라져버렸고, 주州 법정은 사소한 민사소송 사건만 취급하게 되었다. 치안판사는 지방 통치의 주역이 되었다. 그들은 왕에 의해 임명된 왕의 관리였으나, 보수를 받지 않았고 자기 사회계급의 이익을 위해 힘을 쏟았다.

에드워드 3세는 대부분의 치세 동안 대체로 대외정책을 성공적으로 수행했기 때문에 지위를 확고하게 유지할 수 있었다. 그러나 그의 손자인 리차드 2세1377~1399의 치세에는, 귀족들의 당파주의가 일련의 격심한 정치적 위기를 일으켜, 결국은 왕의 폐위까지 야기하였다. 에드워드 3세가 1377년에 죽었을 당시, 장남인 흑태자는 이미 세상을 뜬 뒤였고, 흑태자의 아들 리차드는 9살밖에 되지 않았다. 통치는 왕의 두 아저씨인 겐트의 존과 글로스터의 토마스Thomas of Gloucester가 지배하는 섭정위원회에 위임되었다. 처음에는 정력적이고 야심만만했지만 그리 성공적이지는 못했던 전사인 랭카스터공 겐트의 존셰익스피어의 곤트의 존John of Gaunt이 가장 강력하였다. 그는 랭카스터 공령의 상속녀와 결혼하여 거대한 영지를 획득했고 강력한 귀족 당파의 지도자가 되었으나, 전국적으로 인기가 없었다.

어린 리차드의 치세 초에는 정부에 대한 불만이 팽배하였고, 그 불만은 1381년의 농민반란the Peasants' Rebellion으로 극에 달하였다. 프랑스에서의 전쟁은 불리하게 진행되고 있었고, 겐트의 존은 인기가 없었으며, 게다가 정부는 흑사병the Black Death에 뒤이은 온갖 경제적 혼란에 직면해 있었다pp. 614~623 참조. 흑사병의 첫 공격이 물러나자, 의회는 노동자 조례the Statute of Laborers를 통과시켜 임금과 물가를 동결시키려 하였다. 이 조례는 그 당시의 극심한 혼란상에 비추어 실질적으로 실행될 수 없는 것이었으나, 노동계급을 분격케 하는 데에는 효과가 있었다. 고임금과 향상된 생활수준을 막 누리려고 하는 참에, 정부가—현실로는 아니더라도 적어도 의도상으로는—그것을 빼앗아가려 했던 것이다. 게다가 프랑스에서의 오랜 전쟁으로 영국의 재정상태가 크게 악화되기 시작하자,

의회는 돈을 마련하기 위해 모든 가능한 수단을 동원하지 않을 수 없었다. 상층 계급은 재산세가 농민에 비해 그들에게 너무 무겁게 부과되고 있다고 믿었다. 이에 세금부담을 분산시키기 위해, 의회는 인두세poll tax를 부과하였다. 첫 인두세는 액수가 얼마 안 되어 성공적으로 징수되었으나, 1381년의 두 번째 인두세는 격심한 반발을 불러일으켰다. 이번 인두세는 세액이 컸고, 불평등하게 과세되어, 빈민에게 지나치게 무거운 부담이 돌아갔다. 그 결과, 납세를 아예 거부하는 상황이 크게 나타났다. 재무 관리들은 징세 장부를 보고 영국의 인구가 불과 몇 년 전보다 너무나 엄청나게 감소한 데 놀라, 특별위원회를 파견하여 진상 조사케 하였다. 이들 특별위원회는 곳곳에서 성난 민중들로부터 공격을 당했고, 많은 위원이 살해당했다. 곧 영국 동부의 농민들은 공공연하게 반란에 뛰어들었다.

켄트Kent의 농민들은 평판이 나빴던 퇴역 군인 와트 타일러Wat Tyler의 지휘 아래 로체스터Rochester 성을 기습·함락하고, 캔터베리시를 장악하여 그곳의 감옥을 열고 몇몇 고위성직자를 살해하였으며, 그리고는 런던 바로 앞까지 진출하였다. 그들은 그들만으로는 높게 성벽이 둘러쳐진 이 수도를 함락할 수 없었을 것이나, 런던의 하층계급이 그들에게 동조하여 성문을 열었다. 며칠 동안 런던은 공포의 도가니로 변했고, 농민들은 떼를 지어 돌아다니면서 겐트의 존을 비롯한 고관들의 집을 불태우고 그들이 미워하던 자들을 마구 살해하였다. 마침내 어린 왕은 반란 지도자들과 만나 그들의 요구—부자유한 토지보유 조건의 철폐, 1에이커 당 지대의 동결, 그리고 그 밖의 수많은 특권들—를 모두 들어주겠다고 약속하였다. 왕의 서기들은 밤을 새워 이러한 권리들을 부여하는 특허장을 작성하였다. 그러나 다음날 두 번째 만남에서 왕의 한 호위병이 갑자기 와트 타일러를 살해하였다. 한편, 시민군을 구성하고 있던 런던의 상층계급은 무장을 갖추어 집결하고 있었다. 지도자를 잃은 농민들은 시민군의 창 앞에서 무력하였다. 곧 농촌지역의 제후들이 군대를 이끌고 도착하였고, 반란군은 와해되었다. 에섹스, 노포크, 그리고 서포크에서도 국지적으로 반란이 일어나 잠시 동안 세력을 떨쳤으나, 각각 제후들이 군대를 소집하자마자 분쇄되었다.

리차드가 1386년에 친정親政 채비를 갖추자, 그의 아저씨인 글로스터의 토마스는 쿠데타를 시도하였다. 토마스는 그의 형제이자 강력한 맞수인 겐트의 존이 스페인에서 까스띨랴 왕위를 얻기 위해 지리멸렬한 싸움을 벌이고 있었기 때문에 그럴 수 있는 입장에 있었다(존은 두 번째 아내로 스페인의 공주를 맞아들였었다). 토마스와 그의 당파인 청원파Lords Appelant는 1386년에 개회된 의회를 장악하여, 왕의 가장 가까운 친구와 충복들에 대한 공격을 개시하였다. 이에 리차드는 영국의 판사들로부터 왕만이 의회의 안건을 결정할 수 있고, 왕이 마음대로 의회를 해산할 수 있다는 선언을 얻어냈다. 그러나 토마스는 리차드보다 더욱 많은 군사력을 거느릴 수 있었고, 왕은 그의 가장 충직한 친구들이 반역자로 처형되는 것을 애끓는 마음으로 지켜보아야 했다.

1389년에는 겐트의 존이 영국으로 돌아와, 일종의 세력 균형이 다시 이루어졌다. 리차드는 두 아저씨의 협력을 받아 친정을 하도록 허용되었고, 여러 해 동안은 평온한 상태가 유지되었다. 리차드는 이 시기를 틈타 자신의 세력기반을 구축하였다. 그는 자기에게 완전히 복종하는 충복들을 관리로 대거 기용하였고, 그가 총애하던 많은 사람들에게 작위를 주었으며, 그 가운데 몇몇은 각료회의의 위원으로 임명하였다. 이로써 그는 각료회의를 확고하게 통제하게 되었고, 상원에서 강력한 당파를 만들어내었다. 한편 주의 기사들을 선출하는 주장관과 대다수 도시는 왕들에게 충성스러웠으므로, 왕들은 마음만 굳게 먹으면 언제나 하원을 자기들 사람들로 채워넣을 수 있었다. 대개의 영국왕들은 그러기에는 너무 양심적이거나 너무 게을렀지만, 리차드는 정력적으로 그 일을 추진하여, 자파가 지배하는 의회를 구성해내었다. 곧이어 1397년에 그는 갑자기 10년 전 그에게 수모를 안겨주었던 글로스터의 토마스와 청원파를 탄핵 · 숙청하였다. 리차드에 맞서 토마스에게 가담했던 자는 모두 체포되어, 왕의 세력이 지배하던 상원에 의해 유죄를 선고받고, 처형되거나 추방당했다. 리차드는 장차 절대군주로서 통치할 의도를 분명히 했다. 그는 의회를 설득하여 의회의 권한을 왕이 지명한 위원회에 위임하고, 그에게 죽을 때까지 양모에 과세할 수 있는 전례 없는 권한을 부여하게 했다. 이러한 조치들로 왕은 외면상 의회의 통제로부터 완전히 해방되었다. 물론 리차드는 1386년에 그의 법관들이 그에게 호의적으로 규정했던 법적인 왕권 개념을 구현하고 있는 것뿐이라고 생각했다.

법관들의 영국법 해석이 이의 없이 인정되었다면, 영국왕은 실질적으로 절대적인 권한을 갖게 되었을 것이다. 그러나 이 주장을 함에 있어서, 리차드는 너무 지나쳤다. 영국의 제후와 신민들은 왕권의 한계에 관해 왕과 다소는 즐거운 마음으로 논란을 벌이는 데 익숙해 있었으나, 그러한 한계가 있어서는 안 된다는 이론은 생각해 보려고도 하지 않았다. 게다가, 리차드는 그의 권한을 어떻게 사용하려 하는지 너무 솔직하게 드러냈다. 그는 영국의 모든 주에 왕에 대한 반항죄를 범했다고 선언하고는, 무거운 벌금을 부과하였던 것이다. 또한 이보다 앞서 몇 해 전에 리차드는 겐트의 존의 아들인 랭카스터의 헨리Henry of Lancaster를 추방하면서도, 그에게 존이 죽으면 그 막대한 영지를 상속받도록 해 주겠다고 약속했다. 그러나 리차드는 존이 죽자 약속과는 달리 그의 거대한 영지를 모조리 몰수하였다. 요컨대, 리차드는 이론상으로 뿐만 아니라 실제상으로도 절대적인 권한을 가지려 했던 것이다. 그러나 그 결과는 랭카스터의 헨리가 주도하는 제후반란으로 나타났다. 리차드가 작위를 준 총신들은 각료회의와 의회에서 왕을 위해 표를 던질 수는 있었으나, 내란에서 크게 필요한 자원은 갖고 있지 못했다. 곧 왕은 고립무원의 상태가 되어, 적에게 항복하지 않을 수 없었다.

이제 영국왕을 어떻게 폐위할 수 있는가 하는 문제가 제기되었다. 리차드의 적들은 그를 왕위에서 내쫓기로 결심했고 또 그에게 양위를 강요할 수 있는 입장에 있기도 했으나, 그들 가운데 많은 사람은 이러한 무리한 조치를 꺼려하였고 왕을 합법적으로 폐위시킬 수 있는 원칙을 확립하기 바랐다. 게다가 정당한 왕위계승자는 겐트의 존의 형인 라이오넬Lionel의 어린 아들 에드먼드 모티머Edmund Mortimer였지만, 랭카스터의 헨리는 자기가 왕관을 쓰기로 마음먹고 있었다. 이에 헨리는 그의 선조인 랭카스터의 에드먼드Edmund of Lancaster가 실은 헨리 3세의 장남이었으며, 따라서 에드워드 1세와 그 후손들은 모두 찬탈자라는 믿기 어려운 계보를 날조하였다. 이 계보를 날조하기는 아주 쉬었지만, 유감스럽게도 이를 진지하게 받아들이는 사람은 전혀 없었다.

왕위의 양위는 결국 가능한 한 많은 사람을 만족시킬 수 있는 방식으로 연출되었다. 의회의 소집영장은 리차드의 이름으로 반포되었으나, 웨스트민스터 홀에서 의회가 열리자 캔터베리 대주교는 왕이 이미 양위하였음을 선포하였고, 의원들은 왕관이 금빛 천에 싸여 덩그마니 놓여있는 것을 목격하였다. 모여든 여러 신분의 의원들은 열렬히 양위를 인정하였으나, 리차드가 죄의 대가로 폐위되어야 한다고 선언하였다. 이에 폐위 법령이 낭독되어 승인받았다. 바로 이때 랭카스터의 헨리가 일어나, 자기가 헨리 3세의 후손이며 그의 승리는 하나님이 그의 명분을 두둔하신다는 것을 증명한다고 주장하면서 영국 왕위를 요구하였다. 의회는 이 요구를 받아들였고, 켄터베리 대주교는 헨리를 왕관이 있는 곳으로 인도하였다. 이때부터, 의회록the Rolls of Parliament의 기록은 헨리를 "왕"으로 칭하고 있다.

헨리 4세1399~1413는 유능한 군인이자 성실하고 능력 있는 통치자였으나, 그의 즉위를 둘러싼 상황 때문에 그의 치세는 혼란으로 점철되지 않을 수 없었다. 그는 즉위할 때 북동부 영국의 지배자인 노덤버랜드백 헨리 퍼시Henry Percy가 주도하는 한 무리의 대제후들에게 크게 신세를 졌다. 이 제후들은 지원의 대가로 여러 가지 특혜와 특권을 기대하고 있었다. 그러나 이러한 보답이 만족스러울 만큼 빠르게 주어지지 않자, 그들은 또 다시 반란을 일으키려 하였다. 헨리가 왕위에 오르자마자, 한 무리의 제후들이 반란을 일으켜 리차드 2세를 복위시키려 하였던 것이다. 헨리는 즉각 리차드를 살해하였으나, 이로써 사태가 진정되지는 않았다. 그는 치세 내내 일련의 제후반란으로 시달렸다. 그 동안, 오래전부터 영국의 굴레에서 벗어나기를 갈망해오던 웨일즈인에게 오웬 글렌다우어Owen Glendower라는 지도자가 나타났다. 오웬은 웨일즈에서 반란의 기치를 올리고, 불만에 찬 제후들과 동맹을 맺었다. 반란은 실패하고 웨일즈인은 진압되었으나, 이 승리를 위해 헨리는 그의 제한된 자원을 남김없이 써버려야 했다.

의회는 헨리가 어려움에 빠진 상황을 놓치지 않고 이용하였다. 의회는 그를 왕위에 올렸으므로, 그를 폐위시키고 왕관을 다른 사람에게 넘길 수도 있을 것이었다. 게다가, 연이은 반란으로 헨리는 돈이 쪼달렸으므로, 빈번하게 과세승인을 요청해야 했다. 헨리는 당연한 일로 의회가 에드워드 3세 때 획득한 과세와 입법에 대한 통제권을 인정하였다. 헨리는 또한 의회가 요구한—의회에서의 발언을 문제삼아 의원에게 어떠한 조치도 취할 수 없고, 회기 중과 회의에 오가는 중에 의원을 체포할 수 없다는—특권을 인정하지 않을 수 없었다면책특권과 불체포특권-역주. 끝으로, 헨리의 치세에 반포된 한 법령은 왕이나 각료회의가 일단 의회에서 통과된 법률의 문자와 어구를 바꾸는 것을 금지시켰다.

리차드 2세를 폐위시킨 법령은 1245년의 리용 회의에서 황제 프리드리히

2세를 탄핵할 때의 용어를 신중하게 모방하여 작성한 것이었다p. 434 참조. 그 밑에 깔린 관념은 유럽의 전체회의가 황제를 폐위시킬 수 있었다면, 한 나라의 대의체 역시 왕을 폐위시킬 수 있는 것이 당연하다는 생각이었던 것으로 보인다. 이제 영국에서는 새로운 선례가 확립되었다. 인민의 대의체가 합법적인 왕위계승자가 아닌 사람을 왕으로 택했던 것이다. 이는 15세기에 복잡한 내란—장미전쟁the Wars of Roses—을 야기하게 되었다pp. 679~686 참조-역주.

70. 발로아 왕조의 프랑스

필립 4세1285~1314 치하의 프랑스 정부는 여러 측면에서 에드워드 1세1272~1307 치하의 영국 정부와 비슷하였다. 필립은 에드워드의 것과 매우 흡사한 왕실 각료회의를 지니고 있었다. 그의 회계청chambre des comptes은 영국의 재무청exchequer과, 고등법원parlement은 영국의 세 중앙 법정과 같은 기능을 수행하였다. 삼부회는 영국 의회와 똑같은 기본적인 요소를 지니고 있었고, 왕에 의해 거의 같은 방식으로 이용되었다. 필립의 대관bailli과 지사seneschal는 에드워드의 주장관과 별다를 게 없었다. 두 왕 모두 봉건적·장원적 공조貢租와 일반 과세 양쪽에서 수입을 끌어내었다. 둘 다 봉건군대를 이용하였으나, 대개 그 기사들에게 보수를 지급하였다. 그러나 두 나라 사이에는 몇 가지 중요한 차이점이 있었다. 프랑스의 관료기구는 영국의 그것보다 훨씬 더 방대하였으나 프랑스는 영국과 달리 통합이 이루어져 있지 못했다. 왕의 정부는 왕령지만을 다스렸고 제후들의 영지에 대해서는 거의 통제를 하지 못하였다. 게다가 왕령지 안에서도 지방마다 관습과 이해관계가 달랐고 편협한 지방주의가 강성하였다. 필립의 아들들은 떼어 받은 많은 왕령지에 대한 특허장을 받아내서의 독립적인 통치권을 행사하였다. 프랑스왕은 그의 전 왕국은 고사하고 그의 왕령지마저도 통합·지배하지 못하고 있었던 것이다.

이러한 차이점들은 필립 6세1328~1350의 프랑스와 에드워드 3세1327~1377의 영국을 비교하는 경우 더욱 분명해진다. 프랑스의 관료기구는 놀라운 속도로 팽창하여 비대해졌다. 예컨대, 1340년에 파리 고등법원은 영국 중앙 법정의 판사 수 12명에 비해 167명의 판사로 이루어져 있었다. 게다가 편협한 지방주의는 더욱 심각해졌다. 삼부회는 대개 전 프랑스가 아니라 랑그도일Languedoil: langue d'oil—오일어—에서 비롯된 지명. p. 515 참조-역주이라고 불리는 프랑스 북부만을 대표하였고, 남부 지방은 따로 랑그독Languedoc 신분회의estates로 대표되었다. 게다가 각 지방별로도 신분회의가 있었다. 왕은 돈이 필요한 경우 그때그때 그의 판단에 따라 삼부회나 랑그독 신분회의 또는 지방 신분회의로부터 돈을 끌어내려 하였다. 종종 왕은 여러 지방과 개별적으로 일련의 협상을 벌이곤 하였다. 제후들의 영지에 대해서도 똑같은 절차가 사용되었다. 제후들은 그들의 영지에서 세금을 걷을 수 있도록 허용해 달라는 요청을 받았으며, 협력의 대가로 대개 걷힌 세금 가운데—종종 1/3에 달하는—일부를 받았다. 요컨대, 영국 의회가 에드워드 3세에 대한 적극적인 협력을 통해 영국 정부의 불가결한 일부로 되고 있던 시기에, 삼부회는 프랑스왕이 돈이 필요한 경우 협의할 수 있는 여러 기관 가운데 하나에 지나지 않았다.

왕령지로부터 나오는 필립 6세의 정규 수입은 평화시의 행정비용을 겨우 충족시킬 정도였다. 왕은 전쟁을 치르려 할 때마다 추가 자금을 마련해야 했다. 프랑스 정부가 주로 의존하였던 세금 형태는 판매세sales tax였다. 판매세의 세율은 시기에 따라 지방에 따라 달랐다. 그러다가 1343년에는 소금세gabelle; salt tax가 신설되었다. 이 세제에서 왕의 정부는 소금 판매를 독점하고 그 이익금을 세금으로 차지하였다. 소금세는 처음에는 몇몇 지방에 국한된 일시적인 세금으로 도입되었으나, 곧 왕이 과세승인을 얻어낼 때마다 과세대상 지역이 확대되어 프랑스 전역으로 확산되었다. 끝으로, 주민세hearth tax가 있었는데, 이는 처음에는 호별세fouage로 불리다가 뒤에는 인두세taille로 불리었다. 이러한 여러 가지 세금을 빈번하게 징수하였음에도 정부는 전비를 충당할 만큼 돈을 거두지는 못하였고, 이에 온갖 종류의 특별한 방법을 써야 했다. 가장 간단한 방법은 돈을 빌리는 것이었고, 정부는 실지로 막대한 액수를 빌리곤 하였다. 프랑스의 경제에 훨씬 더 심각한 영향을 끼친 것은 화폐의 질을 변경시키는 방법이었다. 이 방법은 교묘하면서 또한 매력적이었다. 화폐의 질을 낮추면, 왕은 채무를 낮은 가치의 화폐로 갚을 수 있었다. 그리고 왕은 세금을 걷을 무렵이면 화폐를 개혁하여 질 좋은 화폐로 수입을 올리곤 하였다. 1337년과 1350년 사이에 화폐는

24번이나 바뀌었다. 이런 식으로 정부가 실제 얼마나 많은 수익을 올렸는지 명확하게 알 수는 없겠지만, 그로 말미암아 프랑스에 해로운 영향이 끼쳤음은 의심할 여지가 없다. 상인이 계약을 맺을 경우, 그는 어떤 종류의 화폐로 대금이 결제될 것인지 확신할 수 없었던 것이다.

필립 6세의 치세 내내, 그리고 선량왕 장1350~1364의 치세 초반에 걸쳐 부르주아지는 점점 더 불만을 품게 되었다. 판매세는 그들에게 큰 부담이 되었고, 또 왕은 그들로부터 대부분의 빚돈을 끌어대었다. 그들은 또한 빈번한 화폐 변경으로 심각한 피해를 입었고, 바로 그것이 그들의 주된 불만 요소였을 것이다. 프랑스군이 연이어 패하자, 부르주아지는 전비를 대는 데 대해 점점 더 불만을 품게 되었다. 그들은 주민세를 완전히 면제받는 귀족들이 자기들이 대주는 돈으로 전쟁을 하면서도 매번 지기만 한다고 느꼈다. 이러한 불만은 쁘와띠에 전투로 절정에 달하였다. 왕은 너무나 무능하게 전투를 지휘하였고, 인민에 대한 의무는 완전히 무시한 채 자기의 기사도적 이상에만 매달려 승리할 희망이 완전히 사라진 뒤에도 싸움터에 남아 있었다. 왕은 생포되었고, 그의 몸값으로 막대한 돈이 필요할 것이었다. 귀족들은 기사로서의 용맹조차 보여주지 못했다. 오를레앙공 휘하의 두 번째 부대는 싸우지도 않고 도망쳐 버렸던 것이다. 도시의 선량한 주민들, 특히 파리 시민들은 극도로 분개하였다. 게다가 그들에겐 파리의 상인조합장provost of the merchants인 에띠엔느 마르셀Etienne Marcel이라는 지도자가 있었다. 상인조합장직은 세느강 오른쪽 기슭에 자리잡은 상인 거주지의 시장격이었고, 고등사법권을 제외한 모든 통치권을 지닌 강력한 직책이었다. 에띠엔느 마르셀은 왕 정부의 관리를 많이 배출한 파리의 부유한 상인 가문 출신이었다. 마르셀은 부르주아지뿐만 아니라 하층계급의 곤궁에도 진정으로 동정했던 유능하고 성실한 인물이었다. 그의 큰 약점은 동맹자를 택하는 데 있어서 판단력이 부족했다는 것이었다.

태자 샤를르는 군대에 보수를 지급하고 부왕의 몸값을 모으기 위해 돈이 급박하게 필요하게 되자, 쁘와띠에 전투가 있은 직후 삼부회를 소집하지 않을 수 없었다. 마르셀을 비롯한 몇몇 지도자의 주도 아래 제3신분의 의원들은 정부에 대하여 조건을 내걸자고 주장하였다. 삼부회는 1파운드 당 8펜스의 판매세와 소금세를 승인해주는 대신, 세금을 걷어 군대에게 보수를 지급하는 관리의 임명권을 갖게 되었다. 더구나, 태자는 자금이 필요한 경우 삼부회에 자금제공을 요청하겠다고 약속하지 않을 수 없었다. 그러나 이것은 시작에 지나지 않았다. 1357년 2월에 삼부회가 다시 열렸을 때, 마르셀과 그의 동료들은 조직을 정비하여 전반적인 정부개혁 계획을 밀고 나가기로 결정하였다. 그들은 우선 정부의 고위관리 22명에 대한 면직을 요구하였다. 다음에 그들은 삼부회가—필요하다면, 1년에 한번 이상—자주 열려야 한다고 주장하였다. 휴전이나 평화조약과 같은 중요한 정치적 사안은 반드시 삼부회의 동의를 받아야 한다. 화폐의 변경 또한 삼부회의 인가를 받아야 한다. 정부의 지출은 크게 감축되어야 하며, 필립 4세 이래로 왕령지로부터 증여를 통해 떨어져 나간 영지는 다시 왕령지로 복귀되어야 한다. 이 왕령지 복귀 문제는 중산계급에게 매우 중요한 것이었다. 왕령지는 왕의 통상적인 수입원이었고, 왕이 귀족들에게 왕령지를 증여하여 그 크기를 축소시키는 것은 그릇된 일이었다.

마르셀과 그의 친구들은 삼부회에서 한 가지 커다란 실수를 저질렀다. 그들은 나바르왕 겸 에브르외백인 사악왕 샤를르의 석방을 요구했던 것이다. 샤를르는 분명 쟝왕 측의 자의적인 행동으로 희생을 당한 것이었고, 마르셀은 왕의 적은 개혁가들의 동맹자가 되리라는 생각과 함께 진정으로 샤를르에게 동정을 하였을 수도 있다. 그러나 샤를르는 일 드 프랑스와 노르망디의 경계를 따라 많은 영지와 성을 가지고 있었기 때문에, 파리 지역에서는 강력한 인물이었다. 게다가, 그는 욕심 많고, 야심적이며, 당시 귀족의 모든 편견과 믿음을 극단적으로 지니고 있었다. 그는 석방되자마자, 태자에게 싸움을 걸어 전반적인 혼란을 더욱 증대시켰다. 한편, 파리 시민들은 점점 더 동요하였다. 문서상의 개혁은 그럴듯하였으나, 시민들은 모종의 확실한 행동을 원했고, 서서히 마르셀을 공공연한 무력 반란으로 몰고 갔다. 어느 날 마르셀을 앞장세운 한 무리의 폭도가 태자의 저택으로 침입하여 태자의 눈앞에서 두 명의 정부 고위 관리를 살해하였다. 태자는 그때까지도 반도들과의 타협을 기대하였으나, 이 습격으로 그는 파리를 떠났다. 사악왕 샤를르는 파리를 점령하려 했으나, 마르셀은 그를 불신하기 시작하여 그의 군대가 입성하는 것을 거부하였다. 이로 말미암아 기묘한 상황이 벌어졌다. 파리 시민군이 성벽을 지키고 있는 동안, 사악왕 샤를르와 태자가 서로 다른 방면에서 파리를 포위하였던 것이다. 이로써 파리는 서로 극히 적대적인 두 군대에 의해 포위되었다.

전쟁으로 고통당한 계급은 부르주아지뿐만이 아니었다. 농민들은 그들의 밭이 황폐해지고 그들의 집이 불타 쓰러지는 것을 보아야 했다. 또 왕 정부는 그들에게 무거운 세금을 부과하였다. 게다가 그들은 영주가 생포된 경우 그의 몸값을 거두어야 했다. 그 당시 영국인은 돈을 마련하는 매우 편리한 방법을 찾아내고 있었다. 그들은 성을 함락하고는, 그 성을 원래 주인에게 높은 값을 받고 되팔아 넘기곤 하였다. 귀족으로서는 성을 처음부터 힘겹게 방어하기 보다는 성을 되사기 위한 돈을 농민들로부터 거두어들이는 것이 훨씬 쉽게 여겨졌다. 전쟁은 물론 특히 방비가 잘 안되어 있던 지역의 주민들에게 가장 큰 피해를 입혔으며, 그 가운데에서도 영국의 교두보인 칼레 주변의 북부 지역 주민들이 가장 심각한 고통을 당하였다. 그리하여 1358년에는 보베Beauvais 주변 지역에서 광포한 농민반란이 일어나 이웃 지역으로 급속히 확산되었다. 농민들은 귀족들의 성을 장악하고, 귀족과 그 가족들을 살해하였다. 사실, 얼마나 많은 귀족이 살해당했는지는 알 수 없다. 연대기 작가들은 성의 함락과 뒤이은 흉포한 행위들에 대해 말하고 있지만, 믿을 만한 자료를 토대로 서술한 경우는 얼마 되지 않는다.

마르셀은 농민반란의 소식을 듣고, 사자를 보내어 농민들과의 동맹을 추구하였다. 이는 또 하나의 판단 잘못이었는바, 마르셀은 지원을 받으려는 기대와 함께 농민들에 대한 진심어린 동정으로 이런 조치를 취했겠지만, 농민들과의 협상이 귀족과 부르주아지 양측 모두를 적으로 돌리리라는 것은 깨닫지 못했던 것이다. 농민들은 즉각 파리 근처로 대군을 파견하였다. 군대이기보다는 폭도라고 할 농민군은 태자비를 비롯한 많은 귀부인들이 살고 있던 모Meaux 시를 공격하여, 그녀들과 얼마 안 되는 호위병들을 시장터로 몰아붙여 포위하였다. 그 때 유명한 가스코뉴의 장수인 부흐의 대장 쟝 드 그라이이John de Grailly가 프로이센 원정을 마치고 귀환하는 도중에 그 광경을 보았다. 쟝은 귀부인들을 구출하고 보이는 족족 농민들을 학살하였다p. 436, pp. 570~571 참조. 한편, 사악왕 샤를르와 태자는 그들 계급의 수호를 위해 뜻을 합쳐, 반란군을 공격하였다. 농민들은 군인들의 상대가 될 수 없었고 곧 분쇄당하였다. 당시의 연대기들에 따르면, 2만명가량의 농민이 분개한 제후들의 손으로 살육당하였다고 한다. 이는 아마 과장이겠지만, 반란이 야만스럽게 진압되었음은 분명하다. 마르셀은 농민과 유대를 맺음으로써 파리 시민들의 보수적인 성향을 크게 일깨웠다. 어느 날 밤, 마르셀은 성벽의 초소를 순시하던 중에 살해당하였고, 파리는 태자에게 넘어갔다.

에띠엔느 마르셀과 그의 지지자들은 삼부회를 프랑스 정부의 불가결한 일부로 만들려는 최초이자 마지막의 진지한 시도를 하였다. 그들이 얼마 안가 실패한 것은 마르셀이 파리의 추종자들을 통제하지 못한 데 크게 기인한 것이었지만, 그렇지 않았더라도 그들의 노력이 어떤 항구적인 성과를 낳았을 가능성은 희박하다. 왜냐하면, 우선 삼부회는 랑그도일 지역만을 대표하고 있었다. 그리고 프랑스에서 정치적·군사적으로 지배적인 세력을 장악하고 있던 귀족들은 개혁 계획에 거의 또는 아예 관심이 없었다. 사실, 개혁 계획의 일부는 바로 귀족을 겨냥하고 있었던 것이다. 개혁 계획은 기본적으로 제3신분에 의한 움직임이었으나, 제3신분은 삼부회에서 가장 세력이 약하였다. 끝으로, 마르셀은 혼란기를 틈타 개혁의 기회를 잡을 수 있었으나, 유능하고 강력한 군주인 샤를르 5세가 즉위함으로써 혼란기는 끝을 맺었다. 샤를르가 삼부회에게 왕권을 제한하는 것으로 여겨지던 권한을 계속 용인해 주었을 가능성은 극히 희박하다.

샤를르 5세1364~1380는 유능한 장수들을 기용하여 영국인에게 빼앗겼던 땅을 되찾은 것과 마찬가지로, 유능한 중산계급 출신을 정부관리로 임명하였다. 프랑스는 전반적으로 국가의 질서를 유지하고 전쟁을 성공적으로 수행하는 강력한 정부에 만족하여, 거의 모두가 왕의 권위를 인정하게 되었다. 샤를르는 여러 가지 방법으로 왕권을 강화하였다. 오랜 전쟁으로 자치운동이 가장 활발하였던 북부 프랑스의 대도시들은 큰 타격을 입었고, 많은 도시가 파산 직전에 있었다. 샤를르는 도시들의 어려운 처지를 틈타 시 자치정부를 제압하고는, 도시에 대하여 왕권을 더욱 직접적으로 행사하였다. 샤를르는 또한 정기적이고 반영구적인 과세권을 획득하였다. 그의 전 치세가 영국군 및 약탈자로 변한 용병대들과의 전쟁으로 점철되었으므로, 그는 언제나 돈에 쪼들렸다. 그는 삼부회를 설득하여 징세기간이 규정되지 않은 세금의 부과를 승인케 하였다. 이로써 그는 삼부회에게 승인을 일일이 요청하지 않고서도 세금을 계속 거두어들일 수 있게 되었다. 샤를르는 분명 이 정책이 온당치 못하다고 느껴 죽는 마당에 아들에게 이 정책의 중지를 요청하였으나, 그에 의해 프랑스는 왕의 뜻에 의한 정기적인 과세에 익숙케 되었다.

1380년에 샤를르 5세가 죽은 뒤, 프랑스의 정치 상황은 극도의 혼란에 빠졌다. 다음 왕인 샤를르 6세1380~1422는 미성년자였으므로, 한 무리의 왕족들—앙주공 루이, 베리공 장, 부르군디공 필립, 그리고 부르봉공 루이—이 섭정을 하였다. 이 왕족들은 각각 자기의 권력 증대에만 관심을 쏟았으므로, 끊임없이 서로 다투었다. 앙주의 루이가 1384년에 죽자, 부르군디의 필립이 실권을 장악하여, 젊은 왕이 그의 후견에 싫증을 내 친정을 시작할 때까지 프랑스를 다스렸다. 친정을 시작한 샤를르는 왕족들이 쫓아낸 부왕의 관리들을 복직시키고, 동생인 오를레앙공에게 막대한 영지와 여러 관직을 선사하였다. 이제 프랑스의 왕가는 오를레앙가와 부르군디가로 분열되어, 한 세대 이상 지속될 대규모 내분이 벌어지기 시작하였다.

영국의 경우, 1399년의 커다란 정치적 위기는 리차드 2세가 절대 군주로서 통치하려 했기 때문에 야기된 것이었다. 그러나 프랑스의 당파싸움은 정반대의 이유 때문에 시작되었다. 1392년에 샤를르 6세가 미쳐버려 전혀 통치할 수 없게 되었던 것이다. 이에 부르군디공이 섭정이 되었다. 이때로부터 1422년에 세상을 뜰 때까지, 잠깐씩 제정신이 돌아올 때에는 샤를르가 어느 정도 왕의 책무를 수행하였으나, 실질적으로는 그의 동생인 오를레앙공의 조언을 그대로 따랐다. 따라서 샤를르가 미쳐 있을 때는 부르군디공이, 제 정신이 돌아올 때는 오를레앙공이 실권을 행사하는 상황이 벌어졌다. 두말할 나위도 없이, 이 두 왕자가 권력투쟁을 하는 동안 정부는 끊임없는 혼란에 빠져버렸고, 베리공과 부르봉공은 둘 사이를 중재하려고 여러 모로 애썼지만 효과가 없었다. 오를레앙공과 부르군디공은 각각 집권기를 이용하여, 가령 자기의 영지를 세금에서 면제시킨다든지 하는 방법으로 실속을 차렸다. 일상적인 행정업무는 언제나처럼 직업 관료들에 의해 수행되었으나, 꼭대기에서는 모든 것이 혼란에 빠졌다.

1404년에 부르군디의 필립이 죽고, 그 뒤를 유능하고 야심만만하며 완전히 무자비한 그의 아들 장이 이었다. 장 공은 곧 경쟁자를 제거하기로 마음먹었다. 1407년의 어느 날 저녁 오를레앙의 루이는 파리의 거리를 지나 집으로 돌아가는 도중에 부르군디공이 고용한 패거리에게 습격당해 살해되었다. 이 폭력행위로 프랑스는 양분되었다. 새로운 오를레앙공 샤를르와 그의 장인인 아르마냑백은 부르군디 공의 철천지원수가 되었다. 쟝 공은 오히려 그의 범죄를 자랑하면서, 프랑스를 위해 위험한 폭군을 제거했을 뿐이라고 주장하였다. 그는 가엾은 미친 왕과 그의 가족 그리고 조정으로 하여금 폭군 살해의 정당함에 관하여 자기 파의 한 사제가 행한 긴 설교를 듣도록 강요하였다. 대체로 귀족들은 오를레앙파를 지지하였고, 도시들 특히 파리는 부르군디파를 옹호하였다.

이 시기에 대의체를 통하여 프랑스의 내분을 종식시키려는 시도는 1413년 삼부회가 파리에서 소집되었을 때 단 한번 있었다. 부르군디 공은 파리를 실질적으로 장악하고 있었으나, 태자인 샤를르는 아르마냑파(즉, 오를레앙파)를 편들고 있었다. 삼부회는 재정위기의 타개를 위해 소집되었으나, 그 지도자들은 정부기구의 개편을 요구하고, 포괄적인 개혁 계획을 작성하였다. 바로 이때 파리의 폭도가 개입하였다. 시몽 까보슈Simon Caboche라는 사람의 지도 아래, 군중은 폭도화하여 아르마냑파의 지도자들을 연이어 공격했고, 태자의 몇몇 충복을 암살하였다. 그들은 또한 이미 작성된 정부개혁 계획의 실행도 요구하였다. 이에 까보슈 조례the Cabochian Ordinance라 불리는 문서에서 개혁이 공표되었다.

이 문서는 극히 흥미롭다. 그 작성자들은 정부가 왕의 관료들에 의해 운영되어야 한다는 것을 당연한 일로 인정하였다. 그들은 이들 관료가, 왕이 왕령지로부터 너무 많은 토지를 양여하는 등 왕권에 해가 되는 일을 하는 경우, 왕을 규제할 수 있다고 생각하였으나, 정부 통제권을 어떤 다른 기구에 부여한다는 생각은 하지 못했다. 그들의 관심은 그 정부를 성실하고 효율적으로 만드는 데 있을 뿐이었다. 이를 위해 그들은 모든 중요한 결정이 한 사람이 아니라 위원회나 회의에 의해 이루어지도록 하였다. 실로 모든 관리에겐 자문위원회가 딸리게 되어 있었다. 이 위원회의 위원들은 관리들과 마찬가지로 정부의 유서 깊은 관료기구인 고등법원과 회계청에 의해 선출되도록 규정되었다. 물론 이는 전혀 비현실적인 계획으로서 다행히 그것을 실현하려는 시도는 한 번도 이루어지지 못했으나, 프랑스의 정치관념과 영국의 정치관념이 얼마나 크게 달라졌는가를 잘 보여준다.

그뒤, 1413년에 아르마냑파는 부르군디파를 파리에서 축출하였고, 1414년 내내 두 당파 사이의 내란이 계속되었다. 영국의 헨리 5세가 다시 공격을 해온

1415년에 프랑스는 절망적인 내분상태에 있는 듯했다.

71. 교황청 : 중앙집권화와 교회의 분열

클레멘트 5세가p. 543 참조 선출된 이후 72년 동안 교황청은 아비뇽에 머물러 있었다. 교황들은 적절한 시기에 로마로 되돌아가겠다는 뜻을 번번이 표명하였으나, 중부 이탈리아는 계속 혼란 상태에 있었고, 적절한 시기는 결코 올 것 같지 않았다. 1330년대에 교황들은 지금도 론강 연안에 서 있는 거대한 궁전을 짓기 시작하였고, 많은 추기경들이 론강의 프랑스 쪽 연안에 있는 비유뇌브 Villeneuve시 교외에 호화로운 집을 지었다.

시인 페트라르카Petrarch는p. 629 참조-역주 교황들의 역사에서 이 시대를 교황들이 프랑스 왕의 포로로 유폐되어 있었다는 뜻에서 교황의 "바빌론 유수Babylonian Captivity"라고 칭하였다. 그 당시 많은 사람들이 그러했듯이, 페트라르카도 교황청의 사치와 세속화를 통렬하게 매도하여, 아비뇽을 "세계의 하수구"라고 멋지게 묘사하였다. 그러나 페트라르카는 교황청에서 출세에 실패한 인물이었다. 그는 자기의 문학적 재능에 걸맞게 주교구를 하사받으리라고 기대하였으나, 교황청의 하찮은 서기직을 제안받았을 뿐이었고, 그는 화가 나서 이를 거부하였던 것이다. 사실, 당대인들이 아비뇽의 교황들에 대해 퍼부은 원색적인 비난들은 대부분 사실이 아닌 듯하다. 교황들은 모두 프랑스인이긴 하였지만, 클레멘트 5세 이후로는 독자적인 외교 정책을 추구하려 애썼다. 그들은 성인은 아니었으나, 유능하고 상당히 강직한 행정가였다. 단지 곤란했던 점은, 그들이 교황청을 행정기구 이상의 것으로는 생각하지 못했다는 것이었다.

14세기 초의 패배와 세속주의 철학자 및 신비주의 신학자들의 강도 높은 비판에도 불구하고 교황은 중세세계의 주요 세력으로 남아 있었다. 하지만 교황은 공격이 아니라 방어에 매달리지 않을 수 없었다. 프랑스의 단려왕 필립 4세와의 충돌은 교황이 더 이상 이노센트 3세처럼 세속 군주에게 명령할 수는 없게 되었음을 분명하게 드러내주었다. 교황들은 그 대신 교회의 영역 내에 관심을 집중하여 더욱 효율적인 통치기구 및 조세제도를 정비하려 했다.

아비뇽 교황들의 치하에서 교황의 관료기구는 중세 세계에서 가장 정교한 통치기구가 되었다. 맨 꼭대기에는 교황이 추기경단을 거느리고 있었다. 추기경단은 교회의 최고 사법 · 행정 · 입법 기관이었다(1309년에서 1408년 사이에는 공회의가 한 번도 소집되지 않았다). 이론상으로는 교황만이 교회의 최고 절대권자였으나, 사실상 교황은 교회 행정기구의 감독을 추기경들에게 맡기고 있었고, 이 당시 추기경들은 그들의 특권을 수호하는 데 매우 열성을 보이고 있었다. 이는 특히 1352년에 작성된 선출 조건각서the Election Capitulations라는 합의문서에서 분명하게 드러났다. 새로운 교황을 선출하기 전에, 각 추기경이 자기가 선출되는 경우 추기경단이 주장하는 특권들을 모두 존중하겠다는 서약을 추기경단에 하였다. 승인 없이는 어떤 추기경도 임명하거나 면직시키지 않으며, 추기경들에게 교황청 수입의 반을 주고, 교황청의 고위 관리를 임명할 때에는 반드시 추기경단의 승인을 받는다는 것도 그 내용이었다. 이때 실제로 선출된 교황 이노센트 6세1352~1362는 그 협정이 교회법에 위배되므로 무효라고 선언하였지만, 이후의 교황선출에서도 종종 비슷한 "선출 조건각서"가 작성되곤 하였다.

교황 및 추기경단 밑에는 교회 정부의 주요 네 부서가 있었다. 교황청 최고법원Roman rota은 일상적인 사법 업무를 수행하였다. 문서국chancery은 7개 부서로 나뉘어 막대한 양의 교황 서한을 작성 · 기록하였다. 그 서한은 대부분 청원자에게 회신하거나 소송 절차의 개시를 명하는 양식화된 서한으로 이루어져 있었다. 내사원papal penitentiary은 (예컨대, 결혼의 경우에서와 같은) 특면과 교황의 파문령 또는 성사금지령의 해제 등을 감독하였다. 무엇보다도 중요한 부서는 재정을 맡은 재무국papal chamber으로서, 그 최고 관리인 재무관chamberlain; camerarius은 교황청의 관료들 가운데 가장 강력한 입장에 있었다. 그는 1명의 회계관treasurer과 고도로 훈련된 서기들의 보좌를 받았다. 그들은 교황청의 모든 수입원을 세심하게 기록하여 보존했고, 지방 징수관들의 회계보고서를 감사하였다. 14세기 이전에는 이 지방 징수관이 대개 해당 지방의 고위성직자이거나 특수한 부과금을 걷기 위해 파견된 교황 사절이었으나, 뒤에는 상임 징수관이 임명되어 담당지역에서 모든 종류의 수입을 거두었다.

아비뇽 교황들은, 로마에서 떠나 있던 관계로 교황령으로부터의 수입을 거의 전부 포기할 수밖에 없었던 반면, 중부 이탈리아에서 빈번한 전쟁으로 지출은 엄청나게 컸으므로, 새로운 수입원을 찾아야 했다. 그들은 기독교 세계 전역으로부터 교황의 수입을 크게 늘리는 데는 성공하였으나, 이를 위해 그들이 쓴 방법은 격렬한 비판을 불러일으켰다. 예컨대, 면죄부indulgence의 판매는 수지맞는 장사였다. 교회의 교리에 따르면, 진정으로 참회하여 고해를 통해 용서를 받은 죄인은 지옥의 고통으로부터 구원을 받긴 하지만, 그의 영혼에는 오점이 남아 있어, 연옥에서 머물거나 하나님을 기쁘게 해드리는 행위—즉, 속죄의 고행—를 해야만 그 오점을 지울 수 있었다. 속죄의 고행은 기도, 단식, 순례여행을 비롯하여 아주 다양한 형태를 취할 수 있었다. 죄인이 연옥에 머물러야 하는 기간은 혹독한 고행을 할수록 크게 단축되었다. 고해자는, 고행을 하는 대신 자선기금을 내는 따위의 경건한 행위를 하도록 허용되는 경우, 면죄부를 받았다(당시의 공인된 교리에 따르면, 교황은 면죄부를 발행할 때 지난날의 성인 및 순교자들이 축적해 놓은 "선업의 보고"에 의지하는 것이었다). 완전 면죄plenary indulgence는 진정으로 참회하고 고해한 죄인의 연옥 생활을 완전히 면제하는 것이었다. 14세기에는 그러한 면죄부가 더욱 자주 발행되면서, 더욱 공공연하게 헌금을 받고 판매되었다. 교황의 "사면관pardoner"들은 유럽 전역을 돌아다니며 면죄부를 팔았는데, 중세 말의 풍자가들에게 이 면죄부 행상꾼들은 좋은 표적이 되었다.

면죄부보다 훨씬 더 중요한 수입원은 아비뇽 교황들의 치하에서 구축된 거창한 규모의 성직임명 체계였다. 이는 이론상 교황이 기독교 세계의 어떠한 성직도 임명할 수 있는 권리를 지닌다는 원칙에 입각한 것이었다. 이 원칙은 1265년에 클레멘트 4세에 의해 처음으로 선언되었다. 클레멘트 4세는 이를 마치 이미 확정된 교리인 것처럼 제시하였다. 사실상 이는 상당한 혁신이었으나, 클레멘트가 실질적으로 주장한 것은 교황청을 방문하는 도중에 죽은 성직자의 경우에 제한한 임명권뿐이었고, 이런 특별한 경우에서의 교황의 성직 임명권은 이미 공공연한 관례가 되어 있었다. 그리하여 새로운 원칙은 반발을 일으키지 않았고, 아비뇽 교황들은 이 원칙을 거의 무한하게 확대 적용시킬 수 있었다. 교황들은 점점 더 많은 부류의 성직을 교황의 권한에 "속하는" 것으로 규정해 나아갔다. 즉 그런 성직에는 교황이 "지명"하는 자만이 임명될 수 있었다. 이 원칙은 예컨대 모든 주교직과 수도원장직, 교황이 면직하거나 다른 자리로 이

동시킴으로써 공위가 되는 모든 성직, 그리고 추기경이나 교황청 관리의 죽음으로 공위가 되는 모든 성직으로 확대되었다.

교황의 관점에서 이러한 임명 체제의 중요성은 교황의 지명으로 직책을 얻은 모든 성직자가 교황청에 무거운 세금을 납부해야 했으므로 교황의 수입이 크게 증대된다는 데 있었다. 세속 통치자들이 그러한 임명 체제의 성장을 용인하였음은 놀라운 일로 보일 것이나, 중요한 점은 교황들이 세속 통치자들의 성직 임명권을 침해하지 않도록 세심한 주의를 기울였다는 사실이다. 교황들이 임명권을 주장한 성직들은 대개 성당 참사회원이나 주교 또는 수도원과 같은 교회단체가 임명권을 지녀온 직책들이었던 것이다. 그럼에도 불구하고 영국에서는 교황의 주장에 대해 강력한 반발이 일어났는데, 이는 성직 임명권 조례the Statute of Provisors; 1351년와 교황 존신죄 조례the Statute of Praemunire; 1353년로 나타났다. 전자는 영국에서 교황의 성직 임명을 전면 금지한 것이었고, 후자는 교황청에의 제소를 모두 금지한 것이었다. 그러나 이 두 조례는 결코 실행되지 못했고, 실행하려는 시도도 전혀 없었다. 그 둘은 왕과 교황의 투쟁에서 왕의 입장을 강화시키기 위한 것일 뿐이었다. 사실상 영국과 그 밖의 나라에서 교황은 왕들에게 성직임명 체제에서 얻는 수입을 나누어 줌으로써 그들을 무마할 수 있었다. 왕들은 자기 나라에서 징수되는 모든 교황의 세금 가운데 상당 부분을 제공받았다. 왕이 실질적으로 주교를 임명해 오던 곳에서는 왕들이 교황에게 자동적으로 승인을 받을 만한 인물을 추천함으로써 여전히 실질적인 임명권을 행사하였다.

교황의 성직임명 체제는 교황이 세속 권력자들보다 성직에 더 적격인 자를 임명한다는 근거로 변호되었다. 사실 대학들은 정기적으로 교황청에 학자들의 명단을 제출하였고, 그 결과 많은 대학 졸업자들이 교황에 의해 성직에 임명되었다. 그러나, 이 체제를 이용하여 교회의 목회업무를 개선하려는 진지한 시도는 전혀 없었다. 그것은 기본적으로 수입증대의 방편에 지나지 않았다. 이 체제의 가장 나쁜 측면은 여러 직책의 동시 겸임pluralism과 그에 따른 성직대리제absenteeism의 대두를 야기한 데 있었다. 교황은 추기경들과 교황청 관리들에게 유럽 전역에 산재된 여러 성직을 부여함으로써 보수를 지급하였다. 이러한 성직에 따르는 의무는 대개 보수가 낮은 대리들에 의해 수행되었다. 예컨대, 한 추기경이 5~6개 도시의 주교를 겸하면서, 한 번도 그 도시들에 발을 들여놓지 않을 수 있었다. 왕들 또한 그러한 체제의 유용성을 알아차렸다. 그들은 모두 성직자 출신 관리들을 거느리고 있었는데, 그들에게 보수를 지급하는 방법으로는 정기적으로 성직 후보자 명단을 아비뇽에 제출하여 교황에게 임명해줄 것을 요구하는 것이 아주 편리했던 것이다. 이런 경우에도 역시, 임명된 자는 대리를 통해 성직에 따르는 의무를 수행하였다. 중세 말의 교회가 지닌 주된 약점은 이러한 대리제의 확산이 관용됨으로써 교회의 목회활동이 약화된 데 있었다.

아비뇽 교황들이 구축한 중앙집중적인 행정체제는 1378년에 발발한 교회 대분열the Great Schism의 위기 속에서 붕괴되었다. 분열은 교황청에 적대적인 외부의 움직임에서가 아니라, 교황청 자체 내에서 자라난 내적 긴장으로부터 비롯된 것이었다. 이는 다음과 같은 과정을 통해 일어났다. 교황청은 여러 번 말로만 출발한다고 하다가 마침내 1377년에 아비뇽에서 로마로 복귀하였다. 교황 그레고리우스 11세1370~1378는 다음 해에 로마에서 죽었고, 곧 로마는 혼란에 빠졌다. 로마인들은 추기경단을 지배하고 있는 프랑스인 추기경들이 또 다시 프랑스인 교황을 선출하여, 다시 교황이 아비뇽으로 되돌아가지나 않을까 염려하였다. 이에 로마인들은 주변 농촌에서 몰려든 수천 명의 농민들과 합류하여 길거리를 가득 메워 행진하면서, "우리는 로마인을 원한다"거나 또는 "우리는 로마인을, 아니면 적어도 이탈리아인을 원한다"고 외쳐대었다. 추기경들은 4월 7일 저녁에 교황선출 회의에 들어갔다. 첫날밤에 교황선출에 관한 규정에 위배되게 로마 시민의 정치 지도자들이 추기경들의 회의장에 밀고 들어와 프랑스인을 선출하면 그들의 안전을 보장할 수 없다고 위협하였다. 4월 8일 이른 아침에 추기경들은 베드로 성당으로 가서 미사를 올렸다. 그들은 폭도들이 여전히 바깥에서 외치는 소리를 들을 수 있었다. 미사가 끝나자마자 추기경들은 바르톨로뮤 프리냐니Bartholomew Prignani라는 이탈리아인 고위성직자를 선출키로 결정하였다. 그가 선출을 수락하기 위해 바티칸으로 오기도 전에, 폭도들이 추기경들의 회의장소로 난입하였고, 겁에 질린 추기경들은 로마 전역으로 뿔뿔이 흩어져 도망쳤다. 추기경들이 사실은 이탈리아인을 선출했다는 소식이 전해지자, 로마시는 다시 진정되었다. 추기경들은 4월 9일에 바르톨로뮤 프리냐니를 만날 수 있었고, 그는 교황으로서의 선출을 수락하여 우르바누스 6세

Urban VI; 1378~1389라 칭하였다. 다음 주에는 굉장한 부활절 축제가 있었다. 추기경들은 모두 공적인 예배식에 빠짐없이 참가하여 그때마다 우르바누스를 교황으로 인정한다고 공언하였으며, 우르바누스는 부활절의 일요일에 교황의 관을 대관받았다.

바르톨로뮤 프리냐니는 로마 교회의 부상서vice-chancellor이자 바리Bari 대주교였다. 그는 교황청의 뛰어난 고위 관리였다. 그러나 그는 지배집단인 추기경단에 속하지는 않았다. 추기경들은 그에게 명령을 내리는 데 익숙해 있었고, 아마 그를 교황으로 선출한 뒤에도 그럴 수 있으리라고 기대하였던 듯하다. 만일 그랬다면, 그들은 큰 실수를 한 셈이었다. 새 교황의 성격은 선출된 직후 완전히 바뀐 것처럼 보였다. 그는 교황청을 철저하게 개혁하겠다고 선언하였다. 이는 물론 가치 있는 목표였으나, 우르바누스가 이를 위해 한 일은 추기경들에게 앞뒤 가리지 않고 공격을 퍼부은 것뿐이었다. 그는 그들을 되풀이하여 비난하고 탄핵하였다. 그는 추기경들을 거짓말쟁이, 머저리, 반역자로 부르기를 서슴지 않았다. 게다가 그는 프랑스인에 의한 추기경단 지배를 영원히 종식시키기에 충분한 숫자의 새 추기경을 이탈리아인으로 임명하겠다고 위협하였다.

1378년 여름, 추기경들은 로마의 무더위를 피해 고원 휴양도시인 아냐니Anagni로 갔다. 8월 2일, 그들은 4월 8일의 선출이 위협적인 상황 아래에서 이루어진 것이므로 무효이며, 따라서 우르바누스 6세는 교황직을 내놓아야 한다는 선언문을 공표하였다. 우르바누스가 이를 거절하자, 그들은 그를 찬탈자라고 탄핵하였다. 그 뒤 9월 20일에 추기경들은 두 번째 교황선출 회의를 열어, 프랑스인을 선출하였다. 클레멘트 7세로 자칭한 새 교황은 아비뇽으로 되돌아갔고, 우르바누스는 로마에 남았으며, 이에 유럽인은 두 파로 나뉘게 되었다. 프랑스와 스페인과 스코틀랜드는 클레멘트를, 영국과 독일과 스칸디나비아는 우르바누스를 지지하였다. 이탈리아의 대부분은 우르바누스를 지지하였으나, 나폴리와 시칠리아는 클레멘트를 택하였다. 거의 40년 동안, 교황은 두 계보로 이어졌다. 클레멘트 7세1378~1394는 아비뇽에서 베네딕트 13세1394~1417에 의해 계승되었다. 우르바누스 6세1378~1389의 뒤는 보니파키우스 9세1389~1404, 이노센트 7세1404~1406, 그리고 그레고리우스 12세1406~1415가 차례로 이었다.

요즘 사람은 상상력을 최대한으로 발휘해야만 대분열로 말미암은 서유럽 세계의 경악을 이해할 수 있을 것이다. 교황직은 교회의 행정수반에 그치는 자리가 아니었고, 또 그래서도 안 되었다. 사도 베드로의 계승자로서 교황은 어떤 의미로는 교회의 기초 그 자체였고, 기독교적 생활방식의 수호를 위해 선택된 자였다. 교황의 수중에는 천당과 지옥에의 상징적 열쇠인 묶고 푸는 두려운 권한이 쥐어져 있었다. 게다가, 두 교황이 서로 자기가 진정한 교황이라고 주장하였으므로, 각각 교황의 통제 아래 있는 모든 성직을 따로따로 임명하려 했다. 사람들은 누가 정당한 교황인지 몰랐을 뿐 아니라, 누가 어떤 주교구의 정당한 주교인지도 확신할 수 없었다. 이는 특히 전쟁이 벌어지고 있던 지역에서 심각하였다. 영국군이 프랑스의 한 주교구를 점령한 경우, 로마의 교황을 인정하는 주교가 아비뇽의 교황을 인정하는 주교를 몰아내고 주교구를 차지하곤 했다. 정치적 경계를 그대로 따라 두 교황에 대한 지지와 반대가 갈리진 않았지만, 그렇게 되려는 경향이 컸다. 프랑스의 우방들은 아비뇽의 교황을, 프랑스의 적들은 로마의 교황을 인정하는 경향이 있었던 것이다. 영국은 로마 쪽 교황의 가장 든든한 지지자 가운데 하나였고, 반면에 스코틀랜드는 그에 못지않게 열렬히 아비뇽의 교황을 지지하였다. 그리하여 교회와 함께 기독교 세계 자체가 분열되어 버렸다.

오늘날 역사가로서는 대분열 기간 동안 누가 정당한 교황이었는지 결정할 도리가 없다. 추기경들의 주장대로 1378년의 우르바누스 선출이 무효일 수도 있고, 추기경들이 입을 모아 거짓말을 한 것일 수도 있다. 또한 선출이 형식상으로는 정당하게 이루어졌으나, 우르바누스가 미친 사람이어서 교황으로는 부적격했을 수도 있다. 우르바누스는 분명 치세 초부터 이성을 잃은 과격한 행동을 하였다. 하지만 추기경들이 우르바누스에게 교황의 관을 씌운 직후에는 정확한 선출상황이 어떠했든 그의 선출을 기정사실로 용납하려 했음은 분명한 듯하다. 그들은 그가 그들의 입장에서 도저히 용납할 수 없는 교황임을 깨달은 뒤에야 그를 탄핵했던 것이다. 교회의 헌법은 이 난국을 타개할 명백한 절차를 규정해 놓고 있지 않았고, 아비뇽의 교황들은 처음에는 무력으로 문제를 해결하려 하였다. 프랑스군은 1382년과 1390년에 이탈리아를 침공하였으나, 두 번 다 전혀 성과를 거두지 못하였다.

1394년에 파리 대학은 양쪽 교황이 동시에 물러나는 것이 적절한 해결방법이라고 선언하였고, 이때부터 다른 쪽 교황이 물러나려 하는데도 양위를 거부하는 교황은 고의적으로 분열을 연장시키는, 따라서 ('하나의 신성한 가톨릭 교회'가 정통 신조이므로) 이단의 죄를 범하는 셈이 된다는 관념이 자라났다. 그러나 두 교황을 동시에 물러나게 하려는 시도는 어느 쪽도 물러날 의도를 전혀 갖고 있지 않았기 때문에 모조리 실패하였다. 그들은 서로 상대방을 속여 먼저 물러나게 한 다음 스스로 유일한 교황임을 주장하려고 했다. 1398년에 프랑스 정부와 교회는 베네딕트 13세의 간교한 술책에 분개하여 그에 대한 지지를 철회하였으나, 그렇다고 로마의 교황을 인정하지도 않았다. 베네딕트에 대한 프랑스의 지지는 1403년에 회복되었으나, 1408년에 다시 철회되었다. 그때, 영국과 독일 역시 로마의 그레고리우스 12세에게 넌더리를 내기 시작하고 있었다.

분열이 시작되었을 때부터, 공회의를 소집해서 분열을 해소하는 것이 이상적이라는 논의가 있긴 하였다. 그러나 문제는 교회법에 따르면 교황만이 공회의를 소집할 수 있다는 데 있었다. 결국 문제는 누가 진짜 교황이냐 하는 원래의 문제로 되돌아갔던 것이다. 일찍이 1381년에 파리 대학의 신학자인 겔른하우젠의 콘라트Conrad of Gelnhausen는 심각한 위기시에는 반드시 법을 곧이곧대로 따를 필요가 없다고 주장하였다. 더 근본적인 형평의 원칙이 앞서야 한다는 것이었다. 그는 공회의가 어떻게 해서든 열릴 수만 있다면 모든 현안을 해결할 수 있다고 결론지었다. 이 생각은 분열을 종식시키기 위한 모든 다른 수단이 실패로 돌아가자 점점 더 많은 지지를 받게 되었다. 마침내 1408년에 양측 추기경들 대다수가 두 교황 모두를 버리고 그들 스스로 주도하여 공회의를 소집하였다. 공회의는 1409년 피사Pisa에서 열렸다. 회의에는 많은 사람이 참석하여 즉각 양측 교황을 폐위시켰다. 그 절차는 영국에서 리차드 2세를 폐위시켰을 때의 절차와 비슷했다. 두 교황은 분열과 이단의 죄로 이미 교황이 될 권리를 상실하였다고 선언되었으며, 이를 재차 확정키 위해 공회의는 두 교황에 대한 폐위 선고문을 포고하였다. 다음에 양측의 추기경들은 함께 새 교황으로 알렉산더 5세를 선출하였다. 유감스럽게도 기존의 두 교황 모두 폐위 선고를 받아들이려 하지 않았고 여전히 강력한 지지자들을 거느리고 있었으므로, 피사 회의는 2명 대신 3명의 교황을 등장케 했을 뿐이었다.

72. 제국의 잔해

영국, 프랑스, 그리고 교황청을 다루면서, 우리는 세 군주체제가 1400년경에 해체될 위험에 처해있는 것을 살펴보았다. 중세 제국은 상당히 다른 양상을 보여준다. 그곳에서는 해체과정이 더 일찍 시작되어 더욱 큰 정도로 진척되었다. 그러나 15세기 초에는 제위도 비슷한 분열상을 겪게 된다. 1410년에, 3명의 교황이 분립하고 있었던 것과 마찬가지로, 3명의 독일 제후가 각기 진정한 황제임을 주장하고 있었던 것이다.

14세기와 15세기에, 제국은 실질적인 독립국가들의 느슨한 연합체로 전락하였다. 독일에는, 크기와 세력이 크게는 오스트리아 공국, 바이에른 공국, 작센 공국, 브란덴부르크 변경백국Margravate, 라인강의 팔라틴(팔쯔) 백국으로부터 작게는 소 자유도시 및 소 제국기사령들에 이르기까지 천차만별인 1,600여 개의 나라가 난립해 있었다. 이 가운데 어떤 나라도 잠시나마 다른 나라에 대해 패권을 행사할 만큼 강력하지 못했다. 황제는 어느 정도 실질적인 권위를 지니려면, 독일 바깥에 영지를 가지고 있어야 했다. 이 시기 내내, 황제권은 대개 보헤미아나 헝가리, 또는 그 양자의 소유를 토대로 한 것이었다. 옛 부르군드 왕국은 서서히 프랑스에 흡수되어 가고 있었다. 직계 카페 왕조 말기의 왕들은 리용과 그 주변 지역을 획득하였다. 부르군디 자유백령the Free County of Brugundy은 프랑스 제후들의 수중으로 들어갔다. 1343년에 비에느와Viennois의 태자 훔베르트 2세Humbert II는 그 중요한 나라를 왕위계승자를 위한 항구적인 왕자령으로 프랑스 왕가에 유증하였다. 프로방스는 선량한 르네Reńe the Good가 죽으면서 프랑스로 넘어갔다. 사보이Savoy 백들은 제국의 독립적인 봉신으로 남아 있긴 했으나, 프랑스의 영향력을 받게 되었다.

이탈리아에도 수많은 독립국가들이 난립해 있었다. 전 시기를 통해, 시칠리아 왕국은 1409년에 아라공왕에게 상속될 때까지 아라공 왕가의 방계에 의해 지배되었다. 나폴리 왕국은 1435년 조안나 2세Joanna II가 죽을 때까지 앙주공 샤를르의 후손들에게 통치되었다. 조안나가 죽기 전에, 앙주공 루이 3세는 나폴리를 차지하려 시도했고 그와 형제 사이인 선량한 르네도 역시 그러한 시도를 했으나, 둘 다 성공하지 못하였다. 결국은 아라공 및 시칠리아의 왕 알퐁소

5세1416~1458가 나폴리 왕국을 차지하였고, 르네에겐 공허한 나폴리왕의 칭호만 남겨졌다. 나폴리 북쪽에는 교황령이 있었다. 토스카나는 피렌체와 시에나로 나뉘어 있었다. 북쪽에는 베네치아, 제노바, 그리고 밀라노가 지배적인 세력들이었으나, 만토바Mantua, 페라라Ferrara, 그리고 모데나Modena 등 많은 중요한 도시국가들도 있었다. 이들 나라들의 정체는 매우 다양하였다. 베네치아와 제노바는 과두적 공정이었다. 밀라노는 이론상으로는 황제의 대리인이었으나 사실상 독립군주였던 비스콘티Visconti 공가公家와 스포르차Sforza 공가가 교대로 통치하였다. 피렌체는 이론상으로는 민주공화정이었으나, 15세기 초에는 상업과 금융업으로 유명한 가문인 메디치Medici 가의 지배를 받게 되었다. 메디치가 통치자들은 칭호를 갖지 않고 주로 정당 지도자로서 정권을 장악하였으나 그들의 권위는 확고하였다. 페라라는 전 시기에 걸쳐 한 세습적인 공가의 수중에 있었다. 이들 나라들은 모두 자기 세력권을 넓히려고 서로 전쟁을 벌였다. 게다가 외부 세력인 프랑스와 아라공 그리고 이따금은 황제까지도 계속 이탈리아에 개입하여 영향력을 넓히려 애쓰고 있었다. 곧 이탈리아는 프랑스와 스페인 사이의 싸움터가 될 것이었으나 이 시기에 프랑스는 이탈리아에서 실질적인 세력을 펴기에는 영국 및 부르군디와의 분쟁에 매달려 너무 여유가 없었고, 스페인은 1469년에 페르디난드Ferdinand와 이사벨라Isabella가 결혼함으로써 통일되기까지는 이탈리아에 개입할 힘이 없었다.

우리는 앞에서 독일 황제로 비텔스바하 가의 루드비히1314~1347까지 살펴보았다pp. 545~547 참조. 루드비히 이후로 제위는 거의 한 세기 동안 룩셈부르크 가에 돌아갔다(제위는 결국 1440년에 합스부르크 가에게로 넘어갔다). 룩셈부르크 가는 라인란트에서 기원하였으나, 1308년에는 룩셈부르크 가의 황제 하인리히 7세가 그의 아들을 보헤미아의 상속녀에게 결혼시켰고, 중세의 나머지 기간에 룩셈부르크 가는 다름 아닌 보헤미아왕으로서 독일의 정치에서 주된 역할을 하게 되었다. 하인리히 7세의 아들은 1346년에 크레시 전투에서 전사한 보헤미아의 맹인왕 요한이었고, 1347년에는 요한의 아들인 보헤미아왕 카알Charles이 비텔스바하의 루드비히를 쳐부수어 폐위시키고는, 카알 4세1346~1378로서 제위에 올랐다.

이 황제는 1356년에 유명한 황금칙서Golden Bull를 반포하여 그때까지 자생적

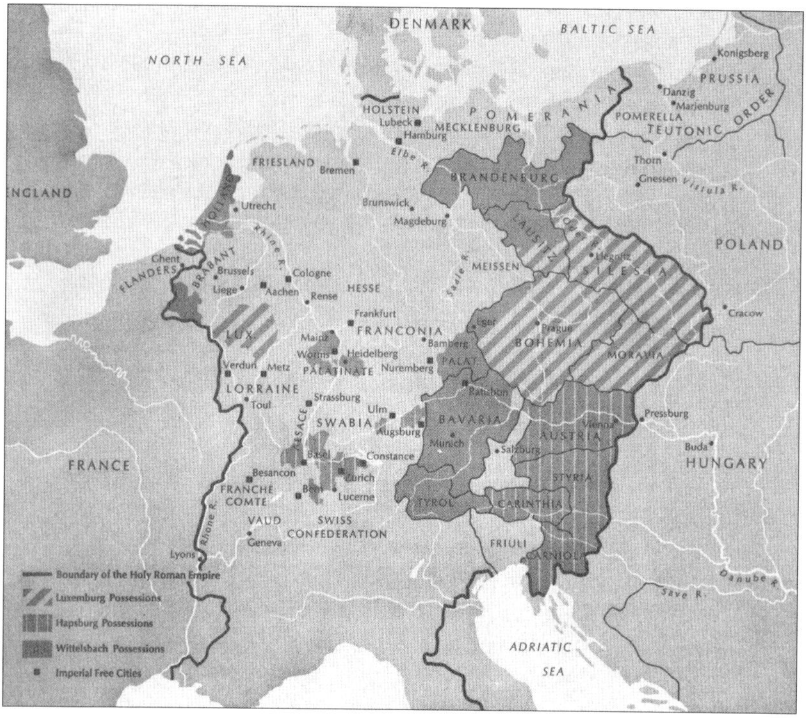

지도 21 . 1356년경의 독일

으로 형성되어온 제국의 형태를 공식화하였다. 마인츠, 트리에르, 그리고 쾰른의 세 대주교와 라인 강의 팔라틴(팔쯔)백, 작센공, 브란덴부르크 변경백, 그리고 보헤미아왕의 네 세속 제후로 이루어진 7명의 선제후electors가 "로마인의 왕King of the Romans"(이는 황제로 대관받기 전의 독일왕에 대한 공식 칭호였다)을 선출하는 법적 권한을 갖는다고 규정되었다. 그들은 황제가 죽자마자 프랑크푸르트시에서 회동하여 다수결로 새로운 통치자를 뽑게 되어 있었다. 참석하지 않거나 대리인을 보내지 않은 선제후는 선출에 참여할 권리를 포기한 것으로 간주되었다. 선제후의 지위는 왕위가 선출제인 보헤미아의 경우를 빼고는 남자에게 상속되도록 되어 있었고, 어떤 선제후국도 분할상속될 수 없었다. 선제후들에게는 주권자로서의 거의 모든 권한이 부여되었다. 게다가, 황금칙서에 따르면 그들은 독일 전체에 대한 감독위원회의 구실을 하도록 되어 있었다. 황금칙서는 황제의 선출을 둘러싼 분쟁의 여지를 감소시켰고, 또한 제국의 법적 형태를 확정하였다(이 형태는 제국이 소멸될 때까지 존속하였다). 칙서에는 황제의 선출을 재가하거나 그에 개입할 교황의 권리에 대해서는 전혀 언급이 없었다. 당시의 지배적인 이론에 따르면, 선제후단은 제국의 우두머리를 선출함에 있어서 제국의 모든 제후와 인민들을 대표하는 대의체로 기능하였다.

14세기 후반에 독일은 수많은 제후국으로 분열되어 있었을 뿐만 아니라, 개개의 제후국 자체도 거의 무정부 상태로 해체되고 있었다. 어떤 다른 지역에서보다도 독일에서 우리는 정부의 정통성 및 올바른 질서에 대한 보편적으로 인정되는 원칙이 전혀 결여되어 있는 상황을 발견하게 된다. 왕이 선출되긴 했지만, 각 제후는 자기 영지를 세습적인 개인 재산으로 간주하는 봉건 영주였다. 각 제후의 신민들은, 상속상의 우연으로 지배자가 된 (많은 경우 외국인인) 제후에게 맞서, 자기들의 권리를 수호하고자 정치적으로 연합하는 경우가 많았다. 그리하여 제후들은 신민들이 형성한 동맹 및 연합들과 끊임없이 싸우고 있었다. 제후세력에 대한 최선봉의 도전자는 북부 독일의 한자 동맹the Hanseatic League과 같은 독립적인 도시 동맹들이었다. 한자 동맹은 각 동맹시가 위치한 지역의 제후들로부터 실질적으로 완전히 독립하여 독자적인 외교정책을 폈다. 시시때때로, 하급 봉건귀족들도 자신들의 이익을 수호키 위해 기사 동맹을 형성하였다. 그러나 다른 곳에서와 마찬가지로 독일에서도 가장 전형적인 추세는 시민과 기사 그리고 성직자가 함께 모여 신분회의를 구성하는 것이었다.

그러나 독일의 경우, 평상시 영국왕이 의회의 우두머리이고 교황이 공회의의 우두머리인 것과는 달리, 제후들은 신분회의의 실질적인 지도자가 아니었다. 신분회의는 제후로부터의 소집이 없어도 자체의 결의로 개회할 수 있는 권한을 주장하였다. 그들의 기능은 오로지 신민의 권리, 특히 재산권을 제후들의 침해로부터 보호하는 것뿐이었다. 그들은 과세승인권과 같은 긍정적인 권한을 주장하기보다는 오히려 어떤 새로운 세금도 저지시키는 부정적인 권한을 획득하는 데 힘을 기울였다.

이러한 상황들은 15세기 초에 제국이 처해 있던 "분열"을 이해할 수 있게 해준다. 카알 4세는 1378년에 죽었고, 그 당시 그의 아들로는 벤케슬라스Wenceslas와 지기스문트Sigismund가 남아 있었다. 벤케슬라스는 보헤미아 왕위를 받고 "로마인의 왕"으로 선출되었으며, 지기스문트는 헝가리의 상속녀와 결혼하여 헝가리왕이 되었다. 벤케슬라스는 술고래에다가 어리석었으며, 치세가 지날수록 점점 더 평판이 나빠졌다. 그의 변덕스러운 정책은 슈바벤의 도시 동맹과 그 지역 귀족 사이의 아주 파괴적인 전쟁을 더 연장시켰으며, 교회 대분열에 개입하려던 그의 시도 역시 아무런 성과도 낳지 못하였다. 1398년에 그는 프랑스의 샤를르 6세와 만나 두 대립 교황에 대하여 공동 정책을 펴려고 시도하였으나, 그 만남에서는 어떤 긍정적인 성과도 나오지 못하였다(전해지는 바에 따르면, 벤케슬라스는 아침에만 술에 취해있지 않았고, 샤를르는 오후에만 제정신으로 돌아왔기 때문에, 둘 사이에 의사소통이 제대로 이루어질 수 없었다고 한다). 1400년에는 7명의 선제후 가운데 4명이 벤케슬라스의 행실에 분개하게 되어, 그를 축출하기로 결정하였다. 그러한 움직임에 대한 선례는 없었지만, 선제후들은 바로 지난해에 영국 제후들이 했던 것과 거의 비슷하게 왕에 대한 고발장을 작성하고, 왕의 폐위를 선언하고는 후임 왕을 선출하였다. 이리하여 새 왕이 된 팔라틴백 루페르트Rupert는 1410년에 죽었다. 이때 선제후들은 룩셈부르크가의 두 왕위 후보자—벤케슬라스의 동생인 헝가리의 지기스문트와 그의 사촌인 모라비아의 욥스트Jobst of Moravia—사이에서 분열되었다. 이에 한 파는 지기스문트를, 다른 파는 욥스트를 선출하였다. 벤케슬라스는 왕위의 양여를 결코 인정하지 않았으므로, 이 시점에서 황제로 자처하는 자는 3명이 되었다. 다행히도, 욥스트는 1411년에 죽었다. 그러자 벤케슬라스와 지기스문트는 합의에 도달하여, 벤케슬라스는 계속 보헤미아를 다스리는 대신 지기스문트는 황제의 칭호를 차지하게 되었다. 그 뒤 1419년에 벤케슬라스가 죽자, 지기스문트는 보헤미아 왕위도 물려받게 되었다.

14세기와 15세기 초의 정치발전은 매우 이율배반적이었다. 일부 역사가는 이 시대를 건설적인 제도 발전의 시대로 해석하는 반면, 다른 역사가는 정치적 해체의 시대로 보며, 양쪽 모두 그르다고 할 수 없는 것이다. 거의 무정부 상태까지 이르렀던 독일의 경우를 제외하면, 어느 곳에서나 정부가 더욱 강력해졌지만, 동시에 더 불안정해졌다. 관료기구는 팽창하였으나, 관료기구의 활동을 지휘·감독하고 국가에서 최고권력을 행사할 권리를 둘러싸고 어디에서나 크게 논란이 벌어졌다. 신분회의는 왕들과, 공회의는 교황들과 투쟁하였다. 많은 지역에서 제후들이 서로 대립하여 싸웠다. 1400년경, 영국에는 두 명의 왕위 요구자가 있었고, 프랑스에서는 정부에 대한 통제권을 둘러싸고 두 귀족 당파가 싸우고 있었으며, 세 명의 자칭 교황들이 서로 아귀다툼을 벌였고, 끝으로 세 명의 독일 제후가 겉껍데기에 지나지 않는 황제의 칭호를 얻기 위해 반목하고 있었다. 중세 정치사에 관한 마지막 장에서, 우리는 14세기의 분열성향이 중세가 막을 내리면서 어떻게 극복되는가 살펴보게 될 것이다. 그러나, 이 주제를 다루기 전에 우선 14세기의 정치적 긴장들에 수반되었던 사회적 · 경제적 · 지적 생활에서의 위기를 고찰할 필요가 있다.

제22장 사회와 문화

지금까지 살펴본 14세기 문명의 모든 문제는 중세 사회에 내재된 본질적인 모순들과 중세인의 임의적인 선택에서 비롯된 것이었다. 칭찬과 비난이 역사가의 할 일이라면, 중세 말에 잘못되어간 많은 일들에 대하여 개개의 통치자들을 "비난"할 수 있을 것이다. 그러나 14세기 사회는 스스로 자초한 그러한 모든 난관들과 함께, 서양의 역사상 가장 혹심했던 자연재해 가운데 하나인 흑사병 the Black Death을 겪어야 했다. 이야말로 "중세 세계의 위기"를 야기한 궁극적인 요인이었다.

73. 흑사병

흑사병 또는 선腺페스트는 주로 쥐에게 잘 걸리는 질병으로서, 감염된 쥐에 기생하는 벼룩을 통해 사람에게 전염될 수 있다. 벼룩은 쥐로부터 페스트균을 빨아들여 사람의 피부를 물 때 인체에 옮기는 것이다. 페스트의 증후는 열이 높이 오르고, 손발이 쑤시며, 가장 전형적으로는 임파선이 크게 부풀어 오르는 것이다. 이런 증후의 질병은, 물론 이미 영양실조로 허약해진 사람에게는 치명적일 수 있지만, 그 자체만으로는 반드시 목숨을 앗을 정도는 아니다. 하지만, 거의 언제나 치명적인 페스트의 두 악변종亞變種이 있는데, 패혈증 페스트는 혈류를 감염시키며, 폐페스트는 균이 허파에 침입하여 폐렴과 비슷한 증후를 나타낸다. 게다가 폐페스트는 아주 전염성이 높다. 흑사병에 대한 기록은 바로 이 폐페스트가 14세기에 만연했음을 가리키고 있다.

14세기 이전에 페스트가 유럽에 찾아든 것은 6세기에 유스티니아누스 대제의 비잔틴 제국을 휩쓴 경우뿐이었다. 1347~1350년의 역병은 중국에서 비롯되었다. 유럽인들은 극동을 향한 대상隊商 무역로의 시발점이었던 흑해의 여러 항구에서 처음 그 병에 감염되었다. 상인들은 크리미아Crimea로부터 콘스탄티노플, 제노바, 시칠리아, 그리고 베네치아로 병을 전염시켰다. 1347년에는 이탈리아 전역이 페스트에 휩쓸렸다. 그해 말에 페스트는 프랑스의 지중해 항구인 마르세이유Marseilles에 도달하였고, 급속히 교황청이 있던 아비뇽으로 전파되어 불과 몇 주일 사이에 추기경단의 반을 쓸어갔다. 1348년에는 페스트가 프랑스 전역으로 퍼졌고, 가을에는 영국으로 건너가 1349년 내내 영국 전역을 휩쓸었다. 1350년에는 아이슬랜드에서 러시아에 이르는 북유럽 전역이 페스트의 공격을 받게 되었다.

사망율은 극도로 높았다. 당시의 기록에 따르면 전염된 도시의 인구 가운데 반이 죽었다고 한다. 물론 과장의 여지를 감안하고, 페스트의 마수가 뻗치지 않은 지역이 몇몇 있었음을 염두에 두어야 하지만, 유럽 총인구의 거의 1/3이 죽어버렸다고 여겨진다. 그러나 이것으로 이야기가 끝난 것은 아니었다. 페스트는 흑사병 이후에도 여러 세기 동안 심심하면 유럽에 출현하였고, 특히 최초의 발생 이후 50년 동안에는 여러 번 대규모로 재발하였다. 1400년의 유럽 인구는 흑사병 이전의 인구에 비해 1/3~1/2가량 감소하였다. 물론, 인구감소는 15세기 초반에 중단되었고, 15세기 후반에는 인구가 서서히 다시 증가하기 시작했던 듯하다. 하지만, 유럽의 인구는 17세기가 되어서야 겨우 13세기의 수준에 다다를 수 있었다. 페스트가 마지막으로 발생한 것은 영국의 경우 1665년의 유명한 런던 대역병the Great Plague of London이었고, 유럽 전체로 볼 때에는 1720년 마르세이유에서였다. 그러한 역병은 보건이나 의술의 발달에 의해서가 아니라, 페스트균을 보균하는 까만 쥐가 다행히도 18세기에 다른 종류의 갈색 쥐에게 축출당한 덕분에 종식되었다.

페스트에 대한 당시의 기록들은 그에 대한 여러 가지 다양한 반응들을 보여준다. 일부 성직자는 사람들과 함께 남아 병자를 돌보았다. 일부 사람들은 온 마음으로 기도하면서 위엄 있게 죽음을 맞이하였다. 그러나 더 보편적이었던 현상은 전반적인 공황과 도덕의 붕괴였다. 페스트가 창궐하는 도시에서 빠져나올 수 있었던 자는 거의 모두 도망쳐 나왔다. 아버지는 가족을 버렸다. 병자를 돌보는 자는 없었다. 시체는 합당한 절차에 의해 매장되지 못했다. 공포는,

물론 누구도 페스트의 원인을 알지 못했기 때문에, 더욱 가중되었다. 사람들은 페스트가 악마의 소행이거나 하나님의 진노가 아니겠느냐고 떠들어 댔다. 파리 대학의 의학부는 1348년의 역병이 1345년에 토성, 목성, 화성의 세 혹성이 이례적으로 물병자리궁에 모였기 때문에 일어난 것이라고 선언하였다. 이러한 혹성의 회동이 뜨겁고 습한 환경을 빚어내고, 이로 말미암아 지구가 유독한 기체를 발산시키게 되었다는 것이었다. 페스트가 모종의 독에 기인한 것이라는 믿음은 널리 퍼져 있었다. 유럽 전역에서, 미움받던 개인 및 집단들이 수원지에 독을 풀어 고의적으로 페스트를 확산시켰다고 고발되었다. 특히 누구보다도, 중세 내내 기독교도의 히스테리에 불가피하게 희생되어 왔던 유대인들에게 의심이 집중되었다. 1348년 페스트가 확산되고 있을 당시 독일의 여러 도시에서 끔찍한 유대인 학살이 벌어졌다. 교황 클레멘트 6세는 유대인도 다른 사람과 마찬가지로 페스트의 피해를 당하고 있으며, 따라서 페스트에 책임이 있을 수 없다고 분별 있게 지적한 포고문을 반포하였으나, 이에는 아랑곳없이 1349년에도 유대인 학살이 그치지 않았다.

교회 전체로는 사제의 격감으로 큰 어려움에 봉착하였다. 사제는 쉽게 충원될 수 없었고, 결국 성직 서품에 요구되는 자격기준은 다음 세대에 크게 낮아지게 되었다. 많은 수도원의 공동체 생활도 뿌리째 흔들렸다. 또한 채찍질 고행자Flagellants에게서 나타나듯이, 색다른 종교적 광신의 형태도 여기저기서 출현하였다. 채찍질 고행자들은 페스트가 죄 많은 인류에 대한 하나님의 심판이며, 아주 비상한 수단을 통해서만 페스트의 무서운 마력으로부터 벗어날 수 있다고 믿었다. 그리하여 여러 무리의 남녀 광신자들이 함께 모여 서로에게 채찍질을 해대면서 몰려다녔다. 그들은 누구든 33일 동안 이런 고행을 견뎌내면 완전히 모든 죄로부터 정화될 것이라고 설교하였다. 처음에는 사람들이 채찍질 고행자들에게 공감을 느꼈다. 그들을 자극시킨 감정은 상당히 보편적으로 퍼져 있었고, 그들의 고행 방법은 기독교에서 중요한 요소를 이루는 기본적인 금욕주의와 합치하는 것으로 여겨졌다. 그러나 곧 세속 통치자들은 방랑하는 폭도들에 대해 경계심을 품게 되었다. 이 경계심은 방랑자들이 유대인과 심지어는 그들을 적대시하는 사제들까지 살해하는 작태를 연출하면서 더욱 커졌다. 1349년 10월에 교황은 채찍질 고행자들을 엄숙하게 불법으로 선언하였고, 모든 성·속의 권력자에게 그들에 대한 탄압을 명령하였다. 다른 이단 종파의 경우에서와 마찬가지로, 의도만 앞섰지 실제 조치는 제대로 뒤따르지 못했기 때문에, 채찍질 고행자들은 15세기에 들어서서까지도 한동안 산발적이지만 끈질기게 골칫거리가 되었다.

흑사병에 대한 최초의 반응이 대개 일종의 병적인 히스테리로 나타났음은 놀라운 일이 아니다. 장기적으로 볼 때, 흑사병은 중세사의 발전 방향을 급격하게 변경시키시는 못했으나, 14세기 초반에 이미 존재하고 있던 여러 문제들을 더욱 첨예화시켰다. 우리는 아래에서 1400년경에 중세 사회에서 증대되고 있던, 너무나 견뎌내기 어려웠을 긴장들에 대해 중세인들이 어떻게 반응하였는가 살펴보게 될 것이다.

74. 사회경제적 발전

흑사병의 경제적 결과에 관해 역사가가 자신 있게 내릴 수 있는 유일한 결론은 그것을 완전하게 해명할 수는 없다는 것뿐이다. 오늘날 아주 풍부한 통계자료를 갖고도 경제학자들은 경제의 부침을 완전하게 설명해내지 못하고 있는 형편이다. 하물며 14세기에 관해서는 단편적인 통계만 남아 있을 뿐이며, 또 근대사에는 흑사병에 비견할만한 재앙이 없었으므로 그럴싸한 유추도 불가능한 형편이다. 남아 있는 증거—주로 중세의 연대기, 징세대장, 관세 수납기록, 그리고 회계 보고서—에 입각해서 보편적으로 인정되는 일반화를 하기는 거의 불가능한 것이다.

50여 년 전, 역사가들은 종종 1250년에서 1450년까지를 부가 지속적으로 증대되고 상업활동이 더욱 활발해지고 있던 번영의 시대로 묘사하였다. 그렇지 않다면 어떻게 정태적인 중세 봉건세계에서 역동적인 근대 문명이 나타날 수 있었단 말인가? 그러나 이러한 해석은 14세기의 기본적인 인구 동향을 무시한 것이었다. 그 뒤, 중세사가들은 12세기의 경제적 활력과 14세기의 파멸적인 쇠퇴를 인식하게 되면서, 중세 말기를 완전한 경제 쇠퇴의 시대로 해석하기 시작하였다. 하지만 이 해석 역시 아주 만족스럽지는 못한 것으로 판명되었다. 사실상, 상황이 아주 복잡하기 때문에, 증거도 엇갈리고 있다. 도시별, 산업별, 개인별로 모두가 흑사병과 백년전쟁의 영향을 다르게 받았다. 브뤼허Bruges는 쇠퇴하였으나 안트워프Antwerp는 번창하였다. 영국의 직물 수출은 크게 증가하였으나, 포도주 수입은 크게 감소하였다. 많은 사람이 더욱 가난해졌으나, 몇몇 사람은 막대한 부를 얻었다. 게다가 흑사병의 단기적 영향은 종종 장기적인 영향과 달랐다.

우선, 농촌에서 흑사병의 가장 분명한 경제적 결과는 심각한 노동력 부족으로 나타났다. 영주들은 지난 몇 세기 동안 크게 진전되어 온 예농해방 과정을 중지시키고, 차지인들에게 옛날의 무거운 노동부역을 다시 부과하려 하였다. 자유 임금노동자는 노동력 부족을 틈타 임금상승을 요구하였고, 정부는 이에 탄압적으로 대응하여 임금을 옛 수준으로 동결시키려 하였다. 그러한 조치는 격렬한 반발을 일으켰다. 흑사병은, 대다수 농민들로 하여금 힘겹고 단조로운 삶을 본질적으로 변화될 수 없는 당연한 것으로 여기게끔 하던 옛 관습의 속박을 깨부수었다. 전통적인 촌락 중심의 영농 방식은, 많은 집안의 갑작스러운 사멸과 상속의 단절 그리고 전례 없는 토지 과잉으로 말미암아, 유럽 전역에서 혼란에 빠지게 되었다. 여러 나라에서 농민들은, 상황이 분명 바뀔 수밖에 없고 또 눈에 띄게 바뀌고 있다면, 그들에게 유리하게 바뀌도록 해야겠다고 결심하였던 듯하다.

이제 처음으로 평민들에게서, 내세를 위해 준비하는 것을 넘어서서 현세에서 일종의 민주주의적 · 사회주의적 천국을 건설하는 것을 지향하는 종교적 열정이 분출하게 되었다. 영국에서는 방랑 설교가 존 볼John Ball이 연대기 작가 프르와사르Froissart가 기록한 다음과 같은 말로 농촌 사람들에게 열변을 토했다 :

> 오 선량한 인민들이여, 영국에서 상황은 좋지 않게 돌아가고 있습니다. 모든 것이 공유되고 더 이상 예농이나 영주가 존재하지 않아야만, 상황은 호전될 것입니다…왜 우리가 예속의 굴레를 감수해야 합니까? 우리 모두는 한 아버지와 한 어머니인 아담과 이브의 자손입니다. 영주들이 우리를 일하게 하여 배불리 먹는 것 이외에, 어떻게 우리보다 더 우월함을 말하거나 증명할 수 있겠습니까?

더 나은 삶에 대한 농민들의 기대가 정부나 영주들의 탄압적인 조치로 좌절되자, 농민들은 유럽 전역에서 격렬한 반란을 일으켰다. 우선 1358년에 프랑스에서 쟈케리Jacquerie의 난이 일어났다. 이는 흑사병과 백년전쟁의 폐해에 더 이상 견디지 못한 농민들의 절망적이고 맹목적인, 따라서 아주 난폭한 반란이었다. 그에 비해 온건한 편인 영국의 농민반란은 1381년에 발발하였다. 까딸로니아의 농민들은 1395년에 봉기하였다. 독일에서는 15세기 내내 산발적으로 봉기가 일어나다가, 중세가 지난 뒤인 1524년의 대규모 농민반란으로 정점에 달하였다.

이들 반란 가운데 즉각 성과를 거둔 경우는 하나도 없었으나, 가용한 경작지 면적에 비한 농업노동력의 계속된 부족 상태는 마침내 폭력으로 일시에 성취할 수 없었던 변화들을 야기하였다. 그 과정은 이따금 "장원의 해체"라고 불리는 것으로, 이미 12세기에 시작되었으나 14세기에 새로운 추진력을 얻었다 pp. 322~325 참조. 장기적으로는 마음 속 깊이 반항적이고 빈궁한 농민에게 노동부역을 강요하는 것이 불가능한, 또는 기껏해야 아주 비효율적인 것으로 판명되었다. 영주들은 화폐지대를 받고 차지인들에게 신분의 자유를 허용하는 것이 더 유리함을 깨닫게 되었다. 영주의 직영지는 임대되거나, 임금노동에 의해 경작되었다. 동유럽을 제외하면, 15세기 말에는, 비록 몇몇 지역—특히 프랑스—에서 영주들이 옛 영주 사법권의 재정적 요소들을 갖가지 사용료나 통행세 따위의 형태로 계속 보유하고 있었지만, 예농제는 거의 완전히 사라지고 있었다. 장원 관습 및 부역의 복잡한 구조는 서서히 현금에 입각한 계약 체제로 대체되었다. 이 변화가 반드시 농민에게 유리하게 작용한 것은 아니었다. 대체로, 상당한 면적의 보유지를 지니고 있던 자는 유리하였으나, 땅이 없는 노동자는 경제적 상황이 크게 유동하던 시기의 경기 변화로 말미암은 폐해에 완전히 노출되어 있었다. 아마도 옛 장원의 공동체적 생활 속에서 작은 땅뙈기나마 부쳐 먹고 살던 그들의 조상이 그들보다는 더 나은 삶을 누렸을 것이다.

도시생활과 상업활동의 영역에서는 흑사병의 직접적인 결과로 상품의 과잉공급과 수요 전반의 급격한 감소가 나타났다. 기반이 튼튼한 부유한 부르주아지는 농촌의 영주들과 같은 방식으로 어려운 상황에 대응하였다. 그들은 억압적인 길드 규제법과 시 조례를 제정함으로써 기득권을 고수하고, 하층계급의 상승을 봉쇄하려 했다. 12세기에는 모든 부지런한 젊은 도제가 훈련을 마친 뒤 장인master이 되리라고 기대할 수 있었다. 그러나 14세기 말에는, 많은 길드에서 장인의 아들이거나 장인의 딸과 운좋게 결혼한 젊은이만이 장인이 될 기회를 얻을 수 있었다. 14세기의 도시생활에서 중요하게 나타난 현상은 장인에게 예속되어 봉급을 받아 살아가며 스스로의 이익을 위한 단체의 결성을 금지당한 프롤레타리아 노동자 계급의 출현 및 증가였다. 그러한 노동자들은 빈번하게 자신의 처지에 분개하였고, 농민반란 못지않게 폭력적인 도시폭동이 많이 벌어졌다. 이미 1302년에 브뤼허의 수공업자들은 프랑스인이 지배하는 시 정부에 반란을 일으켰다. 14세기 말에는 유럽 전역의 도시에선 반란이 일어났다. 예컨대, 테살로니카Thessonica에서는 1341년에, 겐트Ghent에서는 1381년에, 루앙에서는 1382년에 반란이 일어났다. 이러한 반란은 모두 즉각 분쇄당했으나, 1378년에는 피렌체의 하층 노동자들인 치옴피Ciompi가 시 정부를 장악하여 1381년에 제압당할 때까지 3년 동안 권력을 행사하였다.

14세기에는 프롤레타리아 노동자 계급이 증대되었을 뿐만 아니라, 새로운 자본주의적인 부의 축적도 이루어졌다. 대부분의 역사가는 1350년 이후 한 세기 동안 총교역량이 크게 감소하였다는 데 동의한다. 분명, 인구의 격감은 상품의 생산량 및 교역량을 감소시켰을 것이다. 하지만 1인당 생산이나 소비가 감소했는지는 분명하지 않으며, 일부 지역과 일부 산업이 전반적인 쇠퇴에도 불구하고 크게 번창했음은 분명하다. 예컨대 영국의 경우, 매우 이윤 높은 직물산업이 축융 공정에서 물레방아의 동력을 이용하는 새 기술을 바탕으로 크게 성장하였다. 영국은 12세기 이래로 플랑더즈의 직물산업에 대규모로 양모를 수출해왔으나, 백년전쟁의 상황 때문에 서로 이로웠던 이 양모 교역은 큰 장애에 부딪쳤다. 플랑더즈 측으로서는 이러한 변화가 전적으로 손해일 뿐이었으나, 영국은 옛 양모 교역보다 훨씬 더 수익이 좋은 것으로 판명된 직물가공 수출을 하게 됨으로써 오히려 이익을 얻었다. 영국은 모직물 교역에서 상당한 부를 얻었고, 그 증거는 새로 얻은 부에 대해 하나님께 감사하기 위하여 믿음 깊은 백만장자들이 세운 웅장한 15세기의 "양모 교회wool church"들에 남아 있다.

교역 패턴에서의 여러 다른 변화들도 이때에 나타났다. 독일에서는 13세기에 결성된 북부 도시들의 한자 동맹이 14세기 중엽에 강력한 정치적 연맹체로 발전하였다. 1370년에는 뤼베크Lübeck를 주축으로 한 이 한자 동맹이 덴마크에게 승리하여 발트해 무역을 독점하였다. 한자 동맹은 런던, 브뤼허, 베르겐Bergen, 노브고로드Novgorod 등 북방의 모든 교역 중심지에 무역관을 두었다. 같은 시기에, 상파뉴의 정기시들은 중요성이 감퇴되고 있었다. 이는 부분적으로는 프랑스왕이 상파뉴를 차지하여 지나치게 높은 점포세와 판매세를 부과했기 때문이었다. 그러나 경쟁적인 교역로가 나타나고 있었던 것 또한 중요한 원인이었다. 베네치아인들은 직접 바닷길로 갤리선을 영국과 플랑더즈에 보내기 시작했다. 이 갤리선들은 베네치아 정부의 소유였는데, 베네치아 정부는 배에 중무장을 시켜 해적으로부터 상인들을 보호하는 대신, 상인들에게서 배삯을 두둑히 받아냈다. 한편 한자 도시들은 이탈리아로부터의 다른 육로를 개발하는데 기여하였다. 상인들은 베네치아와 제노바에서 알프스의 고개들을 넘어 울름Ulm과 아우그스부르크Augsburg로 갔다가, 그곳에서 북상하였다. 그러면 한자 도시들이 그들을 맞이하여 북해와 발트해 연안을 따라 그들을 여기저기로 옮겨주었다. 론강을 거슬러 오르는 길은 완전히 폐쇄되지는 않았지만, 리용에서 더 이상 이어지지 않게 되었다. 그리하여 리용에서 대규모 정기시가 열렸는데, 이는 어느 정도 상파뉴의 정기시들을 약화시키는 것이었다. 또 극동 교역로에서도 중요한 변화가 있었다. 한 세기 전에 자리를 잡은 몽고 제국the Mongol Empire은 1360년대에 해체되기 시작하였다. 그로 말미암은 중앙아시아의 혼란으로 서양의 대상들은 더 이상 중국까지의 기나긴 육로를 이용할 수 없게 되었다. 그러나 이로써 동서 교역이 중단된 것은 아니었다. 베네치아인들이 베이루트Beirut와 알렉산드리아Alexandria를 통해 계속 동방의 향료를 수입하였던 것이다.

이토록 많은 변화가 있었지만, 14세기와 15세기에 국제교역망이 완전히 와해된 적은 결코 없었다. 중세 말에도 여전히 동방의 후추가 프로이센에서, 영국의 양모가 피렌체에서, 그리고 키프로스의 달콤한 포도주가 영국에서 살 손님을 기다리고 있었다. 국제교역 망의 존속은 이탈리아 상인 프란체스코 다띠니Francesco Datini; 1335~1410가 남긴 기록에서 아주 분명하게 드러난다. 다띠니는 런던에서 동부 지중해에 이르는 대리점망을 통해 아주 수지맞는 상거래를 했고, 그 거래 문서가 30만 건에 달하도록 남아 있는 것이다.

다띠니의 기록은 중세 말의 상업이 지닌 또 하나의 측면도 보여준다. 시장 축소의 상황에서 수지맞는 장사를 하기 위해서는 좀더 합리적이고 과학적인 경영기법을 개발해야 했던 것이다. 예컨대, 다띠니의 상거래는 정교한 복식부기로 기록되었다. 모든 상인이 새로운 상황에 성공적으로 적응하지는 못하였고, 상인계층 내에도 부에 있어서 많은 차이가 있었다. 13세기에는 전반적인 번영의 분위기 속에서 어느 정도 능력만 있으면 대부분의 상인이 상당한 부를 쌓으리라고 기대할 수 있었다. 그러나 15세기의 격심한 경쟁상황 속에서는 상인계층 전체의 부가 그 앞 시대보다 줄어들었을 테지만, 가장 성공적인 기업가는 엄청난 재산을 모았다.

중세 말에 많은 상인들은 실질적인 사업자금 이상의 자본을 갖고 있었고, 따라서 투자할 곳을 찾고 있었다. 많은 사람이 땅을 샀다. 이탈리아의 대도시들에서는 정부 공채를 살 수도 있었다. 대체로 땅이나 공채에 투자한 상인은 곧 상업활동을 그만두고 저절로 들어오는 수입으로 살아갔다. 그러나 몇몇 소수 상인가문 또는 합자회사들은 금융업이라 할 수 있는 사업에 투자하였다. 아마도 이 합자회사 가운데 가장 유명할 뿐만 아니라 가장 성공적이었던 것은 메디치가였을 것이다. 메디치가는 피렌체의 상인으로 출발하여 이익이 날만한 것이면 무엇이든 취급하였으나, 특히 직물 교역에서 크게 성공하였다. 그들은 양모를 사들여 피렌체의 방적공들에게 배급하고, 방적공들로부터 실을 사들여 방직공들에게 넘겼으며, 끝으로 완성된 천을 사들여 세계시장에 내다 팔았다. 그들은 여기서 이른바 "선대제putting-out system"를 채용하였다. 메디치가는 대규모 직물 생산에 자금을 대고, 그 생산물을 팔았다. 그들은 가능한 경우에는 통상적인 교역사업에 투자하였으나, 그밖에 다른 사업에도 과감하게 뛰어들었다. 1390년대에는 메디치가의 은행이 로마에 설립되었다. 이 은행은 알프스 남·북의 주요 상업 중심지에 지점을 둔 유럽 최대의 은행으로 성장하게 되었다. 아우그스부르크의 푸거Fugger 가 역시 독일에서 비슷한 금융제국을 건설하였다. 그들의 재산도, 물론 이 경우 모직물이 아니라 아마포가 상품이었지만, 직물 교역에서 축적된 것이었다.

상인가문들뿐만 아니라 정부도 14세기에 종종 전보다 더 많은 자원을 동원할 수 있었다. 바로 앞 시대에 이루어진 제도적 발전으로 더욱 효율적인 징세기구가 생겨났고, 14세기의 왕들은 돈이 많이 드는 전쟁을 치르느라 막대한 수입을 올려야 했다. 종종 그들은 대형 상사로부터 돈을 빌렸다. 이는 상인의 입장에선 모험적인 사업이었다. 정부 채권은 지불이 거부되거나, 지불 거부의 공식 선언도 없이 떼먹힐 염려가 있었다. 채권자가 그러한 거래에서 끌어낼 수 있는 진짜 이점은 정부가 부여할 수 있는 교역 특권에 있었고, 중세 말의 경제생활에서 가장 중요한 측면은 정부와 상사들 사이의 상호의존이 계속 증대되고 있었던 점이었다. 메디치가는 세속 군주들에게 돈을 빌려주었고, 15세기 초에는 교황청의 주요한 돈줄이 되었다. 독일의 푸거가는 1346년 카알 4세의 제위 획득을 위한 자금을 지원하였다. 부르즈Bourges의 거부인 쟈끄 꾀르Jacques Coeur는 프랑스에게 백년전쟁의 마지막 전투를 위한 자금을 대었다. 영국에서는 1313년에 정부가, 모든 영국 양모는 대륙의 지정된 항구—즉, 양모수출선항구staple port—로만 수출되어야 하며, 이 수출업은 "양모상 조합Company of the Staple"의 회원인 상인만이 할 수 있다는 법령을 제정하였다. 즉 왕은 신민 가운데 한 집단에게 양모수출을 독점시켜 주었던 것이다. 왕은 돈을 빌리고자 할 때, 바로 그 집단에게서 빌렸다. 지정 항구는 처음엔 브뤼허였으나, 영국군이 칼레를 장악한 뒤에는 칼레로 옮겨졌다. 정부와 기업 사이의 이러한 협력증대는 장차 매우 중요한 의미를 지니게 되었다. 결국, 그러한 협력을 통해 중세가 끝나갈 무렵 유럽 상인들에게 새로운 세계를 열어준 위대한 탐험여행이 가능케 되었던 것이다.

만일 아주 장기적으로 본다면, 흑사병으로 인한 유럽 인구의 격감이, 일단 그 단기적인 파괴적 영향이 극복된 뒤에는, 오히려 팽창의 가능성을 열어주었다고도 말할 수 있다. 다시금 1100년의 인구와 맞먹는 수의 인구가 서유럽의 모든 자원을 이용하게 되었다. 그러나 상황은 3세기 전과는 사뭇 달랐다. 중세 말에는 새로 자본을 축적해 나아가야 했던 옛날과는 달리 이미 상당한 자본이 축적되어 있었던 것이다. 무엇보다도, 중세 말에는 기술과 상술이란 자본이 축적되어 있었다. 예컨대, 선원들은 13세기에 비롯하여 중세 말에 보편화되기에 이르른 두 가지 기술적 혁신—나침판과 방향타—으로 큰 도움을 받았다. 이러한 기구들은 장기간의 항해를 비교적 안전하게 할 수 있게 해주었다. 새로운 팽창은 일단 시작되자 12세기 때의 팽창보다 훨씬 더 넓게 퍼져나갈 수 있었다.

75. 예술과 문학

중세 말의 경제생활을 연구하는 경우, 우리는 서로 모순되는 수많은 사실들에 직면하게 된다. 쇠퇴와 부흥의 징후가 함께 얽혀 있는 것이다. 중세 말의 예술과 문학에 눈을 돌려도, 우리는 비슷한 상황에 마주친다. 중세 말의 사람들은 아주 음울하고 퇴영적인 작품과 함께 활력과 새로운 감각으로 가득 찬 빛나는 창조적 업적도 남겼던 것이다. 그것은 마치 수많은 재난이 어떤 사람들은 절망에 빠뜨리는 한편, 다른 사람들에게는 바로 살아 있다는, 살아남았다는 사실에 무한한 환희를 느끼게 해주는 것 같았다. 15세기의 분위기는 먼 훗날 알베르또 떼넨띠Alberto Tenenti가 그 시대에 관해 쓴 책의 제목 ≪죽음의 인식과 삶의 환희*Il senso dello morte e l'amore della vita nel Rinascimento*≫로 적확하게 제시된 바 있다.

지독한 역병을 겪은 시대는 죽음 및 그 세세한 모든 신체적 징후의 이미지에 사로잡혀 있었으리라고 충분히 예상될 수 있으며, 사실상 당시의 예술에는 이를 증명하는 증거들이 풍부하게 남아 있다. 중세의 조각가들은 대개 죽은 자의 모습을 무덤 위에 새겼고, 유럽 전역의 교회에는 13세기로부터 그러한 조각상이 수백 개나 남아 있다. 고위성직자와 기사 그리고 귀부인들이 이승의 풍파를 벗어나 하나님과 함께 고요하게 안식하고 있는 평안한 얼굴로 가장 좋은 옷을 걸치고 누워 있다. 그러나 1400년경에는 양식이 변하였다. 추기경 라그랑쥬Lagrange가 1402년에 죽었을 때, 아비뇽에 있는 그의 무덤에는 반쯤 썩어 들어간 시체의 모습이 조각되었다. 이러한 표현 양식은 15세기에 보편화되었다. 이따금 벌레나 두꺼비 또는 달팽이 같은 징그러운 동물들이 썩은 살을 먹어치우면서 시체 속으로 파고드는 모습도 나타난다.

사람들은 도처에 널려있는 죽음의 모습뿐만 아니라 내세에서의 말로 다할 수 없는 고통에 대한 두려움 때문에도 전율하였다. 교회는 기독교인들로 하여금 아무런 대가 없이 곧바로 천국에 오를 수 있으리라고 생각하게 만들지 않았다. 면죄부가 없이는 죽어가면서 기껏해야 연옥에서 몇 년 동안 고통당할 것을 기대할 수 있을 뿐이었고, 게다가 많은 설교가들은 연옥에서의 고통이 지상에서의 어떤 고통보다도 더 혹심하다고 즐겨 가르쳤던 것이다. 최후의 심판은 기독교 예술에서 언제나 중요한 주제가 되어 왔으나, 로마네스크 조각에서는 위풍당당한 그리스도의 형상이 장면을 압도하고 있었다. 반면에 대부분의 15세기 작품에서는 지옥의 공포가 장면의 핵심을 이루었다. 이따금 하찮은 마을 교회에도, 저주받은 자가 벌거벗은 채 기괴하게 생긴 악마들에게 끌려가 끔찍한 형벌을 당하는 장면을 그린 수많은 벽화가 제작되었다.

더구나 1400년경에는 유럽 예술에서 새로운 주제인 죽음의 춤danse macabre이 인기를 끌게 되었다. 그것은 세 명의 귀족이 어느 날 들판에서 말을 달리다가 3구의 해골과 만나게 된다는 13세기의 한 이야기에서 유래하였다. 잠시 이야기를 나눈 뒤, 귀족들은 해골들에게 도대체 뉘시냐고 물었고, 그들이 미래의 자기들이라는 대답을 들었다. 이 이야기는 중세 말에 가서야 사람들의 상상력을 사로잡았다. 그리하여 해골—또는 시체—이 살아있는 사람들과 뒤섞여 있는 장면이 수없이 되풀이하여 묘사되었다. 그 장면은 스웨덴에서 시칠리아에 이르기까지 수많은 교회의 벽에 그려졌고, 몇몇 최초의 인쇄된 책들에서도 목판 삽화의 형태로 나타났다.

여기서 우리는 쇠락해가는 문명이 어디에서나 튀어나오는 죽음의 모습으로 완벽하게 상징되고 있다고 볼 수도 있다. 그러나 이러한 음울한 공포를 그려낸 바로 그 세대는 생명과 빛으로 충만한 새로운 회화 양식도 창조해 내었다. 이 이른바 "국제 고딕International Gothic" 양식은 아비뇽에서 프랑스 화가와 이탈리아 화가들의 상호작용을 통해 형성된 듯하다. 파리는 그 양식의 본산이 되었고, 파리로부터 이 양식은 영국과 네덜란드, 독일, 그리고 거꾸로 이탈리아에까지 퍼져나갔다. 이 양식의 특징은 복잡하고 우아한 고딕풍 곡선, 대담하고 현란한 색채, 그리고 풍부하게 사용된 정교한 장식에 있었다. 이는 북부 이탈리아의 화가 피사넬로Pisanello와 젠틸리 다 파브리아노Gentile da Fabriano에게 영향을 미쳤으나, 이탈리아에서는 무엇보다도 시에나Siena 화파에 깊이 뿌리를 내렸다. 시에나의 화가 사세따Sassetta; 1392~1447가 성 프란체스코의 생애를 그린 일련의 패널화는 이 말기 고딕 양식의 이탈리아 회화를 대표하는 작품이다.

이들 패널화 가운데 하나는 샹띠이Chantilly의 꽁데 박물관Musée Condé에 수장되어 있고, 우연히도 같은 박물관에는 종종 알프스 이북에서 그려진 말기 고딕 회화 가운데 최고 걸작으로 일컬어지는 작품도 있다. 이는 삽화가 풍부한 ≪베리 공의 매우 값진 시간들*Les Très Riches Heures du Duc de Berry*≫이라는 제목의 필사본으로서, 프랑스왕의 동생인 베리공을 위해 15세기 초에 만들어진 기도서Book of Hours이다. 그 안의 삽화는 주로 플랑더즈의 화가인 뽈 드 랭부르Pol de Limbourg의 작품이다. 이 필사본의 한 부분에는 1년 열두 달을 각각 한 면 짜리 그림으로 묘사한 달력이 들어있다. 이 그림들은 즐거움과 삶의 환희, 자연의 아름다움에 대한 찬탄으로 충만해 있다. 예컨대, 4월의 그림에서는 고상한 연인들이 풀밭에서 서로 반지를 교환하고 있고, 길게 흘러내리는 치마를 차려 입은 우아한 처녀들이 이른 봄꽃을 따고 있다. 5월의 그림은 귀족과 귀부인들이 오월제의 행렬 속에서 말을 타고 가는 모습을 그리고 있다. 6월의 그림에서는 파리 교외의 건초밭에서 일하고 있는 농촌 소녀들을 볼 수 있다. 여기에서는 농촌 소녀들까지도 아주 아름답게 치장한 어여쁜 모습으로 나타난다. 이들 그림에서 태양은 언제나 빛나고, 하늘은 티 없이 맑으며, 풀은 싱싱한 초록빛이다. 그러나 같은 필사본의 다른 부분에서 우리는 어쩔 수 없이 죽음의 춤과 지옥의 불에 휩싸인 저주받은 자의 끔찍한 모습을 다시 만나게 된다. 중세 말에는 어디에나 이러한 뚜렷한 대비가 존재하고 있었다. 중세 말은 단순히 쇠락의 시대만은 아니었으나, 또한 속 편한 시대 역시 아니었다.

"국제 고딕" 양식과 함께 15세기 초에는 네덜란드와 피렌체에서 각각 위대한 화파가 성장해 나왔다. 여기서는, 그들에 대해 합당한 서술을 하려면 중세사의 범위를 크게 넘어설 수밖에 없으므로, 잠깐 언급하고 넘어가기로 한다. 새로운 북방 양식의 첫 번째 대가인 얀 반 아이크Jan van Eyck, 1385?~1440는 세세한 곳까지 공들여 묘사하는 고딕풍의 기법을 견지하였으나, 그에 더하여 원근법을 기술적으로 사용함으로써 훨씬 더 사실적인 효과를 얻어내었다. 그의 내실 그림을 보면, 마치 창문을 열고 방 안을 들여다보는 듯한 생생한 현실감을 느끼게 된다. 그러나 이는 아직 "세속" 미술은 아니었다. 반 아이크의 그림을 채운 세심하게 묘사된 물체들은 거의 모두 15세기의 관객에겐 상징적인 의미를 지니고 있었다. 하지만 그 상징물들은 완전히 사실적인 세계의 부분들로 묘사되었다. 얀 반 아이크의 그림은 현실세계 자체가 하나님의 세계질서를 상징한다는 중세인의 믿음을 궁극적으로 구현한 것이라 하겠다.

피렌체 화파는, 비록 기원은 중세로 멀리 거슬러 올라가지만, 중세의 전통과 더욱 급격하게 단절하였다. 이 화파의 첫 번째 대가인 지오또Giotto; 1266~1337는 그 당시 이탈리아에서 지배적이었던 형식적·종교적인 비잔틴 양식을 벗어나, 새로운 종류의 자연주의로 생동하는 그림을 그렸다. 자연에 대한 지오또의 감정은 성 프란체스코의 그것에 종종 비견되어 왔다. 그는 또한 고딕 화가로도 불리어 왔지만, 이는 별로 걸맞지 않는 감이 있다. 그의 작품은 오히려, 그의 천재성에 의해 변질되기는 했지만, 고전적 가치의 부활에 토대를 두고 있다. 지오또의 인물상은 평면적이 아니라 사실적인 입체감이 있다. 그는 표정 및 몸짓을 묘사하고, 인물들을 극적으로 배열시키는 데 천부의 재능을 지니고 있었다. 이러한 자질들은 그의 가장 위대한 작품들인, 파도바의 스크로베니Scrovegni 예배당과 피렌체의 산타 크로체Santa Croce 교회에 남아있는 서사적인 일련의 프레스코 그림들에서 분명하게 나타난다. 지오또는 또 아시시의 성당에 있는, 성 프란체스코의 일생을 그린 유명한 프레스코 그림들에도 (어느 정도까지였는가에 대해서는 전문가들이 논란을 벌이고 있지만) 손을 대었다. 14세기에는 피렌체에서 지오또에게 버금가는 후계자가 나오지 못하다가, 15세기 초에 드디어 지오또에 못지않게 천재적인 화가가 등장하였다. 그는 마사치오Masaccio; 1400?~1428였다. 마사치오는 극적인 인물배열에서 지오또에 버금가는 재능을 지니고 있었고, 게다가 원근법과 명암법 그리고 인체구조에 대한 더욱 과학적인 지식을 겸비하고 있었다. 이 두 대가는 이탈리아 그리고 더 나아가 유럽 전역을 지배하게 될 피렌체 미술의 회화전통을 확립하였다. 회화 예술에 관한한, 흑사병 이후의 한 세기는 서양 역사상 가장 창조적인 시대 가운데 하나였다.

문학에서도 옛 봉건적인 서사시 및 연애시의 전통이 스러져가고 있었음을 보여줄 뿐인 많은 삼류모방작들과 함께, 위대한 업적이 이루어졌다. 이미 살펴보았듯이, 중세 문학에 그토록 많은 영감을 주었던 봉건적 이상들은 14세기에 점점 더 현실생활과 멀어져 가고 있었다. 봉건 전술로는 더 이상 전투에서 승리할 수 없었고, 봉건적인 토지보유 형태는 유물이 되어가고 있었으며, 봉건적 충성은 더 이상 사회의 통합을 유지시켜 주지 못하였다. 그러나 귀족계급이 이해할 수 있었던 명예로운 행위의 유일한 유형은 기사도에 따르는 것뿐이었다. 따라서 기사도는 중세 말에 사회적 격세 유전의 실례로서 존속하면서, 그 생성토양이었던 사회가 화폐경제의 진전으로 변질되어버린 오랜 뒤에까지 문학과 상층계급의 생활의식에 영향을 미치고 있었다. 결국, 중세 기사도의 가장 괜찮은 이상들—개인적인 용감성, 여성에 대한 존중, 봉사의 정신 등—은 뒷날 신사다운 행동의 이상에 동화되어 들어갔다.

그러나 14세기와 15세기의 대귀족들은 기사도의 가장 환상적인 측면들을 과장시킴으로써, 기사도의 이상이 여전히 생생하게 살아있다고 확신하려 했던 것 같다. 문장학이 그토록 복잡하게 가지를 친 것은 바로 이때의 일이었다. 마상시합은 모의 전투라기보다는 마상 무용처럼 되었다. 잔치를 벌이고 위엄을 과시하며 의식을 거행할 기회를 마련하는 것밖에는 별다른 목적이 없는 기사단들이 속속 창설되었다. 고고한 기독교 영웅주의의 분위기 속에서 창설된 신전기사단이 1311년에 해체되고, 기독교적이거나 영웅적인 목적을 전혀 갖고 있지 않은 가터 기사단the Order of the Garter이 1344년에 창설되었음은 전체 상황을 엿보게 해주는 징후이다(19세기의 한 수상이 가터 훈위는 "어떠한 지겨운 덕목도 요구하지 않기" 때문에 좋다고 말했지만, 그러한 느낌은 14세기에도 마찬가지로 적용될 것이다). 이 시대에는 또한 지켜지지도 않을 환상적인 맹세가 난무하였다. 예컨대, 1465년에 부르군디공 장은 십자군에 나가겠다는 맹세를 한 기념으로 거창한 향연을 열었다. 모인 궁정인들의 반쯤 미친 듯한 갖가지 맹세를 비롯하여 향연의 모든 자질구레한 일들이 진부한 찬양시로 장황하게 기록되었다. 그러나 공은 결코 십자군에 나가지 않았다.

물론 그러한 분위기에서 구식의 기사도 문학이 무한정 계속 번창할 수는 없었다. 오히려 기사도 문학이 그토록 오래 인기를 누렸던 것이 놀라운 일일 것이다. 약간의 새 무훈시가 창작되고, 옛 무훈시가 대개 더 길게 개작되었을 뿐이었다. 네 명의 기사가 전통적인 주제인 궁정적 사랑에 관한 ≪100편의 발라드 *Cent Ballades*≫를 작시하였다. 크리스틴 드 피장Christine de Pisan; 1364~1430은 마리 드 프랑스Marie de France 다음으로 중세의 가장 위대한 여성 작가로서 ≪참된 연인들에 대한 공의 서*Book of the Duke of True Lovers*≫를 내놓았다. 크리스틴은 어느 정도까지는 전통을 따랐으나, 여주인공들이 정절을 지키는 점에 이르러 전통에서 벗어났다. 부르군디공 선량한 필립은 기사도의 이상에 매료되었다. 그의 궁정에서는 여러 무훈시의 개정판과 두 완벽한 기사의 전기가 탄생되었다. 과장된 형태의 후기 기사도는 이 두 작품—≪쟈끄 드 랄랭의 공적*The Book of the Deeds of Jacques de Lalaing*≫과 ≪제앙 드 생트레 2세*Le Petit Jehan de Saintrè*≫—에서 완벽하게 묘사되어 있다. 그러한 작품에서, 12세기와 13세기에 발전된 기사도 관념은 우스울 정도로 장황해졌다. 기사들의 이야기는 점점 더 환상적인 방향으로 빠져들고 있었다. 하지만 환상으로도 아직은 영국의 ≪가웨인 경과 녹색 기사*Sir Gawayne and the Green Knight*≫1370?와 같은 걸작이 이따금 나타나긴 하였다.

대체로 중세 말의 가장 흥미로운 작품들은 의도적으로 전통적인 궁정적 사랑의 세계로부터 벗어나려 한 작가들에 의해 씌어졌다. 이미 13세기 후반에 장 드묑Jean de Meung은 그의 ≪장미꽃 이야기*Roman de la Rose*≫에서 궁정적 사랑의 관념을 비롯한 많은 전통적인 관념들을 풍자하였다. 더 늦은 시기에 나온 ≪결혼의 열다섯 가지 즐거움*Fifteen Joys of Marriage*≫은 여성들에 대하여 재미는 있지만 통렬한 비난을 퍼부은 작품이었다. 분류하기 힘든 또 하나의 작품 ≪백가지 새로운 이야기*Les Cent Nouvelles*≫도 대체로 같은 성향을 띠고 있었다. 이는 대부분 선량한 필립공의 궁정에서 이야기되었다고 여겨지는 연애담들로 이루어져 있다. 이러한 연애담들은 궁정적 사랑에 대한 반발이거나 새로운 종류의 우화로 간주될 수 있다. 이들은 15세기에 문학이 전통적인 궁정적 사랑의 관념에 구애되지 않고도 사랑을 이야기할 수 있다는 사실을 분명하게 보여주었다.

이탈리아는 14세기에 실로 위대한 세 문호—단테, 페트라르카, 그리고 보카치오Boccaccio—를 배출하였다. 단테에 대해서는 이미 고찰한 바 있다. 페트라르카는 아주 특이한 천재였다. 그는 음유시의 전통 속에서 자라났고, 그의 많은 시가 음유시의 전통을 뒤따르고 있으나, 그러면서도 보기 드문 신선함과 교묘한 생동감을 지니고 있다. 그는 또한 고전 문학에도 매료되었고, 최초의 인문주의자로 일컬어져 왔다. 보카치오는 더욱 완벽하게 중세로부터 르네상스로 전이를 보여준다. 그 역시 궁정적 사랑의 전통 속에서 경력을 시작하였으나, 곧 그 전통에서 떠나갔다. 그가 스스로 가장 자랑스러워했던 작품은 고전적 박학의 기념비인, 오히려 지루할 정도의 라틴어 대작 ≪신들의 계보*Geneology of the Gods*≫였다. 그러나 오늘날에는 그의 ≪데카메론*Decameron*≫이 더 유명하다. 이는 아주 다양한 출처에서 나온 여러 유형의 짧은 이야기들로 이루어져 있다. 그 가운데에는 언제나 재미있는 이야깃거리가 되는 간통과 간음에 대한 이야기가 많다. 수도승이나 재속 사제가 이 금지된 환락의 주인공이 되어 있는 이야기도 꽤 많이 들어 있다. 보카치오는 타고난 이야기꾼이었고, 근대 단편소설의 아버지라 일컬어져 왔다. 그는 또한 교회의 도덕적 훈계나 윤리에 거의 개의하지 않았다.

영국은 14세기에 윌리엄 랭글랜드William Langland; 1332?~1400와 지오프리 초서Geoffrey Chaucer; 1340?~1400라는 두 위대한 시인을 배출하였다. 랭글랜드의 ≪농부 피어스*Piers Plowman*≫는 중세 문학에 있어서 가난한 마을 사제와 농민들(랭글랜드는 바로 그들 사이에서 살았다)의 입장에서 씌어진 유일한 수작이다. 그의 시는 영국에서의 삶에 대한 일련의 "조명visions"으로 이루어져 있는데, 그 당시의 폐해, 특히 교회에서의 폐해에 대한 비난이 가득하다 :

> 저기 면죄부 행상꾼을 보라
> 　마치 사제처럼 설교하고 있구나.
> 그가 가져온 교황의 면죄부는
> 　주교 나리가 보증한 것이도다…
> 주교 나리가 성스럽고
> 　두 귀가 열려 있는 작자라면
> 그는 면죄부를 보증하여
> 　사람들을 기만하지 않을텐데
> 하지만 주교 나리에 대해선
> 　면죄부 행상꾼이 비난하지 않는다.
> 왜냐하면 두 작자가 서로 짜고
> 　면죄부 판 돈을 나눠 먹으니까.
> 가난한 마을 사람들이
> 　호주머니를 털어낸 그 돈을.

지오프리 초서는 역사상 가장 위대한 시인 가운데 하나였다. 그의 목표는 단테의 목표에 비해 덜 야심적이고 덜 고상하였으나, 시적인 영감이나 표현기법에 있어서는 단테에게 결코 뒤떨어지지 않았다. 초서는 주로 그의 ≪캔터베리 이야기*Canterbury Tales*≫로 유명하다. 서막에 등장하는 순례자들은 귀족 기사로부터 버릇없는 방앗간 머슴에 이르기까지, 점잖은 수녀원장으로부터 한낱 마을의 사제에 이르기까지 당시 사회의 축도를 이룬다. 그 다음에 나오는 이야기들은 중세의 거의 모든 장르에 걸쳐 있으며, 모든 취향을 만족시킨다. 기사의 연애담과 궁정적 사랑이 있고, 보카치오의 것과 같은 세련된 풍자가 있는가 하면, 아주 추잡한 음담패설도 있다. 여러 사회집단의 약점과 악덕이 뚜렷하게 묘사된다. ≪교구 신부의 이야기*Parson's Tale*≫는 기본적으로 고해자에 대한 안내서이다. 요컨대 ≪캔터베리 이야기≫는 중세 말의 문학과 그것을 낳은 사회의 모든 맥락들을 죄다 포괄한 훌륭한 잡동사니이다. 그러나 더욱 중요한 것은 표현의 아름다움을 포착하고, 정확하고 분명하며 생동감 넘치는 서술을 하는 초서의 천재성이다. 또한 초서는 독창적인 상상력이 매우 풍부하였다. 모든 이야기가 기상천외한 줄거리로 짜여 있다. 어떤 등장인물도 단순하지 않으며, 어떤 이야기도 완전히 틀에 박힌 방식으로 서술되지는 않는다. 초서는 이밖에도 많은 작품을 썼는데, 이 가운데 몇몇은 꽤나 재미있고, 모든 작품이 어느 정도씩은 그의 천재성을 보여준다. 그는 ≪트로일루스와 크리세이드*Troilus and Criseyde*≫와 같이, 원래는 엉터리 같은 이야기를 빌어 완전히 그럴듯하지는 않지만 꽤 감동적인 사랑 이야기로 바꾸어 놓을 수 있었다. 중세를 이해하고자 하는 사람이면 반드시 초서를 읽어야 할 것이다.

프랑스에서 서정시 전통은 결코 사라지지 않았다. 14세기 내내 서정시인들이 끊임없이 출현하였으나, 그들 가운데 누구도 뛰어나다고는 할 수 없었다. 15세기에는 알랑 샤르띠에Alan Chartier, 오를레앙공 샤를르, 프랑수와 비용Fransois Villon의 세 시인이 프랑스 서정시를 부활시켰다. 샤르띠에는 전통적인 연애시를 주로 썼으나, 프랑스인에게 영국군과의 싸움을 고취시킨 애국적인 시들로 더 유명하다. 그는 잔 다르크Joan of Arc와 함께, 프랑스인의 애국심을 불러일으킨 장본인이라 할 수 있다. 오를레앙의 샤를르는 매력적인 연애시를 썼다. 비용은 중세의 가장 위대한 시인 가운데 하나로서, 그의 명성은 아직도 드높다. 그의 시들은 15세기 중엽 파리의 어두운 생활상을 생생하게 그려주고 있다. 그는 대학의 학자로서 실패한 사람이었고, 언제나 가난에 찌들어 있으면서도 사치를 좋아한 호색가이자 건달이자 하찮은 범죄자였다. 그러나 그는 자기가 어떤 사람인지 정확하게 알고 있었고, 자신과 자신의 세계를 아주 분명하고 전혀 감정이 개입되지 않은 시들로 묘사하였다. 그의 시들은 냉소적이고 야비한 위트로 가득 차 있으나, 그 모든 것의 밑바닥에는 일종의 절망적인 신앙이 깔려 있었다. 비용은 두 번 사형을 선고받았다가 사면되었다. 그는 자기의 묘비명을 손수 쓰면서, 자신을 교수형 당한 범죄자라고 썼다. 그의 최후가 과연 어떠했는지는 알려져 있지 않으나, 그의 시구들은 문명 전체의 사멸에 대한 묘비명으로 남을 수 있었다 :

우리의 사후에도 살아있을 형제들이여
우리를 너무 가혹하게 꾸짖지 말라;
불쌍한 우리에게 동정을 베풀면
하나님께서 곧 너희에게 동정하리니

제7편 중세에서 근대로의 이행

제23장 백년 전쟁의 종말

15세기 초에 중세 세계는 완전한 무질서 상태에 빠진 듯하였다. 영국과 프랑스 사이의 투쟁에 개재된 문제들은 여전히 해결되지 않고 있었다. 교회는 분열되어 있었다. 모든 주요 국가에서, 귀족 당파들이 정권 쟁탈전을 벌이고 있었다. 그러나 중세생활의 여러 방면—예술, 문학, 기술, 경제—에서는 활력의 징후가 풍성하게 나타나고 있었다. 15세기에는 재통합 과정이 서서히 진행되고 있었다. 전혀 풀 수 없을 것 같았던 문제들이 마침내 해결되었고, 어느 정도 질서가 회복되면서 새로운 문명이 성장할 수 있었다. 12세기 이래로 줄곧 분쟁의 씨앗이 되어 왔던 문제인, 프랑스의 일부 영토에 대한 영국왕의 주장은 백년전쟁 말기의 여러 전투에서 결국 해소되었다제20장 참조.

76. 영국의 프랑스 공격

영국의 헨리 4세는 1413년에 죽었고, 그의 아들 헨리 5세1413~1422가 그 뒤를 이었다. 새 왕은 유능한 장수이자 용맹한 전사였고, 그의 이름은 군사적인 위인으로 역사에 길이 남았다. 그러나 싸움터를 떠나서의 그는 전혀 호감이 안가는 인물이었다. 그는 너무 권력을 탐하여, 아버지를 폐위시키고 즉위하려 했을 정도였다. 그는 자기 이익만을 생각하는 냉정하고 무정한 고집쟁이였다. 헨리는 그의 타고난 호전성과 권력욕, 그리고 영국 제후들을 프랑스에서의 전쟁에 몰두케 하면 국내에서 반란이 일어날 가능성이 거의 없으리라는 그의 믿음에 이끌려 오랜 동안 중지되어 있던 전쟁을 재개하였다. 그는 어렵지 않게 좋은 구실을 찾아낼 수 있었다. 그는 여전히 프랑스 왕위를 요구하고 있었다. 게다가, 대립하고 있던 프랑스의 두 귀족 당파가 서로 자기 편을 들어달라고 헨리에게 요청하고 있었다. 그러나 이에 대한 대가로 헨리가 요구한 것은 부르군디파와 아르마냑파 어느 쪽도 들어줄 수 없을 만큼 너무 엄청났다. 헨리는 아키텐, 앙주, 메인, 뚜렌느, 노르망디와 함께 브르타뉴와 플랑더즈에 대한 종주권까지 요구했던 것이다. 1415년 8월에 영국왕 헨리는 약 2천명의 중장 기병과 6천여 명의 궁사들을 이끌고 노르망디에 상륙하여, 즉각 아르플뢰르Harfleur 시를 포위하였다. 그곳은 9월 22일에 함락되었으나, 헨리의 군대는 이질의 전염으로 큰 타격을 받아 위축되었다. 헨리는 귀국하기로 결정했으나, 적에 대한 그의 경멸을 과시하기 위해 칼레를 경유하여 가기로 계획하였다. 그동안, 프랑스군은 서서히 집결하고 있었다. 부르군디공은 소집에 불응하였으나, 그의 한 동생을 비롯한 많은 휘하 귀족들은 군대에 가담하였다.

칼레로 행군한다는 헨리의 생각은 극히 무모한 것이었다. 전염병과 아르플뢰르 포위전에서의 병력 손실로 그의 군대는 약 6천 명으로 줄어 있었다. 게다가 보급물자의 태부족으로, 병사들은 거의 굶어죽을 지경이었고, 때마침 내린 폭우로 땅바닥은 진흙 수렁이었다. 헨리가 프랑스군의 진격 소식을 들었을 때, 그의 부하들은 너무나 배고프고 지쳐있어 더 이상 도망칠 기력조차 없었고, 이에 그는 싸울 준비를 하지 않을 수 없었다. 좌익과 우익이 트람꾸르Tramecourt와 아쟁꾸르Agincourt 두 마을의 채마밭과 과수원으로 보호받는 위치를 택한 헨리는 통상적인 방식에 따라 그의 군대를 각각 궁사들이 측방을 엄호하고 기사 및 창병이 어우러져 강력한 밀집대형을 이루는 세 부대로 편성하였다.

프랑스군은 쁘와띠에 전투에서 왕이나 태자를 전투에 직접 뛰어들게 해서는 안 된다는 교훈을 얻었다. 명목상의 군지휘관은 알브레Albret의 영주인 총사령관constable이었으나, 그는 상대적으로 비중이 낮은 제후였기 때문에 오를레앙공이나 부르봉공 같은 왕자들을 제대로 통제할 수 없었다. 총사령관은 뒤게스끌랭의 전략을 기억하고 있는 노장이었다. 그로서는 영국군의 진지에서 공격할 틈을 찾을 수 없었다. 프랑스군이 헨리와 칼레 사이에 진을 친다면, 헨리가 공세를 취할 수밖에 없을 것이었다. 그러나 다시 한 번 귀족 기사들은 제멋대로 행동을 취하였다. 신사로서 취할 수 있는 유일한 길은 즉각 전투에 뛰어드는 것뿐이었다. 쁘와띠에에서의 전술이 거의 그대로 재현되었다. 우선 소규모의 기사부대가 공격을 하였고, 그 뒤를 이어 프랑스의 기사들이 말을 내려 세 부대로 나뉘어 파상적으로 공격하였다. 석궁사들은 이때에도 기사들의 뒷전에 위치되어, 활을 전혀 쓸 수 없게 되어 있었다.

쁘와띠에 전투에서는 약간이나마 타당성을 지녔던 전술이 아쟁꾸르에서는 완전히 어리석은 것이 되었다. 우선, 갑주의 무게가 점점 더 무거워지고 있었다. 발사 무기로부터 자신을 완전히 방비하기 위해, 영국과 프랑스 양국의 기사들은 무거운 철갑갑주를 차려 입었다. 그렇게 무장한 기사들로서는 걷는 것이 지극히 힘겨운 일이었고, 한번 넘어지면 도움 없이는 일어나기조차 거의 불가능하였다. 게다가, 비가 내려 들판은 진흙수렁으로 바뀌었다. 쁘와띠에에서처럼, 프랑스 기사대의 공격은 영국군 궁사들에 의해 저지되었다. 화살은 기사들의 갑옷을 꿰뚫지는 못했지만, 그들이 타고 있던 말들을 쓰러뜨려 공격을 분쇄하였던 것이다. 그러자 프랑스의 기사들은 말에서 내려 진격해 왔다. 이 기사들은 진흙탕 속에서 허우적대면서 겨우 영국군 전열에 다다르면, 이미 너무 지쳐 싸울 수 없게 되었다. 상대방 기사들의 곤경을 눈치 챈 헨리는 궁사들로 하여금 활을 버리고 나아가 프랑스군과 육탄전을 벌이도록 명령하였다. 지쳐버린 프랑스 기사들은 무기를 휘두르기 위해 팔을 올릴 힘조차 없을 지경이 되어 있었으므로, 손쉽게 생포되거나 살해되었다. 세 번째 프랑스군 부대가 공격하려 할 즈음에는 헨리에게 포로가 되어 있는 프랑스군의 숫자가 공격군의 숫자와 거의 맞먹고 있었다.

그러나, 마지막 프랑스군 부대가 진격해 오기 시작했을 바로 그때, 헨리는 또 하나의 적군 부대가 측방에서 그의 야영지로 공격해 오고 있다는 전갈을 받았다. 사실은 아쟁꾸르의 영주인 그 지방의 한 2급 기사가 한 무리의 농민들을 이끌고 무방비 상태의 야영지에서 약탈해갈 물건이 없을까 접근한 것이었다. 그러나 헨리는 완전히 경악하여, 모든 포로를 죽이도록 명령하였다. 누구도 이 명령을 따르려 하지 않았다. 대부분의 포로는 대귀족들이었고, 그들의 몸값은 그들을 생포한 궁사들에게 엄청난 재산을 가져다 줄 것이었으므로, 영국군 궁사들로서는 그들을 죽일 마음이 추호도 없었다. 마침내, 헨리는 국왕 직속의 기사들에게 포로들의 살해를 명령하였고, 많은 프랑스인 귀족들이 헨리가 그의 두려움이 근거 없는 것임을 깨닫게 될 때까지 죽음을 당하였다. 아쟁꾸르의 영주는 전혀 위협이 되지 못하였고, 프랑스군의 세 번째 부대는 사려 깊게 공격 없이 물러났다. 프랑스군의 손실은 너무나 심각했다. 1500명의 귀족들과 3천여 명의 일반 기병들을 잃었던 것이다. 수많은 포로를 죽였음에도 헨리에겐 오를레앙공과 부르봉공을 비롯하여 1000명이 넘는 포로가 남아 있었다. 이에 비해 영국군의 손실은 백 명도 안 되었다. 그 가운데 가장 지위 높은 희생자는 왕의 사촌인 요크공 에드워드였다. 에드워드는 유복하고 편안한 삶을 누려 왔다. 뜨거운 여름날에 갑주가 내리누르는 무게와 전투의 흥분은 그에겐 너무 부담스러웠고, 그는 뇌일혈로 쓰러져 죽었다.

아쟁꾸르에서의 패배로 아르마냑파는 실질적으로 제거되었고, 부르군디공이 다시 한 번 실권을 장악하였다. 그의 남은 적들은 태자인 샤를르의 지휘 아래 있었다. 영국군의 침략에 직면하여 왕국에 평화를 회복시키려는 시도로, 태자와 쟝 공은 일련의 회합을 가졌다. 어떤 다리의 한가운데에서 열렸던 한 회합에서 옛 오를레앙파의 한 장수가 결국 부르군디공을 암살함으로써 오를레앙공의 죽음에 대한 앙갚음을 하였다. 새로운 공 "선량한" 필립은 즉각 노르망디의 요새들을 착실하게 하나씩 함락시켜 나가고 있던 헨리 5세와 동맹을 맺었다. 부르군디공은 파리와 국왕을 장악하고 있었으므로, 이 동맹은 1420년 5월에 헨리 5세와의 트르와 조약the Treaty of Troyes으로 이어졌다. 이 조약에서 태자인 샤를르는 "놀랍고도 엄청난 죄"를 이유로 왕위 계승을 하지 못한다고 선언되었다. 사실, 왕비는 샤를르가 실은 샤를르 6세의 아들이 아니라고 진술하도록 강요당했으므로, 샤를르는 "소위 태자so-called Dauphin"라고 호칭되었다. 헨리 5세는 샤를르 6세의 딸인 까뜨린느Catherine와 결혼하여 프랑스 왕위를 계승하게 되어 있었다. 헨리는 또 장인이 살아있는 동안, 아키텐과 함께 노르망디도 차지하게 되었다. 부르군디공에게는 그의 영지에서 그가 요구한 모든 권한과 특권이 보장되어, 그는 거의 완벽한 주권을 지니게 되었다.

1422년에 샤를르 6세와 헨리 5세가 연이어 죽었고, 트르와 조약에 따라 프랑스와 영국의 두 왕위가 헨리 5세의 아들인 헨리에게 넘어갔다. 이 헨리 6세는 태어난 지 불과 몇 달밖에 안된 갓난아이였으므로, 왕의 아저씨인 베드포드공 존과 글로스터공 험프리Humphrey가 각각 프랑스와 영국의 섭정이 되었다. 실질적으로는 프랑스가 별개의 세 나라로 분열되었다. 베드포드공은 조카의 이름으로 노르망디, 메인, 일 드 프랑스, 그리고 샹파뉴를 다스렸다. 파리와 그 서쪽 지역은 영국군 수비대가 실질적으로 지배하였고, 상파뉴는 베드포드공의 동맹자로 행세하던 부르군디 군대에게 장악되었다. 트르와 조약으로 부르군디공에게 부여된 실질적인 독립성은 왕이 어렸기 때문에 더욱 강화되었다. 베드포드는 부르군디공을 독립된 주권자로 대접하지 않을 수 없었다. 이론상으로 브르타뉴공은 헨리 6세를 군주로 인정하였고, 따라서 그의 공령은 영국령의 일부를 이루었으나, 그는 언제나 자기에게 가장 유리한 일만을 하려 했고, 그래서 가장 믿을 수 없는 봉신이었다. 르와르강 계곡과 가스코뉴 공령 바깥의 르와르강 이남 전 지역은 태자 샤를르를 왕으로 인정하였고, 샤를르는 부르즈를 수도로 삼았다. 프랑스왕의 문관들은 대부분 부르즈로 옮겨와 프랑스의 2/3에 해당하는 남부 지역을 다스렸다.

태자의 입장은 기본적으로 강력하였다. 영국의 상층계급은 어린 왕의 프랑스 왕국에 거의 이해관계를 가지고 있지 않았고, 그 유지를 위해 희생을 치를 마음이 전혀 없었다. 베드포드공은 아주 소규모의 영국군을 거느리고 있었으나, 그 유지에 필요한 돈을 마련하는 데에도 극도의 어려움을 겪어야 했다. 그는 그가 장악한 지역에서 세금을 올리려고 한 덕분에 많은 미움을 샀고, 결국 충분한 액수의 돈을 얻지도 못하였다. 부르군디공은 동부 프랑스와 저지대 지방the Low Countries에서 자신의 권력을 증대시키는 데에만 몰두하고 있었다. 그는 베드포드에게 군대의 파견을 약속하곤 했으나, 약속을 이행한 적은 거의 없었다. 베드포드가 다스리는 지역의 귀족들은 대부분 태자에게 여전히 충성을 바쳐, 태자를 따라 남쪽으로 떠나갔다. 게다가 프랑스군 장수들도 대부분 태자 편에 서있었다. 베드포드의 지배 영역 전역에, 특히 파리 동쪽에는 이 장수들이 태자의 이름으로 많은 요새를 장악하고 있었다. 예컨대, 상파뉴와 로렌느의 경계에 있는 보꿀뢰르Vaucouleurs 성 및 그 주변 지역은 로베르 드 보드리꾸르Robert de Baudricourt에게 장악되어 있었다. 태자의 주된 약점은 그의 성격상 결함과 주요 보좌관들의 이기적인 탐욕뿐이었다.

샤를르는 병약하고 의지가 약하며 소심한 젊은이로서, 그의 과민한 심성은 트르와조약으로 특히 그가 사생아라는 어머니의 진술로 크게 상처를 입었다. 그의 주변에는 강한 성격의 탐욕스러운 야심가들이 들끓고 있었다. 오랫동안 이들 가운데 라 트레므왈La Trémoille 공 제오르쥬George가 가장 강력한 위치를 차지하였다. 그의 영지는 대부분 북부 쁘와뚜에 있었고, 그는 샤를르를 설득하여 자기의 가신들이 가까이 있는 시농Chinon에 거주하게 했다. 공은 남부 프랑스에서 징수된 세금을 몰래 빼내었고, 퍽이나 관대하게 그 돈을 태자에게 이자를 받고 꿔주었다. 한번은 한 프랑스 제후가 태자를 만나러 왔다가 떠나려 하자, 공과 그의 부하들은 그를 납치하여 공에게 호의적인 유언장을 작성할 때까지 온갖 고문을 가하였다. 그들은 샤를르가 프랑스 왕위를 되찾기를 바라지 않았다. 왜냐하면 그렇게 되면 샤를르의 총애를 둘러싸고 경쟁이 심해질 것이기 때문이었다. 그들은 왕국의 2/3에서 나오는 수입을 마음껏 탕진하였다. 궁정에서의 그들의 세력에 대한 유일한 진짜 도전은 앙주공의 아내인 아라공의 욜란드Yolande of Aragon로부터 제기되었다. 샤를르의 장모가 된 욜란드는 대가 센 여자로서 어떻게 궁정 당파를 만들어 낼 수 있는지 잘 알고 있던 유능한 정치가였다. 라 트레므왈공은 욜란드의 하수인들이 내지른 단도에 찔려 이승을 하직하였다.

1428년에 베드포드는 처치곤란한 문제에 직면하였다. 그는 조카의 영토를 르와르강 이남으로 넓히려 하였으나, 르와르강 계곡은 오를레앙공과 앙주공의 두 대제후에게 장악되어 있었다. 베드포드는 헨리 6세를 위해 이들을 제압하고자 했다. 오를레앙공 샤를르는 아쟁꾸르에서 포로가 되어 영국에 억류되어 있었으나, 공령은 공의 아내와 공의 의붓 동생으로서 오를레앙의 사생아bastard of Orleans라 불리던 뒤노아Dunois백에 의해 튼튼히 방비되고 있었다. 오랜 숙고 끝에, 베드포드는 앙주보다는 오를레앙을 공격하는 것이 더 낫다고 판단하였고, 그의 군대는 공령으로 침입하여 오를레앙시를 비롯한 요새들을 포위하였다. 영국군은 오를레앙시를 봉쇄하기 위한 구조들을 만들고, 그 극히 적은 수의 병력으로나마 최대한 열성적으로 포위 공격에 임하였다. 반면에 그곳의 시민군과 약간의 직업군인들은 수비에 별로 열을 내지 않았다. 시간이 흐를수록, 영국군이 르와르강 계곡의 요충을 차지하리라는 것은 더욱 더 확실해지는 듯하였다. 태자의 지지자들은 완전히 전의와 단합심을 상실한 것으로 보였다. 그들은 이따금 베드포드의 지배 영역에 침입하여 고립된 성들을 기습하곤 했으나, 영국군과 정면으로 맞서 싸울 마음은 전혀 내보이지 않았다. 프랑스군은 너무나 오랫동안 연이어 패배해 왔기 때문에 완전히 신념을 잃어버린 것 같았다.

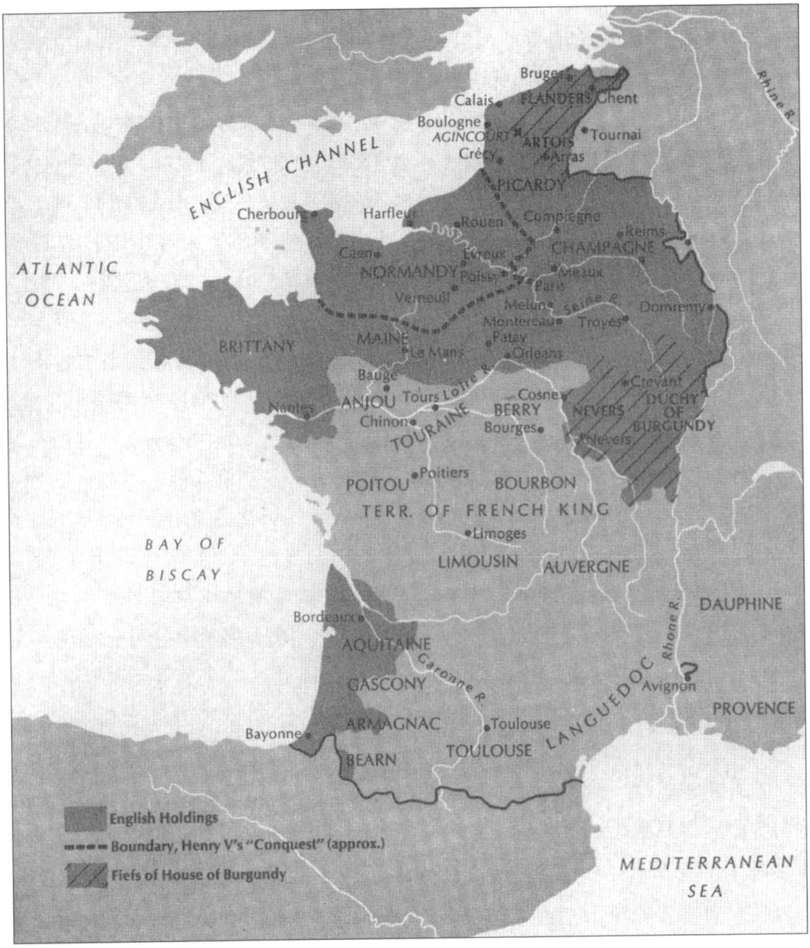

지도 22. 백년전쟁(1428년)

77. 잔 다르크와 프랑스의 승리

한편, 상파뉴의 동쪽 경계에서는 보꿀뢰르 성주인 로베르 드 보드리꾸르가 베드포드공처럼 곤란한 문제에 시달리고 있었다. 그러나 그 문제는 베드포드의 문제와는 사뭇 다른 것이었다. 동레미Domrémy 마을 출신의 어리지만 결의가 아주 굳은 한 소녀가 그를 너무나 성가시게 하고 있었던 것이다. 상파뉴 백령이 왕의 소유로 되고서 한 세기가량 동안, 동레미는 왕령지의 일부가 되었었다.

그 뒤, 그 마을은 오를레앙의 루이에게 속하게 되었는데, 루이는 온화한 제후로서 인민들의 사랑을 받았다. 농민들은 태자에게 애정과 지지를 보내고 있었다. 농민들은 영국인이 전쟁의 주역을 맡고 있다는 것밖에는 영국인에 관해 거의 몰랐지만, 그들의 마을들이 최근에 부르군디군에 의해 약탈당했고, 그들은 루이공 아래에서의 평화로웠던 시절을 그리워하였다. 동레미에는 촌티나고 전혀 교육을 받지 못했으나, 믿음은 아주 깊은 잔 다르크Joan of Arc라는 소녀가 살고 있었다. 그녀의 머릿속은 성인들의 일대기들과 영국군 및 부르군디군이 프랑스와 참된 프랑스왕에게 가한 비열한 행위들에 관해 전해들은 이야기들로 가득 차 있었다. 그녀는 자기가 좋아하는 성인들이 자기에게 나타나 오를레앙의 포위를 풀고 태자로 하여금 랭스에서 대관받도록 하라고 명령하였다고 굳게 믿었다. 그녀는 보꿀뢰르로 가서 로베르 드 보드리꾸르에게 자기가 받은 계시를 말하고, 태자에게 보내 달라고 졸라대었다. 로베르는 잔혹하달 만큼 강인한 직업군인이자 세속적인 인물이었다. 그는 이것이 전혀 새로운 일이 아님을 잘 알고 있었다. 시시때때로 전염병처럼 계시를 받은 여자들이 떼지어 나타나곤 하였던 것이다. 그는 그런 여자로 하여금 또 다시 태자를 성가시게 하고 싶지 않았고, 아마 그런 어리석은 계집아이가 고난에 빠지는 것을 보고 싶지 않을 만큼은 친절한 마음씨도 가지고 있었을 것이다. 그러나 잔 다르크는 너무나 결의가 굳었다. 그녀는 로베르의 부하들 몇몇을 감복시켰고, 결국 로베르는 그들에게 어리석은 일이지만 딱히 그러고 싶다면 그녀를 시농으로 데려다 주어도 좋다고 말했다.

1429년 2월 23일, 영국군과 부르군디군 점령지를 무사하게 가로질러, 잔과 몇 안 되는 호위병들은 마침내 시농에 도착하였다. 그녀는 샤를르에게 새로운 희망과 용기를 주는 말을 했다고 전해진다. 아마도 그녀는 그에게 그가 정당한 왕임을 확신시켜준 듯하다. 그러나 태자는 계시를 받은 여자들을 의심하였으므로, 사제들로 하여금 그녀를 시험케 하였다. 사제들은 그녀가 무식하지만 자기의 소임에 대한 신념으로 가득 차 있으며, 자기가 하나님의 명령을 따르고 있다고 절대적으로 확신하고 있음을 알게 되었다. 마녀를 시험하는 조잡한 방법이 이미 나와 있었으므로, 시험관들은 이 방법을 사용하고 그 결과에 따르기로 결정하였다. 마녀들은 정기적으로 악마와 성교를 하므로, 처녀는 마녀일 수 없었다. 그리하여 귀부인들로 구성된 위원회가 잔의 처녀성을 확증하자, 사제들은 잔이 마녀가 아니라는 결론을 내리고 이를 샤를르에게 보고하였다. 샤를르로서는 그의 군대가 더 이상 나빠질 수 없는 지경에 이르러 있었으므로, 잔에게 기회를 주지 않을 이유가 없었다. 게다가 그녀는 곧 왕족인 알랑송Alençon 공 장 2세를 비롯한 여러 장수들의 신임을 얻었던 것이다. 알랑송공은 오를레앙으로 보급물자를 수송해갈 부대를 지휘하게 되어 있었고, 잔은 그를 따라 오를레앙으로 향했다.

태자를 모시고 있던 장수들은 잡다하게 구성되어 있었다. 우선 두 명의 대귀족이 있었는데, 이들은 브르타뉴 공의 동생이자 프랑스의 총사령관인 리슈몽Richmont 백 아더Arthur와 알랑송 공이었다. 다음에는 경망스럽고 저돌적인 젊은 제후들—예컨대, 뒷날 "푸른 수염Bluebeard"으로서 악명을 드높이게 된 질 드 래Gilles de Rais와 오를레앙의 사생아 뒤노아 백—이 있었다. 끝으로 보수를 받으면 샤를르에게 봉사하고 고용되지 않은 때에는 농촌을 약탈하여 살아가던, 거칠고 야만적이며 탐욕스러운 용병대장들이 있었다. 이 갖가지 종류의 장수들 모두가 잔의 소박한 신앙에 감복하였던 것으로 보인다. 더욱 중요한 것은, 그녀의 믿음이 병사들을 분기시켜, 영국군에게 승리할 수 있으리라는 신념을 불러일으킨 것이었다. 이러한 신념의 회복은 잔 다르크가 빚어낸 기적이었다. 오를레앙 수비대는 성에서 뛰쳐나와 영국군이 세운 구조물들을 모조리 파괴하고, 포위군을 몰아냈다. 공령의 다른 요새들을 포위하고 있던 영국군도 곧 같은 운명이 되었고, 그들을 지원하기 위해 급히 파견된 영국군 역시 정면 대결에서 분쇄되고 말았다. 불과 몇 주일 안에 르와르강 계곡에서 영국군은 완전히 소탕되었고, 베드포드의 군사력은 일시적으로나마 무력해졌다.

오를레앙의 포위를 풀음으로써, 잔은 계시받은 과업 가운데 하나를 완수하였다. 그러나 두 번째 과업인 랭스에서 태자를 왕으로 즉위시키는 일이 그녀에게는 더욱 중요한 일이었다. 여기저기서 민족감정이라 할, 프랑스 민족이라는 것이 있다는 믿음이 나타나고 있는 징후들이 보이고는 있었지만, 대다수 사람들에게는 프랑스가 여전히 프랑스왕이 다스리는 영역을 뜻할 뿐이었다. 따라서 태자가 즉위하기 전에는 진정한 프랑스가 존재할 수 없었다. 잔은 왕의 주된 성직자 보좌관인 랭스 대주교의 강력한 지지를 받아 그 대주교좌 도시에로의 즉각적인 원정을 촉구하였다. 6월 말에 샤를르는 12,000여 명의 군대를 이끌고 장정을 시작하였다. 나약한 태자에겐 적지를 가로지르는 위험한 원정으로 여겨졌던 것이 실상은 유쾌한 시위 행진이 되었다. 베드포드는 파리와 노르망디를 방어하기 위한 군대를 끌어 모으느라 혈안이 되고 있었고, 부르군디군은 효과적인 대응을 하기에는 완전히 대비가 안 되어 있는 상태였다. 샤를르가 행군해 가자, 도시들은 앞 다투어 그에게 성문을 열어주었다. 7월 16일에 그는 랭스를 점령하였고, 다음날 랭스의 대성당에서 엄숙하게 왕으로 봉헌되었다. 왕관과 홀은 영국인의 수중에 있었고 프랑스의 세속 귀족은 하나도 참석하지 않았으나, 대관식의 핵심은 왕에게 부어지는 성유에 있었던 것이다. 태자 샤를르는 프랑스왕 샤를르 7세1422~1461가 되었다.

잔의 열정은 이러한 성공으로도 식지 않았고, 프랑스군은 그녀의 불타는 열정에 이끌려 파리의 성벽에까지 진격하였다. 그러나 영국군 수비대는 파리와 그 둘레의 보조 요새들에서 전혀 흔들리지 않았다. 그러는 동안, 왕과 궁정은 서서히 평상시의 무감각한 상태로 되돌아가고 있었다. 르와르강 계곡의 정복, 랭스에의 진격, 그리고 뒤이은 원정으로 재정은 바닥이 났다. 궁정인들은 안락한 생활을 위해 쓰일 수 있을 돈이 군사적 행동으로 빠져나가는 것을 못마땅해했다. 이제 샤를르가 왕이 되었으니까, 칼보다는 외교가 더 적합한 무기일 것이라고 그들은 생각했다. 브르타뉴와 부르군디를 같은 편으로 끌어들일 수만 있다면, 영국의 입장은 완전히 무력해지리라는 것이었다. 심지어는 장수들도 전투를 향한 잔의 열정에 약간 질려 있었다. 그들에게 전쟁은 사업이었고, 약탈이 그 중 가장 수지맞는 일이었다. 따라서 이따금 전투는 해야겠지만, 너무 전투를 탐해서는 안 되는 것이었다. 이리하여 전투의 열기는 서서히 식어갔다. 게다가, 부르군디가 이제 군대를 집결시켜 샤를르의 비용으로 장수들이 지켜온 파리 이북의 요새들을 함락하려 함으로써 반격을 시작하고 있었다. 필립 공의 장수 가운데 하나인 룩셈부르크의 요한John of Luxemburg은 콩피에뉴Compiégne 시를 포위하였다. 또 다시 전투의 열정에 불타오른 잔은 소규모 부대만을 이끌고 급히 달려가 그곳 수비대에 합류하였다. 며칠 뒤, 그녀는 돌격대를 이끌고 포위군에게 돌진하였다. 부르군디군은 기습을 당해 놀라긴 했지만, 곧 전열을 정비하여 잔의 돌격대를 분쇄하였다. 잔은 성문으로 퇴각하였으나, 패배를 인정하지 않고 몇몇 헌신적인 추종자들의 선두에서 계속 싸웠다. 시 수비대장은 성문을 너무 오래 열어놓고 있으면 부르군디군이 물밀듯이 쏟아져 들어올 것이라 염려하여 성문을 닫도록 명령하였고, 잔은 추종자들과 함께 생포되었다.

영국인과 부르군디인이 잔을 그들이 최근에 당한 모든 고난의 근원으로 간주한 것은 당연한 일이었다. 그녀의 출현이 몇몇 요새를 열의 없이 수비하거나 이따금 침입하여 약탈하는 것 외에는 아무 일도 하지 못했던 군대를 분기시켜 잇달아 승리를 거두게 하였던 것이다. 그녀의 격렬한 정열은 베드포드로부터 가장 유능한 장수 몇 명과 프랑스에 있는 병역의 거의 절반을 앗아갔다. 대부분 신의 개입을 믿지 않는 오늘날의 역사가로서는 잔의 경력과 한 소박한 농촌 소녀가 프랑스군에 불러일으킨 그 놀라운 영감을 이해하기 어렵다. 그러나 신앙의 시대에 살던 대부분의 사람들은 잔의 성공에는 분명 초자연적인 힘이 개재되어 있다고 믿었으며, 어떤 사람이 그 힘을 하나님이라고 믿느냐 악마라고 믿느냐 하는 것은 그가 어느 편이냐에 크게 달려 있었다. 부르군디파에 크게 치우쳐 있던 파리 대학의 해박한 박사님들은 잔을 마녀 재판소에 회부해야 한다고 주장하였고, 그들이 영국인과 부르군디인의 견해를 대변하였을 것은 거의 분명하다. 베드포드가 잔을 마녀라고 믿었는지 아니면 단순히 아주 성가신 존재로만 여겼는지는 그 자신의 양심에는 중요한 문제였겠지만, 다른 점에서는 별로 중요치 않다. 그는 즉각 돈에 쪼들리던 룩셈부르크의 요한으로부터 잔을 사들여, 루앙 성에 안전하게 유폐시키고는, 보베Beaubais의 주교인 피에르 꼬숑Peter Cauchon으로 하여금 잔의 재판을 맡게 하였다.

당시의 법률에 따른다면, 외형적인 절차에 관한 한 이 재판은 공정한 것이었다. 교회는 어떤 사람이 진짜 계시를 받았는지 아니면 단지 악마의 거짓 계시를 받은 것인지 판결할 권한을 가지고 있었다. 그러나 꼬숑은 완전히 베드포드의 영향력 아래에 있던 정치적인 주교였다. 공은 그에게 잔을 화형대로 보내는 것이 그의 임무임을 확실하게 주지시켰다. 이 재판의 근본적인 불법성은 잔의 재판관들이 공정치 못했다는 사실에 있다. 그녀의 유죄는 이미 정해져 있었다. 분명, 영국인이 지배하는 법정은, 잔에게 내린 계시가 영국왕은 정당한 프랑스왕이 아니라는 점을 핵심으로 하는 것일진대, 그 계시가 진짜 하나님이 내리신 것인가 하는 문제를 편견없이 따질 수는 없었을 것이다.

베드포드의 평판에는 다행하게도, 역사의 페이지에서 그의 비열한 계산은 샤를르의 무기력함에 가리워져 왔다. 잔에게 큰 빚을 졌으면서도, 샤를르는 그녀를 구하기 위해 아무 노력도 하지 않았다. 그가 할 수 있었을 조치는 아주 많았다. 룩셈부르크의 요한은 아주 사리 밝은 전사로서, 샤를르 측에서 적당한 액수의 몸값만 제의했다면 잔을 그녀의 적에게 팔아넘기기보다는 그녀의 친구들에게 넘겼을 것이다. 또 샤를르는 그에게 포로가 되어 있던 영국 귀족들과 잔을 맞바꾸는 협상을 벌일 수도 있었을 것이다. 무력으로 잔을 구출하는 것은 불가능했겠지만, 영국군의 몇몇 취약한 거점들을 공격함으로써 베드포드로 하여금 휴전의 대가로 잔을 석방시키게 만들 수도 있었을 것이다. 샤를르는 몇 년 뒤 이단자로 처형된 여자 덕분에 왕위에 올랐다고 하는 것이 볼썽사나운 일임을 깨닫고 나서야, 잔을 위해 조치를 취했다. 그제서야 샤를르는 새로 교회법정을 열어 1429년의 판결을 번복케 하였던 것이다. 잔은 20세기가 되어서야 공식적으로 성녀로 선포되었다.

잔이 죽은 뒤에 전쟁은 그녀가 출현하기 전과 거의 마찬가지로 지지부진하게 진행되었다. 샤를르는 결정적인 일을 해내기에는 너무나 무기력하였고 또 자원도 모자랐다. 베드포드는 프랑스 장수들의 소규모 원정에 맞서 현상유지에 급급하였다. 곧 샤를르가 취할 수 있는 유일한 길은 부르군디와 화약을 맺는 것뿐임이 분명해졌다. 필립 공은 아직 아버지의 죽음을 통렬하게 기억하고 있었고, 영국인 동맹자에게 갑자기 등을 돌리기에는 너무 완벽한 기사였지만, 영국인과의 관계는 여러 해 동안 점점 더 냉각되고 있었다. 이는 상당한 정도로 그 당시의 가장 흥미로운 인물 가운데 하나인 헨리 5세의 막내 동생 글로스터 공 험프리 덕분이었다. 험프리는 사치를 좋아하는 제후로서, 학문의 후견자이자 책 수집가였다. 그의 장서는 옥스포드에 있는 거창한 보들레이 도서관 Bodleian library의 토대가 되었다. 그는 또한 야심이 크고 저돌적이었다. 부르군디 공 필립의 플랑더즈 백령 근처에 있는 에노Hainaut, 홀랜드, 그리고 질랜드Zeeland의 세 값진 백령은 필립 공의 사촌인 한 젊은 여인의 소유로 되어 있었다. 그녀가 상속인 없이 죽으면, 이 세 백령은 필립의 차지였다. 필립은 신중하게 그녀를 자기의 뜻에 충실히 따르리라 믿어지는 청년과 결혼시켰다. 그러나 그 젊은 여자는 쾌활하고 방종한 성격으로서, 그녀의 매력 없는 신랑을 싫어하였다. 그녀는 영국으로 도망가서, 씩씩한 험프리의 사랑을 얻었다. 그녀는 대립하고 있는 두 교황 사이에서 열심히 공작을 꾸며, 결국 첫 결혼의 무효 선언을 얻어냈고, 곧 글로스터 공과 결혼하였다. 부르군디의 필립은 즉각 그녀의 영지로 진격하여 글로스터 공을 쫓아내고, 그녀를 감금한 다음 그녀의 상속지를 차지해 버렸다. 그러나 이 사건으로 충동적인 동생을 별로 통제하려 애쓰지 않던 베드포드와 필립의 사이는 크게 손상되었다. 샤를르와 필립 사이에 긴 협의가 있은 뒤에, 부르군디 공은 평화협상을 하는 데 동의하였으나, 협상에 그의 영국인 동맹자들도 참여해야 한다고 주장하였다.

1435년 8월에, 세 당사자들이 아라스Arras 시에서 회동하였다. 곧 영국과의 화약은 불가능함이 분명해졌다. 베드포드는 헨리 6세가 프랑스왕으로 인정되어야 하며, 샤를르가 그가 장악하고 있는 지역을 헨리의 봉신으로서 보유해야 한다고 주장하였다. 영국 측은 9월 1일에 협상을 중지하였다. 그러자 이제 마음이 편안해진 필립 공은 진지하게 협상을 시작하여, 9월 20일에는 아라스 조약이 체결되었다. 필립은 그의 부르군디 영지에 연이어 있는 두 백령 마꽁Macon과 오세르Auxerre, 그리고 플랑더즈에 인접한 두 백령을 획득하였다. 샤를르가 살아있는 동안에는, 그는 프랑스왕으로부터 보유한 봉토들에 대해 신서를 하지 않게 되어 있었다. 샤를르는 쟝 공의 살해에 가담한 데 대해 공식으로 보상을 하게 되었다.

부르군디와의 화해로 프랑스 인민 대다수가 지지하는 샤를르 7세의 최종 승리가 가능해졌다. 1439년에 삼부회는 중요한 재정 법령을 승인하여, 영국과의 투쟁을 계속하는 데 필요한 자금을 마련해 주었다. 게다가, 왕의 주된 적수였던 베드포드가 아라스 조약이 체결되고 바로 얼마 뒤에 죽었다. 헨리 6세의 이름으로 프랑스에서 통치를 하는 자들이 그 후 15년 동안 더 존속하였으나, 그들의 목적이 더 이상 실현 불가능하다는 것은 분명해졌다. 영국군이 장악하고 있던 도시와 성채들은 하나하나 샤를르의 장수들에게 함락되었다. 북부에서의 마지막 전투는 1450년에 노르망디의 포르미니Formigny에서 있었다. 포위된 수비대들을 구원하기 위해 파견된 영국군 소부대가 총사령관 리슈몽이 지휘하는 프랑스군과 맞닥뜨렸던 것이다. 이 전투는 새로운 양상으로 전개되었다. 영국군은 으레 그러했듯이 언덕 위에 포진하였으나, 리슈몽은 곧바로 공격하는 대신 대포를 설치하여 포격을 퍼부었다. 결국 영국군의 전열이 포격으로 무너지자, 그는 공격해 올라가 쉽게 영국군을 분쇄하였다. 2년 뒤, 슈로우즈베리Shrewsbury 백이 보르도 근처에서 궤멸당함으로써 가스코뉴에 대한 영국의 지배도 끝장이 났다. 헨리 6세에게 남은 프랑스 내 영토는 칼레시와 그 주변 지역뿐이었다. 영국왕들은 조지 3세George III 때까지 모두 프랑스왕이란 칭호를 계속 가졌으나, 그것은 완전히 공허한 칭호에 지나지 않았다.

78. 중세 말의 전술

1452년에 보르도가 함락됨으로써 백년전쟁은 끝났으나, 본 장을 끝내기 전에 중세 말의 중요한 군사제도 변화를 잠깐 고찰하는 것이 좋을 것이다. 이런 변화 가운데 가장 흥미로운 것으로는 화약의 사용이 점차 증대되었다는 것을 꼽을 수 있다. 대포는 이미 1324년에 유럽에 알려져 있었다. 에드워드 3세는 상당수의 대포를 가지고 있었다. 그가 크레시에서 대포를 사용했다는 몇몇 연대기 작가들의 진술은 의심스럽지만, 칼레 포위전에서 대포를 사용하였음은 분명하다. 그때로부터 대포는 서유럽 여러 나라의 정규 군사장비가 되었다. 그러나 이 초기 대포는 그리 효과적이지 못했다. 돌이나 쇳덩어리로 된 포탄은 너무 가볍고 너무 약한 힘으로 발사되어, 돌 성벽에 별로 손상을 입힐 수 없었다. 또 대포에는 이동식 포가가 없었으므로, 대포는 방어하는 측에서 적군이 좁은 협로로 진격해 오는 것을 저지할 때를 제외하고는 싸움터에서 거의 소용 없었다. 대포 소리는 상당한 정도로 적군을 놀래켜 당황하게 할 수 있었지만, 14세기에 대포가 상대방에게 큰 손상을 입혔다는 증거는 없다. 성을 포위한 장수들은 대개 대포에 쓸 화약을 땅굴을 파는 데 쓰는 것이 더 효율적임을 깨닫곤 하였다. 소포ribaulds 또한 그렇게 효율적이지 못했다. 소포는 수레 위에 2~3개의 포신을 탑재하거나 마차 위에 여러 개의 포신을 탑재한 것으로서 인마 살상용이었으나, 장전과 발사에 너무 시간이 오래 걸려 전투에서는 별로 효과가 없었다.

15세기에 대포는 성이나 도시의 포위전과 수비전에서 중요해지기 시작하였다. 대포를 다루는 기술에 숙달한 전문적인 포병이 등장하였다. 대포는 여전히 육중한 돌 성벽에는 별로 효과적인 손상을 입히지 못하였으나, 성문을 깨부수어 포위군을 돌입시킬 수는 있었다. 15세기에 통상적으로 쓰이던 방법은 많은 대포를 반원형으로 배열하여 성문에 집중적인 사격을 함으로써 서서히 성문을 깨부수는 것이었다. 대포가 포위 공격의 무기로 보편화되자마자, 성주들도 수비를 위한 대포의 필요성을 느끼게 되었다. 그러나 이는 심각한 문제를 야기하였다. 대포의 반동이 수비대가 올라서 있는 성벽을 마구 무너뜨렸던 것이다. 이에 대한 해결책으로는 대개 외벽의 높이를 1/3가량 낮추고 그 대신 벽을 더 두껍게 함으로써 대포의 반동에 지탱하도록 하는 방법이 쓰였다. 싸움터에서는 특별한 상황에서가 아니라면 대포가 여전히 별 효과를 내지 못하였다. 방어작전을 하는 경우, 대포가 방어군의 바로 전방은 포격할 수 있었으나, 이동하기는 극히 어려웠다. 이따금 포르미니에서처럼 방어진지를 구축한 적에 대해서도 대포를 사용할 수 있었다. 그러나 군대가 신속하게 움직이는 기동전에서는 대포가 거의 쓸모없었다.

소포는 15세기에 점점 더 많아졌으나 대체로 그리 효과적이지 못했다. 소포는 주로 요새의 성벽 수비군에 의해 포위군을 상대로 사용되었다. 황제 지기스문트가 후스파를 진압하려 했을 때, 그는 소포가 탑재된 무수한 마차들의 진열에 맞닥뜨렸다p. 662 참조. 그의 기사들은 마차들의 장벽을 돌파하지 못하고, 소포로 말미암아 큰 희생을 치렀다. 아주 작은 소포가 개인 화기로 사용되었다는 기록도 있는데, 이는 16세기에 나온 소총의 전신이었다. 그러나 이런 개인 소포가 발사 무기로서 석궁이나 장궁만큼 효과적이었을는지는 매우 의심스럽다. 이 소포는 발사 속도가 아주 느리고 명중율도 형편없었다.

종종 화기의 발전이 갑주의 착용을 쇠퇴시켰다고 주장되어 왔으나, 사실상 두 과정 사이에는 거의 아무런 연관도 없었던 듯하다. 14세기에, 석궁과 장궁의 효율성이 증대됨에 따라 기사들은 더욱 두껍고 무거운 갑주를 착용케 되었다. 아쟁꾸르 전투에서, 완전 무장한 기사는 무거운 금속판 갑주로 온 몸을 감싸고 있었고, 말도 비슷하게 갑주로 보호되고 있었다. 그 결과, 기사는 걸어서는 움직이지도 못할 지경이었고, 말을 타도 아주 평평하고 마른 땅 위에서조차 굼벵이처럼 느리게 움직일 수밖에 없었다. 요컨대, 중장 기병은 이상적인 조건 아래에서만 제대로 공격을 할 수 있었다. 15세기 말에는 대부분의 군대가 기동성을 높이기 위해 가벼운 갑주를 사용하고 있었다. 지휘관들은 여전히 무거운 금속판 갑주를 입었으나, 중장 기병대에서조차 일반 병사는 장비의 무게를 줄이기 시작하였다. 하지만 16세기 전반에 걸쳐 갑주는 당시의 권총으로부터는 아주 효과적인 보호를 해주었다. 운좋게도 탄환이 약한 곳을 적중하였을 때에만 두꺼운 금속판 갑주에 구멍을 낼 수 있었던 것이다.

15세기에는 전술에서도 한 가지 흥미로운 발전이 이루어졌다. 부르군디공 필립의 아들이자 후계자인 성급한 샤를르Charles the Rash는 프랑스와 독일 사이에 독립국가를 건설하려는—즉, 옛 로타르의 중부 왕국을p. 152 참조 재건하려는—야심을 품고 있었다. 이를 위해서는 그가 차지하고 있던 저지대 지방과 부르군디 사이에 있는 로렌느와 이탈리아의 통로인 스위스를 정복해야 했다. 이 때문에 그는 스위스인과 일련의 전쟁을 치렀다. 북부 웨일즈인과 고지대 스코틀랜드인처럼, 스위스인은 기본적으로 밀집대형을 이루어 도보로 싸우는 창병이었다. 그러나 그들은 다른 중세 창병들이 몰랐던 것을 알고 있었다. 그들은 이동할 때에도 대형을 흩트리지 않을 수 있었던 것이다. 웨일즈인과 고지대인들은 방어하는 경우엔 밀집하여 중장 기병대를 물리칠 수 있었으나, 이동을 하려고만 하면 대형이 흐트러져 기병대가 돌입할 틈을 만들어 주곤 하였다. 스위스인은 견고한 밀집대형을 유지하면서 이동과 공격을 할 수 있도록 훈련되었다. 샤를르공이 부르군디의 기병대를 스위스의 좁은 계곡으로 이끌고 갈 때, 스위스군은 견고한 창병 밀집대를 이루어 공격해서 기병대를 완전히 궤멸시켰다. 15세기 말, 16세기 초에 스위스의 창병은 유럽에서 가장 값진 병사였고, 모든 교전자들이 그들을 고용하려 하였다.

샤를르 7세의 치세에는 로마 제국의 멸망 이래 최초로 서유럽에서 상비군이 창설되었다. 백년전쟁이 막을 내려가면서, 일자리를 잃은 용병대들이 또 다시 프랑스의 두통거리가 되었다. 온갖 방책이 그들을 제거하기 위해 쓰여졌다. 여러 차례 그들은 독일 제후들에게 고용되어 멀리 있는 새 전쟁터로 떠나가곤 했으나, 그들은 프랑스를 더 좋아하여 언제나 다시 되돌아왔다. 샤를르는 이들 용병대 가운데 일부를 상비군으로 편성하여, 그의 전쟁에 참가시키는 한편 다른 용병대를 진압시키는 데에도 이용한다는 묘안을 생각해냈다. 1445년 5월 26일의 포고령에서 샤를르는 15개 부대의 정규군compagnies d'ordonnance을 창설하겠다고 선포하였다. 각 부대는 백 개의 랑스lance로 이루어졌다. 랑스는 15세기에 한 명의 중장 기병과 그의 수행원들을 한 묶음으로 칭하는 용어였다. 새 편제에서 각 랑스는 한 명의 중장 기병과 그가 때려눕힌 적을 죽이거나 생포하는 것이 주 임무인 검사 하나, 두 명의 궁사, 무구 관리인valet d'armes 하나, 그리고 시동page 하나로 이루어졌다. 끝의 두 명은 기병에게 시중을 드는 비전투원이었다. 이들 모두는 함께 행군할 수 있도록 말을 탔다. 이리하여 샤를르는 6천명의 상비군을 지니게 되었다. 15개 부대는 각각 대귀족의 지휘를 받았고, 지휘관의 이름을 따 호칭되었다. 이들은 뒷날 프랑스군의 핵심을 이룰 옛 연대regiments의 전신이었다.

어느 정도 훈련을 요하는 발사 무기로 장비된 보병부대를 얻기 위해, 샤를르는 자유 궁사대free archers라 불리는 국민군 부대를 조직하였다. 왕령지의 모든 교구는 왕의 관리들의 명령에 따라 일정수의 장정을 징발하였다. 이들 장정들은 왕으로부터 장비와 급료를 지급받고, 대부분의 세금을 면제받았다. 그 대신 그들은 정기적으로 활 쏘는 연습을 하고, 이따금 소집되어 집단적으로 훈련과 교육을 받게 되어 있었다. 왕의 착상은 무기에 익숙치 않은 농민들로부터 별로 호응을 얻지 못하여, 실제로 자유 궁사대에 들어간 자는 극히 적었다. 샤를르 휘하에는 8천명, 그의 아들인 루이 11세 휘하에는 1만6천명이 있었다고 전해진다. 게다가, 그들이 아주 효율적인 부대가 될 만큼 적절한 훈련을 받았을 가능성은 거의 없다. 그 당시의 한 사람이 전하는 바에 따르면, 세금의 면제가 주로 마을의 비교적 나이 먹고 부유한 농민들의 마음을 끌었고, 따라서 자유 궁사대가 막상 소집되자 대부분의 병사는 나이 먹고 뚱뚱한 자들임이 드러났다고 한다. 물론, 이 국민군은 프랑스 군사제도에서 결코 중요한 부분을 차지하지 못했다.

이미 서술한 다른 변화들은 비군사적인 영역에도 영향을 미쳤다. 기병은 20세기까지도 전쟁에서 계속 중요한 역할을 하였다. 그러나 무거운 무기와 갑주를 갖춘 기사는 14세기에 쓸모가 없어지고 있었고, 이에 따라 그런 전사들을 뒷받침하기 위해 탄생하였던 중세 봉건체제도 통째로 폐물이 되어 갔다. 포위전에서의 대포의 사용, 훈련된 보병부대의 발전, 직업 상비군의 형성 등 모든 발전이 새로운 기술의 효율적인 사용 방법을 습득한 통치자들의 권력을 강화시킴으로써 전쟁 기술뿐만 아니라 통치기술에까지 영향을 미칠 수 있었다.

제24장 대분열의 종식

이미 살펴보았듯이, 피사 회의는 통일 교황으로 알렉산더 5세를 선출함으로써 대분열을 종식시키려 하였으나, 이는 둘 대신 세 "교황"을 분립시켰을 뿐이었다p. 608 참조. 1414년에는 새로운 회의가 콘스탄스Constance에서 열렸다. 콘스탄스 회의의 지도자들은 분열을 종식시키는 동시에 더 나아가 교회의 모든 다른 병폐들까지 척결하려 하였다. 이 회의의 성공—그리고 실패—은 프로테스탄트 종교개혁이 있을 때까지 마지막 한 세기 동안 중세 가톨릭 교회가 걸어갈 길을 결정하였다.

79. 공회의파, 위클리프, 후스

처음에는, 피사의 교황들이 전 유럽의 지지를 획득하는 듯하였다. 영국, 프랑스, 그리고 독일의 세 나라 군주 모두 그들을 지지하는 성향을 보였으나, 유감스럽게도 피사 계열의 두 번째 교황인 요한 23세1410~1415는 평판이 나쁜 악당이었다. 원래는 군인이었던 그는 교황령의 한 행정관리로서 능력을 발휘하여 추기경까지 오른 인물이었다. 추기경들은 그가 로마를 점령하여 중부 이탈리아를 평정하리라는 기대 속에 그를 선출하였으나, 그는 이런 군사적 과업에서조차 성공하지 못했다. 1413년에 황제 당선자인 지기스문트는 분열을 궁극적으로 종식시키기 위한 새로운 공회의를 열어야 한다고 주장하였다(지기스문트는 1410년에 "로마인의 왕"으로 선출되었으나, 아직 황제로 대관받진 못하고 있었다). 요한 23세는 마지못해 공회의를 소집하였고, 이 공회의는 1414년 말에 콘스탄스 시에서 열렸다.

이 즈음에 교회가 직면하고 있던 문제는 더 이상 단순한 분열의 종식만이 아니었다. 유럽 전역에서 대학의 지식인들은 교회의 기본구조가 장차 유사한 상황의 출현을 원천적으로 봉쇄할 수 있도록 개혁되어야 한다고 촉구하고 있었다. 개혁 지지자들은 또한 지난 세기에 자라난 모든 폐해를 척결함으로써 교회의 도덕적 쇄신을 성취하기로 굳게 결심하고 있었다. 끝으로, 그들은 영국과 보헤미아에서 각각 존 위클리프John Wyclif와 요한 후스John Huss에 의해 확산되어 온, 교회제도 그 자체를 위협하는 것으로 보이는 새로운 형태의 이단을 근절시키려 하였다.

콘스탄스 공회의의 분위기를 지배한 개혁가들은 온건한 입헌주의자라 할 수 있었다. 그들은 교회 정부의 이상적인 형태로서 입헌 군주제를 옹호하였다. 그들은 다시 한 교황 아래에 교회를 통일시키길 바랐지만, 또한 장차 대의체인 공회의의 빈번한 모임을 통하여 교황권을 제한하려 하였다. 이 "공회의 운동"의 지도적 이론가들은 여러 나라에서 배출되었다. 그 가운데에는 파리 대학의 신학박사였던 두 프랑스인 피에르 다이이Pierre d'Ailly; 1350~1420와 장 제르송Jean Gerson; 1363~1429, 이탈리아의 법률가 자바렐라Zabarella; 1360~1417, 그리고 독일인인 니엠의 디트리히Dietrich of Niem; 1338~1418가 있었다. 이들은 모두 공회의 운동에 적극 참여하였다. 당연히, 이들 사이에는 강조점의 차이가 있었다. 피에르 다이이는 정치이론가로서 글을 썼는데, 오캄의 윌리엄의 저작으로부터 큰 영향을 받았다. 제르송은 기본적으로 도덕적 쇄신에 관심을 지녔고, 도덕의 개혁을 가져올 수 있다면 어떤 교회정부 체제도 지지하려 하였다. 자바렐라는 뛰어난 교회법학자로서, 공회의주의를 옛 ≪법령집성≫에 입각한 일관된 헌법구조로 제시할 수 있었다. 니엠의 디트리히는 교황청 문서국의 고위 관리로서 주로 교황청 행정에 있어서의 폐해들을 근절시키는 데 관심을 지니고 있었다.

그들이 공통되게 지니고 있던 기본 관념은 교회 전체가 그에 속한 어느 한 개인, 심지어는 교황보다도 더 우월하다는 것이었다. 그리스도는 말세에 이르기까지 교회와 함께 있을 것이며, 교회를 결코 오류에 빠지지 않게 하리라고 약속하였다. 그러나, 당시의 사건들로 보아 오류에 빠지지 않게 이끌어 주시겠다던 그 약속이 교황에게는 적용되지 않는다는 것이 분명한 사실로 여겨졌다. 공회의파는 이로부터 교회의 궁극적인 권위가 기독교 사회 전체 또는 그 사회를 대표하는 공회의에 있다고 결론지었다. 교황의 직은, 물론 그리스도가 세우신 것이지만, 교회에 봉사하기 위해 존재하는 것이며, 교황 개개인이 그 신성한 직책에 부적합한 인물로 판명될 수도 있다는 것이었다. 추기경 자바렐라는 교황이 "훌륭하게 통치하는 한"에 있어서만 교회의 최고 관리라고 썼다. 교황이 엉망으로 통치하는 경우, 그를 시정하거나 또는 끝내 폐위시키는 것은 공회의로 대표되는 기독교 사회 전체라는 것이었다.

이러한 관념들 그 자체는 결코 새로운 것이 아니었다. 15세기에 새로웠던 것은 그런 관념을 현실로 구현시키려는 시도가 진지하게 이루어졌다는 사실이었다. 공회의주의 이론들의 일부는 12세기 교회법학자들의 헌법으로부터, 일부는 파리의 장John of Paris과 같은 14세기 초의 군주 지지파 저술가들로부터 유래한 것이었다. 파도바의 마르실리우스Marsilius of Padua와 오캄의 윌리엄 역시 교황 절대주의에 대한 예전의 비판들을 상당 부분 그들의 저작 속에 옮겨 적어 널리 알리는 데 기여했다는 점에서 큰 영향을 미쳤다pp. 362~365; pp. 547~549 참조. 그러나 15세기의 공회의파는 마르실리우스와 오캄의 비교적 개인적이고 급진적인 견해—예컨대, 교황의 직이 그리스도에 의해 세워졌음을 부정하는 마르실리우스의 견해와 공회의가 교회 전체를 충분히 대변할 수 있다는 것을 의문시하는 오캄의 회의적인 생각—는 회피하였다.

공회의파의 생각과 당시의 개혁가들인 위클리프 및 후스의 생각을 구별하는 것은 중요하다. 콘스탄스 공회의에 참석한 고위성직자들은 위클리프를 증오하였고, 후스를 살해하였다. 공회의파는 기본적으로 중세 교회의 전 구조를 보존하려 했던 중세 가톨릭 교도였다. 위클리프와 후스는 16세기의 프로테스탄티즘에 가까운 입장을 취하였고, 모든 기존 교회제도의 정당성을 의문시하였다.

옥스포드 대학의 신학자였던 존 위클리프1330?~1384는 1375년경에 교회의 부와 사치를 공격하고 모든 교회 재산은 세속 권위의 재량에 따라 보유되는 것일 뿐이라고 주장함으로써 명성을 얻기 시작하였다. 이즈음, 랭카스터 공 겐트의 존을 필두로 한 한 무리의 영국 귀족들은 교회 재산에 탐욕스럽게 눈독을 들이고 있었으므로, 그들을 편드는 성직자가 나타나자 기쁨을 금치 못하였다. 위클리프는 운좋게 강력한 랭카스터 공의 보호를 받아 여생을 무난하게 지낼 수 있었다. 교회에 관한 그의 이론은 교회 재산에 관한 그의 저술에서 처음 개진된 지배권dominion 이론으로부터 발전해 나온 것이었다. 위클리프는 진정한 지배권은 하나님에게만 속하며 인간은 하나님의 지상 대리인으로서 행동할 뿐이라고 지적하였다. 이것은 결코 당시의 통념과 다르지 않았으나, 위클리프는 더 나아가 하나님의 벗인 자만이 어떤 형태든 지배권을 정당하게 행사할 수 있다고 주장하였다. 따라서 죄를 진 자는 정당하게 재산을 소유하거나 사법권을 행사할 수 없다는 것이었다. 죄가 있는 사제는 성사를 집전할 권한을 잃으며, 죄지은 주교는 주교구의 사법권을 가지지 못하는 것이었다. 이러한 견해는 예정설 predestination에 대한 믿음과 결합되었다. 위클리프에게는 하나님이 실제로 뜻하지 않은 일이 일어날 수 있다는 것은 생각조차 할 수 없는 일이었다. 그리하여 그는 창조주께서 누가 구원되고 누가 저주받을 것인지 미리 예정하셨다고 믿었다. 교황은 아마도 저주받을 자로 예정되었을 것이었다.

위클리프의 신학적 견해는 대체로 성 아우구스티누스의 저작에 바탕을 둔 것이었다. 뒷날의 루터와 칼빈처럼, 그 역시 그 저작에서 하나님의 뜻이 절대적인 힘을 갖고 지배한다는 관념을 발견하여, 자기 사상의 핵심으로 삼았다. 그러나 죄지은 사제는 성사를 집전할 권한을 상실한다는 위클리프의 이설은 아우구스티누스가 그토록 격렬하게 공격하였던 도나투스파의 입장을 무의식적으로 되살린 것이었다p. 42 참조. 게다가 이 이론은 교회의 기존 성사체제를 통째로 혼란에 빠뜨리는 것이었다. 왜냐하면 사람들은 그들의 사제나 주교가 죄인인지 아닌지 결코 확실하게 알 수 없기 때문이다. 따라서 위클리프는 성사가 유용하고 무해하긴 하지만, 구원에 반드시 필요한 것은 아니라고 주장하였다. 교회와 그 의식들은 예정설에 입각한 신앙에서는 거의 불필요한 것이었다. 특히, 위클리프는 성체 성사에 대한 공인된 교리를 공격하였다. 그는 빵과 포도주가 사제에 의해 축성된 이후에도 여전히 그 본질을 보유한다—즉 여전히 빵과 포도주로 남는다—고 주장하였다. 그리스도는 본질로서가 아니라, 영적으로만 빵과 포도주 속에 존재한다는 것이었다.

위클리프는 또한 기독교적 생활방식을 교회의 가르침에서가 아니라 성경 그 자체에서 찾아야 한다고 주장하였다. 따라서 성경은 모든 사람에게 가용한 것이 되어야 했다. 그의 지도 아래, 그의 제자들은 종교개혁에 큰 영향을 미치게 될 두 권의 영역 성경을 펴내었다. 요컨대, 정통 사제들의 관점에서, 위클리프는 분명 극히 위험스러운 이단자였다. 그의 정치적인 이론은 교회의 재산 및 수입을 위협하는 것이었다. 그의 신학적인 견해는 교회의 정신적 권위를 파괴하는 것이었다. 사제는 유용하지만, 기본적으로는 구원에 전혀 불필요한 존재로 격하되었다. 위클리프의 이론은 1377년에 교황 그레고리우스 11세에 의해, 그리고 1382년에는 캔터베리 대주교가 주재한 영국 사목회의에서 또 다시 이단으로 탄핵되었으나, 위클리프는 겐트의 존이 보호해준 덕분에 여생을 평안하게 살아갈 수 있었다.

위클리프가 죽기도 전에, 그의 제자들은 그의 이론을 영국 전역에 전파하기 시작하였다. 이들 가운데에는 옥스포드의 학자들도 있었으나, 대부분은 가난한 사제들이었다. 뒤에는 속인들도 영국 전역을 돌아다니며 위클리프의 가르침을 퍼뜨리기 시작하였다. 위클리프의 제자들은 아마도 정체가 불확실한 독일의 한 이단종파의 이름을 따서 롤라드파Lollards라 불리었다. 물론 방랑 설교가들은 이단으로 탄핵된 견해를 그것도 허가도 받지 않고 설교함으로써 교회법을 어기고 있었으나, 리차드 2세의 치세에 교회는 그들을 체포하여 투옥하는 것 이상의 조치는 취하지 못하였다. 그들은 대개 선뜻 자기의 신념을 철회하여 석방되고는, 또 다시 거리낌 없이 설교를 재개하곤 하였다. 헨리 4세가 즉위하였을 때, 의회는 롤라드파의 교리를 설교하는 자를 모두 교회 법정에 회부하여, 이단자로 판결되면 세속 당국에 넘겨 화형하도록 규정한 ≪이단자 화형*De Haeretico Comburendo*≫을 통과시켰다. 헨리 4세에게는 이 법령이 어느 정도 형식적인 것에 지나지 않았다. 비록 몇몇 롤라드파 신자가 실제로 화형을 당하긴 했으나, 이 법령은 별로 강력하게 시행되지 않았다. 그러나 헨리 5세는 이 종파를 강력하게 가차 없이 처단하였다. 그의 치세가 끝날 무렵, 롤라드파는 비록 종교개혁 때까지 여러 지역에서 지하로 잠적하여 존속했다는 증거가 있지만, 겉으로는 거의 완전하게 사라져버렸다.

위클리프의 제자들은 영국에서 큰 세력을 펼치지 못한 채 곧바로 탄압당하고 말았지만, 위클리프의 사상은 멀리 떨어진 한 나라에 전해져 극히 중요한 역할을 하게 되었다. 1378년에서 1419년까지 보헤미아 왕국은 황제 카알 4세의 장남인 벤케슬라스에게 통치되었다. 그의 누이인 안네Anne는 영국왕 리차드 2세의 첫 아내였다. 많은 보헤미아인들이 안네를 따라 영국에 왔는데, 그들 가운데에는 대학에서 공부한 학자들도 있었다. 그들은 영국에서 곧 위클리프의 가르침을 배우게 되었고, 이미 1380년에는 위클리프의 몇몇 저작이 보헤미아에 알려졌다. 1401~1402년에 유명한 보헤미아인 학자인 프라하의 제롬rome of Prague이 위클리프의 신학 저술들을 영국에서 가져와, 이미 전래된 정치적 저술들에 보태었다. 제롬은 위클리프의 사상을 열렬히 지지하였고, 곧 다른 보헤미아 학자들 사이에서 동조자들을 얻었다.

황제이자 보헤미아왕인 카알 4세는 주로 보헤미아 왕국에 관심을 쏟았고, 이를 제국의 핵심 국가로 만들고자 하였다. 1347년에 그는 프라하 대학을 설립하였다. 이 대학은 곧 4개의 전통적인 조합으로 구성된 중요한 국제적 학문 중심지가 되었다. 이는 보헤미아에서 유일한 대학이었으나, 체코인Czechs은 네 조합 가운데 하나를 이루고 있었을 뿐이므로 외국인 학자들이 대학의 실권을 장악하고 있었다. 제롬에 동조하여 위클리프의 사상을 열렬히 지지했던 자들은 바로 이 프라하 대학의 체코인 학자들 가운데에서 나왔다. 1403년에 사제들은 새로운 교리의 급속한 확산에 놀랐고, 대주교구의 참사회는 위클리프의 저작 가운데 45개 항목을 프라하 대학에 회부하여 그 정통성에 대한 의견을 구하였다. 격렬한 논쟁을 거쳐 그 항목들은 이단으로 규정되었으나, 소수 체코인 학자들은 이 결정에 반발하였다. 이 이탈자들 가운데에 바로 요한 후스가 있었다.

요한 후스1370~1415는 교회의 개혁을 열렬히 지지하였다. 프라하에는 교회 개혁에 관심을 지닌 한 무리의 사람들이 기독교적 생활의 설교 본부로 만들려고 세운 베들레헴 예배당Bethlehem Chapel이 있었다. 후스는 1402년에 이 교회의 설교가로 임명되어, 크나큰 인기를 얻었다. 1403년에, 이미 살펴보았듯이, 후스는 위클리프의 저작에 대한 탄핵에 반대하였다. 그러나 그는 분명히 위클리프의 가르침 대부분에 동정적이었고 일찍이 그 일부를 받아들이기까지 했는데도, 1411년에 가서는 엄숙하게 위클리프의 교리 가운데 핵심이 되는 점들을 믿지 않는다고 선언하였다. 후스는 신학자이기보다는 설교가이자 개혁가였다. 그는 자기에게 필요한 사상을 이용하였을 뿐, 위클리프의 나머지 가르침에 대해서는 그리 신경을 쓰지 않은 듯하다. 후스는 분명 고위성직자의 부와 세속성에 대한 위클리프의 공격과 기독교의 진리로 이끄는 근본적인 지침으로서의 성경에 대한 그의 강조에 동감하였다. 그러나 그는 아마 사제직과 성사에 대한 위클리프의 이론을 완전하게 받아들이지는 않았을 것이다. 분명히 후스의 추종자들은 기독교적 생활에서 성체 성사가 차지하는 핵심적인 역할을 크게 강조하였고, 그들이 요구한 것 가운데 하나는 사제뿐만 아니라 속인도 성체 성사에서 축성된 포도주를 마셔야 한다는 것이었다.

체코인들의 민족감정은 오래전부터 세 외국인 조합에 의한 프라하 대학의 지배에 반발하고 있었다. 위클리프의 저작을 둘러싼 논란은 이 문제를 더욱 첨예화시켰다. 체코인 교수들 대다수는 위클리프의 가르침을 받아들이지 않았고 심지어 학생들에게 위클리프의 저작을 읽지 못하게 금지하기도 했지만, 위클리프의 가르침을 받아들이는 사람들—특히 후스처럼 위클리프의 사상 가운데 일부만을 받아들이는 사람들—에 대한 탄압을 바라지도 않았다. 이단적인 사상을 적극적으로 탄압해야 한다고 주장한 것은 독일인 학자들이었다.

후스의 경력에서 위기는 1412년에 찾아 들었다. 평판 나쁜 요한 23세는 나폴리왕과 싸워 그에 대한 십자군을 선언하였다. 이 십자군에 가담하거나 이를 위하여 기부금을 내는 사람에게는 모두 면죄부의 수여가 약속되었다. 그런 악질적인 교황과 엉터리 명분을 위한 기부금의 대가로 면죄부를 준다는 것은 모든 개혁가들로부터 격심한 반발을 샀다. 특히 후스는 이 특별한 경우의 면죄부뿐만 아니라 면죄부라는 것 그 자체를 공격하였다. 이에 프라하 대학은 후스가 원용한 면죄부에 대한 위클리프의 논의를 특별하게 지목하면서 위클리프의 저작들을 다시금 이단으로 탄핵하였다. 교황은 후스를 파문하고 베들레헴 예배당의 파괴를 명령하였으며, 한편 벤케슬라스왕은 후스의 친구와 지지자들을 대학과 프라하 시로부터 추방하였다. 후스는 보헤미아의 시골로 피신하여, 이제는 들판과 마을에서 체코인 농민들을 상대로 설교를 계속하였다. 콘스탄스 회의의 소집이 선포되자, 후스는 스스로 공회의에 출석하여 그의 가르침이 정통임을 변론하겠다고 선언하였다. 황제 당선자인 지기스문트는 그에게 안전을 보장하였고, 그는 1414년 10월에 프라하를 떠나 콘스탄스로 향했다.

80. 콘스탄스 회의

콘스탄스 회의는 굉장한 회의였다. 모든 주요 나라가 대표들을 보내, 29명의 추기경, 거의 200명에 가까운 주교, 백여 명의 수도원장, 그리고 3백 명이 넘는 신학 및 교회법 박사들이 회의에 참가하였다. 또한 요한 23세를 교황으로 칠 수 있다면 교황도 하나 참가하였다. 황제 당선자인 지기스문트왕도 참석하여, 회의의 진행에서 주역을 맡았다.

이 회의는 분열의 종식, 이단의 척결, 그리고 교회의 개혁이라는 세 가지 과제를 안고 있었다. 회의를 소집하고, 또 처음에는 모든 참가자들로부터 교황으로 인정되었던 요한 23세는 모여든 고위성직자들이 단순히 그의 두 경쟁자에 대한 예전의 탄핵을 되풀이하고 그를 교황으로 재확인해줄 것만을 바랐다. 회의 초에는 참석한 주교들의 거의 절반이 이탈리아인이었으므로, 요한은 그들의 지지에 의지할 수 있었다. 그러나 이탈리아인의 수적 우세는 절차상의 조정으로 중화되었다. 북방의 대표들은 회의가 중세 대학들처럼 각국별 "조합nation"으로 나뉘어야 하며, 각 조합이 투표권을 하나씩 행사해야 한다고 주장하였다. 처음에는 이탈리아, 프랑스, 영국, 그리고 독일의 네 조합이 있었는데, 1416년에 스페인 대표들이 회의에 참가하면서 다섯 번째 조합을 구성하였다.

1415년 초에, 북방의 조합들이 요한 23세를 포함한 세 교황 주장자들 모두의 적격 여부를 심사하려 한다는 것이 분명해졌다. 요한은 처음엔 퇴위하기로 약속했으나, 3월 20일에는 정당한 주재자가 없으면 회의가 유산되리라는 기대 아래 회의 장소에서 이탈하고는 약속을 철회하였다. 며칠 동안의 혼란 끝에, 지기스문트는 추기경인 다이이와 자바렐라의 지지를 받아 회의 참가자들을 다시 불러모으는 데 성공하였다. 3월 26일에 참가자들은 총회를 열어, 공회의로서 계속 남아 교황이 돌아오든 말든 교회의 개혁을 실천에 옮기겠다고 선언하였다. 이제 회의에서는 자체의 권한을 규정하는 헌법적인 법령을 제정해야 했고, 열흘 동안의 복잡한 논란 끝에 4월 6일자로 다음과 같은 법안이 채택되었다. 이는 대개 ≪지극한 성스러움*Haec Sancta;Sacrosancta*≫이란 이름으로 불린다.

> 이 신성한 콘스탄스 종교회의는… 성령의 보살핌 속에 합법적으로 소집된, 가톨릭 교회 전체를 대표하는 공회의로서 그리스도로부터 직접 권한을 부여받았으며, 교황까지 포함하여 어떤 지위나 신분 또는 권위의 사람이라도 신앙의 문제와 분열의 종식 그리고 교회의 우두머리로부터 밑바닥까지의 전반적인

개혁에 관한 이 회의의 결정에 복종해야 함을 선언하는 바이다.

이 법령은 또 교황들이 "합법적으로 소집된 장차의 공회의"의 결정에도 구속된다고 덧붙였다. ≪지극한 성스러움≫은 "혁명적"인 문서로 일컬어져 왔다. 그것은 교회에서의 대의체가 갖는 절대적 권한을 아주 명백하게 주장한 것이었다. 이때부터, 사회 전체에 일종의 신성한 권한이 내재해 있다는 관념이 서양사상에서 줄곧 맥을 이어, 왕권신수설과 맞서게 되었다.

회의는 이제 급속히 요한 23세에게 불리한 방향으로 나아갔다. 1415년 5월 14일에 요한은 우상숭배와 간통, 근친상간, 남색, 그리고 전임자의 독살 따위의 죄로 제소되어 교황권을 정지당했다. 아마 이런 죄목들 가운데 약간은 사실이었을 것이다. 5월 29일에 요한은 엄숙하게 폐위 당하였고, 이 결정에 그는 어쩔 수 없이 승복하였다. 그 다음에 로마 계열의 교황인 그레고리우스 12세 역시 모든 지지자들로부터 버림을 받았고, 폐위의 위협 아래 사퇴하겠다고 제안할 수밖에 없었다. 그레고리우스는 끝까지 자기가 진정한 교황임을 주장하였다. 그의 사절들은 콘스탄스에서 고위성직자들을 두 번째 공회의에 소집하는 칙령을 읽도록 허용되었다. 그레고리우스는 그 뒤 1415년 7월 4일에 사퇴하였고, 그의 추기경들은 콘스탄스 회의에 합류하여 추기경으로 인정되었다.

이젠 아비뇽 계열의 베네딕트 13세만이 남게 되었다. 두 경쟁자가 사라지자, 이 고집 세고 교활한 노인은 전보다 더 굳세게 교황 자리를 붙들고 늘어졌다. 그는 여전히 까스띨랴, 아라공, 그리고 나바르의 왕들로부터 교황으로 인정받고 있었다. 1415년 여름, 지기스문트는 몸소 스페인으로 행차하여 베네딕트 및 그의 지지자들과 협상을 벌였다. 교황은 뜻을 굽히지 않았으나, 스페인의 왕들은 설득되어 그에 대한 지지를 철회하고 콘스탄스에 대표를 파견하겠다고 약속하였다. 베네딕트의 추기경들 역시 그를 버리고 회의에 합류하였다. 마침내 1417년 7월 26일에 베네딕트는 이단과 분열의 획책, 그리고 위증의 죄로 폐위 당했다. 이에 회의에서는 다음 교황을 선출할 선거인단을 구성하였다. 세 교황의 추기경들로 이루어진 추기경단과 다섯 조합의 대표들이 6개의 집단을 이루어 개별적으로 투표하게 되었다. 각 집단에서 2/3 이상의 득표를 한 자가 그 집단의 교황 후보로 결정되었다. 이러한 절차로 회의는 1417년 말에 추기경인 오도 꼴로나Odo Colonna를 선출하였고, 그는 교황 마르티누스 5세Martin V; 1417~1431로 즉위하였다. 베네딕트 13세는 결코 자기의 폐위를 인정하지 않고, 그의 가문에 속한 뻬니스꼴라Peniscola 요새에 들어앉아 새로운 추기경들을 임명하였다. 그 추기경들은 1423년에 베네딕트가 죽자 새로운 교황을 선출하였으나, 이 자칭 클레멘트 8세는 유럽 어느 곳에서도 거의 지지를 얻지 못하였고, 결국 1429년에 사퇴하고 말았다. 대분열은 1417년의 마르티누스 5세 선출로 실질적으로 종식되었다.

이렇게 콘스탄스 회의는 교회의 재통합이라는 첫 번째 과업을 성공적으로 수행하였다. 그러나 이단의 척결이라는 두 번째 문제는 그리 성공적으로 처리되지 못했다. 요한 후스는 1414년 11월 3일에 콘스탄스에 도착하였고, 지기스문트의 안전 보장에도 불구하고 11월 28일에 투옥되었다. 지기스문트는 그를 석방시키기 위해 (지나치진 않을 정도로) 진짜 애를 썼다. 그러나 회의는 이단자에 대한 지기스문트의 안전 보장을 무효라고 주장하였다. 뒷날 더욱 단호한 황제가 마르틴 루터에 대한 안전 보장을 인정하도록 강요하였던 사실은 자못 흥미롭다. 회의는 ≪지극한 성스러움≫에서 신앙의 문제에 관한 자체의 지상권至上權을 확립하자마자, 즉각 후스에 대한 심리를 맡을 위원회를 설치하였다. 그는 위클리프의 저작에서의 45개 항목과 자기 저작에서의 42개 항목에 관한 입장을 진술하도록 명령되었다. 그는 위클리프의 신조 가운데 일부에 동감한다고 진술하였고, 자신의 가르침을 부인하라는 회의의 명령을 거부하였다. 1415년 7월 6일에 후스는 사제직을 박탈당하고, 세속 당국에 넘겨졌다. 지기스문트는 그를 화형에 처함으로써 영원한 오점을 남겼다. 1년 뒤, 후스를 응원하기 위해 콘스탄스에 온 프라하의 제롬도 화형에 처해졌다. 아마도 콘스탄스에 모인 고위성직자들은 요한 23세 및 그레고리우스 12세와의 협상이 결정적인 국면에 들어서 있던 수주일 동안 회의의 지고한 권위를 후스가 인정하지 않은 데 격분하였을 것이다. 그때야말로 교회의 재통합이 전적으로 그 권위의 보편적인 인정에 달려 있다고 여겨지고 있었던 것이다. 그러나 상황이 그들의 행위를 정당화시키지는 못한다. 후스는 급진적인 개혁가였으나, 완고한 이단자는 아니었을 것이다. 심문관들이 그의 말에 진정 귀를 기울였다면 화해가 이루어져 장차의 많은 분쟁이 미리 방지될 수도 있었을 것이다.

후스의 처형은 잔혹할 뿐만 아니라 어리석은 짓이기도 하였다. 모든 계급의 많은 보헤미아인은 후스를 그가 개혁하려던 사제들에 의해 순교당한 꿋꿋한 설교가로 여겼다. 그는 또한 체코 민족주의의 중요한 상징이 되었다. 후스에게는, 그의 신학의 세세한 점에 대해서는 거의 관심을 보이지 않았지만 그를 사랑하고 지지하는 사람들이, 특히 귀족들 가운데에서, 매우 많았던 듯하다. 1415년 5월, 후스가 감옥에서 재판을 기다리고 있을 때, 많은 보헤미아 귀족들이 회동하여 콘스탄스 회의에 후스의 석방을 탄원하는 서한을 보냈다. 후스의 처형은 그들을 분격케 하여, 9월에는 5백 명의 귀족이 콘스탄스 회의의 결정을 전면 거부할 것을 서약하였다. 당분간 불길은 그저 화덕 속에서만 불타오르고 있었으나, 1419년에는 밖으로 분출하여 후스파 폭도가 프라하를 장악하고 시 참사회의 의원들을 학살하였다. 바로 얼마 전에 형인 벤케슬라스의 뒤를 이어 보헤미아왕이 된 지기스문트는 군대를 이끌고 프라하로 진격하였으나, 폭도들에게 참패당하고 말았다. 지기스문트는 계속 여러 차례 후스파에 대한 십자군을 일으켰으나, 그때마다 제국의 자랑스런 기사들은 포가 탑재된 수레들을 앞세운 사나운 농민군에게 참패를 당했다. 콘스탄스 회의는 이 문제를 더욱 악화시킬 뿐이었다. 이 문제는 이후의 다른 공회의들에서야 해결될 것이었다.

콘스탄스 회의가 직면한 세 번째 과업은 교회의 전반적인 개혁이었다. 여기에서도 성과는 별로 신통치 않았다. 많은 개혁안이 논의되었다. 교구 사제의 행실을 개혁하기 위해 기독교 세계의 모든 교구에서 지방 사목회의를 열어야 한다고 제안되었다. 교황의 지나친 특권을 제한하고 교황의 과세권을 축소시키기 위한 제안도 많이 나왔다. 교황이 임명하는 성직을 둘러싼 공공연한 거래와 여러 성직의 겸임 및 성직대리제에 대한 항의가 제기되었다. 그러나 궁극적으로 이루어진 것은 거의 없었다. 교회의 개혁은 1417년 베네딕트 13세의 폐위 이후 회의의 중심 논제가 되었으나, 곧 온건파와 급진파가 분열되었다. 온건파는 통합 교황을 선출하여 교황에게 개혁 작업을 위임시키고자 하였다. 급진파는 교황 자리가 비어 있는 틈을 타, 교황을 선출하기 앞서 급진적인 개혁을 완수해 놓음으로써, 차기 교황에게 그것을 기정사실로 인정시키고자 하였다. 상황은 콘스탄스 회의의 조합들 사이에 적대감이 자라나고 있었기 때문에 크게 복잡해졌다. 백년전쟁이 1415년에 재개되었고, 지기스문트는 영국왕의 동맹자였다. 따라서 영국인과 프랑스인 그리고 독일인이 한 회의에서 서로 사이좋게 일을 진척시키기는 어려웠고, 게다가 철저한 개혁을 가장 적극적으로 지지하던 것이 이 세 조합이었던 것이다.

결국, 교회 개혁의 과업은 콘스탄스에서는 완수될 수 없으며, 이후에 소집될 일련의 공회의로 넘겨져야 한다고 결정되었다. 이에 따라, ≪빈번한 개최 *Frequens*≫라는 중요한 헌법적인 법령이 제정되었다. 이 법령은 다음 공회의를 5년 안에, 두 번째는 그 7년 뒤에, 세 번째는 두 번째 공회의가 열린 10년 뒤에 개최하고, 그 뒤로는 매 10년마다 공회의를 개최해야 한다고 규정하였다. 매 공회의가 끝날 때에는 다음 공회의의 일시와 장소가 정해져야 했다. 교황이 제때에 공회의를 소집하지 않는 경우, 교황의 소집 없이도 공회의는 자동적으로 소집되도록 규정되었다. 교회의 분열이 재발되는 경우에도 마찬가지로 교황의 소집 없이 공회의가 차기 회의의 장소로 정해졌던 곳에서 1년 안에 소집되도록 되었다.

분열과 이단 그리고 개혁 이외에도, 콘스탄스 회의는 온갖 잡다한 문제에 관하여 오랜 시간 논의하였다. 회의가 열리는 동안 교황청의 통상적인 업무는 모두 회의에서 처리되었다. 그리고 해결해야 할 여러 논란거리가 있었다. 그 가운데 위에서 언급한 것들을 제외하고 가장 중요한 것은 폭군살해의 합법성 문제였다. 부르군디의 한 사제인 쟝 쁘띠Jean Petit는 오를레앙 공 루이가 살해된 뒤에 폭군살해는 정당하고 고결한 행위라고 주장한 바 있었다. 오를레앙파는 콘스탄스 회의가 그 주장을 이단으로 선포하고, 쟝과 그의 주군인 부르군디 공을 탄핵해 주기를 바랐다. 장기간의 격렬한 논쟁 끝에, 회의는 점잖게 뒤꽁무니를 뺐다. 회의는 폭군살해는 정당화될 수 없다고 선언하였으나, 신중하게 누구의 이름도 거론치 않았던 것이다.

81. 교황의 승리

콘스탄스 회의는 대분열의 문제를 해결하였으나, 그로 말미암아 교회의 헌정 구조에 관련된 새로운 문제들이 나타나게 되었다. 콘스탄스의 성직자들은 교회 정부에서의 공회의의 지상권을 주장하였고, 장차 정기적인 공회의의 개최를 규정하였다. ≪지극한 성스러움≫과 ≪빈번한 개최≫의 두 법령이 내용 그대로 시행되었다면, 로마 교회는 근대 세계 최초의 위대한 입헌 군주정으로 발전했을지도 모른다. 그러나 교황들은 공회의 운동을 분쇄할 수 있었고, 그와 함께 개혁도 좌절되었다.

콘스탄스 회의의 법령들에 대한 교황 마르티누스 5세의 태도는 모호하였다. 그가 원칙상으로는 회의의 모든 결정을 유효한 것으로 인정하였음을 보여주는 가장 분명한 증거는 그가 1418년에 선포한 칙령 ≪모든 것에 앞서서*Inter cunctos*≫로 제공된다. 이는 후스파 이단 피의자의 심문을 다룬 것이었다. 무엇보다도 피의자는 콘스탄스 회의가 제정한 모든 법령들을 인정한다고 확인해야 했다. 이 칙령의 작성자들이 특히 염두에 두었던 것은 물론 후스에 대한 판결이었다. 그러나 1415년 7월에 후스를 탄핵했던 그 회의는 바로 석 달 전에는 ≪지극한 성스러움≫을 제정하였다. 사실 그 회의는 바로 ≪지극한 성스러움≫에서 주장한 권위를 갖고 후스를 탄핵하였던 것이다. 게다가, 마르티누스 5세 자신의 선출도 콘스탄스에서 이미 제정한 법령들에 따라 이루어진 것이었다. 분열을 종식시키고, 마르티누스를 선출한 새로운 형태의 선거인단을 구성시킨 것은 바로 콘스탄스 회의였던 것이다.

교황은 이 모든 사실을 잘 알고 있었고, 콘스탄스 회의가 결정한 일들에 대해 결코 공공연한 공격을 가하지 않았다. 하지만, 그는 회의의 지도자들이 추진하는 헌정개혁 계획에 전혀 열의를 보이지 않았다. 콘스탄스에서 제정된 법령들에 따라 다음 첫 공회의는 1423년에 파비아Pavia에서 개최되었다가, 역병의 발발로 말미암아 곧 시에나Siena로 옮겨 열렸다. 참가자들은 서로, 그리고 교황과 티격태격대었고, 마르티누스는 참가자들의 상호 반목을 틈타 어떤 중요한 일이 결정되기도 전에 공회의를 해산시켜 버렸다. 다음 공회의는 1431년 7월에 바젤Basel에서 열리도록 결정되었다. 마르티누스는 제때에 이 공회의를 소집하였으나, 1431년 초에 세상을 뜨고 말았다. 교회 내에서 서로 우위를 차지하려는 싸움은 바젤 회의와 다음 교황인 유게니우스 4세Eugenius IV; 1431~1447 사이에서 벌어지게 되었다.

바젤 회의가 열리자마자 타우시히Taussig 전투1431년 8월 14일에서 후스파가 대승을 거두었다는 소식이 날아들었다. 회의는 대표를 파견하여 후스파에게 양보적인 타협안을 제시하기로 결정하였다. 유게니우스 4세는 반란군과의 협상을 모두 자기가 전담하려 하여, 1431년 12월에 회의를 해산시켰다. 이로써 교황과 공회의 사이의 마지막 대립이 시작되었다. 바젤에 모인 성직자들—주교는 아주 적었으나, 신학 및 교회법 박사들을 비롯한 하급 성직자는 매우 많았다—은 해산 명령에 불복하여, 1432년에 공회의의 우위 원칙을 선언한 콘스탄스 회의의 법령을 재제정하였다. 유럽의 군주들은 공회의를 지지하는 편이었고, 1434년에 유게니우스는 크나큰 수치를 맛보지 않을 수 없었다. 그는 어쩔 수 없이 공회의의 해산 명령을 철회하고, 공회의의 모든 모임이 적법하다고 인정하였으며, 공회의가 제정한 법령을 받아들여야 했던 것이다.

한편, 회의는 후스파와의 협상을 성공적으로 이끌어가고 있었다. 보헤미아에서 전쟁이 시작된 이래로 후스파는 두 위대한 지도자 지즈카Zizka와 프로코프Procop의 지휘 아래 싸움터에서 승승장구하였다. 그러나 그들은 심각한 내분을 일으키게 되었다. 후스가 살아있는 동안에도, 후스와 그의 지지자들 사이에는 상당한 견해차가 있었다. 예컨대, 후스는 프라하의 제롬만큼 위클리프의 가르침을 곧이곧대로 받아들이진 않았다. 일단 후스가 죽자, 후스파는 서로 다른 수많은 종파로 분열되었다. 기존의 거의 모든 이단과 몇몇 새로운 이단들이 후스파라는 이름 아래 나타났고, 그 구성원들은 예배 때에 속인도 성직자와 마찬가지로 포도주를 얻어 마셔야 한다고 주장할 뿐인 보수적인 귀족들로부터 완전한 공동체 생활을 요구하는 극단적인 과격파에 이르기까지 실로 다양하였다. 타보르파Taborites: 성경에 나오는 타보르Tabor 산에서 유래한 명칭이다-역주라 불리는 이 과격파는 교회에 대한 위클리프의 이론을 전적으로 받아들이고, 거기에다 그들 자체의 몇몇 이단적 교리를 보태었다. 1420년에는 여러 집단이 합의하여, 모두가 인정하는 원칙들을 이른바 ≪프라하의 4개조*Four Articles of Prague*≫로 명문화하였으나, 이는 그들의 공통된 기본적인 요구들만을 제시한 것일 뿐이었다. 즉 누구든 원하면 마음대로 설교할 수 있어야 하고, 속인도 성체 성사에서 포도주를 마셔야 하며, 교회의 막대한 영지는 몰수되어야 하고, 끝으로 모든 죄는 가혹하게 처벌되어야 한다는 것이었다. 후스파의 도덕적 열정은 아주 평판이 높아, 바젤 회의는 후스파의 대표들이 올 것에 대비하여, 모든 창녀에게 바젤의 거리에서 떠나도록 명령했을 정도였다.

1434년에 비교적 보수적인 후스파는 과격파의 활동에 완전히 경악하여, 평화를 갈망하고 있었다. 바젤 회의는 속인도 축성된 포도주를 받아 마셔야 한다는 그들의 요구를 받아들였고, 이를 바탕으로 온건 후스파와 보헤미아의 가톨릭 귀족들 사이에 동맹이 맺어졌다. 1434년에, 그들은 과격파를 패퇴시켰고, 1436년에는 지기스문트가 프라하에 입성하여 보헤미아왕으로 전반적인 인정을 받았다. 1437년에 그가 죽은 뒤, 또 한 번의 전쟁이 발발하였고, 그 결과 온건 후스파의 한 귀족이 왕으로 즉위하게 되었다. 그는 게오르그 포디브라트George Podiebrad; 1458~1471였다. 그의 치세 동안에, 교황은 어리석게도 1434년의 양보를 부인함으로써 또 다시 일련의 분쟁을 야기하였다. 보헤미아에서 후스파는 15세기 말에도 여전히 가톨릭과 싸우고 있었다. 그러나 1434년의 화약으로 후스파의 세력이 가장 위협적이었던 시대는 막을 내렸고, 이 화약은 바젤 회의의 승리였다.

바젤 회의의 지도자들은 이제 교회 개혁의 과업에 눈을 돌렸으나, 이때의 개혁이란 교황권을 거의 없앨 정도로까지 제한하는 것을 뜻할 뿐이었다. 이 입장은 콘스탄스에서의 원래 개혁 프로그램보다 훨씬 더 과격한 것이었고, 이때로부터 온건한 공회의파 가운데 많은 사람이 교황 편으로 돌아서기 시작하였다. 그들 가운데에는 바젤 회의의 초기 단계에서 공회의 운동의 지도적 이론가 가운데 하나로 활약했던 큐스의 니콜라스Nicholas of Cues도 있었다. 1435년에 회의는 교황령 바깥에 있는 교황의 모든 수입원을 실질적으로 없앨 법령을 제정하였다. 이제 유게니우스는 새로운 상황변화로 입장이 강화되어 반격을 개시하였다. 비잔틴 황제가 투르크 세력의 급속한 성장에 직면하여, 서유럽으로부터 원조를 얻을 유일한 희망은 그리스 교회와 라틴 교회의 오랜 분열을 종식시키는 데 있다는 결론을 내렸던 것이다. 여기서 중요한 문제는 그리스측이 교황과 공회의 가운데 어느 쪽과 협상할 것이냐 하는 것이었다. 1437년에 황제는 결정을 내려 이탈리아의 교황에게 대표들을 보냈다. 유게니우스는 바젤에 모인 성직자들에게 새로운 통합 공회의가 열릴 페라라Ferrara로 모이라고 명령하였고, 거의 모든 주교가 그 명령에 복종하였다. 페라라 회의(1439년에 피렌체로 옮겨졌다)는 처음부터 교황에 의해 주도되었고, 그리스도의 대리인으로서 교황이

전 교회에 대해 절대권을 지닌다는 것을 재확인하는 법령을 제정하였다. 그리스의 대표들이 이 원칙을 인정함에 따라 교회 통합의 법령이 제정되었으나, 이를 그리스 교회 전체가 인정하지는 않았으므로, 이는 실질적인 효력을 갖진 못하였다.

교황의 명령에 불복하여 바젤에 남은 소수 성직자들은 엄숙하게 유게니우스를 폐위하고 펠릭스 5세Felix V; 1439~1449라는 대립교황을 선출하였다. 이때에는 공회의라 자칭하는 극소수 과격파 집단이 바로 그때 훨씬 더 큰 규모의 회의를 주재하고 있던 교황을 합법적으로 폐위시킬 수 있다고 생각하는 사람은 거의 없었다. 대립교황의 존재는, 많은 세속 제후들이 교황으로부터 양보를 얻어내기 위해 대립교황을 지지하겠다고 위협했기 때문에, 중요하게 되었던 것뿐이었다. 1438년에 왕 정부의 통제 아래 프랑스 사목회의는 부르즈 조칙the Pragmatic Sanction of Bourges을 채택하였다. 이는 로마에 대한 몇몇 세금의 납부를 금지하고, 프랑스 내의 모든 성직에 대한 교황의 임명권을 완전히 부정한 것이었다. 주교와 수도원장은 참사회에서 선출되도록 규정되었다. 왕과 제후들은 "교회와 나라의 이익을 열정적으로 추구하는 덕 있는 자를 위해 선의의 자비로운 추천권을 행사"할 것이었다. 이 구절은 제후들과 개혁가들 사이의 상이한 이해관계를 분명하게 보여준다. 바젤 회의는 단순히 교황의 간섭 없이 주교나 수도원장을 선출할 참사회의 권한을 천명하였을 뿐, 교황이 지니고 있던 권한을 세속 제후에게 줄 의도는 전혀 없었다. 부르즈의 조칙으로 왕은 프랑스 교회를 지배하게 되었다. 이 조칙은 루이 11세에 의해 철회되었으나, 그 기본적인 내용은 뒷날 프랑스왕과 교황의 관계를 규정하는 일련의 협약에 그대로 옮겨졌다. 1439년에는 독일에서도 제후들이 비슷한 내용의 마인츠 조칙the Pragmatic Sanction of Mainz을 제정하였다. 그것은 1448년에 제후들과 교황 니콜라스 5세 사이에 맺어진 협약으로 수정되었는데, 이 협약에서 교황은 독일의 주교 및 수도원장에 대한 임명권을 포기하는 대신 잃었던 몇몇 세금의 징수권을 되찾았다.

제후들은 교황과 이렇게 타협하게 되자, 더 이상 대립교황인 펠릭스 5세를 지지할 필요를 느끼지 않았고, 결국 펠릭스는 1449년에 사퇴하였다. 이는 공회의 운동의 종식과 교황의 승리를 뜻하는 것이었다. 15세기 후반에 교황의 지상권 이론은 다시 강력하게 확인되었다. 아마 이보다 더 중요한 것은 교회의 개혁이 이로써 결정적으로 좌절되었다는 사실이었을 것이다. 사실상, 바젤 회의에게 궁극적으로 승리한 교황 니콜라스 5세1447~1455는 예술과 학문의 후원으로 아주 유명했던 박식한 인문주의자로서 최초의 르네상스 교황이었다. 그의 궁정에는 그의 사서로 로렌쪼 발라Lorenzo Valla가 살았는데, 그는 콘스탄티누스의 기진장寄進狀이 위조된 것임을 밝혀내었고, 모든 수녀원을 편협한 시대에는 매춘굴이라 불리었을 만한 장소로 만들려는 새로운 생각을 지지한 인물이었다.

공회의 운동은 사실 성공할 가능성이 희박하였다. 15세기의 세속적이고 부유한 고위성직자들에게는 확고한 개혁의지가 있을 수 없었다. 게다가, 공회의파는 시대의 분위기를 감지하지 못하고 있었다. 그들은 민족주의가 점점 더 크게 자라나고 있던 시대에 교회를 지배하는 국제적인 회의체를 설립코자 했다. 그들은 또 대다수 사람들이 혼란을 물리칠 강력한 통치자를 갈구하고 있을 때 군주에 대해 복잡한 입헌적 제한을 가하려 했다. 콘스탄스의 개혁 계획에 대한 교황들의 적대적인 태도는 그 계획의 실현 가능성을 여지없이 파괴하였다. 군주들의 태도 역시 장기적으로는 전혀 도움이 되지 못했다. 그들은 물론 교황권이 위축되면 교회에 대한 세속 군주의 통제권이 강화되리라고 보았지만, 공회의파에게는 유감스럽게도 그들은 종종 눈앞의 외교적 문제에만 집착하였다. 교황은, 뒷날엔 어떻게 되든, 여전히 강력한 정치세력이었다. 따라서 교황권의 축소가 장기적으로는 그의 왕조에게 이익이 되리라는 것을 깨닫고 있는 군주라도 당장에는 현임 교황의 지지를 얻으려고 힘을 다하는 경우가 있을 수 있었다. 그리하여 분쟁이 계속되는 동안 군주들의 정책은 일관성 없이 변덕을 부렸다. 더구나, 공회의파의 입헌 군주제 이론에 진짜 동감하는 군주들은 거의 없었다. 교황 유게니우스 4세는 프랑스왕에게 만일 교회의 반역적인 움직임을 계속 지원하면 얼마 안가 프랑스에서도 비슷한 움직임이 자라나는 것을 보게 되리라고 충고하는 서한을 보낸 적이 있었다. 이러한 충고는 시간이 지남에 따라 점점 더 설득력을 갖게 되었고, 결국 모든 세속 군주가 교황 편으로 돌아서게 되었다.

그러나 어떤 면에서 공회의 운동은 완전한 실패가 아니었다. 이 운동 덕분에 교회가 재통합되었을 뿐만 아니라, 그 지도적 이론가들에 의해 최초로 상세하고도 체계적인 대의제 정부 이론들이 만들어지기도 했던 것이다. 그들의 저작은 중세 정치사상사에서 중요한 장을 이루며, 16세기와 17세기에 세속 국가에서 나타난 입헌정부 이론들에 큰 영향을 미쳤다. 그러나, 중세 교회의 활력을 다시 불러일으키는 과업에 관한 한, 공회의 운동은 분명 실패하였으며, 그 실패가 가톨릭 교회에게는 큰 불행이었다. 한 세기 뒤 트렌트Trent 회의에서 수행된 개혁 작업이 콘스탄스와 바젤에서 이루어졌다면, 종교개혁이 일어나지 않았을 수도 있었을 것이다. 그러나 사실은, 많은 개혁가들의 진지한 노력에도 불구하고, 전반적인 개혁은 실질적으로 전혀 이루어지지 못했다. 게다가 세속 군주들은 그들에 의해 강력한 통제를 받는 각국별 교회를 확립하는 데 상당한 성공을 거두었고, 언제나 그 통제권을 더욱 강화할 기회를 호시탐탐 노리고 있었다. 이단은 많은 나라에서 은밀히, 보헤미아에서는 공공연하게 만연하고 있었다. 중세가 끝날 무렵에는 종교개혁의 기본적인 토대가 확고하게 자리잡고 있었다.

제25장 국민국가의 대두

중세 말에, 군주 정부의 권위는 크게 증대되었다. 그러나 처음에는 군주 개인의 세력이 이에 발맞추어 증대되지는 않았다. 봉건국가의 권한은 극도로 제한되었으나, 통치자는 그 권한을 아무 제약 없이 행사할 수 있었다. 시간이 지남에 따라, 관료기구들이 군주의 뜻을 제한하는 경향이 있는 강력한 관례와 전통을 발전시켰다. 그리고 귀족 당파들은 일시적으로 나약한 왕이 즉위하는 기회를 놓치지 않고 언제나 정부기구의 통제권을 장악함으로써 자기들의 이익을 증대시키려 애썼다.

한편, 봉건적 관념의 쇠퇴로 말미암아 군주와 신민들 사이의 관계와 그 관계를 뒷받침하는 제도들이 큰 변화를 겪게 되었다. 봉건적 위계를 관통하던, 주로 토지보유를 매개로 한 관계는 서서히 사라져갔다. 군주의 관심은 더 이상 직속 봉신들의 이해관계와 요구에만 국한되지 않았다. 그는 그의 영토에 살고 있는 모든 사람의 지배자로서 그들의 공익을 배려해야 하는 존재가 되었다. 군주와 신민들 사이의 관계가 이렇게 변화됨에 따라, 역사가들이 민족주의nationalism라 부르는 것이 나타나기 시작하였다. 각 군주의 신민들은 그들이 공통된 이해관계를 지니고 있고, 군주를 매개로 하나의 공동 운명체를 이루고 있다고 느끼기 시작했다. 그들은 이것이 바로 하나님께서 뜻하셨던 것이라는 감정을 갖게 되었고, 쉽사리 다른 군주에게 충성을 바치려 하지 않았다. 이는 트르와 조약 이후 북부 프랑스에서 영국왕의 지배에 항거하여 발발한 격렬한 농민반란에서 분명하게 나타났다. 어디에서든 사람들은 싸움을 일삼는 귀족들을 제외한 모든 계급이 갈구하는 평화와 질서의 확립을 그들의 왕에게 기대하였다.

한 왕조에 대한 이 강력한 전통적 감정은 매우 열렬한 애국심으로 발전할 수 있었고, 이를 이용할 줄 알게 된 왕들의 권력을 크게 강화시켰다. 민족주의적인 감정이 서유럽 여러 나라에서 발전함에 따라, 서유럽의 세력 판도는 더욱 고정화되어 갔고, 무력에 의한 항구적인 정복은 훨씬 더 어려워졌다. 15세기 말에는, 근대 유럽의 실로 모든 주요 나라가 항구적인 정치단위로 확립되어 있었다.

82. 프랑스, 부르군디, 제국

프랑스의 샤를르 7세1422~1461는 보통 "도움을 잘 받은Well-served" 샤를르라 불리는데, 그만큼 알맞은 별칭도 드물 것이다. 잔 다르크는 그를 왕위에 앉혀주었고, 리슈몽과 그의 동료 장수들은 프랑스로부터 영국군을 몰아내주었다. 거상인 쟈끄 꾀르는 그의 재정을 맡아, 왕의 수입을 크게 증가시키고 프랑스의 상업세력을 동지중해에까지 뻗치게 하였다. 샤를르의 관리들은 지혜를 짜내어 이미 언급한 군사적 개혁, 특히 상비군의 창설을 이루어내었다. 그들은 또한 프랑스인이 영국군 축출을 위해서라면 기꺼이 자금을 대려고 하는 것을 이용하여 왕의 과세권을 완벽하게 확립하였다. 샤를르의 치세 이후, 왕은 과세하기 전에 삼부회에 승인을 요청할 필요가 전혀 없게 되었다. 샤를르 자신은 우유부단하고 의지가 약한 왕이었으나, 그의 바로 그러한 나약함이 여러 가지 혁신을 가능케 한 것이었다. 파리가 영국과 부르군디 세력에게 장악되어 있는 동안, 그는 르와르강 계곡에서의 생활에 익숙해졌다. 또한 아마 그는 적들을 지지한 파리인들을 용서할 수 없었을 것이다. 어쨌든, 그는 그 지역에 있는 시농 성과 다른 거주지에서 계속 머물렀다. 그는 아뉴 소렐Agnes Sorel이라는 아름다운 양갓집 규수에게 홀딱 반했고, 그녀는 프랑스왕의 첫 공식 후궁이 되었다. 그때까지 프랑스왕들은 대부분은 아니더라도 많은 경우 후궁들을 거느렸으나, 후궁은 사람들에게 공개되지 않았다. 샤를르로부터 후궁은 하나의 직책으로 공인되어, 프랑스 혁명 때까지 존속하였다.

샤를르의 관리들은 왕령지에서 왕권을 증대시키는 데 성공하였으나, 그는 제후들에 대해 실질적인 통제를 하지 못함으로써 프랑스 전역을 다스리는 강력한 통치자로 군림하진 못하였다. 아라스 조약으로 부르군디 공은 거의 완전한 독립을 누리게 되었다. 필립 공은 프랑스에서는 부르군디 공령과 플랑더즈 백령, 그리고 제국에서는 부르군디 자유백령, 홀랜드 백령, 그리고 에노Hainault

와 브라반트Brabant의 두 백령을 다스렸다. 브르타뉴도 마찬가지로 거의 완전한 독립국이 되어 있었다. 프랑스 왕국의 중심부에 영지를 가진 왕족들은 필립 공만큼 독립적이지는 못했으나, 자기 영지를 별 간섭 없이 마음대로 다스렸다. 앙주 공 선량한 르네는 제국 내에서 프로방스 백령과 로렌느 백령을 차지하고 있었다. 오를레앙 공 샤를르는 여기저기 흩어져 있었지만 매우 막대한 가령을 다스렸다. 부르봉 공은 프랑스의 심장부에 작지만 잘 통합된 영지를 갖고 있었다. 노르망디의 요지들은 알랑송 공에게 속해 있었다. 그밖에 몇몇 대제후들 역시 왕족들 못지않은 권력과 독립성을 누렸다. 이들 가운데 가장 위협적이었던 것은 남부의 제후들인 나바르왕을 겸한 프와Foix 백, 알브레의 영주, 그리고 아르마냑Armagnac 백이었다. 이들 제후들은 각각 독자적인 조정과 소규모의 관료기구, 그리고 사병 군대를 지니고 있었다. 그들은 상호 이익을 위해 끊임없이 동맹을 결성하여 샤를르와 그의 정부를 괴롭혔다. 이러한 반샤를르 동맹 가운데 많은 경우가 샤를르의 아들인 태자 루이를 우두머리로 하여 결성된 것이었다. 이따금 비교적 세력이 미약한 제후가 지나친 욕심을 부리다가 좌초하는 경우도 있었다. 예컨대, 알랑송 공과 아르마냑 백은 더 강력한 제후들의 적절한 지원 없이 무작정 반란을 일으켰다가 영지를 모두 잃고 말았다.

독자적으로 과세할 수 있을 만큼 독립적이거나 적어도 왕으로 하여금 자기 영지에서 거둔 세금 가운데 상당 부분을 내놓도록 압력을 가할 수 있었던 제후들은 번영하고 있었던 반면, 군소귀족들은 어려운 처지에 있었다. 14세기가 지나면서, 그들은 많은 경우 고정지대로 그들의 직영지를 임대하였다. 그리하여 물가가 상승하면 그들의 실질소득은 크게 줄어들 수밖에 없었는데, 14세기와 15세기는 프랑스의 경우 물가가 꽤 꾸준하게 상승하던 시대였던 것이다. 백년전쟁 동안의 물가상승은 대체로 화폐의 가치하락으로 말미암은 것이었다. 그러나 일단 전쟁이 끝나자 프랑스는 급속한 경제 회복기에 들어섰고, 그러한 호황기에 으레 그러하듯이 물가가 급등하였다. 그리하여 최상층의 대귀족들만이 자기 영지에서 나오는 수입으로 호화로운 생활을 유지할 수 있었고, 그 밖의 귀족들은 새로운 수입원을 찾아 나서지 않을 수 없었다. 가장 통상적인 방법은 왕이나 대제후의 휘하에 들어가는 것이었다. 왕과 부르군디 공은 많은 귀족들을 군인이나 관리로 고용하였고, 또 비교적 중요한 귀족들에게는 같은 편이 되는 조건으로 연금을 지급하였다. 실상, 왕의 금고로부터 연금을 받는다는 것이 군소귀족들에게는 전혀 비위에 거슬리는 일이 아니었다. 왕을 적대하던 대부분의 동맹은 그 지도자들에게 막대한 연금을 주는 간단한 방법으로 해체되었다. 요컨대, 귀족들은 귀족답게 살기 위해서 일반 납세자를 희생시키지 않을 수 없었다.

샤를르 7세가 1461년에 죽었을 때, 태자인 루이는 아버지의 철천지원수인 선량한 필립의 궁정에 망명해 있었다. 루이는 아버지를 상대로 꾸민 여러 음모 가운데 하나가 깨져 들통이 나자 프랑스에서 도망쳐 나왔던 것이었다. 부르군디로 망명해 있으면서 그는 아버지의 시의侍醫를 매수하여, 부왕의 건강악화를 촉진시키게 하진 않았더라도, 그에 관한 좋은 소식을 즉각 알리게 하였다. 루이 11세1461~1483는 역대 프랑스 왕 가운데 가장 혐오스럽고 왕답지 못한 인물이었다. 그는 극도로 천박하였고, 야하기 짝이 없는 옷차림을 즐겼다. 그는 왕으로서 프랑스에 첫발을 내디딜 때, 몇몇 사람이 자기 옷차림을 보고 웃는 모습을 보자 즉각 지나고 있던 도시에 막대한 벌금을 부과하였다. 그는 매우 종교적이었으나, 그의 종교는 거의 미신이나 다름이 없었다. 그는 옷에다 수많은 부적을 매달고 다녔고, 중요한 일을 착수하기 전에는 언제나 모든 성인들을 매수하였다. 그에게는 상식적인 예의조차 통하지 않았다. 그는 자기 딸이 완전히 불구가 되어 아이를 낳지 못한다는 사실을 알게 되자, 즉각 오를레앙가의 대를 끊을 심산으로 그녀를 그 공가의 상속인인 루이에게 시집보냈다. 루이는 비천한 사람들을 좋아하였다. 그가 즐기던 소일거리는 선술집에 들어 앉아 술을 퍼마시며 음담패설을 늘어놓는 것이었다. 그의 주변에는 많은 전과자들을 포함한 천한 출신들이 들끓었고, 그들은 그의 가장 신임받는 충복이나 관리가 되었다. 그의 유일한 고상한 취미는 사냥이었으며, 그는 말과 사냥개에 막대한 돈을 쏟아 부었다. 그러나 그는 유능한 왕이었다. 점점 더 중요해지고 있던 중산계급은 그의 거칠지만 소박한 취미에 찬사를 보냈다. 그의 관리들은 잔인하고 기강이 문란했지만 그에게 충성스러웠고, 그렇지 않으면 곧바로 교수대로 보내졌다. 루이는 아주 똑똑하고, 전혀 망설임이 없었으며, 음모의 천재였다. 이런 모든 자질들은 제후들을 다루는 데 도움이 되었다. 그는 어떤 전쟁이든 필요로 하지 않았다. 전쟁은, 운이 나쁘면, 파멸적인 패배를 갖다 줄 수도 있는 문제였던 것이다.

차라리 폭넓은 매수로 음모를 꾸미는 것이 더 값싸고, 훨씬 더 효과적이었다.

루이가 왕권강화를 위해 해내야 할 주된 과업은 제후들의 세력을 위축시키는 것이었다. 그가 왕위에 오르자마자, 자칭 공익 연맹the League of the Public Weal이라는 대규모 귀족동맹이 그의 친형제인 베리 공과 부르군디, 부르봉, 앙주의 세 공에게 주도되어 반란을 일으켰다. 커다란 전투가 벌어졌으나, 양측은 맞붙자마자 후퇴하였고, 후퇴한 거리가 짧은 쪽이 승리를 주장하였다. 이후 몇 달 동안 양쪽 군대는 한 강을 사이에 두고 안락하게 대치하였다. 결국에는 제후들과 그들의 주요 장수들에게 막대한 영지와 연금이 제공됨으로써 소위 "공익"이 보장되었다. 루이는 노르망디를 베리 공에게 넘기지 않을 수 없었으며, 그럼으로써 왕령지는 해협으로부터 격리되었고, 부르군디 공의 영지들과 브르타뉴 공의 영지들이 그들의 동맹자인 베리 공의 영지들로 연결되게 되었다. 제후들은 그들이 승리를 거두어 루이를 완전히 무력하게 만들어 놓았다고 믿었다. 그러나 그들의 판단은 아주 잘못된 것이었다. 왕은 곧 베리 공과 브르타뉴 공 사이에 불화의 씨앗을 심어 놓았고, 오래지 않아 노르망디에서 베리 공의 입장을 극히 불안하게 만들어, 공으로 하여금 기꺼이 노르망디 대신 가스코뉴를 받아 그의 동맹 제후들로부터 떨어져 나가도록 할 수 있었다. 베리 공은 남부의 그 쾌적한 지방에서 술에 만취해 지내다가 얼마 뒤 술독으로 죽음을 당하였다.

가장 위협적인 제후는 부르군디 공이었다. 저지대의 번창하는 도시들에서 나오는 수입 덕분에 그는 서유럽에서 가장 부유한 제후가 되었다. 부에 있어서 그에 비견할 수 있는 것은 베네치아 공화국뿐이었다. 그의 궁정은 극도로 호화롭고 사치스러웠으며, 그곳에서 뒷날의 왕궁을 특징짓게 될 궁정 예의와 복잡한 의전 절차가 발전하고 있었다. 선량한 필립은 예술과 학문의 후견인이었다. 부르군디의 수도인 디종Dijon에는 이탈리아인 장인들이 들끓었고, 가장 훌륭한 플랑더즈 화가들이 공과 그의 궁정인들을 그렸다. 필립은 개인적으로는 주로 음담패설을 좋아했으나, 아주 다기다양한 작가들을 폭넓게 후원하였다. 생애 내내, 공은 기독교 세계의 모든 군사력을 십자군으로 조직하여 투르크 세력을 쳐부순다는 꿈을 꾸었으나, 위풍당당한 황금양털 기사단the chivalric order of the Golden Fleece을 창설했을 뿐 그밖에는 아무것도 이루지 못하였다. 필립은 큰 규모의 효율적인 군대를 거느렸고, 프랑스의 여러 대귀족들로부터 섬김을 받았다.

프랑스 왕에겐 다행스럽게도, 필립은 실제적인 정치적 구상을 하기보다는 십자군에 관한 꿈을 꾸는 데 더 마음을 쏟았다. 그는 자기 영지에 들어앉아 있는 한 프랑스에서 가장 강력하고 당당한 제후인 것에 만족하였다.

필립 공은 1467년에 죽었고, 그 뒤를 그의 아들인 성급한 샤를르Charles the Rash가 이었다. 새 공은 아버지가 무시하였던 정치적 기회들을 최대한 이용하기로 결심하였다. 그는 알자스와 로렌느만 차지하면 옛 로타르 왕국의 북부 지역을 전부 장악하는 셈이었다. 일단 그 사업이 완수되자, 론강 계곡이나 스위스를 정복하면 그는 곧바로 이탈리아의 문전에 서게 될 것이었고, 이탈리아 반도는 그렇게 강력한 제후에게 저항할 수 있는 상황이 아니었다. 그러나 이탈리아가 없었어도, 그는 프랑스와 독일 사이에 커다란 나라를 건설할 수 있었고, 힘으로 뒷받침된 부지런한 외교는 황제로 하여금 그에게 그가 갈망하던 왕의 칭호를 부여하도록 만들 수 있었을 것이다. 요컨대, 샤를르는 프랑스의 제후로 남아 있는 데 만족하지 않고 로타링기아 왕이 되고자 했던 것이다. 그의 계획이 성공했다면, 근대 초 유럽의 전 정치구조는 전혀 다른 형태를 띠었을 것이다. 샤를르는 공이 되자마자, 영국의 요크가와 동맹을 맺고, 에드워드 4세의 누이인 마가렛Margaret과 결혼하여 그 동맹관계를 공고히 함으로써, 그의 입장을 크게 강화하였다. 프랑스 왕국을 심각하게 위축시키지 않으려면, 루이는 부르군디 공의 계획을 좌절시켜야 했다.

루이 11세는 즉각 그의 강력한 적을 곤경에 빠뜨리기 위해 음모와 매수의 천부적인 자질을 발휘하였다. 그의 첩자들은 샤를르 및 그 동맹자들의 영지로 침투하여 불만을 조장하였고, 공의 적들 모두에게는 막대한 지원금이 제공되었다. 곧 루이는 너무나 많은 책략을 동시에 추진하게 되어, 그들 모두를 일일이 기억하지 못할 지경에 이르렀다. 1468년에 그는 그의 첩자들이 공의 동맹자인 리에즈Liége 주교에 대한 반란을 조장하고 있다는 사실을 잊은 채, 뻬론느Peronne에 있던 샤를르를 방문하였다. 성급한 성격의 공은 리에즈 시민들이 루이의 부추김으로 반란을 일으켰다는 소식을 듣자, 손님으로 와있던 루이를 투옥해 버렸다. 루이는 샤를르의 관리들을 멋지게 매수하여 풀려나긴 했으나, 수치스럽게도 샤를르가 리에즈의 반란을 진압하는 데 협조하지 않을 수 없었다. 당분간, 공의 계획은 계속 매끄럽게 진척되었다. 불과 몇 년 사이에 그는 알자스와 로렌느를 (몇몇 도시를 제외하고는) 전부 정복하였고, 황제 프리드리히 3세는 비록 그에게 왕의 칭호를 부여하려고 하진 않았으나 두 공령의 정복을 인정해 주었다. 그 뒤 1476년에 샤를르는 스위스로 쳐들어갔다. 이것이 그의 경력에서 전환점이 되었다. 두 차례의 대전투에서, 스위스 창병 부대는 부르군디의 기병대를 격파하였다. 승리를 거둔 뒤, 스위스군은 루이에게 고용되어 로렌느 공 휘하에서 샤를르가 포위하고 있던 낭시Nancy 시를 구원하기 위해 진군하였다. 루이는 또한 샤를르의 용병 대장들을 교묘하게 매수하여 샤를르를 배신케 하였다. 그 결과, 부르군디군은 참패하였고, 공은 전사하였다.

샤를르의 죽음으로 루이는 절호의 기회를 맞이하였으나, 그 기회를 어떻게 이용해야 할지는 몰랐다. 거대한 부르군디 공의 영지는 공의 딸인 마리Mary에게 상속되었는데, 그녀는 플랑더즈의 완강한 시민들에 의해 보호받고 있었다. 누구든 마리와 결혼하면 그녀의 영지를 차지할 것이었으나, 그는 마리와 시민들에게 용인될 수 있어야 했다. 시민들은 프랑스에 동조하고 있었으므로 루이는 강력한 입장에 있는 듯 싶었다. 그러나 유감스럽게도 가장 유력한 신랑후보일 루이의 아들 샤를르는 아직 어린아이에 지나지 않았고, 마리는 왕의 촉구에도 불구하고 어린아이와의 결혼을 결연히 거부하였다. 용인될 수 있을 만한 프랑스 제후가 여럿 있긴 했지만, 루이는 그들 가운데 하나가 성급한 샤를르의 뒤를 잇는 것을 탐탁지 않게 여겼다. 루이가 이 문제를 곰곰이 생각하고 있는 동안, 황제가 선수를 쳐버렸다. 프리드리히 3세의 아들이자 후계자인 합스부르크가의 막시밀리안Maximilian이 마리와 결혼하여 그녀의 영지를 차지해 버렸던 것이다. 루이가 할 수 있는 일은 그 결혼이 그의 동의 없이 이루어졌으므로 불법이라고 선언하고 부르군디 공령을 몰수하는 것뿐이었다. 그러나 플랑더즈는 정복하기에는 너무 강력하여, 결국 막시밀리안에게 넘어갔고, 다시는 프랑스의 영토로 복귀되지 않았다.

성급한 샤를르의 패배가 아마 루이에겐 가장 큰 승리였을 테지만, 그는 다른 제후들도 성공적으로 제압할 수 있었다. 매수와 협박을 재치 있게 병행하여 그는 온순하고 우유부단한 선량한 르네로 하여금 앙주 공령과 프로방스 백령을 루이에게 상속한다는 유언을 작성케 하였다. 베리 공의 죽음으로 베리와 가스코뉴의 두 공령은 왕령지로 편입되었다. 루이는 그의 딸 안느Anne를 부르봉 공의 동생으로서 결국에는 후계자가 될 보즈외Beaujeu의 영주 피에르Peter와 결혼시킴으로써 부르봉가와 우호적인 관계를 맺었다. 1483년에 루이가 죽었을 때, 실질적으로 독립적인 입장에 있었던 대제후는 브르타뉴 공뿐이었다. 안느 드 보즈외는 남동생인 샤를르 8세의 섭정으로 프랑스를 통치하면서 샤를르를 브르타뉴의 상속녀인 안느와 결혼시킴으로써 이 거대한 봉토를 왕령지로 편입시키게 되었다.

루이 11세의 치세가 끝나갈 무렵, 프랑스는 절대왕정으로 향하는 길을 착실하게 걷고 있었다. 정부는 거의 완전히 왕의 뜻에 따라 움직이는 관료기구에 의해 운영되었다. 왕은 마음대로 과세할 수 있었다. 이 세입으로 왕은 그의 권력을 뒷받침하는 상비군을 유지하였다. 중요한 제후 가문 가운데 남아있는 것은 오를레앙가와 부르봉가뿐이었고, 두 집안 모두 결혼관계를 통해 왕가와 유착되어 있었다. 로렌느 공과 몽팡시에Montpensier 공 그리고 알브레의 영주와 같은, 서로 공고한 동맹을 이루면 왕을 크게 괴롭힐 수 있는 많은 2급 제후 가문들이 있었지만, 그들이 위협적인 동맹을 이룬다는 것은 거의 불가능에 가까웠다. 프랑스의 귀족들은 뒷날 왕 정부를 장악하려고 시도하긴 했지만, 왕 정부 자체에 대한 귀족들의 도전은 더 이상 나타나지 않았다.

부르군디 문제의 해결은 프랑스의 장래에 영향을 미쳤을 뿐만 아니라, 합스부르크가의 세력을 강화시키는 중요한 계기가 됨으로써 독일의 장래에도 큰 영향을 미쳤다. 1437년에 지기스문트가 죽은 뒤, 독일 왕위는 합스부르크가의 알베르트 5세Albert V; 1438~1439에게 갔다가, 다음에는 그의 먼 사촌인 합스부르크가의 프리드리히1440~1493에게 넘어갔다. 이 프리드리히 3세는 아주 오랜, 하지만 완전히 불명예스럽고 무기력한 치세를 보냈다. 그는 아들인 막시밀리안을 부르군디의 상속녀 마리와 결혼시킨 것 말고는, 황제의 칭호를 유지하고 합스부르크 왕조의 대를 이은 것 외에 전혀 아무것도 성취하지 못하였다. 프랑스에서 아주 뚜렷하게 나타나고 있던 (그리고 15세기에 여러 다른 나라에서도 진행되고 있던) 민족 통합의 과정이 프리드리히 3세 치하의 독일에서는 나타나지 못했다. 제국 정부의 권한은 전혀 강화되지 못했다. 사실상, 프리드리히는 그의 세습영지인 오스트리아 공령만을 다스릴 수 있었을 뿐이며, 그것마저도 잠시 동안 상실한 적이 있었다.

반면에 각 제후국 내부에서는 통합과 중앙집권화가 이루어지고 있었다. 15세기 말에, 독일의 가장 중요한 제후국들 대부분에서 매우 유능한 통치자들이 나타나 더욱 효율적인 정부기구를 만들어 내었다. 그들 가운데 특히 두드러진 인물은 브란덴부르크Brandenburg의 알베르트 아킬레스Albert Achilles; 1471~1486 바이에른의 루드비히Lewis; 1450~1479, 그리고 멕클렌부르크Mecklenburg의 마그누스Magnus; 1477~1503였다. 이들은 모두 제후만이 그의 영지에서 신분회의를 소집할 수 있다는 원칙을 확립하였다. 또한 그들은 설득 또는 강요를 통해 신분회의로 하여금 상당한 정도의 과세권을 승인케 할 수 있었고, 그 세입을 사용하여 더욱 효율적인 행정체제를 구축하였다. 도시나 귀족들이 옛 면세 특허장을 제시하면, 제후들은 로마법의 주권 이론을 내세워 과세권은 통치자의 양도할 수 없는 고유 권한이라고 주장하였다. 그러한 방법으로, 독립적인 중앙집권적 제후국들이 등장하여 19세기까지 독일의 기본적인 정치단위로 존속하였다.

중세 말에 이루어진 또 하나의 정치적 발전인 스위스 연방the Swiss Confederation의 성립 역시 여기서 고찰할 필요가 있다. 북부 스위스는 원래 슈바벤Swabia 공령의 일부였고, 14세기에는 슈바벤에서 가장 강력한 가문이었던 합스부르크가가 그 지역으로 세력권을 넓히려 시도하였다. 1291년에 삼림주Forest Cantons라 불리는 세주가 합스부르크가의 야심에 대항하기 위해 연방을 결성하였고, 1351년에 그들은 오스트리아 공 레오폴트 2세Leopold II에게 결정적인 패배를 안겨 주었다. 그 뒤 루체른Lucerne, 쮜리히Zürich, 그리고 베른Bern을 비롯한 여러 주가 연방에 가입하였고, 1386년에 연방은 또 다시 합스부르크군을 격파하였다. 그때를 계기로 연방은 공세로 전환하여, 여러 군소영주와 사보이 백 그리고 합스부르크가의 영지들을 정복함으로써 영토를 넓히기 시작하였다. 1477년에는, 이미 살펴보았듯이, 스위스군이 성급한 샤를르의 군대를 격파하여 유럽 전역에 그 막강한 군사력을 뽐내었다. 연방은 연방의회에 의해 통치되었으나, 각 주는 거의 완전한 독립성을 유지하였다. 그들은 대개 외적에 맞서서는 굳게 결속하였으나, 종종 서로 반목하여 이따금 내란으로 빠져들곤 하였다. 연방의 힘은 그 정부의 효율성에 있는 것이 아니라, 그 지형적 위치와 주민들의 군사적 자질에 있었다.

독일의 여러 제후국이 독자적인 정부를 확고하게 수립하는 동안, 합스부르크가는 1477년에 막시밀리안이 부르군디의 상속녀와 결혼하여 막대한 영지를 차지한 결과 유럽의 정치판도에서 막강한 세력으로 등장하게 되었다. 오스트리아와 부유한 네덜란드 지방을 한 손아귀에 넣음으로써 막시밀리안1493~1519은 어떤 독일 제후보다도 강력해졌다. 그 뒤 막시밀리안과 부르군디의 마리 사이에 태어난 필립은 스페인의 상속녀와 결혼하였고, 필립의 아들 카알 5세Charles V는 스페인, 시칠리아, 오스트리아, 그리고 네덜란드를 포함한 거대한 영토를 상속하였다. 1477년의 결혼과 뒤이은 부르군디의 분할을 둘러싼 분쟁은 또한 합스부르크가의 오스트리아와 발로아가의 프랑스를 서로 적대하게 하였고, 이러한 양측의 대결이 근대 초의 유럽 외교사를 지배하게 되었다.

83. 영국의 장미전쟁

프랑스와 마찬가지로 영국도 15세기 중엽에 내란을 겪은 뒤, 1500년 이전에 강력하고 안정된 왕정을 확립하였다. "장미전쟁Wars of the Roses"의 직접적인 원인은 1399년의 정변으로 정당한 왕위계승자가 무시되고 그 대신 헨리 4세가 즉위한 사건에서 비롯된 왕조의 불안정이었다pp. 591~592 참조. 그러나 15세기 중엽에 두드러지게 나타난 폭력사태의 더 근본적인 원인은 아주 무책임한 대귀족 계급에게 지나친 권한을 부여한 영국의 전체 사회구조에 놓여 있었다.

영국의 사회구조는 중세 말에 커다란 변화를 겪었다. 사회의 최상부에는 막대한 화폐수입을 세력 기반으로 하는 50여개의 대귀족 가문이 있었다. 이 화폐수입은 대부분 옛 특권과 봉건적 공조, 그리고 광대한 토지에서 나오는 지대로부터 생기는 것이었으나, 일부—특히 왕족—는 재무청으로부터 많은 액수의 연금을 받았다. 이러한 대가문들의 우두머리들은 강력한 성을 소유하였고, 언제든 즉각 소규모나마 사적인 군대를 끌어모을 수 있었다. 이런 군대는 이른바 급료와 보호livery and maintenance를 통해 모집-유지되었다. 급료란 소집되면 언제나 고용주를 위해 나가 싸운다는 조건으로 미리 지급되는 보수였고, 보호란 상위자가 특히 법정에서 하위자를 전반적으로 옹호하는 것이었다. 이들 상위자들 대부분이 프랑스에서의 전쟁에 참가했던 장수들이었으므로, 그들의 하위자는 대개 경험 많은 군인들이었다. 급료와 보호는 끊임없이 혼란을 일으키는 원인이 되었다. 상위자들은 이따금 실제로 폭력을 쓰면서까지 재판관과 배심원들을 위협하여 하위자들을 보호하였다. 이 체제는 "의사 봉건제bastard feudalism"라 불리어 왔다. 이는 항구적인 토지보유에서 비롯되는 안정의 요소도 없어 초기 봉건제 못지않게 혼란을 조장하는 성향을 지니고 있었다. 더구나, 사병의 소유자들은 언제나 그 사병들을 이용하여 이웃 제후에 대한 공격뿐만 아니라 정부에 대한 도전까지도 시도하려는 유혹에 빠지기 십상이었다. 이런 상위자들은 작위귀족peers이거나, 또는 곧 작위귀족의 서열에 끼일 가문의 우두머리들이었다.

이러한 몇몇 부유한 기사들 밑에는 젠트리gentry가 있었다. 이론상, 젠트리의 표지는 문장紋章의 합법적인 소유였으나, 웬만큼 지위가 있는 자치고 문장을 획득하기는 그리 어려운 일이 아니었다. 아마도 젠트리는 농업생산에 직접 참여하지 않고 지대 수입만으로 여유 있는 삶을 누릴 수 있을 만큼 많은 토지를 소유한 자라고 규정하는 것이 가장 적절할 것이다. 젠트리는 대개 해자와 돌벽으로 간단하게 방비된 장원청에 거주하였고, 적어도 한 장원의 영주로서 한두 교회에 대한 사제 추천권을 가지고, 또 작은 수도원의 후원자이기도 하였다. 그는 기사일 수도 있었으나, 14세기에는 기사라는 칭호가 별로 위엄 있는 것이 아니게 되었으므로, 기사칭호를 지닌 젠트리는 거의 없었다. 그들은 대부분 문장패용가armigers 또는 향신鄕紳, squires이라 불리었고, 초서Chaucer는 더 오래된 용어인 향사鄕士, franklin로 칭하였다. 하원의원이 되는 주州 기사들은—실제로 기사인 경우는 드물었는데—비교적 유력한 젠트리 가운데에서 선출되었다. 또한 자치도시의 대표들도 사실은 주변 농촌의 젠트리인 경우가 많았다. 농촌지역의 조그마한 자치시는 기사들 심지어는 귀족들 앞에서도 꿋꿋하게 주장을 펼 수 있는 젠트리가 대표로서 가장 적임이라고 느꼈을 것이다. 한편 치안판사 역시 법령에 따라 젠트리라야만 했다. 이에, 젠트리 개개인은 정치적 권한에 있어서 귀족과 겨룰 수 없었으나, 하나의 계급으로서의 젠트리는 매우 강력한 집단을 이루었다. 대부분의 문제에서는 그들의 경제적·사회적 이해관계가 귀족들의 그것과 일치하여, 두 계급의 긴밀한 협력이 이루어졌다. 그러나 한 가지 매우 중요한 문제에서 양자는 갈라졌다. 귀족은 이익을 끌어낼 기회만 된다면 내란과 무질서를 야기하곤 하였지만, 젠트리는 대개 평화와 질서를 바랐다.

영국에서는 시민과 젠트리의 구별이 그리 엄격하지 않았다는 사실을 주목할 필요가 있다. 젠트리 가문의 차남 아래 아들들은 종종 상인의 도제가 되었고, 결국 상업으로 부를 쌓았다. 거꾸로, 부유한 상인이 토지를 사서 지주가 되는 경우, 그의 집안은 한 세대가량만 지나면 완전히 젠트리로 인정받았다. 15세기에 크게 성장한 모직물산업 중심지의 부근에서는 젠트리와 상인을 구별하기가 사뭇 어려웠다. 양모 상인은 양 방목지를 사들였고, 양을 기르는 젠트리나 그의 아들들은 양모 교역에 뛰어들었다. 요컨대, 영국의 젠트리에 상응하는 프랑스의 하급 귀족들로 하여금 교역을 멀리하게 했던 법률과 통념이 영국에서는 존재하지 않았다. 젠트리와 상인은 사실상 함께 귀족과 하층 민중 사이의 중산계급을 이루었다.

또 하나의 계급도 언급할 필요가 있다. 독립 자영농yeoman은 소규모 자유토지 보유농이거나 대차지농大借地農, tenant-fanner이었다. 그는 손수 일하였으나, 종종 임금노동자를 고용하였다. 이 계급은 14세기와 15세기에 수와 중요성에서 급속히 성장하였다. 장원 영주들은 직영지의 직접 경영을 중단하고는, 직영지를 소규모 자유토지나 대규모 임차지로 분할하였다. 이는 이미 존재하고 있던 소규모 자유토지와 함께 많은 자영농을 창출하였다. 영국의 다른 계급과 마찬가지로, 자영농층도 고착되어 있지 않았다. 근면하고 성공적인 농민 집안은 점차 보유지를 넓혀 자영농의 신분으로 상승할 수 있었고, 부유한 자영농은 쉽게 젠트리로 상승할 수 있었다. 실제로, 자영농은 지대만으로 살아갈 수 있을 만큼 땅을 사 모으고, 합법·비합법적으로 문장을 획득하기만 하면 젠트리가 될 수 있었다. 자유토지 보유농은 차지농과 함께 자영농층을 이루었으나, 단 한 가지 중요한 점에서 차지농과 달랐다. 그들은 주 기사의 선출에서 투표권을 행사할 수 있었던 것이다. 헨리 6세의 치세에 제정된 법에 따라 투표권은 1년 수입이 40실링 이상인 자유토지 보유농에게 한정되었다. 40실링은 아주 작은 액수였으므로—실제로 많은 농민 보유지가 그 이상의 수입을 올릴 수 있었다—이 법령으로 대부분의 자유토지 보유농이 투표권을 가지게 되었다. 영국군의 창병 및 궁사가 바로 자영농층에서 나왔다는 사실만으로도 자영농층은 중요한 위치를 차지할 수 있었을 것이다.

이처럼 15세기 중엽의 영국에는 법과 질서가 항구적으로 정착하여 애꿎게 괴롭힘을 당하는 일 없이 평화적이고 수지맞는 생업에 전념할 수 있기를 갈망하는 강력한 젠트리 계급과 부유한 상인 및 자영농 집단들이 존재하고 있었다. 그들 위에는 싸움을 아주 즐기고, 왕 정부를 장악하여 거대한 부와 권력을 얻으려고 당파를 지어 끊임없이 상쟁하는 세습귀족 계급이 자리잡고 있었다.

헨리 4세는 1413년에 죽었고, 그 뒤를 그의 아들인 헨리 5세1413~1422가 이었다. 헨리 5세는 대부분의 시간과 정력을 프랑스와의 전쟁 재개에 쏟았으므로, 영국에서의 그의 치세에 대해서는 언급할 만한 것이 거의 없다. 제후들의 음모는 끊이지 않았으나, 공공연한 대규모 반란은 없었다. 이런 음모들 가운데 가장 위협적이었던 것은 정당한 왕위계승자인 변경March 백 에드먼드 모티머Edmund Mortimer가 주도한 것이었다. 에드먼드만으로는 그리 심각한 위협이 되지 못했을 테지만, 그의 누이인 앤Anne은 또 다른 왕족 제후인 에드워드 3세의 넷째 아들 요크 공 에드먼드의 둘째 아들인 캠브리지 백 리차드와 결혼하였다. 이 결혼으로 영국에서 가장 강력한 두 가문이 동맹을 맺게 되었다. 1424년에 에드먼드 모티머가 자식을 남기지 못하고 죽었다. 이로써 그의 조카—즉 캠브리지 백 리차드와 앤 모티머의 아들이자 후계자—인 요크 공 리차드는 모티머와 요크 두 집안의 광대한 영지를 한 손아귀에 쥐었을 뿐만 아니라, 상속법에 따라 정당한 왕위계승권을 지니게 되었다.

헨리 5세가 1422년에 죽었을 때, 그의 아들인 헨리 6세1422~1461는 태어난 지 몇 달 밖에 안 된 어린아이였다. 이에 어린 왕의 두 아저씨가 섭정을 하게 되었다. 베드포드 공 존은 프랑스의 섭정이 되었고, 글로스터 공 험프리는 영국의 섭정lord protector이 되었다. 험프리는 이미 백년전쟁을 다룬 장에서 고찰된 바 있다. 그의 모험적이고 난폭한 성격 때문에 영국은 그가 보포르Beaufort 가문에 의해 결국 축출될 때까지 끊임없는 혼란에 시달려야 했다. 겐트의 존은 말년에 이미 그의 아이를 여럿 낳은 여인과 결혼하였다. 그 아이들은 보포르라는 성을 받았고, 의회에 의해 적자로 인정되었으나, 왕위계승권만은 거부당했다. 강력하고 야심적인 가문으로서 보프르가는 어린 헨리 6세의 정부를 장악하였다. 마침내 그들은 똑같이 강한 성격의 인물인 헨리의 왕비 마가렛Margaret과 합세하게 되었다. 앙주 공 선량한 르네의 딸인 마가렛의 인생은 좌절로 점철되었다. 그녀는 유능하고 야심적이며, 결단성이 있고, 권력을 사랑하였다. 그녀의 아버지는 굼뜨고 온화한 인물로 포도주와 여자와 노래를 좋아하였고, 조카인 프랑스 왕 루이 11세에게 감언이설로 속아 넘어가 그의 광대한 영지의 대부분을 물려주고 말았다. 헨리 6세는 점잖고 온화했으나, 결코 그리 똑똑하지는 못했고, 30살이 될 무렵에는 완전히 미쳐버렸다.

헨리 6세는 미치기 전에도 영국을 전혀 통치하지 못했다. 천성이 "안 된다"고 말을 못하는 헨리는 누구에게든 그가 요구하는 것을, 심지어는 바로 전날에 딴 사람에게 주었던 것까지도, 모두 주었다. 왕의 수입이 허망하게 탕진되었을 뿐 아니라, 온갖 직책과 연금을 바라는 사람들이 줄지어 늘어서게 되었다. 왕은 언제나 돈이 없었으므로 그의 관리나 군대에게 보수를 주지 못하였다. 칼레 총독처럼 중요한 직책은 대제후들이 차지하고 앉아, 그들의 호주머니에서 수비대에게 보수를 지급하는 대신 나약하고 무일푼인 왕을 완전히 무시한 채 제 마음대로 통치를 하였다. 영국에서는 귀족 및 그들의 사병들이 끊임없이 사투를 벌이면서, 마음껏 약탈을 자행하였다. 영국에서 진짜 그럴듯한 인물은 요크 공 리차드뿐이었다. 헨리가 미쳐버리자, 그는 섭정이 되었고, 헨리에게 아들이 없는 경우에 그가 왕위를 계승한다는 것은 기정사실로 인정되었다. 영국의 평화를 위해서는 유감스럽게도 미친 왕은 아들을 얻었다. 요크의 리차드가 불충한 생각을 품었다거나 헨리 또는 그의 아들에게 해를 끼칠 계획을 했다는 증거는 전혀 없지만, 왕비인 마가렛은 리차드가 음모를 꾸미고 있다고 의심하였다. 그녀는 보포르가 및 다른 귀족들의 지지를 받아 공의 영지를 침략하여 공을 영국에서 추방하였다. 그러나 리차드는 곧 군대를 이끌고 되돌아 왔고, 오늘날 장미전쟁이라 불리는 격렬한 내란이 시작되었다. 장미전쟁이란 명칭은 랭카스터가가 붉은 장미, 요크가가 하얀 장미를 표지로 삼았기 때문에 붙여진 이름이었다.

5년 동안, 승리의 여신은 양측 사이를 오락가락하였으나, 마침내 1460년에 왕의 군대는 웨이크필드Wakefield 전투에서 요크군을 격파하였다. 요크 공 리차드는 이때 전사하였고, 그의 아들 가운데 하나는 생포된 뒤 잔혹하게 처형당했다. 참으로 얄궂게도, 리차드의 죽음은 그의 적인 랭카스터가의 파멸을 몰고 왔다. 그는 양심적이고 온화한 인물로서 자기방어를 위해 어쩔 수 없이 반란을 일으켰을 뿐이었다. 그의 아들이자 후계자인 에드워드는 전혀 달랐다. 우선 그는 당대의 가장 유능한 지휘관으로서 전술뿐만 아니라 전략에도 일가견이 있었다. 그는 또한 야심적이고 이기적이며 잔인하였고, 행정가로서도 아주 유능하였다. 아버지가 죽은 뒤 1년도 못되어 그는 랭카스터가를 패퇴시키고 에드워드 4세1461~1483로 왕위에 올랐다. 그러나 왕비 마가렛은 굴복하지 않았고, 내란은 계속되었다. 1471년에 그녀는 에드워드의 가장 강력한 지지자였던 워위크Warwick 백 리차드 네빌Richard Neville을 같은 편으로 끌어들이는 데 성공하여 한동안 에드워드를 심각한 곤경에 빠뜨렸다. 그러나 왕은 결국 연이어 대승을 거둠으로써 모든 적을 격파하였다. 마가렛은 추방당했고, 그녀의 아들 에드워드는 죽음을 당했다. 가엾은 헨리 6세는 전쟁에서 꼭두각시 노릇만 하였다. 양측 모두 그의 몸을 확보하기만 하면 그를 싸움터에 내세웠고, 그는 누군가가 자기를 생포할 때까지 전투의 와중에서 멍청하게 서 있곤 하였다. 마침내 에드워드는 그를 런던탑에 유폐시켰고, 그는 그곳에서 숨을 거두었다.

에드워드 4세는 어린 두 아들과 여러 딸을 남기고 1483년에 죽었다. 가장 강력한 섭정 후보는 그의 동생인 글로스터 백 리차드였다. 리차드는 내란 동안 내내 에드워드를 충직하고도 훌륭하게 섬겼으며, 어린 조카가 성년이 될 때까지 영국을 잘 다스릴 수 있는 능력을 지니고 있었다. 에드워드가 죽은 뒤 2년 동안은 영국사에서 가장 수수께끼에 싸인 시기이다. 오늘날 남아 있는 그 시기에 관한 기록들은 튜더Tudor 왕조 때에 편견에 물든 왕들의 비위에 맞게 씌어진 것이었다. 튜더 왕조를 열은 왕은 리차드 3세를 축출하고 왕위에 올랐기 때문에, 튜더조의 역사가들은 플란타지네트조의 마지막 왕에 관해 호의적으로 쓰지 못했을 것이다. 실제로 그들은 리차드 3세를 의리 없고 잔인한 악당으로 그려내었다. 분명한 사실은 거의 없다. 리차드는 그의 형이 죽자 섭정이 되어, 분명 조카의 대관식을 준비하기 시작했던 것으로 보인다. 그때 갑자기 의회가 두 어린 왕자를 사생아라고 선언했고, 리차드가 왕위에 올랐다. 두 왕자는 런던탑에 유폐되었지만, 런던탑이 감옥인 동시에 왕의 거주지이기도 했다는 사실을 잊어서는 안 될 것이다. 두 왕자 모두 리차드의 대관식이 있은 바로 얼마 뒤에 행방불명이 되었다. 전해오는 이야기로는 리차드가 그들을 살해했다고 하는데, 이는 아마도 옳은 이야기일 것이다. 하지만 그들이 1485년까지 살아 있다가 다음 왕인 헨리 7세에게 살해당했을 가능성도 있다.

리차드 3세는 오랜 치세를 누릴 운명이 못되었다. 비스케이만을 굽어보는 브르타뉴의 구릉지대에 높이 서 있던 한 성에는 한 젊은 영국인이 유폐되어 괴로운 나날을 보내고 있었다. 그는 바로 리치몬드Richmond 백 헨리 튜더Henry Tudor였다. 헨리는 헨리 5세의 과부인 프랑스의 까트린느로부터 열렬한 사랑을 받은 웨일즈의 한 보잘 것 없는 젠트리 오웬 튜더Owen Tudor의 손자였다. 그의 아버지는 리치몬드 백 에드먼드 튜더Edmund Tudor였고, 어머니는 보포르가의 마지막 인물인 마가렛 보포르Margaret Beaufort였다. 헨리 튜더는 바로 이 어머니를 통해 영국 왕위의 계승권을 끌어내었다. 물론 보포르가는 명백하게 왕위 계승에서 제외되어 왔으므로, 그의 주장은 기껏해야 빈약한 것에 지나지 않았으나, 그는 랭카스터가의 유일한 왕위 계승 후보자였고, 프랑스의 루이 11세는 그의 철천지원수인 부르군디 공을 지지하는 요크가를 진심으로 증오하고 있었다. 1484년에 헨리는 프랑스 정부를 설득하여 그의 영국 왕위 계승권에 대한 지지를 얻어냈다. 다음 해에 헨리는 2천명가량의 소규모 군대를 이끌고 웨일즈에 상륙하여, 곳곳에서 지지자를 규합하면서 영국 내부로 진격하였다. 1485년 8월 21일, 헨리는 보스워스 벌판Bosworth Field에서 리차드 3세의 군대와 결정적인 전투를 치렀다. 리차드는 싸움터에서 격렬하게 싸우다가 전사하였다. 승리한 헨리 튜더는 의회에 의해 왕으로 승인되었고, 에드워드 4세의 딸인 엘리자벳Elizabeth과 결혼함으로써 왕위 계승의 정통성을 공고히 하였다.

장미전쟁이 영국에 미친 영향은 비교적 미약하였다. 전쟁은 귀족 및 그들의 사병 부대들에 의해 치러졌다. 대체로 양측 군대 모두 필요한 이상으로 주민들을 괴롭히지 않으려 신경을 썼다. 한 조그만 전투가 벌어졌을 때, 밀밭을 망가뜨리지 않도록 싸움터를 옮긴 적도 있었다. 런던을 비롯한 대도시들은 냉담하게 전쟁을 무시하였고, 전투중인 양측 군대가 도시 안으로 들어오지 못하도록 성문을 닫아걸었다. 많은 귀족이 전사하거나 포로가 된 뒤 처형당했으나, 그들 대부분은 대를 이을 상속인을 남기고 죽었다. 제후들은 전쟁 전에도 전쟁 중에 못지않게 거칠고 난폭하였다. 그러나 전쟁은 마침내 중산계급—농촌의 젠트리와 도시민—을 더 이상 참을 수 없게 하였던 것 같다. 헨리 7세가 즉위했을 당시, 중산계급은 귀족들의 싸움질에 완전히 진절머리가 나서 그것을 억제할 강력한 왕을 고대하고 있었고, 헨리 7세는 그들의 기대를 멋지게 충족시켜 주었다.

헨리 7세는 영국의 "새로운 왕정"을 수립한 왕으로 일컬어져 왔다. 그러나 사실 몇몇 측면에서 튜더 왕조의 절대왕정은 이미 에드워드 4세의 치세 때 준비되었다고 할 수 있다. 에드워드는 즉위했을 당시 영국에서 가장 부유한 제후였다. 그는 즉위하자마자 랭카스터가 및 그 동맹자들 모두로부터 그들의 영지를 몰수하였다. 그는 국외에서 단 한번 전쟁을 치렀을 뿐이고, 그 전쟁으로 막대한 수입을 거두었다. 그는 군대를 이끌고 칼레로 건너가 프랑스를 침입하였는데, 스스로 프랑스로부터 막대한 뇌물과 연금을 받고 매수되었던 것이다. 따라서 에드워드는 의회에게 과세승인을 요청할 필요가 없었고, 실제로 의회를 거의 소집하지 않았다. 의회는 다시금 뒤로 물러나 앉았고, 영국은 잠시나마 튜더 왕조의 고압적인 통치를 맛보게 되었다. 헨리 7세 역시 거의 의회를 소집하지 않았으나, 의회는 이미 플란타지네트 왕조와 랭카스터 왕조의 치하에서 영국의 정치전통에 깊이 뿌리를 내려 많은 중요한 관례를 확립해 놓았다. 이러한 관례는 16세기에 부활되었으며, 스튜어트Stuart 왕조의 절대주의에 저항하던 사람들의 기억 속에 뿌리박혀 있었다. 그리고 영국은 그러한 절대주의를 조장할 만한 제도를 전혀 발전시키지 않았다. 영국에는 급료를 받는 관료가 아주 적었다. 또 프랑스와 달리 상비군이 없었다. 영국왕은 절대군주로서 통치하려 해도, 인민의 동의를 얻어야만 그리할 수 있었다.

84. 근대 유럽의 태동

15세기에는 영국과 프랑스에서 뿐만 아니라 기독교 세계의 주변지역에 있는 다른 나라에서도, 근대 유럽의 정치 구조를 결정적으로 형성시킬 변화들이 나타나고 있었다. 스칸디나비아에서는 노르웨이와 덴마크 그리고 스웨덴의 세 북방 왕국이 "칼마르 연방Union of Kalmar"으로 통합되었다1397년. 이 연방은, 스웨덴에서 여러 차례 반란이 일어났지만, 에릭Eric; 1397~1439 왕과 크리스티안Christian; 1439~1481 왕 치하에서는 계속 유지되었다. 스웨덴에서의 반란들은 단순히 불온한 귀족들의 도발이 아니라, 도시민과 농민들로부터 크게 지지를 받은 민족적인 봉기였다. 1467년에는 반란의 성공으로 연방이 해체되었다. 연방은 1497년에 잠시 복구되었으나, 1501년에 궁극적으로 해체되었다. 그때로부터 스웨덴은 독립국가로 존속하였으나, 덴마크와 노르웨이의 연방은 1814년에 가서야 해체되었다.

모스코바를 수도로 한 근대 러시아도 15세기 후반에 형성되었다. 1237년의 몽고족 침략 이후, 러시아는 각각 군소제후에 의해 지배되는 여러 제후국으로 분할되었다. 이들 러시아 제후들은 몽고의 칸Khan에게 복속하여 매년 막대한 조공을 바쳤다. 모스코바 대공국은 이반 1세Ivan I, 1328~1341 치하에서 강력한 제후국으로 대두하기 시작하였다. 이반은 몽고인들을 설득하여 그를 러시아의 모든 제후국에 대한 단일한 조공 징수 책임자로 임명케 하였고, 그와 그의 후계자들은 이 직책을 이용하여 다른 제후들을 자기들의 권위 아래 복속시켜 나아갔다. 1380년, 그 동안 쌓아온 힘에 자신감을 지니게 된 모스코바 대공은 몽고족에게 반란을 일으켰으나, 처음에만 승리했을 뿐, 결국 패배하여 진압 당하였다. 다음 세기 동안에 몽고족은 일련의 내란으로 허약해졌고, 최초의 반란이 있은 뒤 꼭 백년 만에 위대한 대공 이반 3세Ivan III; 1462~1505는 "타타르Tartar의 멍에"를 벗어 던지고 모든 러시아 제후들을 그의 지배 아래로 복속시키는 데 성공하였다. 모스코바 대공국이 성장하는 동안, 모스코바의 대주교는 러시아 정교회Orthodox Church의 우두머리가 되었고, 교회는 일관되게 대공들의 정치적 목적을 지지하였다. 1472년에 이반 3세는 콘스탄티노플에서 통치하던 마지막 비잔틴 황제의 조카딸을 두 번째 아내로 맞이하였다. 이때 그는 대공이란 칭호를 버리고, 황제Tsar; Caesar라 자칭하였다. 이반은 자기가 비잔틴 황제의 계승자이며, 정교 문명의 중심이 콘스탄티노플에서 모스코바로 옮겨졌다고 생각하였던 것이다.

모스코바는 이렇게 해서, "제2의 로마"인 비잔티움이 결국 기독교 국가로서는 존재하지 않게 되었기 때문에, "제3의 로마"가 될 수 있었다. 1453년에 멸망하기 전 한 세기 동안 비잔틴 제국은 오토만 투르크족에게 영토를 빼앗겨 왔다pp. 519~592 참조. 1356년에는 투르크군이 유럽으로 건너와 아드리아노플Adrianople을 점령하였다. 다음 30여 년 동안에 투르크는 발칸 반도의 지배자가 되었다. 불가리아의 국체는 파괴되었고, 세르비아Serbia는 대부분의 영토를 잃

지도 23.
1475년경의
유럽

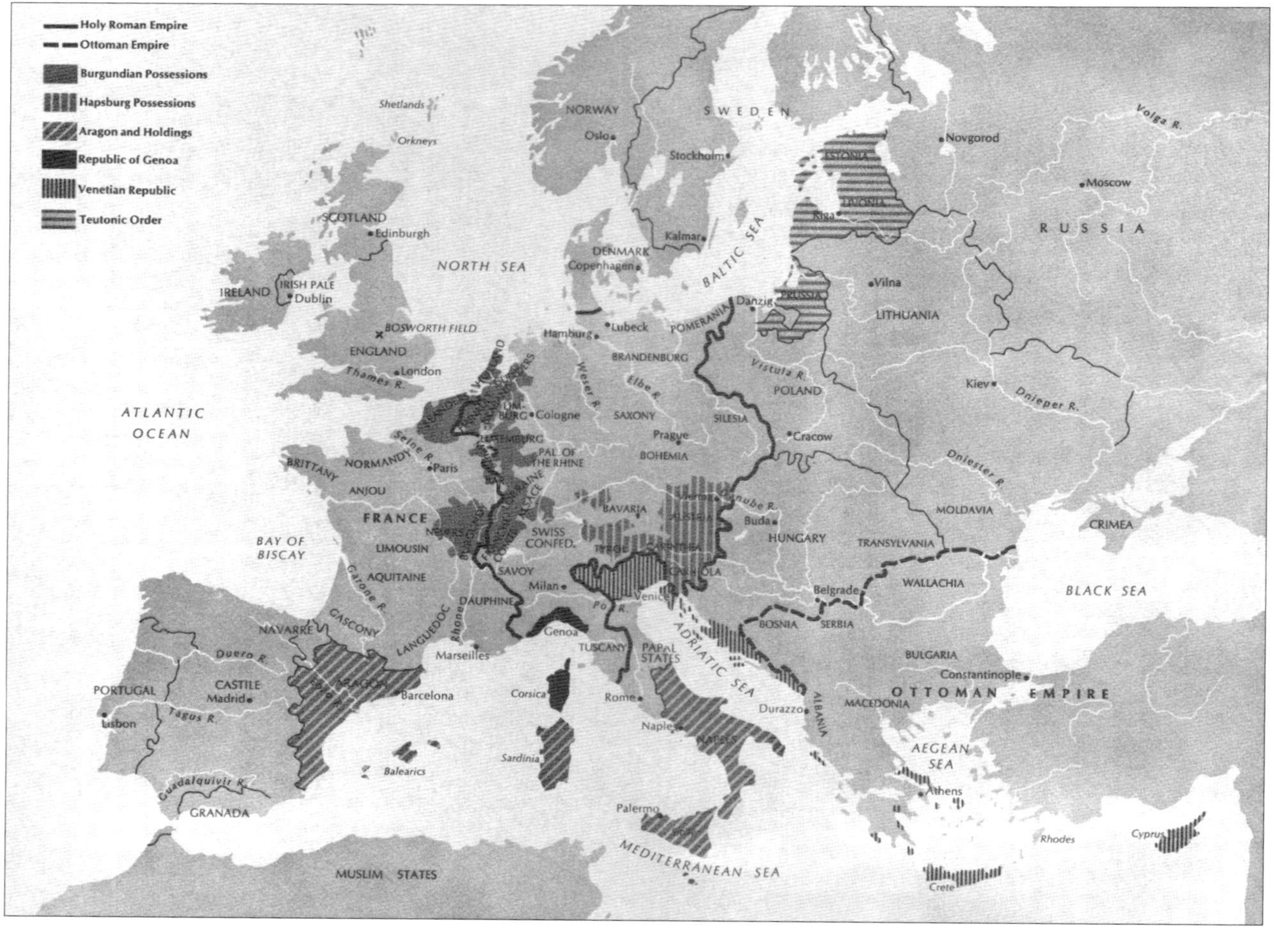

고 봉신 제후국으로 전락하였다. 1397년에는 술탄 바야지드Bayazid; 1389~1402가 콘스탄티노플을 포위하였고, 이제 비잔틴 제국은 임종의 순간을 맞이하는 듯하였다. 그러나 다시금 행운이 옛 제국을 회생시켰다. 몽고의 위대한 칸 절름발이 티무르Timure the Lame; 또는 타멀레인 Tamerlane가 군대를 이끌고 소아시아로 휩쓸고 들어와, 바야지드는 그에 맞서기 위해 급히 되돌아갔던 것이다. 1402년 7월 20일에 티무르는 투르크군을 궤멸시키고 술탄을 사로잡아, 당분간이나마 오토만 세력을 파괴하였다. 다음 50여 년 동안, 술탄들은 육지 쪽으로는 헝가리 왕과 폴란드 왕, 바다 쪽으로는 베네치아와 전쟁을 치르느라 여념이 없었다. 콘스탄티노플과 그 주변 지역만을 겨우 부지하고 있던 무력한 비잔틴 황제는 싸움을 관망할 뿐이었다. 1453년에 술탄 모하메드 2세Mohammed Ⅱ; 1451~1481는 마침내 홀가분해져서 콘스탄티노플에 대규모 공격을 가하였다. 그 해 5월 29일에 콘스탄티노플이 함락되었고, 최후의 비잔틴 황제인 콘스탄티누스 11세Constantine XI는 장렬하게 전사하였다. 이로 말미암은 비잔틴 피난민들의 이탈리아 유입은 이탈리아 르네상스의 그리스 학예를 고취시키는 데 기여하였다. 발칸 반도는 19세기까지 투르크의 지배를 받았다. 콘스탄티노플은 오늘날 이스탄불Istanbul로 이름이 바뀌어 여전히 투르크의 도시로 남아있다.

이제 끝으로 스페인에 눈을 돌려보면, 거기에서도 역시 15세기 후반에 결정적인 변화들이 일어나고 있었음을 알 수 있다. 12세기의 기독교도 왕들이 착수한 회교도 영토의 재정복 사업은 1252년에 까스띨랴의 페르디난드 3세Ferdinand Ⅲ가 죽음으로써 좌초되었다p. 275 참조. 회교도 왕들은 중세가 끝날 때까지 남부 스페인에서 회교국인 그라나다Granada 왕국을 다스렸다. 그동안, 세 주요 기독교국인 까스띨랴와 아라공 그리고 포르투갈은 서로 싸우는 데 여념이 없었다. 또한 이 세 왕국 모두에서 왕권에 대한 대귀족들의 반란이 빈번하게 발생하였고, 게다가 이따금 농민반란도 일어났다. 그러나 이런 혼란에도 불구하고, 스페인의 왕국들은 몇몇 방면에서 괄목할 만한 발전을 이루었다. 도시들은 부와 영향력을 계속 증대시켜 나갔고, 특히 아라공의 코르테스Cortes 회의를 비롯한 대의체들이 크게 발전하였다. 그러나 중세 스페인의 왕들은 기강이 바른 효율적인 정부의 전통을 확립하기에는 너무나 나약했다. 그러다가 1469년에 아라공의 페르디난드와 까스띨랴의 이사벨라Isabella가 결혼함으로써 중요한 전환의 계기가 마련되었다. 이 두 통치자는 두 나라를 통일된 스페인 왕국으로 통합시키기 시작하였다. 당시의 다른 군주들과 마찬가지로, 그들은 도시들을 설득하여 그들로부터 막대한 세입을 얻어낼 수 있었고, 그 세입을 토대로 힘을 키워 귀족들을 제압하였다. 그들은 또 1482년에 그라나다 왕국과 전쟁을 개시하여, 1492년에 마침내 그 회교국을 정복·병합하였다. 포르투갈은 아라곤과 까스띨랴의 연방에 가담하지 않았고, 중세로부터 현재까지 줄곧 독립국의 지위를 유지해 오고 있다.

스페인과 포르투갈은 15세기 후반에 국민국가로 형성되어가고 있었을 뿐 아니라, 새로운 운명으로 다가서고 있었다. 몽고족의 내분과 오토만 투르크 세력의 대두로 말미암아 극동으로 향하는 기존 육상 교역로가 차단되어 버리자, 인도로 가는 바닷길의 발견이 화급히 필요하게 되었다. 이베리아 반도의 왕국들은 대서양 쪽으로 긴 해안선을 끼고 있어 새로운 탐험 운동을 주도하는 데 이상적이었다. 포르투갈의 항해왕자 엔리케Henry the Navigator; 1394~1460는 아프리카 해안을 남하하는 일련의 탐험 항해를 주도하였고, 이러한 탐험은 엔리케가 죽은 뒤 희망봉the Cape of Good Hope을 돌아 동인도로 가는 바닷길의 발견으로 이어졌다. 그리고 스페인의 이사벨라는 크리스토퍼 콜럼버스Christopher Columbus의 대서양 횡단 항해에 자금을 댔다.

"중세의 사망시간"을 어떤 특정한 해로 꼭 집어 지적한다는 것은 분명 불가능하다. 본서에서는 좀 임의적이긴 하나 책 제목에 나타나 있듯이 결정적인 변화들이 있었던 1450년과 1500년 사이의 딱 가운데 시점인 1475년으로 잡았다. 1450년의 유럽은, 대부분 인정하듯이, 여전히 "중세적"이었다. 1500년에는 새로운 시대가 태동하고 있는 징후들이 많이 나타나 있었다. 많은 나라에서 새로운 강력한 왕정이 확립되었다. 영국에서는 1485년에 보스워스 벌판에서 리차드 3세가 전사하고, 튜더 왕조가 열렸다. 황제 프리드리히 3세는 1493년에 죽었다. 루이 11세의 치세는 1483년에 끝났다. 리차드는 종종 영국의 마지막 중세 군주로 간주되며, 프리드리히를 마지막으로 신성로마 황제는 더 이상 로마에서 대관 받지 않았다. 일부 역사가들은 루이 11세를 근대 군주로 보고, 또 그렇게 볼 상당한 근거가 있긴 하지만, 그의 독실한 신앙심과 그가 직면했던 문제들의 성격은 본질적으로 중세적이었다. 1479년에는 페르디난드와 이사벨라가 아라공과 까스띨랴의 왕위에 오름으로써 근대 스페인이 탄생하였다. 루이 11세의 아들인 샤를르 8세는 곧 이탈리아 반도를 주변 강대국들의 각축장으로 만들어 이탈리아의 정세를 일변시킬 일련의 격렬한 전쟁을 일으켰다. 동방에서는 콘스탄티노플이 1453년에 투르크에게 함락되었고, 모스코바 대공 이반 3세가 1472년에 스스로 황제의 칭호를 취하였다.

한편, 이 50년 동안에 유럽은 바다를 건너 대외팽창을 하기 위한 위대한 첫걸음을 내디뎠다. 1487년에 바르톨로뮤 디아스Bartholomeu Dias는 희망봉을 돌았고, 1492년에는 콜럼버스가 서인도 제도에 다다랐다. 1497년에는 바스코 다 가마Vasco da Gama가 최초의 동인도 항해에 성공하였고, 같은 해에 존 캐보트John Cabot는 북아메리카 해안 지역을 최초로 탐험하였다.

종교와 예술 그리고 문학의 분야에서도 중요한 변화들이 나타났다. 12세기 이래로 점점 더 복잡한 기계를 개발해오던 중세의 기술은 마침내 인쇄기를 발명해내, 유럽의 문화생활을 혁신시켰다. 에라스무스Erasmus는 1467년, 토마스 모어Thomas More는 1478년, 마르틴 루터는 1483년에 태어났다. 근대 과학의 아버지라 불리곤 하는 코페르니쿠스Copernicus는 1473년에 태어났다. 이탈리아에서는 르네상스가 활짝 꽃피었다. 레오나르도 다 빈치Leonardo da Vinci는 1452년, 피코 델라 미란돌라Pico della Mirandola는 1463년, 마키아벨리Machiavelli는 1469년, 미켈란젤로Michelangelo는 1475년, 그리고 카스틸리오네Castiglione는 1478년에 태어났다.

그러나 역사의 맥락이 갑작스럽게 단절된 것은 아니었다. 단시 변화가 점점 더 가속화되었을 뿐이었던 것이다. 샤를르 8세는 이탈리아에 대한 야심을 제외하면 부왕과 거의 같은 생각을 지니고 있었으며, 로마에서의 황제 대관은 이미 오래전부터 형식에 불과한 것으로 되어 있었다. 디아스와 다 가마는 오래 전부터 아프리카 해안을 남하하여 항해해 온 탐험가들의 계보를 이었을 뿐이었다. 에라스무스와 모어는 그들 이전의 인문주의자들로부터 영향을 받았고, 루터의 생각 가운데 많은 부분이 후스에게서 이미 발견된다. 그러나 14세기와 15세기에 서서히 자라나고 있었던 씨앗들은 꽤 갑작스럽게 꽃망울을 터뜨려 아주 다른—더 좋은?—세계를 만들어 내었다.

에필로그

85. 중세의 업적들

중세의 업적을 평가할 때, 이 책의 서론에서 이미 지적하였듯이, 두 가지 다른 관점이 고려될 수 있다. 즉 우리는 중세인이 중세 이후의 서구 문명 발전에 끼친 업적을 고찰할 수 있으며, 또한 중세인의 업적을 그들 자신의 시대 및 그들이 추구하던 목표에 비추어 평가할 수도 있다. 서구 문명의 역사 전반에 있어서 중세가 차지하는 중요성은 분명 매우 크다. 서기 500년경의 서유럽은 로마 제국의 잔해 속에서 야만족들이 서로 투쟁하는 혼란한 상황에 놓여 있었다. 1500년경에는 같은 지역의 사람들이 다음 시대의 놀라운 모험—좋든 나쁘든, 거의 전 세계의 서구화라는 사업—에 뛰어들 채비를 갖춘 진보된 사회를 만들어 놓고 있었다.

생활과 사상의 모든 영역에서 장차 결정적인 중요성을 띠게 될 혁신들이 이루어졌다. 근대 유럽의 정치구조는 중세 말에 만들어졌다. 중세에 이루어진 두 가지 위대한 제도적 혁신—통치 기구로서의 대의체와 학문 기관으로서의 대학—은 오늘날에도 여전히 두드러진 역할을 하고 있다. 근대 서구문명은 그 둘이 없었다면 결코 존재할 수 없었을 것이다. 종교의 영역에서는 근대 로마 가톨릭 교회의 교리와 예배의식 그리고 교회법 대부분이 중세에 최초로 형성된 것이었고, 프로테스탄티즘의 핵심적인 사상 역시 오캄, 위클리프, 후스 등 중세 말의 교사들에게서 비롯된 것이었다. 또 중세에는 서구 사회의 특징적인 측면으로 존속해오면서 많은 긍정적인 결과를 낳아온, 교회와 국가 사이의 지속적인 긴장관계도 확립되었다. 무엇보다도, 중세 교회는 세속사에 끊임없이 개입하는 "종교적 행동주의"의 강령을 채택하였다. 이 정책은 대부분의 동방 종교가 추구하는 더욱 순수하게 정신적인 이상과는 다른 종교적 완성의 관념을 반영한 것으로서, 근대 가톨릭과 여러 개신교 교파에 여전히 이어지고 있다.

기술에 있어서, 중세인은 새로운 장치를 고안하고 다른 문명에서 발명된 것들을 소화·개선하는 두 측면 모두에서 놀라운 독창성을 발휘하였다. 12세기에 중세 유럽은 기계적인 동력원을 단순하고 반복적인 생산공정에 이용하는 측면에서 비잔티움이나 이슬람을 능가하였으며, 14세기에 유럽은 그때까지 세계에서 가장 기술적으로 진보된 문명을 지니고 있었던 중국을 앞지르게 되었다.

사회사상은 중세 이래로 급격한 변화를 겪었으나, 여기에서도 중세의 유산이 꽤 남아있다. 봉건계급의 구성원들이 지니고 있던 개인적 자유의 관념은 뒷날 인권 개념의 강력한 요소가 되었다. 서구 문화의 기이한 요소인 낭만적 사랑의 예찬은 문학에 살아남았고, 적어도 앵글로-색슨 지역에서는 남녀 관계의 기본 원칙으로 널리 받아들여져 왔다. 중세 작가들이 창작해낸 많은 이야기들은 여전히 서구의 귀중한 문학적 유산으로 생생하게 남아있다.

중세인의 업적을 그들의 시대에 비추어 고찰하는 경우에도, 중세가 인류의 역사에서 위대한 시대 가운데 하나였음은 분명하게 드러난다. 막대한 면적의 소택지와 삼림 그리고 황무지가 개간되어 비옥한 경작지로 바뀌었다. 농업기술이 발전되어 생산성이 증대되었고, 이에 따라 인구가 크게 증가할 수 있었다. 이러한 황무지의 개간 및 경작은 엄청난 업적이었다. 이를 바탕으로 중세인은 독특한 문명을 건설해내었다.

봉건제와 영주제 그리고 길드제는 본질적으로 새로운 것으로서 위대한 창조적 상상력의 산물이었다. 대의제 정부의 발전은 독특한 업적이었다. 교회의 복잡한 위계는 물론 원래 로마 제국의 체제를 본뜬 것이었지만, 중세의 성직자들은 그것을 그들의 필요에 맞게 뜯어 고쳤다. 수도원 제도는 거의 완전히 중세의 창조물이었다. 사상의 영역에서도 중세는 아주 풍성한 시대였다. 기독교 신학의 토대는 로마 제국 말기에 교부들이 마련한 것이었지만, 그 이론체계는 중세 신학자들에 의해 완성되었고 교회법에 의해 보완되었다. 다른 사상분야들은 모든 것을 포괄하여 일관된 사상체계를 만들어 내려는 시도에 이끌려 신학의 가장자리로 흡수되어 들어갔다. 스콜라 신학의 가장 위대한 저작들은 보기 드문 능력을 지닌 학자들이 만들어 낸 웅대한 사상체계를 보여준다. 문학 분야에서, 중세는 오늘날까지 어떤 작품도 능가하지 못한 걸작들을 내놓았다. 단테의 ≪신곡≫과 초서의 ≪캔터베리 이야기≫는 인류의 문학사상 가장 위대한 걸작에 속하며, ≪베오울프≫와 ≪롤랑의 노래≫ 그리고 음유시인들의 최상급 서정시들도 위의 두 작품에 비해 그리 뒤떨어지지 않는다. 끝으로, 중세인은 건축 분야에서 놀라운 창조적 상상력을 발휘하였다. 로마네스크 양식은 이름과는 달리 중세의 산물이었고, 고딕 양식은 이전의 어떤 양식과도 완전히 다른 전혀 새로운 것이었다. 중세 유럽의 석조 교회들을 건립해낸 것만으로도 공학적인 지식이 거의 없었고 남는 인력이 별로 없었던 중세인으로서는 엄청난 업적이 아닐 수 없었다.

중세의 마지막 세기에, 역병과 전쟁, 교회의 분열, 그리고 경제적 쇠퇴가 서로 영향을 주고받으면서 모두 동시에 나타남으로써 유럽인은 전례 없는 곤경에 빠져 들었다. 그러나 중세인은 용기를 잃지 않았다. 그들은 "자살의 욕망"에 굴복하지 않았다. 그 대신, 그들은 계속 문제들에 매달려, 가장 좋은 해결책을 찾았으며, 그러는 가운데 근대 초의 여러 제도들을 만들어 내었다. 중세 말의 "수난기"는 서구 문명의 해체를 야기한 것이 아니라, 새로운 팽창과 성취의 시대를 낳았다. 옛 로마 사람들과는 달리, 중세 유럽인은 분별과 용기를 잃지 않고 꿋꿋하게 대처하여 새로운 암흑시대의 도래를 저지하였다. 이야말로 중세 문명의 가장 위대한 업적이었다.

Table 1. *The Descendants of Charlemagne*

- CHARLEMAGNE, King of the Franks 768-814, Emperor 800-814
  - LOUIS the PIOUS, Emperor 814-840
    - LOTHAIR I, Emperor 840-855
      - LOUIS, Emperor 855-875
      - CHARLES, King of Provence 855-863
      - LOTHAIR II, King of Lorraine 855-869
    - LOUIS the GERMAN, King of the East Franks 843-876
      - CARLOMAN, King of Bavaria 876-880
        - ARNULF, King of the East Franks 887-899, Emperor 896-899
          - LOUIS the CHILD, King of the East Franks 899-911
      - LOUIS, King of Saxony 876-882
      - CHARLES the FAT, King of the Franks 884-887, Emperor 884-887
    - CHARLES the BALD, King of the West Franks 843-877, Emperor 875-877
      - LOUIS II, King of the West Franks 877-879
        - LOUIS III, King of the West Franks 879-882
        - CARLOMAN, King of the West Franks 879-884
        - CHARLES the SIMPLE, King of the West Franks 893-923
          - LOUIS IV, King of the West Franks 936-954
            - LOTHAIR, King of the West Franks 954-986
              - LOUIS V, King of the West Franks 986-987
            - CHARLES, Duke of Lorraine

Table 2. *The Capetian Kings of the Senior Line*

- HUGH CAPET 987-996
  - ROBERT II the PIOUS 996-1031
    - HENRY I 1031-1060
      - PHILIP I 1060-1108
        - LOUIS VI the FAT 1108-1137
          - LOUIS VII 1137-1180
            - PHILIP II AUGUSTUS 1180-1223
              - LOUIS VIII 1223-1226
                - LOUIS IX (ST. LOUIS) 1226-1270
                  - PHILIP III 1270-1285
                    - PHILIP IV the FAIR 1285-1314
                      - LOUIS X 1314-1316
                        - JEANNE Queen of Navarre
                      - PHILIP V 1316-1322
                      - CHARLES IV 1322-1328
                      - ISABELLE *m.* Edward II King of England
                        - EDWARD III King of England Claimant to throne of France
                    - CHARLES Count of Valois
                      - PHILIP Count of Valois King of France 1328-1350
                    - LOUIS Count of Evreux
                      - PHILIP Count of Evreux *m.* Jeanne Queen of Navarre
                        - CHARLES the BAD Count of Evreux King of Navarre
                  - ROBERT Count of Clermont Ancestor of House of Bourbon
                - ROBERT Count of Artois
                - ALPHONSE Count of Poitiers Count of Toulouse
                - CHARLES Count of Anjou Count of Provence King of Sicily
          - ROBERT Count of Dreux
            - ROBERT Count of Dreux
              - ROBERT Count of Dreux
              - PETER Duke of Brittany
          - PETER Lord of Courtenay
      - HUGH Count of Vermandois
    - ROBERT Duke of Burgundy

Table 3. *The Saxon and Salian Kings of Germany*

- HENRY I the FOWLER 919-936
  - OTTO I the GREAT 936-973
    - OTTO II 973-983
      - OTTO III 983-1002
    - LIUTGARDE *m.* Conrad
      - OTTO
        - HENRY
          - CONRAD II the SALIAN 1024-1039
            - HENRY III 1039-1056
              - HENRY IV 1056-1106
                - HENRY V 1106-1125
                - AGNES *m.* Frederick of Hohenstaufen Duke of Swabia
  - HENRY Duke of Bavaria
    - HENRY Duke of Bavaria
      - HENRY II 1002-1024

Table 4. *The Norman and Early Plantagenet Kings of England*

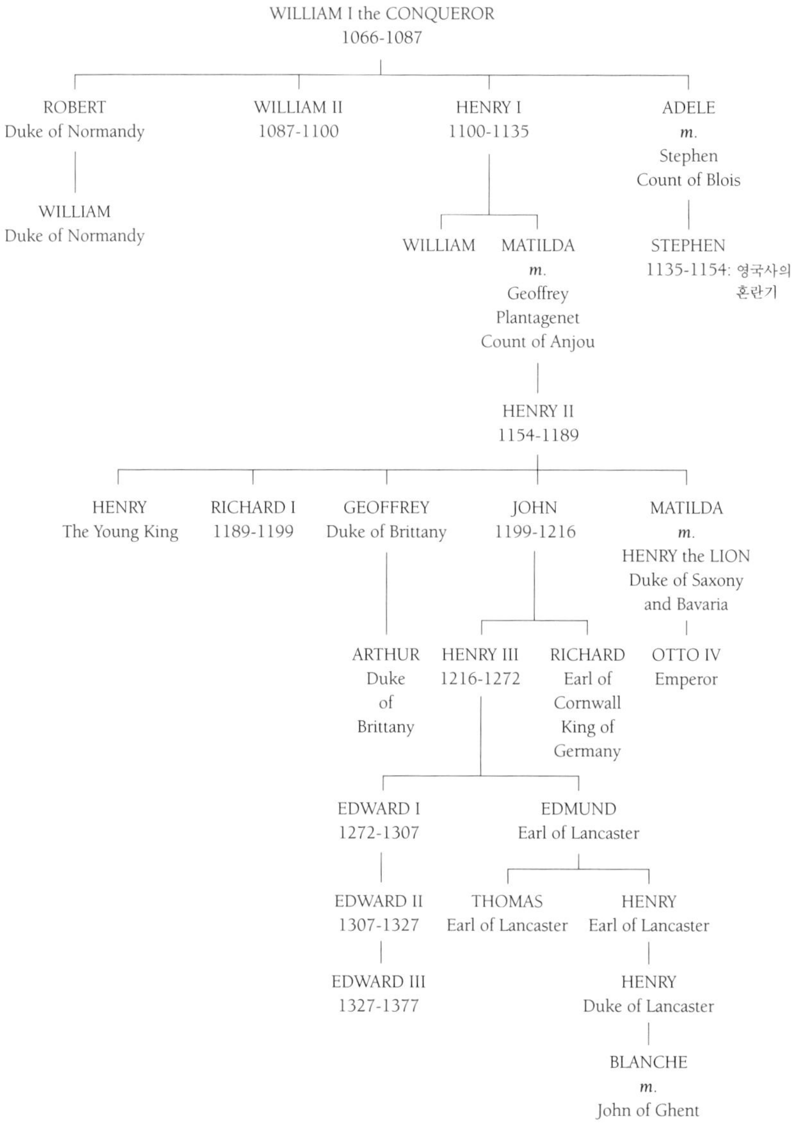

Table 5. *The Hohenstaufens and Their Rivals*

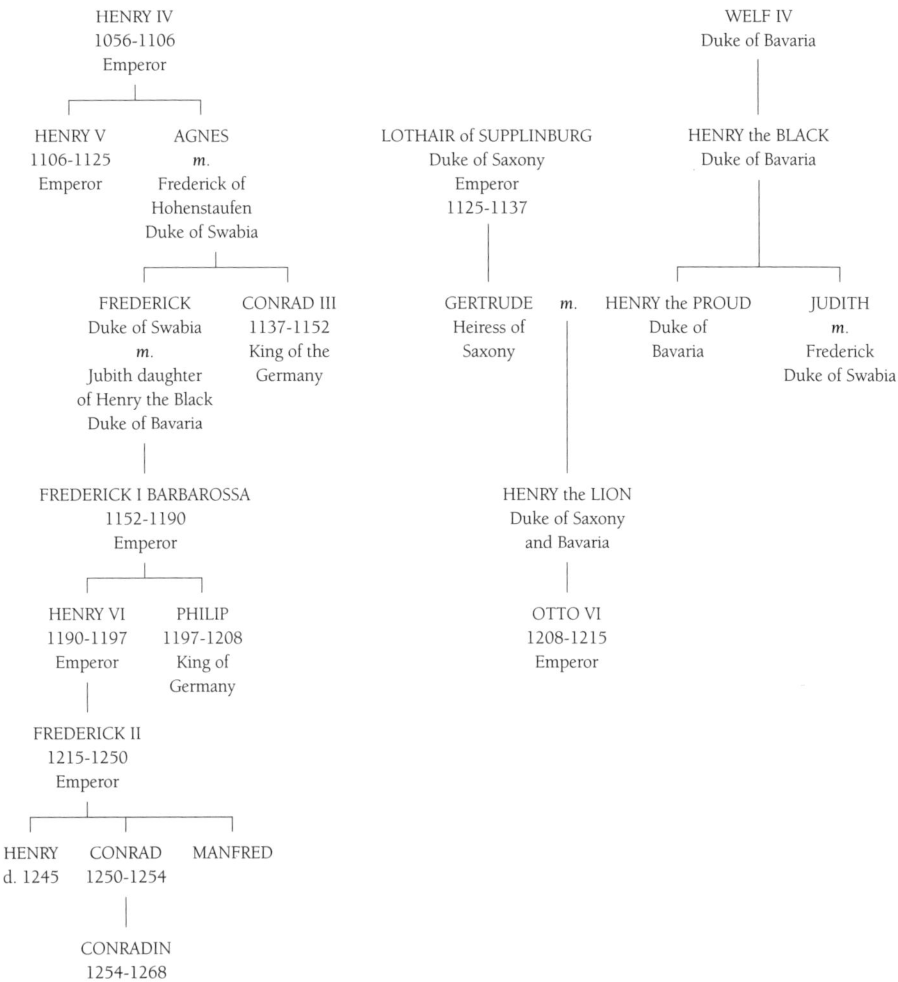

Table 6. *The Later Plantagenet Kings of England*

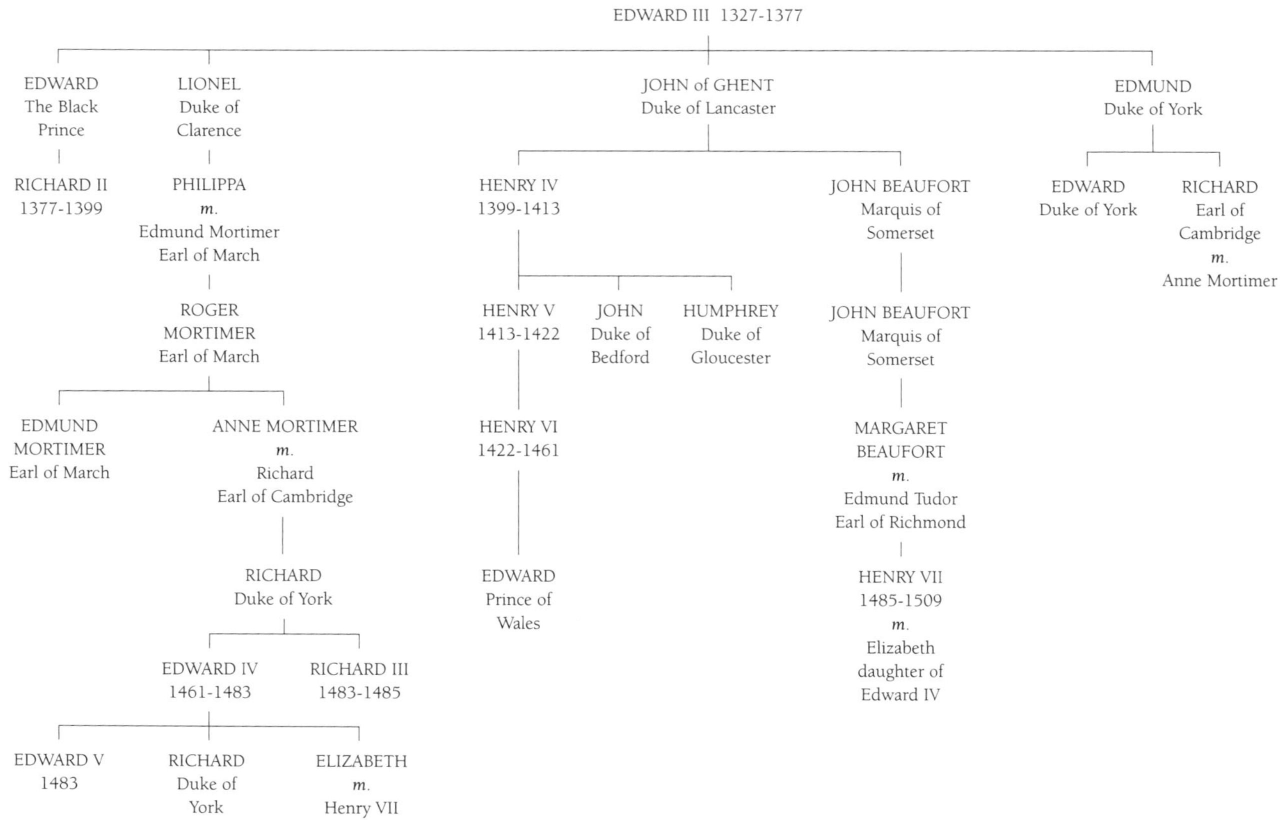

Table 7. ***The Valois Kings of France***

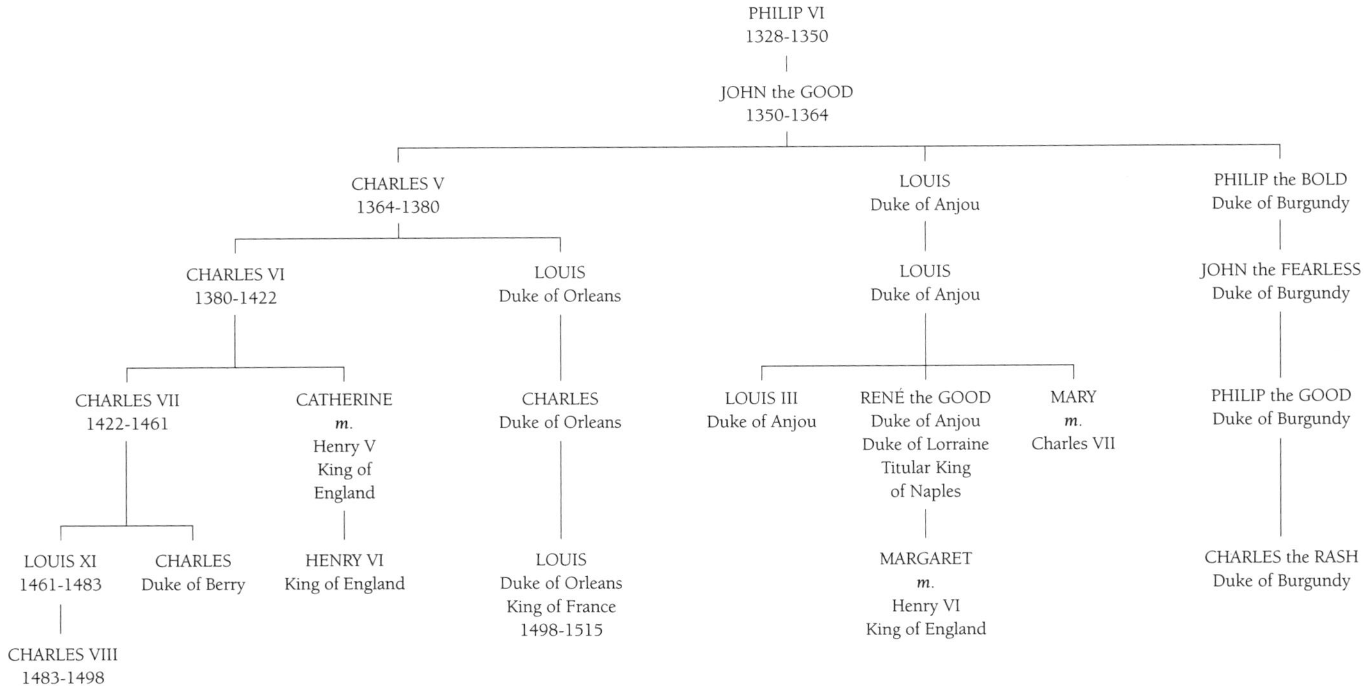

Table 8. *The Luxemburg, Hapsburg, and Wittelsbach Emperors*

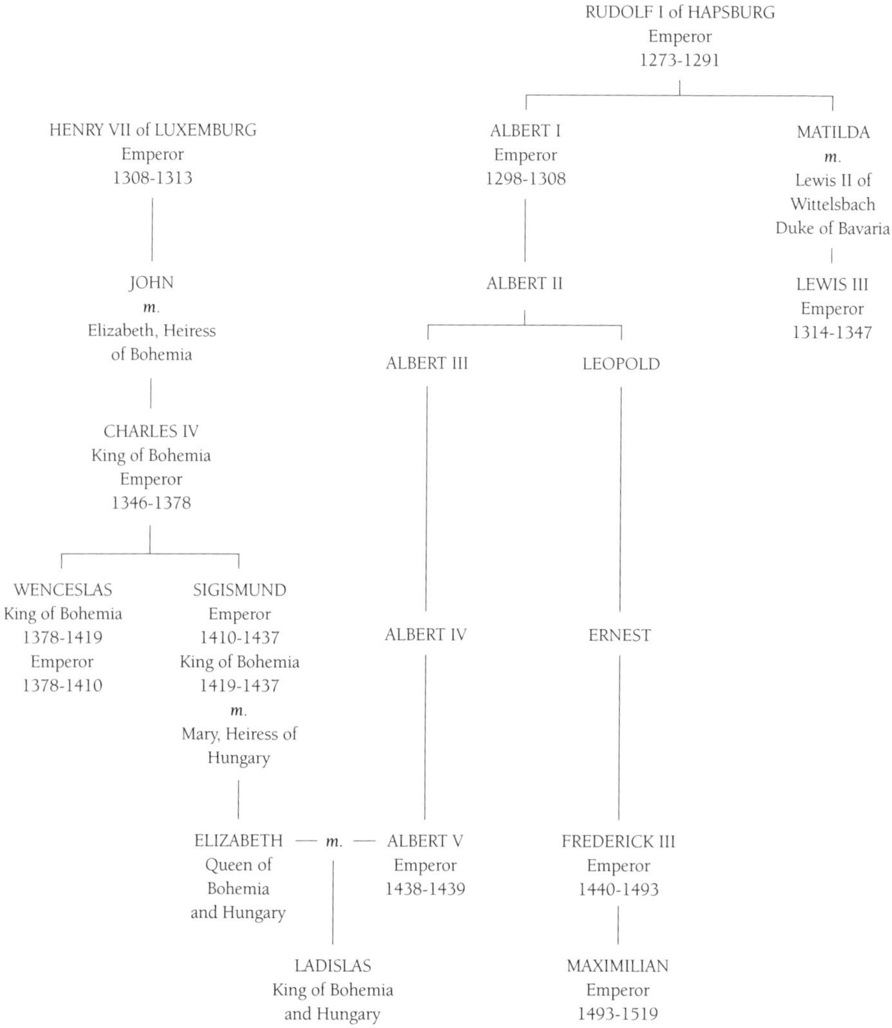

번역을 마치고

본서는 브라이언 타이어니Brian Tierney와 시드니 페인터Sidney Painter의 공저로 되어 있는 *Western Europe in the Middle Ages, 300~1475*(제3판, 1978)를 완역한 것이다. 그러나 이 공저는 사실상의 공저는 아니고, 페인터가 썼던 *A History of the Middle Ages, 284~1500*을 페인터의 사후에 타이어니가 교과서로 재편집·수정·증보한 것이다. 타이어니는 이와 함께 참고자료로 이용할 수 있도록 ≪중세사 사료집*Sources of Medieval History*≫과 ≪중세사 논문집(*Readings in Medieval History*≫을 편찬하여, 3권으로 이루어진 중세사 교과서 체제를 완성하였다.

이 책은 원 제목이 말하고 있듯이 로마 제국 말기로부터 15세기까지 중세 서유럽 문명의 발전을 개괄한 것이다. 그러나, 필자는 단순한 개괄에 그치지 않고 고대 세계의 몰락으로부터 어떻게 독특한 서유럽 문명이 형성되어 근대 문명으로 발전해 나왔는가라는 주제를 뚜렷하게 표출시키면서 일관된 서술을 펼치고 있다.

이 책은 크게 7부분으로 나뉜다. 첫 번째, "고대 세계의 몰락"에서는 로마 문명의 몰락과 기독교의 성장 그리고 게르만족의 침입 및 계승국가 건설이 다루어진다. 이 시기에 중세 문명을 이루는 세 가지 요소인 고대 문명과 기독교 그리고 게르만족이 모두 나타났으나, 아직은 서로 결합되지 않은 채 별개로 존재하고 있었다.

두 번째, "유럽의 출현"은 로마 제국의 세 파편인 비잔틴 제국과 프랑크 왕국 그리고 로마 교회의 발전과 이슬람의 대두로 말미암은 서유럽의 출현을 다룬다. 프랑크족은 서로마의 갈리아 지역을 장악하면서 가톨릭으로 개종함으로써 장차 게르만적 요소와 기독교적 요소와의 결합을 위한 토대를 마련하였다. 로마 교회는 교황 대 그레고리우스의 치세에 비잔틴 제국의 영향력으로부터 상당한 정도로 독립하여 프랑크와의 제휴 가능성을 열게 되었다. 한편 기독교는 옛 로마 제국의 경계 너머 북방으로 전파되면서 서유럽 지역 대부분이 기독교 세계에 포괄되었다. 반면에 옛 로마 제국에 포함되어 있던 아프리카의 지중해 연안 지역은 이슬람의 대두로 떨어져 나갔다. 마침내, 우상파괴 문제와 롬바르드족의 이탈리아 침입을 둘러싸고 교황이 비잔틴과 완전히 결별하고 프랑크와 손을 잡음으로써, 옛 동로마 지역이 떨어져 나가고 로마 가톨릭과 게르만족의 결합이 이루어졌고, 이에 중세 서유럽의 정치적 · 문화적 지리가 대체로 확정되었다. 샤를마뉴의 황제 대관은 군사적 중심을 알프스 이북에 두고 종교적인 수도를 로마에 둔 서구 기독교 사회가 동쪽의 비잔틴 문명이나 남쪽의 이슬람 문명과 뚜렷이 구분되는 모습으로 최초로 출현하였음을 상징적으로 보여준 사건이었다.

세 번째, "중세 초의 유럽 : 새로운 사회"는 샤를마뉴 제국의 해체와 뒤이은 마자르족, 이슬람, 그리고 바이킹의 침입으로 말미암은 극심한 혼란 속에서 이를 극복하기 위해 갓 태어난 서유럽이 발전시킨 제도를 다루고 있다. 9세기와 10세기의 극심한 혼란으로 서유럽은 작은 지역 단위로 자체 방어를 해야 할 필요성에 직면하여 지방분권적인 봉건제를 발전시키게 되었다. 즉, 주군은 각 지역의 유력자에게 그 지역의 방어를 맡겼고, 그 유력자를 개인적인 충성의 관계로 묶었으며, 그 대신 그에게 봉토를 하사하였던 것이다. 이러한 주군-봉신 관계는 중층적으로 형성되어 봉건적 피라미드를 형성하였다. 봉토는 극심한 혼란 속에 상업과 교역이 실질적으로 사라지고 농업이 거의 유일한 경제활동으로 되어 있던 상황에서는, 군사적 봉사에 대한 대가를 지불하고 봉신의 생계를 유지시켜주는 유일한 수단이었다. 이에 봉신은 자기 봉토를 실제로 경작하는 농민들의 노동력을 수탈하여 경제적인 기반을 갖추어야 했다. 이로써 봉건제를 경제적으로 뒷받침하는 영주-농민 관계, 즉 장원제 또는 영주제가 성립하였다. 영주는 토지의 주인으로서 농민들로부터 온갖 종류의 지대를 받았고 그 지역의 정치적 · 군사적 지배자로서 농민들의 인신에 대한 권한을 보유하였다. 봉건제는 호전적인 전사들로 이루어져 항상 전쟁 가능성을 배태하고 있었고, 지방분권을 심화시키는 경향이 있었으나, 9 · 10세기의 혼란을 극복하는 데 큰 힘이 되었고, 이러한 혼란의 종식을 바탕으로 농업 생산의 증대가 이루어졌다. 이와 발맞추어 각 나라에서도 통치체제가 상당한 정도로 정비되기 시작했고, 교회도 혼란기의 타락에서 벗어나 자체 개혁을 통해 그 정신적 권위를 크게 높였다.

네 번째, "12세기의 개화"에서는 이러한 발전을 토대로 이루어진 서유럽의 군사적 · 경제적 팽창과 정치제도의 발전이 다루어진다. 우선, 서유럽은 정세의 안정과 농업의 발전 그리고 교회 개혁에 따른 신앙심의 회복을 바탕으로 십자군 운동에 뛰어들어 지중해를 이슬람 세력으로부터 되찾았다. 또한 사회경제적으로는 상업의 부활과 화폐경제의 재출현, 그리고 그에 따른 도시의 부활과 새로운 중산계급의 성장이 이루어졌으며, 귀족들의 좀더 세련된 윤리 규범인 기사도도 이와 함께 탄생하였다. 한편, 물질적인 측면의 팽창을 바탕으로 학문도 크게 부활하였고, 이에 성당학교를 중심으로 스콜라 철학이 탄생하였으며 로마법도 부활되었다. 이러한 로마법의 부활로 교황청과 세속 국가 모두에서 효율적인 정부체제가 정비될 이론적 근거가 마련되었다.

다섯 번째, "중세 문명의 결실"은 12세기까지의 발전이 열매를 맺는 13세기의 성숙한 중세 문명을 고찰하고 있다. 교황권은 이노센트 3세에 이르러 절정에 달하였고, 교회는 격렬한 이단 운동에도 불구하고, 그 권위를 굳게 유지하였다. 세속 국가의 통치체제도 한층 강화되는 한편 게르만적 요소에서 많은 영향을 받은 서유럽의 독특한 대의체가 성립되어 근대 입헌정부의 맹아가 되었다. 국지적인 전쟁은 끊임없이 일어났으나, 대규모의 파멸적인 전쟁은 없었고, 서유럽은 유례없는 평화의 시대를 맞이하였다. 사상의 분야에 있어서도, 대학이 출현하여 크게 발전함으로써 학문 중심지가 되었고, 이성과 신앙의 종합을 추구하는 스콜라 철학은 아리스토텔레스의 사상이 재발견됨에 따라 크게 성장하여 마침내 토마스 아퀴나스에 이르러 절정에 달하였다. 예술에 있어서도, 고딕 건축과 단테의 ≪신곡≫에 이르러 게르만적 요소와 기독교적 요소 그리고 고전적 요소의 결합이 극에 다다랐다.

여섯 번째, "중세 세계의 위기"에서는 13세기의 위대한 종합이 14세기에 들어와 무너지기 시작하는 상황을 고찰하고 있다. 13세기의 위대한 업적은 기본적으로 붕괴의 씨앗을 품고 있었다. 교황은 교회의 우두머리인 동시에 중부 이탈리아의 세속 군주이기도 한 모순된 입장에 있었고, 14세기에는 세속 군주로서의 이익을 위해 교회의 우두머리로서 지니는 권한을 남용하는 성향이 커졌다. 세속 군주들 또한 13세기까지의 왕권 강화와 국가 통합으로 공직으로서의 역할이 커지고 있었지만, 여전히 왕국을 개인 재산으로 여기는 봉건적 관념에서 벗어나지 못하고 있었다. 사상에서도, 토마스 아퀴나스의 사상은 결코 보편적으로 받아들여지지 못했고, 신앙과 이성의 종합은 사실 원칙상 불가능한 것으로 여겨지곤 한다. 끝으로 고딕 건축도 정적이고 안정된 것이 아니라, 솟고 찌르는 역동적이고 불안정한 인상을 준다. 이와 같은 본질적인 긴장들은 14세기에 들어서면서, 교회의 대분열과 백년전쟁, 그리고 각국의 치열한 당쟁 및 내란으로 표출되었다. 또한 신앙과 이성을 분리시키는 사조가 나타나면서, 과격한 이단운동으로 발전하여 기성 교회에 강력한 도전을 가하였고, 예술에서도 생명 없는 양식에의 집착과 지나친 장식의 사용이 나타났다. 게다가 14세기에는 유례없는 흑사병과 대기근으로 더욱 위기가 심화되었다.

일곱 번째, "중세에서 근대로의 이행"은 서유럽이 이러한 위기를 극복하여 근대로 이행하는 과정을 그리고 있다. 우선 봉건적 정치구조의 모순에서 비롯된 백년전쟁이 마침내 종식되었다. 백년전쟁의 결과, 전쟁 기술의 변화로 봉건계급의 군사적 중요성이 크게 격하되었고, 또한 전쟁의 와중에서 영국과 프랑스 두 나라에서 민족주의적 감정이 서서히 형성되어 갔다. 이러한 감정을 바탕으로 각국 군주는 시대착오적인 봉건적 내란을 극복하여 국민국가를 형성시키기 시작하였고, 이로부터 근대적 절대왕정이 태동할 것이었다. 교회의 대분열도 결국 해소되었고, 교황은 다시 교회의 우두머리로서 권위를 재확립하였으나, 교회 개혁의 시도는 좌절되었고, 이에 종교개혁의 가능성이 열리게 되었다. 신앙과 사상에 있어서는, 신앙과 이성의 분리로 하나님과의 직접적·신비적 접촉을 강조하는 성향이 나타났으며, 이는 종교개혁에 큰 영향을 미칠 것이었다. 한편 예술에 있어서도 위기에 따른 암울하고 질 낮은 작품과 함께 새로운 생동하는 풍조와 양식이 나타났다.

요컨대, 서유럽 문명은 고대 세계의 잔해로부터 기독교적 요소와 게르만적 요소를 받아들임으로써 탄생하였고, 중세 말의 위기를 극복함으로써 다시 암흑시대로 되돌아가는 일 없이 근대 문명을 이루어냈던 것이다.

이상과 같이 중세 서유럽의 발전과정을 일관되게 서술하면서, 필자는 역사적 사실에 대하여 상세하고도 해박한 해석을 가하고 있으며, 문화의 모든 측면에 대해 형평 있고 유기적인 서술을 하였다. 물론 사회경제적인 측면에 대한 고찰이 미흡한 느낌은 들지만, 이는 교과서가 갖는 불가피한 점 때문이라 여겨진다. 사실 시드니 페인터의 원저와 함께 이 책은 평이하고도 매끄러운, 그리고 형평 있는 서술로 교과서로서, 또 교양서적으로서도 대단한 명성을 얻어왔다.

역자가 이 책의 번역을 마음먹게 된 것은 현재 우리나라에 서양 중세사를 전반적으로 소개한 책자가 거의 전무하다는 사실 때문이었다. 그리하여 마땅한 교과서감을 찾는 동안에 이 책을 발견하게 되었다. 물론 원고지 3,600매에 달하는 방대한 분량에 망설여지기도 했지만, 이 책의 평이하고도 재미있는 서술과 상세한 사실의 제시에 이끌려 역자는 감히 번역에 뛰어들게 되었다.

물론, 갓 서양 중세사를, 그것도 극히 한정된 분야만을 공부하기 시작한 역자가 중세 서유럽 문명의 온갖 분야에 대한 깊이 있는 이해를 요하는 이 책의 번역을 해내는 것은 대단히 어려운 일이었다. 우선, 내용에 대해, 특히 철학과 종교, 예술, 건축 등의 분야에 대해서는 이해가 짧을 수밖에 없어 번역에 애로가 많았다. 이 때문에 아마도 용어나 문의의 전달에서 많은 잘못과 부적절함이 있지나 않은지 염려된다. 그리고, 인명 · 지명의 표기에 있어서도 상당한 어려움이 있었다. 원본의 영어식 표기를 가능한 한 원명에 따른 표기로 고치려 애썼으나, 완벽하다고는 결코 할 수 없을 것이다. 게다가 중세라는 시대 자체가 아직 각 국어가 완전히 분화되지 못한 상태였고, 특히 인명의 경우 국적이라는 관념이 제대로 형성되어 있지 않은 시대였으므로, 인명과 지명의 표기는 매우 곤란한 문제를 야기하였다. 끝으로, 번역 자체에서도 많은 어려움을 겪었다. 필자의 문장은 매우 간명하면서도 특유의 위트와 유머가 넘치는 매우 유려한 것이었고, 그러한 문장의 원래 뜻과 분위기를 살리면서 번역한다는 것은 역자의 능력에 부치는 일이었다.

글 첫머리에 완역이라 했으나, 원서에 수록된 것을 모조리 번역본에 옮기지는 못하였다. 대부분의 삽화와 참고문헌이 번역본에서는 빠지게 되었다. 재판을 낼 기회가 있다면 이들을 가능한 한 모두 수록할 생각이다. 또한 원서에는 주註가 거의 없으나, 역자는 독자의 이해를 돕기 위해 역주를 상당수 보충하였다.

이 책의 번역은 역자 개인에 의해 이루어졌으나, 가까운 여러분들의 도움과 격려가 없었다면 작업을 완수하지 못했을 것이다. 우선 제자의 만용을 나무라지 않으시고 오히려 격려를 아끼지 않으신 여러 은사님들께 감사를 드린다. 그리고, 여러 선배님, 동학, 그리고 후배들의 지원에도 고마움을 표하고 싶다. 끝으로, 보잘 것 없는 번역 원고를 맡아 출간해주신 도서출판 집문당의 사장님과 복잡하고 지리한 작업을 성심껏 해주신 집문당 편집부 여러분께도 머리 숙여 감사드린다.